LUCAS COUNTY
OHIO

Index to Deaths 1867-1908

Jana Sloan Broglin

HERITAGE BOOKS
2009

HERITAGE BOOKS
AN IMPRINT OF HERITAGE BOOKS, INC.

Books, CDs, and more—Worldwide

For our listing of thousands of titles see our website at
www.HeritageBooks.com

Published 2009 by
HERITAGE BOOKS, INC.
Publishing Division
100 Railroad Ave. #104
Westminster, Maryland 21157

Copyright © 2003 Jana Sloan Broglin

Other books by the author:

Hookers, Crooks and Kooks
Part I: Hookers

Hookers, Crooks and Kooks
Part II: Crooks and Kooks

All rights reserved. No part of this book may be reproduced or transmitted in any form or by any means, electronic or mechanical, including photocopying, recording or by any information storage and retrieval system without written permission from the author, except for the inclusion of brief quotations in a review.

International Standard Book Numbers
Paperbound: 978-0-7884-2458-8
Clothbound: 978-0-7884-8159-8

INTRODUCTION

Birth and death records in Ohio were begun in 1867. Until 1908, the records were located in the Probate Court of the individual county. After 1908, the records were located in the local health department. Some counties, such as Lucas, also have records at the health department from 1867-1908.

The 39,500+ entries found in this volume, were taken from the five volumes of death records located in the Lucas County, Ohio, Probate Court. The death dates range from 1867 to 1908, with a few from 1909 also listed. The volumes may also be accessed by microfilm through the Family History Library. The call numbers are 909032 for volumes 1-3 encompassing the years 1868-1896, and 909033 for volumes 4-5 for the years 1896-1908.

Care has been taken in the transcription of these records. However, errors may occur. Letters may be misinterpreted, such as: "a" and "o", "u" and "n", and "y" and "z." Check alternative spellings in this index. Some entries have an asterisk following the name. These entries were located in the index to deaths, but were not found in the actual volumes. Other entries may have listed a death date as a day, a day and month, a year, or no date at all.

Column headings in this text are: Name, Date of Death, and V/P, for the Volume and Page of the original entry. Abbreviations are used for children: d/o for daughter of; s/o for son of; ch/o for child of; and Inf/o for Infant of. Not all listings for children contained the names of the parents.

There are a number of deaths recorded at the Retreat Maternity Hospital and Foundlings Home. These deaths are found under "U" for unknown. Entries in the original volumes indicated either RM or FH, both referring to the same Retreat Maternity Hospital and Foundlings Home. The Hospital was located at 1609 Summit Street, Toledo, Ohio.

Copies of these records may be obtained from the Lucas County Probate Court, 700 Adams Street, Toledo, Ohio 43624. Call for current prices of copies. The court number is 419-213-4775.

Jana Sloan Broglin
April 2003

LAWS OF OHIO 1867

AN ACT

To provide for the registry of births and deaths.

SECTION 1. *Be it enacted by the General Assembly of the State of Ohio,* That the probate judges of the several counties of this state shall keep a record of the births and deaths reported to them as hereinafter provided. The births shall be numbered, recorded and alphabetically indexed, in the order in which they are received, and the record shall state, in separate columns, the date of making the record, the date and place of birth, the name, sex and color of the child, and the names and residence of the parents, as fully as the same are reported. The deaths shall be likewise numbered, recorded and indexed, and the record thereof shall state, in separate columns, so far as the same is reported, the date and place of death, name and surname of the deceased, condition, (whether single, married, or widowed), age, place of birth, occupation, names of parents, (when an infant without a name), disease, direct or indirect cause of death, color, and last place of residence of such deceased person, and the date of making the record.

SEC. 2. It shall be the duty of the physicians and professional midwives to keep a registry of the several births in which they have assisted professionally, which shall contain as near as the same can be ascertained, the time of such birth, sex and color of the child, the names and residence of the parents; and physicians who have attended deceased persons in their last illness, clergymen who have officiated at the funeral, and sextons who have buried deceased persons, shall keep a registry of name, age and residence of such deceased persons at the time of their deaths. It shall be the duty of physicians and professional midwives to report fully the births registered by them as required by this act, to the judge of the probate court of the county every three months, viz: on or before the second Monday of the months of January, April, July and October of each year; in case there is no physician or midwife in attendance at any birth, then the parents shall be requested to report to the probate judge within one month, and physicians, clergymen and sextons shall likewise report fully the deaths registered by them as required by this act to the judge of the probate court of the county every three months, as above designated.

SEC. 3. It shall be the duty of the probate judge of each county in this state receiving the reports as above specified, within fifteen days after the receipt thereof, to record the same in a book to be provided by the county commissioners for that purpose, and to transmit an abstract thereof, on or before the first Monday of November every year to the commissioner of statistics in such form as shall be prescribed by that officer, who shall file the same in his office to be used by him in his annual report to the legislature.

SEC. 4. Every person who shall neglect or refuse to comply with or violate the provisions of this act, shall forfeit and pay for each office [offense] the sum of ten dollars, to be sued for and recovered in the name of the state of Ohio, and the penalty when recovered, shall be paid over, one-half thereof to the school fund, and one-half to the party making complaint thereof.

SEC. 5. Every original entry made as above described, and a copy of such entry, duly certified over the seal of said court, shall be received in all courts and places as prima facie evidence of the facts therein stated, and said records shall be open to the inspection of the public at all proper hours.

SEC. 6. The probate judges shall be entitled to receive and charge for all services under this act, like fees as are charged and taxed by law for similar services in other cases.

SEC. 7. That the act entitled "an act to provide for the registration of births, marriages and deaths in Ohio," passed April 8th, 1856, be and the same is hereby repealed.

SEC. 8. This act shall take effect and be in force from and after the first day of July, A.D. 1867.

P. HITCHCOCK
Speaker pro tem. of the House of Representatives
ANDREW G. McBURNEY
President of the Senate

March 18, 1867.

NAME	DATE	V/P	NAME	DATE	V/P
Aayes, Michael	06 Dec 1868	1:28	Adam, Adolph	08 Mar 1906	5:2
Abair, Fred	11 Sep 1895	3:2	Adam, Cath. E.	20 Jan 1894	3:1
Abair, Fredreck	11 Sep 1895	3:2	Adam, Charles	19 Jan 1906	5:2
Abair, Lucy	13 Feb 1893	2:4	Adam, Ebner	29 Aug 1880	1:62
Abair, Mary Annie	08 Mar 1900	4:2	Adam, Frederick	12 Jan 1880	1:62
Abarski, Rosi	Sep 1885	2:1	Adam, Harry	03 Feb 1894	3:1
Abbel, Cunigunde	Jun 1892	2:3	Adam, Otto	06 Sep 1885	2:1
Abbott, Charles E.	24 Jun 1901	4:3	Adam, Rudolph	10 Oct 1885	2:1
Abbott, Francis	26 Nov 1880	1:62	Adam, William	21 Feb 1869	1:32
Abbs, Lola Ethel	16 Jan 1895	3:1	Adamaska, Agnes	05 Jul 1885	2:1
Abbs, Merrill	12 Sep 1897	4:1	Adamkizog, Antonia	15 Jun 1907	5:4
Abeel, Gilbert V.	21 Jul 1872	1:62	Adams, Albert	10 Oct 1889	4:2
Abel, Anna	04 Jan 1871	1:62	Adams, Andrew	05 Dec 1898	4:2
Abel, Daisey	05 Jul 1897	5:3	Adams, Ann Eliza	03 Sep 1892	2:4
Abel, Elizabeth	07 Dec 1888	2:2	Adams, August	18 Jul 1870	1:62
Abel, Hanna Winnie	25 Oct 1885	2:1	Adams, Barnaby	18 Aug 1872	1:64
Abel, John	05 Mar 1905	5:2	Adams, Carl Francis	07 Apr 1902	4:4
Abel, Sophia M.	11 Aug 1898	4:1	Adams, Charles	11 Oct 1906	5:3
Abele, Arthur J.	22 Feb 1895	3:1	Adams, Clara Belle	21 Oct 1904	5:1
Abele, Clara M.	25 Aug 1895	3:2	Adams, Clarence A.	20 Jun 1888	2:2
Abele, Ignatius	05 Feb 1878	1:66	Adams, Dora	08 Jan 1885	2:1
Abele, Joseph	18 Sep 1895	3:2	Adams, Edmond R.	23 Aug 1892	2:4
Abenshart, Robert	26 Dec 1899	4:2	Adams, Eliza	28 Jan 1901	4:2
Aberd, Mary	08 Feb 1908	5:4	Adams, Elizabeth	13 May 1907	5:3
Aberl, Rob't M.	11 Feb 1888	2:2	Adams, Emma J.	20 Sep 1892	2:3
Able, Henry	01 Feb 1887	2:1	Adams, Fred Thomas	11 Aug 1905	5:1
Able, Mr.	29 Jul 1908	5:4	Adams, George	02 Jan 1885	2:1
Abley, August	13 Apr 1869	1:50	Adams, Helma	19 Apr 1903	4:5
Abley, Mottas	13 Apr 1869	1:50	Adams, Henry Theodore	15 Feb 1902	4:3
Abraham, Grubb	30 Nov 1901	4:4	Adams, Joseph	22 Jun 1907	5:4
Abrams, Jesse	03 Jul 1902	4:4	Adams, Katie	07 Aug 1905	5:2
Abrendt, Georgian	18 Sep 1895	3:2	Adams, L., Mrs.	11 Sep 1896	4:1
Absolem, Ann	09 Mar 1868	1:38	Adams, Lillie	09 Jun 1881	1:66
Abt, Cecelia	03 Mar 1903	4:4	Adams, Loretta Anna*	---	
Acers, Elliott	11 May 1885	2:1	Adams, Lottie	07 Sep 1908	5:4
Acers, Ettie	01 Oct 1883	1:68	Adams, Louisa	18 Oct 1892	2:4
Acherman, Lillie P.	27 Jul 1884	2:1	Adams, Louise	06 Feb 1905	5:1
Achinger, Eugene	03 Aug 1886	2:1	Adams, Mamie	26 Feb 1892	2:3
Achlichen, d/o Jacob	16 Mar 1896	3:201	Adams, Peter J.	04 Jan 1904	4:5
Acker, d/o Frank	05 Mar 1899	4:2	Adams, Phillip	28 Nov 1898	4:1
Acker, d/o Frank	05 Mar 1899	4:1	Adams, Phoeba	14 May 1901	4:3
Acker, Irma	18 Apr 1894	3:1	Adams, Rex	01 Sep 1894	3:1
Acker, Maggie	28 Mar 1908	5:3	Adams, s/o Peter J.	04 Nov 1902	4:4
Ackerman, Anthony	22 Jul 1885	2:1	Adams, Sidney	04 Jun 1905	5:2
Ackerman, Becke	16 Nov 1889	2:2	Adams, Theodora	24 Feb 1889	2:2
Ackerman, Chas.	22 Jan 1891	2:3	Adams, Therease	26 Aug 1897	4:1
Ackerman, Christ	11 Apr 1904	4:4	Adams, Thomas	18 Jan 1895	3:2
Ackerman, George	13 Apr 1895	3:2	Adams, W.C.	31 Dec 1891	2:3
Ackerman, Gustie	22 Jun 1890	2:3	Adams, Walter F.	27 Jun 1899	4:2
Ackerman, Jacob	14 May 1891	4:3	Adams, Walter F.	31 Dec 1903	4:5
Ackerman, Joseph	27 Jun 1874	1:64	Adamski, George	20 Dec 1900	4:3
Ackerman, Josephine	15 Nov 1886	2:1	Adamski, Julia	14 May 1895	3:2
Ackerman, Laura Marie	02 May 1901	4:4	Adamski, P.	04 Feb 1903	4:4
Ackerman, Lawrance	06 Mar 1907	5:3	Adamski, Victoria	18 Nov 1907	5:4
Ackerson, James	12 Dec 1895	3:2	Adanssski, Thomas	24 Jul 1888	2:2
Ackert, Waity	31 Jul 1904	5:1	Adanvski, Valentin	27 Aug 1891	2:3
Ackley, John	02 Dec 1869	1:50	Aderman, Christian	03 Feb 1903	4:4
Acklin, Ellen	20 Nov 1908	5:5	Adkins, Annie Cath.	13 Mar 1894	3:1
Acklin, John S.	09 May 1897	4:1	Adkins, Edward	23 Oct 1902	4:4
Acres, Jane	20 Jul 1873	1:64	Adkins, Joseph	29 Jul 1897	4:1
Adalfe, Eles	19 Oct 1896	4:1	Adkins, Roger	15 Mar 1897	4:1

NAME	DATE	V/P	NAME	DATE	V/P
Adler, Florentine	09 Feb 1900	4:2	Albert, Earl Edward	01 Aug 1892	2:4
Adler, Julius	28 Sep 1905	5:2	Albert, John T.	07 Apr 1904	5:1
Adler, Leo	29 Aug 1902	2:4	Albert, Leo D.	07 Oct 1900	4:3
Adler, Louise	20 Nov 1893	3:1	Alberts, Daniel	20 Feb 1901	4:3
Adley, Cornelia	01 Nov 1872	1:64	Albertson, Clarence W.	29 Aug 1897	4:1
Admes, August	19 Jul 1870	1:62	Albertson, Gertrude	07 Oct 1905	5:2
Adolph, Infant	09 Nov 1899	4:2	Albertson, Maria	29 Oct 1898	4:1
Adrana, Jacob Solen	28 Feb 1870	1:48	Albertson, Nettie B.	03 Jun 1887	2:2
Adsit, Clara M.	19 Dec 1899	4:2	Albertson, Otto M.	29 Nov 1898	4:2
Adsit, Fannie, A.D.C.	21 Jan 1908	5:3	Albertson, Otto Midian	29 Nov 1898	4:2
Adsit, Martin H.	25 Aug 1888	2:2	Alberty, Nicholas	29 Mar 1885	2:1
Adsit, Minnie E.	07 Dec 1897	1:62	Albertz, Mary C.	16 Jul 1895	3:2
Aeck, Elzie	08 Mar 1891	2:3	Albian, d/o Leonard	06 Feb 1907	5:3
Aelleng, Estella F.	23 Aug 1898	4:2	Albrecht, Arnold	05 Jan 1892	2:3
Aerisman, Sarah K.	05 May 1901	4:4	Albrecht, Aug. F.	01 Sep 1890	2:3
Aernard, Edward	27 Jul 1894	3:1	Albrecht, August	09 Mar 1894	3:1
Aerstedt, Alman E.	27 Jul 1875	1:62	Albrecht, Barbara	19 Apr 1886	2:1
Affalter, Benedict	29 Dec 1897	4:1	Albrecht, Caroline	02 May 1895	3:2
Affolter, Lewis	06 Nov 1906	5:3	Albrecht, Caroline	11 Mar 1895	3:1
Agmew, Percie	20 Mar 1882	1:68	Albrecht, Chas. W.	17 Dec 1889	2:2
Agner, Christiana	18 Dec 1896	4:1	Albrecht, Dora	27 Feb 1909	5:4
Agur, Francis R.	24 Nov 1902	4:4	Albrecht, Emil E.	04 Jul 1900	4:3
Aherns, Catharine	15 Feb 1895	3:1	Albrecht, Erma	27 Jul 1891	2:3
Aherns, Earl Wayne	10 Aug 1897	4:1	Albrecht, Fred	23 Aug 1907	5:4
Ahlart, John	24 Jan 1878	1:66	Albrecht, Frederick	17 Dec 1900	4:3
Ahrendt, Amelia	02 Oct 1906	5:3	Albrecht, Lena	01 Apr 1892	2:4
Ahrendt, Elizabeth	31 Mar 1903	4:4	Albrecht, Lena	31 Mar 1892	2:3
Ahrendt, Fred	15 Oct 1902	4:4	Albrecht, Margaret	08 Feb 1889	2:2
Ahrendt, Mary	21 Oct 1902	4:4	Albrecht, Mary	28 Oct 1893	3:1
Ahrendt, William	19 Feb 1904	4:5	Albrecht, Mary D.	23 Nov 1907	5:4
Ahrendt, William	31 Dec 1907	5:4	Albrecht, Norman	13 Sep 1901	4:3
Ahrendt, Wm. Jno. Carl	02 Sep 1901	4:3	Albright, Carrie	25 Sep 1897	4:1
Ahrens, Catharina	13 Feb 1895	3:2	Albright, Ch/o Joel	17 Feb 1869	1:32
Ahrens, Edward	15 Mar 1900	4:2	Albright, d/o August	09 Apr 1905	5:2
Ahrens, Ivadell	08 Dec 1906	5:3	Albright, Fred	18 Apr 1874	1:64
Ahrens, Lena	04 Nov 1879	1:62	Albright, Hattie	19 Aug 1901	4:3
Ahrens, Magdalena	04 Nov 1878	1:66	Albright, Jno. Chas.	17 Sep 1886	2:1
Ahrens, Melvin	24 Sep 1907	5:4	Albright, John	03 Nov 1903	4:4
Ahrens, Wm. H.	23 Feb 1899	4:2	Albright, John	16 Aug 1870	1:62
Ahrens, Wm. H.	23 Feb 1899	4:1	Albuck, Maria	05 May 1895	3:1
Ahret, Franz	29 May 1895	3:2	Alcord, Minnette	10 Feb 1873	1:62
Aiken, Alice C.	17 Sep 1906	5:3	Alcorn, Margreth. M.K.	23 May 1898	4:2
Aiken, Inf/o George W.	01 Aug 1893	3:1	Alden, Levy	31 May 1889	2:2
Ainsworth, Helen C.	08 Feb 1907	5:3	Alden, Ruel	12 Jun 1889	2:2
Airs, Alta	13 Feb 1885	2:1	Alderstolf, Hugo	03 Apr 1899	4:2
Aisbach, Eddy	09 Oct 1889	2:3	Aldred, Percy A.	01 May 1904	5:1
Aitkink, Willie	06 Aug 1895	3:2	Aldrich, Esther Ann	03 Jan 1892	2:3
Akerman, Eliz.	Aug 1881	1:66	Aldrich, Eugene	13 Sep 1880	1:62
Akins, Catherine	21 Oct 1908	5:4	Aldrich, Hannah R.	08 Jun 1887	2:2
Akis, Elizabeth R.	30 May 1899	4:2	Aldrich, Jane	17 Nov 1902	4:4
Alabrugh, William	16 Jan 1878	1:66	Alekeuwicz, Wecenty	29 Mar 1896	3:2
Alauried, Gustus	01 Sep 1877	1:66	Alert, Jennie	26 Mar 1905	5:1
Alban, Francis Gladys	20 Dec 1902	4:4	Alert, s/o Otto	22 Mar 1905	5:1
Alber, Orram Arthur	13 Jun 1902	4:4	Aleskiewices, Wicentz	15 Oct 1896	4:1
Albert, Alfred	16 Oct 1899	4:2	Alexander, Ambrose	03 Apr 1892	2:4
Albert, Ashart	Feb 1899	4:2	Alexander, Annie	05 Jun 1901	4:3
Albert, August	18 Feb 1907	5:3	Alexander, Dorothy	08 Nov 1908	5:4
Albert, Augusta	28 Apr 1885	2:1	Alexander, G.W.	04 Jun 1902	4:4
Albert, Daniel	25 Feb 1901	4:3	Alexander, Mary L.	05 Aug 1874	1:64
Albert, David	16 Feb 1908	5:3	Alexander, Vincent	29 May 1896	4:1
Albert, Dora	22 Aug 1887	2:2	Alexander, Wm. H.	15 Apr 1892	2:4

NAME	DATE	V/P	NAME	DATE	V/P
Algeier, Joseph	10 Oct 1902	4:4	Allen, Wilmot J.	27 Mar 1898	4:1
Alger, Alma	16 Nov 1907	5:4	Allen, Wm.	08 Aug 1896	4:1
Algier, Louise	08 Feb 1888	2:2	Allene, Infant*	---	
Alguir, John	27 Aug 1895	3:2	Allester, Ed. M.	1889	2:3
Alibaugh, Wm.	26 Nov 1880	1:62	Allester, Ed. M.	1889	2:3
Alins, Alvina K.	17 Sep 1881	1:66	Alley, Ezra	16 Jul 1908	5:4
Alkins, Catherine C.	04 Jun 1907	5:3	Allgeuer, August	16 Aug 1901	4:3
All, Bethia	18 Dec 1890	2:3	Allgier, C., Mrs.	16 Nov 1907	5:4
Allbee, Lucy	20 Nov 1895	3:2	Allgier, George	03 Apr 1888	2:2
Allby, Martha	28 Jan 1901	4:3	Allgoewer, Elizabeth	17 Mar 1888	2:1
Allcock, Mary E.	14 Sep 1886	2:2	Alliois, Mary	19 Mar 1902	4:4
Allen, Anna H.	20 Sep 1871	1:62	Allion, Catharine	20 Jul 1908	5:3
Allen, Archie	17 Aug 1901	4:3	Allion, Henry	15 Mar 1883	1:68
Allen, Augusta	07 Jun 1906	5:3	Allion, Jacob	05 Jan 1884	1:68
Allen, Blanch	31 Jan 1894	3:1	Allion, Lucy	31 Jan 1884	1:68
Allen, Carolina E.	16 Nov 1890	2:3	Allion, Michael	19 Jun 1904	5:1
Allen, Charles	08 Apr 1904	5:1	Allion, Regina	04 May 1886	2:1
Allen, Charles W.	31 Aug 1893	3:1	Allison, Floyd	08 Aug 1906	5:3
Allen, Chas. H.	30 Oct 1898	4:2	Allison, George	26 Aug 1896	4:1
Allen, Chora Amelia	17 Aug 1893	3:1	Allman, Daniel	25 Mar 1909	5:5
Allen, Cora	01 May 1881	1:66	Allman, Howard	11 Jan 1904	4:5
Allen, Cornelia	11 Dec 1906	5:3	Allman, Howard C.	23 Feb 1904	4:5
Allen, Declan	15 Feb 1890	2:2	Allman, Leonard	12 Nov 1903	4:5
Allen, Dictan	18 Apr 1872	1:62	Allman, s/o Wm.	28 Jan 1905	5:1
Allen, Earnest E.	28 Feb 1907	5:3	Allmon, A.J.	27 May 1885	2:1
Allen, Edith E.	09 Dec 1886	2:2	Allyn, Glenwood	07 Oct 1908	5:4
Allen, Edwin	07 Oct 1894	3:1	Allyn, Ralph Perry	27 Apr 1903	3:1
Allen, Eugene	17 Jul 1901	4:3	Allyn, Viola	25 Oct 1894	3:1
Allen, Ewen	24 Nov 1875	1:64	Alma, Agnes	03 May 1908	5:5
Allen, G.O.	26 Jul 1908	5:5	Almy, G.J.	22 Apr 1870	1:62
Allen, George	10 Jan 1878	1:66	Alphalder, Dolly Ann	16 Feb 1897	4:1
Allen, Gustav	05 Dec 1874	1:64	Alphony, d/o Alfred	30 Jan 1893	2:4
Allen, Hattie K.	22 Jan 1879	1:66	Altenwelder, B.	04 Dec 1885	2:1
Allen, Hattie White	15 Jan 1895	3:1	Alter, Ester Henrietta	13 Dec 1900	4:3
Allen, Henry	02 Oct 1887	2:2	Alter, Hattie A.	09 Apr 1884	2:1
Allen, Inf/o Didam	16 Apr 1872	1:62	Alter, Hazell	14 May 1890	2:3
Allen, Infant	17 Aug 1899	4:2	Alter, Lenore Janette	30 Oct 1889	2:2
Allen, Infant	20 Jul 1899	4:2	Althouse, Clarrence Philip*---		
Allen, Infant	27 Mar 1901	4:3	Altman, Mamie	06 Jan 1908	5:4
Allen, Jane E.	04 Jan 1888	2:2	Altman, Wm. Linn	29 Aug 1876	1:66
Allen, Johanna	12 Feb 1877	1:66	Alton, Charles	23 Sep 1876	1:64
Allen, John	02 Oct 1887	2:2	Altschul, J.	26 Feb 1906	5:2
Allen, John	18 Dec 1907	5:4	Altweiss, Edw'd. P.	19 Dec 1900	4:3
Allen, John	15 Jul 1872	1:64	Alysward, Ellen	24 Jan 1868	1:8
Allen, John Church	16 Feb 1895	3:1	Amalak, Pelagize	12 Jan 1891	2:3
Allen, Lolly B.	10 Mar 1882	1:66	Ambers, Ardilla	08 May 1873	1:64
Allen, Louis E.	24 Mar 1907	5:3	Amborski, Andrew	25 Jan 1907	5:3
Allen, Madelina	03 Apr 1893	3:1	Amborski, Frank	10 Jan 1905	5:1
Allen, Mamie	22 Apr 1908	5:4	Ambrosius, Conrad	01 May 1876	1:66
Allen, Margie	04 Aug 1896	4:1	Ambroski, John	02 Dec 1905	5:2
Allen, Mary	26 Feb 1906	5:2	Ambroski, Walter	17 Jul 1903	4:4
Allen, Mary	26 Sep 1901	4:3	Ambry, Frank	29 Sep 1889	2:3
Allen, Mortimer Hathaway			Ambs, Geo. William	23 Sep 1898	4:2
	01 Jul 1901	4:3	Amel, Dora	03 Mar 1887	1:66
Allen, Nellie	29 May 1906	5:2	Amelak, John	23 Jan 1891	2:3
Allen, Nettie Maggie	27 Jun 1899	4:2	Amella, Caroline	26 Nov 1892	2:3
Allen, Noe N.	31 Aug 1870	1:62	Amen, John	20 May 1908	5:5
Allen, Robert	31 May 1894	5:1	Ames, Ada Violet	25 Aug 1904	5:1
Allen, s/o Charles	26 Feb 1905	5:1	Ames, Alfred	17 Sep 1892	2:4
Allen, Samuel	18 Sep 1902	4:4	Ames, Almon	27 Feb 1901	4:3
Allen, Sarah	24 Mar 1882	1:68	Ames, Berton	29 Jul 1890	2:3

NAME	DATE	V/P
Ames, Catherine	23 Dec 1903	4:5
Ames, Luella May	30 Jul 1893	3:1
Ames, M., Mrs.	30 Aug 1905	5:2
Ames, Maudie E.	13 Oct 1882	1:68
Ames, Oliver	14 Aug 1876	1:64
Ames, Ronald J.	03 Dec 1903	4:5
Amhein, Amelia	07 Jan 1905	5:1
Amihem, Theresa	30 May 1894	3:2
Amlang, Lawrence Chas.	02 Jan 1899	4:2
Amman, Otto	31 Jan 1904	4:5
Ammann, Frank	09 Dec 1888	2:2
Ammer, Infant	06 Jan 1885	2:1
Ammerman, Albert	24 Apr 1907	5:3
Ammon, Anna	Aug 1877	1:66
Ammon, Elizabeth	27 May 1872	1:62
Ammon, Emma	08 Sep 1875	1:64
Ammon, Florence	23 Sep 1881	1:66
Ammon, George	22 May 1903	4:5
Ammon, Henry	17 Oct 1903	4:4
Ammon, Julius	15 Nov 1902	4:4
Ammon, Licy	07 Feb 1886	2:1
Ammon, Margarette	18 May 1904	5:1
Ammon, Nichler	27 Apr 1886	2:1
Ammon, Nicholas	27 Apr 1886	2:1
Ammon, William	16 Sep 1902	4:4
Ammond, Nicholas	30 Aug 1871	1:62
Ammond, Nicholas	30 Aug 1871	1:64
Amnrister, John F.	01 Oct 1901	4:3
Amolsch, John C.H.	16 Feb 1893	2:3
Amolsh, Margaret	30 Mar 1870	1:62
Amon, Infant	26 Dec 1894	3:1
Amon, Infant	27 Mar 1894	3:1
Amoss, Inf/o Bruce S.	07 Apr 1881	1:66
Amrheim, Clara	11 Jan 1902	4:3
Amrhein, Jacob J.	03 Feb 1890	2:3
Amrien, Marianna	12 Aug 1868	1:18
Amrien, Marianne	12 Aug 1868	1:20
Amstulz, Peter	28 Apr 1907	5:4
Anaed, Mary	08 May 1884	2:1
Anderlon, Mary L.	15 Sep 1907	5:3
Anderman, Aug.	08 Feb 1908	5:4
Anders, Hellen	04 Apr 1907	5:4
Anderson, Albert	22 Sep 1902	4:4
Anderson, Albert A.	22 Sep 1902	4:4
Anderson, Anna M.	01 Oct 1869	1:58
Anderson, Calista	30 Oct 1906	5:3
Anderson, Carl	26 Sep 1897	4:1
Anderson, Charles	22 May 1881	1:66
Anderson, Chas.	12 Jul 1879	1:62
Anderson, Chas.	27 Aug 1905	5:2
Anderson, Chas. Fergason	05 Oct 1902	2:4
Anderson, Christian	Sep 1877	1:66
Anderson, David	01 Nov 1889	2:2
Anderson, Edna	19 Jun 1904	5:1
Anderson, Elizabeth	27 Jul 1908	5:5
Anderson, Ethelbert	09 Mar 1890	2:3
Anderson, Evasman	07 Sep 1885	2:1
Anderson, Frank P.	1871	1:62
Anderson, George A.	01 Dec 1878	1:66
Anderson, H.C.	15 Jun 1903	4:5
Anderson, Hans C.	06 Feb 1907	5:3
Anderson, Isabel	15 Oct 1893	3:1
Anderson, J.W.	10 Jun 1908	5:5
Anderson, James	11 Nov 1906	5:3
Anderson, James	14 Feb 1901	4:3
Anderson, James W.	16 Feb 1908	5:4
Anderson, Jane	04 Aug 1877	1:66
Anderson, Katie	18 Mar 1892	2:3
Anderson, Mary	07 Feb 1901	4:3
Anderson, Mary	12 Jun 1890	2:3
Anderson, Monia	14 Sep 1890	2:3
Anderson, Nellie G.	01 Feb 1872	1:64
Anderson, P.S.	19 Feb 1868	1:10
Anderson, Peter	09 Aug 1907	5:3
Anderson, Robert	16 Mar 1885	2:1
Anderson, Ruth Virginia	19 Nov 1908	5:5
Anderson, Wm.	22 Feb 1901	4:3
Andre, Frank	08 Dec 1899	4:2
Andrew, Unknown	17 Dec 1868	1:28
Andrews, A. Joseph	29 Jan 1895	3:1
Andrews, Albert A.	18 May 1890	2:3
Andrews, Elizabeth	18 Aug 1873	1:64
Andrews, Ella F.	07 Dec 1901	4:3
Andrews, Harry	21 Sep 1902	4:4
Andrews, Henry F.	07 Feb 1903	4:4
Andrews, Inf/o J.	03 Dec 1868	1:28
Andrews, James H.	21 May 1893	3:1
Andrews, Leone	30 Apr 1906	5:3
Andrews, Mable	07 Oct 1878	1:66
Andrews, Maggie L.	22 Sep 1887	2:2
Andrews, Nathan J.	24 Mar 1894	3:1
Andrews, Olive S.	12 Sep 1887	2:2
Andrews, Perry	Sep 1873	1:64
Andrews, Samuel	05 May 1871	1:64
Andrews, Truman	15 Mar 1907	5:3
Andrews, William	31 Aug 1870	1:62
Andrich, Jos.	17 Nov 1908	5:4
Andros, Anna S.	07 Aug 1890	2:3
Andryski, Clara	06 Sep 1908	5:4
Andrzejewski, Adam	06 Jan 1900	4:2
Andrzewski, Jacob	15 Nov 1902	4:4
Andrzewski, Michael	22 Dec 1902	4:4
Andrzrzyjeski, Stanislaus	24 Feb 1905	5:1
Aner, Conrad	13 Sep 1883	2:1
Aner, Joseph M.	11 Dec 1899	4:2
Anett, William	26 Jan 1894	3:1
Angel, David	15 Jun 1903	4:5
Anglin, James	21 Aug 1897	4:1
Angus, M.H.	20 May 1906	5:3
Anhart, Dora	04 Oct 1899	4:2
Anheim, Bertha	13 Dec 1898	4:2
Anielak, Augusta	07 Oct 1892	2:4
Ankbrant, Lizzy	18 Nov 1904	5:1
Ankenbrant, Frank	28 Feb 1889	2:2
Ankenbrant, Joseph	01 Dec 1889	2:2
Ankenbrant, Unknown	28 Feb 1889	2:2
Ankeney, Wallace	25 Sep 1906	5:3
Ankney, Frank S.	07 Jul 1903	4:4
Ankney, Nellie Hattie Victoria	08 Dec 1905	5:2
Anmiller, Steven	18 Dec 1897	4:1

NAME	DATE	V/P
Ansel, Elizabeth	06 May 1903	4:5
Ansel, George	17 Aug 1903	4:5
Anson, Cornelius	09 Mar 1906	5:2
Anson, De Etta	09 Oct 1888	2:2
Anson, Jerome	17 Dec 1887	2:2
Anson, Julia	14 Sep 1902	4:4
Anson, Wellington	16 Sep 1902	4:4
Ansted, Florence	24 May 1907	5:3
Ansted, Florence	24 May 1907	5:3
Antain, s/o Isadore	18 Dec 1897	4:1
Antan, Robert	17 Feb 1899	4:2
Antean, Clarence	04 May 1903	4:4
Antean, Gertrude	27 Jul 1903	4:5
Anteau, Alice	12 Nov 1877	1:66
Anteau, Emma	05 Apr 1890	2:3
Anteau, Lewis	06 Sep 1888	2:2
Anthony, Newton	14 Sep 1889	2:2
Anthony, Robert	01 Aug 1892	2:4
Anthony, Theodore	24 Jul 1905	5:2
Antio, Alex	26 Jun 1908	5:4
Antio, Moses	05 Dec 1889	2:3
Antis, Alex	23 Jun 1908	5:4
Antkowiak, Madgeslat	29 May 1907	5:4
Antonine, Mary S.	28 Jul 1907	5:3
Antrelter, Geo. A.	20 Apr 1903	4:5
Antwen, Pat'k	03 Oct 1879	1:62
Aomlar, Mary	20 Dec 1907	5:4
Apger, Isac N.	03 Sep 1903	5:4
Aplegate, Martha	16 May 1880	1:62
Appel, George	27 May 1884	2:1
Appholter, Louis	06 Nov 1906	5:3
Apple, Noah	21 Sep 1902	4:4
Applegate, Alveretta	13 Apr 1899	4:2
Applegate, Daniel Stout	25 Jan 1902	4:3
Applegate, Enoch	29 Oct 1888	2:1
Applegate, Esther M.	01 Jan 1870	1:54
Applegate, Frederick T.	10 Apr 1907	5:4
Applegate, George Curtis	14 Mar 1879	1:66
Applegate, Jacob	14 Aug 1877	1:66
Applegate, John Stanbey	09 Mar 1879	1:66
Applegate, Mabel H.	05 Nov 1874	1:64
Applegate, Thos. Tracey	03 Feb 1904	4:5
Arbagast, Phebe	11 Dec 1882	1:68
Arbogash, Mattie	05 Jan 1901	4:3
Arbogast, Elizabeth	26 Feb 1870	1:40
Arbuckle, John McJay	08 Feb 1896	3:2
Arbuckle, Marion Hattie	08 Mar 1886	2:1
Archer, Frank	27 Mar 1886	2:1
Archet, Fred	12 Jul 1908	5:4
Archienger, Albert	29 Jul 1885	2:1
Archut, Mary	06 May 1900	4:3
Arden, Jno.	20 Feb 1887	2:2
Ardmann, Emma	14 Sep 1889	2:3
Ardner, George	20 Jan 1907	5:3
Ardner, Mary C.	05 Nov 1908	5:4
Ardner, Phillip	08 Jan 1872	1:64
Ardner, s/o Fred	22 Jun 1897	4:1
Arendt, Carolina	30 May 1895	3:2
Arft, Mary	28 Nov 1889	2:3
Argnette, Infant	26 Apr 1908	5:4
Argue, Cytha	03 Feb 1896	3:2
Arguette, Catherine	02 Jul 1867	1:6
Argus, Elizabeth	01 Oct 1900	4:3
Arlan, George	21 Jan 1888	2:2
Arleman, Peter	06 Jul 1901	4:3
Arman, Edward	25 Aug 1898	4:2
Armbruster, Cora	17 Sep 1904	5:1
Armour, Catherine	26 Jul 1908	5:4
Armstrong, Amelia A.W.	05 Jan 1876	1:64
Armstrong, d/o E.E.	05 Mar 1907	5:3
Armstrong, Edward	07 May 1870	1:62
Armstrong, Elizabeth	01 Dec 1878	1:66
Armstrong, Elizabeth	08 Aug 1872	1:62
Armstrong, Esther	03 Nov 1871	1:64
Armstrong, Geo. A.	12 Jun 1900	4:2
Armstrong, Hiram J.	15 Feb 1898	4:1
Armstrong, Irving P.	13 Oct 1871	1:64
Armstrong, John	05 Aug 1895	3:2
Armstrong, John	15 Nov 1907	5:3
Armstrong, Louise	20 Dec 1894	3:1
Armstrong, Robert	02 Jan 1873	1:62
Armstrong, Robert	27 Jun 1907	5:4
Armstrong, s/o Oscar	23 Aug 1893	3:1
Armstrong, Wm.	28 Oct 1897	4:1
Armstrong, Wm. Ths.	14 Dec 1879	1:62
Arna, Charles	09 Dec 1876	1:64
Arnds, Annie L.	16 Oct 1869	1:58
Arnds, John	06 Apr 1870	1:58
Arnds, Wanda Marian	11 Apr 1904	4:5
Arndt, Frederick	21 Mar 1874	1:64
Arnet, Inf/o Chas.	25 Mar 1882	1:68
Arnold, Abigail Watkins	30 Nov 1890	2:3
Arnold, Bernard	05 Sep 1871	1:62
Arnold, Edward	25 Sep 1901	4:3
Arnold, Emma	18 Aug 1879	1:62
Arnold, Florence	19 Apr 1888	2:2
Arnold, Frank	07 Jan 1908	5:4
Arnold, Fred	21 Jan 1890	2:3
Arnold, Maryette	03 Feb 1872	1:62
Arnold, Sarah	31 Jul 1888	2:2
Arquart, Elizabeth	03 Feb 1902	4:3
Arquatt, Frank V.	14 Apr 1879	1:66
Arquet, s/o Chas.	11 Jan 1903	4:4
Arquet, Sarah E.	14 Mar 1893	2:4
Arquett, Eva	10 Apr 1877	1:64
Arquett, Harriet	27 Feb 1875	1:64
Arquette, Edward	28 Jun 1896	4:1
Arquette, Inf/o Stephen	27 Aug 1869	1:52
Arquette, Maggie	12 Apr 1886	2:1
Arquette, Peter	05 May 1888	2:2
Arqutt, Eleck	16 Aug 1877	1:66
Arras, Hattie	14 Apr 1907	5:4
Arthur, Infant	08 Jul 1899	4:2
Arthur, Lottie	11 Mar 1908	5:4
Arthur, Mary C.	11 Mar 1908	5:4
Artz, Gracie	19 Apr 1893	3:1
Arvens, Effe Elizabeth	19 Aug 1891	2:3
Asaph, Ely	19 Sep 1868	1:38
Asbury, Frederick	07 Sep 1897	4:1
Aschbacher, Louis	17 Nov 1893	3:1
Asche, Thomas A.	05 Jun 1891	2:3
Ash, Erie	16 Jun 1902	4:4

NAME	DATE	V/P
Ash, John	17 Jul 1888	2:2
Ash, Mary	24 Jun 1885	2:1
Ash, Thomas	26 Apr 1899	4:2
Ash, Thomas	26 Mar 1899	4:1
Ashe, Edward Thomas	20 Aug 1877	1:66
Ashenbroner, Mary*	23 Jul 1884	
Ashley, Emily	Nov 1889	2:2
Ashley, Ethelyn Irene*	---	
Ashley, Mary Gertrude*	---	
Ashman, Fannie	18 Feb 1899	4:2
Ashmun, Fred	15 Jun 1898	4:2
Ashton, Wm.	09 Nov 1902	4:4
Ashwill, S.R.	02 Sep 1897	4:1
Askam, Charles	25 Dec 1906	5:3
Askam, Charles W.	26 Dec 1906	5:3
Aske, Frances	10 Nov 1908	5:5
Asman, Harry	27 Oct 1901	4:3
Asmassen, Anna Helen	26 Jul 1901	4:3
Asmen, James	30 May 1886	2:1
Asseng, Margaretha	28 Jan 1875	1:64
Aston, John	1872	1:62
Atherton, E.B.	03 Feb 1876	1:64
Atherton, Lionel	05 May 1905	5:2
Atkin, Walter Young	19 Aug 1889	2:2
Atkins, Alice V.	12 Feb 1877	1:66
Atkins, John Robinson	17 Mar 1902	4:3
Atkins, Myron B.	23 Aug 1868	1:20
Atkins, Rob't F.	18 Aug 1871	1:64
Atkins, Rosantha	22 Jun 1884	2:1
Atkins, Wm.	12 Feb 1901	4:3
Atkins, Wm. R.	23 Feb 1877	1:66
Atkinson, Chas. H.	28 Oct 1901	4:3
Atkinson, Ellen	26 Mar 1892	2:3
Atkinson, Harriet	07 Apr 1900	4:3
Atkinson, James	13 Aug 1891	2:3
Atkinson, John	14 Jun 1878	1:66
Atkinson, Roland Albert	20 Jan 1903	4:4
Atwell Jessie	07 Nov 1895	3:2
Atwell, Ada A.	27 Apr 1884	2:1
Atwell, Anna	13 Sep 1874	1:64
Atwell, Electa	23 Oct 1906	5:3
Atwell, Elizabeth	25 Nov 1869	1:48
Atwell, Harry L.	27 Aug 1908	5:4
Atwell, Joseph	04 Jul 1898	4:1
Atwell, Walter N,	12 Dec 1890	2:3
Atwill, Mrs.	27 May 1888	2:2
Atz, Geo. Michel	24 Apr 1908	5:5
Aualt, David	30 Jun 1872	1:62
Auberger, Petor	27 Jul 1890	2:3
Aubrey, Esther	14 Feb 1902	4:4
Aubrey, Napoleon	26 Feb 1904	4:5
Aubry, Berneaette	18 Nov 1905	5:2
Aubry, Celastie	30 Sep 1896	4:1
Aubry, Frank	01 Jul 1881	1:66
Aubry, John	14 Apr 1904	5:1
Aubry, Joseph	12 Aug 1887	2:2
Aubry, Louisa	03 Jun 1895	3:2
Aubry, Maggie	14 Jan 1893	2:4
Aubry, Maggy	17 Apr 1875	1:64
Aubry, Marie	15 Nov 1905	5:2
Aubry, Mary	18 Sep 1900	4:2
Aubry, Richard	10 Mar 1907	5:3
Aubry, Rudolph	21 Apr 1902	4:4
Auer, Anthony	01 Oct 1880	1:62
Aufdecome, William	01 Apr 1906	5:2
Aufdengarten, Frances	04 Dec 1906	5:3
Aufdengarten, Henry	05 Mar 1868	1:10
Aufdenkamp, Fred	28 Nov 1885	2:1
Aufdenkamp, Louis	27 Nov 1885	2:1
Aufdenkampe, Wm.	20 Dec 1894	3:1
Aufderheid, Mary	24 Jan 1905	5:1
Aufderheide, Henry	03 Apr 1905	5:2
Augrbach, Henry*	03 Dec 1882	
August, Ammon	03 Oct 1897	4:1
Augustine, Emmaline	15 Mar 1905	5:1
Augustine, Josiah	09 Nov 1901	4:3
Aukney, Joseph F.	04 Aug 1893	3:1
Aumain, Anita	08 Mar 1898	4:1
Aumend, Iney R.	11 May 1881	1:66
Aumend, Inf/o J.B.	30 Feb 1876	1:64
Aumend, Inf/o J.B.	30 Feb 1876	1:64
Aumend, James B.	04 Jan 1899	4:1
Aumend, s/o Wm.	03 Feb 1903	4:4
Aumend,George	13 Feb 1882	1:66
Auperger, Martin	14 Jul 1876	1:64
Auron, M.	15 Feb 1893	2:4
Auspoken, Mary	03 Aug 1904	5:1
Austee, Fainnie A.	20 Jul 1872	1:64
Austee, Thomas	26 Mar 1874	1:64
Austin, Arthur	20 Aug 1873	1:64
Austin, Birt	17 Dec 1870	1:62
Austin, Clarinda	02 Mar 1901	4:3
Austin, Eli Ellen	18 Jul 1884	2:1
Austin, Grace Weber	26 Jul 1888	2:2
Austin, Jane T.	20 Jan 1906	5:2
Austin, Maria	28 Apr 1898	4:2
Austin, Mary French	10 Oct 1897	4:1
Austin, Mrs.	19 Feb 1881	1:62
Austin, Oliver	20 Jul 1887	2:2
Austin, Pearl	03 Jul 1898	4:2
Austin, Richard H.	12 May 1900	4:3
Austin, Robert C.	22 Oct 1904	5:1
Austin, Sam'l H.	10 Mar 1877	1:66
Austin, Wm. A.	02 Mar 1880	1:62
Autannet, Fredde	23 Jan 1890	2:3
Auten, Sarah	24 Mar 1902	4:4
Autenecath, Geo.	05 Jan 1908	5:3
Auth, Adolph F.	11 Apr 1875	1:64
Auth, Agnes	09 May 1897	4:1
Auth, Annie	07 May 1885	2:1
Auth, Henry	12 Oct 1868	1:24
Auth, Henry J.	14 May 1877	1:66
Auth, Ireene Christina	17 Dec 1893	3:1
Auth, John	24 Mar 1878	1:66
Auth, John	24 Mar 1878	1:66
Auth, Joseph	29 Apr 1880	1:62
Auth, Otto	14 May 1876	1:66
Auth, Thresia	28 Apr 1880	1:62
Authenseath, Rose	14 Jan 1905	5:1
Authuw, Edward	11 Mar 1897	4:1
Authuw, Henry	24 Mar 1897	4:1
Autuian, Lena	04 May 1885	2:1

NAME	DATE	V/P	NAME	DATE	V/P
Auxter, Frances M.	09 Jul 1882	1:68	Bacon, Janet T.	22 Oct 1884	2:7
Auxter, Newton	10 Sep 1881	1:66	Bacon, Mary A.	29 Aug 1887	2:11
Ave, Elmore	14 Nov 1899	4:2	Baczkiwiz, R. Hedwig	30 Mar 1909*	5:21
Averingham, Ruth	08 Nov 1893	3:1	Bada, August	08 Apr 1902	4:22
Avery, Daniel B.	08 Apr 1883	1:68	Bada, Inf/o John	22 Feb 1881	1:80
Avery, Florence	16 May 1902	4:4	Bade, Johann	02 Aug 1888	2:14
Avery, Grace	Sep 1875	1:64	Bade, Mary	22 Sep 1892	2:24
Axel, Catharine	23 Aug 1874	1:64	Badeau, May	04 Apr 1880	1:76
Axel, Otto P.	07 Jul 1871	1:62	Badeau, Reuben M.	05 Mar 1904	4:26
Axel, S.G.L.	01 Aug 1868	1:18	Badel, Eva	03 Feb 1907	5:14
Ayer, Geo. Albert	12 Dec 1898	4:2	Baden, William	15 Dec 1896	4:6
Ayers, d/o Vincent	25 Apr 1893	3:2	Bader, Mary Anna	18 Feb 1892	2:19
Ayers, H.E.	08 Feb 1896	3:1	Bader, Nichlos	20 Mar 1897	4:6
Aylward, James Henry	13 Jul 1892	4:2	Badsin, May	20 Dec 1895	3:14
Aylward, Joseph	23 Dec 1887	2:2	Baeirs, John	30 Jun 1870	1:86
Aysh, William	01 Dec 1901	4:4	Baer, Clifford G.	25 Feb 1893	2:22
Baachmann, Lula	13 Oct 1895	3:14	Baer, Justus	Nov 1907	5:17
Baade, John W.	28 Feb 1882	1:82	Baer, Kenith	24 Aug 1907	5:18
Baar, Julius	19 Aug 1870	1:88	Baer, Martha	27 Jul 1908	5:21
Baas, Roberta	27 Jun 1901	4:20	Baer, Mary	27 Jul 1908	5:21
Baatz, Infant	27 Dec 1868	1:28	Baer, Salombe	12 Jun 1885	2:9
Babbitt, Eliza	14 Jan 1899	4:11	Baer, Willie	15 Feb 1874	1:96
Babcock, Alvin M.	29 Feb 1868	1:10	Baerdski, Gertrude Selma	14 Feb 1895	3:10
Babcock, Grace	15 Apr 1873	1:100	Baertsche, Jno. P.	27 Nov 1879	1:108
Babcock, Henry Hiram	24 Aug 1901	4:20	Baese, Aesley	10 Jan 1895	3:15
Babcock, Jessie M.	26 Oct 1893	3:8	Baether, August	15 Dec 1904	5:9
Babcock, William	21 Sep 1870	1:86	Bagdianaka, Martha	26 Feb 1899	4:10
Babcock, William A.	18 Mar 1905	5:9	Bagne, Mary	22 Aug 1886	2:10
Babcock, William J.	21 Jun 1906	5:13	Bahm, Martin	26 Feb 1884	1:84
Babington, William	12 Jun 1882	1:82	Bahm, Mary	27 Jul 1881	1:82
Babst, Henry	16 Jan 1897	4:7	Bahnsack, Idda	16 Oct 1894	3:12
Bacezski, Joseph	03 Jul 1908	5:22	Bahrs, Albert	25 Jul 1892	2:23
Bach, Catharine	24 Jul 1894	3:12	Bahrthinski, Wladislawa	01 Jun 1896	4:8
Bach, Cathrene Mary	11 Mar 1891	2:17	Bahusen, Ellsworth	14 Mar 1908	5:19
Bach, Charles Nimrod	13 Jul 1889	2:14	Baier, Bertha	31 Aug 1874	1:96
Bach, Emila	28 Jul 1891	2:21	Baier, Charles	28 Apr 1874	1:96
Bach, France H.	29 Aug 1892	2:22	Baier, Eliza	30 Aug 1874	1:96
Bach, Jacob	04 Oct 1872	1:90	Bailey, Bennette Emma	28 Jan 1892	2:20
Bach, Marie	12 Mar 1886	1:84	Bailey, Bertha	27 Apr 1907	5:18
Bach, Mary	27 Apr 1900	4:13	Bailey, Caroline	17 Apr 1900	4:18
Bach, Paul	13 Apr 1907	5:18	Bailey, Dan R.	08 Sep 1880	1:78
Bach, Teresa	02 Mar 1884	1:84	Bailey, Edward Chas.	13 Aug 1903	4:27
Bachman, Carrie	08 Jan 1892	2:20	Bailey, Frederick	06 Nov 1900	4:19
Bachman, Leata	25 Mar 1896	3:13	Bailey, George O.	04 Mar 1889	2:14
Bachmayr, John	13 Aug 1907	5:16	Bailey, John Emery	21 Aug 1898	4:12
Bachtel, Harold	03 Aug 1908	5:23	Bailey, John S.	15 Mar 1882	1:80
Bachus, Andrew	20 Nov 1874	1:94	Bailey, Joseph	02 Mar 1908	5:19
Bachus, Valentine	17 Mar 1891	2:18	Bailey, Joseph	09 Jul 1907	5:17
Back, Anna	19 Mar 1897	4:6	Bailey, Marietta S.	22 May 1896	4:7
Back, Frank	29 Aug 1892	2:23	Bailey, Moses Mortimer	18 Jan 1902	4:20
Back, Ida	26 Jun 1894	3:10	Bailey, Theresa	02 Sep 1870	1:86
Back, Margarett	22 Feb 1895	3:13	Bailleux, Jacob	27 Sep 1876	1:100
Back, Marvin	17 Nov 1907	5:18	Baily, Elizabeth	01 Jan 1894	3:8
Back, Marvin R.	17 Nov 1907	5:20	Bainke, John	18 Dec 1883	1:84
Backer, Herman	1871	1:88	Bair, Frank	14 Dec 1903	4:27
Backett, Anna M.	Sep 1900	4:17	Bair, Mary M.	17 Jan 1896	3:14
Backus, Abner L.	14 Jun 1895	3:13	Baird, Conrad Joseph	08 Apr 1903	4:24
Backus, Abner L., Mrs.	25 Oct 1878	1:106	Baird, Infant	10 Sep 1886	2:10
Backus, John A.	01 Jul 1907	5:17	Baird, J.C.	08 Apr 1903	4:25
Backus, Sam'l Reed	06 Apr 1901	4:20	Baird, Mary	22 Feb 1907	5:16
Backus, Sucretia	07 Apr 1901	4:17	Baisell, Alfred Lewis	19 Jul 1894	3:12

NAME	DATE	V/P
Baither, Beathla	20 Mar 1870	1:52
Baither, Bertha	07 Sep 1875	1:98
Baither, Gustav	30 Mar 1875	1:98
Baither, Ida	07 Sep 1875	1:98
Baka, Andrew	02 Aug 1899	4:15
Baker, Alfred	24 Jul 1905	5:12
Baker, Alice	20 Mar 1887	2:9
Baker, Anna A.	08 Jan 1889	2:13
Baker, Benjaman	26 May 1905	5:11
Baker, Blanch	04 Feb 1894	3:8
Baker, Carl	13 Dec 1906	5:15
Baker, Carle	20 Jan 1899	4:11
Baker, Catherine	14 Jan 1907	5:16
Baker, ch/o Ralph	08 Mar 1869	1:32
Baker, Cheseton H.	27 Jul 1896	1:100
Baker, Clara	07 Apr 1903	4:26
Baker, Clara	11 Mar 1902	4:19
Baker, Clarence	13 Jun 1898	4:12
Baker, Clarence E.	08 Oct 1877	1:102
Baker, Claude P.	17 Jul 1887	2:12
Baker, Clemmont	27 Apr 1904	5:8
Baker, Clifford Barny	16 Sep 1897	4:9A
Baker, Daniel	02 Mar 1895	3:10
Baker, David	18 Jan 1879	1:108
Baker, David, Mrs.	21 Nov 1905	5:12
Baker, Dora B.	25 Aug 1877	1:102
Baker, Dora D.	25 Aug 1877	1:104
Baker, Dorothy E.	14 Mar 1905	5:8
Baker, Eddie	29 Aug 1894	3:12
Baker, Edith Jane	10 Jan 1901	4:15
Baker, Emily Benouges	27 Mar 1878	1:102
Baker, Eva	11 Dec 1899	4:10
Baker, Evert	07 Jul 1871	1:88
Baker, Febie Elizabeth	19 Jul 1908	5:22
Baker, Frank P.	06 May 1905	5:8
Baker, Geneva	25 Dec 1892	2:23
Baker, George	17 Dec 1905	5:12
Baker, Gertrude	22 Jul 1901	4:19
Baker, Gilbert	29 Apr 1883	1:70
Baker, Harold	12 Mar 1884	1:458
Baker, Howard	24 Jul 1890	2:19
Baker, Infant	13 May 1899	4:13
Baker, John	24 Feb 1891	2:18
Baker, John George	04 Mar 1886	2:8
Baker, John P.	19 Sep 1900	4:15
Baker, Joseph	18 May 1905	5:12
Baker, Joseph	18 May 1905	5:11
Baker, Kate	18 Mar 1869	1:34
Baker, Katie	30 Apr 1898	4:11
Baker, Leo	17 Sep 1900	4:15
Baker, Louisa	14 Mar 1880	1:108
Baker, Maria	12 Feb 1901	4:19
Baker, Martha	01 Nov 1899	4:13
Baker, Mary	20 Jul 1899	4:13
Baker, Mary	27 Feb 1885	2:7
Baker, Mary E.	06 Dec 1895	3:14
Baker, Mattie	15 Jul 1898	4:11
Baker, Milfred	04 Jun 1905	5:12
Baker, Minnie	16 Jan 1906	5:11
Baker, Oliver L.	02 May 1908	5:22
Baker, Peter	10 Jan 1908	5:20
Baker, Peter	11 Mar 1881	1:78
Baker, Priscilla	20 May 1907	5:16
Baker, s/o Charles	02 Apr 1901	4:19
Baker, s/o J.M.	04 Oct 1899	4:13
Baker, Susan	01 Oct 1890	2:17
Baker, William	20 Apr 1902	4:24
Baker, William	17 Nov 1894	3:11
Baker, William	Sep 1870	1:86
Baker, William S.	20 Apr 1904	4:27
Bakweth, s/o Frank	15 Apr 1897	4:9
Balass, John	13 Feb 1895	3:13
Balcoir, Mary	29 Jan 1868	1:8
Balcomb, Chas. Adrian	05 Dec 1893	3:9
Balderson, John T.	15 Mar 1874	1:92
Baldwin, Amelia	01 Apr 1901	4:20
Baldwin, Bertha H.	11 Jan 1903	4:23
Baldwin, Eliza R.	07 Oct 1889	2:16
Baldwin, Infant	01 Jan 1868	1:38
Baldwin, James E.	27 Dec 1871	1:90
Baldwin, Jennie M.	07 Dec 1906	5:15
Baldwin, Joe	07 Aug 1889	2:15
Baldwin, Maria	09 Jun 1907	5:18
Baldwin, Marquis	29 Aug 1896	4:7
Baldwin, Mary	15 May 1892	2:24
Baldwin, Mill. T.	13 Dec 1881	1:80
Baldwin, Sada Bell	23 Feb 1901	4:18
Baldwin, Sarah	25 Nov 1893	1:92
Baldwin, Sarah D.	24 Aug 1877	1:102
Baldwin, William	24 Dec 1906	5:15
Bales, Herman S.	03 Dec 1896	3:14
Bales, Mary Francis	29 Mar 1905	5:9
Bales, Orleans	29 Jan 1896	3:14
Balestry, Mary	30 Oct 1904	5:9
Baley, George J.	15 Mar 1881	1:80
Balf, Wm.	03 Sep 1869	1:56
Balk, Alvin	12 Oct 1908	5:21
Balk, Arthur	05 Dec 1896	4:8
Balk, Arthur J.	05 Dec 1896	4:7
Balk, Edna	03 Sep 1898	4:12
Balk, Gertrude A.	02 Jan 1896	3:14
Balk, John	07 Jul 1897	4:9
Balk, Malain	26 Mar 1900	4:14
Balk, s/o Chas.	21 Nov 1896	4:7
Ball, Adam W.	08 Jan 1892	2:21
Ball, Anna	11 Jan 1905	5:9
Ball, Annie Maria Hull	15 Jan 1902	4:20
Ball, Elizabeth A.	15 Sep 1873	1:92
Ball, Frank S.	02 Nov 1890	2:18
Ball, Freda	25 Jan 1904	4:26
Ball, Genevieve	27 Jun 1908	5:20
Ball, Inf/o Roy	10 Sep 1905	5:12
Ball, Jennie V.	27 Jun 1908	5:22
Ball, Joseph	06 Dec 1886	2:10
Ball, L. Gertrude	19 Feb 1868	1:10
Ball, Nathan	21 Nov 1906	5:15
Ball, Norah	03 Feb 1907	5:15
Ball, Phillip	25 Nov 1889	2:15
Ball, Sarah V.	1871	1:88
Ballamy, Ellen	19 Jul 1872	1:90
Ballanger, Clarence	06 Jul 1902	4:23
Ballard, Chas.	24 Mar 1896	3:14

NAME	DATE	V/P	NAME	DATE	V/P
Ballard, Jas.	22 Mar 1868	1:10	Banaszak, Sophia	12 Jul 1905	5:11
Ballard, Mary	09 Oct 1902	4:23	Bancher, Wilbur W.	21 Dec 1897	4:8
Ballard, Pauline	Feb 1904	4:25	Banchler, Wm. F.	13 Oct 1900	4:18
Ballard, Phebe Rowland	03 Apr 1891	2:20	Bancroft, Magdalena L.	18 Aug 1873	1:92
Ballard, Roy Alfred	13 Mar 1899	4:11	Bandy, August	07 Jun 1874	1:96
Ballart, August	20 Jan 1884	1:458	Bandy, Frances	21 Dec 1898	4:12
Ballart, Wm. F.C.	07 Jan 1893	2:22	Bandy, Frances D.	22 Dec 1899	4:14
Ballau, Chas.	24 Mar 1896	3:14	Bane, Colon	19 Jan 1887	2:10
Ballell, Ida	05 Mar 1899	4:11	Baner, Clara	23 Jul 1884	2:7
Ballentine, John	12 Mar 1902	4:20	Baner, Jacob	11 Aug 1884	2:7
Baller, Christ	18 Sep 1895	3:13	Baner, Julius	29 Jul 1870	1:86
Ballert, Clarence	20 Dec 1901	4:21	Banfiel, Mary A.	05 Jul 1887	2:11
Balles, William	19 Mar 1896	3:13	Banfield, William	Dec 1905	5:10
Ballet, Arnold	08 Apr 1874	1:96	Bangratz, Anna	16 Sep 1881	1:80
Balli, Ernst C.	25 Aug 1897	4:9	Bangs, Horatio	02 Dec 1890	2:17
Balli, s/o H.	04 Feb 1898	4:9	Bangs, Richard	04 Jan 1882	1:82
Balliet, Dano	09 Feb 1908	5:19	Bangs, Susan Pitkin	14 Nov 1901	4:20
Ballina, Jacob	13 Dec 1902	4:22	Bank, Frederick A.	26 Jun 1904	5:9
Ballinger, Henry	29 Jul 1893	3:8	Banke, Anna	07 Jun 1900	4:17
Ballitt, J.F.	18 Sep 1908	5:22	Banks, James P.	22 Nov 1891	2:19
Ballman, Christina	15 Jul 1902	4:23	Banks, Maud	29 Oct 1894	3:12
Ballmoos, John	26 Apr 1909	5:23	Bann, William	13 May 1895	3:11
Ballmurs, Henry	24 Apr 1895	3:15	Banner, John	11 Jun 1880	1:78
Balloat, Lizzie M.	04 Sep 1876	1:100	Banoohowski, Floryan	29 Sep 1908	5:21
Ballof, Barbara	15 Sep 1875	1:98	Banroth, Hugo	03 Feb 1907	5:14
Balloff, Elizabeth	11 Nov 1869	1:48	Bans, Adolph	04 Sep 1884	2:7
Balloff, Isabella	16 Jul 1875	1:96	Bansbach, Mary	08 Nov 1898	4:10
Balloff, Jacob	10 Sep 1870	1:86	Banslougle, Henry	05 Mar 1903	4:23
Ballon, Donald Webster S.			Banta, George	13 Dec 1907	5:18
	22 Jun 1904	5:8	Bantlet, Rhoda	25 Dec 1894	3:12
Balls, Mary	28 Mar 1884	1:84	Baopucki, Frank	25 Nov 1897	4:9A
Bally, Zana	14 Oct 1899	4:14	Bapp, Jacob	10 Nov 1893	3:8
Balman, Ludwich	11 Jul 1874	1:96	Baptiste, John	06 Dec 1879	1:76
Balmeisler, Martin	29 Jun 1875	1:98	Baque, Mary	20 Jan 1904	4:25
Balmeisler, Wm.	22 Oct 1875	1:98	Baranck, Clementine	27 Aug 1904	5:9
Balmer, Eliza	Mar 1907	5:13	Baranck, Josephina	25 Jan 1904	4:26
Balof, Margaret	09 Jan 1891	2:17	Barban, Charles	18 Apr 1890	2:19
Balomeyer, Rudey H.	23 Apr 1896	4:6	Barber, d/o H.A.	14 Mar 1899	4:11
Balser, Betsey	05 Jul 1881	1:80	Barber, David	29 Nov 1887	2:11
Balsmaier, Margaret	06 Jul 1887	2:11	Barber, Elizabeth	04 Nov 1903	4:27
Balsmeyer, Anna	25 Apr 1869	1:46	Barber, Elizabeth	14 Oct 1885	2:8
Balsmeyer, Frederick	08 Sep 1895	3:13	Barber, Ellen E.	30 Sep 1905	5:11
Balsmeyer, Rudolph	27 Aug 1895	3:13	Barber, Ephraim	21 Jul 1880	1:76
Balter, Alfrid	05 Mar 1896	3:13	Barber, George	01 Nov 1893	3:9
Baltes, Henry	05 Mar 1870	1:44	Barber, Harriett	03 Mar 1885	2:7
Balthea, Addeph	09 Jul 1897	4:9A	Barber, Hattie E.	12 Sep 1898	4:12
Baltice, Elizabeth	10 Feb 1871	1:86	Barber, Loren	19 Dec 1907	5:19
Baltles, Martin C.	14 Sep 1906	5:15	Barber, Lucy A.	16 Jan 1905	5:8
Baman, Elijah	13 Jun 1908	5:22	Barber, Martha Blanch	06 Mar 1890	2:16
Bambauer, Margarette	10 Oct 1904	5:9	Barber, Mary Ann	29 Jan 1887	2:10
Bamber, Lusa J.	23 Feb 1892	2:20	Barber, Neva	20 Jan 1903	4:24
Bamber, Nellie	15 Jul 1898	4:11	Barber, Nora E.	20 Jan 1903	4:22
Bamber, William	16 Jul 1883	1:458	Barber, Robert	30 Jul 1899	4:13
Bamber, Wm. P.	22 Jan 1885	2:7	Barber, Royal	28 Oct 1892	2:21
Bambrey, Frank	22 May 1907	5:17	Barber, Sarah	22 Oct 1899	4:15
Bambrys, Frank	22 May 1907	5:17	Barber, Thomas	16 Sep 1884	2:7
Bamdean, Joseph R.H.	23 Jul 1894	3:12	Barber, Wm.	27 Nov 1907	5:19
Bamis, Wheeler H.	10 Aug 1902	4:23	Barber, Wm. R.	17 Mar 1888	2:12
Bamos, Mary M.	18 Oct 1873	1:94	Barbin, Amelia W.	20 Feb 1906	5:12
Bamsey, John	04 May 1871	1:90	Barbin, John	16 Jan 1891	2:17
Banactzak, Mary	18 Mar 1907	5:14	Barbra, Mary	06 Aug 1885	2:9

NAME	DATE	V/P
Barchant, John	09 Nov 1887	2:11
Barchent, Margarette	19 Oct 1891	2:20
Barczak, Paul	Dec 1903	4:26
Barczk, Stanislof	14 Apr 1903	4:26
Bard, R.H.	27 Jun 1896	4:6
Barde, Herbert	12 Oct 1892	2:24
Bardeau, Anthony	10 Aug 1896	4:6
Bardeaux, Charles	11 May 1902	4:23
Bardelmeyer, Henry	11 Nov 1892	2:22
Bardelmier, Eliza	04 Apr 1874	1:96
Bardelmier, Fredericka	01 Apr 1874	1:96
Barden, Eugene	02 Apr 1902	4:19
Barden, Hattie	01 May 1880	1:78
Barden, Mary	21 Feb 1904	4:27
Bardhalt, George	17 May 1883	1:84
Bareneck, Charles	23 Apr 1897	4:9
Bareneck, Frank	05 Apr 1897	4:9
Bareneck, John	07 Apr 1897	4:9
Barent, Rosie	16 Mar 1895	3:13
Barezynski, Joe	04 Jul 1908	5:20
Barfield, Charles	19 Apr 1876	1:100
Barfield, Fred C.	11 Jan 1890	2:16
Bargehold, Catharine	06 Dec 1894	3:12
Bargey, Clark	06 Nov 1870	1:86
Bargk, Louisa	05 Apr 1869	1:56
Bargwarat, Marie	27 Jul 1895	3:13
Bargy, Adeline	01 Jan 1870	1:44
Bargy, Esther	29 Nov 1883	1:84
Barier, Mary E.	03 Jan 1904	4:27
Barkaw, Emilie	28 Apr 1896	4:7
Barkdell, Emma C.	07 Nov 1907	5:16
Barkdull, Bernard	13 Feb 1875	1:96
Barkdull, Edith M.	06 Oct 1873	1:92
Barkdull, Leroy N.	20 Dec 1877	1:102
Barkdull, Park N.	08 Dec 1874	1:94
Barkdull, W. Henry	21 Jan 1904	4:25
Barke, Mary	08 Mar 1881	1:78
Barker, Celina F.	03 Dec 1885	2:9
Barker, Emma M.	10 Apr 1870	1:40
Barker, Frank L.	24 Sep 1890	2:17
Barker, Harry	18 Mar 1870	1:40
Barker, Henry S.	28 Dec 1894	3:10
Barker, Infant	01 May 1874	1:92
Barker, Lois M.	15 Apr 1870	1:40
Barker, Lucy A.	03 Mar 1873	1:92
Barker, Mary E.	22 Feb 1896	3:14
Barker, Thomas E.	05 Oct 1903	4:27
Barker, Wm. G.	05 Apr 1871	1:88
Barker, Wm. Henry	28 Aug 1877	1:102
Barkes, Mary	20 Jan 1908	5:18
Barkhotz, Wm.	Aug 1893	3:9
Barks, Emma G.	29 Feb 1882	1:80
Barks, Maria	01 Jan 1888	2:11
Barks, Maud F.	19 Feb 1882	1:80
Barlash, Rosa	12 Sep 1898	4:11
Barley, Cora	21 Aug 1903	4:27
Barlkot, Chas.	21 Feb 1887	2:10
Barllett, Lula Frances	23 Aug 1894	3:10
Barlow, A.C.	28 Jul 1897	4:9
Barlow, Bradford	20 Mar 1893	2:23
Barlow, Henry	01 Aug 1879	1:76

NAME	DATE	V/P
Barmner, Adaline Laurence	16 Oct 1902	4:22
Barn, Catharine	20 Feb 1880	1:108
Barnard, James C.	22 Jan 1898	4:9A
Barnard, Maggie	18 May 1890	2:19
Barnardine, Sister	27 Feb 1890	2:16
Barnell, Ada	11 Jun 1884	2:7
Barnes, Allen	15 Sep 1875	1:98
Barnes, Allen	15 Sep 1875	1:64
Barnes, Bessie	15 Jun 1891	2:20
Barnes, Blanch	18 Apr 1891	2:17
Barnes, Catharine M.	02 Dec 1889	2:15
Barnes, Charles W.	13 Feb 1907	5:13
Barnes, Clara	18 Feb 1879	1:106
Barnes, D.	13 Feb 1906	5:11
Barnes, Della F.	14 Apr 1872	1:90
Barnes, Earl E.	03 Jan 1901	4:15
Barnes, Edward C.	06 Dec 1880	1:78
Barnes, Eliz. B.	24 Apr 1908	1:80
Barnes, Ella	30 Nov 1881	5:22
Barnes, Emma	14 Feb 1900	4:15
Barnes, Emma	14 Feb 1900	4:13
Barnes, Ester	28 Mar 1889	2:15
Barnes, Fred	29 Sep 1906	5:13
Barnes, Hattie Belle	07 Jul 1877	1:102
Barnes, Henry	14 Aug 1898	4:10
Barnes, Henry A.	02 Jan 1882	1:82
Barnes, Hilda May	26 Oct 1884	2:8
Barnes, Homer M.	24 Sep 1874	1:94
Barnes, James	17 Aug 1879	1:108
Barnes, Jane Irwin	12 Feb 1897	4:6
Barnes, John	19 Mar 1891	2:17
Barnes, John H.	13 Oct 1898	4:10
Barnes, John L.	04 Feb 1906	5:12
Barnes, Julia	04 Jun 1904	5:8
Barnes, M. Elizabeth	09 Feb 1873	4:25
Barnes, Mahala	23 Apr 1898	1:92
Barnes, Mary	09 Sep 1903	4:11
Barnes, Mary Elizabeth	06 Mar 1884	1:84
Barnes, Richard	13 Nov 1889	2:15
Barnes, Rob't	15 Jun 1886	2:9
Barnes, S.R.	18 Mar 1879	1:106
Barnes, Samuel Roy	11 Sep 1893	3:9
Barnes, Sarah A.	21 Aug 1877	1:102
Barnes, Sarah P.	26 Mar 1878	1:102
Barnes, Susan	20 Apr 1906	5:16
Barnes, Tracy	14 Dec 1898	4:11
Barnes, Willard*	08 Jan 1879	
Barnett, Eliza	03 Dec 1875	1:98
Barnett, Ella	05 Mar 1908	5:19
Barnette, Inf/o Arthur	24 Feb 1885	2:8
Barney, Michael	01 Oct 1902	4:23
Barnhill, John	26 Mar 1904	5:9
Barnhiser, Josephine	18 Aug 1900	4:18
Barnhiser, Sarah	02 May 1891	2:21
Barnkart, Christ	23 Oct 1880	1:78
Barns, Jane	15 Apr 1872	1:90
Barns, O. William	19 Mar 1882	1:82
Baron, Lillian R.	05 Mar 1903	4:22
Baron, Rosa	19 Apr 1887	2:11
Barr, Augusta	15 Mar 1872	1:88

NAME	DATE	V/P
Barr, Catherine	03 Feb 1908	5:18
Barr, George Washington	28 Jun 1908	5:20
Barr, James	08 Mar 1900	4:14
Barr, Jane	15 Apr 1872	1:90
Barr, Lucy	16 Dec 1905	5:12
Barr, R.H.	20 May 1872	1:92
Barr, s/o Sam	29 Oct 1895	3:14
Barr, Wm. R.	26 May 1890	2:18
Barracher, Cornelius	21 Jul 1905	5:11
Barrachlough, William	21 Feb 1908	5:19
Barrar, Lizzie	08 Jun 1897	4:9A
Barre, Frederick	05 Aug 1870	1:86
Barres, Lereum	06 Oct 1907	5:17
Barret, Bella B.	---	1:92
Barrett, Edward	04 Oct 1902	4:23
Barrett, James*	14 Nov 1882	
Barrett, Laura F.	18 Oct 1905	5:11
Barrett, Mary	17 Mar 1903	4:22
Barrett, Russell C.	24 Aug 1904	5:8
Barrett, Squire	25 Oct 1874	1:94
Barrie, Adalade	24 Aug 1908	5:21
Barrier, Browislaus	01 Aug 1893	3:9
Barringer, Grace Edna	14 Jan 1900	4:14
Barringer, Phoebe	20 Apr 1902	4:23
Barrington, Mary	09 Apr 1898	4:11
Barritt, William	27 May 1884	2:7
Barrns, Anna E.	02 Jul 1896	4:6
Barron, Enova	23 Apr 1885	2:9
Barron, Geo. Carl	09 Sep 1897	4:9A
Barror, Carrie	11 Dec 1890	2:18
Barror, John B.	18 Oct 1891	2:19
Barror, Nettie	10 Aug 1901	4:20
Barrow, Jennie Barbara	29 Aug 1890	2:17
Barrow, Wm.	25 Nov 1880	1:78
Barry, Ellen	13 Nov 1873	1:92
Barry, Margeretha	14 Dec 1900	4:17
Bars, Fred	13 Mar 1906	5:11
Bars, Sophia	18 Sep 1899	4:15
Bars, Sophia	18 Sep 1899	4:13
Barsch, Helen	30 Aug 1908	5:20
Barshan, Nellie	23 Mar 1898	4:9A
Barsill, Albert August	20 Jul 1894	3:12
Barsos, Joseph	05 Dec 1908	5:21
Bartchent, Chas.	22 Mar 1891	2:18
Bartelett, Wm.	20 Aug 1873	1:94
Bartell, Bernard	22 Oct 1905	5:11
Bartell, Edward	18 Apr 1877	1:104
Bartell, Frank	04 Dec 1908	5:20
Bartell, Freda	17 Aug 1894	3:12
Bartell, Nicholas	27 Mar 1899	4:11
Bartelle, Marie	22 Apr 1887	2:11
Bartells, John	29 Mar 1904	5:9
Barter, Margaret M.	30 Mar 1899	4:13
Barth, Andrew	25 Dec 1905	5:10
Barth, Infant	04 Nov 1894	3:12
Barth, Peter	18 Feb 1898	4:12
Barthel, Joseph	16 Aug 1878	1:104
Barthold, Barbara	19 Apr 1899	4:12
Bartholumu, Rhode	15 Apr 1908	5:21
Bartill, Otto	09 Mar 1881	1:80
Bartless, John	13 Jun 1904	5:9
Bartlett, Bodie	26 Dec 1894	3:12
Bartlett, Daisey Blanch	09 Jun 1894	3:12
Bartlett, Earnest E.	28 May 1880	1:76
Bartlett, Elizabeth	09 Aug 1882	1:84
Bartlett, Geo.	03 Jun 1890	4:13
Bartlett, George	04 Jun 1899	4:14
Bartlett, John B.	20 Sep 1902	4:23
Bartlett, Peter	15 Jul 1906	5:14
Bartlett, Phoebe P.	13 Oct 1907	5:18
Bartlett, Sarah Edith	24 Apr 1894	3:11
Bartlett, Unknown	18 Feb 1894	3:10
Bartlett, Unknown, (Twin)	05 May 1894	3:12
Bartlett, Unknown, (Twin)	05 May 1894	3:12
Bartlette, Anna	15 Sep 1871	1:88
Bartley, Anna	20 Apr 1876	1:100
Bartley, Anne	22 Jul 1873	1:92
Bartley, Dorithy	21 May 1901	4:20
Bartley, Eliza	07 Sep 1876	1:100
Bartley, G.	02 Mar 1890	2:14
Bartley, Gershan	03 Jul 1891	2:20
Bartley, Mary	05 Jan 1873	1:90
Barto, Carl	25 Feb 1873	1:90
Barton, Alienian St. J.	02 Jul 1892	2:22
Barton, Alienian St. John	02 Jul 1892	2:23
Barton, Grace C.	21 Aug 1882	1:82
Barton, John	18 Mar 1894	3:8
Barton, Margaret H.	28 Dec 1890	2:17
Barton, Nathan	16 Jun 1889	2:16
Bartow, Amos	21 Mar 1893	2:21
Bartow, Ralph	12 Mar 1893	2:21
Bartozak, Bosalon	20 Jun 1906	5:15
Barty, Ferdinand	12 Nov 1895	3:13
Bartz, Thomas	13 Sep 1905	5:12
Basay, Henry Chas.	17 Jul 1873	1:94
Base, Arthur	27 Feb 1897	4:6
Base, Arthur	18 Feb 1896	3:13
Base, Effie	23 Aug 1897	4:8
Base, Etna	01 Nov 1899	4:12
Base, Goldie	18 Aug 1894	3:10
Base, Goldie L.E.	04 Aug 1894	3:12
Baseger, Fredrick	29 Jul 1881	1:82
Baselgea, G.	10 Mar 1906	5:12
Baselgie, John	10 Jan 1871	1:86
Basenberg, Wm. F.	15 Sep 1897	4:8
Basey, Frank C.	23 Aug 1887	2:11
Basey, Harley G.	01 Aug 1892	2:23
Basey, Henrietta	13 Feb 1893	2:22
Basey, Herman A.	31 Aug 1887	2:11
Bash, Arthur J.	15 May 1873	1:94
Bash, Elizabeth	09 Oct 1908	5:21
Bash, Mary	08 Mar 1888	2:11
Bash, Olivie	24 Mar 1869	1:34
Bashara, Alice	28 Oct 1900	4:17
Bashinoshinski, L.	10 Jan 1886	2:9
Basil, Newton	12 Jan 1907	5:15
Basilius, Emilee	28 Jan 1897	4:8
Basilius, Louis	07 Dec 1896	4:8
Baskerville, s/o Robert	25 Aug 1899	4:13
Baskin, Sarah	18 May 1897	4:9
Basom, Dora	15 Sep 1873	1:92
Basom, Justice	Aug 1878	1:104

NAME	DATE	V/P	NAME	DATE	V/P
Bason, S.	11 Aug 1905	5:11	Batz, Harry	23 Jun 1906	5:14
Basore, Harry	01 Jan 1904	4:27	Bauarak, Frank	27 Sep 1889	2:16
Bass, Helen	16 Nov 1907	5:19	Bauchaine, John B.	17 Jun 1880	1:78
Bassard, Ed. W.	26 Oct 1896	4:7	Bauchman, Agnes	18 Aug 1899	4:14
Bassett, Bertha O.	03 Jun 1876	1:100	Bauchman, Edward	16 Apr 1898	4:9A
Bassett, Edward A.	15 Jul 1887	2:11	Baudry, Minnie E.	22 Mar 1899	4:10
Bassett, Edward P.	02 Mar 1897	4:7	Bauer, Anna	25 Sep 1882	1:82
Bassett, L. Ed.	08 Sep 1879	1:108	Bauer, John Conrad	29 Nov 1893	3:8
Bassfield, Elizabeth W.	01 Mar 1869	1:32	Bauer, John Fred	06 Jul 1897	4:9A
Bassinger, David	22 Nov 1900	4:19	Bauer, Magdalena	23 Aug 1886	2:10
Basso, Anthony	15 Jan 1895	3:11	Bauer, Mary A.	20 Nov 1903	4:27
Basso, Corry	6 Oct 1908	5:21	Bauer, Mary S.	09 Nov 1892	2:23
Bastell, Louisa	19 Jul 1906	5:16	Bauer, Peter J.	16 Jan 1898	4:9A
Bastien, Rose A.	23 Nov 1893	3:9	Bauer, William	08 Aug 1903	4:25
Bastwick, Alfred	12 Aug 1903	4:26	Bauerfeld, Jno. Peter	22 Mar 1903	4:21
Batch, Russel J.	31 May 1888	2:14	Bauers, Jacob	02 Sep 1907	5:19
Batefuar, Magneris	09 Jan 1898	4:9A	Bauers, John	11 Jun 1880	1:80
Bateman, Caroline D.	03 Feb 1903	4:22	Baughman, Barbara	22 Nov 1908	5:21
Bateman, Cora	28 May 1870	1:86	Baughman, Burbais	25 Jan 1905	5:8
Bateman, Elizabeth	07 Aug 1892	2:22	Baughman, Oscar	12 Jul 1905	5:11
Bateman, Jane P.	27 Sep 1900	4:17	Baugleman, Lucy	09 Dec 1906	5:14
Bateman, Minnie	01 Mar 1893	2:22	Baukaska, Charles	07 Aug 1895	3:15
Bateman, Nellie	14 Dec 1908	5:20	Bauke, Edith Isab.	04 Aug 1903	4:26
Bateman, Nellie, Mrs.	14 Dec 1908	5:23	Bauknicht, Christ	31 Jan 1907	5:15
Bateman, Peter	09 Feb 1883	1:84	Bauldwin, Amelia F.	01 Apr 1901	4:18
Bates, Aggie E.	07 Apr 1881	1:80	Bauldwing, John	14 Feb 1895	3:10
Bates, Aggie L.	08 Apr 1881	1:76	Baum, Julia	28 Jan 1897	4:8
Bates, Carington	12 Sep 1878	1:106	Baum, Margarett	21 Sep 1897	4:9A
Bates, Elizabeth	23 Oct 1872	1:92	Baumader, Joseph	22 Oct 1873	1:94
Bates, Freeman H.	30 Oct 1893	3:8	Bauman, Agatha	22 Mar 1905	5:8
Bates, Harley Leuthen	15 Dec 1883	1:84	Bauman, Albertine	03 Mar 1869	1:58
Bates, Harrison H.	26 Nov 1902	4:24	Bauman, Amelia	10 Mar 1894	3:9
Bates, Henry	04 Aug 1907	5:17	Bauman, Anna	19 Mar 1888	2:11
Bates, Jennie E., Mrs	17 Feb 1894	3:8	Bauman, Annie C.	12 Oct 1900	4:19
Bates, Madison James	20 Jun 1889	2:14	Bauman, August	24 Oct 1900	4:19
Bates, Thomas	25 Mar 1906	5:12	Bauman, Bertha	26 Jun 1906	5:15
Batesale, Dewitt	23 Mar 1897	4:7	Bauman, Frank	15 Jul 1898	4:11
Batesole, David	23 Aug 1903	4:28	Bauman, Fred	31 Oct 1895	3:15
Bath, Frederick	04 Jul 1894	3:12	Bauman, Frederick	14 Jun 1907	5:16
Bath, Nelson E.	04 Mar 1900	4:14	Bauman, Gertie M.	22 Jan 1901	4:18
Bathsack, Maria	04 Nov 1902	4:23	Bauman, Henry	04 Aug 1897	4:9
Bathwell, Ruth	06 Aug 1896	4:7	Bauman, Ida A.	05 Dec 1887	2:12
Bathwell, s/o Dewitt H.	14 Nov 1896	4:7	Bauman, John	07 Feb 1907	5:15
Batinger, Barbara	01 Nov 1893	3:8	Bauman, John	03 Jun 1893	3:8
Batinger, John	01 Mar 1894	3:8	Bauman, John	03 Jun 1893	3:9
Batisole, Bessie B.	01 Nov 1888	2:13	Bauman, John	30 Mar 1891	2:21
Batka, Albert	16 Sep 1894	3:11	Bauman, John	05 Jan 1890	2:15
Batling, Caroline Rosa	26 Apr 1904	5:8	Bauman, Michael	02 May 1897	4:9
Batoe, Bertha	21 Sep 1901	4:21	Bauman, Michael	02 May 1897	4:8
Batt, Anna	14 Aug 1890	2:17	Bauman, Virias C.	25 Jun 1895	3:15
Batt, Elbert	17 Jan 1891	2:17	Bauman, Wm. H.	17 Apr 1873	1:94
Batt, Francis L.	28 Sep 1881	1:80	Baumann, Emily	14 Nov 1870	1:86
Batt, Helen Jane	19 Oct 1877	1:102	Baumann, Wm.	06 Mar 1881	1:78
Batt, John	03 Apr 1891	2:19	Baumbach, Albertine	15 Jun 1894	3:11
Batt, John H.	15 Nov 1888	2:13	Baumbargey, Joseph	12 Dec 1870	1:86
Batt, John Lewis	15 Mar 1879	1:106	Baumberger, Elizabeth	24 Oct 1897	4:8
Battell, Elizabeth H.	03 Apr 1898	4:9	Baumberger, s/o Albert	27 May 1898	4:8
Battle, Minnie	18 Nov 1907	5:19	Baumgard, Chas.	13 Oct 1892	2:24
Battlemier, Amanda	08 Mar 1874	1:94	Baumgard, M.B.	19 Oct 1892	2:24
Battles, Henry W.	31 Sep 1902	4:23	Baumgardner, Amy	01 Oct 1875	1:98
Battles, Wm.	11 Dec 1889	2:15	Baumgardner, Barbara	08 Nov 1908	5:20

NAME	DATE	V/P
Baumgardner, Clara	06 Sep 1907	5:18
Baumgardner, Clara	09 Jun 1880	1:80
Baumgardner, Geo.	10 Sep 1881	1:82
Baumgardner, Maggie M.	21 Apr 1888	2:13
Baumgardner, Thomas	07 Mar 1891	2:17
Baumgardner, Wm.	02 Sep 1893	3:9
Baumgardt, Minna	17 Oct 1892	2:24
Baumgartle, John	30 May 1908	5:20
Baumgartner, Clarence A.	17 Nov 1897	4:9A
Baumgartner, Magdalena	16 Feb 1908	5:20
Baumka, Anna Louisa	24 Sep 1891	2:19
Baumker, Anna	07 May 1903	4:25
Baur, John J.	17 Apr 1887	2:11
Baur, Paulina	08 Aug 1878	1:106
Baur, s/o Robert	23 Oct 1891	2:21
Baurbina, Lewis	02 Jun 1908	5:20
Baustein, Benjamin	24 Sep 1894	3:12
Bauvouloir, Mary	27 Jul 1868	1:6
Baxendale, Mary	19 Mar 1905	5:9
Bay, Dorothy Allyne	21 Oct 18987	4:9A
Bayer, Anna C.	16 Nov 1889	2:16
Bayer, John	26 Feb 1869	1:32
Bayer, John W.	28 Mar 1878	1:102
Bayer, Louisa	03 Jul 1877	1:102
Bayerlin, Henry	15 Dec 1891	2:21
Bayers, s/o Jos.	22 Jul 1889	2:15
Bayes, Sarah	16 Aug 1900	4:19
Bayes, Sarah C.	16 Aug 1900	4:17
Bayless, John C.	27 Mar 1900	4:14
Bayley, Chas. E.	12 Sep 1908	5:21
Bayley, Michael	09 Feb 1893	2:22
Baylis, Liddia C.	30 Sep 1893	3:8
Bayliss, Samuel	21 Dec 1889	2:14
Bayman, Florence	07 Nov 1908	5:22
Bayman, Silas	29 Jan 1903	4:22
Baynes, Bertha	01 Dec 1899	4:13
Baysen, Henry	02 Mar 1905	5:8
Bazor, John	29 Oct 1872	1:90
Bczynski, Stephan	07 Jun 1908	5:21
Beach, Amy	05 Apr 1895	3:14
Beach, Bessie	17 Jul 1875	1:98
Beach, Edward U.	19 Sep 1869	1:46
Beach, Frankie	20 Mar 1904	4:27
Beach, George E.	15 Feb 1903	4:23
Beach, H.E.	07 Mar 1907	5:14
Beach, Ida A.	29 Jan 1868	1:36
Beach, Inf/o Edward	16 Dec 1890	2:19
Beach, John Jacob	21 Oct 1903	4:25
Beach, Joseph	21 Jan 1892	2:19
Beach, Julia	03 Jun 1904	5:9
Beach, Peter	01 Oct 1873	1:92
Beack, Ida A.	29 Jan 1868	1:60
Beacon, Dallis	21 Mar 1879	1:108
Beacon, Lucile	04 Jan 1901	4:15
Beadinyer, Henry	06 Apr 1895	3:14
Beal, Lulu	29 Apr 1892	2:23
Beale, Ferdinand	28 Jun 1868	1:16
Bealewske, John	15 May 1896	4:6
Beals, Catherine	15 Jul 1869	1:42
Beals, John	26 May 1875	1:98
Beals, Thomas	04 May 1892	2:23

NAME	DATE	V/P
Beam, Frank H.	18 Mar 1907	5:13
Beamel, John	16 Apr 1880	1:78
Beamer, George Ross	06 Aug 1893	3:10
Bean, Cate	Jan 1875	1:96
Bean, Clarence	07 Jan 1879	1:104
Bean, Joseph	20 May 1872	1:92
Bean, Wm. H.	28 May 1888	2:13
Beane, Andrew	18 Oct 1873	1:94
Bear, Charles	18 Jun 1878	1:106
Bear, Lamson	26 Oct 1907	5:17
Bear, Wm.	18 Jun 1878	1:106
Bearbaum, Henry	11 Jun 1872	1:90
Beard, Clara B.	19 Nov 1903	4:26
Beard, H.S.	21 Dec 1905	5:11
Beard, Hattie	10 Jul 1892	2:22
Beard, Lila	08 May 1903	4:26
Beard, Marion E.	02 Jul 1903	4:26
Beard, s/o Stanley	06 Feb 1888	2:11
Beardsley, Taletha	16 Dec 1908	5:18
Bearp, Ralph Amos	21 Jul 1889	2:14
Bearringer, Jesse Lee	23 Aug 1903	4:25
Bearss, C.J.	19 Mar 1885	2:7
Bearss, Neville E.	19 Nov 1874	1:94
Beartschi, Peter	27 Jun 1898	4:11
Bease, John	30 Jan 1906	5:10
Beasey, Easter	27 Mar 1884	1:84
Beat, Cora A.	11 Apr 1883	1:84
Beat, John A.	25 Jul 1897	4:9
Beat, John A.	25 Jul 1897	4:9A
Beat, Martin J.	29 Apr 1886	2:9
Beat, Minnie	22 Mar 1896	3:14
Beathey, James H.	26 Dec 1896	4:6
Beattie, Harry	01 Mar 1900	4:13
Beatty, Anna	17 Jan 1900	4:14
Beatty, Harriett	17 Dec 1904	5:10
Beatty, Sam'. M.	22 Nov 1876	1:100
Beatty, Sam'l Alonzo	22 Oct 1893	3:10
Beatty, William T.	25 Aug 1880	1:78
Beaubrien, John	12 Dec 1906	5:13
Beauchaine, F.M.	24 Jan 1904	4:25
Beauchaine, Mary	20 Dec 1888	2:13
Beauchaine, Rachel	08 May 1884	2:7
Beauchane, John	25 Aug 1903	4:25
Beaudry, Joseph	01 Sep 1898	4:11
Beaudry, Joseph	01 Sep 1898	4:11
Beaudry, Mary L.	21 Sep 1902	4:24
Beaudy, Louis	23 Mar 1904	4:27
Beaugard, Jennie	14 Jun 1895	3:14
Beauhaim, Wm.	1871	1:88
Beauland, Mattie	13 Dec 1907	5:18
Bebe, Sarah Sophie	27 Nov 1880	1:78
Bebe, Sophie	11 Sep 1900	4:15
Bebout, A.J., Mrs.	09 May 1885	2:9
Beching, Dora B.	26 Dec 1889	2:15
Bechold, s/o Geo. W.	14 Aug 1901	4:19
Becholz, Clara E.	22 Aug 1890	2:18
Becht, Margarette	05 Jan 1892	2:19
Becht, Phillip	22 Oct 1902	4:24
Bechtalt, Charles	25 Dec 1899	4:13
Bechtel, George	07 Feb 1901	4:18
Bechtol, Ella	10 Aug 1899	4:15

NAME	DATE	V/P	NAME	DATE	V/P
Bechtol, Lena M.	17 Apr 1898	4:11	Becker, s/o Martin F.	20 Nov 1907	5:17
Bechtold, Anthony	03 May 1901	4:21	Becker, Theresa	23 May 1886	2:9
Bechtold, August C.	02 Dec 1899	4:13	Becket, Edith Dana	12 Mar 1904	4:25
Beck, Adam F.	28 May 1903	4:27	Beckett, Helen	05 Aug 1897	4:9A
Beck, Albert	11 May 1880	1:80	Beckham, Chas. W.	28 Dec 1891	2:20
Beck, Alice	12 May 1892	2:22	Beckham, H.C., Mrs.	26 --- 1899	4:13
Beck, Anna	28 Mar 1898	3:10	Beckhoft, Infant	26 Sep 1892	2:23
Beck, Anton Frederick	01 Jan 1879	1:108	Beckhold, Huld	09 Jun 1900	4:17
Beck, Arnold	11 Jan 1908	5:17	Becking, Jacob	28 Oct 1907	5:18
Beck, Arthur Emil	03 Nov 1901	4:20	Beckman, Hazel	29 Aug 1888	4:21
Beck, August	20 Aug 1908	5:21	Beckman, Herman Henry	11 Sep 1891	2:19
Beck, Clara	12 May 1907	5:20	Beckman, Inf/o Herman	29 Aug 1888	2:13
Beck, Elizabeth	24 Dec 1879	1:76	Beckman, Johana	20 Mar 1897	4:6
Beck, Elizabeth A.	18 May 1871	1:88	Beckman, Lena	01 Dec 1897	4:8
Beck, Emily	11 Jul 1903	4:27	Beckman, William	21 Dec 1875	1:98
Beck, Emma	30 May 1892	2:23	Beckmann, F.L.	17 Oct 1878	1:108
Beck, Florence L.	04 Feb 1902	4:21	Beckter, Sarah	25 Jan 1904	4:25
Beck, Frank	21 Oct 1885	2:9	Beckwith, Arthur S.	08 Sep 1877	1:104
Beck, George	08 Jan 1906	5:15	Beckwith, Mary	19 Dec 1891	2:21
Beck, Goldie M.	30 Mar 1895	3:11	Bectol, Frances	05 Apr 1906	5:15
Beck, Harry Irwin	07 Nov 1901	4:20	Bedacht, Andrew E.	10 Jun 1896	4:6
Beck, Henry*	24 Jun 1884		Bedacht, John	22 Sep 1889	2:15
Beck, John	13 Dec 1890	2:17	Bedell, Joseph Wilbur	03 Jun 1890	2:17
Beck, Joseph	10 May 1902	4:24	Bedell, Mod	04 Aug 1880	1:78
Beck, Joseph A.	23 Nov 1894	3:12	Bedle, Oraie Dulton	21 Oct 1874	1:96
Beck, Laura	24 Oct 1895	3:13	Bedz, Mary	22 Jun 1891	2:19
Beck, Lena	22 Feb 1887	2:9	Beebe, Alexander	12 Sep 1903	4:26
Beck, Louis	20 Oct 1900	4:17	Beebe, Elica	15 Jun 1890	2:18
Beck, Mabel E.	24 Aug 1892	2:23	Beebe, George E.	26 Jan 1898	4:9A
Beck, Margaret	22 Feb 1895	3:12	Beebe, Henry	15 Aug 1903	4:25
Beck, Maria	11 Feb 1882	1:82	Beebe, Inf/o Chris	27 Mar 1878	1:104
Beck, Mary	14 Mar 1891	2:17	Beeble, Freddy	14 Jul 1878	1:106
Beck, Mary	20 Feb 1874	1:94	Beeble, Josephine	30 May 1878	1:106
Beck, Mary Ann	25 Dec 1890	2:17	Beecamper, E., Mrs.	11 Jun 1905	5:11
Beck, Samuel	01 Mar 1890	2:14	Beech, George	07 Feb 1903	4:23
Beck, W.H.	05 Jul 1903	4:25	Beech, Helen	29 Jan 1905	5:9
Beck, William	16 Feb 1879	1:108	Beech, Julia	Apr 1893	3:9
Beck, Wm.	Aug 1867	1:4	Beech, s/o William	27 Mar 1906	5:11
Beckel, Charles, Rev.	20 Feb 1894	3:9	Beecham, Viola	17 Mar 1893	2:22
Becker, Adolf Carl	05 Apr 1899	4:12	Beeching, Jacob	28 Oct 1907	5:19
Becker, Alfred	14 Nov 1904	5:8	Beehler, Adrian	15 Oct 1903	4:25
Becker, Anna C.	30 Apr 1898	4:10	Beehler, Adrian	1879	1:76
Becker, August Herman	05 Jul 1900	4:15	Beehler, Frank X.	26 Jan 1882	1:82
Becker, Carl M.	02 Jun 1902	4:20	Beeler, Gustav	13 Jul 1881	1:82
Becker, Carl M.	26 Jan 1902	4:20	Beeler, Jane	16 Jan 1879	1:106
Becker, Charlotte T	05 Nov 1900	4:18	Beeler, Walter J.	13 Dec 1889	2:15
Becker, Conrad	07 Oct 1903	4:27	Beeley, Claribelle	21 Jun 1904	5:8
Becker, Conrad	18 Aug 1900	4:17	Beelly, Geo.	12 Nov 1906	5:14
Becker, Elizabeth	28 Sep 1905	5:12	Beely, John	23 May 1890	2:17
Becker, Elizabeth	12 Jan 1902	4:20	Beeman, Francis E.	23 May 1883	1:458
Becker, Francis	04 Oct 1900	4:17	Beeman, Wm. H.	24 Sep 1877	1:102
Becker, Inf/o J.	28 Feb 1895	3:13	Beemer, Hannah	07 Jun 1903	4:27
Becker, Iod Agnes	27 Dec 1890	2:18	Been, Charles	---	1:20
Becker, John	04 Jun 1880	1:78	Beening, Aaron F.	02 Aug 1877	1:104
Becker, Louisa	06 Mar 1901	4:17	Beening, Glan	25 Jul 1900	4:17
Becker, Mabel	04 Dec 1885	2:8	Beer, Edward	20 Mar 1899	4:11
Becker, Mamie	31 Mar 1886	2:9	Beery, Sophia	18 Jan 1901	4:17
Becker, Mary	11 Feb 1903	4:22	Beeser, Franz M.	27 Jan 1880	1:76
Becker, Mary	19 Aug 1897	4:9A	Beetell, Mary	02 Jun 1899	4:12
Becker, Otto	30 Mar 1909	5:22	Beez, Wilhelmina	20 Nov 1907	5:18
Becker, Pauline	07 Feb 1896	3:14	Beggs, Anne	20 Aug 1890	2:17

NAME	DATE	V/P	NAME	DATE	V/P
Behan, Inf/o Michael	07 Feb 1871	1:86	Bell, Elizabeth	10 Mar 1895	3:12
Behenke, Rinaldo C.	23 Aug 1905	5:11	Bell, Emmett	13 Oct 1900	4:19
Behler, Catherine	04 Dec 1906	5:14	Bell, Fannie O.	01 Feb 1895	3:11
Behnett, Louis	01 Jan 1896	3:14	Bell, Florence E.	05 Mar 1906	5:11
Behnke, Dora M.	26 Jul 1900	4:14	Bell, Frances	04 Sep 1870	1:86
Behnke, Elizabeth	05 Oct 1902	4:24	Bell, Frank R.	01 Mar 1884	1:458
Behrens, Alsahich	02 Oct 1897	4:9	Bell, Harriet Amanda	31 Mar 1891	2:19
Behrens, Walter	24 Dec 1890	2:18	Bell, Inf/o Thebaut	08 Mar 1868	1:6
Behrer, Elizabeth	07 Aug 1898	4:12	Bell, Infant	19 Mar 1906	5:10
Behring, Effie, Mrs.	12 Jul 1906	5:14	Bell, James	09 Apr 1886	2:10
Behringer, Josephine	05 Aug 1906	5:14	Bell, John Bancroft	24 Jan 1903	4:22
Beiber, Catherine	18 Jan 1893	2:23	Bell, John Walbridge	31 May 1900	4:18
Beiber, Katherine	18 Feb 1893	2:23	Bell, Joseph	29 May 1904	5:9
Beiber, Katherine	18 Feb 1893	2:23	Bell, Joseph	13 Aug 1874	1:94
Beichter, Willie	04 Aug 1897	4:8	Bell, Kate*	17 Feb 1883	
Beidler, Gertrude	10 May 1907	5:17	Bell, Lizzie	25 Jul 1891	2:19
Beidler, W.S., Mrs.	03 May 1907	5:18	Bell, Mary	15 Nov 1897	4:9
Beidy, Inf/o Christ	01 Oct 1868	1:24	Bell, Mathew	30 Mar 1887	2:10
Beihtolt, Sophia Anna	11 Jul 1902	4:24	Bell, Minnie Eliza	21 May 1890	2:18
Beike, Theodore	08 Mar 1876	1:98	Bell, Myrtle Ruth	16 Dec 1902	4:24
Beike, Theodore	08 Mar 1876	1:64	Bell, Rob't. H.	24 Oct 1898	4:11
Beilharz, Albert	16 Jun 1891	2:20	Bell, Thomas	30 Sep 1880	1:78
Beinkert, Wm. C.	26 Feb 1886	2:9	Bell, Victoria	07 May 1903	4:27
Beir, Elmer	25 Dec 1905	5:12	Bell, Wm.	Nov 1895	3:13
Beir, Rosanna	31 Jan 1904	4:24	Bell, Wm. J.	28 Apr 1896	4:6
Beis, George	27 Feb 1895	3:10	Bell, Wm. J.	28 Apr 1896	4:7
Beis, Lewis	02 Jan 1881	1:76	Bell, Wm. Leyborn	30 Mar 1901	4:15
Beisach, Fred C.	04 Dec 1892	2:22	Bellamy, Amanda	17 Jan 1886	2:9
Beiser, Jno. Edward	04 Jul 1901	4:20	Bellar, Inf/o Christian	06 Feb 1870	1:46
Beitel, Leonard	18 Feb 1900	4:12	Bellcover, Catharine	14 Jun 1887	2:11
Beiter, Infant	01 May 1908	5:21	Bellefenille, Lizzie	04 Jul 1905	5:12
Belamer, Sophia	23 Apr 1873	1:90	Bellemy, J.W.	22 Mar 1899	4:11
Belamy, Jane E.	09 Feb 1879	1:106	Bellerman, Rudolph	14 Mar 1897	4:8
Belanger, Francis	10 Oct 1896	4:6	Belleter, Fredo	29 Jan 1891	2:17
Belcher, John	14 Oct 1884	2:8	Bellett, Eugene	25 Feb 1903	4:22
Belcher, Ruth	24 Sep 1904	5:10	Bellette, George F.	27 Dec 1907	5:17
Belcher, Samuel	29 Nov 1901	4:20	Belleville, Hannah	25 Oct 1897	4:9A
Belcover, Infant	30 Sep 1874	1:96	Belliet, Andrew	08 Nov 1902	4:23
Belcover, Mary	04 Sep 1895	3:13	Bellinger, Maggie*	11 Dec 1882	
Belden, Isabelle J.	19 Feb 1870	1:40	Bellkoffer, Peter	06 Apr 1875	1:98
Belden, Jennie	28 Dec 1891	2:19	Bellman, Alto Isabela	03 Oct 1891	2:20
Belding, Fuphena	20 Jan 1895	3:15	Bellman, Barnhart	26 Mar 1871	1:86
Belhafer, Edward	19 Apr 1896	4:6	Bellman, ch/o W.	16 Jul 1868	1:16
Belinsky, Anton	05 Oct 1890	2:17	Bellman, Charles	22 Aug 1871	1:88
Belinsky, Franz	30 Sep 1890	2:17	Bellman, John	25 Nov 1876	1:100
Belinsky, Julia	12 Oct 1890	2:17	Bellman, Lucinda	15 Sep 1896	4:6
Belk, Augusta	27 Oct 1893	3:9	Bellman, Mary L.	02 Jan 1869	1:2
Belkafer, Frank	17 Mar 1898	4:10	Bellman, Pearl E.	07 Oct 1908	5:22
Belkofer, Conrad	11 Jul 1881	1:80	Bellman, Reeve Mc.	20 Sep 1895	3:14
Belkofer, Richard	22 Oct 1906	5:13	Bellman, Wm. H.	07 Feb 1891	2:17
Belkofer, Rosa	11 Oct 1881	1:80	Bellmeyer, John	06 Jan 1889	2:13
Belkofer, William	15 Feb 1903	4:24	Bellmyer, Louise	03 Oct 1873	1:94
Bell, Amelia	31 Jan 1891	2:18	Bellnah, Frank	22 Dec 1907	5:19
Bell, Amy	24 Jan 1892	2:19	Bellner, Edward	15 May 1881	1:80
Bell, Bess	01 Oct 1906	5:14	Bellner, Margaret	28 Sep 1870	1:86
Bell, Bessie	15 Oct 1906	5:14	Bellow, Oscar W.	16 Mar 1907	5:14
Bell, Carie B.	13 Feb 1897	4:7	Bellows, Fred H.	01 Oct 1898	4:10
Bell, Charles Wm.	12 Dec 1901	4:20	Bellshoper, Joseph	01 Jan 1879	1:108
Bell, Clara	17 Aug 1905	5:11	Belltz, Caroline	25 Jun 1901	4:19
Bell, D.W.	10 Oct 1907	5:17	Belman, Elizabeth L.	09 Jun 1872	1:88
Bell, David W.	10 Oct 1907	5:17	Belman, Emma L.	20 Nov 1899	4:12

NAME	DATE	V/P	NAME	DATE	V/P
Belman, John M.	03 Feb 1872	1:88	Benhoff, Henry	21 Jun 1899	4:14
Belman, Joseph C.	15 Feb 1872	1:88	Bening, Asa	02 Sep 1877	1:104
Belsan, John	19 Nov 1896	4:6	Bening, Frederecka	21 Apr 1900	4:17
Belson, Inf/o William	02 Oct 1901	4:19	Bening, John	18 Jan 1903	4:24
Belt, Inf/o Leroy	11 Sep 1873	1:90	Benitzky, Franz	25 Nov 1877	1:104
Belten, Franz	14 Apr 1868	1:12	Benjaman, Birtie	26 Sep 1894	3:10
Beltenger, Leroy	15 Nov 1903	4:25	Benjamin, Elizabeth H.	24 Dec 1907	5:18
Belton, Anna	04 Oct 1893	3:8	Benke, Arthur	29 Sep 1908	5:21
Belts, Henry	14 Sep 1906	5:14	Benlow, Elizabeth B.	15 Oct 1870	1:86
Beltz, Mary	14 Oct 1872	1:90	Benming, William	28 Sep 1905	5:11
Belz, Catherine	21 Nov 1898	4:10	Benn, Earnest James	27 May 1901	4:20
Belz, J.W.	06 Apr 1888	2:13	Benn, George	07 Jul 1902	4:23
Belz, Lewis W.	04 Jan 1900	4:12	Bennedict, Menia	18 May 1869	1:58
Belz, Michael	22 Jun 1898	4:10	Benner, Carl J.L.	11 Jul 1885	2:9
Bemader, Trany H.	25 May 1872	1:90	Benner, Hannah	02 Mar 1908	5:19
Bemar, Lewis E.	06 Dec 1896	4:7	Benner, Hannah	21 Mar 1908	5:17
Bement, Samuel	17 Aug 1906	5:16	Benner, Jacob	26 Sep 1900	4:17
Bemint, Alden S.	08 Sep 1888	2:13	Benner, Kate	06 Mar 1880	1:78
Bemont, Joseph	23 Nov 1902	4:23	Benner, Winfred	03 Mar 1894	3:9
Benaway, Merlie Welk	07 Jan 1904	4:25	Bennet, Alonzo D.	25 Oct 1901	4:19
Bence, F.	25 Aug 1908	5:22	Bennet, Bridget	06 Nov 1881	1:80
Bench, Bertha	13 Sep 1893	3:8	Bennet, C.K.	07 Mar 1893	2:22
Bench, Inf/o Fred	24 Dec 1883	1:84	Bennet, Catherine	18 Jun 1907	5:16
Bench, William Lovell	14 Aug 1904	5:8	Bennett, Andrew H.	28 May 1889	2:15
Bencher, John	19 Apr 1907	5:17	Bennett, Emma	21 Oct 1868	1:26
Bencher, Mary	10 Apr 1898	4:9A	Bennett, Eva M.	04 Nov 1908	5:21
Bender, Adolph	28 Aug 1901	4:20	Bennett, Floyd	25 Feb 1907	5:17
Bender, Amelia	07 Sep 1903	4:25	Bennett, Frank	23 Jul 1901	4:21
Bender, Chas.	02 Jan 1900	4:13	Bennett, Franklin	07 Jan 1907	5:18
Bender, Chas. A.	15 Feb 1901	4:18	Bennett, Gates Abiathica	25 Jul 1893	3:8
Bender, Christina	09 Mar 1874	1:92	Bennett, George	24 Jan 1903	4:23
Bender, Emily	06 Sep 1903	4:27	Bennett, Harry	31 Aug 1905	5:11
Bender, George	28 Dec 1904	5:10	Bennett, Howard	27 Aug 1898	4:11
Bender, Harry	12 Oct 1872	1:90	Bennett, Jonnes	31 Aug 1908	5:20
Bender, Henry	23 Dec 1880	1:78	Bennett, Kay M.	14 Aug 1879	1:108
Bender, Hiram	12 May 1872	1:90	Bennett, Lucy	07 Jun 1902	4:22
Bender, Inf/o Chs.	29 Sep 1868	1:24	Bennett, Mary	17 Jan 1906	5:12
Bender, Lena	07 May 1885	2:9	Bennett, Mary J.	23 Dec 1887	2:12
Bender, Loretta D.	07 Mar 1905	5:8	Bennett, Robert H.	22 Apr 1900	4:18
Bender, Louis	20 Dec 1885	2:7	Bennett, Ruth	24 Feb 1908	5:17
Bender, Mrs.	30 Jul 1906	5:14	Bennett, Sara	27 Dec 1880	1:78
Bender, P.	03 Jan 1888	2:12	Bennett, Sarah	27 Nov 1894	3:12
Bender, s/o S.W.	30 Sep 1908	5:19	Bennett, Sarah	07 Nov 1885	3:12
Bender, Sophia	15 Jun 1904	5:8	Bennett, Sarah	29 Nov 1894	2:9
Bendley, Heinrich	03 Dec 1893	3:9	Benning, Augusta	03 Sep 1879	1:76
Benedick, Christ	17 Nov 1904	5:9	Benning, Caroline	08 Jul 1902	4:23
Benedick, John	28 Aug 1896	4:7	Benning, Charles	19 Sep 1890	2:19
Benedick, Laura	09 Feb 1906	5:11	Benning, Edward	23 Jul 1889	2:16
Benedicke, Frances	07 Oct 1896	4:6	Benning, Ellen H.	28 Mar 1894	3:11
Benedict, Amesa	16 Sep 1871	1:88	Benning, Inf/o Fred	16 May 1899	4:15
Benedict, Maur	08 Apr 1883	1:84	Benning, s/o Fred	25 Oct 1897	4:9
Benedict, Theodore	06 Mar 1899	4:12	Benning, William	16 Jul 1891	2:21
Benedict, Thomas	20 Feb 1879	1:106	Bennire, Charles	13 Jan 1880	1:108
Benel, Clara, Mrs.	15 Apr 1906	5:11	Bennis, William	18 Jan 1902	4:19
Beneson Henry	1872	1:92	Bennit, Clifford	14 Feb 1907	5:13
Benfer, Mag. F.	06 Jan 1881	1:80	Bennmeyer, Stella	03 Jul 1905	5:13
Benfield, Michael	28 Feb 1893	2:22	Benoit, Phillip	03 Feb 1894	3:9
Benfur, Louis	12 May 1895	3:14	Benor, Elizabeth	Sep 1882	1:82
Bengough, Clara	02 Dec 1887	2:11	Benor, Fred	12 Sep 1872	1:90
Benhaggen, Wm. Chas.	20 Jul 1892	2:22	Benore, Alex	30 Jan 1893	2:21
Benhoff, Henrietta	22 Mar 1893	2:22	Benore, Jasper	13 Nov 1871	1:88

NAME	DATE	V/P	NAME	DATE	V/P
Benortain, Rebecca	22 Mar 1905	5:8	Berger, Catharine	16 Jul 1881	1:80
Benortin, Sarah	11 Feb 1904	5:8	Berger, Catharine S.	07 Sep 1897	4:8
Benowitz, Sarah	25 Mar 1901	4:17	Berger, Charles	01 Apr 1890	2:15
Benra, Catherine	01 Mar 1884	1:458	Berger, Charles	28 Jul 1879	1:108
Bensan, Elsie M.	18 Feb 1901	4:17	Berger, Frederick	14 Feb 1886	2:8
Benscher, Helen L.	14 Feb 1894	3:9	Berger, John	31 May 1892	2:23
Benscks, Frank	25 Dec 1894	3:11	Berger, John	10 Mar 1891	2:17
Bense, Otto	16 Apr 1892	2:21	Berger, Minnie A.	14 Feb 1896	3:13
Benskin, Effie	17 Aug 1904	5:9	Berger, Salman	14 May 1898	4:10
Bensman, Austin	03 Apr 1894	3:12	Berger, William	16 Aug 1908	5:22
Bensman, Matilda	11 Sep 1890	2:18	Berghauer, Frank	29 Jan 1876	1:98
Benson, Benjamin	08 Aug 1878	1:108	Berghauer, John	02 Jul 1896	4:8
Benson, Carrie W.	04 Jul 1895	3:12	Bergman, Albert	05 Mar 1895	5:10
Benson, Eddy K.	01 Sep 1899	4:12	Bergman, Elcy	17 Aug 1879	1:108
Benson, Jay	06 Jul 1907	5:18	Bergman, Henry	21 ---	2:16
Benson, John H.	14 Dec 1901	4:21	Bergman, Louis	11 Jan 1907	5:15
Benson, Louise	27 Jan 1901	4:21	Bergman, Louis	11 Apr 1900	4:17
Benson, M.H.	22 Jul 1870	1:86	Bergman, Wm.	28 Apr 1903	4:25
Benson, Mary	19 Jul 1894	3:11	Bergmann, Louis	11 Feb 1900	4:13
Benthain, Robert	24 Feb 1873	1:90	Bergsiker, S.H.	03 Mar 1875	1:96
Bentham, Wm. C.	26 Jan 1896	4:6	Berhn, Mary	09 Apr 1893	3:9
Bentley, Frank Harry	31 Jul 1883	1:84	Berholf, John	04 May 1886	2:9
Bentley, Jenny	18 Jul 1896	4:8	Beri, Joseph	24 Aug 1878	1:108
Bentley, Lena	22 Dec 1894	3:11	Beringer, Herme Leona	13 Jun 1892	2:22
Bentley, Matta	05 Mar 1874	1:94	Berkerd, Lawrence	12 Dec 1867	1:4
Bently, Jno. B.	04 Mar 1885	2:7	Berkert, Earl	10 Jan 1906	5:11
Benton, Elisha	14 Jan 1881	1:76	Berkhard, Anna	19 Oct 1887	2:12
Benton, Geo. W.	23 May 1903	4:25	Berkhard, Ottilie	06 Jul 1887	2:12
Benton, Stanley L.	04 Jan 1908	5:16	Berkowetz, Isadore	23 Apr 1908	5:22
Benton, Ulyses	04 Mar 1878	1:102	Berlinski, Jos.	18 Sep 1889	2:16
Benton, William D.	20 Jun 1905	5:12	Berlinsky, Israel	27 Jan 1908	5:18
Bentz, Otto	01 Mar 1887	2:10	Berlizki, Francisca	24 Sep 1890	2:18
Benvi, Patrick	08 Aug 1893	3:9	Berman, Vinefriend	03 Mar 1875	3:12
Beogen, Ellen*	09 Feb 1871		Berminger, Joseph	01 Aug 1896	4:8
Beoka, Hannah	18 Dec 1907	5:18	Bernacki, Leon	13 Jun 1900	4:17
Beokart, Eva	22 Feb 1892	2:19	Bernard, Aaron	23 May 1903	5:9
Beoker, John	25 Aug 1873	1:94	Bernard, Maria	25 Dec 1868	1:4
Beran, H.M.	01 Mar 1893	2:22	Bernard, Matilda	13 Mar 1869	1:4
Berandt, Henry	30 Jan 1881	1:78	Bernard, Mignello	04 Dec 1907	5:19
Berber, William	26 Aug 1896	4:8	Bernard, Nicholas	27 Dec 1903	4:25
Bercher, Anna	13 Oct 1907	5:18	Bernard, Pat	28 Apr 1893	3:8
Berckebile, Eviee	15 Sep 1874	1:94	Bernardine, Sister	27 Apr 1891	2:18
Berdan, Catherine	01 Jan 1884	1:84	Berndt, Daniel	30 Oct 1889	2:16
Berdan, Peter F.	13 Nov 1887	2:12	Berndt, Ernest	16 Jun 1890	2:19
Berdan, Rudolph	21 Feb 1886	2:8	Berndt, Louise	02 Apr 1907	5:15
Berdeau, Francis J.	01 Sep 1868	1:22	Berndt, Marie	09 Sep 1906	5:15
Berdon, F.T.	Aug 1900	4:17	Berndt, Minnie	16 Dec 1885	2:9
Berdoun, Blinnie F.	04 Feb 1888	2:11	Bernet, Tho's J.	22 Feb 1876	1:98
Beregezazy, d/o Joseph	24 Aug 1901	4:19	Berney, Mary	30 Oct 1873	1:92
Bereiger, Lorenzo	09 Aug 1881	1:82	Berney, Matthew	17 Apr 1903	4:26
Berekhart, Franc G.	30 Jan 1882	1:82	Bernez, Elizabeth	03 Nov 1907	5:18
Berendt, Stanley	23 Nov 1903	4:25	Bernhard, Edward T.	02 Dec 1878	1:106
Berent, Henry A.H.	11 Nov 1902	4:22	Bernhard, Myrtle B.	---	2:11
Berezinski, Walter	26 Jun 1895	3:15	Bernhardt, Annie	24 Dec 1881	1:82
Berg, Frank	01 Jul 1904	5:9	Bernhardt, Katie	13 Sep 1889	2:15
Berg, Fred	01 Mar 1905	5:9	Bernhart, Lillie A.	13 Mar 1901	4:17
Berg, Henry	28 Mar 1869	1:2	Bernholtz, Albert	04 Aug 1902	4:24
Bergacikes, Gerhart	12 Apr 1904	5:9	Bernholtz, Gustav	10 Mar 1902	4:24
Bergan, S.H.	15 May 1887	2:12	Bernholtz, Paul	25 May 1906	5:13
Bergemeister, Beulah M.	27 Sep 1900	4:17	Bernins, Martin	05 Apr 1896	4:6
Berger, Cath. M.	11 Aug 1880	1:76	Bernon, Mabel	30 Oct 1895	3:13

NAME	DATE	V/P	NAME	DATE	V/P
Bernor, Infant	11 Apr 1900	4:17	Bery, Chas.	28 Aug 1890	2:18
Bernor, Peter	16 Jan 1908	5:19	Bery, Howard	27 Feb 1905	5:8
Bernor, Rebecca	19 Mar 1901	4:17	Bery, Otto	02 Mar 1890	2:16
Bernor, Wm. Edward	22 Jul 1900	4:17	Besancon, Phoebe	06 Sep 1902	4:22
Bernritter, Minnie	06 Aug 1907	5:19	Besewaky, Herbert W.	27 Aug 1894	3:11
Bernski, Frank	20 Aug 1892	2:22	Beseweske, Otto G.W.	27 Jul 1882	1:82
Bernstein, Sarah	09 Feb 1904	4:26	Besholow, N.Y., Mrs	31 May 1907	5:18
Berny, Maggie	10 Jan 1870	1:86	Beshovski, Joseph	12 Jan 1891	2:21
Berny, Maggie	03 Feb 1871	1:86	Besie, William	30 Jun 1870	1:86
Berra, Archilla	08 Oct 1874	1:96	Besington, Maggie	13 Oct 1902	4:23
Berrack, Eliza	01 Oct 1904	5:8	Besman, Sarah	12 Nov 1893	3:9
Berrack, Marvel	01 Jan 1905	5:8	Bessey, Sarah E.	05 Mar 1892	2:20
Berridge, Elizabeth	15 May 1908	5:23	Bessley, Claribelle	21 Jun 1904	5:8
Berringer, Lester	14 Mar 1896	3:15	Best, ch/o Michael	25 Dec 1875	1:98
Berry, Annie	27 Nov 1905	5:10	Best, Henry	1875	1:98
Berry, Charles	28 Oct 1898	4:10	Best, John	09 Sep 1885	2:9
Berry, Clemence	16 Nov 1901	4:21	Best, John F.	02 Feb 1893	2:22
Berry, Edward	09 May 1891	2:19	Best, Roger C.	15 Mar 1905	5:8
Berry, Eli	11 Aug 1906	5:13	Best, Sophia	Aug 1875	1:98
Berry, Elizabeth	14 Jan 1885	2:7	Bestmeller, Joseph	23 Oct 1904	5:8
Berry, Francis	16 Nov 1904	5:9	Beswick, Fred	17 Mar 1896	3:15
Berry, Henry	09 Mar 1902	4:21	Bethage, d/o Florence	26 Jan 1906	5:12
Berry, Hiram	24 Mar 1901	4:17	Bethge, Wilhelmine	02 Apr 1886	2:8
Berry, James Sylvester	24 Oct 1896	4:7	Bethke, Rosa	28 Jun 1906	5:15
Berry, Julia Agnes	01 Nov 1896	4:7	Betinger, John	12 Jul 1884	2:7
Berry, Laura	18 Jan 1903	4:22	Betly, Ester	21 Dec 1900	4:19
Berry, Lawrence S.	28 Oct 1896	4:7	Betly, Martin	19 Dec 1900	4:19
Berry, Legonia	05 Mar 1888	2:11	Betsloff, Edwin	28 Jan 1905	5:9
Berry, Lorenzo	15 Mar 1885	2:7	Bettes, Charles L.	26 Oct 1907	5:19
Berry, Mabel	26 Apr 1891	2:19	Bettinger, Hubert	12 May 1881	1:80
Berry, Mabel	16 Sep 1886	2:10	Bettinger, Rosa L.	25 Sep 1883	1:84
Berry, Mildred	30 Jun 1901	4:21	Bettinger, Stella C.	04 Aug 1889	2:15
Berry, Moses	16 Oct 1903	4:28	Betts, G.C.	22 Feb 1903	4:24
Berry, Nelson	07 Sep 1899	4:13	Betts, J.R.	15 Apr 1909	5:21
Berry, Paul	14 Sep 1897	4:9	Beucher, Jno.	06 Feb 1902	4:21
Berry, Raymond	25 Apr 1893	3:10	Beuchet, Louisa S.	19 Dec 1883	1:84
Berry, Regina Grace	01 Apr 1905	5:12	Beuguas, Rosina B.	---	1:88
Berry, Susan	12 Sep 1900	4:15	Beuham, Henrietta	20 Mar 1877	1:100
Berscher, Joseph	Dec 1903	4:27	Beuhl, Fred	18 Mar 1906	5:11
Berson, Joseph	05 Nov 1908	5:22	Beusman, Chris	25 Jun 1903	4:27
Bersticker, Elizabeth	11 Sep 1898	4:10	Bevens, Irah	31 Jan 1908	5:19
Berstlin, August	10 Jun 1903	4:25	Beverlin, William	02 Aug 1906	5:14
Bert, Emma F.	03 Feb 1870	1:48	Beverly, Linga	18 Dec 1906	5:13
Bert, Harriet	29 Mar 1907	5:14	Bevington, A.	25 Jul 1903	4:25
Berthoff, Fred	24 Apr 1907	5:19	Beyaler, Louisa	21 Mar 1894	3:10
Berthold, Felix	01 Jun 1903	4:25	Beyer, John W.	30 Oct 1896	4:6
Bertholds, Fred	25 Apr 1907	5:19	Beyer, Julius	08 May 1895	3:13
Bertholf, Elenor	07 Feb 1888	2:11	Beyer, Lizzie	13 Mar 1900	4:13
Bertholf, Martha	25 Jun 1896	4:6	Beyers, Anna May	01 Apr 1895	3:11
Bertholf, Peter	22 Aug 1873	1:92	Bezeau, John	08 Mar 1894	3:11
Bertholotte, Mary Jane	31 May 1907	5:17	Bezynski, Anton	08 May 1907	5:18
Bertholt, Felix Ferdinand	16 Aug 1901	4:20	Bfund, George	13 Nov 1903	4:25
Berthoud, Rosalie	07 Aug 1896	4:6	Bhorp, Mary Ethel	25 Jan 1886	2:8
Berthoul, Calvin	23 Mar 1898	4:8	Bialecki, Joanna	30 Nov 1905	5:10
Berthowd, Ida	01 Feb 1892	2:19	Bialecki, Stanley	26 Apr 1907	5:17
Bertkan, Anna	19 Sep 1900	4:18	Bialetzki, John	05 Mar 1892	2:20
Bertkan, Anna	21 Sep 1900	4:15	Bibb, Anna	25 Oct 1901	4:21
Bertkan, Louise	11 May 1889	2:14	Biber, Barbara	25 Dec 1870	1:86
Berwick, Charles	08 Oct 1879	1:76	Biber, Inf/o Rosa	24 Dec 1880	1:80
Berwick, Julia	27 Oct 1870	1:86	Bich, Barbara	04 Oct 1889	2:14
Bery, Anna	30 Apr 1890	2:18	Bich, George	15 Aug 1892	2:22

NAME	DATE	V/P
Bichtold, Anton	03 May 1901	4:19
Bick, Arthur J.	18 Mar 1888	2:11
Bick, Cath.	27 Aug 1893	3:8
Bick, Catharine	24 Jul 1896	4:6
Bick, Elizabeth	27 Aug 1893	3:8
Bick, Frank	17 Dec 1883	1:84
Bick, Jacob	01 Jan 1897	4:6
Bick, Jacob	01 Jan 1898	4:8
Bick, Jacob	17 Sep 1886	2:10
Bick, Joseph	28 Dec 1877	1:102
Bick, Mary	22 Oct 1889	2:14
Bick, Mary	22 Oct 1889	2:14
Bick, Mary Anna	18 May 1897	4:8
Bick, Mary C.	14 Sep 1894	3:10
Bick, Mary Tressa	23 Aug 1881	1:80
Bick, Mildred Anna	20 Sep 1897	4:8
Bickel, Dora	24 Jul 1879	1:108
Bickel, John J.	20 Sep 1908	5:20
Bickel, Loury	07 Feb 1893	2:22
Bickel, Winifred	14 Sep 1901	4:19
Bickeman, Ernst Walter	26 Jul 1901	4:20
Bickle, Frank E.	09 Jun 1885	2:9
Bickle, Nellie	18 Dec 1885	2:9
Bickman, Mary	27 Jan 1907	5:16
Biczkowski, Barcholmew	16 Jul 1907	5:17
Bidnareck, Andrew	11 Oct 1890	2:18
Bidwell, Cora	09 Mar 1884	2:8
Bidwell, Emily	26 Mar 1873	1:90
Bidwell, Harry	28 Dec 1885	2:8
Bidwell, Helen	11 Nov 1901	4:20
Bidwell, Ida Roberts	29 Jan 1901	4:18
Bidwell, James	16 Jul 1878	1:106
Bidwell, Josephine	06 Apr 1878	1:106
Bidwell, Norman	12 Dec 1871	1:88
Bidwell, Orin R.	10 May 1895	3:11
Biehl, Elmer	25 Nov 1896	4:7
Bielfeldt, Unknown	26 Dec 1905	5:11
Bieman, Louisa	20 Apr 1907	5:19
Bienier, George	May 1878	1:104
Bier, Henry	17 Apr 1868	1:6
Bierbaum, Henry W.	09 Aug 1889	2:16
Biermayer, Emelia B.	14 Sep 1889	2:16
Bigelow, Alsgudia	02 Mar 1906	5:11
Bigelow, Henry R.	12 Mar 1895	3:12
Bigelow, Nancy	22 Oct 1901	4:19
Bigelow, Orin F.	15 Aug 1896	4:7
Bigelow, Rueben	18 Jun 1887	2:11
Biggan, Sam	12 Apr 1905	5:10
Bigley, Louis	07 May 1895	3:13
Biglow, Mary J.	29 Oct 1903	4:27
Bihara, Anna M.	1871	1:88
Biher, Louise	13 May 1887	2:11
Bihn, Beaudry Josephine	Nov 1907	5:20
Bihn, Hildegard	Sep 1907	5:20
Bihn, Joseph*	03 Jan 1883	
Bihn, Louise	13 May 1886	2:10
Bihneyer, Matilda	19 Oct 1893	3:8
Bilawski, Boleslaf	21 Jun 1908	5:21
Bilawski, Gertrude	10 Jun 1908	5:21
Bilbrock, Jennie	02 Feb 1892	2:20
Bilce, Jacob	27 Mar 1902	4:21
Bilcee, Charles	06 Mar 1869	1:58
Bildown, Joseph	03 Jul 1908	5:22
Bilew, Joe	19 Oct 1884	2:7
Bilgh, Jacob	25 Dec 1902	4:24
Bilicka, Eva	22 Apr 1898	4:10
Billedon, Elizabeth	12 Nov 1908	5:20
Billhardt, Oscar	12 May 1907	5:19
Billiet, Celine	27 Jul 1887	1:102
Billing, Mandy	26 Dec 1899	4:12
Billing, Margaret	22 Jun 1887	2:12
Billing, Rudolph	20 Mar 1903	4:24
Billinger, B.J.	24 May 1905	5:11
Billingham, Susan	03 Feb 1896	3:14
Billings, Conrad	17 Mar 1880	1:108
Billings, Etheldrene	22 Dec 1906	5:13
Billings, Grace	28 Apr 1904	5:10
Billings, Marie	16 Jul 1905	5:12
Billings, Mary	27 Feb 1872	1:88
Billings, P.W.C.	01 Apr 1894	3:11
Billings, Thomas	14 Sep 1882	1:84
Billings, Wesley	09 Feb 1899	4:11
Billingslea, Alvah	13 Dec 1891	2:20
Billmaier, Edward	04 Dec 1900	4:15
Billmaier, Mary	16 Sep 1890	2:17
Billman, Infant	15 May 1887	2:12
Billman, Laniore	17 Jan 1900	4:13
Billmeyer, Franzis	08 Jan 1880	1:76
Billmeyer, Inf/o Carl	03 Mar 1891	2:17
Billmeyer, John	06 Jan 1889	2:14
Billmeyer, Joseph	09 Aug 1877	1:104
Billmeyer, Mary	13 Sep 1890	2:17
Billmeyer, Matilda	14 Oct 1893	3:9
Billow, Mary Jane	16 Aug 1877	1:104
Bills, Edna	25 Dec 1906	5:14
Bills, Edward F.	10 May 1901	4:20
Bills, George E.	05 Sep 1972	1:92
Bills, George Washington	12 Dec 1905	5:10
Bills, Lizzie H.	24 Apr 1908	5:20
Bilmayer, Charles	19 May 1893	3:10
Bilong, Lizzie	06 Aug 1897	4:8
Bilor, Carrie	07 Nov 1893	3:9
Bilow, Ida May	19 Oct 1884	2:7
Bilow, Kittie	10 Oct 1872	1:92
Bilow, Nelson	10 Jul 1872	1:92
Binder, Catherine Elizabeth	27 Nov 1894	3:10
Binder, Simon	28 Oct 1893	3:8
Binger, Edward	18 Mar 1895	2:13
Bingham, Clarence	25 Mar 1872	1:88
Bingham, Frederick H.	25 Mar 1872	1:36
Bingham, Howard B.	19 Aug 1902	4:22
Bingham, Infant	25 Aug 1878	1:106
Bingham, Roy Otto	09 Jun 1902	4:24
Bingin, Inf/o C.A.	19 Jul 1895	3:13
Bingo, Emma	19 Dec 1903	4:27
Binkenhoner, Roth	23 Oct 1907	5:18
Binker, George	25 Aug 1881	1:82
Binker, Mary	11 Feb 1899	4:10
Binker, Wm.	28 Nov 1891	2:20
Binkley, Carl	22 Dec 1885	2:8
Binney, Leimon	27 Jan 1906	5:11

NAME	DATE	V/P	NAME	DATE	V/P
Birar, Nicholas	06 Mar 1873	1:92	Bishop, Geo. A.	23 Jul 1880	1:78
Birch, Clinton M.	24 Jul 1877	1:104	Bishop, George	11 Feb 1907	5:15
Birch, Clinton N.	24 Jul 1877	1:102	Bishop, Harry	08 Oct 1903	4:27
Birch, Louis W.	21 Oct 1895	3:14	Bishop, Jane	18 Jul 1903	4:27
Birchall, Everard	01 Jan 1874	1:94	Bishop, John, Mrs.	12 Aug 1903	4:25
Birchard, Lillian	11 Jan 1869	1:42	Biskole, Antoniys	15 Dec 1905	5:11
Birchfield, Joshua	13 Jun 1870	1:86	Biskrack, Albert	16 Mar 1893	2:23
Bird, Alfred Norman	11 Sep 1891	2:19	Biskup, Antonio	17 Jan 1906	5:11
Bird, Brigett	09 Feb 1896	3:14	Biskup, Antonio	13 Jan 1905	5:9
Bird, Emeline M.	25 Nov 1877	1:102	Biskup, Leo	22 Mar 1897	4:8
Bird, Emma	07 Jun 1894	3:11	Biskupski, Anton	27 Nov 1899	4:14
Bird, Fannie J.	20 Oct 1877	1:104	Biskupski, Josephine	24 Dec 1899	4:14
Bird, George M.	04 Jan 1907	5:14	Biskupski, Michael	09 Sep 1897	4:9A
Bird, Irene	28 Apr 1902	4:23	Biskupsky, Vincent	01 Oct 1890	2:18
Bird, Lenoria D.	25 Oct 1878	1:106	Bisner, Emilia	19 Dec 1892	2:22
Bird, Lesana	24 Apr 1902	4:22	Bisnet, Geo. Edgar	19 Aug 1892	2:23
Bird, Margaret	08 Dec 1874	1:94	Bisnette, Joseph W.	24 Nov 1901	4:19
Bird, Margaret	10 Feb 1877	1:100	Bissell, Edward	14 Nov 1894	3:10
Bird, Peter	17 Nov 1870	1:86	Bissell, Edward A.	05 May 1872	1:92
Bird, Wm.	21 Aug 1900	4:15	Bissell, Frederick	06 Jun 1870	1:86
Bird, Wm., Mrs.	29 Apr 1902	4:23	Bissell, Geo. E.	20 Aug 1892	2:23
Birdie, Florence	04 May 1889	2:14	Bissell, Harvey	13 Sep 1869	1:46
Birdsell, John Joseph	30 Mar 1885	2:7	Bissell, James H.	13 May 1906	5:15
Birdsell, Robert E.	31 Mar 1885	2:8	Bissell, N.A.M.	05 Jun 1877	1:104
Bire, Donald J.	12 Nov 1906	5:15	Bissell, Nellie Marie	1876	1:98
Bires, Anna	18 Feb 1906	5:12	Bissonette, Angela	07 Feb 1889	2:14
Birgamier, Mary	05 Dec 1868	1:28	Bissonette, Anna	07 Apr 1888	2:14
Birger, Leonard	05 Apr 1901	4:20	Bissonnette, Nepolian	17 Feb 1900	4:13
Birgmingham, Elissa	26 Dec 1897	4:9A	Biszrnski, Alwine	02 Feb 1900	4:14
Birk, James	29 Jul 1879	1:108	Bitow, William	24 Aug 1888	2:14
Birkencamp, Lenora	05 Oct 1889	2:15	Bitter, Martha	12 Sep 1888	2:13
Birkenhauer, Conrad	04 Jul 1882	1:458	Bitter, Mary	07 Dec 1902	4:24
Birkenhauer, Henry	06 Nov 1905	5:12	Bitterley, Mary	15 May 1892	2:21
Birkenhauer, Lucy	27 Oct 1902	4:23	Bitterly, Edward	02 Dec 1908	5:21
Birkenhaur, Fred	24 Jun 1897	4:9	Bitterly, Inf/o Joseph	---	2:13
Birkenkamp, E.	22 Feb 1881	1:78	Bitterly, Joseph	21 Sep 1891	2:20
Birkenkamp, Elenora	05 Oct 1889	2:16	Bitterly, s/o Jos.	10 Apr 1889	2:15
Birkenkamp, Inf/o Herman	05 Jul 1897	4:8	Bitters, Sophia	18 Nov 1904	4:25
Birkenkamp, M.E.	24 May 1880	1:78	Bittinger, Johanna	17 Feb 1890	2:14
Birkenkamp, s/o H.	21 May 1898	4:10	Bittner, Charles	05 Jun 1904	5:10
Birkhead, Peter H.	21 Jun 1888	2:14	Bittner, John Nicolas	21 Apr 1901	4:20
Birkley, Carl	22 Dec 1885	2:8	Bittner, Magdeline	09 Sep 1885	2:7
Birmingham, Bridjet	14 Oct 1895	3:14	Bivins, Ebenezer	05 May 1888	2:13
Birmingham, Jas.	24 Aug 1881	1:82	Bivins, Marion F.	01 Dec 1869	1:54
Birr, Frank	04 Mar 1896	3:14	Bivins, Susan	01 Jul 1869	1:54
Birr, Marril	28 Dec 1904	5:9	Blace, Bertha L.	02 Feb 1906	5:10
Birt, Hazel	21 Dec 1898	4:10	Blacher, John	05 Nov 1880	1:108
Birt, Wm.	24 Oct 1892	2:21	Black, A.J., Jr.	13 Jul 1891	2:19
Birthwait, d/o C.L.	20 Mar 1907	5:16	Black, Adam	28 Sep 1899	4:12
Birtz, Ferdinand	13 Nov 1895	3:14	Black, Alexander	12 Dec 1906	5:14
Bisbay, Mary	06 Jan 1902	4:19	Black, Anna	15 Feb 1896	3:13
Bischaf, Louis	17 Dec 1895	3:13	Black, Anna H.	13 Mar 1890	2:15
Bisewaki, Walter	04 Jan 1896	3:14	Black, Anna H.	13 Apr 1890	2:17
Bish, Henry	11 Nov 1891	2:19	Black, Augusta	17 Sep 1898	4:11
Bishin, Claud R.	12 Oct 1895	3:14	Black, Augusta H.	24 Apr 1888	2:11
Bishofrich, Hubert D.	26 Jan 1900	4:13	Black, Caroline	15 Jun 1908	5:23
Bishop, Amelia	31 Dec 1906	5:15	Black, Clarence	20 Jul 1899	4:14
Bishop, Carl	09 Jan 1890	2:16	Black, Clyde	22 Sep 1905	5:13
Bishop, Catherine	01 Nov 1876	1:100	Black, Fanny	16 Feb 1907	5:16
Bishop, Charles	22 Oct 1903	4:24	Black, Frank	1872	1:88
Bishop, Charles H.	30 Dec 1884	2:8	Black, Ida	01 Jul 1906	5:13

NAME	DATE	V/P	NAME	DATE	V/P
Black, J.	30 Jul 1885	2:9	Blake, Kate	18 Nov 1908	5:20
Black, J.W.	09 Apr 1902	4:23	Blake, Mary	09 Aug 1904	5:9
Black, Jacob	26 Jun 1894	3:11	Blake, Nettie	20 Oct 1902	4:24
Black, James	09 Mar 1900	4:12	Blake, O.T.	28 Sep 1907	5:19
Black, James Madison	11 Feb 1905	5:8	Blakely, Chas.	18 Nov 1887	2:12
Black, Jessie	02 Aug 1879	1:108	Blakely, H.N.	10 Nov 1901	4:21
Black, Jno. A.	06 May 1901	4:21	Blakely, Wm.	19 Jun 1901	4:20
Black, Lazarius	28 Jun 1890	2:18	Blaker, Geo., Mrs.	15 Oct 1908	5:22
Black, Lester	13 Aug 1906	5:13	Blakeslar, A.B.	04 May 1868	1:6
Black, Lucius C.	05 Feb 1879	1:106	Blakley, E.D.	15 Dec 1884	2:8
Black, Marietta	21 Apr 1892	2:22	Blakly, Emma	25 Jan 1906	5:14
Black, May	18 Oct 1874	1:96	Blalock, Hattie	11 Oct 1899	4:14
Black, Morris	18 Mar 1899	4:11	Blalock, Iran	13 Apr 1896	3:12
Black, Nancy A.	07 Nov 1879	1:108	Blan, Maria	28 Oct 1886	2:10
Black, Stewart A.	26 Jun 1887	2:11	Blanchard, A.B., Mrs.	28 Jul 1901	4:20
Blackburn, George	01 Jan 1872	1:88	Blanchard, Anne	27 Jun 1876	1:100
Blackburn, Lizzie	14 Apr 1876	1:98	Blanchard, Edward	05 Mar 1890	2:15
Blackburn, Lizzie	14 Apr 1876	1:64	Blanchard, Esther A.	03 Jan 1900	4:13
Blackburn, Rob't	23 Nov 1891	2:20	Blanchard, H.D.	31 Mar 1906	5:10
Blackley, Ellen	16 Jun 1885	2:9	Blanchard, Matilda	08 Mar 1875	1:96
Blackley, Ivadell	12 Nov 1904	5:8	Blanchard, Minnie	09 Mar 1901	4:17
Blackley, Jesse	12 Dec 1904	5:8	Blanchard, Rubin S.	11 Dec 1898	4:11
Blackley, Theresa	26 Apr 1893	3:8	Blanchard, s/o Alfred	08 Apr 1889	2:15
Blackman, Eliz. Gertrude	22 Nov 1902	4:22	Blanchard, Samuel	16 May 1902	4:22
Blackman, Joseph A.	15 Oct 1908	5:21	Blanchart, Jenny	10 Aug 1873	1:94
Blackman, M.A.	03 May 1908	5:16	Blanchate, Alphs.	08 Nov 1880	1:78
Blackman, Myrtle	01 Dec 1907	5:17	Blanchate, Joseph	25 Jul 1880	1:78
Blackmore, Ada	27 Dec 1908	5:22	Blanchet, George H.	29 Jul 1906	5:16
Blackmore, Albert E.	05 Jun 1904	5:10	Blanchfield, Michael	08 Jan 1889	2:14
Blackmore, Sarah	19 May 1888	2:14	Blanchong, Arthur	24 Jun 1908	5:21
Blackowski, Sophia	20 Apr 1893	3:9	Blanchong, Catherine	29 Nov 1884	2:7
Blackstone, Lloyd, Miss	23 Sep 1903	4:25	Blanchong, Joseph	18 Aug 1889	2:16
Blackwell, Elizabeth	03 Mar 1897	4:8	Blanchong, Lena	05 Oct 1896	4:8
Blackwell, Thomas	24 May 1874	1:96	Blandin, Loie L.	26 Oct 1884	2:7
Blackwood, Emma	06 Jan 1901	4:18	Blandon, David L.	16 Jun 1887	2:11
Blackwood, William	25 Nov 1905	5:11	Blandon, Edward	09 Feb 1907	5:13
Blade, Daniel, Jr.	07 Mar 1896	3:13	Blandon, Ira	29 Jan 1897	4:7
Blade, Polly	30 Nov 1880	1:78	Blandon, Lavina	17 Feb 1886	2:8
Blade, Thelma May	02 Jul 1892	2:22	Blandon, Maria A.	06 Dec 1903	4:26
Bladgett, Richard D.	24 Apr 1895	3:14	Blanie, Germain	26 Dec 1903	4:27
Blager, Wm.	05 May 1908	5:21	Blank, Caroline	18 Sep 1898	4:10
Blain, George	28 Jan 1886	2:8	Blank, Gertrude B.	22 Mar 1900	4:13
Blain, Louise	03 Mar 1887	2:10	Blank, Rob't J.	20 Jul 1886	2:10
Blain, Mary	10 Oct 1886	2:10	Blank, William Arvine	27 Jul 1908	5:20
Blain, Viola	07 Nov 1906	5:16	Blankemeier, H.	16 Mar 1897	4:6
Blaine, Germaine	26 Dec 1904	5:10	Blankemeier, Mary	23 Aug 1897	4:8
Blaine, Rhea	24 Jun 1898	4:10	Blankemeyer, Amelia	21 Nov 1873	1:94
Blaine, William	02 Jun 1894	3:11	Blankemeyer, Clara	05 Nov 1905	5:10
Blair, A.G., Mrs.	28 Jul 1906	5:14	Blankemier, Henry	21 Jul 1904	5:8
Blair, Albert	03 Nov 1908	5:21	Blankenmaier, Katherine	27 Aug 1875	1:96
Blair, Fannie	04 Jan 1908	5:18	Blankenmeyer, Sophia	26 Jan 1878	1:108
Blair, Mary	08 Mar 1888	2:11	Blankenstein, Abe	18 Oct 1903	4:25
Blair, P.J.	03 Nov 1908	5:21	Blankerts, Wiltse W.	18 Feb 1898	4:9A
Blair, William	10 Mar 1875	1:96	Blankey, Rosa	22 Dec 1894	3:12
Blaisdale, Edward	30 Jun 1906	5:15	Blankmire, Catharine	29 Sep 1885	2:8
Blake, Carl A.	15 Oct 1885	2:8	Blantern, Alice M.	12 Feb 1899	4:11
Blake, Daniel A.	12 Oct 1905	5:12	Blantun, Alice M.	12 Feb 1898	4:9
Blake, Esther	17 Mar 1908	5:17	Blantz, Albert	02 Aug 1887	2:12
Blake, Esther M.	11 May 1875	1:98	Blasey, Frank	04 Jan 1896	3:13
Blake, Helen	10 Mar 1908	5:17	Blasey, Mary	20 Mar 1896	3:13
Blake, Infant	16 Dec 1873	1:94	Blashaski, Felix	27 Nov 1895	3:15

NAME	DATE	V/P	NAME	DATE	V/P
Blashaski, Francis	21 Sep 1897	4:9	Bloss, Elouisa C.	29 Jan 1902	4:19
Blashaski, Frank	31 Aug 1897	4:9	Blossan, Helen A.	28 Jan 1889	2:13
Blashaski, Louis	15 Dec 1897	4:9	Blossom, Hazel	26 Oct 1897	4:9A
Blass, Lewis R.	08 Apr 1869	1:44	Blossom, Pearl M.	18 Oct 1903	4:28
Blaszazak, Walenty	12 Aug 1907	5:17	Blossom, Pearl M.	08 Oct 1903	4:26
Blatner, Ida	10 Oct 1895	3:13	Bloty, Mary Maria	20 Jul 1888	2:14
Blatner, Peter	04 May 1896	4:6	Blouch, Caroline Marion	19 Oct 1900	4:18
Blatt, Peter	01 Dec 1900	4:17	Blouch, Cecelia	22 Dec 1902	4:22
Blaud, Laura May	04 Mar 1904	4:27	Blow, John	25 Aug 1883	1:84
Blayz, John	20 Mar 1902	4:19	Bluchanski, Tony	25 Apr 1892	2:24
Blazer, Johnnie	18 Jan 1901	4:15	Blue, David G.	08 Feb 1903	4:24
Blazert, Mary	30 Jun 1908	5:17	Blum, Amelia	11 May 1894	3:10
Blcock, Ernold	26 Aug 1901	4:21	Blum, Henry	27 Jan 1904	4:27
Bleay, Mary	20 Dec 1895	3:13	Blum, Inf/o Chas.	---	1:90
Bleim, Laura	01 Jul 1900	4:18	Blum, Julia	02 Jun 1905	5:12
Blessing, Sarah Elizabeth	05 Oct 1901	4:20	Blum, Mary	27 Jun 1870	1:86
Blickensderfer, Clarinda	08 Mar 1897	4:6	Blumenskin, Minna	18 Jul 1884	2:7
Blickensderfer, Isaac	09 Dec 1894	3:8	Blumm, Plarga	15 Feb 1900	4:12
Blin, Jacob	03 Feb 1888	2:12	Blumm, Takle	11 Feb 1900	4:12
Blinaszinski, Mary	15 Sep 1892	2:23	Blynn, Julius	10 Oct 1871	1:88
Blinn, Antone	20 Jan 1908	5:18	Boagdon, Victor	27 Feb 1894	3:9
Blinn, Howard S.	03 Feb 1878	1:104	Boara, Amelia	27 Feb 1894	3:10
Blinn, Mary	27 Jun 1870	1:86	Boardman, C.P.	24 Apr 1893	3:9
Blinn, Nathaniel D.	20 Jan 1900	4:13	Boardman, Chas.	24 Apr 1893	3:8
Blinn, Nora C.	17 Oct 1894	3:11	Boardman, Delos	21 Oct 1874	1:96
Bliss, Andrew	26 Feb 1877	1:100	Boardman, Eva L.	27 Oct 1874	1:96
Bliss, August	13 Jul 1902	4:23	Boardman, Jno. W.	15 Jul 1902	4:22
Bliss, Chas. H.	11 Feb 1891	2:19	Boatfield, Thomas	17 Sep 1902	4:22
Bliss, Earl	06 May 1879	1:108	Bobecki, Leo	12 Jul 1908	5:22
Bliss, Frederick	19 Oct 1890	2:18	Bocart, Charles	13 Jul 1881	1:80
Bliss, George Y.	26 Jul 1887	2:12	Bochane, Infant	27 Aug 1878	1:104
Bliss, M.	29 Jun 1893	3:9	Bochk, Frank	12 Sep 1901	4:20
Bliss, Mary	22 Jun 1902	4:23	Bochler, Elizabeth	10 Jun 1899	4:14
Bliss, Mary W.	22 Jun 1902	2:23	Bocian, John	28 Jul 1888	2:14
Bliss, Mary W.	28 Dec 1892	2:23	Bocian, Teodor	18 Aug 1908	5:20
Bliss, Mina	12 Sep 1889	2:16	Bociar, Theodore	16 Aug 1894	3:11
Bliss, Parsis	30 Aug 1878	1:106	Bock, Charles	10 Jan 1875	1:98
Bliss, Robert Alonzo	09 Jan 1881	1:76	Bock, Julia	03 Jan 1905	5:8
Bliter, Edna	28 Dec 1905	5:10	Bocker, Hiram	14 Mar 1891	2:18
Blitz, Edward A.	09 Jan 1904	4:26	Bockover, Anna	22 Sep 1899	4:15
Bloch, John F.	01 Jun 1908	5:21	Boda, Henry	08 Sep 1890	2:17
Blocheski, Andrew	13 Mar 1889	2:14	Boda, June	01 May 1904	5:8
Blochowiak, Paul	02 Nov 1890	2:18	Bodi, Sanford	06 Aug 1908	5:160
Blochowski, Helena	10 Jul 1892	2:24	Boddy, Grace	12 Sep 1876	1:100
Block, Barbara E.	15 Sep 1890	2:18	Boddy, John	08 Jul 1893	3:8
Block, Hermon	24 Mar 1869	1:34	Boddy, Rosanna	30 Apr 1900	4:17
Block, Lavinia	25 Aug 1902	4:23	Bode, August	08 Apr 1902	4:21
Blockowski, Steven	12 Feb 1899	4:12	Bodemons, George	03 Jun 1869	1:50
Blodgett, Amerette	22 Oct 1900	4:18	Bodemons, Henry	03 Jun 1869	1:50
Blodgett, E.C.	22 Nov 1869	1:54	Boden, Nellie	21 May 1904	4:28
Blodgett, Eliza	05 Oct 1900	4:18	Boden, W.F.	12 Jan 1904	4:28
Blodgett, Lorain	18 Sep 1879	1:76	Bodenmiller, Laura	21 Jan 1888	2:12
Blodsowsky, Joseph	28 Mar 1891	2:19	Bodenmiller, Wm. J.	27 Mar 1888	2:12
Blohm, Minnie	24 Oct 1868	1:26	Bodenstedt, Clarence A.	03 Mar 1900	4:17
Blookwasky, Caratine	14 Nov 1889	2:16	Boder, Eugene	27 Nov 1885	2:9
Bloom, Geo.	08 Apr 1908	5:22	Bodette, Gertrude	30 Oct 1896	4:7
Bloom, Harriet	20 Sep 1907	5:16	Bodette, John	04 Mar 1889	2:14
Bloom, Ralph	17 Sep 1901	4:20	Bodette, Mary	12 Dec 1886	2:10
Bloomfield, Isaac T.	29 Aug 1888	2:13	Bodette, Wm. Thos.	10 Jun 1885	2:9
Bloomfield, Robert	14 Feb 1902	4:20	Bodi, Elery C.	14 Sep 1905	5:13
Bloomgreen, d/o E.	22 Jan 1908	5:17	Bodi, Mary	13 Dec 1893	3:8

NAME	DATE	V/P	NAME	DATE	V/P
Bodi, Roma	09 Apr 1902	4:24	Bojonowski, Frances	08 Aug 1896	4:6
Bodinus, Henry	04 May 1893	3:9	Bolack, Ellen	11 Jan 1892	2:19
Bodley, Amanda	20 Oct 1906	5:15	Bolack, Rose	24 Mar 1907	5:14
Bodman, Ethelveet B.	22 Aug 1902	4:22	Bolan, Carrie	18 Dec 1886	2:10
Bodman, Jennie	15 Jul 1868	1:16	Bolan, Frances	30 Jan 1881	1:80
Body, Clara Frances	19 Feb 1889	2:14	Bolan, Jeremiah	10 Apr 1891	2:9
Boechlin, Catherine	06 Apr 1889	2:15	Bolan, Patric	23 May 1885	4:8
Boechlin, Catherine	18 Apr 1889	2:16	Bolan, Patrick	26 Apr 1890	2:18
Boechlin, Rosa	07 Jun 1889	2:16	Bolan, Thomas	17 Apr 1893	3:9
Boechlin, Rose	10 May 1889	2:15	Bolan, Thomas	17 Jul 1875	1:98
Boees, Mary	02 Oct 1881	1:82	Bolan, Wm.	11 Feb 1900	4:14
Boehm, John Paul	21 Mar 1889	2:14	Boland, Hattie	10 Apr 1891	2:21
Boelenmiller, Emma S.	06 Oct 1870	1:86	Boland, Patrick	12 Feb 1899	4:11
Boelenmiller, John	05 May 1870	1:86	Bolander, John	17 Dec 1895	3:14
Boellner, Peter	02 Apr 1901	4:21	Bolawski, Gusty	21 Jun 1906	5:15
Boeltcher, Fred	05 Feb 1879	1:106	Bold, George	24 Sep 1892	2:23
Boelter, Ida	01 Aug 1890	2:18	Bold, Sophia	09 Apr 1892	2:24
Boerfield, Chas. Fred	19 Apr 1876	1:100	Bolden, Christely	17 Mar 1888	2:12
Boersch, Hannah	27 Jul 1891	2:21	Bolden, Inf/o William	29 Jun 1897	4:9A
Boetschen, Arnold F.	10 Dec 1907	5:17	Bolder, Eddy	09 Apr 1881	1:80
Boetshen, Joseph	02 Aug 1884	2:8	Bolder, Louis	08 Mar 1881	1:80
Boettcher, Carrie	26 Aug 1905	5:10	Boldman, Infant	17 May 1892	2:24
Boettcher, Otto	20 Nov 1889	2:16	Boldt, Albert	10 Apr 1890	2:18
Boettner, George	19 Dec 1889	2:16	Boldt, Bertha	08 Oct 1890	2:19
Bogan, Honora	14 Apr 1903	4:26	Boldt, E.	30 Sep 1892	2:23
Bogenhart, Casper	26 Jan 1908	5:19	Boldt, Frank	09 Apr 1880	1:76
Bogenhart, Louise	15 Mar 1906	5:12	Bolemer, Mary	02 Jan 1870	1:52
Bogey, Catherine	13 Mar 1904	4:25	Bolemyer, Mary	04 Jul 1892	2:22
Bogey, Edward Hennis	01 Jul 1889	2:16	Bolen, Bridget	03 Mar 1905	5:8
Bogey, Treasea	23 Nov 1880	1:78	Boler, Mary	06 Sep 1871	1:88
Boghan, Frank W.	30 Oct 1904	5:9	Bolet, Carl	03 Sep 1896	4:8
Boghold, G.M.	08 Jul 1872	1:90	Bolio, Napoleon	01 Oct 1899	4:14
Bogie, Infant	17 Jun 1884	2:7	Boll, Peter	12 Jan 1885	2:7
Bogra, John	19 Apr 1908	5:22	Bollaff, Confanl	2 Oct ---	1:70
Bohland, Clara Josephine	20 Aug 1901	4:19	Bollan, Inf/o A.	20 Sep 1870	1:86
Bohland, George	11 Dec 1907	5:19	Bollar, Christina	14 Apr 1893	3:8
Bohls, Caroline	07 Jan 1882	1:80	Bollen, Maggie	07 --- 1885	2:8
Bohmsock, Willie	17 Nov 1890	2:18	Boller, Anton	17 Dec 1892	2:23
Bohn, Annie	10 Oct 1897	4:9	Boller, Christina	15 Apr 1893	3:9
Bohn, Arthur	22 Feb 1884	1:84	Bolley, Christ	04 Feb 1875	1:96
Bohn, Geo. E.	27 Jan 1884	1:84	Bolli, Alexander	1890	2:17
Bohn, Matilda	10 Mar 1884	1:84	Bolli, Bat	1890	2:17
Bohniack, Fredericka	22 Feb 1904	4:26	Bolli, Clara	Oct 1899	4:14
Bohnsack, Sophia	04 Aug 1899	4:14	Bolli, Conrad	02 Jul 1901	4:20
Bohnsock, Frank	11 Nov 1890	2:18	Bolli, Lavina	14 Feb 1904	4:26
Bohnsock, Rosa	24 Nov 1890	2:18	Bolli, Phillip	29 Oct 1879	1:108
Bohs, Denny	14 Sep 1870	1:86	Bollie, Henry	04 Mar 1888	2:12
Boice, Chas. A.	01 Dec 1881	1:80	Bollim, Robert	08 Oct 1899	4:14
Boice, Fred	19 Oct 1889	2:15	Bollin, Hattie Mary Wilhelm		
Boice, Henry	14 Mar 1872	1:88		10 Apr 1891	2:20
Boice, John P.	17 Jun 1870	1:86	Bollin, Jacob	13 Jan 1892	2:20
Boice, Reed W.	05 Aug 1907	5:18	Bollinger, Barbara	18 Aug 1903	4:27
Boice, Robert Henry	17 Aug 1890	2:17	Bollinger, Casper	01 Sep 1894	3:10
Boice, Sadie Seely	16 Dec 1888	2:13	Bollinger, John	19 Jun 1908	5:22
Boice, Sudell	29 Jan 1882	1:82	Bollinger, John	26 Mar 1904	4:25
Boice, Thomas M.	25 Aug 1869	1:46	Bollinger, Verena	06 Feb 1903	4:21
Boileau, Charles	07 Mar 1869	1:4	Bollman, Charles F.	11 Apr 1878	1:104
Boilett, Charles	09 Feb 1879	1:106	Bollman, Henry	26 Jun 1880	1:108
Boisselle, Frank	12 Jun 1900	4:17	Bollman, Mary L.	02 Jan 1869	1:28
Bojanowski, Adam	05 Aug 1896	4:6	Bollman, Reinhardt	17 Mar 1894	3:11
Bojarski, Anton	23 Jul 1908	5:20	Bollman, Sophia M.	13 Mar 1907	5:14

NAME	DATE	V/P
Bollnios, Elizabeth	17 Jan 1902	4:21
Bolloff, Henry	17 Mar 1878	1:102
Bolly, Hazel Alize	14 Jun 1906	5:14
Bolm, Henry	28 Dec 1891	2:20
Bolman, Harry	19 Jan 1907	5:13
Bolmer, George	30 Jan 1878	1:102
Bolnie, Infant	22 Sep 1875	1:98
Boloski, Joseph	15 May 1886	2:10
Bolsmyer, Harmon	26 Nov 1878	1:106
Bolsmyer, Kate	23 Nov 1878	1:106
Bolster, Francis	02 Oct 1880	1:76
Bolt, Fred. Chas.	06 Aug 1881	1:82
Boltcher, Sanford	17 Sep 1898	4:11
Bolti, Helen	27 Jan 1900	4:14
Bolton, Inf/o Ira	24 May 1896	4:6
Bolton, Maria	09 Mar 1901	4:17
Boltosser, John	26 Mar 1901	4:19
Boltsford, Hiland	29 Dec 1903	4:25
Bombarger, Joseph	22 Feb 1885	2:7
Bomberg, Albert	15 Aug 1905	5:10
Bombrys, Masselly	24 Mar 1896	4:6
Bombyes, Stanistoswie	05 Dec 1893	3:8
Bomerssack, Harry	15 Dec 1893	3:9
Bonaroitt, Mary	14 Apr 1908	5:20
Bond, Amanda B.	08 Aug 1887	2:11
Bond, Beese E.	06 Apr 1903	4:28
Bond, Catherine	02 Mar 1890	2:16
Bond, Charles	23 Nov 1884	2:7
Bond, Florence G.	28 Jul 1874	1:96
Bond, John R.	05 Oct 1877	1:102
Bond, Magie	05 Sep 1874	1:96
Bond, Maria A.	14 Jun 1887	2:11
Bond, Mary	14 Feb 1890	2:16
Bond, Slyde	14 Jan 1894	3:9
Bond, Willlam Skidmore	18 Jan 1878	1:104
Bondria, Elizabeth	10 Oct 1908	5:20
Bondy, August	07 Jun 1875	1:98
Bondy, Gusta	23 Oct 1875	1:98
Bondy, Maxim	26 Jul 1900	4:15
Bone, Grace M.	29 Mar 1888	2:11
Bonefas, Infant	---	4:19
Bonefas, Margarette	03 Jul 1900	4:19
Bonham, Clifford	25 Jan 1901	4:17
Bonman, Johann C.	14 Mar 1869	1:34
Bonnan, Ellen	27 Sep 1906	5:15
Bonner, Robert	25 Jan 1890	2:16
Bono, Francis	04 Apr 1901	4:21
Bono, John	03 May 1907	5:16
Bono, Laura	18 Feb 1874	1:92
Bono, Ray	01 Aug 1907	5:16
Bono, Sopha L.	24 Feb 1907	5:13
Bono, Victor	28 Dec 1906	5:13
Bontin, Elizabeth	04 Mar 1906	5:11
Bonya, Qzetta Marie	18 Aug 1899	4:13
Boody, Margaret	23 Mar 1907	5:17
Booia, Louis	09 Nov 1874	1:96
Bookaw, Isaac D.	16 Sep 1908	5:22
Bookey, Oenis	03 Apr 1907	5:18
Boomsberger, Jno.	02 Jun 1885	2:9
Boone, George	07 Jul 1906	5:13
Boone, Mary A.	04 Jul 1898	4:9
Boorker, Wm.	15 Sep 1908	5:22
Boos, Anna M.	16 Mar 1893	2:22
Boos, Hilda C.	31 Dec 1898	4:12
Boos, Lampert	27 May 1885	2:9
Boos, Mathies	05 Oct 1885	2:9
Booser, Sarah R.	24 Oct 1881	1:82
Boot, Elizabeth	01 Feb 1894	3:9
Booth, s/o C.E.	19 Jul 1893	3:10
Booth, William Loring	31 Mar 1898	4:9
Boothe, Mary E.	11 Apr 1889	2:13
Bopp, Casper	17 Jul 1872	1:90
Bopp, Margaret Anna	15 Dec 1901	4:21
Bopp, s/o Jacob	10 Jul 1905	5:11
Borbina, Ellen	22 Dec 1891	2:19
Borbis, Mary D.	30 Jul 1893	3:9
Borch, Francis J.	29 Mar 1893	2:21
Borch, Frederic	23 Feb 1882	1:80
Borch, William	02 Sep 1882	1:80
Borck, Barbara	02 Mar 1881	1:78
Borck, Edward Eugene	19 ---	2:7
Borck, Francis Paul	03 Oct 1884	2:7
Borck, Lucile Ethel	---	4:12
Borck, Margann	27 Jan 1902	4:21
Borck, Sylvester	16 Nov 1896	4:6
Borden, Anna	23 Apr 1908	5:20
Border, Charles R.	27 Jun 1872	1:92
Border, Kitty L.	09 Dec 1877	1:102
Border, Persis	11 Jan 1901	4:15
Bordman, Eva	31 Aug 1873	1:94
Bordree, Hazel	12 Oct 1890	2:17
Borer, Nelson H.	17 Mar 1907	5:13
Borg, Datard	08 Sep 1868	1:22
Borgelt, Florence	08 Dec 1906	5:15
Borgelt, Fred	21 Feb 1906	5:12
Borger, A.	27 Jan 1905	5:10
Borger, Edw'd Joseph	05 Mar 1901	4:18
Borgess, John H.	17 Mar 1901	4:18
Borgess, Mary	29 Oct 1900	4:18
Bork, Charles	28 Sep 1904	5:10
Bork, Emma	01 May 1893	3:10
Bork, Henry A.	18 Aug 1884	1:82
Bork, Ida May	26 Jun 1894	3:11
Bork, Inf/o Jno.	28 Jul 1868	1:18
Bork, John	28 Aug 1884	2:8
Borkowski, Steven	20 Nov 1908	5:20
Born, Rosa	23 Mar 1889	2:15
Borncki, Cecelia	13 Apr 1899	4:15
Borner, Elizabeth	17 Apr 1908	5:22
Bornhoeft, Albert C.H.	10 Dec 1906	5:13
Boroughf, Frederick	28 Dec 1891	2:19
Boroughf, Isaac N.	24 Nov 1883	1:84
Borrpazky, Margarita	17 Mar 1902	4:19
Bors, Helen Catherine	30 Jun 1901	4:19
Bortell, Chas.	---	5:10
Bortley, Margarette	18 Oct 1904	5:9
Borton, Louisa	01 May 1871	1:90
Bortree, Daisy	01 Jan 1888	2:11
Bortree, Elmer	25 Jun 1891	2:20
Bortrie, Eliza	03 May 1888	2:14
Bortru, I.S.	19 Jan 1906	5:11
Borty, Melinda*	12 Apr 1882	

NAME	DATE	V/P	NAME	DATE	V/P
Borwich, C.N., Mrs.	29 Jan 1890	2:14	Bourdo, Samuel	02 Sep 1902	4:22
Bosch, Anthoney	15 Jan 1907	5:16	Bourline, Tilley*	14 Oct 1882	
Boschardt, Gertrude	24 Jan 1899	4:12	Bourue, Joseph D.	31 Jan 1878	1:104
Bosdorph, O.	22 Jul 1882	1:82	Bousher, Isabelle	03 May 1906	5:15
Bosenberry, Anna	14 Sep 1894	3:10	Bousher, Mary E.	19 Aug 1902	4:23
Bosinger, Mary	18 Oct 1904	5:9	Bowden, George	01 Aug 1883	1:458
Bosler, Eli S.	08 Dec 1900	4:19	Bowden, Inf/o William	01 Apr 1889	2:14
Bosltner, F.S. Amelia	06 Apr 1904	4:25	Bowden, Mary	17 Apr 1872	1:92
Bosom, Lawrence K.	14 Feb 1903	4:28	Bowe, Albert	03 Apr 1907	5:18
Boson, Edward L.	08 Mar 1892	2:19	Bowe, Ella	07 Oct 1903	4:26
Boss, Sophia	25 Jan 1890	2:16	Bowe, Infant	17 Feb 1875	1:96
Bossang, Chas.	17 May 1889	2:15	Bowe, Jennie	20 Jan 1874	1:94
Bossard, Edward	16 Jul 1887	2:12	Bowe, Lawrence C.	14 Apr 1886	2:10
Bossard, Isaac A.	11 Oct 1899	4:15	Bowe, Lenard	02 Jul 1880	1:78
Bossard, Isaac A.	27 Oct 1899	4:13	Bowe, Moses	30 Apr 1899	4:13
Bossart, Clifford	21 Feb 1908	5:19	Bowe, Rob't	06 Apr 1893	3:8
Bossart, John	22 May 1905	5:12	Bowe, William	---	2:11
Bossert, Hazel Dorse	20 Nov 1907	5:20	Bowen, Bertie	25 Oct 1883	1:84
Bossinger, John C.	16 Apr 1904	5:8	Bowen, Celestia	23 Nov 1871	1:90
Bossom, Margaret	22 Oct 1907	5:18	Bowen, Dwight	29 Nov 1870	1:86
Bostdorf, Frederick L.	11 Sep 1903	4:25	Bowen, Geo. W.	26 Sep 1908	5:21
Bostdorf, Mattie B.	04 Mar 1888	2:12	Bowen, George	02 Feb 1869	1:38
Bostdorf, William G.	04 Jan 1907	5:13	Bowen, Infant*	20 Jan 1898	
Boston, Nellie	06 Mar 1886	2:10	Bowen, Infant*	27 Mar 1898	
Boston, Nellie	06 Mar 1886	2:9	Bowen, John	17 Mar 1894	3:12
Bostwick, Horates N.	04 Mar 1881	1:78	Bowen, Julia Ann	11 May 1894	3:12
Bostwick, Louise M.	04 May 1885	2:9	Bowen, Julius D.	02 Apr 1907	5:13
Boswick, Juliet M.	18 Apr 1879	1:76	Bowen, M. Charles	06 Feb 1885	2:8
Botarski, Anthony	09 Mar 1888	2:13	Bowen, Mary J.	25 Mar 1880	1:108
Botcher, Minney	29 Dec 1870	1:86	Bowen, Solomon	26 Sep 1890	2:19
Botefuhr, s/o John H.	12 Feb 1896	3:14	Bower, Al Bertha	22 Jan 1895	3:10
Bothe, Christina	08 Mar 1883	1:82	Bower, Ellen	16 Mar 1876	1:100
Bothuer, ch/o Ernst	26 Mar 1873	1:90	Bower, Johanna	10 Jan 1877	1:100
Botsford, Eliza	21 Mar 1893	2:22	Bower, Seline	14 Sep 1897	4:9
Bott, Bartley	16 Feb 1881	1:78	Bower, Thomas L.	24 Feb 1903	4:22
Bott, Edith Agnes	14 Feb 1881	1:78	Bowers, A.G.	09 Jun 1880	1:78
Bott, John R.	25 Mar 1906	5:10	Bowers, B.W.	24 Mar 1904	4:27
Bottles, Charles	19 Nov 1880	1:76	Bowers, Bertha	29 Jan 1896	3:13
Boucher, Mary	02 Dec 1891	2:19	Bowers, Helena	08 Feb 1872	1:88
Boucher, Solomon	08 Oct 1868	1:36	Bowers, Inf/o Fred	08 Jul 1868	1:16
Boudrie, Edwin	27 Dec 1895	3:14	Bowers, Isaac S.	16 Jan 1878	1:102
Boudrie, Elizabeth	10 Oct 1908	5:20	Bowers, John	19 Nov 1908	5:22
Boudrie, Joseph	28 Dec 1893	3:8	Bowers, Marie	06 Apr 1908	5:22
Boudrie, Maria	27 Jan 1892	2:20	Bowers, Michael	30 Mar 1904	5:8
Boudrie, May	25 May 1891	2:20	Bowers, Michael	30 Mar 1904	4:25
Boudrie, Nellie	28 May 1889	2:15	Bowers, Nellie	07 May 1902	4:22
Boudry, Edward F.	14 Mar 1897	4:7	Bowers, s/o John	09 May 1907	5:16
Bouffard, Martha	01 Aug 1896	4:7	Bowes, May	06 Apr 1885	2:7
Boughton, Cecil	12 Apr 1906	5:16	Bowknecht, Fred	31 Oct 1884	2:8
Bounberger, Amuel	18 Sep 1872	1:90	Bowland, Ellen	01 Mar 1903	4:23
Bounce, Inf/o Arthur	25 Mar 1881	1:78	Bowlden, Lou John	24 Jul 1878	1:106
Boune, Geo.	24 Mar 1894	3:10	Bowles, Clara	23 Jun 1891	2:20
Bouquett, Catherine	09 Oct 1904	5:10	Bowles, Deborah	12 May 1898	4:10
Bour, Eliza	26 Oct 1891	2:20	Bowles, Marie E.	23 Mar 1900	4:12
Bourdeau, Henry	08 Aug 1900	4:17	Bowles, Thomas	05 Feb 1896	3:13
Bourdeau, Peter	02 Mar 1888	2:12	Bowlus, Noah	09 Aug 1904	5:8
Bourdeaux, Mary A	24 Aug 1899	4:15	Bowman, Anna	09 Dec 1906	5:14
Bourdo, Gertrude K.	02 May 1907	5:17	Bowman, Chas.	21 Oct 1902	4:22
Bourdo, Joseph	06 Feb 1879	1:104	Bowman, Claud	02 Feb 1904	4:27
Bourdo, Lilian	01 Oct 1899	4:12	Bowman, Curtis Carl	Sep 1908	5:20
Bourdo, Nellie	18 Feb 1896	3:13	Bowman, Elizabeth	06 May 1906	5:14

NAME	DATE	V/P
Bowman, Elizabeth	03 Jun 1873	1:92
Bowman, Ervey	16 Mar 1890	2:15
Bowman, George	25 Jan 1904	4:27
Bowman, Hanna	14 Oct 1897	4:8
Bowman, Helen A.	18 Mar 1899	4:10
Bowman, Henry F.	10 Feb 1893	2:22
Bowman, Ida	05 Dec 1887	2:11
Bowman, Jacob	05 Jan 1902	4:24
Bowman, John	29 Oct 1890	2:17
Bowman, John	30 Mar 1891	2:19
Bowman, Julia	10 Nov 1880	1:78
Bowman, May	14 Oct 1895	3:14
Bowman, Minnie	13 Oct 1895	3:13
Bowman, Norman	31 Jan 1903	4:24
Bowman, Sallie H.	19 Jan 1890	2:15
Bowos, Isabelle	15 May 1895	3:14
Bowquin, Peter	21 Aug 1887	2:12
Bowser, Anthony	09 Mar 1882	1:80
Bowser, Margaret	05 Nov 1880	1:76
Bowsher, Jacob F.	28 Dec 1898	4:11
Box, Mary E.	09 Dec 1878	1:104
Boy, d/o William	30 Nov 1907	5:18
Boyarske, Isabelle	05 Feb 1891	2:17
Boyarske, Roman	06 Feb 1891	2:17
Boyce, Andrew	07 Sep 1901	4:19
Boyd, A.I.	09 Sep 1885	2:8
Boyd, A.J.	09 Sep 1885	2:8
Boyd, Albert G.	09 Nov 1902	4:24
Boyd, Chas. Wesley	09 Feb 1893	2:21
Boyd, Earnest C.	19 Jul 1896	4:6
Boyd, Elizabeth	26 Apr 1903	4:26
Boyd, Elizabeth R.	23 Apr 1879	1:108
Boyd, Henry N.	18 May 1874	1:94
Boyd, Henry Norton	18 May 1874	1:92
Boyd, James	19 Sep 1902	4:22
Boyd, James W.	06 May 1889	2:14
Boyd, John	10 Aug 1902	4:22
Boyd, Malinda	23 Mar 1887	2:10
Boyd, Paul	18 Aug 1875	1:98
Boyd, Robert	19 Sep 1892	2:23
Boyd, William	25 Aug 1892	2:23
Boyer, Aaron	10 Apr 1900	4:19
Boyer, Adeline	01 Feb 1900	4:15
Boyer, Adeline	01 Feb 1900	4:13
Boyer, Albert	30 Jul 1892	2:21
Boyer, Anna M.	15 Aug 1884	2:7
Boyer, Benj.	21 Mar 1898	4:8
Boyer, ch/o F.A.	02 Jul 1868	1:20
Boyer, E.F.	02 Apr 1882	1:82
Boyer, Elias	09 Oct 1894	3:10
Boyer, Ena M.	23 Aug 1884	2:7
Boyer, Franklin	09 Jan 1879	1:106
Boyer, Inf/o F.A.	02 Jul 1868	1:20
Boyer, Lemson G.	26 May 1883	1:84
Boyer, Margaret	19 Mar 1898	4:8
Boyer, Melinda	10 Feb 1882	1:80
Boyer, Netta May	27 Mar 1882	1:80
Boyer, Phebe	23 Jun 1878	1:106
Boyer, Philip	25 Dec 1902	4:21
Boyers, Jos.	16 Sep 1908	5:20
Boyland, Julia	27 Jan 1907	5:15

NAME	DATE	V/P
Boyle, Andrew	10 Dec 1899	4:14
Boyle, Jane	25 Mar 1903	4:22
Boyle, Jas.	05 May 1908	5:20
Boyle, John	11 Aug 1884	2:7
Boyle, John	18 Mar 1870	1:56
Boyle, John O.	04 Aug 1903	4:26
Boyle, Julia	07 May 1897	4:9
Boyle, Julia A.	07 May 1897	4:9
Boyle, Michael	02 Sep 1893	3:8
Boyle, Nelson Adair	14 Aug 1897	4:9A
Boyle, William	03 Apr 1905	5:11
Boyles, Martha	01 Aug 1902	4:23
Boyles, Mary	29 Aug 1904	5:9
Boyse, L.E.	18 Mar 1891	2:18
Boza, Thomas	01 Sep 1904	5:8
Braasham, Elizabeth	15 Nov 1904	5:9
Braatz, Mary Amaline	13 Aug 1873	1:94
Brace, Alice Eliza	21 Jul 1899	4:14
Brace, Margaret M.	30 Dec 1898	4:12
Brace, Norman	23 Aug 1894	3:11
Bracht, Augustus	18 Dec 1874	1:96
Bracht, Pearlie	26 Jul 1883	1:84
Bracht, Roman	08 Feb 1907	5:15
Brack, Otto A.	23 Aug 1892	2:22
Bracka, d/o John	02 Jan 1898	4:9
Bracke, Aggnes	10 Mar 1899	4:10
Bracker, Anna	12 Dec 1898	4:11
Bracker, Hannah	12 Dec 1898	4:12
Brackmann, Myrtle	02 Dec 1907	5:19
Bradburn, Mary Ann E.	20 May 1899	4:14
Bradbury, Bertha	27 Nov 1901	4:20
Braddock, Carl	19 Jul 1894	3:12
Braden, Edward	03 Nov 1906	5:15
Bradford, George	29 Dec 1904	5:9
Bradford, Mary Estella	27 May 1902	4:22
Bradle, Charlie	11 Feb 1875	1:96
Bradley, Anna	01 Nov 1893	3:9
Bradley, Charles	11 Dec 1868	1:38
Bradley, Conrad	18 Jul 1885	2:9
Bradley, Cornelius	19 Mar 1889	2:13
Bradley, Cynthia P.	30 Oct 1893	3:8
Bradley, Elizabeth	26 Jul 1897	4:9
Bradley, Hiram B.	12 Sep 1897	4:9
Bradley, Howard	21 May 1901	4:21
Bradley, James	28 Sep 1903	4:26
Bradley, James	16 Jan 1884	1:84
Bradley, John W.	02 May 1906	5:13
Bradley, Milo Jason	07 Aug 1903	4:27
Bradley, Minnie R.	02 Nov 1880	1:76
Bradley, Mrs.	30 Aug 1907	5:18
Bradley, s/o Winant	31 Dec 1902	4:23
Bradly, Hannole	27 Dec 1879	1:76
Bradun, Irene	03 Jun 1890	2:19
Brady, Albert	19 Jum 1903	4:26
Brady, Bridget T.	08 Dec 1903	4:26
Brady, C.J.	01 Sep 1892	2:22
Brady, Edward	09 Sep 1906	5:13
Brady, Elizabeth	15 May 1878	1:108
Brady, John	25 Apr 1905	5:12
Brady, Katherine	05 Apr 1906	5:14
Brady, Mary	19 Oct 1895	3:13

NAME	DATE	V/P
Brady, Michael	13 Nov 1887	2:12
Brady, Robert A.	03 Jul 1881	1:82
Brady, Thomas	15 Jul 1902	4:23
Brady, Wm.	25 Jun 1890	2:18
Braesken, August	18 Nov 1892	2:23
Bragan, Bridle	09 May 1891	2:21
Bragdon, Frank E.	02 Apr 1907	5:16
Bragdon, Thomas N.	24 Dec 1902	4:23
Bragman, Christ	30 Jul 1886	2:10
Bragon, John	24 Jan 1879	1:106
Brahier, Catharine	25 Dec 1895	3:13
Brahier, Emma C.	14 Oct 1903	4:24
Brahier, Jacob	31 Oct 1899	4:10
Brahier, John	01 Apr 1895	3:10
Brahier, John Edward	02 Mar 1899	4:10
Brailey, Angeline J.	26 May 1908	5:21
Brailey, G.S.	21 Jun 1906	5:13
Brailly, Libby D.	25 Dec 1891	2:20
Brain, Frank	20 Jan 1899	4:10
Brainard, George B.	22 Jul 1893	3:10
Brainard, Hester M.	21 Jun 1877	1:104
Brainard, Inf/o Gilbert	06 Feb 1869	1:4
Brainard, Thos. T.	18 Oct 1892	2:24
Brainer, Nicholas	31 Feb 1898	4:11
Brainerd, Justin	08 Feb 1893	2:22
Brainerd, Rhoda A.	02 Feb 1893	2:22
Brake, Dell C.	19 Sep 1889	2:16
Brake, Ruth	31 Mar 1905	5:10
Braker, Roy	03 Dec 1908	5:21
Bram, Mary Ann	18 Nov 1897	4:9A
Bramer, Fred	08 Sep 1879	1:108
Bramer, Frederick	25 Aug 1908	5:22
Bramer, Frederick C.	07 Oct 1898	4:10
Bramer, Geo. C.	02 Apr 1900	4:18
Bramer, Inf/o Henry	26 Jan ---	2:15
Bramwell, d/o Edward	06 Nov 1891	2:20
Bramwell, E.J.	22 May 1896	4:7
Bramwell, Emily	28 Jan 1893	2:22
Bramwell, Etis	02 Dec 1903	4:25
Bramwell, Samuel W.	15 Jan 1904	4:25
Bramwell, Wm.	26 Jun 1903	4:25
Branch, Jno. W.	30 Oct 1900	4:17
Branchean, Jos. F.	15 Feb 1900	4:13
Brancroft, d/o M.J.	22 Dec 1899	4:13
Brand, Francis M.	19 Apr 1880	1:76
Brand, Francisca	15 Mar 1889	2:13
Brand, Haltie	26 May 1903	4:25
Brand, Henry	13 Mar 1889	2:13
Brand, Henry, Jr.	23 May 1880	1:78
Brand, Kathy	06 Aug 1886	2:10
Brand, Otto	11 Jul 1874	1:96
Branda, Michael	06 Apr 1908	5:22
Brandeberry, Charles	01 Oct 1906	5:15
Brandell, Gladys	Feb 1904	4:26
Brandenberger, Christina	17 Aug 1898	4:10
Brandenberger, Eliza	07 Jan 1905	5:8
Brandhuber, Henry C.	18 Dec 1891	2:20
Brandon, Isiah	16 Nov 1906	5:15
Brandstater, Anna	13 Apr 1905	5:8
Brandt, Anna Barbara	20 Mar 1892	2:20
Brandt, Carl	28 Dec 1893	3:9
Brandt, Catharine	25 Aug 1886	2:10
Brandt, Chas. William	28 Aug 1907	5:19
Brandt, David	20 Jan 1889	2:13
Brandt, Elizabeth	15 Jul 1898	4:11
Brandt, Fred	13 ---	2:16
Brandt, Henry	29 Aug 1900	4:18
Brandt, Josephine	17 Jun 1896	4:7
Brandt, Mathilda	04 Mar 1886	2:9
Brandt, Omar Eugene	12 Jun 1891	2:20
Brandt, Sopi	05 Dec 1890	2:18
Braner, Earl	25 Dec 1877	1:102
Branfer, Zully	08 Jun 1894	3:12
Brann, Charles, Jr.	07 Jan 1898	4:9A
Brann, Frederick	14 Jun 1899	4:14
Brann, Grace C.	25 Dec 1884	2:7
Brann, Mary Elizabeth	15 Nov 1897	4:9A
Brannan, Jas. O.	04 Sep 1887	2:11
Brannsureyer, Theodore	18 Jul 1870	1:86
Branson, Elbert	02 Jun 1868	1:14
Brant, Chas. Southworth	19 Mar 1907	5:13
Brant, Eva	24 Jan 1897	4:7
Brant, John	05 Mar 1884	1:84
Brant, s/o Charles	15 Aug 1902	4:23
Brasco, Elsie	10 Nov 1908	5:20
Brassel, Alvina	17 ---	2:16
Brassel, Ella	09 Nov 1902	4:23
Brasser, Alvina	16 Apr 1899	2:14
Brassfield, Carrie L.	29 Jul 1886	2:10
Bratag, Mary	04 Mar 1896	3:14
Bratchi, Franz	07 Oct 1889	2:16
Bratfort, Carrie	30 Aug 1884	2:8
Bratton, Emma G.	25 Feb 1896	3:12
Bratton, Ruth	28 Apr 1906	5:14
Bratz, Jas. Benj.	22 Mar 1898	4:9A
Braucksick, Lena	30 Jan 1891	2:17
Braucksick, William	17 Feb 1891	2:17
Braudrie, Margaret	05 Dec 1908	5:22
Braumell, Forrester	01 Apr 1886	2:8
Braun, Anna C	10 Jul 1903	4:26
Braun, Arthur	12 Feb 1906	5:12
Braun, Augusta	12 Mar 1892	2:20
Braun, Carl F.	05 Jun 1908	5:21
Braun, Carroll W.	28 May 1907	5:18
Braun, Charles	28 Aug 1905	5:10
Braun, Fred	19 Sep 1883	1:458
Braun, Jeremiah	1871	1:88
Braun, John A.	24 Jan 1907	5:14
Braun, Rosa	1871	1:88
Braun, Sophia	13 Mar 1894	3:9
Braunsberger, Barbara	18 Mar 1878	1:108
Braunweiger, Christian	08 Jan 1904	4:27
Brausche, Eliza	12 Oct 1867	1:4
Braut, Clinton E.	10 Oct 1903	4:26
Brawcksick, Martha	07 Nov 1907	5:19
Brawer, Earl	25 Dec 1877	1:104
Brawnsburger, Albert	05 May 1895	3:13
Bray, Bell Sophia	29 Oct 1892	2:22
Bray, Charlotte	10 Jul 1873	1:94
Bray, Inf/o Thos.	02 Jul 1868	1:16
Brayton, Infant	04 Mar 1868	1:10
Brayton, Lucy Mary	16 Jul 1868	1:16

NAME	DATE	V/P	NAME	DATE	V/P
Brazilius, Willie	15 Feb 1890	2:16	Brenman, John	10 May 1891	2:21
Brazzil, Fred	10 Apr 1892	2:24	Brennan, Catherine	09 May 1907	5:17
Breaker, Gertrude	14 May 1876	1:100	Brennan, Julia	01 Apr 1900	4:18
Brealak, Mikel	10 Apr 1895	3:11	Brennan, Mary E.	16 Feb 1889	2:13
Bream, Mary	23 Jan 1881	1:78	Brennan, Thomas	12 Sep 1903	4:27
Breary, Barbara	23 Jan 1888	2:12	Brennen, Catherine	10 Dec 1889	2:14
Breay, James	07 Nov 1884	2:8	Brennen, Julia	10 Jan 1892	2:19
Brecka, Cecelia	04 May 1906	5:15	Brenner, Anna M.*	12 Aug 1882	
Breckenbridge, Donald (Twin)			Brenner, Caroline	10 Aug 1881	1:82
	05 Sep 1906	5:15	Brenner, Clara M.	17 Feb 1876	1:98
Breckenbridge, Russell (Twin)			Brenner, Inf/o William	19 Nov 1890	2:19
	05 Sep 1906	5:15	Brennert, Amelia	08 Mar 1900	4:13
Breckenstine, Emil	16 Jun 1902	4:23	Brenning, Claudina	21 Jun 1890	2:19
Brecker, Louisa	19 Feb 1879	1:106	Brennra, Chas. D.	14 Jan 1901	4:15
Breckford, John	21 Oct 1904	5:9	Brenthinger, Richard R.	23 Feb 1896	4:7
Breckinridge, Mary J.	26 Sep 1875	1:98	Brentlinger, Wm. Fred'k	23 Aug 1899	4:14
Breckmyer, Will	07 Jan 1893	2:21	Brenton, Abigail	24 May 1907	5:19
Bredk, Albert	12 Aug 1871	1:88	Brenzinger, Geo. Fred	22 Sep 1889	2:15
Breece, Calvin	23 Apr 1906	5:13	Brereton, James	02 Aug 1898	4:11
Breed, Henry	07 Aug 1881	1:82	Brereton, Joseph	16 Dec 1892	2:22
Breed, Henry W.	02 Jan 1884	1:458	Brerzynski, Mary	13 Nov 1907	5:18
Breede, Fred'k	07 Oct 1874	1:96	Bresanhan, Anna	18 Mar 1906	5:13
Brehane, Malachi	02 Jan 1903	4:22	Bresben, Walter Thomas	28 Mar 1892	2:20
Brehm, Matthias	03 Oct 1868	1:24	Brescelas, Agnes	21 Apr 1891	2:21
Breidinger, Theresa C.	31 Aug 1897	4:9A	Bresha, John	15 Jun 1905	5:11
Breier, Peter	03 Jul 1894	3:11	Breska, Alvena	14 Nov 1901	4:21
Breiner, Howard C.	03 Dec 1900	4:18	Breske, Johanna	29 Aug 1905	5:12
Breisach, Peter	05 Nov 1908	5:23	Breslan, Joseph	06 Mar 1908	5:17
Breisacker, Christian	19 Jul 1895	3:13	Bresline, August	21 Mar 1886	2:9
Breker, Hattie	02 Jul 1871	1:88	Bresnahan, H.	15 Sep 1871	1:90
Breman, Inf/o Geo.	29 Jun 1868	1:16	Bresnahan, T.	03 Jan 1872	1:90
Breman, Rose	18 Jun 1898	4:12	Bresner, Frederika	19 Jan 1869	1:30
Bremann, John	11 Mar 1891	2:19	Bressler, Arthur	12 Jun 1906	5:13
Bremen, Bryce Y.	13 Mar 1886	2:9	Bretch, Michael	07 Jan 1893	2:21
Bremer, Annie	19 Aug 1872	1:90	Bretsch, Eleanor	06 Nov 1893	3:8
Bremer, d/o John	18 Feb 1898	4:9	Bretsch, Geo.	19 Sep 1902	4:24
Bremer, Ellen	21 Jul 1876	1:100	Bretsch, George	19 Sep 1903	4:27
Bremer, Ellen	22 May 1876	1:100	Brettcher, Theodore C.	28 Feb 1893	2:22
Bremer, Emma	25 Jan 1895	3:11	Bretzka, Walter	05 Feb 1904	4:26
Bremer, George	02 Feb 1894	3:9	Brew, Mary A.	09 Sep 1908	5:20
Bremer, Henry	15 Jul 1894	3:11	Brewer, Arnold	03 Oct 1886	2:10
Bremer, Henry F.	24 Jul 1896	4:6	Brewer, Daniel F.	10 Feb 1899	4:10
Bremer, Lewis	31 Mar 1899	4:12	Brewer, Rosa	02 Apr 1900	4:18
Bremer, William F.	31 Aug 1899	4:15	Brewer, Russell	15 Oct 1901	4:21
Bremer, William F.	31 Aug 1899	4:13	Brewster, Louis E.	28 Jan 1897	4:7
Bremflacher, Ede	27 Aug 1897	4:9	Brewster, Lucina	26 Feb 1879	1:106
Bremmer, Christian	07 Sep 1892	2:22	Breyman, Wm., Mrs.	16 Jul 1902	4:22
Bremmer, Wm.	10 Aug 1892	2:22	Breymann, Sarah	13 Jul 1890	2:18
Bremsinger, Anna	06 Jan 1875	1:94	Brezinwisler, Rosita	19 Aug 1902	4:24
Brenak, Frank	10 Mar 1906	5:12	Briaki, Antheaena	01 Jul 1898	4:10
Brendt, Caroline	25 Nov 1902	4:23	Brick, Elenora F.	19 May 1902	4:24
Brendt, William	24 Jan 1878	1:104	Brick, John	04 Feb 1885	2:8
Brenen, Elizabeth	01 Jan 1874	1:92	Brick, Joseph	07 Aug 1908	5:23
Brenen, Patrick	20 Jan 1875	1:96	Brick, Joseph L.	02 Feb 1896	3:13
Brenenhart, Lena	07 Mar 1897	4:6	Brick, Leo	09 Dec 1900	4:15
Brener, Albert J.	04 Dec 1887	2:11	Brick, Leonard Joseph	14 Jan 1893	2:22
Brener, Alfred T.	04 Dec 1887	2:11	Brick, Mary Page	05 Aug 1878	1:106
Brener, Herbert	04 Dec 1887	2:11	Brick, Peter	06 Jun 1908	5:23
Brening, Albert	30 Sep 1876	1:100	Brick, Rosa	21 Nov 1892	2:22
Brenkman, Ralph	29 Jun 1903	4:27	Brick, Secelia	02 Sep 1896	4:6
Brenman, James	17 Nov 1873	1:94	Brick, Susan	16 Mar 1903	4:24

NAME	DATE	V/P	NAME	DATE	V/P
Brick, Sylvester	09 Jan 1878	1:102	Brindly, Agnes	24 Dec 1877	1:102
Brick, Sylvester	14 Feb 1884	1:84	Brindly, Marie	02 Feb 1891	2:17
Brick, Sylvester	14 Feb 1884	1:102	Brindly, Netta	05 Jan 1871	1:86
Brick, Viola Maria	28 May 1907	5:20	Brinecke, Adam	18 Nov 1895	3:13
Brick, Wilhelmine	03 Jan 1907	5:16	Bringe, Mary C.	02 Nov 1899	4:12
Bricker, ch/o Paul	17 Oct 1868	1:24	Brink, Fred	21 May 1905	5:11
Bricker, Paul	08 Apr 1893	2:21	Brink, Mary	31 Jan 1897	4:7
Brickern, Michael	10 Jun 1886	2:10	Brinker, Grace	22 Aug 1900	4:13
Bricket, Bessie	02 Aug 1889	2:15	Brinker, John Frederick	28 Mar 1906	5:10
Brickholz, Edward	02 Jun 1907	5:18	Brinker, Minnie	12 Jan 1900	4:13
Brickner, Cath.	11 Oct 1881	1:82	Brinker, Samuel	16 Aug 1901	4:21
Brickner, d/o Morris	18 Jan 1903	4:22	Brinkerhoff, Flora, Mrs.	13 Jan 1897	4:7
Brickwedde, Eugene	20 Jul 1908	5:21	Brinkman, Anna	24 Mar 1870	1:60
Bride, Margret	12 Feb 1897	4:6	Brinkman, August	10 Mar 1870	1:60
Bridenbaugh, Isaac	16 Mar 1904	4:26	Brinkman, Fannie	28 Sep 1896	4:7
Bridenbaugh, Unknown	11 Jan 1893	2:23	Brinley, Jacob	06 Feb 1896	3:12
Bridenbouth, Lilie	27 Oct 1893	3:9	Brinley, Stewart S.	05 Mar 1903	4:27
Bridg, Lois	12 Jan 1891	2:21	Brint, F.W.	30 Oct 1880	1:76
Bridge, Elizabeth C.	24 Aug 1891	2:20	Brint, Grace	17 Feb 1899	4:10
Bridginer, Grace	27 May 1894	3:11	Brint, Grace	03 Mar 1899	4:10
Bridsell, Frank	28 Sep 1899	4:15	Brint, Joseph	07 Jum 1887	2:10
Briegnel, Jacob	28 Jun 1906	5:15	Brint, Mary Jane	19 Jun 1902	4:24
Briel, Nicholas	10 Dec 1902	4:23	Brint, Mary Jane	16 Aug 1886	2:10
Brier, Anna Gertrude	26 Mar 1895	3:10	Brinzer, Mary	17 Feb 1904	4:27
Brier, Clara	23 Aug 1869	1:48	Brisben, Francis	20 Jan 1878	1:102
Brier, Flora	19 Aug 1873	1:92	Brisby, Ralph	21 Oct 1899	4:13
Brier, John	01 Feb 1892	2:19	Briski, John	09 Apr 1888	2:12
Brier, John A.	08 Feb 1902	4:21	Briski, Rosa	01 Feb 1889	2:14
Brier, Minnie L.	31 Mar 1874	1:94	Bristher, Eliz.	09 May 1888	2:12
Brier, Nicholas	28 Nov 1891	2:19	Bristol, Irving	19 Oct 1880	1:78
Brier, Peter	29 Feb 1908	5:20	Briteman, Inf/o T.	03 Oct 1880	1:76
Briesackier, William Morris			Briteman, Unknown	08 Oct 1880	1:76
	25 Feb 1905	5:9	Britholf, Wm. H.	17 Feb 1894	3:8
Briggs, Emily E.	01 Apr 1900	4:13	Britie, Roman	19 Jun 1900	4:18
Briggs, Emma	15 Jul 1908	5:20	Britscher, Eddie	03 Apr 1890	2:18
Briggs, Emma A	14 Jul 1908	5:23	Britt, Clarence	20 Feb 1885	2:7
Briggs, Grace Lowry	01 Mar 1906	5:10	Britt, John J.	05 Dec 1896	4:7
Briggs, Helen	08 Apr 1907	5:14	Britton, Lilly May	27 Nov 1877	1:102
Briggs, Louisa A.	17 Aug 1905	5:11	Britton, O.J.	03 May 1908	5:22
Briggs, Stephen	03 Feb 1875	1:94	Britton, Sarah	01 Apr 1875	1:96
Brigham, Chas. O.	02 May 1906	5:14	Brixner, inf/o Chas.	14 Aug 1885	2:8
Brigham, How. Geo.	21 Aug 1893	3:8	Brizemeyer, Cath.	04 Aug 1880	1:78
Brigham, James M.	04 May 1869	1:46	Brizlak, d/o Anton	15 Jul 1895	3:14
Brigham, Lorain M.	17 Sep 1898	4:11	Brizlak, d/o Anton	15 Jul 1895	3:161
Brigham, Mavar	08 Jan 1897	4:6	Brizlak, s/o Anton	15 Jul 1895	3:14
Bright, John	05 May 1905	5:10	Broadbeck, Margaret	26 Mar 1869	1:34
Brigmann, George	06 Jun 1889	2:14	Broadway, Isabella	16 Nov 1906	5:16
Brigs, Philip W.	18 Feb 1890	2:15	Broashow, Nicholas	17 Sep 1908	5:20
Brihed, William	24 Sep 1894	3:12	Brobeck, Fred	05 Aug 1899	4:15
Brikel, Unknown	03 Sep 1898	4:10	Brock, Esther	20 Aug 1907	5:17
Briker, Elizabeth	13 Nov 1881	1:80	Brock, Russell	20 Feb 1905	5:8
Briker, Stephen	26 Oct 1881	1:80	Brock, Russell	20 Feb 1905	5:9
Brilaski, Jos.	16 May 1886	2:9	Brock, William	28 Jan 1881	1:76
Brill, Barbara	04 Apr 1873	1:92	Brockbank, Edward	03 Jan 1878	1:102
Brill, Renza	29 Oct 1908	5:20	Brockbank, Isabella	29 Nov 1887	2:11
Brim, Jas.	08 Nov 1889	2:16	Brockbank, John	13 May 1877	1:102
Brimacomb, Thomas	14 Feb 1871	1:86	Brockmann, Sophia	11 Nov 1900	4:17
Brimasohnbe, Thomas	25 Mar 1885	2:7	Brodbeck, A.Y.E.	24 Jun 1903	4:26
Brinacombe, Grace	22 Jan 1876	1:98	Brodbeck, Inf/o Jno.	07 Jul 1868	1:16
Brincomb, James	06 May 1878	1:106	Broder, Thomas	23 Nov 1903	4:27
Brindke, Catharine	31 Jan 1892	2:19	Brodie, Wm. Wallace	24 Feb 1892	2:20

NAME	DATE	V/P	NAME	DATE	V/P
Brodskey, Annie	18 May 1896	4:7	Broomis, Jacob	17 Sep 1870	1:86
Broer, August	10 May 1890	2:18	Brophy, Ellen	01 Mar 1889	2:16
Broer, Louisa	27 Apr 1899	4:15	Brophy, Ellen	01 Mar 1891	2:18
Broer, Louisa	27 Apr 1899	4:13	Brophy, Thomas	14 Jun 1875	1:98
Broer, Lucile Wilma	16 Oct 1899	4:14	Brophy, Thomas	14 Jun 1875	1:64
Broes, Rosa	22 Oct 1874	1:96	Bropley, James	14 May 1877	1:104
Brogan, Ann	12 Jan 1870	1:40	Broske, Ester	28 Jan 1908	5:19
Brogan, Bernard	10 Oct 1900	4:18	Broski, Joseph	01 Dec 1895	3:14
Brogan, Bridget	09 May 1891	2:20	Brosseau, Emma	27 Oct 1900	4:18
Brogan, Delia	07 Jul 1894	3:11	Brosseau, Louis	09 Jan 1904	4:26
Brogan, Frank	18 Feb 1891	2:21	Brotge, Chas.	24 Jan 1908	5:17
Brogan, Harold	04 Jul 1902	4:24	Brothers, Ellen	22 Jul 1890	2:18
Brogan, Joseph	04 Mar 1897	4:8	Brothers, Francis	10 Sep 1869	1:48
Brogan, Josephine	30 Apr 1891	2:20	Brothers, Infant	20 Mar 1877	1:100
Brogan, Maggie	05 Sep 1896	4:7	Brothers, Mary	09 Apr 1902	4:22
Brogan, Mary	13 Jul 1900	4:15	Brothers, Thomas	17 Dec 1905	5:12
Brogan, Michael	20 Nov 1878	1:106	Brough, James B.	14 Sep 1908	5:21
Brogan, Michael J.	22 Feb 1904	4:24	Brough, Mary	09 Aug 1901	4:21
Brogen, Ellen	03 Feb 1871	1:86	Broughton, d/o Jessie	07 Jun 1891	2:167
Brogham, Bernhart	14 Mar 1894	3:10	Broughton, Jennie	25 Jul 1891	2:20
Brohet, Geo. Ambrose	03 May 1890	2:17	Brounlee, Jane	28 Jul 1886	2:10
Brohl, Henry	18 May 1881	1:82	Brounschweiger, Freddie	08 Aug 1872	1:92
Broithwaite, A., Mrs.	20 Dec 1907	5:18	Brow, Earle Sleithood	31 Jan 1879	1:106
Brokaw, Aaron V.	16 Nov 1893	3:9	Brow, George G.	28 Mar 1889	2:13
Brokaw, Albert A.	07 Jul 1894	3:11	Browen, James D.	27 Sep 1907	5:19
Brokaw, Clermont W.	01 Oct 1894	3:11	Brower, Catherine	13 Mar 1902	4:20
Brolker, Willie	15 Mar 1891	2:17	Brower, Frederick	12 Jun 1886	2:10
Broman, Frances	22 Aug 1899	4:14	Brower, Homer Franklin	02 Dec 1898	4:12
Bromlee, Emma P.	07 Aug 1906	5:14	Brower, John W.	11 May 1880	1:76
Bromley, Frank C.	16 May 1890	2:18	Brower, Mary	17 Mar 1882	1:82
Bronecka, Bertha	18 Mar 1903	4:22	Brower, Richard	15 Feb 1879	1:106
Broner, John	04 Jan 1908	5:17	Browley, Paul	14 Mar 1907	5:19
Bronesky, Helen	16 Apr 1901	4:21	Brown, A. Suzan	25 Oct 1896	4:7
Broniff, Daniel	09 Jan 1876	1:100	Brown, A., Mrs.	28 Jul 1905	5:10
Bronn, Henrietta D.	19 Aug 1888	2:13	Brown, Adam	24 Mar 1905	5:8
Bronnold, Clarence	19 Apr 1888	2:13	Brown, Adelaide	16 Aug 1874	1:96
Bronsell, Josie	26 ---	2:16	Brown, Albert	10 Mar 1903	4:24
Bronson, Calvin	15 Jan 1891	2:20	Brown, Alfred	12 Jun 1906	5:13
Bronson, Lucretia C.	17 Jun 1888	2:13	Brown, Alfred L.	30 Aug 1906	5:14
Bronson, Luella	17 Apr 1902	4:22	Brown, Alice	10 Apr 1875	1:98
Bronson, Luella	26 Mar 1902	4:20	Brown, Alice B.	05 Dec 1906	5:14
Brook, John	26 Jul 1904	5:9	Brown, Alice M.	27 Feb 1890	2:15
Brooker, A.J., Mrs.	---	2:12	Brown, Andrew W.	08 Sep 1892	2:23
Brooker, Alfred J.	11 Aug 1899	4:13	Brown, Angeline	05 Jan 1893	2:21
Brooker, Bessie	20 Sep 1886	2:10	Brown, Angeline L.E.J.	01 Mar 1869	1:32
Brooker, Elizabeth	31 Jul 1900	4:15	Brown, Arela, Mrs.	26 Aug 1899	4:13
Brooker, Mary	17 Jan 1908	5:19	Brown, Aurthur	02 Jan 1906	5:10
Brooker, Rose	31 Jul 1900	4:15	Brown, Bernard	12 Dec 1908	5:21
Brookins, Bradley I.	27 Apr 1890	2:18	Brown, Bessie	19 Jan 1876	1:98
Brookins, Leanda	24 Mar 1886	2:8	Brown, Bessie E.	05 Nov 1890	2:17
Brookman, Magdaline	18 Jul 1902	4:23	Brown, Blanche Edith	23 Nov 1877	1:104
Brookmiller, Frederick	21 Mar 1899	4:10	Brown, Burdmer	30 Aug 1869	1:52
Brooks, Frank	25 Jul 1886	2:9	Brown, Burt B.	20 Aug 1890	2:18
Brooks, Hazel	11 Nov 1894	3:11	Brown, C., Mr.	03 Dec 1899	4:14
Brooks, James L.	24 May 1902	4:22	Brown, C.M.	17 Jun 1870	1:86
Brooks, John	23 Jan 1900	4:13	Brown, Caroline	12 Jun 1901	4:20
Brooks, Rebecca	18 Feb 1886	2:9	Brown, Carrie Bell	22 Oct 1904	5:9
Brooks, Rufus	11 Mar 1889	2:13	Brown, Catherine	19 Feb 1885	2:8
Brooks, Rufus	11 Mar 1889	2:103	Brown, ch/o Mary	01 Feb 1869	1:30
Brooks, Wm.	20 Jun 1908	5:22	Brown, Chas.	26 Jan 1908	5:19
Brookseker, Annie	13 Aug 1878	1:106	Brown, Chas. Fred'k	19 Feb 1869	1:32

NAME	DATE	V/P
Brown, Chas. Henry	20 Feb 1884	1:84
Brown, Chester H.	01 Feb 1898	4:9A
Brown, Clara Mary	13 Jun 1890	2:18
Brown, Clarence	29 Aug 1905	5:12
Brown, Clarke John	07 Apr 1907	5:18
Brown, Clarrissa	08 Aug 1872	1:90
Brown, Cora	03 Jan 1892	2:19
Brown, d/o George	28 Mar 1902	4:24
Brown, d/o John Edward*	20 Jan 1898	
Brown, d/o Thomas	19 Aug 1905	5:11
Brown, Daniel A.	02 Nov 1896	4:7
Brown, Daniel F.	07 Feb 1899	4:9
Brown, Daniel Penfield	13 Dec 1890	2:17
Brown, Dehina	16 Mar 1869	1:34
Brown, Della	04 Sep 1876	1:100
Brown, Dennis	04 Feb 1906	5:11
Brown, Dollie	28 Jul 1868	1:18
Brown, Donaldson	02 Oct 1887	2:12
Brown, Dora	27 Feb 1888	2:12
Brown, Edward	09 Mar 1904	5:9
Brown, Edward	13 Mar 1874	1:92
Brown, Edward O.	27 Apr 1899	4:14
Brown, Edwin E.	11 Feb 1879	1:106
Brown, Eleanor	12 Oct 1868	1:24
Brown, Elizabeth	23 Mar 1901	4:18
Brown, Elizabeth	30 Oct 1895	3:14
Brown, Elizabeth	28 Aug 1892	2:21
Brown, Elizabeth	22 Jan 1889	2:13
Brown, Elizabeth	23 Jan 1890	2:16
Brown, Elizabeth	12 Nov 1891	2:20
Brown, Elizabeth	18 Feb 1878	1:102
Brown, Ella	15 May 1877	1:104
Brown, Ella F.	16 Mar 1901	4:19
Brown, Ellen	28 Jun 1901	4:21
Brown, Elsworth	10 Apr 1902	4:24
Brown, Emile	09 Apr 1900	4:18
Brown, Emma Susie	16 Aug 1896	4:7
Brown, Eugene	15 Feb 1890	2:16
Brown, Fanny	12 Sep 1883	1:84
Brown, Fay W.	12 Jul 1902	4:24
Brown, Floyd	30 Apr 1888	2:14
Brown, Frances M.	01 May 1908	5:22
Brown, Frank	12 Jan 1898	4:9
Brown, Frank	01 Aug 1877	1:104
Brown, Frank	01 Aug 1877	1:102
Brown, Franklin M.	04 Nov 1871	1:88
Brown, Fred	23 Oct 1904	5:9
Brown, Geo.	29 Aug 1907	5:17
Brown, Geo. Ed.	19 Mar 1878	1:104
Brown, Geo. W.	27 May 1881	1:82
Brown, George	21 Sep 1907	5:17
Brown, George	27 Oct 1871	1:90
Brown, Guy H.	03 Aug 1898	4:10
Brown, H. Chas.	15 Mar 1881	1:80
Brown, H.C.	30 May 1899	4:15
Brown, Harold T.	23 Feb 1897	4:7
Brown, Harriet A.	20 Dec 1900	4:17
Brown, Helen Florence, Mrs.	07 Jul 1877	1:104
Brown, Hella	20 Nov 1904	5:9
Brown, Henry	28 Feb 1908	5:19
Brown, Henry E.	28 Feb 1908	5:17
Brown, Henry E.	25 Aug 1901	4:21
Brown, Henry E.	10 Feb 1873	1:90
Brown, Herbert	16 Sep 1897	4:9A
Brown, Hill	27 Jan 1907	5:16
Brown, Inf/o Sebastian	04 Apr 1868	1:6
Brown, J.	19 Jul 1893	3:9
Brown, J.B.	29 Jan 1886	2:8
Brown, Jacob	21 Jan 1907	5:13
Brown, Jacob C.	09 Mar 1893	2:22
Brown, James	12 Jul 1905	5:12
Brown, James W.	10 Mar 1899	4:11
Brown, Jane	12 May 1886	2:10
Brown, Jane	29 Dec 1881	1:80
Brown, Jessie Bell	13 Apr 1905	5:12
Brown, John	08 Nov 1907	5:17
Brown, John	19 Jan 1898	4:9
Brown, John	05 Jul 1897	4:9A
Brown, John H.	21 Mar 1907	5:13
Brown, John Henry	09 Aug 1891	2:20
Brown, John L.	20 Mar 1886	2:8
Brown, John, Mrs.	24 Jul 1902	4:22
Brown, Jonas	12 May 1885	2:7
Brown, Jonas	12 May 1885	1:92
Brown, Joseph	28 May 1908	5:20
Brown, Joseph	07 Dec 1894	3:10
Brown, Joseph	03 Feb 1888	2:12
Brown, Josephine	01 Jun 1870	1:86
Brown, L.C., Mrs.	31 May 1887	2:12
Brown, Laura	29 Oct 1887	1:104
Brown, Lawrence	24 Mar 1907	5:14
Brown, Lawrence	19 Sep 1903	4:24
Brown, Lewis	Oct 1907	5:19
Brown, Lilly May	07 Sep 1868	1:36
Brown, Lorin	03 Feb 1871	1:86
Brown, Lotta	24 Mar 1888	2:12
Brown, Lottie	30 May 1870	1:86
Brown, Louisa J.	12 Jan 1896	3:15
Brown, Louise	13 May 1901	4:21
Brown, Lucy	01 May 1891	2:20
Brown, Lucy H.	13 Apr 1872	1:92
Brown, Luther	13 Jun 1904	5:10
Brown, Lydia D.	10 Apr 1891	2:20
Brown, M., Miss	10 Jan 1881	1:78
Brown, Mag.	04 Mar 1882	1:80
Brown, Maggie	18 Oct 1902	4:23
Brown, Margeret A.	24 Jan 1883	1:82
Brown, Maria	05 Mar 1880	1:76
Brown, Maria	02 Mar 1880	1:108
Brown, Martha E.	24 Nov 1876	1:100
Brown, Mary	05 Feb 1907	5:15
Brown, Mary	16 Feb 1895	3:10
Brown, Mary	07 Mar ---	2:7
Brown, Mary A.	30 Aug 1884	2:7
Brown, Mary A.	07 Jan 1872	1:88
Brown, Mary Augusta	29 Dec 1893	3:8
Brown, Mary B.F.	28 Oct 1878	1:104
Brown, Mary E.	02 Sep 1893	3:9
Brown, Mary Grace	22 May 1903	4:25
Brown, Mary Grace	22 May 1902	4:22
Brown, Mary H.	1900	4:17

NAME	DATE	V/P	NAME	DATE	V/P
Brown, Mary M.	29 Dec 1903	4:26	Brozka, Mariana	23 Mar 1892	2:21
Brown, Mary M.	17 Mar 1887	2:10	Brozka, Stanislaus	25 Mar 1892	2:21
Brown, Mary, Mrs.	11 Dec 1906	5:14	Bruback, Fred	29 Dec 1886	2:10
Brown, Mattie	08 Sep 196	5:14	Brubaker, Eve	01 Jul 1894	3:11
Brown, May	27 Dec 1903	4:26	Brubaker, Mary	15 Nov 1896	4:7
Brown, Melvill	23 Oct 1900	4:15	Brubecker, Mark Ellis	26 Oct 1891	2:20
Brown, Mina	28 Aug 1896	4:7	Bruce, Esther	26 Jul 1882	1:82
Brown, Nellie N.	23 Apr 1883	1:458	Bruce, George	15 Aug 1877	1:102
Brown, Nelson	26 Oct 1896	4:6	Bruce, John	20 Feb 1891	2:17
Brown, Nelson	01 Mar 1878	1:106	Bruce, Lucretia A.	01 Nov 1877	1:102
Brown, Noema Ruth	29 Mar 1901	4:17	Brucher, Neil	06 Jul 1907	5:18
Brown, Nora E.	10 Sep 1900	4:18	Bruck, Susan	30 Nov 1867	1:36
Brown, Nora G.	03 Sep 1887	2:11	Brucker, Chas. J.	24 Apr 1889	2:15
Brown, Nora G.	06 Feb 1886	2:10	Brucker, Mary	10 May 1891	2:20
Brown, Norman E.	03 Dec 1905	5:12	Brucksicker, H.E.	11 Jul 1888	2:13
Brown, Norvel H.	22 Jul 1896	4:7	Bruct, Minnie	06 Feb 1907	5:16
Brown, Olive	25 Jun 1871	1:90	Brudden, Daniel C.	15 Mar 1888	2:12
Brown, Orville Bernard	28 Nov 1900	4:18	Brudel, Annie	13 Jun 1886	2:10
Brown, Phillip	26 Jun 1907	5:17	Bruder, Max	10 Sep 1888	2:13
Brown, Racheal M.	26 Dec 1903	4:26	Brueing, Wm.	28 Jun 1885	2:9
Brown, Reoliff B.	29 Dec 1871	1:88	Bruening, Catherine	27 Nov 1898	4:10
Brown, Richard R.	01 Dec 1885	2:8	Bruenke, Gusta	27 Jan 1902	4:19
Brown, Rolden B.	27 Aug 1873	1:94	Bruet, Frank	07 Aug 1902	4:22
Brown, Roxcy L.	10 Nov 1881	1:76	Bruffett, Pearl	08 Apr 1897	4:7
Brown, s/o Helen	06 Aug 1905	5:11	Bruggeman, Gotleip	14 Jul 1900	4:19
Brown, s/o Thos.	12 Mar 1905	5:8	Bruggemeier, Arnold	10 Oct 1898	4:10
Brown, Sabastine	10 Nov 1905	5:12	Bruggemeier, Henry	13 Feb 1905	5:10
Brown, Samuel	10 Nov 1894	3:12	Bruggemier, Louise	23 May 1888	2:14
Brown, Sarah	19 Oct 1897	4:8	Bruggemier, Matilda	14 Aug 1898	4:10
Brown, Sarah	10 Feb 1887	2:10	Bruggemire, Mary	07 May 1903	4:27
Brown, Sarah Anna	10 Nov 1893	3:9	Brugger, Gottleib	22 Sep 1899	4:14
Brown, Stillman	15 Jun 1900	4:17	Brugmeyer, John	27 May 1884	2:8
Brown, Susannah	01 Feb 1876	1:98	Bruhn, F.A.	24 Sep 1907	5:17
Brown, Theo. J.	Apr 1877	1:104	Bruksicker, Carlton	13 Aug 1893	3:8
Brown, Thomas	15 Jul 1901	4:21	Brumey, Frederick	12 Dec 1885	2:9
Brown, Thomas	19 Feb 1901	4:17	Brumitt, John	21 Feb 1879	1:108
Brown, Truman G.	20 Sep 1903	4:26	Brummschweiger, Anne	18 Dec 1895	3:11
Brown, Vernard	23 Jul 1901	4:20	Brun, Salvia	01 Mar 1908	5:19
Brown, Vernard B.	15 Dec 1908	5:21	Brunch, Wowzin	18 Aug 1896	4:8
Brown, Walter E.	17 Aug 1896	4:7	Brundle, Wm. N.	07 May 1902	4:23
Brown, Welber	29 Mar 1898	4:9A	Brune, Eugene	17 May 1900	4:19
Brown, William*	20 Dec 1878		Bruning, Charles	15 Jan 1890	2:15
Brown, William	21 May 1901	4:21	Bruning, Henry	29 Jul 1893	3:10
Brown, William	16 May 1891	2:21	Brunk, Cacile	05 Jul 1879	1:76
Brown, William	25 May 1871	1:90	Brunk, Wm.	07 Feb 1886	2:9
Brown, William	16 Aug 1881	1:80	Brunn, Caroline	17 Apr 1876	1:98
Brown, William A.	23 Jan 1888	2:12	Brunn, Julia	17 Sep 1900	4:18
Brown, Willie	13 Oct 1876	1:100	Brunnar, William	17 Sep 1908	5:20
Browne, Wm.	30 Apr 1907	5:18	Brunner, Anna D.	25 Jan 1908	5:23
Brownell, George E.	06 Aug 1873	1:92	Brunner, Blassius	03 Sep 1895	3:14
Browning, Elmer C.	25 Jan 1885	2:7	Brunner, George	13 Aug 1883	1:84
Browning, Geo. W.	11 Jun 1900	4:18	Brunner, Verona	12 Sep 1886	2:10
Browning, Samuel	21 Nov 1892	2:23	Brunning, August	07 Oct 1897	4:9A
Browning, Susie	15 Jan 1885	2:7	Brunning, Charles	26 Jan 1896	3:14
Browning, Thomas S.	14 May 1877	1:102	Brunning, John	01 Dec 1896	4:8
Brownlee, Alex B.	17 Mar 1872	1:88	Bruno, Alexander	05 Mar 1869	1:4
Brownlee, James	09 May 1907	5:17	Bruno, Josephine	05 Sep 1874	1:94
Brownsberger, Rebecca	07 Oct 1907	5:18	Brunoe, Christ	24 Jul 1873	1:94
Brownsberger, William	23 Dec 1891	2:21	Brunoe, Christ	08 Aug 1873	1:94
Browser, Nancy E.	22 Aug 1901	4:21	Bruns, Matilda J.C.	14 Sep 1893	3:9
Browsten, Amanda	26 Sep 1878	1:106	Bruns, Rob't Gates	23 Jul 1885	2:8

NAME	DATE	V/P
Bruns, Saliena	14 Dec 1888	2:13
Brunswick, John	24 Jan 1907	5:13
Brupbacher, Casper	Sep 1892	2:22
Brupbacher, Ella E.	17 Apr 1893	3:8
Bruppacher, Edward	Aug 1875	1:96
Brurm, W.	01 Mar 1868	1:10
Brusch, Carry Anna	20 Oct 1879	1:76
Brusch, Joseph	29 May 1903	4:26
Bruse, Anna	07 Oct 1888	2:13
Brushells, Isabella	27 May 1886	2:10
Brushka, Joseph	17 Apr 1886	2:10
Bruska, Joseph	06 Mar 1886	2:9
Bruss, Crist	26 May 1908	5:22
Brust, Anna C.	03 Jun 1875	1:96
Brust, Helena	15 Aug 1875	1:96
Brust, Rosa	04 Sep 1869	1:50
Bruster, d/o Louis	23 Jan 1890	2:16
Bruster, M.P.	07 Mar 1873	1:90
Brutzinski, Mary	07 Nov 1878	1:108
Bryan, George I.	08 Feb 1873	1:92
Bryan, John	10 Mar 1904	4:26
Bryan, Margaret A.	08 Nov 1897	4:9
Bryan, Nancy	08 Nov 1896	4:6
Bryan, Rosa	27 Nov 1900	4:15
Bryant, Lizzie M.	05 Dec 1896	4:6
Bryant, W.B.	Jun 1900	4:17
Bryant, William	10 Jul 1905	5:15
Bryant, William	11 Sep 1895	3:12
Bryent, L.M.	23 May 1907	5:20
Brykacz, Margaret	07 Mar 1901	4:19
Bryski, Infant	20 Sep 1884	2:7
Bryson, Charles H.	16 Sep 1902	4:22
Bryvelach, Telegar	16 Mar 1890	2:16
Brywiski, Steph.	17 Oct 1893	3:9
Brywzynski, Teopilia	1905	5:10
Brzczniska, Estella	16 Oct 1898	4:9A
Brzeczka, Frank	06 Jun 1903	4:25
Brzuchalski, Walter	21 Oct 1903	4:25
Brzycyak, Chas.	08 Feb 1896	3:15
Buaneck, Frank	09 May 1884	2:8
Bubacz, Mary	17 Sep 1907	5:17
Buch, Sherman	13 Jul 1868	1:16
Buchanan, Chas. Thos.	07 Aug 1894	3:10
Buchanan, Hannah	03 Feb 1898	4:9A
Buchanan, Mary	24 Aug 1890	2:17
Buchart, George	01 Aug 1874	1:94
Buchele, Matilda	17 Mar 1900	4:14
Bucher, Addie Amelia	10 Dec 1900	4:15
Bucher, Frederick	Oct 1907	5:20
Bucher, Frederick	11 Jan 1882	1:80
Bucher, G., Mrs.	10 Dec 1900	4:18
Bucher, Gotlib	12 Oct 1908	5:23
Bucher, Iola	30 Apr 1907	5:18
Bucher, John	10 Jun 1907	5:16
Bucherle, Carrie	23 Apr 1895	3:13
Buchert, Anton	27 Mar 1907	5:17
Buchert, Inf/o Jos.	22 May 1886	2:10
Buchert, Mary	22 Jul 1907	5:17
Buchert, Nickolaws	25 Sep 1887	2:12
Buchert, Rosetta	12 Sep 1887	2:12
Buchert, Savier	28 Jun 1889	2:16

NAME	DATE	V/P
Buchman, Ferd.	11 Dec 1881	1:80
Buchman, Helen L.H.	26 Sep 1897	4:8
Buchmann, Maggie C.	27 Jun 1907	5:16
Buchner, Teresa	07 Jun 1868	1:14
Bucholz, George	13 Nov 1908	5:23
Buchrea, Mary	24 May 1883	1:70
Buck, Abner	17 Feb 1872	1:90
Buck, Adelia	30 May 1891	2:21
Buck, Albert D.	18 May 1890	2:17
Buck, Anna	02 Aug 1895	3:13
Buck, Chas.	11 Mar 1897	4:8
Buck, Chauncy	02 Sep 1895	3:13
Buck, Christain	09 Mar 1895	3:10
Buck, Clarressa	25 Dec 1900	4:15
Buck, Dwight	01 May 1893	3:8
Buck, Jakie	11 Mar 1894	3:8
Buck, Janie	26 Apr 1903	4:27
Buck, Joseph F.	23 Apr 1890	2:15
Buck, Mae	07 Jan 1908	5:18
Buck, Margarethe	16 Mar 1907	5:16
Buck, Mary T.	13 Aug 1875	1:98
Buck, Minnie	11 Mar 1906	5:12
Buck, Nancy H.	28 Dec 1907	5:16
Buck, Nelson A.	13 Jul 1906	5:13
Buck, William	16 Oct 1899	4:15
Buck, Wm. A.	24 Feb 1889	2:13
Buckanam, George	22 Sep 1891	2:21
Buckemeyer, Charley	15 Mar 1894	3:8
Buckemeyer, Maggie Emma Anna		
	15 Mar 1894	3:8
Buckenmeyer, Clifford Anthony		
	26 Sep 1906	5:13
Buckenmeyer, Harley	14 Oct 1904	5:8
Buckenmeyer, Harvy	02 Oct 1904	5:8
Buckenmeyer, Jacob	29 Jan 1905	5:13
Buckenmyers, Anthony	24 May 1892	2:22
Bucker, Gottlieb	12 Oct 1908	5:22
Bucker, John	06 Jul 1878	1:106
Bucker, Levi	11 Jun 1907	5:19
Buckeridge, Arthur O.	27 May 1907	5:19
Buckert, Anthoney	29 Apr 1907	5:17
Buckgle, H.	01 Sep 1879	1:108
Buckhaus, Jane	28 Aug 1905	5:10
Buckholtz, August	18 Aug 1890	2:18
Buckhouse, Jennie	24 May 1908	5:20
Buckingham, Martha	21 May 1897	4:9
Buckingham, S.	30 Nov 1902	4:22
Buckley, Dan'l F.	18 Dec 1879	1:76
Buckley, Eliza Jane	28 Mar 1869	1:34
Buckley, Joseph	12 Jan 1891	2:18
Buckley, Margaret	06 Jun 1900	4:18
Buckman, Barbara	03 May 1888	2:14
Buckman, Frederick	07 Jul 1883	1:84
Buckmaster, Edith	15 Sep 1900	4:15
Buckmaster, Geo. J.	02 Mar 1895	3:11
Buckmaster, Rose	10 Mar 1894	3:10
Buckmaster, W.H.	01 Feb 1887	2:10
Buckmeister, Nancy E.	08 Mar 1891	2:17
Buckner, Clara	11 Aug 1884	2:7
Buckwell, d/o Douglas, (Twin)		
	06 Mar 1907	5:14

33

NAME	DATE	V/P	NAME	DATE	V/P
Buckwell, d/o Douglas, (Twin)	06 Mar 1907	5:14	Bullard, Faith	19 Dec 1877	1:104
Buda, Heinrick	11 Sep 1900	4:18	Bullenford, A.	28 Mar 1908	5:19
Buda, Susana	10 Aug 1895	3:14	Bullman, Chas. H.	19 Jan 1895	3:11
Budd, Anna S.	04 Apr 1871	1:88	Bullman, Joseph	17 Jan 1895	3:11
Budd, Fred	12 May 1908	5:21	Bullock, Calvin	05 Mar 1870	1:46
Budd, Willis	22 Jul 1898	4:11	Bullock, Margaret E.	02 Jul 1899	4:12
Buddamer, Ida	02 Apr 1904	5:8	Bulter, Adolph	05 Jul 1875	1:98
Budkie, Theodore J.	20 May 1905	5:12	Buly, Henry	13 Apr 1897	4:7
Budsall, Robert	31 Mar 1885	2:9	Bumadore, Jas.	06 Jun 1879	1:108
Budwell, Christina	23 Aug 1877	1:102	Bumbeling, Gusta E.	27 Aug 1894	3:12
Budwelt, Christina	23 Aug 1877	1:102	Bumcrats, Frank E.	03 Jan 1896	3:12
Buealins, Lena	09 Aug 1891	2:21	Bumcrots, Melvina	30 Nov 1879	1:108
Buechele, Lawrence	15 Jul 1899	4:13	Bumeder, George J.	22 Jun 1903	4:25
Buechelle, Esther	21 Dec 1900	4:18	Bunce, Arthur M.	13 Aug 1902	4:22
Buente, Edna	10 Mar 1905	5:9	Bunch, Robert	15 Jan 1877	1:100
Buergin, Rosa	11 Feb 1885	2:7	Bunde, Charles	21 Jun 1880	1:76
Buerk, Norma Martha	10 Jan 1903	4:22	Bunde, Emgard	24 Oct 1897	4:9
Buescher, Leona	09 May 1907	5:19	Bunde, Henry	05 Jan 1896	3:14
Buescher, William	29 Jul 1888	2:14	Bunde, Infant	25 Dec 1874	1:96
Buescher, William S.	29 Jul 1888	2:13	Bunde, Minnie	24 Jun 1894	3:12
Buesher, Anna	21 Jun 1880	1:78	Bunde, Wm.	04 Jul 1892	2:24
Bueskin, Wm.	18 Oct 1870	1:86	Bundelthal, Amelia	28 Nov 1876	1:100
Buethe, John W.	25 Aug 1867	1:4	Bundy, d/o Warren	25 Aug 1899	4:14
Buetner, Johanna	15 Dec 1904	5:9	Bundy, Francis E.	22 Jan 1900	4:14
Buetscher, John	07 Aug 1906	5:16	Bundy, Gifford Seely	21 May 1898	4:12
Buettner, Anna	19 Sep 1892	2:24	Bundy, Ralph	14 Mar 1892	2:21
Buettner, Augsta	08 Aug 1905	5:11	Bundy, Ruth A.	01 May 1895	3:13
Buettner, Carrie	31 Jan 1898	4:9A	Bunely, Mary	13 Jul 1871	1:88
Buettner, Unknown	30 Sep 1908	5:21	Bunest, Fred	28 Apr 1876	1:98
Bufard, Pearl	18 Oct 1897	4:9A	Bung, Fred	26 Jan 1901	4:18
Buff, Dorothy A.	15 Apr 1899	4:13	Bungar, Dartag	14 Dec 1897	4:6
Buffard, Ellen	04 Dec 1894	3:12	Bunge, Charles	13 Aug 1880	1:76
Buford, Minnie	29 Mar 1886	2:9	Bunge, Chas.	02 May 1890	2:18
Buford, Rodney	29 Aug 1884	2:8	Bunge, Louis	18 Aug 1880	1:76
Bugaj, Charles	13 Mar 1904	4:26	Bunge, Willy	08 May 1890	2:18
Bugajewski, Wittold	19 Oct 1904	5:8	Bunger, Ruby	14 Mar 1907	5:16
Bugarsk, Magdalena	19 Jan 1895	3:11	Bunker, Alma	04 Dec 1893	3:8
Bugeses, George	06 Nov 1884	2:8	Bunker, Excell	20 Nov 1893	3:9
Bugher, Mary*	21 Nov 1882		Bunker, Frances	02 Jul 1903	4:25
Bugigan, Frank	17 Dec 1873	1:94	Bunker, Geo. P.	24 Jul 1885	2:9
Bugle, Francis	03 May 1875	1:98	Bunker, Hazel	20 Nov 1893	3:8
Bugle, Louis	12 May 1876	1:100	Bunker, Henry S.	21 Mar 1900	4:14
Buhenko, Mary	11 Jan 1900	4:13	Bunker, Kenneth	06 Feb 1904	4:26
Buhler, Alfred B.	03 Sep 1907	5:16	Bunker, Louis, Sr.	14 Dec 1903	4:25
Buhr, Alphonso T.	02 Apr 1899	4:13	Bunkur, Irene	05 May 1907	5:18
Buhr, Carl	28 Apr 1893	3:8	Bunn, Frank R.	18 Jul 1887	2:12
Buhr, Eugene	06 Nov 1900	4:15	Bunres, John	15 Oct 1903	4:26
Buhr, Leo	23 Mar 1907	5:13	Bur, Fannie	13 Sep 1907	5:18
Buiner, Christena	15 Aug 1903	4:27	Burand, Carrie	03 Jun 1888	2:13
Bukaski, Pollie	09 Oct 1897	4:9	Burbage, Angeline J.	12 May 1906	5:15
Bukowski, F.	19 Jun 1890	2:18	Burbank, Arthur S.	21 May 1877	1:104
Bulaltz, Stevland	04 Jul 1892	2:21	Burbank, Cora L.	08 Dec 1881	1:82
Bulauski, Joseph	15 Jun 1889	2:15	Burbank, Don G.	20 Apr 1903	4:26
Buler, Frances	04 Mar 1874	1:92	Burbank, M.	01 Jun 1905	5:11
Bulinske, Kiser	14 Feb 1899	4:10	Burbank, Q.D.	31 Aug 1905	5:10
Bull, August, Mrs.	22 Apr 1908	5:20	Burch, A.P.	20 Mar 1904	4:27
Bull, Inf/o James	28 Nov 1878	1:108	Burch, Albert	01 May 1907	5:16
Bullandorf, Molly	04 Mar 1870	1:60	Burch, Alice	22 Jan 1875	1:98
Bullard, Clarence O.	01 Feb 1888	2:12	Burch, Charles H.	02 Nov 1903	4:26
Bullard, Ernst M.	30 Sep 1875	1:98	Burch, Clarence D.	08 Dec 1884	2:8

NAME	DATE	V/P	NAME	DATE	V/P
Burch, Inf/o Edward Beach			Burges, Emma	10 Apr 1871	1:88
	16 Dec 1890	2:19	Burges, Joseph E.	15 Jul 1899	4:14
Burch, Martha A.	13 Feb 1882	1:84	Burgess, Catherine	02 Feb 1907	5:16
Burch, Wm. D.	27 Aug 1893	3:8	Burgess, Geo.	06 Nov 1884	2:8
Burchell, James	25 Feb 1872	1:88	Burgess, Geo. A.	30 Oct 1901	4:20
Burcher, Christina	24 Jan 1872	1:88	Burgess, Harriet P.	27 Aug 1900	4:18
Burde, August	08 Nov 1908	5:22	Burgess, Jane	1878	1:106
Burde, Matilda	05 Nov 1898	4:10	Burgess, M.B.	10 Oct 1908	5:20
Burdett, Harry	25 Aug 1898	4:10	Burgess, Thomas	09 Sep 1898	4:12
Burdett, Lawrence	23 Jun 1898	4:10	Burgess, W.F.	16 Jul 1894	3:11
Burdett, Margaret	25 Jul 1898	4:10	Burgess, William	09 Mar 1874	1:94
Burdick, Frank H.	15 Aug 1906	5:14	Burgess, Willit	06 Apr 1874	1:94
Burdis, Ozila	06 Apr 1899	4:15	Burgess, Wm. D.	31 Oct 1898	4:11
Burdo, Alfred	15 Sep 1876	1:100	Burgesser, Geo.	23 May 1877	1:104
Burdo, Clara May	11 Aug 1891	2:20	Burgesser, J.W.	07 Jan 1878	1:104
Burdo, Electa	13 Nov 1886	2:10	Burget, Henry	16 Nov 1882	1:84
Burdo, Henry	01 Aug 1889	2:14	Burget, Mary	03 Nov 1882	1:84
Burdo, Henry W.	19 Jan 1890	2:15	Burgin, Eliza	28 Dec 1903	4:27
Burdo, Infant	1877	1:102	Burgin, Mathias	27 Nov 1892	2:23
Burdo, James	07 Aug 1875	1:96	Burgis, Alberbeia	10 Nov 1889	2:14
Burdo, Luetta Ellen	29 Jan 1890	2:15	Burgoon, Mary	17 Mar 1902	4:21
Burdo, Maudie Belle	06 Jan 1890	2:15	Burgy, Frank	28 Jan 1907	5:13
Burdo, Moses	19 Dec 1907	5:16	Burgy, Helen A.	17 Aug 1902	4:24
Burdo, Peter	07 Jan 1869	1:36	Burgy, Loretta Q.	22 Nov 1897	4:9A
Burdo, Rosetta S.	18 Mar 1876	1:96	Burhann, Frederick	30 May 1898	4:10
Burdo, s/o Byron	28 Dec 1900	4:15	Burhann, Louis	17 Jan 1898	4:10
Burdo, s/o Lawrence	26 Nov 1908	5:22	Burk, Frank	10 Jul 1869	1:42
Burdo, Sessie, Jr.	27 Jun 1908	5:22	Burk, Jenny	19 Apr 1906	5:16
Burdo, Victor	14 Jul 1872	1:90	Burk, Julesa	28 Dec 1872	1:92
Burdu, Percy R.	26 Jul 1908	5:22	Burk, Maggie	06 Jul 1872	1:92
Burdue, Elizabeth	09 Sep 1894	3:10	Burk, Mary Annetta	21 Oct 1876	1:100
Buregard, Golda	01 Aug 1880	1:78	Burk, Richard	22 Apr 1874	1:92
Buregard, Infant	11 Aug 1888	2:13	Burk, s/o William	18 Dec 1905	5:11
Burel, Wargel	10 Jun 1871	1:88	Burk, Sarah	31 Aug 1901	4:20
Buren, Carrie	16 Mar 1874	1:94	Burk, Thomas	21 Nov 1906	5:15
Burend, Daniel	07 Mar 1878	1:104	Burk, Wm.	15 Oct 1899	4:14
Burend, Daniel	07 Mar 1878	1:102	Burka, Ferdinand	03 May 1892	2:22
Burend, Eliza	31 Jan 1882	1:82	Burkard, Anna	24 Jul 1871	1:90
Burent, Tillie	01 Apr 1897	4:9A	Burkard, Florence	04 Apr 1900	4:12
Burest, Ruth	10 Jan 1899	4:12	Burkard, Lewis	11 Apr 1900	4:12
Burgamier, George	11 Dec 1884	2:8	Burkard, Lorena	14 Feb 1868	1:36
Burgars, Fred'k	08 Jul 1871	1:88	Burkart, Peter	27 Aug 1895	3:13
Burgasser, Valentine	30 Oct 1884	2:7	Burke, Gertrude	08 May 1887	2:12
Burge, Alfred Roy	20 Jul 1877	1:102	Burke, John	29 Apr 1907	5:19
Burge, Elma	13 Nov 1897	4:7	Burke, Mary G.	03 Dec 1878	1:106
Burge, Isabelle	10 Aug 1897	4:8	Burke, Michael	19 Sep 1906	5:15
Burge, John	17 Mar 1881	1:76	Burke, Thomas	12 Nov 1906	5:13
Burge, Mary	31 Jan 1892	2:19	Burke, Thomas E.	27 Dec 1898	4:12
Burge, R.C.	30 Jun 1903	4:26	Burkert, Ida E.	26 Jan 1902	4:21
Burge, Wm. Ellis	21 Jul 1877	1:102	Burkert, Maud L.	11 Jul 1903	4:24
Burgee, Henry	20 Sep 1886	2:10	Burket, Daniel	25 Dec 1879	1:108
Burgen, Lena	25 Feb 1879	1:106	Burket, Mary Ann	03 Mar 1902	4:21
Burgen, Unknown	14 Feb 1894	3:10	Burkey, William	11 Apr 1887	2:12
Burger, Chals.	20 Jul 1879	1:76	Burkhaid, s/o Jacob	04 Mar 1907	5:14
Burger, Guy E.	24 Apr 1899	4:15	Burkhardt, Geo. F.	09 Jun 1902	4:23
Burger, Hughe	28 Mar 1901	4:19	Burkhart Catherine	12 Oct 1907	5:19
Burger, J.D., Mrs.	06 Aug 1883	1:84	Burkhart, Emeline Mary	04 Jan 1892	2:19
Burger, John	20 Nov 1878	1:108	Burkhart, George	30 Dec 1877	1:102
Burgert, Adam	13 Jun 1890	2:18	Burkhart, John	22 Oct 1887	2:12
Burgert, David	10 Mar 1877	1:100	Burkhart, Mary	20 Jan 1880	1:108
Burgert, Mary	17 Nov 1905	5:13	Burkholder, John	05 Apr 1905	5:11

NAME	DATE	V/P	NAME	DATE	V/P
Burkley, Edward	22 Feb 1892	2:19	Burns, Anna	Dec 1873	1:94
Burkley, Mary E.	04 Feb 1899	4:12	Burns, Anna M.	29 May 1870	1:48
Burkoski, George	11 Apr 1889	2:15	Burns, Boliver Bancher	15 Feb 1878	1:102
Burky, William	11 Apr 1887	2:12	Burns, Catherine	27 Nov 1906	5:14
Burlen, Walter E.	03 Aug 1904	5:10	Burns, Clara	15 Jul 1900	4:15
Burley, Alexander	15 Oct 1876	1:100	Burns, Daniel	21 Jan 1891	2:19
Burley, Emma	03 Aug 1891	2:20	Burns, Edward	23 Jul 1891	2:21
Burlin, d/o Morris	15 Nov 1908	5:20	Burns, Edward B.	04 Mar 1880	1:76
Burman, Carrie	16 Mar 1874	1:96	Burns, Elizabeth	16 Jul 1889	2:15
Burman, Loisa	03 Nov 1900	4:19	Burns, Ellen	17 Mar 1880	1:78
Burmaster, Herman	14 Oct 1889	2:15	Burns, Frank J.	01 Mar 1877	1:100
Burmeister, William	28 Jan 1881	1:80	Burns, Garit	05 Nov 1900	4:18
Burmester, Alma Clara	10 Oct 1891	2:20	Burns, George	27 Oct 1872	1:90
Burmingham, Albert	28 Nov 1901	4:21	Burns, Herman	20 Feb 1873	1:90
Burn, Mary	15 Apr 1876	1:98	Burns, Herman R.	27 May 1870	1:48
Burnam, Lettie Marion	01 Jan 1878	1:104	Burns, Hettie	27 Jul 1902	4:23
Burnap, Carrie B.	07 Feb 1902	4:20	Burns, James	17 Jun 1906	5:15
Burnap, James	12 Sep 1901	4:19	Burns, James	26 Mar 1871	1:88
Burnap, Lilla	01 Jan 1904	4:26	Burns, Jane	12 Aug 1871	1:90
Burnap, Robert B.	17 Jul 1875	1:98	Burns, John	06 Dec 1900	4:19
Burnap, s/o Wm. J.	14 Apr 1897	4:9A	Burns, John B.	18 Mar 1907	5:16
Burnard, A.	17 Feb 1900	4:17	Burns, Kate	20 Jun ---	2:16
Burnard, Gertrude	02 Apr 1902	4:19	Burns, Lillian C.	23 Sep 1888	2:13
Burnard, Leonard	28 Feb 1884	1:84	Burns, Margaret	03 Oct 1868	1:24
Burne, Catherine	27 Nov 1875	1:98	Burns, Maria E.	27 May 1870	1:48
Burnell, Fred	03 Dec 1904	4:27	Burns, Mary	14 Aug 1888	2:13
Burnelt, Christina H.	15 May 1873	1:92	Burns, Mary	14 May 1880	1:78
Burnelt, Ezra C.	16 Apr 1873	1:94	Burns, Mary	14 Mar 1877	1:100
Burnep, William	17 Apr 1888	2:13	Burns, Owen	10 Feb 1890	2:16
Burnert, Anthony	07 Mar 1871	1:86	Burns, Rebecca	30 Dec 1903	4:26
Burnes, Carl Joseph	10 Aug 1894	3:11	Burns, Romeo G.	19 Feb 1908	5:16
Burnes, James	20 Mar 1896	3:14	Burns, Viola	06 Feb 1907	5:14
Burnes, Jno.	11 Jun 1884	2:7	Burns, Wm.	03 Oct 1905	5:10
Burnes, John M.	01 Mar 1898	4:8	Burnse, Cath.	21 May 1881	1:82
Burnes, Luella Q.	25 Nov 1898	4:11	Burnse, Margaret*	11 Nov 1882	
Burnes, Theresia	21 Feb 1895	3:10	Burnside, Nellie	04 Jun 1877	1:104
Burnet, Charles	07 Oct 1888	2:13	Burnse, Thomas*	09 Jan 1883	
Burnet, Geo. A.	18 Sep 1872	1:90	Burnz, James	17 Aug 1893	3:8
Burnet, George	26 Oct 1905	5:12	Buroughs, Frankie	28 Mar 1908	5:19
Burnett, Alice M.	09 Jan 1868	1:42	Burr, Alice A.	29 Jul 1877	1:102
Burnett, Anna Jane	03 Jul 1900	4:15	Burr, Emma	08 Oct 1894	3:10
Burnett, Anthony G.	08 Aug 1902	4:24	Burr, Emma Rutee	22 Sep 1898	4:11
Burnett, Christina Jean	19 Dec 1904	5:10	Burr, George	23 Feb 1905	5:10
Burnett, E.S.	08 Nov 1879	1:108	Burr, George William	12 Oct 1898	4:11
Burnett, Jabez Dodd	24 Oct 1899	4:12	Burr, Gilbert	10 Jun 1885	2:8
Burnett, John C.	17 Jan 1883	1:84	Burr, Gotleib	22 Nov 1902	4:24
Burnett, John F.C.	11 Jan 1883	1:84	Burr, Herma	Jul 1883	1:84
Burnett, Laura M.	17 Dec 1868	1:42	Burr, John	01 Jun 1899	4:13
Burnett, Mary	19 Nov 1898	4:9	Burr, John	Aug 1889	2:15
Burnette, Pauline	22 Feb 1899	4:12	Burr, Loisa	Aug 1889	2:15
Burnham, Bentley E.	01 Jan 1878	1:104	Burr, Louis	10 Sep 1888	2:13
Burnham, Charles	02 Oct 1906	5:15	Burr, Paulina	Jan 1885	2:7
Burnham, George	30 Apr 1887	2:11	Burr, s/o Ida	26 Jan 1896	3:14
Burnholz, Erne Elsie	15 Jan 1908	5:16	Burr, Zachariah	10 Oct 1902	4:23
Burnor, Charles	20 Dec 1885	2:8	Burrand, Chas.	25 Oct 1899	4:12
Burnor, Gertrude E.	29 Aug 1895	3:14	Burrand, Daniel	23 Dec 1892	2:23
Burnor, Lucile	02 Feb 1905	5:10	Burrand, Hannah C.	17 Oct 1900	4:18
Burns, Andrew	18 Feb 1903	4:23	Burre, Carrie A.	01 Apr 1887	2:11
Burns, Andrew	22 Feb 1878	1:102	Burregrasser, Valentine	05 Apr 1871	1:88
Burns, Anna	19 May 1886	2:11	Burrell, Paul	22 Mar 1900	4:14
Burns, Anna	26 Mar 1889	2:14	Burrell, Richard	27 Apr 1906	5:15

NAME	DATE	V/P
Burrend, Louisa	17 Nov 1872	1:90
Burridge, Bernard Moor	15 May 1894	3:10
Burridge, Lucy Bramard	13 Mar 1898	4:9
Burritt, Annah	04 Feb 1879	1:106
Burritt, Wm. Harvey	02 Jul 1901	4:20
Burroughs, Catherine	10 Sep 1903	4:25
Bursieker, Cora A.	17 Nov 1876	1:100
Burson, Thomas	30 Jun 1900	4:19
Burst, Sophia	15 Jun 1881	1:82
Burt, Alva	22 Aug 1901	4:20
Burt, Emma L.	21 Jan 1879	1:106
Burt, George W.	25 Apr 1876	1:100
Burt, Marvin	08 Apr 1904	5:9
Burt, Sarah	28 Mar 1906	5:12
Burt, Wallace	02 Jul 1876	1:100
Burtcher, Adam	20 Mar 1885	2:8
Burtcher, Henry	09 May 1905	5:10
Burtches, Lorenz	14 Jun 1897	4:9
Burtis, Osail	03 Dec 1907	5:19
Burton, ch/o Frederick	16 Jan 1869	1:30
Burton, Charles W.	02 Mar 1907	5:16
Burton, Inf/o Dan'l	12 Mar 1901	4:18
Burton, Joseph	09 Nov 1892	2:23
Burton, Kate D.C.	24 Jan 1869	1:30
Burton, Laura	09 Nov 1898	4:11
Burton, Susan	24 Dec 1901	4:19
Burton, Wm. Y.	19 Jan 1903	4:23
Burtscher, Ludwina	31 Mar 1890	2:15
Burwell, Elida	04 Jul 1902	4:24
Burwell, Elida M.	28 Aug 1905	5:13
Burwick, Edmon	09 Jul 1900	4:19
Burwick, Ernst	09 Jul 1900	4:17
Burwick, Ernst	13 Juol 1874	1:96
Burwirth, Valentine	17 Sep 1892	2:23
Burwith, Anna	12 Apr 1905	5:12
Bury, George	10 Apr 1887	2:11
Bury, John Q.	30 Mar 1898	4:10
Bury, Magdalena	14 Jul 1907	5:17
Burzynski, Laura	10 Oct 1907	5:18
Burzyusky, Roselia	07 Feb 1890	2:16
Busach, Minnie Louise	25 Nov 1894	3:12
Busack, Mary	05 Mar 1896	3:12
Busard, Alice	12 Apr 1897	4:9A
Busby, Ralph	19 Jul 1899	4:14
Busby, Ralph	21 Oct 1899	4:13
Busch, John	30 Mar 1905	5:8
Busch, Louise	09 Sep 1908	5:22
Buschen, Eliz. C.	18 Jul 1887	2:12
Buscher, Emma	28 Sep 1881	1:82
Buscher, Rosa	09 Sep 1881	1:82
Busdeker, August	27 Sep 1893	3:9
Bush, Alice	14 Aug 1901	4:21
Bush, B.H.	28 Aug 1873	1:92
Bush, Clare Earl	19 Sep 1905	5:12
Bush, David	30 Dec 1887	2:12
Bush, Frances Elvira	04 Sep 1884	2:8
Bush, Frank	21 Aug 1901	4:21
Bush, John	23 Nov 1907	5:18
Bush, John	25 Aug 1898	4:11
Bush, Lorain	03 Aug 1905	5:12
Bush, Margaret	27 Apr 1889	2:14

NAME	DATE	V/P
Bush, William	Jan 1905	5:8
Bushdiker, Henry	22 Jan 1887	2:10
Bushrull, Eugene Edward	23 Apr 1902	4:20
Busilak, Michael	19 Apr 1895	3:15
Busk, Eunice	18 Mar 1904	4:27
Buske, Chas.	25 Feb 896	3:15
Buskirk, Van. Bert	26 Jan 1894	3:9
Busley, Wm. A.	07 Jan 1908	5:18
Busock, Frederick	26 Mar 1881	1:76
Buss, Dorothea Augusta	16 Apr 1898	4:11
Bussard, James P.	10 Jul 1906	5:15
Bussdecker, May	20 Jan 1892	2:21
Bussdicker, Nettie	24 Jan 1908	5:16
Bussdieker, Mamie	28 Jul 1887	2:11
Busse, Emma	13 Apr 1895	3:13
Bust, Joseph	06 Mar 1894	3:9
Bustscher, Lawrence P.	14 Jun 1897	4:9A
Buszinski, Stanilaus	10 Feb 1891	2:18
Butchbach, Henry	06 Jan 1899	4:10
Butcher, Maria	12 Apr 1889	2:14
Butehle, Gebhard	16 Jan 1888	2:11
Buthoop, Mary	31 May 1887	2:12
Butler, Alice	09 Nov 1897	4:9
Butler, Anna	19 May 1880	1:80
Butler, Aura Easterday	08 Feb 1901	4:18
Butler, Benj. W.	05 Aug 1896	4:6
Butler, Byron	26 May 1888	2:13
Butler, Catharine	14 Mar 1868	1:10
Butler, Charles	07 Nov 1906	5:16
Butler, Charles H.	01 Mar 1906	5:11
Butler, Clara	29 Oct 1904	5:9
Butler, Daniel	12 Jul 1889	2:14
Butler, E.S.	03 Jul 1899	4:14
Butler, Eva Bell	16 Aug 1886	2:10
Butler, Florence	06 Mar 1906	5:10
Butler, Franklin	28 Nov 1889	2:15
Butler, Fredrich A.	08 Nov 1902	4:24
Butler, Geo., Mrs.	28 Apr 1906	5:14
Butler, George A.	01 Mar 1881	1:76
Butler, Hannah	21 Mar 1904	4:24
Butler, Hazel B.	09 Sep 1900	4:18
Butler, James	08 Jul 1902	4:24
Butler, Janie	27 Dec 1876	1:100
Butler, John	19 Nov 1886	2:11
Butler, John	22 Dec 1888	2:13
Butler, John	18 Jan 1878	1:104
Butler, John P.	15 Feb 1877	1:100
Butler, Josephine	29 Sep 1876	1:100
Butler, Maddie	01 Nov 1894	3:12
Butler, Malina	30 Aug 1908	5:22
Butler, Mary M.	23 May 1901	4:20
Butler, Myrtle J.	31 Aug 1887	2:12
Butler, Thomas	09 Dec 1896	4:7
Butler, Thomas R.	10 Aug 1903	4:26
Butler, Walter	01 Oct 1891	2:21
Butler, Walter Alvan	01 Oct 1891	2:20
Butler, Wm.	24 May 1886	2:11
Butler, Wm.	11 Sep 1880	1:78
Butschberher, Adam	29 Jun 1901	4:21
Butt, Henry	28 May 1872	1:90
Butth, George	04 May 1897	4:9A

NAME	DATE	V/P
Buttler, Charles A.	10 Mar 1902	4:20
Buttner, Walter	08 Feb 1900	4:14
Butts, d/o R.A.*	14 Jun 1896	
Butts, Esther Eliza	11 Mar 1900	4:14
Butts, Infant*	14 Jun 1896	
Butz, Martin	14 Apr 1888	2:13
Butz, Minnie	10 Nov 1896	4:8
Butz, Stonlia	21 Jul 1891	2:21
Buyers, Sophia	04 Sep 1892	2:21
Buza, Joseph	04 Feb 1905	5:9
Buzinsk, J.	10 May 1893	3:11
Buzinske, Helen	23 Oct 1894	3:11
Buzzell, Freman	15 Sep 1906	5:15
Buzzell, Wm.	---	1:92
Bwick, Martha A.	13 Feb 1882	1:84
Byer, Adam F.	25 Jul 1879	1:108
Byer, Fred'k A.	28 Jun 1871	1:88
Byer, Geo. C.	28 Jun 1871	1:88
Byers, Anna Elizabeth	03 Jun 1907	5:19
Byers, Earl	17 Aug 1898	4:11
Byers, Ellen	15 Sep 1874	1:96
Byers, Harry	28 Oct 1905	5:12
Byers, Martha	24 Mar 1892	2:23
Byers, s/o Wm.	07 Nov 1900	4:18
Byers, Sophia H.	31 Oct 1898	4:9
Byers, Thomas	08 Jul 1901	4:20
Byers, William	15 Jul 1904	5:8
Byers, Wm.	23 Feb 1901	4:18
Byersmith, Elizabeth	23 Jan 1896	3:14
Bylan, Thos. O.	16 Jul 1887	2:12
Bylanski, Walter	10 May 1891	2:21
Bylo, Frank	31 Jan 1905	5:9
Bylow, Charles	23 Nov 1900	4:17
Bylow, Ivine	06 Nov 1900	4:17
Bylow, Nelson	21 May 1879	1:76
Bylow, Pearl	25 Sep 1900	4:17
Bylow, Wayne	18 Jun 1905	5:11
Byne, Joseph H.	25 Sep 1869	1:56
Byres, Henry	31 Mar 1896	3:12
Byrkitt, Lucy, Mrs.	24 Oct 1899	4:14
Byrne, Bridget P.	07 May 1902	4:27
Byrne, Clara	04 Feb 1905	5:10
Byrne, David	06 Feb 1900	4:12
Byrne, Jessie	18 Mar 1877	1:100
Byrne, Joseph W.	15 Dec 1877	1:104
Byrne, Katie	27 Apr 1897	4:9
Byrne, Margaret	13 Jan 1899	4:12
Byrne, Mary	06 Feb 1906	5:12
Byrne, Mary Strain	19 Dec 1897	4:8
Byrne, Maurice	06 Mar 1897	4:6
Byrne, Maurice	28 Mar 1896	4:8
Byrne, Maurice Joseph	08 Feb 1891	2:17
Byrne, Sate	26 Apr 1897	4:8
Byrne, William	25 Oct 1879	1:76
Byrnes, James	27 Jun 1879	1:108
Byrnes, Wm.	13 Jul 1874	1:94
Byron, Inf/o J.	15 Feb 1873	1:352
Byski, John	09 Apr 1888	2:14
Bystrom, Bessie I.	14 Mar 1904	4:22
Caanungh, Geo.	03 Mar 1895	3:36
Cabby, Anna	30 Mar 1907	5:35

NAME	DATE	V/P
Cabel, Samuel	17 Feb 1879	1:122
Cabes, Ruth Estella	13 Aug 1907	5:38
Cable, George	07 Jun 1879	1:124
Cable, Grace	25 May 1883	1:130
Cable, Howard	19 Nov 1903	4:42
Cable, John	19 Feb 1904	4:40
Cable, Mary E.	07 Apr 1907	5:34
Cable, Roseanna	28 Jan 1894	3:34
Cachlert, Stephan	01 Jan ---	3:35
Cackey, Victoria	14 Feb 1885	2:27
Cadeh, Margarett	17 Mar 1901	4:36
Cader, Ela	30 Mar 1870	1:54
Cadey, Charles L.	02 Nov 1897	4:30
Caely, Charles	02 Nov 1897	4:31
Cagia, Oliver K.	21 Aug 1896	4:29
Cagney, Wilma E.	13 Mar 1905	5:33
Cahill, Agnes	13 Oct 1906	5:34
Cahill, Bridget	08 Jun 1891	2:35
Cahill, Frankie	05 Mar 1878	1:120
Cahill, Gracie Gert	02 Nov 1880	1:126
Cahill, Infant	25 Jul 1876	1:120
Cahill, Isaac	17 Dec 1903	4:40
Cahill, Jno.	12 Oct 1908	5:39
Cahill, Mary	27 Mar 1894	3:34
Cahill, Michael	19 Aug 1886	2:28
Cahoe, Luke	11 Nov 1905	5:33
Cahoo, Catharine	29 Apr 1895	3:37
Cahoo, Edward	26 Apr 1904	5:31
Cahoo, Emma	07 Sep 1892	2:36
Cahoo, Florence W.	26 Jul 1900	4:35
Cahoo, Harry	21 Jan 1879	1:122
Cahoo, Luke	11 Nov 1905	5:33
Cahoo, Mary	18 Aug 1872	1:112
Caiacob, John	18 Nov 1876	1:118
Caicob, Theresa	29 Aug 1908	5:39
Cailli, Clanpi	22 Dec 1895	3:37
Cain, Augusta	20 Sep 1903	4:41
Cain, Charles	02 Feb 1891	2:33
Cain, G.W.	06 Feb 1897	4:29
Cain, Martin D.	14 Jan 1904	4:42
Cain, May	24 Sep 1901	4:37
Cain, Ruth	22 Jan 1898	4:31
Caine, Harriet	1893	3:34
Caine, Nellie	19 Apr 1889	2:32
Cairl, Edward	05 Apr 1902	4:38
Cairl, Lonnzo Dow	06 Feb 1889	2:31
Cairl, Lorenza Agnes	25 Oct 1893	3:34
Cairmon, Alta	18 Feb 1906	5:32
Caise, Bertha M.	23 Feb 1908	5:38
Cake, Thomas	06 May 1906	5:35
Calahan, James W.	03 Aug 1905	5:33
Calahan, Katie	10 Dec 1906	5:35
Calahan, Mary	21 Feb 1870	1:56
Calahan, Nellie	12 Jun 1904	5:31
Calcott, John	22 Sep 1888	2:31
Calder, James	01 Mar 1881	1:126
Caldwell, Chas. M.	10 Mar 1908	5:37
Caldwell, d/o James	19 Jul 1893	3:34
Caldwell, Jas.	22 Oct 1896	4:29
Caldwell, Joseph	22 Oct 1896	4:29
Cale, Benjamin	Sep 1906	5:35

NAME	DATE	V/P
Calhoun, Lydia	20 Oct 1904	5:31
Calhoun, Mary	29 Jul 1892	2:37
Calhoun, Mary	29 Jul 1892	2:36
Cali, Mugges Anna R.	27 Jul 1891	2:35
Caligon, Joseph J.	15 Nov 1890	2:34
Calisch, Fannie	10 Mar 1890	2:32
Calish, Fannie Geleerd	10 Mar 1890	2:32
Calkins, Alma P.	02 May 1904	5:31
Calkins, Anna	07 Feb 1894	3:35
Calkins, Catherine	04 Jul 1907	5:37
Calkins, Emma	23 Oct 1896	4:30
Calkins, Jabez A.B.	12 Apr 1868	1:42
Calkins, Lydia	27 Jun 1896	4:30
Calkins, Maria	02 Feb 1899	4:32
Call, d/o Maud	09 Mar 1901	4:35
Call, Mary	22 Apr 1898	4:32
Call, Mildred	27 Apr 1898	4:32
Call, Stephen R.	28 Jul 1886	2:29
Callaghan, John	13 Sep 1897	4:30
Callaghan, Lizzie	08 Nov 1891	2:36
Callaghan, Mary	23 Nov 1869	1:40
Callaghan, Mary E.	28 Jun 1893	3:34
Callagher, Jane	06 Feb 1894	3:34
Callaghleum, Daniel	12 Jul 1891	2:35
Callaham, James	17 Dec 1895	3:37
Callahan, Annie	27 Dec 1890	2:34
Callahan, Edward	18 Mar 1902	4:39
Callahan, Edward	22 Dec 1890	2:34
Callahan, Nellie	12 Jun 1907	5:38
Callahan, Rosa B.	22 Jul 1903	4:41
Callahan, Wm.	20 Aug 1879	1:124
Caller, Frank A.	06 Feb 1888	2:30
Calley, Mary	06 Aug 1908	5:39
Callie, C. Caphie	22 Dec 1895	3:37
Callohan, Nova	01 Jul 1878	1:122
Callough, Thomas	06 Feb 1898	4:30
Calrest, Thomas	21 Jul 1872	1:112
Calvert, William	09 Feb 1869	1:30
Calvin, Chas.	10 Apr 1904	5:31
Calvin, s/o Wm.	17 Feb 1898	4:32
Cambell, Geo.	05 Feb 1878	1:122
Cambric, Dorothy	02 Oct 1897	4:30
Cambrick, Margrate	05 May 1907	5:36
Camenzind, Joseph	08 Feb 1903	4:38
Cameron, Cath. H.	23 Apr 1887	2:30
Cameron, Cornelia S.	11 Jan 1879	1:124
Cameron, Della	14 Oct 1903	4:40
Cameron, H., Mrs.	09 Nov 1906	5:35
Cameron, Kenneth R.	07 Apr 1890	2:34
Cameron, Maggie C.	17 Oct 1895	3:37
Cameron, Mildred P.	28 Sep 1903	4:42
Cameron, Pearl	01 Aug 1900	4:36
Cameron, Vera Lenore	01 Apr 1902	4:39
Cammel, Clarence	09 Jun 1884	1:130
Campbell, Arthur W.	24 Jul 1894	3:36
Campbell, Cath. A.	24 Feb 1888	2:30
Campbell, Clara	25 Sep 1905	5:33
Campbell, Comodore J.	29 Aug 1877	1:120
Campbell, d/o Robert S.	10 Jan 1905	5:31
Campbell, Dennis	Sep 1878	1:124
Campbell, Eliza	10 Aug 1888	2:31
Campbell, Eliza	24 Mar 1891	2:33
Campbell, Ella	15 Sep 1902	4:38
Campbell, Ernest	12 Jun 1908	5:39
Campbell, Eugene	20 Dec 1901	4:37
Campbell, Eugene	22 Dec 1901	4:36
Campbell, G.W.	11 May 1888	2:31
Campbell, Harvey	19 Sep 1901	4:37
Campbell, Henry F.	31 Jul 1873	1:114
Campbell, James	16 Oct 1880	1:126
Campbell, James	17 Feb 1890	2:33
Campbell, James	20 Mar 1870	1:54
Campbell, Jessie Dean	03 Dec 1900	4:35
Campbell, John	29 Aug 1893	3:34
Campbell, John C.	30 Jul 1882	1:128
Campbell, Joseph	04 Aug 1877	1:122
Campbell, Lilias	24 Nov 1877	1:122
Campbell, Minda	30 Oct 1901	4:37
Campbell, Sarah Ellen	17 Nov 1883	1:130
Campbell, Susan, Mrs.	29 Oct 1881	1:128
Campbell, Thomas Bentley	04 Jun 1898	4:32
Campbell, Walter A.	27 Aug 1907	5:37
Campbell, William	13 May 1889	2:32
Campbell, Wm. J.	27 Nov 1902	4:39
Campe, Morris	25 Jan 1875	1:114
Campell, Charlotte	29 Nov 1898	4:32
Camper, Henry	10 Oct 1896	4:29
Camper, Henry F.	10 Oct 1896	4:29
Campey, Miles Geo.	15 Feb 1894	3:34
Campfelt, Annie	06 May 1878	1:122
Camps, Vellma	30 Feb 1896	4:29
Camren, A.	01 Nov 1897	4:31
Camuetter, Geo. W.	10 May 1896	4:29
Canady, Leonard	02 Apr 1904	4:41
Canavah, Infant	07 Apr 1874	1:116
Canavan, Mary E.	19 Jun 1906	5:36
Canby, Alice	17 Sep 1872	1:112
Canby, Rich'd	Sep 1879	1:124
Canda, Sara	01 May 1894	3:36
Caneff, Eliza	20 Jan 1868	1:8
Canels, Racheal	04 Jul 1903	4:40
Canfield, Anna	16 Aug 1900	4:35
Canfield, Caleb	06 Feb 1890	2:32
Canfield, Everett A.	06 Mar 1897	4:29
Canfield, Hattie	14 Sep 1896	4:29
Canfield, L.E.	21 Feb 1899	4:32
Canfield, Mary A.	28 Jul 1890	2:34
Canfield, Melisa	06 Sep 1881	1:128
Canfield, Patrick	11 Mar 1903	4:39
Canfield, s/o Harvey	13 Nov 1899	4:33
Canlon, Bernhardt	03 Oct 1893	3:34
Canlon, Peter	21 Sep 1893	3:34
Cann, D., Mrs.	14 Oct 1907	5:37
Cann, Emma	29 Mar 1870	1:44
Cannan, John	11 May 1897	4:30
Cannan, Sarah	02 May 1878	1:124
Cannan, Wm.	10 May 1895	3:37
Canneff, Mary A.	27 Mar 1880	1:124
Canniff, Hannah M.	21 Jul 1888	2:31
Canniff, J.M., Mrs.	15 Sep 1901	4:37
Cannon, Irene	29 Oct 1907	5:37

NAME	DATE	V/P	NAME	DATE	V/P
Cannon, James J.*	30 May 1899		Carlett, John S.	02 May 1895	3:35
Cannon, John	03 Mar 1905	5:33	Carlton, Inez	14 Feb 1901	4:35
Cannon, John	12 Feb 1876	1:118	Carlton, Lucy	06 Nov 1890	2:33
Cannon, John	17 Nov 1901	4:37	Carlton, Mary Jane	13 May 1895	3:37
Cannon, John D.	21 Oct 1905	5:34	Carlysle, Rebecca	27 Nov 1901	4:38
Cannon, Lillie	11 Jul 1888	2:31	Carman, Marie E.	22 Feb 1904	4:42
Cannon, Mary	08 Apr 1903	4:40	Carmedy, Mary	30 Jun 1884	1:130
Cannon, Michael	01 May 1906	5:36	Carmen, Louisa E.	21 Jul 1908	4:36
Cannon, Willie	30 Jun 1877	1:120	Carmiff, Helen	12 Jul 1908	5:39
Canny, P.	18 Oct 1905	5:32	Carmody, Patrick	08 May 1907	5:37
Canture, Charles	05 Jan 1906	5:33	Carmon, Ola B.	15 Feb ---	5:39
Canvoy, Michael	14 Dec 1879	1:124	Carnahan, Arthur	25 Dec 1877	1:122
Capaul, Geo. W.	25 Feb 1903	4:40	Carner, Charles	04 Jul 1897	4:31
Capaul, George	21 Feb 1903	4:38	Carnes, Ernest Ralph	21 Apr 1907	5:36
Caples, John	05 Feb 1901	4:36	Carnes, Katherine	12 Oct 1902	4:39
Caplinski, Inf/o A.	23 Jan 1869	1:30	Carney, Anna	07 Jan 1888	2:30
Cappell, Stephen P.	09 Mar 1870	1:46	Carney, Anna	08 Mar 1897	4:29
Carabin, Joseph	06 Jan 1906	5:33	Carney, Anna	11 Dec 1905	5:32
Carary, Bredford	30 Aug 1884	2:27	Carney, Daniel F.	14 Jan 1907	5:35
Carber, Roselia	16 Sep 1883	1:130	Carney, Edna	16 Nov 1891	2:35
Carcoran, Leo	24 Jun 1894	3:36	Carney, George	03 May 1905	5:33
Card, Eva	22 Jul 1890	2:34	Carney, James	18 Mar 1885	2:27
Card, Geo.	03 Nov 1872	1:112	Carney, James A.	17 Jun 1902	4:39
Card, Jessie	11 May 1877	1:122	Carney, Johannah	31 Mar 1889	2:31
Cardinel, Oliver*	06 Jul 1882		Carney, John	21 Apr 1881	1:128
Carens, Patrick	09 Oct 1900	4:36	Carney, Leo	17 Jul 1881	1:128
Carev, Agnass	19 Feb 1890	2:33	Carney, Mamie	06 Oct 1885	2:28
Carev, Nicholas A.	22 Dec 1891	2:33	Carney, Margaret	06 Apr 1887	2:30
Carew, Alice M.	13 Jan 1868	1:8	Carney, Mary	01 Nov 1891	2:35
Carew, James	02 Nov 1874	1:116	Carney, Mich.	29 Nov 1883	1:130
Carew, John	09 Oct 1885	2:28	Carney, Patrick	25 Apr 1890	2:33
Carew, Margareth Louisa	18 Mar 1894	3:34	Carney, Ralph Edward	22 Jan 1886	2:28
Carew, Margarett	02 Feb 1890	2:32	Carney, Rosa	07 Mar 1884	1:130
Carew, Mary	04 Nov 1886	2:27	Carney, Rose	07 Nov 1905	5:33
Carew, Raymond	19 Nov 1893	3:34	Carney, Thos.	04 May 1895	3:37
Carew, Wm.	07 May 1901	4:36	Carnicle, Emma	21 Nov 1902	4:38
Carew, Wm. M.	07 May 1901	4:37	Carns, Leander	17 Apr 1897	4:30
Carey, James	24 Feb 1906	5:36	Caroll, Frederick	11 Jun 1905	5:33
Carey, Lena	12 Jul 1874	1:116	Carothers, Eliz.	09 Apr 1881	1:126
Carey, Patrick	02 Mar 1872	1:112	Carothers, Letha Anna	11 Oct 1882	1:128
Carey, Thomas	02 Nov 1905	5:33	Carow, William	27 Aug 1889	2:32
Cargo, Fred E.	11 Jul 1898	4:32	Caroway, August	21 Sep 1870	1:110
Cargro, Carrie M.	24 May 1872	1:114	Carpentar, George F.	27 --- 1906	5:32
Carl, Almira	13 Mar 1903	4:39	Carpenter, Alta	06 Sep 1902	4:40
Carl, Catherina	25 Jul 1898	4:32	Carpenter, Alvina	05 Jul 1869	1:48
Carl, Ella	27 Jun 1893	3:34	Carpenter, Belle	22 Sep 1903	4:40
Carl, Henrietta	29 Jun 1897	4:30	Carpenter, Beulah May	19 Apr 1906	5:34
Carl, Henry	01 Jul 1894	3:36	Carpenter, Bordet	16 Aug 1886	2:29
Carl, Henry William	17 Jun 1908	5:39	Carpenter, Buella May	17 Apr 1906	5:33
Carl, Howard L.	23 Mar 1899	4:31	Carpenter, Chas. D.	04 May 1899	4:33
Carl, James	15 Jul 1907	5:38	Carpenter, d/o C.F.	19 Dec 1894	3:36
Carl, Kitty	21 Aug 1873	1:114	Carpenter, Eugene L.	15 Feb 1888	2:30
Carl, Luther	25 Oct 1905	5:33	Carpenter, Jeromy	22 Nov 1872	1:112
Carl, Mabel	26 Mar 1888	2:30	Carpenter, Joel	30 Jul 1878	1:122
Carl, Maria	09 Feb 1887	2:29	Carpenter, Lulu	01 Feb 1905	5:31
Carl, Martin	05 Sep 1891	2:35	Carpenter, Lulu	08 Nov 1880	1:126
Carl, May	22 Apr 1897	4:31	Carpenter, Mary M.	27 Nov 1901	4:38
Carl, Monosle	29 May 1906	5:36	Carpenter, Mary S.	11 Apr 1883	1:130
Carl, Ocils	13 Oct 1907	5:38	Carpenter, Winefred	11 Jul 1884	2:27
Carl, Youst	18 Dec 1885	2:27	Carr, Andrew M.	27 Feb 1888	2:29
Carland, Myrtle Josie	11 Nov 1889	2:32	Carr, Anna	16 Aug 1892	2:36

NAME	DATE	V/P	NAME	DATE	V/P
Carr, Barney	01 Mar 1874	1:114	Carroll, Michael	23 May 1894	3:36
Carr, C.	09 Feb 1868	1:8	Carroll, Patrick	13 Jul 1904	5:31
Carr, Catherine	14 Oct 1905	5:32	Carroll, Prudence	24 Oct ---	3:35
Carr, Claire M.	01 Oct 1903	4:42	Carroll, Robert	16 Mar 1897	4:30
Carr, Edith N.	05 Mar 1874	1:114	Carroll, Thomas	05 Mar 1878	1:120
Carr, Eleanor	06 Jun 1891	2:35	Carrols, ch/o Jerry	14 Dec 1875	1:118
Carr, Ernst	16 Jul 1878	1:124	Carrols, Maria	09 Feb 1875	1:116
Carr, Estella	15 Apr 1905	5:33	Carron, Charles	15 Jul 1874	1:116
Carr, Frank	15 Apr 1903	4:41	Carron, John	15 Oct 1874	1:116
Carr, Harvey	15 Jul 1874	1:116	Carrow, John	10 Apr 1906	5:25
Carr, Herman	07 Nov 1908	5:39	Carrow, Sophia	27 Sep 1906	5:36
Carr, Jacob*	17 Sep 1891		Carry, Wm. C.	13 Nov 1899	2:33
Carr, James	06 Nov 1899	4:34	Carsler, Clara C.	31 Aug 1877	1:120
Carr, James F.	Nov 1889	2:32	Carsner, Ellen	05 Feb 1871	1:110
Carr, Jessie	14 May 1908	5:38	Carson, Annie	07 Nov 1894	3:35
Carr, John	11 Jun 1884	1:130	Carson, Bertie	19 Jul 1906	5:35
Carr, John	21 Sep 1898	4:32	Carson, Catherine	24 Jan 1873	1:112
Carr, John	23 Aug 1885	2:28	Carson, Florence	20 Jan 1906	5:33
Carr, John Wm.	11 Feb 1879	1:124	Carson, Gertrude	13 Dec 1901	4:37
Carr, Maggie	15 Jun 1888	2:31	Carson, Inf/o Henry	20 Nov 1881	1:126
Carr, Mary	23 Jan 1885	2:27	Carson, Mabel Delia	06 Jul 1897	4:30
Carr, Meda	15 Mar 1880	1:124	Carstenis, John	12 Feb 1908	5:37
Carr, Michael J.	08 Mar 1887	2:28	Carstensen, Hilda	01 Nov 1902	4:38
Carr, Richard H.	12 Nov 1893	3:35	Carston, Caroline	06 Oct 1886	2:29
Carr, Robert B.	20 Feb 1900	4:34	Carston, Mary	10 Aug 1886	2:29
Carr, Robert B.	20 Feb 1900	4:33	Carten, Dennis	04 Dec 1894	3:36
Carr, Rosa	11 Dec 1906	5:36	Cartens, Annie	02 Nov 1894	3:36
Carr, Thomas	25 Mar 1879	1:122	Carter, Ada M.	18 May 1903	4:42
Carr, Thomas, Mrs.	04 Oct 1889	2:32	Carter, Alfred Chas.	19 Nov 1890	2:33
Carr, Thos.	15 Sep 1892	2:36	Carter, Anna M.	26 Apr 1905	5:33
Carr, Walter Richards	07 Sep 1883	1:130	Carter, Byron	08 Oct 1869	1:48
Carraco, John	24 Oct 1874	1:116	Carter, Cary	05 Dec 1905	5:32
Carraher, Anna	14 Sep 1906	5:36	Carter, Charles	11 Oct 1876	1:118
Carrell, Michael J.	15 Sep 1898	4:31	Carter, David	17 Dec 1895	3:38
Carrie, James J.	09 Sep 1897	4:30	Carter, Dora	11 Mar 1882	1:128
Carrier, Bell	21 Mar 1900	4:33	Carter, Dora	15 Sep 1882	1:128
Carrier, Lillian	06 Aug 1892	2:36	Carter, Duncan G.	28 Apr 1895	3:37
Carril, Helen	22 Oct 1901	4:37	Carter, E.W.	21 Nov 1878	1:122
Carrington, Eliz. M.	17 Aug 1886	2:29	Carter, Edith	13 Jun 1901	4:38
Carrington, M.D.	22 Mar 1887	2:29	Carter, Edwin R.	28 Mar 1900	4:33
Carrl, Jennie	24 May 1896	4:29	Carter, Ella	20 Nov 1908	5:39
Carrl, Wm. Henry	31 Nov 1872	1:112	Carter, Frederick B.	07 Feb 1908	5:37
Carrol, Mary	29 Mar 1872	1:112	Carter, Henrietta	18 Aug 1905	5:34
Carroll, Daniel	05 Apr 1878	1:120	Carter, Isabella	18 Feb 1869	1:32
Carroll, Ellen	23 Jul 1875	1:118	Carter, Jennie	15 Mar 1898	4:31
Carroll, Ellis	24 Sep 1874	1:116	Carter, John	10 Sep 1881	1:128
Carroll, Emma Jane	02 May 1885	2:28	Carter, John	15 Sep 1882	1:128
Carroll, F.	11 Jun 1905	5:32	Carter, Lottie	09 Jan 1890	2:32
Carroll, Fred	27 Sep 1907	5:38	Carter, Pearly	17 Jul 1906	5:36
Carroll, James	21 Mar 1892	2:35	Carter, Sarah	12 Nov 1875	1:116
Carroll, James J.	15 Mar 1878	1:120	Carter, Silva E.	13 May 1869	1:46
Carroll, Jane A.	24 May 1896	4:29	Carter, W. Ciffard	01 Feb 1897	4:30
Carroll, Jeremiah	07 Mar 1896	3:36	Cartney, Margaret	28 Aug 1889	2:32
Carroll, John	31 May 1906	5:34	Cartwright, Esther	23 May 1879	1:124
Carroll, John B.	05 Jan 1901	4:35	Cartwright, John	31 Dec 1871	1:112
Carroll, Julia	19 Mar 1868	1:4	Cartwright, Lydia	07 Jun 1903	4:40
Carroll, Katherine	24 Aug 1905	5:32	Cartwright, M.G.	18 Jan 1902	4:38
Carroll, Katie	19 Oct 1887	2:30	Cartwright, Mary	11 Aug 1870	1:110
Carroll, Marg.	11 Jul 1901	4:38	Cartwright, Walter	10 Oct 1904	5:31
Carroll, Mary	15 Feb 1875	1:116	Cartwright, William	20 Jun 1873	1:114
Carroll, Michael	15 Mar 1880	1:124	Carty, Kittie	12 Oct 1889	2:32

NAME	DATE	V/P	NAME	DATE	V/P
Cartz, Arthur W.	27 Mar 1902	4:38	Cassidy, Frank P.	01 Sep 1901	4:37
Carver, Sarah	11 Apr 1901	4:37	Cassidy, John P.	09 Dec 1885	2:28
Cary, L.M.	07 Mar 1906	5:33	Cassidy, Joseph P.	24 Jul 1885	2:28
Cary, Lahra	06 Mar 1908	5:37	Cassidy, Lea	10 Aug 1889	2:33
Cary, Lydia Charlotte	30 Jul 1899	4:34	Cassidy, Marcus	10 Dec 1900	4:35
Cary, Mary	14 Mar 1906	5:33	Cassidy, Rob't J.	04 May 1876	1:120
Cary, Ruth	22 Oct 1905	5:34	Cassidy, Thomas	29 Mar 1907	5:36
Casaver, David	31 Dec 1900	4:35	Cassidy, Winifred	29 Mar 1904	4:42
Casavore, William	12 Oct 1895	3:37	Casta, Steve	03 Dec 1908	5:39
Case, Edwin	31 Aug 1899	4:33	Castell, Ellabel	15 Jul 1899	4:34
Case, Elizabeth	02 Mar 1908	5:37	Caster, Orin C.	10 Sep 1884	2:27
Case, Frank	31 Mar 1900	4:34	Castigan, Bertha	15 May 1907	5:38
Case, Jennette	15 Aug ---	2:36	Castigan, Catherine	25 Sep 1876	1:120
Case, Lucy	10 May 1891	2:35	Castigan, Eliza	15 Sep 1875	1:118
Case, Mary	22 Oct 1886	2:29	Castine, Sophia	06 Apr 1891	2:36
Case, Norton	23 Mar 1879	1:122	Castle, Mary	25 Sep 1887	2:30
Case, Sarah M.	02 Jan 1902	4:37	Casto, J.	24 Jun 1905	5:32
Casello, Thomas	17 Mar 1907	5:35	Caston, Mary	11 Oct 1891	2:36
Caselton, Augustus	17 Nov 1907	5:37	Caswell, Edmund	01 Apr 1871	1:112
Caseman, Joseph	18 Sep 1877	1:120	Caswell, Leon	07 May 1907	5:37
Caseton, Wm. T.	05 Dec 1900	4:35	Cathrel, Daniel	29 Sep 1884	2:27
Casey, Anna M.	17 Mar 1868	1:10	Catlin, Levi	01 Sep 1869	1:44
Casey, Bridget N.	31 Dec 1897	4:30	Catlin, Warren S.	02 Dec 1897	4:30
Casey, Charles Hubert	16 Jan 1906	5:33	Caton, Clery	Mar 1895	3:11
Casey, David	21 Sep 1884	2:27	Catrack, Peter	30 Nov 1887	2:30
Casey, Deleran	03 Mar 1871	1:110	Catte, Phoebel	01 May 1886	2:28
Casey, Essa	22 May 1890	2:34	Catway, Mary	07 Dec 1892	2:37
Casey, Essie	22 May 1889	2:32	Caugg, ch/o C.	16 Jun 1868	1:14
Casey, Irving E.	04 Jan 1874	1:114	Cauglin, Charles	19 Nov 1900	4:35
Casey, James	13 Jun 1906	5:36	Caulkin, Anna	17 Sep 1884	2:27
Casey, James	16 Jan 1887	2:29	Caulkins, Daniel	20 Feb 1905	5:31
Casey, John	02 Jan 1878	1:122	Caure, Lemeb	23 Dec 1893	3:34
Casey, Lyman	17 Nov 1872	1:112	Causey, Katey	24 Feb 1899	4:32
Casey, Nelly P,	16 Dec 1872	1:114	Causey, Mansey	26 Jan 1903	4:38
Casey, Patrick	02 Mar 1872	1:112	Cavanagh, Bridget	15 Nov 1884	2:27
Casey, Sarah A.	11 Sep 1878	1:124	Cavanagh, Joseph	17 Sep 1872	1:112
Casey, Thomas	22 Feb 1873	1:114	Cavanagh, Minnie	03 Mar 1891	2:34
Casey, Tho's E.	06 Jul 1870	1:110	Cavanaugh, Bridget	08 Jan 1880	1:126
Casey, William	09 May 1888	2:31	Cavanaugh, Hugh	03 Nov 1903	4:41
Casey, Wm. H.	30 Jun 1902	4:39	Cavanaugh, J.J.	01 Jan 1906	5:32
Cash, Hedwig	24 Sep 1893	3:34	Cavanaugh, John	15 Oct 1878	1:122
Cash, Henry	18 Dec 1906	5:36	Cavanaugh, John	26 Jul 1896	4:30
Cashen, A.E.	07 Oct 1900	4:35	Cavanaugh, Margart	10 May 1903	4:42
Cashmere, James	14 Dec 1893	3:34	Cavanaugh, Matthew	01 Jun 1906	5:36
Casin, Mary*	13 Jun 1882		Cavanaugh, Michael	22 May 1907	5:37
Caslett, Jane	10 May 1872	1:112	Cavanaugh, Mildred	29 Jul 1903	4:42
Casman, Edward	18 Jan 1899	4:32	Cavanaugh, Rozell	13 Sep 1893	3:35
Casner, Lottie	11 Jul 1872	1:114	Cavanaugh, Stelle	01 Jan 1892	2:36
Casper, Frank	31 Jun 1878	1:120	Cavonough, John	05 Aug 1903	4:40
Casper, Jacob	02 Mar 1880	1:124	Cavonough, Marguerite	10 May 1903	4:40
Casper, William	15 Mar 1875	1:116	Cavaughton, Lena A.	16 Jan 1905	5:31
Cass, Charles M.	12 Apr 1871	1:112	Cavenaugh, Anna	19 Mar 1894	3:35
Cass, Harry	26 Mar 1906	5:32	Cavender, Augusta L.	16 ---	2:33
Cass, John	19 Aug 1904	5:31	Cavnaugh, Edmund	01 Oct 1888	2:31
Cass, Mary	02 Jan 1875	1:116	Cavow, Albert	19 Oct 1907	5:38
Cassady, Lillian G.	29 Nov 1892	2:36	Cawish, Infant	16 Mar 1894	3:35
Cassady, Mary	26 Sep 1889	2:33	Cawood, Inez Eliz.	21 Sep 1888	2:31
Cassall, Wm.	23 Sep 1897	4:31	Cawood, Irene Edna	Sep 1881	1:128
Cassavarre, Franklin	12 Feb 1898	4:32	Cayea, Olive Eliza	16 Apr 1875	1:116
Cassedy, Patrick D.	19 Oct 1900	4:36	Caylor, Martin	10 May 1900	4:34
Cassidy, Elizabeth	08 Nov 1899	4:34	Cayscob, Joseph	15 Mar 1876	1:118

NAME	DATE	V/P
Cedoz, Edith M.	18 Mar 1907	5:34
Cedoz, Fred	17 Feb 1905	5:31
Ceeselske, John	04 Jul 1898	4:32
Ceilstorch, Annie	04 Jun 1868	1:14
Celling, Tillie	22 Feb 1894	3:35
Center, Celestia	04 Oct 1903	4:41
Centgraf, E.	25 Jul 1905	5:32
Centgraph, Wilhelmima	02 May 1899	4:34
Certz, Herman	22 Dec 1901	4:38
Cescla, Frank	23 Mar 1908	5:37
Cetrop, Wm.	30 Oct 1900	4:36
Cevahlen, Frederick	13 Dec 1895	3:38
Chabelzki, Andrew	18 Jul 1900	4:36
Chadwick, Etna	01 Nov 1892	2:37
Chadwick, Eugene	20 Jun 1892	2:36
Chadwick, Florence	12 Oct 1899	4:34
Chadwick, Warren	23 Oct 1890	2:34
Chadwick, Warren L.	21 Oct 1890	2:33
Chaffey, Mary	05 Apr 1887	2:30
Chakly, Pat	05 Jun 1894	3:36
Chalaneau, James	28 Apr 1881	1:126
Chalat, Joe William	18 Nov 1903	4:42
Chalat, Joseph	12 Jan 1894	3:34
Chalberg, s/o Elof	31 Dec 1906	5:36
Chaliz, William	21 Mar 1875	1:116
Chalofski, Belagia	17 Nov 1893	3:34
Chamberlain, Fay Allen	14 Jun 1877	1:122
Chamberlain, George	Mar 1904	4:42
Chamberlain, James T.	30 Dec 1899	4:33
Chamberlain, L.	18 Jan 1892	2:35
Chamberlain, Mary	15 May 1894	3:34
Chamberlain, Oscar	03 Jul 1903	4:42
Chamberlain, s/o F.W.	28 Mar 1875	2:37
Chamberlin, Arthur	15 Aug 1908	5:38
Chamberlin, Arthur	15 Aug 1908	5:39
Chamberlin, Eliz. Dale	29 Aug 1879	1:124
Chamberlin, Harold	04 Sep 1902	4:39
Chamberlin, Hattie D.	20 May 1877	1:122
Chamberlin, James Dale	23 Jul 1878	1:124
Chamberlin, Mary	20 Mar 1908	5:37
Chamberlin, Robert W.	15 Sep 1902	4:39
Chambers, Angeline	31 Oct 1868	1:26
Chambers, Eliza A.	06 Feb 1882	1:128
Chambers, Gertie S.	09 Feb 1877	1:118
Chambers, Josiah	11 Jun 1905	5:34
Chambers, Sarah A.	19 Apr 1870	1:110
Chambers, Theadore	24 Dec 1905	5:34
Champenayse, Geo.	07 Sep 1894	3:36
Champion, d/o Charles	15 Feb 1897	4:174
Champion, Dora B.	27 Jun 1896	4:31
Champion, Infant	15 Feb 1897	4:6
Champion, Jos.	25 Sep 1881	1:126
Champion, Mary B.	01 Feb 1896	3:36
Champion, Neville	09 Apr 1907	5:37
Chandler, Bertha	28 May 1872	1:114
Chandler, Isaac	14 Feb 1893	2:36
Chandler, James E.	08 Aug 1883	1:128
Chandler, Lela	20 Mar 1898	4:31
Chandler, Naomi	31 Oct 1898	4:32
Chandler, Richard	28 Nov 1872	1:114
Chaney, Harry	26 Jun 1899	4:33
Chaney, Thomas B.	06 Nov 1908	5:39
Chanfield, Mary	04 Nov 1893	3:34
Chantillon, Monica	06 Mar 1868	1:6
Chapek, George	05 Aug 1895	3:37
Chapen, Laura	22 Feb 1882	1:128
Chapin, Adaline	02 Jun 1889	2:32
Chapin, Chas. H.	12 May 1875	1:118
Chapin, Cyrene Clark	14 Jan 1895	3:36
Chapin, Frederick Clark	25 Feb 1895	3:36
Chapin, Lida Chapin, Mrs.	28 Dec 1906	5:34
Chaple, Harry J.	03 Mar 1908	5:36
Chaplin, Harriet J.	01 May 1872	1:114
Chapman, Alonzo B.	08 Apr 1873	1:112
Chapman, Deliha	04 Nov 1890	2:34
Chapman, George	28 Sep 1906	5:35
Chapman, Harry C.	06 Mar 1906	5:33
Chapman, James G.	19 Aug 1871	1:110
Chapman, Lyda	02 Feb 1904	4:40
Chapman, Mary B.	10 Dec 1872	1:112
Chapman, Oliver P.	24 May 1899	4:34
Chapmann, Frances J.	07 Dec 1890	2:34
Chappel, Jessie	26 Jun 1899	4:34
Chappell, d/o Geo.	16 Dec 1899	4:33
Chappell, Ethel	24 Aug 1898	4:31
Chappell, Margaret Ann	15 Aug 1903	4:41
Chappell, Susan	02 Mar 1903	4:41
Chappelle, Fidelia Clark	24 Apr 1906	5:34
Chappelle, Frank P.	19 Feb 1884	1:130
Chappins, Julius	11 Jan 1901	4:36
Charette, Frank	13 Jul 1907	5:38
Charles, Edna	30 Mar 1900	4:33
Charlton, Hugh	29 Nov 1890	2:33
Charlton, Mathias	19 Nov 1903	4:40
Charlton, s/o Henry	14 Jun 1903	4:40
Charlton, Samuel	21 May 1900	4:36
Charter, Mary	15 Feb 1887	2:29
Charter, Samuel	19 May 1905	5:33
Chase, Alvan W.	25 May 1885	2:28
Chase, Chas. Atherton	25 Aug 1891	2:35
Chase, Daniel	24 Jun 1877	1:120
Chase, Harriet G.	20 Sep 1890	2:33
Chase, Henry G.	14 Mar 1875	1:118
Chase, James Lamon	23 Nov 1889	2:32
Chase, Leroy W.	29 Dec 1906	5:35
Chase, Libbie	11 Jul 1897	4:31
Chase, S.M.	22 Jul 1894	3:35
Chatfield, S. Judson	27 Nov 1889	2:32
Chatfield, s/o Jerome	28 Nov 1887	2:30
Chatman, Eugene L.	22 Jul 1880	1:126
Chauyer, Isaac	04 Jun 1900	4:36
Cheeseman, d/o Herbert	02 Apr 1896	4:29
Chefson, Hattie	12 Aug 1908	5:39
Cheltender, Henry	08 Mar 1874	1:114
Cheney, Frank	26 Jan 1907	5:35
Cheney, Frank, Mrs.	05 Jan 1902	4:37
Cheney, Geo. E.	21 Nov 1886	2:29
Chero, James W.	01 Jul 1898	4:32
Cherry, Alexander	31 Mar 1908	5:36
Cherry, Harnold	08 Feb 1900	4:34
Cherry, Henry, Mrs.	13 Jun 1905	5:32
Cherry, Martin D.	24 Nov 1908	5:40

NAME	DATE	V/P
Cherry, Mary	25 Oct 1897	4:30
Cherry, Mary E.	30 Mar 1876	1:118
Cherry, Maud A.	11 Dec 1877	1:118
Cherry, Ruth	06 Sep 1899	4:33
Cherry, Sophia	18 Nov 1889	2:32
Cherry, Sophia Adla	21 Nov 1889	2:32
Cherry, William	05 Sep 1899	4:33
Chesbro, Jane	25 May 1885	2:28
Chesbro, Nathan	05 May 1875	1:116
Chesbrough, Elonzo	30 Jan 1887	2:29
Chesbrough, Martha	05 Oct 1897	4:31
Chesbrough, Unknown	17 May 1893	3:34
Chesebrough, Julius	20 Aug 1877	1:120
Chesebrough, Julius	30 May 1868	1:14
Chesebrough, Thirmuthus	09 Oct 1870	1:110
Cheshire, Joseph	08 Feb 1871	1:110
Chevalier, Joseph	12 Oct 1888	2:31
Chevalier, Lucy	29 Apr 1897	4:31
Chevalier, Thelma Catherine Perle	16 Nov 1908	5:38
Cheviler, Charles	01 Aug 1897	4:30
Chew, Mary	03 Nov 1888	2:31
Chewetzki, Pillagia	04 Jan 1892	2:35
Chibetoffski, Augusta	03 Jul 1888	2:32
Chick, John	24 Dec 1896	4:29
Chidley, Gertrude	06 Feb 1888	2:30
Chields, Ida	20 Apr 1874	1:116
Chiesa, Theresa	22 Aug 1906	5:35
Chilcote, Lottie B.	27 Mar 1907	5:36
Chilcote, Merlin	29 Apr 1908	5:39
Chilcote, Oliva	16 Jul 1881	1:128
Child, A	19 Jul 1868	1:20
Child, A	23 Nov 1868	1:2
Child, A	24 Nov 1868	1:2
Child, A	31 Oct 1868	1:26
Childs, Maria	28 Sep 1875	1:118
Childs, Mary	06 Oct 1907	5:38
Childs, Owen	18 Sep 1875	1:118
Childs, Thos. J.	21 Aug 1882	1:128
Chilick, Frederick	11 May 1903	4:40
Chimlewski, Weronika	20 Jul 1906	5:35
Chio, John	25 Jan 1908	5:36
Chisholm, Charles	02 Sep 1894	3:35
Chitinger, Christena	26 Feb 1868	1:10
Chmileski, Ignatz	03 Feb 1896	3:38
Chollett, Clarence	03 Feb 1899	2:31
Chollett, Frank C.	27 Jun 1900	4:35
Chome, Chas.	22 Jan 1900	4:34
Chotie, Thomas	01 Jun 1902	4:38
Chrenrock, William C.	21 Apr 1907	5:37
Chridzinski, Brona	23 May 1897	4:31
Chriebraski, Ladi	09 Aug 1889	2:33
Chrisholm, Charles	02 Sep 1894	3:35
Chriss, Nils	03 Jan 1904	4:41
Christ, Allice	04 Oct 1907	5:37
Christ, Consteen	21 Feb 1887	2:29
Christ, Frank	10 Jun 1868	1:6
Christ, Frank	10 Jun 1868	1:14
Christ, Henry	26 Oct 1905	5:33
Christ, Inf/o A.	15 Mar 1868	1:10
Christ, Reca	Jan 1890	2:32
Christ, Ricka Martha	05 Jan 1890	2:34
Christel, Wilhelmine	30 Aug 1875	1:118
Christen, Wm.	18 Oct 1907	5:38
Christensan, s/o Thonny	20 Jan 1907	5:35
Christensen, Jennie	24 Jun 1902	4:39
Christenson, Carl H.	28 Mar 1882	1:128
Christenson, John	11 Mar 1896	3:37
Christian, Eliz.	12 Aug 1885	2:28
Christian, John	25 Jan 1898	4:31
Christian, Thos. W.	05 Feb 1870	1:46
Christie, A.	02 Feb 1904	4:40
Christie, Frankie	25 Sep 1878	1:122
Christie, John	07 Jan 1875	1:116
Christlieb, Barbara	03 Jun 1897	4:30
Christlieb, George	03 Jan 1878	1:120
Christlieb, Lewis	05 Jul 1888	2:31
Christlieb, Noah	05 Aug 1877	1:120
Christlief, Charles H.	28 Feb 1903	4:40
Christman, Chas. A.	18 Nov 1886	2:29
Christman, Fred'k D.	18 Apr 1876	1:118
Christman, Jacob M.	30 Nov 1902	4:40
Christman, Peter	06 Jan 1868	1:42
Christmann, Louise	21 Nov 1904	5:31
Christmann, Sophia H.	5 --- 1892	2:36
Christy, Anna	28 Jul 1894	3:36
Christy, Ellen	09 Jun 1908	5:39
Christy, Henry S.	25 Mar 1893	2:36
Christy, James L.	22 Apr 1895	3:37
Christy, Josephine	17 Sep 1904	5:31
Christy, Margret	07 May 1881	1:128
Christy, Mary	17 Nov 1904	5:31
Christy, Michael	24 Aug 1894	3:35
Chrossman, Louis	17 Feb 1887	2:29
Chudezruska, John	13 Jun 1897	4:31
Chudzinski, Isabella	26 Aug 1895	3:38
Chulip, Inf/o Henry	27 Sep 1871	1:112
Chumeliski, Michael	23 Jul 1888	2:31
Chuntslow, Edward	22 Mar 1869	1:4
Church, Charles E.	28 May 1901	4:37
Church, Ellen	03 Jul 1900	4:34
Church, Fred Roy	02 Oct 1903	4:40
Church, Geo. E.	02 Jul 1896	4:29
Church, Gertrude	13 Mar 1904	4:40
Church, John Anderson	12 Jun 1894	3:35
Church, Mattie	11 Nov 1878	1:124
Church, Maud W.	19 Aug 1877	1:120
Church, Orletta, Mrs.	04 Mar 1903	4:40
Church, Robert H.	08 May 1890	2:33
Church, Roger W.	31 Oct 1870	1:110
Church, Tempe	17 Aug 1875	1:116
Church, Unknown	10 Apr 1888	2:31
Church, Zoe W.	Nov 1890	2:33
Churchhill, James	22 Jun 1908	5:39
Churchill, Hattie G.	13 Dec 1868	1:28
Churchill, Julia	14 Aug 1891	2:35
Churchill, Julia Ann	18 Jan 1892	2:35
Chute, Bridget	09 Feb 1882	1:128
Chute, Mary K.	30 Jan 1882	1:128
Chuvinski, Clara	28 Sep 1900	4:36
Ciazach, Constantina	08 Jul 1906	5:35
Cichanta, Adelbert	20 Oct 1896	4:30

NAME	DATE	V/P
Ciemnoczloski, Weronika	03 Apr 1906	5:35
Ciescelski, Tadensz	04 Mar 1908	5:37
Ciesielshi, Casey	28 Nov 1880	1:126
Ciesielska, Mary	24 Dec 1901	4:36
Ciesliewisz, Vanda	25 Sep 1902	4:38
Cirsielski, Victor	08 Oct 1903	4:40
Clacking, Isadore	22 Jul 1871	1:110
Claflin, Elizabeth	22 Nov 1878	1:122
Claflin, Levi Fish	21 Jan 1890	2:32
Claflin, Linda W.	13 Feb 1880	1:124
Clancy, James	03 Apr 1904	5:31
Clancy, W.H.	03 Dec 1902	4:38
Clanson, Helen E.	05 Jun 1884	2:27
Clantz, Mary	28 Apr 1908	5:39
Clantz, T.C.	10 Oct 1894	3:35
Clanz, Jacob	05 Jun 1896	4:30
Clapp, Gertrude Hardy	06 Sep 1907	5:37
Clapp, Harvey*	24 Feb 1883	
Clapp, John A., Mrs.	04 May 1905	5:32
Clapp, Lorenda	16 Dec 1900	4:35
Clapsaddle, Nora	20 Mar 1908	5:38
Clarde, Homer	02 Sep 1894	3:36
Clare, Jenna	14 Mar 1898	4:30
Clare, Patrick	29 Jun 1893	3:34
Clare, Wm. James	25 Mar 1880	1:124
Clark, A.G.	02 Jul 1899	4:33
Clark, Alexander	02 Mar 1897	4:29
Clark, Alfred E.	29 Jan 1894	3:34
Clark, Alice	27 Mar 1904	4:42
Clark, Amanda	08 Oct 1873	1:114
Clark, Amelia	13 May 1884	2:27
Clark, Anna	02 May 1904	5:31
Clark, Arthur	09 Sep 1887	2:30
Clark, Aubry Clare	21 Mar 1902	4:37
Clark, Caroline	11 Sep 1902	4:39
Clark, Carrie	15 Sep 1879	1:124
Clark, Chas.	11 May 1900	4:35
Clark, Chas. Jamison	19 Sep 1873	1:114
Clark, Clara M.	18 Aug 1874	1:116
Clark, Corneliul V.	14 Sep 1894	3:35
Clark, Daniel L.	05 Sep 1876	1:118
Clark, David	25 Nov 1907	5:38
Clark, Dora May	15 Sep 1891	2:35
Clark, Dorothy	11 Apr 1897	4:30
Clark, Earl E.	15 May 1890	2:33
Clark, Ellecta Annett	26 Nov 1905	5:33
Clark, Esther	01 Jun 1888	2:31
Clark, Frank	23 Jul 1867	1:36
Clark, Frank	27 Juoll 1867	1:60
Clark, Geo. N.	12 Aug 1873	1:114
Clark, Geo. W.	02 Mar 1875	1:116
Clark, George W.	04 May 1903	4:41
Clark, Gladys	12 Sep 1907	5:38
Clark, H. Malisa	09 Jan 1886	2:29
Clark, Hannah A.	29 Feb 1872	1:110
Clark, Harold Shorley	06 Aug 1894	3:36
Clark, Hattie E.	20 Jul 1907	5:36
Clark, Hedley	06 Oct 1876	1:120
Clark, Helen	10 Jun 1906	5:34
Clark, Henry	27 Apr 1899	4:34
Clark, Hubert P.	09 Dec 1904	5:31
Clark, Ida	14 Jan 1906	5:33
Clark, Ida	16 Jan 1905	5:32
Clark, Inf/o A.G.	01 Sep 1869	1:46
Clark, Inf/o F.C.	31 Mar 1868	1:12
Clark, Irma	17 Oct 1902	4:39
Clark, J.W.	08 Feb 1901	4:36
Clark, Jacob	07 Nov 1896	4:29
Clark, Jacob	10 Sep 1890	2:33
Clark, Jame	29 Dec 1890	2:34
Clark, James	04 Oct 1874	1:114
Clark, James	29 Dec 1890	2:34
Clark, James W.	31 Mar 1872	1:114
Clark, Jennie	14 Aug 1880	1:126
Clark, Jerome B.	05 Aug 1907	5:38
Clark, John	09 Mar 1884	1:130
Clark, John	25 Dec 1885	2:27
Clark, Joseph Henry	06 May 1908	5:40
Clark, Josiah	11 Mar 1899	4:31
Clark, Julia Marie	11 May 1902	4:38
Clark, Kate	22 Mar 1908	5:37
Clark, Larances E.	30 Mar 1897	4:29
Clark, Lawrence	21 Oct 907	5:36
Clark, Lena B.	24 Apr 1902	4:39
Clark, Leonora E.	18 Jul 1897	4:31
Clark, Lida H.	04 Sep 1897	4:30
Clark, Lincoln G.	01 Apr 1886	2:27
Clark, Locklin N.	30 May 1894	3:36
Clark, Lula	13 Sep 1906	5:35
Clark, M.J.	19 Mar 1907	5:35
Clark, Mary	08 Jun 1903	4:42
Clark, Mary	12 Jan 1869	1:30
Clark, Mary	14 Sep 1898	4:32
Clark, Mary Emma	07 Oct 1889	2:32
Clark, Mary G.	19 Oct 1883	1:130
Clark, Mary M.	14 Feb 1904	4:41
Clark, Michael	22 Sep 1906	5:36
Clark, Norman	26 Mar 1896	3:37
Clark, Oscar	01 Aug 1903	4:41
Clark, Otis W.	27 Jan 1899	4:31
Clark, Owen	09 Feb 1877	1:120
Clark, Owen Alva	24 Mar 1892	2:35
Clark, Patrick	30 Nov 1875	1:116
Clark, Robert	19 Mar 1880	1:126
Clark, Rosalia	11 Sep 1907	5:38
Clark, Ruth E.	09 May 1890	2:33
Clark, s/o Alfred	04 Oct 1901	4:36
Clark, s/o Frank	10 Nov 1886	2:29
Clark, s/o Frank	28 Nov 1904	5:31
Clark, s/o John	23 Jun 1899	4:33
Clark, Sarah	04 Feb 1891	2:34
Clark, Sarah	17 Mar 1890	2:32
Clark, Sarah	27 Nov 1891	2:36
Clark, Sarah A.	02 Mar 1886	2:27
Clark, Sarah Rebecca	17 Mar 1890	2:32
Clark, Sophia	23 Jan 1892	2:35
Clark, Sophia M.	30 Aug 1886	2:29
Clark, Susan	18 Oct 1896	4:29
Clark, Sylvia E.	26 Sep 1902	4:39
Clark, Sylvia T.	26 Jun 1891	2:35
Clark, T.L.	15 Nov 1883	1:130
Clark, Tillmore	16 Nov 1904	5:31

NAME	DATE	V/P	NAME	DATE	V/P
Clark, Vashte Ann	24 Apr 1897	4:29	Cleays, August	23 Jun 1885	2:27
Clark, W.G., Mrs.	23 Jun 1906	5:35	Clegg, J.T.	18 Nov 1900	4:35
Clark, Walter	Oct 1883	1:130	Clements, Inf/o Jos.	10 Nov 1880	1:126
Clark, Wilfred	01 Dec 1901	4:38	Clements, Letta B.	09 Sep 1868	1:38
Clark, Wm. E.	05 Apr 1901	4:37	Clements, Louisa	07 Mar 1906	5:34
Clark, Zita	17 Aug 1889	2:32	Clements, Wm.	16 Sep 1890	2:33
Clarke, Alice	20 Sep 1893	3:34	Clementy, Mary	31 Dec 1897	4:30
Clarke, Aurelia	19 Nov 1891	2:34	Clemons, Sullivan	20 Apr 1894	3:36
Clarke, Catherine	14 Apr 1873	1:112	Clench, Elizabeth	29 Jun 1904	5:31
Clarke, Charlotte	11 Apr 1908	5:40	Clepstein, Infant	27 Mar 1885	2:27
Clarke, Elise	28 May 1901	4:37	Clerget, Jos.	01 Nov 1890	2:34
Clarke, Gertrude	10 Jan 1905	5:32	Clerk, Joseph	Nov 1880	1:126
Clarke, Henry	07 Apr 1895	3:37	Cleveland, C.L.	14 Oct 1887	2:30
Clarke, Jane	26 Feb 1883	1:128	Cleveland, Mirah C.	05 Dec 1895	3:37
Clarke, Martil	02 Dec 1872	1:112	Cleveland, Salter	25 Jun 1887	2:30
Clarke, Sarah A.	25 Jun 1891	2:35	Clewell, Elizabeth	07 Jan 1891	2:33
Clarke, William	26 Jun 1901	4:37	Cleyfisa, Henretta O.	18 Jan 1907	5:34
Clarkowski, Rebeca	28 Aug 1895	3:37	Clifford, Irvin P.	Jun 1889	2:32
Clarkson, Charles	09 Jan 1872	1:112	Clifford, John	28 Jan 1903	4:39
Clarr, J.H.	24 Jun 1901	4:37	Clift, Eliza M.	28 Mar 1901	4:36
Clary, Alice	25 Feb 1905	5:32	Cline, George B.	17 Jun 1898	4:32
Clary, Harriet Isabelle	28 Dec 1900	4:35	Cline, Wm. H.	27 Mar 1909	5:40
Clase, Frank	27 Jun 1878	1:124	Clinger, Sarah	14 Dec 1906	5:35
Clash, H.S.	24 Jul 1905	5:32	Clipstein, Chas.	Jul 1887	2:30
Class, John	23 Jun 1905	5:33	Clisby, Samuel	23 Nov 1905	5:33
Classen, Charles	02 Aug 1894	3:36	Clisby, Samuel	25 Feb 1906	5:32
Classen, Deda Augusta	14 Jun 1893	3:34	Clode, Mary	05 Jan 1895	3:36
Clater, Joseph	03 Apr 1873	1:114	Clomther, Dan	09 Oct 1896	4:29
Claude, Martha Gross	17 Sep 1893	3:34	Close, Lottie	26 Oct 1893	3:35
Claugher, James	20 Apr 1897	4:31	Clow, Alex W.	09 Dec 1890	2:34
Clausing, Anna A.	22 Jan 1894	3:34	Clowrey, Mamie	12 Feb 1890	2:32
Clausing, Fred	05 Oct 1887	2:29	Clowsing, John	23 Feb 1875	1:116
Clausing, George	08 Feb 1889	2:31	Cloyne, Bernard*	09 Dec 1882	
Clausing, Lizzie	17 Sep 1887	2:29	Clucas, Orva Leona	11 Sep 1901	4:38
Clauson, David W.	17 Jul 1906	5:34	Cluckey, Alexander	22 Dec 1906	5:34
Clauson, Lewis	09 Oct 1893	3:34	Cluckey, Angetine	08 Oct 1894	3:36
Clavin, Michael	19 Aug 1895	3:37	Clucky, Ella	13 Sep 1893	3:34
Clawson, David	07 Sep 1881	1:126	Clucky, Joseph	14 May 1899	4:33
Clay, Charles E.	30 May 1908	5:39	Clucky, Pearl	08 Dec 1908	5:39
Clay, Christopher L.	01 Aug 1871	1:112	Clukey, Nelson	06 Jul 1889	2:32
Clay, Franklin L.	05 Aug 1892	2:37	Clukey, Peter	19 Sep 1895	3:37
Clay, Infant	24 Mar 1903	4:41	Clum, Charlotte	13 Feb 1889	2:31
Clay, Isaac	18 Aug 1874	1:114	Clum, Nancy	21 Jan 1869	1:30
Clay, Isaac	24 Jul 1890	2:34	Clune, John	14 Oct 1871	1:110
Clay, Lucinda M.	03 Jul 1896	4:29	Cluney, Patrick	07 Mar 1894	3:34
Clay, Mary	20 Jul 1903	4:41	Clurbuck, Peter	04 Oct 1903	4:41
Clay, Olen W.	17 Mar 1904	4:41	Clynch, Elizabeth	03 Jul 1904	5:31
Clay, Robert	21 May 1890	2:33	Clyton, Florence	04 Aug 1889	2:33
Clay, Taylor	01 Aug 1902	4:39	Coad, Septimus	15 Feb 1904	4:40
Clayne, Mark	15 Oct 1899	4:34	Coakley, David	26 Oct 1889	2:33
Clayton, Arthur	10 May 1908	5:39	Coakley, John	05 Dec 1868	1:2
Clayton, Ceicil	08 Jul 1908	5:38	Coakley, John	16 Mar 1906	5:33
Clayton, Charles	20 Aug 1872	1:114	Coakley, Mary	16 Feb 1895	3:35
Clayton, Fanny	06 Oct 1870	1:110	Coakley, Mary, Mrs.	13 Jun 1908	5:38
Clayton, Fanny	13 Dec 1869	1:54	Coakley, Paterick	10 Jan 1903	4:39
Clayton, Flora Ann	12 Oct 1870	1:110	Coakly, John	05 Dec 1868	1:28
Clear, Catharine	29 Jan 1890	2:33	Coal, Charles	28 Feb 1904	4:40
Cleares, Arthur	23 Jun 1907	5:37	Coal, Tobias	10 Apr 1899	4:33
Cleary, M.I.	22 Sep 1887	2:30	Coaldwell, Alexander	08 Jan 1896	3:37
Cleary, Wm. Robert	07 May 1895	3:38	Cobb, Andrew	01 Feb 1904	4:42
Cleater, Thos. Kearon	12 Aug 1906	5:34	Cobb, Delia	09 Nov 1868	1:42

NAME	DATE	V/P
Cobb, John	15 Nov 1867	1:6
Cobb, John P.	02 Jan 1907	5:34
Cobb, Sarah A.	25 Nov 1887	2:29
Cobb, Vera	17 Oct 1907	5:38
Cobb, Vernon	17 Sep 1907	5:38
Cober, Tobias	17 Aug 1908	5:39
Cobleigh, Mary	15 Jan 1877	1:118
Cobleigh, Sarah E.M.	21 Mar 1875	1:116
Coborn, Roswel	16 Sep 1901	4:37
Coburn, Keney	17 Aug 1902	4:39
Coburn, Nettie Jane	15 Oct 1876	1:120
Coburn, Russell	30 Sep 1901	4:38
Coburn, W.G.	25 Dec 1897	4:30
Cochran, Eveline	19 Apr 1868	1:12
Cochren, Robert H.	22 Feb 1896	3:37
Cocker, Hannah	17 Sep 1871	1:110
Cockle, Infant	18 Mar 1875	1:116
Cockle, Mary	11 Sep 1874	1:116
Coder, Clifford	24 Sep 1881	1:126
Coder, Conrad	16 Dec 1890	2:33
Coder, Emma J.	02 Nov 1886	2:29
Coder, George	25 Jan 1879	1:124
Coder, Ivadell	01 Dec 1879	1:124
Coder, John W.	06 Jun 1903	4:40
Coder, Lorenz	15 Dec 1879	1:124
Coder, Richard N.	26 May 1904	4:42
Cody, Wm.	06 Aug 1908	5:38
Coe, Fanny	05 Feb 1893	2:37
Coe, Fanny	05 Feb 1893	2:36
Coehrs, Antoinette	22 May 1905	5:33
Coehrs, Frank H.	04 May 1903	4:42
Coehrs, Henrietta	11 Sep 1876	1:120
Coekley, John	18 Nov 1880	1:126
Coelum, Katherine	24 Nov 1898	4:31
Coffee, Patrick	27 Sep 1897	4:31
Coffer, Rena F.	16 Jun 1908	5:39
Coffey, Dennis	30 Jun 1879	1:124
Coffey, John	22 Sep 1889	2:32
Coffey, Patrick	27 Sep 1897	4:30
Coffey, Patrick M.	20 Jul 1893	3:34
Coffin, Amanda M.	09 Sep 1874	1:116
Coffin, Jane D.	10 Jul 1892	2:37
Coffin, Jane D.	10 Jul 1892	2:36
Coffin, Mable	09 Jun 1879	1:124
Coffin, Mary Eliza	29 Aug 1903	4:41
Coger, Samuel	16 Apr 1897	4:29
Coggewell, Almira	30 Jan 1900	4:34
Coggswell, Paul M.	22 Dec 1886	2:29
Coghlin, Alice D.	03 Jun 1876	1:120
Coghlin, Dennis	06 Aug 1900	4:35
Coghlin, Edward M.	13 Oct 1890	2:34
Coghlin, Elizabeth Mary	13 Oct 1905	5:32
Coghlin, Ellen A.	06 May 1900	4:35
Coghlin, Eman. J.	11 Feb 1882	1:128
Coghlin, Jane M.	22 Feb 1888	2:30
Coghlin, Mary	01 May 1870	1:110
Coghlin, Nancy	14 Jul 1883	1:130
Coghlin, Patrick	21 Jan 1900	4:33
Coghlin, Precilla	30 Nov 1870	1:110
Coglan, Florence Vinclair	11 Dec 1893	3:34
Coglin, Martin	06 Jun 1893	3:34
Cogllin, James D.	17 Apr 1903	4:41
Cogswell, John H.	18 May 1873	1:114
Coharis, Mike	01 Mar 1904	4:40
Cohen, Ellen, Mrs	15 Aug 1906	5:35
Cohn, Chrystiana	16 Jul ---	2:33
Cohn, Morris	Sep 1902	4:38
Cohne, Homia	03 Sep 1901	4:37
Cohoo, Annty C.	16 Aug 1876	1:118
Colburn, Elmira L.	20 Feb 1906	5:33
Colburn, Harold	17 Sep 1901	4:36
Colburn, Julia Mary	10 Oct 1890	2:33
Colburn, Thomas	03 Oct 1896	4:29
Colby, Warren	06 Sep 1879	1:124
Colder, Martin	19 May 1902	4:39
Coldham, Daisy B.	02 Mar 1908	5:37
Coldham, James	09 Jan 1892	2:35
Coldham, John	02 Jul 1905	5:32
Coldwell, Minnie	18 Aug 1883	1:130
Cole, Abner Benjamin	17 Dec 1898	4:31
Cole, Bridget	18 Feb 1886	2:27
Cole, Clem R.	29 Sep 1894	3:36
Cole, Earl	09 Aug 1886	2:29
Cole, Edward	10 Oct 1899	4:33
Cole, Eliza T.	13 Jun 1874	1:116
Cole, Fannie L.	13 Feb 1886	2:27
Cole, Frederick J.	25 May 1878	1:122
Cole, Fred'k J.	27 Jul 1876	1:120
Cole, Hardy	03 Apr 1890	2:33
Cole, Hardy	04 Apr 1890	2:34
Cole, Hattie	20 Apr 1880	1:126
Cole, Io. May	20 Nov 1880	1:126
Cole, James	14 Nov 1885	2:27
Cole, Johana P.	08 Sep 1908	5:39
Cole, Louisa F.	04 Mar 1900	4:33
Cole, Louisa Karolina	22 Oct 1905	5:32
Cole, Lydia	Oct 1887	2:31
Cole, Margaret	06 Mar 1902	4:38
Cole, Margaret L.	24 Mar 1893	2:36
Cole, Myron H.	02 Jun 1895	3:37
Cole, s/o Wm. E.	25 Feb 1894	3:35
Cole, Theresa	03 Nov 1868	1:2
Cole, William	24 Feb 1878	1:120
Cole, William	27 May 1901	4:37
Coleman, Bridget	11 Jul 1895	3:37
Coleman, Charles H.	08 Jun 1891	2:34
Coleman, Emma	11 Jan 1908	5:36
Coleman, Jas. O.	28 Feb 1901	4:35
Coleman, Jessie	20 May 1886	2:29
Coleman, Katie	19 Nov 1899	2:33
Coleman, Mandura	24 Oct 1902	4:39
Coleman, Margaret	24 Aug 1892	2:37
Coleman, Margaret	29 Apr 1906	5:34
Coleman, Maria	01 Dec 1869	1:52
Coleman, Mary	09 Nov 1891	2:36
Coleman, Nellie	05 Dec 1896	4:29
Coleman, Samuel*	13 Apr 1878	
Colerow, Bettie	30 Jan 1878	1:120
Colgan, Catherine	12 Aug 1901	4:37
Colgan, Edna A.	08 Nov 1896	4:29
Colins, S.K.	16 Feb 1879	1:122
Colkins, Betsey	20 Sep 1881	1:126

NAME	DATE	V/P	NAME	DATE	V/P
Colkins, John	11 Aug 1876	1:118	Collins, Priscilla	09 May 1892	2:37
Collahan, Jno.	29 Jan 1902	4:37	Collins, Richard	27 Mar 1881	1:126
Collamore, Geo. A.	08 Apr 1903	4:41	Collins, Ruth A.	29 Dec 1899	4:34
Collamore, Sarah	06 Aug 1886	2:29	Collins, Sanford	03 Feb 1889	2:31
Collamore, Sarah J.	10 Aug 1873	1:114	Collins, Sanford L.	02 Feb 1889	2:31
Collen, Edwin	15 Jul 1902	4:39	Collins, Sanford L.	12 Aug 1876	1:118
Collen, Ellen	09 Oct 1880	1:126	Collins, Sarah	03 Jan 1889	2:32
Coller, Edward	11 Feb 1895	3:37	Collins, Sophia	13 Mar 1869	1:42
Coller, James	09 Feb 1896	3:37	Collins, Timothy	14 Feb 1885	2:27
Collier, Ada B.	23 Sep 1903	4:42	Collins, Timothy, Jr.	12 Mar 1903	4:38
Collier, Eda	23 Aug 1904	4:40	Collins, William	26 Jan 1904	4:41
Collier, George	13 Mar 1904	4:42	Collins, William	26 Jan 1904	4:40
Collier, J.J.	07 Oct 1889	4:33	Collins, Wm. A.	03 Apr 1891	2:35
Collier, Larry Wm.	22 Dec 1900	4:35	Colliscon, Mary	13 Apr 1885	2:27
Collin, Henry	01 Aug 1870	1:110	Colloum, James W.	23 Sep 1894	3:35
Collin, James	13 Oct 1891	2:35	Collver, Clarence B.	07 Oct 1890	2:34
Collin, Mary K.	29 Jan 1899	4:32	Colly, Minerva	03 Jul 1892	2:37
Collin, Nellie Ruth	22 Feb 1899	4:32	Colman, Ruth	08 Sep 1867	1:60
Collinge, Carrie E.	15 Jul 1905	5:32	Coloum, Edna	17 May 1907	5:36
Collins, A.D.	31 May 1894	3:35	Colsom, Robert	10 Feb 1904	4:42
Collins, Anna	02 Jan 1899	4:32	Colter, Katherine D.	30 Aug 1904	5:32
Collins, Anna Marie	28 Jul 1904	5:31	Colteson, Jaratmee	18 Feb 1894	3:34
Collins, Carrie	24 Jan 1886	2:28	Colton, F. Apheus	22 Apr 1898	4:32
Collins, Catherine	13 Mar 1890	2:33	Colton, Isaac C.	07 Mar 1903	4:38
Collins, Clayton F.	25 May 1904	4:40	Colton, Mabel	11 Dec 1896	4:29
Collins, d/o Thimothy	15 Aug 1894	3:35	Colton, Martha A.	11 Jun 1898	4:32
Collins, Dorothy Marian	29 Apr 1904	5:31	Colton, Neal	15 Nov 1887	2:30
Collins, Elizabeth	Feb 1899	4:32	Colum, Kathern	24 Nov 1898	4:31
Collins, Ella J.	15 Jan 1872	1:112	Columm, John	01 Aug 1908	5:39
Collins, Emma	06 Sep 1890	2:33	Colver, Infant	Apr 1905	5:32
Collins, Eugene L.	27 Feb 1888	2:30	Colvin, Hurstel Geo.	16 Dec 1899	4:34
Collins, Eva Terry	02 Sep 1904	4:40	Combly, Raney	Feb 1881	1:126
Collins, Ezra	14 Dec 1906	5:35	Combs, Sydney	03 Jan 1877	1:118
Collins, Frank	18 Jan 1871	1:110	Cominski, Tatius	12 Feb 1887	2:28
Collins, Frank E.	04 Aug 1869	1:56	Comly, Jas. M.	26 Jul 1887	2:30
Collins, Hannah	25 Jun 1895	3:38	Commager, Hannah Sophia		
Collins, Henry J.	25 Jan 1904	4:41		26 Apr 1898	4:32
Collins, Hulda	30 Dec 1895	3:37	Commenzind, Clara	20 Jun 1886	2:28
Collins, James	13 Dec 1905	5:33	Commette, Arthur Febia	23 Oct 1901	4:36
Collins, Jasper Peck	02 Jul 1899	4:34	Commonrind, C.B.	12 Jul 1871	1:110
Collins, Jennie A.	13 Mar 1872	1:112	Commor, William	16 Apr 1887	2:30
Collins, John	08 Dec 1908	5:39	Compton, Emma J.	29 Jun 1892	2:37
Collins, John	15 Jun 1888	2:31	Compton, Florence G.	15 Oct 1887	2:30
Collins, John	17 Mar 1871	1:110	Compton, George H.	23 Jun 1900	4:36
Collins, John	20 May 1886	2:29	Compton, H.V.	02 Dec 1907	5:37
Collins, John J.	27 Jul 1903	4:42	Compton, Mary Ella	31 Aug 1903	4:41
Collins, John Wells	11 Dec 1885	2:28	Comsky, s/o Eugene	10 Feb 1902	4:38
Collins, Joseph	03 Sep 1886	2:29	Comstock, Apolis	15 Dec 1889	2:33
Collins, Louis	11 Feb 1902	4:36	Comstock, Beebe	17 Aug 1869	1:40
Collins, Louisa	01 Jan 1876	1:118	Comstock, Cordelia	28 Feb 1892	2:35
Collins, Lucy Ann	03 Mar 1902	4:37	Comstock, Ethel	13 Aug 1906	5:35
Collins, Martha	24 May 1907	5:37	Comstock, James M.	06 Jul 1870	1:110
Collins, Martin	24 Apr 1907	5:37	Comstock, James M.	07 Jul 1870	1:110
Collins, Mary	24 Nov 1899	4:34	Comstock, Juliette	20 Apr 1887	2:30
Collins, Mary	28 Oct 1907	5:37	Comstock, Lerri	14 May 1896	4:29
Collins, Mathew	20 Jul 1891	2:35	Comstock, Levi Nelson	17 Mar 1895	3:36
Collins, Micheal	26 Jan 1904	4:41	Comstock, Louisa	05 Oct 1899	4:33
Collins, Michial	26 Jan 1904	4:40	Comstock, Lulu E.	24 Jun 1884	1:128
Collins, Minor G.	20 Oct 1906	5:34	Comstock, M.L.	16 Jun 1868	1:60
Collins, Nora J.	26 Oct 1888	2:31	Comstock, Mary	20 Nov 1905	5:33
Collins, Otto O.	26 Dec 1902	4:40	Comstock, Mercy L.	16 Jun 1868	1:36

NAME	DATE	V/P
Comstock, William	25 Jun 1886	2:29
Comte, Anna	16 Aug 1897	4:30
Comte, Della	08 Apr 1887	2:29
Comte, Harold Victor	29 Aug 1899	4:33
Comte, Ida	23 May 1890	2:34
Comte, Katharine	22 Jul 1876	1:118
Comte, Victoria	14 Nov 1868	1:2
Comte, Victorine	15 Nov 1868	1:42
Conant, Eunice	08 Jun 1877	1:120
Conant, H.A.	02 Jun 1878	1:122
Conant, Horatio	10 Dec 1879	1:124
Conant, Walter N.	09 Dec 1890	2:34
Conard, Anna	07 Sep 1901	4:37
Conboy, Catherine	10 Mar 1889	2:31
Concha, Kate	07 Jan 1900	4:33
Concher, Joseph Albert	19 Oct 1868	1:26
Condit, Esther	14 Mar 1895	3:36
Condit, Harvey G.	20 Feb 1896	3:38
Condon, Ada	21 Jan 1901	4:34
Condon, Frank	27 Sep 1889	2:32
Condon, Julia	11 Aug 1906	5:34
Condon, Julia	16 Dec 1901	4:37
Condon, Julia	20 Jun 1908	5:38
Condon, Kittie	27 Sep 1884	2:27
Condon, Mary Elizabeth	28 May 1902	4:38
Condon, Michael	15 Dec 1903	4:40
Condon, Patrick	07 Oct 1878	1:122
Condon, Thomas	10 Feb 1893	2:36
Condors, Patrick	05 Jan 1873	1:114
Cone, Ambrose	12 Mar 1907	5:34
Cone, Caroline E.	28 Jul 1867	1:38
Cone, Erastus	03 Jan 1887	2:29
Cone, Florence B.	05 Oct 1886	2:28
Cone, H.L.	22 Jul 1874	1:114
Cone, Hattie Irene	08 Jan 1889	2:31
Cone, Howard E.	07 May 1877	1:120
Cone, Ida E.	06 Apr 1883	1:128
Cone, John Wayne	30 Sep 1898	4:32
Cone, Stella	03 Sep 1886	2:28
Conearim, Lizzie B.	18 Apr 1880	1:124
Conely, Margaret E.	Dec 1893	3:34
Coner, Mary	05 Jun 1885	2:28
Confelt, Geo.	28 Jun 1888	2:29
Conger, Chas. C.	30 Apr 1892	2:37
Conger, Chas. H.	09 Apr 1889	2:32
Conger, Kara	11 Nov 1906	5:36
Conger, Synthia	26 Jul 1908	5:39
Congers, Chas. C.	30 Apr 1892	2:37
Conglan, Thomas	30 Mar 1870	1:54
Conister, L.B.	01 Aug 1888	2:31
Conkey, Wm. E.	26 Jan 1902	4:38
Conklin, Anna Mae	28 Jul 1904	5:31
Conklin, Catharine	29 Mar 1902	4:38
Conklin, Inf/o Cassious	27 May 1884	2:27
Conlan, Jas.	02 Oct 1900	4:35
Conlan, Jas. Wm.	02 Oct 1900	4:35
Conlan, Patrick Wm.	20 Apr 1897	4:30
Conley, Felix	14 Oct 1873	1:114
Conley, Morris	15 Jun 1881	1:126
Conley, Patrick	15 Mar 1873	1:112
Conlick, Minnie	03 Mar 1885	2:28

NAME	DATE	V/P
Conlin, Mary	13 Jan 1888	2:30
Conlisk, Charles	16 Jul 1902	4:39
Conlisk, Dominick	31 Aug 1905	5:35
Conlisk, Emma	27 Mar 1899	4:32
Conlisk, Etta	08 Feb 1892	2:35
Conlisk, George	18 Jul 1901	4:37
Conlisk, Henry	18 Aug 1878	1:122
Conlisk, James	28 May 1902	4:39
Conlisk, Marie	09 Jan 1905	5:31
Conlisk, Maurice	07 Jul 1904	4:40
Conlisk, Mich'	15 Mar 1880	1:126
Conlisk, Morris	21 Feb 1905	5:31
Conlisk, Patrick	06 Sep 1874	1:116
Conlisk, Stephen	15 Mar 1907	5:35
Conlisk, Thomas	14 Dec 1906	5:35
Conlisk, William	12 Oct 1886	2:29
Conlon, Francis Bernard	28 Oct 1893	3:34
Conlon, Frank	23 Apr 1897	4:31
Conlon, Mary	23 Dec 1888	2:31
Conlon, Mary*	29 May 1882	
Connay, Derendo	10 Oct 1883	1:130
Conneells, Mary A.	Sep 1868	1:20
Connell, David L.	01 Aug 1895	3:37
Connell, Edward J.	24 Sep 1903	4:42
Connell, Ellen	01 Mar 1895	3:36
Connell, George	22 Jul 1902	4:38
Connell, John	04 Feb 1903	4:42
Connell, Kate	02 Nov 1901	4:38
Connell, Kate	25 Aug 1869	1:56
Connell, Margaret	07 Oct 1903	4:42
Connell, Mary	12 Dec 1905	5:33
Connell, Mary E.O.	14 Dec 1907	5:38
Connell, Michael	01 Oct 1908	5:39
Connell, Simon S.	01 Dec 1868	1:28
Connelly, Aveyar	09 Dec 1893	3:35
Connelly, Ellen	17 Jan 1892	2:35
Connelly, Kate	07 Mar 1873	1:112
Connelly, Levonia	11 Apr 1888	2:32
Connelly, Mary Helen Daisy		
	09 Sep 1901	4:36
Connelly, Mary J.	11 Oct 1899	4:33
Connelly, Pat.	02 Nov 1878	1:124
Connelly, Paul	15 Jan 1900	4:33
Connelly, Violetta	16 Sep 1901	4:36
Connelly, William	05 Jun 1889	2:32
Connels, John	16 Sep 1890	2:33
Conner, Ambrose	17 Apr 1901	4:36
Conner, Arthur E.	17 Nov 1880	1:126
Conner, Bennie	24 Jan 1881	1:126
Conner, Charles G.	19 May 1867	1:36
Conner, Jas. F.	25 Nov 1886	2:29
Conner, John	03 Mar 1905	5:31
Conners, Francis P.	27 Oct 1869	1:56
Conners, Joseph	30 Mar 1885	2:27
Conners, Kate	19 Apr 1903	4:42
Conners, Lillie	18 Aug 1892	2:37
Conners, Thos.	05 Aug 1895	3:37
Conners, William	24 Aug 1887	2:30
Conniend, Joseph	25 May 1885	2:27
Conniski, Amelia	24 Jan 1901	4:38
Connois, Thomas	03 May 1903	4:41

NAME	DATE	V/P
Connolley, Michael	29 Nov 1907	5:37
Connolly, Catherine	09 May 1869	1:2
Connolly, Edward	31 Mar 1882	1:128
Connolly, Joseph	25 Jan 1893	2:36
Connolly, Ruth C.	16 Aug 1900	4:35
Connolly, Stephen L.	17 Nov 1899	4:34
Connolson, Tho's A.	25 Oct 1868	1:2
Connor, Anna	06 Oct 1871	1:110
Connor, Francis P.	17 Oct 1871	1:110
Connor, Mary	01 Jul 1906	5:35
Connor, Michael	10 Dec 1868	1:28
Connor, Thomas	03 Aug 1892	2:36
Connors, Dominic	25 Feb 1873	1:112
Connors, John	08 Mar 1899	4:31
Connors, Katharine	05 Sep 1885	2:28
Connors, Mary	10 Sep 1895	3:37
Connors, Michael	11 Dec 1868	1:2
Connors, Patrick	09 Oct 1897	4:31
Connors, Thomas	04 Mar 1893	2:36
Conohan, Elizabeth	12 Feb 1906	5:32
Conor, John F.	08 Aug 1873	1:114
Conoway, Mary	14 Feb 1894	3:35
Conrad, Catharine	23 Jan 1899	4:29
Conrad, Chas.	15 Dec 1869	1:50
Conrad, Dorsey	06 Feb 1897	4:29
Conrad, Francis E.	12 Feb 1890	2:33
Conrad, Fred	05 Aug 1889	2:33
Conrad, Fretrich	15 Jun 1890	2:33
Conrad, Louis	03 Sep 1903	4:40
Conrad, Lucy	02 Nov 1901	4:38
Conrad, Margaret Mary	01 Jan 1893	2:37
Conrad, Rosa Mary	26 Nov 1898	4:32
Conroy, Michael	02 Jul 1894	3:36
Conroy, Peter	15 May 1903	4:41
Conroy, William	23 Feb 1895	3:36
Consaul, Belva M.	26 Mar 1889	2:31
Consaul, William	05 Feb 1884	1:130
Consina, Dora	28 Mar 1897	4:30
Consino, Walter	06 Jan 1906	5:32
Constance, d/o William	01 Nov 1905	5:33
Constanz, Charles	20 Aug 1891	2:35
Contchure, Daniel	22 Apr 1901	4:38
Contri, Sam'l S.	22 ---	2:9
Converse, Emily B.	28 Nov 1879	1:124
Converse, Thompson N.	26 Feb 1870	1:50
Converse, W.H.	26 Apr 1879	1:124
Conway, Andrew	11 Mar 1901	4:35
Conway, Charles J.	26 Dec 1878	1:122
Conway, Henry	24 Apr 1872	1:112
Conway, John A.	22 Feb 1873	1:112
Conway, Joseph Edwin	09 Oct 1906	5:34
Conway, Margaret	10 Nov 1886	2:29
Conway, Margaret	27 Jul 1888	2:31
Conway, Margereth	27 Jul 1888	2:31
Conway, Mary	08 Oct 1887	2:30
Conway, Mary, Mrs.	23 Nov 1908	5:38
Conway, Maurice J.	27 Dec 1878	1:122
Conway, Michael	31 Aug 1878	1:122
Conway, Patrick	17 Feb 1875	1:116
Conway, Patrick, Mrs.	14 Sep 1880	1:126
Conway, Wm.	24 Feb 1894	3:35

NAME	DATE	V/P
Conway, Wm. J.	20 Apr 1904	5:31
Conwell, George G.	16 Nov 1868	1:26
Conwell, James*	06 Dec 1884	
Conwell, William	20 Jan 1880	1:124
Conwight, Mary	21 May 1895	3:38
Conyer, Elizabeth	23 Dec 1894	3:36
Cooel, C.W.	07 Aug 1899	4:34
Cook, Abby	12 Feb 1888	2:30
Cook, Addie Jane	17 Aug 1893	3:34
Cook, Amelia	27 Oct 1887	2:29
Cook, Anna	13 Mar 1888	2:29
Cook, Aurthur	13 Feb 1906	5:32
Cook, Betsey	12 Mar 1872	1:110
Cook, C.	27 Jun 1885	2:28
Cook, Caroline	07 Nov 1868	1:26
Cook, Catharina	02 Jun 1890	2:34
Cook, Daniel	21 Jan 1902	4:37
Cook, Daniel Francis	08 Feb 1904	4:40
Cook, David	06 Oct 1904	5:32
Cook, Edward	19 Jan 1890	2:32
Cook, Edward	19 Jun 1890	2:34
Cook, Elizabeth	Sep 1886	2:29
Cook, Emma	22 Jan 1883	1:128
Cook, Emma	30 May 1898	4:31
Cook, Ernst	12 Jan 1883	1:128
Cook, Frankie	07 Nov 1894	3:35
Cook, Frederick	30 Dec 1882	1:128
Cook, Geo. W.	08 Jan 1900	4:33
Cook, George	13 Nov 1902	4:39
Cook, George	29 Feb 1907	5:35
Cook, Gladys Josephine	30 Mar 1898	4:30
Cook, Griffith H.	09 Jan 1904	4:40
Cook, Helen	05 May 1906	5:35
Cook, Henry	07 Jan 1907	5:34
Cook, Henry	08 Aug 1901	4:37
Cook, Henry	26 Nov 1894	3:35
Cook, Henry	29 Jan 1883	1:128
Cook, Henry D.	30 Nov 1898	4:32
Cook, Henry Y.	27 Jan 1887	2:28
Cook, Ida May	12 Oct 1896	4:29
Cook, James D.	28 Jan 1892	2:35
Cook, James H.	05 Jun 1893	3:35
Cook, John	03 Jul 1887	2:30
Cook, John	25 Jul 1894	3:35
Cook, John	25 Jul 1894	3:35
Cook, Josephine	Jan 1908	5:38
Cook, Kate I.R.	01 Oct 1869	1:116
Cook, Levi	05 Dec 1868	1:28
Cook, Levina	05 Aug 1906	5:35
Cook, Lewis	24 Jan 1883	1:128
Cook, Lon, Mrs.	16 May 1906	5:35
Cook, Margaret V.	05 May 1884	2:27
Cook, Mary	26 Jul 1898	4:31
Cook, Mary	30 Dec 1897	4:30
Cook, Mary Ann	16 Jul 1872	1:112
Cook, Mildred C.	09 Aug 1907	5:37
Cook, Otelia	30 May 1869	1:48
Cook, Peter	10 Jan 1884	2:27
Cook, Rilla	01 Oct 1904	5:31
Cook, Rufus	12 Jan 1893	2:36
Cook, Sidney L.	05 May 1892	2:36

NAME	DATE	V/P
Cook, Theresa Cecillia	Mar 1892	2:35
Cook, Thomas H.	18 Mar 1891	2:34
Cook, Ulla V.	15 Oct 1898	4:32
Cook, W.G.	11 Feb 1888	2:30
Cook, Walter G.	28 Oct 1889	2:32
Cook, William	24 Dec 1899	4:33
Cook, William H.	06 Jun 1888	2:31
Cook, Willie	10 Nov 1883	1:130
Cook, Wm.	19 Aug 1878	1:124
Cook, Wm. Rufus	26 Dec 1892	2:37
Cooke, Alice A.	25 Nov 1885	2:27
Cooke, Charles	24 Dec 1906	5:36
Cooke, Mary	20 Mar 1891	2:33
Cooke, Mary Gest.	29 Jan 1874	1:114
Cooke, Warren W.	07 Nov 1893	3:34
Cooker, Wm.	11 Apr 1908	5:38
Cool, Charles	14 Feb 1871	1:110
Cooley, Albert	27 Aug 1907	5:37
Cooley, Clifford Winthrop	29 Apr 1901	4:37
Cooley, d/o Benjamin	08 Jan 1892	2:35
Cooley, George	25 Oct 1906	5:36
Cooley, Lydia A.	12 Oct 1871	1:112
Cooley, Mary	03 Oct 1892	2:36
Cooley, Olive	02 Jul 1891	2:35
Cooley, Wm.	25 Nov 1885	2:28
Cooly, Jacob	27 Feb 1876	1:118
Coon, Alfons	12 Dec 1896	4:29
Coon, Alta	10 Feb 1899	4:32
Coon, Bird	16 Oct 1901	4:38
Coon, Charlotte	08 Jan 1885	2:27
Coon, Fayette Harrison	09 Dec 1890	2:33
Coon, Halti	04 Mar 1906	5:32
Coon, Horace M.	23 Oct 1891	2:35
Coon, Inca S.	28 Sep 1899	4:33
Coon, J.J.	08 Feb 1906	5:32
Coon, John H.	28 Nov 1898	4:32
Coon, Nancy M.	16 Jan 1905	5:31
Coon, Prossen	26 Aug 1881	1:126
Coon, Sarah J.	10 Jan 1876	1:118
Coon, Sarah R.	19 May 1893	3:34
Coon, Sylva	01 Sep 1906	5:34
Coon, Wallace R.	09 Sep 1876	1:118
Coon, William E.	26 Mar 1884	1:130
Coon, William Robert	17 Apr 1892	2:35
Cooney, Anna	26 Dec 1907	5:37
Cooney, Bridget	12 Jan 1901	4:35
Cooney, Margaret	16 Nov 1906	5:34
Cooney, Owen	06 Jan 1902	4:36
Cooney, Peter	09 Oct 1890	2:34
Coons, James	31 May 1906	5:36
Cooper, Alice J.	25 Jan 1882	1:126
Cooper, Anna	06 Jan 1880	1:124
Cooper, Carrie	23 May 1891	2:34
Cooper, Carrie	24 May 1901	2:35
Cooper, Catherine	23 Sep 1877	1:122
Cooper, Charles H.	08 Dec 1897	4:30
Cooper, d/o C.C.	Aug 1885	2:28
Cooper, d/o R.J.	24 May 1905	5:33
Cooper, Daniel M.	20 Sep 1902	4:36
Cooper, Daniel Monroe	10 Sep 1901	4:38
Cooper, Ehet	03 Mar 1900	4:34
Cooper, Emeline	07 Mar 1903	4:39
Cooper, Eunice	21 Mar 1894	3:35
Cooper, Euphema	18 Dec 1870	1:110
Cooper, Florence	18 Aug 1892	2:37
Cooper, Floyed	22 Oct 1892	2:37
Cooper, Frank	19 May 1895	3:37
Cooper, Frank C.	03 Jan 1892	2:36
Cooper, Gordon	01 Jul 1902	4:39
Cooper, Harriet	12 Dec 1885	2:28
Cooper, Harriett	02 Apr 1907	5:36
Cooper, Henry	13 Jul 1872	1:112
Cooper, Henry	22 Nov 1897	4:29
Cooper, Henry J.	25 Oct 1904	5:31
Cooper, Horace	04 Feb 1898	4:30
Cooper, Howard	16 Feb 1903	4:39
Cooper, Ida E.	22 Aug 1887	2:30
Cooper, Irena	01 May 1889	2:32
Cooper, James	26 Nov 1868	1:42
Cooper, John F.	Sep 1877	1:120
Cooper, Lizzie	14 Oct 1901	4:36
Cooper, Mabel V.	06 Nov 1891	2:35
Cooper, Margarite E.	08 Jun 1904	4:40
Cooper, Martin	09 Feb 1892	2:36
Cooper, Nellie	30 Jun 1897	4:30
Cooper, Ophelia	29 May 1901	4:37
Cooper, Ophelia	30 May 1902	4:36
Cooper, Phillip	14 Feb 1903	4:40
Cooper, Roy W.	16 Dec 1899	4:33
Cooper, Sarah	22 Nov 1899	4:34
Cooper, William	26 Jun 1906	5:34
Cooper, William H.	24 Apr 1906	5:36
Cooper, William H.	24 Mar 1906	5:33
Cooric, Nancy	09 May 1907	5:38
Coovet, Alice	28 May 1905	5:31
Cope, Elias	06 Jun 1906	5:34
Cope, Ida A.	25 Feb 1875	1:114
Copenhaver, Robert	01 May 1901	4:36
Coppel, Hattie	25 Feb 1902	4:36
Copps, Ruth Ann	12 Jun 1900	4:34
Copseland, Pearl	07 Apr 1899	4:34
Coradill, Freda	25 Oct 1904	5:31
Coranger, Geo.	18 Sep 1891	2:35
Corb, William	14 Feb 1904	4:42
Corbett, Annie	03 Aug 1879	1:124
Corbett, Daniel	01 Jul 1868	1:16
Corbett, Daniel	18 Sep 1879	1:124
Corbett, Eliza	Apr 1887	2:30
Corbett, James	08 Jan 1889	2:32
Corbett, Jeremiah	23 Mar 1901	4:37
Corbett, John H.	26 Feb 1878	1:120
Corbin, Effel	02 Nov 1896	4:29
Corbit, John	31 May 1892	2:36
Corbitt, Sarah C.	22 Dec 1901	4:37
Corbusier, Lydia	06 Aug 1876	1:118
Corcoran, Mary	10 Jan 1892	2:35
Corcoran, s/o Pat (Twin)	---	2:31
Corcoran, s/o Pat (Twin)	---	2:31
Cord, ch/o Wm.	22 Jul 1868	1:16
Cordes, Christina	17 Mar 1902	4:37
Cordes, Josse*	11 Jun 1882	
Cordina, Maria	26 Jan 1902	4:37

51

NAME	DATE	V/P
Cordry, James	31 Aug 1901	4:37
Cordwright, John	12 Feb 1906	5:32
Corey, Clarence Vader	08 Nov 1904	5:31
Corey, Evaline	04 Jan 1905	5:32
Corey, Herman	22 Jun 1908	5:39
Corey, John M.	21 Sep 1891	2:35
Corey, Joseph	12 Feb 1903	4:38
Corgner, Mary	12 Dec 1903	4:42
Corigan, Jas.	01 Nov 1894	3:36
Cork, Pauline	24 Aug 1898	4:32
Cork, Rowland	31 Dec 1898	4:32
Corkes, James	27 Dec 1894	3:36
Corkey, Mable	14 Feb 1908	5:38
Corkrin, Hugh	19 Feb 1871	1:110
Corland, Walter	18 Nov 1879	1:124
Corlina, Henry	18 Jan 1889	2:31
Cormesson, John	08 Jan 1875	1:116
Cormichael, F.	11 Jun 1875	1:116
Corn, Jean Alexander	09 Nov 1877	1:120
Cornelia, Catherine	16 Jun 1900	4:34
Cornelius, David	19 Jan 1906	5:32
Cornelius, Evert	13 Jan 1899	4:31
Cornell, Ann	16 Nov 1868	1:38
Cornell, Arthur M.	10 Mar 1884	1:130
Cornell, Elizabeth	28 Nov 1908	5:40
Cornell, John D.	22 Mar 1907	5:35
Corner, E.H.	08 Jan 1903	4:39
Corniczka, Mavie	19 Aug 1900	4:35
Cornish, John	19 Aug 1879	1:124
Corr, Clarence	08 Oct 1904	5:31
Corrigan, Mathew	09 Jun 1895	3:37
Corson, Dilla	28 Jul 1900	4:34
Corson, Elizabeth	23 Mar 1890	2:32
Corson, Jacob	28 Aug 1894	3:35
Corson, Montgomery	10 Mar 1872	1:112
Corson, Robert	07 Dec 1883	1:130
Corwin, Alvetia	29 May 1908	5:39
Corwin, Helen M.	25 Feb 1899	4:31
Cory, Harry Fern	30 Aug 1892	2:36
Cory, Jane	24 Nov 1875	1:118
Cos, James	25 Jan 1906	5:32
Cosgrove, Betsey W.	07 Dec 1895	3:37
Cosgrove, Infant	04 Dec 1905	5:33
Cosgrove, Peter	09 May 1904	5:31
Coshenczky, Elizabeth	02 Dec 1890	2:34
Coss, Sanford B.	02 Mar 1897	4:29
Cosselton, Emma L.	14 Aug 1908	5:39
Costack, Jenefavo	27 Nov 1891	2:35
Costelle, Ed.	20 Mar 1868	1:10
Costello, Eugene	12 May 1895	3:37
Costello, Jane	06 Jan 1881	1:126
Costello, Michael	01 Jul 1883	1:130
Costello, Thomas	05 Nov 1902	4:39
Coster, Anna	29 Jun 1893	3:35
Coster, Charles	08 Jul 1893	3:35
Costin, Hannah	28 Jan 1870	1:110
Costin, Thomas	06 Apr 1896	3:36
Costolo, Mary*	15 Jan 1883	
Coston, John	08 Mar 1882	1:126
Coston, Maggie	14 Feb 1884	1:130
Cote, Wm. Henry	23 Aug 1899	4:33

NAME	DATE	V/P
Cothrel, Daniel	29 Sep 1884	2:27
Cothrel, Infant	09 Feb 1873	1:114
Cothrel, Paul Elsworth	08 Sep 1878	1:122
Cothrel, Sarah	02 Aug 1878	1:122
Cotter, Briget	22 Jun 1905	5:33
Cotter, Ellen	29 Nov 1881	1:128
Cotter, Harry C.	28 Jul 1901	4:37
Cotter, Leo Philip	02 Dec 1897	4:30
Cotter, Margaret	08 Apr 1901	4:37
Cotter, Nora	25 Oct 1902	4:39
Cotter, Otto	07 Mar 1898	4:31
Cottrell, Ida Bell	16 Nov 1878	1:122
Cottrell, Vera	1907	5:36
Cottrill, Edw'd S.	06 Mar 1901	4:35
Cottrill, Martha J.	14 Mar 1888	2:30
Cottrill, Wm.	12 Feb 1888	2:30
Coucher, Emma	13 Jan 1903	4:40
Coucher, Mary	18 Sep 1900	4:34
Couger, John	13 Sep 1875	1:116
Coughlan, Edmond	29 May 1903	4:41
Coughlan, Mary	01 Jun 1903	4:41
Coughlin, Eliza	10 Apr 1877	1:120
Coughlin, Eliza	21 Sep 1883	1:130
Coughlin, Elizabeth	24 Jun 1899	4:33
Coughlin, Mary	26 Apr 1895	3:37
Coughlin, Mary	29 Dec 1905	5:32
Couldwell, Lloyd W.	29 Jun 1902	4:38
Couling, Mathew	27 Oct 1878	1:122
Coulton, Mary	04 Apr 1877	1:122
Couly, Infant	04 Aug 1890	2:34
Coumings, Martin	03 Oct 1895	3:37
Counley, Margareth	11 Jun 1896	4:30
Count, Clara	06 Apr 1897	4:29
Counter, Mary	07 Oct 1885	2:28
Counter, Rhea Cecela	24 Nov 1885	2:27
Counter, William	15 Feb 1892	2:35
Counters, Wm.	15 Feb 1892	2:35
Couright, Edward	17 Nov 1874	1:116
Court, Christ	15 Aug 1871	1:112
Court, Elizabeth Adaline	13 Apr 1906	5:33
Court, Gottlieb	07 Dec 1871	1:110
Courtright, Tho's	09 Feb 1875	1:116
Courtsman, Dorothe	06 Jan 1907	5:36
Cousina, Lucy	01 Jun 1886	2:28
Cousino, Burnadetta Agnes	23 Feb 1907	5:34
Cousino, Clarence	15 Oct 1892	2:37
Cousino, d/o Jerome	13 May 1902	4:36
Cousino, Duley	09 Jan 1904	5:34
Cousino, Eli	02 Jun 1904	5:32
Cousino, Eliza	02 Feb 1907	5:34
Cousino, Enos	07 Oct 1907	5:37
Cousino, Irwin	01 Feb 1904	4:42
Cousino, James	14 Oct 1892	2:37
Cousino, Joseph	25 Feb 1894	3:34
Cousino, Laura	03 Apr 1905	5:31
Cousino, Lawrence	25 Mar 1907	5:34
Cousino, Mary	20 May 1894	3:36
Cousino, Robert E.	16 Jan 1901	4:34
Cousino, Stanley G.	18 Nov 1899	4:33
Cousino, Stephen	08 Nov 1881	1:126

NAME	DATE	V/P	NAME	DATE	V/P
Cousino, Sylvia	29 Sep 1901	4:36	Cox, William	08 Oct 1902	4:39
Cousins, Carmincita	29 Aug 1895	3:36	Coy, Anna	03 Mar 1901	4:34
Coustin, d/o William	10 Feb 1889	2:31	Coy, Buell	26 Feb 1889	2:31
Coutcher, Bertha	15 Nov 1900	4:34	Coy, Charles	28 May 1906	5:35
Coutcher, Ester	05 Jul 1901	4:38	Coy, Elvira	11 Mar 1884	1:130
Coutcher, John R.	22 Mar 1876	1:116	Coy, Master	22 Aug 1908	5:39
Coutcher, K., Mrs.	23 Sep 1900	4:34	Coy, Ruby	06 Feb 1889	2:31
Coutchure, Jennie	17 Aug 1908	5:39	Coy, Sarah Ann	24 Jan 1906	5:33
Couterve, F.G.	03 Feb 1901	4:35	Coyh, John	24 Dec 1891	2:36
Couterve, Glen	12 Mar 1901	4:35	Coyl, Charles A.	25 May 1899	4:34
Coutner, Ed	11 Sep 1907	5:38	Coyle, Bridget	28 Jan 1902	4:37
Coutri, Sam'l S.	10 May 1885	2:28	Coyle, Bridget	28 Nov 1897	4:30
Couture, Mary A.	08 Feb 1888	2:30	Coyle, Kate	14 Oct 1902	4:39
Covel, Hattie	04 Mar 1879	1:122	Coyle, Margaret	13 Mar 1872	1:110
Cover, Jacob	12 Jun 1906	5:35	Coyle, Mary E.	10 Feb 1893	2:36
Cover, Laura	27 Aug 1899	4:33	Coyle, Thomas Frank	18 Sep 1907	5:38
Covert, Mary	06 Oct 1908	5:38	Coyle, Wm.	12 Jul 1902	4:38
Covert, C.H.	31 Mar 1904	4:41	Coyor, Emma B.	26 Jul 1886	2:28
Covert, Charles H.	31 Mar 1904	4:42	Cozard, W.S.	05 Aug 1899	4:34
Covert, Johnson R.	21 Jul 1871	1:112	Cozt, Henry Mathews	15 Aug 1868	1:20
Covodo, Harold	05 May 1908	5:38	Crabb, Elezabeth	11 Feb 1868	1:8
Cowak, William	23 Oct 1894	3:36	Crabb, Gresham	27 Apr 1898	4:31
Cowan, Alexander	01 Feb 1908	5:37	Crabb, Mary J.	18 Jun 1895	3:37
Cowan, Gracie	17 Mar 1901	4:35	Crabbs, Infant	28 Apr 1883	1:130
Cowan, Mamie	24 Feb 1899	4:32	Crabbs, Perry	21 Aug 1891	2:36
Cowan, William J.	29 Oct 1893	3:35	Crabbs, Watson Clark	11 Nov 1898	4:32
Cowder, Clarence	09 Apr 1897	4:30	Craft, Mary	06 May 1905	5:32
Cowder, George M.	29 Oct 1884	2:27	Crafts, Ann C.	16 Oct 1895	3:37
Cowder, Jacob	08 Feb 1891	2:34	Crafts, Annie	15 Aug 1877	1:120
Cowder, Wm. D.	08 Aug 1882	1:128	Crafts, Rebecca	10 Mar 1878	1:120
Cowdrey, Mayme	08 Jan 1901	4:35	Crafts, William	15 Oct 1873	1:114
Cowdric, Peter S.	12 Apr 1893	2:37	Crag, Wm. Henry	09 Sep 1900	4:35
Cowdrick, Smith	12 Apr 1893	3:34	Crage, Joseph	21 Sep 1875	1:118
Cowell, Clara B.	07 Oct 1887	2:30	Craig, Albert C.	31 Oct 1906	5:34
Cowell, Hiram	05 Nov 1882	1:128	Craig, d/o George L.	07 May 1890	2:34
Cowell, James Wilson	29 Jun 1878	1:122	Craig, Dolly	22 Jul 1892	2:37
Cowell, Moses	12 Sep 1878	1:122	Craig, Enoch	03 Nov 1903	4:41
Cowell, Sarah Ann	07 Nov 1891	2:36	Craig, Harold Lee	01 Feb 1897	4:29
Cowell, Wilson M.	18 Jan 1899	4:32	Craig, Henry	01 Feb 1895	3:36
Cowen, Mary	03 Jan 1891	2:34	Craig, Nancy F.	06 Feb 1894	3:34
Cowen, Mary	25 Dec 1897	4:30	Craig, Infant	10 May 1890	2:34
Cowin, Nellie Curtis	01 May 1903	4:41	Crain, Helen E.	27 Aug 1895	3:36
Cowline, Mary	06 Sep 1873	1:114	Cramer, Carrie L.	21 Jan 1898	4:30
Cowling, John	29 Jan 1905	5:31	Cramer, Chas. V.	25 Sep 1903	4:41
Cowling, Nathen	01 Mar 1889	2:31	Cramer, John A.	09 Aug 1894	3:35
Cowparthwait, Agnes	03 May 1897	4:31	Cramer, Jos. L.	16 Nov 1898	4:32
Cox, Arthur	17 Apr 1908	5:38	Cramer, Mary E.	29 Mar 1901	4:38
Cox, Bayard E.	25 Mar 1891	2:34	Cramer, Mary Phoebe	19 Sep 1899	4:34
Cox, Bridget	03 Dec 1884	2:27	Cramer, Peter	09 Oct 1878	1:124
Cox, Elizabeth	27 Sep 1899	4:34	Cramer, s/o C.B.	24 Sep 1907	5:37
Cox, Elmer	07 Mar 1882	1:128	Cramer, Sarah	31 Mar 1896	3:38
Cox, Ethel	15 Dec 1907	5:36	Cramlier, Barnat	02 Jul 1896	4:29
Cox, Francis L.	11 Jan 1901	4:35	Crampton, Adie M.	05 Oct 1869	1:46
Cox, George R.	15 Jan 1875	1:116	Crampton, Rob't J.	03 Feb 1872	1:110
Cox, Henry	01 Jun 1906	5:36	Cranby, Peter	16 Feb 1906	5:32
Cox, Irwin	07 Oct 1896	4:29	Crandal, Helen	22 Sep 1906	5:36
Cox, James	31 Aug 1899	4:34	Crandal, James E.	02 Jul 1869	1:40
Cox, Mary	02 Apr 1868	1:12	Crandall, Caroline	15 Mar 1900	4:33
Cox, Otto R.	03 Jul 1901	4:38	Crandall, G.M.	27 Feb 1881	1:126
Cox, Ruth	01 Oct 1898	4:32	Crandall, Joseph	18 Dec 1906	5:35
Cox, Walter	25 Dec 1878	1:122	Crandall, Wm. A.	03 Feb 1871	1:110

NAME	DATE	V/P
Crane, Adeline	01 Nov 1885	2:28
Crane, Charles A.	25 May 1884	1:130
Crane, Elijah G.	04 Mar 1891	2:34
Crane, Esther	04 Nov 1896	4:29
Crane, G.R., Mrs.	23 Mar 1906	5:32
Crane, Gussie	07 Aug 1872	1:112
Crane, James H.	13 Jun 1898	4:32
Crane, Jessie	04 Jan 1906	5:33
Crane, Jimmie	24 Mar 1871	1:110
Crane, Joel W.	28 Aug 1886	2:28
Crane, Mary A.	09 Feb 1872	1:112
Crane, Mary A.	16 Jan 1907	5:36
Crane, Mary A.	22 Feb 1904	4:40
Crane, Mary A.	26 Apr 1880	1:126
Crane, Mary Ann	19 Jun 1872	1:112
Crane, Mary L.	06 Dec 1907	5:37
Crane, Olden	09 Jun 1900	4:36
Crane, Russell J.	24 Oct 1904	4:41
Crane, Russell J.	25 Oct 1903	4:41
Cranford, Clara E.	04 Apr 1884	2:27
Cranins, Eliza	16 Apr 1901	4:37
Crank, Samuel	03 Jul 1907	5:37
Cranker, Carrie	22 May 1894	3:35
Cranker, Jacob	07 Jun 1887	2:30
Cranker, James M.	1881	1:126
Cranker, Luther G.	03 Oct 1881	1:128
Cranker, Mary	21 Mar 1896	3:37
Crankes, Anna	08 Sep 1879	1:124
Crannan, Catherine	25 Dec 1907	5:37
Cranston, Bailey	08 Jan 1876	1:118
Crapsey, Rose	10 Feb 1907	5:35
Crats, Mahala	10 Oct 1897	4:30
Crats, Mahala	10 Oct 1898	4:31
Crats, Mildred	23 Apr 1907	5:38
Cratz, Melvin	06 Apr 1907	5:38
Craum, Charles R.	16 Nov 1907	5:37
Craven, James	28 Mar 1877	1:118
Craver, Arthur	20 May 1908	5:39
Craw, Anna	19 Jan 1885	2:28
Crawford, August	01 Sep 1906	5:36
Crawford, D.C.	13 Apr 1899	4:33
Crawford, Emma V.	06 Dec 1891	2:36
Crawford, Gladys	14 Aug 1903	4:41
Crawford, Gladys	Aug 1903	4:40
Crawford, H.G.	07 Jan 1886	2:28
Crawford, Inf/o Ed. H.	24 Jun 1868	1:14
Crawford, J.A.	02 Jan 1903	4:39
Crawford, John	20 Nov 1885	2:27
Crawford, Mary Alice	17 Aug 1888	2:31
Crawford, Maud	12 Aug 1886	2:29
Crawford, Sarah E.	31 Jan 1901	4:36
Crawford, Sarah R.	18 Jun 1886	2:28
Crawford, Silas	24 Dec 1895	3:37
Crawley, Mary	31 May 1887	2:30
Crazy Man	24 Dec 1870	1:110
Creedon, Bridget	06 Sep 1876	1:120
Creegon, N.R.	28 Dec 1885	2:28
Creep, Louise A.	09 Sep 1908	5:39
Creighton, Cornettie	27 Dec 1902	4:39
Crenan, Helen W.	20 Mar 1887	2:28
Crene, Charles A.	25 May 1884	2:27
Crene, Gabriel*	17 Aug 1882	
Crennan, Cath.	09 Nov 1886	2:28
Crennan, John D.	23 Jun 1877	1:120
Crennan, Michael	21 Apr 1868	1:12
Creps, Carl Lloyd	05 Dec 1881	1:128
Creps, J.L.	22 Nov 1901	4:37
Creps, Jerome Livingstone	22 Nov 1901	4:36
Creps, Olive J.	30 Mar 1890	2:32
Creps, Rosana	03 Mar 1878	1:120
Creps, S. Shebna	20 Jun 1886	2:29
Crepsey, Harold	25 May 1905	5:33
Cressey, Inf/o A.	08 Dec 1867	1:6
Cressey, Q. Victoria	25 Mar 1891	2:36
Cressy, Clarence	21 Mar 1888	2:30
Cressy, Josiah	19 May 1884	2:27
Cressy, Josiah W.	14 Nov 1892	2:36
Cribbs, Jennie	27 Oct 1906	5:36
Crilley, Peter	22 Apr 1908	5:38
Crilly, James	21 Jun 1877	1:120
Crilly, Thomas	11 Jul 1898	4:32
Crim, Levi L.	30 May 1885	2:28
Cring, George	28 Nov 1907	5:37
Crinnion, Jas.	14 Nov 1886	2:29
Crinnion, Julia	30 Dec 1886	2:29
Cripliver, John	18 Jan 1878	1:120
Crislewesz, Peter	08 Dec 1895	3:37
Crisp, James	28 May 1907	5:37
Criss, Donald Brent	25 Mar 1906	5:32
Crissey, David	16 Oct 1891	2:35
Crissy, Hiram D.	13 Feb 1875	1:116
Crissy, Maria	16 Mar 1874	1:114
Crissy, Maria A.	03 Aug 1871	1:112
Crist, Julia M.	23 Oct 1876	1:118
Crist, William	06 Sep 1904	5:31
Cristel, Ernst	28 Feb 1876	1:118
Critchell, Bessie May	02 Jul 1889	2:33
Croake, John	31 Mar 1901	4:35
Crobarger, George	22 Nov 1883	1:130
Crobarger, Wm. H.	27 Jan 1870	1:44
Crocker, Eben	07 Feb 1871	1:110
Crocker, Melissa	Mar 1881	1:126
Crockery, T., Mrs.	04 Dec 1906	5:35
Crocket, Flora	05 Apr 1868	1:12
Crocket, Nancy	05 Mar 1879	1:122
Crockett, Benjamin	20 Jan 1883	1:128
Crockett, Chas. M.	15 Jan 1903	4:39
Crockett, David	31 Dec 1889	2:33
Crockett, David	31 Dec 1890	2:34
Croendler, Mary	25 Jun 1903	4:41
Crofford, Wm.	10 Jan 1898	4:31
Croft, Burt	12 Jan 1907	5:34
Crofts, Inf/o Thos.	24 Feb 1881	1:126
Crofts, James	13 Oct 1892	2:36
Crogon, Nick R.	08 Mar 1886	2:28
Croke, John, Jr.	21 Nov 1901	4:37
Croke, John, Sr.	31 Mar 1902	4:37
Croker, Infant	25 Nov 1890	2:34
Croker, Jos. F.	29 Nov 1900	4:35
Croll, Mrs.	07 Dec 1903	4:40
Cromewell, Nancy	28 Oct 1893	3:34

NAME	DATE	V/P
Cromwell, Bessie M.	12 Mar 1888	2:30
Cromwell, Orvil	12 Jan 1902	4:36
Crone, Chas F.	31 Dec 1891	2:36
Crone, Eliz'h	08 Aug 1875	1:118
Crone, Mamie	31 Mar 1907	5:34
Crone, Parker L.	06 Nov 1890	2:34
Crone, Wm.	15 Aug 1875	1:118
Cronenberg, Fred	19 Nov 1894	3:36
Cronenberg, Jno. M.	05 Oct 1902	4:38
Cronenberger, Frederick	19 Nov 1894	3:36
Cronin, Mary M.	09 Jul 1884	2:27
Croninger, Henry N.	04 Jul 1902	4:39
Crook, A.D.	26 Jul 1907	5:37
Crook, F.M.	25 Jul 1868	1:18
Crook, John	23 Jun 1886	2:29
Crook, Katherine Morre	06 Aug 1906	5:34
Crooker, Melissa	29 Mar 1881	1:126
Crooks, Mary	21 Jul 1876	1:118
Cropps, Lawrence	30 Nov 1908	5:39
Crosby, Ann	28 Jan 1904	4:42
Crosby, Catherine	04 Nov 1906	5:34
Crosby, Emma	27 Sep 1896	4:29
Crosby, Floid	23 Mar 1900	4:34
Crosby, Florence	17 Dec 1893	3:34
Crosby, Geo. E.	08 Oct 1898	4:32
Crosby, Ladie	17 Dec 1907	5:37
Crosby, Lillie	29 Apr 1882	1:128
Crosby, Mildred	24 Aug 1902	4:39
Crosby, Neldred	21 Sep 1902	4:39
Crosby, Orlando	14 Apr 1871	1:112
Crosby, Racheal	16 Jan 1904	4:40
Crosby, V.	13 Jul 1873	1:114
Crosfield, Fred	02 Jan 1876	1:118
Crosier, Nancy Manna	25 Sep 1882	1:128
Cross, James F.	26 Mar 1901	4:35
Cross, Martha J.	06 Dec 1870	1:110
Cross, Vernon W.	25 Apr 1904	4:42
Crosskill, Clara	19 May 1877	1:122
Crosskill, Clara	19 May 1877	1:120
Crossman, Adam	18 Oct 1868	1:24
Crossman, Anna	10 Apr 1889	2:32
Crossman, Hattie	24 Mar 1903	4:41
Crossman, Peter	29 ---	2:33
Crossman, Peter	29 May 1889	2:32
Crossman, Walter Louis	20 Sep 1877	1:120
Crossy, Joseph	05 Oct 1895	3:37
Crothers, Lester	14 Aug 1892	2:37
Crots, Inf/o John	02 Feb 1869	1:30
Crout, Callie	08 Jan 1907	5:35
Crouveies, Chas.	16 Feb 1901	4:35
Crow, Dora	07 Jan 1880	1:124
Crow, Margarett	03 Aug 1884	2:27
Crow, Nellie	13 Dec 1898	4:31
Crow, Pearson F.	21 May 1904	5:31
Crowden, Frances J.	26 May 1907	5:37
Crowe, Ella	17 Jan 1881	1:126
Crowe, James	27 May 1895	3:37
Crowe, Julia	15 Nov 1905	5:33
Crowe, Patrick	18 Feb 1893	2:36
Crowell, Augusta	23 Jul 1877	1:120
Crowell, John Martin	16 Sep 1900	4:35
Crowell, Lillian R.	06 Jan 1874	1:114
Crowill, Truman W.	05 Jun 1889	2:32
Crowley, Catharine	30 Sep 1887	2:30
Crowley, Elizabeth	19 Apr 1906	5:34
Crowley, Elizabeth T.	19 Apr 1906	5:34
Crowley, Ellen Ann	19 Aug 1906	5:34
Crowley, Ellen F.	31 Dec 1902	4:36
Crowley, Elnora	04 Jun 1907	5:37
Crowley, Peter	16 Mar 1905	5:33
Crowley, Peter	16 Nov 1905	5:32
Crowley, Peter, Mrs.	08 Dec 1903	4:41
Crowley, Thomas A.	26 Nov 1905	5:32
Crowley, Unknown	08 Dec 1903	4:41
Crowley, Willie	16 Apr 1899	4:33
Croxton, Eliza	05 Nov 1874	1:116
Croyker, Lorenz	24 Jan 1895	3:36
Crum, Anna	24 Sep 1879	1:124
Crum, Clark	13 Nov 1878	1:122
Crum, Robert	02 Sep 1881	1:128
Crumb, Seairon	17 Apr 1892	2:37
Crumbaugh, Charlotte S.	17 Apr 1892	2:36
Crumbaugh, Simon C.	10 Aug 1876	1:120
Crundowski, Frank	02 Mar 1888	2:30
Cruriy, Mary	09 Apr 1892	2:36
Cruse, Wm. A.	03 Oct 1908	5:39
Crusty, Laura	15 Dec 1893	3:35
Crute, L. John	04 Jul 1874	1:116
Cryan, Gertrude G.	08 Nov 1893	3:35
Cryan, Helen	01 Jan 1899	4:34
Cryan, Henrietta	31 Mar 1900	4:34
Cryan, James	19 Dec 1896	4:30
Cryan, John	04 Dec 1900	4:36
Cryon, Patrick	29 Apr 1881	1:128
Cuberhaki, d/o Michael	25 Aug 1894	3:36
Cudabach, Eli A.	08 Dec 1899	4:34
Cuddebach, Alice	14 Mar 1888	2:30
Cuddeback, Chas.	19 Aug 1868	1:20
Cufer, Bessie	21 Jun 1908	5:39
Culan, Inf/o Wm.	10 Dec 1896	4:29
Culberton, Elizabeth	05 Oct 1877	1:120
Culbertson, Helen F.	11 Jun 1899	4:33
Culister, Esther	28 Nov 1903	4:41
Culkin, John, Mrs.	19 Sep 1896	4:29
Cullan, James	17 Dec 1876	1:120
Cullen, Anna	04 Jan 1907	5:36
Cullen, Catherine	24 Jun 1884	2:27
Cullen, James Henry	21 Mar 1906	5:32
Cullen, Jane	25 Jul 1889	2:33
Cullen, John L.	22 Dec 1898	4:32
Cullen, Thos.	13 May 1885	2:28
Culley, Chas. B.	17 Jan 1891	2:34
Culley, Sherman	18 May 1906	5:35
Culliford, Fred John	27 Jun 1891	2:35
Culliford, Wm. Joseph	01 Jan 1892	2:35
Cullin, Christopher	03 Nov 1897	4:31
Cullin, Margreth	01 Jun 1887	2:30
Cullin, Nicholas	13 Oct 1887	2:30
Culling, Charles	10 Sep 1880	1:126
Cullins, Catherine	08 Jul 1902	4:39
Cullison, Gracie	07 Oct 1883	1:130
Cullison, Mamie	16 Mar 1885	2:27

NAME	DATE	V/P
Cullison, Margaret J.	21 Sep 1879	1:124
Cullison, Rebecca E.	24 Aug 1888	2:31
Cullison, Wilson W.	16 Aug 1888	2:31
Cully, James	21 Jun 1877	1:122
Culnane, Mary	15 Oct 1878	1:122
Culon, David W.	20 Dec 1895	3:37
Culver, Asa	20 Jun 1872	1:112
Culver, Charles	23 Mar 1882	1:128
Culver, Clarence C.	06 Apr 1908	5:36
Culver, Edward M.	26 Mar 1900	4:33
Culver, Geo. Vernor	12 Mar 1901	4:35
Culver, Howard	15 Jun 1902	4:40
Culver, James M.	05 Mar 1872	1:112
Culver, Jane	12 Mar 1870	1:52
Culver, Sarah	21 Aug 1902	4:39
Culver, Sylvester	12 Jul 1899	4:33
Culver, William	05 Aug 1870	1:110
Cumero, Christ	26 Apr 1893	3:34
Cumiskey, May	01 Aug 1902	4:40
Cummero, Emiline	03 Feb 1875	1:116
Cummero, Otto	09 Jun 1874	1:116
Cummerow, Chas.	23 Jan 1901	4:35
Cummerow, Fred'k J.	26 Mar 1903	4:39
Cumming, Susan E.	24 Feb 1900	4:33
Cummings, Cora	26 Dec 1868	1:28
Cummings, David	11 Jun 1899	4:33
Cummings, Edward	29 Nov 1903	4:41
Cummings, Emma L.	05 Aug 1896	4:29
Cummings, Inf/o J.W.	20 Oct 1871	1:110
Cummings, Jane M.	20 Oct 1873	1:114
Cummings, Jessie	16 Jul 1870	1:110
Cummings, John	05 Nov 1890	2:34
Cummings, Joseph W.	18 Dec 1899	4:34
Cummings, Lydia	13 Mar 1870	1:40
Cummings, Mary	08 Sep 1899	4:33
Cummings, Michael	21 Apr 1898	4:32
Cummings, Morris	14 Apr 1906	5:35
Cummings, Robert	17 Nov 1902	4:38
Cummings, Robert W.	17 Sep 1903	4:41
Cummings, William	04 May 1891	2:36
Cummings, William	13 Dec 1898	4:32
Cummins, Geo. W.	24 Feb 1899	4:31
Cumrow, Margaretha	24 Nov 1867	1:36
Cumstock, Charles W.	17 Jun 1900	4:35
Cuningham, Wm.	30 Jul 1875	1:118
Cunle, John	11 Sep 1875	1:118
Cunningham, Alexander	14 Nov 1907	5:38
Cunningham, Alice J.	18 Dec 1888	2:31
Cunningham, Alva	09 May 1891	2:36
Cunningham, Chas.	10 Feb 1888	2:30
Cunningham, Christena	11 Nov 1876	1:118
Cunningham, Clara	05 Jul 1899	4:33
Cunningham, Clifford	03 Feb 1903	4:38
Cunningham, Delia	24 Feb 1904	4:41
Cunningham, Edna F.	05 Aug 1884	2:27
Cunningham, Ernest	24 Jan 1892	2:35
Cunningham, Estella M.	20 Jan 1892	2:35
Cunningham, Etta	07 Feb 1907	5:35
Cunningham, F.A.	19 Jul 1884	2:27
Cunningham, Fr'lin	16 Sep 1873	1:114
Cunningham, Harre't	09 Feb 1871	1:110
Cunningham, Harry J.	02 Mar 1903	4:41
Cunningham, Homer	17 Jul 1902	4:38
Cunningham, Inf/o Mary	19 Feb 1881	1:126
Cunningham, Isaac	18 Sep 1870	1:110
Cunningham, John	18 Dec 1896	4:29
Cunningham, John	19 Jan 1907	5:34
Cunningham, Leo	01 Dec 1908	5:38
Cunningham, Maggie	09 Jul 1877	1:122
Cunningham, Mary	03 Aug 1890	2:34
Cunningham, Mary	13 Sep 1886	2:29
Cunningham, Mary	28 May 1905	5:32
Cunningham, Mary A.	26 Jun 1900	4:36
Cunningham, Mary E.	08 Feb 1905	5:31
Cunningham, Mary Eva	19 Jun 1907	5:38
Cunningham, Nancy	14 Aug 1883	1:130
Cunningham, Pat	19 Feb 1891	2:36
Cunningham, Thomas	11 Jun 1892	2:37
Cunningham, Tho's A.	19 Feb 1874	1:116
Cunze, Frank Albert	19 Oct 1902	4:36
Cupp, Cyntha	25 Apr 1893	2:37
Cupp, Laura	12 Mar 1899	4:31
Cupps, Andrew	14 Jan 1906	5:33
Cupps, Edward George	01 Jan 1904	4:42
Cupps, Henry	01 Oct 1890	2:34
Cupps, Jesse	28 Dec 1891	2:35
Cupps, Minnie Viola	05 Oct 1888	2:31
Curick, James	10 Sep 1875	1:118
Curl, Lizzie	23 Mar 1892	2:35
Curliss, Theodore J.	03 Feb 1874	1:114
Curr, Carlotta	19 Feb 1873	1:112
Curran, Anna	26 Apr 1886	2:29
Curran, Edward	20 Jan 1889	2:31
Curran, Frank M.	22 Feb 1871	1:110
Curran, Margaret	05 Sep 1869	1:46
Curran, Rosa J.	06 Jan 1892	2:35
Curran, Thomas*	14 Apr 1884	
Curren, James	22 Jan 1900	4:33
Currie, Matilda	24 Mar 1894	3:35
Currie, Walter	19 Aug 1907	5:36
Currier, Marie E.	22 Nov 1907	5:37
Currier, Sophia	22 Feb 1887	2:29
Curry, Catherine	11 Dec 1904	5:31
Curry, Earl	01 May 1903	4:41
Curry, Elsie J.	31 Aug 1907	5:36
Curry, John	25 Jul 1894	3:36
Curry, Maggie	01 Apr 1886	2:28
Curry, Mary	01 Jun 1889	2:32
Curson, Cecil Nellie	01 May 1904	5:31
Curson, Clarence	24 Dec 1885	2:28
Curson, Elizabeth	23 Aug 1888	2:31
Curson, Geo. H.	13 Nov 1885	2:28
Curson, George	27 Nov 1875	1:118
Curtice, J.E.	31 Oct 1900	4:35
Curtin, Catherine	02 Sep 1872	1:112
Curtin, Cornelius	13 Mar 1880	1:126
Curtin, Inf/o J.	30 Jul 1872	1:112
Curtin, John	15 May 1889	2:33
Curtin, John	24 Apr 1899	4:34
Curtin, Mary*	23 Dec 1882	
Curtin, Nellie	23 Apr 1898	4:32
Curtis, Abraham*	24 Sep 1884	

NAME	DATE	V/P
Curtis, Alfred F.	04 Dec 1894	3:36
Curtis, Charles	26 Feb 1885	2:27
Curtis, Charles F.	20 Feb 1900	4:33
Curtis, Edward	19 Jan 1879	1:122
Curtis, Francis	30 Jan 1904	4:42
Curtis, Geo. S.	24 Jul 1881	1:128
Curtis, Hannah	14 Sep 1900	4:35
Curtis, Henry Ellis	15 Oct 1868	1:24
Curtis, Infant	18 Dec 1889	2:33
Curtis, Infant	23 Jun 1907	5:38
Curtis, Lewis	28 Oct 1867	1:6
Curtis, Louisa	05 Jul 1888	2:31
Curtis, Mary	22 Feb 1905	5:31
Curtis, Mary A.	01 May 1903	4:42
Curtis, Maude	08 Dec 1896	4:29
Curtis, Sarah B.	22 Mar 1876	1:118
Curtis, Thomas	01 Jul 1872	1:112
Curtis, Thomas	01 Jun 1884	2:27
Curtis, W. Edgar	29 Dec 1896	4:30
Curtis, Wm. J.	24 Apr 1908	5:39
Curtiss, Angeline L.	29 Nov 1887	2:30
Curtiss, John	15 May 1890	2:34
Curtiss, Marguerite	28 Dec 1900	4:35
Cushman, Nelson	17 Sep 1907	5:37
Cussin, Michael	08 Aug 1903	4:42
Custar, Louis	12 Jan 1886	2:28
Cuszka, Alera	03 Jun 1897	4:31
Cutcher, Arthur	16 Sep 1886	2:29
Cutcher, Birthen	11 Nov 1898	4:31
Cutcher, Infant	10 Aug 1898	4:31
Cutcher, Joseph	04 Dec 1881	1:126
Cutcher, Libbie	22 Jul 1908	5:36
Cutcher, Loretta	05 Nov 1908	5:36
Cutcher, Noah I.	28 Mar 1891	2:33
Cutcher, W.D.	28 Aug 1907	5:38
Cutches, Douglass	15 Jul 1905	5:34
Cuthbert, Mary K.B.	17 Sep 1889	2:32
Cuthbert, Steven	01 Jan 1894	3:34
Cuthway, Lewis	11 Oct 1877	1:122
Cutter, Rebecca	05 Apr 1883	1:130
Cutting, Laura Ellen	12 Apr 1901	4:37
Cuture, Joseph A.	19 Oct 1868	1:38
Cutway, Jos. Earl	24 May 1899	4:33
Cutway, Mary	01 Jan 1907	5:36
Cuykenall, Clark	04 May 1903	4:41
Cwahlen, Catherine	04 Jul 1882	1:128
Cygler, Emil	11 Jun 1902	4:39
Cykaski, Lawrence	25 Jan 1895	3:37
Cytkus, Lizzie	14 Jun 1890	2:34
Cytlok, Burneslof	13 Jul 1900	4:36
Czagn, John	08 Feb 1887	2:28
Czaja, Edward	18 Dec 1900	4:35
Czajkazizilega, Girl	13 Apr 1897	4:30
Czajkoski, Peter	10 Feb 1907	5:35
Czajkowski, Frances	27 Sep 1905	5:32
Czajkowski, Jadwiga	18 Sep 1902	4:39
Czapa, Flora	11 Jan 1895	3:35
Czapa, Mary	Nov 1885	2:28
Czarnicki, Arnona	07 Jan 1908	5:37
Czarzinski, Walenty	20 Apr 1905	5:32
Czech, Anna Mary	10 Nov 1892	2:37
Czechowicze, Catherine	23 Mar 1904	4:40
Czechowiz, Mary, Mrs.	08 May 1908	5:38
Czernakowski, Alexander	29 Nov 1908	5:39
Czerniak, Kaymier	30 Jun 1905	5:33
Czerszenski, Vincent	19 Jun 1906	5:35
Czeshowicz, Mary	08 May 1908	5:38
Czesznowski, Anna	10 Aug 1895	3:38
Czin, Mrs.	23 Sep 1903	4:41
Cziszlewicz, Valentine	12 Feb 1902	4:39
Czjkowski, Hattie	18 Oct 1902	4:39
Czlapinski, Joseph	09 Sep 1890	2:34
Czlapinski, Joseph	30 Oct 1907	5:37
Czlapinski, Veromka	01 Jan 1909	5:39
Czolgosz, Michalina	21 Aug 1899	4:34
Czolgosz, Sphhia	06 Jan 1900	4:34
Czrshowicz, Mary	08 May 1908	5:39
Czymoski, Vincint	15 Aug 1906	5:34
Czysmowski, John	04 Nov 1897	4:31
Czyzewski, Antone	18 Sep 1906	5:34
Dabold, Martin	02 Nov 1881	1:146
Dades, Katharina	04 Oct 1897	4:45
Dagen, Louisa	10 Aug 1876	1:140
Dagen, Peter	10 Aug 1876	1:140
Dages, Inf/o Wm.	12 Apr 1869	1:46
Dages, William	13 Nov 1881	1:146
Daggert, Allex	12 Apr 1885	2:39
Daggett, d/o James E.	13 Dec 1900	4:49
Daggett, Floyd	21 Jul 1903	4:53
Daggett, Frederick	21 Apr 1890	2:43
Daggett, Ruth A.	18 Apr 1895	3:52
Daggett, Trustrem	31 Jan 1895	3:52
Daggitt, Geo. O.	01 Jan 1901	4:49
Daggon, Leona Eulin	05 Oct 1897	4:45
Dagle, John E.	18 Jul 1894	3:51
Daherly, Amos	28 Nov 1891	2:44
Daherly, Raymond A.	27 Nov 1891	2:44
Dahlke, Fredrick	10 Nov 1897	4:45
Dahlke, Melvin	12 Feb 1908	5:50
Dahm, Joseph	10 Sep 1906	5:49
Dahm, Veronica	09 May 1897	4:45
Dahmen, T. Math.	09 Apr 1894	3:51
Dahmon, Henry	25 Jan 1903	4:51
Dahms, John	27 Aug 1907	5:51
Dahn, Anthon	23 Dec 1893	3:50
Dahn, Jennie	25 Jun 1903	4:52
Dahne, Wilhelmina	23 Dec 1905	5:48
Dahnes, Emanuel	18 Nov 1898	4:46
Dahnes, s/o Charles	05 Feb 1894	3:50
Dahnsy, John	01 Aug 1879	1:144
Dailey, Anna	18 Jan 1889	2:41
Dailey, George	19 Jul 1895	3:52
Dailey, Helena	01 Jul 1875	1:138
Dailey, Henry G.	19 Apr 1894	3:50
Dailey, Henry, Mrs.	08 Oct 1906	5:49
Dailey, Jas.	21 May 1899	4:47
Dailey, Martin	22 Jul 1897	4:45
Dailey, Patrick	27 Oct 1888	2:40
Dailey, Thomas	02 Aug 1902	4:51
Dailing, Wilhelmine	25 Mar 1909	5:52
Dailly, Nelly	09 Oct 1890	2:43
Daily, Bryan	03 Aug 1868	1:18

57

NAME	DATE	V/P
Daily, Dannes	15 Jan 1898	4:45
Daily, Elizabeth	04 Jan 1885	2:39
Daily, Elizabeth*	28 Mar 1891	
Daily, Francis	23 Oct 1891	2:43
Daily, Hattie	14 Sep 1908	5:53
Daily, Mary	06 May 1895	3:52
Daily, Mary	15 May 1871	1:134
Daily, Wm.	11 Nov 1880	1:144
Dairo, James H.	01 Mar 1902	4:50
Dakandain, Nicholas	26 Nov 1870	1:134
Dake, Blanche	04 Jan 1908	5:51
Dalann, Wm.	20 Dec 1893	3:51
Dale, Davin	06 Apr 1891	2:44
Dale, Elmer C.	26 Apr 1889	2:41
Dale, Emer C.	26 ---	2:42
Dale, Ruby	15 Aug 1893	3:50
Dalena, Flora	08 Feb 1890	2:42
Daley, Amen	04 Mar 1898	4:45
Daley, Bridget	25 Sep 1876	1:140
Daley, Frances E.	26 Mar 1902	4:50
Daley, Henry	20 Feb 1897	4:44
Daley, James	19 Oct 1903	4:54
Daley, James	27 Apr 1890	2:43
Daley, James P.	02 Nov 1906	5:50
Daley, James Wm.	19 Oct 1890	2:43
Daley, Joseph A.	28 May 1895	3:53
Daley, Margaret	14 Dec 1908	5:52
Daley, Margaret, Mrs	14 Dec 1908	5:52
Daley, Marie	07 Dec 1889	2:42
Daley, Mary	07 May 1904	3:51
Daley, Matilda	Feb 1891	2:42
Daley, Michael	19 Dec 1897	4:45
Daley, Michael, Jr.	25 Jul 1887	2:40
Daley, Michael, Sr.	27 Jun 1887	2:40
Daley, Timothy*	03 Feb 1883	
Daley, William S.	Sep 1902	4:51
Daley, Wm. S.	28 Mar 1888	2:40
Dalke, Albert	08 Mar 1892	2:44
Dallet, Inf/o S.	28 Mar 1869	1:34
Dallet, Mac	13 Jul 1884	2:38
Dallingham, Edward M.	23 Feb 1877	1:140
Dally, Mary	16 May 1871	1:134
Dalman, Frank	09 Oct 1877	1:140
Dalmen, Louisa	02 Feb 1880	1:144
Dalph, Abda	07 Sep 1888	2:41
Daltmeyer, Anton	01 Feb 1896	3:52
Daltson, Bridges	02 Nov 1894	3:52
Daltter, Caroline	02 Jun 1903	4:53
Daly, Anna	17 Apr 1905	5:48
Daly, Bernard	04 Aug 1868	1:20
Daly, Charlotte	26 Oct 1904	5:47
Daly, Frank	04 Apr 1907	5:51
Daly, Henry L.	20 Feb 1897	4:44
Daly, Inf/o Brian	21 Dec 1869	1:46
Daly, James	08 Jul 1899	4:48
Daly, James	27 Sep 1888	2:41
Daly, James J.	17 Aug 1877	1:140
Daly, John	08 Jul 1893	3:50
Daly, John	26 Jul 1902	4:52
Daly, M., Mrs.	27 Jan 1889	2:41
Daly, Martin	25 Sep 1904	5:47
Daly, Mary	12 May 1889	2:42
Daly, Mary A.	01 May 1904	5:46
Daly, Infant	15 May 1890	2:43
Daly, Thomas A.	15 May 1904	5:46
Daly, Timothy	06 Nov 1904	5:47
Daly, William Edward	25 Oct 1901	4:50
Damacin, Walter	26 Nov 1891	2:44
Damager, John	17 Jul 1874	1:138
Damean, Heon	25 Apr 1900	4:48
Damelak, Ludwig	25 Dec 1895	3:52
Damer, Anna M.	22 Aug 1878	1:142
Damer, Mary	18 Sep 1905	5:48
Dames, Kelley F.	14 Jan 1880	1:144
Damsteadt, F. Louis	21 Mar 1889	2:40
Dan, John	22 Dec 1878	1:142
Dana, Alba S.	09 Nov 1894	3:51
Dana, Charles	04 Jul 1870	1:134
Dana, Christian	15 Sep 1878	1:142
Dana, Mable M.	08 Feb 1895	3:53
Danberg, Emma	03 Apr 1896	4:44
Danchstardt, K., Mrs.	04 Nov 1906	5:49
Dane, Burt M.	17 Feb 1904	4:53
Dane, Zackariah A.	20 Apr 1881	1:146
Danenberg, Lizzie	23 Oct 1888	2:41
Daner, Henry	27 Mar 1905	5:47
Daner, Jane	08 Jul 1899	4:48
Daner, Mirta Harriet	22 May 1892	4:51
Daney, William	06 Apr 1906	5:50
Danford, Agnes	12 Nov 1901	4:50
Danford, Agnes N.	01 Feb 1880	1:144
Danford, Annie A.	25 Jan 1892	2:44
Danford, James	11 Mar 1899	4:46
Danford, John	28 Sep 1895	3:53
Danforth, Catherine	16 May 1888	2:41
Danforth, James S.	15 Mar 1876	1:140
Daniels, Arvila May	01 Nov 1904	5:46
Daniels, Charlotte	09 Nov 1883	1:148
Daniels, D.A.	02 Mar 1899	4:47
Daniels, Ernst	21 Mar 1889	2:41
Daniels, Harriet E.	16 Mar 1905	5:46
Daniels, Henry	04 Oct 1889	2:42
Daniels, Jessie E.	02 Sep 1906	5:48
Daniels, Mary E.	12 Jun 1894	3:52
Daniels, N.M.	07 Sep 1906	5:50
Daniels, Susan	07 Mar 1884	1:148
Danis, Eli P.	15 Nov 1884	2:38
Dankert, Henry	Dec 1887	2:40
Dankert, Lena	16 Jan 1880	1:144
Danling, Rich'd	21 Feb 1881	1:146
Danne, Margret	02 Jan 1885	3:52
Dansen, James	15 Sep 1878	1:142
Dansen, Mary	23 Dec 1878	1:142
Danson, Anna M.	19 Feb 1886	2:38
Danson, Jennie	04 Nov 1888	2:41
Danst, Peter	Aug 1905	5:48
Dantzer, Emma	28 Feb 1900	4:47
Danutro, Joseph	28 Mar 1878	1:140
Danzey, Harried	15 Nov 1890	2:43
Danzey, Mary, Mrs.	31 Mar 1893	2:45
Danzy, John	24 Dec 1906	5:50
Dapill, Edward	20 Nov 1877	1:140

NAME	DATE	V/P
Darby, Caroline	20 Oct 1895	3:53
Darby, Rena	18 Dec 1888	2:41
Darerykowski, L.	26 Sep 1889	2:42
Darfley, John	27 Jul 1887	2:40
Dargate, Martin	06 Sep 1897	4:46
Dargatz, Amelia	13 Mar 1886	2:38
Dargatz, Otto	20 Nov 1905	5:47
Dargay, Mary	19 Jul 1899	4:48
Darget, Mathias	06 Sep 1897	4:45
Dark, Rilla	01 Nov 1890	2:42
Darke, William A.	05 Jan 1903	4:52
Darks, Charles	23 Jul 1878	1:142
Darks, George	23 Jul 1878	1:142
Darley, Frederick	01 Oct 1889	2:41
Darling, Abner	23 Jun 1905	5:48
Darling, Charles B.	17 Sep 1890	2:43
Darling, Ella N.	16 Aug 1898	4:46
Darling, Emily	23 Nov 1906	5:50
Darling, Henry A.	14 Dec 1908	5:52
Darling, Ira	12 Jun 1907	5:50
Darling, Mary	13 Apr 1904	5:47
Darling, Mary E.	27 Nov 1899	4:48
Darling, Sophronia	14 Oct 1906	5:49
Darmanar, Louise	27 May 1895	3:52
Darmstead, Mary B.	23 Nov 1896	4:44
Darmstedt, F.J.	19 Oct 1884	2:38
Darnstead, Charles H.	10 Mar 1900	4:48
Darnsteadt, Fred G.	04 Sep 1901	4:50
Darr, Fannie	27 May 1893	3:51
Darr, Francis B.	21 Apr 1885	2:38
Darr, Jacob	17 Sep 1891	2:44
Darrah, Geo. W.	04 Aug 1903	4:53
Darst, D.H.H.	24 Aug 1893	3:50
Dart, Cynthia	09 Mar 1907	5:49
Dart, David	25 Jun 1887	2:40
Dart, John	20 Jul 1893	3:50
Dart, Leonard Bertie	01 Feb 1898	4:45
Dart, Ray Albert	15 Oct 1908	5:53
Dart, s/o Daniel	16 Aug 1895	3:52
Darton, Glenn	17 Nov 1894	3:50
Dartt, Zeber	22 Mar 1881	1:146
Daschmer, Mary	09 Feb 1891	2:43
Dase, Catharine	25 Sep 1897	4:45
Daseau, Frank	03 Apr 1877	1:140
Dash, Harry	13 Dec 1907	5:51
Dash, Henry George	03 Jan 1892	2:44
Dasher, Frederick	16 Jan 1904	4:53
Dasher, Mary J.	28 Jun 1895	3:51
Dashur, Agnes	08 Aug 1899	4:47
Daska, Minnie	17 Oct 1893	3:51
Dasznai, Jno.	29 Nov 1908	5:52
Datchloff, Caroline	19 Jan 1909	5:52
Datzcaff, Caroline	19 Jan 1909	5:52
Datzer, Rosa	Feb 1894	3:51
Dauds, Henry H.	20 Mar 1901	4:49
Daueourt, Aaexander	12 Feb 1869	1:4
Daugheney, Martin	14 Mar 1897	4:44
Daugheny, Anna	31 Aug 1904	5:46
Daugherty, Aggie	15 May 1903	4:54
Daugherty, Clara	08 Oct 1908	5:53
Daugherty, Clara B.	15 Oct 1902	4:52
Daugherty, J.	03 Oct 1899	4:47
Daugherty, James W.	16 Jul 1898	4:46
Daugherty, John	14 May 1900	4:48
Daugherty, Patrick	19 Oct 1900	4:49
Daugherty, Wm., Mrs.	03 Jul 1903	4:53
Daughterman, Fanny	17 May 1901	4:50
Daughty, Mary A.	02 Jan 1896	3:52
Dauma, Mary	05 Aug 1891	2:44
Daurlet, Ernest	30 Aug 1904	5:46
Dauseau, Ada	14 Oct 1893	3:50
Dauseau, John	09 Dec 1893	3:50
Dauzeisen, Martin	19 Sep 1903	4:53
Davenport, Francis	17 Nov 1900	4:49
Davenport, Frank G.	08 Jun 1878	1:142
Davenport, Geo.	29 Apr 1908	5:52
Davenport, George	29 Apr 1908	5:53
Davenport, Henry	07 Oct 1906	5:49
Davenport, John H.	19 Sep 1904	5:47
Davenport, Maggie	07 Dec 1879	1:144
David, Anthony	11 Jul 1903	4:52
David, D.E.	23 Feb 1897	4:44
David, David	01 Jun 1886	2:39
David, Frank	01 Jul 1887	2:40
David, Frank	22 Sep 1907	5:50
David, Freddie	04 Jul 1908	5:53
David, Frederick	30 Apr 1891	2:44
David, Moses	09 Jul 1904	5:46
David, William F.	22 Apr 1906	5:50
Davidison, B.A.	06 Dec 1901	4:50
Davids, Mattie	09 Jul 1906	5:50
Davidson, Edward	18 Nov 1907	5:51
Davidson, Grace	03 Apr 1903	4:53
Davidson, Grace	30 Apr 1903	4:53
Davidson, Grace	30 Apr 1903	4:52
Davidson, W.E.	30 Nov 1906	5:49
Davies, Martha	14 Mar 1904	4:54
Davillard, Hazel M.	09 Aug 1895	3:52
Daville, Cary Maude	26 Nov 1880	1:146
Davis, Aaron	16 Aug 1870	1:134
Davis, Albert	07 Feb 1879	1:142
Davis, Albert E.	09 Sep 1877	1:140
Davis, Alfred	24 Jul 1878	1:142
Davis, Allie	26 Aug 1892	2:45
Davis, Alta L.	09 Dec 1878	1:142
Davis, Amanda	05 Jul 1880	1:146
Davis, Amansel	31 Mar 1900	4:49
Davis, Anna	22 Jan 1907	5:49
Davis, Augusta	20 Jan 1899	4:46
Davis, Bessie	03 Jul 1892	2:45
Davis, Car.	Jul 1872	1:136
Davis, Catherine Lane	17 Jun 1900	4:47
Davis, Charles	04 Mar 1908	5:51
Davis, Charles	07 Jun 1905	5:47
Davis, Charles U.	10 Feb 1870	1:40
Davis, Cyrus	06 Feb 1906	5:48
Davis, d/o W.H.	03 Dec 1907	5:51
Davis, Daniel W.	14 Feb 1902	4:51
Davis, David	02 Feb 1882	1:146
Davis, E. Mab.	12 Jan 1881	1:146
Davis, Edward M.S.	26 Jul 1896	4:44
Davis, Edwin A.	07 Oct 1895	3:52

NAME	DATE	V/P	NAME	DATE	V/P
Davis, Elizabeth	17 Jun 1898	4:46	Davison, Lucretia	12 May 1901	4:50
Davis, Ellen	07 Nov 1896	4:44	Davo, Ralph	16 Oct 1905	5:48
Davis, Elmer	17 Mar 1904	4:53	Davust, F.O.	24 May 1907	5:51
Davis, Eunice H.	18 Feb 1891	2:43	Davy, Emma	11 Dec 1907	5:52
Davis, Florence K.	07 Aug 1892	2:45	Davy, Gertrude J.	07 Sep 1887	2:40
Davis, Franklin	02 Sep 1872	1:136	Dawkin, Florence	23 Jul 1900	4:49
Davis, Fred	03 Oct 1905	5:48	Dawson, Anna	09 Apr 1888	2:41
Davis, George	07 Jan 1907	5:50	Dawson, Edith	03 Jul 1906	5:49
Davis, George	18 Feb 1907	5:50	Dawson, Ella M.	25 Aug 1896	4:44
Davis, Harry E.	24 Sep 1901	4:50	Dawson, Elnor	03 Dec 1896	4:44
Davis, Hattie	14 Jan 1878	1:140	Dawson, Frances A.	20 Apr 1884	2:38
Davis, Hoch	15 Aug 1878	1:140	Dawson, Geo. W.	23 Apr 1897	4:45
Davis, Ida May	12 Aug 1875	1:138	Dawson, Helen	05 Feb 1908	5:50
Davis, Ida May	20 Mar 1898	4:45	Dawson, James	21 Dec 1877	1:142
Davis, Inf/o Elisha	11 Mar 1873	1:136	Dawson, John	14 Mar 1907	5:48
Davis, Inf/o W.S.	27 Oct 1892	2:45	Dawson, Oliver W.	30 Dec 1893	3:50
Davis, James F.	20 Oct 1900	4:49	Day, Albert	03 Oct 1894	3:51
Davis, James H.	01 Mar 1902	4:50	Day, Cora Belle	24 Dec 1873	1:138
Davis, James Henry	06 May 1902	4:51	Day, Francis A.	26 Mar 1881	1:146
Davis, Jemima M.	01 Nov 1874	1:138	Day, James Edward	28 May 1895	3:51
Davis, John	17 Jan 1881	1:144	Day, Judith A.	14 May 1897	4:45
Davis, Joseph R.	05 Jan 1903	4:51	Day, Kate S.	25 Jun 1887	2:40
Davis, Joseph W.	17 Feb 1881	1:144	Day, Nola	15 Jul 1875	1:138
Davis, Josie B.	04 Apr 1872	1:134	Day, R. Delance	13 May 1879	1:144
Davis, Leonora	04 Apr 1872	4:52	Day, s/o Lyman M.	11 Oct 1891	2:44
Davis, Lockie L.	31 Jan 1902	4:50	Dayendale, Albert	06 Dec 1885	2:39
Davis, Lula	27 Aug 1898	4:46	Dayer, Caroline	17 Jun 1872	1:136
Davis, Lulu	29 Apr 1905	5:47	Dayer, Wm. F.	05 May 1870	1:136
Davis, Malinda A.	05 Aug 1870	1:134	Dazewicki, Charles	16 Jan 1898	4:45
Davis, Martha W.	27 Jan 1873	1:136	De Leno, May	16 Jun 1902	4:51
Davis, Mary	06 Dec 1908	5:53	De Shay, Margaret	12 Oct 1885	2:38
Davis, Mary	15 Feb 1880	1:144	De Shetler, Louise F.	14 Dec 1899	4:47
Davis, Matthew H.	28 Feb 1904	4:53	Deacon, James	21 Aug 1902	4:51
Davis, May	17 Aug 1888	2:41	Deacon, Norman	12 Jul 1895	3:53
Davis, Mercia	29 Sep 1885	2:39	Deak, Lewis	15 Mar 1900	4:48
Davis, Minnie	06 Dec 1894	3:51	Dealey, Edward	17 Jul 1884	2:38
Davis, Morris	12 Jan 1906	5:47	Dealin, Bridget	25 May 1896	4:44
Davis, Nellie	27 Sep 1905	5:48	DeAlton, Josephine	04 Oct 1894	3:51
Davis, O.J.	03 Sep 1902	4:52	Deams, Amelia	20 Mar 1889	2:41
Davis, Owen T.	03 Mar 1902	4:50	Dean, Alfred L.	25 Sep 1902	4:51
Davis, Pearl	29 Mar 1898	4:45	Dean, Alice	18 Oct 1902	4:51
Davis, Phoebe	29 Jan 1906	5:48	Dean, Charles	16 Mar 1894	3:50
Davis, Rhea	21 Feb 1905	5:47	Dean, Christopher	28 Aug 1886	2:39
Davis, Roy K.	24 Mar 1896	3:52	Dean, Elizabeth	13 Nov 1889	2:41
Davis, Ruth M.	03 Oct 1898	4:46	Dean, M.C.	10 Mar 1870	1:52
Davis, Samuel	03 Apr 1880	1:142	Dean, Martha	25 Oct 1902	4:51
Davis, Sarah	09 Mar 1904	5:47	Dean, Mary	20 Sep 1901	4:50
Davis, Sarah	28 Dec 1891	2:44	Dean, Seymour M.	17 Jul 1892	2:45
Davis, Stephin L.	12 Sep 1897	4:45	Dean, Wm. F.	09 Apr 1876	1:138
Davis, Sylvia E.	15 Jul 1870	1:134	DeAngelo, Joseph	01 Oct 1883	1:148
Davis, W.A.	17 Jan 1890	2:42	Dear, Christopher	09 Dec 1886	2:39
Davis, W.M.	08 Aug 1901	4:50	Dear, Fremont J.	15 Feb 1908	5:50
Davis, Wilford	08 Sep 1900	4:49	Dear, Lillian	17 Jan 1890	2:42
Davis, Willard Van	06 Jul 1902	4:51	Dearnsteadt, Chas.	21 Sep 1887	2:39
Davis, William B.	31 Jan 1909	5:53	Deaton, Mrs.	28 Nov 1907	5:51
Davis, William W.	26 Oct 1883	1:148	Deaves, Rebecca	31 May 1906	5:49
Davis, Wm.	Jul 1879	1:142	Debacher, Joseph	30 Mar 1900	4:47
Davis, Wm. Horace	14 Sep 1892	2:45	DeBeaubieu, Geo.	04 Jun 1890	2:43
Davis, Wm. Perry	09 Aug 1901	4:50	Debecker, Louisa	27 Apr 1896	4:44
Davis, Wm. Perry	26 Mar 1902	4:50	Debendorfer, Olge	25 Aug 1900	4:48
Davison, Esther	25 Nov 1908	5:52	Debney, Euglacy H.	21 Feb 1881	1:146

NAME	DATE	V/P
Debney, Mary Ida	11 May 1879	1:144
Debolt, Catherine	20 Sep 1884	2:38
Debolt, Charles Wm.	14 Oct 1872	1:136
Debolt, Ellis	17 Oct 1907	5:50
DeBolt, Franklin	24 Feb 1884	5:49
DeBolt, Lewis	28 Dec 1905	5:48
Debolt, Michael	14 Feb 1884	1:148
DeBolt, William J.	10 Oct 1898	4:46
Debon, Andrew, Mrs.	26 Mar 1905	5:46
DeBrune, Deo.	18 Oct 1891	2:44
DeBrune, Ida M.	05 Aug 1891	2:44
Debth, James	31 Jan 1896	3:53
Debts, Earl	22 Mar 1904	4:54
Debulsky, Adam	03 Oct 1890	2:43
Debut, Joseph	17 Sep 1903	4:53
Decant, Cyral P.	17 Feb 1907	5:48
Decant, Elca	19 Jan 1906	5:48
Decant, Emma	14 Aug 1887	2:40
Decant, Madaline	04 Feb 1883	1:148
Dechelman, John C.	01 Feb 1890	2:41
Decher, Dorothy	13 Nov 1881	1:146
Deck, Abraham	14 Sep 1891	2:44
Deck, Earl	18 May 1907	5:51
Deck, Lovinia	16 Apr 1879	1:142
Deckant, Louis	17 Dec 1900	4:48
Decker, Alfred Leroy	11 Mar 1886	2:38
Decker, Almira	11 Dec 1886	2:39
Decker, Bessie A.	31 Mar 1901	4:48
Decker, Charles	09 Mar 1891	2:42
Decker, Charles Anthony	18 Jan 1904	5:46
Decker, Geo. Earl	24 Mar 1887	2:39
Decker, Grace	14 Nov 1907	5:50
Decker, Harold	22 Aug 1900	4:48
Decker, Harry R.	15 Aug 1906	5:50
Decker, Increase	29 Jan 1881	1:146
Decker, Jacob C.	21 Apr 1871	1:134
Decker, Lester P.	11 Apr 1907	5:51
Decker, Mary Jane	17 Oct 1904	5:46
Decker, Nellie C.	18 Jun 1898	4:46
Decker, Oscar	27 Jun 1901	4:51
Decker, S. Charles	04 Jan 1894	3:50
Decker, Sebastian	10 Nov 1886	2:39
Decker, William	19 Jan 1903	4:52
Decker, Wm.	24 Jan 1902	4:50
Deckerson, Claud	17 Aug 1899	4:47
Deckerson, Eliza	09 Jun 1904	5:47
Decoy, Charles	23 Feb 1872	1:134
Dedelbach, Julius	24 Feb 1888	2:40
Deeber, Lizze	22 Mar 1908	5:52
Deen, Michael	17 Oct 1881	1:148
Deer, Anna	12 Jun 1905	5:48
Deer, Byron	10 Jun 1897	4:45
Deering, Binka H.	10 Aug 1870	1:134
Defenbaught, C.	04 Jul 1883	1:148
Deffenbaugh, Ada	16 Apr 1906	5:49
DeForest, Elwood	26 Feb 1901	4:49
DeForest, Lida Ann	25 Aug 1900	4:49
Deforest, Michael	03 Jan 1879	1:142
Defosha, Ida	08 Feb 1892	2:44
Degan, Harry	01 Nov 1906	5:49
DeGarm, Anna Morgan	02 Sep 1897	4:45
Degenfelder, Michael	02 Jun 1874	1:138
Degering, Adolph	24 Dec 1894	3:51
Degman, Catherina	16 Oct 1901	4:50
Degman, Ollie	01 Feb 1889	2:41
Degman, Peter	01 Mar 1889	2:41
Degman, Thomas	01 Jul 1907	5:51
Degnan, Anna	23 Jan 1907	5:49
Degnan, Bridget	24 Apr 1907	5:51
Degnan, Eleonore	30 Jun 1901	4:50
Degnan, Harry	17 Apr 1906	5:49
Degnan, Harry	20 Mar 1892	2:44
Degnan, Joseph	01 May 1883	1:148
Degnan, Maria	Aug 1889	2:42
Degnan, Mary	16 Mar 1891	2:44
Degnan, Mary	16 Mar 1891	2:43
Degnan, Mary	21 ---	2:42
Degnan, Michael	17 Mar 1904	4:53
Degnen, James	29 Jan 1890	2:42
Degner, Infant	03 Apr 1903	4:53
Deguire, Henry	22 Feb 1901	4:49
Degun, Nicholas	09 Feb 1905	5:46
Dehart, Wilson E.	10 Mar 1905	5:46
DeHart, Wilson Everet	10 Mar 1905	5:46
Dehass, Esther	May 1903	4:52
DeHaven, Mary M.	12 Feb 1905	5:47
Deheven, Joseph	26 Apr 1875	1:138
Dehil, Fred	17 Dec 1890	2:42
Dehsle, Alfred	27 Feb 1893	2:45
Deibel, Amelia	14 May 1886	2:39
Deibolt, Katie	13 Sep 1884	2:38
Deifert, Wm. S.	19 Sep 1908	5:53
Deiger, Albian	01 Nov 1903	4:53
Deiger, Elizabeth	25 Sep 1894	3:52
Deiger, Jno.	11 Apr 1901	4:50
Deigleman, Cornelia	09 Aug 1900	4:48
Deigmeyer, Mary	05 Feb 1878	1:140
Deiker, Rosea	10 Jun 1875	1:138
Deinlein, Anna	02 Nov 1875	1:138
Deish, Christian	1872	1:134
Deiterisch, Flora	23 Aug 1886	2:39
Deitrich, Mary	29 Dec 1888	2:41
Deitrich, Prentrix	17 Apr 1879	1:144
Deitrick, John	30 Mar 1903	4:52
Dejnearkowski, Mary	03 Oct 1903	4:53
Dekay, Cathrine	15 Apr 1901	4:48
Dekay, Ernst	15 Dec 1877	1:140
DeKay, Josephine	23 Feb 1888	2:39
Dekay, Milton	08 Jan 1878	1:140
Deker, Charl.	09 Mar 1891	2:43
Delander, David	06 Feb 1906	5:48
Delander, Fred	09 Jul 1894	3:52
Delaney, Cathrene	01 Jan 1906	5:48
Delaney, Cathrerine	14 Nov 1893	3:50
Delaney, Eliza	24 Aug 1873	1:136
Delaney, Elizabeth	03 Feb 1907	5:51
Delaney, Elizabeth	04 Feb 1908	5:51
Delaney, John	05 Mar 1899	4:48
Delaney, Patrick	19 Jan 1899	4:46
Delaney, Thomas Francis	21 Aug 1898	4:46
Delang, Lizzie	18 Nov 1905	5:47
Delano, Ada May	16 Aug 1883	1:148

NAME	DATE	V/P
Delanty, Katherine	21 Jan 1896	3:53
Delany, Anna	01 Feb 1884	1:148
Delany, Everts	20 Feb 1876	1:140
Delany, John	24 Jan 1884	1:148
Delany, John E.	22 Dec 1879	1:144
Delarty, Dennis	19 Oct 1897	4:45
Delauter, Fred	13 Aug 1901	4:50
Delberg, Fidell B.	03 Apr 1889	2:42
Delbert, John	17 Oct 1889	2:42
Delby, Louis J.	19 Oct 1886	2:39
Delefored, Joseph	26 Jun 1891	2:44
Delehanty, Catherine	28 Oct 1900	4:49
Delehanty, Francis	20 Apr 1907	5:51
Delehany, Mary	07 May 1868	1:12
Delenbs, Freddy	20 Aug 1884	2:38
Delentha, Mary	03 Oct 1884	2:38
Delheim, Minnie	29 Mar 1896	3:52
Delie, William	19 Feb 1886	2:38
Deline, Mable Jane	03 Jan 1901	4:48
Deline, Nellie	14 Sep 1898	4:46
Dell, Elizabeth	21 Jan 1902	4:51
Dell, Selnia	24 Mar 1891	2:44
Dellane, Ama	04 Apr 1890	2:43
Dellany, Cora	20 Mar 1877	1:140
Deller, William	25 Aug 1878	1:142
Dellfas, Malinda	11 Jan 1900	4:47
Delona, Maretino F.	07 Dec 1890	2:43
DeLong, Jairus	11 Jul 1887	2:40
DeLong, William	15 Apr 18987	4:45
Delsle, Joseph Archer	27 Mar 1900	4:47
Dely, Lislet	01 Nov 1889	2:41
Dely, Peter Oliver	17 Dec 1893	3:50
Demar, Kowsky	15 Nov 1899	4:47
Demarkoska, Angelika	30 Sep 1894	3:52
Demarkowska, Maria	03 Oct 1904	5:46
Demay, Louis	15 Mar 1871	1:134
Dembek, Wlodislaw	15 Sep 1900	4:48
Demer, Mary M.	06 Oct 1869	1:50
Demero, Julia J.	18 Jun 1890	2:43
Demers, Louis	24 Sep 1904	5:46
Demeter, Louis	17 Jul 1908	5:53
Demko, Elizabeth	27 Apr 1906	5:49
Demko, James	23 May 1906	5:49
Demlar, Elsie	19 Sep 1902	4:51
Demmenger, Chas. A.	05 Jun 1869	1:58
Demmon, Henry	25 Jan 1869	1:30
Demny, Anton	26 Aug 1908	5:52
Demolt, William	05 Mar 1885	2:38
Demont, Michael	26 Dec 1904	5:47
Demorus, Christopher	04 Apr 1872	1:136
Demot, Elson	25 Mar 1882	1:146
Demott, Barbara	30 Apr 1877	1:140
DeMott, Henry	24 Mar 1908	5:50
Demott, Loucy A.	27 May 1893	3:50
Demott, Matilda	12 Jan 1879	1:142
Demper, Lawrence Allen	12 Jun 1902	4:50
Dempsey, James	05 Dec 1902	4:52
Demsey, John	04 Oct 1872	1:136
Demuth, Benj. F.	05 May 1871	1:134
Demuth, Catherine	14 Dec 1889	2:41
Demuth, Charles	16 Jul 1882	1:148
Demuth, Clara A.	---	1:146
Demuth, Clark	12 Aug 1880	1:144
Demuth, Dianna	30 Jun 1870	1:134
Demuth, Elizabeth	21 Jul 1882	1:148
Demuth, Frank A.	15 Sep 1881	1:146
Demuth, Frank L.	02 Apr 1875	1:138
Demuth, Harriet L.	07 May 1871	1:134
Demuth, Hattie	26 Jan 1881	1:146
Demuth, Howard	01 Sep 1884	2:38
Demuth, Ida May	27 Mar 1897	4:44
Demuth, Inf/o E.	11 Aug 1879	1:142
Demuth, John	18 Jul 1906	5:50
Demuth, Lyda	04 Mar 1904	4:52
Demuth, Lydia	02 Jan 1869	1:42
Demuth, Lydia Anna	14 Apr 1890	2:41
Demuth, Rosa	10 Apr 1903	4:53
Demuth, s/o Elijah	24 May 1885	2:38
Demuth, Wm. M.	07 Sep 1881	1:146
Demy, E.L.	12 May 1904	5:46
Deneal, Eunice	02 Feb 1882	1:146
DeNeal, William Andrew	17 Sep 1907	5:50
Denecke, Sophia	09 Mar 1881	1:144
Denhamm, John R.	13 Jan 1908	5:51
Denison, Irving J.	13 Nov 1890	2:43
Denman, Cecilia S.	28 Feb 1907	5:49
Denman, Claude	07 Aug 1890	2:42
Denman, Emeline	12 Feb 1908	5:51
Denman, Frankie	13 Feb 1904	4:53
Denman, Geo. A.	19 Oct 1885	2:39
Denman, Luke Miller	24 Dec 1894	3:51
Denman, Rob't C.	19 Dec 1870	1:134
Denman, s/o Oliver	16 Jul 1893	3:51
Denman, Susan	04 Aug 1890	2:42
Denney, Thomas	14 Mar 1877	1:140
Dennie, Ada	31 Dec 1893	3:50
Denning, Haddie	06 Nov 1885	2:39
Denning, Mary	03 Jun 1887	2:40
Denning, Wilford	19 Mar 1905	5:46
Dennis, Basil	11 Jun 1896	4:44
Dennis, Bula Gladys	25 Sep 1907	5:50
Dennis, C., Mrs.	30 Jan 1908	5:51
Dennis, Carrie May	04 Aug 1902	4:52
Dennis, Catherine, Mrs.	12 May 1900	4:48
Dennis, Clara E.	10 Jan 1902	4:51
Dennis, David O.	11 Apr 1899	4:47
Dennis, Edward A.	27 Feb 1871	1:134
Dennis, George	31 Mar 1884	2:38
Dennis, John	23 Jan 1891	2:42
Dennis, Lawrence G.	16 Oct 1905	5:47
Dennis, Lazed L.	11 Sep 1905	5:47
Dennis, Louisa	14 May 1884	2:38
Dennis, Maria	04 Aug 1900	4:49
Dennis, Mary	11 Aug 1886	2:39
Dennis, Mary A.	31 Jul 1883	1:148
Dennis, Mary Anna	13 Jan 1898	4:45
Dennis, Mary M.	18 Jan 1880	1:144
Dennis, Mary Magdeline	18 Feb 1901	4:49
Dennis, Mathias	30 Jul 1892	2:45
Dennis, Oliver	02 Jan 1894	3:50
Dennis, Opal Alma	05 May 1891	2:42
Dennis, Peter	15 Jul 1884	2:38

NAME	DATE	V/P
Dennis, Peter W.	09 Aug 1906	5:49
Dennis, Petter	23 Sep 1890	2:42
Dennis, Philip H.	25 Dec 1903	4:52
Dennis, Rachel A.	19 Nov 1880	1:144
Dennis, Rosa	23 Nov 1905	5:48
Dennis, Russell Elsworth	26 Feb 1892	2:44
Dennis, Tressie Belle	05 Feb 1891	2:42
Dennis, William C.	11 Oct 1904	5:46
Dennis, William F.	30 Dec 1907	5:50
Dennison, Sarah	13 Apr 1899	4:47
Dennisten, Thomas	1907	5:52
Denniston, Amle	01 Sep 1884	2:38
Denniston, Ann	04 Jan 1907	5:49
Denniston, William	29 Jun 1890	2:42
Deno, Andrew	16 Feb 1895	3:51
Deno, Joseph	17 Nov 1902	4:52
Deno, Rosina	01 Nov 1906	5:50
Dense, Lulu	27 Dec 1886	2:38
Densmeyer, Sophia C.	07 Jul 1875	1:138
Dent, Frederick	14 Aug 1895	3:52
Dent, George	07 Mar 1886	2:39
Dent, Julie	20 Oct 1884	2:38
Dent, Rosetta	20 Dec 1907	5:51
Dent, Rozeta	14 Dec 1906	5:49
Dentchmen, R.M.	11 Aug 1873	1:138
Denton, d/o George A.	26 Jan 1893	3:50
Denyen, Matilida	20 Apr 1896	4:44
Deobald, Lula	19 Aug 1896	4:44
Deoring, John	08 Mar 1884	1:148
Depenfelder, Julius F.	05 Apr 1888	2:40
Depenthal, Christopher	14 Feb 1888	2:40
Depenthal, Edna S.	01 Jul 1905	5:47
Depenthal, Ham J.	Jun 1904	5:46
Depenthal, John Henry	11 Apr 1898	4:46
Depenthaler, Philip	21 Feb 1888	2:40
Depenthall, John H.	21 Jul 1873	1:138
Depler, Eliza	11 Dec 1908	5:53
Deppen, Rosana E.	16 Dec 1904	5:46
Deppman, Geo.	27 Mar 1889	2:41
Dequender, Mary Anne	30 Mar 1891	2:42
Derbeck, Arnold	17 Aug 1897	4:45
Dere, Edward*	14 Aug 1882	
Derevernois, Conrad	28 Oct 1880	1:144
Derfing, Margret	28 Jan 1908	5:51
Derk, Elizabeth	20 Mar 1902	4:50
Derkman, Wm.	02 Oct 1908	5:52
Dermer, Edward	20 Jan 1872	1:136
DeRosa, Domminck	27 Mar 1877	1:140
Derose, Harrison W.	11 Nov 1901	4:50
Derr, C.W.	31 Dec 1902	4:51
Derreck, Gertrude	23 Apr 1907	5:51
Derrel, Frances C.	28 Feb 1871	1:134
Derrett, Charles	06 Dec 1892	2:45
Derthloff, Walter John	15 Aug 1901	4:50
Dertzman, Carrie	23 Jan 1888	2:40
Dertzman, Louise	04 Mar 1888	2:40
Deruerz, Caroline	15 Jan 1908	5:51
Derusha, Loyd	03 Oct 1907	5:50
Desaudrie, Sophia	15 Jul 1867	1:6
Desbeus, Louis	27 May 1890	2:43
Deschanawaz, Louis	09 May 1886	2:39
Deschatelet, Bertha	02 Jan 1893	2:45
DeScheltes, Dolpha	13 Aug 1894	3:52
Deseluis, Raymond	12 Aug 1905	5:48
Deseve, Romie	16 Jan 1897	4:44
Deshanaway, Henry	28 Dec 1906	5:49
Deshanaway, Maria	15 Dec 1906	5:49
Desheler, Lizzie	14 Mar 1893	2:45
DeShetlar, Nelly	01 Jul 1907	5:51
DeShetler, Anthony L.	Apr 1892	2:44
Deshetler, Arthur	09 Oct 1892	2:45
Deshetler, Clara	02 Jan 1894	3:50
DeShetler, Clory V.	27 Jan 1888	2:40
DeShetler, Lizzie M.	14 Mar 1893	2:45
Deshetler, Mary	27 Apr 1888	2:41
Deshetter, Olive	20 Sep 1905	5:47
Deshettler, Ralph	27 Jun 1905	5:48
Deshettler, S.	30 Sep 1896	4:44
Deshinger, Lena	15 May 1876	1:140
Deshler, Ida	Oct 1885	2:38
DeSilva, Manuel	12 Oct 1890	2:42
Desmond, Gertrude	12 Mar 1903	4:51
Desmond, Lewis	08 Aug 1898	4:46
Desmond, Patrick	01 Nov 1907	5:50
Desrocher, Gertrude	27 Apr 1891	2:44
Dessler, Casper	09 Jan 1892	2:43
Destel, William	12 Aug 1868	1:20
Desuer, Sarah	09 Apr 1902	4:51
Deszpoy, John	29 Nov 1908	5:53
Deters, Eliza	14 Sep 1868	1:22
Dethloff, Annie	15 Sep 1900	4:48
Dethloff, August	27 Oct 1899	4:48
Dethloff, Lawrence William	08 Mar 1906	5:47
Detloff, Edward	19 Dec 1899	4:47
Detloff, Frederick	13 Jan 1904	4:52
Detmiler, John	02 May 1904	5:46
Detra, Mary L.	30 Oct 1896	4:44
Dettman, Clarence	18 May 1907	5:52
Detwiler, Lucie	11 Apr 1894	3:51
Detwiller, Hannah Y.	15 Dec 1889	2:42
Detwiller, Isaac H.	26 Nov 1889	2:42
Detzer, Adam	13 Jan 1892	2:44
Detzer, Amelia	04 Jun 1902	4:51
Detzer, John R.	16 Feb 1898	4:46
Detzer, Maggie	13 May 1902	2:46
Detzer, Marry	10 Nov 1890	2:43
Deuasseau, Celina	07 Jul 1902	4:52
Deuce, David G.	19 Aug 1876	1:140
Deuhart, Herman	10 Oct 1900	4:49
Deuso, Olive	25 Jan 1873	1:136
Deutaebeax, Annie	28 Sep 1884	2:38
Deutchman, Robert	27 Jan 1905	5:46
Deutchman, Rudolph	18 Sep 1877	1:140
Deuthermen, Fred	10 Jun 1873	1:138
Deutscher, Joseph J.	19 Jul 1892	2:45
Deutschman, Frederick	15 May 1895	3:53
Devean, James	14 Jan 1874	1:136
Deveney, Unknown	16 Aug 1905	5:47
DeVere, Bessie	22 Oct 1900	4:49
Deviney, Daniel	16 Sep 1905	5:47
Devins, Catherine	02 Feb 1899	4:46

NAME	DATE	V/P
Devlin, Anna	15 Feb 1887	2:39
Devlin, Elizabeth	25 Jul 1901	4:51
Devlin, Peter	28 Nov 1901	4:50
Devlin, Winefred	May 1898	4:46
DeVreis, Charlotte	09 Jan 1895	3:52
Dewey, A.E.W.	29 Mar 1905	5:46
Dewey, Caroline	03 Jan 1880	1:144
Dewey, Chester	20 Feb 1879	1:142
Dewey, DeWitt C.	---	4:49
Dewey, Eddie J.	14 May 1903	4:52
Dewey, Edward G.	01 Mar 1876	1:138
Dewey, Frank H.	25 Jan 1877	1:140
Dewey, Frank R.	04 Dec 1871	1:134
Dewey, Mabel	22 Jul 1907	5:51
Dewey, Martin	12 Jun 1878	1:142
Dewey, Mary C.	19 Mar 1870	1:44
Dewey, William F.	05 Mar 1871	1:134
Dewire, Patrick	10 Dec 1872	1:136
Dewise, Edward	03 Apr 1872	1:134
Dewise, John	03 Apr 1872	1:134
Dewitt, Marion	23 Jan 1876	1:138
DeWolf, Mary C.	29 May 1879	1:144
DeWolf, Oscar F.	23 Dec 1892	2:45
Dewy, William	10 Dec 1906	5:49
Dexheimer, Louise T.	02 Oct 1904	5:46
Dexter, William	08 Apr 1884	1:148
Dextor, Lorenzo	13 May 1904	5:46
Deyer, Joseph	09 Oct 1889	2:42
Deynan, Leo	01 Jan 1891	2:43
Deynilt, Susanna	11 Feb 1869	1:4
Deyo, Edith	10 Mar 1880	1:144
Dezenreitzka, Paule	28 Sep 1894	3:52
Dezewiak, Frank	26 Oct 1894	3:51
Dial, Isaac W.	25 Aug 1907	5:51
Diamond, Beatrice	01 Apr 1903	4:52
Diamond, William	07 May 1889	4:47
Diamond, Wm.	07 May 1899	4:47
Dibble, Cora B.	09 Jul 1876	1:140
Dibble, Inf/o Wm. E.	03 Sep 1868	1:42
Dibert, Sarah	05 Jul 1906	5:50
Dick, Bertha	18 Jan 1892	2:44
Dick, Cecilia	03 Oct 1903	4:52
Dick, Herman	15 Jan 1890	2:43
Dick, John	05 Jan 1869	1:28
Dick, Mageline	07 Dec 1907	5:51
Dick, Richard	07 Feb 1900	4:47
Dick, Wilhelmina	11 Nov 1908	5:53
Dicke, A.C.	03 Apr 1908	5:53
Dicken, Dorcas	03 Jul 1903	4:52
Dicken, Nathan W.	08 Mar 1904	4:53
Dickens, John	01 Oct 1892	2:45
Dickenson, Charlotte M.	12 Mar 1896	4:44
Dickenson, Dan.	07 Jan 1887	2:39
Dickenson, Daniel	12 Apr 1888	2:40
Dickenson, Myrtle E.	17 Mar 1887	2:39
Dickenson, Renford	05 Feb 1886	2:39
Dickerson, Margaret Louise	14 Aug 1905	5:48
Dickerson, Rosamond P.	22 Apr 1901	4:50
Dickey, Myrtle R.	13 Nov 1895	3:52
Dickey, Vilda	27 May 1903	4:52
Dickinson, Albereto	06 Sep 1879	1:144
Dickinson, Alfred	03 Sep 1879	1:144
Dickinson, Luda	02 Sep 1879	1:144
Dickinson, Martha	30 Mar 1907	5:49
Dickinson, Mary C.	03 Jan 1905	5:46
Dickinson, Roy	25 Feb 1901	4:49
Dickinson, S.S.	25 Nov 1881	1:146
Dickman, Anna	02 Aug 1900	4:49
Dickman, Anna C.	03 Aug 1900	4:49
Dickman, Aurthur G	23 Jul 1905	5:47
Dickman, Frank	30 Jan 1876	1:138
Dickman, Helda	13 Feb 1893	2:44
Dickman, Marie M.	24 May 1901	4:51
Dickman, Mary E.	29 Jan 1908	5:51
Dickmender, Matilda	12 May 1875	1:138
Dickminder, Eliza	16 May 1879	1:144
Dickminder, J.F.	27 Sep 1879	1:144
Dickmunter, Jos.	11 Dec 1880	1:146
Dicks, Christina	27 Jul 1897	4:44
Dicks, William B.	14 Jan 1875	1:138
Dickson, Henry	25 May 1907	5:51
Diddbach, William	14 Aug 1870	1:134
Diebal, Mary S.	25 Dec 1898	4:46
Diebald, Geo. A.	01 Sep 1887	2:40
Diebald, Henry A.	04 Jul 1887	2:40
Dieball, Catherine	24 Aug 1878	1:142
Dieball, Helen	09 Mar 1900	4:49
Diebalska, Mariana	01 Jan 1904	4:53
Diebalt, Mary	25 Sep 1884	2:38
Diebel, Charles	16 Aug 1874	1:138
Diebel, Fred'k	26 Mar 1868	1:10
Diebel, Fritz	12 May 1881	1:146
Diebel, Lillie	09 Sep 1884	2:38
Dieber, Hermann	27 Aug 1870	1:136
Dieble, Louisa Christiana	17 Apr 1900	4:49
Diedrich, Amanda	25 Apr 1900	4:49
Diefenbach, Lorenz	31 Oct 1904	5:46
Diegelman, Cathy	22 Dec 1875	1:138
Diegelman, John	16 Jul 1891	2:44
Diehl, Arthur Philip	19 Nov 1897	4:45
Diehl, Charles F.	02 Feb 1885	2:38
Diehl, George H.	07 Sep 1902	4:51
Diehl, Julia A.	06 Jun 1895	3:52
Diehl, Lenhart Jacob	29 Jul 1892	2:45
Diehl, Phillip L.	22 May 1906	5:49
Diekman, Angeline	03 Oct 1885	2:38
Diekman, Anna Mary Minnie	15 Dec 1890	2:42
Dielinska, Marry	15 Oct 1890	2:43
Diell, Altha	10 Nov 1907	5:51
Diemer, Johanna F.	23 Aug 1887	2:40
Diemer, Mary	23 Sep 1878	1:142
Diemer, Olga	30 Jan 1890	2:41
Diena, Walter	01 Mar 1890	2:42
Dieringer, Theresia	07 Sep 1896	4:44
Dierker, Fannie L.	26 May 1887	2:40
Dierker, Gerhardt H.	22 Nov 1886	2:39
Dierks, Fred	29 Aug 1902	4:52
Dierks, Lottie	30 Apr 1898	4:45
Dierst, Fred'k	14 May 1901	4:50
Dieshe, Christina	1872	1:134

NAME	DATE	V/P	NAME	DATE	V/P
Diessing, Max	07 Aug 1893	3:50	Dirk, Betty Jane	20 Jun 1879	1:144
Dieteer, Carolline	31 Jul 1873	1:138	Dirkman, Anna	10 Mar 1890	2:42
Diether, Mary	24 Apr 1903	4:53	Dirkman, Eliz.	26 Oct 1885	2:38
Dietrech, Arthur A.E.	08 Feb 1896	3:53	Dirkman, Elizabeth	04 Nov 1887	2:40
Dietrich, Elma	03 Jan 1889	4:47	Dirkman, Frank	02 Jun 1878	1:142
Dietrich, Elma	03 Jan 1889	4:46	Dirkman, Henry	17 Jun 1893	3:50
Dietrich, Mary A.	03 Jul 1887	2:40	Dirkman, Lizzie	18 Jan 1878	1:142
Dietsche, Fridelin	11 Feb 1890	2:41	Dirr, Frederick	10 Apr 1907	5:51
Dietsh, Geo.	04 Jul 1868	1:16	Disales, Frank	01 Aug 1894	3:51
Dietzer, Rosa	27 Jun 1881	1:146	Discon, Ann	06 Jun 1874	1:138
Dietzler, Peter	05 Jan 1881	1:144	Disher, Anna A.	04 Jul 1907	5:50
Difenthaler, Matilda	19 Mar 1908	5:51	Disher, Bertha M.	22 Mar 1888	2:40
Digger, Edward	02 Jun 1905	5:48	Disher, Christ	17 Sep 1878	1:142
Dilgart, Clara V.	16 Sep 1898	4:46	Disher, Christian	17 Mar 1893	2:45
Dilgart, John Cranston	25 Jun 1898	4:46	Disher, David	17 Aug 1879	1:142
Dilger, Anna K.	03 May 1902	4:51	Disher, Elica	10 Jul 1883	1:148
Dilger, Conrad Louis	02 Sep 1903	4:52	Disher, Frederick	08 Mar 1887	2:39
Dilger, Josephine	18 Jan 1907	5:49	Disher, Henry	21 Nov 1899	4:47
Dilgert, Adalaide L.	01 Apr 1903	4:53	Disher, John	26 Oct 1894	2:42
Dilgert, Adaline	30 Mar 1903	4:51	Disher, John E.	05 Jan 1900	4:47
Dill, Catharine	18 Nov 1894	3:51	Disher, Lois Merie	25 Aug 1905	5:48
Dill, David S.	05 Sep 1887	2:40	Disher, Magaline	10 Feb 1908	5:50
Dill, Geo. Adam	15 Feb 1894	3:50	Disher, Magdalena	30 Mar 1882	1:146
Dill, George A.	27 Feb 1903	4:52	Disher, Mary	14 Mar 1889	2:41
Dill, John H.	26 Sep 1898	4:46	Disher, Mary	20 Aug 1889	2:41
Dill, Margret	06 Jun 1908	5:53	Disher, Mary M.	01 Feb 1896	3:52
Dill, Peter	05 Aug 1868	1:22	Disher, Rosa	02 Jul 1884	2:38
Dill, Wm.	31 May 1896	4:44	Disher, Samuel	04 Oct 1892	2:44
Dillen, Joseph	21 Aug 1875	1:138	Disher, Susanna	08 Jun 1884	2:38
Diller, Ellen	15 Sep 1881	1:146	Disher, Walter	14 Mar 1887	2:39
Dilley, Burton	24 Aug 1895	3:52	Dishinger, Fred	23 Mar 1896	3:52
Dilley, Wm.	08 Oct 1901	4:50	Dishinger, John	17 Jun 1872	1:136
Dillion, Thomas	27 Dec 1899	4:47	Dissons, Emma	23 Mar 1889	2:41
Dillman, Charles	13 Jul 1897	4:45	Dissons, Louis	28 Mar 1889	2:41
Dillon, Frederick Wm.	27 Feb 1880	1:144	Dissons, William	1889	2:41
Dillon, Inf/o John	06 Feb 1873	1:352	Distin, Martha Frances	24 May 1901	4:50
Dillon, James F.	30 Feb 1897	4:44	Ditch, Anna	15 Feb 1900	4:47
Dillon, John H.	22 Oct 1885	2:39	Ditch, Gust	16 Mar 1893	2:45
Dillon, Patrick	08 Feb 1879	1:142	Ditch, Vannetta	15 May 1901	4:48
Dillon, Patrick	25 Sep 1902	4:52	Ditchie, Cresentia	24 Jan 1906	5:48
Dillon, William	06 Jan 1904	4:53	Ditloff, Sophia	02 Feb 1889	2:41
Diltz, John	10 Sep 1902	4:51	Ditmer, d/o Henry	10 Jan 1896	3:53
Dimecke, Bertha*	13 Apr 1883		Ditmer, d/o Henry	10 Jan 1896	3:161
Dimm, Rosetta	01 Mar 1901	4:49	Dittebach, Emma	15 Feb 1888	2:41
Dimma, Tdesa	02 Feb 1896	3:52	Dittenbach, Nettie	09 Apr 1891	2:42
Dimmer, Clara B.	13 Sep 1880	1:144	Dittman, Albert H.	02 Nov 1889	2:42
Dimmer, Eliza	24 Mar 1897	4:44	Dittman, Theodore	11 May 1870	1:134
Dimmer, Elizabeth	31 Mar 1891	2:42	Dittmann, Alfred C.	20 Oct 1889	2:42
Dimmer, Frank	12 Sep 1907	5:50	Dittmar, Christian	28 Jun 1880	1:146
Dimmer, Frank	26 Sep 1899	4:47	Dittmer, Sophia	09 Mar 1898	4:45
Dimmer, Mary C.	09 Apr 1887	2:40	Ditzler, Andrew	14 Jan 1870	1:48
Dimmer, Mathew	30 Mar 1890	2:41	Dives, James S.	02 Apr 1872	1:134
Dimmer,Charles	11 Jul 1869	1:46	Divine, Mary	20 Jul 1873	1:136
Dingman, Hattie	03 May ---	2:42	Dix, P.A.	18 Oct 1906	5:50
Dingman, Maria	12 Feb 1879	1:142	Dixion, Geo. S.	11 Feb 1893	2:45
Dinkmeyer, Henry	20 Jul 1879	1:144	Dixon, Celia Katherine	25 Jan 1906	5:48
Dinsh, Edward Carl	12 Feb 1894	3:50	Dixon, Chas. S.	24 Jan 1887	2:39
Dinsler, Frank M.	20 Oct 1894	3:52	Dixon, Edward	23 Apr 1903	4:52
Dippie, George	30 Jul 1884	2:38	Dixon, Ellen	04 Nov 1907	5:51
Dippman, Charles	16 Sep 1904	5:46	Dixon, George	17 Jan 1879	1:142
Dippman, M. Tracy	16 Sep 1901	4:51	Dixon, Henry	06 Jul 1886	2:39

65

NAME	DATE	V/P
Dixon, Lettie	19 Nov 1907	5:51
Dixon, Rhoda	28 Feb 1905	5:46
Dixon, Unknown	26 Jun 1870	1:54
Dixon, William	18 Sep 1905	5:47
Dlin, Infant	25 Oct 1892	2:45
Doaheim, s/o Wm.	27 Feb 1896	3:53
Doanc, Azaline	16 Mar 1901	4:48
Doane, Inf/o T.C.	18 Aug 1885	2:39
Doane, Lucie	21 Oct 1899	4:47
Doarn, James M.	03 Mar 1900	4:48
Dobbick, Maria Anna	08 Feb 1901	4:49
Dobbins, T.L.	12 Feb 1907	5:49
Dobbs, David K.	19 May 1903	4:53
Dobeau, Mary	28 Nov 1893	3:50
Dobeck, Carl	30 May 1896	4:44
Dobek, Ida	22 Aug 1884	2:38
Dobson, Homer	18 Oct 1907	5:51
Dobson, Susan	31 Jan 1872	1:134
Dobszynski, Frank	30 Apr 1903	4:53
Doce, Edward C.	18 Feb 1893	2:45
Doctor, Katharine	22 Sep 1880	1:146
Dodd, David	29 Jan 1879	1:144
Dodd, Ezra S.	31 Dec 1892	2:45
Dodd, Grace M.	09 Nov 1902	4:52
Dodd, Mary	08 Feb 1908	5:50
Dodds, John	02 Jun 1890	2:43
Dodge, Bessie*	12 Mar 1883	
Dodge, Charles E.	09 Apr 1870	1:136
Dodge, Eddie C.	08 Mar 1870	1:54
Dodge, Frederick	20 Jan 1884	1:148
Dodge, Frederick B.	01 Jan 1893	2:45
Doe, John	20 Jun 1904	5:46
Doe, Mrs. A.	30 Jan 1906	5:47
Doelker, Ruby	17 Feb 1900	4:48
Doering, Augustus	17 Aug 1872	1:136
Doering, Emma	17 Sep 1890	2:43
Doering, Marguerite	15 Sep 1893	3:50
Doering, Wm.	02 Dec 1892	2:46
Doesing, John	31 Mar 1891	2:42
Doff, Thos. E.	14 Oct 1867	1:6
Dogis, Inf/o Wm.	26 Mar 1869	1:34
Dohaney, Edelia	---	2:40
Dohaney, William	---	2:40
Doherty, Margaret	30 Nov 1868	1:26
Dohl, Christ	08 Sep 1879	1:144
Dohr, Emma	27 Jan 1889	2:40
Dohr, Martin	19 Dec 1903	4:53
Dohr, Martin	19 Dec 1903	4:52
Dohr, Mathias, Sr.	31 Mar 1906	5:48
Dolan, Elizabeth	Aug 1893	3:50
Dolan, James	16 Dec 1905	5:48
Dolan, James J.	17 Dec 1905	5:47
Dolan, Mary	13 Apr 1899	4:47
Dolan, Mary	18 Jan 1891	2:43
Dolan, Mary	30 Oct 1908	5:52
Dolan, Norman John Joseph	19 Aug 1908	5:53
Dolanty, Cora	13 Dec 1877	1:140
Dolata, Julia	13 Jul 1895	3:53
Dolata, Paulina	05 Sep 1895	3:53
Dolata, s/o Mike	11 Oct 1896	4:44

NAME	DATE	V/P
Dolkmeyer, Rosa A.	16 Nov 1877	1:140
Doll, Lillian C.	11 Feb 1904	4:53
Dollas, John	16 Jan 1876	1:140
Dolph, Amelia	28 Mar 1879	1:142
Dolph, Orlin Charles	06 Nov 1906	5:49
Dolski, Waldyslawa	18 May 1906	5:49
Dolson, Ann	18 Nov 1875	1:140
Dolta, s/o Mike Dolata	11 Oct 1896	4:44
Doltmier, Bennie	10 Oct 1905	5:48
Doltmier, Edward	20 Jan 1906	5:48
Dolyner, Frank Max	09 Sep 1899	4:47
Domager, John J.	13 Apr 1890	2:43
Domazyn, Leon	12 Sep 1903	4:52
Dombromsky, Margaret	03 Mar 1893	2:45
Dombroski, Fred	20 Jul 1900	4:48
Dombrosky, Wm.	09 Feb 1894	3:50
Dombrowski, Lokadya	11 Jul 1907	5:51
Dombuvski, Constantine	28 Apr 1890	2:43
Domer, Caroline	21 Jul 1891	2:44
Domger, John J.	13 Apr 1890	2:43
Domhoff, Engeline	01 Sep 1891	2:44
Domhoff, Victor D.	10 Aug 1888	2:41
Dominiak, Henry K.	13 Jun 1908	5:52
Dominique, Joseph	26 Jun 1885	2:38
Domnick, Fay*	01 Apr 1897	
Domonkos, John	25 Sep 1905	5:48
Domonkos, Julius	14 Sep 1905	5:48
Domoskos, Mike	17 May 1906	5:49
Dompier, Laurence A.	12 Jun 1902	4:50
Domroase, Otto	1879	1:144
Donaher, Bridget	01 Mar 1888	2:40
Donahu,, Elsa	20 Jan 1881	1:144
Donahue, Anna	23 Jun 1886	2:39
Donahue, Bridget	03 Jan 1878	1:140
Donahue, Catharine	04 Oct 1888	2:41
Donahue, Catharine	07 Aug 1891	2:44
Donahue, Dennis	31 Aug 1889	2:42
Donahue, Jerry	25 Feb 1899	4:46
Donahue, Mary	24 Nov 1897	4:45
Donahue, Peter	06 May 1902	4:52
Donahue, s/o Andrew	15 Nov 1897	4:45
Donahue, Sylvester	13 Jan 1880	1:144
Donald, Francis J.	1871	1:134
Donaldson, Eva M.	20 Sep 1899	4:47
Donaldson, Mary	26 Jan 1907	5:50
Donaldson, Mary	27 Dec 1894	3:51
Donaldson, Teresa	14 Aug 1908	5:53
Donaldson, Theresa	16 Aug 1908	5:52
Donaldson, Thos. Alex.	25 Oct 1868	1:26
Donarski, Joseph	20 Dec 1906	5:49
Donavan, Nellie	28 Sep 1873	1:138
Doncoes, Isabel E.	13 Mar 1897	4:44
Doncoes, Napsoleon	19 May 1894	3:52
Donconski, Dorothy	26 Feb 1892	2:44
Done, R.	30 Jul 1905	5:47
Donebrowska, Mary	19 May 1895	3:51
Donelly, Catherine	01 Mar 1906	5:48
Donelly, Grace	23 Jan 1887	2:39
Donelly, Mathews	25 Mar 1902	4:51
Doner, Anna	27 Nov 1905	5:47
Doner, Harry	09 Aug 1895	3:53

NAME	DATE	V/P	NAME	DATE	V/P
Doner, Margaret	30 May 1903	4:53	Dore, John L.H.	17 Jun 1899	4:47
Donevan, Wm.	11 May 1877	1:140	Dore, Patrick	06 Sep 1900	4:48
Donhou, Emma	14 Aug 1870	1:134	Dore, Walter	02 May 1886	2:39
Donihof, Josephine	31 Jan 1872	1:134	Dorell, Katherine	02 Oct 1905	5:47
Donker, Seibert	25 Mar 1906	5:48	Doremus, Christopher	04 Apr 1872	1:134
Donnally, Mary	22 Apr 1904	5:46	Doren, Leo	01 Jun 1895	3:52
Donnavan, Richard	12 Sep 1893	3:50	Doren, Mary Z.	15 Aug 1895	3:52
Donneher, Winefred	01 Nov 1869	1:58	Doren, Ruben R.	14 Oct 1874	1:138
Donnelly, Catharine	28 Jan 1895	3:52	Doren, Sarah	27 Mar 1892	2:44
Donnelly, Catherine	07 Jan 1901	4:49	Doren, Thomas	25 Feb 1874	1:138
Donnelly, James	02 Jan 1893	2:45	Dorfe, Anna	22 Oct 1905	5:47
Donnelly, Mabel	13 May 1902	4:52	Dorfe, Nancy Ann	22 Oct 1906	5:49
Donnelly, Mary N.	31 Aug 1898	4:46	Doris, Lillian	29 Sep 1903	4:52
Donnelly, Patk.	29 Jan 1895	3:52	Dority, Charles	07 Feb 1899	4:46
Donnelly, R.	11 Dec 1902	4:51	Dority, Elizabeth	28 Mar 1891	2:43
Donnelly, Thos.	12 Jan 1887	2:39	Dority, Emma J.	03 Jul 1900	4:49
Donnelly, Thos. H.	09 Mar 1905	5:46	Dority, Marion	06 May 1905	5:48
Donnelly, W.J.	08 Nov 1897	4:45	Dority, Musa L.	15 Aug 1873	1:136
Donnely, Bernard	16 Sep 1904	5:46	Dority, Patrick	Mar 1877	1:140
Donnely, Mary	14 Nov 1904	5:47	Dorman, Minnie B.	05 Feb 1899	4:46
Donoher, James	03 May 1885	2:38	Dormas, Sarah	15 Sep 1908	5:53
Donoher, Patrick	28 Nov 1900	4:49	Dorn, Chas.	17 Jan 1868	1:8
Donoher, Sarah	01 Sep 1883	1:148	Dorn, John	07 Jul 1899	4:47
Donohue, Denis	10 Mar 1896	4:44	Dorn, Lawrence Joseph	20 Jul 1899	4:47
Donohue, Ellen*	31 Dec 1882		Dorn, Mary	19 May 1894	3:52
Donohue, Jerry	31 Dec 1901	4:50	Dornberger, John	02 Sep 1878	1:142
Donohue, Marshall	11 Jan 1871	1:134	Dornberger, Mary	26 Jan 1882	1:146
Donohue, Rogers	19 Jan 1906	5:47	Dornberger, Rosa	20 Apr 1905	5:47
Donoti, Blanche E	22 Oct 1907	5:51	Dorne, Paul C.	01 May 1872	1:136
Donoughuelath, O.	30 Sep 1879	1:144	Dornhoff, Frederick L.	24 Oct 1892	2:45
Donovan, Catherine	27 Dec 1883	1:148	Dornsky, John	17 Jul 1892	2:45
Donovan, Dan'l	25 May 1874	1:138	Doroth, Danst	04 Jul 1905	5:47
Donovan, Gertrude L.	06 Jan 1882	1:146	Dorr, Arthur Ellsworth	08 Jan 1900	4:47
Donovan, John	03 May 1902	4:52	Dorr, Caroline H.	07 Jan 1893	2:45
Donovan, John	26 May 1868	1:14	Dorr, Carrie H.	01 Feb 1901	4:49
Donovan, Patrick	24 Dec 1886	2:39	Dorr, Charles A.	01 Dec 1901	4:50
Donphey, W.	16 Feb 1875	1:138	Dorr, Charles M.	20 Apr 1870	1:134
Doolan, Bridget	15 Jul 1869	1:56	Dorr, Chas. B.	19 Dec 1887	2:40
Dooley, Annie	02 Feb 1908	5:50	Dorrell, Grace Marie	21 Jan 1908	5:50
Dooley, Catharine	20 Feb 1872	1:134	Dorrin, Anna	15 Oct 1904	5:47
Dooley, Catherine	05 Nov 1905	5:48	Dorrsife, Isaac W.	07 Sep 1902	4:52
Dooley, Chas.	02 Sep 1896	4:44	Dorsell, Edward Nathan	16 May 1903	4:52
Dooley, Delia	31 Mar 1901	4:49	Dorsey, s/o Daniel J.	07 Dec 1902	4:51
Dooley, Inf/o Michael	11 Jan 1872	1:134	Dorsey, Unknown	01 Mar 1869	1:38
Dooley, Leo R.	02 Dec 1895	3:53	Dorshum, M.	14 Jun 1868	1:14
Dooley, Matilda	19 Dec 1896	4:44	Dorty, Alles	28 Dec 1896	4:44
Dooley, Michael	03 Feb 1888	2:40	Dose, Charles	17 Dec 1895	3:53
Doolittle, Sarah E.	23 Nov 1872	1:136	Dose, Elizabeth	21 Mar 1868	1:10
Dooner, Frank M.	21 Jun 1893	3:50	Dose, Henry	09 Nov 1904	5:46
Dooner, Martain	10 Nov 1890	2:43	Dose, John	01 Oct 1893	3:50
Dooner, Patrick	02 Aug 1880	1:146	Dospoy, Stephan	11 Jul 1908	5:53
Doramus, John	17 Jan 1894	3:50	Dotliff, Cora	Feb 1908	5:51
Doran, Harold A.	20 Aug 1901	4:50	Dotson, George	13 Aug 1868	1:42
Doran, James	15 Jan 1905	5:47	Dotson, Margaret A.	06 Sep 1894	3:51
Doran, James	20 Apr 1893	3:51	Dottener, W.H., Mrs	23 Apr 1902	4:51
Doran, James	27 Jan 1891	2:43	Doty, Elisha	16 May 1884	2:38
Doran, John	17 Mar 1902	4:50	Doty, Hazel Florence	28 Jan 1890	2:41
Doran, Michael	07 Sep 1887	2:40	Doublinger, Peter	22 Dec 1900	4:48
Doran, Robert Ray	03 Feb 1881	1:144	Doucher, Joseph	14 Jun 1891	2:44
Doran, Thomas Patrick	29 Dec 1893	3:50	Doudno, Carral	25 May 1908	5:52
Dorath, Dora	04 Feb 1891	2:43	Douetin, Patrick	28 Nov 1900	4:49

NAME	DATE	V/P
Douetine, Dennis	21 Nov 1900	4:49
Douetine, Mary	30 Dec 1900	4:49
Dougan, William	06 Aug 1893	3:50
Dougherty, Jenny	24 Feb 1904	4:53
Dougherty, John	27 Sep 1890	2:42
Dougherty, Mary A.	11 Mar 1874	1:136
Douglas, Eliza	29 Feb 1890	2:41
Douglas, George	20 Dec 1903	4:53
Douglas, Henry	10 Jan 1873	1:136
Douglas, Jane	17 Jan 1899	4:46
Douglas, Joseph M.	13 Apr 1868	1:12
Douglas, Joseph McLain	12 Dec 1896	4:44
Douglas, Julianna	20 Oct 1874	1:138
Douglass, Charles	17 Mar 1904	4:53
Douglass, Christ C.	15 Sep 1904	5:46
Douglass, Elinore Barnhart	18 Nov 1901	4:50
Douglass, John A.	22 Dec 1880	1:146
Douglass, Lucella C.	01 Jun 1879	1:144
Douglass, Marg.	03 May 1881	1:146
Douglass, Unknown	04 Aug 1904	5:46
Doukard, Louis	02 Nov 1883	1:148
Dounahue, Flora	14 Aug 1878	1:142
Doust, Bessie	10 Jul 1906	5:48
Dovean, John	16 Aug 1893	3:51
Dover, Lucy O.	28 Aug 1892	2:45
Dovsh, Lanny	27 Aug 1895	3:53
Dovshinski, Kittie	18 Aug 1891	2:44
Dow, Ella	11 Jul ---	1:148
Dow, John	06 May 1906	5:49
Dow, Mary	15 Feb 1869	1:32
Dowd, Ida Anne	31 Aug 1873	1:136
Dowd, Royal M.	29 Sep 1896	4:44
Dowd, Walter Leo	16 Jul 1902	4:51
Dowell, Edith	28 Oct 1890	2:43
Dowell, Sarah	02 Jan 1906	5:48
Dowler, Howard Francis	26 Jul 1889	2:41
Dowling, Agnes Elta	22 Dec 1896	4:44
Dowling, Alice	11 Mar 1869	1:36
Dowling, Cecil	21 May 1905	5:48
Dowling, Daniel	02 Apr 1897	4:45
Dowling, Edward	Jul 1893	3:50
Dowling, Elizabeth	13 Aug 1893	3:50
Dowling, Elizabeth	21 Aug 1903	4:53
Dowling, Ellen	Feb 1894	3:50
Dowling, Harry	27 Sep 1902	4:51
Dowling, John	28 Jul 1868	1:18
Dowling, John Mathew	09 Jan 1891	2:42
Dowling, Julia	20 Mar 1908	5:51
Dowling, Margaret	30 Nov 1892	2:45
Dowling, Margreth	28 Nov 1897	4:45
Dowling, Mary Marg.	22 Apr 1896	4:44
Dowling, Patrick Joe.	02 Jul 1893	3:51
Dowling, Petter Joseph	23 Sep 1891	2:43
Dowling, Thomas	28 Sep 1902	4:52
Downend, Rebeca	21 Apr 1895	3:52
Downend, W.J., Sr.	04 Nov 1900	4:48
Downer, Raymond	03 Nov 1908	5:160
Downes, Mildred	16 Jun 1892	2:45
Downey, Adaline Francis	09 Nov 1900	4:49
Downey, Catherine	28 Oct 1907	5:52
Downey, John	17 Nov 1893	3:50
Downey, Michael	04 Jan 1874	1:138
Downey, Samuel	27 Nov 1892	2:45
Downig, Walter J.	22 Mar 1895	3:52
Downing, Budd	01 Mar 1894	3:51
Downing, d/o Roger	03 Nov 1907	5:52
Downing, John	Aug 1887	2:40
Downs, Geo.	14 Apr 1901	4:50
Downs, John	20 Jul 1903	4:53
Downs, Julia	19 Sep 1902	4:52
Downs, Mary	04 Oct 1887	2:39
Downs, Samuel, Dr.	18 Sep 1900	4:48
Dows, Mary	12 Dec 1893	3:50
Doyfer, Frank H.	17 May 1895	3:53
Doyl, Thos. E.	14 Jul 1895	3:53
Doyle, Anna S.	17 Apr 1872	1:136
Doyle, Cecil	21 Jul 1895	3:53
Doyle, Clementine	03 Aug 1878	1:142
Doyle, Eleanor	17 Jun 1872	1:136
Doyle, Elzie	20 Jan 1892	2:44
Doyle, Frederick E.	Apr 1878	1:140
Doyle, Fred'k	21 Apr 1878	1:142
Doyle, Harold	05 Aug 1894	3:51
Doyle, James	12 Feb 1906	5:48
Doyle, James	26 Oct 1907	5:52
Doyle, James	29 Mar 1905	5:47
Doyle, James H.	17 Jul 1872	1:136
Doyle, James H.	17 Mar 1908	5:50
Doyle, John H., Jr.	17 Jul 1876	1:140
Doyle, Louisa	12 May 1899	4:47
Doyle, Margaret E.	25 Feb 1901	4:49
Doyle, Marie	07 Dec 1890	2:42
Doyle, Mary	20 Nov 1894	3:52
Doyle, Mary K.	12 Sep 1881	1:146
Doyle, Michael F.	04 Mar 1880	1:144
Doyle, Mrs.	05 Aug 1872	1:136
Doyle, Peter	05 Oct 1877	1:142
Doyle, Thomas	05 Jan 1881	1:146
Doyle, Thomas	21 Aug 1889	2:42
Doyle, Thomas	21 Sep 1897	4:45
Dozen, Amelia W.	20 Mar 1889	2:41
Dozen, Emma	23 Mar 1889	2:41
Dozen, Louis August	28 Mar 1889	2:41
Dozen, Wm. August	27 Mar 1889	2:41
Drabeck, William	07 Oct 1888	2:41
Drabik, Loue	31 Aug 1890	2:43
Drabyelak, Mary	13 Jan 1896	4:44
Drackett, Alfraretta D.	20 Nov 1888	2:41
Drackett, Martha	14 Aug 1897	4:45
Draeger, Charles Emil	20 Oct 1908	5:52
Draessler, Frank	02 Oct 1898	4:46
Draft, Augusta	19 Feb 1904	4:53
Draft, Elfried	17 Jan 1909	5:52
Drafts, Elizabeth	13 Sep 1872	1:136
Drafts, Julius	20 Sep 1897	4:45
Drager, Rudolph	30 Nov 1897	2:44
Drago, Jane	Dec 1881	1:148
Dragon, Andrew	03 Mar 1894	3:51
Draheim, Arthur	09 Mar 1896	3:53
Draheim, Augusta	25 Jul 1891	2:44

NAME	DATE	V/P	NAME	DATE	V/P
Draheim, Gustave	18 Mar 1904	4:53	Driscol, Jerry	04 May 1891	2:44
Draheim, Gustave	18 Mar 1904	4:52	Driscoll, Daniel	03 Sep 1893	3:51
Draheim, Herman	22 Oct 1902	4:51	Driscoll, Frank	03 Jul 1901	4:50
Draheim, Wm.	16 Feb 1891	2:43	Driscoll, Hetta	19 Jul 1884	2:38
Drake, Emorey	15 Jan 1901	4:49	Driscoll, Jeremiah	27 Mar 1877	1:140
Drake, Frederick	07 Jul 1902	4:51	Driscoll, John M.	14 Aug 1874	1:138
Drake, Ira W.	10 Aug 1903	4:53	Driscoll, Patrick	13 Mar 1885	2:38
Drake, Lucy	26 Mar 1903	4:52	Driskell, Daniel	15 Aug 1870	1:134
Drake, Mary Jenette	07 Dec 1898	4:46	Driskell, Inf/o Pat	17 Oct 1875	1:138
Drake, Nathaniel	20 Dec 1887	2:40	Driver, Elizabeth	04 Nov 1892	2:45
Drake, Ruby E.	07 Apr 1870	1:134	Driver, Inf/o Henry	18 Aug 1871	1:134
Drake, Ruth A.	07 Feb 1904	4:53	Driver, Peter	01 Sep 1908	5:53
Draper, Albert	03 May 1890	2:43	Droessler, Ann	23 Dec 1894	3:51
Draper, Albert	03 May 1890	2:42	Droessler, Leo	18 May 1893	3:50
Draper, Ella L.	30 Oct 1900	4:49	Drohen, David	Oct 1875	1:138
Draper, Elmore Delano	05 Aug 1899	4:47	Drohnen, Patric	24 Aug 1872	1:136
Draper, Eva Bessie	07 Jan 1874	1:136	Dromlard, Mary	21 Jan 1894	3:50
Draper, Frederick W.	18 Jan 1900	4:47	Dromm, Adam	27 Jun 1882	1:148
Draves, Rebecka	Jun 1905	5:47	Drotz, John	16 Jun 1908	5:52
Dravo, Mary	17 Jun 1901	4:50	Drouillard, Cefory	14 Nov 1873	1:136
Draw, d/o Edward J.	02 Aug 1904	5:46	Drouillard, Charles S.	03 Dec 1902	4:52
Drayer, Bartlett	03 Mar 1900	4:48	Drouillard, Hazel M.	14 Jan 1901	4:48
Drayer, Fred	09 Jul 1881	1:146	Drouillard, Lucy	08 Oct 1896	4:44
Drayton, Henry	31 Mar 1901	4:49	Drouillard, Mary	11 Dec 1898	4:45
Drefsel, Robert	11 Aug 1882	1:148	Drouillard, Stephen	01 Dec 1897	4:45
Dreher, Grace	14 Nov 1907	5:51	Drozdezjinski, Stewart	31 Jul 1903	4:53
Dreier, Hanna	23 Feb 1906	5:48	Drozynski, John	28 May 1906	5:49
Drella, d/o Joseph	23 Jan 1907	5:49	Druds, Katie	08 Aug 1898	4:46
Drems, Charles	---	2:38	Drudzinski, Dora	07 Oct 1895	3:53
Drennan, Jane	23 Feb 1878	1:140	Druer, Charles	07 Nov 1907	5:51
Drennan, Louisa	07 Feb 1908	5:50	Druger, Walter	17 Jan 1897	4:44
Dreper, Ellen B.	13 Sep 1871	1:134	Druior, Gertrude	22 Jul 1900	4:47
Dreryons, Thomas*	10 Nov 1882		Druior, Roselie	12 Oct 1870	1:134
Dresceck, Mary	15 Apr 1891	2:44	Drullard, Lawrence	10 Dec 1905	5:48
Dresha, Wm.	20 Dec 1890	2:42	Drum, A. John	05 Apr 1872	1:136
Dressel, Adam	08 Nov 1902	4:51	Drummond, Calvin M.	20 Feb 1904	4:52
Dressel, John	03 Feb 1873	1:136	Drummond, Frank Alfred	20 Jul 1908	5:52
Dressel, John	26 Oct 1893	3:50	Drummond, Olive E.	01 Mar 1905	5:46
Dressel, Mary	24 Jan 1890	2:42	Drurey, Wm.	13 Jul 1873	1:138
Dressell, Byron	30 Jan 1885	2:38	Drury, Albert W.	29 Nov 1906	5:50
Dresser, Chas. A.	23 Oct 1896	4:44	Drury, Cartha	08 Mar 1901	4:48
Dresser, Frank	31 Aug 1908	5:52	Drury, Dorcas Ethel	06 Jan 1899	4:46
Dresser, Myrtle R.	07 Apr 1887	2:40	Drury, Michael	12 Apr 1874	1:138
Dressler, Anna	23 Dec 1894	3:51	Drust, Evelyn	18 Oct 1906	5:49
Dressler, Anna	23 Dec 1894	3:35	Druszinski, Frank	27 Sep 1902	4:51
Drew, Frank E.	25 Mar 1901	4:49	Druyans, Leo	09 Oct 1896	4:44
Drew, William	04 Apr 1894	3:51	Druyar, Barand A. Wm.	06 Nov 1898	4:46
Drewiski, Alois	25 Sep 1902	4:51	Druyor, Lizzie	12 Jan 1897	4:44
Drewlow, John	04 Jul 1899	4:47	Druyor, Renzie	09 Mar 1888	2:39
Drews, Fredericka	18 Jan 1894	3:51	Druyor, Sophia	21 Feb 1874	1:136
Drewyor, Josephine	09 May 1906	5:49	Druyor, Thos.	16 Feb 1901	4:48
Dreyer, Christian F.	02 Dec 1904	5:47	Dryer, Albert	20 Jun 1880	1:146
Dreyer, Walter	06 Aug 1904	5:46	Dryer, Fred	16 Nov 1901	4:51
Drieks, Emma	07 Dec 1887	2:40	Dryer, Maria	07 Aug 1895	3:53
Drier, Paul	05 Jul 1868	1:16	Dryla, Joseph	26 Aug 1906	5:49
Drier, Tina	22 Feb 1890	2:41	Drzcwicker, Theresa	22 Sep 1888	2:41
Driers, Hannah	15 Jan 1884	1:148	Drzewicki, Ludwiski	15 Sep 1899	4:48
Drilla, John	17 Oct 1897	4:45	Drzewicki, Salla	22 Dec 1899	4:48
Drionllord, Mary	21 Jan 1893	3:51	Drzewicko, Pelayia	22 Aug 1904	5:46
Drisch, Katherine	19 Nov 1902	4:52	Drzewieki, John	05 May 1895	3:53
Driscol, Annie	14 Mar 1891	2:43	Drzewieski, Mik.	17 Dec 1906	5:49

NAME	DATE	V/P
Drzmorkowski, John	20 Sep 1908	5:52
Duback, Matilda	18 Aug 1874	1:138
Dubel, Inf/o C,	17 Mar 1868	1:10
Dubick, Fred	16 Aug 1886	2:39
Dubois, Barbara	14 Nov 1894	3:51
Dubois, Emma	30 Sep 1888	2:39
Dubois, Joseph	31 Jul 1892	2:45
Dubois, Victor	19 May 1882	1:148
Dubois, Wm.	19 Jul 1892	2:46
Duboys, Julian	10 Jun 1884	2:38
Dubri, Angle	14 Nov 1892	2:45
Dubry, Steven	28 Sep 1902	4:51
Duby, Jeremia	21 Feb 1899	4:46
Ducia, Anna	24 Apr 1870	1:52
Ducia, Augustus	10 Nov 1880	1:148
Ducia, Edward	23 Dec 1888	2:41
Ducie, Christopher	06 Oct 1870	1:134
Duck, Henry	01 Sep 1886	2:39
Duck, Jessie M.	06 Aug 1881	1:146
Duck, John	26 Aug 1885	2:39
Duck, John	28 Jun 1900	4:47
Duck, Robert	07 Nov 1906	5:49
Duck, Tiffie A.	05 Aug 1881	1:146
Duddistion, Arthur	18 Nov 1906	5:50
Dudek, Adam	11 Dec 1897	4:45
Dudek, Mary	01 Nov 1908	5:52
Dudek, Mary	30 May 1889	2:42
Duden, Carl Otto	05 Jan 1904	4:53
Duden, Karl	05 Jan 1904	4:53
Duden, William	07 Feb 1904	4:53
Dudley, Julia	25 Mar 1899	4:46
Duduck, Agnes	01 Sep 1894	3:51
Duenberg, John	23 May 1903	4:54
Duenki, Walter	15 Jan 1903	4:51
Duerr, Dorothy G.	09 Jul 1902	4:52
Duerr, Dorthy Gladys	09 Jul 1902	4:51
Duerringer, Dora	05 Sep 1872	1:134
Duerringer, George	02 Nov 1883	1:148
Duesing, Gertrude Martha	11 Jun 1899	4:47
Duesing, Otto	07 Mar 1902	4:50
Duesler, Mercy	06 Dec 1900	4:49
Duetcher, Henry E.	15 Feb 1903	4:52
Dufendeifer, d/o Otto	12 Feb 1901	4:48
Dufenthaler, George	28 Apr 1870	1:60
Duff, Elizabeth	14 May 1906	5:50
Duff, Lola	04 Nov 1880	1:144
Duff, Minnie	16 Jan 1897	4:44
Duffenderfer, Rosy	27 Dec 1897	4:45
Dufferin, James	06 May 1907	5:51
Duffey, Mary	15 Mar 1877	1:140
Duffey, Mary	30 Dec 1890	2:43
Duffie, s/o Joseph	13 Mar 1893	2:45
Duffield, Unknown	12 Feb 1880	1:142
Duffield, Wm. Erie	14 Jan 1873	1:136
Duffner, Andrew	08 Sep 1903	4:52
Duffy, Anna	14 Jan 1901	4:49
Duffy, Helen	05 Jul 1890	2:43
Duffy, James	06 Aug 1906	5:50
Duffy, Jos., Jr.	25 Jul 1907	5:51
Duflain, Lena	08 Mar 1900	4:48
Dugaid, Clara Gordon	26 Dec 1898	4:46
Dugall, Owen	---	2:40
Dugan, Ellen	31 Oct 1891	2:44
Duggan, Bridget	06 Dec 1907	5:51
Duggan, Lizzie	12 Jul 1875	1:138
Duggan, Mary A.	07 Mar 1904	4:53
Duggan, Timothy	26 Jan 1868	1:38
Duglass, Mary	28 Nov 1875	1:138
Dugles, Adman	24 Mar 1879	1:142
Duguid, Elizabeth Watson	04 Sep 1901	4:50
Duguid, Walter Collins	10 Jul 1903	4:53
Duguid, William G.	Dec 1878	1:142
Duhneel, Eunice	06 Dec 1904	5:46
Duicbicki, James	16 May 1908	5:52
Duiner, Clara	06 Jun 1868	1:6
Duinn, Charles	30 Jul 1891	2:44
Duitweiller, Walter	20 Feb 1900	4:47
Duke, James	23 Feb 1901	4:48
Dukes, Lloyd	19 Jul 1907	5:51
Duket, Astor	11 Jun 1897	4:45
Duket, Joseph	06 Mar 1900	4:48
Duket, Marcel	10 Jul 1907	5:50
Dulak, Frank	12 Jul 1897	4:45
Dulak, Helena	30 Jun 1897	4:45
Dulak, Martha	05 Jul 1897	4:45
Dulan, John	13 Dec 1891	2:44
Dulinske, Lorenz	02 Dec 1898	4:46
Dulinski, Lorenz Isaac	21 Oct 1893	3:51
Dulinski, Maria	24 Oct 1893	3:51
Dull, Frank Y.	09 Feb 1908	5:51
Dulla, Andrew	22 Feb 1907	5:49
Dullmander, William	29 Jan 1905	5:46
Dulsa, John	29 Oct 1908	5:53
Dultmeyer, William	Sep 1898	4:46
Dulton, Minnie	17 Jul 1895	3:52
Dumay, Evilena	29 Oct 1872	1:136
DuMay, John	10 Aug 1867	1:4
Dummer, Arthur	28 Sep 1908	5:52
Dummer, Chas. J.	19 Mar 1872	1:134
Dumo, Albert	19 Dec 1900	4:49
Dunarski, Mary	26 May 1905	5:47
Dunbar, Francis	03 May 1884	2:38
Dunbar, James	21 Jun 1900	4:49
Dunberger, Mary	22 Feb 1899	4:46
Duncan, Edward B.	17 Mar 1894	3:51
Duncan, Hattie	24 Nov 1879	1:144
Duncan, Inf/o Andrew	09 Jul 1879	1:144
Duncan, J.W.	24 Sep 1886	2:39
Duncan, Jesse S.	05 Jan 1895	3:52
Duncan, Millie W.	06 Jan 1908	5:52
Duncan, Myrtle	26 Apr 1899	4:47
Duncan, Sanford	05 Jan 1902	4:51
Duncanson, Infant	18 Mar 1879	1:142
Duncanson, Marie	22 Mar 1908	5:52
Dunchinski, George	29 Jun 1891	2:44
Dunee, George	25 Jul 1900	4:48
Dunee, Lizzie	27 Feb 1901	4:48
Dunham, Alonzo M.	19 Aug 1893	3:51
Dunham, Andrew	24 Sep 1906	5:50
Dunham, Auvrill	15 Jun 1895	3:53
Dunham, Ephriam	10 Dec 1900	4:49
Dunham, Orien	03 Sep 1907	5:51

NAME	DATE	V/P	NAME	DATE	V/P
Dunham, William	18 Dec 1891	2:44	Durivage, Julia	11 Sep 1901	4:50
Dunhone, Lena	16 Apr 1892	2:45	Durivage, Julie	11 Dec 1900	4:49
Dunigen, Jane	24 Jul 1881	1:146	Durk, Minnie	17 Sep 1878	1:142
Dunivan, Dan	10 Jan 1873	1:136	Durkin, Catherine	15 Apr 1900	4:48
Dunkert, Lilly	29 Jul 1891	2:44	Durkin, Mary	14 Oct 1877	1:40
Dunlap, Thomas	25 Feb 1904	4:53	Durkins, Helen	29 Sep 1905	5:48
Dunn, A. John	05 Apr 1872	1:136	Durman, William	17 Jan 1906	5:47
Dunn, Edward	03 Dec 1880	1:144	Durmer, Catharine	12 Dec 1874	1:138
Dunn, Ellen	26 Jun 1896	4:44	Durnki, Barbara	27 Sep 1900	4:48
Dunn, Ellen, Mrs.	06 Jun 1903	4:53	Durnki, Walter	15 Jan 1903	4:51
Dunn, Emily	07 Oct 1886	2:39	Durnphaffer, Matilda	01 Jul 1899	4:47
Dunn, Henry A.	13 Nov 1876	1:140	Durr, Frank	04 Jul 1890	2:43
Dunn, Inf/o Ellen	19 Jan 1869	1:30	Durringer, Chas.	04 Feb 1889	2:41
Dunn, James	11 Oct 1890	2:42	Durst, Fredrick	14 May 1901	4:50
Dunn, John Chas.	05 Oct 1897	4:45	Duryea, W.M.H.	10 Jan 1879	1:142
Dunn, Josie	03 Oct 1904	5:47	Duseau, Victor A.	05 Feb 1903	4:51
Dunn, Peter	22 Jan 1904	4:53	Dusendofer, s/o Otto	03 Oct 1893	3:50
Dunn, Peter	26 Aug 1878	1:142	Dusha, Anna	03 Apr 1906	5:48
Dunn, Robert M.	25 May 1908	5:52	Dusha, d/o Wm.	14 Dec 1908	5:53
Dunn, Roy	04 Aug 1894	3:52	Dusha, Ellen O.	12 Sep 1895	3:52
Dunn, Samuel	17 Sep 1890	2:43	Dusha, Hiram	30 Jan 1908	5:53
Dunn, Theresa	16 Dec 1907	5:52	Dusha, Marie	07 Dec 1885	2:38
Dunn, Thomas	07 Jul 1876	1:140	Dusha, Mary	08 Jan 1901	4:48
Dunn, Thomas	27 Jul 1874	1:138	Dusha, Mary L.	30 Jun 1893	3:50
Dunna, Lula	07 Sep 1879	1:144	Dushane, John	07 Aug 1899	4:47
Dunnigan, F.B.	16 Jan 1903	4:52	Dushane, Mary	06 Feb 1906	5:48
Dunnigan, John C.	03 Jan 1908	5:50	Dushay, Jane	Oct 1890	2:43
Dunnivan, Dorothy	28 Apr 1903	4:54	Dushay, Stanislaus	Sep 1890	2:43
Dunnminger, C.	08 Apr 1880	1:146	Dushean, Louisa	16 Dec 1892	2:45
Dunnminger, T.	09 Apr 1880	1:146	Dusian, Marie	12 Nov 1908	5:52
Dunnuten, Charles	19 Apr 1906	5:47	Dusker, Sophia	29 Jun ---	1:148
Dunseith, Alfred	16 Apr 1890	2:43	Duso, Armanda	07 Mar 1869	1:58
Dunseith, Ann	12 Feb 1894	3:50	Dusone, Gerty M.	26 Sep 1887	2:40
Dunseith, Jas.	15 May 1868	1:14	Dussau, H.	08 Mar 1869	1:4
Dunsen, Mary J.	26 Apr 1875	1:138	Dussau, Joseph	20 Mar 1869	1:4
Dunsner, Clara	06 Jun 1868	1:14	Dussback, Dorathy	14 Feb 1908	5:52
Dupee, Matilda	01 Aug 1881	1:146	Dussback, Dr.	---	5:52
Dupny, Mrs.	15 Oct 1881	1:146	Dusseau, Caroline	30 Jun 1895	3:52
Dupont, Addi	15 Feb 1899	4:46	Dusseau, Charles	01 Dec 1901	4:50
Dupont, Charles	04 Dec 1870	1:136	Dusseau, E.J., Mrs.	08 Dec 1900	4:48
Dupont, Dareth	15 Sep 1899	4:47	Dusseau, Flaget	19 Oct 1907	5:50
Dupont, John	15 Nov 1870	1:136	Dusseau, Henry	08 Mar 1885	2:39
Dupont, Katharine	27 Mar 1892	2:44	Dusseau, Joel	03 Jul 1898	4:46
Dupues, Edward	17 Jun 1892	2:45	Dusseau, Lillian	31 May 1904	5:46
Durand, Homer	08 May 1908	5:53	Dusseau, Lucy E.	19 Jan 1905	5:46
Durby, Rose E.	08 Jun 1900	4:49	Dusseau, Thomas	21 May 1899	4:47
Durell, Sarah	31 May 1889	2:40	Dussing, Mary	05 Apr 1898	4:46
Durfee, Abram	24 Mar 1872	1:134	Dusten, Alfred H.	20 Sep 1877	1:140
Durfee, Inf/o B.	19 Apr 1868	1:12	Dustin, Arthur F.	27 Sep ---	1:138
Durfee, Margurete	11 Feb 1893	2:45	Dustin, Charles	16 Jan 1899	4:46
Durfee, R.A.	05 Sep 1903	4:53	Dustin, Chas. S.	19 Jul 1881	1:146
Durfer, Minnie	14 Mar 1887	2:39	Dustin, Jessie May	08 Jun 1881	1:146
Durfey, Elizabeth A.	10 Sep 1906	5:49	Dustin, Richard	02 Jun 1879	1:142
Durfey, Hubert C.	08 Dec 1904	5:46	Duston, William	22 Feb 1893	2:45
Durgen, Anna	06 Jul 1905	5:47	Duszniska, Franciska	01 Apr 1900	4:48
Durham, Chester M.	12 Jun 1891	2:44	Dutcher, Frank C.	13 Jun 1907	5:50
Durham, Mary	16 Sep 1901	4:50	Dutcher, John K.	19 Jul 1892	2:45
Durham, William	31 Oct 1895	3:52	Dutcher, Theodore H.	19 Oct 1885	2:38
Durian, Edward	02 Nov 1884	2:38	Duttinier, Unknown	16 Oct 1901	4:50
Durian, Johanna	01 Nov 1868	1:26	Dutton, Kate	03 Oct 1907	5:52
Durivage, Emery J.*	13 Sep 1908		Dutton, Louisa J.	23 Jun 1890	2:43

NAME	DATE	V/P
Dutton, Mary F.	28 Feb 1900	4:48
Dutton, Thos.	29 Sep 1898	4:46
Duval, Allie	08 Aug 1884	2:38
Duval, Rhoda	25 Jul 1908	5:52
Duval, Rob't K.	12 Aug 1885	2:39
Duvendack, A.M.	07 Aug 1896	4:44
Duvendack, Christ	27 Dec 1905	5:48
Duvendack, E. Anna	20 Mar 1894	3:50
Duvendock, John H.	28 Jan 1893	2:45
Duyor, Alfred	20 Jan 1873	1:136
Duzell, Catherine	19 Apr 1908	5:52
Dwessler, Frank	02 Oct 1898	4:47
Dwight, Charles H.	05 Jan 1902	4:51
Dwight, Charles H.	05 Jan 1902	4:50
Dwight, Chas. Alfred	04 Oct 1892	2:45
D'Wight, Frank K.	13 Feb 1906	5:47
Dwight, Inf/o Chas.	31 Jan 1888	2:40
Dwyer, Jennie	14 Nov 1896	4:44
Dwyer, Nora	20 Jan 1892	2:44
Dybaski, Helen	18 Jan 1907	5:49
Dye, Inf/o Henry B.	22 Feb 1873	1:136
Dye, Phebe A.	02 Mar 1873	1:136
Dye, Robert	17 Oct 1899	4:48
Dyer, Ferris	20 Sep 1906	5:49
Dyer, Frances Y.	10 Feb 1894	3:50
Dyer, Frank	23 Jun 1907	5:52
Dyer, George Wilder	14 Dec 1877	1:140
Dyer, Hannah L.	18 Feb 1896	4:45
Dyer, Henry Coy	20 Jun 1872	1:136
Dyer, Jane	20 Mar 1879	1:142
Dyer, John H.	06 Feb 1896	3:53
Dyer, Nathan William	12 Jan 1902	4:50
Dyer, Richard	20 Sep 1898	4:46
Dyes, Mary	21 Dec 1891	2:43
Dyieney, Vincent	13 Apr 1907	5:51
Dyter, Anna	07 Dec 1904	5:46
Dziewiatka, Rozalia	05 Oct 1908	5:52
Dzinkewicz, Sophia	19 Jul 1895	3:53
Eadan, Lillie	05 Mar 1885	2:49
Eadan, Wm.	06 Mar 1885	2:49
Eady, Mabel	28 Dec 1890	2:51
Eagan, Bridget M.	17 Jul 1896	4:57
Eagan, Daniel	04 May 1890	2:51
Eagan, Donn	20 May 1889	2:51
Eagan, James	09 Mar 1877	1:154
Eagan, Kate	20 May 1888	2:50
Eagen, Mary	10 Sep 1893	3:64
Eagley, Jacob	06 Sep 1908	5:61
Eagley, Matilda	18 Jan 1896	3:64
Eakerman, August	22 Jul 1898	4:57
Eakins, H.	04 Sep 1906	5:60
Eakins, James	10 Jun 1908	5:61
Eanfman, Michael	27 Mar 1885	2:49
Earhart, Inf/o G.W.	06 Feb 1869	1:30
Earl, Charles*	03 Feb 1883	
Earl, David	01 Sep 1904	5:59
Earl, Elizabeth	28 Sep 1908	5:61
Earl, Ellen	12 May 1905	5:59
Earl, Harriet C.	19 Apr 1886	2:49
Earl, Harry Duncan	30 Nov 1878	1:154
Earl, John W.C.	02 Feb 1896	3:65
Earl, Wm. C.	26 Jan 1880	1:156
Earles, Luce O.	27 Jan 1880	1:156
Earley, Jessie	19 Jul 1887	2:50
Earley, Mary	25 Dec 1895	3:65
Earley, Patrick	13 Jun 1875	1:152
Earls, Marion Lester	21 Oct 1907	5:60
Early, Owen	10 Jan 1887	2:49
Earnest, Shesh B.	20 Jan 1891	2:51
Easley, Gertrude B.	04 Jul 1887	2:50
Easly, Inf/o Madison (Triplet)	07 Jan 1888	2:50
Easly, Inf/o Madison (Triplet)	07 Jan 1888	2:50
Easly, Inf/o Madison (Triplet)	07 Jan 1888	2:50
Easman, s/o Phillip	25 Dec 1884	2:49
Eason, Alvah	21 Oct 1903	4:61
East, Grace	26 Jan 1902	4:59
Eastell, Richard	09 May 1875	1:152
Easterday, Catharine	23 Aug 1899	4:58
Easterday, Della M.	12 Jul 1875	1:152
Easterday, Edith	10 Sep 1900	4:59
Easterday, William	26 Sep 1899	4:58
Eastgate, Wm.	19 Nov 1901	4:60
Eastman, Elizabeth	14 Sep 1898	4:58
Eastman, Frank	09 Oct 1898	4:58
Eastman, Sarah B.	07 Aug 1904	5:59
Easton, Alvesta	23 Feb 1898	4:57
Easton, Esther	27 Feb 1903	4:60
Easton, Martha	10 Oct 1904	5:59
Eastwood, Amanda	10 Jun 1903	4:60
Eastwood, Lewis	25 Dec 1898	4:57
Eato, Francis	05 Oct 1882	1:156
Eaton, Cora Mabel	05 Sep 1899	4:58
Eaton, Daniel	16 Feb 1896	3:64
Eaton, Edith	01 Oct 1903	4:60
Eaton, Ellery Dale	30 Jul 1894	3:64
Eaton, Gertrude	20 Jan 1897	4:57
Eaton, Helen S.	13 Apr 1876	1:154
Eaton, James	01 Dec 1906	5:60
Eaton, Laura Helen Baldwin	02 Jun 1890	2:51
Eaton, Mary H.	02 Aug 1886	2:50
Eaton, Roena	Aug 1907	5:61
Eaton, s/o Levi	09 Oct 1886	2:50
Eavers, Mary	03 Feb 1900	4:59
Ebare, Emma	21 Nov 1899	4:58
Ebbert, Jacob	21 Nov 1872	1:152
Ebenbeck, Inf/o Stephen	18 Nov 1871	1:150
Eber, Agatha F.	15 Oct 1878	1:154
Eber, Fannie	07 Jan 1885	2:49
Eberhardt, John	03 Oct 1899	4:58
Eberhart, Sydney Lee	05 Sep 1891	2:52
Eberle, Anna Mary	08 Aug 1876	1:154
Eberle, Ed.	19 Feb 1886	2:49
Eberle, Frederick	15 Feb 1895	3:64
Eberle, Joseph	30 Mar 1890	2:51
Eberlein, Herman G.	04 Mar 1879	1:154
Eberlein, Mala C.	20 Oct 1881	1:156
Eberlene, Adelia H.	29 Jan 1878	1:154
Eberli, Marie Ester	03 Nov 1899	4:58

NAME	DATE	V/P
Eberly, Emma	29 Nov 1877	1:154
Ebersole, Agnes	29 Jun 1881	1:156
Ebert, Frederick	28 Jun 1869	1:46
Ebert, Mattie	10 Dec 1879	1:156
Ebert, Robert	25 Jun 1874	1:152
Eberth, Barbara	11 Aug 1899	4:58
Eberts, Infant	19 Oct 1887	2:50
Eble, Fred'k H.	03 May 1875	1:152
Ebner, Anna	28 Mar 1907	5:60
Ebner, Charlotta	22 apr 1888	2:50
Eby, Claude	20 Mar 1901	4:59
Eby, Sarah	09 May 1906	5:60
Echenrade, Joseph	15 Dec 1896	4:57
Echenroder, Mary	01 Aug 1900	4:59
Echer, Martin	13 Apr 1874	1:152
Echrish, May	22 Jan 1894	3:64
Eck, Catherine M.	14 Apr 1898	4:57
Eck, Hellen M.	02 Jun 1892	2:52
Eck, Lawrence	24 May 1901	4:59
Eck, Lizzie	21 Sep 1902	4:60
Eck, Peter	26 Jun 1887	2:50
Eckel, Henry	08 Mar 1893	2:52
Eckelberry, Alvin	10 Mar 1905	5:59
Eckels, Anna	31 Jun 1899	4:58
Eckenrath, Mary A.	25 Feb 1895	3:64
Ecker, Martin	13 Apr 1874	1:152
Eckerman, Agusta	15 Jul 1872	1:150
Eckert, Anna	02 Dec 1896	4:57
Eckert, Birt	09 Nov 1900	4:59
Eckert, Helen G.	16 Nov 1901	4:59
Eckert, Mattie M.	18 May 1881	1:156
Eckhardt, John B.	29 Sep 1895	3:65
Eckhardt, Mary	10 Jun 1903	4:61
Eckhardt, Olive L.	01 Oct 1895	3:65
Eckhart, Carl W.	08 Jan 1896	3:64
Eckhart, Minnie	25 Nov 1890	2:51
Eckins, James	23 Aug 1895	3:65
Eckles, Ann	15 Mar 1871	1:152
Eckles, Cynthia	03 Sep 1875	1:152
Eckles, Jane	25 Mar 1880	1:156
Economas, Joe	24 May 1907	5:61
Edait, Josephine	10 Apr 1888	2:50
Eddy, Ada	22 Aug 1892	2:52
Eddy, Catharine	25 Mar 1887	2:50
Eddy, Charlotte	01 Oct 1870	1:150
Eddy, Chas. Jacob	29 Dec 1889	2:51
Eddy, Clarence	29 Jun 1898	4:58
Eddy, Elizabeth	31 Mar 1896	3:64
Eddy, Ella	10 Aug 1888	2:50
Eddy, Ella E.	10 Aug 1888	2:50
Eddy, Ellen	11 Apr 1887	2:49
Eddy, Etta Elizabeth	06 Dec 1882	1:150
Eddy, Fannie Maria	13 Apr 1898	4:58
Eddy, Hellen J.	06 Apr 1905	5:59
Eddy, Hulda M.	26 Oct 1898	4:58
Eddy, Inf/o Frank	01 Nov 1870	1:150
Eddy, James	07 May 1904	5:59
Eddy, Lucy Emily	14 Sep 1869	1:54
Eddy, Oliver	13 May 1896	4:57
Edeline, Edward S.	28 Feb 1889	2:50
Eden, Charles	10 Jun 1897	4:57
Edenhofer, John	05 Jul 1899	4:58
Edenhofer, Louisa Mary	24 Oct 1893	3:64
Eder, Mayme	11 Oct 1907	5:61
Edeson, Roney	12 Feb 1883	1:72
Edgar, Maggie	05 Aug 1874	1:152
Edge, Clarence	08 Aug 1908	5:61
Edger, Audra M.	23 May 1876	1:152
Edgett, Alzna	02 May 1902	4:60
Edith, Baby Mary	03 Sep 1907	5:61
Edler, Carl H.	03 Jun 1895	3:65
Edler, Henry	08 Oct 1902	4:60
Edler, Lizzie	15 Aug 1898	4:58
Edler, Marie M.	27 Apr 1887	2:50
Edmison, Joanna	22 Dec 1870	1:150
Edmonds, James	24 Oct 1881	1:156
Edmonds, James E.	14 May 1893	3:64
Edmonds, James H.	09 Jul 1869	1:44
Edmonds, Margaret	11 Sep 1885	2:49
Edmondsey, Jennie B.	08 May 1905	5:59
Edmondsy, Jennie B.	---	5:59
Edna, Hellen	16 Jan 1878	1:154
Edsall, Ida Josephine	07 Aug 1902	4:60
Edsall, Iva Dell	09 Aug 1900	4:59
Edsall, John	18 Jan 1904	4:61
Edsall, Mary J.	22 Apr 1907	5:60
Edsall, Sarah A.	13 May 1872	1:150
Edsom, Ann F.	08 Jan 1869	1:28
Edson, Charles	08 Dec 1876	1:152
Edson, Eugene C.	27 Mar 1907	5:60
Edson, Evalena	12 Apr 1878	1:154
Edson, George	25 Dec 1873	1:152
Edson, Inf/o James	20 Nov 1874	1:152
Edson, Lese	17 Mar 1879	1:154
Edson, Lester	17 Aug 1886	2:49
Edson, M.E.	20 Jul 1877	1:154
Edson, Mabel	16 May 1884	2:49
Edson, Nathan	24 Jan 1869	1:38
Edson, Nathan W.	21 Feb 1869	1:32
Edson, Winfield	20 Feb 1869	1:38
Edward, Frank	24 Apr 1904	4:61
Edwards, B. Rutherford	19 Jul 1877	1:154
Edwards, Bertha M.	02 Jul 1887	2:50
Edwards, Betsy	15 Nov 1888	2:50
Edwards, Catherine	10 Sep 1906	5:60
Edwards, Charles	19 Jan 1903	4:60
Edwards, Cora	27 Jan 1881	1:156
Edwards, Edward R.	12 Feb 1891	2:51
Edwards, Elizabeth	16 Nov 1888	2:50
Edwards, Fanny	21 Sep 1907	5:61
Edwards, George	14 Feb 1901	4:59
Edwards, George H.	21 Apr 1880	1:156
Edwards, John H.	03 Mar 1896	3:65
Edwards, Moses	09 Dec 1889	2:51
Edwards, Nettie L.	22 Sep 1885	2:49
Edwards, Paul	25 Aug 1889	2:51
Edwards, Ruth	27 Jan 1901	4:59
Edwards, William	12 Jan 1890	2:51
Edwards, Winifred Rachel	11 Nov 1902	4:59
Eels, Chas. B.	30 Sep 1900	4:59
Eff, Betsy	28 Sep 1880	1:156
Eff, Jacob	08 Jun 1880	1:156

NAME	DATE	V/P
Eff, James	18 Mar 1898	4:57
Eff, Jennie	28 May 1901	4:60
Effs, Christiana	03 Sep 1896	4:57
Egan, Johanna	01 Mar 1870	1:150
Egbert, Douglas	11 Jun 1895	3:65
Egelton, Egbert Wm.	14 Jun 1899	4:58
Eggaet, Ed.	10 Jul 1869	1:56
Eggard, Jacob	27 Aug 1872	1:152
Eggart, Ludwick	26 Mar 1896	3:64
Egge, Anna	26 Jun 1890	2:51
Eggeman, Grover	23 Aug 1889	2:51
Egger, Christina	06 Oct 1907	5:61
Egger, George	21 Dec 1906	5:60
Egger, Jacob	06 Nov 1898	4:57
Egger, Wm.	27 Jul 1890	2:51
Eggert, Abraham	Nov 1880	1:156
Eggert, Agnes Augusta	03 Aug 1901	4:59
Eggert, Ann May	01 Dec 1873	1:152
Eggert, Charles E.	02 Jan 1879	1:154
Eggert, Olga	15 Oct 1892	2:52
Eggert, Walter	21 Mar 1905	5:59
Eggl, Anna	19 Mar 1897	4:57
Eggle, James	26 Jul 1893	3:64
Eggleston, Louise	27 Feb 1884	1:72
Eggleston, Virginia	15 Aug 1888	2:50
Eggleston, William H.	20 Feb 1891	2:51
Egle, John	30 May 1897	4:57
Egleston, Betsy H.	14 Sep 1884	2:49
Egleston, Infant	Oct 1870	1:152
Egley, Carrie	02 Nov 1870	1:150
Egley, Lizzie	19 May 1884	1:156
Egli, Geo.	02 Jan 1901	4:59
Egly, Wm. Edward	07 Sep 1876	1:154
Egnan, Henry	09 Oct 1888	2:50
Egner, Chas.	22 Sep 1886	2:50
Egner, Dora	12 Jan 1891	2:51
Egner, Eva	16 Jun 1886	2:50
Egneu, Rosina	22 Jan 1872	1:150
Egnew, J.D.A.	11 Aug 1875	1:152
Egnew, James	19 Oct 1882	1:150
Egnew, Jane	22 Nov 1882	1:150
Egnew, Loretta	31 Aug 1875	1:152
Ehelert, Helen	26 Mar 1906	5:59
Eherman, Susanah	26 Mar 1900	4:58
Ehiss, Allen	04 Apr 1871	1:152
Ehlbeck, Laura M.	25 Oct 1902	4:60
Ehle, Adolph	06 Sep 1903	4:61
Ehlers, Mary	16 Sep 1888	2:50
Ehlert, Augusta	18 May 1884	2:49
Ehlert, Chas.	31 Dec 1893	3:64
Ehlert, Della	04 Oct 1890	2:51
Ehlert, Fred T.	27 Aug 1889	2:51
Ehlert, Fredricka	08 Dec 1881	1:156
Ehlert, Lulu	10 Jun 1889	2:51
Ehlert, Mary	29 Aug 1906	5:60
Ehlert, William H.	23 Dec 1897	4:57
Ehman, Frank	19 Nov 1908	5:61
Ehman, Susanna	22 Oct 1905	5:60
Ehmann, Inf/o Daniel	17 Mar 1891	2:51
Ehmann, Mary M.	30 Dec 1898	4:58
Ehner, Henry	23 Aug 1895	3:65
Ehnes, Mary Louisa	08 Jul 1879	1:156
Ehni, Bertha	12 Oct 1869	1:54
Ehnie, Henrietta M.	28 Jan 1903	4:60
Ehnis, Potronallee	29 Apr 1871	1:152
Ehnright, John	Jul 1877	1:154
Ehrasam, Meru	08 Aug 1905	5:60
Ehret, Adna	19 Jan 1891	2:51
Ehrhardt, Annie	04 Nov 1885	2:49
Ehrhardt, Christopher	29 Dec 1903	4:61
Ehrman, Frank	17 Nov 1908	5:61
Ehrman, Jas.	04 Mar 1897	4:57
Ehrman, John	16 Apr 1902	4:59
Ehrman, Matilda	03 Apr 1869	1:52
Ehrman, Rosa	19 Feb 1903	4:60
Ehrmann, Joseph	02 Mar 1908	5:61
Ehrmano, Lena	23 Mar 1895	3:64
Eich, Mathias	14 Sep 1908	5:61
Eich, William	31 Jul 1904	5:59
Eichenberg, Nicholas	12 Sep 1895	3:65
Eichenlaub, Barbara	04 Mar 1902	4:60
Eichenlaub, George F.	22 Mar 1907	5:60
Eicher, Harry	07 Mar 1886	2:49
Eicher, Nancy	20 Mar 1875	1:152
Eicher, Wm. Albert	19 Feb 1904	4:60
Eichholtz, Catherine	29 Apr 1886	2:49
Eichinger, Charles*	29 Jul 1882	
Eichinger, Minnie	26 Mar 1896	3:65
Eichler, John	02 Oct 1907	5:60
Eichman, Carl Fred	08 Nov 1903	4:61
Eichman, d/o Harmon	10 Mar 1900	4:58
Eichman, Edith	05 Jan 1908	5:60
Eichner, Dora T.	01 Jan 1887	2:50
Eichner, Helen	04 Jun 1904	5:59
Eichner, Martha	28 Dec 1886	2:50
Eichner, Martin	11 Nov 1906	5:60
Eicholz, George	03 Nov 1877	1:154
Eicholz, Laura	13 Mar 1878	1:154
Eichort, John	23 Oct 1868	1:26
Eick, Clarence	06 Jan 1903	4:60
Eick, Ida	13 Jan 1900	4:58
Eick, Wilhelmine	25 Aug 1904	5:59
Eick, William	04 Jul 1904	5:59
Eickerman, Ida	04 Jan 1908	5:60
Eicost, Minnie	16 Jul 1881	1:156
Eigenbrod, Anna Maria	22 Jan 1905	5:59
Eighenbrod, Rickie	18 Oct 1899	4:58
Eigler, Marguerite	14 Nov 1906	5:60
Eikost, Frederick Wm.	26 Aug 1888	2:50
Eikost, Johanna	04 Aug 1890	2:51
Eiler, Frank	24 Nov 1901	4:59
Eilers, Katharina	21 Aug 1902	4:60
Eirchen, Wm.	08 Aug 1898	4:57
Eisenbach, Wm. H.	16 Oct 1898	4:58
Eisenbecker, Caroline	26 Nov 1892	2:52
Eisenger, Fred	26 May 1908	5:61
Eisenhart, Infant	04 Apr 1885	2:49
Eisenhouer, Elizabeth	06 Dec 1893	3:64
Eisenhut, Margaret	18 Apr 1885	2:49
Eiserale, Christian	19 Jul 1895	3:65
Eiserman, Peter	02 Sep 1898	4:58
Eishmann, Anna	04 Aug 1894	3:64

NAME	DATE	V/P
Eitel, Maggie	14 Jul 1890	2:51
Eitel, Mary Eva	13 May 1899	4:58
Eitel, Michael	17 Apr 1886	2:49
Eke, Frank	13 Aug 1885	2:49
Elain, William D.	31 Jan 1898	4:57
Elder, Alpha M.	19 Feb 1880	1:156
Elder, Anna	06 Oct 1906	5:60
Elder, Anna, Mrs.	06 Oct 1906	5:60
Elder, Bernace C.	27 Feb 1880	1:156
Elder, Cora E.	28 Feb 1880	1:156
Elder, Edward A.	11 Nov 1898	4:58
Elder, Eliza	27 Jan 1905	5:59
Elder, Harriett	03 Jan 1902	4:60
Elder, John F.	29 Sep 1896	4:57
Eldred, Eliza E.	23 Jun 1894	3:64
Eldridge, A.P.	30 Jan 1873	1:150
Electer, Ester	14 Sep 1899	4:59
Elenbeck, Rosa	14 May 1870	1:150
Elenferd, Johanna	25 Jan 1890	2:51
Eley, Dudley	21 Aug 1893	3:64
Eley, John M.	06 Dec 1900	4:59
Eley, William	20 Apr 1907	5:61
Elisaminn, Edna	16 Nov 1891	2:51
Eliser, Rosena	24 Nov 1902	4:60
Elkington, Eli	17 Mar 1875	1:152
Elkins, Henry F.	05 Nov 1893	3:64
Elkins, Howell	Sep 1883	1:150
Elleck, Jonny	25 Sep 1894	3:64
Elleith, Catharine	23 Oct 1870	1:152
Ellen, Elise	03 Mar 1894	3:64
Ellenman, Anna	04 Apr 1898	4:57
Ellet, Fred	18 Feb 1898	4:57
Ellett, Geo. P.	08 Jul 1888	2:50
Ellett, Nicholas	04 Sep 1888	2:50
Ellick, Sosephefa	19 Feb 1891	2:52
Elliff, Catherine	16 Jan 1902	4:59
Elligor, Margaret	15 Feb 1903	4:60
Elling, Elizabeth	19 Mar 1898	4:58
Elling, Elizabeth	19 Mar 1899	4:58
Ellinghaus, Anna	14 Jul 1886	2:49
Ellinghaus, Gerhard	24 Oct 1905	5:59
Ellinghaus, Henry Wm.	08 Sep 1869	1:46
Ellinghous, Wm. Henry	10 May 1893	3:64
Ellinwood, Luella	02 Sep 1898	4:58
Elliot, Dewit	16 Feb 1907	5:60
Elliot, Ella	04 Apr 1906	5:59
Elliot, Frederick	15 Nov 1872	1:152
Elliot, George	01 Apr 1871	1:150
Elliot, Howard	16 Mar 1892	2:52
Elliot, John D.	05 Jul 1871	1:150
Elliot, LeRoy	26 Mar 1881	1:156
Elliot, Rosetta	01 Mar 1880	1:154
Elliot, Ruth	05 Dec 1891	2:52
Elliot, Thomas	17 Nov 1879	1:156
Elliott, Abner D.	30 Nov 1891	2:52
Elliott, Addison	09 Oct 1901	4:59
Elliott, Amos	26 Feb 1885	2:49
Elliott, Andrew	14 Dec 1899	4:58
Elliott, Bula May	12 Oct 1893	3:64
Elliott, Chas.	07 Sep 1898	4:58
Elliott, Chloe	19 Dec 1891	2:51
Elliott, Eliza Jane	16 Sep 1892	2:52
Elliott, Flora	06 May 1902	4:60
Elliott, Francis Thomas	13 Apr 1904	5:59
Elliott, Grace	10 Jul 1891	2:52
Elliott, Hermin	06 Jun 1869	1:38
Elliott, James Leroy	15 Jan 1905	5:59
Elliott, Jno.	26 Aug 1901	4:60
Elliott, John	06 Aug 1898	4:57
Elliott, Mary	01 Feb 1904	4:61
Elliott, Mary Jane	06 Sep 1892	2:52
Elliott, N., Miss	29 Jul 1907	5:60
Elliott, Sallie	09 Aug 1892	2:52
Elliott, Sarah E.D.	24 Feb 1874	1:152
Ellirmann, H.M.E.	23 Dec 1876	1:154
Ellis, Chas.	12 Jan 1900	4:58
Ellis, Ella H.	30 Mar 1888	2:50
Ellis, Ellen	31 Mar 1871	1:150
Ellis, Foster	01 Apr 1884	2:49
Ellis, Fred H.	11 Jan 1904	4:61
Ellis, Geor.	04 Jun 1895	3:65
Ellis, Gusta	25 May 1885	2:49
Ellis, Hellen	31 Mar 1871	1:150
Ellis, Lydia	08 Sep 1872	1:152
Ellis, Matilda	08 Feb 1874	1:152
Ellis, N.D.	01 Aug 1908	5:61
Ellis, Nora	22 Feb 1907	5:60
Ellis, Percy	25 Aug 1904	5:59
Ellis, Wm.	12 Jan 1895	3:64
Ellit, William	18 Sep 1886	2:49
Ells, Mary Westervelt	16 May 1891	2:52
Ellsworth, Ervvin	23 Feb 1901	4:59
Ellsworth, George	13 Oct 1895	3:64
Ellsworth, George W.*	18 Sep 1882	
Ellwell, Alice Rocellia	28 May 1905	5:59
Ellwell, Dell	05 Jun 1907	5:60
Ellwell, Joseph Henry	08 Mar 1905	5:59
Elmer, Inf/o Preston	04 Sep 1885	2:49
Elsner, Mary B.	03 Mar 1903	4:61
Elspermann, Rose	03 Aug 1902	4:60
Elsworth, Sarah	24 Mar 1875	1:152
Elton, John	06 Apr 1902	4:60
Elton, Louisa M.	27 Jun 1902	4:60
Elton, Raymond B.	09 Sep 1896	4:57
Elwing, Carl	27 Feb 1897	4:57
Ely, Deborah	29 Oct 1869	1:44
Ely, Henry C.	28 Apr 1889	2:50
Ely, Mildred	18 Oct 1900	4:59
Elyenheimer, Emila	29 Mar 1898	4:57
Emack, Fred	13 Mar 1899	4:58
Embrick, Minnie	11 Dec 1905	5:59
Emch, Catherine	11 Mar 1904	5:59
Emch, Frank	10 Feb 1908	5:60
Emch, Henry	03 Jun 1876	1:154
Emch, Henry	28 Sep 1877	1:154
Emch, Infant	03 Jul 1901	4:59
Emch, Jacob	12 Jun 1901	4:59
Emch, Jacob, J.	05 Sep 1900	4:59
Emch, Mary	14 Apr 1905	5:60
Emch, Sophia	25 Mar 1907	5:60
Emelin, Frank	09 Nov 1892	2:52
Emer, Annis O.	27 Nov 1892	2:52

NAME	DATE	V/P
Emerick, Anna	07 Nov 1902	4:60
Emerick, William	29 Aug 1901	4:60
Emerson, Caroline	06 Dec 1873	1:152
Emerson, ch/o Geo.	04 Dec 1873	1:152
Emery, Alice Sarah	26 Sep 1876	1:154
Emery, Buelh	02 May 1888	2:50
Emery, Emma Charlotte	17 Sep 1891	2:51
Emery, Emwel Albert	16 May 1890	2:51
Emery, Frank L.	07 Jan 1878	1:154
Emery, Helen H.	13 Jan 1896	3:65
Emery, Jas. P.	01 Mar 1870	1:40
Emery, Jessie	22 Aug 1901	4:59
Emery, John R.	02 Apr 1872	1:150
Emery, Philip	23 Dec 1907	5:60
Emery, Samuel	19 Apr 1898	4:57
Emline, Charles	30 Jun 1900	4:59
Emlon, Oliver	03 Oct 1892	2:52
Emlong, Laura	31 Dec 1868	1:28
Emlow, Frank E.	10 Feb 1900	4:58
Emmerall, Russell	06 Jul 1904	5:59
Emmerson, Alice E.	17 Dec 1890	2:51
Emmett, Valentine	---	1:150
Emmett, Valentine	10 Nov 1884	2:49
Emmick, Jacob	19 Mar 1901	4:59
Emmick, Sydna H.	08 Oct 1877	1:154
Emore, Peter	15 Oct 1892	2:52
Emory, Lotta A.	17 Feb 1871	1:150
Enbodey, Wm.	15 Apr 1873	1:152
Enderlin, August	04 Nov 1895	3:65
Enderlin, Catherine	27 Sep 1870	1:150
Enderlin, Gottlieb	19 Sep 1870	1:150
Enderling, Alice	27 Mar 1891	2:52
Enderling, Alice	28 Mar 1891	2:51
Engal, George	30 Mar 1882	1:72
Engbert, August	15 Nov 1907	5:61
Engbert, Louis	11 Nov 1907	5:61
Engel, Ellen	23 Sep 1900	4:59
Engel, Ellen	23 Sep 1901	4:59
Engel, Fred	21 Jan 1890	2:51
Engel, George	01 Dec 1893	3:64
Engel, Hugort	12 Feb 1892	2:52
Engel, Joseph	04 Feb 1892	2:51
Engelhardt, Maria	10 Jan 1890	2:51
Engelmann, Uriah	05 Jan 1893	2:52
Engels, Anna	11 Dec 1869	1:48
Engels, Catharine	23 Feb 1895	3:64
Engels, Christian H.	04 Oct 1888	2:50
Engels, Manoh	17 Jan 1889	2:50
Engers, Bertha R.	08 Aug 1891	2:52
Engfer, August	Aug 1876	1:154
Engfer, Otto	18 Jan 1903	4:60
Enghhart, Chas. C.	14 Jan 1889	2:50
England, Elisabeth	28 Mar 1892	2:51
England, J.W.	02 May 1887	2:50
Engle, Chas.	07 Oct 1885	2:49
Engle, Clement	22 May 1884	2:49
Engle, Earnsto	15 May 1905	5:60
Engle, Eliz'th	18 Aug 1876	1:152
Engle, Leo Geo.	30 Mar 1882	1:156
Engle, Lynea	06 Jan 1907	5:60
Engle, Maggie	11 Jan 1894	3:64

NAME	DATE	V/P
Englehardt, Caroline	03 Oct 1897	4:57
Englehardt, Frank M.	09 Dec 1882	1:150
Englehardt, Inf/o W.	14 Mar 1892	2:52
Englehardt, Jacob	03 Nov 1908	5:61
Englehardt, Kate A.	13 Nov 1908	5:61
Englehardt, Katherine	17 Jun 18998	4:57
Englehardt, Minnie	11 Feb 1899	4:57
Englehardt, Rheinhardt	04 Apr 1904	4:61
Englehardt, Wm.m S.	26 Aug 1898	4:58
Englehart, Anna	26 May 1905	5:59
Englehart, August	04 Feb 1903	4:60
Englehart, Chas. H.	19 Jun 1890	2:51
Englehart, Emma L.	16 Dec 1902	4:60
Englehart, Martha	24 Nov 1905	5:59
Engleman, Eurie	06 Jan 1893	2:52
Engleman, Mallie	Oct 1894	3:64
Englert, John	15 Nov 1902	4:60
Englihardt, Caroline	03 Oct 1897	4:57
English, Anna	15 Dec 1906	5:60
English, Ed.	14 Mar 1905	5:59
English, Henry Richard	17 Oct 1900	4:59
English, Jennie	10 May 1897	4:57
English, Jerry	22 Feb 1898	4:57
English, Lila	31 Jul 1899	4:59
English, Martin	10 Jun 1902	4:60
English, Mary	19 Aug 1884	2:49
English, Mary	19 May 1879	1:156
English, Thomas	20 Apr 1876	1:154
English, Thos.	10 Aug 1885	2:49
Enman, Christian	12 Jan 1906	5:59
Enna, Charley	05 Jun 1874	1:152
Ennes, Homer L.	27 Dec 1906	5:60
Ennis, Julius	09 Feb 1908	5:60
Ennis, Sylvester	09 Nov 1896	4:57
Ennis, Wm.	25 Nov 1885	2:49
Enreinum, Wm. Erven	10 Mar 1895	3:64
Enremies, Louis	07 Nov 1897	4:57
Enright, Alice	08 Jul 1881	1:156
Enright, Anna	02 Jan 1892	2:52
Enright, Cath.	10 Feb 1908	5:60
Enright, John	13 Dec 1892	2:52
Enright, John Wm.	11 Feb 1902	4:59
Enright, Kitty	28 Jun 1881	1:156
Enright, Laura	28 Jul 1879	1:156
Enright, Margaret	03 Feb 1871	1:152
Enright, Mary Ann	05 Jun 1881	1:156
Enright, Morris	27 May 1902	4:60
Enright, Ralph	02 Mar 1896	4:57
Enright, Thomas P.	06 Feb 1872	1:152
Ensign, Harry	18 Aug 1908	5:61
Ensign, Hyatt W.	14 Nov 1889	2:51
Ensign, Sarah C.	10 Dec 1900	4:59
Ensign, William F.	09 Dec 1888	2:50
Ensinger, Arthur	05 Jun 1908	5:61
Ensley, Abbie	24 Apr 1875	1:152
Ensley, Inf/o A.W.	29 Jul 1875	1:152
Ensley, Lillian	04 Feb 1874	1:152
Ensthousen, John A.	11 Sep 1895	3:64
Enteman, Arthur E.	03 Feb 1876	1:152
Enteman, John George	21 Mar 1883	1:72
Enteman, Rudolph	04 Dec 1888	2:50

NAME	DATE	V/P
Enterman, Wm.	09 Oct 1908	5:61
Entres, Harvey	18 Sep 1902	4:60
Entres, Karl	24 Aug 1902	4:60
Eoff, M.B.	12 Sep 1906	5:60
Ephart, Carrie M.	29 Sep 1883	1:72
Eping, H.J.	17 Feb 1886	2:49
Epinger, Darr Augusta	27 Apr 1897	4:57
Epker, Frederick	25 Apr 1904	5:59
Epler, Martha	30 May 1904	5:59
Epmyer, Phillip	05 Mar 1902	4:59
Epple, Pauline	06 Jul 1882	1:150
Eppler, Caroline	07 Oct 1902	4:60
Epps, Frederick	15 Jun 1883	1:72
Eppstein, Flora	07 Aug ---	1:72
Eppstein, Hattie	25 Dec 1879	1:156
Eppstein, M.M.	19 Feb 1894	3:64
Epstein, Mat.	24 Dec 1895	3:64
Epstein, Paulena	14 Aug 1889	2:51
Erald, Margarethe	07 Apr 1889	2:50
Erb, Edward	07 Aug 1904	5:59
Erb, Ella	18 Dec 1898	4:58
Erb, Joseph	08 Mar 1909	5:61
Erben, Bertha	11 Feb 1885	2:49
Erbshorn, Christena	29 May 1905	5:60
Erd, Anna	09 Dec 1885	2:49
Erd, Anna	28 Jul 1894	3:64
Erd, Cora	09 Feb 1900	4:58
Erd, George	25 Jul 1894	3:64
Erd, Mandy	25 Nov 1905	5:59
Erd, Max	08 May 1888	2:50
Erd, Wilhelmina	18 Oct 1887	2:50
Erdman, Fred	08 Aug 1902	4:60
Erdman, Gustav	19 Feb 1885	2:49
Erdman, Helena	23 Jul 1907	5:61
Erdman, Herman	11 Jan 1886	2:49
Erdman, Paul	30 Jul 1902	4:60
Ererman, Emma E.	27 Apr 1876	1:154
Erfen, Michael S.	17 Jan 1899	4:57
Erkert, Herman H.	26 Jan 1896	3:65
Erl, Maud	16 Oct 1885	2:49
Erlar, Etez	23 Dec 1903	4:61
Erler, Theodore	09 Sep 1904	5:59
Erler, Valentine	11 Mar 1890	2:51
Erly, Mary	29 Jan 1873	1:150
Erman, Matheis	27 Jul 1907	5:60
Ermine, Mabel	04 May 1908	5:61
Erne, Carl	16 Dec 1901	4:60
Ernest, Frank	14 Oct 1893	3:64
Ernest, Jacob S.	14 Oct 1893	3:64
Ernest, Jarvis	15 Jan 1891	2:51
Ernest, Jessie	29 Oct 1878	1:154
Ernest, Mary	08 Mar 1908	5:61
Ernest, s/o Daniel	14 Apr 1900	4:59
Ernestine, Emma Darling	22 Dec 1890	2:51
Ernhoff, Sarapia	30 Sep 1876	1:154
Ernshausen, Gerhardt	08 Jul 1900	4:59
Ernshaw, Harriet D.	15 Nov 1903	4:61
Ernst, A. Christ	24 Sep 1881	1:156
Ernst, Henry	07 Aug 1907	5:61
Ernst, Josephine	02 Mar 1887	2:50
Ernst, William	29 May 1894	3:64
Ernsthausen, Clara I.	08 Apr 1887	2:50
Ernsthausen, Frank	02 Feb 1882	1:156
Ernsthausen, William	30 Jun 1890	2:51
Ernsthausen, Willie	02 Feb 1882	1:156
Erny, Simon	23 Nov 1908	5:61
Erold, Francis	07 Nov 1892	2:52
Erric, Otton	12 Nov 1892	2:52
Erskin, Robert B.	04 Feb 1873	1:150
Erskine, Julia	24 Feb 1872	1:150
Erskine, Martha	21 Feb 1905	5:59
Erskine, Wm.	27 Apr 1885	2:49
Eruy, Martha	13 Jan 1897	4:57
Erwin, Alena	13 Sep 1885	2:49
Eschedor, Chas.	19 Jan 1888	2:50
Eschedor, Infant	16 Oct 1878	1:154
Eschenberd, Lena	27 Feb 1896	3:65
Eschenburg, Charles	27 Jan 1878	1:154
Eschenburg, Fredericka	08 Jul 1908	5:61
Eschenburg, John	21 Jun 1906	5:60
Esckhack, Elizabeth	09 Oct 1896	4:57
Eshenroder, John F.	26 Mar 1881	1:156
Eslite, John	13 Apr 1870	1:150
Esper, Michael	07 Feb 1870	1:54
Espy, Frank R.	01 May 1869	1:50
Essing, Agnes R.	11 Sep 1877	1:154
Essing, Charles B.	08 Sep 1877	1:154
Essing, Mary A.	19 Jun 1872	1:152
Estel, A.	26 Sep 1884	2:49
Ester, Arnold	29 Aug 1880	1:156
Ester, Fred	03 Sep 1901	4:60
Esterl, Joseph	06 Jul 1889	2:51
Esterl, Louise Agnes	03 Jan 1906	5:59
Esther, Eva	06 Mar 1885	2:49
Estil, Geo., Mrs.	27 Jul 1908	5:61
Estry, Pearl	26 Nov 1900	4:59
Esty, Bumon	17 Sep 1879	1:156
Eswood, A.M.	31 Sep 1883	1:156
Esworthy, Catharine A.	20 Feb 1878	1:154
Esworthy, William	26 Dec 1902	4:60
Etkinson, Samuel	24 Oct 1879	1:156
Ette, Maria	12 Apr 1899	4:57
Ettl, Joseph	02 Sep 1895	3:64
Etts, Elsea May	23 Jan 1899	4:57
Etts, N. Martha	15 Mar 1881	1:156
Etue, Frances	26 Jan 1902	4:60
Etue, Minerva	01 Nov 1902	4:60
Eugene, Eliza	24 Dec 1885	2:49
Eugene, Minnie	09 Aug 1896	4:57
Eugene, Thomas, Jr.	05 Sep 1895	3:65
Eurenius, Frank L.	21 Mar 1890	2:51
Eurinenus, George	05 Apr 1907	5:60
Evan, J.	28 Nov 1906	5:59
Evangdest, Sam'l	26 Feb 1877	1:154
Evans, Alice	31 Aug 1893	3:64
Evans, Charles Leo	16 Feb 1879	1:154
Evans, Christian Edgar	21 Apr 1901	4:59
Evans, Clifford	18 Oct 1906	5:60
Evans, Daisy D.	05 Feb 1898	4:57
Evans, Emma	13 Dec 1890	2:51
Evans, George	16 Jul 1890	2:51
Evans, Hazel Winona	07 Jan 1903	4:60

NAME	DATE	V/P
Evans, Ida A.	19 Aug 1877	1:154
Evans, Racheal	28 Aug 1903	4:61
Evans, Robert Lytton	03 Sep 1889	2:51
Evans, Sarah Jane	21 Dec 1885	2:49
Evans, Theador	09 Aug 1873	1:152
Evans, Thomas D.	01 Jun 1904	4:61
Evard, Frances A.	19 Feb 1894	3:64
Evens, Alvin	09 Mar 1907	5:60
Evens, Clifford	18 Oct 1905	5:60
Evens, Mary	27 Dec 1904	5:59
Evens, William H.	18 Mar 1905	5:59
Everett, Bessie M.	04 Jun 1892	2:52
Everett, Chas. H.	09 Feb 1907	5:60
Everett, Frank	01 May 1908	5:61
Everett, Frank	31 Mar 1888	2:50
Everett, Rosana	19 Sep 1881	1:156
Everett, Sarah	28 Jan 1908	5:61
Everett, Sylvester T.	20 Dec 1880	1:156
Everett, Thomas*	25 Feb 1883	
Everhart, Ernest	19 Jan 1904	4:61
Everhart, Fred	18 Jan 1904	4:61
Everly, Mary R.	29 Jul 1872	1:152
Evers, F.J.	12 Sep 1881	1:156
Evers, Luedwig Paul	25 Aug 1877	1:154
Eversmann, Walter Ernst	06 Aug 1879	1:156
Eversole, Leone S.	09 May 1905	5:59
Eversole, s/o John	21 Sep 1904	4:61
Everson, Lucia	20 Mar 1872	1:150
Evison, Cintha	19 Nov 1900	4:59
Evison, Violet	22 Mar 1906	5:60
Evoy, Katherine	15 Sep 1905	5:59
Ewald, Fred	11 Sep 1895	3:65
Ewald, Louis Phillipe	15 Dec 1877	1:154
Ewald, Margaret	17 Apr 1889	2:51
Ewald, Mary F.	01 Jan 1908	5:61
Ewell, Mrs.	02 Jul 1899	4:58
Ewers, Tripheny	05 Sep 1900	4:59
Ewing, Anthony Wain	14 Feb 1878	1:154
Ewing, Blanche	04 Oct 1899	4:58
Ewing, Elizabeth	27 Dec 1901	4:59
Ewing, Ivan Carl	14 Feb 1903	4:60
Ewing, James	04 Jan 1894	3:64
Ewing, Mable E.	05 Apr 1905	5:59
Ewing, Ola	27 Apr 1901	4:59
Ewing, Patrick	22 Sep 1898	4:58
Ewing, Thomas	30 Mar 1902	4:60
Ewing, Tillia	11 Feb 1901	4:59
Ewings, Inf/o Wesley	06 Feb 1871	1:152
Ewold, Frank Tellman	19 Jan 1879	1:154
Ewold, Nicholas	12 Sep 1878	1:154
Exley, Maude E.	11 Oct 1900	4:59
Extaim, Koram	16 Sep 1901	4:60
Extine, John	14 Aug 1908	5:61
Eychner, Charles	23 Dec 1893	3:64
Eyster, Wallace	14 Mar 1905	5:59
Eyth, Louisa	10 Mar 1905	5:59
Ezabell, Philomena	21 Sep 1906	5:60
Ezra, Susan	02 Nov 1905	5:59
Ezzaniak, Andrew*	23 Jul 1894	
Faber, Grace	27 Aug 1905	5:67
Faber, Infant	27 Jun 1892	2:61
Fabin Martha W.	18 May 1903	4:70
Fabin, Chas. Reed	22 Feb 1899	4:65
Fabszczinski, Magdalena	12 Mar 1906	5:67
Facey, David Herbert	03 Mar 1902	4:67
Fackenhagen, Henry	27 Mar 1903	4:68
Facker, Arthur Chas.	04 Jan 1901	4:67
Facklam, Elizabeth	02 Feb 1902	4:67
Facklam, Fred	08 May 1880	1:174
Facklormy, Fred	07 May 1880	1:176
Fadly, Catherine	06 Jun 1895	3:74
Faegen, Mary H.	11 Feb 1905	5:66
Faest, Jane	07 Aug 1895	3:73
Fagan, John	30 Oct 1899	4:66
Fagan, Thomas M.	25 Dec 1874	1:170
Fagen, James	14 Jan 1899	4:64
Fagen, John	30 Oct 1899	4:65
Fagen, Martin	29 Aug 1902	4:69
Faget, R.A.	26 Sep 1898	4:65
Fahnestock, William	10 May 1870	1:166
Fahnstock, Ettie	29 Oct 1891	2:60
Fahr, Joseph	03 Jul 1885	2:55
Fahrezak, Catharina	03 Jul 1896	4:63
Fahy, John	24 Mar 1896	3:73
Fairchild, Charlotta	11 Nov 1907	5:69
Fairchild, Elizabeth	17 Jan 1888	2:57
Fairchild, Jefferson	11 Apr 1903	4:69
Fairchild, Mercy*	20 May 1878	
Fairchild, O.H.	13 Sep 1881	1:176
Faist, Carrie	16 Apr 1903	4:70
Falckemer, John	02 Apr 1899	4:64
Faler, A.	28 Jan 1907	5:69
Faley, Daniel	30 Oct 1894	3:73
Faley, Thomas	28 Jan 1899	4:64
Faling, Patrick	10 Feb 1872	1:168
Falk, Carl	16 May 1900	4:66
Falk, Hannah	24 Jun 1902	4:69
Falkenburg, Ralph	23 Jul 1906	5:69
Falkench, Prhronella	30 Jan 1891	2:59
Falkenhagen, John	05 Nov 1892	2:61
Falkenstein, John	27 Apr 1908	5:71
Falkestien, s/o Israel	27 Sep 1894	3:72
Fall, d/o Fred	28 Mar 1891	2:59
Fall, d/o John	16 Nov 1907	5:69
Fall, John	13 Jun 1900	4:66
Fall, Lillie Albertena	01 May 1898	4:63
Fall, Lizzie	14 Mar 1890	2:58
Fall, Mary, Mrs.	02 Jul 1900	4:66
Fall, Walter	05 Apr 1891	2:60
Fallen, Edward D.	13 Apr 1907	5:70
Fallen, Johanna	12 Apr 1877	1:174
Fallen, Mary	12 Apr 1877	1:174
Fallen, Mary E.	01 Feb 1868	1:8
Faller, Augustus	28 May 1907	5:69
Faller, Charles	14 Aug 1878	1:174
Faller, Edward M.	04 Sep 1901	4:67
Falley, H.B.	14 Apr 1880	1:174
Fallis, Merril Darling	05 Dec 1901	4:67
Fallon, Ellen	02 Aug 1871	1:166
Fallon, R.C.	05 Dec 1896	4:63
Fallon, Thos.	06 Nov 1891	2:60
Faltenhein, Dorothy	31 Mar 1899	4:65

NAME	DATE	V/P
Falter, Jacob	29 Oct 1869	1:52
Fambach, Caroline	06 Oct 1893	3:72
Fambach, Peter	11 Feb 1895	3:72
Fambaugh, Andrew	01 Dec 1891	2:60
Fanare, Thomas	27 Oct 1876	1:170
Fancher, Ann Eliza	15 Feb 1879	1:174
Fancher, Electa Jane	22 Oct 1879	1:174
Fancher, Jacob	09 Feb 1882	1:176
Fancher, Jacob Ross	09 May 1885	2:55
Fanenff, Truva	29 Dec 1899	4:65
Faney, Elizabeth	01 Nov 1883	1:178
Fangmeyer, William	21 Jan 1903	4:69
Fannen, Bridget	10 Jul 1875	1:170
Fannen, John	06 Sep 1875	1:170
Fannen, Mary	06 Sep 1875	1:170
Fannin, Elizabeth	01 Oct 1889	2:58
Fannin, Timothy	20 Oct 1902	4:68
Fanning, Edward	15 Sep 1889	2:58
Fanning, Kate	29 Aug 1870	1:166
Fanning, Sophia M.	23 Oct 1903	4:69
Fansviar, Alford	20 Jul 1898	4:64
Fantke, Fred	08 Aug 1880	1:174
Faraar, Andrew	16 Jan 1908	5:70
Farand, Helena	05 Jul 1894	3:73
Farber, Conrad	27 Feb 1901	4:67
Farber, Lizzie	06 May 1887	2:57
Farer, D.O.	24 May 1906	5:68
Fargo, Henry	13 Sep 1906	5:69
Fark, Jno.	09 Oct 1900	4:66
Farkes, Joe	14 Jul 1892	2:61
Farlay, Edward	01 Jun 1906	5:69
Farley, Bernard	30 Aug 1902	4:69
Farley, Bernard	30 Aug 1902	4:68
Farley, Catherine	02 May 1907	5:69
Farley, Cora E.	08 May 1878	1:174
Farley, D.H.	24 Jan 1897	4:63
Farley, Eliza	26 Apr 1902	4:69
Farley, Harriet	1872	1:166
Farley, Henry Breed	13 Apr 1880	1:176
Farley, James	25 Nov 1889	2:58
Farley, Mary A.	21 Apr 1878	1:174
Farley, Wm. Oscar	09 Feb 1896	3:74
Farling, Emma	11 Jun 1897	4:64
Farmer, Barney	25 Jan 1901	4:66
Farmer, Beatrice	07 May 1895	3:73
Farmer, Bernard John	24 Aug 1899	4:65
Farmer, Blanche	04 Jul 1887	2:57
Farmer, Elwood	26 Nov 1899	4:65
Farmer, Harry	01 Jun 1907	5:70
Farmer, Henry W.	07 Apr 1900	4:66
Farmer, John	10 Aug 1886	2:56
Farmer, John E.	22 Jul 1904	5:66
Farmer, Kate	03 Nov 1869	1:50
Farmer, Mabel M.	30 Jan 30	2:56
Farmer, Marguerite	18 Apr 1902	4:68
Farmer, Peter	14 Mar 1895	3:73
Farner, Earl A.	24 Jan 1873	1:168
Farner, Grace	17 Dec 1902	4:69
Farner, Inf/o Sam'l	23 Oct 1874	1:168
Farner, Merick	22 Aug 1871	1:168
Farner, Orby*	31 Aug 1878	
Farnsvelt, Lewis	30 Sep 1906	5:69
Farnsworth, Clara	14 May 1872	1:168
Farnsworth, John A.	01 May 1880	1:176
Farnsworth, Lot B.	02 Dec 1884	2:55
Farran, Lawrence	06 Sep 1898	4:65
Farrand, Cora E.	07 Aug 1886	2:56
Farrar, Ann Elsie	05 Feb 1897	4:63
Farrar, Oscar	06 Apr 1898	4:64
Farrell, Frank	05 Sep 1890	2:59
Farrell, Jas. F.	26 Feb 1878	1:174
Farrell, Jas. F.	26 Feb 1878	1:172
Farrell, Mollie	21 Nov 1896	4:63
Farrell, Owen	10 Oct 1889	2:58
Farrell, Patrick	06 Jul 1893	3:72
Farrell, Patrick	08 Jun 1898	4:64
Farrell, Rob't	16 Mar 1891	2:59
Farrell, William	19 Apr 1893	3:72
Farrer, Oscar C.	06 Apr 1897	4:63
Farro, Mary	25 Mar 1869	1:4
Farrsig, Ernest	08 Sep 1868	1:22
Farwell, Alfred	06 Oct 1900	4:66
Farzcken, W.	19 Jun 1888	2:58
Fash, Edwald	04 Aug 1906	5:67
Fashbaugh, Inf/o Wm.	21 Mar 1877	1:174
Fashbaugh, Unknown	21 --- 1877	1:172
Fask, Martin V.	01 May 1900	4:67
Faskins, John	09 May 1897	4:64
Fasnocht, Caroline	25 Apr 1875	1:170
Fassett, Elias	Apr 1906	5:67
Fassett, Elizabeth	26 Oct 1881	1:176
Fassett, Eva	23 Mar 1878	1:174
Faster, Howard	06 Oct 1895	3:73
Fatch, Kalann L.	01 Mar 1877	1:172
Fatchkalann, L.	01 Mar 1877	1:172
Fatckalann, L.	01 Mar 1877	1:174
Fattenhaur, Wm.	07 Jan 1888	2:57
Fauce, Eliseph B.	15 Nov 1883	1:178
Fauckner, B.W.	12 Oct 1879	1:174
Faugman, Marguerite	31 Mar 1907	5:67
Faulk, Amelia	27 Apr 1898	4:63
Faulkner, Bernette	12 Feb 1903	4:69
Faulkner, Chas. J.	13 ---	1:168
Faulkner, F.S.	---	1:176
Fausnaugh, Chas. C.	21 Apr 1895	3:74
Fauster, John	13 Nov 1890	2:59
Fausz, Charles	20 Jan 1870	1:40
Fausz, Irene W.	Apr 1906	5:67
Fausz, Jacob	05 Nov 1900	4:66
Fausz, Marguerite	29 Jul 1906	5:67
Fausz, Verna	28 Dec 1904	5:66
Faver, Fannie	04 Apr 1876	1:172
Favreau, Alfred L., Mrs.	13 Sep 1903	4:69
Favreau, Clara	21 Oct 1901	4:67
Favreau, Johanna	26 Jul 1903	4:69
Favreau, Nellie	16 Sep 1903	4:69
Favy, Wm.	30 Aug 1884	2:55
Fay, Annie M.	22 Apr 1888	2:58
Fay, Dennis P.	19 Sep 1895	3:74
Fay, Domnick	01 Apr 1897	4:63
Fay, Geo.	22 May 1902	4:68
Fayerland, Holger	18 Nov 1908	5:71

NAME	DATE	V/P
Fazackas, Lizzie	22 Apr 1908	5:71
Fazaker, Elane	02 Jul 1897	4:64
Fazakerly, Emma	25 Oct 1904	5:66
Fazekas, Elizabeth	22 Apr 1908	5:70
Fdlae, Frederick	18 Jan 1897	4:63
Feak, Thos. Wm.	01 Jan 1903	4:69
Fealy, Hugh	07 Jul 1895	3:74
Feares, Ida	29 Jul 1895	3:74
Featherstone, Arthur	15 Sep 1897	4:63
Featherstone, Cora Mance	28 May 1894	3:73
Featherstone, Marion	23 Feb 1897	4:63
Fecht, Palsius	05 May 1888	2:57
Feck, Mathew	06 Oct 1875	1:170
Fecy, John	20 Jul 1896	4:63
Feean, Jas.	06 Jan 1908	5:69
Feeley, Ella	11 Aug 1891	2:60
Feeley, Margaret	26 Dec 1881	1:176
Feeley, Margareth	16 Dec 1901	4:67
Feeley, Mary	22 Mar 1882	1:176
Feeney, Ann Dohoris	30 Jun 1894	3:73
Feeney, Grace M.	06 Feb 1907	5:68
Feenside, Ester	14 May 1897	4:64
Fegan, Augusta	18 Jul 1877	1:172
Fegan, James L.	10 Apr 1869	1:56
Fegan, Rosetta	10 Apr 1869	1:56
Fehlaner, Augusta	29 Sep 1904	5:66
Fehlen, Ferdinand	27 Sep 1908	5:70
Fehr, Christopher	27 Apr 1876	1:172
Fehr, Fred	25 Nov 1908	5:71
Fehr, Henrietta	01 Nov 1891	2:60
Fehr, Henry	05 May 1908	5:71
Fehr, Josephine	20 May 1870	1:166
Fehrenbach, Mary	17 Nov 1901	4:67
Feideke, Henry	26 Mar 1868	1:10
Feiffer, Sarah	21 Oct 1906	5:69
Feilder, Herbert	12 Aug 1906	5:68
Feindt, Dorothea	22 Jan 1901	4:66
Feindt, Freddie	13 Dec 1890	2:59
Feindt, Inf/o William	14 Sep 1891	2:60
Feindt, Robert	02 Dec 1890	2:59
Feindt, William	15 Dec 1898	4:64
Feist, Carrie Belle	01 Nov 1899	4:65
Feist, Catherine	08 Jun 1899	4:65
Feist, Elizabeth	25 Sep 1889	2:58
Feist, Joseph	10 Apr 1887	2:57
Feist, Mamie Florence	15 Nov 1899	4:65
Feist, Thomas	10 Aug 1900	4:66
Feit, Mary	04 Apr 1908	5:71
Feitz, John	07 Oct 1908	5:70
Felch, Clara Amelia	20 Sep 1903	4:69
Felch, Rosa Matilda	10 Jun 1904	4:69
Feldman, Margaret	13 Apr 1890	2:59
Feldman, Phillip	21 Aug 1905	5:67
Feldman, William	01 Oct 1884	2:55
Felepki, Eva	02 Jul 1894	3:73
Felgner, Elsie	28 Sep 1892	2:61
Felhaber, Eddie	22 Sep 1902	4:68
Felhauer, Gustav	07 Jan 1875	1:170
Felix, Frank	22 Dec 1907	5:70
Felker, John	29 Jan 1879	1:174
Felker, Julia Anna	11 Mar 1889	2:58
Felker, William	09 Nov 1903	4:69
Felker, William Jno.	25 Mar 1890	2:58
Felkner, John Nicholas	04 Mar 1889	2:58
Fell, Alb. Heim	04 Sep 1896	4:63
Fell, Christine	14 May 1906	5:67
Fell, Frank Ed.	17 Sep 1889	2:58
Fell, Henry	18 Apr 1903	4:69
Fell, John	22 Oct 1899	4:65
Fella, D.F.J.	16 Jun 1899	4:65
Fellabaum, s/o E.	04 Jun 1906	5:68
Feller, John	28 Jan 1899	4:65
Feller, Paul	13 Nov 1898	4:64
Fellman, Mary	02 Aug 1896	4:63
Fellman, Mary	04 Mar 1882	1:176
Fellows, Jennie	17 Aug 1894	3:72
Fellows, Williams	05 Jan 1902	4:67
Fels, Albert V.	24 Nov 1881	1:176
Felt, Anna	11 Jul 1884	2:55
Felt, Anna	30 Aug 1904	5:66
Felt, Fred J.	04 Oct 1903	4:70
Felt, Frederick	04 Oct 1903	4:69
Felt, Gertrude	23 Sep 1899	4:66
Felt, James M.	26 Jan 1868	1:36
Felt, Lulu Barbara	29 Nov 1899	4:65
Felt, Miles	08 Dec 1889	2:58
Felt, Milo S.	01 Jan 1905	5:66
Felt, T.M.	09 Aug 1905	5:67
Felter, Louilla	10 Feb 1900	4:65
Feltman, Bertie B.	04 Nov 1886	2:56
Feltman, Conrad N.	29 Oct 1902	4:68
Felton, Carrie	10 Jan 1900	4:65
Femel, Javis A.	14 Dec 1891	2:60
Fenbach, August	22 Oct 1875	1:170
Fencht, Blasius	05 May 1888	2:57
Fender, Geo. Ernst	06 Aug 1876	1:172
Fenett, Joseph	12 Dec 1908	5:71
Fennerty, Michael	07 Jan 1873	1:168
Fennin, Edward	10 Oct 1889	2:58
Fennin, W.M.	31 Jan 1909	5:71
Fenser, ch/o Fred.	23 Dec 1868	1:26
Fentz, Christian	19 Aug 1906	5:69
Fenzer, Annie	23 Aug 1869	1:48
Feosech, Rosa	07 Jun 1875	1:170
Feoseh, Mary R.	05 Aug 1875	1:170
Ferberski, Maggie	05 Jan 1893	2:61
Ferch, Rudolf	03 Sep 1892	2:61
Ferdiger, Sarah	01 Sep 1872	1:168
Ferenbach, Daniel	26 Jul 1906	5:69
Fergusan, J.W., Dr.	06 Jun 1907	5:69
Ferguson, C.W.	09 Apr 1898	4:63
Ferguson, Chas. H.	19 Feb 1898	4:64
Ferguson, Henry	30 Jun 1908	5:71
Ferguson, Louisa	24 Jul 1888	2:58
Ferguson, M.	18 Dec 1907	5:69
Ferman, Henry	20 Feb 1894	3:72
Ferman, Robert	21 May 1868	1:36
Fernis, James Marion	26 Sep 1908	5:71
Ferrig, Jno. T.	06 Sep 1886	2:56
Ferrill, Albert	11 Jan 1897	4:63
Ferrin, s/o Thomas	19 Jan 1896	3:53

NAME	DATE	V/P	NAME	DATE	V/P
Ferris, J.M.	20 Nov 1908	5:71	Fifield, Henry A.	03 Jul 1902	4:69
Ferrora, Annie	01 Jan 1906	5:66	Fifield, Jessie A.	31 Mar 1888	2:57
Ferstine, Peter	16 Jul 1908	5:71	Fifield, Magary R.	07 Jun 1879	1:174
Fert, Mary	04 Jul 1870	1:166	Fifield, Sarah A.	07 Nov 1868	1:26
Fesler, George	17 Apr 1871	1:166	Figmonka, Helena	10 Dec 1908	5:71
Fessler, Jacob	22 Mar 1869	1:34	Fike, Frederick	10 Jul 1906	5:68
Fessler, Jacob	22 Mar 1869	1:2	Filcoski, Rossa	31 Dec 1891	2:60
Fessler, Jacob	24 Nov 1871	1:166	Files, Roscoe	01 Mar 1880	1:174
Fessler, Marx	16 Oct 1898	4:64	Filipick, Lewis	19 Jan 1907	5:68
Fessler, Mary	27 Nov 1905	5:67	Filipika, Martka	07 Sep 1895	3:73
Fessler, Maximilian	15 Oct 1898	4:64	Filipowicz, Marry	11 Aug 1908	5:70
Feterman, E. May	24 Feb 1876	1:170	Filipska, Bronislawa	01 May 1908	5:70
Fett, Lulu	25 Jul 1892	2:61	Filipski, Frank	23 Mar 1907	5:68
Fetter, Ruth	09 Jun 1907	5:69	Filipski, Leo	15 Oct 1901	4:67
Fetterman, Ega	14 Mar 1875	1:168	Filkin, Geo. W.H.	09 Mar 1877	1:172
Fetterman, Homer D.	25 Sep 1900	4:65	Filkin, Hattie M.	20 Feb 1877	1:172
Fetz, John Edward	12 Feb 1876	1:170	Fillabaum, Clifford	10 Apr 1901	4:66
Fetzer, Hazel Walbolt	03 Feb 1903	4:69	Filler, Augusta	Nov 1880	1:176
Fetzer, Louisa	17 Nov 1899	4:65	Filler, Christ	23 Nov 1885	2:55
Fetzer, Lydia Marie	21 Jan 1905	5:66	Filler, Cora	12 Oct 1891	2:60
Feucht, Caroline	07 Aug 1877	1:172	Filler, David	18 Jul 1901	4:68
Feulkle, John E.	03 Mar 1877	1:170	Filler, Henry William	20 Mar 1889	2:57
Fey, George	19 Aug 1884	2:55	Filsinger, Adam	29 Jul 1903	4:69
Fey, Inf/o Mich.	15 Aug 1881	1:176	Finch, Albert	15 Jan 1894	3:72
Fey, John M.	1882	1:178	Finch, Anna Jane	11 Sep 1899	4:65
Fey, Lillian C.	17 Mar 1894	3:72	Finch, Christena	30 Dec 1889	2:58
Fey, Martin	31 Aug 1884	2:55	Finch, Katie A.	25 Apr 1885	2:55
Fialkowski, Veronica	13 Aug 1892	2:61	Finch, Lena	10 Apr 1906	5:69
Fick, Anna	16 May 1894	3:73	Finch, Mary	23 Mar 1908	5:70
Fick, Bertha	29 Mar 1870	1:166	Finch, Trepten	01 Apr 1882	1:176
Fick, Carl F.	04 Dec 1895	3:74	Finch, Wm.	16 Nov 1906	5:68
Fick, Charles	09 Aug 1870	1:166	Finch, Wm. Robert	10 Jun 1900	4:66
Fick, Elizabeth	15 May 1895	3:73	Finder, Thomas	14 May 1891	2:60
Fick, Fred	06 Jul 1870	1:166	Findiger, Christ	22 Jul 1901	4:68
Fick, Fredericka E.	10 Oct 1868	1:24	Finegan, Edward	05 Feb 1895	3:73
Fick, Ludwig	09 Oct 1868	1:24	Finegan, Elizabeth	06 Aug 1869	1:56
Fick, M.	29 Jul 1902	4:69	Fineghan, Johnathan	27 Aug 1877	1:172
Fick, William	30 Aug 1870	1:166	Fingerhut, Freda	01 Sep 1907	5:70
Fickboum, Carl	18 May 1890	2:59	Fingerod, Fanny	14 Oct 1907	5:69
Fickboum, Inf/o Henry	02 Jan 1891	2:59	Fink, Anna	30 Mar 1869	1:34
Fidt, Nealis	22 Sep 1906	5:68	Fink, Anna C.	14 Feb 1875	1:168
Fied, Clara	30 Oct 1877	1:172	Fink, Annie	02 Apr 1869	1:58
Fieken, Barbara	03 Jun 1890	2:59	Fink, Evelyn C.	11 Aug 1906	5:68
Field, George, Jr.	10 Jul 1872	1:168	Fink, Herald	24 Oct 1899	4:65
Field, Inf/o Fred	07 Dec 1868	1:28	Fink, Isaac	18 Nov 1874	1:168
Field, Inf/o Wm.	01 Dec 1869	1:44	Fink, John I.	26 Mar 1871	1:166
Field, Mary Susan V.	03 Apr 1875	1:170	Fink, Margaret	23 Aug 1905	5:67
Fields, Eliza	27 Jan 1893	2:61	Fink, Michael	14 Mar 1880	1:174
Fields, Geo. A.	04 May 1873	1:168	Fink, Mishnel	15 Oct 1867	1:4
Fields, John B.	29 Dec 1883	1:178	Fink, Rose	24 Jun 1899	4:65
Fields, Malsa	16 May 1906	5:69	Fink, Sadie	29 Sep 1897	4:64
Fields, Mary A.	16 Dec 1873	1:168	Fink, William	12 Nov 1897	4:63
Fields, Norman	02 Aug 1903	4:70	Fink, William	20 May 1870	1:166
Fields, Robert M.	25 Feb 1906	5:67	Fink, Willie	18 Feb 1897	4:63
Fields, s/o Edward	04 Jun 1887	2:56	Finkboon, Minnie	25 Jan 1909	5:71
Fields, William L.	22 Apr 1877	1:170	Finlay, Clara	02 Aug 1905	5:67
Fiellauer, Zelia	10 Oct 1889	2:59	Finly, Elizabeth	29 Nov 1890	2:59
Fifer, Charles E.	11 Apr 1904	5:66	Finman, James	26 Mar 1888	2:57
Fifield, Adalina	19 Feb 1891	2:59	Finn, Bridget	21 Feb 1878	1:172
Fifield, Daniel S.	05 Dec 1900	4:66	Finn, Cora	01 Nov 1877	1:174
Fifield, Edward James	11 Jul 1907	5:70	Finn, F.J.	09 Jul 1906	5:68

NAME	DATE	V/P
Finn, Francis	02 Oct 1904	5:66
Finn, James P.	26 Jul 1893	3:72
Finn, Jennie	04 Jul 1900	4:67
Finn, John	16 Dec 1871	1:166
Finn, Martin	31 Mar 1899	4:64
Finn, Mary	17 Dec 1894	3:73
Finn, Mary	19 Oct 1893	3:72
Finn, s/o Thos.	19 Jan 1896	3:74
Finnacal, Noah	03 Nov 1904	4:70
Finnagan, Elizabeth	08 Aug 1870	1:166
Finnegan, Anna	03 Jul 1870	1:166
Finnegan, Catharine	29 Aug 1868	1:20
Finnegan, Charles	24 Jul 1882	1:178
Finnegan, Elizabeth	28 Dec 1888	2:57
Finnegan, Maggie	28 Jan 1892	2:60
Finnegan, Thomas	Apr 1883	1:178
Finnelly, Mary M.	14 Feb 1885	2:55
Finnerty, Caroline	19 Feb 1893	2:61
Finney, Jay C.	17 Apr 1891	2:60
Finney, Lizzie E.	19 Aug 1904	5:66
Finnie, Mary	20 Dec 1891	2:60
Finnigan, Bridget	11 Oct 1876	1:172
Finnigan, Inf/o Thos.	26 Aug 1868	1:20
Finnigan, Pat.	17 Jun 1868	1:14
Finnin, Frank H.	05 Oct 1908	5:71
Finsh, Sarah F.	02 May 1906	5:69
Finzel, Edwin	30 Apr 1899	4:65
Finzel, Frederick	06 Sep 1907	5:69
Fio, Joseph	21 Apr 1908	5:70
Fipp, Willis Errel	07 Apr 1876	1:172
Fischel, Joseph H.	27 Apr 1907	5:70
Fischer, Anna	Feb 1885	2:55
Fischer, C.	11 Dec 1883	1:178
Fischer, Carl Rudolph	23 Mar 1902	4:67
Fischer, Carry	08 May 1891	2:60
Fischer, Fred	28 Oct 1904	5:66
Fischer, Frederick	09 Dec 1903	4:70
Fischer, Geo. H.	20 Jan 1887	2:56
Fischer, Hanna	29 Dec 1897	4:63
Fischer, Karl L.R.	15 Dec 1899	4:65
Fischer, Louis	02 Jun 1895	3:73
Fischer, Louise	21 Oct 1902	4:68
Fischer, Louise, Mrs	20 Oct 1902	4:68
Fischer, Mary A.	12 Aug 1908	5:71
Fischer, Minnie	27 Dec 1893	3:72
Fischer, Peter	01 May 1893	3:72
Fischman, Ida	22 May 1895	3:73
Fiscus, Peter	28 Sep 1874	1:170
Fish, Elias W.	06 Dec 1901	4:67
Fish, Frank	08 Oct 1887	2:57
Fish, George, Mrs.	08 Feb 1899	4:64
Fish, Hannah	02 Jul 1905	5:67
Fish, John	13 Apr 1905	5:67
Fish, Matilda P.	27 Mar 1872	1:166
Fish, Viola N.	07 Oct 1890	2:59
Fishback, John	02 Aug 1906	5:68
Fishback, Reva E.	07 Jun 1893	3:72
Fisher, A.	16 Oct 1905	5:67
Fisher, Adeline E.	15 Oct 1905	4:69
Fisher, Alfred	14 Oct 1905	5:67
Fisher, Alice	15 Feb 1908	5:70
Fisher, Alice M.	15 Feb 1908	5:69
Fisher, Allen	15 Feb 1880	1:174
Fisher, Amelia	20 Jan 1890	2:58
Fisher, August	15 Mar 1903	4:68
Fisher, Carl Adam	30 Mar 1907	5:67
Fisher, Catherine	15 Dec 1892	2:61
Fisher, Charity	03 Apr 1893	3:72
Fisher, Charles	19 Dec 1906	5:68
Fisher, Charles G.	05 Feb 1906	5:67
Fisher, Charley	15 Apr 1888	2:57
Fisher, Clara	30 Nov 1881	1:176
Fisher, D.B.	19 Dec 1906	5:68
Fisher, d/o Noah	30 Jul 1898	4:64
Fisher, Daniel	16 May 1885	2:55
Fisher, Edward	24 Dec 1901	4:68
Fisher, Edward	30 Sep 1906	5:69
Fisher, Elizabeth	07 Aug 1869	1:50
Fisher, Eliz'th	15 Oct 1875	1:170
Fisher, Emma	04 Apr 1869	1:8
Fisher, Ethel V.	25 Dec 1900	4:66
Fisher, Frank	27 Mar 1889	2:57
Fisher, Fred E.	22 Feb 1881	1:176
Fisher, Frederick	07 Jul 1901	4:68
Fisher, George	06 Mar 1893	2:61
Fisher, Jacob	18 Sep 1878	1:174
Fisher, Jacob R.	26 Feb 1879	1:174
Fisher, Jennie	27 Oct 1877	1:174
Fisher, Jennie	27 Oct 1877	1:172
Fisher, John	12 Apr 1876	1:170
Fisher, John Adam	29 Jan 1894	3:72
Fisher, John C.	01 --- 1893	2:61
Fisher, John H.	22 Jul 1871	1:166
Fisher, John K.	01 Apr 1892	2:60
Fisher, Joseph	03 Mar 1894	3:72
Fisher, Joseph	03 Nov 1872	1:168
Fisher, Lewis	20 Jan 1886	2:55
Fisher, Lizise	09 May 1883	1:178
Fisher, Louis	21 Jun 1906	5:68
Fisher, Louis	31 May 1900	4:66
Fisher, Louis H.	18 Sep 1907	5:70
Fisher, Maggie	22 Apr 1898	4:65
Fisher, Margaret	07 Apr 1896	4:63
Fisher, Margaret M.	21 Jan 1876	1:170
Fisher, Mary	04 May 1885	2:55
Fisher, Mary	06 Mar 1877	1:172
Fisher, Mary	22 Nov 1895	3:73
Fisher, Mary E.	29 May 1908	5:71
Fisher, Michael S.	23 Dec 1906	5:69
Fisher, Mildred	07 Mar 1908	5:70
Fisher, Orville Edgar	30 Sep 1906	5:68
Fisher, Otto	18 Aug 1890	2:59
Fisher, Peter	04 Apr 1879	1:174
Fisher, Peter D.	29 Jan 1876	1:170
Fisher, Phillip	02 Mar 1903	4:69
Fisher, Ray C.	15 Feb 1908	5:69
Fisher, Rob't	19 Apr 1887	2:57
Fisher, Rosetta	13 Feb 1905	5:66
Fisher, s/o John H.	15 Dec 1897	4:64
Fisher, Sylvester	18 Mar 1903	4:69
Fisher, T.J.	27 Apr 1876	1:172
Fisher, William	29 Mar 1872	1:168

NAME	DATE	V/P
Fisher, Willis	19 Apr 1907	5:70
Fisher, Wm. H.	14 Sep 1901	4:68
Fisk, Charles E.	11 Jul 1900	4:66
Fisk, General G.	15 Oct 1903	4:70
Fisk, Mary Evelyn	22 Jul 1868	1:18
Fisk, Sallie	01 Apr 1877	1:170
Fiske, Charles	15 Mar 1876	1:170
Fiske, William Cowan	17 Jul 1901	4:67
Fissischurse, Stonava	19 Jul 1891	2:60
Fister, Charles F.	14 Oct 1889	2:58
Fister, Geo. W.	16 Jan 1892	2:60
Fister, Johanna	13 Mar 1899	4:65
Fisturer, Olga	Jul 1887	2:57
Fitch, Cardin	29 Dec 1877	1:172
Fitch, Caroline	11 Jul 1908	5:71
Fitch, Catharine	18 Feb 1871	1:166
Fitch, John	04 Sep 1889	2:58
Fitch, John	26 Feb 1874	1:168
Fitch, Linson	27 Jun 1876	1:172
Fitch, Louis	03 Oct 1895	3:74
Fitch, Mary	13 Feb 1905	5:66
Fitch, Philip S.	11 Oct 1903	4:70
Fitch, Ruth Amelia	05 Feb 1899	4:65
Fitch, Thomas E.	11 Feb 1872	1:166
Fithian, Mary B.	04 Mar 1901	4:66
Fithiar, Sarah	01 May 1870	1:166
Fitkins, S.B.	04 Oct 1902	4:69
Fits, Benjamin	09 Apr 1893	3:72
Fitts, Roy L.	02 Feb 1893	2:61
Fitz, John	24 Jun 1898	4:65
Fitzgerald, Bridget	19 Oct 1881	1:178
Fitzgerald, Child	04 Feb 1883	1:178
Fitzgerald, Edward	20 Oct 1902	4:69
Fitzgerald, Henry	21 Jun 1880	1:176
Fitzgerald, John G.	19 Oct 1881	1:178
Fitzgerald, Kate	05 Jan 1869	1:28
Fitzgerald, Margaret	06 Feb 1905	5:66
Fitzgerald, Margaret	14 Feb 1905	5:66
Fitzgerald, Mary	10 Feb 1901	4:66
Fitzgerald, Mary	16 Dec 1903	4:70
Fitzgerald, Mary	19 Aug 1892	2:60
Fitzgerald, Mary	20 Jan 1888	2:56
Fitzgerald, Michael	30 Nov 1868	1:2
Fitzgerald, Michael	31 Aug 1893	3:72
Fitzgerald, Nora	15 Jul 1878	1:174
Fitzgerald, Raymond A.	08 Jul 1903	4:70
Fitzgerald, Thos.	11 Jul 1880	1:176
Fitzgerald, Unknown	28 Jan 1888	2:57
Fitzgerald, William	20 Jul 1878	1:174
Fitzgerald, Willie	17 Jul 1876	1:172
Fitzgerold, Theresia	06 Jun 1901	4:67
Fitzjohn, Carrie N.	05 Sep 1895	3:74
Fitzjohn, Edward	12 Feb 1876	1:170
Fitzjohn, Grace Bella	21 Oct 1893	3:72
Fitzjohn, Inf/o Wm.	25 Jul 1868	1:18
FitzJohn, James	12 Dec 1906	5:69
Fitzjohn, James	12 Dec 1906	5:68
Fitzjohn, Norman E.	11 Nov 1893	3:72
Fitzjohn, Rosabel	01 Aug 1868	1:18
Fitzpatrick, Fred	11 Jul 1907	5:70
Fitzpatrick, Honora	08 Nov 1880	1:176

NAME	DATE	V/P
Fitzpatrick, Jane	26 Feb 1881	1:176
Fitzpatrick, John	15 Mar 1906	5:67
Fitzpatrick, Mich'l	26 Mar 1868	1:12
Fitzpatrick, Timothy	04 Jun 1885	2:56
Flachony, Katie	29 Oct 1884	2:55
Flack, Bessie	17 Sep 1899	4:66
Flack, Bessie	17 Sep 1899	4:65
Flack, Geo. W.	06 Feb 1868	1:8
Flack, George C.	29 Oct 1891	2:60
Flack, Inf/o George	16 Mar 1873	1:168
Flack, Jno. W.	25 Jul 1891	2:60
Flack, Mary A.	09 Sep 1899	4:66
Flack, Mary A.	09 Sep 1899	4:65
Flack, Orlando	19 Dec 1906	5:68
Flagle, Anna	20 Sep 1885	2:55
Flaherty, Anthony P.	21 Feb 1885	2:55
Flaherty, Inf/o Daniel	30 Mar 1887	2:56
Flaherty, Wm. J.	09 Feb 1883	1:178
Flanagan, Charles	12 May 1877	1:172
Flanagan, Emily	31 Aug 1895	3:73
Flanagan, Ethel Marg't	06 Feb 1906	5:67
Flanagan, Mary	16 Mar 1888	2:56
Flanagan, Nora	08 Feb 1890	2:58
Flanagan, Pat	11 Feb 1906	5:67
Flanagan, Thomas	26 Mar 1908	5:71
Flanders, James E.	08 Feb 1905	5:66
Flanegan, Magdalena	16 Dec 1870	1:166
Flangher, Charles	24 Nov 1875	1:170
Flanigan, Ellen	02 May 1872	1:168
Flanigan, Helena	03 Jul 1903	4:69
Flanigan, Patrick	28 Sep 1904	5:66
Flanigan, Robert	29 Jun 1903	4:70
Flanigan, Unknown	21 Oct 1885	2:55
Flannerg, Norah	23 May 1892	2:61
Flannigan, Catharine	09 Mar 1879	1:174
Flannigan, Chester	14 Dec 1906	5:68
Flannigan, Daniel C.	08 Aug 1904	5:66
Flannigan, Mary	04 Feb 1903	4:68
Flannigan, Mary	25 Jan 1908	5:70
Flannigan, Nora	03 Feb 1902	4:67
Flannigan, Timothy	03 Mar 1902	4:67
Flarder, Theodore	23 Jun 1902	4:68
Flarman, Ralph	20 Sep 1901	4:67
Flaro, Harvey	06 Aug 1897	4:63
Flaro, Joseph	24 Dec 1896	4:63
Flatz, Etha	28 Jun 1906	5:69
Fleck, Ida	17 May 1891	2:59
Fleig, Carolia	03 May 1891	2:60
Fleig, Esther	13 Oct 1900	4:66
Fleig, Geo. A.	20 Jul 1908	5:71
Fleig, John W.	05 Mar 1884	1:178
Fleig, Joseph	08 Aug 1903	4:70
Fleig, Kate	Nov 1881	1:176
Fleig, Mary	26 Aug 1886	2:56
Fleig, Mary A.	08 Feb 1875	1:168
Fleig, Otto	02 Aug 1869	1:58
Fleig, Rosa Emma	Sep 1880	1:176
Fleischman, Anton	22 Feb 1904	4:70
Fleischman, Genoveva	08 Dec 1901	4:67
Fleischman, Geo.	05 Nov 1885	2:56
Fleischman, John	30 Dec 1901	4:67

NAME	DATE	V/P
Fleishmann, Gust	16 Aug 1884	2:55
Fleitz, Ignatz	08 Jun 1897	4:63
Fleitz, Ignatz	09 Jun 1896	4:63
Fleming, Addie	19 Aug 1908	5:71
Fleming, Eliza Hunter	05 Jul 1891	2:60
Fleming, Frank	01 May 1904	4:70
Fleming, Herbert W.	22 Dec 1891	2:60
Fleming, John H.	01 Jan 1886	2:55
Fleming, Thomas F.	22 Jun 1891	2:60
Flemming, Albert Henry	26 Nov 1892	2:61
Flemming, Bertha	05 May 1887	2:57
Flemming, Francis	28 Jun 1878	1:174
Flemming, Frank	01 May 1888	2:58
Flemming, Frank	01 May 1902	4:68
Flemming, Herbert	10 Jan 1896	3:73
Flemming, J.H.	01 Jan 1886	2:55
Flemming, Joseph	17 Apr 1893	3:72
Flemming, Luke R.	23 Aug 1873	1:168
Flenning, Margaret	11 Aug 1904	5:66
Flers, John	24 Nov 1876	1:172
Fletcher, Caroline	26 Sep 1888	2:58
Fletcher, Nellie A.	08 Sep 1884	2:55
Fletcher, Samuel	28 Aug 1901	4:67
Fletcher, William C.	09 Nov 1906	5:68
Flevien, Wm.	16 Sep 1896	4:63
Flick, Andrew	18 May 1874	1:170
Flick, Annie	13 Jan 1901	4:67
Flick, Bertha	30 Mar 1870	1:58
Flick, Charles	19 Jun 1906	5:68
Flick, Earl F.	05 Apr 1891	2:59
Flick, Earl Franklin	05 Apr 1891	2:60
Flick, Emma	07 Sep 1876	1:170
Flick, Enos	17 Jul 1895	3:73
Flick, Ignatus	16 Jul 1895	3:74
Flick, Ignaz	28 Mar 1899	4:64
Flick, Inf/o Charles	08 Jun 1890	2:59
Flick, Inf/o Charles	15 Apr 1891	2:60
Flick, John	19 Feb 1875	1:170
Flick, Jos. Albert	22 Jul 1893	3:72
Flick, Minnie	13 Jan 1901	4:68
Flickinger, Florence B.	30 Nov 1899	4:66
Flickinger, Ruth	27 Apr 1906	5:68
Flies, Rosie	15 Sep 1889	2:59
Flike, Lieyho	13 Mar 1874	1:168
Flind, Philar'minia F.	12 Feb 1870	1:58
Flindt, Christian	06 Oct 1894	3:73
Fling, Leander J.	24 Sep 1901	4:67
Flinn, Andrew	04 Sep 1906	5:68
Flinn, Richard D.	29 May 1888	2:58
Flinn, Sarah F.	09 Oct 1887	2:57
Flint, Charles F.	17 Apr 1902	4:69
Flint, Clara R.	01 Sep 1890	2:59
Flint, Edwin G.	13 Aug 1886	2:56
Flint, George W.	05 Oct 1896	3:73
Flint, Inf/o Frank A.	22 Mar 1889	2:58
Flint, John	02 Apr 1869	1:8
Flint, Leslie A.	11 Aug 1887	2:57
Flint, M.A., Mrs.	13 Dec 1903	4:69
Flint, Margaret Robertson	28 Oct 1901	4:67
Flint, Robert	30 Apr 1896	4:63
Flint, Ruth	09 Mar 1908	5:70
Flitz, John	20 Mar 1881	1:176
Flock, Agnes	03 Jan 1892	2:60
Flock, Emil	09 Aug 1906	5:68
Flockner, Anna	16 Aug 1904	5:66
Flod, Harry	Apr 1906	5:67
Floering, Amanda E.	15 Aug 1900	4:66
Floering, Charles	29 Jul 1896	4:63
Floering, Chris.	17 Oct 1895	3:74
Floering, John	24 Jun 1895	3:74
Floes, Hellen	29 Sep 1898	4:64
Flood, Daniel	25 Dec 1874	1:170
Flood, James	06 May 1876	1:172
Flood, Marjorie	16 Sep 1900	4:66
Flood, Nora	18 Jul 1907	5:70
Flood, William	25 Dec 1906	5:69
Flood, Wm.	12 Dec 1906	5:68
Flooring, Louis	10 Dec 1871	1:166
Florey, Roxina	29 May 1893	3:72
Floring, Alvina	13 Sep 1889	2:58
Floring, Lena	26 Dec 1893	3:72
Floring, Mable	04 Aug 1901	4:68
Flory, Miss	19 Jan 1908	5:70
Flory, Raymond	06 Mar 1902	4:67
Flower, Ellenberg	24 Apr 1903	4:69
Flowers, Grace	20 Nov 1903	4:70
Flowers, Susie M.	03 Dec 1899	4:65
Flues, Chas.	28 Sep 1907	5:69
Fluge, Anton L.	03 Feb 1887	2:56
Fluke, Abbie	09 May 1883	1:178
Flury, Joseph	21 Apr 1893	3:72
Flynn, Charles	07 Aug 1898	4:64
Flynn, Edw'd	09 Jan 1901	4:66
Flynn, Jas.	21 Jun 1893	3:72
Flynn, Johanna	12 Mar 1880	1:176
Flynn, Katie	16 Jul 1877	1:172
Flynn, Lilly May	11 May 1899	4:64
Flynn, Margaret Frances	30 Oct 1897	4:64
Flynn, Owen	14 Feb 1868	1:10
Flynn, Rosana	14 Jul 1887	2:56
Flynn, Rossana	23 Dec 1900	4:66
Flynn, s/o James	02 Feb 1900	4:65
Flynn, Soloman	19 Apr 1895	3:74
Flynn, Thomas	05 Jul 1906	5:68
Flynn, Thomas	18 May 1881	1:176
Flynn, Thomas	30 Jul 1901	4:67
Flynn, Walter	22 Nov 1897	4:64
Fobeity, Patrick	09 Feb 1894	3:72
Fockler, Simon	13 Jun 1907	5:69
Foeahkels, Mena	23 Jul 1870	1:166
Foelker, Edward	03 Nov 1905	5:67
Foerch, Catherine	06 Jan 1892	2:60
Foerch, Fred	03 Mar 1889	2:58
Fogan, James L.	12 Apr 1869	1:2
Fogan, Rose	12 Apr 1869	1:2
Fogarty, Mary	18 Mar 1869	1:34
Fogarty, Mary Ann	21 Oct 1868	1:2
Fogel, John H.	02 Dec 1888	2:57
Fogelson, Hannah	10 Mar 1908	5:70
Fogland, Henry	20 Sep 1868	1:22
Foglebach, Francis	Mar 1891	2:59
Fogus, Jas. L.	10 Apr 1869	1:8

NAME	DATE	V/P
Foil, Rebecca	21 Mar 1907	5:69
Foist, John Joseph	28 Nov 1891	2:60
Folay, Mary G.	06 Nov 1906	5:68
Folcomer, William	29 Oct 1898	4:64
Foley, Anastasia	12 Feb 1905	5:66
Foley, Anastatia	Feb 1906	5:67
Foley, Andrew	29 Jun 1868	1:16
Foley, Arthur	06 Nov 1908	5:71
Foley, Catherine	12 Mar 1892	2:60
Foley, Daniel	16 Jul 1872	1:168
Foley, Declan	17 May 1891	2:60
Foley, Elizabeth	07 Nov 1876	1:170
Foley, Etta	Mar 1893	3:72
Foley, Grace	26 Nov 1900	4:66
Foley, James	08 Nov 1889	2:59
Foley, James	15 Jan 1908	5:70
Foley, John	03 May 1893	3:72
Foley, John Edmund	1876	1:170
Foley, John J.	06 Nov 1908	5:71
Foley, Julia	08 Mar 1903	4:69
Foley, Katie	12 Nov 1878	1:174
Foley, Mary	04 Jul 1889	2:58
Foley, Mary	06 Feb 1893	2:61
Foley, Mary, Mrs.	17 Jul 1903	4:69
Foley, Michael	14 Aug 1905	5:67
Foley, Sarah	20 Jul 1885	2:56
Foley, Timothy	23 Oct 1900	4:66
Folezynaki, Josie	06 Jun 1900	4:67
Folger, Jacob	29 Nov 1868	1:26
Folk, Alma	21 Jul 1891	2:60
Folk, Emma Marie	24 Feb 1908	5:70
Folk, John	18 Apr 1903	4:69
Folk, Lewis	23 Feb 1908	5:70
Folk, Peter	18 Jun 1876	1:172
Folkenberg, Augusta	13 Jul 1889	2:59
Follett, Foster V.*	12 Oct 1882	
Folley, Mike	03 Aug 1895	3:73
Follon, Allen	13 Nov 1871	1:166
Folsom, Edith	24 Jul 1906	5:68
Folsom, Emerson C.	02 Sep 1881	1:176
Folsom, Nancy	29 Dec 1868	1:28
Folson, Benjamin W.	14 Oct 1888	2:58
Folwelder, Mary	11 Jul 1868	1:16
Fommor, Albert	03 May 1880	1:174
Fonal, Henry	23 Apr 1891	2:60
Foncannon, Chas. West.	27 Nov 1902	4:68
Fongman, Justice	29 Nov 1900	4:66
Fonoski, Frank	10 Aug 1879	1:174
Fonsing, Anna M.	02 Mar 1869	1:32
Fontain, Absolem	18 Nov 1894	3:73
Fontain, John A.	31 Mar 1903	4:68
Fontain, Malinda M.	08 Aug 1887	2:56
Fontaine, Angela	20 Nov 1897	4:64
Fontaine, Anna	29 Aug 1888	2:198
Foor, Joseph	02 Mar 1908	5:70
Foos, Geo.	17 Jan 1881	1:176
Foot, Carrie M.	15 Aug 1885	2:55
Foote, D.W.	24 Sep 1901	4:67
Foraker, Elizabeth	07 Jan 1905	5:66
Forbes, Flora	17 Mar 1870	1:46
Forbes, G.M.	31 Mar 1875	1:168
Forbes, John	16 Jul 1900	4:67
Forbes, Kate D.	13 Dec 1876	1:172
Forbes, William	25 Jan 1908	5:70
Forbis, Alley A.	10 Feb 1869	1:30
Forbs, James Martin	20 Jul 1898	4:64
Forbs, Jay Rea	26 May 1898	4:64
Forch, Emma Louise	16 Jul 1896	4:63
Ford, Alice Helen	22 Aug 1868	1:36
Ford, Almina C.	15 Apr 1895	3:74
Ford, Amy	25 Jan 1880	1:174
Ford, Andrew	04 Sep 1890	2:59
Ford, Anna	16 Sep 1886	2:56
Ford, Celinda	10 Apr 1890	2:59
Ford, Charles	16 Sep 1889	2:58
Ford, Chas. E.	16 Sep 1875	1:170
Ford, Cornelius	13 Jun 1870	1:166
Ford, Dellet	24 Apr 1889	2:57
Ford, Dellet M.	24 Apr 1889	2:58
Ford, Edward	14 Dec 1893	3:72
Ford, Eliza J.	21 Oct 1898	4:64
Ford, Elizabeth	10 Jan 1894	3:72
Ford, Elizabeth	21 Sep 1905	5:67
Ford, Ella	09 Sep 1889	2:58
Ford, Ellen	17 Jul 1895	3:73
Ford, Ellen	18 Dec 1890	2:59
Ford, Frelove	27 Aug 1880	1:176
Ford, Grace G.	16 Sep 1882	1:178
Ford, Harriet E.	12 Mar 1888	2:56
Ford, Henry	02 Jun 1889	2:58
Ford, Horatio	16 Jun 1907	5:69
Ford, Horatio	16 May 1907	5:70
Ford, Inf/o Lucius	28 Sep 1884	2:55
Ford, Inf/o Lucius	25 Jan 1881	1:176
Ford, Inf/o Lucius S.	03 Mar 1875	1:168
Ford, Johanna, Miss	30 Jun 1908	5:71
Ford, John	20 Sep 1895	3:74
Ford, Joseph	30 Mar 1875	1:168
Ford, Joseph Daniel	01 Jun 1894	3:73
Ford, Joseph Lelan	06 Sep 1907	5:69
Ford, Kenneth	22 Dec 1899	4:66
Ford, King	11 Aug 1899	4:66
Ford, King	20 May 1889	2:58
Ford, Margaret Elizabeth	16 Feb 1907	5:68
Ford, Mary	12 Mar 1869	1:34
Ford, Mary E.	11 Mar 1881	1:176
Ford, Milo N.	02 Aug 1902	4:68
Ford, Otis	02 Jan 1886	2:55
Ford, Patrick	08 Aug 1880	1:176
Ford, Roger	04 Oct 1900	4:66
Ford, S.R.	15 May 1906	5:68
Ford, Sarah M.	01 May 1869	1:48
Ford, Susan	01 Mar 1896	3:74
Ford, Wallace R.	26 Mar 1889	2:57
Ford, William	08 Mar 1877	1:172
Ford, Wm.	20 Mar 1881	1:176
Forde, Frances M.	25 Nov 1903	4:70
Fording, Infant	01 Jan 1901	4:66
Fording, Peter	16 Mar 1896	3:74
Fordyce, Delia	24 May 1906	5:68
Fordyce, Delia S.	24 May 1906	5:68
Fore, Albert	26 Jan 1907	5:68

NAME	DATE	V/P
Forehan, Ella	01 Sep 1869	1:50
Foreman, Charles E.	13 Feb 1877	1:170
Foreman, Isaac	Mar 1885	2:55
Foreman, Virginia	25 Mar 1882	1:176
Foreman, Willie	28 Dec 1876	1:170
Forester, Carman	16 Jul 1895	3:74
Forester, Infant	02 Oct 1894	3:73
Forester, Laura	09 Mar 1885	2:55
Forgler, Ernst	14 Feb 1869	1:32
Forman, John M.	01 Oct 1891	2:60
Forman, Warren C.	19 Sep 1908	5:71
Forrest, Joseph	07 May 1897	4:64
Forretts, Jos.	19 Sep 1888	2:57
Forseyth, Alfred	18 Mar 1894	3:72
Forst, Dorathia	19 Aug 1872	1:168
Forsyth, Charlotte T.	28 Feb 1903	4:68
Forsyth, Eleanor A.	17 Nov 1872	1:168
Forsyth, Henry H.	02 Apr 1873	1:168
Forsyth, Mary	30 Oct 1898	4:64
Forsyth, William	14 Jul 1873	1:168
Forth, H.	27 Jul 1905	5:67
Forth, Herman	27 Jul 1905	5:67
Forthanz, Ferdinand	20 May 1898	4:64
Fortlander, Johanna	05 Feb 1907	5:69
Forwalder, Minnie	13 Mar 1891	2:59
Foss, Ludwig	14 Aug 1900	4:66
Fosswarkoth, Igler D.	11 Dec 1897	4:64
Fost, William E.	02 Mar 1875	1:168
Foster, Ada	24 Nov 1880	1:176
Foster, Archie	01 Jan 1893	2:61
Foster, Cora	10 Mar 1869	1:34
Foster, H.T.	23 Sep 1881	1:176
Foster, Infant	07 Jan 1879	1:174
Foster, Jenny	14 Sep 1876	1:172
Foster, Jessie	07 Dec 1897	4:63
Foster, Joseph H.	15 Sep 1905	5:67
Foster, Katie	08 Jan 1880	1:174
Foster, Laura E.	09 Mar 1885	2:55
Foster, Lillie	23 Jul 1884	2:55
Foster, Martin	21 Aug 1904	5:66
Foster, Mary	25 Oct 1907	5:70
Foster, Mary Ann	16 Apr 1882	1:178
Foster, Richard	26 Mar 1868	1:10
Foster, Robert	02 Mar 1906	5:67
Foster, Robert	27 Jul 1882	1:178
Foster, S.M.	28 Mar 1868	1:12
Foster, Sarah	06 Oct 1906	5:68
Foster, William	15 May 1876	1:172
Foster, Wm. S.	16 Jan 1880	1:174
Fostran, Paul	17 Dec 1907	5:69
Fosty, Winnifred	14 Mar 1905	5:66
Foth, Gusta	14 Apr 1869	1:58
Foth, Harry*	06 Aug 1882	
Foth, Mary	06 Mar 1892	2:60
Foth, William	10 Jul 1883	1:178
Foth, William	Nov 1889	2:58
Fought, Theodore	06 Aug 1906	5:67
Foules, Albertine	29 Nov 1906	5:69
Foult, William	15 Dec 1898	4:64
Fountain, Caroline M.	30 Apr 1889	2:57
Fountaine, Jas. Alex'r	23 Nov 1868	1:26
Fourdlander, Katie	04 Dec 1893	3:72
Fourina, Samuel Dolphus	01 Jul 1901	4:67
Fourmier, Ernest	15 Dec 1907	5:69
Fourner, Alfred	28 Feb 1898	4:64
Fournier, Anna	17 Mar 1904	4:69
Fournier, Jos.	31 Dec 1881	1:176
Foust, Henry Seymour	04 Feb 1902	4:67
Fowler, Elizabeth	13 Feb 1906	5:67
Fowler, Ewing Poole	25 Mar 1907	5:68
Fowler, G.D.	31 Mar 1875	1:168
Fowler, Inf/o H.P.	08 Apr 1868	1:12
Fowler, Lidy	20 Jun 1878	1:174
Fowler, Martha T.	10 Jan 1900	4:65
Fowler, Nancy	02 Jun 1887	2:57
Fox, Alexander L.	11 Oct 1898	4:65
Fox, Andrew	24 Sep 1902	4:69
Fox, Anna	05 Aug 1896	4:63
Fox, Carrie	20 Apr 1887	2:57
Fox, Charles H.	Sep 1908	5:71
Fox, Child	19 Jun 1874	1:170
Fox, Edward J.	09 Dec 1899	4:65
Fox, Eliza	23 Jan 1907	5:67
Fox, Frank	22 Apr 1876	1:170
Fox, George	03 Feb 1907	5:69
Fox, George	07 Dec 1904	5:66
Fox, George R.	28 Feb 1899	4:65
Fox, Henry	10 Nov 1889	2:58
Fox, Infant	13 Sep 1870	1:166
Fox, Irving	Mar 1884	1:178
Fox, J.J.	19 Mar 1889	2:57
Fox, Jacob	Dec 1887	2:57
Fox, Jas.	25 Oct 1907	5:69
Fox, Johanna	05 Feb 1890	2:58
Fox, John	18 Feb 1871	1:166
Fox, John F.	28 Oct 1905	5:67
Fox, Joseph	24 Mar 1898	4:63
Fox, Katherine	16 May 1904	5:66
Fox, Katy	09 Feb 1897	4:63
Fox, Leah Maud	04 Oct 1890	2:59
Fox, Lottie C.S.	23 Sep 1872	1:168
Fox, Louisa	25 Feb 1886	2:55
Fox, Louisa M.	01 Feb 1895	3:73
Fox, Mary	13 Dec 1878	1:174
Fox, Mary	16 Dec 1899	4:65
Fox, Mary	27 Dec 1898	4:64
Fox, Mary A.	12 Feb 1908	5:69
Fox, Mary An	30 Aug 1899	4:65
Fox, May Stacy, Mrs.	09 Mar 1903	4:68
Fox, Michael	22 Dec 1891	2:60
Fox, Robert	26 Jan 1907	5:68
Fox, Whilma	20 Feb 1908	5:70
Fox, William	15 Oct 1874	1:168
Fox, William	27 Jan 1903	4:68
Foxhafer, Barbara	30 Jan 1908	5:71
Foy, Annie	25 Mar 1886	2:56
Foy, Catherine	05 Mar 1902	4:67
Foy, Margarite	08 Jun 1891	2:59
Foy, Patrick, Jr.	03 Nov 1887	2:56
Foy, Patrick, Sr.	23 Feb 1888	2:56
Fradeau, Henry	29 Mar 1869	1:4
Fraiser, George	08 Sep 1887	2:57

NAME	DATE	V/P	NAME	DATE	V/P
Fraley, Catharina	08 Apr 1869	1:8	Franz, Anna	Oct 1885	2:55
Fralick, John	11 Nov 1895	3:73	Franz, Charles	01 Apr 1895	3:74
Framer, Elmer	02 Feb 1909	5:71	Franz, Frederick	05 Jun 1893	3:72
Framer, Mary	22 Oct 1885	2:55	Franz, John	28 Mar 1895	3:73
Framm, John	11 Jul 1908	5:71	Franz, Mary	28 Apr 1895	3:74
Fran, Rosa E.	06 Jun 1893	3:72	Franze, Julia	1887	2:57
France, Cornelius	23 Aug 1890	2:59	Frary, Alfred P.	15 Jan 1903	4:69
France, Frederick A.	13 Jun 1888	2:58	Frary, William	30 May 1908	5:71
France, Mary E.	20 Jul 1873	1:168	Fraser, Edwin	17 Jul 1875	1:170
Franceour, Zelia	23 Oct 1906	5:68	Fraser, Eva M.	27 Sep 1875	1:170
Franchi, Anna	08 May 1888	2:58	Fraser, Gregory	04 Mar 1869	1:32
Francis, Mildred	09 Sep 1903	4:70	Fraser, Sarah	07 Jan 1869	1:28
Francisco, Kyner	02 Oct 1877	1:172	Fraser, Sophia	05 Feb 1883	1:178
Frank, Agnes A.	26 Apr 1900	4:67	Frasier, Gregory	02 Feb 1881	1:176
Frank, Anna	31 Aug 1908	5:71	Frasier, Henrietta	15 Mar 1888	2:57
Frank, August	16 Jan 1897	4:63	Frauley, Bridget	09 Nov 1901	4:67
Frank, Barney	29 Jun 1903	4:69	Fraush, James W.	22 Jan 1890	2:59
Frank, Bertha	20 Mar 1876	1:170	Frautsch, Lawrence Wm.	26 Aug 1901	4:68
Frank, Blanche Ellen	10 Dec 1896	4:63	Frawley, Patrick	01 Jan 1890	2:59
Frank, Carl John	31 Oct 1904	5:66	Frayer, Darrel	20 Jul 1907	5:70
Frank, Carolina	04 Apr 1894	3:72	Frazer, Inf/o George	03 Feb 1869	1:30
Frank, Caroline	12 Nov 1894	3:73	Frazer, Jane	10 Oct 1869	1:46
Frank, Clara	19 Mar 1882	1:176	Frazer, Infant	30 Jun 1887	2:57
Frank, Clara	19 May 1880	1:176	Frazer, William	09 Jul 1891	2:60
Frank, Elizabeth	18 Nov 1908	5:71	Frazewski, Valentine	20 Dec 1892	2:61
Frank, Elizabeth	27 Feb 1907	5:68	Frazier, Anton	30 Apr 1887	2:56
Frank, Ella V.	11 Mar 1900	4:66	Frazier, Geo. C.	30 Sep 1890	2:59
Frank, Fanny	13 Feb 1904	4:69	Frazier, Margaret H.	01 Feb 1869	1:30
Frank, Henry	24 Jul 1868	1:18	Frazier, Samuel	07 Nov 1877	1:172
Frank, Isador	25 Dec 1884	2:55	Frazier, Thomas M.	18 Feb 1898	5:70
Frank, Jacob	15 Feb 1888	2:57	Frazier, Wm.	11 May 1900	4:67
Frank, John	18 Jan 1899	4:64	Freatenbourgh, Janey	10 Aug 1874	1:170
Frank, John	28 Sep 1908	5:71	Frechette, Eugenia	10 Oct 1897	4:64
Frank, Lawrence	14 Mar 1899	4:64	Fred, Alfred	18 May 1887	2:57
Frank, Lena	16 Dec 1874	1:170	Fred, Arthur C.	May 1887	2:57
Frank, Lorenz	14 Mar 1898	4:63	Fredan, Amy	27 Mar 1875	1:170
Frank, Maria	16 Sep 1894	3:73	Fredenborough, George	17 Dec 1880	1:176
Frank, Mary	05 Sep 1891	2:60	Fredenburg, Catharine	07 Nov 1892	2:61
Frank, Mary	17 Feb 1897	4:63	Fredenburgh, Wm. S.	05 Oct 1869	1:56
Frank, Rath	19 Jul 1907	5:70	Frederick, Agnes	13 Dec 1905	5:67
Frank, Sarah	25 Feb 1896	3:74	Frederick, Anna	31 May 1901	4:67
Frank, Sophia	30 Apr 1907	5:70	Frederick, Caroline	12 Feb 1893	2:61
Frank, Valentine	29 Apr 1873	1:168	Frederick, Edward	06 Jan 1878	1:172
Frankbarth, Fannie	29 Sep 1887	2:56	Frederick, Frederick	19 Sep 1880	1:176
Frankenreder, Willie	19 Mar 1870	1:166	Frederick, Gotlieb	29 Jan 1892	2:60
Frankfather, Cora	17 Aug 1896	4:63	Frederick, Henry	12 Oct 1870	1:166
Franklin, Amasa	---	4:69	Frederick, Herman	17 Oct 1870	1:166
Franklin, Benj.	02 Jan 1907	5:68	Frederick, Jesse K.	02 Dec 1906	5:68
Franklin, Chas.	06 Aug 1901	4:68	Frederick, Nellie	11 Sep 1889	2:58
Franklin, Evline	28 Jan 1876	1:170	Frederick, s/o W.D.	10 Sep 1889	2:58
Franklin, Isabella	14 Oct 1907	5:70	Frederick, s/o W.D.	26 Mar 1905	5:66
Franklin, Julia	25 Jan 1908	5:70	Frederick, Sarah J.	18 Jan 1906	5:67
Franklin, Lam. W.	12 Mar 1887	2:56	Frederickowz, Joseph	07 Aug 1886	2:56
Franklin, Wm.	16 May 1868	1:14	Fredericks, Abraham	05 Oct 1897	4:63
Frankowski, Frank	30 Sep 1903	4:69	Fredericks, Chas.	02 Nov 1901	4:68
Frankowski, Mary	26 Aug 1887	2:57	Fredericks, Inf/o Joseph	17 Mar 1873	1:168
Franks, David	02 Jul 1871	1:166	Fredericks, Johanna	28 Mar 1903	4:68
Franks, Elizabeth	18 Nov 1908	5:71	Fredericks, Lewis	04 Jul 1904	5:66
Frantschi, Mary	07 Aug 1881	1:176	Fredgreve, Emelia	05 Aug 1902	4:68
Frantz, Herman	19 Aug 1890	2:59	Fredickson, John	22 Oct 1906	5:68
Frantz, Isabel	18 Jan 1905	5:66	Fredmann, Lotta	01 Aug ---	2:58

NAME	DATE	V/P
Fredrick, Edward	06 Jan 1878	1:172
Fredrick, Maria	09 Jan 1870	1:40
Fredricks, Lederle	21 Jun 1898	4:64
Fredricks, Willey	08 Sep 1877	1:172
Fredricks, William	08 Dec 1899	4:66
Free, J.N. "Immortal"	27 Jun 1906	5:68
Freebung, Jos.	27 May 1888	2:57
Freeburn, G.M.	22 Jun 1874	1:168
Freed, John	15 Mar 1905	5:66
Freed, Mable	06 May 1895	3:74
Freedman, Charles	14 Mar 1886	2:55
Freehart, John	17 Mar 1871	1:166
Freeland, Thos.	04 Jul 1883	1:178
Freeman, Abraham	12 Mar 1878	1:172
Freeman, Alidia P.	07 Apr 1889	2:57
Freeman, Annie	15 Apr 1872	1:168
Freeman, Chas. E.	09 Mar 1897	4:63
Freeman, Clara	12 Mar 1876	1:170
Freeman, Eli	07 Sep 1874	1:170
Freeman, George Wilson	10 Feb 1903	4:68
Freeman, Henry	30 Jan 1901	4:67
Freeman, Ida	15 Feb 1892	2:60
Freeman, Inf/o Rob't W.	26 Mar 1872	1:166
Freeman, Infant	10 Jul 1885	2:55
Freeman, Jas. B.	26 Sep 1904	5:66
Freeman, Joseph Russell	29 May 1901	4:67
Freeman, Julia	25 Feb 1889	2:57
Freeman, Nellie B.	15 Jun 1887	2:57
Freeman, Nellie C.	02 Aug 1887	2:56
Freeman, Philander	14 Mar 1907	5:68
Freeman, Primus	13 Apr 1904	4:70
Freeman, Rachel S.	19 Mar 1870	1:52
Freeman, Robert	18 Jul 1904	5:66
Freeman, Wm. H.	16 Nov 1900	4:66
Freeman, Wm. W.	15 Dec 1901	4:68
Freemann, Fred	15 Apr 1890	2:59
Freer, Harriett	13 May 1904	5:66
Fregate, Joseph Vernon	07 Feb 1904	4:70
Frehr, Matilda	22 May 1884	2:55
Freidel, Louis	26 Jun 1886	2:56
Freidrich, Johanna	28 Oct 1889	2:58
Freindt, Carl	01 Nov 1900	4:66
Freldean, Henry	08 Apr 1869	1:46
Freman, Robert	21 May 1868	1:42
French, Alexandria	12 Feb 1869	1:30
French, Alfred	16 Jul 1880	1:176
French, Anna M.	15 Aug 1885	2:56
French, C.H.	01 Mar 1899	4:65
French, Earl	15 Oct 1890	2:59
French, Edmund	01 Jun 1892	2:61
French, Edward C.	28 Jan 1895	3:73
French, Elah	16 May 1907	5:70
French, Elizabeth	07 Oct 1907	5:70
French, Ella May	04 May 1896	4:63
French, Emeretta	26 May 1890	2:59
French, Flora A.	07 Dec 1901	4:67
French, George	29 Dec 1891	2:60
French, James J.	13 May 1891	2:60
French, Josephina A.	16 Aug 1892	2:61
French, Louise Jane	25 Dec 1897	4:63
French, Mildred E.	02 Apr 1907	5:69
French, Nellie	22 Jan 1872	1:166
French, Paulina A.	03 Jul 1899	4:66
French, Paulina A.	05 Jul 1898	4:65
French, Ruth	16 Sep 1892	2:61
French, Thos. J.	17 Jan 1892	2:60
Frend, Andrew J.	24 Nov 1901	4:67
Frendorfer, Anna	04 Oct 1905	5:67
Frentila, Anton	15 Jul 1877	1:172
Frentz, George	25 Jul 1884	2:55
Fressell, Mary	16 Dec 1868	1:26
Freta, J.J.	27 Sep 1888	2:57
Fretc, Catharine	19 Jan 1871	1:166
Frett, Lena	07 Aug 1885	2:55
Fretz, Wm.	08 Mar 1897	4:63
Freud, Alfred	30 Jan 1886	2:55
Freuler, Barbara	24 Sep 1887	2:56
Freund, Wm.	04 Jul 1892	2:61
Frey, Christian	12 Jun 1889	2:58
Frey, Christian	12 Jun 1890	2:59
Frey, Geo.	03 Oct 1891	2:60
Frey, George	Sep 1891	2:60
Frey, Gotleib	05 Apr 1897	4:63
Frey, Gottlieb	05 Apr 1897	4:64
Frey, Herbert Gottfried	20 May 1900	4:66
Frey, Joseph	05 Nov 1879	1:174
Frey, Lena	1906	5:67
Frey, Leo	14 Mar 1877	1:170
Frey, M.	23 Jul 1905	5:67
Frey, Mary	05 Feb 1905	5:66
Frey, Wm.	23 Sep 1900	4:66
Fricher, Michael	06 Mar 1887	2:56
Frick, John	17 Oct 1903	4:69
Fricks, Frank	27 Mar 1872	1:166
Friday, Malta	08 Jan 1890	2:58
Frideger, Elizabeth	07 Oct 1870	1:166
Fridercks, Fred	22 Nov 1885	2:56
Fridle, Susan	20 Feb 1903	4:69
Friece, Lena	09 Aug 1906	5:68
Fried, Clara	30 Oct 1877	1:172
Fried, Elizabeth	20 Sep 1886	2:56
Fried, Henry W.	27 Jul 1887	2:57
Friedkowitz, Anton	06 Nov 1893	3:72
Friedlander, I.M.	15 Sep 1881	1:176
Friedlander, Louisa	04 Aug 1894	3:73
Friedlander, Sam'l	21 Jun 1876	1:172
Friedman, Abraham	27 Sep 1884	2:55
Friedman, Eug. C.	11 Jul 1895	3:73
Friedman, Hattie	28 Sep 1884	2:55
Friedman, Jos.	18 Dec 1902	4:68
Friedman, Mamie	28 Jan 1887	2:56
Friedman, Paul	01 Jul 1889	2:58
Friedrich, Edward	28 Jan 1879	1:174
Friedrich, Julius	11 Apr 1886	2:56
Friel, Annie	05 Sep 1891	2:60
Friel, Frank	06 Jul 1890	2:59
Friel, Frankie	16 May 1890	2:59
Friel, John Francis	06 Jul 1890	2:59
Friel, Wm.	16 Jan 1886	2:56
Frieman, Albert	13 Mar 1898	4:64
Friend, Charles	Jan 1884	1:178
Friend, Eliza	17 Sep 1877	1:172

NAME	DATE	V/P
Friend, Franklin	26 Dec 1891	2:60
Friend, Hazel	05 Sep 1893	3:72
Friend, John	14 Mar 1887	2:56
Friend, Laura	17 Apr 1901	4:67
Friend, Sarah	10 Aug 1872	1:168
Friend, William	21 Dec 1906	5:69
Friendt, Edward	04 Feb 1891	2:60
Fries, Willie	29 May 1890	2:59
Friese, Amanda	01 Sep 1897	4:64
Frieses, Barbara	27 Jun 1906	5:68
Friess, Charles A.	28 Mar 1900	4:65
Frigitt, Ellen	08 Dec 1908	5:71
Frink, Margaret	09 Feb 1893	2:61
Frinley, Robert	25 Nov 1901	4:68
Frisch, Albert	17 Jul 1892	2:61
Frisch, Anna	09 Sep 1905	5:66
Frisch, Minnie	11 Nov 1894	3:73
Frisch, Minnie B.	11 Nov 1894	3:73
Fritch, Wm.	05 Jan 1900	4:65
Fritcha, William	05 Jan 1900	4:66
Fritsche, Vorg	08 Jul 1885	2:56
Frittian, Albert L.	---	2:55
Fritz, Inf/o Albert	03 Jan 1887	2:56
Fritz, J.A.	25 May 1903	4:70
Fritz, Joseph	20 Oct 1894	3:73
Fritz, Martin	28 Jul 1872	1:168
Fritz, Robert	02 Jan 1908	5:70
Fritz, s/o Albert, (Twin)	14 Mar 1893	2:61
Fritz, s/o Albert, (Twin)	14 Mar 1893	2:61
Fritz, s/o Almon	15 Jan 1903	4:68
Fritzake, Anna	1871	1:166
Fritze, Jennie Louisa	08 Dec 1884	2:55
Frobel, Ida	15 Aug 1885	2:56
Froelich, Stuard	04 Nov 1900	4:66
Frogler, Godfrey	11 Dec 1868	1:38
Frohlich, John	10 Aug 1890	2:59
Frolick, Hellen May	15 Aug 1898	4:64
From, Nancy	17 Feb 1889	2:57
Frommer, Theo	01 Aug 1905	5:67
Frone, Augustus	23 Jul 1894	3:73
Frone, Magdalena	01 Apr 1894	3:73
Froney, Fred	25 Oct 1908	5:71
Frory, Edna	30 Oct 1886	2:56
Frosh, Otta	18 Jul 1905	5:67
Frosh, s/o Herman	11 Mar 1908	5:70
Frost, Anderson	11 Jun 1904	5:66
Frost, Arthur	23 Jan 1905	5:66
Frost, August	22 Oct 1869	1:48
Frost, Carolin	18 Jan 1905	5:66
Frost, d/o Fred	10 Jan 1905	5:66
Frost, E.	02 Sep 1905	5:67
Frost, Inf/o David	06 Sep 1869	1:40
Frost, Lemanche	25 Apr 1881	1:176
Frost, Lina	07 Jun 1905	5:67
Frots, Edward	04 Jul 1878	1:174
Fruchey, Frances C.	08 May 1908	5:71
Fruden, Catharine	28 Sep 1896	4:63
Fruk, Louis	31 Jul 1883	1:178
Frum, Daniel	Apr 1880	1:174
Frund, Ernest H.	28 Nov 1892	2:61
Frutiger, Christian	07 Oct 1907	5:70
Fry, Allen E.	06 Jan 1880	1:174
Fry, Amelia	04 Apr 1908	5:71
Fry, Carrie	03 Apr 1887	2:56
Fry, Edward	30 Jul 1907	5:70
Fry, Irene	17 Jul 1903	4:70
Fry, Nyeah	14 Apr 1904	4:70
Fry, Robert A.	04 Apr 1904	4:70
Fry, Roberta J.	28 Sep 1906	5:68
Fuary, Jacklin	19 Sep 1879	1:174
Fuchs, Carl	1871	1:166
Fuchs, Catharine	28 Mar 1891	2:59
Fuchs, Henry	31 Jul 1897	4:64
Fuchs, Hermina	21 Nov 1892	2:61
Fuchs, Josephine	10 Nov 1904	5:66
Fuchs, M.	08 Aug 1870	1:166
Fuchs, Theresa	17 Nov 1887	2:56
Fuchs, Wolfgang	21 Apr 1904	5:66
Fuecer, Laura Jane	20 May 1885	2:57
Fuehr, Jacob	28 Jul 1871	1:166
Fuehrmeier, Anna	20 May 1885	2:55
Fuer, Emelia	04 Aug 1872	1:168
Fuer, Ernst	29 May 1872	1:168
Fuestermann, August	27 Jun 1892	2:61
Fuhr, Joseph P.	03 Nov 1904	5:66
Fuhr, Mary	Nov 1899	4:65
Fuhr, Matilda	22 May 1884	1:178
Fuire, Mary	10 Sep 1902	4:69
Fuller, Bertha Albertina	23 Jun 1892	2:61
Fuller, Beth	15 Nov 1901	4:68
Fuller, Catherine	15 Nov 1883	1:178
Fuller, Core M.	02 Mar 1896	3:73
Fuller, Infant	07 Jun 1888	2:57
Fuller, David A.	11 May 1893	3:72
Fuller, Edward	25 Feb 1908	5:69
Fuller, George	25 Feb 1904	4:70
Fuller, James	02 Sep 1884	2:55
Fuller, John Wm.	12 Mar 1891	2:59
Fuller, Lena	21 Dec 1905	5:67
Fuller, Marien C.	02 Dec 1895	3:73
Fuller, Mary E.	21 Jan 1894	3:72
Fuller, Mary Jane	17 Nov 1886	2:56
Fuller, Mattie	22 Jan 1889	2:57
Fuller, Robert	22 Jul 1901	4:68
Fuller, Susan Maria	19 Nov 1899	4:65
Fuller, Thomas Standoff	07 Dec 1876	1:172
Fuller, Victoria	08 Dec 1901	4:68
Fuller, Victoria Elizabeth	08 Dec 1901	4:67
Fullerton, James	18 Feb 1905	5:66
Fullmer, Lemuel	08 Jun 1899	4:65
Fulmer, Henry B.	28 Apr 1885	2:55
Fulmer, Margaret I.	15 Jan 1904	4:70
Fulton, John G.	08 Mar 1882	1:178
Fulton, Robert G.	01 Jul 1901	4:67
Fulton, Sylvester D.	12 Jan 1891	2:59
Fultz, Franciska	30 Jun 1894	3:72
Fulweiler, Charlotte	09 Mar 1869	1:32
Funesness, Bertha	19 Oct 1893	3:72
Funk, Gertie M.	15 Nov 1885	2:56
Funk, Nancy	25 Mar 1888	2:57
Funk, Susan	05 Feb 1875	1:168
Funk, Thomas J.	13 Mar 1870	1:40

NAME	DATE	V/P
Furdlich, M.	19 Jul 1907	5:69
Furey, Anna	10 Feb 1902	4:67
Furgeson, Ada	14 Jul 1871	1:166
Furguson, Archibald	15 Jan 1901	4:67
Furnay, Salria	12 Feb 1907	5:69
Furney, Dolphus	07 Dec 1895	3:73
Furney, Mary E.	24 Apr 1878	1:174
Furr, Esther	17 Mar 1894	3:72
Furry, Agnes May	18 May 1886	2:56
Fush, John	1871	1:166
Fust, Josie	18 Jan 1889	2:58
Fuvey, Marie E.	13 Nov 1900	4:66
Fuvey, Marie T.	20 Jan 1901	4:66
Fuvey, Nellie	08 Jan 1901	4:66
Fyher, Edgar	01 May 1872	1:168
Gaa, John	05 Nov 1899	4:80
Gaa, John	05 Nov 1900	4:81
Gaa, John	05 Oct 1893	3:75
Gaa, Lena	20 Nov 1902	4:84
Gabel, Christena	23 Nov 1881	1:194
Gabel, Frank L.	24 Jun 1902	4:84
Gabel, Thomas	28 Oct 1906	5:81
Gaberal, Clarence	23 Sep 1884	2:65
Gable, Clarence J.	10 May 1899	4:79
Gable, Elizabeth	09 May 1899	4:79
Gable, Emelia	13 Nov 1907	5:83
Gable, Julia M.	14 Feb 1889	2:68
Gableman, Otto E.	02 Jul 1884	2:65
Gabrouski, Josephina	12 Nov 1907	5:83
Gacizz, Katerine	22 May 1908	5:84
Gadal, Anna	15 Jan 1898	4:77
Gadde, William	14 Oct 1877	1:188
Gadt, Friedericka	13 Feb 1894	3:76
Gaergen, N.J.	02 Apr 1898	4:78
Gaersen, Minnie	09 Mar 1898	4:76
Gaeth, Amelia	08 Jul 1887	2:67
Gaeth, Ernst	22 Nov 1883	1:196
Gaeth, Estella D.	04 May 1908	5:85
Gaeth, Joseph	27 Apr 1900	4:81
Gaeth, Mary	05 Dec 1908	5:84
Gaetschenberger, Franz Anton	05 Nov 1890	2:70
Gafell, Frank	29 Jun 1895	3:77
Gaffell, Edward	02 Jul 1896	4:75
Gaffeney, Unknown	20 Nov 1877	1:188
Gaffeny, Owen	20 Jul 1877	1:190
Gaffness, Bridget	05 Jul 1879	1:192
Gaffney, Bessie	22 Sep 1898	4:78
Gaffney, James	22 Feb 1882	1:194
Gaffney, Maria	05 Jun 1907	5:84
Gaffney, Peter	24 May 1908	5:85
Gaffney, Stephen	19 Apr 1903	4:85
Gafford, Florence	04 Sep 1895	3:78
Gafill, Mary	18 Sep 1900	4:81
Gafree, Mary	23 Jul 1893	3:75
Gage, Adam	15 Nov 1875	1:188
Gage, Augusta	18 Jan 1906	5:79
Gage, Emma	20 Sep 1899	4:79
Gage, Emma P.	20 Sep 1899	4:80
Gage, Rose	02 Jan 1893	2:72
Gage, Susan E.	Jul 1871	1:182
Gage, William	19 Aug 1875	1:186
Gagen, Mary	05 Mar 1904	4:84
Gagne, Alphonse	17 Sep 1880	1:194
Gagne, Mary	18 Dec 1902	4:83
Gagnon, Tilly	11 Jan 1881	1:192
Gahan, Joseph	20 Jul 1896	4:75
Gahn, Mary	29 Jan 1886	2:66
Gahn, Paul	29 Dec 1885	2:66
Gaine, Harriet E.	04 Mar 1894	3:75
Gaines, James	20 Sep 1908	5:84
Gaines, Mabel	29 Aug 1905	5:80
Gains, Jezzie	09 Jul 1891	2:72
Gairead, Mary	01 May 1888	2:68
Gairet, Cortland	08 Mar 1873	1:184
Gajeski, Rosaleia	14 Feb 1892	2:71
Gajew, Ernestine	01 Mar 1880	1:192
Gajewske, Mary	13 Nov 1895	3:79
Gajewski, Peter	15 Jun 1895	3:77
Gal, Anna	12 Apr 1909	5:85
Galach, Eliza	28 Jul 1870	1:182
Galant, Joseph	20 Jan 1893	2:73
Galaway, John	17 Mar 1884	1:196
Gale, d/o Henry	27 Jan ---	2:68
Gale, Lizzie	29 Jan 1897	4:75
Gale, Lizzie A.	29 Jan 1897	4:75
Gale, Marshal	29 Aug 1892	2:72
Galena, Filament	09 Jul 1904	5:78
Galendreski, Anna	04 Apr ---	3:76
Galimbriski, Stanley	07 Apr 1895	3:79
Galipeau, Louis	23 Apr 1885	2:65
Galispa, Margarette	10 Mar 1904	5:78
Gallagher, Alice	22 Mar 1904	4:86
Gallagher, Anna	27 Feb 1902	4:82
Gallagher, Chas. F.	08 Mar 1895	3:76
Gallagher, Denis	02 Jan 1905	5:79
Gallagher, Ella	27 Jul 1887	2:67
Gallagher, Hattie	06 Oct 1908	5:84
Gallagher, Issabella	03 Mar 1895	3:76
Gallagher, James	07 Feb 1895	3:77
Gallagher, John M.	19 Apr 1900	4:81
Gallagher, Mamie	24 Nov 1906	5:82
Gallagher, Mary, Mrs.	16 Sep 1896	4:75
Gallagher, Patrick	20 Mar ---	2:68
Gallagher, Thomas	23 Nov 1898	4:78
Gallagher, Wm. D.	11 Oct 1900	4:82
Gallant, Margarette	20 Nov 1901	4:82
Gallerhan, Peter	1871	1:184
Galley, Fred	12 Jun 1894	3:77
Galley, Max	23 Jan 1899	4:78
Gallier, Infant	20 Aug 1893	3:75
Galligher, Daniel	19 May 1903	4:86
Gallion, Nellie	28 Feb 1903	4:83
Gallius, Clinton	08 Aug 1897	4:76
Gallmany, W.H.	24 Jul 1872	1:184
Galloway, Catherine	08 Oct 1890	2:69
Galloway, Chas.	08 Dec 1873	1:184
Galloway, Edward	12 Feb 1888	2:67
Galloway, Mary E.	28 Nov 1903	4:85
Galloway, Sam.	10 Jul 1889	2:69
Galsz, Edwin	20 Jul 1906	5:81
Galter, Pauline	02 Feb 1897	4:75

NAME	DATE	V/P
Galvin, Denis	22 Feb 1891	2:70
Galvin, Dennis	27 Feb 1884	1:196
Gamble, d/o John	27 Dec 1897	4:174
Gamble, Horace	14 Feb 1903	4:84
Gamby, Eli	30 Dec 1894	3:76
Gamel, Edwin	06 Feb 1899	4:77
Ganaclop, F.	09 Dec 1907	5:83
Gander, Violet	26 Aug 1897	4:76
Ganes, John	09 Jan 1899	4:75
Ganezrwski, Mary	03 Sep 1896	4:76
Gangham, Sam'l J.B.	23 Dec 1892	2:72
Ganichewski, Eva	12 Apr 1896	4:76
Gannan, Wm. Arthur	24 Jul 1891	2:71
Gannie, Mary	16 May 1895	3:78
Gannon, James J.	30 May 1899	4:78
Gannon, Jennie	21 Nov 1890	2:70
Gans, Bertha	Oct 1883	1:194
Gans, William	21 Apr 1906	5:82
Gansbeechler, Frank	03 Feb 1880	1:192
Gansbeechler, Krecinia	06 Jan 1880	1:192
Ganslain, William	21 Nov 1875	1:186
Ganslein, Clara	28 Dec 1879	1:192
Ganslein, Clarence Joseph	03 Oct 1905	5:80
Gansline, Frank	21 Sep 1881	1:192
Gansow, Vernon	24 Dec 1901	4:83
Ganthen, Louise	07 Nov 1905	5:80
Ganther, Jerry	25 Jun 1870	1:182
Ganvouski, Wm.	11 Apr 1906	5:81
Ganz, William	13 Jul 1893	3:75
Ganzon, Anna*	29 Feb 1885	
Gar, Lizzie	07 Sep 1897	4:77
Gara, James O.	01 Oct 1905	5:79
Garber, Franklin	21 Sep 1903	4:86
Garbricht, Wm.	18 May 1893	3:75
Garbutt, Fannie	18 Jan 1895	3:76
Gardaneer, Adam	Dec 1875	1:186
Garden, Amanda	28 Jan 1903	4:84
Gardiner, Agnes	25 Jan 1902	4:82
Gardiner, Freeman	23 Oct 1895	3:79
Garding, John	03 Jan 1876	1:186
Gardner, Andrew	18 Jul 1871	1:184
Gardner, Casper	12 Mar 1899	4:78
Gardner, Catherine	14 May 1907	5:84
Gardner, Eliza	26 Dec 1896	4:75
Gardner, Emeil	25 Jul 1894	3:76
Gardner, Gertrude	25 Feb 1906	5:79
Gardner, Gertrude	26 Feb 1905	5:80
Gardner, Gilbert	19 Jan 1901	4:81
Gardner, John C.	10 Feb 1890	2:69
Gardner, Julia	28 Mar 1881	1:194
Gardner, Laing Nathan	01 Jan 1892	2:71
Gardner, Lula Maud	09 Feb 1894	3:77
Gardner, Mat.	26 Oct 1908	5:84
Gardner, Nathan	29 Mar 1904	4:84
Gardner, Perthetna	06 Nov 1894	3:76
Gardner, Ray	25 Aug 1897	4:77
Gardner, Sarah	08 Aug 1906	5:81
Gardner, Sarah	16 Oct 1888	2:68
Gardner, Theresia	08 Aug 1907	5:84
Gardner, Victor	22 Jan 1886	2:65
Gardner, Wm.	22 Jan 1886	2:65
Garegon, Thomas	22 Jan 1879	1:190
Garfield, Ellen S.	08 May 1885	2:65
Garhardt, Andrew	27 Apr 1905	5:79
Garhart, Anton	22 Feb 1899	4:77
Garhart, Barbara	22 Jan 1901	4:81
Garigon, Peter	30 Jun 1884	2:65
Garing, Emilie	28 Mar 1885	2:66
Garing, John	08 Oct 1868	1:2
Garity, Rose	Mar 1879	1:190
Garland, Geraldine	20 Feb 1895	3:77
Garlaski, Albert	30 Jun 1895	3:79
Garline, George P.	12 Nov 1877	1:188
Garline, Mattie L.	04 Nov 1877	1:188
Garling, Freda	14 Nov 1900	4:82
Garman, William	25 Jul 1897	4:77
Garmeke, Richard	05 Aug 1894	3:76
Garms, Inf/o Jno.	20 Apr 1868	1:12
Garms, John	02 Jul 1908	5:85
Garner, Anna	28 Dec 1877	1:188
Garner, Richard	24 Oct 1897	4:76
Garnett, Wm., Mrs.	23 Feb 1903	4:83
Garns, John	19 Mar 1868	1:10
Garnshof, Charles	30 Dec 1875	1:186
Garrett, Charlotte	18 Feb 1872	1:182
Garrett, Chas. W.	16 Feb 1868	1:10
Garrett, Fred	02 Sep 1898	4:78
Garrett, Johnson	27 Aug 1888	2:68
Garrett, Lucy	15 Sep 1890	2:70
Garrett, Ross	10 Jul 1905	5:79
Garrett, Wm. T.	26 Sep 1868	1:24
Garrigan, Bridget	17 Dec 1880	1:192
Garrigan, D.W.	08 Jul 1886	2:66
Garrigan, Eliz.	29 Oct 1880	1:192
Garrigan, Patrick	13 Apr 1904	4:84
Garrigan, Thomas	15 Nov 1880	1:192
Garrigan, Thomas	20 Jan 1901	4:80
Garringh, Ellen	25 Nov 1890	2:70
Garritt, Mary Gloyd	19 Sep 1881	1:194
Garron, Clarence L.	15 Jun 1888	2:68
Garry, Bernard	27 Oct 1904	5:78
Garry, Irene K.	01 Aug 1905	5:80
Garry, John	06 Jul 1900	4:81
Garry, Maria	08 Jan 1878	1:190
Garska, Mary	25 Mar 1896	3:78
Gartlans, Inf/o T.	23 Apr 1868	1:12
Gartner, Emma	10 Nov 1901	4:82
Gartner, John	25 Nov 1893	3:75
Gartokes, George	05 May 1905	5:79
Gartz, Clara	28 Feb 1891	2:71
Gartz, Emma Augusta	24 Dec 1889	2:69
Gartz, Henry C.	26 Sep 1886	2:67
Gartz, Marie O.	01 Aug 1887	2:67
Gartz, Matilda L.	07 Sep 1887	2:67
Gartzke, John	11 Apr 1880	1:192
Garver, s/o N.B.	12 May 1907	5:84
Garver, Wm. Thomas	13 Dec 1898	4:78
Garvey, Elyzabeth	12 Mar 1906	5:80
Garvey, Michael	03 Jan 1872	1:184
Garvey, s/o Abraham	26 Jan 1906	5:80
Garvin, Abbie	05 Mar 1880	1:192

NAME	DATE	V/P
Garvin, Clara A.	26 Apr 1876	1:188
Garvin, Cornelius	04 Jul 1905	5:80
Garvin, Cornelius	16 Jan 1902	4:84
Garvin, Fanny A.	12 Apr 1899	4:78
Garvin, John	01 Sep 1879	1:192
Garvin, Patrick	08 Jul 1879	1:192
Garvy, Ida	13 Feb 1899	4:77
Garwaski, Anthony	27 Nov 1899	4:79
Gary, Maggie	30 Apr 1890	2:70
Gary, Roger	26 Jan 1898	4:77
Gasedowski, Hanislawa	27 Aug 1908	5:85
Gashe, M.A.	21 Feb 1907	5:81
Gasiorowska, Solomea	29 Jan 1901	4:81
Gass, Anna Mary	05 Nov 1898	4:78
Gass, Catherine	02 Nov 1898	4:78
Gass, Helen C.	06 Nov 1898	4:78
Gass, Johanna Josephine	25 Sep 1899	4:79
Gass, Peter Edward	05 Nov 1898	4:78
Gassaway, Geo., Jr.	19 Aug 1872	1:184
Gassaway, James M.	10 Nov 1896	4:75
Gassaway, Nicholas R.	04 Oct 1890	2:70
Gasser, Bertia	06 Sep 1881	1:194
Gasser, d/o Anton	27 Aug 1895	3:78
Gasser, Joseph	10 Jan 1894	3:75
Gassman, Fred	13 Oct 1900	4:81
Gassman, Lizzie	24 Jul 1891	2:72
Gaston, Geo. Howard	26 Nov 1897	4:76
Gaswood, Arthur	14 Mar 1907	5:81
Gates, Alice	19 Nov 1886	2:66
Gates, Alice W.	23 Sep 1874	1:186
Gates, Amelia	02 Mar 1893	2:72
Gates, Chas. L.	20 Oct 1887	2:66
Gates, Elizabeth	05 Jun 1891	2:71
Gates, Elizabeth	25 Jun 1891	2:71
Gates, Elizabeth	29 Mar 1887	2:67
Gates, George	18 Dec 1904	5:79
Gates, Inf/o Mich.	21 Jul 1868	1:16
Gates, John	10 Jun 1900	4:81
Gates, John	22 Sep 1887	2:67
Gates, Joseph	07 Apr 1906	5:79
Gates, Joseph	21 Jul 1893	3:75
Gates, Luther F.	16 Feb 1877	1:188
Gates, Michael	17 Apr 1905	5:80
Gates, Prudence	12 Sep 1908	5:84
Gatesman, Barney	15 Aug 1907	5:82
Gatesman, Caroline	04 Aug 1897	4:76
Gatesman, Wm.	02 Jul 1901	4:82
Gath, Estella D.	04 May 1908	5:85
Gather, Hervy	15 Dec 1907	5:83
Gatrel, David	12 Nov 1883	1:196
Gattrell, Wm.	01 Feb 1903	4:83
Gatzanmeyer, Harriet	31 Jul 1905	5:80
Gatzman, Henry	26 Apr 1887	2:67
Gauckstard, Catherine	05 Nov 1906	5:82
Gauckstardt, s/o Theo	11 May 1908	5:85
Gauer, Fred	19 Dec 1891	2:71
Gaugh, Charles	11 Dec 1905	5:80
Gaughan, Mary J.	31 Jul 1896	4:75
Gaughan, Walter	07 Feb 1907	5:81
Gaugstandt, John F.	27 Feb 1904	4:86
Gaul, Elizabeth	30 Jul 1907	5:83
Gaul, Reighald	13 Nov 1884	2:65
Gaul, s/o Peter	11 May 1895	3:77
Gaulet, Ida	02 Dec 1908	5:84
Gaulette, Ruby L.	03 Oct 1896	4:75
Gaurasky, Agus	24 —	2:69
Gauronski, Frank	19 Dec 1905	5:79
Gaushow, Charles	07 Dec 1903	4:86
Gauslein, Chester	21 Oct 1906	5:82
Gauslein, Jennie	07 Sep 1906	5:82
Gauss, Margret	09 Aug 1894	3:76
Gauthier, Henry	15 Dec 1907	5:83
Gauthier, Malon	28 Sep 1907	5:82
Gauthier, Mary	27 Aug 1884	2:65
Gautier, Alexis	26 Dec 1868	1:4
Gautier, Joseph	19 Jan 1869	1:4
Gavalack, Joseph	16 May 1893	3:75
Gaven, Michael	09 Sep 1878	1:190
Gavilt, Elnathan C.	15 Mar 1896	3:78
Gavin, Catherine	13 Dec 1903	4:86
Gavin, Cornelius	24 Jun 1895	3:78
Gavin, Edmond	28 Sep 1867	1:6
Gavin, Edward	28 Sep 1867	1:38
Gavin, Ellen	07 Aug 1884	2:65
Gavin, James	01 Oct 1888	2:68
Gavin, John	01 Apr 1901	4:81
Gavin, John	10 Jan 1902	4:82
Gavin, Julia	26 May 1877	1:188
Gavin, Mary	06 Oct 1870	1:182
Gavin, Mary	28 Aug 1898	4:77
Gavin, Susan	25 Aug 1892	2:72
Gavin, William	02 Nov 1905	5:79
Gavitt, Elnathan	15 May 1896	3:79
Gaw, Ruben Snow	05 Sep 1901	4:82
Gawl, Anna	07 May 1895	3:77
Gawl, Anna	07 May 1895	3:78
Gawlak, Rosa	04 Mar 1896	3:79
Gawrouske, Jadwego	02 Jul 1895	3:77
Gay, Fred	31 Mar 1902	4:83
Gay, Jane	20 Jan 1902	4:83
Gay, Louis	08 Apr 1887	2:68
Gay, Willis C.	29 May 1903	4:86
Gayette, Leander A.	28 Feb 1870	1:182
Gayhard, M.	14 Jul 1884	2:65
Gayheart, Caroline	15 Dec 1877	1:188
Gaylord, Geo.	25 Dec 1895	3:78
Gaylord, Harry W.	10 Aug 1897	4:77
Gayner, Marie	18 Dec 1902	4:83
Gaynor, Mary Ann	27 May 1907	5:83
Gaynronski, Rosa	05 Oct 1895	3:78
Gazecke, Antoney	10 Sep 1898	4:78
Gazivaski, Sophia	05 Dec 1895	3:78
Geake, Rebecca H.	11 Dec 1872	1:184
Gean, Alfred Fred.	27 Jul 1892	2:72
Geantha, Nautza*	27 Feb 1882	
Gearg, John	25 Jun 1880	1:194
Geary, Catherine	09 Feb 1889	2:68
Geary, Grace Lenora	05 Sep 1903	4:85
Geary, Jeremiah	04 Jul 1890	2:70
Geary, Rosa	04 Nov 1892	2:72
Geaston, Bertha	09 Nov 1893	3:75
Geath, Elisabeth	29 May 1897	4:77

NAME	DATE	V/P
Geck, Anna	31 Dec 1899	4:80
Geck, Harold	01 Feb 1905	5:78
Geddes, Daniel	11 Oct 1870	1:182
Geddes, Robert, Jr.	20 Jun 1901	4:82
Geddes, Thya Mann	03 Oct 1901	4:82
Gee, Almen*	19 Dec 1882	
Gee, Dominick	15 Jan 1879	1:190
Gee, George	14 Sep 1903	4:86
Gee, Gertrude	22 Mar 1901	4:80
Gee, Julia	22 Oct 1896	4:75
Geelerd, Bloema	20 Nov 1903	4:85
Geer, Alexander H.	19 Dec 1879	1:192
Geer, Amos Wight	07 Apr 1900	4:80
Geer, Cordelia C.	11 Feb 1896	4:75
Geer, Eddie Loyd	10 Apr 1879	1:190
Geer, Maud L.	28 Oct 1877	1:188
Geer, Opal May	28 Mar 1891	2:70
Geer, Valeria S.	17 Oct 1871	1:184
Gees, Lena	22 May 1890	2:70
Gefell, Infant	03 Jan 1888	2:67
Geffries, Geo. O.	19 Dec 1891	2:71
Geffrion, Eliza	01 Jan 1889	2:68
Geffron, Julia	02 Jun 1891	2:71
Gegorick, Frank	06 Nov 1889	2:69
Gehenins, Fred	21 Jan 1904	4:86
Gehring, Frederick	09 Feb 1900	4:80
Gehring, Louisa	21 Oct 1878	1:190
Gehring, Wilhelminia	14 Nov 1898	4:78
Geier, Laura	23 Jul 1892	2:73
Geigel, Geo. H.	13 Nov 1903	4:85
Geigel, George H.	13 Nov 1903	4:84
Geigel, s/o John C.	23 Feb 1895	3:77
Geiger, Jane	12 Sep 1899	4:79
Geiger, Nicholas	13 Oct 1871	1:184
Geis, Harry	14 Oct 1907	5:84
Geis, Minnie	10 Oct 1894	3:77
Geis, Viola M.	20 Apr 1904	5:78
Geisbeiler, Ulrich	15 Apr 1886	2:66
Geisbuhler, E.H.A.	10 Jul 1902	4:83
Geisen, William	Jul 1890	2:70
Geiser, Barbara	21 Jan 1878	1:190
Geiser, Edward	21 Jul 1903	4:85
Geiser, Elizabeth	17 Sep 1868	1:36
Geiser, Ida	24 Feb 1904	4:85
Geiser, Lida	05 Sep 1895	3:78
Geisert, Bertha M.	22 Oct 1901	4:82
Geisert, Casper I.	Nov 1889	2:69
Geisler, Geo. A.	25 Aug 1904	5:78
Geisler, Gustav	04 Dec 1906	5:81
Geisler, John	15 Feb 1885	2:65
Geispilier, Wm.	15 Apr 1886	2:66
Geist, Elizabeth	11 Dec 1881	1:194
Geist, Infant	18 Jul 1893	3:75
Geivit, Peter	04 Dec 1895	3:78
Gekle, John A.	29 Jun 1907	5:84
Gekreny, Joseph J.	14 May 1872	1:184
Gelard, Simon Philip	12 Mar 1869	1:34
Geldvogel, Efon F.	09 Jul 1890	2:70
Geleerd, Lahman	11 Oct 1896	4:75
Gelewiens, Fred	22 Jan 1904	4:85
Gelin, Louis	Oct 1893	3:75
Gelin, Peter	17 Feb 1894	3:75
Gellar, Clarence	10 May 1905	5:80
Geller, Albert J.	30 Dec 1898	4:78
Geller, Fredericca	01 Mar 1898	4:76
Geller, Mathias	28 Oct 1906	5:80
Gellson, Mary	10 Feb 1875	1:186
Gelmeister, Emilius	27 Dec 1889	2:69
Gelowsky, John	23 Jan 1884	1:196
Gelsdorf, Emily E.	29 Dec 1871	1:182
Gemberling, Phillip S.	03 Oct 1889	2:69
Gempel, Nelson Carl	11 May 1902	4:83
Gemten, J. Christian	04 Aug 1868	1:18
Genard, Inf/o A.	29 Apr 1880	1:192
Gender, Leonhardt	08 Jan 1878	1:190
Gendron, John H.	01 May 1880	1:194
Gendron, Laura	25 Jul 1880	1:194
Gendson, Albert	11 Aug 1870	1:182
Geneiner, Max	12 Aug 1885	2:65
Genger, C.N.	1871	1:184
Gengrech, Joseph	12 Sep 1907	5:83
Genhler, Emily S.	Apr 1872	1:184
Gening, Kate	25 Nov 1897	4:76
Genning, Mary	27 Dec 1875	1:186
Genoa, Anna	26 Nov 1877	1:188
Gens, Carl Herman	17 Aug 1896	4:75
Gens, Elizabeth	08 May 1891	2:71
Gensbacher, Chas.	1871	1:184
Gensler, Anna	07 Feb 1899	4:77
Gensler, August	08 Feb 1899	4:77
Gensler, Freda	07 Feb 1899	4:77
Gensler, George J.	31 Jan 1899	4:77
Gensler, John	23 Dec 1870	1:182
Gensler, Katie	16 Feb 1899	4:77
Gensler, Louis	08 May 1889	2:69
Gensler, Magdalena	17 Aug 1878	1:190
Gensler, Maud	17 Feb 1889	4:77
Gensline, George	12 Oct 1874	1:186
Genson, Earl	04 Jun 1907	5:84
Genster, Bertha	10 Feb 1891	2:72
Genter, Leonard	15 Feb 1906	5:81
Gentner, Catherine	12 Jan 1905	5:78
Gentner, George	22 Dec 1904	5:78
Gentner, Gertie	07 Jul 1895	3:76
Gentner, Joseph	12 Oct 1900	4:81
Gentner, Leo	17 Oct 1898	4:77
Gentria, Christ	17 Mar 1896	3:77
Gents, Fred	25 Feb 1894	3:75
Genzman, Anna	03 Apr 1902	4:83
Geoffrion, Anna	27 Sep 1900	4:81
Geoffroin, W.A.	18 Aug 1887	2:67
Geoffron, Peter	31 Mar 1908	5:82
George, Emil	20 Mar 1909	5:85
George, Florence Vera	08 Mar 1904	4:86
George, Henry	25 May 1903	4:85
George, John	09 Mar 1904	4:85
George, John	19 Dec 1893	3:75
George, Lafayetta	21 Jan 1896	3:77
George, Lula	15 Dec 1893	3:75
George, Maud May	12 Jan 1895	3:76
George, Minnie	13 Oct 1896	4:75
George, Ollie	05 Aug 1899	4:79

NAME	DATE	V/P	NAME	DATE	V/P
George, Robin	02 Mar 1872	1:184	Gertz, John H.	24 Jan 1886	2:65
George, s/o Henry	05 Feb 1900	4:79	Gertz, William	05 Jun 1907	5:84
George, Samuel	10 Apr 1891	2:71	Gerven, Minne	23 Feb 1879	1:190
George, Tillia	26 Aug 1892	2:72	Gervin, Frank H.	11 Feb 1874	1:184
George, Violet	05 Jul 1903	4:85	Gervin, John M.	06 Jul 1900	4:81
George, Wm.	21 Nov 1900	4:81	Gervin, Sophia	06 Jan 1874	1:184
George, Wm. T.	07 May 1907	5:82	Gerwacke, Tobiga	13 Feb 1902	4:83
Georgen, Francis	05 Mar 1907	5:83	Gerwin, Clara	08 Jun 1895	3:78
Georgen, Nicholas	23 Jan 1906	5:79	Gerwin, Fred	27 Jan 1904	5:79
Georgen, Valentine	25 Dec 1870	1:182	Gerwin, Inf/o Louis	25 Nov 1879	1:192
Georgia, Adolph	14 Apr 1901	4:82	Gerwin, John Henry	25 Dec 1872	1:184
Georgia, Andrew	11 Jul 1893	3:75	Gesen, Ernest	01 Jul 1885	2:66
Georgia, Wilhelmina	14 Nov 1894	3:77	Gesner, Mary	08 Nov 1890	2:70
Gephard, Mary	10 Apr 1903	4:86	Gess, Anna	13 Jun 1902	4:83
Gera, Peter	27 Aug 1906	5:81	Gessner, Andrew	21 Apr 1893	3:75
Geraladt, Henry	12 Feb 1905	5:78	Gessner, Elizabeth	30 Sep 1897	4:76
Gerand, John	20 Dec 1899	4:79	Gessner, Leo	08 Jan 1890	2:69
Gerathy, Rose	09 Jan 1902	4:82	Gessner, Margaret	06 Dec 1867	1:6
Gerber, Jacob	09 Jan 1870	1:44	Gessner, Nickles	28 Feb 1898	4:76
Gerber, William	14 Mar 1907	5:81	Getard, Mary	22 Mar 1899	4:77
Gerber, Wm. Carl	18 Jan 1878	1:188	Getes, Adam	01 Aug 1875	1:186
Gerbrick, Sarah	25 Mar 1900	4:79	Getes, Emilia C.J.	03 May 1875	1:186
Geres, Addie	22 Jul 1880	1:194	Getes, John	01 Aug 1872	1:186
Gerhardt, Wallace	13 Sep 1901	4:82	Gethard, Margaret	22 Jan 1907	5:82
Gerhart, Elmer	13 Sep 1901	4:83	Gethman, Emma	04 Jan ---	2:68
Gerhart, Henry	19 Sep 1902	4:84	Gethman, Ida	13 Jan ---	2:68
Gerisch, Johanna	03 Aug 1895	3:78	Getruelys, Anna	12 Jan 1900	4:80
Gerkee, John	05 Oct 1886	2:66	Gett, Sarah	27 Jan 1906	5:80
Gerkens, Edward E.	10 Oct 1897	4:77	Getteau, Elizabeth	12 Aug 1904	5:78
Gerkensmeyer, d/o Fred	06 Dec 1908	5:85	Gettell, Lilly M.	22 Dec 1884	2:65
Gerkensmeyer, Henry	24 Dec 1899	4:80	Getterd, Charles	13 Aug 1906	5:82
Gerkie, Kate	01 Apr 1894	3:77	Getting, Mary Lorhea	13 Jul 1900	4:79
Gerkins, Clara J.	12 Jul 1903	4:85	Gettinger, C.R.	21 Feb 1908	5:82
Gerkins, E.H.A.	10 Apr 1868	1:12	Gettinger, John	06 Jul 1906	5:82
Gerkins, Joseph H.	04 Oct 1889	2:69	Gettins, Edwin F.	23 Feb 1900	4:80
Gerlach, Catherine	07 Dec 1892	2:72	Gettins, Flanklin	27 Mar 1901	4:81
Gerlach, Frank	07 Oct 1892	2:73	Gettlen, Rose	05 Nov 1905	5:79
Gerlach, William	15 Apr 1894	3:77	Getto, Frank	03 May 1891	2:72
Germain, Gerge	15 Nov 1906	5:82	Getts, Ada	05 Sep 1899	4:78
Germain, Harry E.	25 Sep 1894	3:77	Getz, Frank Nicholas	22 May 1888	2:68
Germain, Lillian	04 Feb 1900	4:79	Getz, John	04 Sep 1871	1:182
Germain, Marie	12 Nov 1899	4:79	Getz, Mary	10 Jan 1885	2:65
German, Grant	06 Jul 1906	5:82	Getz, Primrose	28 Nov 1907	5:83
German, Margaret T.	01 Aug 1877	1:190	Getzinger, John	06 Feb 1905	5:79
German, Martin	01 Feb 1906	5:80	Getzman, Josephene	26 Mar 1869	1:34
German, Sarah	01 Sep ---	3:76	Geube, Ernest	21 Oct 1885	2:66
Germinia, Harry	25 Sep 1894	3:76	Geyer, Amelia	07 Mar 1901	4:81
Gernes, E.	22 Jul 1892	2:72	Geyer, Edward I.	20 Jul 1889	2:69
Gernhausen, Carl	03 Oct 1868	1:24	Geyer, Elizabeth E.	05 Oct 1904	5:79
Gernheiser, Joseph	1871	1:184	Geyer, Infant	09 Mar 1901	4:81
Gero, Heda	24 Jul 1881	1:194	Geysler, Mary	06 Dec 1890	2:70
Geroe, A.A.	25 Oct 1895	3:78	Gezcgarek, Stanley	28 Oct 1897	4:76
Geront, John	08 Jul 1873	1:184	Gezraski, Psexeda	06 Oct 1903	4:85
Gerrick, George	22 Feb 1904	4:85	Giamielle, Anna	11 Oct 1892	2:73
Gerrick, Sarah	11 Jan 1904	4:85	Gibbons, E.T.	11 Sep 1876	1:188
Gersbacker, Charles	05 Mar 1899	4:77	Gibbons, Geo. Franz	14 Aug 1902	4:83
Gerson, Amelia	20 Feb 1904	4:86	Gibbons, Mary	14 Oct 1899	4:79
Gerson, Wilhelm	13 Jun 1890	2:71	Gibbons, Richard	27 Oct 1906	5:81
Gerts, John	11 Mar 1890	2:69	Gibbons, Sarah Ann	25 Nov 1905	5:79
Gertz, Herbert W.	20 Sep 1899	4:80	Gibbons, T.B.	12 Mar 1877	1:188
Gertz, Herbert W.	20 Sep 1899	4:79	Gibbs, Anna Jackson	14 May 1901	4:82

NAME	DATE	V/P
Gibbs, Clarence	28 May 1908	5:85
Gibbs, Claude B.	11 Apr 1908	5:85
Gibbs, Delia A.	08 Jul 1890	2:70
Gibbs, L.C.	22 Jun 1898	4:77
Gibbs, Mary	23 Jan 1901	4:80
Gibbs, Rosanna	11 Feb 1901	4:82
Gibbs, Sophronia	11 Oct 1870	1:182
Gibson, Anna	19 Feb ---	2:68
Gibson, Clarence	10 Jul 1875	1:186
Gibson, Claud	09 Jul 1904	5:78
Gibson, Geo. A.	27 Oct 1902	4:83
Gibson, John	10 Jun 1880	1:194
Gibson, Julia	04 Jul 1875	1:186
Gibson, Maud	03 Aug 1879	1:192
Gibson, Ruth E.	17 Aug 1891	2:72
Gibson, Thos.	25 Dec 1885	2:66
Gibson, Thos. Mrs.	24 Oct 1868	1:26
Gibson, Wm. J.	05 Oct 1901	4:83
Giddeaux, George Gilbert	13 Aug 1878	1:190
Giddeo, Helen Brogh	12 Aug 1893	3:76
Gideon, Arthur	11 May 1905	5:80
Gidley, Dina	08 Apr 1878	1:188
Gidley, Hannah E.	27 Jan 1872	1:182
Gidley, Richard	22 Apr 1870	1:182
Gierney, Owen*	17 Jun 1873	
Gies, Charles	30 Aug 1896	4:76
Giesel, Henry	21 Jun 1898	4:78
Giesen, George Fredric	05 May 1890	2:70
Giesen, Mary Magdaline	08 Apr 1890	2:70
Giesie, Daisy Isabelle	27 May 1903	4:86
Giess, Anna	13 Oct 1897	4:77
Giess, Lina	22 May 1890	2:70
Gieza, Dora	22 Feb 1903	4:83
Giffi, Henneta	07 Apr 1895	3:78
Gifford, Anna E.	19 Feb 1890	2:69
Gifford, Henry L.	15 Sep 1877	1:188
Gifford, Mable	07 Dec 1879	1:192
Gifford, Richard R.	20 Aug 1907	5:83
Gigel, Ann	06 Nov 1874	1:186
Gignac, Anna L.	26 Sep 1872	1:184
Gignac, Anthony	16 Apr 1870	1:182
Gignac, Antoine	01 Apr 1870	1:44
Gignac, Antonette	14 Mar 1881	1:192
Gignac, J.F.	01 Aug 1876	1:188
Gilbert, Andrew	17 Sep 1879	1:192
Gilbert, Arthur	24 Feb 1907	5:82
Gilbert, Benton V.	02 Dec 1899	4:79
Gilbert, Burton V.	02 Dec 1899	4:79
Gilbert, Charles	12 Nov 1903	4:86
Gilbert, Charles	12 Nov 1904	5:79
Gilbert, Charles	27 Jan 1900	4:82
Gilbert, David	29 Sep 1870	1:182
Gilbert, Elias	09 Apr 1869	1:44
Gilbert, Elizabeth Van Horn	11 Dec 1877	1:188
Gilbert, Elliott B.	18 Jan 1907	5:81
Gilbert, Estella	07 Mar 1881	1:194
Gilbert, Gracey	05 Aug 1897	4:77
Gilbert, Harry W.	07 Mar 1898	4:76
Gilbert, Harry W.	09 Mar 1898	4:77
Gilbert, Helen	07 Feb 1868	1:8
Gilbert, Henry	03 Aug 1890	2:70
Gilbert, Jennie	21 Oct 1887	2:67
Gilbert, Jesse	04 Aug 1896	4:75
Gilbert, John H.	20 Jul 1889	2:69
Gilbert, Marian Adelia	08 Mar 1904	4:85
Gilbert, Mary	05 Mar 1891	2:71
Gilbert, Mary	09 Aug 1896	4:75
Gilbert, Mary Ann	30 Apr 1890	2:70
Gilbert, Mary Ann	30 Apr 1891	2:71
Gilbert, Mary E.	06 Jul 1904	5:78
Gilbert, Mary E.	25 Jan 1904	5:78
Gilbert, Mont	17 Jan 1899	4:78
Gilbert, Nancy	05 Mar 1891	2:72
Gilbert, Robert	25 Oct 1904	5:78
Gilbert, Smith	30 Mar 1879	1:190
Gilbert, Susan Seely	01 Dec 1877	1:188
Gilbert, William	31 Dec 1897	4:76
Gilbert, William H.	Mar 1905	5:79
Gilbrat, Mary E.	06 Jul 1904	5:79
Gilbut, Orren	27 Feb 1901	4:81
Gilchrist, John	25 Dec 1885	2:66
Gilchrist, Mamie	04 Mar 1903	4:84
Gilchrist, Stephen	01 Feb 1880	1:192
Gilday, Elizabeth	04 Mar 1893	2:72
Gilday, Lizzie	07 Aug 1893	3:75
Gilday, Michael	21 May 1897	4:76
Gilday, Peter	11 Sep 1868	1:22
Gildea, Frances	27 Apr 1876	1:188
Gildea, James	29 Nov 1876	1:188
Gildea, Jno.	16 Jan 1892	2:71
Gildemeister, Amelia	24 Mar 1900	4:79
Gildemeister, Gustav	27 Dec 1904	5:79
Gildemeister, Lena	20 Mar 1898	4:76
Gildemeister, Wm. A.	24 Mar 1900	4:79
Gildenmeister, Emma	22 Jul 1875	1:186
Gilders, Julia	02 Jul 1890	2:70
Gildradt, Anna	25 Mar 1875	1:186
Gile, Emma	10 Sep 1891	2:71
Gile, William G.	20 Aug 1887	2:67
Giles, Ada Alice	09 Oct 1893	3:75
Gilfoil, Anna	17 Mar 1895	3:77
Gilfoil, Ella	16 Apr 1888	2:68
Gilhart, August	30 Jun 1878	1:190
Gilhooly, Michal	17 Feb 1891	2:71
Gilhouse, Burley N.	19 Oct 1907	5:82
Gilhouse, Harvey	13 Feb 1907	5:80
Gilispie, John E.	25 Jun 1907	5:83
Gilks, Julia	18 Nov 1898	4:78
Gill, Amelia	25 Jul 1906	5:80
Gill, Bessie	23 Apr 1904	5:78
Gill, Bridget	26 Mar 1888	2:67
Gill, Catharine	07 Feb 1879	1:190
Gill, Catherine	Oct 1903	4:85
Gill, Edward	23 Oct 1898	4:78
Gill, Edwin J.	23 Oct 1898	4:78
Gill, Elizabeth T.	11 Feb 1905	5:79
Gill, Florence M.	25 Mar 1900	4:79
Gill, Fred M.	09 Dec 1886	2:66
Gill, Inf/o M.H.	12 Mar 1868	1:10
Gill, John	06 Jul 1903	4:85
Gill, John	19 May 1904	5:79

NAME	DATE	V/P
Gill, Joseph R.	17 Feb 1908	5:83
Gill, Margaret	11 Aug 1882	1:194
Gill, Mary	06 Jun 1906	5:82
Gill, Milton H.	06 Mar 1882	1:194
Gillam, Leonard	Sep 1879	1:190
Gillan, Maria	24 Dec 1898	4:78
Gillanders, John	19 Oct 1903	4:86
Gillbert, Anna	10 Jan 1884	2:65
Gillchrist, Mathew	30 Dec 1888	2:69
Gillcriest, Mary	05 Nov 1881	1:194
Gillerman, August	23 Aug 1898	4:78
Gillespi, James	13 Apr 1884	1:196
Gillespie, Adelia	25 Mar 1894	3:76
Gillespie, Constance	01 Feb 1908	5:84
Gillespie, Robert E.	01 Feb 1902	4:82
Gillespie, Rosannah A.	22 Feb 1901	4:81
Gillespie, Thomas	01 Jul 1901	4:83
Gillespie, William G.	19 Jan 1897	4:77
Gillespie, Wm.	13 Jul 1904	5:78
Gillet, Rozwell	27 Dec 1869	1:40
Gillett, Ben W.	27 May 1890	2:70
Gillett, Harriett	01 Dec 1898	4:77
Gillett, L.W.	11 Dec 1907	5:83
Gillett, Walter	22 Oct 1906	5:81
Gillette, William*	16 Mar 1883	
Gillette, Emma	13 Mar 1903	4:84
Gillette, Loren W.	08 Nov 1907	5:82
Gillette, Martha	19 Aug 1903	4:86
Gillette, Olive	21 Dec 1892	2:72
Gillette, Wesley	17 Oct 1896	4:75
Gillette, William B.	04 Sep 1869	1:52
Gilletty, Rudolph	15 Mar 1900	4:79
Gillhouse, Albana	04 Mar 1878	1:188
Gillhouse, Mabell	19 Dec 1889	2:69
Gillispie, Albert M.H.	10 Nov 1898	4:78
Gillispie, Amanda	30 Sep 1896	4:76
Gillispie, Annie	12 May 1892	2:72
Gillispie, Felix Edward	05 Feb 1902	4:82
Gillman, Anna	18 Sep 1894	3:77
Gillman, Bessie May	15 Mar 1907	5:81
Gillman, C.F.	09 Apr 1906	5:81
Gillman, Ferdinand	07 Sep 1891	2:72
Gillman, Henry	28 Jun 1891	2:71
Gillman, Josiah W.	22 Feb 1889	2:69
Gillman, Mary A.	19 Feb 1891	2:71
Gillmartin, John	23 Mar 1890	2:70
Gillmartin, Sara	03 Aug 1905	5:79
Gillmeister, Fredica	11 Mar 1882	1:194
Gillniester, John	09 Feb 1905	5:78
Gillot, Louisa	31 Dec 1887	2:67
Gillroy, Katie	08 Nov 1885	2:66
Gills, Mary	08 Jul 1871	1:184
Gilman, Charlotte	26 Jun 1870	1:182
Gilman, Mary	26 Oct 1893	3:76
Gilmartin, Maria	16 Feb 1900	4:80
Gilmartin, Maria	16 Feb 1900	4:79
Gilmeister, Charles	10 Apr 1891	2:72
Gilmeister, Henry	20 Jun 1885	2:66
Gilmeister, Maria	16 Feb 1901	4:82
Gilmer, Fay LeRoy	21 Dec 1896	4:75
Gilmore, Abraham	18 Apr 1903	4:85
Gilmore, Bertha	10 Feb 1908	5:83
Gilmore, Hugh	22 May 1896	4:75
Gilmore, M.A.	14 Mar 1894	3:76
Gilmore, Milton	10 Jul 1903	4:85
Gilmore, Milton James	28 Jun 1903	4:84
Gilpin, Mary	18 Aug 1902	4:84
Gilroy, Catharine	13 Mar 1897	4:75
Gilroy, John	22 Aug 1898	4:78
Gilsdorf, Beatrice Mary	17 May 1896	4:75
Gilsdorf, Dorothy M.	24 Jun 1900	4:79
Gilsdorf, Edward	26 Jul 1877	1:190
Gilsdorf, John	19 Feb 1881	1:194
Gilsdorf, Michael	24 Sep 1901	4:82
Gilsdorf, s/o Nickles	05 Jan 1896	3:77
Gilsman, Louisa	10 Aug 1870	1:182
Gilsom, Thomas F.	08 Jun 1886	2:66
Gilson, Jos. C.	29 Apr 1901	4:82
Gilson, Mabel	13 Jul 1885	2:65
Gilson, Mary J.	10 Nov 1885	2:65
Gilson, May L.	12 Sep 1896	4:75
Gilson, s/o Thomas	25 Feb 1885	2:65
Gimble, Joseph	13 Mar 1894	3:75
Ginard, Elenora	26 May 1895	3:77
Ginder, Adlin Emeline	27 Oct 1905	5:80
Ginder, Conrad	14 Aug 1879	1:190
Gingrich, J.S.	12 Sep 1907	5:83
Gingrich, William	20 Feb 1907	5:82
Ginneman, Joseph	03 Oct 1897	4:77
Ginrich, Martha	02 Oct 1902	4:84
Ginter, Edward L.	17 May 1891	2:71
Ginter, Mable	25 Jul 1890	2:70
Ginther, Homer L.	01 Mar 1890	2:69
Gipe, Charles	02 Aug 1906	5:81
Gipsen, Lewis W.	22 Jan 1892	2:71
Girdham, George	06 May 1892	2:72
Girdham, Mary	10 Jan 1894	3:75
Girdham, s/o Thomas G.	09 Feb 1899	4:77
Girkins, Mary B.	22 Feb 1906	5:80
Girth, Edward	24 Dec 1907	5:84
Girth, Mattie	03 Aug 1892	2:72
Girty, Sophie	10 Jul 1885	2:66
Gitskey, Betsy	28 Feb 1868	1:10
Gitskey, Helen	10 May 1878	1:190
Gitsky, Hattie	Mar 1872	1:182
Gitsky, Leon	05 Sep 1889	2:69
Gitteau, Dudley	07 Jun 1891	2:71
Gitterd, Matty	20 Aug 1880	1:192
Gittkowski, Alle	28 Jul 1899	4:80
Gittkowski, Edda	11 Jun 1899	4:80
Givens, Catherine	09 Jan 1895	3:77
Givens, Elenor	27 Aug 1898	4:77
Giveny, George	10 Mar 1880	1:192
Givens, Jennie	06 Feb 1896	3:78
Givins, Marion	30 Jul 1891	2:71
Givins, Raymond	04 Mar 1890	2:69
Givins, William	24 Jan 1904	4:86
Gladbough, Henry	06 Nov 1900	4:82
Gladieaus, Herbert	18 Dec 1906	5:82
Gladieux, Angeline	07 Oct 1881	1:194
Gladieux, Eliz'th M.	11 Sep 1877	1:188
Gladieux, Sophia	22 Mar 1893	2:72

NAME	DATE	V/P
Gladish, Mary	11 Nov 1898	4:78
Glaetzer, Augusta	12 Feb 1877	1:188
Glaiser, Henry	04 Aug 1877	1:190
Glam, Everet	22 Dec 1895	3:77
Glam, Vinson P.	26 Feb 1871	1:182
Glamps, John	16 Sep 1906	5:81
Glancy, Michael	19 Aug 1871	1:182
Glann, Anna	22 Sep 1906	5:80
Glann, Clark	15 Oct 1888	2:68
Glann, H.P.	10 Feb 1899	4:77
Glann, Nathaniel	25 Nov 1875	1:186
Glann, Susan	24 Dec 1896	4:75
Glanslim, Albert Leo	12 May 1895	3:77
Glanzman, Aldaluella	06 Feb 1900	4:80
Glanzman, Anna	02 Feb 1897	4:75
Glanzman, Joseph	06 Aug 1893	3:75
Glarier, Louesa	26 Oct 1880	1:192
Glars, John	11 Jul 1876	1:188
Glasasser, Jacob*	26 Jan 1883	
Glaser, Bridget	07 Apr 1893	3:75
Glaser, Margaretta	19 Oct 1898	4:78
Glasper, Arthur	21 Nov 1900	4:80
Glasper, Louisa	18 Oct 1900	4:80
Glasper, Louisa Margaret	08 Sep 1898	4:77
Glass, Harry	18 May 1905	5:79
Glass, Hellin	15 Dec 1891	2:72
Glass, Josie	06 May 1890	2:70
Glass, Thomas	22 Oct 1894	3:76
Glass, William	31 Dec 1904	5:78
Glassnapp, Eve	16 Jan 1896	3:79
Glaster, Mortimer D.	07 Mar 1898	4:76
Glatski, Gaethe	29 May 1890	2:71
Glazier, John G.	17 Apr 1900	4:81
Gleamer, Lorenz	25 Feb 1898	4:77
Gleason, Allice	19 Mar 1896	3:78
Gleason, Catherine	07 Apr 1908	5:84
Gleason, Daniel	18 Dec 1903	4:85
Gleason, Geo. B.	12 Mar 1897	4:76
Gleason, Maggie	14 Jul 1895	3:78
Gleason, Maggie	14 Mar 1897	4:76
Glem, H.G.	21 Dec 1893	3:76
Glenan, Patrick	May 1879	1:192
Glenn, Anna	08 Aug 1890	2:71
Glenn, Bernice E.	18 Nov 1908	5:85
Glenn, Cora S.	15 Mar 1908	5:83
Glenn, E.	28 Mar 1875	1:186
Glenn, Infant	11 Jan 1904	4:85
Glenn, Mary E.	07 Feb 1869	1:30
Glennon, Agnes Elizab'th	19 Sep 1889	2:69
Glesser, George	08 Oct 1893	3:75
Glick, Selma	27 Aug 1887	2:67
Glinke, Friede G.	10 Jan 1896	3:78
Glockler, Christ	14 Jul 1902	4:84
Gloman, Edward	26 Aug 1904	5:78
Glonczeski, Hattie	10 Oct 1903	4:85
Glover, Emma M.	10 Oct 1885	2:66
Glowaki, Adam	12 Mar 1900	4:79
Glowczeski, Pelagia	02 Jan 1907	5:81
Glowman, Louis	16 Feb 1877	1:188
Glowzccoska, Edward	27 Sep 1907	5:82
Gloyd, C.L.	08 Mar 1888	2:68
Gloyd, Joel M.	27 Jun 1896	4:75
Gloyd, Mary E.	04 Sep 1899	4:79
Gluttes, Joseph	12 Feb 1871	1:182
Glynn, Delia	12 Mar 1891	2:70
Glynn, James	04 Oct 1892	2:73
Glynn, John	26 Sep 1906	5:82
Glynn, Nora	23 Jul 1892	2:73
Glzbiski, Fred	22 Oct 1891	2:72
Gnagig, Hannah F.	18 Oct 1908	5:85
Gnatzig, Charles	18 Dec 1882	1:194
Gnehss, Eva M.	02 Sep 1880	1:194
Gnifkowski, Sigmont	22 Dec 1904	5:78
Gobaski, Mary	11 Feb 1894	3:76
Goche, Charles	07 Mar 1907	5:84
Goche, Charles	07 Mar 1907	5:82
Goche, Edward	30 Dec 1906	5:82
Godal, Anna	15 Jan 1898	4:77
Godard, Alonzo	20 Oct 1902	4:83
Goddell, Mary	15 Jan 1898	4:78
Godel, Anna	15 Jan 1898	4:76
Godemann, Viola	18 Aug 1903	4:86
Godfrey, Christian	12 Jul 1904	5:78
Godi, Clifford	03 Feb 1899	4:78
Godi, Joseph	14 Mar 1871	1:182
Godi, Joseph	20 Aug 1871	1:184
Godi, Sarah	10 May 1872	1:184
Godie, Eugene	29 Mar 1890	2:69
Godley, Mary	09 Nov 1871	1:182
Godley, Michael	04 Oct 1871	1:182
Godley, Richard	03 Nov 1871	1:182
Godwin, Chas.	03 Mar 1905	5:78
Goebel, Mary	04 Nov 1902	4:84
Goebet, Clara	20 Nov 1887	2:67
Goeble, Avilla	29 Aug 1896	4:75
Goegel, Inf/o John	22 Aug 1873	1:184
Goeis, Frank	03 Sep 1907	5:84
Goeler, Peter	07 Feb 1895	3:76
Goernea, Amelia Teresa	02 Jul 1892	2:72
Goete, Inf/o George	01 Jan 1877	1:188
Goeth, Bertha	04 Mar ---	2:68
Goeth, Christ	13 Mar 1901	4:81
Goethig, Ottilla A.A.	21 Jan 1891	2:71
Goetselig, George	11 Jun 1879	1:192
Goetz, Anton M.	27 Apr 1904	4:86
Goetz, Christina Rosina	25 Jan 1902	4:83
Goetz, Jacob, Mrs.	14 Nov 1908	5:85
Goetz, Lillie Eliz'th	Dec 1875	1:186
Goetz, Lizzie	06 Dec 1877	1:190
Goetz, Minnie	20 Dec 1877	1:190
Goetzinger, Catherine	06 May 1872	1:184
Goetzinger, Louis	21 May 1872	1:184
Goeunke, Unknown	02 Dec 1900	4:81
Goff, Augusta	16 May 1899	4:80
Gogand, Arthur	05 Apr 1875	1:186
Gogel, Lillian	16 Feb 1901	4:81
Gogel, Raymond	19 Mar 1907	5:81
Goggin, John Edward	04 Aug 1902	4:83
Gogin, Hattie	03 Aug 1900	4:81
Gohr, Joseph	24 Feb 1901	4:81
Gohr, Mary	26 Feb 1901	4:81
Goisycke, Bronesbar	17 Jul 1895	3:78

NAME	DATE	V/P
Golambiecki, Victoria	23 Aug 1904	5:78
Goldbach, Kark, Sr.	19 Dec 1903	4:85
Goldbach, Rosa Dora	28 Jan 1892	2:71
Goldberg, Abraham	08 May 1902	4:83
Goldberg, Joseph	09 May 1889	2:69
Goldberg, Lena	21 Nov 1899	4:80
Golden, Allin	22 Jul 1891	2:72
Golden, Frances	18 Oct 1903	4:85
Golden, John	13 Mar ---	2:68
Golden, John J.	19 Dec 1907	5:84
Golden, Martin	20 Feb 1869	1:38
Golden, Mary	30 Mar 1902	4:83
Golden, Owen	15 Nov 1902	4:83
Golden, Thos.	17 Jun 1868	1:14
Golder, James	04 Nov 1899	4:79
Goldes, Patrick	13 Oct 1893	3:76
Goldie, Elizabeth	23 Feb 1902	5:83
Goldman, d/o Aaron	24 Feb 1907	5:82
Goldman, Etta	16 Oct 1906	5:81
Goldman, Sophia	Jun 1880	1:194
Goldsmith, Catherine	05 Oct 1874	1:186
Goldsmith, Georgia	28 Nov 1888	2:68
Goldsmith, Lena	09 Aug 1869	1:52
Goldstein, Moses	19 Jan 1894	3:75
Golemries, Stanislaus	28 May 1895	3:77
Golinski, Stamislava	05 Apr 1904	5:78
Golluder, W.M.	29 Nov 1907	5:83
Golobinki, Mary	19 Jul 1895	3:78
Goltens, Joseph	13 Mar 1904	4:86
Golter, Frances	18 Oct 1903	4:86
Goman, Edward	26 Aug 1904	5:79
Gomer, Charles	04 Aug 1871	1:182
Gomer, Charles	21 Feb 1885	2:65
Gomer, Margaret Annie	May 1892	2:72
Gomoll, George	17 Sep 1893	3:76
Gomoll, Inf/o Gust	23 Sep 1877	1:190
Gomoll, Theodore	30 Nov 1903	4:86
Gomoll, William J.	08 Nov 1903	4:84
Gomolski, Joseph	10 Sep 1899	4:80
Gomore, Paul	02 Mar 1886	2:66
Gonde, Cune	30 May 1868	1:38
Gonder, S., Mrs.	29 May 1903	4:85
Gondie, Geo.	14 Nov 1899	4:79
Gondola, A.	23 Feb 1906	5:79
Gonette, Albena	03 Feb 1889	2:68
Gonez, Anna	20 Jul 1886	2:66
Gonia, Carrie	01 Aug 1881	1:194
Gonia, Elmer V.	23 May 1906	5:82
Gonia, Frank	27 Sep 1885	2:65
Gonia, Henry	29 Jul 1885	2:65
Gonia, Josie	17 Sep 1885	2:65
Gonia, Oliver	27 Nov 1894	3:76
Gonia, Philome.	27 Sep 1892	2:72
Gonier, Philip W.	31 Jan 1904	4:85
Gonmineski, Frank	28 Oct 1894	3:76
Gonpill, Gladys May	09 Oct 1905	5:79
Gonya, Caroline	15 Mar 1871	1:182
Gonya, Inf/o Peter	09 Mar 1871	1:182
Gonyea, Mary	04 Apr 1903	4:85
Gonyea, Rosa	21 Jan 1907	5:81
Good, Alice	14 Dec 1904	5:78
Good, Edward	28 Sep 1901	4:83
Good, James	11 Nov 1908	5:84
Goodall, Bruno	15 Oct 1888	2:68
Goodall, Bruno	16 Sep ---	2:68
Goodall, Fredricka	27 Aug 1899	4:80
Goodell, Caroline D.	11 Aug 1887	2:67
Goodell, Clide	02 Feb 1886	2:65
Goodeman, Louise	01 May 1894	3:77
Goodeman, Margeritha	15 Feb 1901	4:81
Goodes, Sherly Christnia	14 Aug 1907	5:83
Goodeye, Loui	15 Feb 1875	1:186
Goodeye, Serril	29 Jan 1874	1:184
Goodly, Eliza	15 Sep 1908	5:85
Goodman, Carl	04 Oct 1904	5:79
Goodman, Christ	06 Sep 1902	4:84
Goodman, Christopher	02 Jul 1903	4:86
Goodman, Fred	21 Apr 1891	2:70
Goodman, John Henry	28 Dec 1907	5:84
Goodman, Joseph	23 Dec 1895	3:78
Goodman, Michael	15 Sep 1907	5:82
Goodman, Viola	18 Aug 1905	5:80
Goodnoe, Sewell	12 Nov 1894	3:77
Goodnough, A.E.	09 Jul 1899	4:80
Goodnough, Eunice E.	12 Feb 1896	3:78
Goodnow, Emma Marion	17 Jan 1898	4:77
Goodrich, Elizabeth	15 Jun 1888	2:68
Goodrich, Frankie	24 Mar 1905	5:78
Goodrich, Godia	1876	1:186
Goodrich, Jasper	30 Nov 1875	1:186
Goodrich, Leland	02 Jan 1875	1:186
Goodrich, Mary I.	02 Dec 1874	1:186
Goodrich, Stephen	26 Jul 1892	2:72
Goodrich, William	08 Sep 1907	5:82
Goodrich, Wm.	08 Oct 1907	5:83
Goodridge, Florence	11 Mar 1879	1:190
Goodridge, Rowena	29 Sep 1896	4:75
Goodridge, Thos. E.	17 Mar 1878	1:190
Goodsell, Eliza	04 Feb 1902	4:82
Goodside, Luella Ruth	01 Nov 1901	4:82
Goodwin, Alva	16 Aug 1897	4:76
Goodwin, Charles P.	14 Oct 1895	3:78
Goodwin, Eliza Jane	01 Nov 1889	2:69
Goodwin, Lottie	02 Nov 1890	2:71
Goodwin, Mary	13 Dec 1868	1:2
Goodwin, Phoebe	26 Jul 1906	5:82
Gool, Peter	15 Aug 1892	2:73
Goowick, Theresia	07 Dec 1890	2:70
Gorajawski, Felix	10 May 1899	4:80
Gorajewski, Constantine	08 Nov 1908	5:85
Goralska, Gottfried	15 Jan 1903	4:84
Goralski, Adam	06 May 1905	5:80
Gorden, Henry	24 Jul 1880	1:194
Gorden, Henry A.	02 Nov 1879	1:190
Gordinier, Arthur R.	28 Aug 1881	1:194
Gordley, Mike	13 Jun 1885	2:65
Gordon, Edith D.	30 Aug 1908	5:85
Gordon, James	19 Jan 1907	5:81
Gordon, John	05 Oct 1907	5:83
Gordon, John	21 Apr 1908	5:85
Gordon, Mrs.	18 Feb 1909	5:85
Gordon, W.	20 Sep 1869	1:50

NAME	DATE	V/P	NAME	DATE	V/P
Gordon, William	28 Jan 1904	4:86	Gould, Edward	22 Aug 1898	4:78
Gore, Stella F.	03 Jan 1906	5:80	Gould, Harry	14 Jul 1902	4:84
Gorman, Alice	11 Sep 1878	1:190	Gould, Helen Alberta	23 Aug 1905	5:80
Gorman, Catherine	21 Jan 1905	5:78	Gould, Helen G.	24 Sep 1868	1:22
Gorman, Catorica	05 Sep 1891	2:72	Gould, J.W.	15 Sep 1908	5:85
Gorman, Flossie	01 Jan 1899	4:78	Gould, Jessie	08 Dec 1896	4:75
Gorman, Frances	06 May 1886	2:66	Gould, Kenneth R.	21 Apr 1902	4:84
Gorman, Hanna	22 Jul 1895	3:78	Gould, Lucy	07 Oct 1868	1:24
Gorman, Inf/o John	01 Jan 1870	1:46	Gould, Lydia N.	02 Sep 1907	5:83
Gorman, Inf/o Wm.	12 Apr 1877	1:190	Gould, Martha Jane	24 Mar 1905	5:78
Gorman, Inf/o Wm.	12 Apr 1877	1:188	Gould, Sarah A.	24 Mar ---	3:76
Gorman, James	16 May 1908	5:85	Goulden, John	18 May 1886	2:66
Gorman, Jane	01 Sep 1906	5:81	Goulden, Joseph	01 May 1885	2:66
Gorman, Lawrence	20 Jul 1907	5:83	Goulden, Lizzie	27 Jan 1896	3:78
Gorman, Mary	08 Jan 1891	2:70	Goulden, Martin	21 Feb 1869	1:32
Gormann, Lawrence	05 Nov 1884	2:65	Goulden, Mary	04 May 1885	2:66
Gormley, Geo. E.	01 Jul 1903	4:86	Goulden, Rose	06 May 1885	2:66
Gornan, Katie	01 Sep ---	2:68	Goulden, s/o J.	17 Mar 1885	2:66
Gorner, Isabella	15 Jul 1870	1:182	Goulden, Sarah	09 Mar 1888	2:67
Gorney, Eva	02 Dec 1903	4:85	Goulet, Edna	22 Sep 1898	4:77
Gorney, Mary	18 May 1903	4:85	Goulet, Wilford	10 Nov 1897	4:77
Gororonska, Irra	20 Oct 1891	2:72	Goulett, Bessie	15 Jan 1889	2:68
Gorowitz, Samuel	31 Jul 1908	5:84	Goulette, Diphie	04 Jul 1879	1:192
Gorrell, Mary	19 Mar 1869	1:34	Goutchins, David	22 Jul 1894	3:77
Gorrell, Patrick	19 Mar 1869	1:34	Goutlett, David	26 Jul 1869	1:50
Gorrell, Wm.	24 May 1876	1:188	Gove, May M.	10 Jul 1875	1:186
Gorsuch, Lemuel Lane	23 Feb 1890	2:70	Govier, Rosa	14 Aug 1908	5:85
Gortz, Al	08 Mar 1904	4:86	Gow, Daly	07 Jul 1903	4:85
Goryea, Louis, Mrs.	21 Jan 1907	5:81	Gowing, George E.	12 Oct 1903	4:85
Gosedowski, Ludwig	24 Oct 1908	5:85	Gowing, Hetty L.	28 Jul 1907	5:82
Gosett, Odell	05 Nov 1869	1:58	Gowman, Thomas	13 Aug 1872	1:184
Gosharafski, Rob't	18 Nov 1885	2:65	Gowne, John	20 Oct 1890	2:70
Gosley, Charles	10 Sep 1889	2:69	Gownsonski, Joseph	10 Nov 1894	3:77
Gosline, George	23 Mar 1903	4:83	Goyal, Raymond	19 Jan 1907	5:81
Gosline, Madilla	10 Nov 1900	4:81	Gozdowski, Johanna	17 Apr 1902	4:84
Gosnell, Frank	22 Aug 1898	4:78	Gozdowski, Katherine	01 May 1902	4:84
Gosse, Rosa	22 Mar 1894	3:75	Gozedowski, Victoria	13 Aug 1907	5:83
Gossman, Augustus W.	07 Sep 1899	4:80	Graadavish, Michael	21 Dec 1884	2:65
Gossman, Johanna	03 Aug 1899	4:80	Graalman, Thomas	09 Nov 1904	5:78
Gossman, Mary A.	27 May 1891	2:71	Grabarczek, Ludwiga	23 Feb 1905	5:78
Gossman, Robert	27 Aug 1891	2:71	Grabarczek, Unknown	16 Jun 1906	5:81
Gossy, Mary	25 May 1885	2:65	Grabarczik, Leo	25 Jun 1899	4:80
Gostomski, Helen	28 Aug 1899	4:79	Grabarska, Kate	12 Feb 1903	4:83
Gothel, Helen	08 Mar 1907	5:83	Grabarzk, Victoria	18 Oct 1907	5:83
Gottchall, Annie	25 Mar 1904	4:86	Grabaurzek, Hanka	26 May 1897	4:77
Gottechalk, Mary	27 Aug 1883	1:196	Grabbe, Adde	11 Jul 1886	2:67
Gottins, Joseph	13 Mar 1903	4:84	Grabe, Charles	17 Sep 1898	4:77
Gottschalk, Caroline	23 Sep 1906	5:81	Grabe, Christina	20 Jul 1893	3:75
Gottschalk, Catherine	12 May 1907	5:84	Grabher, Cyrilla	12 Jun 1902	4:84
Gottschalk, Edward	04 Jan 1890	2:70	Grabher, Valeria	01 Jan 1905	5:78
Gottschalk, Geo.	13 Nov 1886	2:66	Grabi, Sarania	24 Jun 1894	3:76
Gottschalk, Joseph	01 Feb 1898	4:76	Grablarski, Mary	11 Feb 1894	3:75
Gottschalk, Lena	15 Nov 1889	2:69	Grace, Cloa A.	03 Feb 1886	2:65
Gottschalk, Lizzie	16 Sep 1885	2:66	Grace, Mary	Sep 1891	2:71
Gottschalk, Sophia	26 Aug 1902	4:84	Grachee, Infant	27 Mar 1887	2:67
Gottselig, George	11 Jan 1878	1:190	Gracik, Sophia	08 Aug 1892	2:73
Gotzmann, Josephina	26 Mar 1869	1:2	Gracing, Bertha	17 Jun 1891	2:72
Goudrie, Lilliand	15 Nov 1880	1:192	Gradie, Robert	04 Jul 1874	1:186
Gough, John E.	20 Jun 1889	2:69	Gradkoski, Estella	08 Mar 1898	4:76
Gough, Nicholas A.	21 Jun 1897	4:76	Gradle, George	26 Oct 1891	2:71
Gould, Allozo P.	02 Dec 1872	1:184	Gradlott, William	01 Oct 1892	2:73

NAME	DATE	V/P
Gradoff, Caroline	10 Jul 1885	2:66
Gradolph, Bertha	24 Sep 1899	4:80
Gradolph, Chas. H.	07 Aug 1886	2:66
Gradolph, Frank	07 Feb 1870	1:52
Gradolph, Fred L.	04 Apr 1904	5:78
Gradolph, Magdelena	17 Jun 1890	2:70
Gradolph, Maria	16 Mar 1876	1:186
Gradoph, Keatina	18 Jan 1885	2:65
Graduwohl, Caroline S.	03 Aug 1891	2:71
Gradwohl, Martha	18 Jan 1907	5:82
Gradwold, M., Mrs.	18 Jan 1907	5:81
Grady, Harry	06 Sep 1905	5:80
Grady, Thos., Sr.	18 Mar 1892	2:71
Graebner, M.A.	03 Jan 1907	5:81
Graebner, Margret	03 Jan 1907	5:81
Graelman, Mrs.	Oct 1886	2:67
Graen, Inf/o Jacob	24 Aug 1868	1:20
Graether, John B.	30 Sep 1873	1:184
Graether, Magdalena	27 Jun 1898	4:78
Graether, Theo. C.	27 Oct 1900	4:81
Graezek, Helena	20 Sep 1895	3:78
Graezyk, Leo	24 May 1891	2:71
Graezyk, Mary	19 Jun 1893	3:75
Graf, Edith	20 Mar 1897	4:75
Graff, Gilbert	10 Mar 1900	4:80
Graff, Jennie	10 Nov 1895	3:77
Graff, Rebecca	15 Jun 1877	1:188
Graff, Shadrach	18 Jul 1899	4:80
Graff, Thos.	09 Mar 1873	1:188
Graff, Thos.	09 Mar 1878	1:190
Graffenbauer, Margaret	24 Sep 1904	5:79
Graft, Gilbert	10 Mar 1900	4:80
Graft, Lizzie	02 Dec 1885	2:66
Gragaig, Joseph	05 Aug 1895	3:78
Gragan, Mary	25 Feb 1895	3:77
Grah, Charles	31 Oct 1870	1:182
Graham, Albert C.	23 Mar 1900	4:80
Graham, Ann	02 Aug 1872	1:184
Graham, Annie H.	12 Apr ---	2:68
Graham, Arthur R.	14 Jan 1897	4:75
Graham, Billey	12 Apr 1885	2:65
Graham, Charles Scott	09 Nov 1901	4:82
Graham, Cora	21 Jan 1895	3:76
Graham, Crasie M.	27 Jul 1890	2:70
Graham, E.O., Mrs.	18 Oct 1907	5:83
Graham, Ebenezer	21 Aug 1869	1:48
Graham, Edith	25 Sep 1889	2:70
Graham, Elizabeth	19 Oct 1902	4:84
Graham, Emily	10 Sep 1873	1:184
Graham, Emily R.	15 Feb 1901	4:80
Graham, Harriet	02 Oct 1880	1:194
Graham, Inf/o W.W.	25 Feb 1883	1:156
Graham, J.N.	07 Mar 1890	2:69
Graham, John	01 Aug 1899	4:80
Graham, John J.	10 Oct 1895	3:76
Graham, Lydia A.	16 Mar 1873	1:184
Graham, Margaret	27 Apr 1890	2:69
Graham, Margrett	27 Apr 1890	2:70
Graham, Martin	01 Apr 1880	1:194
Graham, Mary	18 Sep 1907	5:84
Graham, Mary	29 Apr 1905	5:79
Graham, Mary R.	01 Jul 1903	4:84
Graham, Norton	10 Feb 1888	2:67
Graham, Oliver	20 Jun 1897	4:76
Graham, Sarah	21 Jan 1895	3:76
Graham, Thomas	26 Sep 1889	2:70
Graham, William	12 Jun 1905	5:79
Graham, William J.	04 Dec 1890	2:71
Graham, Wm.	08 Apr 1880	1:192
Graham, Wm. H.	26 Nov 1892	2:73
Grahaneyak, Vincenlz	28 Dec 1895	3:79
Grahler, Martin	02 Dec 1885	2:65
Grahlman, Harry	04 Apr 1909	5:85
Grahlmann, Clara	25 Jun 1889	2:69
Grahlmen, Charles*	15 Jul 1882	
Grahman, Hattie	30 Aug 1895	3:78
Grain, Lattia	15 Apr 1870	1:52
Graither, Chas.	06 Aug 1901	4:83
Grajczik, Josepha	15 May 1899	4:80
Grajczyk, Stephen	06 Jan 1903	4:84
Gralok, Walter	21 Sep 1905	5:79
Grambling, Ignatz	18 Oct 1883	1:196
Grambling, Mary	26 Feb 1883	1:196
Grames, Evlyn B.	Jul 1907 5:84	
Gramling, Ferd.	12 Sep 1877	1:190
Gramling, Mary	24 Mar 1905	5:78
Gramling, s/o Andrew	30 Sep 1892	2:73
Grams, Annie	25 Jan 1901	4:81
Gramus, Morunus	08 Jan 1894	3:75
Gramza, Mary	02 Sep 1907	5:83
Grancey, John, Jr.	22 Feb 1880	1:192
Grandowich, Elizabeth	11 Jul 1892	2:73
Grandowicz, Elzviete	27 Nov 1907	5:83
Grandowisz, Marta	11 Dec 1906	5:81
Grandson, Chas.	09 May 1887	2:68
Grandswitz, Martha	03 Jan 1907	5:81
Grandwicz, Mary	25 Jan 1905	5:78
Granger, Charles	05 Sep 1898	4:77
Granger, Emiline F.	09 May 1894	3:77
Granger, Francis	06 Oct 1885	2:65
Granger, Harriet K.	04 Jan 1901	4:81
Granger, Helen	31 Aug 1906	5:81
Granger, Joseph A.	13 Nov 1883	1:196
Granger, Lionel Tracy	08 Nov 1897	4:76
Granger, Mary	19 Oct 1890	2:70
Granger, Mattie M.	19 Aug 1870	1:182
Granger, Myra	29 Jan 1908	5:80
Granghan, David	04 Dec 1886	2:66
Granghan, Nellie	25 Dec 1885	2:66
Granlinskic, Kattie	09 Mar 1902	4:83
Grannis, Marrinus	08 Jan 1895	3:76
Grant, Amos	09 Sep 1908	5:85
Grant, Highland	11 Aug 1873	1:184
Grant, John	06 Oct 1899	4:80
Grant, John E.	10 Sep 1887	2:67
Grant, Kate	26 Jul 1899	4:79
Grant, Mary Elizabeth	19 May 1898	4:78
Grant, McClellan	13 Feb 1903	4:84
Grant, Oliver	01 Nov 1869	1:58
Grant, Peter	Feb 1899	2:69
Grantkwoski, Ellie	12 Jun 1896	3:78
Granton, Thos.	11 Jul 1887	2:67

NAME	DATE	V/P
Graper, John	14 Aug 1871	1:182
Graschek, Edward	04 Jul 1896	4:76
Graschek, Frank	24 Nov 1896	4:76
Grasser, Anna	01 Dec 1891	2:71
Grasser, Barbara	25 Aug 1869	1:54
Grasser, Havier	10 Aug 1896	4:75
Grasser, Inf/o Joseph	12 Feb 1868	1:8
Grasser, Joseph	04 Feb 1903	4:84
Grasser, Joseph	29 Apr 1908	5:85
Grasser, Ralph Jacob	29 Sep 1894	3:77
Grassman, Ida	04 Nov 1895	3:78
Gratap, Lanice	05 Dec 1899	4:79
Grath, Kate	08 Mar 1896	4:75
Grath, McWalter	03 Jul 1894	3:77
Grather, Mary	13 Apr 1906	5:82
Gratner, George*	02 Feb 1885	
Gratop, Helen	23 Jul ---	3:77
Gratz, Mary Ann	05 Aug 1868	1:22
Gratzon, Wm.	10 Jan 1908	5:83
Grau, Addie	04 Jun 1876	1:188
Grau, Barbara	09 Nov 1906	5:82
Grau, George H.	06 Feb 1888	2:67
Grau, Gottlieb	29 Apr 1887	2:67
Grau, John	10 Jul 1896	4:75
Grauer, Sophia Louisa	22 Sep 1885	2:65
Grauff, John A.	16 Mar 1892	2:71
Graushop, Eliz'th	15 Feb 1876	1:186
Grave, August	24 Mar 1903	4:84
Grave, Frederick	07 Jan 1894	3:76
Grave, Minnie	17 Mar 1902	4:84
Gravell, Louis	17 Jul 1888	2:68
Gravelle, Chas.	02 Mar 1895	3:77
Gravely, Wm.	31 Aug 1908	5:85
Graven, Edward	20 May 1871	1:182
Graven, John	13 Jan 1890	2:69
Graven, Mary	02 Sep 1871	1:182
Graver, James	18 Apr 1885	2:66
Graves, Caroline M.	28 Jul 1898	4:78
Graves, Chas H..	03 Apr 1889	2:68
Graves, Christopher	14 Oct 1903	4:85
Graves, Dr.	24 Nov 1895	3:78
Graves, Edna L.	03 Feb 1886	2:65
Graves, Emery L.	10 Mar 1889	2:68
Graves, Geo. W.	26 Apr 1886	2:67
Graves, Herman	Sep 1907	5:83
Graves, John	07 Feb 1878	1:190
Graves, John	23 Apr 1908	5:85
Graves, Maria	15 Oct 1908	5:84
Graves, Martha	08 Feb 1897	4:75
Graves, Rosebeth	10 Aug 1900	4:81
Graves, Thos.	10 Oct 1888	2:68
Gravy, John	03 Dec 1879	1:192
Graw, Barbara	17 Nov 1900	4:81
Graw, C.J.	17 Feb 1902	4:82
Graw, d/o Gottlieb	17 Nov 1900	4:81
Graw, Frank M.	09 Jan 1896	3:79
Grawseski, Joseph	07 Aug 1888	2:68
Graxdavish, Rosa	27 Dec 1884	2:65
Gray, Albert	22 Nov 1873	1:184
Gray, Anna M.	04 Apr 1899	4:79
Gray, Arthur	04 Jul ---	2:68

NAME	DATE	V/P
Gray, Benjamin Herbert	25 Mar 1901	4:80
Gray, Catherine	06 Mar 1893	2:72
Gray, Dora	26 Dec 1885	2:65
Gray, Elizabeth Ann	03 Feb 1884	1:194
Gray, Frank	29 Jan 1907	5:81
Gray, Fremont E.	23 Jan 1892	2:71
Gray, H.B.	16 Jun 1887	2:67
Gray, Hannah J.	28 Jul 1887	2:67
Gray, Harriet E.	12 Jul 1881	1:194
Gray, Henry	02 Jan 1900	4:79
Gray, Henry	12 Mar 1893	2:72
Gray, Henry A.	May 1871	1:182
Gray, John A.	12 Mar 1884	1:194
Gray, Louis	03 Mar 1902	4:82
Gray, Lucy Hellen	11 Aug 1874	1:186
Gray, Mary C.	23 Dec 1891	2:71
Gray, Netta	29 Jan 1871	1:182
Gray, R.L.	06 Feb 1902	4:82
Gray, Sam'l	12 Feb 1875	1:186
Gray, Samuel	10 Feb 1895	3:77
Gray, Susan	01 Mar 1886	2:65
Gray, Thomas	07 Apr 1885	2:65
Gray, Unis	30 Jan 1894	3:75
Gray, William	08 Dec 1907	5:82
Gray, Wm. H.	17 Sep 1874	1:186
Graybill, Ida	03 Feb 1907	5:82
Graybill, Jacob	14 Nov 1902	4:84
Graybill, Luretha	11 Mar 1906	5:80
Grayeset, Helena	22 Aug 1894	3:77
Grazon, Chas.	09 May 1887	2:67
Grebe, William	25 Dec 1897	2:72
Gree, Mary	30 Jun 1877	1:188
Gree, Thomas	07 Feb 1907	5:82
Greeg, Jane M.	27 Aug 1908	5:85
Green, A.	30 Sep 1901	4:82
Green, Abraham	05 Nov 1908	5:84
Green, Alice	11 Nov 1877	1:188
Green, Alice	11 Nov 1877	1:190
Green, Angeline	28 Mar 1871	1:182
Green, Arabelle	16 May 1905	5:80
Green, Caroline B.	08 Mar 1890	2:69
Green, Casha	12 Mar 1905	5:79
Green, Catherine H.	01 Jun 1890	2:70
Green, Clarence	22 Oct 1905	5:80
Green, Cora L.	25 Aug 1876	1:188
Green, Dories	17 Oct 1894	3:76
Green, Edwin A.	22 Oct 1875	1:186
Green, Elijah	19 Dec 1875	1:186
Green, Ellen J.	24 Mar 1904	4:86
Green, Elmer	23 Apr 1905	5:80
Green, Emanuel	02 Feb 1908	5:83
Green, Francis F.	30 Sep 1905	5:79
Green, Frank	19 Feb 1892	2:72
Green, Freedom	05 Oct 1899	4:79
Green, Geo. Orin	17 Dec 1899	4:79
Green, George	07 Mar 1895	3:76
Green, Gracie	24 Jul 1901	4:82
Green, H., Mrs.	02 Oct 1907	5:83
Green, Harry	28 Apr 1877	1:188
Green, Hazel Mary	23 Nov 1903	4:84
Green, Hazel Ruth	21 Jun 1902	4:83

NAME	DATE	V/P
Green, Helen B.	Jan 1882	1:194
Green, Hellier R.	03 Mar 1878	1:188
Green, Henry	29 Jun 1897	4:76
Green, Inf/o Chas. F.	27 Aug 1893	3:75
Green, Inf/o John	11 Oct 1881	1:194
Green, Inf/o Theodore	05 Oct 1893	3:75
Green, Infant	10 Feb 1887	2:66
Green, J.F., Mrs.	08 May 1906	5:81
Green, John	25 Mar 1891	2:70
Green, John T.	26 Mar 1904	4:85
Green, Julia	18 Nov 1899	4:80
Green, Katherine	07 Nov 1906	5:81
Green, Laura	13 Nov 1880	1:192
Green, Leatha Ruth	31 Mar 1899	4:78
Green, Lena	07 Jun 1907	5:84
Green, Lucien B.	24 Mar 1891	2:71
Green, Martha	04 Sep 1875	1:188
Green, Mary	18 Oct 1899	4:79
Green, Mary	22 Mar 1884	1:194
Green, Mary	24 Feb 1904	5:79
Green, Mary A.	21 Sep 1875	1:186
Green, Mildred	15 Apr 1898	4:78
Green, Nellie	28 Mar 1902	4:83
Green, Phebe A.	13 Sep 1871	1:182
Green, Rolland	01 Jan 1906	5:80
Green, s/o Harvey	22 Feb 1902	4:82
Green, Sarah Jane	26 Apr 1906	5:81
Green, Sarah Maria	17 Jul 1879	1:192
Green, Sidney W.	23 Feb 1897	4:75
Green, St. George	22 Dec 1891	2:71
Green, Stella M.	28 Jul 1886	2:66
Green, Wm.	05 Aug 1875	1:186
Greenage, Chas.	10 Dec 1880	1:194
Greenaway, Ella C.	04 Nov 1873	1:184
Greenaway, John B.	04 Feb 1890	2:70
Greenberg, Annie	13 Oct 1891	2:72
Greenberg, Martin	29 Jul 1907	5:84
Greenberg, Morris	11 Apr 1900	4:81
Greene, Abigail	19 Sep 1893	3:75
Greene, Catherine	28 Sep 1899	4:80
Greene, Chas. R.	22 Oct 1895	3:78
Greene, J. Fletcher	15 Feb 1903	4:84
Greene, John W.	12 Aug 1908	5:85
Greenege, Wallace	27 Jun 1877	1:188
Greener, Eliza	03 Feb 1868	1:8
Greenfelder, Alfred	27 Jan 1907	5:81
Greenfield, Aurilla	07 Jul 1904	5:79
Greenke, Ernest C.	17 Sep 1886	2:66
Greenny, Frank H.	09 Mar 1891	2:70
Greenway, Arthur	28 Apr 1886	2:66
Greenway, James	18 May 1886	2:66
Greenway, Omar	24 Jan 1883	1:194
Greenway, Thos.	03 May 1886	2:66
Greenway, Wm.	06 Apr 1886	2:65
Greenwood, Ann	23 Apr 1868	1:12
Greenwood, C.E.	07 Jan 1901	4:81
Greer, Annie	27 Dec 1900	4:81
Greer, George	11 Mar 1894	3:75
Greesechech, Frank	25 May 1907	5:83
Grefe, John	04 Jan 1879	1:190
Gregg, A.M.	27 Nov 1887	2:67
Gregg, Abner M.	27 Nov 1887	2:67
Gregg, Infant	30 Mar 1904	4:85
Gregg, John	19 Nov 1877	1:188
Gregory, Laura	22 Jul 1907	5:84
Gregory, Mercedes June	19 Jun 1903	4:85
Gregria, Joseph	25 Jul 1894	3:77
Greiger, John	14 Apr 1890	2:69
Greiner, Alma	04 May 1901	4:82
Greiner, Arnold	07 Dec 1893	3:75
Greiner, Ernest	26 Aug 1903	4:85
Greiner, G.	20 Sep 1869	1:56
Greiner, Infant	01 Jun 1871	1:182
Greiner, John	15 Dec 1898	4:78
Greiner, Louise	26 May 1892	2:72
Greiner, Mary	03 Oct 1887	2:67
Greiner, Mary	28 Aug 1900	4:82
Greiner, Pauline	27 May 1887	2:67
Greines, Annie	12 Aug 1884	2:65
Greinig, Minnie	25 Apr 1887	2:67
Greinner, Margaret	01 Dec 1897	4:76
Greisbry, Anna	27 Aug 1875	1:186
Greisinger, John	21 Aug 1903	4:85
Greisinger, William	11 Nov 1904	5:79
Greive, Minnie	28 Aug 1881	1:194
Gremont, Sena	28 Mar 1905	5:79
Grenaway, Thomas	20 Apr 1899	4:77
Grener, Bessie, Mrs.	03 Feb 1908	5:83
Grenon, Diana	06 Sep 1902	4:84
Grensber, Sophia*	03 Jan 1883	
Grente, Gusta	19 Oct 1891	2:72
Grenuke, Lizzie	05 Feb 1895	3:77
Greple, Jacob M.	03 May 1868	1:12
Gress, Clara A.	22 May 1899	4:80
Gresser, Jacob	20 Feb 1901	4:81
Gressler, Otto	23 Mar 1897	4:75
Gressman, Helen	21 Jan 1901	4:82
Gretale, Sansia	06 Dec 1899	4:80
Grether, Katie	26 Feb 1902	4:83
Gretter, Hedwig	28 Aug 1896	4:75
Gretzenger, Alex	05 Mar 1899	4:78
Greve, Charles	13 Aug 1878	1:190
Greve, Eunice Eliz'th	21 Aug 1878	1:190
Grewe, Ellen	22 Jan 1899	4:77
Grey, Josephine	22 Nov 1907	5:83
Grib, Unknown	08 Aug 1906	5:82
Gribben, Anna M.	18 Oct 1880	1:194
Gribben, Walter James	28 Mar 1904	4:84
Gribbens, Joseph	19 Aug 1893	3:75
Gribbens, Mary A.	04 Sep 1893	3:75
Gribbens, Mary Ruth	23 Aug 1893	3:75
Gribbens, Peter	19 Jan 1869	1:30
Gribbin, Ann	22 Feb 1898	4:76
Gribbin, Francis	06 May 1873	1:184
Gribbin, Francis	06 May 1874	1:186
Gribbin, John	16 Apr 1884	2:67
Gribbin, Mable Rose	06 Jan 1906	5:80
Gribbin, Peter Joseph	15 Dec 1890	2:70
Gribbins, Edward	08 Jan 1904	4:85
Gribbins, Fanny	07 Mar 1904	4:85
Gribbins, James Chas.	07 Feb 1898	4:79
Gribbins, John	02 Apr 1883	1:196

NAME	DATE	V/P
Griblin, James C.	05 Feb 1899	4:77
Gridley, Chas. C.	06 Mar 1896	3:78
Gridley, Oliver A.	06 Jan 1903	4:84
Griemer, Rudolph	31 Dec 1878	1:190
Griener, George	25 Sep 1906	5:82
Griener, Mike	21 May 1881	1:194
Griening, Edward F.	15 Feb ---	2:68
Griesinger, John	12 Aug 1903	4:86
Griest, Cornelius	21 Jan 1895	3:76
Griest, d/o F.C.	03 Feb 1897	4:75
Griest, Elizabeth	15 Feb 1874	1:184
Griest, Tillie M.	07 Sep 1886	2:66
Griest, Willie F.	28 Dec 1884	2:65
Griffent, Henry R.	21 May 1894	3:77
Griffin, Benjamin	10 Oct 1880	1:192
Griffin, Charles P.	18 Dec 1902	4:83
Griffin, Dennis	Dec 1886	2:67
Griffin, Eliza	05 Nov 1902	4:84
Griffin, Elizabeth	19 Dec 1901	4:82
Griffin, Ellen	11 Dec 1899	4:79
Griffin, Frank	11 Jan 1907	5:82
Griffin, Fred Arthur	07 Oct 1869	1:44
Griffin, Henry L.	12 Nov 1907	5:83
Griffin, Infant	02 Aug 1899	4:80
Griffin, James	06 Jan 1885	2:66
Griffin, James E.	17 Jul 1904	5:78
Griffin, James R.	26 Mar 1907	5:80
Griffin, Jno.	26 Mar 1889	2:68
Griffin, John	14 Feb 1898	4:76
Griffin, John	16 Nov 1902	4:84
Griffin, John	16 Nov 1902	4:83
Griffin, John G.	08 Sep 1888	2:68
Griffin, Josephine F.	24 Dec 1895	3:78
Griffin, Maggie	06 Aug 1885	2:66
Griffin, Martha Beal	23 Jul 1900	4:81
Griffin, Mary	23 Apr 1886	2:67
Griffin, Mary	23 Feb 1904	4:86
Griffin, Morris	23 Nov 1905	5:80
Griffin, Nathaniel G.	21 Jan 1900	4:78
Griffin, Ruby	12 Jan 1904	4:86
Griffin, Susan C.	04 Mar 1874	1:184
Griffin, Wm.	23 Dec 1875	1:188
Griffin, Wm.	28 Dec 1886	2:67
Griffith, A.W.	14 Jan 1904	4:86
Griffith, John R.	15 Oct 1895	3:78
Griffith, Lewis	07 Aug 1889	2:69
Griffith, Mamie	21 Sep 1896	4:75
Griffith, Stephen	04 Jan 1904	4:86
Griffith, Wand Irene	04 May 1908	5:85
Griffiths, William	07 Jun 1907	5:84
Grifford, Jacob	08 Apr 1878	1:190
Grifford, Kate	29 Aug 1879	1:192
Griggs, Raymond	09 Aug 1904	5:79
Griggs, William	15 May 1907	5:83
Griggs, Willis	13 Jan 1900	4:80
Griggs, Willis Newell	13 Jan 1900	4:80
Grim, Carrie M.	22 Dec 1896	4:75
Grim, Gusterin	28 Nov 1880	1:192
Grim, William	22 Aug 1879	1:192
Grime, Harry	06 Nov 1908	5:85
Grimes, Ezra	17 Jan 1904	4:86
Grimes, John	07 Mar 1896	3:78
Grimes, Joseph	04 Oct 1878	1:190
Grimes, Joseph	Jan 1882	1:194
Grimes, Milton	20 Jun 1887	2:67
Grimes, William F.	10 May 1903	4:85
Grimm, Agnes	25 Jan 1888	2:67
Grimm, Albert Carl	08 Aug 1904	5:78
Grimm, Clara S.	20 Dec 1898	4:77
Grimm, John	08 Jun 1892	2:73
Grina, Mary A.	18 Jul 1906	5:81
Grinner, Emil	24 May 1898	4:78
Grisa, Maria	03 Oct 1894	3:77
Grisburg, Bertha	23 Jan 1900	4:79
Grischalt, Simon	27 Mar 1899	4:78
Grise, George	12 Jun 1901	4:83
Griswald, Maria V.	10 Mar 1899	4:77
Griswold, Alice Jenevel	17 May 1900	4:81
Griswold, Andrew H.	20 Oct 1867	1:36
Griswold, Clarence A.	24 Nov 1872	1:184
Griswold, Marie L.	21 Nov 1888	2:68
Griswold, Mary C.	08 Mar 1904	4:86
Griswold, Wm.	23 Oct 1902	4:83
Grnski, Jno.	01 Mar 1902	4:83
Grobe, Henry	16 Dec 1869	1:56
Grober, Peter	05 Jun 1879	1:192
Grochonski, Anthony	30 Dec 1905	5:79
Grocki, Felix	26 Jul 1892	2:73
Grodi, Peter	09 Jan 1900	4:79
Groenwald, John	03 May 1887	2:67
Groenwald, Justus M.	22 Mar 1899	4:78
Groenwold, Frisa	30 Dec 1884	2:65
Groes, Rose	20 Feb 1908	5:83
Groff, Christ	Nov 1891	2:71
Groff, Edward	06 May 1906	5:81
Grogan, Georgie	16 Mar 1890	2:69
Grogan, James E.	30 Mar 1893	2:72
Grogan, Mary Eliz.	11 Feb 1882	1:194
Grogan, Michel	31 Jan 1892	2:71
Grogan, Wm.	03 Oct 1872	1:184
Grohnke, Amelia	01 Sep 1904	5:79
Groleski, Clarence	04 Feb 1901	4:82
Grolle, Casper H.	27 Jul 1890	2:71
Groos, Bertha	07 Jan 1871	1:182
Grose, Jacob	23 Dec 1908	5:85
Grosenbacher, Louisa	01 Jul 1886	2:66
Grosh, Amanda	17 Sep 1893	3:76
Grosh, Andre'd	27 Feb 1886	2:66
Grosh, Gerome E.	02 Aug 1903	4:85
Groshel, G., Mrs.	24 Apr 1907	5:83
Gross, Andrew	02 Jul ---	2:68
Gross, Anna Maria	11 Jan 1889	2:68
Gross, Barbara	12 Mar 1902	4:82
Gross, Christena	13 Jan 1885	2:65
Gross, Edith	24 Mar 1892	2:71
Gross, Ferdinand	05 Aug 1889	2:69
Gross, Florence	10 May 1908	5:84
Gross, Frida	27 Feb 1906	5:80
Gross, Harry L.	13 Mar 1890	2:69
Gross, Herbert	10 Jan 1906	5:80
Gross, John	24 Feb 1902	4:82
Gross, Joseph	10 May 1887	2:67

NAME	DATE	V/P
Gross, Lewis C.	12 Mar 1904	4:86
Gross, Marietta	27 Feb 1892	2:71
Gross, Mary	20 Oct 1874	1:186
Gross, Mary Ann	20 Nov 1879	1:190
Gross, Max	06 Sep 1906	5:81
Gross, Roy	08 Jun 1903	4:86
Gross, Sophia	26 Apr 1870	1:182
Gross, Susie Amelia	01 May 1890	2:70
Grossell, John	14 Mar 1902	4:84
Grossenbacher, Fred	11 Mar 1881	1:192
Grossenbacher, Samuel	16 Jun 1883	1:196
Grossenbacker, Karl	02 Nov 1889	2:69
Grossenbacker, S.T.	21 Feb 1873	1:184
Grossenenback, Anna M.	21 Nov 1895	3:78
Grossman, Dora	04 Mar 1890	2:70
Grossman, Florence Ethel	31 Oct 1902	4:83
Grossman, Harry Carrs	01 Mar 1891	2:70
Grossman, Martha A.	02 Feb 1881	1:192
Groszenski, Hattie	29 Oct 1904	5:78
Grote, Infant	08 May 1888	2:68
Grotopp, John C.	15 Nov 1907	5:82
Grotski, Charles	29 Jan 1907	5:82
Grouny, Caroline	04 Mar ---	2:68
Grout, John	12 Feb 1908	5:83
Grove, s/o Peter	06 Feb 1885	2:66
Grover, B.F.	21 Feb 1894	3:76
Grover, Cornelia J.	19 Aug 1899	4:79
Grover, Isaac P.	30 May 1892	2:72
Groves, Wm. H.	25 Oct 1886	2:67
Growezesky, Catherine	19 Aug 1890	2:71
Grubb, Abraham	30 Nov 1901	4:83
Grubb, Jennie Maud	11 Apr 1894	3:76
Grubb, Lusan L.	06 Sep 1867	1:4
Grubb, Maud P.	01 Nov 1892	2:72
Grubb, Richard	09 Apr 1908	5:85
Grubb, Serepta M.	13 Sep 1880	1:192
Grubb, Susanah	25 Oct 1875	1:186
Gruber, Eva	28 Jun 1871	1:182
Gruber, John	02 Jul 1887	2:67
Gruber, Marguerite	12 Apr 1906	5:81
Gruber, Mary M.	11 Apr 1906	5:79
Gruber, Peter	04 Jun 1879	1:192
Gruber, Phillip	24 Sep 1894	3:77
Grucha, Chas.	07 Mar 1907	5:81
Gruczinski, Anna	01 Oct 1902	4:84
Grudenake, Helen	08 Nov 1896	4:75
Grudowic, John	29 May 1890	2:70
Grudszinski, Geo.	01 Jul 1891	2:71
Grudszinski, Julia	11 Oct 1893	3:75
Grudzinska, Amela	01 Oct 1908	5:84
Grudzinske, Peter	13 Feb 1896	3:78
Grudzinske, Staneslaus	05 Aug 1895	3:78
Grudzinski, Zygrund	13 Sep 1904	4:85
Gruena, Stanislaus	08 Sep 1895	3:79
Gruetter, Hattie	16 Mar 1900	4:79
Gruft, Catharine	06 Mar 1896	3:78
Gruger, Julian	13 Jul 1894	3:76
Gruhler, George	1871	1:184
Gruhler, Henry	06 Apr 1869	1:52
Gruleyzinski, Ban	21 Jan 1880	1:192
Gruman, Ruth	10 Feb 1908	5:84
Grunberg, Anne	14 May 1899	4:77
Grund, Nellie	09 Nov 1889	2:69
Grundewiz, Pelaga	11 Mar 1896	3:78
Grundkowski, Anna	11 Oct 1893	3:75
Grundowski, John	27 Nov 1893	3:75
Grundowski, Mike	12 Sep 1892	2:73
Grunst, Henry, Jr.	16 Jan 1901	4:80
Gruntkowska, John	27 Nov 1893	3:75
Grup, Lola M.	08 Oct 1903	4:85
Gruscinski, Jossie	25 Dec 1900	4:81
Gruscinski, Katherina	18 Dec 1900	4:81
Grusoinski, Agnes	07 Nov 1900	4:81
Grutopp, Elisabeth	21 Oct 1895	3:78
Grycza, John	09 Mar 1905	5:78
Grycza, Roman	16 Jul 1905	5:80
Gryczek, Victoria	07 Jan 1906	5:80
Gryegozeske, Rosa	08 Sep ---	2:68
Grytyz, Sebrina	13 Jul 1895	3:78
Grytza, Anton	04 Apr 1900	4:82
Grytza, Mary	02 Jul 1902	4:84
Grytza, Mary	02 Jul 1902	4:83
Grytza, Sophia	20 Jul 1898	4:78
Grywoa, Amelia	26 May 1905	5:79
Gryza, Adam	16 Feb 1908	5:83
Grzegorzeki, Antonetta	13 Mar 1904	4:85
Grzelak, Stanalus	21 Aug 1905	5:79
Grzeza, Praxeda	14 Apr ---	2:68
Grzkowski, Annie	11 Jan 1902	4:83
Grzybowska, Martha	28 Mar 1903	4:83
Gschwind, Alice	11 Sep 1881	1:194
Gschwind, Gertrude	Jun 1906	5:80
Gschwind, Rudolph	15 Jul 1879	1:192
Guard, Margaret	30 Apr 1906	5:82
Gudanner, Jas.	18 Aug 1894	3:77
Guelda, Frank	06 Jun 1896	4:75
Guelda, Jno. H.	05 Sep 1886	2:66
Guelda, Maggie	21 Oct 1889	2:69
Guenther, Henry	18 Nov 1904	5:78
Guenther, Henry L.	18 Nov 1904	5:78
Guernsey, Mildred Agnes	10 May 1896	4:75
Guffill, Inf/o John	23 Jun 1872	1:182
Guggae, Magdalina	21 Jun 1887	2:67
Guggisberg, Bertha E.	30 Jun 1903	4:85
Guide, Katie F.	30 Dec 1907	5:84
Guider, Mary	30 Dec 1898	4:78
Guidy, David	15 Sep 1907	5:83
Guidy, Joseph	22 Aug 1907	5:83
Guilanastic, Johanna	28 Oct 1908	5:83
Guilbant, Ellen	06 Jan 1868	1:6
Guilbant, Inf/o J.	05 Jan 1868	1:6
Guilbant, Theodulus	25 Sep 1867	1:6
Guilda, Helen	11 Feb 1908	5:82
Guilda, Joseph	14 Feb 1908	5:82
Guilder, Geo. A.	06 Feb 1905	5:78
Guilder, Iva M.	12 Feb 1905	5:78
Guile, William A.	01 Mar 1904	4:86
Guis, Elizabeth	28 Jun 1907	5:84
Guitteau, Eliezer	27 Dec 1904	5:78
Guitteau, Elijah B.	23 Dec 1905	5:80
Guitteau, Lucretia	09 Sep 1876	1:188
Gulch, Mary	02 Oct 1896	4:76

NAME	DATE	V/P	NAME	DATE	V/P
Guldi, Anna W.	08 Aug 1887	2:67	Gust, Hattie	20 Dec 1904	5:78
Guldi, Charles	15 Jul 1879	1:190	Gust, Mary	19 Sep 1905	5:79
Guldi, John	12 Oct 1889	2:69	Gust, Max	05 Oct 1905	5:79
Gulezgnska, Michalina	03 Feb 1885	2:65	Gustave, Oscar F.	28 Aug 1907	5:84
Gulinski, Palagia	05 Oct 1893	3:75	Gustin, Mary Ann	13 Apr 1892	2:72
Gull, Mary J.	05 Jul 1900	4:82	Gusziawak, Frank	22 Aug 1902	4:83
Gulsz, Martin	11 Feb 1903	4:84	Guth, Edward	25 Dec 1907	5:82
Gum, Mary Ellen	31 May 1905	5:80	Guthrie, Blance G.	29 Jan 1900	4:79
Guminger, Joseph	07 Jan 1904	4:86	Guthrie, d/o Thomas	28 Jan 1897	4:174
Gummer, Magdeline	17 Jan 1908	5:83	Guthrie, Florence Lou	07 Apr 1897	4:76
Guncz, Valentine	25 Sep 1902	4:83	Guthrie, Geo. Wilbert	12 Mar 1897	4:75
Gund, Alack E.	24 Oct 1899	4:79	Guthrie, Iona May	28 Jun 1901	4:82
Gund, Fred John	27 Apr 1899	4:79	Gutschow, John	10 Aug 1907	5:82
Gundarsky, Laura	10 Jan 1896	3:78	Gutz, Primrose	29 Nov 1907	5:84
Gundlach, Fred'k	07 Aug 1884	2:65	Gutzman, Addie	15 Apr 1891	2:72
Gundlack, Oscar	24 May 1900	4:82	Gutzmar, Hermann	09 Oct 1892	2:73
Gundlack, Oscar	24 May 1900	4:81	Gutzmer, Caroline	23 Jun 1875	1:186
Gundy, David	28 Oct 1906	5:81	Guy, Catherine	20 Apr 1902	4:83
Guniey, Kassener	24 Oct 1894	3:76	Guyett, Louis	30 Mar 1870	1:48
Gunion, George W.	01 Mar 1904	4:86	Guynan, Mary E.	05 Feb 1889	2:68
Gunlite, Alma	28 Dec 1902	4:84	Guynuph, Minnie M.	10 Feb 1900	4:80
Gunlite, August	17 Aug 1901	4:82	Gwinner, Paul	30 Jun 1899	4:79
Gunn, August	26 Oct 1904	5:78	Gynras, Mary	05 Aug 1905	5:80
Gunn, Edna Grace	27 Jun 1880	1:194	Gyza, Wladyslawa	18 Jan 1900	4:80
Gunn, Harry E.	06 Mar 1890	2:70	H(illegible), H(illegible)	01 Dec 1898	4:90
Gunn, Hazel	23 Jul 1897	4:76	Haack, Margaret	07 Sep 1908	5:101
Gunn, James	01 Jun 1899	4:79	Haack, Marguerite	30 Jun 1903	4:101
Gunn, James L.	24 Nov 1904	5:78	Haag, Carlina	15 Dec 1896	4:88
Gunn, Oscar N.	11 Feb 1907	5:81	Haag, Clara C.	20 Aug 1900	4:96
Gunn, Osman	17 Feb 1875	1:186	Haag, Dora	13 Mar 1891	2:85
Gunn, Susan	01 Sep 1889	2:69	Haas, Alice Emma	11 May 1906	5:94
Gunn, Warren Bartlett	22 Jan 1898	4:76	Haas, Bertha	10 Sep 1885	2:77
Gunner, Agnes E.	11 Aug 1897	4:76	Haas, Charles	30 Jul 1904	5:92
Gunner, Christian	19 Feb 1901	4:81	Haas, Ella	14 Apr 1898	4:92
Gunner, Christopher	17 Aug 1908	5:84	Haas, Fred	13 May 1899	4:95
Gunner, Rosa	16 Oct 1908	5:84	Haas, Henry	29 Mar 1891	2:85
Gunner, Rosalie	04 Jun 1899	4:79	Haas, Jacob	25 Aug 1908	5:100
Gunner, s/o Joseph	16 Mar 1902	4:82	Haas, Vitus	16 Sep 1898	4:92
Gunners, John	30 Aug 1897	4:76	Haase, Haddie	15 Nov 1896	4:89
Gunning, John	03 Jul 1896	4:76	Haase, Henry	22 May 1892	2:89
Gunning, Michael W.	07 Aug 1900	4:81	Haase, John	20 Sep 1886	2:78
Gunszeroski, Andry	17 Jan 1906	5:80	Habeck, Albertine	23 Feb 1902	4:98
Gunter, Margaret	25 Feb 1879	1:190	Haberbusch, John	03 Dec 1885	2:77
Gunzer, Louis	20 Jan 1886	2:65	Haberstock, Arthur	03 Jan 1890	2:82
Guras, Bertha	19 Apr 1908	5:84	Haberstock, Inf/o Chas.	31 Aug 1885	2:76
Gurgnard, Unknown	11 Oct 1873	1:184	Haberstock, John	16 Apr 1896	3:90
Gurin, George	09 Apr 1906	5:80	Haberstock, Rosa	24 Aug 1885	2:76
Gurin, Louise	08 Mar 1906	5:80	Habet, Charles	18 Aug 1906	5:96
Gurldenzoph, Arthur	22 Jan 1902	4:82	Hachler, Albert	16 Mar 1873	1:200
Gurney, Dority	Sep 1890	2:70	Hack, Emma	10 Mar 1891	2:85
Gurney, Margaret	12 Jul 1868	1:16	Hack, Ernist	05 Nov 1908	5:99
Gurnhieser, Lena	29 May 1886	2:66	Hackaway, Ida	02 Aug 1908	5:100
Gurni, Hattie	15 Oct 1896	4:76	Hackdorn, Gustave	10 Sep 1907	5:98
Gurny, Stanislaus	20 Oct 1894	3:77	Hacke, Jos. E.	24 Apr 1888	2:81
Gurski, Anna	30 Sep 1904	4:85	Hackel, Mary Cath.	30 Apr 1883	1:226
Gurst, Chas.	25 Feb 1894	3:76	Hackensmith, John	04 Apr 1875	1:204
Gusavy, John	14 Dec 1908	5:84	Hacker, Ben	20 May 1908	5:99
Gusel, John	14 Aug 1907	5:83	Hacker, George	17 Sep 1874	1:206
Gusky, Adam S.	15 Mar 1879	1:190	Hacker, John	14 Aug 1875	1:206
Gusler, Clara	07 Aug 1897	4:76	Hacker, Mary	14 Jan 1904	4:103
Gust, Christina	04 Oct ---	2:68	Hackerell, Katharine	07 Oct 1908	5:100

NAME	DATE	V/P
Hacket, Catherine	11 Feb 1905	5:91
Hacket, Isabella	22 Jun 1883	1:220
Hackethorn, Frank	29 Mar 1907	5:98
Hackett, Anna	02 Nov 1898	4:91
Hackett, Edwin	11 Sep 1894	3:89
Hackett, James	15 Jul 1900	4:96
Hackett, John	19 Jul 1876	1:208
Hackett, Thomas	06 Jan 1880	1:214
Hackler, Nellie	23 Dec 1899	4:94
Hackley, Mabel Ann	02 Feb 1905	5:91
Hackman, Judrick H.	24 Feb 1899	4:91
Hackman, Marie	25 Jul 1899	4:94
Hackstedde, Henry	27 Mar 1887	2:78
Hadaman, Fritz F.	25 Aug 1878	1:210
Hadding, William M.	23 Feb 1907	5:94
Haddix, Eddie	23 Jun 1882	1:220
Haddock, Allen	12 Sep 1907	5:98
Haden, John A.	03 Mar 1897	4:88
Haden, Richard	11 Oct 1893	3:86
Haderman, Inf/o H.V.	18 Jul 1887	2:79
Hadley, Anna	23 Feb 1891	2:84
Hadley, Louisa	13 Oct 1896	4:88
Hadnett, Jas. R.	01 Dec 1875	1:206
Hadnett, Maryett	02 Mar 1875	1:204
Haefner, d/o Jacob	22 Nov 1897	4:89
Haefner, Henry	22 Feb 1898	4:89
Haefner, s/o Jacob	25 Dec 1900	4:95
Haeft, Anna	03 May 1898	4:92
Haeft, Anna	15 Dec 1908	5:100
Haely, Rosa	15 Aug 1873	1:204
Haerlein, Susie	21 Feb 1904	4:103
Haff, s/o John	07 Jun 1895	3:90
Haff, s/o John	07 Jun 1895	3:90
Haff, s/o John	07 Jun 1895	3:161
Haff, s/o John	07 Jun 1895	3:161
Haffe, George	15 Mar 1899	4:91
Haffelder, Edna W.	12 Nov 1900	4:96
Haffner, Carline	22 Aug 1890	2:85
Haffner, Carline	22 May 1889	2:83
Hafnar, Carla	24 Jan 1880	1:214
Hafner, Benjamin	18 Jun 1894	3:89
Hafner, John	21 Dec 1906	5:96
Hagaman, G.	01 Oct 1902	4:99
Hagan, Harry M.	01 Jul 1901	4:98
Hagan, John	16 Feb 1891	2:87
Hagar, John	26 Aug 1904	5:92
Hage, Henry	26 Apr 1887	2:80
Hagedom, Maria	24 Dec 1890	2:83
Hagedorn, Mary A.	08 Apr 1891	2:88
Hagemeyer, August	10 Oct 1892	2:89
Hagemeyer, Luella May	13 Sep 1901	4:98
Hagemier, William	06 Mar 1894	3:87
Hagemyer, Minnie	24 May 1890	2:86
Hagen, Margaret	05 Aug 1868	1:18
Hagen, Maria	02 Apr 1902	4:97
Hagen, Rose	12 Jan 1907	5:95
Hagener, Ernst H.	27 Mar 1890	2:83
Hager, Hortense	02 Sep 1907	5:97
Hager, Lattie	07 Apr 1885	2:77
Hager, Rosa	16 Oct 1906	5:95
Hagerdorn, Carl	23 Sep 1894	3:89

NAME	DATE	V/P
Hagerman, Leonta	13 Sep 1899	4:93
Hagerman, Phylenna	04 May 1895	3:89
Hagermeyer, Adolf Fred	25 Jun 1897	4:90
Haget, Frank	22 Jan 1896	3:89
Haggerty, Mathilda	14 Dec 1907	5:97
Hagm, Carrie	02 Jun 1890	2:84
Hagman, Henry	10 Mar 1905	5:91
Hagner, Frank R.E.	21 Oct 1878	1:212
Hague, Charles F.J.	19 Sep 1903	4:101
Hague, Harold	05 Dec 1900	4:95
Hague, John	12 Feb 1889	2:81
Hague, Joseph	31 Mar 1904	5:92
Hahan, George	31 Mar 1903	4:101
Hahly, Charles	28 Sep 1895	3:90
Hahly, Christian C.	19 Jan 1896	3:90
Hahn, Alcy	22 Aug 1890	2:84
Hahn, Barbara Mary Ann	30 Jul 1893	3:86
Hahn, Clara	22 Jul 1905	5:93
Hahn, Elizabeth	19 Mar 1891	2:85
Hahn, Eliz'th	02 Oct 1876	1:208
Hahn, Frank C.	03 Aug 1885	2:77
Hahn, Hanna	21 Oct 1894	3:88
Hahn, Irvin	27 Sep 1900	4:95
Hahn, Jacob	20 Mar 1883	1:220
Hahn, John Edward	29 Aug 1903	4:101
Hahn, Lizzie	02 Apr 1900	4:96
Hahn, Marion Angelia	01 Apr 1889	2:81
Hahn, Marion Angelia	10 Apr 1889	2:82
Hahn, Mary	27 Nov 1885	2:77
Hahn, Mary	27 Nov 1895	3:89
Hahn, Mary Ann	18 Sep 1878	1:212
Hahn, Mathew	20 Sep 1904	5:92
Hahn, Mela	14 Jun 1879	1:214
Hahn, Paul	23 Feb 1906	5:93
Hahn, s/o Frank	17 May 1894	3:88
Hahn, Theodore	29 Dec 1905	5:92
Hahpicki, John F.	26 Dec 1895	3:91
Haidel, Joseph	02 Mar 1886	2:77
Haige, Dora	12 Feb 1894	3:87
Haigh, William J.	11 Feb 1888	2:79
Hailey, Mary	Jun 1907	5:99
Hain, Chas. H.	28 Mar 1882	1:218
Hain, Eliza A.	23 Jan 1871	1:198
Hain, Hellen	20 Mar 1882	1:218
Hain, Joseph	02 Sep 1901	4:99
Hain, Maria	12 Mar 1882	1:218
Haines, Frances	13 Jan 1875	1:206
Haines, George	12 Apr 1874	1:202
Haines, s/o C.E.	28 Mar 1906	5:94
Haines, Zetwiga	06 May 1898	4:92
Hair, Charles	13 Dec 1890	2:85
Hair, Iva M.	10 Sep 1896	4:88
Hairley, Sarah	15 Sep 1870	1:198
Hait, Thomas	21 Jan 1874	1:204
Haitz, Chas.	24 Sep 1894	3:89
Haitzell, Sarah	25 Jun 1906	5:96
Haitzke, Wm.	17 Sep 1893	3:86
Haiwood, Mary	11 Feb 1902	4:99
Hake, Clara	24 Jun 1889	2:83
Hake, Ernest	17 Sep 1891	2:87
Hake, Frank	19 Oct 1906	5:96

NAME	DATE	V/P
Hake, Herman	30 Jun 1891	2:87
Hakins, Orlando	26 May 1904	5:92
Hakuis, Laura	30 May 1890	2:84
Hakuis, Walter	04 Jun 1890	2:84
Halas, Stephen	14 Feb 1906	5:92
Halbman, Bara	13 Feb 1902	4:98
Hale, Angeline	08 Sep 1900	4:97
Hale, Frank	11 Oct 1908	5:99
Hale, Henry	03 Mar 1901	4:97
Hale, Henry	26 Feb 1874	1:204
Hale, Susan Ann	05 Aug 1892	2:88
Halemcamp, Frank	20 Apr 1890	2:83
Hales, Rose E.	10 Mar 1907	5:95
Haley, Anna	01 Mar 1899	4:92
Haley, Annie	11 Nov 1900	4:97
Haley, Ellen	02 Jan 1888	2:79
Haley, Ellen	07 Nov 1888	2:81
Haley, Frances	30 Feb 1871	1:198
Haley, Gertrude	25 Aug 1900	4:97
Haley, Hattie J.	01 Jun 1887	2:81
Haley, James B.	28 Oct 1893	3:87
Haley, John	20 May 1898	4:92
Haley, John	26 Aug 1893	3:87
Haley, John	30 Nov 1879	1:214
Haley, John	31 May 1904	5:92
Haley, Mamie	17 Jun 1881	1:218
Haley, Mary	06 Apr 1890	2:85
Haley, Maurice	15 Mar 1888	2:80
Haley, Patrick	21 Jul 1906	5:94
Haley, William	14 Oct 1892	2:89
Haley, William	26 Sep 1887	2:79
Halfin, Thomas	25 Feb 1896	3:89
Halin, John	13 Apr 1887	2:80
Hall, Alfred	15 Apr 1888	2:81
Hall, Andrew S.	25 Feb 1903	4:99
Hall, Bertha A.	30 Jan 1873	1:202
Hall, Carrie Arminda	10 May 1878	1:212
Hall, Charles W.	Aug 1877	1:210
Hall, Clarence	23 Jul 1896	4:88
Hall, Cornelia	12 Mar 1872	1:200
Hall, Edward	22 Dec 1886	2:78
Hall, Eli J.	04 Feb 1885	2:78
Hall, Elijah B.	15 Jan 1904	4:102
Hall, Elizabeth	15 May 1874	1:204
Hall, Everett	23 Jan 1901	4:96
Hall, Francina Platt	24 Sep 1901	4:98
Hall, Franklin T.	10 May 1902	4:101
Hall, Hazel C.	29 Apr 1892	2:89
Hall, Inf/o E.M.	21 Mar 1878	1:210
Hall, Inf/o Harry	26 Sep 1886	2:79
Hall, Irene	07 Feb 1897	4:89
Hall, Isabella R.	28 Feb 1908	5:96
Hall, J.C.	14 Nov 1868	1:26
Hall, James	23 Oct 1901	4:99
Hall, James William	02 Sep 1900	4:93
Hall, Jane	10 Mar 1873	1:202
Hall, Jane D.	17 Sep 1889	2:82
Hall, Jane Northrup	03 Apr 1899	4:94
Hall, Jeanette	02 Feb 1887	2:78
Hall, Jennie	15 Mar 1906	5:94
Hall, John	15 Mar 1903	4:100
Hall, John	26 Apr 1908	5:100
Hall, John	26 Jun 1902	4:101
Hall, Joseph	23 Oct 1901	4:99
Hall, Joseph	28 Sep 1906	5:96
Hall, Joseph Emmins	11 May 1899	4:92
Hall, Leo	19 Jul 1893	3:87
Hall, Lillie Leona	04 Dec 1873	1:202
Hall, Louis Arthur	22 Oct 1873	1:202
Hall, Malony	18 Jan 1896	3:90
Hall, Maria A.	25 Jan 1873	1:202
Hall, Marion Gladys	12 Sep 1901	4:98
Hall, Mary	25 Oct 1895	3:89
Hall, Mary J.	09 Nov 1868	1:26
Hall, Mary M.	03 Jan 1898	4:90
Hall, Mazie	27 Feb 1906	5:92
Hall, N.C.	Feb 1891	2:84
Hall, Rob't Henry	30 Aug 1870	1:198
Hall, Rose	22 Jan 1907	5:96
Hall, Ruben	31 Jan 1902	4:99
Hall, Russell	18 Aug 1898	4:92
Hall, Sarah A.	23 Sep 1898	4:91
Hall, Susan E.	11 Feb 1877	1:208
Hall, Susie M.	06 Mar 1898	4:89
Hall, Teresa	18 Jan 1900	4:93
Hall, Thomas	15 Mar 1903	4:99
Hall, Vertie E.	06 Aug 1871	1:200
Hall, Vinetta Lillia	05 Dec 1900	4:93
Hall, Violet B.	12 Dec 1901	4:97
Hall, Walter	22 Feb 1906	5:91
Hall, William J.	28 Oct 1901	4:98
Hallam, Sarah	Oct 1891	2:88
Hallaran, Mary P.	17 May 1897	4:89
Hallaran, Rich.	23 Aug 1886	2:78
Hallauer, Jacob	14 Mar 1890	2:82
Haller, Nicholis	09 Jan 1901	4:96
Hallet, Mary	10 Jun 1880	1:216
Hallet, William	03 Mar 1898	4:89
Hallett, Charles C.	05 Jul 1902	4:101
Hallett, John	13 Nov 1899	4:94
Hallett, M.	01 Jan 1881	1:216
Hallett, Theodore	05 Jul 1902	4:101
Halley, Bart	28 Aug 1908	5:100
Hallicker, Isaac	28 Jan 1884	1:220
Halliday, Elizabeth	26 Feb 1893	2:88
Halligan, Catharine	27 May 1900	4:96
Halligan, Thomas	22 Feb 1899	4:92
Hallis, Lucretia	27 Mar 1904	4:103
Hallis, Mary	04 Dec ---	5:100
Hallister, Nellie A.	18 Jan 1896	3:90
Hallock, Lawrence	17 Oct 1877	1:210
Halloran, Bridget	18 Nov 1884	2:76
Hallorn, Emma Francis	17 Dec 1890	2:84
Halloway, Mary Jane	17 Oct 1896	4:88
Hallstead, Louise	14 Jul 1896	4:88
Halm, Angelica	06 Aug 1906	5:95
Halminiak, Mick	08 Aug 1907	5:98
Halowinszki, d/o Frank	02 Jul 1893	3:87
Halpin, Edward	11 Mar 1906	5:93
Halpin, James	13 Jul 1887	2:80
Halpin, John	10 Jul 1881	1:218
Halpin, Leuena	09 Dec 1885	2:77

NAME	DATE	V/P
Halpin, Mabel	01 Jan 1888	2:79
Halpin, Maggie*	29 Sep 1882	
Halpin, Margaret	29 Mar 1907	5:96
Halpin, Sarah	28 Nov 1885	2:77
Halstead, George	25 Dec 1906	5:96
Halstead, Herman S.	05 May 1890	2:84
Halstead, Lizzie A.	23 Apr 1873	1:204
Halstead, Louisa	13 Jul 1896	4:88
Halstead, Theresa M.	12 Aug 1896	4:88
Halstead, Walter W.	11 Feb 1890	2:82
Halt, Frederick	22 Oct 1895	3:90
Haltenman, Mary Dorothy	08 Oct 1901	4:98
Halter, Mary	07 May 1899	4:95
Haltz, John	23 Jul 1900	4:97
Haltzapple, Sarah	23 Jan 1903	4:100
Halz, Soniza	02 May 1896	4:89
Hamann, Henry	27 Jul 1874	1:204
Hamann, Sofia	20 Mar 1883	1:220
Hamann, Wilhelmina	10 Sep 1898	4:90
Hamber, Mary	17 Mar 1877	1:208
Hamble, Peter J.	20 Jul 1900	4:96
Hamburg, Gertrude Julia	07 Apr 1893	3:87
Hamch, Jennie	07 Jul 1907	5:98
Hame, Catharine	23 Mar 1895	3:89
Hameister, Sophia	11 May 1893	3:87
Hamel, Deline	15 Jul 1898	4:92
Hamel, Edith	17 Jun 1905	5:93
Hames, Mary	19 Mar 1907	5:95
Hamillon, Thomas	28 Jun 1893	3:87
Hamilton, Aleden J.	30 Sep 1894	3:88
Hamilton, Andrew	24 Mar 1868	1:12
Hamilton, Grace	5 Dec 1876	1:208
Hamilton, J.K., Mrs.	30 Oct 1877	1:212
Hamilton, J.K., Mrs.	30 Oct 1877	1:210
Hamilton, James	07 Jul 1875	1:208
Hamilton, James H.	13 Dec 1888	2:81
Hamilton, Jessie	26 Mar 1906	5:93
Hamilton, John	18 Mar 1872	1:200
Hamilton, Lewis	03 Jun 1906	5:95
Hamilton, Martha	16 Jun 1907	5:97
Hamilton, Polly	Sep 1868	1:38
Hamilton, Sarah	Jul 1872	1:202
Hamilton, Vincent	16 Jan 1907	2:86
Hamilton, W.C.	28 Sep 1869	1:56
Hamlalton, Rufe	17 Mar 1896	3:90
Hamley, Chas.	1884	1:220
Hamley, Joseph P.	12 Jul 1908	5:99
Hamlin, ch/o Walter	14 Oct 1868	1:24
Hamlin, Electa	27 Feb 1907	5:95
Hamlin, Loraine O.	23 Dec 1893	3:86
Hamlin, Thos.	25 Apr 1873	1:202
Hamlyn, John	25 Feb 1884	1:220
Hamlyn, William	Oct 1907	5:97
Hamlyn, Wm. Anna	30 Jul 1881	1:218
Hamm, Anna	25 Oct 1898	4:91
Hamm, Catharena	25 May 1895	3:89
Hamm, Elizabeth	19 Oct 1889	2:83
Hamm, John	22 Feb 1878	1:210
Hamm, John	22 Mar 1878	1:212
Hamm, Mackey	27 May 1890	2:85
Hammand, Wm. C.	27 Aug 1892	2:88
Hammer, Ida	1872	1:200
Hammerschmidt, Geo.	15 Mar 1876	1:208
Hammerschmidt, George	07 Feb 1900	4:94
Hammon, Fredrich	15 Oct 1891	2:87
Hammond, Benj.	23 May 1901	4:96
Hammond, Flora	17 Mar 1872	1:200
Hammond, Frank	01 Sep 1869	1:50
Hammond, Hattie S.	27 Jan 1900	4:94
Hammond, Inf/o A.A.	26 Feb 1887	2:78
Hammond, Louisa	02 Sep 1869	1:50
Hammond, Infant	25 Aug 1892	2:89
Hammond, Unknown	25 Sep 1906	5:96
Hammond, Walter W.	27 Nov 1905	5:94
Hammond, Wm.	10 Dec 1891	2:87
Hampel, Augusta	17 Nov 1894	3:89
Hampton, Humet	08 Jan 1884	1:226
Hampton, Isaac H.	26 Mar 1879	1:214
Hampton, Roy	04 Mar 1879	1:212
Hanahen, John	15 Mar 1886	2:78
Hanan, Ellen	24 Apr 1897	4:90
Hanan, Patrick	02 Nov 1897	3:89
Hanaway, G.F.	30 Nov 1907	5:97
Hancock, Alner	03 Dec 1906	5:94
Hancock, Catharine	10 Feb 1892	2:86
Hancock, Eunice	07 Dec 1892	2:88
Hancock, John	23 Dec 1881	1:218
Hancock, Nancy	24 Oct 1871	1:200
Hancock, Thomas	06 Apr 1880	1:218
Hancock, Thomas C.	03 Jan 1907	5:96
Hand, Cath. A.	13 Jun 1869	1:46
Hand, Charles	14 Feb 1890	2:82
Hand, Charles	19 Oct 1874	1:206
Hand, Charley	08 Oct 1871	1:200
Hand, Cora E.	01 Oct 1901	4:97
Hand, d/o Howard	25 Feb 1907	5:95
Hand, Emily	16 Sep 1871	1:200
Hand, Emily	1871	1:200
Hand, Esther	27 Jun 1908	5:100
Hand, Herman M.	5 ---	2:83
Hand, John Wm.	10 Aug 1895	3:90
Hand, Myretta C.	08 Aug 1880	1:218
Hand, Wm. D.	25 Mar 1903	4:99
Handeman, Jacob	31 Mar 1895	3:88
Handen, Albert	12 Jun 1899	4:95
Handgartner, Kunrod	20 Sep 1889	2:82
Handlen, James	10 Apr 1877	1:208
Hands, Jane Almira	08 May 1872	1:202
Hands, Roxana	26 May 1872	1:202
Hanen, Mary May	05 Apr 1892	2:89
Hanerstack, Lelia	28 Jul 1884	2:76
Hanes, Mattie	06 Mar 1878	1:210
Hanes, Mattie	06 Mar 1878	1:210
Hanes, Michael	01 May 1899	4:93
Hanesa, Hickey	21 Jul 1904	5:91
Haney, Samuel B	12 Sep 1877	1:210
Hang, Ch/o Gottlieb	05 Oct 1872	1:202
Hanin, Michael	21 Nov 1905	5:92
Hanis, Jessie	27 Nov 1893	3:86
Hanis, Mary	10 Oct 1907	5:97
Hank, Clinton M.	04 Feb 1896	3:89
Hank, Wade White	10 Feb 1886	2:77

NAME	DATE	V/P
Hankenhof, Amelia	25 May 1898	4:91
Hankenhof, Henry E.	22 Jun 1900	4:93
Hankenhof, Louisa	22 Jun 1900	4:93
Hankenhof, Minnie	30 Jan 1891	2:84
Hankenhof, Wm.	14 Aug 1900	4:97
Hankin, Henry	08 Jan 1899	4:92
Hankins, Alice Rosa	10 Sep 1876	1:208
Hankins, Chester	29 Apr 1892	2:86
Hankins, Thirza	10 Oct 1873	1:202
Hankley, Aurena	28 Feb 1898	4:91
Hankley, Catherine	17 Mar 1899	4:91
Hanks, Elijah S.	26 Jul 1881	1:220
Hanks, W.S., Dr.	02 Mar 1890	2:82
Hanlan, J.F.	11 Sep 1908	5:99
Hanley, Helen	Feb 1898	4:90
Hanley, Thomas W.	11 Aug 1908	5:99
Hanline, Ethel May	07 Nov 1903	4:103
Hanlon, Albert	06 Mar 1905	5:92
Hanlon, Edie	08 Jun 1894	3:87
Hanlon, Katie	30 Dec 1893	3:86
Hanly, Allen	06 Oct 1874	1:204
Hanna, Emma	30 Jul 1886	2:78
Hanna, Josephine	10 Aug 1907	5:98
Hanna, Julia A.	12 Dec 1900	4:97
Hannah, Angeline	15 Aug 1902	4:100
Hannan, Vara May	05 Apr 1892	2:89
Hannan, Wm. H.	10 Mar 1872	1:200
Hannen, Mary	31 Jan 1902	4:98
Hanner, August H.	20 Aug 1883	1:226
Hanner, Bertha L.	16 Mar 1888	2:80
Hanner, Caroline	14 Feb 1902	4:98
Hanner, Louis	25 Nov 1886	2:79
Hannes, Geo. Paul	26 Oct 1895	3:90
Hannes, Mary	02 May 1893	3:86
Hannif, Inf/o Michael	08 Aug 1884	2:76
Hannis, Mary	29 Jul 1881	1:220
Hannixman, Mary A.	30 Jul 1873	1:204
Hannon, Bridget E.	31 Mar 1878	1:210
Hannon, Wm.	24 Oct 1891	2:86
Hannum, John L.	16 Feb 1888	2:79
Hansah, Catharina	20 Feb 1895	3:89
Hanschal, Gustave	08 Aug 1883	1:220
Hansel, Sophia	10 Jul 1875	1:206
Hansen, Anna	11 Sep 1874	1:204
Hansen, Frederick	05 Feb 1869	1:30
Hansen, Frederick	Mar ---	4:88
Hansen, John	17 Sep 1893	3:87
Hansen, Julia	26 Jul 1902	4:100
Hansen, Sam Henry	24 Dec 1890	2:85
Hansen, Sophia	08 Mar 1897	4:89
Hansen, William	27 Dec 1892	2:89
Hansen, Wilson	11 Sep 1900	4:95
Hansman, John	28 Apr 1880	1:218
Hansoh, John F.	09 Dec 1894	3:89
Hanson, Byron Howard	22 Jan 1890	2:82
Hanson, Christian	10 Apr 1868	1:12
Hanson, Clara M.	09 Feb 1870	1:56
Hanson, Frank B.	17 Mar 1885	2:76
Hanson, Fred C.	27 Nov 1902	4:100
Hanson, Frida	12 Sep 1882	2:78
Hanson, Lafayette	11 Mar 1881	1:216
Hanson, Mary C.	10 Jul 1878	1:212
Hanson, Peter N.	17 Jul 1890	2:85
Hanson, Rickie	25 Jun 1897	4:90
Hanson, Wm. Louis	27 Dec 1892	2:89
Hanssermann, Fred J.	29 Jan 1877	1:208
Hanting, Jacob	31 May 1907	5:98
Hanton, Jessie	27 Nov 1899	4:94
Hantz, William L.	02 May 1906	5:94
Hanzenker, Mrs.	26 Jul 1907	5:97
Haober, Charles	28 Sep 1878	1:212
Hapberget, Frank*	30 Oct 1884	
Hapokins, Eva	01 Sep 1906	5:96
Happ, Louis	17 Mar 1903	4:103
Happ, Ruth	05 Aug 1898	4:92
Harathan, Mary	22 Jul 1895	3:91
Harbauer, Cathrine	28 Dec 1890	2:84
Harbauer, Jacob	22 Mar 1900	4:94
Harbauer, John	25 Oct 1887	2:79
Harbauer, John	26 Aug 1887	2:80
Harbauer, John M.	08 Mar 1887	2:78
Harbauer, Maria H.	23 Aug 1898	4:91
Harbauer, Mary A.	01 Mar 1888	2:80
Harbaugh, Washington S.	21 Sep 1891	2:87
Harbaum, Charles	Sep 1907	5:98
Harbaum, Margaret	22 Jul 1886	2:79
Harbaum, Perry	30 Mar 1895	3:89
Harbaum, Thomas	24 Jul 1886	2:79
Harbenth, Ruth	04 Sep 1894	3:89
Harbig, Mary	18 Jun 1903	4:103
Harbin, George	05 Jan 1891	2:84
Harbrecht, John F.	06 Feb 1907	5:95
Harbright, Annie	20 Aug 1879	1:214
Harbright, Henry	13 Aug 1879	1:214
Hard, Tim	30 May 1885	2:77
Hardee, Mary	10 Jan 1898	4:90
Hardee, Nettie Willard	25 May 1891	2:87
Harder, August Rob.	25 May 1891	2:86
Harder, Karl	09 May 1891	2:87
Harder, Mary	10 Jan 1878	4:90
Harder, Pauline	15 Jan 1898	4:90
Hardey, William	21 Jun 1889	2:83
Hardie, Agnes	28 Mar 1879	1:212
Hardie, James	22 Aug 1879	1:214
Hardie, Martha	04 Oct 1893	3:87
Harding, Ella M.	08 Jun 1894	3:89
Harding, Rhuie Glen	10 Oct 1901	4:99
Harding, Thomas P.	31 Dec 1884	2:76
Hardinger, Julia Estella	23 Sep 1899	4:94
Hardoif, Albert	13 Aug 1903	4:103
Hardse, d/o R.	16 Apr 1878	4:90
Hardy, Catherine	14 Apr 1898	4:90
Hardy, Elizabeth	10 Dec 1897	4:91
Hardy, Emery	01 Oct 1874	1:204
Hardy, Felix	19 May 1893	3:86
Hardy, Inf/o George	22 Feb 1869	1:32
Hardy, James Geo.	05 Feb 1891	2:85
Hardy, Lucy	03 Apr 1888	2:81
Hardy, Susan	01 Apr 1888	2:81
Hardy, Susie	03 Apr 1890	2:85
Hardy, Tamer	21 Apr 1880	1:216
Harford, Nella	19 May 1889	2:83

NAME	DATE	V/P
Harget, Anna	02 Feb 1904	4:102
Harget, John	31 Dec 1895	3:89
Harget, Lorenzo	28 Oct 1891	2:87
Harigan, Ellen	18 Dec 1879	1:214
Hariland, M.H.	12 Jun 1897	4:88
Harines, Mable	18 Dec 1895	3:91
Haring, Emil	28 Oct 1907	5:97
Harington, James	20 Sep 1878	1:212
Harington, Mary	25 Nov 1904	5:92
Hark, Denall	25 Feb 1891	2:87
Hark, Emma	10 Mar 1890	2:83
Hark, Noah H.	10 Aug 1891	2:87
Harkcom, John	05 Jul 1899	4:93
Harkel, Susan B.	02 Nov 1871	1:200
Harkness, Joseph	14 Jan 1893	2:89
Harlan, Nettie L.	14 Aug 1890	2:85
Harlan, S.H.	05 Apr 1893	3:86
Harland, Johana	11 Mar 1893	2:88
Harley, C.A.	24 Nov 1901	4:98
Harley, Chas. A.	23 Nov 1901	4:97
Harley, Wm.	14 Feb 1893	2:89
Harlof, John	18 Jun 1893	3:86
Harlon, John	26 Feb 1896	3:91
Harlow, Annie	15 Sep 1872	1:202
Harlyer, Elmer	02 Dec 1896	4:89
Harm, Frederick	21 Apr 1891	2:86
Harmacinski, Walenty	22 Feb 1908	5:97
Harmacnska, Hattie	17 Jul 1900	4:97
Harmaczinski, Helena	10 Mar 1903	4:100
Harmaczinski, Joseph	18 Mar 1903	4:100
Harman, Ada D.	15 Mar 1898	4:90
Harman, Charles	14 Feb 1908	5:97
Harman, Frank	11 Nov 1891	2:87
Harman, Geo.	07 Nov 1891	2:87
Harman, Henry	03 Aug 1895	3:91
Harman, Karl G.	03 Oct 1895	3:89
Harman, Lottie J.	07 Sep 1894	3:89
Harman, Louisa F.	16 Jul 1898	4:91
Harman, Vera M.	05 Apr 1892	2:87
Harman, Xaver	07 Sep 1876	1:208
Harmann, John F.	26 Mar 1870	1:56
Harmcinski, Magdelena	15 Sep 1903	4:102
Harmel, Arthur	25 Oct 1876	1:208
Harmel, Lenna M.	11 Sep 1906	5:96
Harmes, Henry	04 Nov 1896	4:88
Harmes, Lewis	25 Sep 1897	4:90
Harmes, Minnie	12 Jan 1897	4:88
Harmes, Saul	23 May 1895	3:91
Harmes, William A.	02 Oct 1896	4:88
Harmeyer, Fredia M.L.	25 Oct 1891	2:87
Harmin, Alice M.	18 Dec 1908	5:99
Harmin, John	06 Jan 1895	3:89
Harmon, Christina	03 Feb 1875	1:206
Harmon, Elizabeth	02 Sep 1874	1:206
Harmon, Elizabeth	09 Jan 1905	5:91
Harmon, Eliz'th	05 Jul 1875	1:206
Harmon, Frank	24 Jul 1903	4:103
Harmon, Helen Mary	13 Sep 1893	3:86
Harmon, Lizzie	01 Aug 1874	1:204
Harmon, Mary A.	17 May 1894	3:88
Harms, Adison	24 Mar 1894	3:87
Harms, Eliza	18 Aug 1892	2:89
Harms, Frank	03 May 1890	2:85
Harms, Hinnie	---	1:216
Harms, Louis	15 Jan 1892	2:87
Harms, Martha	10 Jan 1881	1:218
Harms, Mary	14 Apr 1900	4:95
Harms, Sophia	26 Sep 1905	5:94
Harms, Sophie	26 Feb 1880	1:214
Harnes, Walter	12 Apr 1899	4:93
Harney, Michael	11 Jul 1884	2:76
Harnias, Erne F.	08 Jul 1872	1:200
Harning, Geo. W.	23 Feb 1897	4:90
Harns, Ernest	15 Jan 1877	1:208
Harnstead, Henry Aru	24 Nov 1892	2:88
Harnyak, Anna	13 Apr 1907	5:97
Harold, s/o Anna Myers	19 Aug 1899	4:93
Harpel, Eliza	08 Dec 1900	4:97
Harper, Andrew	11 Jan 1907	5:96
Harper, Caroline	10 Jan 1902	4:98
Harper, Edward	19 Aug 1878	1:212
Harper, Fred R.	29 Jan 1903	4:100
Harper, Marian	19 Dec 1899	4:94
Harper, Mary A.	19 Dec 1899	4:94
Harper, Walter	11 Nov 1904	5:92
Harpst, John	28 Mar 1891	2:84
Harpster, Alvin	23 Mar 1904	4:102
Harre, Anna M.	09 Jul 1868	1:16
Harrenbing, John	19 Sep 1884	2:76
Harrigan, Allen	18 Dec 1879	1:214
Harrigan, Daniel	30 Jan 1888	2:80
Harriman, Matilda	22 Mar 1908	5:97
Harringon, Lois	15 Sep 1868	1:4
Harringtin, Tim	06 Mar 1873	1:200
Harrington, Agnes	22 Dec 1901	4:98
Harrington, Daniel C.	21 Jun 1894	3:88
Harrington, David	19 Nov 1870	1:198
Harrington, Dennis	27 Nov 1874	1:204
Harrington, Edith	24 Aug 1868	1:4
Harrington, Elizabeth*	31 Jul 1882	
Harrington, Infant	16 Oct 1872	1:206
Harrington, James	12 Oct 1881	1:220
Harrington, James	13 Sep 1878	1:214
Harrington, James	19 Feb 1886	2:78
Harrington, James	21 Apr 1874	1:206
Harrington, James J.	16 May 1900	4:97
Harrington, John	10 May 1872	1:200
Harrington, John	24 Jun 1870	1:198
Harrington, John	30 Mar 1905	5:92
Harrington, John W.	09 May 1906	5:95
Harrington, Kate	20 Feb 1870	1:58
Harrington, Kittie	31 Aug 1896	4:89
Harrington, Louisa	14 Oct 1891	2:87
Harrington, Lynch Johana	29 Mar 1892	2:86
Harrington, Margaret	27 Apr 1894	3:89
Harrington, Mary	04 Jan 1907	5:96
Harrington, Mary	05 Jan 1899	4:91
Harrington, Mary	17 Nov 1898	4:92
Harrington, Mary	30 Jul 1890	2:85
Harrington, May	26 Jan 1903	4:101
Harrington, Mich	01 Apr 1871	1:200
Harrington, Michael	01 Apr 1871	1:198

NAME	DATE	V/P	NAME	DATE	V/P
Harrington, Michael J.	03 Jul 1868	1:20	Harrow, Emma	05 Sep 1890	2:85
Harrington, Nathan	31 Mar 1890	2:83	Harry, Ella	26 Aug 1886	2:79
Harrington, S. Davis	04 Jun 1875	1:206	Harry, Mable	17 Dec 1895	3:90
Harrington, Sarah	20 Jun 1898	4:92	Harry, Mary	31 Jan 1890	2:82
Harrington, Sarah	Jan 1898	4:90	Harsch, P.	05 Apr 1902	4:97
Harrington, Thomas	04 Aug 1893	3:86	Harsh, Anna	12 Feb 1876	1:206
Harriott, David	18 Jul 1869	1:44	Harshbarger, George	28 Jun 1906	5:95
Harriott, Elizabeth	08 Jan 1901	4:96	Harsioy, Arthur	06 Jun 1896	4:89
Harris, Alfred	13 Jul 1877	1:210	Harst, Ada C.M.	25 Aug 1899	4:93
Harris, Ann M.	19 Mar 1868	1:10	Harst, Ereala C.	13 Feb 1880	1:214
Harris, Annie	22 Dec 1890	2:84	Harste, Charley	15 Jul 1896	4:89
Harris, Clarence	16 Jan 1905	5:93	Hart, Anna Irene	19 Dec 1899	4:95
Harris, Cora Lee	27 Apr 1874	1:204	Hart, Anna Irene	19 Dec 1899	4:93
Harris, d/o Frederick	29 Aug 1891	2:86	Hart, Carl W.	28 Mar 1907	5:94
Harris, Fred S.	23 Dec 1875	1:206	Hart, Charles B.	15 Mar 1885	2:76
Harris, Harvey	28 Apr 1887	2:80	Hart, Clarence T.	06 Dec 1897	4:93
Harris, Hattie F.	30 Dec 1903	4:102	Hart, Conrad	27 Sep 1892	2:88
Harris, Henrietta M.	18 Sep 1876	1:208	Hart, Darius Lee	27 Oct 1883	1:220
Harris, Henry Wm.	25 Oct 1872	1:230	Hart, Dennis J.	08 Mar 1891	2:84
Harris, Inf/o Elhan	30 Jul 1891	2:88	Hart, Ellen L.	12 Oct 1873	1:204
Harris, James	24 Apr 1899	4:95	Hart, Eugene	01 Nov 1886	2:79
Harris, James F.	27 Apr 1905	5:91	Hart, George	02 Aug 1888	2:81
Harris, Jennie L.	18 Jan 1907	5:94	Hart, Harry	21 Sep 1905	5:93
Harris, Jermann	06 Mar 1896	3:90	Hart, Harry H.	07 Mar 1901	4:96
Harris, John	03 Sep 1869	1:54	Hart, J.B.	12 Dec 1899	4:93
Harris, John H.	Jan 1869	1:30	Hart, Karl	28 Mar 1907	5:96
Harris, L.E.	24 Jan 1906	5:93	Hart, Leon	13 Oct 1908	5:99
Harris, Leander F.	02 Dec 1893	3:86	Hart, Leon	31 Oct 1908	5:99
Harris, Mary	08 Oct 1907	5:97	Hart, Maggie	12 Jul 1897	4:90
Harris, Mary A.	17 Jan 1892	2:86	Hart, Margeret	28 Sep 1891	2:86
Harris, Myrtle	15 Jul 1884	2:76	Hart, Michael	19 Feb 1884	2:76
Harris, Nettie D.	28 Aug 1886	2:78	Hart, Oscar	16 Dec 1903	4:103
Harris, Richard	12 Mar 1897	4:88	Hart, Thomas	01 Feb 1894	3:86
Harris, Robert L.	11 Aug 1908	5:99	Hart, Timothy	20 Apr 1899	4:95
Harris, Vernon	26 Jan 1901	4:98	Harteman, Wm. H.	03 Jul 1889	2:83
Harris, Willie	16 Jan 1891	2:84	Harter, Albert H.	14 Aug 1902	4:100
Harris, Wm. H.	07 Aug 1888	2:81	Harter, Alice	17 Jan 1900	4:93
Harris, Wm. Henry	25 Oct 1872	1:200	Harter, Andrew	31 Aug 1906	5:94
Harris, Wm. W.	04 Feb 1908	5:98	Harter, Carl	22 Oct 1891	2:87
Harris, Wm. W.	31 May 1895	3:89	Harter, Emma	07 Sep 1890	2:85
Harrison, Andrew	28 Mar 1888	2:79	Harter, Frank	27 Jul 1908	5:101
Harrison, Cornelia	19 Jun 1905	5:91	Harter, Otto	25 Feb 1901	4:95
Harrison, Edgar	12 Sep 1908	5:99	Harter, s/o C.D.	11 Sep 1895	3:90
Harrison, Elizabeth	09 Feb 1907	5:98	Harter, Wm. A.	30 Mar 1882	1:218
Harrison, George	02 May 1902	4:101	Hartford, John	08 Nov 1893	3:86
Harrison, J. Herrald	30 May 1898	4:92	Hartford, Walter A.	23 Jan 1886	2:78
Harrison, John	23 Apr 1897	4:90	Hartman, A., Mrs.	25 Jul 1906	5:93
Harrison, John H.	12 Nov 1896	3:89	Hartman, A.F.	17 May 1898	4:92
Harrison, Nellie	22 May 1898	4:91	Hartman, A.G.	11 Apr 1885	2:77
Harrod, Charles	30 Aug 1907	5:98	Hartman, Abraham	11 Jun 1899	4:94
Harroon, Cunanda	18 Mar 1891	2:84	Hartman, Anna B.	25 Jan 1906	5:93
Harroum, Albert	30 Jan 1900	4:93	Hartman, August	28 Aug 1900	4:96
Harroun, Albert	10 Feb 1899	4:91	Hartman, Carrie	27 Feb 1907	5:94
Harroun, Amelia E.	09 Feb 1893	2:89	Hartman, Catherine	13 Mar 1894	3:86
Harroun, David	29 May 1868	1:36	Hartman, Catherine	14 Oct 1883	1:220
Harroun, Edwin	07 Apr 1908	5:101	Hartman, Catherine	24 Dec 1903	4:102
Harroun, Leroy	29 Mar 1904	5:91	Hartman, Charles	29 Jul 1891	2:86
Harroun, Levi	12 Jul 1887	2:79	Hartman, Charles L.	22 Feb 1891	2:84
Harroun, Lucy B.	12 Oct 1901	4:99	Hartman, Infant	17 Oct 1891	2:87
Harroun, Mary L.	27 Oct 1887	2:80	Hartman, David Geo.	19 Dec 1902	4:100
Harroun, Paul	09 Feb 1908	5:97	Hartman, Elizabeth	24 May 1885	2:77

NAME	DATE	V/P
Hartman, Ellen	11 Oct 1886	2:78
Hartman, Erich	07 Mar 1891	2:85
Hartman, Ernest Henry	31 Mar 1879	1:212
Hartman, Freda	21 Mar 1889	2:81
Hartman, Frederick	23 Oct 1904	5:91
Hartman, George L.	09 Apr 1887	2:80
Hartman, Henry	10 Jan 1879	1:212
Hartman, J.A.	21 Jan 1886	2:77
Hartman, James	11 Feb 1891	2:84
Hartman, Jennie	12 May 1870	1:50
Hartman, Jennie	13 Apr 1901	4:98
Hartman, John C.	19 Apr 1900	4:93
Hartman, John H.L.	09 Mar 1906	5:93
Hartman, Laura	18 Oct 1900	4:97
Hartman, Leo P.	16 Apr 1890	2:85
Hartman, Lora	06 Feb 1891	2:84
Hartman, Lorance	13 Feb 1891	2:84
Hartman, Ludwine	25 Mar 1899	4:92
Hartman, M.L.	14 Jul 1874	1:206
Hartman, Mary	07 Sep 1887	2:80
Hartman, Mary	24 Oct 1878	1:212
Hartman, Mary A.	11 Mar 1872	1:200
Hartman, Mary Ann	27 Jul 1899	4:93
Hartman, Mathias	23 Aug 1894	3:88
Hartman, Paul	14 Jul 1885	2:77
Hartman, Peter	24 Feb 1877	1:208
Hartman, Robert	22 Mar 1890	2:83
Hartman, Sarah	29 Jul 1898	4:91
Hartman, William H.	15 Sep 1897	4:90
Hartmann, Adam	12 Mar 1897	4:91
Hartmann, John	08 Mar 1869	1:32
Hartmann, Theresia	25 Oct 1890	2:84
Hartmeyer, Carline	28 Dec 1890	2:85
Hartner, Fred	22 Feb 1900	4:95
Hartner, Jennie	20 Apr 1902	4:101
Hartner, Vitus	06 Jul 1903	4:103
Hartnett, Jane	07 Sep 1906	5:96
Hartnif, Stephan	31 Jul 1906	5:95
Hartsal, Jacob	04 May 1892	2:86
Hartsfelt, Josephine	19 Sep 1883	1:220
Hartshorn, Ella	30 Nov 1895	3:91
Hartshorn, Estella	1907	5:98
Hartsing, Simon	27 Feb 1894	3:87
Hartung, Frank	20 Aug 1895	3:90
Hartung, Herbert	18 Dec 1893	3:86
Hartung, Herman	05 Dec 1893	3:86
Harturn, William	08 Feb 1902	4:98
Hartz, Chas.	02 Apr 1897	4:91
Hartz, Edward T.	18 May 1899	4:93
Hartz, Ella	14 Dec 1891	2:86
Hartz, Henry F.	02 Aug 1874	1:204
Hartz, John	06 Oct 1880	1:218
Hartz, Susan	02 Apr 1886	2:78
Hartzel, Ray	03 Aug 1895	3:90
Hartzfeld, Wm. J.	27 Jul 1887	2:79
Hartzfelt, Catherine	22 Jan 1905	5:91
Hartzfelt, Joseph	01 Sep 1871	1:200
Hartzfelt, s/o C.O.	21 Jan 1905	5:91
Hartzfield, Jacob	27 Feb 1883	1:220
Hartzfild, Mary	29 Aug 1888	2:81
Hartzke, Christian	02 Feb 1880	1:216

NAME	DATE	V/P
Hartzugg, Unknown	26 Dec 1868	1:28
Harvath, Vincent	02 Sep 1908	5:99
Harve, Frankie	22 Oct 1896	4:89
Harver, Oswall	21 Dec 1903	4:103
Harvey, Chas. Edward	31 Aug 1888	2:83
Harvey, Clara	05 Mar 1892	2:87
Harvey, Ethel	29 Sep 1906	5:96
Harvey, Franklin R.	31 Aug 1888	2:83
Harvey, Geo.	03 Feb 1873	1:200
Harvey, Geo.	12 Jul 1880	1:216
Harvey, James	12 Jul 1891	2:87
Harvey, Jennie	16 Apr 1909	5:100
Harvey, Joseph	14 Jan 1905	5:92
Harvey, Linnsch	30 Oct 1886	2:79
Harvey, Margerite	31 Dec 1887	2:80
Harvey, Robert	13 Aug 1888	2:83
Harvey, Sara	05 May 1894	3:88
Harvey, Sarah M.	25 Aug 1892	2:89
Harwood, John	07 Jan 1906	5:94
Harwood, Jonas	01 Feb 1875	1:204
Harwood, Nancy	29 Mar 1870	1:52
Hasdentufel, John	20 Mar 1878	1:210
Hasebacher, Helen	31 Jul 1891	2:87
Hasemeyer, Geo. W.	29 Aug 1886	2:79
Hashel, Lodice L.	19 Oct 1889	2:82
Hasinthal, John	15 Mar 1876	1:208
Haskel, Samuel	04 Oct 1892	2:88
Haskell, Mary A.	09 Aug 1896	4:88
Haskin, John L.	17 Feb 1899	4:91
Haskins, Bernice B.	21 Dec 1905	5:94
Haskins, Chas. W.	13 Aug 1868	1:42
Haskins, Emily T.	15 Aug 1876	1:208
Haskins, Hattie May	27 Oct 1868	1:38
Haskins, Inf/o Jno. H.	23 Jul 1870	1:198
Haskins, Jennet M.	20 Apr 1879	1:214
Haskins, John N.	06 Nov 1902	4:101
Haskins, Maria	14 Jan 1875	1:204
Haskins, Mary H.	05 Jun 1886	2:79
Haskins, Ruth	06 Apr 1902	4:99
Hasky, Gasala	10 Jan 1881	1:216
Hasmer, Bessie F.	29 Aug 1899	4:94
Hasmer, Leu	---	5:92
Hasmeyer, Martha	10 Nov 1870	1:198
Hass, Agnes	19 Feb 1900	4:93
Hass, Alice	12 Mar 1907	5:97
Hass, Celia	26 Feb 1900	4:93
Hass, John	15 Jan 1899	4:91
Hass, John C.	20 Nov 1891	2:86
Hass, John, Mrs.	12 Jun 1907	5:98
Hass, L.	12 Jun 1905	5:92
Hass, Lizzie	23 Nov 1897	4:89
Hass, Lucas F.	07 Nov 1891	2:86
Hass, Margarette	29 Sep 1891	2:86
Hass, Markus	07 Jun 1899	4:95
Hass, Markus	07 Jun 1899	4:93
Hass, Mathias A.	05 Nov 1891	2:86
Hass, Walter	14 Mar 1900	4:95
Hass, Walter	14 Mar 1900	4:93
Hassan, Hilda	07 Jul 1907	5:96
Hassancoul, Emma	02 Mar 1869	1:36
Hasse, Dora	22 Oct 1881	1:218

NAME	DATE	V/P	NAME	DATE	V/P
Hasselback, Andrew	26 Mar 1908	5:97	Haughton, Fannie E.	22 Jul 1889	2:82
Hasselberg, Emma	13 Mar 1887	2:79	Haughton, H.	15 Mar 1908	5:98
Hasselfeld, Joahin	15 Apr 1891	2:87	Haughton, Hiram	Oct 1883	1:220
Hassen, Joseph	10 May 1906	5:94	Haughton, Keren	18 Dec 1893	3:86
Hassentuffel, W.	28 Jan 1881	1:216	Haughton, Lyman	30 Jun 1872	1:202
Hassenzahl, Amelia	17 Apr 1872	1:202	Haughton, Nathaniel	31 Jan 1899	4:92
Hassenzahl, Bertha	03 Mar 1893	2:89	Haughton, s/o Fred	14 Oct 1905	5:94
Hassenzahl, Elizabeth	24 Sep 1889	2:82	Haughton, Smith	12 Jul 1897	4:89
Hassenzahl, Henry	17 Jul 1890	2:84	Hauk, Lizzie F.	17 Mar 1879	1:212
Hassenzahl, Henry	30 Dec 1875	1:206	Haukenhof, Charles	11 Jan 1901	4:96
Hassenzahl, Katherina	17 May 1890	2:84	Haukhammer, Mary	04 Nov 1900	4:97
Hassenzahl, Lawrence	25 Jul 1872	1:202	Haunn, Jno. C.	18 Apr 1881	1:216
Hassenzahl, Ludwig	29 Nov 1896	4:88	Hauptman, Carl	21 Feb 1901	4:97
Hassenzahl, Min.	21 Sep 1881	1:218	Hauptman, Chas.	26 Jul 1894	3:88
Hassenzahl, Phil, Sr.	16 Oct 1902	4:99	Hausch, Geo.	03 Feb 1894	3:86
Hassenzall, Daniel	06 Jun 1903	4:103	Hausch, Grace	13 Feb 1887	2:79
Hassenzall, Minnie	03 Feb 1878	1:210	Hausch, Lizzie	07 Feb 1886	2:77
Hassett, Bridget	05 Nov 1897	4:90	Hause, Estell B.	10 Mar 1891	2:84
Hassett, George	13 Jan 1868	1:8	Hause, John H.	08 Sep 1901	4:97
Hassett, John	04 Mar 1880	2:80	Hausekincht, Clara	04 Oct 1886	2:79
Hassett, John	29 Jul 1887	2:80	Hauser, Aleck Henry	23 Oct 1900	4:95
Hassett, Robert	15 Dec 1874	1:214	Hauser, Alexander	05 Apr 1892	2:89
Hassett, Robert	15 Dec 1874	1:206	Hauser, Catharina	23 Oct 1874	1:204
Hasslup, George	12 Nov 1908	5:99	Hauser, Christina Dora	25 Feb 1902	4:98
Hasson, John Jacob	20 Nov 1894	3:88	Hauser, Louisa	29 Mar 1897	4:88
Hast, Fred	03 Dec 1880	1:218	Hauser, Louise	1885	2:78
Hastater, John	23 Jan 1874	1:202	Hauser, Lydia C.	13 Jan 1878	1:210
Hastater, Mary	02 May 1872	1:202	Hauser, William	22 ---	2:83
Hasty, Celestia G.	06 Aug 1894	3:88	Hausmann, John	31 Mar 1880	1:214
Hasty, Charles	14 Mar 1871	1:198	Haussen, Hermann	04 Oct 1890	2:85
Hatch, Inf/o Orville	23 Oct 1870	1:198	Haussen, Hermann	24 Oct 1890	2:85
Hatch, Jeremiah	30 Jul 1896	4:88	Haussenzahl, Bertha	Jul 1880	1:216
Hatfeldt, Griffith	03 Dec 1903	4:103	Haussman, James E.	22 Sep 1908	5:100
Hatfield, Catherine	19 Oct 1884	2:76	Hauton, Agnes	24 Jul 1898	4:92
Hatfield, Mary	01 Jan 1879	1:212	Hauton, Mary	07 Nov 1901	4:96
Hatfield, Robert	12 May 1906	5:94	Hauton, Mary Stewart	07 Nov 1900	4:96
Hathaway, A.H.	07 Nov 1906	5:95	Hautzenbach, Etta	30 Apr 1886	2:79
Hathaway, Harrison	06 Jan 1906	5:93	Have, Wilard W.	25 Mar 1896	3:90
Hathaway, Joseph	11 May 1905	5:93	Havens, E.C.	28 Dec 1896	4:89
Hatheral, Burton	01 Jul 1886	2:78	Havenstett, Paul*	27 Feb 1883	
Hatswell, Walter*	31 Jan 1885		Haver, Ellen	27 Aug 1894	3:88
Hattell, D.W.	30 Jan 1906	5:93	Haver, Thomas	22 Apr 1908	5:100
Hattendorf, Caroline	31 Jan 1895	3:89	Haver, Thomas	May 1905	5:93
Hattersley, Charles E.	30 Sep 1905	5:93	Haverland, Agness	13 Aug 1893	3:86
Hattie, Infant	15 Dec 1899	4:93	Haverland, Mary E.	21 Nov 1881	1:218
Hattington, Mary	24 Jan 1892	2:87	Haverstack, Ursula	11 Mar 1900	4:93
Hatz, Maria	10 Dec 1876	3:87	Havigan, Ann	14 Dec 1891	2:86
Hatz, Maria	21 Nov 1878	3:87	Haviland, Albert	20 Feb 1870	1:40
Hatz, Sebastian	01 Feb 1894	3:88	Haviland, Alfred	31 Jul 1906	5:95
Haubner, M., Mrs.	24 Sep 1906	5:95	Haviland, Emma C.	23 Feb 1870	1:40
Hauch, Lindy	12 Apr 1897	4:90	Having, Willie	15 Aug 1877	1:210
Hauck, Adolph	05 Jul 1897	4:90	Havitt, George	22 Mar 1884	1:226
Hauck, Edward	20 Jan 1875	1:206	Havkin, Mathew	10 Nov 1879	1:214
Haufling, John W.	14 Jan 1868	1:8	Havlieck, Roman	20 Dec 1905	5:93
Haugh, Wilhelmina	29 Jan 1896	3:90	Hawarth, Dora Rachel	14 Feb 1906	5:92
Haughn, Michael	10 Aug 1895	3:90	Hawes, Adeline	23 Oct 1898	4:91
Haughtaling, Edward E.	24 Feb 1906	5:93	Hawes, James Harvey	28 Aug 1891	2:87
Haughton, Alta	16 Sep 1869	1:44	Haweslock, John	30 Oct 1895	3:91
Haughton, Augustus	23 Feb 1869	1:38	Hawkins, Adelia	24 Sep 1899	4:94
Haughton, Blanch*	28 May 1882		Hawkins, Charles	11 Oct 1899	4:94
Haughton, d/o F.A.	17 Mar 1899	4:91	Hawkins, Chester	29 Apr 1892	2:88

NAME	DATE	V/P
Hawkins, Eliz.	02 Aug 1878	1:212
Hawkins, Ella May	09 Feb 1884	1:220
Hawkins, Ida Mary	17 May 1878	1:212
Hawkins, James	19 Aug 1899	4:94
Hawkins, James	19 Aug 1899	4:92
Hawkins, Janice L.	04 Apr 1874	1:206
Hawkins, John	Aug 1879	1:214
Hawkins, John Thos.	07 Aug 1899	4:94
Hawkins, Lizzie	Aug 1879	1:214
Hawkins, Mina	21 Aug 1879	1:214
Hawkins, Moses	03 May 1904	5:92
Hawkins, Nora	03 May 1907	5:97
Hawkins, Susanna	24 Jan 1903	4:101
Hawkins, Thomas	05 Jan 1894	3:86
Hawkins, Unknown	06 Aug 1906	5:95
Hawley, Harriette A.	12 Mar 1899	4:92
Hawley, Harry	11 Oct 1892	2:88
Hawley, Luther H.	20 Jun 1899	4:94
Hawley, Nellie	17 Dec 1907	5:97
Hawley, Silvina L.	20 Feb 1896	3:89
Hawman, s/o J.	15 Oct 1902	4:101
Hay, Adaline	11 Dec 1908	5:100
Hay, Ellen	26 Nov 1883	1:226
Hay, John	26 Feb 1896	3:90
Hay, Justin	01 Mar 1885	2:76
Hay, Myrtle M.	02 Jan 1908	5:98
Haybough, W.M., Mrs.	27 Jun 1901	4:98
Hayden, Anne	11 Sep 1871	1:200
Hayden, Deloir	13 Feb 1908	5:97
Hayden, Emanda	07 Dec 1900	4:95
Hayden, Gertrude	20 Jul 1880	1:218
Hayden, Jas. J.	02 Jan 1887	2:79
Hayden, Patrick	07 Feb 1902	4:98
Hayden, Sarah A.	22 Dec 1872	1:202
Haydock, Julia	02 Feb 1905	5:91
Hayedorn, John G.	05 Sep 1893	3:87
Hayedorne, Gurhardt	26 Aug 1892	2:89
Hayener, Nancy	01 Jun 1871	1:198
Hayes, Annie	26 Sep 1899	4:95
Hayes, Bridget	26 Feb 1894	3:86
Hayes, Daniel	11 Jun 1875	1:208
Hayes, Eliza	13 Apr 1898	4:89
Hayes, Elizabeth	04 Jul 1883	1:226
Hayes, Elizabeth	04 Jul 1883	1:220
Hayes, Henry Jerome	04 Feb 1900	4:94
Hayes, James	24 Feb 1900	4:94
Hayes, Jeremiah	17 Mar 1888	2:80
Hayes, Jerimiah	11 Apr 1868	1:12
Hayes, Jerry	17 Mar 1888	2:81
Hayes, Martin	20 Apr 1902	4:101
Hayes, Mary	31 Aug 1903	4:101
Hayes, Matilda	16 May 1887	2:80
Hayes, Michael	09 Dec 1869	1:2
Hayes, Michael	16 Nov 1896	4:89
Hayes, O.R.	26 Nov 1907	5:97
Hayes, Orville	26 Oct 1907	5:97
Hayes, Patrick	01 Oct 1902	4:99
Hayes, Patrick	11 Apr 1903	4:102
Hayes, Rud	27 Nov 1888	2:81
Hayes, Susana	07 Sep 1899	4:93
Hayes, William	17 Feb 1890	2:82

NAME	DATE	V/P
Hayes, Wm. Edmond	23 Mar 1877	1:210
Hayle, Patrick	13 Mar 1886	2:78
Haymaier, Lizzie	03 Nov 1893	3:86
Haymeier, Louise	05 Aug 1893	3:86
Haymeyer, William	16 Apr 1906	5:96
Haynes, Augusta	07 Dec 1902	4:99
Haynes, David	21 May 1907	5:97
Haynes, Edward G.	12 Sep 1899	4:95
Haynes, Frank	23 Jul 1890	2:84
Haynes, George W.	14 Feb 1893	2:89
Haynes, Gustav, Mrs.	07 Dec 1902	4:100
Haynes, Harrison	23 Nov 1886	2:78
Haynes, Ida	13 Oct 1895	3:91
Haynes, Johanna	25 Dec 1893	3:86
Haynes, John	08 May ---	2:88
Haynes, Josep	01 Oct 1901	4:98
Haynes, Maggie	09 Jul 1870	1:198
Haynes, Minnie	17 May 1906	5:95
Haynes, Susan	12 Jan 1901	4:96
Haynes, William D.	26 Nov 1904	5:91
Hays, Johana	30 Sep 1894	3:88
Hayse, s/o John C.	20 Jan 1907	5:95
Hayward, Edward D.	06 Feb 1905	5:91
Hayward, Inf/o George	17 Mar 1881	1:218
Haywood, George	29 Apr 1903	4:102
Hazel, Jessie Pengo	11 Jan 1908	5:97
Hazelbacker, Edith R.	07 Mar 1895	3:89
Hazelbecker, Mary	15 Aug 1893	3:87
Hazelcourtz, Lizzie	24 Jul 1892	2:89
Hazelton, L., Mrs.	28 Apr 1908	5:99
Hazin, Titus	02 Feb 1901	4:97
Hazley, John	16 Jan 1884	1:226
Head, Clarence	15 Jul 1896	4:89
Head, Elsie W.	05 Aug 1896	4:89
Head, Isaac	30 Dec 1900	4:96
Head, Louise	25 Dec 1898	4:91
Head, Peter H.	16 Aug 1891	2:88
Heaith, Rowland S.	14 May 1869	1:54
Healer, Henry	21 Feb 1870	1:58
Healey, Mary	05 Nov 1895	3:90
Healey, Patrick	12 Aug 1906	5:96
Healey, Patrick	22 Jun 1897	4:90
Healiver, Bertha	04 Oct 1891	2:88
Heally, Nicholas	12 Jul 1893	3:87
Heals, Ester	19 May 1898	4:92
Healy, John	04 Apr 1894	3:86
Healy, John	13 Nov 1903	4:102
Healy, Katherine	03 Dec 1906	5:95
Healy, Malachy I.	28 Dec 1868	1:2
Healy, Mary	06 Apr 1889	2:83
Healy, Mary	1885	2:78
Healy, Michael	10 May 1883	1:226
Healy, Patrick	29 Jul 1906	5:94
Heaman, Lewis	02 Aug 1876	1:208
Heard, Frank M.	01 Mar 1868	1:10
Hearley, s/o John	16 Feb 1894	3:86
Heart, Mary	03 Mar 1894	3:87
Heater, Frederick	24 Mar 1904	4:101
Heath, Carrie	30 May 1907	5:97
Heath, Charlotte	23 May 1908	5:99
Heath, Charlotte F.	23 May 1908	5:99

NAME	DATE	V/P
Heath, Clayton R.	31 Aug 1889	2:82
Heath, Corina	30 May 1907	5:97
Heath, Courtney Kellogg	13 Sep 1901	4:98
Heath, E.A., Mrs.	23 May 1906	5:95
Heath, Emma	17 Apr 1908	5:99
Heath, Francis Marion	27 Jun 1896	4:88
Heath, George	24 Jul 1902	4:99
Heath, Judson	26 Aug 1891	2:86
Heath, Mable Nellie	14 Sep 1902	4:99
Heath, Norma Louise	01 Aug 1906	5:94
Heath, s/o C.	08 Dec 1908	5:99
Heath, William	03 Jun 1881	1:220
Heaton, Elizabeth Fenale	20 Jan 1908	5:97
Hebbner, Albert	30 Nov 1892	2:89
Heber, John	05 Mar 1903	4:100
Hebert, Louisa	28 Feb 1897	4:88
Hebner, Emma	Nov 1894	3:88
Hebner, G.H.	11 Oct 1896	4:88
Hebner, Minnie	26 Feb 1890	2:82
Heck, August	17 Aug 1877	1:210
Heck, August	23 Dec 1903	4:102
Heck, Edward Veron	05 Dec 1893	3:87
Heck, Edw'd G.	25 Nov 1900	4:96
Heck, Jessie	09 Jun 1881	1:220
Heck, Magdalene	23 Nov 1907	5:98
Heck, s/o Bathaner	04 Dec 1894	3:88
Hecker, Henry	21 Aug 1897	4:91
Hecker, John	19 Apr 1892	2:87
Heckerman, Lottie	16 Dec 1907	5:98
Heckler, Joseph	08 Feb 1902	4:98
Hecklinger, Elizabeth	11 Nov 1889	2:83
Hecklinger, Fred	24 May 1886	2:78
Hecklinger, Geo. Jacob	10 May 1903	4:103
Hecklinger, Michael	05 Dec 1890	2:85
Heda, Joseph	18 Nov 1904	5:91
Hedasz, John	18 Oct 1905	5:93
Hedges, Arthur	12 Mar 1887	2:79
Hedges, E.W.	08 Sep 1878	1:212
Hedges, Ellery	19 Feb 1902	4:98
Hedges, Wilbert	27 Mar 1887	2:79
Hedmenak, Jacob	18 Oct 1893	3:87
Heeg, Charles	21 Jun 1894	3:88
Heeman, L. Mable	17 Apr 1878	1:212
Heeman, Mary	18 Oct 1900	4:97
Heeman, Milton	07 Aug 1889	2:83
Heena, Carl	04 Dec 1903	4:103
Heena, Carl H.	05 Dec 1903	4:102
Heeren, Louisa	14 Nov 1893	3:86
Heffelbower, Daniel	16 Aug 1907	5:97
Heffelbower, Henry	20 Feb 1890	2:82
Heffern, Patrick	02 Oct 1897	4:89
Heffernor, Ella T.	07 Nov 1892	2:88
Hefflebower, Harriet	21 Dec 1894	3:88
Hefflebower, Ida E.	22 Jun 1869	1:42
Hefflin, Mary R.	05 Aug 1888	2:81
Heffner, Catharine	21 Apr 1896	3:90
Heffner, Frederick	26 Mar 1904	4:102
Hefner, George	28 Nov 1899	4:93
Hefner, Katy	04 Aug 1890	2:85
Heft, Hellen	13 Jul 1892	2:89
Heft, Marguerite	15 Jan 1894	3:86
Hegan, Catherine	29 Apr 1893	3:87
Hege, John Q.	30 Sep 1898	4:91
Hege, William	14 Jul 1870	1:198
Hege, Wolford F.	07 Aug 1892	2:88
Hegg, Theresa	20 Mar 1897	4:88
Hegley, Carleton	07 Jun 1899	4:93
Hegley, Frederick Nelson	23 Dec 1896	4:88
Hegmig, Mary	01 Feb 1871	1:198
Hegner, L.C. Nancy	03 May 1871	1:200
Hegner, Rudolph	16 Jan 1876	1:208
Hehenstein, Martha	29 Oct 1890	2:85
Hehn, Otto	11 Sep 1895	3:89
Hehr, F.C.	03 Aug 1885	2:77
Heidel, Emma	21 Oct 1884	2:76
Heidel, Jennie	11 Aug 1877	1:210
Heideman, Amelia	19 Jan 1893	2:88
Heideman, Inf/o Fred W.	27 Dec 1877	1:210
Heideman, Mary	19 Oct 1886	2:79
Heiden, Anton	04 May 1905	5:94
Heidleberg, Emma	10 Aug 1888	2:81
Heidloff, Conrad	29 Apr 1906	5:95
Heidman, Arthur	10 Sep 1900	4:96
Heidman, Mary	23 Oct 1900	4:95
Heidtman, Arthur	25 Jan 1888	2:80
Heidtmann, Karl	15 Mar 1897	4:88
Heier, William	13 Aug 1875	1:206
Height, Ella C.	26 Jul 1900	4:96
Heil, Barney B.	19 Jun 1887	2:80
Heille, Asmar	19 May 1905	5:92
Heilman, Marie Clarie	01 Feb 1903	4:99
Heilner, Moses	01 Dec 1869	1:42
Heim, Lulu Evelyn	19 Aug 1903	4:102
Heim, Ora J.	23 Mar 1906	5:93
Heiman, Daniel	21 Jun 1884	2:76
Heiman, Mable	16 Apr 1878	1:212
Heiman, Virginia	06 Aug 1895	3:90
Hein, Amiel	16 Jun 1892	2:88
Heinbeck, Emma	02 Jul 1883	1:220
Heinbusch, Henry	10 Jul 1900	4:95
Heinbush, Louis	10 Jan 1892	2:87
Heinchell, Ann	06 Sep 1870	1:198
Heinchell, Eliza	15 Sep 1870	1:198
Heindel, Anna	06 Sep 1885	2:77
Heindel, Joe	27 Aug 1900	4:97
Heinel, Anna	04 May 1908	5:100
Heinel, Edward	09 Jun 1868	1:14
Heineman, Carrie Mary	22 Feb 1890	2:85
Heineman, Geo.	15 Nov 1892	2:88
Heiner, Fred	06 Apr 1897	4:90
Heinig, Emil	05 May 1904	5:92
Heinike, Eddie	30 Jul 1894	3:88
Heininger, Ester	09 Aug 1899	4:94
Heinl, Anna	28 Oct 1891	2:86
Heinl, Joseph	09 Jun 1868	1:6
Heinmiller, Alice	18 Oct 1906	5:95
Heinrion, Alfred	22 Oct 1893	3:86
Heinsen, Anna	12 Sep 1908	5:99
Heinze, Leonard	04 Feb 1901	4:95
Heisch, Alvina	15 Aug 1887	2:79
Heisch, Gertrude	24 Dec 1887	2:79
Heisch, Wilhelm	12 Aug 1869	1:48

NAME	DATE	V/P	NAME	DATE	V/P
Heiser, Christian W.	07 Sep 1891	2:87	Helminiak, John	18 Oct 1902	4:99
Heisey, John Aug.	10 Jul 1880	1:216	Helmky, Johanna	11 Mar 1877	1:208
Heisey, John S.	23 Dec 1888	2:81	Helt, John	20 Sep 1874	1:204
Heisey, Mildred Margaret	05 Dec 1906	5:94	Helter, Lotta	05 Apr 1884	2:76
Heish, Theodore	12 Dec 1870	1:198	Heltman, E.W.	03 Mar 1905	5:93
Heith, Susan	05 Oct 1903	4:102	Heltrick, Wilfert	05 Jul 1903	4:103
Heitman, Albert Henry	16 Jan 1902	4:97	Helwick, Fred.	09 Nov 1887	2:80
Heitz, Elizabeth	03 Nov 1877	1:210	Helwig, Anna	03 Aug 1878	1:212
Heitz, Henry J.	27 Dec 1879	1:216	Helwig, Chas.	20 Jan 1869	1:30
Heitz, Louis	Aug 1872	1:202	Helwig, Chas., Mrs.	25 Aug 1903	4:102
Heitzke, Anna	1885	2:78	Helwig, Emma	20 Jan 1886	2:77
Heknenstein, Carl	03 Feb 1891	2:88	Helwig, Henry	23 Dec 1885	2:77
Helbin, Chas. Louis	14 Mar 1874	1:204	Helwig, James	13 Jul 1887	2:80
Helbing, Edward	10 Aug 1872	1:202	Helwig, Magdelena	08 Feb 1902	4:98
Helbring, Augusta	13 Oct 1881	1:220	Helzel, Charlotte	02 Jan 1907	5:95
Helburg, Charles W.	20 Apr 1879	1:214	Hemchal, John	19 Nov 1872	1:200
Held, Elizabeth	24 Feb 1906	5:94	Hemelspeck, Conrad	15 Jun 1884	2:76
Held, Henry	07 Feb 1905	1:218	Hemenway, Frank	11 Dec 1902	4:100
Held, John	25 Jun 1900	4:95	Hemer, Clara M.	12 Apr 1868	1:12
Held, Rosina A.	07 Feb 1905	5:91	Hemes, s/o Nick	05 Aug 1905	5:92
Heldt, Theresia Hesting	30 Dec 1890	2:85	Heming, Carl	16 Jan 1890	2:83
Helen, Charles	30 Aug 1894	3:89	Heming, Mamie	20 Feb 1890	2:83
Heley, Hinkley	23 Oct 1877	1:210	Heminger, Jacob	Nov 1886	2:78
Helfenstein, Elizabeth	14 Nov 1901	4:99	Heminger, Ruth	27 Sep 1894	3:89
Helfenstein, Marry	11 Aug 1890	2:85	Hemington, Michael	19 Mar 1894	3:87
Helfenstein, Mary	15 Jul 1907	5:98	Hemininger, Chas. O.	25 Apr 1886	2:78
Helfer, Francis	28 Jan 1872	1:200	Hemlberg, Emil	13 Apr 1885	2:77
Helfer, John	12 Sep 1869	1:40	Hemley, Jennie	19 Feb 1906	5:93
Helfrich, Fred A.	30 Dec 1891	2:86	Hemmaway, Harriette	20 Feb 1906	5:93
Helfrich, Fred'k	19 Jan 1874	1:202	Hemmelsbach, Carl	01 Aug 1886	2:78
Helfrich, Mary Mabel	02 Nov 1890	2:84	Hemmelspeck, Louis	11 Jan 1898	4:89
Helfrick, Mary	24 Oct 1903	4:101	Hemmes, John	06 Jan 1908	5:99
Hellar, Rachel L.	13 Jun 1891	2:88	Hemmes, John	29 Jul 1903	4:102
Hellenback, L., Mrs.	21 Feb 1906	5:93	Hemminger, Geo.	16 Aug 1901	4:98
Heller, Elica	06 Sep 1868	1:38	Hemmings, Effie	11 Oct 1902	4:100
Heller, Elisa	06 Sep 1868	1:42	Hemmings, Eva B.	07 Oct 1902	4:99
Heller, Emanuel	14 Mar 1886	2:79	Hemmingway, John	25 Feb 1905	5:92
Heller, George E.	29 Nov 1908	5:101	Hemoyes, Frank	04 Nov 1885	2:77
Heller, Grace	12 Jun 1878	1:212	Hempa, Lewis	05 Jan 1898	4:91
Heller, Josiah	06 Mar 1904	4:101	Hempel, Bertha	29 Jan 1903	4:100
Heller, Lizzie	22 Aug 1896	4:88	Hempel, Ernst	13 Jun 1892	2:89
Heller, Mary	09 Sep 1904	5:91	Hempel, Johanna	08 Apr 1904	5:91
Heller, Olga	07 Sep 1895	3:91	Hempel, Nicholas C.H.	07 Jul 1904	5:91
Heller, Regina	19 Feb 1886	2:78	Hemple, Louis	11 Jan 1900	4:93
Heller, s/o Glenn	16 Jul 1908	5:101	Hemple, Louise	11 Jan 1900	4:95
Hellerick, Frank	25 Jan 1880	1:214	Hemple, Marie	18 Oct 1906	5:95
Hellwig, Fred	09 Nov 1886	2:78	Hemple, s/o Robert	18 Aug 1907	5:98
Hellwig, Louisa	11 Feb 1886	2:77	Hemptman, Walter	14 Jul 1899	4:95
Helm, Adline	17 May 1876	1:208	Hemptman, Walter	14 Jul 1899	4:93
Helm, Arthur A.	02 Jul 1896	4:88	Hempy, Iraeal	02 Aug 1879	1:214
Helm, Edw'd. Geo.	23 Feb 1895	3:89	Hemsoth, George	23 Apr 1904	5:92
Helm, Ida	12 Mar 1897	4:89	Hen, Dan'l P.	22 Mar 1870	1:54
Helma, Chas.	Jul 1872	1:200	Hen, Patrick	27 Apr 1870	1:54
Helma, William C.	20 Jun 1871	1:200	Henahan, Jas.	21 Dec 1881	1:218
Helmacker, Louisa	13 Nov 1868	1:26	Henahan, Mary	24 Oct 1908	5:99
Helmann, Almada A.	07 Nov 1889	2:83	Henald, Carrie M.	29 Mar 1896	3:90
Helmbrecht, Henry	26 Mar 1904	4:103	Henaman, Henry	11 Nov 1902	4:100
Helmenjack, Josephine	15 Jan 1878	1:210	Hendershot, Sadie	18 Mar 1892	2:87
Helmenjack, Peter	21 Jan 1878	1:210	Hendershott, Jane	18 Feb 1890	2:82
Helmenjack, Theodore	05 Jan 1878	1:210	Henderson, A.S.	04 May 1903	4:102
Helmer, Joseph	03 Jun 1892	2:88	Henderson, Alex	05 Apr 1874	1:206

NAME	DATE	V/P	NAME	DATE	V/P
Henderson, Christ	10 Feb 1879	1:214	Hennesy, Albert	13 ---	2:83
Henderson, Clary Vivla	17 Dec 1893	3:86	Henney, Martha W.	17 Nov 1895	3:90
Henderson, Dessa	13 Sep 1903	4:102	Hennig, Maria	25 Nov 1895	3:90
Henderson, Desse	13 Sep 1903	4:102	Henning, Fred C.	06 Oct 1903	4:102
Henderson, Eli	07 Feb 1893	2:88	Henning, Geo.	10 May 1880	1:218
Henderson, Eliz. J.	31 Mar 1901	4:96	Henning, George	12 May 1880	1:216
Henderson, Emma	18 Feb 1905	5:92	Henning, Henry	07 Feb 1897	4:89
Henderson, Ethel	31 Aug 1904	5:92	Henning, Ida	30 Mar 1898	4:90
Henderson, Fulton	29 Sep 1889	2:82	Henning, Joseph	10 Feb 1891	2:84
Henderson, Henry	05 Oct 1879	1:214	Henning, Joseph	14 Jul 1908	5:100
Henderson, Isabell	08 Sep 1891	2:88	Henning, Sofa	07 Jan 1900	4:94
Henderson, John	03 Jul 1897	4:91	Henning, William	13 Mar 1896	3:90
Henderson, Mary E.	13 Dec 1896	4:89	Henninger, Adolph	31 Dec 1902	4:100
Henderson, Nancy A.	14 Oct 1895	3:90	Henninger, Amelia	20 Feb 1872	1:200
Henderson, O. Ina	27 Feb 1902	4:99	Henninger, Geo.	21 Aug 1901	4:98
Henderson, Raymond	05 Jul 1898	4:92	Henninger, Sophia	18 Jul 1908	5:100
Henderson, Wm.	09 Sep 1888	2:81	Hennings, John H.	15 Jun 1903	4:102
Hendfling, Amelia	27 Aug 1891	2:86	Hennington, Frank	20 Jan 1897	4:89
Hendrich, Louisa	15 Nov 1896	4:89	Hennsy, Jennette	13 Feb 1904	4:102
Hendrick, Dorothy	26 Feb 1900	4:93	Henny, A.G.	06 Aug 1879	1:214
Hendrick, Walter J.	01 Feb 1900	4:94	Henny, Thomas	03 Feb 1880	1:214
Hendricks, Clara	12 Jan 1873	1:202	Henold, Amelia	12 Aug 1908	5:99
Hendricks, John	27 Jun 1891	2:86	Henold, d/o George F.	28 Oct 1907	5:97
Hendricks, Lewis	11 Sep 1905	5:93	Henrion, Alfred	23 Oct 1893	3:87
Hendricks, Virginia	12 Aug 1896	4:89	Henriot, Frances	05 Jun 1893	3:86
Hendrickson, Adline	02 Dec 1876	1:208	Henriot, Rosalia Emily	20 Jul 1890	2:84
Hendrickson, d/o C.N.	06 Feb 1896	3:91	Henry, Charles Albert	18 Jul 1903	4:101
Hendrickson, Inf/o C.N.	06 Feb 1896	3:161	Henry, Chas. A.	18 Jul 1903	4:102
Hendrickson, John L.	19 Jan 1892	2:86	Henry, Christian	19 Jan 1871	1:198
Hendrickson, Lina	25 May 1869	1:44	Henry, Edward	17 Apr 1903	4:103
Hendrickson, Miles M.	31 Dec 1878	1:212	Henry, Elisha G.	23 Mar 1889	2:82
Hendrix, Carl	03 Feb 1903	4:100	Henry, Ella G.	02 Dec 1898	4:92
Henehan, Clara	31 Jan 1888	2:80	Henry, Heinbusch	10 Jul 1900	4:95
Henehan, Margaret	25 Mar 1904	4:102	Henry, J.F.	01 Oct 1885	2:77
Henel, John	03 Jun 1885	2:77	Henry, James	21 Jan 1903	4:100
Henennam, Mary	18 Feb 1886	2:77	Henry, James E.	24 Sep 1905	5:92
Heney, Dora*	28 Mar 1883		Henry, Jean Joseph	06 Mar 1904	4:101
Henfling, Andrew John	28 Sep 1901	4:99	Henry, John	01 Apr 1900	4:96
Henfling, Fred	02 Jan 1898	4:89	Henry, John	01 Oct 1885	2:77
Henfling, George	20 Mar ---	2:76	Henry, John	25 Oct 1889	2:82
Henfling, Maria E.	11 May 1875	1:206	Henry, Julia Anna	20 Nov 1890	2:85
Henhold, Henry	15 Feb 1900	4:94	Henry, Katie	28 Jan 1889	2:81
Henick, Chas. K.	09 Nov 1884	2:76	Henry, Maria E.	07 Oct 1880	1:218
Hening, Emelia	24 Oct 1876	1:208	Henry, Martha M.	07 Jul 1888	2:81
Henkener, Jno.	17 Jun 1870	1:198	Henry, Mary	16 Nov 1876	1:208
Henkenhof, Andrew	13 Mar 1886	2:77	Henry, Mary	22 Apr 1891	2:87
Henkfell, s/o William	04 Feb 1897	4:88	Henry, Mary Ann	02 Mar 1887	2:78
Henks, Kenth	12 Jul 1895	3:90	Henry, Thos. D.	26 Nov 1868	1:26
Hennbusch, J.	07 Oct 1885	2:77	Henry, Walter	05 Sep 1895	3:90
Henneman, Henry	12 Oct 1886	2:79	Henry, William	03 Jun 1869	1:50
Hennepey, Wm. P.	11 Oct 1868	1:24	Henry, William M.	29 Oct 1894	3:88
Henner, Anthony	23 Dec 1887	2:80	Henschel, August	10 Aug 1899	4:94
Hennes, Maria	16 Dec 1889	2:82	Henska, Chas.	25 Oct 1899	4:95
Hennesey, Alfred	28 Jul 1897	4:90	Henska, Chas.	26 Oct 1899	4:94
Hennesey, Ellen	24 Nov 1892	2:88	Hensler, Clara	02 Apr 1902	4:100
Hennessey, Annis	05 Mar 1870	1:58	Hensler, Vincence	25 Oct 1875	1:206
Hennessey, Elizabeth	22 Jul 1870	1:198	Henterne, Joseph	Oct 1878	1:212
Hennessey, James	16 Jul 1870	1:198	Hentzry, Jacob	31 Jan 1880	1:214
Hennessy, Gertrude	15 Aug 1899	4:93	Henzler, George	07 Mar 1906	5:92
Hennessy, Martin	18 Mar 1904	4:103	Henzler, Jos.	24 Nov 1907	5:97
Hennessy, Mildred	05 Nov 1900	4:95	Henzler, M.	18 Dec 1894	3:88

NAME	DATE	V/P
Henzler, Stanislaus	18 May 1888	2:82
Henzler, William	20 Oct 1890	2:85
Henzler, William John	20 Mar 1893	2:89
Henzy, Chas. J.	31 Oct 1903	4:103
Heoboldt, August	12 Aug 1907	5:98
Hepburn, Oliver B.	28 May 1891	2:86
Hepfinger, Hannah	25 Jul 1906	5:96
Hepneha, Jenney	01 Oct 1897	4:90
Hepner, Ehrich	Jul 1890	2:86
Heppard, Emeline Isabel	18 Apr 1885	2:76
Heppick, Anthony	04 Oct 1870	1:198
Heppler, Andrew	01 Mar 1892	2:87
Hepster, Louisa	29 Apr 1883	1:220
Herb, Magnent	20 May 1908	5:99
Herbeck, Anna, Miss	11 Oct 1906	5:95
Herber, Peter	08 Apr 1908	5:99
Herber, Peter	08 Apr 1908	5:97
Herbert, Alice	14 Mar 1879	1:212
Herbert, Emma	21 Nov 1899	4:94
Herbert, William	12 Apr 1908	5:101
Herbst, George	11 Feb 1886	2:76
Herch, Berger Wm.	24 Apr 1885	2:77
Herding, Chris*	19 Jun 1882	
Herdman, F., Mrs.	27 Jul 1901	4:97
Herdman, Frank	22 May 1906	5:96
Hereig, Louisa	31 Oct 1892	2:89
Hergsig, Mildred	17 Apr 1906	5:93
Herhley, John	13 Aug 1881	1:218
Herhold, Annie	10 Aug 1890	2:86
Herhold, Georgie	29 Oct 1898	4:92
Herhold, Martha	13 Apr 1900	4:97
Herin, David	16 Feb 1907	5:95
Herkemer, Geo.	24 Dec 1872	1:202
Herkemer, Joseph	25 Aug 1872	1:202
Herkemer, Mirtle	24 Jan 1873	1:202
Herkemer, Sary	21 Aug 1872	1:202
Herley, Ellen	10 Feb 1896	3:89
Herman, Agatha	05 Oct 1900	4:95
Herman, Carlton	26 Sep 1890	2:84
Herman, Clarence	22 Jan 1896	3:90
Herman, Gerhardt	03 Jul 1885	2:77
Herman, John	10 Aug 1894	3:88
Herman, John	1871	1:200
Herman, John Skeldon	12 Jul 1901	4:97
Herman, Joseph	26 Nov 1886	2:79
Herman, Julia	28 Jun 1887	2:81
Herman, Laura A.	12 Dec 1887	2:80
Herman, Margaret	12 Mar 1908	5:97
Herman, Nick	16 Mar 1907	5:95
Herman, Rob't Arthur	07 Jul 1902	4:99
Herman, Willy	21 Jul 1894	3:89
Hermanier, L.M.	25 May 1885	2:77
Hermann, Christ	10 Jul 1897	4:90
Hermesey, Mary	Mar 1907	5:96
Hermeyer, Josephine	05 Nov 1870	1:198
Hern, Henry C.	05 Oct 1908	5:100
Herneff, Eliz'th	22 Nov 1875	1:206
Hero, Marie	12 Jul 1908	5:99
Herold, John	07 Sep 1900	4:96
Herold, Kate	12 Jul 1903	4:103
Heron, Marie Elizabeth	13 Aug 1903	4:101
Herr, Catherine	20 Jul 1905	5:94
Herr, Dan'l H.	23 Jul 1900	4:95
Herr, Elissa	14 Apr 1878	1:212
Herr, Elizabeth	05 Oct 1876	1:208
Herr, Gregory	01 Apr 1882	1:218
Herr, Hugh	26 Jul 1892	2:88
Herr, John	30 Aug 1892	2:89
Herr, John A.	06 Aug 1907	5:96
Herr, Patrick	14 Mar 1898	4:90
Herr, Rosa	15 Jun 1888	2:81
Herr, William	07 Jun 1907	5:98
Herr, Wm. T.	22 Feb 1872	1:200
Herren, John Hink	18 Mar 1893	2:89
Herreve, Reinhart	31 Aug 1891	2:87
Herrick, Gardner	01 Jul 1881	1:218
Herrick, Margreth	20 Jul 1898	4:92
Herrick, Marton K.	17 Nov 1894	3:88
Herrick, Mary	10 Jan 1896	3:90
Herrick, W.D.	06 Feb 1869	1:36
Herring, Elmer	11 Sep 1899	4:94
Herring, Mary	02 Dec 1903	4:101
Herrington, Lois	28 Oct 1892	2:88
Herrington, Wm.	06 Oct 1889	2:82
Herriott, Richard	05 Jan 1900	4:93
Herrman, Isaac J.	03 Jan 1882	1:218
Herrmann, Carolina	11 Jul 1892	2:88
Herro, John	26 Apr 1895	3:90
Herroeder, Ida Clara E.	27 Aug 1877	1:210
Herrold, Annie	11 Mar 1893	2:89
Herrolder, Charles	30 Jul 1890	2:84
Herron, Arthur E.	19 Jul 1893	3:87
Herron, Edward	03 Jun 1895	3:90
Herron, John R.	19 Nov 1889	2:82
Herschfield, Abraham	19 May 1903	4:102
Hersig, John	07 Apr 1903	4:102
Hersig, John	24 Mar 1902	4:101
Herssig, Charles C.	21 Jan 1888	2:80
Herssig, Christian	28 Mar 1894	3:87
Herssig, Frank E.	20 Jan 1888	2:80
Hertsch, Susan W.	14 Jun 1897	4:91
Hertzach, Karl A.	22 Feb 1893	2:88
Hertzfeld, Agnes A.	07 Feb 1897	4:88
Hertzfeld, Eliz.	01 Dec 1873	1:202
Hertzler, Charlotte	14 Nov 1886	2:78
Hertzler, Paul R.	15 Dec 1908	5:100
Hertzsch, Albert W.	27 Dec 1900	4:96
Hertzsch, Edolph R.	24 Mar 1901	4:96
Hertzsch, Wm. Albert	14 Jun 1899	4:94
Hervner, Adam	22 Dec 1891	2:87
Herward, Kaiser	15 Jul 1886	2:78
Herzie, Charles	09 Aug 1880	1:216
Herzig, Barbara	05 Mar 1892	2:86
Herzig, Emma	05 Oct 1900	4:95
Herzig, Jacob	12 May 1901	4:98
Herzig, John	06 Apr 1869	1:44
Herzig, John	06 Aug 1892	2:88
Herzig, John	1872	1:200
Herzig, Joseph	30 Jan 1906	5:93
Herzig, Margaret	30 Oct 1892	2:89
Herzig, Mary	14 Feb 1900	4:94
Herzig, Mary	14 Feb 1900	4:93

NAME	DATE	V/P
Herzig, Mr.	15 Oct 1908	5:99
Herzig, Pearl	05 Dec 1897	4:90
Herzig, Viola	03 Jan 1908	5:98
Herzog, Mary Lenora	28 May 1902	4:99
Hesermann, Wm. Jno.	08 Mar 1870	1:52
Heslip, Marie	27 Apr 1900	4:97
Heslop, Maud L.	22 Feb 1901	4:97
Hesner, Ellen	22 Sep 1907	5:98
Hespe, Franklin W.	22 Jan 1889	2:81
Hess, Dora	29 Nov 1881	1:218
Hess, Eli	23 Nov 1894	3:88
Hess, Eli L.	23 Nov 1894	3:88
Hess, Ferdinand	13 Jul 1904	5:91
Hess, Helena	11 Feb 1886	2:78
Hess, Joseph	01 Jun 1894	3:88
Hess, Mamie	03 Dec 1899	4:94
Hess, Martin	06 May 1897	4:89
Hess, Willie	03 Mar 1896	3:89
Hesse, Caroline	09 Nov 1879	1:214
Hesse, Wm.	25 Nov 1900	4:96
Hessing, Anna	05 Nov 1881	1:218
Hesslin, James	11 Feb 1897	4:88
Hessling, Bernard	16 Mar 1889	2:81
Hessling, Elizabeth	28 Oct 1904	5:92
Hessling, Henry	17 Dec 1895	3:90
Hester, Susannah	05 Jan 1905	5:92
Heston, Gertrude M.	04 Aug 1887	2:80
Heston, s/o S.C.	27 Feb 1894	3:87
Heston, Sintha	20 Sep 1906	5:95
Heston, Walter E.	07 Jan 1890	2:83
Hettrick, Edward F.	03 Apr 1899	4:92
Heud, Harriet	14 Aug 1893	3:87
Heuerman, Louis	20 Sep 1906	5:94
Heuesman, Margarette	28 Jun 1868	1:6
Heuhold, Bernetta	29 Mar 1876	1:206
Heunessy, Wm. P.	12 Oct 1868	1:2
Heupanbacker, Elmer	25 Dec 1900	4:95
Heupel, John	04 Oct 1874	1:204
Heweg, Urana	08 Apr 1909	5:100
Hewitt, James	18 ---	2:83
Hewitt, James B.	13 May 1872	1:202
Hewitt, Willie	24 Oct 1886	2:78
Hewley, John	20 Dec 1873	1:204
Hewson, Mary	06 May 1869	1:44
Hey, Emma	02 Nov 1889	2:82
Heyde, Henry V.	---	1:216
Heye, Mary	14 Feb 1908	5:98
Heyer, Ferdinand	28 Apr 1908	5:100
Heyer, Nerona	26 Dec 1879	1:214
Heyman, Elizabeth	14 May 1871	1:198
Heyman, Matheis	25 Sep 1906	5:96
Heyman, Varena	28 May 1871	1:198
Heyman, William	30 Jan 1889	2:81
Heymeir, Margeret	02 Sep 1882	1:220
Heyn, Albrecht	15 Jul 1900	4:96
Heyn, Eugene	21 Feb 1881	1:216
Heyn, Susan	26 Apr 1899	4:94
Heyneman, William	22 Nov 1905	5:93
Hibbard, Henry	28 Jan 1896	3:90
Hibbert, John	22 Aug 1877	1:210
Hibner, d/o Chas.	31 Aug 1887	2:80
Hibscher, Gidfred	06 Oct 1902	4:101
Hickay, Charles	15 Apr 1885	2:76
Hicket, Richard	01 May 1880	1:214
Hickey, Daniel	10 Mar 1896	3:90
Hickey, Daniel	28 Dec 1886	2:79
Hickey, Daniel J.	10 Mar 1896	3:91
Hickey, Francis	03 Oct 1890	2:85
Hickey, Patrich	06 Aug 1888	2:81
Hickley, George Hiram	17 Aug 1873	1:202
Hicklin, Alvinia	28 Nov 1893	3:87
Hickok, Joseph	24 Apr 1897	4:90
Hickok, Unknown	06 Feb 1869	1:30
Hickox, Mary	14 Jul 1904	5:92
Hicks, Duett	01 Feb 1893	2:88
Hicks, Theriesa	28 Jun 1891	2:86
Hicks, Wesley	11 Feb 1900	4:93
Hickstetter, Anna	30 Aug 1880	1:216
Hickz, Eunice	27 Mar 1881	1:216
Hideman, Henry	Sep 1903	4:103
Hideman, Mathias	07 Aug 1904	5:91
Hidney, John	21 Feb 1884	1:220
Hiedeman, Henry	20 Jan 1907	5:98
Hiehker, George W.	21 Jul 1903	4:101
Hielman, Edgar Jos.	14 Mar 1898	4:89
Hienburg, August	13 Aug 1905	5:93
Hiester, Frank	20 May 1903	4:102
Hiett, Lydia	10 Feb 1890	2:82
Hiftlein, Barbara	02 Aug 1890	2:84
Hiftlein, John P.	07 Jan 1890	2:82
Higbee, William	06 Aug 1903	4:103
Higdon, John F.	03 Apr 1899	4:92
Higdon, John Tom	03 Apr 1899	4:94
Higgins, Aggie	22 Feb 1880	1:216
Higgins, Alice	03 Aug 1878	1:212
Higgins, Andrew C.	08 Nov 1889	2:82
Higgins, Anna	20 Feb 1870	1:56
Higgins, Catherine	28 Jul 1903	4:103
Higgins, Edward	01 Oct 1891	2:87
Higgins, Ellie	24 Jul 1878	1:212
Higgins, Frank	24 Oct 1900	4:96
Higgins, Heathe	15 Aug 1875	1:208
Higgins, Jas.	28 Sep 1885	2:77
Higgins, John	11 Feb 1903	4:101
Higgins, John	21 Jul 1891	2:87
Higgins, John	21 Jul 1891	2:86
Higgins, John	28 Feb 1905	5:92
Higgins, Kate	04 Feb 1870	1:56
Higgins, Maggie	14 Apr 1875	1:206
Higgins, Margaret	07 Mar 1898	4:90
Higgins, Mary	04 Mar 1907	5:96
Higgins, Mary	07 May 1899	4:95
Higgins, Mary M.	15 Jan 1902	4:99
Higgins, Mezret	10 Dec 1875	1:208
Higgins, Michael	03 Nov 1908	5:100
Higgins, Michael	20 Oct 1903	4:102
Higgins, Michael	26 Feb 1871	1:198
Higgins, Rosa	31 Mar 1881	1:216
Higgins, Thomas	05 Feb 1893	2:89
Higgins, Thomas F.	19 Jul 1893	3:86
Higgins, Tom	05 Nov 1890	2:84
Higgins, William	15 May 1891	2:86

NAME	DATE	V/P
Higgins, William	18 Feb 1870	1:56
Higgins, Williams	01 Aug 1870	1:198
Higgins, Wm. W.	20 May 1880	1:216
Higginvalton, Thomas	27 Nov 1906	5:95
High, Henriette	13 Jan 1889	2:81
High, Jessie L.	30 Mar 1894	3:87
High, N.R.	19 Feb 1884	1:226
High, Nathaniel Rice	19 Feb 1884	1:226
Highland, Nellie May	11 Apr 1879	1:214
Hight, Ella T.	17 May 1897	4:90
Highthorne, William	11 Nov 1890	2:86
Hightower, Fred'k	13 Apr 1887	2:80
Hightown, Ella F.	22 Apr 1887	2:80
Higley, d/o H.C.	08 Dec 1897	4:89
Hiland, Anna	10 Aug 1880	1:216
Hilbert, John	17 Mar 1903	4:101
Hild, John	30 Mar 1889	2:81
Hildebrand, Anna M.	04 Dec 1875	1:208
Hildebrand, Cleetus	11 Jan 1900	4:94
Hildebrand, John	14 Jul 1868	1:16
Hildebrand, Mildred E.	02 Mar 1901	4:97
Hildebrand, Richard	06 Aug 1897	4:91
Hildebrandt, Emma B.	01 Mar 1890	2:83
Hilderbrant, Joseph	02 Feb 1899	4:91
Hildreth, Wm.	21 Oct 1872	1:202
Hill, Adda	16 Mar 1888	2:80
Hill, Avery Sedgwick	18 Sep 1891	2:87
Hill, Benjamin	29 Jun 1908	5:100
Hill, Chas. W.	24 Nov 1881	1:220
Hill, d/o Walter J.	12 Feb 1894	3:87
Hill, Elias	05 Feb 1903	4:101
Hill, Eliz. C.	13 Jun 1873	1:204
Hill, Elizabeth	28 Nov 1886	2:79
Hill, Elliott	05 Mar 1896	3:90
Hill, Erescentia	22 Apr 1895	3:90
Hill, Ethel	20 Jun 1902	4:100
Hill, Fredrick	31 Aug 1894	3:89
Hill, Geo. D.	24 Jul 1900	4:97
Hill, Gracy A.	30 May 1884	2:76
Hill, Harlow B.	13 Jul 1907	5:98
Hill, Herman	10 Jan 1901	4:97
Hill, Isaac	30 Apr 1885	2:77
Hill, John E.	06 Nov 1907	5:98
Hill, John G.	03 Jul 1876	1:208
Hill, Julia	08 Mar 1895	3:88
Hill, Lizzie	29 May 1902	4:100
Hill, Luella B.	10 Apr 1888	2:80
Hill, Martha Charlotte	12 Jan 1900	4:94
Hill, Mary	22 Jul 1895	3:91
Hill, Maud L.	31 Dec 1904	5:92
Hill, May C.	05 Dec 1901	4:99
Hill, Nelson H.	29 Jan 1901	4:95
Hill, Rosetta	21 Dec 1897	4:90
Hill, Ruth C.	14 Feb 1899	4:92
Hill, Vera J.	24 Mar 1887	2:78
Hill, William	15 May 1898	4:92
Hill, William	27 Jan 1900	4:95
Hillebrand, Frederick	09 Jul 1899	4:94
Hiller, Ida	12 Feb 1886	2:77
Hiller, William	31 May 1908	5:100
Hillers, Susie	17 Aug 1901	4:97
Hillery, Lizzie	29 Mar 1904	4:103
Hillier, Susan	19 Aug 1901	4:98
Hillier, Wm.	10 Apr 1887	2:81
Hillis, James	11 Apr 1903	4:102
Hillis, John Augustus	28 Jan 1881	1:216
Hills, Marie	13 Jun 1903	4:102
Hills, Robert	09 Oct 1873	1:204
Hilsenbeck, Alice	14 Jul 1908	5:99
Hilsenbeck, d/o N.	15 May 1894	3:89
Hilsenck, Earvin	18 Jun 1899	4:91
Hilson, Thomas	21 Oct 1904	5:91
Hilt, Ancor	14 Sep 1908	5:99
Hilt, Clara E.	23 Jan 1904	4:101
Hilt, Garfernia	20 Jun 1899	4:93
Hilt, Henry	06 Mar 1907	5:94
Hilt, Inf/o J.	13 Jul 1868	1:16
Hilt, Mabel A.	15 May 1889	2:82
Hilton, Catharine	04 Dec 1900	4:95
Himberstone, Mary	23 Nov 1877	1:210
Himelhock, Helen	18 Feb 1908	5:97
Himes, Berrie B.	03 Feb 1875	1:204
Himmelsbach, Henry	24 Feb 1891	2:85
Himmelsbach, Maria	22 Apr 1892	2:89
Himmelsbach, Rosa	26 Apr 1893	3:87
Himmelspach, Clara B.	01 Apr 1900	4:93
Himmelspock, Chas.	10 Aug 1869	1:50
Himmilman, Sophia	30 Nov 1903	4:102
Himmingson, Laura	14 Mar 1892	2:86
Hinchfield, Anna	11 Mar 1903	4:100
Hinder, Helen Elizabeth	25 Jul 1903	4:102
Hindleman, Louisa	28 Jun 1898	4:92
Hindmarch, Mattie	29 Aug 1891	2:87
Hinds, Alfred E.	24 Dec 1899	4:94
Hinds, Cynthia A.	23 Jul 1888	2:81
Hinds, Diannia	02 May 1876	1:208
Hinds, Flossie M.	17 Jan 1907	5:96
Hinds, Lyman	08 Dec 1908	5:99
Hinds, Myron	21 Jul 1896	4:88
Hinds, Oliver	23 May 1901	4:99
Hinds, R.J.	11 Jun 1897	4:91
Hinds, Sarah	17 Aug 1879	1:214
Hine, Harry Leroy	01 Mar 1907	5:94
Hine, Orvil R.	19 Jul 1904	5:91
Hine, Sarah N.	15 Sep 1902	4:100
Hines, Anna Dilla	25 Jan 1882	1:218
Hines, Anthony	09 Jun 1893	3:87
Hines, Charles F.	24 Jul 1893	3:87
Hines, Cora Olive	23 Oct 1881	1:218
Hines, Edward	15 May 1898	4:92
Hines, Harriet	27 May 1902	4:101
Hines, Louisa Knabb	20 Jul 1885	2:76
Hines, Mary	15 Oct 1905	5:92
Hines, Mary Theda	01 Oct 1881	1:218
Hines, Nellie	07 Oct 1889	2:82
Hines, Pearl	03 Jul 1899	4:93
Hines, William H.	13 Sep 1881	1:220
Hines, Zoretta	31 Oct 1881	1:218
Hinet, Luella May	27 Aug 1907	5:97
Hing, Charles	20 Nov 1895	3:91
Hingotan, Louisa	14 Nov 1897	4:90
Hinish, T.G.	11 Feb 1900	4:92

NAME	DATE	V/P
Hinkelman, ch/o Hern	15 Jan 1878	1:210
Hinkelman, Clara	18 Dec 1899	2:83
Hinkelman, Mildred	22 Oct 1906	5:95
Hinkfus, Wm.	Dec 1881	1:220
Hinkle, Ephriam	02 Aug 1904	5:91
Hinkle, Stonish	13 Nov 1891	2:88
Hinkleman, Herman	23 Mar 1904	4:103
Hinkleman, Mary, Mrs.	16 May 1906	5:95
Hinman, Consuelo	02 Jan 1904	4:102
Hinman, Harry D.	06 Sep 1890	2:85
Hinmann, Harry D.	06 Sep 1890	2:85
Hinso, Matilda	29 Sep 1894	3:88
Hinther, Frederick	07 Nov 1877	1:210
Hinton, Austin	07 Aug 1891	2:86
Hintz, Mercellia	07 May 1904	5:91
Hintz, Willhimenia	12 Feb 1906	5:93
Hinz, Edwega	16 May 1900	4:97
Hinz, Eunice A.	11 Apr 1903	4:102
Hinz, Frederick	10 Dec 1901	4:98
Hinz, Joseph	19 Sep 1907	5:97
Hinz, Julia	27 Mar 1906	5:93
Hinzler, Albert	07 Mar 1875	1:204
Hipkiss, d/o David	14 Jan 1906	5:94
Hipkiss, Edna H.	10 Dec 1906	5:96
Hipp, August	25 May 1905	5:93
Hipp, Francisca	14 Jan 1890	2:83
Hipp, Lena	22 May 1887	2:79
Hipp, Marguit	22 Feb 1906	5:94
Hipp, P.C.W.	03 Dec 1887	2:79
Hipp, Peter	04 Jul 1885	2:77
Hipser, Jacob	04 Dec 1901	4:97
Hirch, Jacob	17 Nov 1908	5:100
Hirrsig, Frank J.	03 Nov 1898	4:92
Hirsch, Frank	28 Aug 1900	4:96
Hirsch, Franz	28 Aug 1900	4:96
Hirsch, Mary	11 Mar 1899	4:92
Hirschfield, Anna	11 Mar 1903	4:100
Hirssig, Theo. J.J.	12 Feb 1891	2:85
Hirst, Johnathan	13 Feb 1883	1:220
Hirth, Joseph	14 Jul 1901	4:97
Hirth, Marion	19 Apr 1907	5:98
Hirzel, Ernest A.	09 Sep 1908	5:100
Hirzel, Ernst	12 Sep 1906	5:96
Hirzel, Fred A.	07 Oct 1908	5:100
Hischke, Henry	10 Jan 1908	5:100
Hiser, Leo Wesley	11 Jan 1900	4:93
Hisey, Joseph	19 Jul 1900	4:97
Hislop, Eliza H.	02 Feb 1880	1:214
Hislop, Lilly	22 Feb 1901	4:96
Hislop, Roy Erving	25 Jan 1907	5:96
Hiss, William F.	22 Feb 1907	5:95
Hissell, Wm.	24 Jun 1895	3:91
Hissong, Harry	30 Oct 1908	5:100
Hister, Conrad	19 Apr 1871	1:198
Hitchcock, Floyd A.	23 Mar 1894	3:87
Hitchcox, Fred	25 Feb 1899	4:91
Hitchens, Marian Elizabeth	30 Jun 1907	5:98
Hitchew, Henry	13 Jun 1908	5:99
Hitchock, Kittie	10 Mar 1907	5:95
Hite, Harry	05 Sep 1903	4:102
Hitler, s/o Joseph	28 Apr 1905	5:94
Hitske, Francis	08 Apr 1902	4:100
Hittler, John	14 Jun 1887	2:80
Hittler, Rosa	10 Jun 1902	4:101
Hitz, Francis	06 Dec 1890	2:84
Hitzka, William	28 Feb 1904	4:103
Hitzke, Francis	07 Dec 1901	4:98
Hiwarden, Minnie	03 Jan 1887	2:78
Hmilenski, Martin	01 Nov 1903	4:102
Hoag, Benj. D.	07 Nov 1871	1:200
Hoag, Charles	22 Nov 1908	5:99
Hoag, Chas., Mrs.	20 Nov 1893	3:86
Hoag, Dora	13 Mar 1891	2:87
Hoag, Eliza Ann	30 Dec 1882	1:220
Hoag, Job B.	23 Mar 1875	1:204
Hoag, Michael	30 May 1882	1:220
Hoag, Minnie E.	09 Aug 1901	4:97
Hoag, Oligail	13 Dec 1888	2:82
Hoag, Stephen	17 Jul 1886	2:78
Hoag, Truman H.	08 Feb 1870	1:46
Hoag, William H.	02 Apr 1902	4:101
Hoagland, James	27 Nov 1907	5:96
Hoak, Betsy	24 Apr 1897	4:90
Hoak, Charles	27 Jul 1892	2:89
Hoak, Clara	14 Jun 1901	4:97
Hoake, Mary	04 Jul 1870	1:198
Hoban, Lawrence F.	30 Jul 1908	5:100
Hobart, Melva S.	09 Nov 1906	5:96
Hobble, Eliza	02 Sep 1880	1:216
Hobe, Jacob	28 Sep 1891	2:87
Hoberhauer, Louis	14 Aug 1902	4:100
Hobey, Unknown	22 Oct 1880	1:216
Hobmeyer, Mary	09 Mar 1870	1:198
Hobson, Robert C.	11 Mar 1905	5:91
Hobson, Walter	09 Apr 1908	5:99
Hoch, Jacob B.	27 Dec 1902	4:101
Hochler, Ida	09 Jun 1870	1:198
Hockenberger, Bertha	05 May 1890	2:84
Hocker, Etha	29 Mar 1890	2:82
Hocker, Willie	29 Mar 1890	2:82
Hockerthorn, Rebecca	22 Oct 1889	2:82
Hockman, Elizabeth	03 May 1903	4:101
Hockman, Geo. H.	18 Feb 1904	4:101
Hockman, Herman	17 Feb 1907	5:94
Hockman, Lovina	29 Jan 1905	5:91
Hockman, Martha	21 Jan 1888	2:80
Hockmuth, Albert	10 Dec 1885	2:78
Hocks, Eliza Ann	25 Mar 1871	1:198
Hodam, Jennie	10 Aug 1901	4:97
Hodge, Margueret	25 Apr 1908	5:99
Hodgkise, A.B.	14 Jul 1871	1:200
Hodkins, Joseph B.	19 Jan 1901	4:96
Hodman, Augusta	Apr 1886	2:76
Hodson, Lena	Jun 1890	2:85
Hodys, Francis	15 May 1907	5:98
Hoefflinger, Edward	02 Feb 1907	5:96
Hoeflin, Edward	28 Aug 1884	2:76
Hoeflinger, Catharine	05 Mar 1887	2:79
Hoefner, Benj.	23 Jul 1900	4:97
Hoefner, Henry	07 May 1908	5:101
Hoefner, Maria E.M.K.	05 Jun 1900	4:96

NAME	DATE	V/P	NAME	DATE	V/P
Hoeft, John	31 May 1906	5:96	Hoffman, Jno.	05 Dec 1901	4:98
Hoeft, Leurs	15 Mar 1905	5:91	Hoffman, Jno.	25 Aug 1900	4:96
Hoehler, William	04 Jan 1905	5:92	Hoffman, John	29 Mar 1885	2:76
Hoehn, Adam	26 Dec 1907	5:97	Hoffman, John H.	23 Aug 1896	4:88
Hoehn, Charley	13 Apr 1908	5:99	Hoffman, John Jacob	19 Dec 1897	4:90
Hoehn, Christian	23 Apr 1893	3:87	Hoffman, John, Jr.	18 Sep 1873	1:204
Hoehn, Emma	09 May 1908	5:99	Hoffman, Kate	15 Feb 1903	4:99
Hoehn, Louisa	13 Jul 1889	2:83	Hoffman, Lillie	18 Oct 1901	4:98
Hoellinger, Ida	24 Jul 1907	5:98	Hoffman, Lucy S.	15 Mar 1894	3:87
Hoelzer, Carrie	01 Jan 1906	5:93	Hoffman, Martha J.	01 Nov 1893	3:87
Hoelzer, Gertrude	23 Apr 1901	4:99	Hoffman, Mary	03 Jul 1869	1:46
Hoene, Fred	26 Feb 1887	2:79	Hoffman, Mary	18 Apr 1881	1:218
Hoer, Amanda	25 Jan 1879	1:212	Hoffman, Minnie	17 Jan 1896	3:91
Hoerle, Fredericka	21 Oct 1870	1:198	Hoffman, Myrtle	15 Aug 1908	5:101
Hoerler, W.G.	17 May 1901	4:98	Hoffman, Otto	28 Jul 1906	5:96
Hoerup, Theodore	15 Dec 1906	5:95	Hoffman, Peter	06 Jan 1886	2:77
Hoesen, Standert W.	09 Apr 1871	1:200	Hoffman, Philip	27 Dec 1899	5:99
Hofbaur, Edward	02 Feb 1888	2:81	Hoffman, Sadie	28 Sep 1893	3:86
Hofbaur, Joseph	23 Feb 1898	4:89	Hoffman, Willie	13 May 1891	2:87
Hofer, Elisabet	22 May 1890	2:85	Hoffmann, Eliza H.	06 Apr 1896	4:88
Hofer, Fred	11 Aug 1906	5:92	Hoffmann, Henry F.	07 Apr 1878	1:212
Hofer, Freda	22 Nov 1905	5:93	Hoffmann, Larse B.	17 Aug 1899	4:94
Hoff, Dorathy	18 Jan 1905	5:91	Hoffmaster, Arthur C.	02 May 1898	4:91
Hoff, Fred'k	18 Feb 1876	1:206	Hoffmaster, Charles	23 May 1896	4:88
Hoff, Herbert	27 Jul 1891	2:86	Hoffmaster, Henry	29 Sep 1870	1:198
Hoff, John	11 Aug 1891	2:86	Hoffmaster, Joe	15 Oct 1891	2:86
Hoff, Louis	06 Sep 1893	3:86	Hoffmeister, Henry	26 Aug 1892	2:89
Hoff, Richard	14 Nov 1893	3:86	Hoffmeister, Magdelena	24 Feb 1891	2:85
Hoff, Wilhelmina	14 Mar 1869	1:34	Hoffmeister, Otto	29 Jul 1893	3:87
Hoffel, Margaret	04 Nov 1884	2:76	Hoffmen, Katie	31 Jul 1889	2:83
Hoffeons, Clarence	31 Jan 1903	4:101	Hoffmiester, Arthur	02 May 1898	4:90
Hoffer, Jacob	16 Apr 1871	1:200	Hoffstadt, A.M.	30 Jun 1902	4:100
Hoffhien, Henry	06 Nov 1878	1:212	Hoffstetter, Caroline	22 Oct 1905	5:93
Hoffhines, Lanson	19 May 1906	5:94	Hoflin, Else B.	20 Oct 1894	3:88
Hofflebauer, Joseph	02 Jul 1897	4:91	Hofman, Catherina	25 Dec 1888	2:81
Hofflin, George	12 Aug 1873	1:202	Hofner, Adam	30 Jul 1868	1:18
Hoffman, Albert	25 Mar 1901	4:96	Hofner, Ella	13 Apr 1902	4:99
Hoffman, Ann L.	14 Aug 1879	1:214	Hofsteadt, Asher	30 Jun 1902	4:100
Hoffman, Baley	16 Aug 1892	2:89	Hogadorn, Fred	Oct 1880	1:216
Hoffman, Carl	11 Aug 1905	5:92	Hogan, Anna	---	4:99
Hoffman, Carl Fred	08 Sep 1889	2:83	Hogan, Dennis*	12 Dec 1904	
Hoffman, Catharine W.	15 Mar 1875	1:206	Hogan, James B.	25 Jul 1889	2:82
Hoffman, Catherine	22 Feb 1889	2:81	Hogan, James P.	25 Jul 1889	2:82
Hoffman, Charles	30 Sep 1875	1:206	Hogan, Patrick	18 Apr 1907	5:97
Hoffman, Chas.	15 Sep 1892	2:89	Hogan, Slias*	12 Dec 1904	
Hoffman, Chas.	16 Jul 1888	2:81	Hohenstein, John	29 Mar 1891	2:85
Hoffman, Christopher	18 Oct 1904	5:91	Hohenstien, Martin	22 Feb 1907	5:95
Hoffman, Conrad	14 Sep 1902	4:101	Hohley, Chas. G.	26 Oct 1870	1:198
Hoffman, Edward Q.	13 Nov 1898	4:91	Hohley, Christiana	29 Oct 1884	2:76
Hoffman, Elizabeth	08 Sep 1897	4:90	Hohly, Frederick	16 Oct 1884	2:76
Hoffman, Fern	20 Apr 1908	5:97	Hohmster, John	29 Mar 1891	2:88
Hoffman, Fredrick	15 Oct 1890	2:84	Hohn, Clifford	12 Mar 1907	5:94
Hoffman, George	01 Oct 1869	1:44	Hohn, Ferdinand	15 May 1870	1:198
Hoffman, George	12 Mar 1901	4:97	Hohn, Frederick	11 Jun 1905	5:92
Hoffman, George	27 Sep 1868	1:22	Hohn, Louisa	23 Jul 1875	1:206
Hoffman, Girtie	Aug 1886	2:79	Hoile, Eliz. H.	28 Nov 1881	1:218
Hoffman, Harrison	21 Mar 1891	2:84	Hoiles, Wm. P.	13 Apr 1892	2:86
Hoffman, Ida	20 Jan 1884	1:220	Hoit, Henry D.	24 Jul 1870	1:198
Hoffman, Inf/o Paul	20 Jun 1868	1:14	Holber, Charles	21 Jun 1881	1:216
Hoffman, Isadore	29 Jun 1898	4:92	Holbert, Mabel I.	25 Jul 1889	2:83
Hoffman, Jas. B.	01 Jan 1896	3:90	Holbrook, s/o Pearl Larky	13 Apr 1899	4:95

NAME	DATE	V/P	NAME	DATE	V/P
Holbrook, Welthie F.	25 Sep 1908	5:100	Hollenbank, Mathew	26 Sep 1877	1:210
Hold, Eveline	01 Jan 1906	5:93	Hollester, Florenz	31 Mar 1872	1:200
Hold, Fredericka Elizabeth			Hollicker, Eliza J.	19 Jul 1878	1:212
	29 Nov 1900	4:96	Hollicker, John	30 Dec 1881	1:218
Hold, Thomas M.	07 Sep 1907	5:98	Holliday, Elizabeth	26 Feb 1893	2:88
Hold, William George	14 Feb 1902	4:97	Holligen, Helen	24 Aug 1907	5:97
Holda, Flossie Gertrude	26 Jun 1890	2:85	Holliger, Catherine*	12 Mar 1883	
Holder, Carry W.	11 Aug 1897	4:90	Holliger, Elizabeth	16 Jun 1896	4:89
Holderman, Eva C.	16 Sep 1900	4:96	Holliger, Otto*	31 Mar 1883	
Holdham, Richard W.	16 Aug 1908	5:100	Hollika, Anna	12 Sep 1884	2:76
Holding, Adele H.	13 Aug 1892	2:89	Holliker, David	13 Feb 1908	5:96
Holding, Sarah	10 Aug 1892	2:89	Holliker, Isaac	29 Nov 1894	3:88
Holding, Sarah J.	08 Jan 1891	2:85	Holliker, Jacob B.	10 Sep 1904	5:91
Holdredge, Eliza A.	23 May 1871	1:200	Holliker, Lydia	11 Nov 1900	4:95
Holdright, Margaret	08 Dec 1893	3:86	Holliker, Mabel May	26 Mar 1893	2:88
Holdt, Maria	03 Apr 1889	2:84	Hollingshead, Mrs.	25 Apr 1887	2:80
Holeday, Allen	05 Apr 1871	1:198	Hollis, Anna	23 Nov 1891	2:87
Holeiger, Inf/o Herman*	07 Mar 1883		Hollis, George	02 May 1907	5:98
Holenstein, Max	15 Aug 1901	4:97	Hollister, Hiram	15 Dec 1883	1:220
Holester, Caroline	19 Apr 1899	4:93	Hollister, Jay Ashley	04 Feb 1908	5:98
Holewinski, Edward	19 Nov 1903	4:102	Hollman, Clara	07 Sep 1904	5:92
Holewinski, Frank	01 Jan 1908	5:98	Hollman, Mary	25 Mar 1885	2:76
Holhouer, Mary	10 Dec 1886	2:79	Holloway, Alma	27 Jul 1904	5:91
Hollan, Daniel	24 Mar 1887	2:79	Holloway, C.B.	30 Jul 1903	4:101
Holland, Anna	1907	5:96	Holloway, Elizabeth	30 Dec 1895	3:89
Holland, Clarence	08 Sep 1898	4:91	Holloway, Herbert H.	10 Jun 1871	1:200
Holland, Daniel	12 Jul 1880	1:218	Holloway, Ida M.	15 Sep 1899	4:93
Holland, Edith	27 Sep 1898	4:91	Holloway, John B.	04 Aug 1871	1:200
Holland, Edward Carl	13 Jan 1901	4:96	Holloway, Oristen	16 Sep 1888	2:81
Holland, Edwin	26 Jan 1891	2:85	Holloway, Pearl	20 Oct 1887	2:80
Holland, Florence	08 Oct 1898	4:91	Holloway, Thomas D.	17 Mar 1877	1:208
Holland, Frederick	27 Sep 1884	2:76	Holly, Jno.	08 Jun 1901	4:99
Holland, Frederick	30 Aug 1908	5:101	Holmes, Angeline L.	14 Mar 1901	4:95
Holland, G., Mrs.	08 Jul 1885	2:77	Holmes, Calvin	---	1:212
Holland, George	29 Jan 1868	1:36	Holmes, Chas. D.	03 Oct 1873	1:202
Holland, George	31 Dec 1901	4:99	Holmes, Elisha	24 May 1879	1:214
Holland, Girtie	21 Jan 1887	2:79	Holmes, Harriet O.	Nov 1887	2:80
Holland, H.M.	26 Jun 1895	3:90	Holmes, Herman	23 Nov 1894	3:88
Holland, Inf/o John	---	1:218	Holmes, Inf/o James	19 Jun 1883	1:220
Holland, J.H.	14 Feb 1897	4:88	Holmes, J.W., Mrs.	06 Mar 1904	4:102
Holland, John	22 Feb 1903	4:101	Holmes, Malera	25 Oct 1888	2:81
Holland, John	27 Jan 1879	1:212	Holmes, Mary C.	17 Dec 1899	4:93
Holland, John W.	01 Jul 1870	1:198	Holmes, Peter	07 Oct 1886	2:78
Holland, John W.	22 Feb 1903	4:100	Holmes, s/o Charles	04 Oct 1897	4:91
Holland, Katie	27 Aug 1891	2:86	Holmes, William	14 Feb 1902	4:98
Holland, Lilly	30 Aug 1883	1:220	Holmes, Wm.	27 May 1895	3:89
Holland, Louis	10 Oct 1899	4:93	Hols, Mary	15 Sep 1875	1:206
Holland, Louisa	01 Jun 1898	4:92	Holsapfel, Mary	05 Aug 1875	1:206
Holland, Mary	01 Sep 1904	5:91	Holsman, Charles	16 Jul 1875	1:208
Holland, Mary	27 Sep 1908	5:100	Holsman, Cornelia May	29 Feb 1889	2:81
Holland, Ray N.	01 Aug 1886	2:78	Holsman, Elsie J.	09 Mar 1889	2:81
Holland, Rosa	05 Sep 1884	2:76	Holst, Emma	27 Sep 1880	1:216
Holland, William	06 Apr 1906	5:96	Holst, Ines	01 Oct 1880	1:216
Holland, William	18 Mar 1888	2:80	Holst, Minnie	19 Jul 1902	4:100
Holland, William	22 Sep 1884	2:76	Holst, Theresa	17 Oct 1880	1:216
Hollang, Geo.	04 Feb 1893	2:88	Holstrom, Peter	07 Sep 1905	5:93
Hollaway, Nancy	13 Feb 1907	5:94	Holt, Esie Mable	25 Feb 1879	1:212
Hollaway, Peter	30 Nov 1905	5:94	Holt, Ezra	26 Apr 1878	1:210
Hollaway, Sara A. Divon	10 Apr 1903	4:102	Holt, F.C.	03 Jun 1883	1:226
Hollen, Richard	12 Dec 1879	1:214	Holt, Harriet	15 Sep 1899	4:94
Hollenbank, Mary	02 Jul 1886	2:79	Holt, Harriett N.	15 Sep 1899	4:92

NAME	DATE	V/P
Holt, Henrietta	15 Sep 1872	1:200
Holt, Henry	05 Mar 1881	1:216
Holt, Julia A.	11 Aug 1907	5:97
Holt, Libbie	04 Aug 1908	5:99
Holt, Lucy D.	16 Dec 1868	1:28
Holt, Parley C.	25 Mar 1880	1:214
Holt, William	16 Jan 1875	1:204
Holt, Wm. Henry	03 Oct 1880	1:216
Holtdrieve, Lena	17 Dec 1869	1:46
Holtfreder, Rheonhard	12 Jun 1904	5:91
Holtgreive, Heinrich	07 Apr 1891	2:86
Holtgrieve, George	26 Dec 1897	4:90
Holtgrieve, Ramond	03 Apr 1898	4:92
Holtrey, Infant	04 Aug 1900	4:96
Holtz, Albistina	12 Feb 1900	4:95
Holtz, Albistina	12 Feb 1900	4:93
Holtz, Carl	06 Jan 1891	2:85
Holtz, Fred	17 Mar 1874	1:206
Holtz, Infant	25 Apr 1878	1:212
Holtzman, Sophia	26 Feb 1892	2:87
Holurg, Caroline	18 Jan 1876	1:208
Holwinski, Joseph	29 Nov 1902	4:100
Holy, Gottlieb	08 Jul 1877	1:210
Holzemer, France	23 Feb 1893	2:88
Holzman, Alois	17 Jul 1888	2:81
Holzman, Charles	14 Mar 1908	5:98
Home, Lucas C.C.	Feb 1891	2:84
Home, William T.	08 Jun 1908	5:100
Homegardiner, Frank	02 Nov 1895	3:91
Homer, Alex M.	28 Apr 1885	2:77
Homer, Dora	29 Aug 1908	5:100
Homer, Hester	21 Jun 1907	5:98
Homes, Joseph W.	19 Mar 1880	1:214
Hominstein, John	29 Jun 1903	4:103
Homster, John	29 Mar 1884	2:88
Honberger, Jacob R.	05 Jul 1876	1:208
Hone, J.W.	06 Jul 1889	2:82
Hone, James M.	26 --- 1889	2:83
Hone, Minnie H.	30 Jun 1881	1:220
Hone, Ralph	30 May 1895	3:90
Honeck, Arthur	22 Nov 1908	5:99
Honeywell, Geo.	01 Apr 1897	4:88
Honing, George E.	14 Sep 1893	2:89
Honorth, Bassisky	26 Jul 1885	2:77
Honorth, J.D.	24 Jul 1885	2:77
Honsear, John	03 Dec 1891	2:88
Hoocig, Anna	10 May 1908	5:100
Hood, Edwin	05 Jan 1892	2:86
Hood, Luella	13 Feb 1888	2:81
Hoofer, Sam'l Scribner	11 Sep 1896	4:88
Hook, David	09 Mar 1888	2:80
Hook, Sadie	24 Jan 1901	4:96
Hook, William	11 Feb 1894	3:87
Hooker, Mary Ida	06 Nov 1873	1:204
Hookins, Charlotte	21 Aug 1889	2:83
Hoompal, Morris	15 May 1888	2:82
Hooper, Evaline	07 Aug 1900	4:97
Hooper, Herbert J.	17 Jul 1901	4:99
Hoops, Lena	04 Oct 1888	2:81
Hoorey, David	31 Aug 1907	5:98
Hoose, J., Mrs.	20 Aug 1907	5:97

NAME	DATE	V/P
Hoot, Cyrus	02 Dec 1904	5:91
Hoot, Mary Sophia	22 Sep 1893	3:86
Hoover, Fred.	18 Oct 1894	3:88
Hoover, Frederick	Aug 1889	2:82
Hoover, Margretta	11 Feb 1901	4:95
Hope, James	20 Nov 1870	1:198
Hoper, Lilian Ema	27 Aug 1900	4:96
Hopkins, Bertha	26 Oct 1896	4:89
Hopkins, C.M., Mrs.	03 Oct 1906	5:95
Hopkins, Cora	12 Dec 1869	1:50
Hopkins, Cyntha	10 Sep 1902	4:100
Hopkins, Elastry	21 Mar 1886	2:77
Hopkins, Elisabeth	03 Dec 1902	4:100
Hopkins, Eliza*	09 Feb 1883	
Hopkins, Elizabeth	04 Dec 1902	4:100
Hopkins, Herbert	23 Mar 1905	5:92
Hopkins, John M.	17 Mar 1895	3:88
Hopkins, Lida A.	18 Jan 1907	5:94
Hopkins, Melville M.	19 Nov 1895	3:88
Hopkins, Owen	26 Jan 1904	4:102
Hopkins, Owen Johnson	18 Nov 1902	4:99
Hopkins, Rose	05 Apr 1884	1:220
Hopkins, Samuel	03 Oct 1877	1:210
Hopope, Watislof	20 Jul 1902	4:100
Hopp, Inf/o Chas.	11 Mar 1881	1:216
Hoppe, Henry	25 Feb 1900	4:94
Hoppe, Mike	06 Feb 1891	2:85
Hopper, Clay G.	12 Jan 1893	2:89
Hopper, Rolla B.	26 Feb 1899	4:92
Hopwood, Robert	05 Sep 1904	5:91
Hopwood, Samuel	06 Mar 1885	2:76
Horan, Annie	28 Mar 1869	1:58
Horan, Inf/o Thos.	15 Mar 1878	1:210
Horan, James	17 Aug 1880	1:216
Horan, Jerry	26 Aug 1889	2:83
Horan, Joseph	01 Aug 1870	1:198
Horan, Julia	31 Jul 1888	2:82
Horan, Lawrence	09 Feb 1905	5:92
Horan, Margaret	13 Apr 1902	4:101
Horan, Mary E.	26 Sep 1902	4:99
Horan, Michael	11 Jul 1893	3:87
Horan, Pat'k	28 Jun 1879	1:214
Horan, Patrick J.	01 Mar 1869	1:32
Horce, Rachel A.	30 Jul 1890	2:85
Horll, Thomas	01 Jan 1873	1:202
Horn, Frederick	19 Aug 1885	2:76
Horne, Wm.	08 Jun 1908	5:99
Horner, Adaline	07 Jan 1873	1:202
Horner, Luther	22 Jan 1872	1:200
Hornlein, Martha	25 Aug 1906	5:95
Hornstein, Robert	13 Sep 1904	4:101
Hornstein, Stanly W.	12 Sep 1904	4:101
Hornyak, Joseph	04 Feb 1908	5:99
Horrigan, George	01 Mar 1893	2:88
Horrigan, John	28 May 1902	4:99
Horrigan, Margaret	09 Mar 1902	4:99
Horse, M.	13 Oct 1902	4:100
Horseman, Lillian Lucile	29 Jan 1901	4:96
Horsey, Ida	18 Apr 1881	1:216
Horsey, Joseph	18 Apr 1881	1:216
Horsey, Stephen G.	23 Sep 1904	5:91

NAME	DATE	V/P	NAME	DATE	V/P
Horsey, William M.	11 Jan 1877	1:210	Hovey, Sarah Anna	28 Aug 1899	4:93
Horsley, Wm.	31 Aug 1908	5:100	How, Alice M.	16 Jan 1885	2:76
Horst, Caroline	11 Mar 1892	2:87	Howard, Arnold	09 Apr 1899	4:95
Horst, John N.	09 Apr 1903	4:103	Howard, C.B.	10 May 1907	5:96
Hortean, Minnie	01 Feb 1877	1:208	Howard, Catherine	08 Jan 1890	2:83
Horth, Grace	06 Feb 1908	5:98	Howard, Edward	14 Jul 1906	5:95
Hortly, Amelia J.	18 May 1908	5:100	Howard, Florance	09 Dec 1891	2:88
Hortman, R.P.	24 May 1891	2:87	Howard, Frank	28 May 1889	2:82
Horton, Eliza M.	27 Feb 1885	2:76	Howard, Inf/o Michael	01 Apr 1894	3:86
Horton, Henderson W.	01 Jun 1876	1:208	Howard, James	19 Nov 1886	2:78
Horton, Stephen H.	22 Mar 1872	1:200	Howard, Leo J.	29 Oct 1884	2:76
Horton, Thomas	23 May 1901	4:99	Howard, Lewis	23 Oct 1901	4:96
Horwitz, Bessie	28 Nov 1905	5:92	Howard, Mancy	25 Sep 1881	1:218
Hosch, Wm. F.	19 Dec 1902	4:101	Howard, Michael	16 Apr 1903	4:103
Hosford, Arthur	19 Aug 1902	4:101	Howard, Michael	16 Apr 1903	4:102
Hoskins, Jennett M.	20 Apr 1879	1:214	Howard, Steve.	29 Aug 1895	3:90
Hoskins, Mable	23 Jul 1876	1:208	Howard, Thomas	24 Jun 1901	4:99
Hoskins, Walter	16 Mar 1906	5:93	Howard, Timothy	06 Apr 1880	1:216
Hoskins, Wm.	14 Jan 1873	1:202	Howarth, Altha	16 Dec 1905	5:93
Hosler, Robert G.	18 Sep 1902	4:100	Howe, A.A.	04 Jan 1882	1:218
Hostere, Geino	23 Feb 1893	2:88	Howe, Alfred F.	08 Jul 1899	4:94
Hostert, Henry	08 Aug 1878	1:212	Howe, Anna	Jan 1897	4:88
Hotchkiss, Hugh	20 Mar 1908	5:98	Howe, Augustus	13 Jul 1868	1:16
Hotz, Conrad	30 Aug 1874	1:204	Howe, Chas. Homer	07 Dec 1899	4:94
Hotz, Geo.	06 Jun 1876	1:206	Howe, David	27 Dec 1888	2:81
Hotzmers, Louis	07 Jan 1876	1:206	Howe, Dennis	17 Mar 1894	3:86
Houck, Fred	05 Jul 1884	2:76	Howe, E.	09 Jul 1869	1:52
Houck, Jno.	14 Sep 1891	2:86	Howe, Henry E.	22 Feb 1900	4:94
Houck, John	12 Jan 1879	1:212	Howe, Infant	27 Aug 1897	4:91
Houek, Stella K.	05 Apr 1889	2:83	Howe, James	08 May 1904	5:91
Hough, Amanda	28 Aug 1903	4:102	Howe, Pauline	05 Oct 1907	5:98
Hough, ch/o John	19 Feb 1869	1:32	Howe, Rubin A.	06 Aug 1885	2:77
Hough, Frank D.	19 Dec 1903	4:103	Howe, Veronica	19 Mar 1899	4:91
Hough, Thomas H.	05 Oct 1872	1:200	Howel, D.Y.	19 Feb 1886	2:77
Houghmaster, Infant	05 Aug 1906	5:94	Howell, Ellen W.	13 Oct 1892	2:89
Houghmeister, Gertrude	02 Oct 1901	4:98	Howell, Enoch	06 Dec 1905	5:94
Houghmeister, L.	01 Jan 1906	5:93	Howell, Michal	03 Feb 1880	1:216
Houghton, D.G.	14 Sep 1897	4:90	Howell, Robt. J.W.	04 Sep 1868	1:22
Houghton, John Ruel	16 Jul 1901	4:98	Howell, Thomas	16 Feb 1888	2:80
Houk, Elizabeth K.	28 Jan 1903	4:101	Howells, Ann C.	25 May 1868	1:14
Houk, s/o Louis	01 Feb 1901	4:95	Howells, Harriet Newell	28 Jun 1901	4:98
Houks, Loretta	26 May 1875	1:206	Howells, Jas.	16 Oct 1908	5:99
Houks, Orrin	12 Jan 1875	1:204	Howells, Joseph W.	16 Oct 1908	5:99
Houlehan, James	21 Jul 1906	5:95	Howes, Edith M.	03 Aug 1875	1:206
Hountz, Orpha	09 Jul 1906	5:95	Howes, Harry	20 May 1880	1:216
Hourich, Stelly	5 ---	2:83	Howetts, Mary Ann	Feb 1898	4:92
Houschuct, Jacob Martin	02 Jan 1884	2:76	Howey, Wm., Mrs.	05 Sep 1903	4:102
Householder, Geo.	09 Sep 1881	1:218	Howland, D. Mary	21 Nov 1896	4:88
Houseman, Bertie	25 Jan 1884	1:220	Howland, Harold E.	12 May 1900	4:95
Houseman, Inf/o Adam T.	18 Oct 1887	2:80	Howland, Mary	25 Mar 1877	1:208
Houser, Aleta	12 Jul 1908	5:101	Howland, Olive	12 Jun 1893	3:86
Houser, Gotfred	15 Oct 1888	2:81	Howland, Sylva	21 Jun 1899	4:93
Houser, Ida	10 Jul 1880	1:216	Howser, Amberos	12 May 1869	1:44
Houser, Unknown	26 Feb 1907	5:95	Hoy, Ella	21 Jun 1903	4:102
Houston, Andrew	11 Apr 1902	4:100	Hoyt, Grace M.	17 Mar 1905	5:92
Houston, John W.	30 Nov 1908	5:99	Hoyt, Harry B.	12 Feb 1875	1:204
Hout, Jacob R.	30 May 1908	5:98	Hoyt, Irene	05 May 1906	5:96
Hovey, Anna	04 Feb 1908	5:98	Hoyt, Mary	16 May 1891	2:87
Hovey, Henry	14 Jan 1901	4:98	Hoyt, Moses C.	22 Feb 1901	4:97
Hovey, Henry	18 Jan 1902	4:98	Hoyt, William R.	15 Jun 1890	2:84
Hovey, John A.	17 Mar 1886	2:77	Hrus, Anna	24 Oct 1896	4:89

NAME	DATE	V/P
Hruska, Edwin	31 Dec 1892	2:88
Hruska, Tillie	02 Feb 1881	1:216
Huband, Marie	08 Nov 1904	5:91
Hubard, Calphorina	14 Sep 1903	4:102
Hubbard, Belle	15 Nov 1877	1:210
Hubbard, E.A.	19 Mar 1907	5:95
Hubbard, Eli	17 Sep 1871	1:200
Hubbard, Emma J.	01 Aug 1871	1:200
Hubbard, Franklin, Mrs.	Mar 1899	4:92
Hubbard, Frederick H.	31 Mar 1890	2:84
Hubbard, Geo. Webb	13 Jan 1889	2:81
Hubbard, Grace	30 Oct 1886	2:78
Hubbard, Harriett	12 Nov 1894	3:88
Hubbard, Henry S.	09 Mar 1869	1:54
Hubbard, Henry S.	09 Mar 1869	1:54
Hubbard, Henry S.	10 Mar 1869	1:34
Hubbard, J. Franklin	25 Jan 1875	1:204
Hubbard, James	19 Sep 1869	1:40
Hubbard, Jennette P.	07 Apr 1891	2:87
Hubbard, Margarete	29 Oct 1894	3:88
Hubbard, Mary	05 Nov 1877	1:210
Hubbard, Nellie	27 Jun 1901	4:97
Hubbard, Samuel S.	03 Nov 1901	4:98
Hubbard, Stuart	04 Sep 1902	4:100
Hubbel, Henry	27 Nov 1868	1:26
Hubbell, C.M.	03 Oct 1896	4:88
Hubbell, Edith	11 Sep 1874	1:204
Hubbell, Eliza	02 Sep 1880	1:218
Hubbell, Erl	31 Mar 1889	2:81
Hubbell, Fred J.	25 Jun 1886	2:78
Hubbell, Hezekiah T.	26 Mar 1881	1:216
Hubbell, Ida	17 Oct 1886	2:79
Hubbell, James A.	15 Nov 1877	1:210
Hubbell, Leonard Albert	23 Jul 1907	5:96
Hubbell, Lillian	23 Aug 1879	1:214
Hubbell, Merrit S.	09 Feb 1897	4:88
Hubbell, Thos. E.	02 Oct 1873	1:202
Hubbell, Wm. Thomas	02 Nov 1882	1:220
Hubbert, Antonia	10 Dec 1885	2:77
Hubell, Albert	05 May 1892	2:86
Hubenbecker, Louis	04 Sep 1896	4:89
Huber, Anna	18 Jan 1869	1:30
Huber, Anna Bell	23 Oct 1906	5:95
Huber, Clara	16 Sep 1897	4:89
Huber, David	04 Jan 1895	3:88
Huber, David	06 Jan 1895	3:87
Huber, Dona Henrietta	22 Jul 1890	2:84
Huber, Ed.	31 May 1906	5:94
Huber, Elsa Helen	23 Jul 1890	2:84
Huber, Eva	14 Oct 1887	2:80
Huber, Frank	04 Jun 1906	5:94
Huber, Frank	26 Dec 1898	4:92
Huber, Fred	11 Aug 1897	4:90
Huber, Frederick Edward	11 Dec 1903	4:102
Huber, George E.	07 Oct 1889	2:82
Huber, Gertrude J.	16 Jan 1898	4:90
Huber, Henry	05 Jan ---	1:202
Huber, Inf/o John*	15 Jul 1882	
Huber, Jacob	11 Feb 1902	4:98
Huber, John Jos.	15 Mar 1878	1:212
Huber, John Joseph	21 Feb 1879	1:212
Huber, Joseph	03 May 1872	1:200
Huber, Joseph	13 Apr 1879	1:212
Huber, Joseph	25 Apr 1884	2:76
Huber, Louis	02 Dec 1874	1:204
Huber, Louisa C.	17 Mar 1876	1:206
Huber, Mattie	27 Sep 1897	4:89
Huber, Nicholas	10 Dec 1900	4:95
Huber, Sadie E.	01 Jan 1903	4:100
Huber, Stella H.M.	20 Feb 1894	3:88
Huber, Theresa	19 Nov 1886	2:78
Huber, Thos. T.	03 Sep 1905	5:93
Huberich, George	18 Jul 1883	1:220
Hubert, Maggie	02 Aug 1870	1:198
Hubner, Chas.	18 Jul 1874	1:206
Hudcinski, Polagia	31 Jan 1891	2:85
Hudcinski, Rosa	07 Sep 1890	2:85
Hudson, Clementine	16 Feb 1903	4:100
Hudson, Frances J.	03 Aug 1887	2:80
Hudson, Preston C.	10 Aug 1896	4:88
Hudson, s/o Rob't	06 Apr 1901	4:96
Hudzinski, John	20 Apr 1892	2:89
Huebner, August	29 Jun 1904	5:92
Huebner, August	Jan 1891	2:86
Huebner, Bertha	Sep 1890	2:86
Huebner, Elmer	03 Sep 1896	4:88
Huebner, Frances	08 Dec 1886	2:79
Huebner, Wilbert F.	03 Jul 1904	5:91
Huehr, Joachin	11 Feb 1901	4:95
Hueppenbecker, Harold	24 Mar 1893	2:89
Hueppenberker, Aug.	22 Jul 1896	4:89
Huerman, Ernest	07 May 1904	5:92
Huestis, William H.	26 Mar 1897	4:88
Huestis, Wm. Henry	26 Mar 1897	4:89
Hueston, Jas. Marion	07 Jan 1890	2:82
Huff, Maud	18 Nov 1901	4:98
Huff, Minnie	07 Sep 1904	5:91
Huff, William	08 Dec 1870	1:198
Huffman, Conrad	01 Jul 1873	1:204
Huffman, Francis	10 Oct 1873	1:204
Huffman, Mary	08 Aug 1877	1:210
Hufford, C.H., Mrs.	30 Apr 1906	5:95
Hufleton, Salina	08 Jan 1873	1:202
Huftile, John	27 Mar 1907	5:96
Huges, Evan	17 Jul 1887	2:80
Hugh, Bertha	25 Sep 1876	1:210
Hugh, Mary	23 Mar 1898	4:90
Hughes, Barney	15 Oct 1894	3:89
Hughes, Filura	03 Jan 1877	1:208
Hughes, Geo.	09 Dec 1908	5:100
Hughes, James	28 Dec 1902	4:100
Hughes, John	23 Dec 1903	4:103
Hughes, John	24 Dec 1903	4:103
Hughes, Margaret	05 Jul 1903	4:103
Hughes, Margaret	09 May 1894	3:88
Hughes, Mary	14 Jul 1886	2:78
Hughes, Minerva	28 Apr 1889	2:83
Hughes, Infant	12 Jun 1888	2:81
Hughes, Stephen	16 Jan 1900	4:94
Hughes, Thod.	06 Dec 1901	4:98
Hughes, William	15 Jun 1881	1:218
Hughey, Florence	10 Jan 1908	5:98

NAME	DATE	V/P	NAME	DATE	V/P
Hughs, Catherine	04 Sep 1905	5:94	Hunburg, Willie	05 May 1891	2:88
Hughs, Henry	19 Apr 1885	2:77	Huneman, Margaret	29 Jun 1868	1:14
Hughs, Thomas	25 Jan 1886	2:76	Huneor, Anna	20 Oct 1869	1:52
Hughston, Theodore	18 Jul 1903	4:103	Hungerford, E.J.	09 Jan 1890	2:83
Huhlman, Lena	27 Feb 1908	5:97	Hungerford, Eva	Feb 1880	1:214
Huhold, Ruth	17 Jan 1905	5:91	Hungsinger, Sopha	11 Nov 1899	4:94
Huhulen, Clarence L.	06 Apr 1903	4:102	Hunker, Andrew	07 May 1900	4:96
Huiss, George	26 Oct 1878	1:212	Hunker, Jacob J.	08 Apr 1872	1:202
Huiss, Julia	03 Sep 1893	3:87	Hunklin, An W.	01 Nov 1881	1:218
Hukins, Jackson	14 Jan 1868	1:8	Hunklin, Jennie	25 Oct 1881	1:220
Hulce, Alice	25 Nov 1907	5:99	Hunklin, Joseph	17 Oct 1881	1:218
Huling, Washington H.	16 May 1890	2:84	Hunpe, Infant	03 Dec 1892	2:89
Hull, Abram D.	06 Feb 1907	5:96	Hunt, Alfred J.	06 Mar 1899	4:91
Hull, Alice	03 Feb 1907	5:95	Hunt, Catherine	02 May 1906	5:96
Hull, Anna D.	25 Feb 1893	2:89	Hunt, Donalson J.	28 Sep 1889	2:83
Hull, Anna M.	07 Aug 1874	1:206	Hunt, Edward	04 Sep 1903	4:102
Hull, Chloe	03 Feb 1888	2:79	Hunt, Edward Joseph	01 Sep 1902	4:99
Hull, Curtis	06 Mar 1886	2:77	Hunt, Elisabeth L.	05 Mar 1895	3:88
Hull, Edith	01 Dec 1908	5:99	Hunt, Irene	23 Jun 1907	5:97
Hull, Edw'd Wilmer	23 Jan 1901	4:96	Hunt, James E.	15 Aug 1888	2:81
Hull, Ella M.	30 Sep 1886	2:78	Hunt, John	07 May 1907	5:97
Hull, Francis W.	19 Jan 1898	4:89	Hunt, John E.	22 Jul 1877	1:210
Hull, Geo. Bates	01 Nov 1902	4:100	Hunt, John E., Jr.	07 Jan 1869	1:28
Hull, H.W.	08 Feb 1874	1:204	Hunt, Josephine H.	24 Sep 1890	2:85
Hull, Henry	22 Aug 1908	5:100	Hunt, Louis C.	30 Apr 1868	1:12
Hull, James	30 Dec 1894	3:88	Hunt, Mary S.	25 Dec 1876	1:208
Hull, Jas.	21 May 1908	5:99	Hunt, Perry	16 Sep 1872	1:202
Hull, Joseph	20 May 1908	5:101	Hunt, Rose	13 Jan 1892	2:87
Hull, Joseph S.	06 Oct 1906	5:94	Hunt, Sheldon S.	26 Mar 1902	4:99
Hull, Lee	25 Jun 1893	3:86	Hunt, Thomas	28 Jul 1893	3:86
Hull, Mary Ann	08 Sep 1902	4:101	Hunt, Wm.	14 Oct 1886	2:79
Hull, Rosa M.	08 Dec 1900	4:96	Hunt, Wm. E.	04 Jul 1897	4:90
Hull, Seth	20 Apr 1874	1:204	Hunter, Ada R.	24 Jun 1904	5:91
Hull, W.C.	02 Apr 1907	5:97	Hunter, Alley	28 Apr 1887	2:80
Hull, Willie	24 May 1882	1:220	Hunter, Alvina	17 Jul 1905	5:93
Hull, Wm. Rob't	27 Sep 1873	1:202	Hunter, Anna Dowling	26 Aug 1889	2:82
Hulland, Elizabeth	14 Jul 1905	5:94	Hunter, Carrie	23 Jul 1874	1:206
Hulland, Joseph	28 May 1904	5:91	Hunter, Edward	12 Jun 1878	1:212
Hully, Maria	01 Jan 1888	2:80	Hunter, Edward P.	18 Jul 1892	2:89
Hulpin, James	28 May 1886	2:78	Hunter, Evelyn R.	30 Jan 1903	4:100
Hulscher, Jacob	04 Dec 1901	4:99	Hunter, Frank	31 Aug 1884	2:76
Hulsher, Henrietta	07 Jun 1898	4:92	Hunter, Geo. L.	25 Dec 1873	1:204
Hulton, Lucinda	22 Mar 1904	4:103	Hunter, Jane	23 Jan 1869	1:30
Hultschulze, Thersa	24 Feb 1895	3:89	Hunter, Lula	01 Sep 1893	3:86
Hultz, Albert	23 Nov 1887	2:80	Hunter, Malick	16 Sep 1905	5:94
Hultz, Emily	13 Aug 1887	2:80	Hunter, Mary	04 Apr 1869	1:50
Hultz, Francis M.	01 Jul 1904	5:91	Hunter, Ralph	06 Feb 1893	2:89
Hulz, A., Mrs.	25 Nov 1907	5:97	Hunter, Rose	29 Mar 1877	1:208
Humlong, Clara E.	25 Feb 1900	4:93	Hunter, S., Mrs.	26 Aug 1905	5:93
Humm, Katie	26 Mar 1890	2:83	Hunter, Simcon D.	16 Feb 1868	1:10
Hummel, Louisa	26 Dec 1880	1:216	Hunter, Thomas	19 Jul 1905	5:93
Hummel, Mary	26 Dec 1880	1:216	Hunter, W.H.R.	21 May 1897	4:89
Hummer, Rose Elizabeth	23 Feb 1906	5:92	Huntington, Hanna	29 Jun 1903	4:103
Humphrey, Chas.	01 Apr 1903	4:100	Huntington, Sarah W.	18 Jul 1907	5:98
Humphrey, Chas. Nelson	01 Apr 1903	4:103	Huntley, John T.	18 May 1901	4:98
Humphrey, Edward	05 Feb 1896	3:91	Huntley, Mary C.	01 Oct 1895	3:90
Humphrey, Eliz. G.	22 Jan 1888	2:80	Huntley, Milton T.	29 Apr 1895	3:90
Humphrey, Mabel J.	06 Aug 1891	2:88	Huntley, Nelly	28 Jul 1892	2:88
Humphrey, Walter R.	08 Oct 1879	1:214	Huntley, Senford	18 Oct 1890	2:85
Humphry, Chas. Levi	29 Aug 1898	4:92	Huntly, Alden B.	11 Jun 1890	2:84
Humphry, Maria	03 Aug 1883	1:226	Huntly, Pearl	28 Feb 1895	3:88

NAME	DATE	V/P	NAME	DATE	V/P
Huntly, s/o Bert	07 Sep 1897	4:90	Huston, Florence M.	30 Jun 1896	4:88
Huntsberger, Hugh	01 Sep 1889	2:83	Huston, Kate	26 Aug 1900	4:96
Huntsman, James	11 Aug 1873	1:204	Huston, Michael	07 Oct 1889	2:83
Huntsman, John	30 May 1891	2:87	Huston, Minnie	15 Jun 1896	4:88
Huntsman, John	30 May 1891	2:86	Hut, Elizabeth	05 Apr 1869	1:52
Hurash, Charles	15 Mar 1879	1:214	Hutchins, Geo. T.	23 Dec 1895	3:91
Hurbright, H.	15 Feb 1906	5:93	Hutchinson, Arthur J.	04 Feb 1902	4:99
Hurburner, Catharena	29 Jun 1894	3:89	Hutchinson, Eliz'th	25 Nov 1875	1:206
Hurd, Hinkley	05 Jan 1892	2:87	Hutchinson, H.	25 May 1892	2:89
Hurd, Mary	Oct 1879	1:214	Hutchinson, Harriet M.	14 Mar 1889	2:82
Hurd, Myrtle	14 Mar 1884	1:220	Hutchinson, J.A.	12 Nov 1897	4:89
Hurells, Emma	13 Sep 1891	2:86	Hutchinson, Jesse	05 Mar 1907	5:96
Hurlbert, Arthur	30 Aug 1892	2:89	Hutchinson, Kitty	12 Jan 1908	5:97
Hurlbutt, Elizabeth	04 Mar 1884	2:76	Hutchison, Harriet C.	25 Sep 1896	4:88
Hurley, Charles V.	21 Mar 1902	4:98	Huttendocker, Catherine	23 Feb 1907	5:95
Hurley, Ellen	01 Apr 1889	2:82	Huttlebrink, Martin	17 Mar 1898	4:91
Hurley, Ellen	01 Apr 1889	2:83	Hutton, Mellissa	14 Oct 1907	5:98
Hurley, Ira L.	02 Sep 1874	1:206	Hyde, Charles	14 Dec 1908	5:100
Hurley, John	09 Sep 1899	4:93	Hyde, Elizabeth	08 Jan 1907	5:95
Hurley, Katherine	17 Jan 1900	4:94	Hyde, Geo.	19 Oct 1907	5:97
Hurley, Michael*	29 Dec 1884		Hyde, George	19 Sep 1907	5:98
Hurley, William	12 Oct 1873	1:204	Hyde, Rosa	09 Dec 1868	1:2
Hurley, Wm. T.	03 Sep 1897	4:89	Hyde, s/o N.D.	17 Jan 1899	4:91
Hurn, Jacob	23 Nov 1876	1:208	Hyden, Otto	12 Oct 1894	3:89
Hurn, Max	24 Dec 1897	4:90	Hyke, Emily	07 Jan 1884	1:226
Huron, John T.	17 Dec 1892	2:89	Hyke, John	11 May 1901	4:98
Hurrelbick, Henry	13 Mar 1890	2:83	Hyland, John	30 Nov 1889	2:82
Hurry, Wm. H.	13 Dec 1902	4:100	Hyland, Kate	14 Nov 1875	1:206
Hursh, Martin L.	22 May 1903	4:103	Hyman, Virginia	05 Aug 1895	3:90
Hurst, Bently	20 Feb 1883	1:220	Hymen, John H.	08 Aug 1895	3:91
Hurst, Daniel	1877	1:210	Hyne, Mary	25 Nov 1868	1:26
Hurst, George	03 Mar 1892	2:86	Hynes, Patrick	29 Aug 1905	5:93
Hurst, Ina H.	22 Sep 1890	2:84	Hyreman, Infant	20 May 1870	1:198
Hurst, Inf/o George	02 Oct 1869	1:44	Hysing, Leo Franklin	28 Oct 1904	5:91
Hurst, Ira	04 Jun 1885	2:77	Hyter, Freddie	18 Apr 1893	3:87
Hurst, John	13 Jan 1906	5:93	Hyter, Rachel	08 Sep 1904	5:92
Hurst, s/o Thos. O.	27 Mar 1891	2:84	Ibenow, Dymitron	07 Jun 1907	5:114
Hurst, Samuel	24 Jun 1906	5:96	Ibersheff, Ernest	07 Jun 1874	1:224
Hurst, Wm.	14 Feb 1902	4:98	Icherman, Solomon	04 Aug 1868	1:60
Hurte, Josephine	30 Jun 1877	1:210	Icida, George	15 Oct 1908	5:114
Hurten, F.H.	24 Jan 1868	1:8	Iciner, Matilda	12 Nov 1872	1:222
Hurtford, Austin	12 Aug 1875	1:208	Ickes, Jesse	06 Nov 1896	4:111
Hurto, Josephine	30 Jun 1877	1:212	Ickler, Conrad	30 Nov 1908	5:114
Hurtz, Mary	08 Dec 1876	1:210	Idelka, Iran	07 Aug 1907	5:114
Huslid, David H.	20 Jul 1895	3:91	Idems, Peter	19 Jun 1870	1:222
Huss, Anna	30 Sep 1886	2:78	Idzyr-kiski, Frances	01 Jan 1889	2:94
Huss, Herman	27 Jun 1894	3:88	Ievenski, Leo Eadge	18 Jun 1895	3:107
Hussey, Alfred	17 Feb 1905	5:91	Igmaisak, Magdalena	03 Oct 1899	4:111
Hussey, Edward	04 Mar 1876	1:208	Ignasiak, Andrew	09 Jun 1907	5:114
Hussey, Inf/o Jas.	10 Nov 1868	1:26	Ignatowsk, s/o John	01 Aug 1898	4:111
Hussey, James J.	27 Oct 1907	5:98	Ignatowska, Michael	24 May 1895	3:107
Hussey, James J.	27 Oct 1908	5:100	Ignatowski, Adam	15 Sep 1907	5:114
Hussy, John	15 Jan 1873	1:202	Ignaz, Bertha	09 Feb 1906	5:114
Hust, Christ	09 May 1874	1:206	Ihkoff, George	21 Mar 1882	1:222
Husted, Anna	27 Nov 1906	5:94	Ikal, Francis	22 Jun 1905	5:114
Husted, Daniel	30 Mar 1873	1:202	Ikle, Joseph	16 Sep 1869	1:50
Husten, Samuel	02 Aug 1895	3:90	Ikle, Josephine	01 Apr 1876	1:222
Huster, Filander	29 Feb 1908	5:97	Ikle, Michael	21 Apr 1876	1:222
Hustler, Raymond	30 Jan 1901	4:95	Ilbert, Sophia	17 Jun 1887	2:94
Huston, Andrew	12 Apr 1902	4:99	Ilett, Agnes	17 Dec 1903	4:111
Huston, Elizabeth	10 Dec 1889	2:83	Ilett, Henry J.	05 May 1904	5:114

NAME	DATE	V/P
Illegitimate, Mary Eva	13 May 1888	2:94
Ily, Otto	21 Apr 1898	4:111
Imhoff, Isadore	03 Mar 1889	2:94
Imhoff, Magdalina	04 Jul 1892	2:94
Imhoff, Nicholas	04 Feb 1903	4:111
Imoberstag, Carl	26 Sep 1906	5:114
Inbutsey, Elenor L.	02 Dec 1884	2:94
Incazak, Floratine A.	01 Mar 1891	2:94
Ingle, Joseph T.	15 Mar 1908	5:114
Ingold, Fritz	27 Jan 1908	5:114
Ingraham, Helen W.	04 Apr 1875	1:222
Ingraham, Otto	03 Dec 1880	1:222
Ingraham, Wm. H.	31 Aug 1875	1:222
Ingram, Emma	03 Jun 1888	2:94
Inman, Alice	29 Oct 1893	3:107
Inman, George	10 Jan 1897	4:111
Ioes, Viola	10 Mar 1885	2:94
Ioset, Harry	24 Oct 1900	4:111
Ireland, Alf.	21 Mar 1894	3:107
Irish, Addie	16 Sep 1880	1:222
Irish, Frederick E.	26 Mar 1903	4:111
Irish, Gilbert	19 May 1896	4:111
Irish, Mary G.	13 Dec 1892	2:94
Ironi, Annie	01 Jul 1903	4:111
Irons, Burch	22 Sep 1903	4:111
Irr, Arthur	27 Aug 1894	3:107
Irr, Gustave	1871	1:224
Irvin, Grace	31 Dec 1907	5:114
Irvine, Infant	18 Jul 1885	2:94
Irvine, Margret E.S.	11 Apr 1893	2:94
Irvine, S.R.	14 Mar 1903	4:111
Irvine, Scranton	27 Jul 1907	5:114
Irvine, Wm.	01 Apr 1875	1:222
Irving, E., Mrs.	31 Oct 1902	4:111
Irving, John D.	01 Jun 1896	4:111
Irvinski, Frank	23 Sep 1907	5:114
Irwin, Arthur Lewis	01 Apr 1877	1:222
Irwin, Ella E.	02 Mar 1908	5:114
Irwin, Ethel L.	18 Mar 1908	5:114
Irwin, Frank	18 Aug 1873	1:222
Irwin, Jane	04 Apr 1869	1:44
Irwin, Wm. J.	01 Mar 1895	3:107
Isaac, Minnie	09 Sep 1903	4:111
Isaac, W.	15 Nov 1874	1:222
Isabel, Lai	09 Oct 1881	1:222
Isabel, Ralph Louis	17 Feb 1899	4:111
Isbell, Rose	16 Jun 1898	4:111
Isbelle, Mary	26 Feb 1885	2:94
Isenger, Adolph	23 Dec 1881	1:222
Isham, John George	09 Jun 1901	4:111
Isham, Marie	14 Feb 1897	4:111
Isham, Sarah	11 Feb 1904	4:111
Isherwood, Lillie E.	27 Aug 1875	1:222
Ishler, Robert	07 Jun 1902	4:111
Isley, Henry C.	29 Sep 1903	4:111
Isley, Mildred	10 Feb 1907	5:114
Isom, Mary	19 Apr 1885	2:94
Isom, Nettie A.	19 Jan 1888	2:94
Itts, David	25 Oct 1878	1:224
Iumberg, Christina	01 Aug 1868	1:18
Iverson, Bersheba	25 Sep 1900	4:111
Ivinski, Stella	12 Jun 1902	4:111
Iziekanski, Mary	07 Nov 1896	4:111
Jablonski, Stanilaw	02 Jun 1897	4:117
Jabush, Louis	03 Nov 1871	4:115
Jack, Fred'k M.	17 Oct 1895	1:230
Jack, Hedney	21 Jul 1892	3:112
Jack, Henry	03 Oct 1895	2:99
Jack, Henry	12 Nov 1907	3:112
Jacker, Henry	28 Jun 1874	5:120
Jacklin, John	05 Jun 1876	1:230
Jackman, Agnes	05 Jun 1876	1:232
Jackman, Ann	17 Dec 1876	1:232
Jackman, Lillie M.	07 Aug 1886	2:96
Jackman, Lillie M.	27 Sep 1886	2:96
Jackman, Mary	16 Dec 1880	1:234
Jackman, Sarah Ann	20 Mar 1869	1:38
Jackman, Thomas	26 Dec 1870	1:230
Jackmann, Sarah Franzis	24 Jul 1879	1:234
Jacks, Naomi	03 Jun 1897	4:115
Jackson, Albert	10 Apr 1893	3:111
Jackson, Andrew J.	14 Apr 1864	1:230
Jackson, Benj.	21 Jul ---	1:234
Jackson, Benjamin	29 Jun 1887	2:97
Jackson, Bertha	13 Dec 1903	4:119
Jackson, Bessie	13 Oct 1893	3:111
Jackson, Carrie	16 Apr 1892	2:99
Jackson, Catherine	23 Mar 1899	4:116
Jackson, Clayton	25 Apr 1887	2:96
Jackson, E. Thomas	06 Mar 1880	1:234
Jackson, Edwin	01 Feb 1885	2:96
Jackson, Edwin	30 Jan 1907	5:120
Jackson, Elijah	25 Oct 1904	5:118
Jackson, Eliza	23 Nov 1873	1:230
Jackson, Eliz'th	16 Oct 1876	1:232
Jackson, Eveline	17 Nov 1900	4:116
Jackson, Frederick	23 Nov 1903	4:119
Jackson, Geo. R.	25 Jul 1901	4:117
Jackson, George	15 Nov 1894	3:112
Jackson, Helen	12 Feb 1873	1:230
Jackson, James	14 Jul 1899	4:116
Jackson, Jane	16 Aug 1875	1:232
Jackson, John	12 Oct 1908	5:121
Jackson, John	25 Aug 1906	5:119
Jackson, John H.	12 Oct 1908	5:120
Jackson, Mary	24 Jan 1908	5:120
Jackson, Mary	26 Jan 1908	5:119
Jackson, Mary	30 Oct 1879	1:234
Jackson, Mary E.	13 Nov 1871	1:230
Jackson, Mary S.	11 Nov 1895	3:112
Jackson, Murrell	09 Jul 1905	5:119
Jackson, Nellie Elizabeth	29 Aug 1901	4:117
Jackson, Rebecca	06 Aug 1904	5:118
Jackson, Robert	09 May 1903	4:119
Jackson, Robert	09 May 1904	5:118
Jackson, s/o John	18 Apr 1902	4:117
Jackson, Thos.	18 Aug 1873	1:230
Jackson, Thos. Jarvis	03 Mar 1900	4:116
Jackson, Walter	24 Mar 1901	4:117
Jackson, William H.	07 Apr 1890	2:98
Jackson, Wilton S.	26 Jun 1886	2:96
Jacob, Anna	13 Feb 1900	4:116

NAME	DATE	V/P
Jacob, Anna Mary	14 Dec 1902	4:117
Jacob, Barnhart	26 Jan 1874	1:230
Jacob, Eva E.	20 Feb 1904	4:118
Jacob, Gustav	13 Feb 1880	1:234
Jacob, Henretta	01 Jun 1889	2:98
Jacob, Joseph	01 Feb 1906	5:119
Jacob, Mable	19 Apr 1904	4:118
Jacob, Marie	14 Dec 1903	4:118
Jacob, Mary	23 Mar 1906	5:118
Jacobe, Peter	10 Aug 1871	1:230
Jacobi, Chas.	27 Apr 1908	5:119
Jacobi, Gertrude	28 Jan 1895	3:119
Jacobi, Gertrude	28 Jan 1895	3:111
Jacobi, John	16 Sep 1880	1:234
Jacobi, John J.	20 Nov 1898	4:115
Jacobi, Joseph	10 Sep 1887	2:97
Jacobi, Leo John	28 Nov 1895	3:112
Jacobi, Maggie	27 Aug 1876	1:232
Jacobi, Mary	04 Jul 1873	1:230
Jacobi, Mary	20 Sep 1880	1:234
Jacobi, Otto	28 Apr 1893	3:111
Jacobi, Peter	18 Dec 1897	4:115
Jacobonski, Mary	07 Jul 1886	2:96
Jacobs, Almira W.	19 Nov 1904	5:118
Jacobs, Arthur	07 Jan 1894	3:111
Jacobs, Bertha	14 Jan 1896	3:112
Jacobs, Chester F.	18 Dec 1898	4:115
Jacobs, Christoph	21 Aug 1904	5:118
Jacobs, Daniel E.	24 Dec 1908	5:121
Jacobs, Eda	25 May 1890	2:98
Jacobs, Emily	16 Aug 1873	1:230
Jacobs, Emory	07 Jul 1872	1:230
Jacobs, F.L.	15 Aug 1908	5:121
Jacobs, Felice	08 Feb 1907	5:119
Jacobs, Front	07 Aug 1899	4:116
Jacobs, G.G.	15 Aug 1882	1:234
Jacobs, George	18 Aug 1874	1:232
Jacobs, Gustof	06 Jun 1877	1:232
Jacobs, Hetwig	12 May ---	2:98
Jacobs, Inf/o Henry	12 Mar 1896	3:89
Jacobs, J.	16 Jul 1905	5:118
Jacobs, John J.	25 Dec 1906	5:119
Jacobs, Joseph	01 Feb 1906	5:118
Jacobs, Joseph	17 Apr 1875	1:232
Jacobs, Kittie	02 Jul 1872	1:230
Jacobs, Lavinia A.	06 Mar 1902	4:117
Jacobs, Louisa	16 Jul 1893	3:111
Jacobs, M. Louis	02 Apr 1906	5:118
Jacobs, Maria	13 Sep 1903	4:118
Jacobs, Mary	13 Jul 1895	3:112
Jacobs, Mary	30 Mar 1878	1:232
Jacobs, Susan J.	10 Aug 1877	1:232
Jacobs, Verna	02 Aug 1907	5:120
Jacobs, Victor	04 Aug 1885	2:96
Jacobs, William	06 Jan 1887	2:96
Jacobus, Blanche	14 Apr 1893	3:111
Jacoby, Gertrude	11 Aug 1902	4:117
Jacoby, Harvey Francis	13 Feb 1902	4:117
Jacoby, Infant	27 Jul 1877	1:232
Jacoby, John M.	03 Sep 1889	2:97
Jacoby, John Marcus	31 Dec 1902	4:117
Jacoby, Mary	13 Mar 1891	2:98
Jacoby, P.M.	30 Jan 1906	5:118
Jacoby, Peter	27 Feb 1903	4:117
Jacoby, Peter M.	30 Jan 1906	5:118
Jacoby, Rosa	05 Jan 1886	2:96
Jacoby, Rosina	08 Jan 1904	4:118
Jacquot, Arther	20 Nov 1890	2:98
Jaeackie, Eva	14 Apr 1894	3:112
Jaech, Willam	12 Sep 1897	4:115
Jaechs, Emile	26 Jun 1888	2:97
Jaeck, Amelia	29 Jun 1908	5:120
Jaeck, Helena	13 Sep 1906	5:119
Jaeck, us	11 Sep 1907	5:120
Jaeck, Wladislawa	20 Oct 1908	5:121
Jaeger, Conrad	05 Apr 1894	3:111
Jaehn, Lillie A.B.	26 Jan 1902	4:117
Jaessing, Freddie	27 Dec 1874	1:232
Jaessing, Lewis C.	15 May 1903	4:118
Jaessing, Minnie	23 Dec 1874	1:232
Jaffe, d/o Simon	16 May 1894	3:111
Jaffe, Neta	03 Apr 1894	3:111
Jager, Carl	22 Aug 1887	2:97
Jagodzinski, Anthony	01 Mar 1890	2:98
Jagodzinski, Anthony	03 Mar 1900	4:116
Jagodzinski, Joseph	11 Jul 1904	5:118
Jagodzinski, Joseph	17 Sep 1899	4:116
Jagto, Mike	13 Jun 1893	2:99
Jagus, Christian	18 Nov 1903	4:118
Jahn, August	24 Nov 1908	5:121
Jahn, John Fred	07 Feb 1892	2:99
Jahns, Rudolph	22 Feb 1896	3:112
Jakecarski, Charles	17 Sep 1894	3:112
Jakosky, Carolina	23 Sep 1889	2:98
Jalinski, Ellen	29 Jan 1894	3:111
Jaloph, Joseph	10 Dec 1907	5:120
Jamerson, John	28 May 1896	4:115
James, Albertus	21 Aug 1906	5:119
James, Cora May	27 Mar 1900	4:116
James, George S.	07 Dec 1891	2:98
James, Jimmie	12 Jul 1891	2:98
James, Martha	07 Jan 1907	5:119
James, Martha	08 Jan 1907	5:119
James, Mary Delia	03 Feb 1895	3:111
James, Milton Leroy	23 Jan 1901	4:116
James, Robert	01 Jul 1892	2:99
James, Wilber	01 Oct 1907	5:120
Jameson, Ellsworth	04 Apr 1908	5:121
Jameson, Wm.	27 Jan 1886	2:96
Jamison, Abram S.	25 Oct 1883	1:234
Jamison, John	28 Aug 1875	1:232
Jammerson, Elizabeth	06 Aug 1896	4:115
Janas, G.	22 Apr 1901	4:117
Janas, Stephen	03 May 1903	4:118
Jancoski, Chas.	13 Mar 1895	3:111
Janczak, Michael	24 Feb 1906	5:118
Jandan, Emil	05 Apr 1907	5:120
Jandro, Julia	18 Jan 1896	3:112
Janes, Kittie	04 Aug 1893	3:111
Janicki, Nick	30 Oct 1906	5:119
Janicki, Stefan	10 Jun 1906	5:119
Janisewiki, Joseph	15 Dec 1894	3:112

NAME	DATE	V/P
Janiseyewski, Andy	16 Sep 1895	3:112
Janiski, Vincent	10 Jul 1890	2:98
Janiszeski, Nicodemus	Aug 1902	4:118
Jankawski, Infant	10 Aug 1907	5:120
Janke, August	20 Mar 1908	5:120
Janke, Norma	06 Aug 1906	5:119
Janke, Rose	09 Sep 1908	5:121
Jankorski, Frank	20 May 1884	2:96
Jankoski, Mary	15 Apr 1885	2:96
Jankosky, Annas	02 Sep 1889	2:98
Jankowska, Michael	15 Feb 1900	4:116
Jankowske, Peter	03 Jul 1895	3:112
Jankowske, Stephen	02 Dec 1900	4:117
Jankowski, Alvis	27 Jun 1890	2:98
Jankowski, Belnedik	07 Apr 1905	5:118
Jankowski, Infant	11 Jul 1895	3:112
Jankowski, Mary	06 Jun 1901	4:117
Jankowski, Michael	10 Sep 1897	4:115
Jankowski, Pauline	08 Dec 1903	4:118
Jankowski, Wladislaw	07 Sep 1908	5:121
Janky, Fred	04 Nov 1903	4:118
Janky, Frieda	12 Nov 1903	4:118
Janneson, Benj.	04 Sep 1871	1:230
Janney, Edna Evelyn	23 May 1901	4:117
Janney, Robert S.	06 Dec 1890	2:98
Janowetzki, Joseph	30 Jun 1900	4:116
Janowiak, Kastansia	03 Feb 1903	4:118
Janowicki, Anton	30 Nov 1907	5:120
Janowski, Leonard	16 Apr 1908	5:120
Jans, Maud	07 Nov 1894	3:112
Jaquett, Elvira	13 Aug 1896	4:115
Jaqusch, Anne	12 Jan 1902	4:117
Jarchow, Frederick	08 Feb 1894	3:111
Jarchow, Inf/o Henry	11 Oct 1886	2:96
Jarchow, Maria	09 Apr 1902	4:118
Jarchow, Mrs.	16 Mar 1902	4:117
Jarchow, Sophia	31 Jan 1885	2:96
Jardezewski, Carl	18 Jun 1902	4:117
Jargaoski, Vinist	18 Jul 1894	3:112
Jarinski, Salanija	31 Oct 1899	4:116
Jarkosky, Anlonia	07 May 1889	2:98
Jaroski, Jos.	08 Jun 1901	4:117
Jarrett, Gertrude	30 Aug 1886	2:97
Jarrett, Harry Allen	25 Dec 1888	2:97
Jarrett, Lillie May	12 Dec 1888	2:97
Jarrett, Mary A.	05 Dec 1890	2:98
Jarschow, Fred	18 Jul 1897	4:115
Jarshow, Frederick	03 Feb 1894	3:111
Jarvis, Charles	10 May 1894	3:111
Jarvis, Freddie	26 Oct 1877	1:232
Jarvis, Hulda M.	28 Jan 1902	4:117
Jarvis, James R.	19 Jul 1898	4:115
Jarvis, Mamie	27 Nov 1893	3:111
Jarvis, Marginio A.	28 Sep 1868	1:24
Jarvis, Nellie	05 Mar 1893	2:99
Jarvis, s/o Chas. R.	27 Oct 1893	3:111
Jarvis, Walter	24 Nov 1908	5:120
Jarwech, John	29 Jun 1896	3:112
Jarynkowske, Wadyslaw	20 Jul 1895	3:112
Jarzynski, Cherlow	16 May 1899	4:116
Jasckoski, Artas	06 Aug 1894	3:112

NAME	DATE	V/P
Jashous, George	29 May 1889	2:97
Jasinski, P. Katherine	08 Jul 1908	5:121
Jaska, Martin	24 Nov 1905	5:118
Jaskalski, Valentine	08 Aug 1907	5:119
Jassen, Auther A.	15 Feb 1895	3:111
Jassing, Charlotte	06 Nov 1907	5:119
Jassinsky, Stanislaus	---	2:98
Jast, Dora	12 Dec 1894	3:111
Jastrzewski, Gregory	25 Sep 1903	4:118
Java, Paul	21 Jan 1891	2:98
Jawarski, Andrew	01 Aug 1908	5:121
Jay, Avis Alvina	31 Dec 1883	1:234
Jay, Infant	30 May 1891	2:98
Jay, Minnie E.	19 Apr 1892	2:99
Jay, Theodore D.	17 Apr 1903	3:111
Jayne, Adam, Jr.	19 Jan 1872	1:230
Jazawiek, Tade	12 Nov 1896	4:115
Jazwiecka, Mary	20 Apr 1902	4:117
Jazwiecki, Mary	17 Apr 1903	4:118
Jeatmore, Louis	23 Oct 1897	4:115
Jedzecazak, James	12 Apr 1897	4:115
Jefferds, John F.	19 Jun 1905	5:118
Jeffers, Inf/o John	12 Nov 1875	1:232
Jeffers, John	07 Nov 1887	2:97
Jeffers, Joseph	14 Nov 1893	3:111
Jeffers, Mary J.	28 Jan 1891	2:98
Jeffers, Minerva	01 Dec 1893	3:111
Jefferson, Harriett	22 Jan 1887	2:96
Jefferson, Laura	29 Nov 1908	5:121
Jefferson, Robert Wash.	28 Nov 1888	2:97
Jefferson, Rollin C.	03 Dec 1908	5:121
Jefferson, Rollin C.	04 Dec 1908	5:121
Jefferson, Thomas	30 Mar 1888	2:97
Jeffery, Frank	04 Apr 1888	2:97
Jeffery, Fred C.	20 Sep 1890	2:98
Jeffery, Thos.	13 Mar 1905	5:118
Jeffrey, Gertrude A.	21 Jul 1877	1:232
Jeffrey, Henry M.	22 Aug 1886	2:96
Jeffrey, Wm. H.	20 Mar 1895	3:111
Jeffries, Berton G.	04 Jan 1886	2:96
Jeffries, d/o Cora	29 Jan 1886	2:96
Jeffries, Guy A.	12 Sep 1887	2:97
Jeffries, Susan M.	04 Mar 1888	2:97
Jeffrion, Joseph	10 Apr 1887	2:96
Jeffrion, Omar	11 Aug 1887	2:97
Jeffry, Edith Delamont	23 May 1878	1:232
Jeiher, John	Feb 1887	2:96
Jelleff, Alfred M.	10 Dec 1898	4:115
Jellkovske, Infant	10 Nov 1891	2:98
Jelps, Adelaide	31 Mar 1885	2:96
Jenison, Chas. V.	09 Jan 1893	2:99
Jenkins, Chas.	19 Sep 1896	4:115
Jenkins, Evelena	25 Feb 1870	1:52
Jenkins, John Henry	14 Nov 1906	5:119
Jenkins, Mary Ellen	14 Nov 1903	4:118
Jenkins, Thomas	10 May 1908	5:121
Jenkins, William	28 Dec 1908	5:120
Jenks, Charlotte	1871	1:230
Jenks, William	27 Jan 1906	5:118
Jenne, Anna Marie	15 Jun 1907	5:120
Jenne, Edna R.	24 Jul 1902	4:118

NAME	DATE	V/P
Jenne, Harvey C.	15 Feb 1890	2:98
Jenne, Matt	07 Jan 1884	1:234
Jenney, Chauncy	09 Oct 1903	4:119
Jenney, Lucia A.	09 Jun 1905	5:119
Jenning, Frederick	27 Mar 1881	1:234
Jenning, Helen	01 May 1899	4:116
Jenning, John	06 Oct 1870	1:230
Jenning, John	28 Nov 1898	4:115
Jenning, Mary A.	29 Aug 1905	5:118
Jenning, Ronald	06 Aug 1900	4:116
Jennings, Arthur Darrell	18 Mar 1902	4:117
Jennings, Burt	16 Sep 1908	5:121
Jennings, Della	03 Dec 1907	5:119
Jennings, Elmira	08 Jul 1894	3:112
Jennings, Emma	23 Apr 1896	4:115
Jennings, Frank J.	08 Mar 1890	2:97
Jennings, Henrietta	03 Sep 1868	1:22
Jennings, Laura	30 Apr 1903	4:118
Jennings, Laura, Mrs.	20 Apr 1902	4:117
Jennings, Luella	27 Jan 1888	2:97
Jennings, Marcel	19 Apr 1903	4:119
Jennings, Marel	19 Apr 1902	4:118
Jennings, Ricka, Mrs.	17 Mar 1898	4:115
Jennings, Thomas	01 Oct 1878	1:232
Jennings, Thomas	11 Mar 1893	2:99
Jennings, William	28 Aug 1902	4:118
Jennison, Caroline	15 Jun 1871	1:230
Jennison, Margaretta	17 Jun 1890	2:98
Jense, Daniel	09 Mar 1881	1:234
Jensen, Aug.	29 Dec 1892	2:99
Jensen, Emma	16 Jun 1893	3:111
Jensen, Josephine Caroline	19 Mar 1900	4:116
Jensen, Vernon G.	19 Nov 1906	5:119
Jenson, Antony J.	19 Dec 1889	2:97
Jenson, Lida	10 Dec 1908	5:121
Jenson, William	04 Aug 1907	5:120
Jenson, William	28 Mar 1895	3:111
Jenssen, Anne E.H.	17 Dec 1878	1:232
Jenssen, Henry	26 Feb 1908	5:120
Jensy, Rufus	14 Jan 1905	5:118
Jentzen, Ernest	22 Oct 1904	5:118
Jentzen, Rose	28 Jan 1905	5:118
Jerkins, Carrie A.	12 May 1886	2:96
Jermain, Frances D.	21 Aug 1905	5:118
Jern, Moses	20 Feb 1876	1:232
Jerome, Isabella Lavina	05 Oct 1907	5:119
Jerome, John W.	10 Jul 1890	2:98
Jervice, Catherine	26 Sep 1888	2:97
Jervis, Ephiram	22 Feb 1904	4:118
Jeshup, Fredie	04 Sep 1905	5:118
Jeska, John William	14 Dec 1903	4:118
Jessup, Abram	06 Dec 1877	1:232
Jessup, Infant	22 May 1904	5:118
Jetter, John	03 Nov 1897	4:115
Jetzen, Harry	27 Mar 1905	5:118
Jetzloff, Martha C.	09 Jan 1897	4:115
Jewel, Alma Ruth	07 Oct 1907	5:119
Jewel, Samuel	03 Nov 1907	5:119
Jewell, d/o William J.	20 Jul 1898	4:115
Jewell, Floyd H.	14 Aug 1892	2:99
Jewell, J.H.	17 Nov 1903	4:118
Jewell, Susan	27 Nov 1891	2:98
Jewson, Frances	06 Feb 1906	5:118
Jewson, Hannah	23 Jul 1904	5:118
Jgnasyak, Anna	11 Dec 1895	3:112
Jingler, Elizabeth	19 May 1902	4:118
Jinhoff, George	25 Aug 1873	1:230
Jinkins, Elinore F.	17 Jul 1871	1:260
Jinkins, Elmore F.	17 Jul 1871	1:230
Jinkins, Ida M.	25 Aug 1887	2:97
Jitz, Rinehold O.	11 Dec 1902	4:118
Jnizyle, Fred	25 Sep 1908	5:121
Job, Charles B.	17 Sep 1884	2:96
Job, Lawrence	01 Jan 1877	1:232
Jochlin, Amanda Mag.	20 Dec 1904	5:118
Jockett, Harvey	09 Jun 1905	5:118
Jockett, Nellie Marion	04 May 1890	2:98
Jodoin, Marcesse	01 Jan 1889	2:97
Joehlin, George Jakole	22 Jan 1904	4:118
Joehlin, John	09 Jun 1906	5:119
Joehn, Albert	30 May 1903	4:119
Joehring, Nicholas	26 Jul 1877	1:232
Joffa, Phillip	16 Sep 1885	2:96
Johan, Christian	20 Mar 1882	1:234
Johlenski, Mary	24 Oct 1907	5:120
Johlin, Alma Catherine	02 Sep 1890	2:98
Johlin, Alma Katharine	05 Jul 1907	5:119
Johlin, August	26 Nov 1905	5:119
Johlin, Carl Frederick	02 Dec 1889	2:97
Johlin, Carl Frederick	04 Feb 1900	4:116
Johlin, Fred	04 Aug 1890	2:98
Johlin, Geo. Fred	20 Dec 1885	2:96
Johlin, Jacob	12 Jan 1883	1:234
John, Anna	17 Sep 1886	2:96
John, Charles	01 Mar 1885	2:96
John, Conrad	01 Dec 1898	4:116
John, Harry	May 1888	2:97
John, Michael	06 May 1899	4:116
John, Ophelia	10 Dec 1904	5:118
John, Peter A.	07 Apr 1904	4:119
John, Theo.	02 Sep 1903	4:118
John, Victoria	18 Oct 1886	2:96
Johns, Albert	20 Mar 1886	2:96
Johns, Clara Bell	29 Dec 1898	4:115
Johns, Cora	07 Apr 1906	5:119
Johns, Edith C.	07 Feb 1901	4:117
Johns, Emil	09 Jan 1906	5:118
Johns, Henry	28 Nov 1907	5:120
Johns, Louis	04 Jan 1906	5:119
Johns, Louis	11 Feb 1899	4:115
Johns, Rudolph	22 Feb 1896	3:112
Johnson, A.J., Mrs	18 Mar 1903	4:117
Johnson, Abraham	17 Apr 1875	1:232
Johnson, Albert	21 Apr 1907	5:120
Johnson, Albert	27 Apr 1903	4:118
Johnson, Albert	29 Jan 1905	5:118
Johnson, Alf. I.	12 Jun 1885	2:96
Johnson, Almena	20 Mar 1869	1:34
Johnson, Amelia	28 Feb 1883	1:234
Johnson, Angel	02 Feb 1870	1:52
Johnson, Angeline	08 Feb 1888	2:97

NAME	DATE	V/P	NAME	DATE	V/P
Johnson, Anna	13 May 1905	5:118	Johnson, Lester R.	28 Aug 1873	1:230
Johnson, Anna R.	14 Oct 1884	2:96	Johnson, Lettie	15 Sep 1876	1:232
Johnson, Asa O.	10 Nov 1902	4:118	Johnson, Lillie	05 May 1891	2:98
Johnson, Bell Lottie	09 Mar 1894	3:111	Johnson, Lilly	11 May 1874	1:232
Johnson, Bessie	22 May 1889	2:98	Johnson, London	21 Aug 1888	2:97
Johnson, Blanche C.	08 Mar 1888	2:97	Johnson, Louis	10 May 1891	2:98
Johnson, Caroline M.	22 Apr 1898	4:115	Johnson, Louisa	07 Oct 1884	2:96
Johnson, ch/o Henry	08 Sep 1868	1:22	Johnson, Louise	23 Nov 1901	4:117
Johnson, Charles	13 Jan 1888	2:97	Johnson, Loyd	22 Feb 1906	5:118
Johnson, Charles	30 Jun 1908	5:120	Johnson, Lucy F.	31 Dec 1877	1:232
Johnson, Charles B.	07 Jun 1907	5:120	Johnson, Lucy M.	09 Sep 1897	4:115
Johnson, Charles J.	24 Apr 1904	5:118	Johnson, Lyman H., Mrs.	29 Mar 1901	4:116
Johnson, Charlotte	04 Nov 1908	5:121	Johnson, Mable Clorana	13 Jan 1901	4:116
Johnson, Chas. Raymond	07 Jul 1900	4:116	Johnson, Mamie	20 Oct 1892	2:99
Johnson, Chris	26 Aug 1903	4:118	Johnson, Mamie	22 Mar 1887	2:97
Johnson, Clara	12 Sep 1908	5:121	Johnson, Margaret G.	11 Oct 1870	1:230
Johnson, Clara	27 Jul 1900	4:116	Johnson, Margie	15 Apr 1874	1:232
Johnson, d/o Lottie	15 Oct 1907	5:120	Johnson, Marie E.	01 Feb 1905	5:118
Johnson, David	01 Jan 1908	5:120	Johnson, Martha	03 Aug 1891	2:98
Johnson, David	28 Nov 1887	2:97	Johnson, Mary	10 Apr 1894	3:111
Johnson, Delbert	17 Dec 1896	4:115	Johnson, Mary	26 Feb 1907	5:119
Johnson, Delbert D.	07 Nov 1880	1:234	Johnson, Mary C.	11 Aug 1885	2:96
Johnson, E.S.	11 Aug 1869	1:44	Johnson, Mary E.	25 Apr 1890	2:98
Johnson, Ebecca	11 Mar 1902	4:117	Johnson, Mary E.	25 Feb 1890	2:97
Johnson, Ed	24 Oct 1907	5:120	Johnson, Mary Louisa	20 Nov 1893	3:111
Johnson, Eliza C.	21 Aug 1894	3:111	Johnson, May	24 May 1879	1:234
Johnson, Elizabeth	11 Jun 1900	4:117	Johnson, Michael	06 May 1899	4:116
Johnson, Ella	28 May 1908	5:121	Johnson, Naomi G.	10 Oct 1899	4:116
Johnson, Ellen Nora	21 Mar 1879	1:232	Johnson, Nettie	18 Jun 1871	1:230
Johnson, Emily	09 Feb 1896	3:112	Johnson, Olive	16 Aug 1905	5:118
Johnson, Emily	09 Feb 1896	3:64	Johnson, Otto	26 Feb 1902	4:117
Johnson, Emma	27 Feb 1903	4:118	Johnson, Peter H.	04 Oct 1881	1:234
Johnson, Flora L.	12 Apr 1884	2:96	Johnson, Phoebe S.L.	01 Apr 1909	5:121
Johnson, Francis W.	07 Jun 1903	4:118	Johnson, Prosper	21 Dec 1906	5:119
Johnson, George	05 Jan 1879	1:232	Johnson, Ralph J.	15 Jan 1899	4:116
Johnson, Gerdie	27 Sep 1878	1:232	Johnson, Sam	25 Mar 1903	4:117
Johnson, Harriet	21 Apr 1887	2:96	Johnson, Samuel	08 Sep 1902	4:118
Johnson, Harriet N.	28 Nov 1902	4:117	Johnson, Sarah D.	01 Dec 1886	2:96
Johnson, Hazel	22 Jan 1902	5:119	Johnson, Silas M.	15 Mar 1891	2:98
Johnson, Helen	15 Mar 1903	4:118	Johnson, Sophia	03 Mar 1894	3:111
Johnson, Henry	01 Jul 1888	2:97	Johnson, Sophia	23 Sep 1874	1:232
Johnson, Henry P.	07 Sep 1872	1:230	Johnson, Squire Donald	31 Oct 1903	4:118
Johnson, Ida D.	03 Oct 1881	1:234	Johnson, Stephen	07 Oct 1899	4:116
Johnson, Irwin	14 Jun 1893	3:111	Johnson, Thomas B.	30 Jul 1902	4:117
Johnson, Isabella	11 Apr 1900	4:116	Johnson, Tillam C.	29 Dec 1906	5:119
Johnson, Jacob K.	28 Dec 1901	4:117	Johnson, Unknown	25 Jul 1886	2:96
Johnson, James	20 Nov 1867	1:42	Johnson, William	30 Jun 1871	1:230
Johnson, James L.	20 Nov 1867	1:38	Johnson, William S.	23 May 1877	1:232
Johnson, Jane	06 May 1883	1:234	Johnson, Willie	07 Dec 1887	2:97
Johnson, Jane	12 Aug 1903	4:119	Johnson, Willie	20 Apr 101	4:117
Johnson, Jasper E.	05 Oct 1899	4:116	Johnson, Wm.	07 Jul 1890	2:98
Johnson, Johanna	14 Apr 1881	1:234	Johnson, Wm.	08 Nov 1895	3:112
Johnson, Johanna	14 Dec 1874	1:232	Johnson, Wm.	23 Jan 1873	1:230
Johnson, John	20 Jul 1896	4:115	Johnson, Wm.	30 May 1901	4:117
Johnson, John	30 Jan 1888	2:97	Johnson, Wm. A.	10 Jul 1886	2:96
Johnson, John Lewis	11 Mar 1873	1:230	Johnson, Wm. A.	15 Oct 1885	2:96
Johnson, John N.	10 Feb 1894	3:111	Johnson, Wm. S.	07 Aug 1895	3:112
Johnson, Joseph	20 Apr 1907	5:120	Johnston, Anna	08 Nov 1884	2:96
Johnson, Josiah	23 Mar 1906	5:118	Johnston, Anna	23 Mar 1908	5:120
Johnson, Kathrina	21 Apr 1882	1:234	Johnston, Catherine	23 Jul 1907	5:120
Johnson, Lambert I.	26 Sep 1887	2:97	Johnston, Chas.	24 Sep 1898	4:115

NAME	DATE	V/P
Johnston, Geo. Calion	12 Dec 1888	2:97
Johnston, George	19 Apr 1908	5:120
Johnston, Gracy M.	18 Feb 1873	1:230
Johnston, James H.	24 Dec 1888	2:97
Johnston, John	16 Aug 1879	1:234
Johnston, Lillian J.	16 Nov 1908	5:120
Johnston, Lucretia A.	03 Mar 1902	4:117
Johnston, May E.	06 Jun 1886	2:96
Johnston, Milton	29 Jul 1903	4:119
Johnston, Stephen	02 Mar 1872	1:230
Johnston, Thomas	22 Dec 1906	5:119
Johnston, Will F.	30 Jan 1892	2:98
Johnston, Wm. A.	06 Apr 1889	2:97
Johnstone, Mary	14 Nov 1893	3:111
Joice, d/o Andrew Cortle	08 Jan 1907	5:119
Jonas, Christopher	25 Nov 1888	2:97
Jonas, Frank	26 Aug 1898	4:116
Jonas, Franziska	15 Oct 1897	4:115
Jonas, Louis	05 Jul 1891	2:98
Jonas, Ludairs	30 ---	2:98
Jonas, Martin	05 Nov 1896	4:115
Jonas, Stanislaus	31 Aug 1893	3:111
Jonder, Jennie	27 Mar 1903	4:118
Jondro, Louis	23 Feb 1904	4:118
Jondro, Sophronia	27 Mar 1904	4:118
Jones, A.R., Mrs.	15 Sep 1906	5:119
Jones, Albert	20 Mar 1885	2:96
Jones, Alice C.	31 Aug 1895	3:112
Jones, Allen	04 Feb 1900	4:116
Jones, Amanda	23 Aug 1873	1:230
Jones, Amos	02 Feb 1872	1:230
Jones, Anna	01 Apr 1893	3:111
Jones, Anna	10 Mar 1893	2:99
Jones, Anna	29 Nov 1902	4:118
Jones, Asbury	17 Jul 1904	4:119
Jones, Ave Alice	01 Oct 1871	1:230
Jones, Bernice Hattie	09 Dec 1891	2:98
Jones, Burtress	14 Apr 1868	1:12
Jones, C., Mrs.	16 Aug 1906	5:119
Jones, Catherine	10 Apr 1889	2:97
Jones, Catherine Elizabeth	26 Aug 1902	4:117
Jones, Charles	30 Oct 1896	4:115
Jones, Chas. H.	21 Dec 1898	4:115
Jones, Clarissa	08 Jul 1872	1:230
Jones, Conrad	14 Jul 1888	2:97
Jones, Dana	03 May 1893	3:111
Jones, David	21 Oct 1875	1:232
Jones, Dennis	15 Apr 1869	1:58
Jones, Dora	26 Nov 1900	4:116
Jones, E., Mrs.	08 Aug 1905	5:118
Jones, Earl C.	27 Feb 1899	4:116
Jones, Elijah	12 Feb 1879	1:232
Jones, Ellen	08 Jul 1905	5:119
Jones, Ellen	12 Feb 1877	1:232
Jones, Evalena	15 Apr 1899	4:116
Jones, Franklin A.	17 Mar 1888	2:97
Jones, Frederick A.	08 Feb 1873	1:230
Jones, Geo.	01 Nov 1880	1:234
Jones, Geo. H.	05 May 1895	3:112
Jones, George	03 Apr 1889	2:97
Jones, Georgia Beatrice	17 Feb 1900	4:116
Jones, Gracie	20 Jul 1891	2:98
Jones, Harder M.	16 May 1872	1:230
Jones, Hazel Edna	28 Jul 1892	2:99
Jones, Humphry	22 Jan 1891	2:98
Jones, I.B., Mrs	03 Mar 1908	5:120
Jones, Ivoar	25 Jun 1903	4:119
Jones, J.O., Mrs.	27 Jun 1908	5:120
Jones, James J.	19 Apr 1904	5:118
Jones, James P.	17 Mar 1888	2:97
Jones, Jennie	19 Jul 1890	2:98
Jones, Johanna	05 Oct 1906	5:119
Jones, John M.	20 Feb 1878	1:232
Jones, Jos.	22 Jul 1883	1:234
Jones, Julia	22 Jul 1896	4:115
Jones, Julius L.	06 Jul 1900	4:117
Jones, K., Mrs	23 Dec 1903	4:118
Jones, Kate	23 Dec 1903	4:119
Jones, Lester L.	16 Jan 1899	4:115
Jones, Lottie	01 Aug 1896	4:115
Jones, Louise	10 Oct 1907	5:120
Jones, Lulie E.	10 Mar 1892	2:98
Jones, Magdalena A.	15 Oct 1899	4:116
Jones, Magdaline	01 Nov 1875	1:232
Jones, Martha	29 Nov 1903	4:119
Jones, Mary	08 May 1906	5:119
Jones, Mary A.	09 Mar 1901	4:117
Jones, Mary A.	27 Apr 1898	4:115
Jones, Mary Marcela	07 Dec 1902	4:118
Jones, Mary, Mrs.	01 Aug 1907	5:120
Jones, Monroe	27 Sep 1886	2:96
Jones, Olin H.	08 May 1904	4:119
Jones, Raymond J.	24 Jan 1904	4:118
Jones, Samuel M.	12 Jul 1904	5:118
Jones, T.T.	15 Nov 1907	5:120
Jones, Vera	15 Oct 1898	4:115
Jones, Walter E.	02 Mar 1906	5:119
Jones, William	10 Jul 1900	4:116
Jones, William	18 Feb 1870	1:230
Jones, Wm.	21 Jan 1894	3:111
Jones, Wm. Barton	16 Aug 1873	1:230
Jones, Wm. Washington	30 May 1892	2:99
Jonkowski, Sylvester	24 May 1884	2:96
Jons, George	12 Apr 1908	5:121
Jonsen, Harry Arthur	13 Mar 1890	2:98
Jonson, Helen	15 Mar 1903	4:118
Joplin, Criptina	18 Apr 1879	1:234
Jordan, Alexander	19 Jun 1900	4:116
Jordan, Alonzo A.	01 Mar 1897	4:115
Jordan, Edmund	17 Apr 1898	4:115
Jordan, Elizabeth	25 May 1872	1:230
Jordan, Mary Sophia	23 Jan 1901	4:116
Jordan, Susan	08 Nov 1869	1:44
Jordon, Joseph B.	14 Mar 1900	4:116
Josehause, Frederick C.	30 Jul 1903	4:118
Joseman, Emil R.	30 Jun 1899	4:116
Josenhaus, Frederick	30 Jul 1903	4:119
Josenhaus, Mrs.	01 Feb 1888	2:97
Joseph, d/o Jesse	06 Sep 1891	2:98
Joseph, Henry	30 Dec 1886	2:96
Joseph, Jessie	21 Jul 1908	5:120

NAME	DATE	V/P	NAME	DATE	V/P
Joseph, Jessie	26 Jul 1908	5:121	Justice, Edward	06 Mar 1881	1:234
Josephstain, Max	16 Aug 1901	4:117	Justice, Nathan	17 Apr 1908	5:120
Josweak, Frank	02 Sep 1898	4:115	Justice, Wm.	20 Dec 1894	3:111
Joy, Benjamin W.	18 Jan 1875	1:232	Justin, Elizabeth	06 Jan 1903	4:117
Joy, Leon	27 Jan 1906	5:118	Justin, John Joseph	22 Apr 1899	4:116
Joyce, Esther A.	29 Apr 1890	2:98	Justin, Josephine	03 Apr 1885	2:96
Joyce, Kate	16 Apr 1895	3:112	Juzwiak, Della	01 Nov 1897	4:115
Judge, Anna	03 Aug 1899	4:116	Kachanawski, Katy	06 Sep 1897	4:125
Judge, Annie	02 Jan 1901	4:117	Kachele, Erma	05 Oct 1900	4:129
Judge, Annie	14 Jan 1892	2:98	Kachenmeister, Herbert	23 Aug 1907	5:131
Judge, Bridget	13 Nov 1895	3:112	Kachenmeister, Walter	21 Jan 1892	2:109
Judge, Edward*	08 Oct 1882		Kachenmiester, Harold	23 Jul 1898	4:126
Judge, Ellen	14 Mar 1877	1:232	Kachinmester, Myrtle	05 Aug 1895	3:121
Judge, Jessie G.	07 Jun 1904	5:118	Kackamister, Minnie	04 Oct 1902	4:133
Judge, John	03 Nov 1895	3:112	Kackamister, Minnie	04 Oct 1902	4:133
Judge, John	16 Aug 1877	1:232	Kackemeister, John A.W.	14 Jan 1898	4:124
Judge, Mary	02 Mar 1877	1:232	Kaczato, Joseph	02 May 1902	4:133
Judge, Sarah Ann	25 Jun 1879	1:234	Kaczmarek, John	20 Jun 1905	5:127
Judge, Vernon A.	04 Jul 1903	4:118	Kaeck, d/o Theodore	02 Sep 1893	3:118
Judkins, Chas.	02 Oct ---	1:234	Kaecker, Christ.	12 Mar 1892	2:100
Judkins, Henry Ross	04 Sep 1868	1:22	Kaefer, Anna Virginia	31 Jul 1894	3:119
Judkins, Inf/o A.C.	24 Jan 1868	1:8	Kaefer, John, Jr.	13 Jan 1907	5:129
Judson, Anna B.	09 Aug 1901	4:117	Kaefer, Maria Agnes	23 Aug 1898	4:126
Judson, Blanche	22 Jan 1908	5:119	Kaeker, ch/o Chris*	02 Jan 1883	
Judson, Gurdon A.	15 Feb 1886	2:96	Kaelin, Emma	27 Oct 1889	2:106
Judson, Harriet A.	17 Feb 1874	1:230	Kaelin, Josephine	02 Nov 1880	1:250
Judson, Mary	28 Aug 1908	5:121	Kaelin, Josephine	12 Mar 1899	4:126
Judson, Mary Ann Rach.	02 Jan 1901	4:116	Kaelin, Louisa A.	02 Mar 1881	1:250
Judson, Sylvania Mills	18 Feb 1905	5:118	Kaenig, Geo. Wm.	14 Jun 1895	3:120
Juhasz, John	20 May 1905	5:119	Kaeniske, Adam	25 Oct 1895	3:120
Juhnke, Julius	13 Dec 1902	4:117	Kaepfer, Joseph Ernest	15 Dec 1884	2:102
Juhuka, Ammil T.	27 Mar 1898	4:115	Kaerlink, Rev.	12 Jan 1892	2:109
Juhuke, Alverue T.	06 Dec 1897	4:115	Kaermurer, S.	19 Jun 1892	2:99
Juhuke, Walter T.	25 Dec 1897	4:115	Kaerter, Amelia	09 Oct 1879	1:248
Julian, Lew	03 Oct 1900	4:117	Kaesser, Eliz'th	06 Mar 1877	1:244
Julis, Lena	03 Oct 1908	5:120	Kafflin, Henry	23 Nov 1868	1:26
Julius, Arnold	23 Jul 1899	4:116	Kafflin, John B.	05 Jun 1895	3:120
Julius, Herman	18 Oct 1902	4:118	Kaghle, Louis	16 Oct 1892	2:100
Julius, Lizzie	29 Dec 1893	3:111	Kahafiza, Agatha	09 Sep 1891	2:101
Julius, Minnie	14 Jun 1895	3:112	Kahan, Nellie	04 Jun 1874	1:242
Julius, Regina	01 Jan 1894	3:111	Kahenmeister, Emery	14 Dec 1894	3:119
Jullesdorf, Louise	09 May 1906	5:119	Kahl, Arnold	18 Nov 1900	4:129
Jump, Gertrude	17 Feb 1906	5:119	Kahl, Clarence	21 Dec 1896	4:124
Jung, Annie E.	16 Nov 1890	2:98	Kahl, Frederica	04 May 1892	2:99
Jung, Catherine B.	20 Feb 1906	5:118	Kahl, George	30 Oct 1889	2:106
Jung, Charles	03 Dec 1908	5:121	Kahl, Inf/o Jno.	06 Nov 1868	1:26
Jung, Chas.	09 Jul 1873	1:230	Kahl, Louisa	09 Nov 1880	1:248
Jung, Floriana	27 Feb 1874	1:230	Kahle, Anna	18 Oct 1896	4:123
Jung, Harry	10 Jun 1908	5:120	Kahle, Caroline	03 Aug 1899	4:128
Jungbluth, Eliza	05 Apr 1870	1:230	Kahle, Dora M.	15 May 1896	4:123
Jungblutt, Carl A.	16 Jan 1886	2:96	Kahlenberg, Anna	03 Mar 1898	4:125
Junghens, Herman*	12 Apr 1882		Kahler, Toney	28 Nov 1894	3:119
Junk, Augustus	30 Aug 1904	5:118	Kahlo, Anna	18 Oct 1896	4:123
Junker, Lela Bell	10 Apr 1888	2:97	Kahlo, Annie	14 Jun 1892	2:99
Junkert, Johanna	27 Dec 1902	4:118	Kahlo, Infant	03 Jun 1884	2:102
Jury, A.C., Miss	11 May 1902	4:117	Kahlo, Dora M.	15 May 1896	4:123
Just, Aurelia M.	19 Sep 1878	1:232	Kahlo, Franklin	19 Dec 1891	2:109
Just, Ferdinand F.	05 Sep 1871	1:230	Kahlo, Herman D.	24 Feb 1894	3:117
Just, Louisa	22 Mar 1889	2:97	Kahlo, Orvill E.	27 Nov 1889	2:106
Just, Rob't F.	01 Apr 1870	1:46	Kahn, Fredrich	29 Jul 1895	3:120
Justen, John Peter	22 Apr 1892	2:99	Kahn, Louise	28 Jan 1894	3:118

NAME	DATE	V/P
Kahne, Margret	17 May 1897	4:124
Kaicher, Anna R.	28 Jul 1875	1:242
Kaighlin, Myrtle	15 Jan 1903	4:133
Kaijawa, Constantine	21 Sep 1895	3:121
Kailey, James B.	09 Jul 1885	2:102
Kaill, John	24 Nov 1892	2:100
Kain, Geo. W.	23 Oct 1871	1:238
Kain, Inf/o Wm.	17 Aug 1886	2:104
Kaiprzak, John	09 Oct 1894	3:119
Kairl, Charles	28 Feb 1907	5:131
Kairy, Hattie	05 May 1908	5:134
Kaiser, Charles	27 Dec 1907	5:132
Kaiser, Chas.	20 Mar 1869	1:34
Kaiser, Ella	07 Feb 1903	4:288
Kaiser, Emilie F.	11 Sep 1880	1:250
Kaiser, Frances	28 Dec 1890	2:107
Kaiser, Frank	27 Dec 1897	4:125
Kaiser, George	01 Jun 1905	5:129
Kaiser, Gertrude E.	21 May 1904	5:126
Kaiser, Henry	27 Jul 1873	1:242
Kaiser, Henry	28 Jun 1908	5:134
Kaiser, Henry	29 Nov 1902	4:133
Kaiser, Henry, Jr.	15 Nov 1903	4:289
Kaiser, Herbert Norman	02 Sep 1908	5:133
Kaiser, John	21 Oct 1905	5:128
Kaiser, Joseph	01 Jan 1894	3:118
Kaiser, Lenora Margurete	14 Oct 1908	5:133
Kaiser, Louis	25 Apr 1884	2:102
Kaiser, Maria	08 Mar 1891	2:108
Kaiser, Martin	20 Dec 1877	1:246
Kaiser, Robert	06 Dec 1893	3:118
Kajitamak, John	20 Apr 1899	4:127
Kajkannatik, Clara	05 Jan 1908	5:132
Kaker, Laura	27 Dec 1894	3:119
Kakncenske, Loraine	04 Apr 1894	3:119
Kalafiasz, Kaiser	28 Mar 1904	4:289
Kalb, Mary	25 Jul 1886	2:103
Kaldenback, George	10 Sep 1896	4:123
Kale, John M.	04 Jun 1888	2:105
Kale, Margaret E.	21 Feb 1869	1:32
Kaley, David	18 Jul 1908	5:133
Kaley, Joseph	16 Sep 1870	1:238
Kalka, Bertie	Mar 1880	1:250
Kalka, Clara	15 Apr 1908	5:133
Kalling, Lonis	08 Jun 1894	3:118
Kallmeyer, s/o Fred	29 Oct 1897	4:125
Kallmmier, Fred	15 Mar 1904	5:126
Kallogh, Edda	08 Jan 1891	2:101
Kallow, Wm.	30 Jan 1888	2:104
Kallpeasz, Kattie	03 Dec 1891	2:101
Kaloran, Maurice	28 Jan 1868	1:8
Kalp, Sarah	13 Jan 1895	3:121
Kalquest, Cecelia	05 Sep 1900	4:129
Kalquest, Gertrude	20 Sep 1900	4:129
Kalsey, Stella	20 Mar 1884	2:102
Kaltenmark, Gallus	06 Jan 1889	2:105
Kaltenmark, Mary Ewing	08 Jun 1907	5:131
Kaltenmat, Eva	08 May 1874	1:242
Kalthoff, Frederick	28 Dec 1896	4:124
Kalyk, George	23 Oct 1895	3:120
Kambal, Rob't	07 Mar 1877	1:244
Kamekowski, s/o John	17 May 1896	4:123
Kamfer, Mary L.	19 Nov 1889	2:107
Kaminski, Jose.	20 Jan 1894	3:119
Kaminski, Polly	04 Feb 1902	4:130
Kamke, Ellen M.	12 Apr 1898	4:126
Kammiski, Ed.	13 Dec 1893	3:118
Kamp, Sadie	13 Oct 1893	3:118
Kamper, C. Herman	12 Oct 1900	4:130
Kamper, Casper	22 Feb 1901	4:130
Kamper, Pauline	01 Oct 1903	4:288
Kampfert, Bertha	18 Jun 1877	1:246
Kampfert, Charles	20 Aug 1901	4:131
Kams, John	12 Apr 1908	5:134
Kanary, John	25 Apr 1895	3:121
Kanaval, M.	01 Oct 1880	1:250
Kanczal, Antonia	27 Jul 1897	4:125
Kane, Catherine	02 Oct 1891	2:109
Kane, Chas.	22 Aug 1885	2:102
Kane, Clarence	14 Feb 1891	2:108
Kane, Cornelius	20 Jun 1870	1:238
Kane, Dora Cecelia	27 Jan 1892	2:109
Kane, Edw'd	17 Jun 1900	4:129
Kane, Jeremiah	26 Sep 1889	2:107
Kane, Julia	21 Feb 1888	2:105
Kane, Kate	26 Jun 1893	3:117
Kane, Margareth	06 Nov 1906	5:130
Kane, Mary	13 Jun 1896	4:124
Kaneary, John	28 Sep 1889	2:106
Kaner, Joseph	21 Jan 1879	1:246
Kanfman, John	24 Apr 1888	2:105
Kania, Pauline	25 Jul 1904	5:126
Kaniatkonski, Adam	10 May 1905	5:127
Kaniatkonski, George	24 Jun 1905	5:127
Kanisal, Melchar	14 Sep 1894	3:119
Kanke, Wilma	06 Feb 1903	4:288
Kann, Thomas	04 Sep 1874	1:242
Kansarka, Wm.	13 Feb 1905	5:127
Kantarszak, Tekla	06 Oct 1895	3:121
Kanter, Delia	02 Dec 1891	2:109
Kanter, William	16 Mar 1907	5:130
Kanty, Daniel	08 Sep 1877	1:244
Kanyan, Catherine A.	09 Aug 1892	2:100
Kanz, Salina C.	01 Jun 1894	3:118
Kanzeal, Wladylow	03 Sep 1907	5:132
Kao, John	13 May 1893	3:117
Kapdur, Vincent	24 Oct 1902	4:133
Kaperz, John	Sep 1905	5:129
Kapff, Theodore	21 Mar 1892	2:109
Kapp, Amelia	29 Dec 1895	3:120
Kapp, Catharine	19 Apr 1873	1:240
Kapp, Fannie	01 Mar 1879	1:246
Kapp, John Geo.	31 Aug 1875	1:242
Kapp, Peter	19 Mar 1902	4:131
Kappess, Agatha	02 Jul 1886	2:103
Kappus, Stephen	13 Mar 1895	3:118
Kaptur, Victoria	13 Nov 1899	4:128
Karalewska, Ludwig	25 Jun 1896	3:121
Karamal, Nefar	25 Mar 1906	5:128
Karamol, John	10 Sep 1908	5:134
Karamol, Stanislawa	30 May 1908	5:134
Karbowick, Staphan	04 Jul 1907	5:132

NAME	DATE	V/P
Karczewski, Valentine	30 Jan 1895	3:121
Kardos, Mikler	23 Feb 1904	4:289
Karfunski, Leo	19 Jan 1903	4:132
Karg, Louise	28 Sep 1903	4:289
Karge, Bertha	20 Jan 1881	1:250
Karky, John	28 Feb 1907	5:129
Karl, Annie	02 Jan 1901	4:129
Karl, Mina	20 Oct 1893	3:118
Karl, Theresia	26 Nov 1894	3:118
Karlen, Cora M.	01 Nov 1894	3:118
Karltarp, Allen K.	04 May 1892	2:100
Karm, Martha J.	08 Apr 1890	2:108
Karm, Walter F.	22 Apr 1890	2:108
Karmel, Louisa	27 Mar 1899	4:126
Karmey, Gnat.	28 Dec 1894	3:118
Karn, Henry	12 Mar 1884	1:252
Karn, Thomas	30 Oct 1907	5:131
Karne, Bertha	16 May 1880	1:250
Karney, Charles	30 Sep 1889	2:106
Karnikowski, Ernest	06 Oct 1903	4:288
Karnis, Anna N.	26 May 1904	5:126
Karns, Anna	20 Dec 1900	4:129
Karo, Emil Hinirick	28 Aug 1894	3:119
Karp, s/o F. Charles	21 Feb 1897	4:123
Karpinski, Stanislaus	13 Jul 1908	5:133
Karpp, Flonce	15 Jul 1898	4:125
Karpp, John Jacob	08 Sep 1885	2:102
Karpp, Peter	18 Mar 1902	4:132
Karr, Nathan	12 Feb 1871	1:240
Karr, Sarah Electa	20 Feb 1874	1:240
Karrno, Margrata	04 Jan 1908	5:133
Karsdorf, Gustave	07 May 1876	1:244
Karten, Charles	01 Apr 1872	1:240
Kasch, Annie H.	08 Jun 1895	3:120
Kasdorf, Johanna	07 Jul 1899	4:127
Kase, S., Mrs.	03 Jan 1902	4:131
Kaseman, Ernest K.	Mar 1898	4:125
Kash, Albert	16 Oct 1899	4:128
Kashnick, Elsie	26 Mar 1905	5:127
Kasler, Alfred	18 Mar 1901	4:130
Kasmann, Leo Joseph	19 Jul 1907	5:131
Kasmatka, Wladyslan	11 Aug 1908	5:133
Kasnbeak, Victoria	28 Feb 1899	4:126
Kasper, Barbe	02 Dec 1901	4:132
Kasper, Mathias	10 Jul 1892	2:101
Kasprzyk, Andreas	12 Dec 1904	5:126
Kassay, Michael	20 Aug 1899	4:127
Kasser, Jacob	21 May 1878	1:246
Kassh, Reke	03 Feb 1908	5:132
Kasson, Inf/o R.W.	24 Mar 1880	1:248
Kasta, Geneva	28 Oct 1891	2:109
Kasten, Chas.	31 May 1887	2:104
Kaszmierski, Victoria	27 Nov 1895	3:121
Katafiasz, Charles	09 Jan 1903	4:133
Katafiasz, John	03 Feb 1898	4:125
Katafiaz, Felix	26 Nov 1906	5:130
Katafucy, Harry	07 Dec 1892	2:99
Katfiasz, Wm.	26 Feb 1891	2:108
Katisuas, Edward	20 Jun 1901	4:132
Katke, Charles	19 Feb 1891	2:108
Katona, Joseph	06 Mar 1908	5:133

NAME	DATE	V/P
Katsche, Elizabeth	03 Mar 1904	5:127
Katschke, Bertha	07 Mar 1898	4:125
Katschke, Henry	02 Dec 1907	5:131
Katschke, Louise	04 May 1904	5:127
Katschke, Martha	13 Oct 1900	4:130
Katscka, August	15 Nov 1898	4:127
Katscka, Bertha	11 Dec 1898	4:127
Kattenbach, Anna	24 Dec 1897	4:124
Kattenbach, Geo. H.	29 Jul 1898	4:126
Kattenmark, Mary	20 Sep 1899	4:127
Katzenmayer, Michael	18 Feb 1896	3:120
Katzmmeyer, Peter	07 Oct 1908	5:134
Kauffman, Jennie	21 Dec 1906	5:130
Kaufman, Elizab.	11 May 1890	2:107
Kaufman, Fannie T.	18 May 1885	2:102
Kaufman, Fred.	04 Jan 1894	3:118
Kaufmann, Louisa	14 Apr 1897	4:125
Kauker, William F.	11 Sep 1898	4:126
Kaulfman, Henry	29 Oct 1904	5:127
Kaull, M.W.	05 Jul 1901	4:131
Kaupholtz, Fred G.	10 Mar 1904	4:289
Kauster, Caroline	02 Feb 1906	5:128
Kautz, Arthur	03 Aug 1897	4:124
Kautz, Henry	01 Feb 1908	5:132
Kautz, Walter	22 Jun 1898	4:126
Kauzletter, Horatio	28 Aug 1908	5:134
Kavathski, Michael	15 Sep 1906	5:129
Kavauagh, Mich. D.	11 Aug 1868	1:18
Kavier, Andrew	23 Dec 1906	5:129
Kawalinzki, Stanislap	27 Dec 1907	5:132
Kawathowiski, M.	06 Feb 1894	3:118
Kawlswska, Franz	24 Jan 1896	3:121
Kay, Alexander	27 Aug 1906	5:130
Kay, Catharine	11 Apr 1893	3:117
Kay, Inf/o Phenias	23 Jul 1872	1:240
Kay, Nellie	15 Nov 1872	1:240
Kay, Wm. Clarence	18 Aug 1902	4:288
Kayler, Romanus	18 Jul 1896	4:123
Kaysa, John	10 Sep 1900	4:129
Kayser, Frank	29 Oct 1890	2:108
Kazbark, Helen	23 Dec 1893	3:118
Kazyzaniak, Andrew	22 Jul 1894	3:119
Keachell, Barbara	17 Sep 1870	1:238
Keagan, J.A.	05 Jul 1908	5:133
Keagan, Joseph	06 Nov 1887	2:104
Keagan, Wm.	11 Sep 1871	1:240
Keahn, Addalia	16 Oct 1873	1:240
Keal, Frederick	28 Feb 1869	1:32
Keal, M.V.	16 Sep 1895	3:120
Kean, Edward M.	02 Jun 1899	4:126
Kean, Latta	29 Oct 1891	2:109
Kean, Michael	22 May 1888	2:105
Kean, Thomas	30 Oct 1907	5:132
Keanns, John	08 Sep 1884	2:102
Kear, John J.	12 Jan 1908	5:132
Kearne, Jones	27 Feb 1872	1:238
Keating, Bridget	24 Sep 1907	5:132
Keating, Edney	05 Jan 1891	2:108
Keating, Johanna	20 Nov 1885	2:102
Keating, Josiah	24 Jul 1872	1:240
Keating, Mary	12 Jan 1888	2:104

NAME	DATE	V/P	NAME	DATE	V/P
Keating, Thomas	18 Jan 1890	2:106	Kehl, Mary	30 Aug 1894	3:119
Keating, Wm.	10 Jun 1868	1:14	Kehle, Anton	14 Apr 1901	4:130
Keck, Gotlieb	21 Mar 1876	1:242	Kehle, John	28 Mar 1904	4:288
Keck, Gotliep	21 Mar 1876	1:244	Kehn, Dora	22 Jan 1896	3:120
Keck, Katie	21 Sep 1892	2:101	Kehoe, Margaret	27 Sep 1905	5:129
Keck, Katy	21 Sep 1892	2:101	Kehoe, Mary	13 May 1905	5:128
Kedish, Mary	10 Mar 1899	4:126	Kehoe, Mary	25 Jan 1870	1:56
Kedrowicz, Amelia	12 Aug 1901	4:131	Kehoe, Moses	28 Apr 1897	4:125
Keedmann, Martin*	25 Apr 1880		Kehoe, Thomas	20 Jan 1904	4:289
Keef, John	06 May 1888	2:105	Kehoe, Wm. Thos.	02 Jan 1903	4:133
Keef, Normie	10 Apr 1906	5:130	Kehor, William	24 Sep 1889	2:106
Keefe, George	14 Jan 1901	4:130	Kehr, George	18 Jan 1882	1:252
Keefe, John Patrick	29 Nov 1893	3:117	Kehrman, Harry G.	13 Jun 1885	2:102
Keefe, Julia Ella	29 Jan 1905	5:126	Keifer, Charles	20 Sep 1898	4:126
Keefe, Martin	02 Feb 1900	4:128	Keifer, Henry Michael	18 Aug 1894	3:118
Keefe, Mary	27 Mar 1887	2:103	Keifer, John	13 Jan 1907	5:130
Keefe, Thos.	11 Jan 1880	1:250	Keifer, Joseph	07 Dec 1900	4:128
Keefe, William	14 Jul 1899	4:128	Keifer, Louis	22 Oct 1895	3:120
Keefer, Abraham	07 Dec 1889	2:106	Keifer, Rownena	04 Jun 1901	4:132
Keefer, Aloertie	07 Nov 1886	2:103	Keiger, Fred L.	21 Jan 1889	2:105
Keefer, George	17 Aug 1906	5:131	Keihn, Lucetta Laura	07 Mar 1900	4:127
Keefs, Louisa	19 Dec 1907	5:132	Keil, Alice	15 Mar 1900	4:128
Keegan, Agnes	01 Aug 1899	4:128	Keil, August W.	09 Nov 1898	4:125
Keegan, Mary	09 Jan 1905	5:126	Keil, Chas. Aug.	15 Nov 1902	4:133
Keegan, William H.	19 Jan 1878	1:246	Keil, Conrad C.	13 Apr 1892	2:100
Keeler, Adaline	13 Jul 1880	1:250	Keil, Harold Paul	03 Aug 1902	4:133
Keeler, Anna	10 Dec 1891	2:109	Keil, Henry	20 Mar 1899	4:126
Keeler, E. Richard	30 Dec 1892	2:101	Keil, John	23 Mar 1889	2:105
Keeler, Frances	20 Mar 1899	4:125	Keil, Josephine A.	04 Dec 1903	4:121
Keeler, Hannah	06 Dec 1893	3:117	Keil, Julia	29 Jan 1903	4:132
Keeler, Jeremiah	12 Mar 1869	1:34	Keil, Lawrence	25 Jun 1889	2:106
Keeler, Lillie	14 Aug 1908	5:134	Keil, Magdeline	11 Nov 1906	5:129
Keeler, Mable	01 Mar 1880	1:248	Keil, Margaret	24 Jun 1894	3:118
Keeler, Mary E.	17 Sep 1889	2:106	Keil, Margrett	24 Jun 1894	3:118
Keeler, Salmon Hull	03 Apr 1892	2:100	Keil, Mary Anna	22 Oct 1888	2:105
Keeler, Sam'l J.	11 Jan 1869	1:28	Keil, Regina	30 Mar 1869	1:36
Keeler, Sarah A.	06 Aug 1880	1:250	Keil, Regina	30 Mar 1869	1:2
Keeler, Susan	31 Dec 1891	2:109	Keil, Thomas	23 Aug 1879	1:248
Keeley, Webster	15 Feb 1895	3:119	Keillish, Lizzie	15 Nov 1891	2:109
Keelish, Geo.	28 Nov 1885	2:103	Keim, Christian	26 Dec 1903	4:289
Keen, Dudley M.	13 Feb 1886	2:102	Keim, Emma	17 Mar 1903	4:133
Keen, Henrietta M.	03 Jun 1904	5:126	Keimishe, Francis	07 Jan 1886	2:102
Keen, Josie	11 Nov 1891	2:109	Kein, Henry	30 May 1895	3:120
Keen, Rosa	03 Dec 1893	3:117	Keiner, John	13 Aug 1878	1:246
Keen, Rose	23 Dec 1896	4:123	Keiogh, Patrick	06 Apr 1890	2:107
Keenan, Joseph F.	23 Sep 1893	3:117	Keip, Catherine	29 Mar 1892	2:109
Keenan, Patrick	08 Jul 1908	5:133	Keip, Gustav J.	26 Jul 1875	1:244
Keenan, Patrick	30 Dec 1902	4:133	Keip, Gustavus	24 Mar 1897	4:123
Keener, Christena	14 Oct 1903	4:121	Keip, John Joseph	10 Aug 1878	1:246
Keener, Elizabeth	18 Jul 1905	5:129	Keip, John W.	16 Dec 1908	5:134
Keener, Evelina Clair	01 Nov 1906	5:129	Keip, Joseph	29 Oct 1871	1:238
Keener, Geo. Adam	11 Dec 1898	4:125	Keip, Julia	12 Oct 1880	1:250
Keener, George A.	05 Sep 1904	5:126	Keip, Maria Josephine	06 Feb 1898	4:125
Keener, Nellie	23 Apr 1900	4:129	Keip, Marie K.	16 Dec 1895	3:120
Keener, Sarah	22 Aug 1908	5:134	Keip, Mary	25 Sep 1876	1:244
Kefeler, Dora	23 Nov 1893	3:117	Keip, Mathias	28 Mar 1900	4:128
Kegan, John	04 Jul 1874	1:242	Keipe, Grace	04 Mar 1893	2:101
Kegan, Martin	26 Oct 1892	2:101	Keipke, Berge	22 Oct 1907	5:132
Kegernes, Margaret	10 Dec 1898	4:126	Keir, Felix	22 Oct 1908	5:129
Kegly, Michael	02 Feb 1875	1:242	Keirens, Waid	23 Jan 1906	5:129
Kehl, Anton	07 Nov 1898	4:126	Keiser, Albert	01 Nov 1871	1:240

NAME	DATE	V/P	NAME	DATE	V/P
Keiser, Alvis Alex	19 Oct 1889	2:106	Keller, Josiah	07 Oct 1900	4:130
Keiser, Catharine	15 Feb 1873	1:240	Keller, Lena	31 May 1895	3:120
Keiser, Charles	20 Mar 1869	1:46	Keller, Leona Christina	30 Sep 1903	4:288
Keiser, Henry	20 Sep 1904	5:126	Keller, Leroy	10 Jul 1900	4:129
Keiser, Peter N.	12 Feb 1897	4:123	Keller, Lola May	28 May 1905	5:128
Keiser, William	1871	1:240	Keller, Louis H.J.	11 Feb 1888	2:104
Keissler, Inf/o Jno. Jac.	04 Oct 1889	2:106	Keller, Louis J.	07 Feb 1894	3:117
Keist, Ida Prenner	13 Nov 1901	4:131	Keller, Louise	20 Feb 1905	5:126
Keiten, Henry	27 Mar 1869	1:34	Keller, Margareth	30 Jul 1901	4:131
Keith, Alfred	14 Aug 1893	3:117	Keller, Maria	28 Jul 1895	3:121
Keith, Carline	15 Sep 1898	4:126	Keller, Mary	08 Dec 1892	2:101
Keith, Eugene	04 Feb 1897	4:123	Keller, Mary	16 Sep 1896	4:124
Keith, Frances	08 Jun 1900	4:130	Keller, Mary	31 Jul 1888	2:105
Keith, John	09 Aug 1903	4:289	Keller, Mary G.	01 May 1899	4:127
Keith, Mamey	17 May 1893	3:117	Keller, Sarah A.	18 Feb 1898	4:125
Keith, Nicholas	27 May 1882	1:252	Kellerman, John	24 Jan 1897	4:124
Keith, William	27 Mar 1902	4:131	Kellermeyer, Magdelana	11 Mar 1891	2:108
Keitholtz, Arthur P.	28 Feb 1897	4:124	Kellermeyer, Mike	06 Aug 1897	4:124
Kekeler, Lavinia P.	26 Dec 1884	2:102	Kelley, Anna	29 Apr 1871	1:240
Kelaher, Ellen	---	1:250	Kelley, C.W.	29 Mar 1898	4:125
Kelb, Clara Maria	10 Jan 1877	1:244	Kelley, Carlotta	01 Sep 1888	2:105
Kelb, Henry C.	19 Oct 1904	5:126	Kelley, Catharine	18 Oct 1873	1:242
Kelker, Mary A.	06 Jun 1891	2:109	Kelley, Child	---	1:18
Kell, George	12 Jun 1908	5:134	Kelley, Dennis	08 Sep 1908	5:133
Kellanan, Miinnie	20 Mar 1879	1:248	Kelley, Edward	21 Aug 1868	1:20
Kellar, Jacob	02 May 1888	2:105	Kelley, Elisa	1908	5:133
Kellar, Lavange B.	14 Jul 1893	3:117	Kelley, Elizabeth	17 Oct 1905	5:128
Kellar, Lena	04 Aug 1896	4:123	Kelley, Ellen	13 Nov 1884	2:102
Kellemeyer, Mag.	05 Oct 1881	1:250	Kelley, Ellen	18 Apr 1902	4:130
Kellenberger, Inf/o J.	27 Jun 1868	1:14	Kelley, Fred Hubble	25 Nov 1892	2:100
Keller, Aaron	22 Oct 1887	2:104	Kelley, Gear	11 Mar 1908	5:132
Keller, Adam	16 May 1907	5:131	Kelley, H. Michael	22 Jan 1873	1:240
Keller, Andrew	06 Jun 1902	4:288	Kelley, Infant	05 Sep 1893	3:118
Keller, Andrew	29 Oct 1907	5:132	Kelley, James	18 Oct 1873	1:242
Keller, Anton	14 Apr 1901	4:131	Kelley, James	28 Jun 1892	2:100
Keller, Antony	31 Jul 1895	3:120	Kelley, James	31 Dec 1891	2:109
Keller, Arthur	21 Oct 1893	3:117	Kelley, Joe	29 Aug 1892	2:99
Keller, Arthur	23 Jul 1890	2:107	Kelley, John	18 Jul 1872	1:240
Keller, Barbra	14 Jun 1889	2:106	Kelley, John	20 Aug 1905	5:128
Keller, Bertha C.	04 Jan 1887	2:103	Kelley, John J.	29 Dec 1890	2:107
Keller, Charles	21 Feb 1904	4:121	Kelley, Josephine	25 May 1894	3:119
Keller, Chas. Otto	05 Jul 1875	1:242	Kelley, Julia	21 Jan 1896	3:120
Keller, Christian	07 Oct 1901	4:131	Kelley, Laura	06 Aug 1893	3:117
Keller, Christian	15 May 1890	2:107	Kelley, Lawrence	28 Jul 1908	5:133
Keller, Elizabeth	03 Jun 1872	1:240	Kelley, Lawrence B.	11 Nov 1906	5:131
Keller, Elizabeth	1871	1:240	Kelley, Louise	11 Dec 1879	1:248
Keller, Eva, Mrs.	25 Apr 1877	1:244	Kelley, Maggie	03 Aug 1874	1:242
Keller, Francis John	09 Apr 1888	2:105	Kelley, Maggie	18 Oct 1873	1:242
Keller, Fred	19 Apr 1885	2:103	Kelley, Marion M.	24 Jul 1875	1:244
Keller, Frederick C.	01 Jul 1907	5:132	Kelley, Mary	14 Jan 1887	2:103
Keller, George	30 Sep 1880	1:250	Kelley, Mary	17 Sep 1871	1:240
Keller, Hariett	16 Jun 1890	2:106	Kelley, Mary	25 Jan 1891	2:108
Keller, Harry E.C.	21 Oct 1903	4:289	Kelley, Mary J.	13 Oct 1874	1:242
Keller, Henry H.	20 Jan 1902	4:132	Kelley, Michael	23 Feb 1877	1:244
Keller, Ida K.	10 Nov 1889	2:106	Kelley, Nellie L.	06 Dec 1891	2:109
Keller, Jacob	07 Mar 1903	4:288	Kelley, Peter	02 Jan 1891	2:107
Keller, Jacob	18 Jul 1892	2:101	Kelley, Scott H.	09 Aug 1905	5:127
Keller, Jacob	30 Aug 1892	2:100	Kelley, Theodore D.	05 Feb 1893	2:100
Keller, James H.	30 Jan 1882	1:250	Kelley, Thomas	16 Apr 1895	3:120
Keller, John	03 Jan 1893	2:100	Kelley, Thomas	18 Feb 1904	4:289
Keller, John N.	04 Apr 1892	2:100	Kelley, Thomas	26 Mar 1871	1:238

NAME	DATE	V/P	NAME	DATE	V/P
Kelley, William	18 Sep 1905	5:128	Kemp, Mamie	27 Oct 1900	4:130
Kelley, Wm.	21 Jan 1902	4:131	Kemp, Ole	26 Mar 1871	1:238
Kelling, Anna	02 Feb 1904	4:288	Kemp, Sarah A.	22 Jul 1894	3:119
Kellog, Edward	11 Mar 1881	1:250	Kemper, Louisa	17 Jan 1897	4:123
Kellogg, Clara E.	05 Feb 1900	4:127	Kemper, Mary	14 Oct 1868	1:24
Kellogg, Edward	11 Mar 1881	1:250	Kempf, Ulrich	13 Aug 1900	4:128
Kellogg, Gaylord J.	24 Dec 1880	1:250	Kemrue, Catharine	12 Mar 1879	1:246
Kellogg, Harvey E.	06 Sep 1874	1:242	Kenady, Rosina	21 Nov 1892	2:101
Kellogg, Harvy	20 Jan 1898	4:124	Kenan, Mary	29 Nov 1895	3:121
Kellogg, J.G.	22 Jul 1899	4:127	Kenan, Michael	25 Nov 1887	2:103
Kellogg, James H.	02 Sep 1890	2:108	Kenan, Sarah	09 Jan 1879	1:246
Kellogg, John T.	03 Jan 1893	2:99	Kenchemeister, Martha	13 Jun 1896	4:123
Kellogg, Martha	25 Aug 1880	1:250	Kendall, Geo.	29 Mar 1877	1:244
Kellogg, Minor K.	18 Feb 1889	2:105	Kendeigh, Cornelia	21 Aug 1901	4:132
Kellogg, Oscar	02 Nov 1906	5:130	Kendevater, Clara	24 Sep 1907	5:132
Kelly, Bertha	26 Jan 1874	1:242	Kendiegh, Bertha	15 Sep 1895	3:121
Kelly, Bridget	16 Jun 1877	1:246	Kendiegh, Harry	30 Sep 1895	3:121
Kelly, Catherine	22 Apr 1888	2:105	Kenedy, John	08 Jun 1875	1:242
Kelly, ch/o Daniel	25 Jun 1877	1:246	Keneff, Jacob	13 May 1908	5:134
Kelly, Dennis	02 Aug 1908	5:133	Kener, Ada*	05 Aug 1882	
Kelly, Dennis	14 May 1878	1:246	Kener, Daniel	1887	2:104
Kelly, Edward	22 Aug 1868	1:20	Kener, Freda	23 Mar 1879	1:246
Kelly, Emma	25 Jan 1907	5:130	Kener, Gustavus	15 Oct 1868	1:24
Kelly, Frank	25 Aug 1901	4:131	Keney, Danial M.	26 Apr 1902	4:130
Kelly, James	13 May 1877	1:246	Kengie, Anna	08 Aug 1899	4:128
Kelly, Jno.	04 Dec 1901	4:131	Kennedy, Avey	07 Nov 1895	3:120
Kelly, Jno.	28 Feb 1902	4:131	Kennedy, Bildad B.	17 Jan 1873	1:240
Kelly, John	10 Jan 1894	3:117	Kennedy, Catharine	30 Sep 1868	1:24
Kelly, John	21 Nov 1868	1:2	Kennedy, Chas. H.	06 Feb 1902	4:132
Kelly, Joseph	23 Jun 1900	4:130	Kennedy, Edward	02 Mar 1888	2:104
Kelly, Josephine Elizabeth	29 Mar 1903	4:133	Kennedy, Ellen	23 Aug 1875	1:242
Kelly, Lillian	05 Jan 1874	1:242	Kennedy, Emma J.	26 Mar 1877	1:244
Kelly, Margaret	03 Mar 1871	1:238	Kennedy, Esther	09 Jun 1902	4:133
Kelly, Margret	31 Mar 1894	3:117	Kennedy, Frank	22 Jul 1872	1:240
Kelly, Maria	08 May 1878	1:246	Kennedy, Hattie	06 Oct 1900	4:129
Kelly, Mary	05 Mar 1904	4:288	Kennedy, James	22 Jan 1900	4:128
Kelly, Michael	16 Nov 1872	1:240	Kennedy, James W.	15 Mar 1872	1:238
Kelly, Michael	22 Sep 1902	4:132	Kennedy, Johana	17 Apr 1898	4:126
Kelly, Michael	25 Feb 1869	1:32	Kennedy, Julia	23 Feb 1877	5:129
Kelly, Michel	21 Sep 1890	2:107	Kennedy, Maggie E.	17 Jul 1879	1:248
Kelly, Minerva A.	22 Mar 1904	4:288	Kennedy, Margrett	18 Apr 1891	2:109
Kelly, Nicholas	25 Jul 1873	1:242	Kennedy, Michael F.	23 Feb 1907	5:130
Kelly, Rose	29 Jul 1904	5:127	Kennedy, Samantha A.	17 Apr 1872	1:240
Kelly, Samuel J.	18 Dec 1902	4:133	Kennedy, Theodore	01 Jun 1868	1:60
Kelly, Walter L.	04 Feb 1894	3:117	Kennedy, Theodore D.	01 Jun 1868	1:36
Kelser, Carl August	09 Jan 1889	2:106	Kennedy, Thomas	18 Feb 1889	2:105
Kelsey, Egnis H.	09 Apr 1887	2:104	Kennedy, Timothy	03 Aug 1887	2:104
Kelsey, Eleanor Louisa	25 Feb 1893	2:100	Kennedy, Wm. H.	10 May 1876	1:244
Kelsey, Helen	24 Nov 1893	3:117	Kennel, Joseph	19 Oct 1901	4:131
Kelsey, Ida M.	Aug 1881	1:250	Kennel, Solomon H.	30 Nov 1893	3:117
Kelsey, Joel W.	11 Nov 1903	4:289	Kennesh, Ellen	30 Nov 1880	1:250
Kelsey, Leo	04 Jan 1907	5:129	Kenney, Daniel	28 Mar 1898	4:124
Kelsey, Mary Jane	15 Sep 1891	2:109	Kenney, H.H.	19 Jul 1887	2:105
Kelterman, Minna	23 Mar 1879	1:246	Kenney, Mamie	12 Mar 1897	4:124
Kelting, Helen R.	11 Nov 1889	2:106	Kenney, Margarette	24 Apr 1884	2:102
Kelting, Owen	09 Apr 1900	4:129	Kenney, Michael	08 Dec 1899	4:128
Kember, William	07 Aug 1898	4:126	Kennin, Lawrence	19 Jan 1906	5:127
Kemjski, Mahias	14 Jan 1900	4:127	Kenninger, Albert	03 Dec 1901	4:131
Kemmerling, E.F.	07 Aug 1877	1:246	Kenny, Chas. H.	17 Mar 1903	4:288
Kemp, John	10 Apr 1908	5:134	Kenny, Kate	14 Apr 1895	3:121
Kemp, Lena, Mrs.	19 Jul 1907	5:132	Kenpick, Catharine	01 Jun 1884	2:102

NAME	DATE	V/P	NAME	DATE	V/P
Kenroth, ch/o John	15 Dec 1868	1:28	Kesselring, Edna	21 Mar 1907	5:130
Kenson, Mary A.	14 Sep 1892	2:100	Kessler, Amelia	02 May 1886	2:103
Kenson, Mary A.	14 Sep 1892	2:99	Kessler, Arnold	26 Jun 1900	4:130
Kent, Arthur C.	22 Apr 1897	4:125	Kessler, Friedrich	10 Jul 1880	1:250
Kent, Chas. Edward	22 Mar 1898	4:125	Kessler, Henry	24 Jan 1897	4:125
Kent, Frederick	11 May 1886	2:103	Kessler, Jacob	09 Sep 1901	4:132
Kent, Harold	25 Mar 1886	2:102	Kessler, John	08 Sep 1899	4:127
Kent, Ida	16 Jun 1908	5:132	Kessler, John P.	25 Oct 1884	2:102
Kent, Isaac	08 Mar 1893	2:101	Kessler, Joseph	02 Dec 1893	3:117
Kent, John	05 May 1884	2:102	Kessler, Juliett L.	21 Jul 1897	4:124
Kent, Mabel	08 May 1891	2:101	Kessler, Lizzie	14 Aug 1890	2:108
Kent, Mary S.	25 Feb 1904	4:289	Kessler, Louis	19 Mar 1908	5:131
Kentoff, Otto Julius	03 Mar 1901	4:130	Kessler, Wiley Leroy	17 Jan 1896	3:121
Kenyan, Mabel J.	23 Nov 1898	4:126	Kessling, Edna	21 Mar 1907	5:130
Kenyon, Cornelia M.	21 May 1899	4:128	Kessman, Chas. Wm.	19 Oct 1897	4:125
Kenyon, Edward D.	23 Nov 1877	1:244	Kester, H.L.	03 Nov 1901	4:132
Kenyon, Erasmus	18 Aug 1879	1:248	Kester, Martha	03 Jun 1901	4:132
Kenyon, Geo.	24 Jul 1900	4:129	Kester, Samuel J.	23 Jan 1903	4:133
Kenyon, Henry	18 Jan 1904	4:289	Kestner, Grace C.	05 Mar 1898	4:125
Kenyon, s/o Don F.	06 Apr 1902	4:130	Kestner, Lonsworth L.	20 Feb 1904	4:121
Keoch, Charles	23 Mar 1902	4:132	Kestzieger, Mary	28 Apr 1908	5:133
Keogh, Elizabeth L.	20 Dec 1886	2:104	Ketcham, Anthony	06 Jun 1897	4:124
Keogh, Mary	25 Sep 1897	4:124	Ketcham, Clarence	23 Jan 1890	2:106
Keogh, Nellie	05 Feb 1897	4:123	Ketcham, David	23 Dec 1896	4:123
Keogh, Patrick	06 Apr 1890	2:108	Ketcham, Eva M.	05 Jun 1906	5:131
Keogh, Raymond Edward	09 Oct 1901	4:130	Ketcham, Frank T.	13 Jul 1881	1:252
Keopfer, Frank	08 Oct 1894	3:118	Ketcham, John B.	21 Sep 1897	4:124
Keough, Patrick	03 Dec 1879	1:248	Ketcham, Nellie	30 May 1899	4:128
Keowgh, Wm., Sr.	07 May 1892	2:101	Ketcham, Nicholas T.	26 Sep 1901	4:131
Kerby, Joseph	25 Aug 1908	5:134	Ketcham, Peter	09 Aug 1892	2:100
Kerchille, George*	17 Apr 1882		Ketcham, Rachael M.	27 Sep 1907	5:132
Keriom, Nicholas	15 Nov 1870	1:238	Ketcham, Sarah M.	07 Sep 1898	4:126
Kermey, Susan	26 Jul 1883	1:252	Ketcham, Valentine H.	30 Jul 1887	2:104
Kern, Augusta	17 Dec 1870	1:238	Ketcham, Walter E.	04 Apr 1893	3:117
Kern, Catherine	26 Jan 1903	4:132	Ketchan, Sam'l Sands	21 Jan 1895	3:118
Kern, Florence	04 Mar 1903	4:133	Ketcheny, Mary	14 Jan 1907	5:130
Kern, Geo. Fred	08 Jun 1898	4:126	Kettel, Ernst	02 Nov 1890	2:108
Kern, Gussie	15 Dec 1901	4:130	Kettel, Sovia	19 Dec 1889	2:107
Kern, Jacob	29 Nov 1881	1:250	Kettelman, John	18 Aug 1900	4:130
Kern, Ruth	27 May 1901	4:131	Ketting, Owen G.	09 Apr 1899	4:127
Kernan, Mary	05 May 1873	1:240	Kettle, Bessie Iona	13 Sep 1898	4:125
Kernan, Mary	28 Aug 1870	1:238	Kettle, Louisa	20 Jan 1877	1:244
Kerner, Maria	18 Aug 1868	1:20	Kettner, Louis	18 Sep 1876	1:244
Kernie, Sadie	06 Sep 1903	4:288	Ketzer, Robert	17 Jan 1907	5:132
Kerns, Elisha E.	09 Nov 1907	5:132	Keubler, Ida	14 Jun 1891	2:109
Kerns, Martin	20 Jul 1896	4:123	Kevalkoski, Sarah	07 Sep 1906	5:129
Kerns, Thomas	28 Dec 1894	3:118	Kever, Geo. W.	22 Oct 1908	5:134
Kernton, Frederick	13 Oct 1869	1:48	Kewley, James	02 Apr 1908	5:133
Kerr, Caroline M.	20 Oct 1867	1:36	Key, James F.	---	1:238
Kerruish, John Thomas	26 Dec 1901	4:131	Keyes, Catherine	17 Mar 1903	4:288
Kersal, Isabel Ophelia	07 Mar 1903	5:127	Keyes, Elesabeth	02 Sep 1894	3:119
Kerscher, Frank J.	26 Jun 1902	4:132	Keyley, Joseph	16 Jul 1885	2:103
Kerscher, Frank Joseph	26 Jun 1902	4:132	Keyo, John	14 Dec 1895	3:120
Kerscher, Michael	23 Sep 1902	4:132	Keys, Clara Geneva	26 Oct 1903	4:289
Kerschki, Joseph	27 Sep 1891	2:109	Keys, Elizabeth	18 Dec 1871	1:238
Kerschner, Inf/o Chas.	25 Jan 1872	1:240	Keysans, Anna	04 Dec 1895	3:119
Kersker, Henry	11 May 1892	2:100	Keyser, Inf/o Wm.	31 Aug 1881	1:252
Keshman, Richard	27 Nov 1895	3:121	Keyser, Maggie	12 Apr 1880	1:250
Kesler, Augusta	23 Aug 1869	1:52	Keyser, Maggie	12 Apr 1881	1:252
Kesler, Paulena	07 Feb 1908	5:133	Keysor, C.C.	02 Aug 1888	2:105
Kesling, Bernhard	29 Apr 1903	4:121	Keyt, Ruth Marie	04 Sep 1896	4:123

NAME	DATE	V/P	NAME	DATE	V/P
Kezyeszneak, Mary	23 Apr 1891	2:109	Killinger, Catherine	23 May 1907	5:131
Kibbe, Frank W.	01 Mar 1899	4:126	Killinger, L.O.	21 Jun 1907	5:132
Kibbe, Hyram W.	14 Jul 1884	2:102	Killman, Carl	04 Jan 1868	1:8
Kibbe, Julia Mary	23 Jan 1890	2:106	Kimball, Albert Ira	20 Jul 1879	1:248
Kibbie, Anna	15 Aug 1899	4:128	Kimball, Anna M.	21 Dec 1896	4:123
Kibburtz, Arthur	02 May 1894	3:119	Kimball, David S.	10 Dec 1896	4:123
Kibler, Florence	20 Mar 1907	5:130	Kimball, Elisha	09 Dec 1883	1:252
Kibler, Rosa	25 Dec 1895	3:119	Kimball, Francis E.	04 Jan 1871	1:238
Kiburtz, Frank M.	15 Nov 1893	3:117	Kimball, Hannah	27 Jan 1887	2:103
Kichkopf, Louise	18 Jun 1901	2:105	Kimball, John	22 May 1885	2:102
Kidder, Isaac L.	24 May 1906	5:129	Kimball, Lawrence	08 May 1905	5:127
Kidder, Price	18 Jun 1901	4:131	Kimball, Marcia	22 Sep 1883	1:252
Kidney, Adrian	29 Jul 1883	2:103	Kimbell, E. Lewy	20 Aug 1875	1:242
Kidney, Georgia	18 Dec 1889	2:106	Kimbell, Eliza J.	05 Oct 1877	1:244
Kidney, Ray McK.	24 Aug 1879	1:248	Kimbell, Hannah	20 Jan 1877	1:244
Kiebbe, Ernst	08 Jan 1872	1:238	Kimble, Cris	12 Dec 1908	5:133
Kiefee, Mary	05 Oct 1902	4:133	Kimble, Mary E.	31 Aug 1883	1:252
Kiefer, Catherine	13 Feb 1908	5:131	Kimdel, Henry	06 Jan 1904	5:126
Kiefer, Edward	18 Jan 1900	4:127	Kime, Dillie	18 Mar 1902	4:131
Kiefer, Frank	07 Feb 1905	5:126	Kime, Myrtle	21 Jun 1902	4:133
Kiefer, Franz	11 Mar 1882	1:250	Kimener, Etel	09 Jan 1890	2:106
Kiefer, Joseph	12 Aug 1868	1:20	Kimes, Fannie Bell	04 Apr 1906	5:129
Kiefer, Melvin Earnest	13 Oct 1905	5:129	Kimes, Fanny B.	04 Apr 1906	5:130
Kieffer, Inf/o Casper	25 Feb 1883	1:252	Kimmal, Wm. N.	13 Dec 1883	1:252
Kieffer, s/o Fred	08 Jan 1896	4:123	Kimmel, Eva	15 Jan 1882	1:252
Kieffer, Theobold	12 Sep 1891	2:109	Kimmel, Melvin	19 Oct 1899	4:127
Kieffer, Unknown	1881	1:250	Kimmel, Melvin Frank	22 Oct 1900	4:129
Kiefoil, Michael	17 Oct 1891	2:109	Kimmer, John G.	03 Jan 1871	1:238
Kiel, Amala	22 Aug 1906	5:130	Kimmerlin, Albert F.	06 Mar 1894	3:119
Kiel, Lizzie	01 Oct 1901	4:131	Kimmerlin, Louise	23 Feb 1904	4:288
Kiel, Theodore	19 Aug 1905	5:129	Kimmerton, Pauline	11 Jul 1871	1:238
Kienle, John	30 Jan 1900	4:128	Kimmons, Jno. H.	24 Apr 1901	4:131
Kier, Anna	02 Apr 1888	2:105	Kimnall, Louise	13 Apr 1908	5:134
Kier, Bertie	05 Mar 1878	1:246	Kina, Mary	02 Sep 1906	5:130
Kier, Bertie	24 Apr 1877	1:246	Kinal, John	29 Jul 1891	2:109
Kiersch, Arthur	08 Feb 1908	5:132	Kinber, Charles C.*	07 Oct 1895	
Kies, Verula	15 Jan 1905	5:126	Kincade, Julia M.	05 Aug 1892	2:100
Kieswetter, Benjaman	11 Oct 1908	5:133	Kinczal, Wladislaus	15 Nov 1906	5:130
Kieth, Cabel M.	11 Feb 1900	4:127	Kindrater, Rudolph	23 Dec 1898	4:127
Kietzman, Edwin	07 Jun 1893	3:118	Kineger, Edgar	28 Mar 1889	2:105
Kievat, Sarette	15 Jan 1906	5:128	Kineser, Louisa	20 Mar 1872	1:238
Kiezer, May	10 Mar 1874	1:242	King, A.C.	30 Mar 1900	4:128
Kiff, George H.	18 Feb 1906	5:128	King, Adalena	28 May 1906	5:131
Kiff, John	14 Oct 1900	4:129	King, Adam	21 May 1875	1:242
Kigar, Herald L.	12 Dec 1898	4:126	King, B. Thomas	16 May 1894	3:117
Kigar, Homer	04 Apr 1905	5:128	King, Bertie	02 Aug 1906	5:129
Kilbride, Terrence	05 Jan 1891	2:108	King, Bolten Henry	19 Mar 1878	1:246
Kilburn, Sam'l	23 Sep 1900	4:129	King, Catharine	19 Oct 1877	1:244
Kilby, Albert	02 May 1906	5:130	King, Catharine M.	13 May 1899	4:128
Kilcourse, Ama	23 Feb 1891	2:108	King, Charles Agutus	28 May 1893	3:117
Kile, John	20 Nov 1900	4:130	King, Clara L.	17 Apr 1880	1:250
Kiley, Mary	30 Oct 1903	4:288	King, Delia	08 Dec 1905	5:128
Kilfail, F. Thomas	27 Aug 1880	1:250	King, Edna Alberta	04 Feb 1896	3:121
Kilfoil, Ann	04 Oct 1885	2:102	King, Elizabeth	10 Apr 1886	2:103
Kilgan, Margaret	12 Jan 1902	4:133	King, Elizabeth	18 Dec 1879	1:248
Kilhofbher, Samuel	15 Dec 1898	4:126	King, Elizabeth	19 Sep 1881	1:252
Kilian, Linus	05 Jun 1901	4:132	King, Ellen	28 Dec 1892	2:100
Killean, Ellen	02 Mar 1885	2:102	King, Elmer C.	1907	5:129
Killeen, Ellen	18 Mar 1905	5:128	King, Emma	04 May 1887	2:103
Killen, Hugh	24 Jan 1889	2:105	King, Emma P.	10 Aug 1901	4:132
Killer, Geo.	06 Mar 1868	1:10	King, Frances	25 Mar 1884	1:252

NAME	DATE	V/P	NAME	DATE	V/P
King, Frances B.G.	03 Feb 1900	4:128	Kinney, Elizabeth	16 Aug 1907	5:132
King, Francis James	19 Jul 1892	2:100	Kinney, Elnora	24 Mar 1908	5:132
King, Geo.	29 Apr 1891	2:109	Kinney, Emma	06 Apr 1903	4:289
King, George	29 Apr 1891	2:101	Kinney, Eugene	23 Nov 1891	2:109
King, George	29 Apr 1891	2:101	Kinney, Geo. A.	25 Mar 1907	5:130
King, Hanna	21 Nov 1897	4:124	Kinney, James M.	13 Sep 1879	1:248
King, Harry	14 Aug 1908	5:133	Kinney, Lizzie	07 Oct 1903	4:289
King, Henry	03 Mar 1906	5:127	Kinney, Nellie W.	15 Dec 1889	2:106
King, Herbert V.	23 Jul 1906	5:130	Kinney, Roland	27 Apr 1892	2:101
King, Ida	24 Oct 1900	4:129	Kinney, Wallace W.	11 May 1882	1:252
King, Inf/o Chas. A.	04 Feb 1869	1:30	Kinniger, John	02 Sep 1903	4:289
King, Jeramiah Charles	08 Mar 1901	4:129	Kinnsler, Conrad	09 Dec 1893	3:117
King, John	02 Dec 1885	2:103	Kinshi, Stephen	Mar 1890	2:106
King, John	09 Mar 1890	2:106	Kinskey, John	22 Jun 1875	1:242
King, John	11 Sep 1902	4:288	Kinsley, James	09 Sep 1889	2:106
King, John	12 Nov 1884	2:102	Kinsley, Ray	17 Nov 1894	3:119
King, Jos. N.	26 Mar 1901	4:129	Kinsley, William	06 Jan 1874	1:240
King, Joseph	06 Jan 1890	2:107	Kinsley, Wm. T.	25 Oct 1894	3:119
King, Lizzie	08 Jul 1877	1:246	Kinsz, Jno. E.	02 Nov 1902	4:133
King, Lucy	09 Sep 1890	2:107	Kintz, Sophie	16 Nov 1875	1:242
King, Lydia	25 Nov 1890	2:107	Kinz, Gertie May	22 Jul 1883	1:252
King, Margaret	18 Oct 1898	4:126	Kinzer, John D.	10 Feb 1895	3:119
King, Mary	16 Jul 1901	4:131	Kipp, Roy J.	06 Jul 1895	3:120
King, May	28 Sep 1906	5:130	Kirby, Ann M.	14 Nov 1890	2:106
King, Morgan	13 Nov 1906	5:131	Kirby, Ann Maria	14 Nov 1889	2:106
King, Myron	29 Mar 1905	5:126	Kirby, Bridget	13 Jan 1874	1:240
King, Phebe	25 Jun 1905	5:127	Kirby, Bridget	24 Oct 1868	1:26
King, Sarah	29 Dec 1902	4:133	Kirby, Catherine Cecelia	11 May 1900	4:129
King, Sarah Melsica	14 May 1888	2:105	Kirby, Edmund	16 Feb 1884	1:252
King, Stephen C.	31 Dec 1900	4:129	Kirby, Esther	19 Apr 1888	2:104
King, Thomas	08 Jun 1900	4:130	Kirby, Henrietta E.E.	16 Dec 1897	4:125
King, Uta Elizabeth	Nov 1897	4:124	Kirby, John E.	09 Mar 1899	4:126
King, Venie M.	12 Mar 1898	4:125	Kirby, Joseph	25 Aug 1908	5:134
King, Walter	23 Mar 1901	4:129	Kirby, Michael	19 Jan 1895	3:119
King, Walter H.	19 Mar 1878	1:246	Kirby, Thomas	01 Feb 1897	4:124
King, Walter L.	20 Dec 1903	4:288	Kirby, Thomas	1907	5:133
King, Wilber C.	03 Jan 1907	5:130	Kirchmaier, Wm. Fred'k	19 Apr 1901	4:131
King, Willard Everet	17 Jan 1899	4:127	Kirchner, Jacob	27 Feb 1903	4:288
Kingacker, Elizabeth	06 Oct 1871	1:240	Kirglob, Albert	24 Jun 1891	2:101
Kingfield, Catherine	19 Dec 1877	1:246	Kirk, Albertine	30 Jan 1897	4:123
Kingfield, Sarah E.	30 Jul 1885	1:252	Kirk, Chas.	16 Jan 1902	4:288
Kingsbury, Harriet Emory	25 Jan 1901	4:128	Kirk, Ezra B.	27 May 1903	4:289
Kingsbury, Henry D.	20 Jan 1904	4:289	Kirk, Fred'k	11 Apr 1868	1:14
Kingsley, Hannah	09 Mar 1868	1:10	Kirk, Geo. W.	19 Oct 1892	2:101
Kingsley, Infant	21 Nov 1881	1:252	Kirk, George	14 Jan 1889	2:105
Kingsmore, Mildred	09 Aug 1900	4:129	Kirk, Jay T.	27 Jan 1901	4:129
Kinker, Adam H.	04 Feb 1903	4:288	Kirk, Lillien	17 Oct 1891	2:109
Kinker, Eddie	10 Jul 1890	2:108	Kirk, Reaha	15 Jun 1896	4:123
Kinker, Fred. W.	26 Jul 1882	1:252	Kirk, Rudolph	26 Dec 1902	4:288
Kinker, Minerva	17 May 1876	1:244	Kirkby, Harvey R.	12 Sep 1886	2:104
Kinker, William	21 Jul 1891	2:109	Kirkby, James	06 Jul 1883	1:252
Kinme, John	07 Nov 1886	2:103	Kirkconnell, Aliza Delia	26 Mar 1891	2:107
Kinne, Silas Henry	17 Jan 1880	1:248	Kirkham, Chas.	17 May 1888	2:105
Kinnean, Ira W.	26 Oct 1877	1:246	Kirkham, Marion	16 Dec 1880	1:250
Kinnear, Marie	13 Apr 1907	5:131	Kirkley, Catherine	11 May 1900	4:129
Kinnear, Mary T.	02 Oct 1892	2:100	Kirley, Catharine	---	1:238
Kinnenbury, Alvina	19 Dec 1887	2:104	Kirley, Catherine	---	1:238
Kinney, Catharine	25 Jul 1896	4:123	Kirschmer, George	24 Nov 1884	2:102
Kinney, Charles	12 Dec 1902	4:132	Kirschner, Abrah	01 Aug 1885	2:102
Kinney, Cyntha	30 Mar 1890	2:106	Kirschner, Chas. V.	13 Jul 1887	2:104
Kinney, Edw.	05 Feb 1888	2:104	Kirschner, Dorethea	23 May 1887	2:104

NAME	DATE	V/P	NAME	DATE	V/P
Kirschner, Fred	18 Jun 1893	3:117	Klatt, John	01 Jan 1893	2:100
Kirsduer, Ida T.	20 Sep 1877	1:246	Klatt, John	06 Dec 1906	5:129
Kirshauer, John	02 Aug 1885	2:102	Klatt, John	16 Dec 1906	5:130
Kirtland, Mack	16 Sep 1900	4:130	Klatt, Michael	04 Feb 1908	5:134
Kis, Albert	02 Dec 1905	5:128	Klatt, Raszmier	28 May 1908	5:130
Kisarr, William	07 Oct 1892	2:100	Klatt, Victoria	04 Mar 1891	2:101
Kiser, Elmer	19 Sep 1905	5:128	Klaus, Elizabeth G.	02 Jul 1872	1:240
Kiser, Francis	19 Dec 1903	4:289	Klauser, Annie	01 May 1905	5:128
Kiser, Henry	08 Apr 1874	1:240	Klauser, d/o Earnest	06 Mar 1906	5:129
Kiser, Mary	28 Apr 1903	4:289	Klauser, Francis J.	01 Sep 1883	1:252
Kiser, Tilly	23 May 1889	2:106	Klauser, Frank	16 Dec 1905	5:128
Kiser, William	07 Mar 1905	5:126	Klausing, Terase	01 Apr 1908	5:133
Kishowlski, John	Mar 1888	2:104	Klaver, Richard O.	27 Mar 1891	2:108
Kiss, John	30 Aug 1907	5:131	Klavetta, Michael	08 Aug 1898	4:127
Kissack, Ann E.	06 Jan 1869	1:36	Klazsie, Frank	19 Nov 1905	5:129
Kissick, Ann E.	06 Jan 1869	1:42	Kleen, Frank	01 Feb 1868	1:8
Kissling, Charlotte	29 Jul 1883	1:252	Klei, Cora	27 Jan 1898	4:125
Kistler, C.H.*	03 May 1892		Klei, Cora Della	27 Jan 1898	4:125
Kistner, Mary	24 Nov 1904	5:127	Klei, Eva	27 Jun 1898	4:127
Kitchen, Chas. F.	01 Aug 1873	1:242	Kleile, Christina F.	14 Jul 1898	4:125
Kitchen, Francis A.	18 Dec 1904	4:288	Kleile, Frederick	21 Apr 1906	5:129
Kitchen, Walter R.	17 Mar 1871	1:238	Kleile, John	20 May 1883	1:252
Kitenberger, Unknown	16 Jun 1905	5:128	Klein, Andrew	05 Jul 1887	2:104
Kittle, Ellen	01 Apr 1891	2:107	Klein, d/o John	19 Dec 1895	3:120
Kittle, Mary	22 Aug 1883	1:252	Klein, John	28 Jun 1905	5:127
Kittredge, Ella L.	30 Jun 1896	4:123	Klein, Joseph	23 Aug 1906	5:129
Kittridge, Jennie	23 Feb 1902	4:131	Klein, Olga Fay	21 Feb 1906	5:127
Kitzman, Alma	23 Oct 1905	5:127	Kleinchause, Mable Viola	23 Nov 1904	5:127
Kitzman, Howard C.	09 Jun 1904	5:126	Kleine, Matilda	06 Feb 1892	2:101
Kitzman, Martha	08 Jan 1907	5:130	Kleinfelter, Eva	29 May 1904	5:127
Kitzman, Minnie	25 May 1906	5:130	Kleis, August	29 Dec 1899	4:125
Kitzmann, Leon	26 Jan 1885	2:102	Kleis, Frank A.	14 May 1890	2:107
Kitzmiller, Infant	25 Sep 1893	3:118	Kleis, s/o August	07 Apr 1905	5:126
Kizer, Elizabeth	21 Aug 1882	1:252	Kleis, Willie	25 Aug 1896	4:123
Kladkowski, M.	26 Apr 1880	1:250	Klemey, John	08 Dec 1908	5:134
Kladow, Dora	02 Dec 1880	1:248	Klemm, Theodore	21 Nov 1879	1:248
Klag, John	20 Dec 1903	4:288	Klesnhaus, Elmer	16 Mar 1903	4:288
Klag, Theodore	14 Jul 1875	1:244	Kleurun, Marga	25 Jan 1871	1:238
Klair, Martin	06 Oct 1891	2:109	Klewer, Henry H.	18 Aug 1901	4:132
Klaiss, John Preston	21 Aug 1898	4:125	Klewer, Lydia	26 Oct 1900	4:130
Klaiss, Mary	29 Jul 1906	5:130	Kliete, Euphrosina	06 Apr 1871	1:238
Klamp, Barney	17 Mar 1877	1:244	Kliewski, Walentya	27 Sep 1896	4:123
Klankarast, Anna D.	30 Oct 1897	4:124	Klijewske, Joseph	07 Nov 1895	3:120
Klanmeinger, Mike	13 Mar 1885	2:102	Klijski, Mary	21 Nov 1898	4:125
Klapeski, Joseph	02 Oct 1891	2:101	Klim, Caroline	07 Oct 1897	4:124
Klapper, Mary M.	30 Aug 1897	4:125	Kline, Abe	04 Oct 1899	4:128
Klappich, Arthur F.	01 Feb 1893	2:100	Kline, Albert J.	18 Aug 1875	1:244
Klappich, Christinia	14 Jun 1891	2:101	Kline, Anna	Jan 1880	1:250
Klappich, George W.	22 Feb 1893	2:100	Kline, Annie	30 Oct 1900	4:130
Klapping, Daniel	22 Nov 1900	4:129	Kline, Caroline	22 May 1892	2:100
Klar, Karl Herbert	28 Mar 1897	4:123	Kline, Christina	18 Mar 1873	1:240
Klar, Louise M.	Oct 1892	2:100	Kline, John	06 Aug 1881	1:250
Klarkosky, Caroline	05 May 1889	2:107	Kline, Lulu May	05 Jul 1877	1:246
Klartsak, Julia	09 Sep 1907	5:133	Kline, Mary	04 Apr 1869	1:50
Klasten, Lena C.	14 Mar 1908	5:131	Kline, Phoebe	08 Apr 1905	5:126
Klastermyer, George H.	20 May 1901	4:132	Kling, Elizabeth	20 Dec 1893	3:117
Klat, Victoria	01 Mar 1891	2:108	Kling, John	26 Dec 1904	5:126
Klatt, Anton	07 Apr 1905	5:128	Kling, Michael	12 Jan 1878	1:244
Klatt, Austen	26 Apr 1906	5:130	Klingbile, Frederick	26 Jan 1903	4:133
Klatt, Francisca	04 Sep 1906	5:130	Klingenberg, Christian Peterson		
Klatt, Franzis	18 Jul 1891	2:101		23 Oct 1891	2:109

NAME	DATE	V/P	NAME	DATE	V/P
Klingler, Hortense	13 Sep 1907	5:131	Klute, Margaret	15 Dec 1879	1:248
Klingler, Jacob	02 Jun 1905	5:129	Klute, Phebe	12 Mar 1872	1:240
Klink, Johanna	30 Jan 1890	2:106	Klyton, Florence	04 Aug 1889	2:107
Klink, Myrtle	27 May 1906	5:130	Knabasch, Johana	07 May 1891	2:101
Klinkinck, Pauline	08 Oct 1906	5:129	Knable, Henry P.	06 May 1904	4:289
Klinkle, George	23 Jan 1901	4:130	Knable, Unknown	28 Mar 1906	5:128
Klinknect, d/o Gotlieb	12 Sep 1892	2:101	Knack, Ernestina	01 Nov 1906	5:129
Klippel, s/o Jacob	07 Jun 1892	2:100	Knack, Herman	17 Jan 1903	4:133
Klippstein, Aug.	17 Apr 1880	1:248	Knack, Minnie A.	22 Apr 1897	4:125
Klippstein, Julie	05 Mar 1876	1:242	Knaepel, Fredrick	22 Jul 1894	3:119
Klirk, George	06 Mar 1907	5:130	Knaerr, William	30 Mar 1898	4:127
Klisby, Hannah	23 Jan 1905	5:127	Knaggs, Casper	18 Nov 1891	2:109
Klistermeyer, E.	29 Jul 1892	2:100	Knaggs, Gertrude	19 May 1903	4:289
Klitter, I.	02 Apr 1872	1:240	Knaggs, John W.	02 Oct 1891	2:109
Klives, Anton	07 Apr 1898	4:127	Knaggs, Wallace	08 Sep 1870	1:238
Kloatn, John	29 Jul 1894	3:119	Knaggs, Wealthy	04 Apr 1904	4:121
Klocinski, Josephina	19 Feb 1908	5:132	Knallmuller, Paul	19 Jul 1898	4:127
Kloffenstein, Jacob	26 Oct 1887	2:104	Knapiak, Magdelena	25 Sep 1908	5:134
Kloffenstein, Salina	24 May 1886	2:104	Knapp, Abigail K.	20 Apr 1891	2:101
Klohe, Inf/o Charles	24 Sep 1868	1:22	Knapp, Anna M.	28 Feb 1873	1:240
Klois, Rose	19 Jun 1899	4:126	Knapp, August	15 Jun 1879	1:248
Kloken, Maria	25 Oct 1899	4:127	Knapp, Catherine	26 Feb 1908	5:132
Klokow, William	02 Nov 1906	5:128	Knapp, Edmund	10 Jan 1892	2:101
Klonn, Ellen	03 Jun 1895	3:121	Knapp, Edward	18 May 1873	1:240
Klooster, Gebhard	17 Oct 1888	2:105	Knapp, Edward	27 Oct 1904	5:127
Klos, Anna	03 Nov 1908	5:133	Knapp, G.	21 Aug 1905	5:128
Klosch, William	19 Sep 1893	3:117	Knapp, Harriet E.	02 Mar 1886	2:102
Kloster, Henry F.	19 Mar 1904	4:288	Knapp, Harris	14 Oct 1907	5:131
Kloster, Lena	14 Apr 1908	5:133	Knapp, Isabel	03 Oct 1881	1:250
Klostermercer, Catherine	13 Apr 1907	5:133	Knapp, Johana	10 Dec 1901	4:131
Klotz, Amelia	08 Jan 1901	4:130	Knapp, Lina	24 Oct 1905	5:128
Klotz, Edward	10 Jun 1892	2:101	Knapp, Luella	22 Jan 1906	5:128
Klotz, George	15 Jul 1880	1:250	Knapp, Mary Jane	23 Mar 1895	3:118
Klotz, Johanna	14 Mar 1903	4:133	Knapp, R.L.	06 Aug 1901	4:131
Klotz, John C.	16 Apr 1899	4:128	Knapp, Trecie	03 Mar 1908	5:132
Klotz, John F.	03 Aug 1893	3:117	Knapp, Wendelin	15 Jan 1868	1:8
Klotz, John H.	29 Jan 1893	2:100	Knapp, Wilson	15 Dec 1886	2:103
Klotz, Lena	25 Sep 1897	4:124	Knarr, Edna	19 Mar 1906	5:128
Klotz, Lillie	29 May 1906	5:130	Knaus, Albert	25 Mar 1900	4:128
Klotz, Margaret	25 Sep 1908	5:133	Kneale, Bertha C.	09 Dec 1892	2:101
Klotz, Mary Anna	03 Mar 1897	4:123	Kneale, Eliz. P.	20 Feb 1886	2:102
Klotz, Sarah A.	19 May 1896	4:123	Kneale, Ira Etta	30 Nov 1893	3:117
Klotzel, A., Mrs.	09 Jan 1907	5:130	Kneale, Olive Lester	07 Dec 1891	2:109
Klueter, Cora A.	17 Feb 1886	2:103	Knecht, Bertha A.	09 Sep 1885	2:103
Klueter, Victor	14 Feb 1886	2:103	Knecht, Jacob	28 Dec 1881	1:252
Klueter, William	22 May 1896	4:124	Knechty, Inf/o B.	26 Jan 1875	1:242
Klufts, Lena	22 Nov 1902	4:133	Kneer, Mary	12 Dec 1894	3:118
Klug, Christian	05 Jul 1891	2:109	Kneip, Joseph	30 Aug 1908	5:134
Klugher, Christina	14 Feb 1907	5:132	Kneisser, Fredrecka	06 May 1899	4:128
Klukow, Charles	13 May 1892	2:100	Kneisser, Geo. John	21 Feb 1891	2:108
Klum, Margaret	14 Aug 1883	1:252	Knelling, Joseph	07 Jul 1868	1:16
Klumm, Andrew	05 Mar 1896	3:120	Knepper, Sarah	04 Nov 1906	5:130
Klumm, George	12 Aug 1891	2:109	Knerr, William Henry	22 May 1904	5:126
Klumm, Johnson	06 Feb 1873	1:240	Knickerbocker, B.	22 Apr 1901	4:132
Klumm, Killian	05 Dec 1884	2:102	Knider, Abbert	04 Sep 1877	1:246
Klumm, Maria	29 Dec 1873	1:240	Kniephoff, Albert	23 Oct 1904	5:126
Klumn, John	15 Sep 1905	5:129	Knier, Mary	13 Dec 1894	3:118
Klumn, Katie	08 Mar 1897	4:123	Knieram, Harold	04 Nov 1903	4:288
Klump, Shoeastic	23 Mar 1890	2:106	Knierim, Eliz. S.	17 Apr 1880	1:250
Klune, Bridget	14 Jun 1868	1:14	Kniesser, George J.	21 Feb 1891	2:108
Kluney, Ellen	07 Dec 1908	5:134	Knigge, Elizabeth C.D.	02 Sep 1903	4:289

NAME	DATE	V/P
Knigge, Emil	30 Jun 1901	4:131
Knight, Abby	21 Aug 1881	1:250
Knight, Daniel	28 ---	2:107
Knight, Elmyra A.	15 Apr 1899	4:125
Knight, Frank	30 May 1902	4:132
Knight, Jerry	29 Oct 1875	1:244
Knight, John	18 Sep 1905	5:128
Knight, Laura	09 Aug 1892	2:100
Knight, Mary A.	12 Aug 1900	4:130
Knight, Mary Ann	23 Aug 1900	4:129
Knight, Michael	06 Jun 1894	3:119
Knight, Sarah	26 Dec 1879	1:248
Knight, William	18 Aug 1899	4:127
Knights, Carton C.	10 Oct 1901	4:131
Knights, Dexter	19 May 1871	1:238
Knights, Mary Ann	27 May 1905	5:128
Knigshinski, Albert	08 Jun 1891	2:101
Knilling, Anna	02 Feb 1904	4:288
Knimm, Henry	21 Jan 1887	2:103
Kninnlein, Geo.	31 Jan 1896	3:120
Knipper, Mary	27 Aug 1907	5:132
Knirkow, Richard	22 Oct 1894	3:119
Knisely, Wm. C.	31 Jul 1907	5:131
Knitch, Sophia	19 Feb 1900	4:127
Knith, Ida	04 Dec 1905	5:128
Knoblaugh, Mary C.	22 Mar 1898	4:127
Knock, Helen	25 Mar 1877	1:244
Knock, Martha	27 Jun 1877	1:244
Knoff, Dwight	18 Apr 1907	5:132
Knoff, Myrtle	23 Aug 1907	5:132
Knoll, Wm. H.	22 Oct 1900	4:129
Knondel, C.W.	10 May 1870	1:238
Knondel, Louis	15 May 1870	1:238
Knopf, Ferdinand L.	31 Jul 1892	2:100
Knopfle, Freddie	05 Jul 1891	2:109
Knople, William	16 Mar 1887	2:104
Knopp, Carl	17 May 1906	5:131
Knopr, Geo., Mrs.	17 Sep 1907	5:132
Knowles, J.P.	18 Mar 1903	4:132
Knowles, Thomas M.	18 May 1870	1:238
Knowlton, George	01 Aug 1903	4:289
Knowlton, Ida	13 Nov 1902	4:132
Knowlton, Ida	13 Nov 1903	4:289
Knox, Clara R.	10 Feb 1886	2:102
Knox, Ellen	14 Jan 1876	1:244
Knox, Wm.	15 Feb 1902	4:132
Knudson, Mina	21 Mar 1908	5:131
Knudson, Minnie	07 Nov 1901	4:131
Knup, Maria	03 Jun 1891	2:108
Koaster, Paulena	03 Aug 1907	5:133
Kobacker, s/o M.	25 Dec 1906	5:129
Kobele, Andrew	09 Aug 1870	1:238
Kober, Mary	14 Feb 1907	5:131
Kobs, Walter	28 Jul 1904	5:126
Koch, Adeline M.	19 Feb 1886	2:102
Koch, Albert	15 May 1891	2:101
Koch, Amelia	14 Jan 1890	2:107
Koch, Camille	17 Jul 1900	4:128
Koch, Catherine	17 Oct 1902	4:133
Koch, Charles L.	16 May 1896	4:123
Koch, Dan'l	07 Apr 1868	1:12
Koch, Edward	11 Jan 1899	4:125
Koch, Ernst	16 Feb 1874	1:242
Koch, Fritz	20 Jan 1886	2:102
Koch, Geo.	20 Jul 1900	4:129
Koch, George A.	02 Mar 1906	5:128
Koch, George Wm.	20 Jul 1900	4:128
Koch, Hattie	27 Nov 1896	4:123
Koch, Herman	05 Dec 1902	4:133
Koch, Jacob	06 Jan 1901	4:129
Koch, John	27 Jun 1906	5:131
Koch, John C.	12 Nov 1903	4:121
Koch, John Peter	02 Mar 1901	4:128
Koch, Joseph	05 Aug 1892	2:101
Koch, Joseph	13 Nov 1899	4:128
Koch, Joseph	26 Jun 1904	5:126
Koch, Mary	28 Nov 1907	5:133
Koch, Mary E.	15 Aug 1905	5:128
Koch, Norman	16 Jun 1904	5:127
Koch, Sophia	13 May 1881	1:250
Koch, Sophia C.	12 Jul 1897	4:124
Koch, Walter S.	06 Mar 1882	1:252
Koch, William Fred.	25 Jul 1903	4:288
Kocher, Inf/o Jno. P.	18 Mar 1890	2:106
Kocherals, William	11 Dec 1889	2:106
Kochheiser, Fredericke	10 May 1903	4:289
Kochman, Josephine	01 Jan 1888	2:104
Kochmeister, Bertha	02 Feb 1878	1:246
Koczarowski, Kaiser	11 Oct 1908	5:133
Koczorowski, Casimer	11 Oct 1908	5:133
Koebler, Rosa A.	29 Oct 1895	3:121
Koechley, Katie	09 Oct 1889	2:106
Koeh, Max	1871	1:240
Koehler, Anna M.	27 Apr 1899	4:127
Koehler, Daniel	12 Jan 1876	1:244
Koehler, Henry	26 Dec 1897	4:124
Koehler, Margaret	12 Sep 1901	4:131
Koehler, Mary E.	21 Mar 1896	3:120
Koehler, Rosa	24 Mar 1890	2:106
Koehman, Henry	01 Apr 1871	1:238
Koehn, John	15 Jul 1905	5:128
Koehne, Anna Mary	14 Jan 1889	2:105
Koehrman, Bertha	14 Sep 1906	5:129
Koehrman, Bertha, Mrs.	14 Sep 1906	5:130
Koehrman, George	22 Jun 1878	1:246
Koehrman, Mary L.	19 Oct 1870	1:238
Koehrman, Teneta O.	26 Apr 1889	2:106
Koelker, Inf/o Wm.	07 Jun 1879	1:248
Koella, Katarina	15 Mar 1894	3:117
Koelle, Carrie	10 Feb 1889	2:105
Koelle, John	20 Apr 1889	2:106
Koenig, J., Mrs.	05 Nov 1895	3:120
Koenigeker, Hanna	17 Nov 1879	1:248
Koenigseker, Jacob	02 Mar 1880	1:248
Koepfer, Laura	13 Jul 1899	4:127
Koepfer, Peter	12 Jan 1881	1:248
Koepke, Marie	22 Feb 1903	4:133
Koerling, Ignatius	12 Jan 1892	2:109
Koestar, John H.	20 Mar 1904	4:288
Koester, Albert	04 Mar 1901	4:132
Koester, Albert	04 Mar 1901	4:130
Koester, Almer	07 Mar 1901	4:129

NAME	DATE	V/P	NAME	DATE	V/P
Koester, Andrew J.	28 Jul 1881	1:250	Kohn, Simon	26 May 1887	2:104
Koester, Arthur Frederick	01 Jul 1890	2:107	Kohn, Wm.	02 Sep 1896	4:124
Koester, Chas.	07 Apr 1902	4:133	Kohne, Frederick	09 Jan 1894	3:117
Koester, George	11 Jun 1901	4:131	Kohne, Henry	06 Jul 1889	2:106
Koester, Gertrude	13 Jul 1890	2:107	Kohne, Henry	06 Jul 1889	2:105
Koester, Helen Irene	10 Mar 1904	5:127	Kohne, Herman Karl	15 Sep 1900	4:128
Koester, Hellen	20 Apr 1892	2:100	Kohne, John	18 Dec 1903	4:288
Koester, Henry	May 1880	1:250	Kohne, Louisa Cathren	14 Nov 1890	2:107
Koester, John	07 May 1901	4:131	Kohne, Sophia	29 Jan 1888	2:105
Koester, Josephine	10 Nov 1901	4:131	Kohr, Clement	20 Jul 1870	1:238
Koester, Lizzie	27 Sep 1903	4:289	Kohrman, Gerhart	01 Nov 1869	1:48
Koester, Minnie	20 Nov 1890	2:108	Koinson, Jennie	25 Apr 1908	5:134
Koester, Wilhelmina	18 Jan 1868	1:8	Kokcydloski, Stensloff	20 Feb 1905	5:126
Koester, William	02 Mar 1904	5:126	Koke, B. Jenevive	18 Apr 1899	4:126
Koethen, Christ	11 Apr 1889	2:107	Koke, Henry	18 Nov 1906	5:131
Koetter, Willie	26 Oct 1889	2:107	Koke, Leo Thomas	11 Nov 1896	4:123
Koff, Charles	21 May 1891	2:109	Koke, Rita Geneva	18 Apr 1899	4:127
Kogle, John	21 Apr 1886	2:103	Kokeley, John	18 Mar 1868	1:10
Kohbek, Frank	28 Dec 1885	2:102	Kokler, Ralph	26 Jan 1906	5:127
Kohber, Frank	28 Dec 1885	2:102	Kokozenska, Louisa	23 Sep 1888	2:105
Koher, Herman	24 Jun 1877	1:246	Kolaski, Aug.	27 Apr 1898	4:126
Kohl, Fritz	29 Dec 1868	1:28	Kolblow, Loretta May	16 Feb 1901	4:130
Kohl, Mabel	30 Nov 1890	2:108	Kolbon, Amil	Feb 1884	1:252
Kohlenberg, Edmond H.	24 Jul 1898	4:127	Kolemiller, Felix	03 Jul 1899	4:128
Kohler, Albert L.	22 Feb 1900	4:127	Kolenbach, s/o Frank	03 Dec 1898	4:127
Kohler, Anna	19 Jul 1908	5:134	Koleski, Adam	17 Jul 1903	4:289
Kohler, Anton	15 May 1875	1:244	Kolezick, Frances	31 Oct 1907	5:132
Kohler, Barbara	05 Oct 1900	4:130	Kolfitz, Aug.	15 Dec 1891	2:109
Kohler, Cassie	07 Dec 1886	2:104	Kolibar, Earnest	26 Feb 1906	5:128
Kohler, Frank	01 Jun 1886	2:103	Kolinske, Roman	14 Nov 1898	4:126
Kohler, George	16 Jan 1903	4:288	Kolinski, Anna	10 Dec 1887	2:104
Kohler, George	17 Jan 1903	4:132	Kolinski, Roman	03 Oct 1899	4:127
Kohler, Jacob	28 Dec 1888	2:105	Kolinski, Wladis	28 Dec 1890	2:108
Kohler, John	12 Sep 1904	5:127	Kollaf, Frank	10 Sep 1908	5:134
Kohler, John	21 Nov 1892	2:100	Kolling, Amelia	19 Sep 1870	1:238
Kohler, John W.	03 Jan 1907	5:130	Kolling, Emma	04 Nov 1887	2:104
Kohler, Joseph	05 Jun 1895	3:121	Kolling, Fred	1871	1:238
Kohler, Kity	02 Mar 1906	5:127	Kolling, Helen	17 Oct 1902	4:133
Kohler, Louis	19 Nov 1881	1:252	Kolling, John	03 Dec 1907	5:131
Kohler, Marguerette	24 Apr 1884	2:102	Kolling, John	16 May 1907	5:132
Kohler, Mary	05 May 1882	1:252	Kolling, Mary	21 Feb 1890	2:106
Kohler, May	18 Oct 1875	1:242	Kolling, Mr.	05 Jan 1908	5:131
Kohler, Nicholas	17 Oct 1867	1:4	Kollmaier, Annie	24 Sep 1887	2:104
Kohler, Peter	01 Aug 1876	1:244	Kollmaier, John	08 Mar 1888	2:104
Kohler, Rosa	24 Mar 1890	2:108	Kolmeyer, Annie	18 Jul 1886	2:103
Kohler, Waltha	01 Jan 1888	2:104	Kolodsick, Charles	19 Sep 1907	5:132
Kohlers, Henry	10 Nov 1905	5:128	Kolodziejczak, Alice	30 Sep 1900	4:129
Kohli, Jacob	16 Mar 1880	1:246	Kolodziejczak, Felix	28 Aug 1903	4:288
Kohli, John	15 Mar 1895	3:118	Kolskinoski, Peter	26 Jun 1886	2:104
Kohlmaier, Alma	28 Dec 1899	4:127	Koltkoff, Christ	30 Jun 1899	4:128
Kohlmeyer, John H.	24 Aug 1903	4:289	Komalowski, Czslan	04 --- 1904	5:126
Kohn, Emanuel	26 May 1899	4:128	Komet, Rosa	22 Aug 1894	3:119
Kohn, Ernestine	30 May 1874	1:242	Komisarek, Waleryja	18 Jul 1899	4:127
Kohn, Frida	21 Jan 1886	2:103	Komisarek, Wojsich	31 Mar 1907	5:129
Kohn, George	1871	1:240	Komorewski, Jacob	21 Apr 1898	4:126
Kohn, H. Mathias	16 Jan 1899	4:126	Komorowski, Izydor	07 Nov 1907	5:131
Kohn, Hedwig	24 Dec 1903	4:289	Koncak, Anton	15 Oct 1901	4:132
Kohn, Helen	05 Aug 1889	2:107	Konczal, Joseph	30 Mar 1905	5:126
Kohn, Herman	28 Nov 1893	3:118	Kong, Margaret	07 Nov 1887	2:104
Kohn, Reuben	11 Jun 1903	4:289	Koniecki, Steve	10 Mar 1904	4:289
Kohn, s/o Geo. J.	30 Aug 1896	4:123	Konieczka, Regina	01 Dec 1905	5:128

NAME	DATE	V/P	NAME	DATE	V/P
Konietzka, Martha	06 Mar 1909	5:134	Kost, Fred	13 Feb 1886	2:102
Konig, Rosa	05 Sep 1906	5:131	Kostack, Mary A.	15 Jul 1900	4:129
Koniger, Margarite Helena	23 Sep 1900	4:129	Kostak, Frank	29 Jul 1907	5:131
Konkowski, Jacob	19 May 1893	3:117	Kostbuski, Herman	23 Mar 1906	5:127
Konow, s/o Fritz	31 Dec 1890	2:107	Koster, Augusta	06 Aug 1874	1:242
Kontz, Bertha	17 Nov 1893	3:117	Koster, Barbara	01 Dec 1893	3:117
Konz, Joseph Matthias	16 Oct 1904	5:126	Koster, Catherine	16 Nov 1890	2:108
Konz, Wilma	18 Aug 1905	5:129	Koster, ch/o Mathias	02 Oct 1868	1:24
Koons, Lonna	06 Sep 1902	4:132	Koster, Fred	08 Mar 1876	1:244
Kooslaski, Anton	28 Mar 1889	2:105	Koster, Gertrude	23 Jun 1902	4:288
Kopach, Addie	02 May 1897	4:124	Koster, Ida C.	10 Apr 1886	2:104
Kopaczenski, Eliza	10 Oct 1888	2:105	Koster, Louis	01 Oct 1878	1:246
Kope, Sophia	30 Oct 1887	2:103	Koster, Mathias	25 Dec 1904	5:126
Kopenski, Mary	29 Jul 1899	4:127	Koster, Peter	20 Jun 1887	2:104
Koperski, Ignaz	30 Dec 1906	5:130	Koster, Sophia	30 Oct 1870	1:238
Koperski, Josephine	18 Oct 1904	5:126	Kostowski, Elizabeth	28 Mar 1904	4:288
Koperski, Mike	08 Sep 1898	4:125	Kotchke, Bertha	12 Oct 1900	4:129
Kopf, Inf/o Fred'k	07 Feb 1888	2:104	Kotter, France	09 Dec 1900	4:130
Kopf, Joseph	01 Dec 1897	4:124	Kotter, Henry H.	01 Oct 1879	1:248
Kopf, Mary B.	01 Mar 1899	4:126	Kotting, Henry	05 Mar 1876	1:244
Kopiltke, Anna	28 Dec 1903	4:121	Kotzman, R.E.	01 Feb 1894	3:118
Kopiltke, Mildred	14 Mar 1904	4:121	Kouat, Rose	05 Aug 1889	2:107
Kopitke, Mrs.	30 Jul 1907	5:132	Kountz, Clarence	11 Jan 1899	4:126
Kopittke, Edward J.	12 Nov 1908	5:133	Kountz, Frank J.	24 Nov 1880	1:250
Kopliman, Ettna	11 Feb 1906	5:128	Kountz, Fred J.	09 Jun 1901	4:131
Kopp, Christina	26 Feb 1871	1:238	Kountz, John W.	30 Sep 1869	1:54
Kopp, John	17 Mar 1881	1:248	Kountz, Ruth Eliza	09 Feb 1899	4:126
Kopp, Mary	22 Mar 1881	1:248	Kountz, Sarah J.	11 Mar 1875	1:242
Koppel, Carolina	28 Feb 1891	2:108	Koush, John	05 May 1875	1:244
Koppelmann, Otto	26 Aug 1877	1:246	Koutz, Fred	01 Nov 1872	1:240
Koppenker, Theodore	17 Dec 1906	5:129	Koutz, Fred	30 Jan 1890	2:106
Koprowski, Dominck	18 Jun 1903	4:288	Kowalenski, Joseph	30 Mar 1904	4:289
Koracs, J.	12 Aug 1905	5:128	Kowaleski, Wladislow	13 Feb 1897	4:124
Koraes, Andrew	22 Oct 1902	4:132	Kowalke, Wilhelmina	27 Sep 1903	4:121
Koraes, Stephen	16 Sep 1902	4:132	Kowalski, Boleslaus	26 Jan 1901	4:129
Korb, Albert	05 Jul 1890	2:108	Kowalski, Felix	12 Sep 1907	5:131
Korb, Elizabeth	06 Feb 1901	4:130	Kowalski, Prokseda	16 Feb 1908	5:131
Korb, Fred	16 Apr 1874	1:242	Kowalski, Vincent	13 Nov 1904	5:126
Korb, Fredericka	27 Sep 1868	1:24	Kowalth, Hattie	05 Sep 1907	5:132
Kordas, Agnes	11 Aug 1906	5:129	Kowapka, Godfrey A.	06 Aug 1908	5:133
Kordt, John H.	23 Apr 1899	4:127	Kowewak, Anna	08 Sep 1891	2:101
Korers, Michael	19 Dec 1901	4:131	Kozak, Nikod.	17 Aug 1892	2:99
Korgleski, Helena	19 Feb 1907	5:130	Kozlowske, Frank	Jul 1898	4:126
Kornet, Peter	17 Aug 1899	4:128	Kracht, Wm.	30 Sep 1901	4:131
Kornet, Stainlow	27 Nov 1899	4:128	Kraeger, Freidrich	19 Aug 1890	2:108
Korpen, Charles	08 Oct 1890	2:108	Kraemer, Anna Catherine	08 Jul 1898	4:127
Korrusch, Henry A.	28 Jun 1878	1:246	Kraft, Anton	26 Nov 1876	1:244
Korter, Edia	22 Feb 1888	2:105	Kraft, Margerett	09 Aug 1900	4:129
Kortos, Anna	26 Sep 1892	2:101	Kraft, Melvin	16 Dec 1905	5:127
Kortz, Louis	12 Aug 1903	4:289	Krage, Sophia	05 Jan 1903	4:133
Kosak, Vincentz	16 May 1904	5:126	Kragell, Eddie T.	23 Nov 1898	4:126
Kosawicki, Stephen	03 Apr 1888	2:105	Kragnack, John	21 Dec 1895	3:120
Kosch, Charles F.	18 Jun 1877	1:244	Krahn, Chas.	28 Nov 1902	4:133
Kosch, Nellie	27 Sep 1892	2:101	Krahn, Liddy	02 Sep 1895	3:120
Koschnick, Wm.	16 Jul 1900	4:130	Krahn, Michael	08 Feb 1897	4:124
Kosinski, Roman	04 Feb 1907	5:129	Kraiger, Maria	16 Feb 1896	3:120
Kosis, Anna	12 Apr 1906	5:128	Kralak, Frances	25 Oct 1896	4:124
Kosmasky, Peter	08 Oct 1903	4:288	Krall, Charles	06 Dec 1905	5:128
Kosmatka, Michael	13 Dec 1903	4:288	Kram, Hugo	05 Mar 1874	1:242
Kossbob, Chas.	04 Sep 1890	2:108	Kramer, d/o Lawrence	12 Mar 1908	5:131
Kosski, Albert Frank	12 Apr 1888	2:105	Kramer, Earl	17 Sep 1899	4:127

NAME	DATE	V/P
Kramer, Elizabeth	25 Sep 1905	5:128
Kramer, Frank	03 Apr 1875	1:242
Kramer, Gottfried	11 Jan 1900	4:128
Kramer, Jacob	31 Oct 1886	2:103
Kramer, Jno.	27 Oct 1886	2:104
Kramer, John	09 Nov 1900	4:129
Kramer, John	21 Jun 1891	2:109
Kramer, John	25 Oct 1872	1:240
Kramer, Lenas	17 Oct 1906	5:130
Kramer, Louisa	18 Apr 1875	1:242
Kramer, Margaret	13 Mar 1900	4:128
Kramer, Martin	06 May 1889	2:106
Kramer, Mary	02 Nov 1872	1:240
Kramer, Mary	24 May 1883	1:252
Kramer, Mathias	23 Jan 1886	2:103
Kramer, Paul	06 Jul 1878	1:246
Kramer, Robert	22 Sep 1893	3:118
Kramer, s/o Caroline	14 Feb 1900	4:128
Kramer, William	23 Feb 1898	4:124
Kramp, Allwill	31 Aug 1896	4:124
Kramp, Amelia	11 Jun 1891	2:109
Kramp, Elsie	14 Jun 1890	2:108
Kramp, Evolt	21 Apr 1891	2:107
Kramp, Otto	27 Oct 1893	3:117
Krampe, Hattie	22 May 1892	2:101
Krampt, Otto	27 Oct 1892	2:101
Kran, Herld	19 Mar 1897	4:123
Krandowez, Andreas	Apr 1886	2:103
Krannsberger, Edith	29 Nov 1904	4:289
Kranos, Cora C.	30 Oct 1892	2:100
Kransberger, Louisa	09 Jun 1894	3:119
Kransberger, Louisa	10 Sep 1894	3:119
Kransferger, Frank	12 Sep 1895	3:120
Kranz, Peter	08 Apr 1908	5:134
Kranz, Peter	08 Apr 1908	5:133
Kranzberger, Andrew	27 Feb 1888	2:104
Kranzberger, Anna	16 Aug 1890	2:108
Kraposki, John	01 Jan 1908	5:131
Kraps, Gottlieb	13 Mar 1870	1:48
Kraps, Gottlieb	23 Mar 1870	1:48
Kraschmer, Frank	14 Jun 1901	4:130
Krasny, Charles	02 Aug 1889	2:106
Krass, Jacob	19 Mar 1907	5:130
Kratt, Anna A.C.	13 Apr 1895	3:120
Kratt, Anna Cath.	13 Apr 1895	3:119
Kratt, Edward	01 May 1891	2:109
Kratt, Lora	05 Nov 1890	2:108
Kratt, Martin	15 Sep 1877	1:246
Kratzer, John A.	27 Aug 1893	3:118
Kraus, J.M.*	08 Jun 1892	
Kraus, Lehman	30 Jul 1900	4:129
Kraus, Louisa	09 Feb 1869	1:50
Kraus, Vosharnes	12 Oct 1906	5:130
Krause, Herman	10 Apr 1886	2:104
Krause, John	30 Apr 1900	4:129
Krause, Murdie	27 Jun 1901	4:132
Krauss, Hellen	07 Aug 1899	4:128
Krauss, John G.	10 Feb 1904	4:289
Krausser, Maria T.	13 Apr 1891	2:101
Kraut, Charles	18 Jul 1898	4:126
Krautz, Freddie	30 May 1898	4:125
Krawetzha, Frank	19 Mar 1904	5:127
Krawinski, Katie	22 Dec 1885	2:102
Krawoe, Hiram	16 Dec 1886	2:103
Kraznyak, John	05 May 1905	5:127
Kreagloh, Charles Willard	27 Apr 1897	4:125
Kreb, Carl William	15 May 1901	4:131
Kreft, Anna	05 Nov 1890	2:108
Kreft, Josephine	01 Jan 1891	2:108
Kreft, Theo.	27 May 1902	4:132
Kreger, Anna	10 Mar 1891	2:101
Kreger, Fred	13 Oct 1896	4:124
Kreger, Frederick*	04 Mar 1883	
Kreger, John	28 Mar 1897	4:124
Kreger, Wm.	28 Jul 1875	1:244
Kregloe, Lemnis	21 Apr 1892	2:99
Kreide, Florence	21 Feb 1891	2:108
Kreiger, Catharine E.	26 Nov 1894	3:119
Kreiger, Della	30 Nov 1895	3:121
Kreiger, Henry	10 Aug 1891	2:101
Kreiger, Inf/o Wm.	22 Mar 1880	1:248
Kreiger, John	27 Feb 1880	1:248
Kreiner, Christina	27 Feb 1893	2:100
Kreiper, John B.	07 Nov 1879	1:248
Kreiter, Frank	03 Aug 1908	5:134
Kreiter, Mary	13 Feb 1893	2:100
Kreiter, Phillip	03 Mar 1900	4:128
Kreitz, Henry L.	20 Nov 1889	2:106
Krell, Lewis	04 Oct 1907	5:132
Krempieu, H.C.J.J.	21 May 1870	1:238
Krempieu, M.J.D.M.	03 Nov 1870	1:238
Krench, Robertine	04 Nov 1887	2:102
Krende, Albert	16 Nov 1897	4:125
Krentzfelt, Maria	17 Jan 1899	4:126
Krenuce, Bernert	02 Aug 1896	4:123
Krenzpenter, Frank	05 Jul 1905	5:127
Krepp, Loranz	01 May 1879	1:248
Kreps, Nellie	15 Nov 1899	4:127
Krepser, Elizabeth	17 Feb 1908	5:131
Kretchell, Cora M.	20 Jan 1877	1:244
Kretzel, Freda	07 Mar 1899	4:125
Kreuger, Elizab.	11 Dec 1890	2:107
Kreuger, Fredericka	12 Feb 1905	5:126
Kreuger, Hellen	25 Sep 1905	5:129
Kreus, Christina	09 Jun 1878	1:246
Krgganuk, Michal	09 Jan 1896	3:120
Krickon, Lena	03 Mar 1904	4:289
Kriczynski, Anna	Apr 1903	4:288
Krider, Madeline	23 May 1895	3:120
Krieger, Augusta	26 Sep 1894	3:119
Krieger, Charley	10 Sep 1898	4:125
Krieger, Ernst F.	20 Jan 1886	2:102
Krieger, Harry Wm.	16 Jan 1896	4:123
Krieger, Jno.	01 Jun 1888	2:105
Krieger, Josephine	14 Oct 1905	5:127
Krieger, Louis	29 Oct 1898	4:126
Krieger, Louis E.	05 Aug 1899	4:128
Krieger, Russel F.	28 Aug 1893	3:118
Krieger, Theodore	04 Oct 1903	4:288
Krier, Mathias	17 May 1905	5:127
Kriete, Gerhard	16 Jan 1892	2:109
Krigler, Infant	28 Jan 1895	3:119

NAME	DATE	V/P
Krill, John H.	10 Nov 1899	4:127
Krill, William C.	06 Sep 1897	4:124
Krilzer, Mary J.	07 Nov 1899	4:128
Krin, George L.	17 Sep 1889	2:106
Krinak, John	20 May 1905	5:128
Kring, Silas H.	25 Jul 1906	5:130
Krinski, Francis	30 Mar 1903	4:133
Krinski, Regina	12 Apr 1902	4:133
Kripki, Pearl	08 Jan 1903	4:133
Krisch, Peter M.	16 Mar 1907	5:129
Krisiak, Joseph	06 Dec 1905	5:127
Krist, Catharine	20 Sep 1870	1:238
Kristal, Carl Bernard	19 Oct 1879	1:248
Kritzer, Daniel	11 Aug 1887	2:105
Kritzer, John	15 Feb 1879	1:246
Kritzer, Joseph	25 Sep 1878	1:246
Krizsak, John	19 May 1905	5:128
Kroakpeck, Joseph	09 Sep 1894	3:119
Krock, Anna	24 Apr 1892	2:98
Krock, Emma	22 Sep 1903	4:289
Krocter, Eliza	16 Jan 1889	2:105
Kroetz, Kittie	25 Mar 1897	4:123
Kroh, Alles	17 Mar 1868	1:36
Krohn, August	14 Oct 1900	4:129
Krohn, Clara	10 Jan 1901	4:129
Krohn, Clara	10 Jan 1902	4:130
Krohn, Elizabeth	21 Aug 1906	5:129
Krohn, Ella F.	01 Oct 1898	4:126
Krohn, Franklin V.	15 Oct 1901	4:132
Krohn, Harold	22 Jan 1901	4:129
Krohn, Herold	22 Jan 1902	4:130
Krohn, John	27 Dec 1907	5:131
Krohn, Martha	20 Dec 1889	2:107
Krohn, Sophia	24 Jan 1908	5:131
Krohn, Wilhelm	19 Dec 1889	2:107
Krolen, Alice	17 Mar 1868	1:42
Kroll, Augusta	07 Jan 1876	1:244
Kroll, John	31 May 1872	1:240
Kroll, Ricky	17 Dec 1901	4:132
Krom, John	1879	1:248
Kromanacher, Mary	07 Feb 1880	1:248
Kromenacker, Eugene	24 Aug 1904	5:126
Kromlinger, Rosina	18 Nov 1901	4:131
Kronia, Henry	15 Jan 1896	3:121
Kronsberger, Crestina	05 Jul 1885	2:103
Kronsberger, Jas. B.	04 Jun 1885	2:102
Krose, Mary	05 Jul 1889	2:106
Kross, August	30 Mar 1875	1:242
Kross, Flora	01 Sep 1891	2:109
Kross, Henry S.	29 Dec 1871	1:240
Kross, Rinehart	23 Dec 1877	1:246
Krosterhouse, Geo.	17 Sep 1900	4:129
Krotz, Charles	03 Sep 1903	4:289
Krouse, Emma	02 Aug 1890	2:108
Krouse, Mary	26 Mar 1884	1:252
Krucht, Rose	25 Jan 1894	3:119
Krudel, Christian	20 Aug 1892	2:101
Krueger, Arthur	29 Apr 1885	2:102
Krueger, d/o Anna	16 Feb 1898	4:125
Krueger, Emil	02 Apr 1901	4:130
Krueger, Frank	12 Mar 1896	3:120
Krueger, Fred	15 Nov 1895	3:121
Krueger, Frida	02 Nov 1890	2:108
Krueger, Henrietta	28 Mar 1890	2:107
Krueger, Infant	28 Sep 1892	2:100
Krueger, John	05 Oct 1896	4:124
Krueger, John	07 Jul 1902	4:288
Krueger, Louise	31 May 1886	2:103
Krueger, Randolph	05 Aug 1901	4:132
Krueger, Rika	01 Mar 1898	4:125
Krueger, William	16 Dec 1902	4:133
Krueger, William	18 May 1904	5:126
Kruemling, John H.	19 Oct 1885	2:102
Kruenling, Gottfred	24 Sep 1890	2:107
Krueyer, John	04 Apr 1893	2:100
Kruezynska, Anna	30 Apr 1902	4:132
Krugal, Staney	23 Jun 1898	4:126
Kruger, Anna	10 Mar 1891	2:108
Kruger, August	18 Feb 1888	2:104
Kruger, Chas.	13 Aug 1886	2:104
Kruger, Chas.	22 Nov 1885	2:103
Kruger, Clara S.	01 Aug 1901	4:131
Kruger, Helen B.	05 Aug 1898	4:126
Kruger, Helena	Dec 1887	2:104
Kruger, Infant	07 Feb 1875	1:242
Kruger, Jasper	10 Dec 1875	1:244
Kruger, John	15 Mar 1872	1:238
Kruger, Sophia	23 Feb 1869	1:32
Kruger, Wm.	07 Mar 1902	4:131
Kruger. Caroline	04 Oct 1870	1:238
Krulack, Michael	28 Sep 1902	4:133
Krulak, Jusza	13 Dec 1897	4:125
Krulak, Kaszmier	25 Feb 1905	5:126
Krull, Charles	20 Aug 1899	4:128
Krull, Eddie	27 Mar 1901	4:130
Krull, Henry	08 Feb 1903	4:132
Krull, Henry	08 Sep 1902	4:133
Krull, Inf/o Jno.	11 Oct 1889	2:107
Krum, Chas.	21 Aug 1879	1:248
Krumbo, Christian	05 May 1871	1:238
Krumling, Cristine	02 Mar 1896	3:120
Krumling, Edwin	28 Jul 1902	4:288
Krumling, Sarah	14 Jun 1894	3:118
Krumm, Maria	03 Feb 1876	1:244
Krupp, Edna J.	12 Dec 1908	5:133
Krupp, Edward	03 May 1903	4:289
Krupp, Edward	03 May 1903	4:288
Krupp, Geo. J.	30 Jan 1905	5:127
Kruse, Anna	31 —	2:107
Kruse, August	12 Dec 1887	2:104
Kruse, Augusta	10 Feb 1890	2:107
Kruse, Augusta	19 Feb 1869	1:32
Kruse, Caroline	12 Oct 1904	5:127
Kruse, Christian	13 Apr 1906	5:130
Kruse, Edward Fredrick	10 Nov 1900	4:129
Kruse, Ferdinand	16 Apr 1904	5:126
Kruse, Frederick	27 Feb 1869	1:32
Kruse, George H.	21 Jan 1889	2:105
Kruse, Helen S.	13 Jan 1902	4:132
Kruse, Henry	21 Mar 1893	2:100
Kruse, Herman	13 Feb 1907	5:129
Kruse, Jacob	21 Dec 1897	4:124

NAME	DATE	V/P	NAME	DATE	V/P
Kruse, John	07 Sep 1908	5:134	Kuhl, Margaret	12 Mar 1888	2:105
Kruse, Joseph	09 Mar 1882	1:252	Kuhla, Anna	24 Feb 1907	5:129
Kruse, Marg.	02 Sep 1906	5:130	Kuhla, Frank	26 Aug 1893	3:118
Kruse, Maria	21 Mar 1869	1:34	Kuhliczak, John	19 Aug 1890	2:108
Kruse, Matilda	24 Sep 1885	2:103	Kuhlman, Arthur	20 Feb 1894	3:117
Kruse, May	14 Apr 1905	5:128	Kuhlman, Clara Dora	07 Oct 1892	2:100
Kruse, Wm.	23 Jul 1892	2:99	Kuhlman, Eugene	29 Aug 1906	5:129
Krusenmeier, Edwin	28 Oct 1879	1:248	Kuhlman, G.C.	30 Mar 1908	5:131
Krusky, Valentine	27 Dec 1903	4:289	Kuhlman, Henry	09 Feb 1907	5:129
Krussmann, Henry	01 Nov 1878	1:246	Kuhlman, Henry	16 Feb 1887	2:103
Kruttluff, Wm.	13 Nov 1902	4:133	Kuhlman, Henry J.	17 Aug 1904	5:126
Krutz, Inf/o Dan'l	13 Aug 1870	1:238	Kuhlman, John	20 Sep 1886	2:103
Krutzinger, Rosa	15 May 1891	2:101	Kuhlman, John H.	02 Nov 1884	2:102
Kruz, Fred L.	08 Aug 1895	3:121	Kuhlman, Mamie	18 Jan 1901	4:128
Kruzel, Mary	04 Jul 1905	5:127	Kuhlman, Sophia	01 Apr 1893	3:117
Kruzel, Victoria	02 Jul 1901	4:130	Kuhlman, Sophia	07 Sep 1895	3:120
Kruzger, Annie	27 Dec 1901	4:132	Kuhlmann, Henrich	21 Mar 1895	3:120
Krvapick, Victoria	28 Dec 1906	5:130	Kuhlmann, Louisa	24 Jun 1901	4:130
Krzyanik, Edward	18 Mar 1894	3:117	Kuhlmann, Sophia A.	21 Mar 1893	2:100
Krzyzwiak, Waclow	14 Jan 1904	4:288	Kuhmann, M. Sophia	14 Mar 1899	4:126
Kuareke, Louis	28 Oct 1902	4:133	Kuhn, Adam	11 Oct 1901	4:132
Kubacki, Rosalia	08 May 1888	2:105	Kuhn, Carl	15 Aug 1904	5:127
Kubacki, Rozalia	03 Sep 1907	5:131	Kuhn, Clara	16 Dec 1895	3:120
Kubbey, Johanna	10 May 1898	4:126	Kuhn, Emery	19 Dec 1875	1:244
Kubert, Annie	Sep 1889	2:106	Kuhn, Frederick	05 Jul 1902	4:288
Kubiak, Amanda	09 Oct 1901	4:130	Kuhn, Raymond	12 Mar 1896	3:120
Kubiak, Mary	22 Sep 1907	5:131	Kuhns, Charles O.	01 Mar 1902	4:130
Kubicki, Edward	01 Sep 1908	5:133	Kuhoit, Fred	21 May 1890	2:108
Kubieka, Frances	15 Mar 1897	4:123	Kuhr, Albert	30 Mar 1890	2:107
Kubieka, s/o Anthony	12 Mar 1897	4:123	Kuhr, Augusta	---	2:107
Kubitski, Frank	15 Nov 1893	3:117	Kuhr, Henry	09 Oct 1889	4:128
Kubitski, Phelix	Dec 1893	3:117	Kuhr, Leo*	15 Nov 1899	
Kubitz, Edw.	09 Sep 1892	2:100	Kuhr, Walter	17 Mar 1906	5:127
Kubler, Arthur	10 Dec 1886	2:103	Kuhrt, Arthur	11 Apr 1891	2:101
Kubler, Christiana	26 Jan 1887	2:103	Kuhrt, Augusta	11 ---	2:107
Kubler, George	07 Jan 1886	2:103	Kuhrt, Corona	23 Jul 1892	2:100
Kubler, Rhea	24 Dec 1886	2:103	Kuhrt, Frank	06 Mar 1880	1:248
Kubriski. John	13 Jul 1887	2:104	Kuhrt, John	09 Mar 1880	1:248
Kucharzki, Katherinia	04 Jan 1908	5:132	Kuhrt, Louise	29 Nov 1886	2:103
Kuchl, Augusta	02 Jan 1869	1:28	Kuhrt, Sophia	17 Mar 1882	1:252
Kuchle, Alois	26 Oct 1903	4:289	Kuhrt, Wm.	19 Aug 1892	2:100
Kuchle, Alouise	26 Oct 1903	4:289	Kuivaa, Infant	24 Jun 1893	3:118
Kuchmann, Henry Wm.	18 Oct 1898	4:127	Kujawa, Francis	11 Nov 1896	4:124
Kuckarski,. Nicodemus	04 Jun 1907	5:132	Kujawa, Maria	08 Sep 1902	4:133
Kuckla, Maria	26 Apr 1879	1:246	Kujawa, Martin	04 Aug 1902	4:133
Kuebbleler, Margarethe	14 Jan 1889	2:105	Kujawa, Rosy	26 Oct 1900	4:130
Kuebeler, Jacob	02 Jan 1892	2:109	Kujawa, Tracy	02 Jun 1901	4:132
Kuebler, Inf/o H.C.	23 Apr 1890	2:108	Kujawski, Clara	06 Sep 1908	5:134
Kuebler, Jacob	03 Sep 1900	4:130	Kujowski, Helen	23 Apr 1896	3:129
Kuebler, Maria A.	27 Jul 1880	1:248	Kukermeister, Sophia	Mar 1880	1:248
Kuechtli, Jno. Rudolph	16 May 1889	2:106	Kukla, Adam	29 May 1895	3:119
Kuehn, Charatas Ky.	22 Nov 1905	5:128	Kukla, Joseph	15 May 1904	5:126
Kuehn, Chardis Catherine	21 Nov 1904	5:127	Kukla, Mary	19 Sep 1900	4:129
Kuehn, John	16 Sep 1906	5:129	Kukla, Stanislaus	26 Oct 1885	2:103
Kuehnle, John J.	27 Jan 1908	5:132	Kuklay, Peter	29 ---	2:107
Kuelling, Adolph	03 Dec 1891	2:109	Kukley, Louis	14 Sep 1896	4:123
Kuenzel, Anna	09 Jan 1897	4:123	Kukuk, August	07 Aug 1894	3:119
Kuenzel, Arthur	02 Aug 1902	4:133	Kulczak, Ludwig	09 Feb 1901	4:130
Kuepper, John A.	26 Feb 1908	5:131	Kulczniski, Ulina	24 Jun 1899	4:128
Kuesle, Albert	27 Oct 1903	4:121	Kulher, Calman	19 May 1895	3:120
Kugler, Emil	01 Mar 1895	3:119	Kulhman, Elizabeth	17 May 1907	5:131

NAME	DATE	V/P	NAME	DATE	V/P
Kulhn, Carl Paul	23 May 1890	2:107	Kuras, Ballaus	25 Dec 1893	3:118
Kulisz, Balbina	19 Nov 1908	5:133	Kuras, Boleshaus	25 Dec 1894	3:119
Kulisz, Josephine	25 Nov 1908	5:133	Kuratkonski, Anthony	10 Sep 1905	5:127
Kulisz, Kazimirz	26 Nov 1908	5:133	Kuratkonster, Mary	21 Sep 1905	5:127
Kull, Margeret	11 Jun 1883	1:252	Kurciak, Steve	13 Feb 1906	5:128
Kull, Mary	06 Jan 1880	1:246	Kurdis, Michael	18 Dec 1903	4:289
Kulleny, Anna T.	18 Nov 1879	1:248	Kurdus, Anton	08 Nov 1904	5:126
Kulling, Ursula	20 Feb 1900	4:128	Kurek, Maude	11 Oct 1893	3:118
Kulm, Dillia Anna	27 Jul 1891	2:109	Kurinn, Sidaner	26 Dec 1898	4:126
Kulmke, Christine	14 Nov 1906	5:131	Kurnzli, Christian	05 Oct 1900	4:130
Kulszak, Helena	03 Feb 1903	4:133	Kuroch, August	27 Aug 1888	2:105
Kulthaff, Henry F.	10 Oct 1897	4:124	Kurrash, Euald	17 Jul 1885	2:102
Kuluricki, Flora	23 May 1897	4:125	Kurrash, Henrietta M.	14 Feb 1888	2:104
Kulwicky, Frank	01 Nov 1908	5:133	Kurson, Sidnor B.	05 Dec 1907	5:132
Kumerow, Emilie	08 Dec 1875	1:244	Kurth, Cha.	29 Jan 1879	1:248
Kummer, Godfrey	17 Nov 1890	2:108	Kurth, Florence	09 Sep 1902	4:133
Kummero, Alma Ruth	11 Feb 1908	5:131	Kurth, Fra.	27 Mar 1880	1:248
Kummero, Anna	24 Sep 1899	4:127	Kurth, William	03 Apr 1888	2:105
Kummero, Christ.	26 Apr 1893	2:101	Kurtz, Anna	23 Jun 1879	1:248
Kummero, John	11 Mar 1881	1:250	Kurtz, Carie D.	04 Aug 1895	3:120
Kummero, Mary	05 May 1889	2:107	Kurtz, Edw. Gotlab	12 Oct 1893	3:117
Kummero, Wm.	26 Jun 1886	2:103	Kurtz, Jacob	09 Oct 1905	5:127
Kummerow, Anna	13 Apr 1886	2:102	Kurtz, John	24 May 1900	4:129
Kummerow, Sarah	10 Sep 1907	5:132	Kurtz, John	25 Jun 1877	1:244
Kumpe, Carl G.	25 Jun 1887	2:105	Kurtz, Leonard	04 May 1882	1:252
Kumpe, Christine	20 Nov 1875	1:242	Kutz, Nellie*	24 Dec 1892	
Kumpie, William	07 Jan 1875	1:242	Kurtz, Palymer	13 Mar 1905	5:126
Kumro, August	11 Jan 1884	1:252	Kurtz, William	18 Nov 1897	4:124
Kunball, Bell A.	29 Jan 1882	1:252	Kurtz, Willie	14 Oct 1886	2:104
Kunckel, Henry Berkley	22 Dec 1904	5:126	Kuschel, Otto	01 Feb 1890	2:106
Kunckle, Hannah	18 Oct 1868	1:42	Kuschman, Nelson	17 Oct 1907	5:131
Kunckle, Hannah C.	18 Oct 1868	1:38	Kuser, Caroline	19 Oct 1896	4:124
Kundert, Egbert W.	05 Jan 1896	3:121	Kush, Eda	13 Jan 1889	2:105
Kune, Frances	11 Aug 1894	3:119	Kusharski, Mich.	03 Apr 1907	5:132
Kunhke, Walter	14 Oct 1899	4:127	Kusher, Katrina	15 Nov 1891	2:101
Kunk, Frances	23 May 1893	3:117	Kuske, Ottis	20 Mar 1875	1:242
Kunkle, Chas. F.N.	27 Dec 1903	1:250	Kusnireck, John	18 Oct 1901	4:131
Kunkle, Frank	14 Sep 1874	1:242	Kussel, Anna	29 Oct 1890	2:108
Kunkle, Inf/o N.	01 Aug 1873	1:240	Kusserow, Ernest	26 Aug 1906	5:130
Kunosch, Albert J.	27 Apr 1903	4:289	Kustelles, Frank	13 Jan 1895	3:121
Kunt, William	13 Jan 1891	2:107	Kuster, Mary E.	18 Oct 1880	1:250
Kunth, Augusta	27 Nov 1889	2:106	Kuster, Rudaughf	20 Jul 1881	1:250
Kunth, Omil	13 Jan 1886	2:102	Kusy, Barney	06 Mar 1893	3:118
Kuntshoro, Rosa	02 Oct 1893	3:118	Kusz, Hudenk	30 Jul 1905	5:127
Kuntz, Albert	01 Nov 1886	2:103	Kutcher, L.G.	28 Feb 1908	5:132
Kuntz, Anna M.	02 Apr 1886	2:103	Kutheman, Marie K.	02 Jun 1877	1:246
Kuntz, Catherine	09 Jun 1892	2:101	Kutz, Adolf	11 Dec 1889	2:107
Kuntz, Emma	17 Dec 1905	5:128	Kutz, George F.	24 Nov 1897	4:125
Kuntz, Fred	10 Nov 1905	5:128	Kutz, Otto	08 Jul 1892	2:99
Kuntz, J. George	04 Aug 1881	1:250	Kutzley, Cora	01 Jan 1896	3:120
Kuntz, Joseph	14 Aug 1893	3:117	Kutzly, Anna	26 Mar 1900	4:127
Kuntz, Therasa	23 Feb 1891	2:108	Kutzly, Frank	14 Oct 1875	1:242
Kunz, Aloma	01 Jun 1894	3:119	Kuvitz, Cane Damien	04 Aug 1895	3:121
Kunz, Maria Elizabeth	25 Oct 1892	2:100	Kuwaleski, George	09 Jun 1900	4:130
Kunzman, Gottlieb	12 Mar 1891	2:101	Kuyawasky, Rosa	---	2:107
Kunzmann, Gottlieb	12 Mar 1891	2:108	Kuzs, Fer. Joe.	08 Aug 1892	2:99
Kuper, Louisa F.	05 Feb 1889	2:105	Kwatkowska, Helena	24 Sep 1895	3:120
Kuphardt, Margaretha	04 Sep 1904	5:126	Kwechenmeister, Mary	15 Oct 1891	2:109
Kupowa, Leo	23 Jul 1895	3:120	Kwialkowska, Helea	22 Apr 1895	3:120
Kupp, Nicholas	10 May 1894	3:118	Kwiatkowska, Helena	03 Feb 1908	5:132
Kuralewska, Cecelia	21 Sep 1897	4:125	Kwiatkowska, Pelagia	17 Oct 1907	5:131

NAME	DATE	V/P
Kwiatkowska, Sophia	15 Apr 1902	4:132
Kwiatkowski, Anna	07 Jun 1908	5:134
Kwiatkowski, Frank	02 Oct 1902	4:133
Kwiatkowski, John	02 Feb 1908	5:132
Kwiatkowski, Paul	28 Sep 1903	4:288
Kwiatkowski, Stanislof	20 Jul 1903	4:289
Kwiattcowski, Adam	15 May 1904	5:126
Kwietkowski, Stephen	21 Sep 1900	4:129
Kwiotkowska, Elenora	19 Aug 1908	5:133
Kwiotkowska, Pilazia	15 Aug 1908	5:133
Kykendall, Emily	11 Sep 1904	5:127
Kyle, Fred	24 Mar 1894	3:117
Kyler, Infant	05 Jun 1888	2:104
Kzzaniak, Andrew	23 Jul 1894	3:118
Laas, Arnold	07 Feb 1903	4:141
Laas, Minnie	09 May 1907	5:142
Laban, Sarah A.	09 Oct 1881	1:264
Labara, Rosa	13 Mar 1882	1:264
Labardie, Inf/o Louis	22 Mar 1871	1:254
Labarge, Josephine	01 Aug 1898	4:137
LaBaron, Charlotte Bidwell	07 Jan 1889	2:113
Labarre, Frank	06 Jul 1880	1:262
LaBarre, John E.	20 Jun 1892	2:116
Labeau, Walter	28 Aug 1895	3:128
LaBedeau, Frank	05 Feb 1897	4:134
Laber, Mary Margaret	04 Nov 1898	4:137
Laberdie, Robert E.	05 Oct 1902	4:142
Laberdy, Delia A.	27 Nov 1888	2:112
Laberdy, Gilbert J.	21 Sep 1874	1:258
Laberg, Henry	09 Jun 1889	2:113
Lablah, Bertha	10 Mar 1906	5:139
Labone, John	13 Nov 1904	5:138
Labordie, Cyrill	15 Mar 1892	2:115
Labordie, Joseph	17 May 1889	2:113
Labordie, Louisa	1905	5:138
Laborgen, Joseph	20 Jan 1908	5:142
Labounty, John	04 Nov 1890	2:114
Labourske, John	02 Feb 1868	1:8
Labowsky, Charles	24 Mar 1892	2:115
Labuts, Warren	16 Sep 1897	4:135
Lacasse, Violet	27 Aug 1902	4:141
Lace, John	19 Jul 1891	2:115
Lacey, Anna	16 Jan 1893	2:116
Lacey, Mary	18 Jan 1893	2:116
Lachafelle, Larina	21 Mar 1897	4:134
Lachapell, Susan	03 Aug 1874	1:256
Lachenmacher, Mary	03 Sep 1886	2:111
Lachosky, Johana	19 ---	2:113
Lack, Clara F.	29 Jul 1904	5:137
Lack, John	02 Jan 1904	4:143
Lacker, Louisa	30 Mar 1873	1:254
LaClair, Joseph	03 Jul 1872	1:256
LaClair, Louise	01 Apr 1873	1:256
Lacouese, Phillip	20 Feb 1881	1:262
Lacource, Lillian	24 Aug 1895	3:128
Lacource, Pearl	21 Jan 1896	3:128
LaCourse, Charley	30 May 1907	5:141
Lacourse, Emma	14 Mar 1881	1:264
LaCourse, Florence	15 Aug 1887	2:112
Lacourse, Gust.	14 Mar 1886	2:110

NAME	DATE	V/P
Lacourse, Julia	12 Mar 1902	4:141
Lacourse, Mary	10 Aug 1905	5:139
LaCourse, Victoria	05 Aug 1904	5:137
Lacy, Elizabeth	23 Sep 1899	4:138
Lacy, Henry Allen	22 Mar 1904	4:143
Lacy, Mary	16 Nov 1893	3:126
Lacy, Wm. H.	16 Feb 1869	1:4
Ladd, Georgian	30 Sep 1896	4:134
Ladd, Ruth May	15 May 1896	4:134
Ladden, John	05 Mar 1893	2:116
Laddy, William	02 Dec 1902	4:142
Laden, Mary	16 Jul 1884	2:110
Laderman, d/o William	01 Sep 1906	5:141
Laderman, s/o Wm.	09 Jun 1897	4:135
Ladford, Almond	08 Feb 1894	3:126
Ladone, Alice	20 Apr 1903	4:143
Ladue, Fred G.	04 Mar 1889	2:113
LaDue, Wm. C.	29 Nov 1898	4:136
LaDuke, Alex	07 Nov 1908	5:141
LaDuke, Elzeda	19 May 1907	5:141
LaDuke, George	26 Dec 1907	5:141
Laduke, Mary	18 Jan 1881	1:262
Laehlock, Kate	Aug 1887	2:112
Lafarquist, Thlema R.	02 Jul 1899	4:138
Lafayette, Henry	03 Dec 1885	2:111
Lafayette, Henry	25 Jun 1877	1:260
Lafayette, Joseph	28 Jul 1904	5:137
Lafevere, Helen	21 Jan 1908	5:141
Lafeyette, Catherine	11 Aug 1891	2:115
LaFleure, Hannah	10 Mar 1905	5:138
Laflore, Matilda	29 Jan 1873	1:256
LaFountain, Anthony	31 Jul 1874	1:256
Lafountain, Inf/o Joseph	02 Sep 1874	1:256
LaFountain, Walter	06 Oct 1907	5:141
Lafrance, Mary	18 Jul 1891	2:115
LaFrance, Mary M.	15 Sep 1905	5:139
LaFrind, Henry	28 Jun 1901	4:140
LaGanslien, Albert	12 May 1895	3:129
Lageisse, Louisa	03 Apr 1895	3:128
Lagenska, Ida	30 Apr 1891	2:115
Lagger, Lillie	16 Dec 1896	4:134
Lagie, Dora	02 May 1902	4:141
Laginess, Anthony	16 Mar 1901	4:139
Laginess, Mary	04 Jul 1905	5:139
Lagro, Jirah Ish.	28 Nov 1881	1:264
Lagro, Jirah Isham	28 Oct 1880	1:262
Laha, Franklin L.	29 Oct 1880	1:262
Lahan, Daniel	10 Oct 1880	1:262
Lahany, James	22 Mar 1891	2:114
Lahany, Maria	17 Jul 1875	1:258
Laheney, Patrick	16 Jul 1873	1:256
Laheny, Mary E.	12 Mar 1882	1:264
Laher, Frederick	30 Jul 1902	4:142
Laherty, Louis	24 Sep 1899	4:137
Lahey, Dennis	10 Nov 1883	1:264
Lahey, John	18 May 1892	2:116
Lahman, Katie F.	09 Jun 1879	1:260
Lahner, Adaline	07 Aug 1895	3:128
Lahner, Jacob	16 Sep 1907	5:141
Lahr, Ada May	11 Dec 1897	4:135
Lahr, Bessie	09 Mar 1887	2:111

NAME	DATE	V/P	NAME	DATE	V/P
Lahr, Bessie	Mar 1887	2:112	Lamb, Charles*	14 — 1883	
Lahr, Bessie May	12 May 1896	4:134	Lamb, David	16 Jan 1871	1:254
Lahr, Clara	09 Jul 1887	2:111	Lamb, Frank I.	11 Feb 1890	2:113
Lahr, Elmer G.	08 Apr 1883	1:264	Lamb, Jane	10 Dec 1880	1:262
Lahs, Idia E.	01 Mar 1875	1:256	Lamb, Jay	03 Aug 1878	1:260
Lahsten, Jose.	02 Dec 1885	2:110	Lamb, Jennie	13 Aug 1891	2:115
Laimon, Sarah	18 Apr 1905	5:138	Lamb, John	25 Jan 1875	1:256
Laing, Arnold M.	09 Jan 1899	4:137	Lamb, Mary	05 Nov 1908	5:143
Laing, Emma Grace	28 Dec 1898	4:137	Lamb, Minnie	27 Dec 1879	1:262
Laing, John A.	03 Jan 1899	4:137	Lamb, Peter	01 Sep 1877	1:258
Laing, Ruth J.B.	08 Jan 1899	4:137	Lamb, s/o W. Lockwood	31 Oct 1903	4:142
Laird, Thomas	10 Mar 1886	2:110	Lamb, Wm. M.	12 Jul 1884	2:110
Laird, Walter A.	30 Jul 1887	2:111	Lambert, Esther	22 Jun 1904	5:137
Laird, Worden	07 Nov 1889	2:113	Lambert, Evelyn Viola	06 Aug 1907	5:141
Lais, Gertrude	22 Sep 1886	2:111	Lambert, Floyd Alonzo	27 Jul 1907	5:141
Lajinski, Frank	05 Oct 1893	3:126	Lambert, Harold Verne	24 Jun 1906	5:139
Lajoie, Mary	23 Nov 1889	2:114	Lambert, Infant	23 Nov 1903	4:143
LaJoye, Mary	08 Aug 1897	4:135	Lambert, Lois Irene	28 Jul 1907	5:141
Lake, Emma	06 Aug 1888	2:113	Lamberton, David	21 Jul 1896	4:134
Lake, George	25 Dec 1904	4:143	Lamberton, David	21 Jul 1896	4:215
Lake, Georgia B.	24 May 1876	1:258	Lamberton, Ellen	17 Jan 1875	1:256
Lake, Infant	10 Aug 1907	5:141	Lamberton, Hugh	17 Aug 1876	1:258
Lake, John	30 Jul 1906	5:139	Lamberton, James	17 Sep 1900	4:139
Lake, Mary E.	19 Feb 1888	2:111	Lamberton, Janet	20 Mar 1881	1:262
Lake, Pearl May	23 May 1903	4:142	Lambrech, Sellmer	02 Dec 1878	1:260
Lake, Thomas	21 Dec 1893	3:126	Lamer, Eliz'th	06 Mar 1876	1:258
Lake, William	07 Dec 1891	2:115	Lamfir, Jerusha	27 Feb 1873	1:256
Lake, William Arthur	25 Jan 1905	5:137	Laming, Iva	01 Sep 1907	5:141
Lakin, Sarah	12 Jul 1906	5:140	Lamkauf, Simon	09 Nov 1905	5:138
Lakofske, Frank	16 Apr 1892	2:116	Lamley, Pauline	18 Jun 1905	5:138
Laland, Rose	25 Feb 1904	4:143	Lamlin, H.C.	01 Nov 1880	1:262
Lalane, Edward	04 May 1891	2:115	Lammers, Westley	06 Aug 1908	5:143
Lalendorff, Chas.	07 Oct 1882	1:264	Lammon, Ada	16 Jul 1893	3:126
Lalendorff, Edward	02 Nov 1882	1:264	Lamont, Henry	30 Aug 1908	5:143
Lalendorff, Ida	07 Oct 1882	1:264	Lamont, Henry	Aug 1908	5:142
Lalendorff, John H.	05 Mar 1901	4:138	LaMont, Lewis	22 Aug 1906	5:139
Lalendorff, Rudolph	14 Oct 1882	1:264	Lamont, Lida Ann	23 May 1898	4:136
Laley, Margaret	08 Aug 1906	5:140	Lamont, Lyda	23 May 1898	4:137
Lallaby, Ellen	08 Dec 1904	5:138	LaMonte, Marie R.	31 Oct 1902	4:142
Lallater, M.E.	22 Apr 1873	1:254	Lamoreaux, Mary	08 Sep 1906	5:141
Lally, Annie	14 Jun 1884	2:110	Lampkowski, Mary	23 Nov 1908	5:143
Lally, Henrietta	10 Feb 1900	4:138	Lampman, Unknown	19 Nov 1878	1:260
Lally, Jas.	24 Sep 1885	2:110	Lamprecht, Alma	17 Oct 1890	2:114
Lally, Mamie	25 Jan 1888	2:112	Lamson, A.H.	06 Apr 1888	2:112
Lally, Margaret	03 Jul 1881	1:264	Lamson, d/o J.D.R.	18 Oct 1890	2:114
Lally, Mary	23 May 1893	3:126	Lamson, Laura E.	01 May 1892	2:116
Lally, Mary	30 Oct 1908	5:143	Lanark, Adelbert	17 —	2:113
Lally, Nelly	14 Mar 1889	2:112	Lancaster, Hulda	17 Aug 1901	4:141
Lally, Patrick	16 Mar 1890	2:113	Lance, Charles C.	06 Dec 1904	5:137
Lalond, d/o Emil	26 Feb 1898	4:135	Lance, Christina	11 Jan 1908	5:141
Lalond, d/o Emil	26 Feb 1898	4:135	Lance, Edgar	29 Jun 1897	4:135
Lalonde, Israel	28 Mar 1908	5:141	Lance, Levi	22 Jul 1900	4:139
Lalone, Gorgie	11 Aug 1885	2:111	Lancinger, s/o Jos.	27 Oct 1889	2:113
Lalone, John	23 Sep 1885	2:111	Lancto, Barney	15 Dec 1900	4:139
Laltoon, Andrew	30 Jul 1878	1:260	Lancy, Mary	06 Nov 1895	3:128
Lalty, Annie C.	15 Sep 1884	2:110	Land, Andrew	15 Jan 1891	2:114
Laly, Andrew	07 Aug 1891	2:115	Land, Lawrence E.	05 Dec 1877	1:258
Laman, Henry	21 Mar 1906	5:139	Landberry, Lewis	22 Feb 1908	5:142
Laman, Pemo	08 Aug 1870	1:254	Landerfelt, Myrtie	16 Aug 1903	4:143
LaMarsh, Alma	17 Nov 1876	1:258	Landers, Mary	08 Nov 1889	2:113
Lamb, Charlemain	14 Aug 1873	1:256	Landers, Newton	12 Aug 1897	4:135

NAME	DATE	V/P
Landfare, Inf/o Aaron	14 Aug 1886	2:111
Landgraf, John	05 Sep 1897	4:136
Landgraf, Sophia	14 Feb 1894	3:126
Landiger, Stevens	09 Aug 1888	2:112
Landis, Cornell J.	08 Jun 1901	4:140
Landis, Joseph	11 Oct 1890	2:114
Landis, Lois Georgiana	16 Mar 1905	5:137
Landis, Lucinda	09 Aug 1883	1:266
Landis, Thomas F.	06 Mar 1906	5:140
Landis, Wilford C.	28 Apr 1900	4:139
Landman, Isaac	25 Jul 1903	4:143
Landoe, Lizzie	22 Dec 1901	4:140
Landon, Fred	23 Jun 1901	4:141
Landoski, Louis	19 Jul 1892	2:116
Landry, Adolphus James	13 Feb 1901	4:138
Landuehr, John E.	01 Jan 1908	5:142
Landwehr, Emma	24 Feb 1908	5:142
Landwehr, John	13 Aug 1897	4:135
Landwehs, Otto	25 Oct 1895	3:128
Landwer, Fred	06 Aug 1906	5:140
Landwerhs, August	10 Dec 1894	3:128
Landwerhs, Lula	22 Aug 1894	3:128
Lane, Alonzo	30 Jul 1904	5:137
Lane, Amos	05 Feb 1903	4:142
Lane, Arilla	16 Nov 1904	5:137
Lane, Charles	18 Oct 1874	1:256
Lane, Elizabeth	09 Mar 1901	4:140
Lane, Frank A.	16 Nov 1879	1:262
Lane, George	29 Jun 1876	1:258
Lane, Ida May	31 Mar 1882	1:264
Lane, Lucy	19 Nov 1889	2:113
Lane, Mary	24 Jan 1889	2:113
Lane, Mary E.	21 Dec 1904	5:137
Lane, Mary H.	09 Sep 1875	1:258
Lane, Opal	02 Jul 1902	4:142
Lane, Sarah	06 Sep 1901	4:140
Lane, William	09 Apr 1889	2:113
Lane, William, Mrs.	10 Apr 1894	3:126
Laner, Mariana	03 Oct 1893	3:126
Laner, Mirnia	24 Jun 1895	3:128
Laney, Bertha	25 Mar 1896	3:128
Laney, Virgil	04 Sep 1906	5:140
Lanfare, Elizabeth	22 Dec 1899	4:138
Lanfine, Susan	29 Sep 1905	5:138
Lanfkatter, Lena	24 Apr 1896	4:134
Lang, Anthon	19 May 1894	3:127
Lang, Bertha	10 May 1902	4:142
Lang, Brigette	19 Aug 1894	3:127
Lang, Charlotte	21 Jul 1893	3:126
Lang, Daniel	11 Nov 1896	4:134
Lang, Eliza M.	30 Jul 1888	2:112
Lang, Elizabeth	09 Mar 1906	5:140
Lang, F.D.	21 Dec 1897	4:135
Lang, Franz	30 Sep 1874	1:256
Lang, George	01 Sep 1899	4:137
Lang, George	12 Apr 1904	5:137
Lang, George	27 Aug 1908	5:143
Lang, George J.	12 Apr 1904	5:137
Lang, Henry	05 Nov 1877	1:260
Lang, Henry	05 Nov 1877	1:258
Lang, Jacob	21 Sep 1901	4:140
Lang, Johanna	24 Dec 1868	1:28
Lang, John	02 Aug 1904	5:137
Lang, John	10 Feb 1901	4:138
Lang, Joseph	15 Nov 1908	5:143
Lang, Lena E.	03 Jun 1890	2:114
Lang, Lizzie	05 Mar 1906	5:139
Lang, Mary	26 Dec 1903	4:142
Lang, Mary	29 Dec 1868	1:28
Lang, Mary A.	14 Jan 1900	4:138
Lang, Mary Madaline	26 Jan 1900	4:137
Lang, Michael	14 Aug 1893	3:126
Lang, Myrtle	02 Jan 1895	3:127
Lang, Ruth	26 Jul 1893	3:126
Lang, William	09 Feb 1900	4:137
Lang, William	19 Sep 1887	2:111
Langan, Lora	18 Jul 1889	2:113
Langan, Maria	27 Jul 1889	2:113
Langdon, Hana	Aug 1878	1:260
Langdon, Infant	28 Mar 1893	3:126
Langdon, Lucile	1908	5:143
Lange, August, Jr.	08 Feb 1908	5:139
Lange, August, Sr.	07 Nov 1905	5:139
Lange, Henry	16 Jan 1876	1:258
Lange, Jennie	15 Nov 1901	4:140
Lange, Louis	16 Aug 1881	1:264
Lange, Mary Katie	08 Nov 1899	4:137
Langel, E.	Jan 1876	1:258
Langell, Addie	19 Dec 1880	1:262
Langell, Sophronia	26 Sep 1890	2:114
Langen, John	26 Jan 1888	2:112
Langen, Kate	10 Nov 1887	2:112
Langen, Louis	08 Oct 1870	1:254
Langendefer, Agnes M.	25 Mar 1888	2:112
Langendenfer, Katie E.	14 Dec 1896	4:134
Langenderfer, Anna M.	23 Aug 1903	4:142
Langenderfer, Florence	14 Jul 1901	4:140
Langenderfer, Gilsdorf	11 Oct 1906	5:140
Langenderfer, Jacob	10 Mar 1887	2:111
Langenderfer, Lawrence J.	27 Jul 1908	5:144
Langenderfer, Lewis	10 Feb 1908	5:141
Langenderfer, Lucy M.	01 Oct 1899	4:137
Langenderfer, Nicholas	05 Nov 1899	4:136
Langenderfer, Nicholas Arthur	13 Feb 1894	3:126
Langenderfer, Pearl A.	25 Mar 1907	5:140
Langenderfer, Peter	24 Feb 1907	5:140
Langenderfer, W.	26 Nov 1881	1:264
Langendorf, Katherine	08 Jan 1907	5:141
Langendorf, Wm.	02 Apr 1872	1:254
Langendorfer, Peter	30 Jun 1885	2:110
Langendufer, John F.	09 Aug 1902	4:142
Langendurfer, Hilda	20 Jan 1906	5:139
Langerderfer, Kate	10 Apr 1893	3:126
Langerdorf, Morah	04 Aug 1878	1:260
Langerman, Henry E.	08 Jun 1901	4:140
Langers, Leroy V.	18 Nov 1893	3:126
Langevin, Julia	28 Apr 1899	4:138
Langham, Frank	27 Apr 1872	1:256
Langhoff, August	28 Dec 1901	4:140
Langhoff, Doretha	31 May 1895	3:128

NAME	DATE	V/P	NAME	DATE	V/P
Langhoff, Lotta	06 Mar 1890	2:114	Large, Bertha	20 Jan 1881	1:262
Langloit, Ernst	21 Nov 1895	3:128	Large, Emma	08 Oct 1876	1:258
Langshaw, Thomas	18 Dec 1902	4:141	Large, Erastus	19 Jun 1894	3:127
Lanke, Alice	27 Jan 1876	1:258	Largen, James	03 Oct 1885	2:110
Lankowski, Emma	12 Feb 1889	2:113	Larkin, John	01 Oct 1892	2:116
Lanman, Earnest	06 Jul 1895	3:128	Larkin, Peter, Sr.	02 Jul 1907	5:141
Lanman, George	10 Apr 1888	2:112	Larkins, Barney	22 Sep 1868	1:22
Lanman, John Henry	31 Mar 1900	4:138	Larkins, Cathenie	16 Oct 1904	5:138
Lanmann, Fred A.	23 Nov 1890	2:114	Larkins, Catherine	21 May 1883	1:264
Lannen, James	04 Mar 1897	4:134	Larkins, Charles	05 Mar 1900	4:138
Lannon, Jas.	04 Mar 1897	4:135	Larkins, Ed.	20 Nov 1907	5:141
Lanregan, Martin	16 Mar 1879	1:262	Larkins, John J.	15 Nov 1904	5:138
Lansen, Millie	21 Jun 1870	1:254	Larkins, Joseph	12 Nov 1901	4:140
Lanseze, Paull	11 Oct 1896	4:134	Larkins, M.F.	06 Jan 1889	2:112
Lanther, Mary	01 May 1895	3:129	Larkins, Mary	11 Jun 1885	2:110
Lantz, N.A.	05 Oct 1899	4:138	Larkins, Mary Sophia	30 Sep 1882	1:264
Lanz, Bertha	10 May 1902	4:141	Larkins, Peter	02 Jul 1907	5:142
Lanz, Jacob	29 Jan 1902	4:141	Larkins, Thomas	04 Aug 1905	5:138
Lanzenger, John B.	10 Mar 1882	1:264	Larkins, Thomas R.	04 Sep 1905	5:139
Lanzinger, John	Sep 1892	2:116	Larkins, Wm.	23 Feb 1897	4:134
Lapaint, Mrs.	Jan 1906	5:139	Laroch, Charles	12 Apr 1877	1:260
Lapan, Adlove	31 Jan 1876	1:258	Larocy, Mariline	28 Dec 1898	4:136
Lape, John	19 Nov 1903	4:143	Laron, Francis	30 Jan 1898	4:136
Lape, May	08 Jun 1885	2:110	LaRouque, Agatha	15 May 1904	5:138
Lapland, Joseph	18 Mar 1870	1:254	Larow, Patrick S.	27 Feb 1881	1:262
LaPlant, Andrew	03 Aug 1890	2:114	Larson, John	02 Mar 1896	3:128
Laplant, David	18 Dec 1895	3:128	Larson, John	02 May 1896	4:134
LaPlant, Jule	25 Jun 1902	4:141	Lartbel, Maria Johana	14 Nov 1891	2:115
Laplant, Lilly	08 Aug 1895	3:128	Larvater, Anna	25 Jul 1878	1:260
Laplant, Mabel	17 Feb 1906	5:139	Larvater, Geo. Henry	29 Jun 1878	1:260
LaPlant, Nellie	26 Jul 1897	4:135	Lary, Henry	01 Apr 1884	2:110
LaPlant, Nora	03 Oct 1897	4:135	Lary, Matilda	Jul 1897	4:136
LaPlante, P.	02 Feb 1903	4:141	Lashinger, Joseph	03 Aug 1895	3:128
Lapoint, Edie	14 Aug 1894	3:127	Lashinkel, George	09 Sep 1906	5:140
LaPoint, Francis	06 Mar 1892	2:115	Laskey, Ann	23 Feb 1878	1:258
Lapoint, Geo. J.	02 Sep 1898	4:136	Laskey, Anna	31 Aug 1904	5:137
Lapoint, Isabelle	10 Dec 1894	3:127	Laskey, Ella S.	10 Nov 1898	4:136
LaPoint, Joseph	25 Sep 1904	5:137	Laskey, Geo. Richard	27 Apr 1900	4:138
Lapoint, Lavic	28 Mar 1893	2:116	Laskey, George	12 Aug 1899	4:138
LaPoint, Mabel	12 Feb 1892	2:115	Laskey, H.S.	23 May 1899	4:137
Lapoint, W. Edward	30 Mar 1891	2:114	Laskey, Smith	14 Jul 1886	2:110
LaPointe, Benedict	15 Jun 1902	4:140	Laskey, Thomas J.	11 Mar 1902	4:141
Lapointe, Emelia	24 Oct 1903	4:142	Laskey, Unknown	---	1:262
Lapp, Catherine	08 Sep 1891	2:115	Laskey, William	02 Apr 1888	2:111
Lapp, Frederick	25 Sep 1892	2:116	Lason, Mary	Feb 1899	4:136
LaPrechti, Peter	18 Apr 1907	5:140	Lass, Christina	14 Nov 1883	1:266
Larabell, Dora	06 Nov 1899	4:138	Lass, John	17 Dec 1890	2:114
Larabell, Hattie	25 Nov 1899	4:138	Lass, William	10 May 1906	5:140
Larbarder, Laura	25 Dec 1882	1:264	Lasser, Jacob	03 Mar 1902	4:141
Larbardy, Walter	07 Oct 1880	1:262	Lassond, Joseph D.	09 May 1906	5:141
Lardinais, Flora G.	16 Feb 1891	2:114	Lasty, Minnie	04 Jun 1891	2:115
Lardner, James	07 Sep 1906	5:139	Laszak, Bolesow	12 Jan 1901	4:139
Lardner, Margruete	17 Feb 1901	4:139	Latcham, Edna May	24 May 1879	1:260
Lardner, Marguerite	11 Feb 1901	4:140	Latcham, Louis L.	15 Jan 1870	1:40
Lardniais, H.C.	14 Jun 1908	5:142	Latchane, Wm. J.	01 Nov 1873	1:256
Lareg, Geo. W.	06 May 1897	4:135	Later, Mary	03 Mar 1889	2:112
Larence, Annie	16 Aug 1894	3:127	Lathaw, James, Rev.	26 Jul 1897	4:135
Larence, Eliza Marian*	13 Sep 1883		Lathen, Elisia	04 Mar 1906	5:138
Larent, Jos.	01 Jun 1884	2:110	Latherway, Philip	01 Jan 1904	4:143
Larey, Mary J.	22 Sep 1887	2:112	Lathond, Rosa	20 Oct 1880	1:262
Larff, Maggie	18 Apr 1902	4:142	Lathop, Miranda	11 Feb 1899	4:136

NAME	DATE	V/P
Lathrop, Arurrah	17 Mar 1893	1:44
Lathrop, Aza	29 Jan 1899	4:136
Lathrop, Boyd David	17 Mar 1904	2:116
Lathrop, C.C.	25 Apr 1904	5:137
Lathrop, C.L.	16 Jul 1902	4:142
Lathrop, Elizabeth	17 Mar 1904	5:137
Lathrop, Fred A.	12 Apr 1882	1:264
Lathrop, James P.	31 May 1871	1:254
Lathrop, Jane	06 Dec 1870	1:254
Lathrop, John Edward	27 Feb 1898	4:136
Lathrop, Joshua R.	22 Jun 1889	2:113
Lathrop, L.B.	20 May 1886	2:111
Lathrop, Larissa L.	03 Aug 1878	1:260
Lathrop, Lisle LaVerne	04 Aug 1889	2:113
Lathrop, Lyman B.	09 May 1873	1:256
Lathrop, Maria	11 Jun 1870	1:254
Lathrop, Pliny	29 Aug 1881	1:264
Lathrop, Walter D.	14 Oct 1892	2:116
Lathrop, William C.	19 Aug 1879	1:260
Lathrop, Wilson P.	09 Feb 1895	3:127
Latimer, Bessie	06 Jan 1893	2:116
Latlin, James	03 Dec 1908	5:143
Latshaw, Peter	15 Aug 1868	1:38
Lattimore, Mary	31 Jan 1898	4:136
Lau, Heinrich	30 May 1882	1:264
Laucks, Phoebe	21 Aug 1903	4:143
Laudenbach, Alois	15 May 1907	5:142
Laudenbach, O.	15 May 1907	5:141
Laudenslager, Jacob	05 Jan 1901	4:139
Lauer, Adam	25 Mar 1902	4:140
Lauer, Emma	22 Jun 1895	3:128
Lauer, George M.	17 Nov 1904	5:137
Lauer, Mike	11 Sep 1900	4:139
Lauer, Sophia	10 Feb 1908	5:141
Lauffer, Harry	02 Dec 1900	4:139
Lauffer, Jacob A.	Sep 1878	1:260
Laufkettler, Herman	07 Jun 1903	4:142
Laughlin, Chas.	28 Nov 1871	1:254
Laughlin, Gertrude	21 Sep 1906	5:140
Laughlin, Grace	23 Dec 1880	1:262
Laughlin, Jennie	01 Sep 1901	4:140
Laughlin, Thomas	11 Jan 1901	4:139
Laughlin, William	16 Feb 1891	2:114
Laughlin, William P.	02 Aug 1893	3:126
Laughride, Alice	24 Mar 1905	5:138
Laulenseklager, Lizzie	06 Sep 1902	4:141
Laulubash, s/o Louis	14 Jun 1908	5:143
Lauman, s/o Henry	10 Apr 1888	2:111
Laurach, Albert	14 Jul 1897	4:135
Laurence, Amanda	06 Mar 1889	2:113
Laurence, Eliza Marian	13 Sep 1883	1:264
Laurence, F.G., Mrs.	28 Oct 1906	5:140
Laureus, Lena	01 Aug 1877	1:260
Laurich, John	18 Mar 1883	1:266
Lauser, Peter	09 Dec 1890	2:114
Lautenschlager, Henry	26 Jul 1902	4:142
Lautzenheiser, Urais	27 Apr 1891	2:115
Lautzenheiser, Veronica	09 Jun 1890	2:114
Lautzenhiser, Jas.	23 Nov 1900	4:139
Lavahrn, Mrs.	20 Nov 1890	2:114
LaValey, Howard	21 Sep 1898	4:137
LaValley, Peter	18 Jul 1904	5:138
Lavally, Lora	22 May 1902	4:142
Lavan, Wm. Henry	27 Nov 1903	4:142
LaVaune, Gordon	03 Jan 1904	4:143
Lavelle, Elizabeth	30 Jun 1872	1:256
Lavelle, Peter	10 Feb 1873	1:256
Lavendowski, Sophy	15 Sep 1891	2:116
Lavenue, A.A.	27 Nov 1893	3:126
Lavienz, Ed.	25 Mar 1883	2:117
Lavin, Bartley	21 Sep 1885	2:110
Lavin, Lena	14 Feb 1889	2:113
Lavingne, Pierre	19 Sep 1893	3:126
Lavy, Erman	13 Jul 1900	4:139
Law, Gertrude	11 Oct 1899	4:138
Law, Infant	03 May 1891	2:115
Law, John C.	18 Dec 1906	5:140
Law, W.S.	03 Nov 1896	4:134
Lawandowski, Helen	05 May 1897	4:136
Lawecka, Rosa	23 Mar 1900	4:138
Lawecki, Lawrence	12 Mar 1896	3:129
Lawer, Jacob	16 Oct 1908	5:143
Lawfar, F., Mrs.	05 Dec 1902	4:141
Lawigne, Joseph	27 Oct 1902	4:141
Lawiski, Frank	03 Dec 1902	4:141
Lawkouski, Frank	18 Jul 1897	4:136
Lawler, Francis	05 Dec 1902	4:142
Lawler, Joseph A.	14 May 1893	3:126
Lawler, Katherina	19 Feb 1908	5:141
Lawler, Leo	09 Dec 1901	4:140
Lawler, Mary	04 Jan 1889	2:112
Lawler, Mary	23 May 1891	2:116
Lawler, William	25 Dec 1904	5:138
Lawless, Peter	13 Apr 1874	1:256
Lawless, Peter J.	27 Dec 1906	5:140
Lawlor, Frank	08 Feb 1870	1:56
Lawlor, Mary S.M.	15 Jul 1871	1:254
Lawnicjak, Frank	28 Jul 1907	5:142
Lawniczack, Florian	11 Sep 1907	5:142
Lawren, Rickie	22 Aug 1868	1:20
Lawrence, Ellen	19 Aug 1870	1:254
Lawrence, George	29 Aug 1906	5:140
Lawrence, Mena	10 Nov 1870	1:254
Lawrence, Orville	09 Apr 1907	5:139
Lawrence, Peter	11 May 1905	5:138
Lawrence, Peter	11 May 1905	5:137
Lawrence, William	09 Nov 1903	4:143
Lawrick, Christian	20 May 1907	5:141
Lawrsik, Theodore	22 Oct 1894	3:128
Lawson, L.	17 May 1894	3:127
Lawson, May	06 Mar 1888	2:112
Lawszek, Anton	07 Jun 1896	3:129
Lawton, Helen	20 May 1897	4:135
Lawton, Wm. W.	03 Nov 1886	2:111
Lay, Christian	28 Sep 1907	5:141
Lay, Mary Barbry	27 Nov 1890	2:114
Layden, Catherine	19 Apr 1888	2:112
Layden, Thomas	26 Dec 1886	2:111
Layman, Henry Templeton	09 May 1902	4:141
Layman, Mary	21 Mar 1901	4:140
Layore, Susan C.	01 May 1895	3:128

157

NAME	DATE	V/P	NAME	DATE	V/P
Layrig, Geo. W.	30 Jul 1894	3:127	Leddy, Denis	04 Nov 1881	1:264
Layrisse, Augustus	18 Dec 1880	1:262	Leddy, Infant	16 Aug 1891	2:115
Layrisse, Peter	15 Dec 1879	1:262	Leddy, Minnie	20 Dec 1872	1:256
Laytart, Blanche	02 Apr 1895	3:127	Leddy, William	02 Dec 1903	4:143
Lazell, Jared	21 Dec 1903	4:143	Leddy, William	10 Sep 1896	4:134
Lazenby, Emma	21 Apr 1884	2:1	Lederberger, Lena	21 Dec 1897	4:135
Lazensby, Emna	21 Apr 1884	2:110	Lederer, Amanda E.	20 Feb 1906	5:139
Lazette, Dolfus G.	03 Mar 1904	4:143	Lederer, John H.	29 Jul 1904	5:137
Lchnapp, Cletus P.	29 Jun 1901	4:140	Ledford, John	24 Dec 1887	2:112
Le Fever, Margaret	10 Jul 1897	4:136	Ledki, Helena	17 Feb 1904	4:142
Leabs, Martha	12 Mar 1889	2:112	Lee, A.M.	07 Jan 1904	4:142
Leach, Bessie	23 Nov 1906	5:140	Lee, Abner	Jan 1906	5:138
Leach, Charles	07 Sep 1901	4:140	Lee, Abram	13 Jul 1872	1:256
Leach, Dorothy	15 Dec 1906	5:140	Lee, Addison M.	08 Nov ---	1:256
Leach, Sarah A.	03 Jul 1903	4:142	Lee, Charles	15 --- 1895	3:127
Leaheney, Thos.	05 Jan 1888	2:112	Lee, E., Mrs.	09 May 1908	5:142
Leaher, John Ned.	29 Jun 1896	4:134	Lee, Edward	11 Aug 1883	1:266
Leahy, Delia	13 May 1906	5:140	Lee, Edward N.	08 Feb 1893	2:116
Leahy, Ellen	08 Jan 1875	1:256	Lee, Elizabeth	07 Jun 1886	2:111
Leahy, John	16 May 1904	5:137	Lee, Emma	04 Mar 1897	4:134
Leahy, s/o Freeland F.	18 Jul 1907	5:141	Lee, Francis P.	27 Feb 1899	4:137
Leahy, s/o Freeland F.	28 Jul 1907	5:141	Lee, Fred	06 Jan 1902	4:140
Leaker, Eliza	07 Jan 1892	2:115	Lee, Geo. Thos.	06 Apr 1895	3:127
Leaky, Delia	13 May 1906	5:140	Lee, George	01 Dec 1871	1:254
Lean, Samuel E.	29 Sep 1886	2:111	Lee, George	08 Aug 1902	4:142
Leaning, Charles Aaron	02 Apr 1905	5:137	Lee, George	17 Oct 1878	1:260
Leaning, Thos. H.	21 Jun 1885	2:110	Lee, Harris	1872	1:254
Leaps, John	11 Mar 1880	1:260	Lee, Henry	07 May 1907	5:142
Lear, Charles	21 Jun 1898	4:136	Lee, Herman	25 Aug 1883	1:266
Leary, Anna	30 Mar 1899	4:137	Lee, Jessie S.	12 Nov 1898	4:137
Leary, Frank	29 Jul 1904	5:138	Lee, John C.	24 Mar 1891	2:114
Leary, John H.	04 Dec 1904	5:138	Lee, Joseph Michael	29 Nov 1901	4:140
Leary, Margaret O.	22 Apr 1900	4:140	Lee, M.R.	14 Nov 1896	4:134
Leary, Margarette O.	22 Apr 1900	4:140	Lee, Mary	14 Feb 1896	3:129
Leary, Willie	21 Aug 1900	4:139	Lee, Mary J.	14 Nov 1897	4:134
Lease, Dow A.*	05 Mar 1893		Lee, Morris	12 May 1904	4:143
Leatherman, Bertha	16 Mar 1906	5:139	Lee, Rich'd King	16 Jan 1880	1:262
Leavy, Veromea	03 Dec 1891	2:116	Lee, Robert	14 Jan 1904	4:143
LeBaron, Charles Wilson	02 Feb 1879	1:260	Lee, Robert	18 Nov 1903	5:140
LeBaron, Mary F.	08 Feb 1879	1:260	Lee, Sarah	04 Feb 1885	2:110
Lebasky, Otto	08 Oct 1890	2:114	Lee, Sarah Ellen	14 Sep 1888	2:112
LeBean, Jesup Scott	14 May 1879	1:262	Lee, Susie May	22 May 1897	4:135
Lebeau, Elida	14 Mar 1906	5:139	Lee, Thomas	Oct 1902	4:141
Leberor, Jos.	05 Feb 1885	2:110	Lee, Thomas W.	22 Oct 1903	4:143
Lebinski, Sophia	20 Sep 1908	5:143	Lee, William	18 Jan 1888	2:112
Lebowski, Irvin	14 Nov 1903	4:142	Lee, William S.	30 Nov 1893	3:126
Lechenske, Stuneg	24 Aug 1894	3:127	Lee, William Ward	14 May 1883	1:266
Lechlak, Helena	24 Nov 1903	4:142	Lee, Wm.	24 Nov 1875	1:258
Lechlock, John	09 May 1886	2:111	Leech, Daniel	11 Jul 1903	4:143
Lechroder, John	07 Jun 1906	5:140	Leedam, Pangborn John	16 Mar 1895	3:127
Leck, Charles	29 Dec 1895	3:128	Leedom, George	07 Sep 1906	5:140
Leck, Hortial	16 Mar 1873	1:254	Leedy, Margaret J.	08 Oct 1904	5:137
Lecklieden, Wm. Blair	11 Jan 1893	2:116	Leehee, Hennora	28 Nov 1875	1:258
Leckner, M.	18 Jun 1903	4:142	Leehman, Lewis C.	10 Mar 1882	1:264
Leckra, Frank	18 Dec 1902	4:141	Leen, Edman	10 Feb 1881	1:262
Leckweber, Grace Emma	12 Feb 1897	4:134	Leeper, Anna E.	15 Aug 1900	4:138
LeClair, Clara E.	13 Jan 1887	2:111	Leerer, George	26 Apr 1891	2:114
Leclair, Mrs.	20 Feb 1884	1:266	Lees, Anna M.	14 Mar 1878	1:258
LeCount, John	03 May 1890	2:114	Lees, Chloe	07 Jan 1879	1:260
Lecroix, Ada	29 Aug 1890	2:115	Lees, Edmond	08 Sep 1889	2:113
Leczsniska, Leokavia	29 Dec 1900	4:139	Lees, Jane	04 May 1891	2:115

NAME	DATE	V/P	NAME	DATE	V/P
Lees, Ora	26 Jul 1869	1:40	Leland, John	08 May 1891	2:115
Lees, Samuel T.	15 Apr 1895	3:128	Leland, Kate	17 Jan 1892	2:115
Lees, Simeon Perry	16 Dec 1898	4:136	Leland, Oliver	08 May 1891	2:115
Lees, William	15 Mar 1895	3:127	Lelinski, Frank	11 Feb 1886	2:111
Leet, Charles	14 Feb 1899	4:137	Lellis, Martin	17 Jan 1906	5:139
Lefevie, Michael	10 Oct 1908	5:143	Lemaint, Leda	23 Feb 1896	3:128
Lefevre, Constance	28 Oct 1898	4:136	Lemard, Tresa	15 Feb 1907	5:140
Leffering, Robert	21 Jan 1906	5:138	Lemb, Emma	20 Jan 1908	5:142
Lefferts, Hellen	09 Mar 1880	1:260	Lemhart, M.J.	24 Sep 1886	2:111
Leffring, Robert	21 Jan 1906	5:138	Lemmon, Emma	11 Jan 1906	3:126
Lefouel, Horatior	15 Jun 1874	1:258	Lemmon, Mary	01 Sep 1877	5:144
Legale, Elisa	18 Jan 1873	1:254	Lemmon, Reubin C.	20 Sep 1906	5:138
Legett, Rob't	18 Jan 1888	2:112	Lemok, Albert	12 Jan 1894	5:142
Lego, John M.	02 Oct 1892	2:116	Lemon, Maurice	20 Sep 1906	5:140
Lego, William	16 Nov 1895	3:128	Len, Henry	06 May 1908	4:138
Lehaney, Ann	07 Oct 1898	4:137	Lenandoski, Lakady	06 Sep 1905	5:139
Lehey, John	31 Mar 1878	1:260	Lenard, Maria Antonie	15 Feb 1908	3:126
Lehey, John	31 Mar 1878	1:258	Lenardson, Corrac M.	17 Feb 1870	1:46
Lehman, Charles	30 Nov 1894	3:127	Lenardson, Hannah	28 Oct 1880	1:264
Lehman, Clair	19 Feb 1907	5:139	Lenardson, James	30 May 1878	1:260
Lehman, Geo. Evan	19 Nov 1877	1:258	Lenardson, Vernon, Jr.	18 Aug 1877	1:258
Lehman, Jacob	11 May 1889	2:113	Lenbasey, David	06 Jan 1896	4:134
Lehman, Leonora M.	06 Oct 1882	1:264	Lence, Margaret	25 May 1906	5:140
Lehman, Mabel M.	20 Sep 1885	2:110	Lenck, Matthias	08 Oct 1900	4:139
Lehman, Mary A.	06 Nov 1887	1:112	Lencki, Mathies	26 Sep 1899	4:138
Lehman, Robert	03 Oct 1877	1:258	Lenczak, Salomie	07 Mar 1906	5:139
Lehmann, Albert	25 Mar 1869	1:34	Lenderson, Elijah Wilbur	22 Dec 1889	2:113
Lehmann, Herman	05 Feb 1892	2:115	Lenderson, Lucy	05 Mar 1898	4:135
Lehner, s/o Michael	16 Jan 1894	3:127	Lendhors, Ernest	17 Sep 1908	5:143
Lehnert, George	11 Nov 1904	5:138	Lenecal, George	24 Oct 1900	4:139
Lehnert, Leona	14 Dec 1900	4:139	Lengraff, Margarette	13 Jun 1891	2:115
Lehnert, Tisbie C.F.	21 Jan 1898	4:135	Lenhard, Herman	04 Aug 1889	2:113
Lehnertz, Jacob	09 Jan 1886	2:110	Lenhardt, Fred	07 Nov 1908	5:143
Lehnertz, Mathias	31 Jan 1898	4:135	Lenhardt, Unknown	11 Jan 1899	4:137
Lehr, Frederick	05 Feb 1906	5:139	Lenhart, Florence	20 Jun 1897	4:135
Lehy, Anna	25 Mar 1908	5:142	Lenhart, James S.	16 Mar 1908	5:142
Leiberger, Superior B.	11 Dec 1891	2:115	Lenhart, John H.	30 Mar 1880	1:262
Leibherr, Catherine	18 Jan 1904	4:143	Lenihan, Timothy	15 Sep 1868	1:20
Leibner, Alvina	19 Sep 1898	4:137	Lenk, August	07 Jan 1894	3:126
Leichlock, Agnes	07 Sep 1888	2:112	Lenk, Carl	22 Nov 1906	5:139
Leichtamiem, Lena	01 Mar 1907	5:140	Lenke, Caroline	20 Jun 1892	2:117
Leichtammer, Lena	01 Mar 1906	5:139	Lennenkugel, Helena	10 Mar 1899	4:136
Leidorf, Conrad	08 Aug 1907	5:141	Lenner, Catherine	24 Dec 1904	5:137
Leighton, Alice Pearl	04 May 1896	4:135	Lennex, William	10 Jun 1907	5:142
Leighton, Clifford Vivian	24 Apr 1893	3:126	Lennon, Catherine	01 Mar 1898	4:135
Leighton, Inf/o Benj'm	21 Aug 1891	2:115	Lennon, Ella	05 Mar 1898	4:135
Leighton, Joseph	26 Sep 1893	3:126	Lennon, Geo.	04 Jun 1908	5:143
Leighton, Joseph	27 Feb 1891	2:114	Lennox, Richard	05 Aug 1891	2:115
Leiley, Wm.	05 Jan 1903	4:141	Lenoard, Stella	27 Jan 1906	5:138
Leiner, Arnold	15 Aug 1902	4:141	Lenox, Anna	08 May 1892	2:116
Leiner, Arnold	23 Feb 1904	4:142	Lenox, Lizzie	19 Jan 1887	2:111
Leiser, Benedict	31 Jan 1880	1:262	Lenshaen, Thomas	18 Jul 1896	4:135
Leiser, Fred'k J.	03 Mar 1880	1:262	Lenska, Sophia	01 Mar 1896	3:128
Leister, James	12 Apr 1901	4:141	Lent, R.J.	12 Feb 1907	5:140
Leiter, Chas. F.	21 Oct 1892	2:116	Lently, Luke	08 Sep 1892	2:117
Leith, John J.	17 Feb 1884	1:266	Lentz, Clara A.	17 Oct 1895	3:128
Leith, Nettie	01 Jul 1873	1:256	Lentz, Daisy E.	26 Nov 1897	4:136
Leitzel, Dora	10 Mar 1891	2:114	Lentz, John George	25 Jan 1903	4:141
Leitzke, Lilly	15 Apr 1897	4:136	Lentz, Mary A.	22 Feb 1901	4:140
Lejak, John	01 Aug 1906	5:140	Lentz, Mary E.	03 May 1877	1:260
Lekowskey, Ernst	05 Jan 1898	4:136	Lenz, Christare	31 Jan 1900	4:138

NAME	DATE	V/P
Lenz, John G.	12 May 1893	3:126
Leo, George	04 Sep 1897	4:136
Leofer, Eliza	01 Jun 1893	3:126
Leon, Harry	09 Jun 1903	4:143
Leonard, d/o Rob't. J.	15 Jun 1893	3:126
Leonard, Edward	27 Jan 1903	4:143
Leonard, Jane, Mrs.	31 Oct 1898	4:137
Leonard, John	19 Nov 1896	4:134
Leonard, Thos H.	20 Jul 1902	4:142
Leonhardy, Thomas	05 May 1897	4:136
Leonhart, William	13 Dec 1907	5:141
LePlant, Hattie	01 Mar 1886	2:110
Leplant, Oline	06 Feb 1894	3:126
LePlant, Victoria	13 Nov 1906	5:140
Lepoint, Anna	02 Jul 1894	3:127
Leppe, Elizabeth	29 May 1892	2:117
Leppelman, Alma I.	10 Oct 1869	1:48
Ler, Inf/o William J.	23 Mar 1884	1:472
Lerank, Ephram	12 Feb 1899	4:137
Leraux, Georgianna	16 May 1892	2:116
Lerch, August	01 Jun 1905	5:138
Lerdis, Julia F.	15 Mar 1881	1:262
Lereaux, Margret	11 Feb 1877	1:258
Lerk, William	20 Oct 1901	4:140
Lerndhart, Conrod	17 Sep 1908	5:143
Leroux, Catharine	13 Jul 1886	2:111
Leroux, George	19 Jan 1881	1:262
Leroux, James	20 Jul 1907	5:142
Leroux, Laura	05 Aug 1902	4:141
Leroux, Leon	16 Apr 1908	5:143
Leroux, Lotta	09 Mar 1886	2:110
Leroux, Norbert	03 Jul 1897	4:135
Leroux, Tim	23 Mar 1908	5:141
Leroy, Henry Howard	25 Jun 1897	4:135
Leroy, John	02 Sep 1887	2:112
Leroy, Louise	27 Dec 1905	5:138
Leroy, Moses	06 May 1903	4:143
Lersch, Henry	31 Aug 1901	4:141
Lerue, Geo. Maurice	01 Mar 1875	1:256
Lervut, Jno. A.	31 Jul 1900	4:139
Lesbolt, Lawrence	15 Jun 1893	3:126
Lescher, Joseph	26 Mar 1907	5:139
Lesfarence, Clarence	28 Jun 1899	4:136
Leshten, Ruth	30 May 1899	4:137
Leslie, Alice	02 Jun 1884	2:110
Leslie, Eva	14 Oct 1906	5:142
Lesniewicz, Mary	15 May 1907	5:141
Leson, Margarette	14 Oct 1902	4:141
Less, Alexander	22 Feb 1897	4:134
Less, Charles	Oct 1871	1:254
Lessmean, Paulina	27 Jul 1884	2:110
Lessnan, Franz	03 Jan 1880	1:262
Lester, Henry	15 Sep 1907	5:141
Lester, Laura A.	31 Dec 1906	5:140
Lester, Nellie R.	25 Oct 1900	4:139
Lester, Pearl A.	23 Jul 1904	4:143
LeSure, Frank D.	03 Feb 1905	5:138
Leszszynskia, Anastozya	14 Oct 1908	5:142
Letarte, Fabien	27 Feb 1898	4:135
Lett, Otilla	16 May 1880	1:262
Lettennicker, Frank	14 Sep 1873	1:256

NAME	DATE	V/P
Leudman, Louis	17 Feb 1891	2:114
Leunauer, Fred	23 Nov 1885	2:111
Leusker, Henry	28 Dec 1875	1:258
Leuther, James N.	03 Mar 1870	1:56
Levalley, Peter	04 Mar 1887	2:111
Levandowski, Stanislaus	18 Sep 1900	4:139
Leven, M.	11 Mar 1885	2:110
Levereux, Chas.	03 May 1885	2:110
Levi, Rosa	06 Dec 1894	3:127
Levine, Infant*	18 Jul 1885	
Leving, Louis	14 Jul 1868	1:16
Levington, Samuel G.	28 Apr 1900	4:138
Levy, Chas.	25 Oct 1893	3:126
Levy, Harris	Mar 1889	2:112
Levy, Infant	05 Mar 1906	5:139
Levy, Jacob	04 Aug 1887	2:112
Levy, Jacob	28 Aug 1889	2:113
Levy, Lena	12 Jan 1896	3:128
Levy, Louisa	22 Sep 1896	4:134
Lew, Anna	12 Aug 1898	4:136
Lew, Lillie	25 Oct 1901	4:140
Lew, William*	12 Aug 1898	
Lewan, Sam	04 Feb 1902	4:140
Lewandoska, Salome	16 Jul 1906	5:140
Lewandovski, Josie	02 Feb 1897	4:134
Lewandowski, Agnes	11 Dec 1908	5:143
Lewandowski, Frank	17 Jan 1902	4:140
Lewandowski, John	27 Aug 1908	5:142
Lewandowski, Robert	25 Nov 1903	4:143
Lewandowski, Stanislof	12 Dec 1902	4:141
Lewbe, Ernest	20 Dec 1908	5:143
Lewe, Karl	09 Dec 1896	4:134
Leweadoska, Annie	24 Mar 1901	4:139
Lewendowske, Helen	07 Jul 1896	4:134
Lewinski, Adam	20 Aug 1900	4:139
Lewinski, Charles	04 Feb 1896	3:128
Lewinski, James A.	19 Aug 1900	4:139
Lewinski, Louis	09 Feb 1904	4:143
Lewinski, Staninlaus	07 Mar 1903	4:142
Lewis, Adeline	18 Mar 1889	2:112
Lewis, Alice	24 Mar 1904	4:143
Lewis, Alice E.	23 Mar 1904	4:142
Lewis, Alla C.	16 Mar 1895	3:127
Lewis, Alva	21 Jul 1903	4:142
Lewis, Amanda L.	16 Aug 1899	4:138
Lewis, Amanda V.	25 Jan 1908	5:142
Lewis, Anna C.	16 Aug 1903	4:143
Lewis, Anna C.	16 Sep 1902	4:141
Lewis, Anthony	28 Mar 1877	1:258
Lewis, Arnold	13 Oct 1874	1:256
Lewis, Bailey	26 May 1907	5:142
Lewis, Boyd C.	06 Oct 1877	1:260
Lewis, Caroline	26 Aug 1886	2:111
Lewis, Catherine	29 Jan 1897	4:134
Lewis, Charlotte	07 Jan 1903	4:142
Lewis, Charlotte M.	23 Jul 1871	1:254
Lewis, Chas. N.	23 Mar 1886	2:110
Lewis, David	09 Apr 1907	5:141
Lewis, Ella C.	05 Feb 1904	4:143
Lewis, Emma	05 Sep 1879	1:262
Lewis, Emma	20 Nov 1883	1:266

NAME	DATE	V/P
Lewis, Evaline	30 Jun 1871	1:254
Lewis, Franky	20 Aug 1873	1:254
Lewis, Gains	12 Nov 1872	1:256
Lewis, Genevieve May	08 Jul 1900	4:139
Lewis, Geo. W.	15 Jan 1891	2:114
Lewis, George	15 Jan 1890	2:113
Lewis, Girty May	20 Mar 1902	4:140
Lewis, Gnar	18 Mar 1898	4:135
Lewis, Hellen	27 Jun 1901	4:140
Lewis, Henry Arthur	10 Mar 1900	4:137
Lewis, Inf/o Louis J. (Twin)	14 Dec 1892	2:116
Lewis, Inf/o Louis J. (Twin)	14 Dec 1892	2:116
Lewis, Jenny	19 Dec 1893	3:126
Lewis, Jerome	04 Jun 1898	4:136
Lewis, John P.	28 Feb 1893	2:117
Lewis, Joseph	25 Jul 1903	4:142
Lewis, Julia	06 Jan 1873	1:256
Lewis, Labe	30 Dec 1891	2:115
Lewis, Lavinia*	08 Feb 1885	
Lewis, Lillie Jane	14 Dec 1873	1:256
Lewis, Margara	03 Aug 1881	1:264
Lewis, Marian Rose	14 Feb 1899	4:137
Lewis, Martha M.	06 Oct 1894	3:128
Lewis, Martha Matilda	06 Oct 1883	1:266
Lewis, Mary	09 Jul 1901	4:140
Lewis, Mildred G.	16 May 1903	4:143
Lewis, Nellie	09 Dec 1895	3:128
Lewis, Oran Theodore	24 Oct 1904	5:138
Lewis, Osker J.	20 Aug 1868	1:38
Lewis, Peter C.	26 May 1886	2:111
Lewis, Rachel	29 Jan 1901	4:141
Lewis, Ralph G.	01 Oct 1893	3:126
Lewis, Reed	20 Aug 1902	4:141
Lewis, Richard	02 Jun 1901	4:141
Lewis, Rose C.	29 Sep 1898	4:137
Lewis, Samuel	23 Nov 1908	5:143
Lewis, Sarah	22 Jul 1892	2:116
Lewis, Silas	13 Oct 1908	5:143
Lewis, Susanna	03 Apr 1885	2:111
Lewis, Theodore	1894	3:127
Lewis, Vincent H.	04 Oct 1886	2:111
Lewiskey, Lewis	04 Jul 1877	1:260
Lewiskey, Lewis	04 Jul 1877	1:258
Lewisky, J.	18 Mar 1890	2:114
Lewniski, Alfred	04 Jan 1898	4:135
Lewniski, d/o George	24 Jan 1904	4:143
Lexington, Rich'd	18 Jul 1873	1:256
Ley, Dora	05 Nov 1883	1:264
Ley, John	16 Sep 1894	3:127
Ley, Nicholass J.	22 Feb 1885	2:110
Leybourn, Jane	19 Oct 1881	1:264
Leybourn, Samuel	25 Feb 1895	3:127
Leyman, William F.	17 Dec 1903	4:142
Leyman, Wm. F.	27 Dec 1903	4:142
Lezak, S.	08 Mar 1906	5:138
Liabs, Frederick	28 Jan 1894	3:126
Libbe, Myra E.	25 Jul 1889	2:113
Libbe, Myrtle C.	16 Jun 1889	2:113
Libbing, Emil	23 Oct 1899	4:138
Libbs, s/o Fred	02 Jan 1891	2:114
Libby, Elizabeth	17 Apr 1907	5:142
Licher, Catharine L.	28 Feb 1870	1:46
Lichte, Chas.	03 Feb 1887	2:111
Lichtenwagner, Theresa	01 Jul 1873	1:256
Lichti, Geo.	22 Nov 1892	2:116
Lichti, John	09 Jan 1879	1:260
Lichti, John	17 Oct 1868	1:24
Lick, Charles	Mar 1904	5:137
Lick, Emma	30 Aug 1896	4:135
Lick, Herbert	16 Jul 1906	5:140
Licker, Deana	12 Dec 1875	1:258
Licker, Sophia K.	30 Sep 1872	1:256
Licttow, August	26 Nov 1885	2:110
Liczinesky, John	23 ---	2:113
Liddane, John James	28 Jan 1895	3:127
Liddane, Patrick	27 Dec 1898	4:137
Liddell, David	10 Jul 1902	4:141
Liddy, Jno.	03 Jun 1884	2:110
Liebengutt, Clara	02 Mar 1902	4:140
Liebert, Albert	25 Jan 1907	5:140
Liebherr, Albert M.	12 Jan 1897	4:134
Liebke, George	03 Sep 1899	4:137
Liebold, Alvin Edw.	29 Jul 1893	3:126
Liebs, John	08 May 1891	2:115
Lieghton, Ernest	25 Dec 1898	4:137
Liely, Charles M.	09 Mar 1900	4:138
Liepke, Christopher	08 Dec 1904	5:137
Liepke, Edwin	09 Jul 1904	5:137
Liethober, Joseph A.	07 Aug 1878	1:260
Liety, Carl	31 Mar 1895	3:127
Lietz, Adolph	18 Aug 1892	2:116
Liezinesky, John*	17 Jul 1882	
Light, Charles R.	16 Sep 1903	4:143
Lilleland, Nathan N.*	16 Sep 1903	
Lilleland, Nathaniel	29 Mar 1880	1:260
Lilley, Marget	26 Dec 1895	3:128
Lillinger, Inf/o P.	26 Dec 1895	1:262
Lillis, Nora	20 Jul 1880	5:143
Lillow, Fred	02 Jan 1900	4:138
Lilten, Mary	24 Oct 1884	2:110
Limburg, Jacob	25 Mar 1885	2:110
Limke, Detrick	11 Jan 1906	5:139
Limmer, Laura Marie	10 Oct 1901	4:140
Limmer, Mary	28 Dec 1903	4:143
Limoges, James	04 May 1897	4:136
Limoges, Mary	07 Nov 1889	2:113
Linberger, Anna	05 Nov 1894	3:127
Linburger, Samuel	17 Aug 1901	4:141
Linch, Mrs.	25 Oct 1870	1:254
Linck, Annetta*	24 Aug 1882	
Lincoln, Lydia O.	26 Oct 1895	3:128
Lindecker, Joseph	08 Jul 1904	5:137
Linden, Clara A.	---	1:58
Linden, John	20 May 1903	4:143
Linden, Maggie	19 Mar 1901	4:139
Linden, Theo M.	08 Jul 1881	1:264
Lindend, Theo Phil	11 Jul 1881	1:264
Linderker, Susie	26 Aug 1901	4:140
Lindersmith, Elnora	10 --- 1895	3:127
Lindhorst, August	06 Oct 1897	4:136

NAME	DATE	V/P
Lindley, George Edward	14 Jun 1900	4:138
Lindley, John	18 Mar 1878	1:260
Lindley, Leroy Addie	17 Dec 1896	4:134
Lindnell, Annie	17 Jul 1905	5:139
Lindner, Louise	23 Jun 1906	5:141
Lindner, Mike	21 Jan 1907	5:140
Lindner, s/o John	31 Aug 1899	4:138
Lindon, Agnes	28 Jul 1870	1:254
Lindower, Louisa	04 Mar 1900	4:137
Lindreth, Victor A.	20 Aug 1896	4:134
Lindsay, B.F., Mrs.	14 Apr 1906	5:140
Lindsay, Charles	27 Aug 1888	2:113
Lindsay, Cora	02 Jul 1906	5:140
Lindsay, Cora	14 Apr 1906	5:140
Lindsay, James	14 Sep 1877	1:258
Lindsay, Milton	05 Nov 1886	2:111
Lindsey, Anna	30 Nov 1900	4:139
Lindsey, Edward	17 Nov 1908	5:143
Lindsley, Martha	11 Sep 1894	3:126
Lindsyiski, M.	04 Jan 1894	3:126
Linebaugh, Mabel	17 Jul 1886	2:111
Lineham, Patrick	22 Jan 1881	1:262
Linehan, Dennis	10 Nov 1884	2:110
Linehan, Mary	06 Feb 1892	2:115
Linehan, Thomas	06 Jan 1891	2:114
Linenkugel, Frank	13 Oct 1870	1:254
Linerd, Arnold	08 Aug 1902	4:142
Lines, Anna	15 Aug 1871	1:254
Lines, Michael	20 Jul 1875	1:258
Ling, Florence	Jul 1903	4:143
Linier, Henry	11 Sep 1868	1:22
Lininger, Mildred	10 Oct 1906	5:139
Link, Bertha	10 Aug 1893	3:126
Link, John	21 Apr 1906	5:140
Linke, Anne	30 Jul 1884	2:110
Linke, Henry J., Mrs.	20 May 1901	4:140
Linn, Cora	02 Nov 1877	1:260
Linnehan, Willie	07 Jan 1890	2:113
Linnenkugal, Anna Elizabeth	10 Jun 1901	4:141
Linnenkugel, Aloyisus	05 Feb 1892	2:115
Linon, George	15 Mar 1869	1:34
Linska, Augusta	15 Nov 1891	2:115
Lint, John K.	04 Oct 1889	2:113
Lint, Peter Samuel	12 Mar 1899	4:137
Lint, Sarah	20 Apr 1899	4:138
Lint, Susie May	09 Mar 1899	4:137
Lint, William A.	26 Apr 1896	4:134
Lintenecker, Berlina	1871	1:254
Lintner, Fredie	06 Jul 1891	2:115
Lintz, Jno.	26 Jan 1902	4:140
Linzenbolt, Joseph	09 Dec 1900	4:139
Lions, John	13 Aug 1872	1:256
Lipe, Eliza	06 Apr 1880	1:260
Lipe, Jacob	06 Feb 1880	1:260
Lipka, d/o Henry	15 Jul 1900	4:139
Lipka, Mina	27 Nov 1907	5:142
Lipke, Harold	15 May 1905	5:139
Lipke, R.W.	25 Jul 1893	3:126
Lipner, Anna	25 Aug 1904	5:137
Lipner, Charles	29 Jun 1888	2:113
Lipner, Minnie M.	10 Aug 1905	5:139
Lippert, Clarence Arthur	22 Dec 1904	5:137
Lippert, Henry Oscar	25 May 1896	4:134
Lippert, Willie B.	30 Aug 1877	1:260
Lippner, s/o Malte	27 Apr 1892	2:117
Lippus, Edward	07 Nov 1908	5:143
Lipscomb, Julia	12 Feb 1908	5:142
Lipscombe, Julia	12 Feb 1908	5:142
Lipscome, Julia	12 Feb 1909	5:143
Lipstein, Otto Emila	28 Jul 1890	2:114
Lisawaski, Ketty	09 May 1894	3:127
Lisiakowski, Joseph	01 Dec 1904	5:137
Lismawia, John	02 Jan 1897	4:134
Lisnidwicy, Felix	13 Feb 1908	5:141
List, John	28 Apr 1908	5:143
Lister, Poy	12 Sep 1907	5:141
Liszinski, Frank	08 Mar 1898	4:136
Litchfield, Edward	14 Feb 1907	5:140
Litner, Albert E.	17 Dec 1907	5:141
Littin, John	30 Jun 1905	5:138
Little, C.W.	28 Apr 1902	4:141
Little, Elsie	29 Mar 1897	4:134
Little, Eugene A.	27 Aug 1907	5:142
Little, Henrietta	27 Dec 1872	1:256
Little, Louis	26 Aug 1908	5:143
Little, Wm. D.	10 Aug 1908	5:144
Littlefield, Anna	18 Jan 1900	4:138
Littlefield, Harvey	15 Aug 1873	1:256
Littlefield, Lawrence	04 Oct 1893	3:126
Littlefield, Orin	09 Jun 1907	5:142
Littlefield, Wm.	15 May 1873	1:256
Littlefield, Wm.	19 Jul 1886	2:111
Littleton, Frank	12 Sep 1901	4:140
Littner, Albert	18 Dec 1907	5:141
Lively, John	10 Dec 1876	1:258
Lively, John	24 Sep 1907	5:142
Lively, Thomas	06 Jan 1886	2:111
Liverance, Henry	01 Sep 1905	5:138
Liverance, Sofa	10 Aug 1899	4:137
Liverence, Fred'k	07 May 1898	4:136
Livermore, Milton C.	12 Jan 1900	4:138
Livers, Anton	09 Jun 1888	2:112
Livers, Edward	16 Nov 1891	2:115
Livers, Flora	11 Nov 1891	2:115
Livers, John	04 Nov 1891	2:115
Livingston, Fern	09 Mar 1899	4:136
Liwo, Maryanna	14 Mar 1905	5:137
Lizar, Tom	30 May 1902	4:141
Llinska, Anna	19 Jan 1893	2:117
Lloyd, C.J.	10 Jan 1879	1:260
Lloyd, Edward	29 Jul 1876	1:258
Lloyd, H.	26 Oct 1908	5:143
Lloyd, John	17 Apr 1879	1:260
Lloyd, Martha S.	03 Apr 1896	3:128
Lloyd, Ray Purney	21 Feb 1898	4:136
Lloyd, William	17 Feb 1877	1:258
Loafer, Edward	11 Apr 1885	2:110
Loafer, Henry	31 Jul 1885	2:110
Loberdie, Alexis	13 Aug 1896	4:134
Loberger, Adam	06 Mar 1901	4:139
Loberger, Herman	04 Feb 1885	2:110

NAME	DATE	V/P
Loberschefka, Frank	22 Sep 1890	2:114
Lobozki, Frank	10 Mar 1896	3:128
Loch, Joseph	12 Nov 1902	4:141
Lochbier, Frank	22 Sep 1890	1:254
Lochbihler, Florence	17 Oct 1894	3:127
Lochbihler, Peter	29 Jan 1895	3:127
Loche, Kate F.	25 Nov 1871	1:254
Lochemeyer, Cath. S.	15 Jun 1879	1:262
Locher, John	13 Nov 1881	1:264
Locie, Mary	09 Feb 1889	2:112
Lock, Mary	19 Sep 1889	2:114
Lockard, L.B.	21 Jun 1908	5:143
Locke, David R.	15 Feb 1888	2:112
Locke, Kate King	06 Jan 1894	3:126
Locke, Nathaniel	25 Jul 1890	2:114
Lockert, Amanda	21 Feb 1892	2:116
Lockert, Dasy Viola	05 May 1876	1:258
Lockert, Ethel H.	06 Mar 1896	4:134
Lockert, Frederick C.	16 Feb 1905	5:137
Lockert, Jaques	27 Jan 1889	2:112
Lockhard, F.	24 Jan 1906	5:138
Lockle, Michael	04 Jul 1890	2:114
Lockmiller, Henry	09 Jul 1908	5:143
Lockwood, Rosetta	11 Oct 1868	1:60
Lockwood, Wickeleffe	25 Mar 1898	4:135
Lodeman, Claney	21 Feb 1885	2:110
Loe, Lydia	06 Dec 1904	5:137
Loe, Robert	18 Nov 1906	5:141
Loeb, Daniel	11 Dec 1896	4:134
Loeb, Helan A.	09 Nov 1899	4:137
Loeb, Joseph	12 Nov 1902	4:142
Loeb, Kate	16 Jul 1871	1:254
Loeb, Marguertte	26 Nov 1897	4:135
Loeffler, Ida Rosa	27 Dec 1889	2:113
Loeffler, Johanna	13 Feb 1884	1:264
Loehner, Phillip	02 Nov 1889	2:113
Loehrke, Gertrude	31 Jan 1907	5:140
Loetz, Ferdinand	04 Feb 1905	5:137
Loetz, Henry	04 Jan 1906	5:139
Logal, Anna	08 Dec 1889	2:113
Logan, Charles	09 Apr 1906	5:139
Logan, Ella	08 May 1903	4:143
Logan, Peter	25 Apr 1873	1:256
Logee, Dora E.	02 May 1902	4:142
Logenslayer, Lizzie	18 Mar 1884	1:264
Lohfink, Chas.	20 Sep 1908	5:143
Lohman, Fred	16 Sep 1891	2:115
Lohman, Paul	21 Jan 1878	1:258
Lohman, Paul	21 Jan 1878	1:260
Lohmeier, Inf/o John H.	25 Jan 1892	2:115
Lohmeyer, August	29 Sep 1901	4:141
Lohner, Frank	31 Dec 1891	2:115
Lohner, Jacob P.	17 Sep 1907	5:142
Lohner, John	16 Apr 1902	4:141
Lohner, Valentine	30 Jul 1873	1:256
Lolean, Eli	18 Oct 1903	4:143
Lomas, Mable	02 Jul 1881	1:264
Lombard, Infant	May 1885	2:110
Lombard, John	28 Feb 1881	1:262
Lomezak, Joseph	02 Dec 1889	2:114
Londrew, ch/o Isaac	15 Mar 1872	1:254
Lones, Lewis	23 Apr 1908	5:143
Long, Andrew	30 Nov 1871	1:254
Long, Arthur P.	07 Aug 1874	1:256
Long, Bennice Myra	29 Dec 1891	2:115
Long, C.C.	30 May 1868	1:42
Long, ch/o Jacob	26 Nov 1868	1:26
Long, Clarance	27 Mar 1899	4:137
Long, Curtis	03 Aug 1898	4:137
Long, d/o George A.	15 Oct 1896	4:134
Long, Eli I.	10 Apr 1870	1:58
Long, Eunice	24 Nov 1903	4:143
Long, Freda A.	02 Sep 1897	4:136
Long, Geo. Henry	04 Aug 1895	3:128
Long, Helen	09 Feb 1904	4:143
Long, Herbert Raymond	21 Jul 1897	4:136
Long, Inf/o Albert	04 Apr 1901	4:140
Long, John	15 Feb 1908	5:142
Long, John	26 Jan 1896	4:134
Long, John W.	16 Feb 1895	3:127
Long, Lena	12 Mar 1877	1:258
Long, Margret	03 Mar 1906	5:139
Long, Mary	22 Feb 1894	3:126
Long, May Bates	14 Oct 1897	4:135
Long, Michael	25 Jun 1904	5:137
Long, Nilo	11 Nov 1896	4:134
Long, Simon	26 Sep 1905	5:139
Long, Thomas	04 May 1897	4:136
Long, Vincentin	04 Sep 1900	4:139
Long, Wm. H.	06 Apr 1870	1:58
Longenderfer, Joseph	28 Nov 1900	4:138
Longenecker, Carrie A.	12 Jul 1894	3:127
Longfellow, Hannah	05 Nov 1903	4:143
Longfellow, Ruth	29 Jun 1905	4:138
Longhram, Matilda	23 Apr 1904	5:137
Longley, Charles	07 Apr 1870	5:143
Longnecker, Blanch May	23 Apr 1904	3:127
Longnecker, Emery F.	25 Sep 1897	4:135
Longnecker, G.F.	29 Jun 1905	5:138
Longnecker, Mary M.	07 Apr 1870	1:40
Lonnsbrough, Nelson	29 Mar 1901	4:139
Lonres, Catherine	11 Jul 1899	4:137
Lons, Lyons	04 Aug 1879	1:262
Lonsbury, Unknown	23 May 1886	2:111
Lonzon, Ethel Rose	20 Apr 1900	4:139
Looker, Ellen	01 Jun 1877	1:258
Looker, Mary J.	01 Oct 1877	1:258
Loomis, Alice B.	24 Jun 1903	4:143
Loomis, Cornelia	11 Jun 1898	4:137
Loomis, Inez Emma	04 Mar 1898	4:135
Loomis, Infant	20 Apr 1892	2:117
Loomis, Mary Anna	20 Jul 1898	4:137
Loomis, Samuel	18 Apr 1892	2:117
Loos, Julia F.	15 Feb 1901	4:139
Loose, Elizabeth	05 Mar 1880	1:262
Loper, Anna	12 Nov 1870	1:254
Lopka, Martha	25 Aug 1900	4:139
Lorain, Loretta	24 Dec 1908	5:142
Lorantz, Cora*	27 Dec 1892	
Lorb, Myrtle M.	31 Jul 1887	2:112
Lore, Wm.	07 Dec 1891	2:116
Lorecy, Clarence	19 Aug 1895	3:129

NAME	DATE	V/P
Lorenz, Albert, Mrs.	18 Jul 1906	5:138
Lorenz, Anna	09 Jul 1878	1:260
Lorenz, Arthur	20 Oct 1891	2:115
Lorenz, Ethel	04 May 1907	5:142
Lorenz, Francis B.	27 Mar 1888	2:112
Lorenz, Harry W.	01 Nov 1907	5:141
Lorenz, Hellen D.	07 Jan 1903	4:141
Lorenz, Henry	15 Sep 1901	4:140
Lorenz, Henry F.	07 Apr 1908	5:143
Lorenze, Caroline	06 Jan 1905	5:138
Lorenzen, Goldie	30 Jul 1908	5:144
Lorett, Catharine	10 May 1890	2:114
Lorgan, Catherine	16 Jul 1900	4:139
Lorgan, Geo.	08 Apr 1868	1:12
Lorier, Wm.	16 Jun 1907	5:142
Lornbrisor, Peter	15 Aug 1871	1:254
Lorowonske, Goneefea	18 Feb 1899	4:137
Lose, Harriett	15 Feb 1908	5:141
Losee, Jennie C.	23 Jan 1901	4:139
Losee, Laura Anne	08 Nov 1883	1:266
Losek, Joseph	29 Nov 1904	5:137
Losey, Amy	16 Jan 1893	2:116
Loshart, Magdelena	04 Apr 1903	4:143
Losik, Hehena	13 Jan 1900	4:138
Losik, Stanislaw	03 Oct 1899	4:138
Losure, Fannie	20 Apr 1897	4:136
Losure, Minnie R.	27 Mar 1905	5:137
Lott, E. Lucy	31 Dec 1888	2:112
Lott, Eveline	28 Jun 1886	2:111
Lott, Henry	25 Feb 1893	2:117
Lott, Japtha N.	22 --- 1895	3:127
Lott, Peter	22 Feb 1901	4:139
Lott, Russell	09 Jan 1902	4:140
Lott, Webster	23 Dec 1897	4:135
Lotteson, Christine	03 Nov 1894	3:127
Lotts, Fred	03 Oct 1895	3:128
Lotz, Correll	10 Nov 1905	5:139
Lotz, Frank	12 Nov 1884	2:110
Lotzenhiser, Scott	03 Jul 1893	3:126
Loudveatt, Jeremiah	26 Mar 1869	1:36
Loughan, s/o Carroll	24 Jan 1908	5:141
Loughlin, Eliza	20 Sep 1900	4:139
Loughlin, James	02 Nov 1891	2:115
Louidart, Fred	13 Jan 1908	5:142
Louis, C.M.	21 Jul 1890	2:114
Louis, Georgia	29 Nov 1905	5:138
Louis, Jesse Ida	14 May 1875	1:258
Louis, John	05 Dec 1889	2:113
Louise, Harry H.	04 Jan 1904	4:142
Lounsberry, Mary Ann	18 Dec 1900	4:139
Lousen, Lena	28 Jul 1891	2:116
Loush, Walter	07 Jun 1895	3:129
Love, Young	Jan 1882	1:264
Lovel, Fred E.	31 Dec 1901	4:140
Lovelace, Morrille	09 --- 1895	3:127
Lovett, Delia	17 Dec 1896	4:134
Lovett, Michael	15 Feb 1887	2:111
Lowanska, Martha	04 Feb 1899	4:136
Lowater, Frank	18 Jul 1868	1:16
Lowe, Florence	07 May 1902	4:141
Lowe, Mable	16 Sep 1878	1:260
Lowe, Netch	17 Jan 1893	2:116
Lowe, Susan	15 --- 1905	5:138
Lowenshal, Morris	15 May 1889	2:113
Lower, Catharine	03 Sep 1869	1:46
Lowman, Bernhardt	05 Dec 1904	5:138
Lownsend, Maud	28 Sep 1889	2:113
Lowrey, John	18 Sep 1908	5:143
Lowry, Cadelia	29 Jul 1879	1:262
Lowry, John	02 Mar 1871	1:254
Lowry, John	06 Jul 1870	1:254
Lowry, M.J.	20 Oct 1900	4:139
Lowry, Mary	12 Nov 1885	2:110
Lowry, Mary	01 Oct 1905	5:138
Loya, M., Mrs.	10 Apr 1901	4:140
Loyd, Benjamin	26 Oct 1908	5:143
Loyd, H.	31 Dec 1875	1:258
Loyd, Margaret	28 Jan 1901	4:139
Loydd, Maly A.E.	10 Dec 1889	2:114
Lozek, Franciska	23 Feb 1889	2:113
Lozmy, Franes	23 Mar 1891	2:116
Lozny, Paull	23 Mar 1891	2:114
Lozug, Paul	31 Dec 1889	2:114
Luacht, Albert	08 Mar 1868	1:6
Luarre, Inf/o B.	03 Feb 1898	4:136
Lubiakawski, Wicenty	12 Apr 1895	3:120
Lubinski, Constantine	26 Jan 1879	1:260
Lublen, Eilert John	18 Feb 1905	5:137
Lubruski, John	18 Mar 1869	1:2
Lucaire, John A.	10 Jul 1889	2:113
Lucas, Albert	01 Feb 1893	2:116
Lucas, Amos M.	17 May 1889	2:113
Lucas, Amos M.	25 Sep 1880	1:262
Lucas, Charles	25 Oct 1906	5:140
Lucas, Daniel	21 Jan 1909	5:143
Lucas, George	10 Sep 1900	4:139
Lucas, Hattie	06 Dec 1868	1:28
Lucas, Inf/o James	21 Feb 1892	2:116
Lucas, James H.	18 Apr 1872	1:256
Lucas, Lyda	29 Feb 1899	4:136
Lucas, Sarah	24 Feb 1905	5:139
Luce, Alvern	21 Sep 1898	4:137
Luce, Arthur B.	29 Dec 1892	2:116
Luce, Asenath	15 Sep 1886	2:111
Luce, Chas. L.	09 Apr 1897	4:134
Luce, J.H.	15 Nov 1903	4:142
Luce, Jacob	14 Oct 1901	4:140
Luce, Mary J.	13 Mar 1888	2:112
Luce, Myrtle	07 Nov 1901	4:141
Luce, Rosey N.	26 Dec 1873	1:256
Luce, Sarah J.	14 Feb 1898	4:135
Lucey, Cornelius	13 Aug 1889	2:113
Luchaszwinky, Ludavia	09 Oct 1890	2:115
Lucht, Emma	14 Jul 1891	2:116
Lucht, Inf/o August	31 Dec 1881	1:264
Lucht, Mary	30 Dec 1881	1:264
Lucht, William	24 Nov 1874	1:258
Luck, Charles	04 Mar 1888	2:111
Luck, Fred L.	10 Aug 1908	5:143
Luck, Jos. L.	28 Jan 1896	3:128
Luckack, Geo. W.	07 Jun 1872	1:254
Lucker, Hubert	17 Mar 1869	1:34
Lucker, John Albert		

NAME	DATE	V/P
Luckey, J.B.	13 Nov 1905	5:138
Luckey, James B.	13 Nov 1905	5:138
Luckow, George	02 --- 1894	3:127
Luddington, Geo. H.	11 Feb 1893	2:116
Luddington, Wm. H.	09 Mar 1907	5:140
Ludeman, Charles	10 Aug 1895	3:128
Ludht, Mary	25 Jan 1887	2:111
Ludington, George	11 Feb 1893	2:116
Ludington, William*	Dec 1882	
Ludkins, Emma	07 Apr 1884	2:110
Ludlow, Eliza	27 Dec 1880	1:262
Ludlow, Norman	04 Jan 1906	5:138
Ludlow, Norman	04 Jan 1906	5:137
Ludlow, Thomas	20 Apr 1892	2:116
Ludwig, Andrew	05 Jun 1888	2:112
Ludwig, Annie May	25 Nov 1888	2:112
Ludwig, Christena	17 Feb 1903	4:142
Ludwig, Edward	15 Apr 1904	5:137
Ludwig, F.H.J.	10 Jul 1870	1:254
Ludwig, Frances	09 May 1903	4:142
Ludwig, Henry	12 Dec 1896	4:134
Ludwig, Isaac	04 Feb 1906	5:139
Ludwig, Joseph	14 Jan 1875	1:256
Ludwig, Mary	18 Mar 1901	4:139
Ludwig, Oliver	26Aug 1905	5:139
Ludwig, Riley	16 Jan 1888	2:111
Ludwig, s/o R.B.	---	4:136
Ludwig, Samantha A.	04 Apr 1899	4:137
Ludwig, Sarah	24 Dec 1906	5:140
Ludwig, Theodore Leroy	07 Aug 1899	4:138
Ludwig, Wm. Carl	26 Dec 1901	4:140
Ludwikowski, Louis	14 Sep 1900	4:139
Luebben, Kate	30 Oct 1907	5:142
Lueby, Elizabeth	10 Jul 1890	2:114
Luecht, Minna	27 Jan 1890	2:114
Lueck, Fredericka	18 Dec 1907	5:142
Luedmen, Louis	17 Feb 1889	2:113
Luezka, Cecelia	06 Sep 1907	5:142
Lufkin, Dellie	26 Feb 1897	4:135
Lufkin, Ella	20 Jul 1899	4:136
Lufkin, Sutar L.	02 Dec 1897	4:135
Luhrt, Mary	10 Feb 1892	2:116
Luhtke, Otelia	27 Jul 1890	2:114
Luitner, Morian	21 Aug 1908	5:142
Luitomski, Mich.	30 Aug 1885	2:110
Luk, Henry	12 Aug 1891	2:116
Lukaszewisz, Josephine	13 May 1897	4:136
Luleczka, Cyciliga	06 Sep 1899	4:138
Lulijak, Catherine	15 Nov 1899	4:138
Lumbar, Jennie	06 Feb 1908	5:142
Lumbrezer, Peter	05 Jun 1904	5:137
Lumbriezer, Edward F.	01 Jun 1908	5:144
Lumbriezer, Edward F.	04 Aug 1908	5:144
Lumley, Wm.	10 Oct 1894	3:127
Lummerling, John	12 Jun 1891	2:115
Lumpker, K.C.	11 Feb 1901	4:139
Lundro, Inf/o Isaac	07 Jul 1881	1:264
Lundy, Jonathan	29 Jan 1884	1:266
Lunger, Russel	09 Jan 1903	4:142
Lungren, Sam'l Smith	07 Mar 1892	2:115
Luny, Hannah	21 Aug 1892	2:116
Lurch, Gustave	Jun 1905	5:139
Luschen, Henry	12 Sep 1906	5:140
Luse, Carry	28 Sep 1884	2:110
Luse, Clarence	02 Sep 1902	4:142
Luse, William	15 Mar 1895	3:127
Lusher, David	16 Jul 1900	4:139
Lusing, Anna F.	01 Apr 1904	5:137
Lusk, Doltie	18 May 1903	4:142
Lusk, Mary	18 Jul 1895	3:129
Lustig, Joseph	24 Jan 1900	4:138
Lutamske, Kungunda	18 Dec 1895	3:128
Lute, Henry	14 Jun 1904	5:138
Lutes, Alois	16 Jul 1868	1:16
Luthenburgh, John*	16 Jul 1874	
Luther, Jane	17 Dec 1899	4:138
Luther, Nickils	20 May 1899	4:138
Luther, Peter L.	15 Sep 1886	2:111
Lutkins, Stephen	23 Apr 1887	2:111
Luts, Mary	04 Feb 1903	4:142
Luttenberger, Christina	30 Apr 1890	2:114
Lutterback, Eli	07 Mar 1904	4:143
Lutts, Hiram	27 Mar 1877	1:258
Lutz, Barbara	29 Sep 1890	2:114
Lutz, Christ	14 Oct 1894	3:127
Lutz, Harry	04 Jan 1906	5:138
Lutz, Henry	28 Feb 1885	2:110
Lutz, Henry A.	22 Jul 1904	5:137
Lutz, Jacob	14 Sep 1880	1:262
Lutz, Jacob	22 Feb 1904	4:143
Lutz, Louisa	23 Aug 1883	1:264
Lutz, Margaret	08 Dec 1901	4:141
Lutz, Martin Earl	07 Jan 1894	3:126
Lutz, Nicholas	09 Jul 1881	1:262
Lutz, Willa	23 Jul 1883	1:264
Lutzenburg, Andrew	29 Jun 1900	4:139
Lutzenburg, C.	03 Sep 1870	1:254
Lutzin, Heneriata*	28 Apr 1882	
Lutzin, Mena*	04 Jan 1883	
Lux, Anna	07 Jan 1878	1:258
Lux, Charles	19 Mar 1869	1:38
Lux, Elizabeth	27 Nov 1870	1:254
Lux, Joseph	01 Apr 1868	1:6
Lux, Lawrence	16 Jan 1883	1:264
Lux, Mary E.	15 Oct 1901	4:138
Lux, Rosina	16 Apr 1869	1:38
Lux, Watsie	13 Aug 1896	4:134
Luz, Crescent	05 Feb 1895	3:127
Lycan, John M.	04 Jan 1898	4:135
Lych, Beatrice	30 Oct 1893	3:126
Lycon, John	28 Sep 1873	1:256
Lydy, Anna	02 Dec 1908	5:143
Lyens, Robert	27 ---	2:113
Lykonski, Harry	08 Jun 1905	5:138
Lyle, Harriet	25 Mar 1900	4:138
Lyman, James	12 Sep 1879	1:260
Lynahan, Frances D.	08 Jan 1907	5:140
Lynca, Jas.	09 Dec 1908	5:143
Lynch, Dan'l	30 Sep 1868	1:24
Lynch, David	28 May 1907	5:141
Lynch, Dennis	05 Jul 1908	5:142
Lynch, Honora	07 Jul 1880	1:262

NAME	DATE	V/P	NAME	DATE	V/P
Lynch, James	13 Jan 1889	2:112	Mabal, Anna	04 Nov 1878	1:294
Lynch, John	10 Jun 1908	5:143	Macdonald, Mary	08 Nov 1902	4:159
Lynch, John	15 Dec 1880	1:262	Mace, Ernest Fitzhugh	08 Oct 1904	5:150
Lynch, John	25 Apr 1887	2:112	Maceek, Magdalena	30 Aug 1907	5:159
Lynch, Lulu	09 Jan 1908	5:141	Macejawaska, Mary	01 Nov 1906	5:156
Lynch, Margaret	26 Dec 1895	3:128	Macejewski, Anna	30 Dec 1906	5:156
Lynch, Mary	05 Jan 1879	1:260	Macelwane, Anne	26 Apr 1901	4:156
Lynch, Mary	15 Jul 1895	3:128	Macezewska, Johana	29 Sep 1906	5:156
Lynch, Mary A.	03 Apr 1880	1:264	Macha, Gladys	27 Sep 1903	4:161
Lynch, Mary Jane	26 Aug 1898	4:137	Machaelis, Henrietta	07 Jul 1901	4:156
Lynch, Michael	01 Nov 1888	2:112	Machage, Margate	10 Oct 1891	2:131
Lynch, Owen	20 Sep 1902	4:142	Machay, Anna	14 Jul 1888	2:126
Lynch, Rachael	24 Jan 1908	5:142	Machay, Mary	23 Jul 1888	2:126
Lynch, Thomas	16 Mar 1904	5:138	Machean, Jane	05 Jun 1897	4:149
Lynn, d/o R.F.	07 Jun 1906	5:140	Machen, Agustus F.	14 Jul 1893	3:137
Lynn, Henry Edward	31 Mar 1898	4:135	Machen, Alexis	28 Sep 1875	1:286
Lynn, Jackson	06 Aug 1903	4:143	Machen, Angelo	03 Jun 1881	1:158
Lynn, James	06 Apr 1879	1:262	Machen, Arnold	27 Dec 1880	1:300
Lynn, Ora R.	10 Nov 1885	2:110	Machen, Arnold J.J.	25 Sep 1901	4:156
Lynn, Rolla G.	01 Jul 1899	4:138	Machen, Aug. F.	Jul 1880	1:300
Lyon, Charles E.	25 Jun 1905	5:139	Machen, Caroline	11 Dec 1880	1:300
Lyon, Clarence	17 Feb 1871	1:254	Machen, Cecilia	09 Apr 1893	3:137
Lyon, Harriett	06 Apr 1906	5:141	Machen, Charles A.	27 Sep 1870	1:274
Lyon, James J.	08 Feb 1895	3:127	Machen, Constance H.	24 Feb 1877	1:288
Lyon, Mary	24 Sep 1907	5:142	Machen, F.H.	24 Jul 1870	1:274
Lyon, Mary F.	22 Feb 1870	1:44	Machen, Francis	09 Nov 1872	1:278
Lyons, Betsy, Mrs.	22 Oct 1891	2:115	Machen, Henry F.	28 Feb 1901	4:154
Lyons, C.J., Mrs.	10 Jan 1897	4:134	Machen, Henry P.L.	07 Sep 1887	2:124
Lyons, David	18 Nov 1870	1:254	Machen, Lillie	05 May 1884	2:120
Lyons, Dill L.	01 Mar 1900	4:137	Machen, Louis A.	03 May 1881	1:158
Lyons, Elizabeth	14 Jan 1886	2:111	Machen, Mary W(?).	28 Dec 1875	1:286
Lyons, Enon	10 Mar 1891	2:114	Machen, Rudolph A.	31 Aug 1893	3:137
Lyons, Fred B.	21 Jan 1901	4:140	Machen, Wm. M.J.	16 Jun 1880	1:300
Lyons, George W.	06 Aug 1894	3:128	Machlup, Leo Wm.	24 Dec 1896	4:147
Lyons, Hester, Mrs.	07 Jun 1902	4:141	Maciajewska, Jenny	29 Sep 1907	5:158
Lyons, Inf/o Peter	12 Dec 1868	1:28	Macintosh, Ada V.	27 Feb 1869	1:32
Lyons, Jas.	18 May 1868	1:14	Macintosh, Geo. W.	13 Oct 1872	1:278
Lyons, Jennie	23 Jun 1907	5:142	MacIntyre, Sarah	01 Jul 1880	1:300
Lyons, Lulu	12 Nov 1886	2:111	Mack, Anton	12 Apr 1892	2:133
Lyons, Martin	05 Nov 1889	2:114	Mack, Christine	25 Aug 1869	1:50
Lyons, Mary	20 Mar 1901	4:140	Mack, Colista M.	Oct 1905	5:150
Lyons, Mary O.	23 Feb 1889	2:112	Mack, Eleanor	11 Apr 1870	1:58
Lyons, Richard	03 Nov 1891	2:115	Mack, Eliz'th	18 Apr 1875	1:286
Lyons, Robert Henry	27 Nov 1904	5:137	Mack, Henry	Apr 1899	4:152
Lyons, Samuel Carney	16 Feb 1903	4:141	Mack, J. George	05 Nov 1890	2:129
Lyons, Tracy	15 Dec 1891	2:116	Mack, Jane	05 May 1892	2:133
Lyons, Winfield G.	20 Jan 1901	4:138	Mack, John	03 Oct 1868	1:24
Lyons, Wm.	20 Apr 1908	5:143	Mack, Louisa	11 Nov 1872	1:278
Lypsitt, John D.	31 May 1895	3:129	Mack, Louisa	18 Aug 1869	1:50
Lyskowski, Stephen	17 Jun 1905	5:139	Mack, Ludwig	14 Feb 1875	1:282
Lytle, Eliza Jane	17 Jun 1894	3:127	Mack, Margaret	06 Jul 1893	3:137
Lytle, John H.	18 Apr 1871	1:254	Mack, Mary	06 Nov 1875	1:286
Lytle, Mary	29 Oct 1900	4:138	Mack, William	16 Dec 1879	1:296
Lyttle, Alfred	27 Oct 1887	2:112	Mack, Wm. Ray	04 Feb 1900	4:153
Lyttle, Nancy A.	25 Aug 1886	2:111	Mackelvey, Joseph	26 Sep 1892	2:137
Maag, Cornelia	19 Jan 1877	1:288	Mackennon, Neil	21 Jul 1902	4:159
Maag, Emilie	16 Jun 1893	1:286	Mackenzie, Harrison	30 Aug 1889	2:128
Maag, Fred	16 Nov 1893	3:138	Mackey, Mary	24 May 1908	5:162
Maag, John J.	07 Jul 1878	1:294	Mackey, Melvin	11 Mar 1906	5:153
Maag, Katherine L.	23 Mar 1909	5:161	Mackey, Nellie	06 Sep 1892	2:133
Maas, Maria	16 May 1888	2:126	Mackin, Jerome	01 Jan 1886	2:121

NAME	DATE	V/P
Mackin, John	01 Dec 1877	1:292
Mackiomack, Jo.	03 Mar 1908	5:173
Mackowski, Anton	08 Dec 1894	3:140
Maclaren, Harriet R.	13 Jan 1869	1:30
Maclaren, Selah R.	29 Jan 1905	5:171
MacMamor, James	30 Jan 1897	4:168
Macomber, Frank	10 Dec 1908	5:161
Macy, s/o B.W.	16 Jan 1905	5:150
Madacsy, Maria	May 1908	5:162
Maddack, J.M., MD	12 Dec 1905	5:266
Madden, Bridget	27 Sep 1899	4:153
Madden, George	01 Jan 1896	3:141
Madden, Inf/o M., (Twin)	15 Apr 1878	1:292
Madden, Inf/o M., (Twin)	15 Apr 1878	1:292
Madden, Infant	15 Apr 1878	1:290
Madden, Infant	15 Apr 1878	1:290
Madden, James	23 Dec 1904	5:151
Madden, Joseph	31 Mar 1869	1:36
Madden, Joseph	May 1898	4:151
Madden, Marg.	24 Dec 1880	1:300
Madden, Martha	01 Mar 1896	3:141
Madden, Robert	12 Feb 1909	5:161
Madden, Rose	28 May 1881	1:158
Maddocks, Asa W.	27 Apr 1895	3:141
Maddocks, Lucretia	21 Jun 1895	3:141
Maddocks, Rebecca	08 Jan 1877	1:288
Maddox, Frances	08 Apr 1906	5:157
Madge, Hattie J.	25 Jan 1887	2:123
Madge, Simon L.	03 Mar 1892	2:132
Madge, Susan F.	22 Jun 1879	1:296
Madin, Dellie	29 Jul 1897	4:148
Madison, Mariah	05 Jan 1880	1:296
Madje, Lottie F.	21 Jul 1890	2:129
Madjeska, Josephine	02 Jul 1893	3:137
Madling, Margaret	Aug 1902	4:158
Madoline, Ignatz	20 Jul 1891	2:131
Madon, Elizabeth	28 Mar 1884	1:160
Madraskick, Stanislaus	04 Apr 1891	2:131
Madroski, Mary	31 Oct 1908	5:161
Madrowski, Anton	20 Aug 1898	4:150
Madrykowski Frank	16 Feb 1899	4:151
Madushok, Maggi	20 Dec 1878	1:294
Maeams, Frederick	26 Jun 1870	1:274
Maehaski, Alex	29 Jun 1890	2:129
Maench, Wm.	03 Jul 1898	4:151
Maens, William	18 Aug 1874	1:284
Maffett, Timothy John	03 Apr 1898	4:150
Magachi, Joseph	14 Aug 1905	5:153
Maggie, William T.	30 Oct 1907	5:160
Magieria, Harey L.	21 Sep 1896	4:147
Maginski, Vance	03 Jun 1905	5:154
Magovern, Charles	30 Sep 1875	1:286
Magrane, Geo. A.	12 Dec 1903	4:161
Maguire, Mary	22 Apr 1898	4:148
Mahan, Anna	12 Oct 1891	2:131
Mahan, Chas. J.	06 Apr 1887	2:125
Mahan, John	13 Sep 1884	2:120
Mahany, Annie	31 Aug 1900	4:154
Mahar, Nora	20 Apr 1892	2:133
Mahar, Wm.	18 Apr 1893	3:137
Mahen, Jas.	02 Apr 1887	2:123
Maheny, Daniel*	22 Apr 1883	
Maher, Catherine	21 Jun 1888	2:126
Maher, Edith K.	08 Aug 1881	1:158
Maher, Grace B.	03 Aug 1881	1:158
Maher, James	27 Feb 1901	4:155
Maher, Jerry	20 Mar 1904	4:161
Maher, Jno. T.	17 Jun 1886	2:123
Maher, Kath. M.	30 Jul 1881	1:158
Maher, Margaret	27 Jun 1875	1:286
Maher, Mary	15 Mar 1898	4:148
Maher, Mary	22 Feb 1905	5:153
Maher, Sarah	23 Aug 1905	5:154
Maher, Timothy	13 Jan 1903	4:158
Maher, Willard	28 Aug 1908	5:162
Maher, Wm.	02 Jul 1903	4:161
Mahins, August	06 Dec 1895	3:141
Mahler, Albert P.	31 Jan 1904	4:160
Mahler, Emma	25 Dec 1901	4:157
Mahler, Fredrich	08 Apr 1888	2:125
Maho, Frank	10 Nov 1907	5:159
Mahon, Barney	02 Nov 1874	1:282
Mahon, Joseph	06 Apr 1887	2:124
Mahon, Thomas	01 Apr 1870	1:56
Mahon, Thomas	19 Aug 1901	4:157
Mahoney, Ann	21 Oct 1870	1:276
Mahoney, Annie	05 Feb 1873	1:280
Mahoney, Daniel	Apr 1883	1:162
Mahoney, Elizabeth	Jun 1905	5:153
Mahoney, Hannah	12 Apr 1886	2:122
Mahoney, Hannah	12 Apr 1886	2:121
Mahoney, Joanna	15 Aug 1894	3:140
Mahoney, John	26 Nov 1886	2:123
Mahoney, Joseph	11 Feb 1885	2:122
Mahoney, Lina M.	14 Sep 1897	4:149
Mahoney, Margaret	21 Sep 1878	1:294
Mahoney, Mary	04 Jan 1879	1:292
Mahoney, Mary	28 Jul 1893	2:132
Mahoney, Owen	08 Dec 1899	4:152
Mahoney, Patrick	11 Jan 1899	4:152
Mahoney, Timothy	01 Oct 1902	4:159
Mahoney, Wm.	10 May 1881	1:160
Mahood, Leah	13 Oct 1906	5:156
Mahor, Christain	23 Nov 1895	3:141
Mahr, Joseph	04 Feb 1899	4:150
Mahuke, Frederick	16 Dec 1900	4:155
Maier, Caroline	02 Dec 1868	1:28
Maier, Freddy	07 Aug 1874	1:284
Maier, George	12 Oct 1902	4:159
Maier, Henry	01 Sep 1868	1:22
Maier, Magdalene	13 Jun 1904	5:151
Maier, Raymond	17 Mar 1907	5:156
Maige, Fredericka	18 Feb 1894	3:137
Maiiea, Mary	08 Apr 1904	5:152
Maika, John	08 Dec 1884	2:122
Mainther, Lenora	17 Jan 1879	1:304
Maiszke, Emma M.B.	29 Sep 1894	3:139
Maiten, Bridget	25 Jan 1871	1:276
Maithidt, Lillian	May 1905	5:153
Majchak, Anthony	23 Jul 1893	3:138
Majchezak, Wicentz	20 Sep 1899	4:153
Majchezake, Halena	Jun 1895	3:140

NAME	DATE	V/P	NAME	DATE	V/P
Majewski, George	13 Nov 1899	4:153	Malloy, Bridget	12 Feb 1892	2:131
Majors, Louisa	24 Nov 1874	1:284	Malloy, Edward	26 Dec 1891	2:131
Makahry, Thomas	Nov 1897	4:148	Malloy, John	12 Feb 1892	2:131
Maken, Katerina	30 Feb 1905	5:151	Malls, Norman J.	08 Dec 1906	5:155
Makeney, Thos.	10 Mar 1885	2:120	Malm, Herman John	27 Apr 1907	5:158
Makenson, Loran	24 Sep 1904	5:152	Malon, John V.	26 Feb 1896	3:141
Makia, Anna	12 Dec 1868	1:2	Malone, Angaline	10 Jun 1876	1:288
Makowski, Joe	22 Apr 1892	2:133	Malone, ch/o Ed.	11 Mar 1871	1:276
Makowski, Jose.	13 Mar 1889	2:126	Malone, Chas.	06 Oct 1886	2:124
Malach, Charles	04 Jul 1902	4:158	Malone, Ellen	18 Mar 1885	2:120
Malach, Emma	17 Jul 1889	2:128	Malone, Flancis	20 Nov 1900	4:155
Malaeszak, Helena	18 May 1895	3:142	Malone, James	30 Sep 1900	4:155
Malane, Patric	28 Mar 1885	2:120	Malone, John	15 Feb 1908	5:159
Malay, Lulu	05 Jun 1887	2:125	Malone, Jos. A.	19 Apr 1890	2:129
Malb, Ellen	15 Jul 1894	3:139	Malone, Joseph	10 Mar 1885	2:120
Malcher, Edward	11 Apr 1881	1:160	Malone, Kate	23 Sep 1897	4:148
Malchigak, John	30 Nov 1908	5:162	Malone, Maggie	08 Aug 1897	4:148
Malchom, Elizabeth	08 Feb 1906	5:152	Malone, Michael	22 Jun 1903	4:161
Malcolm, R.	11 Sep 1900	4:154	Malone, Michael	30 Jan 1908	5:158
Malcoln, U.S.	05 Oct 1905	5:153	Malone, s/o John	26 Sep 1905	5:153
Malczeska, Kattie	15 Jul 1905	5:153	Malone, Sarah	26 Dec 1894	3:139
Malendy, Harison	10 Mar 1878	1:290	Malone, William	16 Jun 1887	2:124
Malepart, Georgian	14 Apr 1898	4:151	Maloney, Anna	18 Jun 1904	5:152
Malesa, Eva	03 Dec 1908	5:161	Maloney, Charles	02 Sep 1899	4:152
Maley, John	13 Jul 1890	2:129	Maloney, Charles	10 Apr 1901	4:156
Malicki, Adam	10 Jan 1905	5:151	Maloney, Jas. H.	08 Dec 1907	5:159
Malikowski, Frances J.	10 Jun 1895	3:140	Maloney, Jno.	04 Aug 1886	2:124
Malindy, Harrison	10 Mar 1878	1:292	Maloney, Johanna	04 Jan 1904	4:162
Malinska, Marian	30 Sep 1892	2:133	Maloney, John	08 Dec 1907	5:158
Malinski, Ave	13 Jan 1896	4:147	Maloney, Thomas	23 Oct 1898	4:151
Malinzka, Kate	07 Oct 1892	2:133	Malony, Arthur	09 Mar 1904	4:161
Malitzar, Al.	27 Nov 1903	4:161	Malony, Mary	03 Mar 1904	4:161
Mallendich, Jacob	17 Jul 1889	2:127	Malosh, Della Rosella	23 Jan 1903	4:157
Mallendick, John	28 Sep 1893	3:137	Malosh, Florence Loretta	23 Aug 1902	5:155
Mallery, Freddy	12 Mar 1885	2:120	Malosh, Gertrude	04 Mar 1907	5:155
Mallet, Fred	05 Oct 1886	2:122	Malosh, Irvin F.	17 Sep 1900	4:154
Mallett, Adaline	16 Dec 1897	4:148	Malske, Martha	23 Aug 1902	4:158
Mallett, Benjamin	16 Oct 1893	3:137	Malta, Mary	09 Feb 1869	1:42
Mallett, Chas. G.	28 Mar 1881	1:298	Maltby, Emma	11 Oct 1894	3:139
Mallett, Eliza	11 Mar 1898	4:149	Maltie, Bolts	02 Feb 1871	1:274
Mallett, Elvin	25 Nov 1899	4:152	Maltison, Charles	03 Nov 1888	2:126
Mallett, George	27 Jul 1878	1:292	Maltling, Peter Clarence	07 Nov 1904	5:150
Mallett, Kaziah	31 Jan 1878	1:290	Maltmuller, Selma	02 Dec 1903	4:162
Mallett, Lovina	09 Nov 1877	1:290	Malty, Nelson	20 May 1907	5:159
Mallett, Mary	25 Dec 1886	2:122	Mammet, Frederick	13 Sep 1907	5:158
Mallett, Monteer	07 Sep 1887	2:124	Manan, Hazel	14 Aug 1889	2:128
Mallett, Sherman	12 Feb 1871	1:276	Manca, Louis	06 Mar 1904	4:161
Malley, Bridalp	11 Feb 1891	2:131	Manchester, Dan'l L.	21 Jun 1900	4:155
Mallo, George	31 Aug 1903	4:161	Manchester, Sarah	21 Feb 1903	4:159
Mallo, George	31 Aug 1903	4:162	Manchreck, Christ	29 Nov 1894	3:139
Mallon, Anna	28 Oct 1899	4:153	Mandel Nicholas	15 Mar 1896	3:141
Mallon, Ed P.	23 Nov 1886	2:123	Mander, Aurthur Rudoph	27 Dec 1905	5:152
Mallon, John	08 Mar 1903	4:159	Manderscheid, Abraham	05 Sep 1897	4:148
Malloney, John L.	13 Oct 1906	5:157	Mandersherd, Mary	02 Jul 1890	2:130
Mallory, Eunice	03 Jun 1893	3:137	Mandler, Jacob	28 Feb 1900	4:152
Mallory, Frank	26 Nov 1907	5:159	Mandrer, Joseph	18 Aug 1895	3:141
Mallory, Katie	20 Sep 1877	1:292	Manehan, Sherly	02 Aug 1890	2:128
Mallory, Mary	28 Oct 1877	1:292	Manen, Joseph Lewis	06 May 1897	4:147
Mallory, S.O.	Sep 1905	5:154	Maner, John	31 Aug 1870	1:276
Mallos, Ernest	16 Sep 1906	5:156	Manes, Carl	24 Jan 1890	2:127
Malloy, Bartholemoy	11 Mar 1901	4:154	Maneth, Thomas	06 Jul 1879	1:296

NAME	DATE	V/P
Mang, Celestin	22 Aug 1899	4:152
Mangan, James J.	06 Mar 1903	4:159
Mangen, Chas. E.	01 May 1907	5:160
Mangle, Jacob	14 Apr 1882	1:160
Manhold, Heinrich	29 May 1899	4:153
Manion, Christopher	29 May 1895	3:141
Manion, James	07 Mar 1891	2:130
Manion, John	Oct 1885	2:122
Manion, Mary	17 Aug 1891	2:131
Manka, Herman	26 Mar 1900	4:153
Manka, John	13 Mar 1901	4:155
Manks, Robert	15 Sep 1898	4:150
Manley, Clarence	20 Apr 1889	2:127
Manley, Geo. F.	19 Feb 1893	2:132
Manley, Levi	26 Dec 1880	1:298
Manley, Merlin	02 Jan 1906	5:154
Manley, s/o Sam	17 Oct 1902	4:158
Manly, Thomas	07 Sep 1903	4:161
Mann, Edith May	21 Dec 1878	1:290
Mann, Helen	03 Jan 1899	4:151
Mann, James G.	11 Nov 1881	1:300
Mann, John	13 Aug 1868	1:20
Mann, Lucia Cecelia	13 Jun 1908	5:160
Mann, Lydia	10 Jul 1895	3:142
Mann, M.J.	26 Apr 1907	5:159
Mann, Mary	17 Sep 1898	4:151
Mann, Philip	16 May 1869	1:54
Mann, Robert	07 Mar 1892	2:131
Mann, Ruth Mabel	13 Aug 1877	1:290
Mann, Zelia	03 Feb 1899	4:150
Mannder, Ellen E.	20 Feb 1869	1:38
Mannder, Minnie M.	10 Dec 1895	3:140
Manneheck, Michael	09 Aug 1896	4:148
Mannel, George	25 Mar 1904	5:152
Mannes, Lizzie	31 Mar 1881	1:298
Mannett, John George	15 May 1877	1:290
Manning, Carrie	23 Mar 1906	5:153
Manning, Emma	21 Jul 1893	3:137
Manning, Fred C.	11 Feb 1887	2:123
Manning, James	14 Mar 1902	4:157
Manning, James	14 Mar 1902	4:159
Manning, Kate*	06 Nov 1883	
Manning, Thomas	16 Oct 1903	4:162
Mannk, Mary C.	14 Feb 1903	4:158
Mannke, Fred	28 Sep 1884	2:120
Manns, Herrold	27 Feb 1899	4:151
Mannschreck, Unknown	08 Jul 1905	5:153
Mannz, F.W.	14 Apr 1901	4:157
Manoe, Clara E.	06 Dec 1882	1:160
Manor, Anne	13 Apr 1892	2:132
Manor, Augusten Joseph	20 Jan 1905	5:151
Manor, ch/o Cora	07 Mar 1869	1:36
Manor, Clarence Gaberal*	23 Sep 1884	
Manor, Eddie	03 Feb 1887	2:125
Manor, Edward F.	06 Aug 1904	5:151
Manor, Eli	03 Sep 1907	5:160
Manor, Francis	17 Nov 1888	2:125
Manor, Herbert	03 Apr 1904	5:151
Manor, Jessie	15 Feb 1879	1:294
Manor, John	07 Sep 1890	2:128
Manor, Margareth	28 Jul 1901	4:156
Manor, Mary	20 Aug 1905	5:154
Manor, Peter	06 Aug 1906	5:155
Mans, Mathilda	22 Sep 1891	2:131
Mansar, James	06 Apr 1880	1:296
Manschack, James	24 --- 1895	3:140
Manschrack, Fredrick	20 --- 1895	3:140
Manschrack, Wm.	14 Jul 1879	1:296
Manschreck, Charles	02 Nov 1907	5:157
Manschreck, William Karl	08 Jul 1905	5:152
Manschrecke, Kate	14 Jan 1885	2:120
Mansell, Minnie	11 Jan 1899	4:150
Manser, Julia	17 Jan 1899	4:151
Manser, Thomas	18 Aug 1874	1:284
Mansuy, J.	22 Aug 1902	4:157
Mansuy, J.M.	14 Aug 1879	1:296
Manter, Alphonse	31 Jan 1893	2:132
Manter, Marie	15 May 1895	3:141
Manter, Rose	06 May 1887	2:125
Mantey, Anna M.	13 Apr 1905	5:154
Mantey, Dorothea Sophia	21 May 1898	4:150
Mantey, Fred	17 Feb 1899	4:152
Manton, Edward	30 Mar 1888	2:125
Manton, Eliz'th	24 Feb 1875	1:284
Manton, John	15 Jul 1907	5:159
Manton, Joseph	03 Oct 1870	1:274
Manton, Minnie	21 Jan 1870	1:58
Manton, Thomas	20 Aug 1869	1:58
Manton, Wm.	21 Aug 1880	1:300
Mantz, Mary	20 May 1898	4:151
Manzeck, Charles	04 Jun 1890	2:130
Manzel, Mary	21 Dec 1899	4:150
Manzer, Edward	30 Nov 1870	1:274
Maon, Martha	10 Jan 1908	5:160
Maple, d/o Willis	14 Jul 1907	5:158
Maple, s/o Willis	14 Jul 1907	5:158
Maples, Lucritia	11 May 1872	1:278
Maples, Wm. C.	16 Dec 1873	1:280
Marain, Orlo	08 Apr 1899	4:153
Marak, Stanishlaw	09 Aug 1895	3:140
Marantell, Matie Marie	30 Apr 1898	4:151
Maranti, Rose	14 Oct 1904	5:151
Maras, Staviant	06 May 1892	2:133
Marbarough, James	07 Mar 1899	4:150
Marbee, John	05 Feb 1901	4:154
Marble, Lenora	25 Aug 1888	2:126
Marbree, John	05 Feb 1901	4:154
March, Louis	03 Aug 1902	4:158
Marchal, Petter	13 Feb 1900	4:153
Marchant, Sair	10 Oct 1894	3:139
Marchke, Franz	19 May 1890	2:129
Marcial, Ann	22 Oct 1870	1:274
Marcinak, Adam	14 Aug 1889	2:128
Marcoff, Atanas	13 Apr 1907	5:159
Marcontonis, Joseph	21 Oct 1907	5:158
Marcy, Anna Miller	31 Oct 1893	3:138
Marder, Maud V.	19 Feb 1908	5:158
Mare, James	Jun 1880	1:300
Marehn, Unknown	23 Nov 1900	4:155
Marg, Frederic	30 Jun 1868	1:16
Marg, Frederick	30 Jun 1868	1:18
Marg, Frederick	30 Jun 1868	1:16

NAME	DATE	V/P
Margroff, Mary	28 Mar 1891	2:129
Marguart, Maggie G.	24 Sep 1892	2:133
Marguette, Mary	02 Oct 1904	5:151
Margwart, Bertha	04 Jan 1903	4:158
Maria, Marcella	06 Mar 1904	4:162
Marikal, Mary A.	21 Nov 1880	1:300
Marin, Horace James	05 Jul 1902	4:160
Maring, Cecilia	29 Mar 1895	3:140
Marion, Andrew H.	17 Aug 1895	3:141
Marion, James	07 Mar 1891	2:131
Marion, James B.	20 May 1908	5:162
Marion, Maggie	28 Aug 1892	2:133
Marion, Mary L.	10 Feb 1874	1:282
Marion, Odett	07 Feb 1875	1:284
Marion, Wm. A.	31 May 1869	1:52
Marion, Wm. E.	28 Mar 1891	2:130
Marion, Wm. E.	28 Mar 1891	2:131
Maris, Fred	17 Jul 1868	1:16
Mariss, John P.	13 Dec 1890	2:129
Mark, Inf/o J.	15 Feb 1868	1:10
Mark, John	20 Mar 1874	1:280
Mark, John	19 Jan 1908	5:160
Mark, W.L.	26 May 1872	1:278
Markee, Henry	29 Jul 1892	2:132
Markee, Matie J.	15 Nov 1905	5:153
Markell, George	10 Dec 1868	1:28
Marker, Annie R.	31 Dec 1871	1:276
Marker, Frances	22 Aug 1876	1:288
Marker, George	24 May 1879	1:296
Marker, Grace	07 Mar 1902	4:156
Marker, Howard	16 Feb 1868	1:10
Marker, Inf/o J.	11 Aug 1885	2:121
Marker, John	13 Jul 1871	1:276
Marker, John	18 Jan 1882	1:160
Marker, John	01 Jan 1900	4:153
Marker, Rebecca	27 Jun 1904	5:151
Marker, Robert D.	28 Mar 1903	4:158
Marker, Thomas	23 Jul 1897	4:149
Markerdt, Francis A.	28 Feb 1902	4:156
Markerdt, Richard Henry	05 Nov 1903	4:162
Markey, Delvin	15 Apr 1907	5:159
Markey, James	16 Jul 1894	3:140
Markinski, Maria	02 Mar 1897	4:147
Markley, Clara D.	Jun 1884	2:120
Markley, Inf/o John	12 Dec 1908	5:161
Markley, Mary Baby	21 Feb 1897	4:147
Markley, s/o John	25 Aug 1892	2:133
Markowiak, Martin	30 May 1895	3:141
Markowich, d/o J.H.	30 Mar 1905	5:153
Marks, Ida Mary	01 Jan 1900	4:152
Marks, Infant	Aug 1897	4:149
Marks, John	06 Aug 1899	4:152
Marks, John Walter	10 May 1901	4:154
Marks, Mary A.	05 Mar 1904	4:161
Marks, Otto Wm.	22 Dec 1886	2:123
Markscheffel, Chas.	05 May 1885	2:121
Markscheffel, Henrietta	16 Feb 1869	1:32
Markweth, ch/o Conrad	02 Feb 1906	5:154
Marlalsman, John	06 Jan 1893	2:132
Marlborough, Lawrence	26 Aug 1897	4:149
Marle, Lizzie	16 Mar 1903	4:160
Marleau, Albert		

NAME	DATE	V/P
Marleau, Joseph	01 Feb 1908	5:158
Marlnie, Alma	17 May 1893	3:138
Marmanton, James	18 Feb 1898	4:148
Marnah, William	03 Jul 1898	4:151
Marnearth, William C.	03 Apr 1880	1:298
Marnetti, Arthur	10 Oct 1886	2:122
Marok, Czeslow	14 Jan 1908	5:158
Marquardt, Anna	21 May 1899	4:153
Marquardt, Conrad	30 Sep 1874	1:282
Marquardt, Eddie	21 Nov 1899	4:153
Marquardt, Infant	28 May 1887	2:124
Marquardt, Jacob	18 Mar 1907	5:155
Marquardt, John	17 Jan 1870	1:52
Marquart, Francis A.	13 Jan 1903	4:159
Marquett, F.W.	06 Aug 1876	1:288
Marragan, James	10 Sep 1903	5:157
Marriam, Cecil M.	19 Sep 1890	2:130
Marron, Myrtle J.	06 Apr 1898	4:150
Marrow, Henrietta	18 Nov 1903	4:158
Marrow, John T.	08 Apr 1894	3:139
Marrs, P.	07 May 1873	1:280
Marry, John	04 Jul 1881	1:160
Marry, Lawrence Wm.	25 Nov 1900	4:154
Mars, Johanna	12 Jun 1881	1:158
Mars, John	12 Oct 1870	1:274
Mars, Mathias	03 Mar 1889	2:126
Marsch, Christian	10 Jun 1888	2:126
Marsch, Minnie	21 Oct 1896	4:147
Marschi, Henrich	18 ---	2:128
Marse, William	03 Jan 1885	2:120
Marsh, Abi Albion	29 Jul 1875	1:284
Marsh, Alice M.	29 Sep 1887	2:124
Marsh, Ann Maria	12 Mar 1892	2:130
Marsh, Charles	17 Jan 1903	4:162
Marsh, Charles	24 Aug 1896	4:147
Marsh, Eda	26 Mar 1880	1:296
Marsh, Edward	02 Jan 1898	4:148
Marsh, Fanny A.	14 Mar 1890	2:127
Marsh, Frederick	09 Feb 1890	2:128
Marsh, Harris	28 Mar 1875	1:282
Marsh, Harris George	25 Oct 1906	5:155
Marsh, Jacob John	10 Apr 1900	4:152
Marsh, John	12 Jun 1897	4:149
Marsh, Loretta	19 Apr 1902	4:157
Marsh, Lulu Alta	04 Aug 1883	1:160
Marsh, Maggie	30 --- 1903	4:161
Marsh, Maggie	30 Aug 1903	4:160
Marsh, Maggie M.	03 Nov 1886	2:122
Marsh, Mart	17 Dec 1888	2:126
Marsh, Mary	27 Apr 1869	1:58
Marsh, Mike	08 Jul 1894	3:139
Marsh, Nicholas	24 Mar 1903	4:158
Marsh, O.D., Mrs.	08 Apr 1899	4:152
Marshal, Myrtle	16 Jun 1890	2:130
Marshall, A.J.	14 Sep 1900	4:155
Marshall, Ameil	16 Mar 1904	4:160
Marshall, Anna	20 Feb 1881	1:298
Marshall, Catherina	11 May 1907	5:159
Marshall, Delina	21 Jan 1903	4:159
Marshall, Eliza	19 Dec 1903	4:162
Marshall, Ella	10 Jan 1879	1:294

NAME	DATE	V/P	NAME	DATE	V/P
Marshall, Emma	22 Oct 1887	2:124	Martin, Elizabeth	30 Nov 1891	2:130
Marshall, Ermine	29 Jun 1903	4:160	Martin, Emma	10 Sep 1871	1:278
Marshall, Frank S.	Jan 1887	2:122	Martin, Erwin	05 Mar 1872	1:276
Marshall, Homer	10 Oct 1904	5:151	Martin, Etta	02 Oct 1893	3:137
Marshall, Jane	14 Feb 1895	3:139	Martin, F.	28 Mar 1896	4:147
Marshall, Jane	26 Mar 1879	1:294	Martin, Florence L.	12 Oct 1907	5:158
Marshall, John	22 Feb 1904	4:162	Martin, Francis	14 May 1908	5:161
Marshall, Lea	19 Mar 1904	4:160	Martin, Frank	09 Feb 1900	4:153
Marshall, Lillian	15 May 1905	5:152	Martin, Frank	26 Jun 1906	5:154
Marshall, Louise H.	09 Sep 1907	5:159	Martin, Frank	27 May 1904	5:151
Marshall, Luiza Stondist	18 Nov 1901	4:156	Martin, Frank Earl	24 Jun 1898	4:150
Marshall, Margaret	03 Jun 1903	4:161	Martin, Fred	30 Jun 1878	1:294
Marshall, Mary E.	06 Apr 1889	2:127	Martin, G.S.	25 Sep 1870	1:276
Marshall, Wakefield	15 Dec 1871	1:276	Martin, Geo. F.	20 Aug 1886	2:122
Marshall, William	21 Oct 1903	4:160	Martin, Helen Margeretha	25 Oct 1900	4:154
Marshall, Wm.	17 Nov 1870	1:274	Martin, Hellen	30 Mar 1883	1:160
Marsheider, O.S.	16 Jul 1893	3:138	Martin, Henry	04 Feb 1903	4:159
Marshel, Chester	14 Jul 1908	5:162	Martin, Henry	15 May 1888	2:126
Marshel, Mary Jane	30 Oct 1879	1:296	Martin, Henry	23 Jul 1900	4:154
Marshell, Edward*	18 Sep 1882		Martin, Herman	08 Aug 1893	3:138
Marshell, Jennie*	22 Aug 1882		Martin, Horace	11 Jan 1898	4:149
Marshokoski, s/o Jos.	17 Feb 1890	2:128	Martin, Infant	24 Oct 1902	4:158
Marsillus, John	13 Nov 1868	1:26	Martin, Isabelle	22 Nov 1903	5:156
Marske, Arthur	24 May 1907	5:158	Martin, Isreal	17 Feb 1877	1:288
Marski, Frederick	19 Nov 1898	4:150	Martin, J.	09 Feb 1907	5:155
Marsomiek, Rosalie	13 Mar 1886	2:122	Martin, James A.	19 Mar 1908	5:159
Marston, Glen P.	27 Oct 1900	4:154	Martin, John	04 Apr 1908	5:162
Marston, James	07 Apr 1894	3:137	Martin, John	04 Feb 1908	5:159
Marston, Maria	07 Dec 1880	1:298	Martin, John	18 Apr 1875	1:284
Marston, Marta	06 Dec 1886	2:122	Martin, John Blayz	15 Jul 1902	4:157
Marston, William	12 Jan 1886	2:122	Martin, Libbie V.	19 Aug 1890	2:129
Martelsman, John	08 Oct 1875	1:286	Martin, Liza Christa	01 Jan 1891	2:129
Marten, Infant	28 Mar 1875	1:284	Martin, Louis	18 Jun 1893	3:137
Marten, James	02 Dec 1875	1:286	Martin, Maggie	16 Oct 1895	3:141
Marten, John	25 Oct 1875	1:286	Martin, Mane	Oct 1899	4:150
Marten, Julies	04 Oct 1874	1:286	Martin, Margaret	06 Nov 1906	5:156
Martens, Charles	10 May 1908	5:162	Martin, Maria	04 Nov 1889	2:128
Martens, Charlotte	30 Aug 1900	4:155	Martin, Mary	16 Sep 1877	1:290
Martens, Edwin	04 Oct 1898	4:151	Martin, Mary	17 Jun 1908	5:161
Martens, Leona	19 Aug 1898	4:150	Martin, Mary A.	29 Jan 1905	5:150
Martha, John	15 Jan 1881	1:298	Martin, Matilda	12 Jul 1905	5:154
Martial, Gertrude	29 Sep 1881	1:300	Martin, Mike	11 Dec 1907	5:158
Martie, E. Martie	1875	1:284	Martin, Minnie	20 Feb 1904	4:161
Martimer, Chas., Sr.	19 Dec 1897	4:147	Martin, Myrtle	01 Apr 1901	4:157
Martin, Alonzo	07 Jul 1899	4:153	Martin, Norman	29 Mar 1907	5:156
Martin, Anna Eva	03 Jan 1905	5:150	Martin, Patrick	10 Feb 1887	2:123
Martin, Annie	03 Aug 1875	1:284	Martin, Perdum	10 Mar 1906	5:154
Martin, Annie	09 May 1894	3:140	Martin, Rachel	01 Nov 1897	4:148
Martin, Bessie	13 Apr 1905	5:154	Martin, Rachel	20 Dec 1874	1:282
Martin, Cathrine	09 Jun 1900	4:154	Martin, Raymer C.	17 Nov 1881	1:300
Martin, ch/o Henry	24 Jul 1868	1:18	Martin, Robert	21 Dec 1890	2:130
Martin, Charles	08 Nov 1887	2:124	Martin, Robert L.	11 Feb 1901	4:155
Martin, Child	18 Jul 1883	1:162	Martin, s/o Glen	28 Sep 1905	5:154
Martin, Christopher	28 Nov 1906	5:157	Martin, Sarah	29 Dec 1901	4:156
Martin, Claude Albert	05 Jan 1904	4:162	Martin, Sarah	30 Jul 1886	2:122
Martin, d/o Glenn	11 Sep 1903	5:157	Martin, Sophie	13 Dec 1899	4:152
Martin, Daniel	16 Dec 1874	1:282	Martin, Thomas	24 Jan 1896	3:141
Martin, Daniel	28 Sep 1904	5:151	Martin, Thomas James	19 Dec 1897	4:148
Martin, Douglass	03 Sep 1907	5:158	Martin, Unknown	15 Dec 1907	5:158
Martin, Edward	23 Dec 1874	1:282	Martin, Wilhelmina	03 Aug 1888	2:126
Martin, Elizabeth	12 Apr 1903	4:161	Martin, William	03 Jan 1908	5:159

NAME	DATE	V/P
Martin, William H.	28 Aug 1898	4:150
Martindale, Ross W.	16 Oct 1905	5:154
Martins, Caroline	05 Jun 1896	4:147
Martins, Fred	1889	2:128
Martins, Martha	09 May 1908	5:163
Martins, Martha	31 May 1908	5:161
Martinson, Morris	05 Jan 1896	4:147
Martninee, Andrew	---	4:151
Marvin, Mildred	28 Aug 1901	4:156
Marx, Guido	01 Feb 1899	4:151
Marx, Joseph Eugene	03 Apr 1872	1:276
Marx, M.	10 Mar 1871	1:274
Mary, Sophia	10 Sep 1905	5:152
Maryeck, Richard	12 Sep 1894	3:140
Marzinak, Adam	26 May 1907	5:159
Masall, Anna	22 Jul 1893	3:137
Maseman, John	06 Oct 1908	5:160
Masen, Margaret	17 Mar 1869	1:34
Maserewski, Paul	06 Feb 1904	4:161
Masgarski, Emilia	25 Nov 1907	5:159
Mashell, Electa	17 Feb 1886	2:121
Masher, James Pomeroy	09 Mar 1899	4:151
Masher, Katie	07 Aug 1905	5:153
Mask, Margaret	14 Feb 1908	5:157
Maska, Henry	23 Apr 1889	2:126
Maslly, Wm. Francis	13 Feb 1893	2:133
Maslock, Joseph	05 Nov 1900	4:154
Masman, Irvin	20 Feb 1886	2:121
Mason, Amelia	30 Jun 1906	5:156
Mason, Benjamin C.	26 May 1883	1:162
Mason, Blanche	04 Aug 1900	4:154
Mason, Caroline	26 Jan 1873	1:278
Mason, Carrey	30 Jul 1872	1:278
Mason, E.D.	19 Dec 1874	1:284
Mason, Edward	21 Dec 1900	4:152
Mason, Fred.	Sep 1907	5:158
Mason, Gip	05 Nov 1891	2:131
Mason, Ida	07 Jan 1879	1:294
Mason, John	08 Jul 1891	2:131
Mason, Lucy	05 Aug 1877	1:292
Mason, Margareth	Jul 1902	4:158
Mason, Pauline	25 Dec 1902	4:159
Mason, Richard Wilson	10 Mar 1898	4:149
Mason, Sarah	09 Oct 1894	3:137
Mason, Thomas	30 Jun 1894	3:140
Mason, William Clark	09 Jan 1893	2:133
Mason, William Henry	11 Apr 1893	3:137
Masseck, Wilhelmina	18 Dec 1908	5:162
Massenberg, Chas.	08 Jan 1908	5:159
Massenberg, Laura	17 Oct 1887	2:124
Massenbrig, Ella	27 Oct 1887	2:124
Massenburg, Ida M.	17 Oct 1888	2:126
Massenburg, Robert	10 Sep 1884	2:120
Massey, Mary	29 Aug 1891	2:131
Massey, Thomas	06 Oct 1889	2:128
Massie, Dudley	04 Jan 1874	1:280
Masson, Kate	27 Aug 1887	2:125
Massy, Levy	07 Sep 1901	4:156
Mast, Jenetta A.	17 Sep 1878	1:294
Mast, Michael	29 Mar 1879	1:292
Mast, Ricah	09 Aug 1886	2:123
Mast, Viola L.	03 Jan 1900	4:153
Mast, William	17 Jun 1887	2:124
Mast, Zola E.	12 Mar 1901	4:155
Masters, Delia	04 Aug 1892	2:132
Masters, Frank P.	22 Apr 1893	3:138
Masters, Harriet H.	18 Sep 1885	2:122
Masters, John	03 Oct 1891	2:130
Maszakowski, Inf/o Joseph	Jan 1889	2:126
Matavis, Mennie	Feb 1878	1:290
Matemore, Peter	11 Mar 1902	4:156
Mateno, Catherine	27 Oct 1887	2:125
Mateschinsky, Peter	12 Apr 1888	2:127
Matezuski, Feronika	18 Feb 1896	3:142
Mathais, B.G.E.	11 Jul 1908	5:162
Mathamore, Ann	1871	1:278
Matheis, George	23 May 1894	3:139
Matheis, John	14 Mar 1886	2:121
Matheis, John	20 Mar 1885	2:120
Mather, Bessie	19 Oct 1894	3:139
Mathers, Henry	04 Dec 1874	1:282
Mathes, Frank X.	02 Aug 1877	1:292
Mathes, Matilda	20 Jul 1886	2:122
Mathew, Alfred	23 Jun 1882	1:160
Mathew, Frank B.	16 Dec 1907	5:160
Mathew, Myrtle May	06 Apr 1891	2:130
Mathews, Adaline	21 Feb 1871	1:274
Mathews, Adelia	01 Sep 1874	1:284
Mathews, Alice L.	18 Sep 1886	2:124
Mathews, Asahel	29 Apr 1886	2:122
Mathews, Barbara	01 Feb 1892	2:132
Mathews, C.W.	06 Jul 1900	4:155
Mathews, Charles	22 Aug 1883	1:162
Mathews, Edmund	18 Aug 1867	1:36
Mathews, Edmund	18 Aug 1867	1:42
Mathews, Henry J.	14 Mar 1906	5:154
Mathews, Henry L.	21 Dec 1886	2:123
Mathews, Jacob	31 Jan 1871	1:274
Mathews, John W.	10 Jan 1902	4:156
Mathews, Peter	25 Aug 1868	1:20
Mathewson, J. Nelson	22 Oct 1900	4:154
Mathewson, Warren	19 Mar 1900	4:152
Mathia, Blanch	11 Jul 1908	5:161
Mathias, Andrew	20 Oct 1902	4:159
Mathias, Anna	15 Oct 1875	1:286
Mathias, Caroline	03 Apr 1885	2:121
Mathias, Caroline	13 Apr 1885	2:120
Mathias, George	04 Feb 1903	4:158
Mathias, George C.	04 Feb 1903	4:159
Mathias, Mary	30 May 1905	5:153
Mathias, Sahila	26 Apr 1897	4:149
Mathimore, John	03 Apr 1880	1:296
Mathimore, Marra	18 Apr 1880	1:296
Mathowitz, E.	26 Dec 1902	4:158
Matiaczyk, Helena	17 Apr 1903	4:160
Matie, Anna	08 Sep 1875	1:284
Matimore, Bridget	18 Jan 1880	1:296
Matimore, Bridget	20 Apr 1875	1:286
Matimore, Catherine	07 Dec 1870	1:274
Matimore, Infant	21 Mar 1878	1:290
Matimore, James	10 Mar 1875	1:284

NAME	DATE	V/P	NAME	DATE	V/P
Matimore, Mary	25 Aug 1877	1:290	Matwrynska, Pleyizoe	12 Nov 1895	3:141
Matimore, Mary	25 May 1877	1:292	Matyner, Anna	23 Apr 1906	5:155
Matimore, Mary	29 Jul 1908	5:159	Matz, Cash C.	08 Nov 1895	3:141
Matin, Dallis	09 Mar 1908	5:158	Matz, Mable L.	24 Nov 1907	5:159
Matin, Laura	02 Feb 1908	5:160	Matz, s/o Kelly	14 Feb 1898	4:149
Matinger, John	12 Apr 1880	1:300	Matz, Sophia	13 Jan 1908	5:158
Matitzroff, Fredericka	12 Apr 1907	5:159	Matz, Sophia	13 Jan 1908	5:157
Matley, Miniva	23 Jul 1895	3:141	Matzenger, Herman	22 Dec 1879	1:296
Matrsach, John	04 Dec 1884	2:120	Matziner, Godfrey	10 Mar 1885	2:120
Matsinger, Mart Jno.	02 Mar 1890	2:129	Matzing, Ida	29 May 1898	4:150
Matske, Ellen	31 Jan 1902	4:157	Matzinger, Amil M.J.	04 Mar 1890	2:127
Matson, H.F.	08 Feb 1888	2:124	Matzinger, Anna	20 Oct 1898	4:150
Matszkowiak, Frances	12 Aug 1903	4:161	Matzinger, Annie	26 Apr 1906	5:156
Mattack, Isaah	22 Aug 1899	4:153	Matzinger, Clara	12 Jan 1880	1:296
Mattagan, James	15 Nov 1876	1:288	Matzinger, Elizziebeth	23 Jan 1891	2:128
Mattagan, James	15 Nov 1876	1:288	Matzinger, Inf/o David	27 Feb 1881	1:300
Mattamore, Ann	25 Jan 1877	1:288	Matzinger, Inf/o J.	04 Dec 1880	1:298
Mattamore, Ann	25 Jan 1877	1:288	Matzinger, Isaac	02 Nov 1904	5:151
Mattamore, John	20 Feb 1886	2:122	Matzinger, Isaac	11 Feb 1879	1:294
Mattamore, Patrick	06 Jul 1875	1:286	Matzinger, Isaac	16 Mar 1875	1:282
Mattemore, John	23 Oct 1876	1:288	Matzinger, John J.M.	23 Mar 1896	3:141
Mattery, Joseph	04 Dec 1906	5:155	Matzinger, Jonas	17 Aug 1886	2:123
Matthews, Inf/o Nicholas	25 Aug 1868	1:20	Matzinger, Magdalena	06 Jun 1885	2:121
Mattimore, Anna	27 Aug 1905	5:153	Matzinger, Mildred	29 Mar 1896	3:140
Mattimore, Bryan	02 Jan 1887	2:123	Matzinger, Robert	02 Apr 1891	2:128
Mattimore, Darby	24 Dec 1899	4:153	Matzinger, Rosa	07 Mar 1891	2:128
Mattimore, Dominic	04 Feb 1905	5:152	Matzinger, Samuel	10 Jan 1880	1:296
Mattimore, James	14 Mar 1871	1:274	Matzinger, Samuel	13 Apr 1891	2:128
Mattimore, John	05 Apr 1880	1:296	Matzinger, Theresa	10 Dec 1906	5:154
Mattimore, John	06 Jul 1886	2:123	Matzsinger, John	29 Jan 1895	3:140
Mattimore, John	19 Jul 1869	1:60	Mauchly, Maria M.	13 Jan 1871	1:278
Mattimore, John	20 Feb 1887	2:123	Mauchy, Mary J.	05 Jan 1890	2:127
Mattimore, John	28 Jun 1872	1:280	Mauderville, Emma	18 Mar 1869	1:4
Mattimore, Magie	20 Feb 1887	2:128	Mauderville, George	28 Mar 1869	1:4
Mattimore, Marg.	22 Sep 1892	2:133	Mauer, Edw'd Frank	03 Jan 1897	4:147
Mattimore, Peter	02 Feb 1891	2:129	Mauer, Louisa	30 Oct 1890	2:129
Mattimore, Ryan	02 Mar 1887	2:123	Mauk, Anna May	19 Jun 1889	2:127
Mattimore, Timothy	12 Feb 1892	2:131	Mauk, Henry	21 Mar 1908	5:160
Mattinger, John G.	1871	1:278	Mauktions, Herman	06 Jul 1906	5:157
Mattison, Harriott	23 Feb 1899	4:151	Maulter, Joseph	12 Jul 1897	4:148
Mattison, Mary J.	02 May 1905	5:153	Maunder, Delia B.	06 Mar 1899	4:150
Mattle, Maude	06 Jul 1879	1:296	Maunder, Ida Fay	09 Aug 1893	3:137
Mattlin, Frank	16 Oct 1899	4:152	Maunes, Nellie	Jan ---	2:123
Mattman, Bernard	25 Sep 1888	2:126	Maunger, Francis	08 Mar 1887	2:124
Mattman, Mary	02 Jun 1884	2:120	Maunschrek, Helena	23 Nov 1906	5:156
Mattocks, Daniel J.	13 Nov 1888	2:125	Mauntler, Elinor	01 Jan 1892	2:131
Mattoon, Charles	22 Feb 1902	4:156	Mauntler, John F.	21 Jun 1900	4:154
Mattoon, Charles H.	22 Feb 1902	4:157	Mauren, John	25 Dec 1887	2:124
Matty, Frank	26 Jun 1902	4:158	Maurer, Helen	26 Dec 1887	2:124
Maturcyuski, Ludnicka	18 Nov 1907	5:159	Maurer, Herman A.	28 Jun 1894	3:139
Maturcyuski, Paulina	28 Nov 1907	5:159	Maurer, John	15 Sep 1906	5:155
Maturzinski, Unknown	05 Jan 1904	4:161	Maurice, Wm.	22 Nov 1908	5:162
Matusch, Katie C.	23 Jan 1901	4:154	Maus, Anthony	06 Mar 1887	2:123
Matuseynys, Frank	02 May 1892	2:133	Maus, Emma	12 Mar 1888	2:124
Matushick, John	04 Dec 1885	2:121	Mauschack, Joseph	24 --- 1895	3:140
Matushniski, Matth.	08 Mar 1894	3:138	Mauschrack, John	18 Feb 1894	3:137
Matusiak, Anda	26 Jan 1894	3:140	Mause, Elsie	21 Feb 1903	4:159
Matusyneki, Therasa	25 Feb 1891	2:130	Mausny, Chas. F.	30 Mar 1887	2:125
Matuszinski, Katharina	16 Mar 1903	4:158	Mausy, Leon	04 Mar 1879	1:294
Matusziwake, Sophia	21 Dec 1895	3:142	Mautchler, Leland	Dec 1891	2:131
Matuzecka, Mechlena	07 Feb 1897	4:147	Mauter, Alfred	16 Nov 1902	4:160

NAME	DATE	V/P
Mauter, Catherine	15 Nov 1902	4:160
Mauter, Edward	09 Dec 1902	4:160
Mauter, Fredericka	10 Sep 1872	1:278
Mauter, Inf/o Alexander	07 Oct 1872	1:278
Mauter, Margaret	08 Nov 1902	4:160
Mauthe, John Martin	04 Jul 1892	2:132
Mautz, Katie	25 Jan 1892	2:131
Mauzick, Caroline	02 Nov 1896	4:147
Mawer, Loretta	14 Apr 1897	4:148
Mawun, Justena	22 Jun 1894	4:147
Max, Martha	08 Nov 1904	5:152
Maxon, Winfield Scott	16 Aug 1889	2:127
Maxwell, Margaret, Mrs.	13 Sep 1907	5:158
May, Enfield	14 Aug 1898	4:151
May, Ida	10 Apr 1868	1:12
May, John Wm.	29 Aug 1877	1:292
May, Lucretia	20 Dec 1901	4:156
May, Martin	22 Aug 1885	2:121
May, Thomas	22 Sep 1891	2:131
Mayarnick, Nerominus	20 Dec 1907	5:159
Maybauer, Barbara	15 Dec 1905	5:154
Maybauer, Ernest	14 Apr 1904	4:162
Maybous, Sophia	18 Aug 1883	1:160
Mayer, Agnes	19 Jun 1907	5:157
Mayer, Amalie	10 Dec 1881	1:158
Mayer, Amanda	10 Sep 1896	4:147
Mayer, Arnold	28 Jan 1870	1:40
Mayer, Bertrand	29 Mar 1882	1:158
Mayer, Clara A.	14 Jan 1896	3:142
Mayer, Clemon	14 Dec 1906	5:155
Mayer, Cornelia	07 Sep 1898	4:151
Mayer, Elizabeth	10 Jan 1886	2:121
Mayer, Ella	29 Nov 1891	2:131
Mayer, Fred'k	12 Jan 1873	1:280
Mayer, Geo.	14 Aug 1884	2:120
Mayer, George	30 Oct 1878	1:294
Mayer, Henry	17 Feb 1888	2:125
Mayer, Henry Nicholas	03 Jul 1893	2:132
Mayer, Howard	05 Aug 1881	1:300
Mayer, John M., Sr.	28 Jan 1871	1:274
Mayer, Leonard	30 Mar 1899	4:147
Mayer, Louis	17 Mar 1896	3:141
Mayer, Magdalina Knapp	28 Jan 1898	4:149
Mayer, Mary	19 Dec 1881	1:158
Mayer, Mary	30 Jun 1886	2:123
Mayer, Mary Ursula	14 Feb 1878	1:290
Mayer, Matilda C.	13 Oct 1870	1:276
Mayer, Minnie	01 Sep 1891	2:131
Mayer, Minnie	06 Mar 1884	1:162
Mayer, Moses	10 Sep 1898	4:151
Mayer, Patsey	03 Apr 1884	2:120
Mayer, Pemhold	01 Jul 1908	5:163
Mayer, Peter	27 Feb 1904	4:162
Mayer, Philomone	17 Jul 1908	5:163
Mayer, Stephen Torge	24 Sep 1905	5:154
Mayer, William	05 Apr 1871	1:274
Mayer, Wm.	27 Dec 1902	4:158
Mayerl, Joseph	26 Oct 1903	4:160
Mayers, Edward A.	11 Oct 1905	5:154
Mayers, Marty	10 Jan 1876	1:284
Mayers, Mary	14 Sep 1875	1:284

NAME	DATE	V/P
Mayhew, Albertine	15 Sep 1873	1:280
Mayhugh, Alonzo	03 Feb 1908	5:158
Mayier, Carson B.	19 Oct 1899	4:153
Maylan, Alfred Thomas	03 Feb 1899	4:151
Maylor, B.K.	17 Jul 1905	5:154
Maynes, Infant	05 Sep 1893	3:138
Maynes, Mary J.	16 Aug 1889	2:127
Mayo, Joseph	30 --- 1895	3:140
Mayo, Joseph S.	14 Feb 1905	5:150
Mayor, Joseph	20 Oct 1878	1:304
Mays, Geo. W.	20 Feb 1904	4:161
Mazany, Margaret	10 Jul 1908	5:162
Maze, Theopalus	23 Sep 1867	1:6
Mazey, Mary	06 Jul 1873	1:280
Mazoo, James	14 Dec 1905	5:153
Mazur, Thomas	10 Mar 1908	5:159
Mazy, Annie	21 Dec 1898	4:150
Mazy, Inf/o Harvey	14 Aug 1875	1:284
Mead, Aaron B.	27 Oct 1867	1:4
Mead, Alexander	17 Feb 1906	5:153
Mead, Chas. B.	26 Nov 1885	2:121
Mead, Ichabod	18 May 1901	4:157
Mead, John	21 Dec 1897	4:148
Mead, Lucy	03 Oct 1902	4:159
Mead, Mary	27 Jan 1903	4:159
Mead, N., Mrs.	30 Jan 1905	5:153
Mead, Nora	30 Jan 1906	5:152
Mead, Orel Y.	14 Jun 1885	2:121
Mead, Patrick	07 Aug 1899	4:153
Meade, Michael	11 Jan 1905	5:154
Meade, Patrick	07 Aug 1899	4:153
Meagher, Thomas	05 Oct 1874	1:282
Meagler, David	05 Nov 1905	5:154
Meajarsky, Stanislaf	10 Nov 1907	5:159
Mealey, Erdun	10 Dec 1896	4:147
Meandon, Margaret	25 Jul 1907	5:157
Meaney, Catherine	13 Jan 1901	4:155
Means, James A.	19 May 1903	4:161
Meany, John	21 Apr 1881	1:298
Meanz, William	11 Apr 1882	1:158
Mear, Rose	11 Aug 1896	4:147
Mears, Isaac P.	06 Dec 1908	5:161
Mears, Mary E.	18 Apr 1887	2:125
Meayz, Julia	10 Mar 1884	1:162
Mechen, John	05 May 1880	1:298
Mechens, Lettie	24 Oct 1904	5:151
Mechler, Anna M.	12 Nov 1896	4:147
Mechler, Eliza	02 Jun 1868	1:14
Mecnan, John M.	27 Nov 1896	4:147
Meden, Margruite	24 Aug 1907	5:158
Medon, d/o Chas.	28 Jul 1904	5:151
Medon, d/o Chas.	28 Jul 1904	5:151
Meed, Jessie	19 May 1901	4:157
Meeker, Anna	02 Dec 1903	4:162
Meeker, Mary L.	01 Aug 1892	2:133
Meens, Nettie	21 Feb 1903	4:159
Meesner, Geo. C.	Apr 1899	4:152
Mefford, George	27 Sep 1891	2:131
Megea, Blanch	21 Nov 1893	3:137
Meger, Leo	04 Dec 1898	4:150
Meggelt, Hattie	14 Feb 1904	4:162

NAME	DATE	V/P
Megnery, Fred	08 Dec 1908	5:162
Mego, Loa	01 Apr 1881	1:158
Mehramann, Philip	06 Aug 1902	4:158
Mehren, Susan M.	24 Mar 1903	4:158
Mehrman, Agnes	05 Dec 1890	2:129
Mehrman, Catherine	10 Aug 1893	3:138
Meidt, Susan	10 Apr 1891	2:132
Meier, Adolph	20 Jul 1889	2:127
Meier, August	09 Aug 1907	5:160
Meier, Caroline	19 Sep 1889	2:127
Meier, Caroline	20 Mar 1886	2:121
Meier, Dora	05 May 1893	3:137
Meier, Edmund	06 Nov 1906	5:157
Meier, Geo.	09 Sep 1908	5:162
Meier, George J.	02 Feb 1891	2:128
Meier, Infant	07 Jun 1892	2:133
Meier, John	07 Jan 1879	1:294
Meier, John	26 Nov 1904	5:150
Meier, Kate	20 Mar 1881	1:158
Meiers, Anenetta	01 Sep 1870	1:274
Meiers, Edward A.	20 Sep 1902	4:158
Meilink, Mary A.	09 Dec 1902	4:157
Meilink, Mary E.	14 Oct 1868	1:24
Meilke, William Earl	27 Mar 1907	5:160
Meily, Inf/o R.	02 Nov 1875	1:286
Meinan, Lizzie	31 Jun 1885	2:120
Meinen, Arndt	09 Nov 1902	4:159
Meinen, Arthur George	24 Feb 1902	4:156
Meinen, Cord F.	16 Sep 1890	2:129
Meinen, Jennie	16 Oct 1901	4:156
Meinen, Margaret	10 Jan 1899	4:150
Meinert, Anna	08 Aug 1889	2:128
Meinert, J., Mrs.	21 Dec 1885	2:121
Meinert, Marie	01 Aug 1906	5:156
Meinert, Otto	19 Oct 1893	3:138
Meining, Elizabeth	11 Apr 1887	2:125
Meins, Anna	04 Oct 1869	1:56
Meir, Bertha	10 Jun 1891	2:130
Meir, Charlie Herman	05 Jun 1891	2:130
Meir, Louisa	09 Jun 1891	2:130
Meir, Mary	10 Oct 1882	1:160
Meiring, John	02 Aug 1875	1:286
Meiring, Joseph	05 Oct 1883	1:160
Meiring, Louisa	26 Feb 1900	4:152
Meiring, Martha	14 Sep 1897	4:148
Meis, Henry	21 Sep 1871	1:276
Meise, Joseph	1872	1:278
Meisler, Sarah	15 Mar 1898	4:149
Meisner, Chas.	07 Aug 1896	4:147
Meisner, Hammond	27 Mar 1869	1:34
Meisner, Minnie	11 Aug 1900	4:155
Meissner, Christine	12 Jul 1875	1:286
Meissner, Geo.	01 Apr 1887	2:123
Meissner, Geo. M.	01 Apr 1887	2:125
Meissner, Gustov Wolf	08 Jul 1890	2:130
Meissner, Rudolph	30 Aug 1900	4:155
Meister, August M.	11 Aug 1888	2:126
Meister, Carl	17 Mar 1890	2:128
Meister, Cathrine	14 Jan 1891	2:128
Meister, Charles	28 May 1897	4:149
Meister, Christian	05 Nov 1902	4:160
Meister, Daniel	08 Feb 1901	4:154
Meister, Ellen Mary	09 Mar 1881	1:298
Meister, George	10 May 1889	2:127
Meister, George	12 Jul 1880	1:298
Meister, George	28 Mar 1898	4:149
Meister, George	15 Jun 1908	5:161
Meister, Mary	17 Aug 1908	5:162
Meitzinger, Christ	05 Jul 1902	4:158
Meixner, George	26 Sep 1886	2:123
Meko, Chas.	11 Aug 1896	4:147
Meko, Lizzie	07 Dec 1875	1:286
Melcher, Ann	04 Feb 1889	2:126
Melcher, Frank Joseph	06 Aug 1883	1:162
Melchers, Herbert E.	22 Jan 1890	2:127
Melchior, Ethel May	18 Jun 1897	4:148
Melchoir, Henry	01 Feb 1897	4:147
Melchoir, s/o C.M.	27 Dec 1886	2:122
Melchor, Margaret	24 Jul 1903	4:160
Melczak, Ludwig	19 Mar 1905	5:151
Melin, John	17 Sep 1905	5:154
Melkie, Edna	29 Feb 1893	2:133
Mellen, Joseph	09 Apr 1901	4:157
Meller, Lolla J.	21 Feb 1873	1:282
Melley, Ann	23 Sep 1874	1:282
Melley, Edward	04 Dec 1887	2:124
Mellon, Edna	21 Nov 1890	2:129
Mellsman, Minnie	06 Jan 1906	5:153
Melonon, Pauline	17 Aug 1903	4:162
Melsar, Daniel W.	24 Feb 1907	5:155
Meltz, Frederick	11 Feb 1877	1:288
Melvin, Florence	28 Feb 1893	2:132
Memminger, Adolphi	24 Jul 1885	2:121
Menart, John	15 Jan 1894	3:138
Menay, Michael	03 Mar 1898	4:149
Mendenhall, Jule	11 Aug 1868	1:18
Mene, Henry	14 Jan 1884	1:162
Menereck, Catherine	24 May 1884	1:162
Meners, Einter	02 Feb 1871	1:276
Meng, John	12 Jan 1907	5:155
Meng, Rosina	07 May 1869	1:50
Menhenick, Lydia	09 Feb 1907	5:157
Menke, Aggie	05 Apr 1887	2:125
Menke, Augusta	22 Mar 1890	2:127
Menkennich, Sarah M.	24 Jul 1892	2:132
Mennen, Henry	11 Jul 1891	2:130
Menschreck, Fred	13 Feb 1890	2:129
Mensing, Frank	25 Mar 1872	1:276
Mensing, Henry	28 Jan 1897	4:147
Mentan, Benjamin	30 Dec 1891	
Mentchfer, Leland*	15 Jan 1880	1:298
Mentinzmeyer, M.A.	21 Nov 1892	2:132
Menton, Thos.	29 Aug 1888	2:125
Mentz, Anna	05 Feb 1889	2:127
Menzel, Joe.	14 Nov 1868	1:26
Menzel, John	02 Jul 1873	1:288
Menzell, Benj'n	07 ---	2:128
Merce, Johanna	07 Apr 1894	3:139
Mercer, Maud	06 Sep 1888	2:126
Mercereau, Cornelius J.	22 Aug 1877	1:288
Mercereau, Elmer E.	23 Aug 1907	5:159
Mercereau, Otis C.	18 Jul 1904	5:151
Merchant, Clarissa		

175

NAME	DATE	V/P
Merchant, Jackson	21 Jun 1899	4:153
Merdeth, Charlotte	12 May 1901	4:156
Meredith, Elizabeth	10 May 1908	5:163
Meredith, Lemuel	18 Feb 1908	5:163
Meredith, Patrick	25 Jan 1878	1:292
Merel, Jean M.	03 Nov 1897	4:149
Merell, Sarah	16 Jun 1904	5:151
Mereneth, Frank	11 Aug 1881	1:158
Mereneth, Libbie	11 Aug 1881	1:158
Meric, Elsie	11 Feb 1908	5:161
Merichael, Ida	08 Mar 1874	1:282
Merichal, Anthony	05 May 1895	3:141
Merickel, Florence	09 Nov 1881	1:158
Merickel, Frank	09 Feb 1905	5:150
Merickel, Richard	20 Aug 1906	5:155
Merickel, s/o Henry	05 Aug 1908	5:162
Merickle, Bernard	28 Jul 1895	3:140
Mericol, Unknown	13 Nov 1876	1:288
Merikal, Lorina	29 Jun 1880	1:300
Merikel, Carl	Jul 1886	2:123
Merikel, Charles	07 Jul 1875	1:286
Merikel, Edward	09 Apr 1884	2:120
Merikel, John C.	23 May ---	4:160
Merin, Henrietta	23 Dec 1898	4:150
Merk, Joseph	02 Dec 1904	5:151
Merker, Julius E.	22 Sep 1873	1:280
Merl, Joseph	18 Feb 1898	4:149
Merlan, Robert	16 Dec 1899	4:153
Merrell, Marian	23 Jul 1886	2:122
Merrell, Thomas S.	16 Oct 1895	3:141
Merrett, Wm. A.	09 Dec 1879	1:296
Merriam, Anna	04 Feb 1891	2:130
Merrickel, Edward	09 Apr 1884	2:120
Merrickle, Chas. A.	01 Mar 1899	4:150
Merricle, Frank	13 Dec 1870	1:274
Merrill, Alpha	25 Jan 1894	3:137
Merrill, B.F.	14 Oct 1898	4:151
Merrill, Chauncey	05 Dec 1878	1:294
Merrill, Edgar M.	25 Apr 1908	5:162
Merrill, Frank W.	15 Jul 1891	2:131
Merrill, Geo. P.	13 Jul 1885	2:121
Merrill, George A.	22 Nov 1884	2:120
Merrill, George W.	24 Jul 1897	4:149
Merrill, Helen	12 Jul 1893	3:138
Merrill, John M.	14 Jul 1908	5:161
Merrill, Joseph H.	09 Nov 1890	2:129
Merrill, M.F., Mrs.	16 May 1899	4:153
Merrill, Mary	02 Jan 1876	1:286
Merrill, Mary	09 Mar 1884	1:162
Merrill, Nanca	08 Feb 1894	3:137
Merrill, Orpha P.	17 Dec 1884	2:120
Merrill, Sophia	12 Jun 1895	3:141
Merrill, Thomas H.	04 Dec 1898	4:150
Merriman, Ira S.	20 Jan 1903	4:159
Merriman, William	11 Sep 1908	5:161
Merriman, Wm.	06 Jul 1902	4:158
Merriss, Asenath	26 Oct 1896	4:147
Merritt, Elizabeth	08 Dec 1895	3:140
Merritt, Liziah	30 Apr 1908	5:161
Merritt, Mary A.	08 Dec 1908	5:163
Merritt, Thos.	28 Mar 1868	1:12
Merry, Jacob	05 Oct 1878	1:294
Merryweather, Mary	04 Nov 1896	4:147
Merser, Valmere	02 Dec 1900	4:155
Merseveau, Grace M.	06 Jun 1872	1:280
Mersing, Adrian	17 Feb 1904	4:161
Mersing, Francis	07 Aug 1874	1:282
Mersing, Mary	10 Nov 1885	2:121
Mersing, Mary	20 Jul 1881	1:158
Mersing, Mary	01 Jul 1893	3:137
Mertz, Aloyisus	06 Jul 1888	2:126
Mertz, Elizabeth	07 Aug 1895	3:141
Mertz, Francis	01 Sep 1908	5:162
Mertz, Jacob	10 Feb 1890	2:127
Mertz, Jno. M.	28 Jun 1908	5:162
Mertz, Louis	06 Jul 1891	2:131
Mertz, Mary	22 Oct 1907	5:158
Mertz, Othelia	22 Jul 1868	1:18
Merving, Emelia	11 Feb 1869	1:30
Merx, Jacob	17 Feb 1869	1:2
Merx, Jacob	08 Feb 1908	5:160
Meschke, Adaline	05 Apr 1894	3:139
Meseck, Carl	25 Jul 1905	5:153
Mesier, Frank	28 Jul 1893	3:137
Mesmer, Barbara	01 Jun 1870	1:276
Mesner, Frank H.	19 Oct 1879	1:296
Messack, W.E.	Jan 1903	4:158
Messer, Aaron	19 Feb 1872	1:278
Messer, ch/o James	21 Sep 1903	4:160
Messer, J.C.	28 Feb 1873	1:278
Messer, Johnny	26 Mar 1900	4:152
Messer, Mary B.	13 Apr 1886	2:123
Messing, Mary	25 Dec 1896	4:147
Messing, Mary	15 Aug 1887	2:125
Messinger, Katharine	14 Sep 1894	3:140
Messler, Leo	1872	1:278
Messon, Thomas	10 Jul 1880	1:298
Mestle, Inf/o Michael	28 May 1884	2:120
Metcalf, Wm. H.	05 Dec 1907	5:158
Metler, J.D.	25 Nov 1892	2:132
Metly, s/o Thomas	08 Nov 1892	2:132
Metoiye, John	07 Sep 1880	1:298
Metta, Eva	04 Dec 1908	5:160
Mettie, Arthur Thomas	12 Mar 1892	2:131
Mettle, Andrew	25 May 1890	2:130
Mettler, Ella C.	05 Jan 1879	1:294
Mettler, Ella V.	08 Feb 1886	2:121
Mettler, Flora	20 Oct 1886	2:122
Mettler, Frank	35 Jul 1908	5:162
Mettler, Martha	13 Apr 1900	4:154
Mettler, Mary Ann	1871	1:278
Metts, Jacob	17 Sep 1902	4:158
Metty, Isaac	15 Nov 1886	2:124
Metz, Henry	09 Nov 1906	5:155
Metzer, Jacob	26 Nov 1891	2:131
Metzgar, A. Mary	12 Mar 1901	4:156
Metzgar, Rachel	02 Mar 1891	2:128
Metzger, Andrew	10 Nov 1908	5:161
Metzger, Barbara	22 Oct 1869	1:56
Metzger, Charles	13 Jul 1908	5:161
Metzger, Christina	20 Aug 1887	2:124
Metzger, Clarence J.	13 Jun 1887	2:124
Metzger, Elliott		

NAME	DATE	V/P	NAME	DATE	V/P
Metzger, Emadie W.	17 Dec 1897	4:149	Meyer, John	15 Feb 1903	4:159
Metzger, Frank	07 Sep 1900	4:154	Meyer, John	26 Sep 1899	4:152
Metzger, Hattie A.	06 Jun 1886	2:123	Meyer, John	30 Oct 1899	4:152
Metzger, Ida	02 Mar 1894	3:137	Meyer, Joseph	25 Sep 1905	5:153
Metzger, Irene M.	22 Nov 1892	2:132	Meyer, Joseph	28 Nov 1896	4:148
Metzger, James	09 Nov 1885	2:212	Meyer, Joseph	Oct 1898	4:151
Metzger, James	28 Mar 1885	2:120	Meyer, Leona M.	Sep 1898	4:151
Metzger, Jos. A.L.	08 May 1901	4:157	Meyer, Louis	20 Jan 1868	1:8
Metzger, Joseph	13 Oct 1907	5:160	Meyer, Louise	25 Mar 1890	2:127
Metzger, Joseph	13 Oct 1907	5:159	Meyer, Margaret	09 Aug 1878	1:294
Metzger, Julia	31 Jan 1898	4:148	Meyer, Margaret	15 Mar 1888	2:124
Metzger, Katherine	09 Jan 1902	4:156	Meyer, Margerett E.	10 May 1890	2:129
Metzger, Lelah T.	20 Jan 1894	3:137	Meyer, Mary	12 Aug 1870	1:276
Metzger, Louis	04 Apr 1889	2:126	Meyer, Mary J.	16 Jul 1887	2:125
Metzger, Louisa	03 Sep 1888	2:125	Meyer, Matilda	08 May 1888	2:125
Metzger, M. Catherine	10 Jan 1902	4:157	Meyer, Nit	11 May 1880	1:300
Metzger, Martha	09 Feb 1908	5:158	Meyer, Paulene	Jul 1877	1:290
Metzger, Millie	24 Dec 1907	5:157	Meyer, Pauline	06 Mar 1894	3:137
Metzger, Nicklas	20 Oct 1897	4:148	Meyer, Rapheal	29 May 1876	1:288
Metzger, Peter	09 Jun 1888	2:126	Meyer, s/o Henry	11 Feb 1892	2:130
Metzger, Solomon	07 May 1898	4:151	Meyer, s/o Joseph	09 Dec 1899	4:152
Metzger, William	07 Apr 1888	2:126	Meyer, Ursula	22 Feb 1900	4:153
Metzger, William	31 Aug 1902	4:158	Meyer, Valentine	15 Mar 1892	2:131
Mewheinck, Henry	14 Apr 1869	1:50	Meyer, Valentinia	06 Mar 1891	2:129
Meyer, Agatha	11 May 1902	4:159	Meyer, William J.	15 Dec 1899	4:152
Meyer, Alexander	24 Jan 1903	4:160	Meyer, Willie	10 Jul 1882	1:160
Meyer, Alfred	01 Apr 1886	2:122	Meyers, Ada A.	25 Nov 1895	3:140
Meyer, Anna	05 Jul 1897	4:149	Meyers, Agnes M.	17 Jan 1891	2:130
Meyer, Anna Maria	09 Aug 1880	1:300	Meyers, Alice C.	05 Feb 1888	2:124
Meyer, B.	18 Feb 1868	1:10	Meyers, Amelia C.	22 Mar 1891	2:130
Meyer, Burnett William	21 Oct 1893	3:138	Meyers, Anna	29 Apr 1908	5:161
Meyer, C.H.	04 Sep 1899	4:152	Meyers, Annie	15 Jul 1886	2:123
Meyer, Chas. H.	30 Dec 1898	4:150	Meyers, Annie M.	14 Sep 1886	2:123
Meyer, Clara	24 Oct 1902	4:160	Meyers, Arnold	13 Sep 1900	4:154
Meyer, Clarence	25 Sep 1898	4:151	Meyers, Arthur	11 Jan 1902	4:157
Meyer, Clarence Henry	07 Mar 1889	2:126	Meyers, Barbara	15 Aug 1907	5:157
Meyer, Conrad	23 Jul 1882	1:160	Meyers, Bertha	05 Aug 1906	5:156
Meyer, Conrad J.	25 Sep 1898	4:151	Meyers, C.M.	15 Sep 1905	5:153
Meyer, Dewey O.	27 Aug 1900	4:153	Meyers, Charles	01 Feb 1906	5:153
Meyer, Dora	26 Mar 1874	1:280	Meyers, Clarence E.	07 May 1893	3:138
Meyer, Dora	30 Aug 1880	1:298	Meyers, Eleanora	28 Feb 1902	4:157
Meyer, Edward	20 Sep 1902	4:158	Meyers, Elizabeth	03 May 1906	5:156
Meyer, Edward J.	25 Mar 1888	2:124	Meyers, Elizabeth	Jan 1887	2:123
Meyer, Elizabeth	29 Nov 1891	2:131	Meyers, Elmer B.	07 Feb 1891	2:130
Meyer, Esther	18 Nov 1907	5:160	Meyers, Evelyn L.	13 Apr 1908	5:161
Meyer, Eva T.	12 Aug 1893	3:137	Meyers, Frances	02 May 1873	1:280
Meyer, Frank	20 Jan 1889	2:126	Meyers, Frank	11 Mar 1889	2:126
Meyer, Frank	25 Dec 1888	2:126	Meyers, Fred	29 Nov 1887	2:125
Meyer, Frederick	01 Apr 1887	2:125	Meyers, Freda	16 Aug 1893	3:137
Meyer, Geo. F.	11 Nov 1889	2:127	Meyers, Fredrika	23 Oct 1891	2:131
Meyer, George	08 May 1881	1:300	Meyers, Geo. W.	06 Jan 1879	1:296
Meyer, Henry	07 Jul 1893	3:138	Meyers, Harvey M.	27 Jan 1875	1:282
Meyer, Henry	13 Aug 1903	4:162	Meyers, Henry	18 Aug 1883	1:160
Meyer, Henry	14 Sep 1896	4:148	Meyers, Henry	27 Jul 1903	4:161
Meyer, Henry	18 Feb 1907	5:156	Meyers, Henry W.	27 Oct 1890	2:130
Meyer, Henry	19 Oct 1890	2:129	Meyers, Herman H.	25 Feb 1903	4:159
Meyer, Henry F.	25 Jan 1869	1:30	Meyers, John	03 Sep 1899	4:152
Meyer, Herman	11 Feb 1896	3:141	Meyers, John	17 Jul 1907	5:159
Meyer, Herman	25 Feb 1903	4:158	Meyers, John	18 Oct 1890	2:128
Meyer, Jacob	04 Oct 1868	1:24	Meyers, John	30 Oct 1906	5:157
Meyer, Jno.	17 May 1901	4:157	Meyers, John Frederick	22 May 1898	4:150

NAME	DATE	V/P
Meyers, Lizzie	24 Oct 1889	2:127
Meyers, Loretta	14 Oct 1901	4:157
Meyers, Luca	02 Jun 1905	5:153
Meyers, Mary	20 Jul 1888	2:126
Meyers, Mary	31 Jan 1887	2:123
Meyers, Mary E.	19 Jun 1887	2:125
Meyers, Michald	01 Feb 1878	1:290
Meyers, Michald	Feb 1878	1:290
Meyers, Robert S.	24 Dec 1900	4:155
Meyers, Rosa	08 Jan 1878	1:290
Meyghring, Mena	17 Sep 1869	1:54
Meyr, Mary Keller	06 Apr 1892	2:132
Meyres, Mary	11 Jan 1907	5:156
Mezer, John	14 Oct 1900	4:154
Mezger, Casper	05 Dec 1904	5:151
Miackie, s/o Anthony	06 Jan 1895	3:139
Miaski, d/o Toney	15 Sep 1899	4:152
Micco, Willy	13 May 1890	2:129
Michacski, Slanislaus	21 Sep 1894	3:140
Michael, F., Mrs.	28 Jul 1907	5:158
Michael, Florence	24 Feb 1903	4:158
Michael, Jessie	03 Mar 1906	5:154
Michael, Joseph	26 Nov 1886	2:122
Michael, Mary	21 Oct 1904	5:152
Michaels, Anna Mary	23 Feb 1908	5:157
Michaels, Clara	24 Mar 1891	2:129
Michaels, Emra	07 Jan 1896	3:142
Michalak, Eva	12 Nov 1903	4:160
Michalak, Irvine	26 Oct 1902	4:158
Michalak, Maggie	13 Jan 1900	4:153
Michalak, Mary	23 Aug 1895	3:140
Michalak, Walentine	25 Mar 1903	4:158
Michaleck, Catherine	22 Nov 1895	3:140
Michalet, d/o Louis	06 Sep 1904	5:151
Michalet, Martha	06 Sep 1904	5:151
Michalski, Frank	28 Jul 1906	5:155
Michalski, Katarina	07 Aug 1892	2:133
Michalski, Mareyanna	22 Sep 1906	5:156
Micham, Charles	22 Jul 1884	2:120
Micham, Chauncey	30 Jul 1893	3:137
Micham, Clifford	10 Aug 1906	5:155
Micham, Isadora Agatha	03 Dec 1898	4:150
Micham, Jeremiah	23 Sep 1898	4:150
Micham, Riley	04 Nov 1906	5:156
Micham, Riley	06 Nov 1906	5:155
Micham, Warren	12 Oct 1905	5:154
Michatak, Annie	04 Oct 1908	5:161
Michel, Ricca	13 Aug 1895	3:141
Michelson, Jessie	24 Jul 1906	5:157
Micholak, Antonina	02 Oct 1908	5:161
Micholski, Ludwig	15 Nov 1893	3:138
Mickens, Fanny	21 Dec 1897	4:149
Mickens, James	07 Jan 1899	4:150
Mickens, James	22 Dec 1887	2:124
Mickens, Peter	03 Sep 1908	5:163
Mickens, Walter	25 Aug 1888	2:125
Miclazarek, Clara	21 Dec 1904	5:151
Micoff, Mike	18 Nov 1907	5:159
Middle, Theresia	29 Apr 1906	5:156
Middleton, Mary A.	03 Dec 1902	4:160
Midlam, Jennie Agusta	17 Nov 1893	3:138
Midman, Albert	16 Sep 1886	2:123
Midt, Christina	05 Aug 1892	2:132
Mieaski, Stanislaus	Jan 1891	2:129
Miechalski, Baven	10 Jul 1896	4:147
Mielecrek, John	03 Aug 1897	4:149
Mielke, Lena	29 Aug 1904	5:152
Mieroski, Ignatiuss	24 Feb 1891	2:129
Miers, Isaac	20 Feb 1873	1:280
Miers, Willie	08 Feb 1895	3:139
Mignerey, Louis	19 Jan 1902	4:156
Mignery, Earver	30 Jun 1908	5:162
Mihaeki, Frank	19 Sep 1893	3:138
Mikalek, Staney	19 Sep 1894	3:139
Mikesell, Anna M.	11 Feb 1904	4:160
Miko, Wm.	25 May 1903	4:161
Mikula, Lizzie	10 Oct 1900	4:154
Milam, Inf/o George F.	02 Jul 1901	4:156
Milbert, Wm.	23 Mar 1901	4:155
Milbery, William	09 Nov 1902	4:159
Milburn, Nina	28 Dec 1889	2:128
Milchel, Catharine	31 Jan 1898	4:148
Mildred, Ethell	06 Jul 1897	4:149
Mildred, Infant	17 Apr 1899	4:152
Milekowske, John M.	28 Dec 1894	3:139
Miles, David	21 May 1903	4:161
Miles, David W.	22 May 1903	4:161
Miles, Elvy	08 Mar 1874	1:280
Miles, Harry	20 Mar 1870	1:58
Miles, Hattie	02 Jun 1880	1:300
Miles, Joshua	28 Jan 1898	4:148
Miles, Julia	18 Oct 1899	4:153
Miles, Myrtle L.	29 Nov 1890	2:129
Miles, Sarah	29 Mar 1872	1:276
Miles, Sarah M.	23 Aug 1871	1:276
Miles, William	13 Aug 1881	1:158
Miles, Wm.	11 Jun 1885	2:121
Millan, August	28 Feb 1881	1:300
Millan, August	28 Feb 1882	1:158
Millard, Henry	11 Sep 1892	2:132
Millard, Irwin I.	25 Dec 1907	5:158
Millard, Jessie C.	28 Jan 1894	3:137
Millard, Mary Catherine	25 Jun 1894	3:139
Millatte, Apoline	21 Apr 1885	2:121
Millenbasher, Ch.	17 Jul 1893	3:138
Miller, Abraham	02 Aug 1904	5:150
Miller, Abraham	23 May 1895	3:141
Miller, Abram	01 Oct 1877	1:288
Miller, Adaline	03 Dec 1900	4:154
Miller, Albert J.	27 Aug 1887	2:124
Miller, Alfred	04 Feb 1904	4:161
Miller, Amanda	02 Mar 1903	4:159
Miller, Ambro C	23 Feb 1893	2:133
Miller, Amelia	16 Sep 1895	3:141
Miller, Andrew	29 Aug 1903	4:161
Miller, Anga. Amanda	11 Apr 1892	2:132
Miller, Ann	25 Mar 1885	2:120
Miller, Anna	11 Apr 1892	1:294
Miller, Anna	25 Mar 1885	4:159
Miller, Anna C.	11 Apr 1879	1:278
Miller, Annetta	11 Jul 1902	5:162
Miller, Arthur	23 Oct 1908	5:154

NAME	DATE	V/P	NAME	DATE	V/P
Miller, Arthur	30 Mar 1872	2:123	Miller, Emma	19 Apr 1893	3:138
Miller, Arthur B.	08 Jun 1869	1:54	Miller, Emma	20 Jul 1885	2:121
Miller, August	10 Apr 1891	2:129	Miller, Emma	26 Nov 1888	2:126
Miller, August	13 Dec 1903	4:162	Miller, Ervin Henry	08 Mar 1899	4:150
Miller, Barbara	15 Feb 1901	4:154	Miller, Ester	21 Jul 1901	4:157
Miller, Barbara	19 Oct 1875	1:284	Miller, Florence	26 May 1886	2:122
Miller, Barbara	24 Aug 1875	1:286	Miller, Francis Edgar	13 Jul 1883	1:162
Miller, Barbara	25 Nov 1908	5:161	Miller, Frank	09 May 1899	4:153
Miller, Barbary	15 Sep 1900	4:154	Miller, Frank H.	09 Dec 1885	2:121
Miller, Barney	27 Apr 1896	4:147	Miller, Frank J.	21 Aug 1907	5:159
Miller, Ben	29 Jun 1883	1:162	Miller, Fred	19 Jun 1884	2:120
Miller, Bernard	23 Oct 1891	2:131	Miller, Fred R.	15 Jan 1904	5:150
Miller, Bessie E.	14 Feb 1907	5:156	Miller, Freddie	21 Jan 1894	3:138
Miller, Byron Webber	12 Sep 1903	4:160	Miller, Fritz	23 Oct 1881	1:158
Miller, C.	21 Feb 1906	5:153	Miller, G.A.	29 Jul 1881	1:158
Miller, Carl	21 Feb 1906	5:154	Miller, Geo.	12 Apr 1888	2:125
Miller, Caroline	18 Jul 1868	1:16	Miller, George	07 Jul 1895	3:140
Miller, Caroline	19 Jan 1902	4:157	Miller, George	28 Jan 1899	4:150
Miller, Catharine	15 Dec 1871	1:276	Miller, George J.B.	05 Oct 1883	1:160
Miller, Catharine	20 Mar 1876	1:284	Miller, Gertrude	16 Aug 1877	1:290
Miller, Catherine	01 Dec 1904	5:152	Miller, Gertrude L.A.	14 Jun 1900	4:154
Miller, Catherine	17 Dec 1871	1:278	Miller, Gladys	20 Jan 1904	4:161
Miller, Catherine	28 Jul 1888	2:126	Miller, Grace	01 Oct 1908	5:162
Miller, ch/o A.C.	14 Sep 1868	1:22	Miller, Gracy	24 Mar 1889	2:125
Miller, ch/o C.	23 Jun 1877	1:288	Miller, Hanford E.	20 Nov 1881	1:300
Miller, Charles	02 Jul 1872	1:280	Miller, Hanna	24 Nov 1889	2:128
Miller, Charles	15 Nov 1906	5:156	Miller, Harriet L.	05 Jul 1870	1:274
Miller, Charles	16 Dec 1899	4:153	Miller, Harry	20 Dec 1903	4:161
Miller, Charles	21 Mar 1890	2:127	Miller, Hattie	04 Nov 1888	2:125
Miller, Chas.	15 Jul 1899	4:152	Miller, Hazel	15 Nov 1891	2:130
Miller, Christ	05 Aug 1893	3:138	Miller, Helen	21 Jan 1904	4:162
Miller, Christ	18 Aug 1899	4:153	Miller, Helena	20 Jan 1906	5:154
Miller, Christ	25 Aug 1881	1:158	Miller, Hellena	09 Jan 1890	2:130
Miller, Christ E.	03 Aug 1907	5:160	Miller, Helmuth	25 May 1901	4:156
Miller, Christian	01 Dec 1886	2:124	Miller, Henry	01 Sep 1906	5:157
Miller, Christopher	14 Apr 1899	4:151	Miller, Henry	01 Sep 1906	4:162
Miller, Clara	07 Jan 1881	1:298	Miller, Henry	09 Mar 1907	5:154
Miller, Clara	18 May 1900	4:155	Miller, Henry	13 Jan 1904	4:161
Miller, Clara	30 Oct 1904	5:151	Miller, Henry	22 Jul 1905	5:154
Miller, Clifford C.	15 Sep 1894	3:139	Miller, Henry	26 Mar 1882	1:158
Miller, Daniel	01 Sep 1902	4:157	Miller, Henry	29 Aug 1880	1:298
Miller, David	01 Nov 1904	5:151	Miller, Henry W.	02 Dec 1873	1:280
Miller, David	02 Dec 1890	2:129	Miller, Ida	15 Jan 1895	3:139
Miller, Delelah	08 Jul 1867	1:4	Miller, Ignatius	10 Mar 1878	1:290
Miller, Dora	28 Aug 1883	1:162	Miller, Inf/o Adolph	06 Nov 1891	2:132
Miller, E.B., Mrs.	09 Aug 1905	5:153	Miller, Inf/o Chas.	21 Feb 1869	1:32
Miller, Edan	02 Aug 1876	1:288	Miller, Inf/o Fred	30 Sep 1887	2:124
Miller, Edd.	11 Nov 1883	1:160	Miller, Inf/o Wm.	12 Jan 1868	1:8
Miller, Edward Phillip	29 Sep 1904	5:150	Miller, Infant	Sep 1881	1:158
Miller, Effie May	29 Feb 1888	2:124	Miller, Jacob	04 Oct 1900	4:153
Miller, Eleanor	29 Oct 1904	5:150	Miller, Jacob	06 Apr 1869	1:42
Miller, Elgin	15 Aug 1903	4:161	Miller, Jacob	09 Mar 1902	4:156
Miller, Elizabeth	07 Sep 1885	2:122	Miller, Jacob	14 Jul 1894	3:139
Miller, Elizabeth	28 May 1869	1:48	Miller, Jacob Adam	06 Apr 1886	2:121
Miller, Eliz'th M.	15 Jul 1878	1:292	Miller, Jacob F.	05 Mar 1886	2:122
Miller, Elmer	22 Jan 1900	4:153	Miller, Jacob Fredrick	22 May 1903	2:128
Miller, Elsie E.	26 Jul 1907	5:158	Miller, James	14 Jul 1908	5:162
Miller, Emelia	26 Dec 1897	4:149	Miller, James	21 Oct 1906	5:157
Miller, Emily	16 Feb 1878	1:290	Miller, James	28 Apr 1901	4:157
Miller, Emma	05 Jun 1883	1:162	Miller, Jas. McDowel	01 Jan 1887	2:123
Miller, Emma	06 Sep 1892	2:132	Miller, Jasper K.	05 Apr 1907	5:159

NAME	DATE	V/P
Miller, Jedadiah	12 Dec 1881	1:300
Miller, Jennie	17 Dec 1904	5:152
Miller, Jennie	17 Oct 1900	4:154
Miller, Joe	03 Jun 1883	1:162
Miller, John	06 Jul 1870	1:274
Miller, John	06 Sep 1871	1:278
Miller, John	07 Mar 1876	1:286
Miller, John	10 Feb 1900	4:152
Miller, John	13 Sep 1885	2:121
Miller, John	14 Sep 1884	2:120
Miller, John	17 Mar 1898	4:150
Miller, John	18 Jul 1870	1:274
Miller, John	23 Jan 1903	4:159
Miller, John	29 Jul 1885	2:121
Miller, John C.	02 Jul 1903	4:161
Miller, John G.	01 Aug 1878	1:294
Miller, John G.	24 Jul 1879	1:296
Miller, John H.	08 Feb 1891	2:130
Miller, John J.	01 Sep 1893	3:138
Miller, John J.	21 Jul 1883	1:160
Miller, John Thadius	20 Jun 1898	4:150
Miller, Joseph	05 Aug 1881	1:300
Miller, Joseph	10 Feb 1869	1:58
Miller, Joseph	23 Jun 1888	2:125
Miller, Joseph	25 Sep 1877	1:290
Miller, Josie	05 Apr 1890	2:129
Miller, Julia	13 Dec 1907	4:149
Miller, Julia A.	28 Sep 1879	1:294
Miller, Katy	10 Mar 1887	2:122
Miller, L.P.	17 Dec 1906	5:155
Miller, Lawrence	14 Jul 1881	1:158
Miller, Lawrence G.	16 Aug 1893	3:137
Miller, Lena	30 Sep 1887	2:124
Miller, Leroy	12 Nov 1889	2:127
Miller, Lester	09 Jul 1901	4:157
Miller, Lewis	13 Mar 1908	5:160
Miller, Lilian Ruth	21 Oct 1894	3:139
Miller, Lillie	07 Feb 1876	1:284
Miller, Lottie	27 Apr 1899	4:153
Miller, Lucretia J.	21 May 1899	4:153
Miller, Lydia	12 Dec 1870	1:274
Miller, Magdaline	18 Mar 1903	4:159
Miller, Mame	17 Jun 1890	2:130
Miller, Margret	06 Jan 1907	5:154
Miller, Marguerite	09 Oct 1904	5:152
Miller, Maria Wilhelmine	18 Dec 1892	2:133
Miller, Marion	18 May 1908	5:162
Miller, Martha	30 Sep 1890	2:129
Miller, Martha C.	26 Aug 1876	1:288
Miller, Martha D.	04 May 1890	2:129
Miller, Martha E.	17 Oct 1900	4:155
Miller, Marx	29 Mar 1872	1:276
Miller, Mary	03 Mar 1907	5:156
Miller, Mary	06 Jan 1907	5:156
Miller, Mary	06 Nov 1880	1:298
Miller, Mary	10 Mar 1876	1:286
Miller, Mary	21 Feb 1886	2:123
Miller, Mary	21 Mar 1901	4:156
Miller, Mary	Jun 1885	2:122
Miller, Mary A.	08 Jul 1880	1:298
Miller, Mary Anna	11 Jan 1905	5:150
Miller, Mary C.	28 Aug 1876	1:288
Miller, Mary D.	30 Aug 1879	1:296
Miller, Mary J.	12 Mar 1904	4:162
Miller, Max	24 Oct 1889	2:128
Miller, McConnell	20 Aug 1897	4:148
Miller, Melchard	29 Jun 1903	4:160
Miller, Michael	03 Sep 1900	4:155
Miller, Minnie	19 Nov 1904	5:152
Miller, Minnie	26 Apr 1884	2:120
Miller, Nancy	20 Jul 1893	3:137
Miller, Nellie M.	18 Mar 1888	2:125
Miller, Nicholas	10 Feb 1883	1:160
Miller, Noel	13 Oct 1900	4:155
Miller, Norman A.	10 Jun 1895	3:141
Miller, Onah	21 Feb 1906	5:152
Miller, Otto	03 Jul 1888	2:127
Miller, Perry	21 Aug 1902	4:159
Miller, Peter	07 Oct 1907	5:156
Miller, Peter	12 Mar 1901	4:154
Miller, Peter	29 May 1874	1:282
Miller, Peter	31 Aug 1887	2:125
Miller, Petter	01 Dec 1890	2:130
Miller, Rebecca	27 May 1883	1:162
Miller, Rosa	20 Apr 1884	1:160
Miller, Rudolph Robert	11 Jun 1908	5:161
Miller, Ruth Louise	13 Feb 1905	5:151
Miller, s/o Casper	10 Mar 1890	2:128
Miller, s/o George W.	28 Nov 1902	4:157
Miller, s/o L.N.	04 Feb 1885	2:120
Miller, Samuel	25 Jan 1903	4:160
Miller, Sarah A.	13 Feb 1893	2:132
Miller, Scott	05 Jul 1900	4:155
Miller, Sophia	15 Dec 1907	5:159
Miller, Sophia	21 Oct 1898	4:150
Miller, Suba, Miss	23 Jul 1894	3:156
Miller, Susan	29 Apr 1900	4:155
Miller, Susan C.	28 Nov 1874	1:282
Miller, Susanna K.	26 Jul 1877	1:292
Miller, Theressa	05 May 1904	5:150
Miller, Thomas, Jr.	22 Apr 1884	2:120
Miller, Trevor B.	16 Jul 1908	5:162
Miller, Unknown	1871	1:278
Miller, Vemont	23 Jan 1896	3:141
Miller, Verta	15 Jan 1896	3:141
Miller, William	08 Dec 1894	3:140
Miller, William	19 Sep 1885	2:122
Miller, William	25 Oct 1889	2:127
Miller, William	28 May 1888	2:126
Miller, William	May 1898	4:151
Milles, William A.	20 Mar 1885	2:120
Millet, Joseph L.	08 Feb 1869	1:4
Millett, Sam'l, Jr.	18 Sep 1868	1:22
Millheisen, Andrew	24 Sep 1892	2:133
Milliffesky, Mary	03 Oct 1908	5:162
Milligan, Jno. A.	08 Feb 1901	4:156
Millinix, Geo. F.B.	25 Apr 1890	2:129
Millis, James	13 May 1895	3:142
Millmine, Frank B.	31 Oct 1868	1:26
Mills, Asenath	18 Mar 1882	1:300
Mills, B.F.	20 Dec 1902	4:158
Mills, Birdie Florence	04 May 1889	2:127

NAME	DATE	V/P	NAME	DATE	V/P
Mills, Chas. C.	24 Jan 1880	1:296	Minis, Wm. H.	16 Jul 1895	3:142
Mills, Clara	31 Aug 1908	5:162	Minkley, Julia	20 Feb 1890	2:127
Mills, Clarisz L.	13 Aug 1908	5:161	Minnech, Daniel	07 Jun 1893	3:137
Mills, Cyntha	21 Aug 1891	2:130	Minnecker, Edward	14 Sep 1907	5:158
Mills, David	04 Apr 1883	1:160	Minnecker, Hattie C.	06 Jun 1905	5:154
Mills, Dorias	30 Jun 1877	1:290	Minneker, Ernst L.	29 Nov 1887	2:124
Mills, Emily	23 Sep 1902	4:159	Minneker, Fred H.	13 Jun 1881	1:158
Mills, Fred Reuben	21 Aug 1873	1:280	Minneker, Mary M.	08 Mar 1889	2:126
Mills, Hannah	25 Jun 1897	4:148	Minneker, William H.	29 Aug 1883	1:162
Mills, Harriett	23 Jun 1907	5:159	Minniary, Howard	03 Nov 1896	4:148
Mills, Inf/o A.S.	17 Nov 1867	1:6	Minnick, David H.	18 Oct 1903	4:161
Mills, Inf/o A.S.	26 Aug 1868	1:20	Minnieker, Maria	21 Mar 1905	5:151
Mills, Jefferson C.	19 Mar 1880	1:296	Minnis, Joseph	10 Nov 1896	4:148
Mills, Joe	07 Aug 1900	4:154	Minnker, Ed. Wm.	14 Nov 1898	4:151
Mills, Kate	06 Sep 1893	3:137	Minsenmaier, Anna	13 May 1875	1:284
Mills, Lewis J.	14 Mar 1906	5:153	Minsick, Henry	10 Jan 1882	1:158
Mills, Mary	30 May 1899	4:152	Minta, Minnie	13 Aug 1868	1:42
Mills, s/o Charles	17 Jan 1902	4:157	Minuse, Ellen Eliza	10 Feb 1906	5:152
Mills, s/o Frank	30 Aug 1893	3:137	Minzenmayer, Margaret	05 Oct 1908	5:160
Mills, Sallie	20 Nov 1881	1:300	Minzenmeyer, Margaret	05 Oct 1908	5:161
Mills, Samuel	02 Feb 1905	5:152	Minzenmier, Frederick	15 Jul 1868	1:38
Mills, Sarah Jane	11 Feb 1880	1:296	Minzinmire, Joseph	08 Sep 1883	1:160
Milmine, Alexander	14 Feb 1893	2:132	Mireau, J.G.	11 Nov 1872	1:278
Milmine, Elizabeth C.	09 Feb 1896	3:141	Mireau, Winchester	16 Feb 1871	1:276
Milmine, Lucy J.	21 Feb 1889	2:126	Mirey, ch/o Geo.	19 Nov 1868	1:26
Milmine, Rob. N.	28 Jul 1891	2:130	Mirlink, Louise	03 May 1899	4:153
Milne, William	21 Feb 1896	3:141	Mirnig, Walter Louis	22 Aug 1899	4:152
Milne, Wm.	21 Feb 1896	4:147	Mischke, Charles	25 Jun 1907	5:160
Milner, John	14 Jun 1908	5:161	Mischler, Anthony	16 Oct 1900	4:154
Milosh, Lawrence Edward			Mischler, John A.	15 May 1896	4:147
	26 Aug 1906	5:155	Miscikaski, Edward	04 Nov 1899	4:150
Milow, Child	10 Jan 1878	1:292	Misczczykoski, Stanly	21 Aug 1897	4:149
Milow, Daniel	05 Jan 1878	1:292	Mishalski, Seyilie	15 Nov 1894	3:140
Milow, Wilfred	05 Jan 1878	1:292	Mishan, Frederick	---	1:282
Milski, Frank	19 Sep 1893	3:138	Mishnel, Fink	15 Oct 1867	1:4
Milton, Gertrude L.	11 Feb 1881	1:298	Miske, Fred	01 Aug 1906	5:156
Milton, William	09 Mar 1890	2:127	Misner, Mary	02 Dec 1878	1:292
Miltz, Clarence	12 May 1906	5:157	Misner, Ruth	03 Feb 1890	2:128
Milverstedt, Chris	16 Apr 1883	1:162	Missell, Geo.	08 Mar 1897	4:147
Minch, Wm. H.	22 Nov 1886	2:123	Missnis, Magdalma	30 Jan 1896	3:142
Mincofa, John	11 Jul 1893	3:138	Mitchel, A.B., Mrs.	22 Sep 1895	3:142
Minder, Sarah	26 Sep 1905	5:154	Mitchel, Anna	07 May 1891	2:131
Minehart, Edward	13 May 1905	5:153	Mitchel, C.A.M.	23 Mar 1881	1:300
Mineker, Ernst I.	14 Feb 1872	1:276	Mitchel, Chas. E.	20 Apr 1869	1:44
Mineker, Wm. John	04 Sep 1881	1:300	Mitchel, Fanny A.	11 Apr 1868	1:44
Miner, Christopher	Oct 1889	2:127	Mitchel, James	14 Apr 1902	4:159
Miner, Esther Pearl	29 Jul 1900	4:154	Mitchel, Mary A.	19 Apr 1869	1:44
Miner, George	03 Apr 1878	1:290	Mitchel, Wm. J.	25 Jun 1893	3:137
Miner, Hiram	19 Nov 1885	2:121	Mitchell, Belle Wh.	30 Jun 1877	1:292
Miner, Irene E.	29 Sep 1877	1:288	Mitchell, Dwight E.	21 Nov 1887	2:124
Miner, Nellie E.	05 May 1889	2:128	Mitchell, Edward	05 Jan 1875	1:282
Miner, Salmon	28 Nov 1889	2:127	Mitchell, Ellen	28 Jul 1887	2:125
Miner, Sarah	06 Sep 1875	1:284	Mitchell, Emma C.	22 Jul 1900	4:155
Miner, Stephen W.	08 Feb 1869	1:32	Mitchell, Florence	15 Jan 1885	2:120
Minerva, George	10 Sep 1873	1:282	Mitchell, J., Jr.	01 May 1901	4:154
Minga, Chas.	27 May 1892	2:133	Mitchell, James	01 May 1900	4:155
Minglecook, Magdelena	09 Mar 1904	4:160	Mitchell, James K.	03 Aug 1904	5:151
Minich, Eliza	19 Mar 1886	2:120	Mitchell, Jane	10 Dec 1904	5:151
Minick, Barbara	13 Jul 1870	1:274	Mitchell, John*	02 Jan 1883	
Minick, John	31 Dec 1880	1:298	Mitchell, Julius	06 Jun 1893	3:138
Minick, Michael	20 May 1900	4:155	Mitchell, Lyman J.	03 Apr 1901	4:156

NAME	DATE	V/P
Mitchell, Mary C.	23 Mar 1882	1:158
Mitchell, Mary L.	22 Dec 1900	4:155
Mitchell, Michael	26 Jan 1887	2:122
Mitchell, Reuben B.	10 May 1897	4:148
Mitchell, Sarah A.	02 Mar 1904	5:150
Mitchell, Thomas	27 Jun 1904	5:151
Mitchell, Walter Scott	10 May 1899	4:153
Mitchem, John	09 May 1871	1:276
Mitchem, M.R., Mrs.	12 Nov 1905	5:153
Mitler, Anna	15 Feb 1896	3:142
Mitler, Asa	15 Sep 1899	4:153
Mitsen, Charles	03 Oct 1881	1:158
Mitsen, Cora	09 Oct 1881	1:158
Mitshell, Florence	24 Feb 1903	4:158
Mitson, Robert	07 Apr 1890	2:128
Mittemein, Leonard	21 Sep 1898	4:151
Mittermeier, John	06 May 1896	4:147
Mittermier, Bartell	27 Nov 1890	2:129
Mittermier, Lena	02 Nov 1890	2:129
Mittz, Inf/o John	21 Jan 1869	1:30
Mitzger, Andrew F.	22 Jun 1885	2:121
Mixer, d/o Judson K.	16 Jul 1899	4:152
Mixer, Harriett Jane	08 Mar 1898	4:148
Mixer, Henry J.	20 Feb 1871	1:274
Mixer, Infant	04 Nov 1892	2:133
Mixer, James M., Jr.	24 Dec 1878	1:294
Mixter, Ray G.	22 Mar 1896	3:141
Mizer, Frank	19 Aug 1881	1:158
Mizery, Edward	27 Aug 1905	5:153
Mizner, M., Mrs.	16 Feb 1907	5:156
Mlynarck, Agnes	02 Feb 1908	5:159
Mlynarck, Helen	17 Sep 1899	4:153
Mlynarck, Jacob	28 Jun 1902	4:158
Mlynarek, Salemona	15 Apr 1899	4:153
Mnozynski, Felix	22 Jun 1888	2:127
Moan, Peater	03 Apr 1905	5:153
Mochkiowek, Wm.	06 Jul 1888	2:127
Moderwell, D.M.	06 Jun 1892	2:133
Modsegynski, Stannie	29 Jan 1904	4:160
Moe, William	15 Feb 1888	2:125
Moedinger, Caroline	11 Mar 1881	1:300
Moeller, Edna L.	05 Jun 1904	5:151
Moeller, Minnie	06 Nov 1897	4:149
Moening, Mary	03 Oct 1907	5:158
Moffitt, Effie May	14 Jul 1899	4:152
Moffitt, George N.	08 Oct 1874	1:282
Mohan, Arthur D.	10 Jan 1869	1:30
Moher, Louis	03 May 1902	4:160
Mohler, Alice	17 Apr 1898	4:151
Mohler, Frank	23 Nov 1896	4:147
Mohler, Inf/o Harry	11 Oct 1877	1:290
Mohler, Jacob	30 Aug 1900	4:155
Mohn, David A.	05 Mar 1898	4:149
Mohn, Inf/o Harry	09 Dec 1888	2:126
Mohn, John	14 Nov 1900	4:154
Mohoney, Thomas	31 Dec 1890	2:129
Mohr, Barbara	13 Sep 1882	1:162
Mohr, Charles	19 Nov 1880	1:298
Mohr, Charles	20 Nov 1874	1:282
Mohr, Edward	07 Aug 1894	3:139
Mohr, Elizabeth	05 Nov 1908	5:161
Mohr, Fred	22 Jul 1895	3:140
Mohr, Gotlieb	03 Oct 1906	5:156
Mohr, Grace	29 Oct 1889	2:128
Mohr, Isabelle	09 Nov 1895	3:140
Mohr, Joseph	04 Feb 1899	4:151
Mohr, Katie	11 Oct 1882	1:160
Mohr, Lara	17 Jul 1899	4:152
Mohr, Laura	28 Oct 1880	1:300
Mohr, Nellie	21 Apr 1894	3:140
Mohr, Nellie	22 Apr 1894	3:139
Mohr, William	04 Jul 1901	4:157
Mohr, William H.	03 Feb 1888	2:125
Mohren, Martin	01 Mar 1885	2:120
Molash, Peter	06 Apr 1885	2:121
Molhallen, Sam'l	24 Sep 1898	4:151
Molinski, Cycylia	07 Sep 1905	5:153
Molinski, Mochalina	27 Jan 1906	5:153
Moll, Caroline	15 Sep 1868	1:38
Moll, Catherine	01 Feb 1871	1:274
Moll, Sophia	13 Mar 1897	4:147
Moll, Wm. E.	09 Aug 1891	2:130
Mollenkopf, Jacob, Sr.	30 Oct 1902	4:160
Mollenkopf, Joseph	16 Jul 1887	2:125
Molleon, Marry Louisa	14 Apr 1908	5:162
Molley, George	14 Jan 1892	2:131
Molony, John	28 Nov 1893	3:138
Molosch, Victoria	09 Apr 1904	5:150
Molosh, Albert	20 Apr 1901	4:157
Molosh, Inf/o Peter	18 Mar 1871	1:274
Moloy, Mary	18 Mar 1884	1:162
Momany, John	30 Oct 1903	4:162
Momany, Louis Henry	01 Jun 1896	4:148
Momenee, Agnes	18 Nov 1906	5:156
Momenee, Fred	18 Mar 1894	3:137
Momenee, Freddie E.	13 Feb 1895	3:139
Momenee, Grover	31 Aug 1908	5:162
Momenee, Inf/o Toussaint	16 Aug 1890	2:128
Momenee, James	23 Sep 1898	4:149
Momenee, Margaretha	08 Dec 1875	1:284
Momenee, Samuel	08 Aug 1894	3:139
Momeny, Thos.	17 Mar 1875	1:282
Mominee, Amelia	10 Oct 1907	5:157
Mominee, Child	27 Oct 1878	1:292
Mominee, Clarence	28 Feb 1881	1:300
Mominee, Constance	26 Aug 1901	4:157
Mominee, Gilbert	04 May 1907	5:157
Mominee, Infant	12 Oct 1900	4:154
Mominee, J. Fred	11 Jun 1881	1:300
Mominee, John	01 May 1907	5:157
Mominee, Lambert D.	07 Feb 1881	1:298
Mominee, Levina	18 Sep 1907	5:157
Mominee, Louis	06 Mar 1889	2:126
Mominee, Victor	21 Jun 1896	4:147
Mominee, William Geo.	29 Oct 1876	1:288
Momniaa, Annis	23 Mar 1904	4:160
Mona, Florence	Jul 1891	2:129
Monagahon, Thomas	20 Oct 1894	3:139
Monahan, John	05 Apr 1868	1:12
Monahan, Lully	30 Sep 1888	2:125
Monahan, Raymond	04 Feb 1903	4:159
Monder, Wm.	15 Nov 1900	4:154

NAME	DATE	V/P	NAME	DATE	V/P
Monderscheid, Caroline	08 Jan 1902	4:159	Monto, Cecil L.	14 Feb 1907	5:157
Monderscheid, Chas. C.	05 Aug 1902	4:159	Montoe, Francis	08 Jan 1874	1:280
Moneghan, Ida	26 Oct 1906	5:157	Montrey, Matilda	26 Feb 1872	1:278
Monehan, John	01 Jan 1875	1:284	Montrie, Etta M.	30 Aug 1892	2:132
Monehan, Robert	31 Dec 1906	5:157	Montville, Clara	03 Oct 1893	3:137
Monen, Elizabeth	30 May 1904	5:152	Moody, Ambrose	22 Sep 1897	4:149
Moner, Eva	06 May 1902	4:157	Moody, John	05 Jan 1903	4:159
Mones, John J.	25 Jan 1882	1:158	Mooers, Nettie Adelia	21 Nov 1885	2:120
Monett, David	01 Sep 1885	2:122	Moog, C.F.	01 Apr 1900	4:153
Monett, Helen	20 Sep 1907	5:156	Moon, Alex Leroy	23 Sep 1899	4:152
Monette, Helene E.	11 Mar 1902	4:157	Moon, Alton	08 Oct 1886	2:123
Monette, Rose	27 Jan 1871	1:274	Moon, Angeline	24 Aug 1869	1:58
Money, James A.	22 Mar 1897	4:147	Moon, Chas. Royce	02 Sep 1898	4:151
Monger, Andrew	08 Nov 1906	5:155	Moon, Clarence J.	01 Aug 1906	5:157
Monk, Alice	10 Dec 1884	2:120	Moon, Daisy	14 Dec 1901	4:156
Monnelt, Claud	16 Feb 1904	4:161	Moon, Elmer	14 May 1891	2:131
Monnert, Frank	13 May 1892	2:133	Moon, Glinn	30 Oct 1890	2:129
Monnett, Clarence	02 Oct 1896	4:147	Moon, Harriet	04 Oct 1897	4:148
Monnett, Mary	16 Feb 1893	2:132	Moon, Hiram T.	24 Sep 1902	4:159
Monnette, Herman	17 Dec 1902	4:158	Moon, Lucy	10 Nov 1870	1:274
Monroe, Annie	23 Jul 1900	4:155	Moon, Thomas	03 Feb 1893	2:132
Monroe, Conrad M.	15 Dec 1870	1:274	Moon, William J.	Sep 1905	5:152
Monroe, David	29 Dec 1890	2:129	Mooney, Adleharle	14 Mar 1896	3:141
Monroe, Dora	08 Mar 1906	5:154	Mooney, Catharine	18 Dec 1895	3:140
Monroe, Edward	11 Mar 1873	1:278	Mooney, Clothilde P.	06 Dec 1900	4:155
Monroe, Elizabeth	04 Jan 1903	4:160	Mooney, Ella L.	03 Dec 1897	4:149
Monroe, Grace	18 Feb 1890	2:127	Mooney, James	07 Sep 1885	2:121
Monroe, Harvey Irvin	13 May 1893	3:137	Mooney, Kate	25 Dec 1895	3:140
Monroe, J. Wm.	08 Sep 1891	2:131	Moore, A.P., Mrs.	28 Jun 1884	1:162
Monroe, Lewis	17 Nov 1905	5:153	Moore, Alack	14 Jul 1873	1:280
Monroe, Margareth	13 Apr 1905	5:154	Moore, Albert	01 Jul 1885	2:121
Monroe, Marietta	15 Apr 1870	1:274	Moore, Albert	04 Mar 1874	1:280
Monroe, Rachael	31 May 1905	5:153	Moore, Albert H.	21 Jul 1908	5:162
Monroe, Sarah J.	20 Feb 1891	2:130	Moore, Almira P.	18 Oct 1903	4:161
Monroe, William	11 Jun 1904	5:152	Moore, Amelia	07 Sep 1888	2:126
Monroe, Zella	25 Jul 1902	4:160	Moore, Angeline	14 Nov 1893	3:138
Monroe, Zoe	20 Jul 1902	4:160	Moore, Anna	23 Jul 1887	2:125
Monschrack, Charles	26 Jul 1884	2:120	Moore, Annie*	12 Sep 1882	
Monschrack, Emma	27 Feb 1887	2:122	Moore, Basil	02 Dec 1908	5:160
Monser, Ira A.	20 Jul 1871	1:278	Moore, Benj.	28 Nov 1900	4:155
Monswarck, Wm.	21 Jul 1868	1:16	Moore, Benjamin J.F.	27 Nov 1900	4:154
Montaneer, Peter	16 Sep 1888	2:126	Moore, Birth	28 May 1902	4:158
Montanier, Chas.	24 Jun 1886	2:123	Moore, C., Mrs.	01 Aug 1907	5:158
Monte, Julia	14 Apr 1882	1:158	Moore, Chas. H.	31 Dec 1875	1:286
Monter, Alexander	10 Jan 1908	5:159	Moore, Daniel C.	17 Nov 1895	3:141
Monteville, Emma	18 Mar 1869	1:34	Moore, Daniel D.	23 Apr 1898	4:150
Monteville, George	28 Mar 1869	1:34	Moore, E.C.	25 Jan 1899	4:150
Monteville, Louis	27 May 1907	5:160	Moore, Emile B.	10 Oct 1894	3:139
Montgomery, Dilla	25 Feb 1880	1:296	Moore, F.A.	26 Sep 1884	2:120
Montgomery, Edward	03 Nov 1906	5:155	Moore, Fanny	03 Feb 1891	2:130
Montgomery, Edw'd	19 Nov 1900	4:155	Moore, Frank	15 Feb 1898	4:150
Montgomery, Effie	06 Sep 1874	1:282	Moore, Fred J.	28 Jun 1904	5:151
Montgomery, Guy	Jun 1882	1:300	Moore, Frederick H.	17 Oct 1882	1:160
Montgomery, Lee S.	07 May 1886	2:122	Moore, George F.	28 Jan 1870	1:40
Montgomery, Loyd N.	28 Dec 1883	1:162	Moore, Harry	14 Jan 1900	4:153
Montgomery, Martin	18 Feb 1875	1:284	Moore, Inf/o Jno.	08 Apr 1868	1:4
Montgomery, Mary A.	26 Jul 1888	2:126	Moore, Isaac	1878	1:294
Montgomery, Myrtle	25 Jun 1884	2:120	Moore, James	19 Jan 1895	3:142
Montgomery, Theo	27 Mar 1891	2:128	Moore, Jane	07 Feb 1871	1:274
Montiville, Delia	09 Aug 1874	1:284	Moore, Jane W.	14 Dec 1906	5:156
Monto, Cecil	14 Feb 1907	5:156	Moore, John	04 Jul 1901	4:156

NAME	DATE	V/P
Moore, John	06 Nov 1906	5:155
Moore, John A.	06 Nov 1890	2:128
Moore, John A.	27 Dec 1900	4:155
Moore, John M.	08 Apr 1868	1:42
Moore, Kate B.	03 Jul 1883	1:162
Moore, Lester	14 May 1905	5:154
Moore, Lydia A.	Oct 1881	1:300
Moore, Maggie	25 Dec 1868	1:28
Moore, Maggie	26 Dec 1868	1:2
Moore, Maria H.	04 Jun 1871	1:276
Moore, Marie E.	17 Mar 1887	2:123
Moore, Mary A.	18 Feb 1904	4:160
Moore, Mary Ellen	06 May 1891	2:130
Moore, Mary J.	24 Dec 1875	1:282
Moore, Mattie	05 Mar 1904	4:161
Moore, May	16 Oct 1870	1:276
Moore, N., Mrs.	04 Mar 1872	1:278
Moore, P.V.	03 Oct 1873	1:280
Moore, Raymond	04 Dec 1906	5:155
Moore, Robert	08 Aug 1907	5:159
Moore, Rossetta	03 Oct 1895	3:142
Moore, Sarah	26 Nov 1899	4:152
Moore, Sarah C.	16 Sep 1898	4:150
Moore, Septemus	25 Mar 1901	4:155
Moore, Truman	12 Aug 1873	1:280
Moore, Viola	05 Jun 1891	2:130
Moore, Warren D.	16 Feb 1899	4:150
Moore, William H.	17 Oct 1889	2:127
Moorehead, George	08 Apr 1891	2:131
Moorhaul, Emmae	16 Aug 1877	1:292
Moorhead, Anna, Miss	20 Aug 1907	5:158
Moorman, James R.	03 Nov 1907	5:160
Moorman, Mary	06 Jun 1906	5:157
Mootz, Grace I.	27 Jan 1908	5:159
Morain, Harriet	29 Dec 1889	2:127
Moran, Ann	16 Sep 1877	1:290
Moran, Anna	18 Nov 1891	2:131
Moran, Beruh	Feb 1886	2:121
Moran, Dorothy	25 Dec 1887	2:125
Moran, Gertrude	14 Jul 1886	2:122
Moran, James	02 Oct 1877	1:292
Moran, James	02 Oct 1877	1:290
Moran, James	07 Sep 1902	4:158
Moran, James	10 Mar 1870	1:54
Moran, James	11 Nov 1874	1:284
Moran, James F.	30 Dec 1888	2:127
Moran, Jane	03 Jan 1892	2:130
Moran, Jas. M.	08 Jul 1879	1:296
Moran, John	13 Jul 1886	2:123
Moran, Josephine	13 Feb 1895	3:140
Moran, Kate	03 Mar 1887	2:123
Moran, Katerine	26 May 1872	1:280
Moran, Mabel	04 Jan 1880	1:296
Moran, Mary Anne	27 Apr 1869	1:2
Moran, Myrtle	08 Jun 1899	4:152
Moran, Patrick	26 Dec 1900	4:155
Moran, Thomas	22 Mar 1885	2:120
Moran, Thomas	24 Nov 1900	4:155
Moran, William	22 Feb 1902	4:156
Moran, William	22 Feb 1903	4:157
Moran, Wm.	15 Apr 1900	4:155
Morana, Infant	20 Mar 1894	3:138
Morarity, John	12 May 1906	5:156
Morarity, Michael	22 Aug 1908	5:161
Morath, Frank J.	16 Jun 1907	5:159
Morbach, Jacob	12 Dec 1890	2:128
Morbach, Richard	18 Jul 1869	1:44
More, Peter	02 Apr 1877	1:288
Moreboch, W.M.	23 Aug 1875	1:286
Morehead, Alma	31 Mar 1880	1:296
Morehead, Geo. E.	07 Jul 1879	1:296
Morehouse, Laura C.	20 Dec 1871	1:276
Morehouse, Lorenzo L.	28 Jan 1872	1:278
Morehouse, Marg't S.	20 Sep 1873	1:280
Morehouse, Mary A.	14 Sep 1872	1:280
Morehouse, Sarah Bangs	02 Apr 1904	5:151
Morehouse, William	25 Apr 1874	1:282
Moreland, Ann	24 Jan 1907	5:156
Morelock, Myrtle	19 Mar 1904	4:161
Moren, Joseph	15 Mar 1898	4:149
Moren, Thomas	24 Dec 1875	1:286
Morets, Martin J.	09 Apr 1877	1:288
Moretz, Henry G.	02 May 1877	1:290
Moretz, John Geo. Hen.	10 Mar 1886	2:121
Moretz, Simon H.	07 Aug 1881	1:300
Morey, Newton	13 Oct 1902	4:159
Morfott, Bertha	11 Jun 1885	2:121
Morgan, Alexander	17 Mar 1882	1:158
Morgan, Andrew	18 Mar 1901	4:155
Morgan, Benj.	25 Dec 1886	2:122
Morgan, Benj.	25 Dec 1886	2:122
Morgan, Daniel F.	30 Oct 1905	5:153
Morgan, Edilla	20 Apr 1903	4:161
Morgan, Eleanor	04 Jun 1900	4:155
Morgan, Elijah	23 Nov 1872	1:278
Morgan, Eliza	23 Nov 1873	1:282
Morgan, Henry Robert	06 Aug 1904	5:151
Morgan, Joseph	30 Apr 1871	1:278
Morgan, Louis A.	23 Jan 1896	3:141
Morgan, Louis W.	11 Aug 1908	5:161
Morgan, Mary	1871	1:278
Morgan, Sol B.	08 Jan 1898	4:148
Morgan, Wm.	15 Jan 1892	2:131
Morgar, Barbara S.	03 Aug 1907	5:160
Morgenthaler, Infant	17 Jan 1888	2:125
Morgenthaler, John	31 Aug 1896	4:148
Morgenthaler, Walter	14 Sep 1887	2:125
Morghan, Edward	02 Mar 1893	2:132
Moriarity, Ellen	08 Jan 1888	2:126
Moriarity, J.J., Mrs.	12 Jun 1888	2:126
Moriarity, Patrick	07 Jul 1900	4:155
Moriarity, Thos., Mrs.	04 Apr 1902	4:158
Moriarty, Inf/o Michael	20 Jan 1903	4:159
Moriarty, Infant	06 Apr 1887	2:125
Moris, Casper	09 Sep 1878	1:292
Moris, Gerte	13 Apr 1895	3:140
Morison, Paul E.	15 Aug 1907	5:157
Mority, Mina L.	10 Apr 1886	2:123
Moritz, Christian L.	03 Aug 1887	2:124
Moritz, Elmer H.	19 Sep 1908	5:162
Moritz, George	02 Nov 1899	4:152
Morlock, Charles	27 Dec 1903	4:160

NAME	DATE	V/P	NAME	DATE	V/P
Morman, Ollie	22 Apr 1903	4:162	Morrow, Francis Ellis	13 Jun 1903	4:160
Mormon, Gernhart	24 Oct 1904	5:151	Morrow, Helen	21 Jan 1907	5:155
Morningstar, Geneva	09 Aug 1896	4:147	Morrow, Jas.	08 Dec 1885	2:121
Moross, Grace	04 Jan 1878	1:290	Morrow, Sarah E.	13 Nov 1886	2:124
Moross, Peter C.	16 Nov 1883	1:162	Morrow, Thomas	16 Jun 1871	1:276
Morre, Lucinda	15 Nov 1895	3:141	Morrow, Thomas H.	27 Feb 1901	4:154
Morrill, Edgar	25 Apr 1908	5:163	Mors, Henrietta	26 Apr 1878	1:294
Morrill, Ellen	10 Feb 1880	1:296	Morschoch, Richard G.C.	08 Jan 1875	1:282
Morrill, Norman M.	24 Sep 1896	4:147	Morse, Catherine	12 Feb 1901	4:154
Morrin, Catherine	24 Oct 1878	1:294	Morse, Catherine C.	26 Nov 1904	5:151
Morrin, Hattie E.	30 Jan 1902	4:156	Morse, Elizabeth	24 Jun 1902	4:159
Morrin, Linas	24 Oct 1903	4:160	Morse, George	13 Jan 1907	5:156
Morris, Ada M.	Sep 1905	5:154	Morse, Lydia	13 Apr 1879	1:294
Morris, Alfred L.	28 Feb 1891	2:128	Morse, M.S.	26 Mar 1872	1:278
Morris, Chas.	14 Jul 1875	1:286	Morse, William C.	03 Oct 1899	4:152
Morris, Cornelia	08 Mar 1881	1:298	Morse, William C.	Apr 1899	4:152
Morris, Emily, Mrs.	01 Oct 1906	5:156	Morse, Wm.	26 Sep 1877	1:290
Morris, Francis	13 Feb 1881	1:298	Morse, Wm. Willis	23 Aug 1898	4:151
Morris, George R.	27 Apr 1883	1:162	Morsewell, Kath.	01 Sep 1907	5:158
Morris, H.T.	26 Dec 1878	1:294	Morsissey, Anna	01 Apr 1903	4:161
Morris, Harold Frank	23 Jan 1892	2:130	Mortemore, Frances	11 Jun 1875	1:284
Morris, Ida	27 May 1901	4:157	Mortemore, Geo.	20 Mar 1889	2:125
Morris, James E.	1890	2:127	Mortemore, George	27 Jan 1908	5:157
Morris, John	04 Jul 1890	2:130	Morton, Adelaid	17 Jan 1906	5:153
Morris, John	19 Sep 1877	1:290	Morton, Albt.	23 Dec 1874	1:284
Morris, John	22 Mar 1884	1:162	Morton, Clara	31 Aug 1884	2:120
Morris, John	29 Mar 1876	1:284	Morton, Dean A.	23 Apr 1891	2:131
Morris, John J.	20 Oct 1894	3:139	Morton, Edgar	07 Dec 1878	1:292
Morris, Kate	18 Oct 1893	3:138	Morton, Edgar	07 Dec 1878	1:290
Morris, Mary	08 Mar 1896	3:140	Morton, Georgia A.	28 Dec 1886	2:124
Morris, Mike	02 Jul 1903	4:160	Morton, J.N.	19 Jul 1907	5:158
Morris, Mildred	14 Jun 1905	5:153	Morton, James H.	13 Aug 1891	2:132
Morris, Miles W.	26 Dec 1888	2:126	Morton, Jno.	23 Aug 1880	1:298
Morris, Orrie	19 Aug 1880	1:298	Morton, M.H.	03 May 1905	5:153
Morris, Patrick	29 Jun 1884	1:160	Morton, Mamie A.	16 May 1890	2:129
Morris, Thomas	08 Sep 1887	2:125	Morton, Mark C.	20 Jul 1892	2:132
Morris, William C.	---	4:152	Morton, Mary E.	01 Aug 1875	1:286
Morris, Wm.	24 Jun 1892	2:132	Mortone, George	18 Jan 1891	2:129
Morris, Wm.	25 Oct 1879	1:296	Mortone, Wm.	09 Feb 1891	2:129
Morrisey, Lucy	28 Jul 1871	1:278	Mosbach, Peter	06 May 1902	4:159
Morrisey, Nellie	28 May 1879	1:296	Mosemann, Lena	27 May 1890	2:128
Morrisey, Zoa	28 Jul 1871	1:278	Mosenski, Frank	09 Mar 1889	2:126
Morrison, Chas.	26 Aug 1874	1:284	Moser, Addie	08 Aug 1872	1:280
Morrison, Chas. A.	17 Dec 1902	4:159	Moser, Anna	03 Aug 1904	5:150
Morrison, Esther Ketcham	21 Sep 1903	4:161	Moser, Charlotte	10 Dec 1877	1:290
Morrison, Harry	30 Jun 1877	1:290	Moser, Elizabeth	10 Mar 1880	1:294
Morrison, John	05 Sep 1902	4:159	Moser, Elizabeth	15 May 1872	1:280
Morrison, Julia Sarah	12 May 1901	4:156	Moser, Eulalia	06 Jun 1894	3:139
Morrison, Lewis	09 Feb 1908	5:160	Moser, Eva Barb.	26 May 1868	1:6
Morrison, Louis A.	18 Oct 1889	2:127	Moser, Geo. Peter	06 May 1900	4:155
Morrison, Louis A.	18 Oct 1890	2:129	Moser, Inf/o James	16 Jul 1877	1:290
Morrison, Louis S.	18 Oct 1889	2:128	Moser, Jacob	05 Jul 1880	1:298
Morrison, Lulu	12 May 1901	4:156	Moser, John	08 Aug 1900	4:154
Morrison, Mary	16 Apr 1907	5:158	Moser, John	18 Oct 1879	1:294
Morrissey, Mary	18 Jun 1885	2:121	Moser, Joseph	29 May 1887	2:124
Morrissy, Lawrence	20 Aug 1887	2:124	Moser, Margaret	17 Mar 1869	1:2
Morrissy, Maurice	07 May 1887	2:124	Moser, Sallie	29 Jan 1907	5:156
Morrisy, Cath'n	14 Jun 1885	2:121	Moser, Zella	29 Jan 1907	5:156
Morroson, John	19 Dec 1905	5:153	Moses, Chas. E.	12 Apr 1886	2:123
Morrow, Agnes B.	08 Jan 1872	1:276	Moses, Dan. B.	02 Oct 1879	1:296
Morrow, Bertha	04 Oct 1889	2:128	Moses, Earl Clifton	28 Dec 1890	2:129

NAME	DATE	V/P
Moses, Elmer	06 Apr 1886	2:122
Moshanah, Johanna	09 Sep 1885	2:121
Mosher, Hester	03 Dec 1890	2:128
Mosher, Mary (Twin)	11 Nov 1900	4:154
Mosher, Melvin (Twin)	11 Nov 1900	4:154
Mosher, Susan	15 Jun 1895	3:141
Mosher, W.W.	05 Apr 1886	2:121
Mosier, Edward	28 May 1886	2:122
Mosier, George H.	08 Oct 1867	1:36
Mosinciack, Midia	08 Jan 1891	2:130
Mosman, Fred'k	21 Nov 1883	1:160
Mosney, Anna	13 Apr 1900	4:154
Mosoit, James	07 Apr 1908	5:162
Mososky, Marten	05 Oct 1889	2:128
Moss, Mary, Mrs.	18 Nov 1907	5:158
Mossing, Barbrey	24 Feb 1900	4:152
Mossing, Frederick	12 Jun 1897	4:149
Mossmeyer, Joseph	03 Apr 1905	5:151
Moszer, William	03 Apr 1884	1:162
Mote, Hattie L.H.	01 Mar 1872	1:276
Motimer, Thomas H.	05 Jul 1901	4:156
Mott, Richard	22 Jan 1888	2:124
Mottler, Henry	30 Apr 1901	4:157
Mottmiller, Annie	18 Aug 1878	1:292
Mottmiller, Child	04 Aug 1874	1:284
Mottmiller, Clarence John	28 Feb 1908	5:157
Mottmiller, Louisa	15 May 1876	1:288
Motton, Francis W.	02 Apr 1872	1:276
Motzinger, Emeline	15 Dec 1885	2:121
Mouch, Lilly	30 Jun 1883	1:162
Mouch, Louis	18 Oct 1902	4:158
Mouder, Henry Arthur	09 Sep 1883	1:160
Moulton, John H.	26 Aug 1870	1:274
Moulton, Melvin	07 Aug 1903	4:162
Moulton, Rose Irne	15 Dec 1894	3:139
Mounder, Elmer E.	28 Dec 1885	2:121
Mourning, Benj. H.	10 Oct 1886	2:122
Moutlon, Wm.	11 Oct 1873	1:280
Moutter, Frank	18 May 1893	3:137
Mouya, Ann	28 Mar 1871	1:274
Movers, Cynthia	31 Mar 1892	2:132
Movers, Henry	10 Dec 1892	2:132
Mowan, Wm. C.	24 Dec 1901	4:157
Mowaviski, Henry*	08 Oct 1891	
Mowen, Edwin	26 Aug 1906	5:156
Mowk, Leo	26 Apr 1894	3:140
Mowki, Annia Zime	03 Aug 1890	2:130
Moxley, Jno. M.	21 Mar 1902	4:157
Moyer, Joseph	06 Jun 1903	4:161
Moyer, Ross	31 Aug 1903	4:162
Moylan, Michael	06 Aug 1893	3:137
Mozier, Sarah E.	24 Feb 1904	4:162
Mozole, Joseph	20 Jul 1885	2:121
Mozon, Hazel	02 Dec 1891	2:131
Mraczowski, Martha	18 Aug 1897	4:149
Mrak, Martha	02 Aug 1905	5:153
Mruszkowski, Stanislaw	31 Jan 1909	5:161
Mucham, John	09 May 1871	1:276
Muchler, Chas.	15 Sep 1886	2:122
Muchmer, Cathrine	02 Jan 1879	1:294
Muckle, Louise	08 Nov 1908	5:162
Mudno, Mary S.	01 Aug 1897	4:148
Mueck, Anna	23 Dec 1885	2:122
Mueck, Ed. A.	10 Aug 1898	4:150
Mueck, Geo. Jacob	17 Sep 1906	5:155
Mueck, Geo. Jacob	29 Aug 1889	2:127
Muehheim, Frances	04 Jan 1892	2:131
Muehler, Alonzo	27 Nov 1904	5:152
Muelker, Ludwing	12 Apr 1890	2:127
Muellen, Loretta	27 Jul 1894	3:139
Muellenbach, Margaretha	26 Apr 1906	5:157
Mueller, Emily	02 Feb 1900	4:152
Mueller, Frank Christ	08 Jun 1904	5:150
Mueller, George	15 Jun 1904	5:152
Mueller, Henry Chas.	19 Feb 1895	3:139
Mueller, John	16 May 1893	3:137
Mueller, Lotta Ruth	20 Dec 1892	2:132
Mueller, Martha	26 Sep 1903	4:162
Mueller, Rosa	12 Oct 1907	5:158
Mueller, Rose	13 Feb 1895	3:139
Mueller, William P.	23 Nov 1898	4:151
Mueller, Wm. T.	10 Jun 1901	4:156
Muellich, Margaurite A.	14 Jul 1897	4:149
Muench, Gottlieb	06 Jun 1894	3:139
Muenzenmeyer, Louis	17 Dec 1904	5:150
Muer, Christine	05 Jan 1906	5:153
Muesh, Louis	29 Aug 1893	3:138
Mufka, Lewanardz	20 Apr 1896	4:148
Muhleisen, Lillian	19 Dec 1906	5:156
Muhleisen, Louis Andrew	20 Sep 1901	4:156
Muhleman, Fred	23 Aug 1905	5:154
Muil, Hazel S.	11 Mar 1897	4:147
Muillendick, Elizabeth	31 Jul 1895	3:141
Muir, Belle	03 Dec 1900	4:155
Muir, Emma	28 Mar 1895	3:139
Mujinski, Joe	16 Mar 1894	3:138
Mujo, Frances	01 May 1898	4:151
Mulberry, Edward	02 Nov 1908	5:161
Mulcahay, David	24 Jun 1903	4:161
Mulcahy, Edward	11 Jul 1901	4:156
Mulchahey, Bridget	06 Nov 1873	1:280
Mulchay, Thomas	22 Dec 1875	1:286
Mulcuhy, Mary	03 Sep 1902	4:159
Mulhaney, Mary	15 Feb 1879	1:296
Mulhany, J.	10 May 1875	1:284
Mulharn, John	30 May 1906	5:157
Mulharn, Patrick	01 Aug 1906	5:157
Mulhem, Michael	14 Aug 1906	5:156
Mulhenney, Thomas	04 Apr 1870	1:52
Mulhenny, John	12 Jun 1900	4:154
Mulhenny, Thomas	04 Apr 1870	1:274
Mulheny, Michael	22 Aug 1906	5:155
Mulhern, James	06 Sep 1886	2:124
Mulhern, Kath.	18 Mar 1894	3:138
Mulheron, Marry	29 Oct 1890	2:130
Mulhollen, Anna M.	26 Mar 1897	4:147
Mulhollen, Elizabeth	02 Mar 1905	5:150
Mulinix, G.W.	12 Jul 1898	4:150
Mulinix, Geo. W.	07 Mar 1899	4:150
Mulinx, George Wallace	09 Mar 1897	4:148
Mulinz, G.W.	22 Apr 1899	4:153
Mulkey, Ed.	23 Jul 1893	2:132

NAME	DATE	V/P
Mulkey, Edward	23 Jul 1892	2:132
Mull, Anna	17 Apr 1890	2:129
Mull, s/o Wm.	18 Mar 1903	4:160
Mullen, Ann	25 Nov 1885	2:121
Mullen, Gretta	08 Apr 1897	4:149
Mullen, Ida	31 Aug 1904	5:152
Mullen, James	15 Feb 1882	1:158
Mullen, John	12 Mar 1890	2:127
Mullen, Jos. Alfred	11 Aug 1899	4:152
Mullen, Julia	21 Mar 1901	4:155
Mullen, Margaret	21 Mar 1890	2:127
Mullen, Wm. Penn	23 Nov 1898	4:151
Mullen, Wm. T.	13 Jul 1876	1:288
Mullenbach, Margurite	22 Apr 1907	5:158
Mullenback, Batholonin	23 May 1893	3:138
Mullenback, Fred W.	07 Apr 1893	3:138
Mullenback, Margaret	22 Apr 1907	5:159
Muller, Adeline	31 Aug 1887	2:124
Muller, Anna	03 Aug 1888	2:125
Muller, August G.	10 Apr 1891	2:131
Muller, ch/o C.	21 May 1868	1:14
Muller, Charlotte	28 May 1895	3:140
Muller, Edward O.	06 Oct 1888	2:126
Muller, Edwin	26 Mar 1905	5:152
Muller, Fred	23 Apr 1894	3:140
Muller, Hatta	31 Oct 1893	3:137
Muller, Madeline	15 Jul 1894	3:139
Muller, Otto	25 Dec 1894	3:140
Muller, s/o Henry	20 Apr 1908	5:161
Mullheion, John	30 May 1906	5:155
Mullich, Theo.	22 Jul 1895	3:141
Mulligan, Mrs.	14 Sep 1868	1:24
Mullin, Gertrude	15 Sep 1890	2:129
Mullin, James	09 Mar 1872	1:276
Mulloon, Bridget	15 Feb 1899	4:151
Mulnix, George W.	02 Jul 1897	4:148
Mulohill, Thomas L.	12 Aug 1905	5:153
Mulymin, Thomas M.	30 Jul 1894	3:139
Mumby, Clinton	03 Feb 1908	5:160
Mumby, Clinton	03 Feb 1908	5:158
Mumee, Clara	10 Feb 1890	2:127
Mumeker, Elizabeth	06 Oct 1868	1:24
Mumeker, Geo. E.	01 Feb 1885	2:120
Mummert, Leon Hirchel	20 Nov 1900	4:154
Mummert, Pearl	25 Jan 1904	4:162
Munce, Frank	22 Jan 1899	4:150
Munce, Kittie	Dec 1898	4:151
Munch, Alexander	19 Jul 1868	1:42
Munch, Alex'r	17 Jul 1867	1:60
Munch, Charles	01 Jun 1902	4:159
Munch, Eda	08 Aug 1880	1:298
Munch, Gustave A.	22 Aug 1907	5:159
Munch, Louis	14 Aug 1874	1:284
Munch, Minnie	14 Jun 1889	2:127
Munch, Paulina	25 Mar 1876	1:284
Munch, Peter, Jr.	14 Jun 1904	5:152
Munch, Peter, Sr.	25 Dec 1904	5:152
Munday, Ann	20 Aug 1870	1:274
Munday, Dora	18 Feb 1875	1:282
Munday, Martha W.	07 Jan 1897	4:147
Munday, Sarah	12 Sep 1870	1:274
Munding, Bertha	07 Dec 1892	2:132
Munding, George*	06 Oct 1882	
Munger, Albert	06 Aug 1873	1:280
Munger, Clayton E.	03 Mar 1871	1:276
Munger, Elizabeth	11 Sep 1900	4:155
Munger, Elmira	28 Jan 1902	4:156
Munger, John	23 May 1902	4:160
Munger, Mary E.	02 Jun 1905	5:152
Munger, Thos. T.	13 Dec 1904	5:151
Munger, Wm. H.	16 Aug 1877	1:290
Munks, Rob't	16 Oct 1886	2:122
Munoch, Clara	18 Mar 1901	4:155
Munschreck, Unknown	28 Feb 1888	2:126
Munscrick, Chas.	08 Sep 1894	3:140
Munson, Alfred F.	12 Dec 1897	4:149
Munson, Arther	17 Dec 1879	1:296
Munson, Berthard	03 Jun 1880	1:298
Munson, Daniel	18 Nov 1895	3:140
Munson, Eliza A.	15 Aug 1871	1:278
Munson, Henrietta	08 Apr 1872	1:280
Munson, J.M.	20 Apr 1892	2:133
Munson, Levi	10 Feb 1905	5:150
Munson, Shubal	18 Jan 1891	2:128
Munson, Wallace G.	28 Mar 1888	2:126
Munte, Minne	13 Aug 1868	1:36
Muntviller, Jessie E.	06 Jan 1887	2:124
Muntz, George	29 Apr 1895	3:141
Munz, Annie	02 Jan 1881	1:298
Murawa, Anthoney	28 Oct 1907	5:158
Murawa, Sophy	14 Jan 1908	5:158
Murbach, Alexander	24 Aug 1883	1:160
Murbach, Amelia	29 Nov 1884	2:120
Murbach, Conrad	10 Oct 1882	1:160
Murbach, d/o Edward	20 Dec 1904	5:150
Murbach, Edward	15 Oct 1904	5:150
Murbach, John	24 Jun 1899	4:153
Murbach, Louisa	04 Oct 1881	1:300
Murbach, Louisa	13 Feb 1908	5:157
Murbach, Margaret	09 Oct 1867	1:6
Murbach, Mary	20 Jul 1902	4:158
Murbach, Mary A.	28 Sep 1874	1:282
Murback, Unknown	16 Feb 1880	1:294
Murchison, Daniel	18 Sep 1897	4:149
Murd, Anna A.	03 Sep 1900	4:154
Murdick, Alvin	16 Mar 1904	4:161
Murdock, Ella	21 Jan 1908	5:157
Murdock, Ella, Mrs.	21 Jan 1908	5:159
Murdock, Lilly	11 Jun 1901	4:156
Murdock, Mabel	13 May 1891	2:130
Murhoffer, Leddy	25 Jan 1872	1:276
Muribak, Katy	05 Apr 1883	1:160
Murkhun, C.P.	08 Mar 1904	4:161
Murloon, Harry L.	24 Oct 1888	2:127
Murnby, Clinton	03 Feb 1908	5:158
Murphey, Thomas	09 Jan 1891	2:132
Murphy, Addie L.	22 Feb 1898	4:149
Murphy, Agathe	10 May 1875	1:286
Murphy, Agnes	01 Oct 1889	2:127
Murphy, Alice Virginia	21 Feb 1898	4:148
Murphy, Andrew	07 Sep 1879	1:296
Murphy, Angaline	14 Oct 1908	5:162

NAME	DATE	V/P
Murphy, Ann	17 Feb 1874	1:280
Murphy, Anna	16 --- 1908	5:160
Murphy, Anna	26 Sep 1878	1:294
Murphy, Anna B.	19 Feb 1892	2:131
Murphy, Anna Elizabeth	19 Dec 1898	4:151
Murphy, Bessie L.	12 Feb 1899	4:151
Murphy, Bridget	13 Apr 1899	4:153
Murphy, Bridget	18 May 1906	5:157
Murphy, Bridget	26 Jun 1906	5:157
Murphy, Bridget	26 Jun 1906	5:156
Murphy, Bridget	27 Jul 1908	5:161
Murphy, Bruce	30 Dec 1906	5:154
Murphy, Catherine	09 Mar 1907	5:154
Murphy, Chas.	13 Oct 1908	5:161
Murphy, Cornealius	20 Dec 1906	5:157
Murphy, Daniel	02 Sep 1875	1:286
Murphy, Daniel	08 Sep 1893	3:138
Murphy, Daniel	22 May 1901	4:157
Murphy, Dan'l	22 Jan 1874	1:282
Murphy, Edward	25 Jun 1881	1:160
Murphy, Elizabeth	10 Feb 1868	1:8
Murphy, Elizabeth	17 Dec 1900	4:155
Murphy, Elizabeth	26 Oct 1900	4:154
Murphy, Ellen	22 Dec 1871	1:276
Murphy, Emma	23 Jul 1868	1:18
Murphy, Florence M.	12 Mar 1902	4:156
Murphy, Hannah	19 May 1894	3:140
Murphy, Hazel	07 Apr 1908	5:159
Murphy, Honor	22 Sep 1892	2:133
Murphy, Honora	27 Feb 1907	5:157
Murphy, Horace	25 Jan 1905	5:152
Murphy, Ida M.	27 Sep 1885	2:122
Murphy, Infant	04 Oct 1894	3:140
Murphy, Infant	19 Mar 1889	2:126
Murphy, Irene	14 Jul 1899	4:152
Murphy, Isabella*	18 Sep 1884	
Murphy, James	07 Feb 1899	4:152
Murphy, James	18 Dec 1880	1:300
Murphy, James	18 Jun 1908	5:162
Murphy, Jane	13 Jan 1892	2:130
Murphy, Jane E.	10 Apr 1874	1:284
Murphy, Jerry	27 Nov 1878	1:292
Murphy, Jesse	18 Jan 1876	1:284
Murphy, Jimmy	07 Oct 1886	2:123
Murphy, Joe	06 Sep 1891	2:130
Murphy, John	01 Dec 1888	2:126
Murphy, John	04 Dec 1898	4:151
Murphy, John	19 Apr 1905	5:151
Murphy, John	20 Apr 1897	4:149
Murphy, John	26 Oct 1898	4:150
Murphy, John	27 Aug 1893	3:138
Murphy, John D.	05 Dec 1893	3:137
Murphy, Jos.	28 Jun 1902	4:160
Murphy, Josephine S.	30 Jan 1884	1:162
Murphy, Julia A.	16 Nov 1869	1:56
Murphy, Katie	20 Aug 1873	1:280
Murphy, Katy	26 Sep 1872	1:278
Murphy, Louis	28 Aug 1893	3:138
Murphy, M.P.	03 Oct 1908	5:161
Murphy, Mabel Louise	23 Dec 1901	4:156
Murphy, Maggie	14 Oct 1887	2:124
Murphy, Maggie	28 Aug 1893	3:138
Murphy, Margaret	05 Apr 1879	1:294
Murphy, Margaret	30 Oct 1908	5:162
Murphy, Margaret A.	06 Jan 1871	1:276
Murphy, Martha	14 Jan 1907	5:158
Murphy, Mary	01 Apr 1908	5:161
Murphy, Mary	05 Sep 1889	2:127
Murphy, Mary	07 May 1908	5:161
Murphy, Mary	07 Oct 1875	1:286
Murphy, Mary	14 Jul 1904	5:152
Murphy, Mary	14 Oct 1899	4:152
Murphy, Mathew	09 Apr 1904	5:152
Murphy, Michael	12 Jan 1907	5:155
Murphy, Michel	24 May 1890	2:129
Murphy, Morris	08 Apr 1890	2:127
Murphy, Nellie	19 May 1884	2:121
Murphy, Nelly	12 Apr 1892	2:132
Murphy, Patrick	05 May 1876	1:288
Murphy, Patrick	09 Oct 1902	4:158
Murphy, Patrick	10 Mar 1906	5:153
Murphy, Peter	16 Oct 1876	1:288
Murphy, s/o John J.	21 Mar 1889	2:126
Murphy, Stella	20 Nov 1886	2:124
Murphy, Susie	05 Dec 1906	5:156
Murphy, Thomas	03 Apr 1892	2:132
Murphy, Thomas	12 Feb 1892	2:131
Murphy, Thomas	20 Mar 1875	1:284
Murphy, Thomas	21 Mar 1885	2:120
Murphy, Thomas S.	02 Jan 1893	2:133
Murphy, Tom	25 Mar 1907	5:155
Murphy, Unknown	15 Oct 1887	2:125
Murphy, Viola	23 Jan 1901	4:153
Murphy, W.	22 Jun 1905	5:153
Murphy, William	02 May 1901	4:156
Murphy, William	22 Jun 1905	5:154
Murphy, Willie	12 Feb 1892	2:131
Murray, Anna J.	10 Sep 1881	1:158
Murray, Archie	13 Jan 1908	5:157
Murray, Barrett Sans	31 Apr 1901	4:156
Murray, Bessie	23 Sep 1895	3:141
Murray, Edward	20 Jan 1872	1:276
Murray, Elizabeth	15 Sep 1897	4:148
Murray, Ferdinand	26 Feb 1876	1:286
Murray, Frank	05 Mar 1907	5:157
Murray, Grace	22 Mar 1903	4:158
Murray, Grace J.	22 Mar 1903	4:159
Murray, Hattie	07 Sep 1890	2:130
Murray, James	04 Aug 1897	4:149
Murray, James	04 Aug 1897	4:148
Murray, James	15 Jan 1897	4:148
Murray, Jerome	21 Dec 1889	2:128
Murray, John Cleveland	31 Mar 1908	5:159
Murray, Keith	19 May 1893	3:138
Murray, Lizzie	24 Sep 1896	4:147
Murray, Mary A.	01 Jan 1898	4:148
Murray, Thomas J.	18 Jul 1906	5:155
Murray, William E.	14 Sep 1903	4:160
Murrett, Theodore	14 Apr 1881	1:158
Murrey, Patrick	09 Mar 1890	2:128
Murry, Ellen	23 Apr 1869	1:2
Murry, Harry	16 Apr 1906	5:156

NAME	DATE	V/P
Murry, Helen May	15 Sep 1905	5:154
Murry, Johney	03 May 1890	2:130
Murry, Rob't E.	18 May 1868	1:14
Murry, William	18 Nov 1901	4:156
Murry, Winefred	01 Apr 1869	1:56
Murtauga, James F.	09 Dec 1897	4:148
Murtaugh, Jno.	16 May 1886	2:124
Murzinski, Martha	03 Aug 1903	4:160
Murzinski, Rosa	04 Aug 1903	4:160
Musch, Clara	03 Dec 1899	4:153
Muschack, Fredrick	20 --- 1895	3:140
Musgrove, Edgar	21 Mar 1905	5:150
Mush, Elsia	08 May 1890	2:129
Musser, Erastus	18 Nov 1906	5:156
Mussleman, Catharine	01 Nov 1874	1:282
Mussleman, Fanny	05 Dec 1874	1:282
Mustard, Caroline	15 Dec 1906	5:156
Mustard, William H.	25 Oct 1907	5:159
Muston, Edward	12 Apr 1890	2:129
Muszehl, William	03 Apr 1884	2:120
Muszinski, George	16 Feb 1903	4:158
Mutchler, William	23 Feb 1903	4:158
Mutter, Christiance	29 May 1904	5:150
Myear, Beaseg	25 Jul 1894	3:139
Myer, Anna	19 Jan 1877	1:288
Myer, George	09 Sep 1908	5:160
Myer, Jacob	17 Nov 1908	5:163
Myer, Jacob	18 May 1908	5:163
Myer, Jacob	25 Aug 1892	2:132
Myer, Jacob	27 Jan 1875	1:282
Myer, Martin	04 Sep 1872	1:278
Myerhofer, Dorethea	12 Nov 1901	4:157
Myerhoffer, Oscar	08 Feb 1893	2:132
Myers, Allen Leroy	14 Jul 1886	2:123
Myers, Anna	09 Sep 1895	3:142
Myers, Anna Barbara	17 Aug 1904	5:150
Myers, Anna D.	03 Mar 1905	5:150
Myers, Annie Mary	16 Mar 1905	5:150
Myers, Annie Mary	20 Apr 1891	2:130
Myers, Benjamin	18 Mar 1887	2:123
Myers, Bernard	18 Mar 1886	2:121
Myers, Charles Y.	30 Dec 1872	1:280
Myers, Charlotte	06 Jan 1908	5:159
Myers, Clarissa	19 Mar 1877	1:288
Myers, Clio	27 Oct 1892	2:132
Myers, Della	14 Aug 1907	5:160
Myers, Della	20 Dec 1896	4:147
Myers, Dolly	25 Jan 1869	1:30
Myers, Dorotha	28 Sep 1904	5:152
Myers, Emma	27 Mar 1873	1:280
Myers, Emma H.	30 Sep 1905	5:154
Myers, Eureta L.	14 Dec 1900	4:155
Myers, Eva	28 Nov 1899	4:153
Myers, Flancis	03 Oct 1881	1:158
Myers, Fred	01 May 1901	4:157
Myers, Fred	06 Feb 1901	4:157
Myers, Fred'k	15 Apr 1888	2:125
Myers, Fredlion	17 Jan 1896	3:141
Myers, Fredrick Jacob	28 Nov 1890	2:128
Myers, Geo.	03 Sep 1901	4:157
Myers, George	02 Sep 1904	5:152
Myers, George	10 Jun 1881	1:158
Myers, George	07 Apr 1908	5:162
Myers, Harold, s/o Anna	19 Aug 1899	4:93
Myers, Henry	19 Feb 1907	5:157
Myers, Herman	22 Mar 1906	5:154
Myers, Howard A.	02 Jan 1898	4:149
Myers, Ignatious	18 Sep 1908	5:162
Myers, J.C.	12 Nov 1907	5:158
Myers, Jacob	14 Mar 1887	2:123
Myers, James M.	07 Oct 1908	5:162
Myers, John	10 Sep 1898	4:152
Myers, John	24 Jul 1875	1:286
Myers, John	27 Nov 1906	5:157
Myers, John	28 Nov 1906	5:155
Myers, John	15 Jan 1908	5:159
Myers, John L.	26 Dec 1901	4:157
Myers, John R.	26 Aug 1897	4:149
Myers, Joseph D.	05 Jan 1905	5:151
Myers, Julia	05 Sep 1890	2:128
Myers, Katie Mary	08 Jun 1902	4:159
Myers, Lena	05 Oct 1890	2:128
Myers, Lena Lida	29 Apr 1907	5:158
Myers, Lillie	16 Jul 1870	1:274
Myers, Lottie	15 Mar 1871	1:274
Myers, Louis	20 Oct 1904	5:152
Myers, Louisa	26 Apr 1909	5:163
Myers, Louisa F.	02 Jun 1905	5:154
Myers, Luther	09 Jan 1879	1:292
Myers, Maria Thressa	27 Jan 1902	4:157
Myers, Mary	08 Feb 1881	1:298
Myers, Mary E.	08 Apr 1904	4:160
Myers, Nancy	12 Mar 1903	4:160
Myers, Nancy	31 Aug 1893	3:138
Myers, Olivett	18 Dec 1901	4:157
Myers, Rachel	17 May 1898	4:150
Myers, Rexchford	03 Jun 1904	5:151
Myers, Rillia	13 Sep 1903	5:155
Myers, s/o Charles	14 Apr 1890	2:129
Myers, Sabina	12 Nov 1879	1:296
Myers, Sebastian	20 Feb 1872	1:278
Myers, Sidney S.	15 May 1898	4:150
Myers, Tlamencebell	18 Mar 1904	4:161
Myers, Unknown	30 Oct 1905	5:154
Myers, Walter	11 Jun 1867	1:60
Myers, William	19 Jul 1870	1:274
Myers, William	11 Oct 1893	3:138
Myers, William Henry	20 May 1901	4:156
Myers, Wm.	07 Dec 1903	4:158
Myers, Wm.m T.	01 Mar 1904	4:161
Myeshak, Josephine	14 Oct 1870	1:274
Myhover, Matilda	11 Feb 1896	3:142
Mykrandtz, Catherine	28 Sep 1908	5:162
Mynderse, Alanson	20 Mar 1874	1:284
Myres, Annie	15 Nov 1894	3:139
Myres, Lewellen	02 Nov 1894	3:139
Myres, Mary E.	22 Nov 1906	5:155
Myrice, James Henry	17 Jan 1902	4:156
Myro, Goldy	12 Jun 1891	2:140
MacGahan, Esther	27 Feb 1869	1:32
Macintosh, Ada V.	13 Oct 1872	1:278
Macintosh, Geo. W.	03 Mar 1908	5:173
Mackiomack, Jo.		

NAME	DATE	V/P
Maclaren, Harriet R.	13 Jan 1869	1:30
Maclaren, Selah R.	29 Jan 1905	5:171
MacMamor, James	30 Jan 1897	4:168
McAleese, Alma Blanche	12 Mar 1892	2:140
McAleese, Anna J.	15 Jul 1873	1:280
McAleese, Arthur Robert	08 Mar 1892	2:140
McAleese, James Alex Hector	09 Mar 1892	2:140
McAlister, Addie M.	27 Jun 1895	3:156
McAllister, Edward	17 Nov 1889	2:139
McAllister, Lewis	28 Aug 1898	4:168
McAllister, Rose M.	20 Oct 1898	4:168
McAlman, Catherine	27 Mar 1897	4:168
McAluse, J.	11 May 1878	1:294
McAttee, Pelia A.	19 Dec 1876	1:288
McAugh, John C.	14 Dec 1908	5:174
McAuley, Josephine	13 Jan 1899	4:169
McBain, George Arthur	22 Apr 1890	2:140
McBain, George Arthur	22 Feb 1890	2:139
McBellman, Reeve*	20 Sep 1895	
McBride, Burt	27 Jan 1899	4:168
McBride, Geo. E.	18 Apr 1908	5:173
McBride, J. Emery	27 Nov 1877	1:290
McBride, James	26 Aug 1903	4:171
McBride, Jef. F.	05 Jan 1895	3:157
McBride, John	25 Sep 1903	4:171
McBride, Lorenz	18 Apr 1892	2:137
McBride, Mary	29 Feb 1904	4:171
McBride, Rosa	07 Sep 1906	5:173
McBrien, August	08 Mar 1875	1:284
McBrien, Joseph	17 Apr 1878	1:292
McBuznie, June	09 Jan 1888	2:138
McCabe, Albert James	03 Oct 1901	4:169
McCabe, Catherine	20 Aug 1906	5:172
McCabe, Charles W.	04 Mar 1890	2:139
McCabe, Daniel	16 Dec 1900	4:170
McCabe, Katherine	20 Aug 1906	5:172
McCabe, Lawrence	29 Dec 1902	4:171
McCabe, Louis Harrold	21 Nov 1893	3:156
McCabe, Mable H.	02 Feb 1880	1:294
McCafferty, Joseph Leo	03 Sep 1890	2:140
McCaffery, Ellen	28 Sep 1880	1:298
McCaffrey, John	03 Oct 1876	1:288
McCaffrey, Mary	20 Oct 1876	1:288
McCall, Mary	25 Dec 1900	4:170
McCallum, Lester	10 Oct 1896	4:168
McCalmont, Mary	23 Oct 1892	2:137
McCambridge, Wm. H.	11 Jul 1906	5:172
McCane, John	25 Jul 1879	1:296
McCaney, Kate	19 Mar 1885	2:138
McCann, David	09 Dec 1886	2:123
McCann, Infant	31 Jul 1892	2:137
McCann, James	09 Dec 1901	4:170
McCann, Jessie	09 Feb 1905	5:171
McCann, Myree W.	06 Feb 1901	4:170
McCann, Plase C.	16 Feb 1901	4:170
McCantry, Christian H.	23 Dec 1901	4:170
McCape, William M.	10 Apr 1888	2:138
McCard, Hugh L.	02 Jun 1897	4:168
McCardy, Kath.	27 Dec 1879	1:296
McCarmick, Mary E.	10 Dec 1889	2:139
McCarr, Sarah	10 Feb 1905	5:171
McCarroll, Joe	18 Jun 1892	2:137
McCarthes, Kate	09 Nov 1877	1:292
McCarthy, Ann W.	01 Aug 1903	4:171
McCarthy, Anna Belle	24 Nov 1905	5:172
McCarthy, Daniel	11 Jan 1905	5:171
McCarthy, Dora M.	16 Apr 1895	3:156
McCarthy, Ed. James	14 Mar 1891	2:139
McCarthy, Edward	07 May 1908	5:173
McCarthy, Elizabeth	10 Nov 1891	2:140
McCarthy, Ellen	22 Jan 1888	2:138
McCarthy, Eugine	27 May 1897	4:168
McCarthy, Inf/o J.	05 Aug 1879	1:296
McCarthy, James	07 Apr 1893	3:156
McCarthy, Jas.	12 Apr 1893	2:137
McCarthy, Jno.	16 May 1889	2:139
McCarthy, Jno. J.	21 Feb 1891	2:140
McCarthy, John	23 Sep 1900	4:170
McCarthy, Joseph	29 Mar 1904	4:171
McCarthy, Julia	08 Oct 1874	1:282
McCarthy, Kitty	04 May 1898	4:169
McCarthy, Lizzie	08 Jan 1906	5:172
McCarthy, Mamie	14 Jul 1885	2:138
McCarthy, Margaret	04 May 1906	5:173
McCarthy, Margaret	13 Nov 1897	4:168
McCarthy, Margaret	14 Nov 1897	4:168
McCarthy, Nancy	14 Jul 1885	2:138
McCarthy, Patrick	14 Sep 1905	5:171
McCarthy, Roselle	20 Jan 1891	2:140
McCarthy, T.P.	21 Oct 1900	4:170
McCarthy, Thomas	23 Mar 1889	2:139
McCarthy, Thos.	01 May 1885	2:138
McCarthy, Timothy	29 Aug 1868	1:20
McCartney, Anna	31 Jan 1897	4:168
McCartney, Anna	31 Jan 1898	4:168
McCartney, Daniel Wayne	21 Sep 1904	5:171
McCartney, Ella	25 Aug 1899	4:169
McCartney, Margaret Adelaid	08 Aug 1889	2:139
McCarty, Cath.	06 Sep 1880	1:298
McCarty, Dennis	22 Nov 1901	4:170
McCarty, Ella	13 Oct 1880	1:298
McCarty, Ellen	26 Sep 1880	1:298
McCarty, Fransis	16 Sep 1908	5:161
McCarty, James	15 Dec 1898	4:169
McCarty, John	10 Jul 1874	1:282
McCarty, Kate	02 Aug 1905	5:172
McCarty, Kathie	25 Mar 1906	5:172
McCarty, Laura	25 Sep 1880	1:298
McCarty, Lizzie	20 Feb 1877	1:288
McCarty, Mary	05 Aug 1891	2:140
McCarty, Mary	09 Jun 1895	3:157
McCarty, Mary	22 Sep 1875	1:288
McCarty, Mary	24 Oct 1875	1:286
McCarty, Mary Ellen	07 Jan 1894	3:156
McCarty, Timothy	29 Aug 1868	1:20
McCarty, William	05 Mar 1875	1:282
McCarty, Wm.	28 Oct 1891	2:140
McCary, Thos.	17 Aug 1892	2:137
McCaskey, Fred Eugene	28 Sep 1904	5:171
McCason, Michael	18 Jan 1898	4:168

NAME	DATE	V/P
McCaw, Mary Jane	22 Dec 1907	5:173
McClain, Pearl	23 Mar 1889	2:139
McClaren, Minnie	26 Jun 1891	2:140
McClary, Jerome J.	17 Mar 1871	1:274
McClary, Louis	19 Jul 1906	5:172
McCleary, Belle	26 Jun 1902	4:170
McCleary, David	24 Oct 1896	4:168
McCleland, Ellen	04 Dec 1885	2:138
McClellan, James	26 Dec 1882	1:158
McClelland, Thomas D.	04 Jun 1882	1:160
McClellen, Anna	26 Jun 1891	2:140
McClellen, George	01 Aug 1903	4:171
McClellen, William C.	10 Dec 1904	5:171
McClennan, William	20 Dec 1891	2:140
McClery, Lence	18 Jul 1906	5:172
McClintick, Minerva	26 Apr 1908	5:174
McCloskey, John E.	26 Oct 1892	2:137
McCloskey, Mary	07 May 1903	4:172
McClough, Annie	18 Oct 1896	4:168
McClure, Andrew	30 Jul 1904	5:171
McClure, H. Ellen	06 Feb 1899	4:168
McClure, H. Elten	06 Feb 1899	4:151
McClure, Infant	1905	5:172
McClure, Mattie	28 Oct 1899	4:169
McClure, Maud M.	04 May 1890	2:140
McClure, Robert	02 Aug 1899	4:169
McClurg, James W.	15 Oct 1881	1:160
McCoghlin, Harold R.	07 Nov 1900	4:170
McCoglin, Grace	07 Oct 1908	5:173
McColla, Ethel	17 Jul 1902	4:171
McConell, Rhea	16 May 1908	5:173
McConell, Rhea	16 May 1908	5:160
McConley, Inf/o David	14 Mar 1872	1:278
McConnell, Blanche Helen	13 Sep 1907	5:173
McConnell, Catherine A.	08 Apr 1891	2:139
McConnell, Cora M.	02 Dec 1881	1:158
McConnell, Hugh	13 Nov 1876	1:288
McConnell, Martha	19 Apr 1906	5:173
McConnell, Mary M.	13 Apr 1903	4:171
McConnell, Susan	22 Jun 1880	1:298
McCora, Edwin	06 Jul 1885	2:138
McCora, Rebecca	06 May 1885	2:138
McCord, Eunice	30 Aug 1885	2:138
McCord, Hattie J.	04 Jun 1888	2:138
McCord, Inf/o A.	---	1:290
McCord, J.D.	25 Feb 1896	3:157
McCord, Mary	28 Dec 1876	1:288
McCord, Myrtle Alvina	13 Nov 1888	2:138
McCord, Rachel L.	08 Jan 1889	2:138
McCormack, Annie	19 Nov 1895	3:156
McCormick, Bridget	16 Sep 1887	2:138
McCormick, Francis M.	11 Oct 1907	5:173
McCormick, Rob't	18 Dec 1889	2:139
McCormick, Thomas	24 Sep 1904	5:171
McCornet, Sarah	26 Mar 1902	4:170
McCort, Mary	15 Mar 1904	4:172
McCort, Wm.	19 May 1901	4:170
McCoulough, Sarah Jane	12 Oct 1878	1:292
McCourt, Alice	17 Mar 1904	4:172
McCourt, ch/o John	11 Sep 1868	1:20
McCourt, Mary	12 Sep 1868	1:22
McCourt, Sarah	26 Nov 1902	4:171
McCoy, Andrew	20 Feb 1881	1:298
McCoy, Carie J.M.	26 Mar 1896	3:157
McCoy, Effie	19 Jan 1892	2:140
McCoy, Effie C.	19 Jan 1893	2:137
McCoy, Jessie Lee	06 Jul 1905	5:172
McCoy, Lewis M.	02 May 1904	5:171
McCoy, Louisa M.	25 Jan 1885	2:138
McCoy, Margaret	15 Apr 1889	2:139
McCoy, Mary	04 Jun 1904	5:171
McCoy, Michael	11 Sep 1882	1:160
McCoy, Patrick	07 Jan 1892	2:137
McCracken, Geo.	18 Mar 1886	2:121
McCracken, Joseph	06 Jun 1891	2:140
McCracken, Lorin	02 Sep 1874	1:282
McCracken, Louis D.	03 Jan 1906	5:172
McCraight, d/o Tim	12 Mar 1899	4:169
McCrary, Peter	23 Apr 1880	1:300
McCravy, Geo. W.	01 Oct 1901	4:170
McCray, Mr.	13 Apr 1899	4:169
McCreary, Joseph	30 Sep 1904	5:171
McCree, Henry W.	22 Jan 1895	3:156
McCreery, Edith Belle	16 Sep 1900	4:169
McCreery, May	30 Aug 1900	4:169
McCreight, Clara	16 Sep 1903	4:171
McCroey, Bertha M.	28 Mar 1902	4:170
McCroey, Sarah	05 Oct 1900	4:169
McCrury, Sidney	03 Aug 1889	2:139
McCue, John	04 Jun 1902	4:171
McCullick, Josephine	28 Aug 1877	1:292
McCulloch, David	17 Sep 1886	2:123
McCulloch, Stewart B.	15 Aug 1898	4:168
McCullough, Benj.	01 Jul 1900	4:169
McCullough, Laurence	12 Aug 1883	1:160
McCullough, Unknown	06 Oct 1902	4:171
McCullugh, Thos.	25 Feb 1893	2:137
McCune, Bridget	10 Aug 1876	1:288
McCune, Bridget	27 Oct ---	2:139
McCune, Caroline B.	27 Nov 1876	1:288
McCune, Edward	20 Jul 1887	2:138
McCune, Elizabeth	26 Dec 1891	2:140
McCune, Florence M.	08 Apr 1901	4:169
McCune, Inf/o Chas.	27 Jan 1882	1:158
McCune, Jam.	31 May 1901	4:170
McCune, John	28 Jun 1892	2:137
McCune, Mr.	13 Dec 1900	4:170
McCune, Unknown	25 Jan 1881	1:298
McCune, William	16 Jan 1904	4:171
McCurdy, Wm.	17 May 1875	1:286
McCutchan, Mary A.	16 Oct 1899	4:169
McCutchan, Mary A.	16 Oct 1899	4:168
McCutchen, John	13 Apr 1892	2:137
McCutcheon, Fred	16 May 1897	4:168
McCutcheon, Fred. Wm.	11 Dec 1883	1:162
McCutcheon, Minnie	30 Oct 1895	3:156
McDanel, B.	14 Mar 1890	2:139
McDaniel, d/o Fred	30 Nov 1890	2:139
McDanough, Thomas	22 Jul 1899	4:169
McDermitt, James	09 Jan 1869	1:40
McDermolt, Hugh	25 Aug 1903	4:172

NAME	DATE	V/P
McDermont, Dennis	17 May 1875	1:286
McDermot, Edward	20 Jan 1875	1:284
McDermot, John	18 Dec 1893	3:156
McDermot, Margarite	14 Feb 1894	3:156
McDermoth, James	06 Aug 1890	2:140
McDermott, Catharine	07 Oct 1877	1:292
McDermott, Clarence J.	02 Dec 1904	5:171
McDermott, Ellen	07 Jan 1901	4:170
McDermott, Hugh	13 Apr 1907	5:173
McDermott, Hugh	26 Oct 1900	4:170
McDermott, Margarett	28 Oct 1904	5:171
McDermott, Patrick	09 Feb 1904	4:171
McDermott, Wm.	22 Aug 1890	2:140
McDonagh, Bernard	07 Aug 1889	2:139
McDonal, John	04 Jul 1869	1:50
McDonald, Alice	25 Feb 1903	4:171
McDonald, Anna	21 Nov 1888	2:139
McDonald, Anna	24 Apr 1899	4:169
McDonald, Berl C.	04 Nov 1900	4:170
McDonald, Charlotte	14 Jan 1905	5:171
McDonald, Chas.	08 Aug 1902	4:171
McDonald, Edward	06 Mar 1906	5:172
McDonald, Edward	12 Jul 1878	1:294
McDonald, Florence B.	26 May 1877	1:292
McDonald, Florence B.	26 May 1877	1:290
McDonald, Frank B.	30 Dec 1893	4:168
McDonald, George	19 Dec 1897	4:168
McDonald, J. Ed.	23 Jun 1893	3:156
McDonald, J.P.	12 Feb 1876	1:286
McDonald, J.P.	12 Feb 1877	1:288
McDonald, James Robert	11 Oct 1904	5:171
McDonald, Jenette	05 Feb 1870	1:54
McDonald, Jenette	26 Mar 1870	1:54
McDonald, John	17 Jun 1872	1:280
McDonald, Katherine	05 Apr 1889	2:139
McDonald, Mary	19 Jun 1908	5:174
McDonald, Mary	23 Oct 1905	5:171
McDonald, Morris	05 Dec 1906	5:172
McDonald, Thos.	01 Jun 1895	3:156
McDonaugh, Annie	08 Mar 1882	1:160
McDonaugh, Bernard	21 May 1904	5:171
McDonaugh, Bridget	15 Mar 1890	2:139
McDonaugh, Florence	17 Apr 1882	1:160
McDoniugh, Patrick	1886	2:122
McDonnell, Edward	12 Feb 1892	2:140
McDonnell, Harvy	06 Dec 1891	2:140
McDonnell, Infant	02 Mar 1901	4:169
McDonnell, Infant	10 Jan 1876	1:286
McDonnell, Thomas	04 Nov 1907	5:173
McDonnold, Henry	18 Aug 1904	5:171
McDonough, Andrew	14 May 1906	5:173
McDonough, Catherine	29 Oct 1905	5:172
McDonough, Inf/o Pat	21 Dec 1880	1:298
McDonough, Infant	08 Nov 1878	1:294
McDonough, Infant	10 Jun 1883	1:162
McDonough, James	08 Jan 1872	1:276
McDonough, John J.	14 Jan 1907	5:172
McDonough, Mary	24 Dec 1907	5:173
McDonough, Michell	21 Apr 1907	5:173
McDonough, Pat.	03 Apr 1905	5:172
McDougal, Allen	18 Nov 1891	2:140
McDowell, Lotta S.	06 Nov 1881	1:160
McDowell, Minnie	02 Apr 1906	5:173
McDowl, Manda	02 Apr 1906	5:172
McDuade, James	24 Jun 1899	4:169
McDugal, Owen.	1888	2:138
McDugeal, John	01 Mar 1879	1:294
McEhnery, J.	10 Sep 1875	1:286
McEldoway, Mary	23 Jan 1904	4:171
McEleroy, Catharine	13 Apr 1868	1:12
McElhang, Mary	25 Mar 1873	1:280
McElhenie, Beatrice L.	07 Oct 1900	4:170
McElroy, Albert T.	20 Sep 1903	4:171
McElroy, Aug.	29 Aug 1880	1:300
McElroy, Charles William	26 Mar 1889	2:139
McElroy, Dennis	19 Sep 1893	3:156
McElroy, Edward	14 Dec 1872	1:280
McElroy, Inf/o Annie	20 Jan 1869	1:30
McElroy, Susan E.	18 Jul 1902	4:170
McElvoy, Denis E.	24 Dec 1872	1:280
McEntysa, A.L.	15 Jul 1884	2:138
McFarland, Cath.	31 Jul 1900	4:170
McFarland, Floyd R.	28 Aug 1903	4:171
McFarland, Infant	28 Mar 1904	4:171
McFarland, Irma May	17 Nov 1900	4:169
McFarland, J.W.	13 Jul 1906	5:173
McFarland, John	28 Dec 1904	5:171
McFarlane, Margaret	29 Apr 1906	5:172
McField, ch/o Wm.	08 Jul 1888	2:139
McFillan, U.G.	28 Feb 1896	3:156
McFillen, Eva E.	11 Mar 1885	2:138
McFlanahan, Unknown	30 Oct 1892	2:137
McFreehn, Clarinda	29 Nov 1908	5:174
McGarry, John	14 May 1897	4:168
McGarry, Katharine	05 Feb 1902	4:170
McGarry, Peter	10 Jul 1895	3:156
McGarvey, Anna	01 Jul 1889	2:139
McGarvey, Joseph M.	21 May 1899	4:169
McGarvey, R.D.	20 Mar 1908	5:173
McGarvy, Jno. Josp.	29 Jul 1890	2:140
McGary, s/o Michael	02 Aug 1897	4:174
McGearry, Mary A.	18 Apr 1888	2:139
McGeary, Infant	28 Jan 1900	4:169
McGee, James Henry	25 Jul 1893	3:156
McGee, Paul	19 Jun 1906	5:172
McGettigan, Hugh	16 Apr 1877	1:290
McGettigan, Hugh	26 Apr 1877	1:292
McGettigan, James	02 Apr 1873	1:278
McGettigan, James	17 May 1900	4:170
McGettigan, Jane	07 Mar 1888	2:138
McGiffin, Lottie J.	07 Sep 1890	2:140
McGill, Anna M.	17 Sep 1907	5:173
McGill, Luce	11 Sep 1907	5:173
McGillicuddy, Abba	09 Sep 1905	5:172
McGillicuddy, Cornelius	24 Jul 1868	1:20
McGillicuddy, Daniel	09 Nov 1906	5:173
McGillicuddy, Mary	15 Nov 1906	5:173
McGillycuddy, Mary	03 May 1869	1:2
McGilvery, Martha	09 Mar 1895	3:156
McGinn, Michael	08 Dec 1892	2:137
McGinn, Owen	12 Jan 1905	5:171
McGinn, Owen	12 Sep 1904	5:171

NAME	DATE	V/P
McGinnees, Anne	24 Sep 1877	1:290
McGinness, Anne	05 Jul 1877	1:292
McGlaughlin, M.	10 Dec 1893	3:156
McGlenn, Jason B.	06 Jan 1901	4:169
McGlesson, Edwin	08 Jul 1904	5:171
McGlinn, Edward	26 Mar 1901	4:169
McGlinn, Louisa	01 Dec 1880	1:300
McGlinn, Patrick	Feb 1882	1:300
McGlone, Addie	05 Jul 1896	4:168
McGlone, Sophrine	24 Nov 1905	5:171
McGlynn, Fannie I.	17 Sep 1893	3:156
McGlynn, James	15 Apr 1905	5:172
McGlynn, James	21 Nov 1891	2:137
McGlynn, James A.	20 Feb 1900	4:169
McGlynn, James A.	20 Feb 1902	4:171
McGlynn, James F.	18 Nov 1891	2:140
McGlynn, Jane	05 May 1905	5:171
McGlynn, Mary	01 Jan 1878	1:292
McGlynn, Mary	01 Jan 1878	1:290
McGlynn, Unknown	27 Apr 1905	5:172
McGoldrick, J. Merlin	16 Mar 1904	4:172
McGonn, Michael	10 Dec 1872	1:278
McGough, Peter	09 Aug 1905	5:172
McGourty, Catherine	13 Nov 1892	2:137
McGovern, Margaret	09 May 1904	5:171
McGovern, Nellie	19 Dec 1906	5:172
McGovern, Patrick	17 Oct 1904	5:171
McGowan, Johanna	08 Jun 1895	3:157
McGowan, Robert	24 May 1900	4:169
McGowen, Veloa B.	22 Sep 1898	4:168
McGown, John	30 Mar 1903	4:171
McGrager, Ray T.	21 Aug 1880	1:300
McGrah, Genevia	28 Oct 1893	3:156
McGraith, Thos. M.	22 Jul 1901	4:170
McGrath, Bermont	14 Jul 1905	5:171
McGrath, Charles	08 Aug 1877	1:290
McGrath, Chas.	08 Aug 1877	1:292
McGrath, Donald	28 May 1906	5:172
McGrath, Ellen	08 May 1878	1:294
McGrath, Ellen	11 Jan 1890	2:139
McGrath, Ellen	Oct 1876	1:288
McGrath, Genevieve	28 Oct 1893	3:156
McGrath, Helen	27 Jan 1908	5:173
McGrath, James M.	27 Sep 1896	4:168
McGrath, John	16 Jul 1875	1:286
McGrath, Margret	07 Apr 1906	5:172
McGrath, Martha	16 Aug 1895	3:156
McGrath, Mary	03 Jan 1870	1:274
McGrath, Mary	09 Mar 1905	5:171
McGrath, Mary	30 Mar 1895	3:140
McGrath, May	17 Dec 1888	2:139
McGrath, Michael	18 Feb 1894	3:156
McGrath, Michael	19 Sep 1890	2:140
McGrath, Michael F.	12 Mar 1905	5:171
McGrath, Unknown	28 Apr 1906	5:172
McGrath, Walter	03 Jul 1894	3:157
McGravy, Geo.	19 Apr 1893	3:156
McGraw, Frank	02 Dec 1900	4:170
McGraw, Lama	27 Jan 1900	4:169
McGraw, Lucy	07 Feb 1905	5:171
McGraw, Maggie	13 Mar 1889	2:139
McGraw, Mary	01 Feb 1907	5:173
McGraw, Michael	14 Jan 1896	3:156
McGraw, William	10 Jan 1905	5:171
McGraw, William	26 Mar 1890	2:139
McGraw, Wm.	28 Sep 1868	1:24
McGreeh, Unknown	21 Dec 1907	5:173
McGreevey, Catharine	27 Feb 1872	1:276
McGreevey, Patrick	15 Aug 1886	2:122
McGreevy, James	07 Apr 1878	1:292
McGreevy, James	07 Apr 1878	1:290
McGregor, Infant	05 Jan 1887	2:122
McGren, Carrie	29 Oct 1900	4:170
McGreth, Margaret A.	05 Feb 1872	1:278
McGrevey, Bessie	06 Feb 1892	2:140
McGrevey, Thomas	08 Apr 1890	2:140
McGruder, John*	15 Aug 1884	
McGuckin, G.A.	15 Aug 1901	4:170
McGuire, Edmond	04 Feb 1881	1:298
McGuire, Elizabeth	21 Jan 1901	4:170
McGuire, Florence	13 Feb 1907	5:172
McGuire, Hugh	25 Mar 1891	2:140
McGuire, Inf/o Phil.	28 Feb 1871	1:276
McGuire, John	30 Jul 1897	4:168
McGuire, John F.	29 Jul 1875	1:286
McGuire, Kathie	11 May 1905	5:172
McGuire, Lawrence	20 Sep 1868	1:20
McGuire, Lawrence	23 Sep 1868	1:22
McGuire, Margaret	18 Jun 1900	4:170
McGuire, Margaret	28 Feb 1898	4:168
McGuire, Mary	06 Jun 1885	2:138
McGuire, Mary	16 Jul 1902	4:171
McGuire, Mary Catherine	29 Mar 1899	4:169
McGuire, Mich.	20 Sep 1868	1:20
McGuire, Sarah	1902	4:171
McGuire, Terry	09 Jan 1871	1:276
McGuire, Thomas	10 Feb 1898	4:168
McGushin, Jno.	14 Apr 1901	4:171
McHamn, Mary B.	14 Mar 1895	3:141
McHenry, Elizabeth	16 Feb 1895	3:156
McHenry, Patrick	02 Mar 1886	2:120
McHenry, Patrick	03 Mar 1886	2:138
McHenry, Samuel Vurz	28 Dec 1898	4:169
McHenry, Samun Dan	11 Jan 1892	2:140
McHugh, Francis	22 Mar 1897	4:168
McHugh, Jas.	17 Jul 1885	2:138
McHugh, Kitty	04 Jul 1904	5:171
McHugh, Margarett	09 Jul 1897	4:168
McIlgahan, Hellen	27 Nov 1899	4:169
McIlrath, Hareitt	01 Apr 1885	2:138
McIlrath, Harriett	29 Feb 1908	5:173
McInnes, Helen L.	09 Mar 1904	4:172
McInnis, Anna Louise	24 Aug 1900	4:170
McInnis, Isabelle O.	15 Jan 1903	4:171
McIntire, Leo	17 Jul 1885	2:138
McIntire, s/o Wm.	---	2:139
McIntosh, Wm. D.	07 Apr 1899	4:169
McIntyre, Asa Daniel	28 Mar 1895	3:156
McIntyre, F. Mary	19 Sep 1872	1:280
McIntyre, Grace	29 Mar 1898	4:168
McIntyre, Lenora May	29 Jan 1884	1:162
McIntyre, Mable	06 Mar 1904	4:172

NAME	DATE	V/P
McIntyre, Minto	23 Mar 1895	3:156
McIntyre, Sarah	01 Jan 1903	4:171
McIntyre, Susan	08 Aug 1906	5:173
McIver, E.	09 Sep 1874	1:284
McIver, Joseph	09 Sep 1905	5:172
McIvery, Esther	06 Jan 1878	1:290
McKale, Margaret	18 Nov 1895	3:157
McKamara, John	04 Oct 1868	1:2
McKarkey, Esther N.D.	29 Oct 1898	4:169
McKarkey, Robert	02 May 1898	4:169
McKay, Hattie	29 Nov 1889	2:139
McKay, Isabella	02 Apr 1887	2:138
McKay, Isabella	02 Apr 1887	2:123
McKay, John	24 Feb 1906	5:171
McKay, Kate	16 Apr 1900	4:170
McKeckins, Lillian M.D.	29 Aug 1898	4:169
McKee, Charles	15 Jan 1907	5:173
McKee, Fred	09 Nov 1906	5:172
McKee, Gracie	22 Jul 1890	2:140
McKee, Margaret	22 Jul 1868	1:16
McKee, Richard Willard	25 Mar 1907	5:172
McKee, s/o George	13 Mar 1905	5:171
McKelbry, Edward	29 Dec 1905	5:172
McKellips, George	22 Oct 1898	4:168
McKellips, Mary	21 Apr 1899	4:169
McKelvey, Chas.	19 Feb 1900	4:169
McKelvey, John S.	01 Jan 1902	4:171
McKelvey, Maria E.	11 Sep 1886	2:122
McKenan, Thomas	30 Jul 1886	2:123
McKenly, George	29 Oct 1874	1:284
McKenna, John	03 Mar 1877	1:288
McKenna, John	20 Aug 1882	2:138
McKenzie, Ida	05 Sep 1892	2:137
McKenzie, Reynold	18 Dec 1903	4:171
McKenzie, Wm. M.	24 Feb 1868	1:10
McKeon, Laurence	07 Feb 1879	1:294
McKeown, Thos. H.	10 Dec 1899	4:169
McKer, Sarah E.	02 Oct 1901	4:170
McKillips, Angeline	20 Oct 1889	2:139
McKillips, David*	26 Aug 1908	
McKindley, Ida J.	28 Jan 1898	4:168
McKindley, John	29 Nov 1903	4:171
McKinistry, Ida	16 Oct 1875	1:286
McKinley, Alonzo	19 Oct 1905	5:172
McKinley, Arthur	31 May 1887	2:138
McKinley, Daniel	12 May 1885	2:138
McKinley, Dan'l	27 Jan 1889	2:139
McKinley, Geo. F.	20 Dec 1872	1:280
McKinley, Jane	10 Feb 1878	1:292
McKinley, Jas. B.	20 Sep 1887	2:138
McKinley, John	29 Nov 1903	4:171
McKinley, Kate	22 Oct 1884	2:138
McKinley, L.S.D.	23 Jan 1871	1:276
McKinley, Maggie	29 Jan 1889	2:139
McKinley, Mary	07 Jan 1908	5:173
McKinley, May	22 Mar 1882	1:160
McKinley, Morris	29 Feb 1891	2:137
McKinley, Patrick	08 Sep 1880	1:298
McKinley, Robert	14 Jan 1889	2:139
McKinley, William*	15 Oct 1882	
McKinley, Wm.	20 Oct 1871	1:276
McKinney, Alma J.	29 Mar 1871	1:274
McKinney, Bessie	30 Jan 1894	3:156
McKinney, Catharine	20 Jul 1874	1:282
McKinney, Christena	19 Jun 1903	4:172
McKinney, John	06 Jan 1875	1:282
McKinney, Lizzie	25 Feb 1887	2:138
McKinney, Lucy M.	26 Mar 1871	1:274
McKinney, Mary	09 Mar 1872	1:276
McKinney, Mich'l	03 Sep 1868	1:22
McKinney, Mine C.	1889	2:139
McKinney, Tessy L.	19 May 1881	1:158
McKinnon, Jno. G.	04 Apr 1890	2:139
McKinnon, John G.	04 Apr 1890	2:140
McKinnon, Neil D.	24 Jun 1905	5:172
McKinsie, Eva	22 Dec 1891	2:140
McKinsie, Maud	29 Nov 1891	2:140
McKinsie, Pearl	29 Nov 1891	2:140
McKinstry, Sam	10 Mar 1881	1:300
McKisin, Charles	11 Feb 1873	1:278
McKisson, Catherine D.	25 May 1893	3:156
McKiver, Sarah	25 Feb 1878	1:292
McKiver, Sarah	25 Feb 1878	1:290
McKnight, George	15 Nov 1903	5:173
McKnight, Harry	28 Oct 1886	2:124
McKnight, James	16 Oct 1907	5:173
McKnight, s/o Robert	16 Aug 1905	5:172
McKone, Larry	16 Aug 1880	1:300
McKosky, Rob't	29 Oct 1898	4:169
McKree, Myrtle	19 Apr 1903	4:172
McLaghlin, Infant	30 Jun 1890	2:140
McLain, Oris	18 Jul 1904	5:171
McLain, Sarah Louise	Feb 1877	1:288
McLaren, M., Miss	10 May 1906	5:172
McLaughlin, Alice	30 Jun 1890	2:139
McLaughlin, Cath.	27 Aug 1887	2:138
McLaughlin, Elizabeth	10 Mar 1898	4:168
McLaughlin, Grace	01 Mar 1893	2:137
McLaughlin, James	01 Sep 1871	1:278
McLaughlin, James	02 Oct 1893	3:156
McLaughlin, John	10 Jul 1899	4:169
McLaughlin, John, Mrs.	02 Jan 1902	4:170
McLaughlin, Joseph F.	10 Jul 1901	4:170
McLaughlin, Maggie	01 Sep 1876	1:288
McLaughlin, Margaret	04 Sep 1900	4:169
McLaughlin, Margarette	21 Nov 1891	2:140
McLaughlin, Mary	25 Jan 1868	1:8
McLaughlin, Mary	29 Jan 1888	2:138
McLaughlin, Mary	29 Jan 1889	2:139
McLaughlin, Pat.	11 Apr 1890	2:140
McLaughlin, Unknown	31 Jan 1905	5:171
McLaughling, Lillian L.	02 Jan 1902	4:170
McLean, Amelia	11 Mar 1907	5:173
McLean, George	28 Sep 1878	1:292
McLean, Jas. R.	03 Sep 1901	4:170
McLean, Leroy Adolph	25 Aug 1888	2:139
McLeary, Benj. V.	16 Dec 1875	1:284
McLeary, Edward	22 Mar 1887	2:122
McLeary, Grace C.	21 Sep 1898	4:168
McLeary, Hiram Sebastian	24 May 1907	5:173
McLeary, Mary O'Neal	04 Mar 1890	2:139

NAME	DATE	V/P	NAME	DATE	V/P
McLerr, Mabel C.	05 Jul 1899	4:169	McMillan, Wm. G.	09 Jul 1869	1:46
McLigne, Cecil L.	25 Feb 1898	4:168	McMillen, Maria J.	24 Oct 1903	4:171
McLinn, Nellie	02 Mar 1897	4:168	McMillen, Rob't P.	10 Aug 1903	4:171
McLollock, Matilda	11 Apr 1879	1:294	McMillen, Sylvia	23 Jul 1870	1:274
McMahan, Ella L.	12 Oct 1889	2:139	McMillian, John	11 Jan 1870	1:44
McMahan, George	26 Oct 1872	1:280	McMillin, George	08 Feb 1875	1:282
McMahan, Melissa G.	18 Sep 1877	1:292	McMonagle, Daniel J.	13 Jan 1890	2:139
McMahan, Pat. J.	27 Dec 1887	2:138	McMonagle, Kate	28 Feb 1885	2:138
McMahon, Albert C.	01 Jan 1904	4:171	McMullen, James Haines	06 Sep 1901	4:170
McMahon, Arnold	05 Aug 1891	2:140	McMullen, John	21 Jan 1896	3:156
McMahon, Bernard	16 Jul 1902	4:171	McMullen, Margery	19 Jan 1888	2:138
McMahon, Catherine	12 Dec 1903	4:172	McMullen, Thos.	20 Oct 1892	2:137
McMahon, Cora	27 Aug 1869	1:58	McNairy, George B.	09 Sep 1901	4:170
McMahon, Dora	27 Sep 1880	1:300	McNally, Thomas Riordon	15 Jul 1900	4:169
McMahon, Edward	01 Apr 1868	1:12	McNamar, James	14 Dec 1903	4:171
McMahon, Elizabeth	11 May 1869	1:58	McNamara, Anna	16 Jul 1904	5:171
McMahon, Ella	27 Jan 1905	5:171	McNamara, M.	15 Aug 1901	4:170
McMahon, Frances P.	05 May 1897	4:168	McNamara, Maria	11 Jun 1901	4:170
McMahon, George	23 Oct 1906	5:173	McNamara, Mary	18 Jun 1901	4:170
McMahon, John	14 Dec 1883	1:162	McNamara, Michael	19 Dec 1902	4:171
McMahon, John J.	24 Aug 1903	4:171	McNamara, Thomas	09 Jun 1902	4:171
McMahon, Maggie	13 Feb 1885	2:138	McNamarra, Dennis	May 1905	5:172
McMahon, Mary Frances	11 Nov 1902	4:171	McNamora, Infant	28 Aug 1884	2:138
McMahon, Stanley	22 Feb 1902	4:231	McNany, George F.	09 Aug 1890	2:140
McMahon, Stanley	22 Feb 1903	4:171	McNany, Jennie	10 Nov 1890	2:140
McMahon, Unknown	02 Mar 1880	1:296	McNany, William	20 Nov 1890	2:140
McMahon, Walter J.	06 Jul 1908	5:161	McNarey, Ida	13 Mar 1908	5:173
McMahon, William	09 Jan 1908	5:173	McNarry, Anna	16 Apr 1893	3:156
McMaken, Anna	29 Dec 1902	4:171	McNeil, Mary	27 Jan 1905	5:171
McMakin, E.V.	09 Nov 1889	2:139	McNeil, Nora	07 Jul 1889	2:139
McMamee, Mary	26 Aug 1895	3:156	McNeill, James	11 Jul 1883	1:162
McMan, L.	02 Mar 1908	5:173	McNeith, Donald C.	---	4:171
McManagle, Ladia	21 Mar 1889	2:139	McNelly, Cora	18 Feb 1877	1:288
McMane, Unknown	30 Sep 1892	2:137	McNelly, Francis	04 Mar 1900	4:169
McManes, John	09 Sep 1875	1:286	McNelly, Mary A.	26 Apr 1879	1:294
McManis, Mary	Dec 1891	2:140	McNerny, Marion F.	21 Nov 1896	4:168
McMann, Florence	02 Nov 1894	3:156	McNerry, Thom J.	14 Sep 1897	4:168
McManns, Bernard	12 Dec 1894	3:156	McNervey, A.E.	16 Apr 1893	3:156
McManns, Michael	07 May 1904	5:171	McNess, John C.	13 Jan 1872	1:278
McMannus, Wm.	22 Jan 1897	4:168	McNitt, Elizabeth H.	27 Jun 1897	4:168
McMans, Centen	01 Sep 1875	1:286	McNulty, Pitalian	09 Mar 1905	5:171
McManus, Andrew	08 Sep 1890	2:140	McNut, Jane C.	07 Jun 1880	1:296
McManus, Bernard	17 Jul 1893	3:156	McNutt, Artemena	08 Oct 1887	2:138
McManus, Chas. O.	02 Apr 1887	2:138	McNutt, Arville	17 Jan 1898	4:168
McManus, Eddie	04 May 1881	1:298	McNutt, Bergsey Nathan	01 Jan 1900	4:169
McManus, Edward	04 May 1881	1:158	McNutt, Calvin Pool	17 Jan 1869	1:40
McManus, Geo.	29 Mar 1886	2:138	McNutt, Catharine M.	21 Jun 1894	3:156
McManus, Helen A.	10 Jan 1890	2:139	McNutt, d/o Melvin	28 Mar 1906	5:172
McManus, John	13 Jul ---	2:139	McOlister, Addie M.	27 Jun 1895	3:142
McManus, John	25 Jul 1881	1:158	McOlister, Addie M.	27 Jun 1895	3:157
McManus, Kate B.	13 Oct 1886	2:123	McOscar, J.R., Dr.	06 Oct 1905	5:172
McManus, Mary	28 Dec 1885	2:138	McParland, Edward	08 Aug 1874	1:282
McManus, Mic*	24 Nov 1884		McPartlan, Infant	---	1:18
McManus, Thomas C.	30 Aug 1878	1:294	McPartlan, James	15 Sep 1891	2:140
McManus, Willy*	03 Feb 1883		McPartland, Annie	12 Sep 1877	1:292
McMasters, Wm.	02 Sep 1892	2:137	McPartland, Bridgit	21 Jan 1896	3:156
McMellan, Clara	13 Jul 1872	1:280	McPartland, Edward	26 May 1895	3:156
McMerran, Barney	28 Apr 1875	1:282	McPartland, James	15 Aug 1878	1:294
McMichael, David	15 Jan 1880	1:296	McPartland, Peter	08 May 1902	4:171
McMichael, Inf/o Jas.	10 Jan 1887	2:122	McPartland, Thomas	24 Jul 1882	1:160
McMickle, John	01 Mar 1872	1:276	McPartland, Thos.	22 Sep 1900	4:170

NAME	DATE	V/P
McPeek, Fred	13 Mar 1904	4:171
McPeek, Joseph	11 Oct 1903	4:172
McPherson, Allen	18 Aug 1904	5:171
McPhillin, U.G.	28 Feb 1896	3:157
McQuade, June	14 Feb 1906	5:172
McQuade, Michael J.	14 Dec 1899	4:169
McQuaire, Infant	10 Apr 1888	2:139
McQuellen, Lizzie	12 Apr 1891	2:140
McQuillan, Mary	07 Nov 1868	1:2
McQuillan, Mildred	02 Aug 1905	5:172
McQuilling, Ira	02 Jun 1874	1:282
McQuinn, Thomas	29 Nov 1891	2:137
McQuire, Mary J.	05 Sep 1875	1:286
McQuirk, James	17 Apr 1904	5:171
McQuirk, Mary	17 Apr 1904	5:171
McRay, John	09 Oct 1907	5:173
McRay, John	25 Dec 1906	5:173
McSweeny, Levi	13 Sep 1890	2:140
McTaggart, Ellen	10 Jun 1895	3:156
McTague, Thomas	21 Feb 1902	4:170
McTigue, Celia	17 Nov 1899	4:169
McTigue, Chas.	08 Sep 1891	2:140
McTigue, Miles A.	16 Sep 1893	3:156
McTillen, James	15 Feb 1884	1:160
McVaa, Minnie	23 Mar 1904	4:171
McVail, John	28 Nov 1906	5:173
McVarey, Barney	28 Oct 1886	2:123
McVary, James	13 Feb 1905	5:171
McVicker, Leo	28 Aug 1897	4:168
McVicker, Wesley J.	22 Dec 1900	4:169
McWayne, Eliza	09 Oct 1905	5:172
McWerney, Peter	24 Mar 1897	4:168
McZinskey, John	13 Sep 1889	2:139
Nacht, Peter	22 Oct 1901	4:176
Nachtrab, Clary	25 Aug 1882	1:306
Nachtrab, Susan	24 Feb 1881	1:304
Nadalni, Zofija	20 Nov 1899	4:176
Nadolna, M.	15 Jan 1885	2:141
Nadolne, Stephen	28 Dec 1888	2:142
Nadolner, Gusand	09 Aug 1888	2:142
Nadolney, Peter	03 Jul 1897	4:175
Nadolny, Sophia	17 Jun 1908	5:179
Nadolny, Victoria	01 May 1902	4:177
Nadraski, Clara	20 Oct 1901	4:176
Nadraski, Hattie	21 Aug 1906	5:178
Nadraski, Wanda	11 Sep 1897	4:175
Nafierala, Anten	20 Feb 1898	4:175
Nafts, Catharine	13 Nov 1895	3:161
Naftz, Herman	01 Jul 1895	3:161
Nafus, Charles	04 Apr 1901	4:176
Nagel, Elizabeth	23 Jan 1905	5:177
Nagelbrecker, Anna Mary	07 Jun 1904	5:177
Nagels, John, Jr.	04 Dec 1868	1:28
Nagely, Charles R.	12 Apr 1882	1:306
Nagg, Anna	24 Jun 1908	5:179
Naggs, Alex	23 Feb 1893	2:144
Naggs, Sarah	24 Sep 1889	2:143
Naggy, Laszo	05 Feb 1907	5:178
Naggy, Paul	20 Jan 1907	5:178
Nagle, Margaretta	26 Oct 1895	3:161
Nagle, Martha	30 Oct 1900	4:176

NAME	DATE	V/P
Nagle, N.	26 Feb 1906	5:177
Naglebracher, Elvey Regena	12 Jan 1894	3:160
Nagry, John	20 Dec 1902	4:177
Nagy, Maria	23 Mar 1909	5:179
Nahls, Lizzie	21 Aug 1885	2:141
Nailer, Alla L.	21 Oct 1886	2:141
Nailor, Emeline	01 Apr 1886	2:141
Nailor, Jas. W.	06 Oct 1886	2:141
Naitzka, Frank W.	13 Jun 1888	2:142
Naitzke, Fredrick	04 Feb 1894	3:161
Nance, Johnny	15 Oct 1872	1:302
Nanna, Susan	14 Mar 1873	1:302
Nanon, Harry	22 Feb 1886	2:141
Nants, Adeline Irene	15 Mar 1900	4:175
Napalski, Wladislaw	20 Aug 1908	5:179
Napierala, Anna	08 Oct 1895	3:161
Napierala, Stanislaws	26 May 1895	3:161
Napierla, Frank	28 Oct 1894	3:161
Napkins, Meville W.	19 Nov 1895	3:161
Napolski, Frank	01 Apr 1886	5:177
Napper, Amelia F.	11 Mar 1885	2:141
Napper, Fred'k.	17 Sep 1892	2:144
Napper, Mary	08 Jan 1871	1:302
Napper, Mary M.	03 Jan 1885	2:141
Napper, Willis	14 Mar 1897	4:174
Naramore, Emma Edith	15 Sep 1894	3:160
Naramore, Jos.	01 Jun 1880	1:304
Narenleig, Alvin W.	21 Dec 1896	4:174
Nargel, Viola C.	03 Nov 1887	2:142
Naruszok, Jack	26 Mar 1906	5:177
Narvarre, Marian	25 Jul 1889	2:142
Narvowaski, Stephen	26 Feb 1899	4:175
Nary, Anna	25 Jan 1899	4:175
Nary, James	15 Mar 1906	5:178
Nary, Kate	31 Jul 1880	1:304
Nary, Michael	26 Nov 1896	4:174
Nary, Peter	28 Aug 1877	1:304
Nash, Infant	05 Aug 1889	2:142
Nash, Frank	20 Oct 1901	4:176
Nash, Hattie	29 Feb 1887	2:142
Nash, James M.	15 Jan 1904	4:177
Nason, Edgar H.	19 Feb 1872	1:302
Nason, Ida E.	09 Nov 1899	4:175
Nason, Samuel H.	04 Nov 1890	2:143
Nason, Sarah A.	02 Jul 1903	4:177
Nasper, Unknown	04 Mar 1870	1:54
Nast, Matilda	14 Dec 1907	5:178
Nast, William	28 Jun 1907	5:178
Nastachonski, Stanley	15 Mar 1906	5:177
Nastachowski, Thomas	12 Oct 1904	5:177
Nathan, August	06 Feb 1901	4:176
Nathan, Susan	11 May 1896	1:40
Natrasek, Stanislaus	24 Mar 1891	2:143
Nattks, Henry	06 Jul 1885	2:141
Natzi, Stanislaus	26 Sep 1893	3:160
Naugle, James L.	26 Oct 1903	4:177
Naugle, Pearl I.	23 May 1903	4:177
Nauman, John	11 Mar 1874	1:302
Naumberg, Adelaide	04 Aug 1903	4:177
Nautz, Frances D.	21 May 1903	4:177

NAME	DATE	V/P
Navaraugh, Minnie	02 Mar 1890	2:143
Navare, Pearly	28 Jul 1877	1:304
Navare, Robert	07 Feb 1873	1:302
Navarre, Catherine	27 Aug 1900	4:176
Navarre, Cezile	28 Nov 1875	1:302
Navarre, Clarence Lee	15 Feb 1894	3:160
Navarre, Eda	16 Apr 1879	1:304
Navarre, Elizabeth	05 Feb 1901	4:176
Navarre, Eveline	06 Apr 1882	1:304
Navarre, Exivia	07 Feb 1906	5:177
Navarre, Gilbert	02 May 1887	2:142
Navarre, Inf/o Isadore	16 Feb 1883	1:306
Navarre, Isadore	19 Jan 1907	5:178
Navarre, Isadore	26 Feb 1906	5:177
Navarre, John	13 Jan 1879	1:304
Navarre, Laura	02 Apr 1898	4:174
Navarre, Lillie	10 Jun 1884	2:141
Navarre, Mary	01 Nov 1893	3:160
Navarre, Mertie	13 Apr 1899	4:175
Navarre, Myrtle	13 Apr 1899	4:175
Navarre, Peter	04 Feb 1879	1:304
Navarre, Peter	20 Sep 1902	4:177
Navarre, Peter	22 Jan 1885	2:141
Navarre, Robert C.	12 Jul 1899	4:175
Navarre, Samuel	18 Aug 1902	4:177
Navarre, Susan	21 Nov 1874	1:302
Navarre, Tousaint	05 Jul 1875	1:302
Navarre, Victor	22 Dec 1881	1:304
Navarree, Catherine	12 Jul 1892	2:144
Navars, David	16 Mar 1872	1:302
Navaugh, John	Mar 1884	1:306
Navaugh, Winnifred	29 Jan 1886	2:141
Naver, Anna	24 May 1903	4:177
Naver, John H.	01 Oct 1906	5:178
Navore, Dora Ellen	24 Aug 1891	2:143
Nawakowski, Magdelena	26 Jul 1908	5:179
Nawiski, Agnes	20 Jul 1908	5:179
Nawitowski, Stella	17 Aug 1893	3:160
Nawskowsky, Frank	25 Nov 1890	2:143
Naylor, Floyd E.	09 Aug 1901	4:176
Naylor, Mary A.	11 Apr 1900	4:176
Naylor, Vivian	20 Feb 1906	5:177
Neadhammer, Henry	22 Apr 1896	4:174
Neaft, Robert	09 Aug 1878	1:304
Neal, Charlott	10 Feb 1899	4:175
Neal, Cora	26 Nov 1879	1:304
Neal, Daniel D.	25 Jul 1893	3:160
Neal, Eveland	15 Dec 1885	2:141
Neal, Evelyn A.	13 Dec 1884	2:141
Neal, Infant	11 Mar 1896	3:161
Neal, Jennie Edna	21 May 1894	3:160
Neal, Mary C.	16 Sep 1884	2:141
Neal, Myrtle	07 Aug 1907	5:179
Neal, Wilfred	04 Oct 1889	2:142
Nealand, Henry	08 Feb 1881	1:304
Neander, John A.	21 Aug 1894	3:160
Nearing, Henry O.	25 Mar 1898	4:174
Nearing, Mars	25 Oct 1895	3:161
Neary, Eugene	12 Dec 1903	4:177
Neary, Michael	11 Nov 1881	1:306
Neaster, Edward	04 Aug 1870	1:302
Neberall, Inf/o Elias	12 Oct 1868	1:24
Necoal, Louisa	Nov 1877	1:304
Nedan, Lillie	09 Jan 1884	2:141
Neddinger, Luewla	17 May 1894	3:160
Nedeau, William	07 Mar 1882	1:306
Neder, John	16 Mar 1880	1:304
Nediger, Ernest A.	24 Aug 1899	4:175
Neeb, George	21 Jan 1908	5:178
Needdermeyer, August	15 Dec 1893	3:160
Needham, Peter	11 Nov 1890	2:143
Neel, Julie Francis	28 Jul 1896	4:174
Neel, Wm. H.	19 Aug 1904	5:177
Neeley, Elizabeth	15 Mar 1884	1:306
Neely, Jonathan	26 Feb 1868	1:6
Neely, Sarah	19 Oct 1906	5:178
Neep, George	28 Nov 1903	4:177
Neff, Emma	15 Dec 1906	5:178
Neff, John	22 Jan 1877	1:302
Neff, Mary L.	20 Dec 1867	1:60
Negus, Porter	29 May 1895	3:161
Neher, Benedick	23 Feb 1894	3:160
Neher, Orecentia	11 Nov 1907	5:179
Nehiser, Anna L.	15 Jul 1869	1:52
Nehiser, Louise	30 Apr 1905	5:177
Nehizer, John P.	20 Feb 1893	2:144
Nehr, Jennie	27 Dec 1892	2:144
Neiber, Earnest	30 Nov 1895	3:161
Neidemeyer, Joseph	16 Apr 1871	1:302
Neidermeyer, Julia	11 Sep 1889	2:143
Neidhardt, Chas. Ludwig	29 Dec 1893	3:160
Neidhardt, s/o Gust C.	19 Mar 1894	3:160
Neidir, John	24 Mar 1884	1:306
Neif, Anna Elizabeth	29 Apr 1901	4:176
Neifeld, Maitz	21 Feb 1908	5:178
Neihardt, Lizzie	28 Mar 1889	2:142
Neihaus, Eliza	01 Nov 1893	3:160
Neiman, Mary	22 Sep 1890	2:143
Neimann, Ernest H.	17 Aug 1891	2:143
Neimann, Fred H.	Oct 1891	2:143
Neimeyer, Chas.	24 Jul 1875	1:302
Neimier, Mary	22 Feb 1908	5:178
Neipp, Lincoln J.	15 Feb 1908	5:179
Neipp, Louise F.	15 Feb 1908	5:179
Neipp, Theodore J.	15 Feb 1908	5:179
Neis, Gerty	13 Jan 1887	2:141
Neisen, Berthold	31 Oct 1905	5:177
Neishong, A.E	15 Aug 1904	5:177
Neister, Mary	08 May 1871	1:302
Neiswander, Amos E.	30 Nov 1900	4:176
Neiswander, Olive	30 Dec 1902	4:177
Neiter, W.M.	31 Mar 1869	1:36
Neitz, Johanna	06 Feb 1895	3:161
Neitz, Racheal	23 Aug 1903	4:177
Neitzka, Augusta	05 Oct 1896	4:174
Neitzke, Regina	09 Nov 1885	2:141
Neizke, Tillie	26 Jan 1900	4:175
Neland, Sophia	07 Feb 1868	1:8
Neland, Unknown	17 Dec 1896	3:161
Nelch, Barbara	06 Sep 1901	4:176
Nellis, Francis H.	04 Apr 1874	1:302
Nellis, Henry	31 Oct 1904	5:177

NAME	DATE	V/P
Nellis, Mary D.	01 Mar 1874	1:302
Nellis, Wm. A.	01 Mar 1874	1:302
Nellos, Louis	12 Jul 1905	5:177
Nelsan, Alice	19 Oct 1896	4:174
Nelson, Anna R.	01 Dec 1891	2:143
Nelson, Annie	03 Oct 1885	2:141
Nelson, Caroline, Mrs.	11 Jan 1908	5:178
Nelson, Cevarb	17 Oct 1885	2:141
Nelson, Charles	05 Aug 1877	1:304
Nelson, David E.	06 Nov 1882	1:306
Nelson, Elizabeth	14 Aug 1889	2:142
Nelson, Foster	08 Sep 1899	4:175
Nelson, Freddy	13 Mar 1879	1:304
Nelson, Fred'k C.	31 Aug 1885	2:141
Nelson, Frieda	28 Dec 1896	4:174
Nelson, Howard R.	28 Oct 1889	2:142
Nelson, N.C.	18 Oct 1902	4:177
Nelson, Otto	11 May 1899	4:175
Nelus, Henry	16 Sep 1876	1:302
Nendus, Fredo A.A.	05 Nov 1908	5:179
Nenehaus, Henry	09 Oct 1904	5:177
Nepomuch, J.	25 Jul 1881	1:306
Nerrucen, Emma	26 Dec 1885	2:141
Nesaine, Youivella	14 Jun 1877	1:304
Nesbit, Andrew	22 Oct 1894	3:160
Nesbit, Ann	03 Jul 1875	1:302
Nesbit, Thos. J.	04 Mar 1907	5:178
Nesper, Fredericka	19 Mar 1905	5:177
Nesper, Fredrica	19 Mar 1905	5:177
Nesper, Geo. W.	07 Dec 1895	3:161
Nesper, Hulda	30 May 1896	4:174
Nesper, Jacob	11 Dec 1900	4:176
Ness, Elsa Lena W.	31 Mar 1901	4:176
Ness, Florence B.	28 Feb 1886	2:141
Ness, Ida	13 Aug 1890	2:143
Ness, John	23 Feb 1883	1:306
Nessle, Lizzie	11 Jul 1904	5:177
Nester, Charles	26 Apr 1891	2:143
Netter, Joseph	14 Oct 1870	1:302
Nettleman, Carrie	26 Mar 1900	4:175
Nettleman, Rose L.	03 Jan 1895	3:160
Netymer, Edward	14 Feb 1886	2:141
Netz, Leo	04 Oct 1895	3:161
Neubert, Henriette	09 Apr 1904	5:177
Neubrucht, Delia	27 Feb 1893	2:144
Neudus, Freda A.A.	05 Nov 1908	5:179
Neufang, Clara E.	03 Jun 1903	4:177
Neugent, M.E.	10 Aug 1903	4:177
Neugert, Chas. F.	16 Sep 1880	1:304
Neuhaus, D.G.	---	1:306
Neuhaus, Fred H.	07 Aug 1881	1:306
Neuhaus, Herman	17 Dec 1903	4:177
Neuhaus, Phoebe	11 Apr 1890	2:143
Neuhause, Fred'k	29 Mar 1904	4:177
Neuhausel, Barbara M.	13 Oct 1894	3:160
Neuhausel, Julius	08 Oct 1889	2:143
Neuhausel, Leonia	Feb 1891	2:143
Neuhausel, Lottie E.	27 Feb 1878	1:304
Neuhausel, Nicholas, Sr.	09 Aug 1899	4:175
Neuman, Mathias	11 Mar 1869	1:34
Neury, Jennie	09 Dec 1893	3:160

NAME	DATE	V/P
Neusbaum, Catherine	21 Jun 1908	5:179
Never, Rosa Augusta Caroline	09 Sep 1895	3:161
Neversman, Katie	28 Jan 1893	3:160
Neville, Hannah	19 Feb 1890	2:143
Neville, John	11 Sep 1874	1:302
Nevins, Viola J.	28 Jul 1886	2:141
Nevitt, Josep N.	06 Mar 1891	2:143
Nevrrie, Mary E.	09 Feb 1875	1:302
Newbauer, William	17 Aug 1907	5:178
Newberg, Mary E.	09 Jan 1908	5:179
Newberry, Martha	10 Jul 1873	1:302
Newberry, Lizzie B.	13 Jun 1892	2:144
Newbert, Mary	15 Mar 1887	2:141
Newbert, Susan	15 Aug 1894	3:160
Newbit, Frederick*	16 Jan 1883	
Newbury, Pearl	15 Nov 1907	5:179
Newcomb, Alexander H.	28 Aug 1888	2:142
Newcomb, Sarah	20 Oct 1878	1:304
Newcorn, Frank	14 Mar 1898	4:175
Newds, Mary	08 Nov 1891	2:143
Newell, Frances E.	13 Mar 1904	4:177
Newell, Mariah	15 Feb 1891	2:143
Newfarmer, Sol.	24 Aug 1901	4:176
Newhaus, Anna	04 Sep 1880	1:304
Newhaus, John S.	20 Mar 1887	2:141
Newhausel, s/o Chas.	21 Feb 1906	5:177
Newhausel, Unknown	15 Apr 1884	2:141
Newhouse, Frank	28 Dec 1884	2:141
Newhouse, Sophia	06 Jan 1880	1:304
Newill, Ellen	15 Nov 1881	1:304
Newingham, Rose	10 Jul 1907	5:178
Newitt, Joseph	06 Mar 1891	2:143
Newland, Calvin	07 Nov 1887	2:142
Newlauer, Norma	05 Aug 1900	4:176
Newlin, Mabel	22 Feb 1906	5:178
Newman, Edward	28 May 1894	3:160
Newman, Ellen	28 Jan 1892	2:143
Newman, Margaret	09 Oct 19897	4:174
Newman, Meta	23 Nov 1893	3:160
Newmann, Matthias	07 Mar 1896	1:2
Newnham, Aurthur L.	06 Dec 1890	2:143
Newsome, Fred	12 Oct 18906	5:178
Newson, George	11 Sep 1878	1:304
Newson, John	26 Jan 1901	4:176
Newton, Anna	29 Jun 1876	3:160
Newton, Horace	15 Apr 1900	4:175
Newton, Horris	15 Apr 1900	4:176
Newton, Isaac	15 Sep 1900	4:176
Newton, Jason	10 Feb 1903	4:177
Newton, Margaret	02 Mar 1880	1:304
Newton, Margret	15 Feb 1906	5:177
Newton, Mary J.	25 Nov 1905	5:177
Newton, Ruby M.	01 Mar 1879	1:304
Newton, Virginia B.	08 Nov 1906	5:178
Newton, Wm. Neilan	26 Dec 1903	4:177
Ney, August	22 Mar 1901	4:176
Ney, Camille	05 Jun 1897	4:174
Ney, Harrieta T.	14 Apr 1890	2:143
Neyck, Valantine	06 Jan 1892	2:143
Neylon, Mary J.	08 Feb 1904	4:177

NAME	DATE	V/P
Nibelurg, Augusta	30 Jan 1908	5:178
Nichalson, James	11 Feb 1897	4:174
Nichler, Frances	18 Mar 1880	1:304
Nichol, John M.	19 Mar 1872	1:302
Nicholas, Albert	12 Apr 1886	2:141
Nicholas, d/o Edward	04 Apr 1896	4:174
Nicholas, E.C.	27 Feb 1881	1:304
Nicholas, Ed.	19 Mar 1868	1:10
Nicholas, Eliz'th	Apr 1879	1:304
Nicholas, Leslie E.	24 Oct 1890	2:143
Nicholas, Lloyd Edmund	09 Sep 1901	4:176
Nicholas, Mary	13 May 1888	2:142
Nicholas, Rose	31 Oct 1887	2:142
Nicholas, Thomas J.	22 Nov 1897	4:174
Nicholas, Wade W.	19 May 1897	4:174
Nicholas, Willie B.	03 Sep 1871	1:302
Nicholass, Joseph	26 Mar 1885	2:141
Nichols, Alexander	24 Mar 1877	1:302
Nichols, Anna	24 Mar 1891	2:143
Nichols, Bessie	08 Sep 1906	5:178
Nichols, Charles	22 Aug 1881	1:306
Nichols, Emma	09 Mar 1888	2:142
Nichols, Ernest	24 Aug 1905	5:177
Nichols, Gill	29 Mar 1891	2:143
Nichols, Harry	08 Dec 1906	5:178
Nichols, Harry	13 Aug 1886	2:142
Nichols, Ines	14 Jan 1901	4:176
Nichols, James O.	24 May 1897	4:174
Nichols, Julia S.	24 Oct 1905	5:177
Nichols, Rose	04 Nov 1887	2:142
Nichols, Samuel	30 Jan 1903	4:177
Nichols, Velma	03 Aug 1903	4:177
Nicholson, Benjamin	01 Apr 1896	3:161
Nicholson, Chas.	03 Jun 1872	1:302
Nicholson, Ed.	03 Dec 1885	2:141
Nicholson, J., Mrs.	24 Jul 1906	5:178
Nicholson, Mary	02 Mar 1904	4:177
Nicholson, Susan	08 Apr 1900	4:175
Nicholson, Thomas	08 Nov 1880	1:304
Nichoson, Emma L.	28 Aug 1900	4:176
Nichtanmeir, Charles	02 Nov 1893	3:160
Nichter, Vincent	15 Jun 1905	5:177
Nickerson, Mildred	18 Aug 1905	5:177
Nickersy, Margarett	31 Jul 1888	2:142
Nickhause, Anna C.L.	19 Jun 1884	2:141
Nickle, Emma	25 Apr 1907	5:179
Nickle, Frank P.	18 Mar 1907	5:178
Nickles, Erl	06 Sep 1900	4:176
Nickles, Ida	23 Aug 1900	4:176
Nickles, William	16 Feb 1880	1:304
Nicklet, Daisy May	04 Aug 1883	1:306
Nicklet, Edward	01 Feb 1892	2:143
Nicklet, Mary Jane	16 Jan 1908	5:178
Nicklet, s/o Edward	29 Mar 1896	3:161
Nicklin, Joseph	10 Nov 1889	2:142
Nicklin, Joseph T.	03 Dec 1900	4:176
Nicklin, Martin	08 Aug 1904	5:177
Nickols, Conrad	07 Sep 1897	4:175
Nickramz, Mary	28 Jul 1879	1:304
Nickrantz, Infant	02 May 1894	3:161
Nickson, Charles	25 Feb 1876	1:302

NAME	DATE	V/P
Nicolai, Vera	05 Aug 1905	5:177
Niebergel, William	12 Jul 1877	1:304
Niebojewska, Teresa	10 Aug 1908	5:179
Niedle, Gottlieb	14 Oct 1889	2:143
Nieft, Fredaricka	03 May 1894	3:160
Niehaus, John	Oct 1885	2:141
Niehausen, Mary	30 Aug 1893	3:160
Niehfer, Andrew	26 Jul 1908	5:179
Niehold, Isabell	11 Aug 1870	1:302
Niekram, Arthur	30 Aug 1885	2:141
Niekranz, Henrietta L.	22 Dec 1887	2:142
Niekranz, Julia T.	19 Dec 1887	2:142
Nieman, Eliz'th	15 Jan 1876	1:302
Nieman, Hanna	10 Jan 1898	4:174
Niemesch, Charles	08 Aug 1901	4:176
Niemesock, Henry	22 Aug 1894	3:161
Niemeyer, Johanna	16 Mar 1897	4:174
Niemiller, Claude	07 Jan 1906	5:177
Niemiller, Mary	24 Mar 1886	2:141
Nienor, Marie	25 Jun 1899	4:175
Niesgoda, Frank	07 Mar 1907	5:178
Niess, Frank	1872	1:302
Niesy, Margaret B.	18 Oct 1897	4:174
Nietschn, Wm.	08 Oct 1895	3:161
Nihls, Minnie	09 Mar 1898	4:175
Nile, Anna L.	12 Jul 1892	2:144
Niles, Charles S.	21 Aug 1904	5:177
Niles, Clara	06 Jan 1905	5:177
Niles, Elischa	28 May 1896	4:174
Niles, Henry Thayer	13 Jan 1901	4:176
Niles, Lester	01 Sep 1887	2:142
Niles, Lester Jerome	05 Feb 1907	5:178
Niles, Mary A.	11 Jul 1904	5:177
Niles, Orlow	14 May 1897	4:174
Niles, Seai	24 Oct 1896	4:174
Niles, Walter Elwood	15 Feb 1907	5:178
Nills, Lottie S.	16 Jul 1877	1:304
Nimminch, Daniel	16 Apr 1898	4:175
Nimmish, Edward	23 Mar 1891	2:143
Nimmons, John	14 Dec 1888	2:142
Nims, Asa	08 Sep 1906	5:178
Nims, Asa	25 Dec 1907	5:179
Nina, Child	Apr 1891	2:143
Niner, John	14 Aug 1908	5:179
Niner, Peter	22 Jun 1887	2:142
Niner, s/o Augustus	10 Jan 1908	5:178
Ninns, Anna W.	22 Mar 1891	2:143
Nippe, John	08 Jul 1872	1:302
Nirdlinger, Jacob	15 Aug 1887	2:142
Nirdlinger, Samuel	12 Feb 1888	2:142
Niron, Leva	03 Aug 1888	2:142
Nishwitz, Theodore A.	25 Mar 1898	4:175
Nitiger, Richard	26 Nov 1886	2:141
Nitz, Mary	22 Feb 1902	4:176
Nitz, William	08 Sep 1906	5:178
Nitzgovieter, Fred'k	22 Jan 1868	1:8
Nitzky, Emma	04 Mar 1890	2:143
Nixon, Grace	13 Jun 1886	2:141
Nixon, Hannah	14 Feb 1888	2:142
Nixon, Harold B.	04 Jan 1902	4:176
Nixon, James A.	23 Jul 1876	1:304

NAME	DATE	V/P
Nixon, Julia	02 Oct 1892	2:144
Nixon, Marguerite	24 Jan 1900	4:175
Nixon, Nancy	31 May 1870	1:302
Nixon, Roland	10 Jan 1892	2:143
Nixon, William	22 Mar 1902	4:176
Nixon, Wm.	18 May 1868	1:14
Noah, Frederick	15 Feb 1897	4:174
Noaker, Amanda M.	01 Nov 1884	2:141
Noaker, Mary	10 Jan 1881	1:304
Noaker, Peter	22 Nov 1907	5:178
Noaker, William	13 Apr 1887	2:142
Noals, Ed.	30 Apr 1892	2:144
Nobe, Wm.	11 May 1884	2:141
Noble, John	06 Dec 1903	4:177
Noble, John A.	05 Dec 1903	4:177
Nodlaski, John	24 Feb 1904	4:177
Nodman, John	03 Oct 1890	2:143
Nodolni, Angeline	09 Aug 1902	4:177
Nodonly, Mary	28 Dec 1899	4:176
Noe, Frank	03 Feb 1889	2:142
Noe, Frank J.	17 Jul 1884	2:141
Noel, Anna	16 Dec 1903	4:177
Noel, Edward Peter	15 Jan 1899	4:175
Noel, John	01 Oct 1883	1:306
Noel, John Albert	02 Mar 1908	5:179
Noel, Lena	21 Apr 1894	3:160
Noel, Peter	21 Aug 1896	4:174
Noelbert, Elsie Ida	24 Feb 1897	4:175
Nofen, Joseph A.	22 Dec 1905	5:177
Nofen, William	21 Jul 1904	5:177
Noffel, Conrad	22 Dec 1890	2:143
Noffin, John	22 Oct 1905	5:177
Nofts, Emil	25 Sep 1875	1:302
Nofts, Louisa	25 Dec 1874	1:302
Noftz, Herminnie	03 Oct 1870	1:302
Noher, Emma Lucy	05 Feb 1898	4:174
Nohl, Anna M.L.	06 May 1884	2:141
Nohl, Harry J.	10 May 1902	4:177
Nohl, Jake	14 Aug 1880	1:304
Nohl, Rudolph Wm.	26 Apr 1898	4:175
Nohle, Derwin J.	26 Oct 1899	4:175
Nokes, John	24 Sep 1901	4:176
Nokes, Kenneth	20 Mar 1904	4:177
Nokes, William	24 Sep 1901	4:176
Nolan, Annie	29 Nov 1907	5:178
Nolan, James	16 Jun 1895	3:161
Nolan, Mary	15 Jan 1898	4:175
Nolan, Mary	15 Jan 1898	4:175
Nolan, Peter	16 May 1892	2:144
Nolan, William B.	24 Apr 1898	4:175
Nolan, Wm. J.	29 Feb 1895	3:160
Nolen, James S.	20 Aug 1902	4:177
Nolen, William B.	24 Apr 1898	4:175
Noler, Emery	10 Apr 1908	5:178
Nolfty, Ed.	22 Jun 1868	1:14
Nolta, Francisca	16 Nov 1893	3:160
Noncki, George	27 Jan 1889	2:142
Nonnenmacher, Celia	08 Jan 1894	3:160
Nonnenmacher, Geo.	19 Aug 1893	3:160
Noolen, Geo.	03 Jun 1880	1:304
Nooman, Marie	07 Mar 1906	5:177
Noomey, Mary	19 Apr 1888	2:142
Noonan, ch/o Jas.	04 Jun 1881	1:304
Noonan, Edward	06 Feb 1886	2:141
Noonan, James	19 Feb 1899	4:175
Noonan, John	15 Sep 1886	2:142
Noonan, John	22 Sep 1908	5:179
Noonan, John	30 May 1908	5:179
Noone, Michael	28 Mar 1903	4:177
Nopalski, Joseph	22 Nov 1899	4:176
Nopolski, Frank	23 Oct 1900	4:176
Noppenbach, Margaret	25 Dec 1899	4:175
Nopper, Carlina	23 Dec 1879	1:304
Nopper, Chris C.H.	30 Nov 1905	5:177
Nopper, Christian	30 Nov 1905	5:177
Nopper, Frank J.	21 Apr 1902	4:177
Nopper, Fred	21 May 1899	4:175
Nopper, Geo. Conrad	24 Dec 1890	2:143
Nops, Henry	05 Sep 1877	1:304
Norenberg, Alice D.	31 Mar 1904	5:177
Norenburg, Fred W.	05 Aug 1902	4:177
Norganer, Oscar	18 Aug 1906	5:178
Norganer, Oscarett	18 Aug 1906	5:178
Norman, Charles	21 Jan 1903	4:177
Norman, Clifford	24 Oct 1887	2:142
Norman, Frank	02 May 1901	4:176
Norman, John Henry	22 Dec 1891	2:143
Normanton, Elizabeth	12 Feb 1900	4:175
Normarows, R. Rebecca	07 Sep 1900	4:176
Norris, Zita G.	04 Jan 1907	5:178
Nort, Margaret E.	01 Dec 1869	1:40
North, Ambrose M.	09 Jan 1900	4:175
North, Cyrus C.	02 Jan 1888	2:142
North, Harriett E.	05 May 1888	2:142
North, Hattie P.	06 Jun 1886	2:142
Northern, Fredericka	26 Mar 1900	4:175
Northrup, s/o E.J.	16 Oct 1895	3:161
Norton, Anna	16 Apr 1901	4:176
Norton, Charles H.*	03 Jul 1882	
Norton, Douglas Scott	03 Sep 1897	4:175
Norton, Eaton P.	11 Dec 1875	1:302
Norton, Edward	18 Sep 1890	2:143
Norton, Elijah H.	15 Sep 1886	2:141
Norton, Elizabeth	25 Jul 1876	1:302
Norton, Francis A.	27 Jun 1897	4:174
Norton, Galen	09 Sep 1867	1:60
Norton, Geo. W.	09 Feb 1903	5:177
Norton, Grace Paddock	08 Jul 1875	1:302
Norton, Grover C.	06 Jan 1903	4:177
Norton, Helen U.	14 Oct 1872	1:302
Norton, Henry W.	03 Dec 1872	1:302
Norton, Infant	18 Sep 1903	4:177
Norton, J.W.	21 Jan 1894	3:160
Norton, Jesse Blinn	06 May 1894	3:160
Norton, Jesse S.	04 Nov 1886	2:141
Norton, Jessie	08 Sep 1908	5:179
Norton, Kate	23 Feb 1869	1:32
Norton, Margaret A.	31 Aug 1906	5:178
Norton, Martha	04 Jan 1872	1:302
Norton, Martha D.	15 Jan 1894	3:160
Norton, Mary	05 Aug 1874	1:302
Norton, Mary Louise	27 Dec 1890	2:143

NAME	DATE	V/P
Norton, Nancy	03 Oct 1869	1:44
Norton, Peter	23 Aug 1894	3:160
Norton, Vemeda	31 Jul 1907	5:179
Norton, Wm. Walker	20 Dec 1895	3:161
Norvah, Mary	29 Aug 1893	3:160
Norvowski, Frances	20 Jun 1899	4:175
Norwalk, Michael	---	2:142
Norward, Margaret	12 May 1869	1:42
Notage, Joseph L.	01 Nov 1906	5:177
Notage, Roxena R.	11 Jan 1901	4:176
Noteman, Darius	17 Feb 1881	1:306
Notestine, Unknown	07 Dec 1905	5:177
Notteback, Arnold L.	10 Jan 1898	4:175
Notz, Albert	24 Aug 1892	2:144
Novicki, Joseph	30 Dec 1890	2:143
Noviski, Infant	14 Jan 1894	3:160
Noviski, Luznan	12 Mar 1898	4:174
Nowacki, Florian	21 Jul 1907	5:179
Nowak, Agnes	01 Sep 1902	4:177
Nowak, Bligie	26 Nov 1888	2:142
Nowak, Cantor	24 Dec 1894	3:161
Nowak, Eva	04 Jan 1889	2:142
Nowak, Francis	27 Jan 1894	3:161
Nowak, Ignaz	12 Jul 1906	5:178
Nowak, Jessie	15 Apr 1899	4:176
Nowak, Mary	17 Nov 1908	5:179
Nowak, Mary	17 Sep 1896	4:174
Nowak, Vincent	03 Aug 1903	4:177
Nowak, Wadeslin	07 Jul 1894	3:160
Nowak, Wedleoben	Sep 1894	3:160
Nowakowski, Frank	22 Oct 1907	5:179
Nowanska, Mary	24 Dec 1907	5:179
Noward, C.C.	17 Aug 1898	4:175
Noward, Elizabeth	18 May 1868	1:42
Noward, Hazel Olena	17 Sep 1904	5:177
Noward, Margarett	12 May 1869	1:42
Noward, Ralph	07 Sep 1894	3:160
Nowart, Eliseph	22 Mar 1884	1:306
Nowaviski, Henry	08 Oct 1891	2:143
Nowicki, Joseph	23 Mar 1907	5:178
Nowicki, Micher	03 Nov 1899	4:176
Nowicki, Stanislaw	21 Jul 1895	3:161
Nowicki, Tesdizyja	03 Aug 1897	4:174
Nowikowski, Catarine	14 Aug 1892	2:144
Nowisky, Katy	06 Oct 1889	2:142
Nowitzki, Sophia	15 May 1892	2:144
Nowselski, Frances	25 Jan 1904	4:177
Noyer, Richard	26 Apr 1902	4:177
Nuber, George	06 Feb 1902	4:176
Nubert, Frank	02 Sep 1891	2:143
Nuehaus, Fredericka	17 Dec 1903	4:177
Nuenapiela, Elizabeth	13 Apr 1884	1:306
Nuendorf, Chas. Theo. Fred	02 Jan 1886	2:141
Nuer, Joseph	06 Jan 1888	2:142
Nufer, Louisa	28 Jun 1880	1:304
Nuffer, Earl A.	24 Apr 1896	4:174
Nufher, Louis	13 Apr 1887	2:142
Nugent, Annie	12 Jun 1885	2:141
Nugent, Frank Jos.	25 May 1891	2:143
Nugent, Teresa	29 Mar 1884	1:306
Nuger, Margaret	30 Oct 1908	5:179
Nuhaus, Chas.	09 May 1868	1:12
Nuhfer, Anton	17 Sep 1898	4:175
Nuhfer, Antoney	07 Mar 1908	5:178
Nuhfer, Nicholas	31 Dec 1887	2:142
Nuish, John	07 Jan 1892	2:143
Nukom, Emma	17 Jan 1886	2:141
Null, James W.	12 Jan 1890	2:142
Null, Minnie C.	06 Aug 1889	2:142
Nuneviller, Theo	05 Mar 1905	5:177
Nungressor, Chris	08 Sep 1883	1:306
Nunn, Abraham B.	06 Dec 1897	4:174
Nunnamaker, Harry	27 Jul 1885	2:141
Nussbaum, M.W.	20 Oct 1906	5:178
Nutter, Amos	25 Jun 1900	4:176
Nyakowski, Stonnis	30 Aug 1892	2:144
Nye, William	20 Nov 1906	5:178
Oabman, Wm.	23 Sep 1907	5:185
Oag, Patrick	16 Jan 1899	4:182
Oakwood, Anna	20 Aug 1904	5:184
Oakwood, Jacob F.	11 Jul 1889	2:148
Oakwood, Joseph	10 Feb 1907	5:185
Oakwood, Luella	20 Mar 1902	4:183
Oakwood, Wm. H.	05 Apr 1890	2:148
Oamenga, Henry	26 Jan 1906	5:184
Oaniscki, Bobinla	12 May 1885	2:147
Oat, Lizzie	14 Apr 1871	1:318
Oates, Ann	16 Mar 1905	5:184
Oatley, Ollie	02 Jul 1896	4:181
Oatman, Hosia	19 Apr 1877	1:320
Oatman, William	26 Mar 1894	3:167
Oats, Catherine	01 Mar 1892	2:149
O'Bannon, Laura	21 Jan 1896	3:167
Obanski, Paul	10 Feb 1899	4:181
O'Baski, Paul	31 Oct 1888	2:148
Obeclitner, Mrs.	14 May 1907	5:185
Obeder, Arthur	24 Mar 1895	3:167
Obenchain, Mary	07 Jan 1901	4:182
Oberdier, Clinton C.	20 Jul 1889	2:148
Oberdier, Minnie A.	19 Sep 1896	4:181
Oberdier, S. Ely	01 Nov 1891	2:149
Oberle, Christina	28 Feb 1881	1:322
Oberle, d/o Jacob	23 Sep 1896	4:181
Oberle, Hiram May	20 Mar 1892	2:149
Oberle, Lawrence	30 Aug 1907	5:185
Oberle, Lorenz	25 Jul 1887	2:147
Oberle, Minnie	15 Oct 1893	3:167
Oberle, Paul	21 Apr 1879	1:322
Oberle, Richard	10 Oct 1907	5:185
Oberle, Walter	19 Aug 1907	5:185
Oberlee, Anna L.	15 Sep 1904	5:184
Oberlee, Broono	30 Aug 1873	1:318
Oberlie, John	29 May 1891	2:148
Oberlin, Chas.	31 Jan 1908	5:185
Oberlin, Johann Fredrek	07 Jun 1867	1:4
Oberlin, Sylvester	31 Oct 1903	4:184
Oberlitner, Mary	14 May 1907	5:186
Oberly, Emma Caroline	09 Dec 1879	1:322
Obermeir, Sarah	07 Feb 1905	5:184
Obermiller, Mirerad	28 Sep 1884	2:147
O'Berns, Anna	23 Aug 1888	2:148

NAME	DATE	V/P
Oberska, Albert	Sep 1890	2:148
Oberska, Mary	10 Oct 1898	4:181
Oberski, Anton	07 Aug 1908	5:186
Oberski, Wladyslaw	07 Jul 1907	5:185
Obey, Joseph	21 Feb 1905	5:184
Obinski, Jadwiga	07 Jun 1886	2:147
O'Brayan, Mary E.	27 Oct 1879	1:322
Obrazack, Rosalia	01 Mar 1908	5:185
O'Brian, Catherine	02 Oct 1905	5:184
O'Brian, James	23 Nov 1904	5:184
O'Brian, John J.	02 Feb 1907	5:185
O'Brian, M., Mrs.	13 Mar 1906	5:184
O'Brian, Maurice	09 Mar 1908	5:185
O'Brian, Thos. V.	01 Aug 1904	5:184
O'Brien, Alice	15 Jun 1892	2:149
O'Brien, Andrew	24 Jun 1903	4:183
O'Brien, Anna	13 Mar 1908	5:186
O'Brien, Bridget	01 Oct 1870	1:318
O'Brien, Bridget	27 Feb 1881	1:322
O'Brien, Cecelia A.	19 Dec 1895	3:167
O'Brien, Cornelius	12 Jan 1904	4:184
O'Brien, Daniel	20 Feb 1898	4:181
O'Brien, Daniel	23 Aug 1908	5:186
O'Brien, Daniel	24 Dec 1907	5:185
O'Brien, Dennis	02 Aug 1874	1:318
O'Brien, Earl	22 Jul 1891	2:149
O'Brien, Edward R.	21 Sep 1902	4:183
O'Brien, Francis	24 Aug ---	1:320
O'Brien, Geo.	04 Apr 1870	1:318
O'Brien, Gertrude B.	04 Jul 1900	4:182
O'Brien, Hattie	19 Feb 1891	2:149
O'Brien, Inf/o Cornelius	05 Feb 1902	4:183
O'Brien, Inf/o Dennis, (Triplet)	27 Aug 1868	1:20
O'Brien, Inf/o Dennis, (Triplet)	27 Aug 1868	1:20
O'Brien, Inf/o Dennis, (Triplet)	27 Aug 1868	1:20
O'Brien, J.W.	07 Aug 1873	1:318
O'Brien, James	16 Jun 1883	1:322
O'Brien, James	May 1907	5:186
O'Brien, James O.	11 May 1907	5:185
O'Brien, Jennie	05 Oct 1887	2:147
O'Brien, Jennie	28 Mar 1902	4:183
Obrien, John	20 Jun 1903	4:183
O'Brien, John	01 Apr 1893	3:167
O'Brien, John	02 Feb 1907	5:185
O'Brien, John	14 Oct 1896	4:181
O'Brien, John	23 Jun 1875	1:318
O'Brien, John	25 Sep 1868	1:22
O'Brien, Judas	20 Jan 1882	1:322
O'Brien, Julia	19 Aug 1871	1:318
O'Brien, Kate	01 Oct 1870	1:318
O'Brien, Kate	10 Sep 1874	1:318
O'Brien, Kate	25 Oct 1877	1:320
O'Brien, Katherine	22 Apr 1885	2:147
O'Brien, Katherine	25 May 1885	2:147
O'Brien, Kellog Holcomb	19 Mar 1894	3:167
Obrien, Lucy	06 Apr 1895	3:167
O'Brien, Maggie	05 Apr 1891	2:149
O'Brien, Mary	11 Oct 1896	4:181
O'Brien, Mary	20 Dec 1876	1:318
O'Brien, Mary	26 Jul 1875	1:318
O'Brien, Mary Clara	10 Oct 1905	5:184
O'Brien, Michael	27 Apr 1877	1:320
O'Brien, Morrough	07 Mar 1903	4:183
O'Brien, Nellie	18 Apr 1900	4:182
O'Brien, Patrick	06 Dec 1900	4:182
O'Brien, Patrick	20 Dec 1868	1:28
O'Brien, Peter	05 Aug 1890	2:148
O'Brien, Stanislaus	14 Nov 1879	1:322
O'Brien, Thomas	09 Jan 1879	1:322
Obrien, William	14 May 1907	5:185
O'Brien, Wm. S.	14 Aug 1879	4:181
Obriest, Catherine	17 Mar 1873	1:318
Obriest, George	16 Oct 1893	3:167
O'Brion, Margret	13 Mar 1906	5:184
Obrish, Jean A.	07 Apr 1899	4:182
Obrist, Albert J.	26 Oct 1890	2:148
Obrist, Fred	20 Aug 1898	4:181
Obrist, Grace	28 Aug 1882	1:322
Obrist, Susan E.	17 Nov 1891	2:149
Obrust, Mary	01 Mar 1875	1:318
Obry, Louisa S.	03 Jun 1895	3:167
O'Bryan, Bridget	11 Jan 1890	2:148
O'Bryan, Everett	25 Sep 1891	2:148
O'Callahan, Rob.	15 May 1872	1:318
O'Carner, Bridget	22 Feb 1889	2:148
Och, Chas. August	30 Jul 1896	4:181
Ochl, Soldie W.	06 Jul 1905	5:184
O'Connell, Catherine	14 Dec 1888	2:148
O'Connell, Charles	05 Feb 1904	4:184
O'Connell, Daniel	06 Jun 1886	2:147
O'Connell, Dan'l	03 Apr 1885	2:147
O'Connell, Dan'l	12 Jun 1885	2:147
O'Connell, Henry	22 Jul 1891	2:149
O'Connell, Jesse	07 Sep 1875	1:318
O'Connell, Jno. C.	14 Dec 1886	2:147
O'Connell, Margarett	01 Mar 1890	2:148
O'Connell, Mary F.	27 Mar 1898	4:181
O'Connell, Michael	16 Feb 1901	4:182
O'Connell, Patrick	19 Sep 1905	5:184
O'Connell, Timothy	10 Oct 1901	4:183
O'Connell, Timothy	15 Oct 1907	5:246
O'Connell, William	22 Jul 1891	2:148
O'Connell, Wm.	11 Feb 1889	2:148
O'Conner, Dennis	10 Nov 1868	1:26
O'Conner, Ellen	13 Dec 1902	4:183
O'Conner, Helen P.	13 Jul 1868	1:20
O'Conner, James	05 Aug 1888	2:148
O'Conner, Joseph	29 Sep 1900	4:182
O'Conner, Mich'l B.	17 Oct 1876	1:318
O'Conner, Thos. T.	11 Jan 1891	2:148
O'Connor, Bridget	27 Aug 1893	3:167
O'Connor, Dennis	21 Feb 1868	1:2
O'Connor, Inf/o Mathew	06 Sep 1877	1:320
O'Connor, John	16 Apr 1879	1:322
O'Connor, John	26 Mar 1902	4:183
O'Connor, Mary	24 Apr 1904	5:184
O'Connor, Thomas	03 Dec 1886	2:147
O'Connor, Thomas	24 Feb 1868	1:10
O'Connor, Thos.	18 Jan 1899	4:181

NAME	DATE	V/P	NAME	DATE	V/P
O'Connors, Jno. F.	24 May 1887	2:147	O'Konski, Edna	14 Apr 1891	2:148
O'Connors, John	02 May 1888	2:148	Okonski, Pelagiz	13 Oct 1901	4:183
O'Connors, Wm. B.	30 Apr 1888	2:148	O'Konsky, Aldelbert	27 Sep 1889	2:148
Octhaus, Edmund C.	06 Jan 1905	5:184	Okpniszak, Helen	04 Apr 1906	5:184
O'Dea, Thomas	16 May 1899	4:182	O'Kronska, Simon	13 Nov 1904	5:184
O'Dell, Alice	07 Dec 1903	4:184	Okupinak, Catherine	19 Jun 1896	4:181
O'Dell, B.	20 Jan 1906	5:184	O'Kupniak, Kate	25 Feb 1889	2:148
Odell, Fred Z.	29 Mar 1904	4:183	Olcott, Elizabeth	14 Mar 1889	2:147
Odell, Lawrence	12 Apr 1894	3:167	Oldecker, Charity	10 Nov 1906	5:185
Odell, Morgan N.	29 Oct 1888	2:148	Oldham, Ora	26 Nov 1890	2:148
O'Dell, Salina B.	24 Mar 1891	2:148	Oldiger, Ruth	20 Apr 1904	5:184
Odieu, Harry	23 Mar 1890	2:148	Olds, Jay B.	16 Jan 1870	1:318
O'Donnel, Geo.	27 Oct 1875	1:318	Olds, Oliver J.	24 Apr 1898	4:181
O'Donnell, Frank	21 Feb 1901	4:182	O'Leary, Daniel	01 Oct 1890	2:148
O'Donnell, Geo.	17 Dec 1875	1:318	O'Leary, Ed.	15 Aug 1870	1:318
O'Donnell, Patrick	09 Feb 1871	1:318	O'Leary, Hattie	01 Dec 1868	1:26
O'Donoghue, Helena	30 Jul 1868	1:20	O'Leary, John	22 Oct 1898	4:182
Oechsler, Aug.	09 Aug 1892	2:149	O'Leary, Michael*	26 Oct 1882	
Oehlers, Albert F.L.	05 Feb 1888	2:147	Olender, Joseph	13 Jan 1878	1:322
Oehschlegel, Karl F.	27 Oct 1903	4:184	Oleniczak, Ignaz	20 Feb 1907	5:185
Oergel, Frederick James	18 Sep 1899	4:182	Oleniczak, Mary	03 Feb 1907	5:185
Oertel, Theresa	01 Oct 1887	2:147	Oleniczak, Stephen	19 Dec 1899	4:182
Oestermann, Sarah	13 Oct 1894	3:167	Olentine, Inez	09 Nov 1900	4:182
Oestreicle, Peter Henry	26 Mar 1901	4:182	Oler, Herman	12 Oct 1892	2:149
Oestriech, Margarite	08 Feb 1899	4:182	Oleson, Benjamin Swan	30 Jun 1902	4:183
O'Farrell, Brian	20 Sep 1869	1:46	Oleson, Master	30 Jun 1901	4:183
O'Farrell, James	24 Jan 1890	2:148	Oleszak, Joseph	20 Aug 1903	4:184
O'Farrell, Jerome	17 Feb 1892	2:148	Olfield, Charles	22 Jan 1900	4:182
O'Farrell, Mary	15 Jun 1875	1:318	Olgner, Ph..	14 Sep 1885	2:147
O'Farrell, Mary Anna	06 Jan 1895	3:167	Oligar, Gertrude Louise	21 Apr 1899	4:182
O'Farrell, Willie	26 Apr 1878	1:322	Oliger, Frances	23 Nov 1893	3:167
O'Farrl, John	18 Jul 1888	2:148	Oliger, Gertrude	21 Apr 1899	4:182
Offelt, Martha M.	26 Nov 1901	4:183	Oliphant, John	29 Jan 1897	4:181
Offer, A.	15 Aug 1869	1:56	Oliver, Thaddeus	05 Mar 1908	5:185
Offers, Batean V.B.	15 Dec 1900	4:182	Oliver, William	13 May 1899	4:182
Ogel, Elizabeth A.	26 Mar 1908	5:186	Olives, Tony	Aug 1883	1:320
O'Grady, Bessey	13 Feb 1902	4:183	Olmick, Wendelin	03 Feb 1907	5:185
O'Grady, d/o James	08 Jun 1897	4:181	Olmstead, C. Carrie	26 Aug 1881	1:322
O'Grady, Florence	19 Jan 1904	4:184	Olmstead, Elizabeth	20 Feb 1894	3:167
O'Grady, John	22 Dec 1904	5:184	Olmstead, Harroun	23 Apr 1880	1:322
O'Gready, Mary	09 Jan 1870	1:56	Olmstead, James A.	13 Sep 1892	2:149
Ogrodowski, Clara	05 Nov 1906	5:185	Olmstead, Susan	17 Jul 1899	4:182
O'Hallaran, John	25 Oct 1885	2:147	Olmzack, Magdalena	04 Oct 1908	5:186
O'Hara, Daniel	14 Mar 1901	4:182	Oloff, Fred	21 Oct 1903	4:184
O'Hara, Ellen	14 Jul 1868	1:16	O'Loghlin, Patrick	18 Apr 1900	4:182
O'Hara, Mary	16 Feb 1878	1:320	Olrich, Gladis	23 Oct 1896	4:181
O'Hara, Mary	24 Jan 1895	3:167	Olrich, John M.	04 Mar 1908	5:185
O'Hara, Michael	14 Jul 1868	1:20	Olrich, Leslie Edwin	27 Jul 1899	4:182
O'Hearn, Patrick	26 Feb 1906	5:184	Olrich, Wm.	12 Apr 1896	3:167
O'Hearn, William	22 Mar 1904	5:184	Olson, Isabel L.	12 Feb 1901	4:182
O'Hern, Edward	26 Oct 1901	4:183	Olson, Kate	04 Nov 1904	5:184
Ohlman, Medues L.	22 Jan 1900	4:182	Olson, Nelson J.	07 Sep 1895	3:167
Ohlson, Annie	30 Mar 1906	5:184	Olszak, Antonio	22 Jan 1898	4:181
Ohr, d/o Walter	14 Feb 1901	4:182	Olszak, Josie	10 Feb 1902	4:183
Ohrinski, Martha	05 Jul 1893	3:167	Olszak, Stanislaw	28 Apr 1897	4:181
Okanski, Stanislaw	10 Oct 1899	4:182	Oltenwalder, B.J.	20 Nov 1868	1:26
O'Kawski, Josie	17 May 1898	4:181	Olthoff, Theodore	22 Aug 1873	1:318
O'Knoski, Banche	13 Sep 1904	5:184	Oltman, Mary	06 Mar 1892	2:149
Okoinski, Joseph	28 Aug 1902	4:183	O'Mahoney, Ellen	14 Mar 1886	2:147
Okonsk, Clara	26 Oct 1899	4:182	O'Mahoney, James	23 Apr 1908	5:186
O'Konska, Hellia	07 Sep 1891	2:149			

NAME	DATE	V/P
O'Mahoney, Louella K.	13 Oct 1891	2:148
O'Mahoney, Mary	31 Aug 1885	2:147
O'Mahony, J.J.L.P.	30 Sep 1890	2:148
O'Mara, Patrick	06 May 1873	1:318
O'Mara, T.F.	30 Apr 1900	4:182
Omberhorn, Mathias	08 Aug 1869	1:50
Omeara, Alma	27 Aug 1897	4:181
Omo, Donald Delno	26 Jul 1894	3:167
Omstead, S.A.	25 Jun 1906	5:185
Onalan, Earnest	09 Sep 1905	5:184
O'Neal, Elmer	10 Aug 1896	4:181
O'Neal, Henry*	12 Feb 1883	
O'Neal, John	03 Aug 1872	1:318
O'Neal, John	10 Aug 1908	5:186
Onechowski, John	27 Jun 1907	5:185
Onega, Dick	31 May 1897	4:181
O'Neil, Daniel	23 Aug 1907	5:185
O'Neil, Ellen	22 Dec 1877	1:320
O'Neil, Felix	19 Dec 1902	4:183
O'Neil, Hannah J.	05 Jan 1905	5:184
O'Neil, Jerry	31 Mar 1908	5:185
O'Neil, John	16 Mar 1880	1:322
O'Neil, John	17 Feb 1906	5:184
O'Neil, Julia	29 Apr 1884	2:147
O'Neil, Katharine	28 Dec 1902	4:183
O'Neil, Patrick	18 Jan 1896	3:167
O'Neil, Thomas	19 Aug 1907	5:185
O'Neil, William	19 Oct 1878	1:322
O'Neill, Elizabeth	18 Mar 1896	3:167
O'Neill, F., Mrs.	21 Dec 1900	4:182
O'Neill, Frank C.	08 Dec 1906	5:185
O'Neill, Michael	08 Nov 1886	2:147
O'Nell, J.H.	04 Oct 1905	5:184
O'Niel, Dorinda	14 Aug 1873	1:318
O'Niel, James	13 May 1904	5:184
O'Niel, Margarett	20 Oct 1888	2:148
Onnanga, Wm. L.	02 Mar 1892	2:149
Onnenga, Henry	28 Feb 1889	2:147
Onnenga, Henry	28 Jan 1906	5:184
Onnenga, Inf/o Hoot	06 Jan 1888	2:147
Onnenga, Ofka	17 Apr 1907	5:185
Onnenga, Rinard	22 Feb 1889	2:147
Opeley, Lilly	29 Apr 1892	2:149
Opfer, Rosie	12 Dec 1903	4:183
Opitz, Ellen M.	27 Sep 1898	4:182
Opitz, Otto	29 Jun 1890	2:148
Opitz, Reinhold	12 Dec 1902	4:183
Opper, Adam	04 Jan 1878	1:320
Opper, John	07 Jul 1907	5:185
Opper, Lena	27 Mar 1879	1:322
Opperman, s/o Otis	30 Mar 1905	5:184
Opperman, Wm. L.	23 Feb 1896	3:167
O'Rabik, John	12 May 1888	2:148
Oragen, Mary	20 Feb 1881	1:322
Orchard, Hannah	15 Feb 1887	2:147
Orcutt, Almon	20 Jul 1902	4:183
O'Reagan, Ed.	24 Feb 1868	1:10
O'Reagon, John	02 Apr 1892	2:149
Oreans, Frank	05 May 1908	5:186
Oregon, Thomas	06 Sep 1872	1:318
O'Reiley, James	30 Sep 1885	2:147
O'Reilly, Bernard	07 Nov 1898	4:181
O'Reilly, Catherine	22 Sep 1906	5:184
O'Reilly, Rachel	17 Aug 1892	2:149
O'Reily, Thomas	24 Mar 1890	2:148
Orekowski, Hedwig	25 Aug 1894	3:167
Orens, Allmen	03 Sep 1884	2:147
O'Rielly, Abbie	09 Nov 1901	4:183
O'Rielly, Thomas	27 Jul 1905	5:184
Oriens, Barbara	21 Mar 1904	5:184
O'Riley, Ann	18 Apr 1895	3:167
O'Riley, Annie	18 Apr 1895	3:167
O'Riley, Margarett	19 Apr 1889	2:147
O'Riley, Mary	10 Oct 1886	2:147
O'Riley, Thomas	27 Jun 1901	4:183
Ormiller, s/o R.A.	17 Feb 1898	4:181
Ormond, Mary Lucile	24 Jan 1902	4:183
Orner, Alfred	23 Nov 1882	1:322
Orner, Samuel J.T.	19 Nov 1888	2:147
Ornowitz, s/o Sam	14 Jul 1898	4:182
Orns, Christian	22 Feb 1899	4:182
O'Rororke, Owen	03 Jan 1893	2:149
Oros, Joseph	21 Nov 1898	4:181
Orouch, W. Parton	14 Apr 1907	5:185
Oroz, John	17 Oct 1908	5:186
Orr, Elsie	19 Feb 1893	2:149
Orr, James William	01 Feb 1902	4:183
Orr, John	06 Jan 1905	5:184
Orr, John	15 Oct 1901	4:183
Orr, John Jerome	15 Oct 1901	4:183
Orren, Joseph F.	29 Nov 1888	2:148
Orrvile, Hattie	21 Aug 1893	3:167
Orszekowski, Joseph	15 Nov 1903	4:184
Ortenwelcler, Joseph	03 Jul 1879	1:322
Orth, C.J.	10 Oct 1903	4:183
Orth, Caroline	09 Oct 1903	4:183
Orth, Lewis	17 May 1903	4:183
Orth, Tillie Katie	26 Sep 1899	4:182
Orvenke, Bernard	12 Jun 1907	5:185
Orwig, Lawrance Wm.	Jan 1895	3:167
Orwiler, Gertie	28 Jul 1902	4:183
Orwiler, Gertrude	18 Jul 1902	4:183
Orwing, Infant	---	5:185
Ory, Lue	20 Oct 1888	2:147
Orzchowski, John	03 Apr 1907	5:185
Orzechawski, John	25 Jun 1895	3:167
Orzechowski, Mary	23 Sep 1902	4:183
Orzehowski, Mary	18 Mar 1904	4:184
Orzhivshi, Ag.	02 Mar 1894	3:167
Orzynska, Anna	03 Sep 1895	3:167
Osbern, Lawrence	17 Jun 1908	5:186
Osborn, Albert Chemay	07 Feb 1908	5:185
Osborn, Audrie F.	09 Aug 1903	4:184
Osborn, Carolina A.	22 Nov 1897	4:181
Osborn, Claudy M.	04 Dec 1896	4:181
Osborn, Earl H.	16 Jun 1890	2:148
Osborn, Elizabeth P.	15 Nov 1884	2:147
Osborn, George	05 Dec 1906	4:185
Osborn, John Henry	16 Nov 1899	4:182
Osborn, John R.	05 Jul 1897	4:181
Osborn, Joholan Blanchard	15 May 1893	3:167

NAME	DATE	V/P	NAME	DATE	V/P
Osborne, James Wm.	12 Nov 1875	1:318	Otes, Mary	02 Feb 1875	1:318
Osburn, Gertrude	21 Mar 1908	5:186	Otis, Anna	16 Mar 1905	5:184
Osburn, Martin	15 Aug 1901	4:183	Otis, Georgte	01 Oct 1890	2:148
Osburn, Sarah	10 Jun 1877	1:320	Otis, s/o William	09 May 1904	5:184
Osgood, Frederick	11 Jul 1870	1:318	Otis, Willard F.	04 Aug 1902	4:183
Osgood, Harriet A.	24 Sep 1869	1:50	O'Toole, Agnes	18 Jan 1884	1:322
Osgood, Mamie	22 Jun 1881	1:322	O'Toole, Francis	17 Jul 1898	4:181
Osgood, Marquis D.	21 Jan 1885	2:147	O'Toole, John	19 Oct 1897	4:181
Osgood, Mary	15 Jan 1906	5:185	O'Toole, Maggie	27 Jun 1892	2:149
O'Shaw, Mary	17 Jan 1873	1:318	O'Toole, Peter	26 Oct 1886	2:147
O'Shea, Agnes	20 Feb 1879	1:322	Otremba, Anton	30 Dec 1903	4:184
O'Shea, d/o Chas. D.	13 Nov 1896	4:181	Ott, Anthony	18 Oct 1903	4:183
Oshea, Jerome	02 Mar 1899	4:181	Ott, Frank	18 Mar 1890	2:148
O'Shea, Jerome I.	18 Feb 1890	2:148	Ott, Henry	21 Dec 1885	2:147
O'Shea, Mortimer D.	15 Feb 1877	1:318	Ott, John	15 Aug 1903	4:183
Oshea, Tim Francis	28 Aug 1895	3:167	Ott, Margaret	02 Apr 1871	1:318
Oshen, Emma	10 Aug 1878	1:320	Ott, Mary Eliza	16 Nov 1896	4:181
Oshoa, Timothy	27 Nov 1907	5:186	Ott, Wm.	28 Sep 1893	3:167
Osienski, Michael	29 Jan 1909	5:186	Otte, Carl, Mrs.	18 Aug 1907	5:185
Osner, Viola May	05 Jan 1884	2:147	Otteasmeyer, John	17 Jun 1907	5:186
Osten, Arnold F.C.	07 Feb 1898	4:181	Otten, Minnie	23 Aug 1906	5:185
Oston, Bisley*	17 Dec 1870		Ottermein, Joseph	01 Dec 1872	1:318
Osten, Caroline	06 Feb 1909	5:186	Ottgen, Christina	03 Aug 1900	4:182
Osten, Caroline	27 Jul 1899	4:182	Ottinger, Jacob G.	13 Mar 1897	4:181
Osten, Fred*	19 Jul 1870		Ottinger, Nathan Hannon Burgess		
Osten, Fred	20 Jun 1885	2:147		22 Jun 1889	2:148
Osten, Mary	17 Sep 1893	3:167	Otto, Henry	04 May 1907	5:185
Osterhaut, Dennis G.	26 Jul 1880	1:322	Otto, William	28 Jan 1905	5:184
Osterman, Charles B.	19 Oct 1907	5:185	Ouetsckke, Friederick	28 Jan 1896	3:168
Osterman, Irvin Wm.	11 Feb 1907	5:185	Oulmer, August G.	11 Apr 1896	4:181
Osterman, Jno. Michael Ed.			Ovenbeck, Gehrard	06 Apr 1887	2:147
	09 Apr 1900	4:182	Overbeck, Edwin G.	18 Sep 1875	1:318
Ostermyer, Mary	12 Sep 1895	3:167	Overbeck, John Herman	31 Mar 1899	4:181
Osthaus, Etman H.	28 Aug 1900	4:182	Overbeck, Lizzie	09 Jul 1901	4:183
Osthaus, Isabel M.	26 Mar 1905	5:184	Overbeck, M. Elizabeth	05 May 1898	4:181
Ostman, Bernice	18 Dec 1903	4:184	Overbeck, Mary E.	14 Feb 1887	2:147
Ostrander, Christena	16 Jul 1904	5:184	Overcamp, Annie	03 Aug 1893	3:167
Ostrander, James L.	14 Mar 1899	4:181	Overcamp, Annie	27 Jun 1908	5:186
Ostrander, Minnie	24 Sep 1876	1:318	Overcamp, Bernhard	10 Apr 1889	2:148
Ostrander, Rebecca M.	20 Nov 1884	2:147	Overcamp, Eddie	26 Oct 1889	2:148
Ostrander, Wm. B.	08 Aug 1885	2:147	Overkamp, Bernard	19 Sep 1877	1:320
O'Sulivan, D. Eugene	30 Jul 1896	4:181	Overly, Agnes	18 May 1883	1:320
O'Sullivan, d/o J.N.	1885	2:147	Overly, Elias	03 Dec 1901	4:183
O'Sullivan, Florence	18 Sep 1872	1:318	Overly, Elizabeth	22 Jul 1874	1:318
O'Sullivan, Mary	30 Jun 1888	2:148	Overly, Fanny	05 Jul 1874	1:318
Oswald, Alma E.G.	14 Apr ---	5:184	Overmeyer, Arnold Geo.	Sep 1907	5:186
Oswald, Barbara	07 Jun 1899	4:182	Overmeyer, Clara	19 Aug 1891	2:149
Oswald, Eliza	23 Mar 1901	4:182	Overmeyer, Henry	30 Nov 1908	5:186
Oswald, Frank	17 Aug 1906	5:185	Overmeyer, John A.	29 Mar 1888	2:147
Oswald, Franzis	03 Feb 1888	2:147	Overmeyer, Shirley	27 Mar 1885	2:147
Oswald, Henry	23 Apr 1905	5:184	Overmeyer, Verna	01 May 1906	5:185
Oswald, Iona E.	30 Mar 1903	4:183	Overmier, Francis	15 Mar 1896	3:167
Oswald, Lizzie	25 Jan 1902	4:183	Overston, Mathew	07 Apr 1877	1:322
Oswald, Maria B.	22 Jan 1889	2:148	Overton, George	Aug 1902	4:183
Oswald, Mary	01 Dec 1870	1:318	Ovitt, Addie F.	10 Dec 1877	1:318
Oswald, Mary E.	19 Dec 1878	1:322	Owczarjak, Polie	22 May 1898	4:181
Oswald, Sam'l S.	19 Nov 1880	1:322	Owen, Emiline R.	07 Jan 1901	4:182
Oswalt, Leonard	26 Jul 1869	1:50	Owen, George W.	23 Oct 1893	3:167
Oszimski, Stephen	20 Dec 1904	5:184	Owen, James B.	23 Oct 1893	4:181
Oszinski, Magdalena	15 Jan 1903	4:183	Owen, Ladania A.	06 Sep 1895	3:167
Otes, Joseph	12 Jan 1873	1:318	Owen, Margarete	25 May 1908	5:185

NAME	DATE	V/P
Owen, Margreith	06 Aug 1892	2:149
Owen, Maria	10 Sep 1877	1:320
Owens, Anna	14 Aug 1907	5:186
Owens, Dorithy	04 Nov 1890	2:148
Owens, Eliza	12 Nov 1875	1:318
Owens, Elizabeth	09 Sep 1891	2:149
Owens, Irene	15 May 1908	5:186
Owens, Laura	10 Mar 1908	5:186
Owens, Marguerite	24 Jan 1907	5:185
Owens, Mary, Mrs.	23 Mar 1881	1:322
Owens, W.H.	15 Sep 1906	5:185
Owens, William E.	24 Jul 1891	2:149
Owzrarzak, Pearl	22 May 1898	4:181
Ozhowska, Elis	20 Jul 1893	3:167
Pachlski, Willie	15 Aug 1907	5:196
Pachlskie, Martha	Feb	5:196
Packard, Grace	13 Apr 1904	5:191
Packer, Thresia	30 Jul 1902	4:195
Paddock, Gertrude L.	16 Jan 1877	1:338
Paddock, Miner*	26 Jun 1882	
Paepcke, Wilhelminer	14 Oct 1888	2:155
Paepky, Wilhelmina	14 Oct 1897	4:189
Paeppke, Infant	08 May 1892	2:158
Paeth, Frank	10 Mar 1902	4:194
Paeton, William	21 Jan 1902	4:194
Paeurvest, Charles	29 Jun 1891	2:158
Paezniski, Ignatz	30 Jul 1907	5:196
Pafer, Mary	02 Nov 1908	5:197
Page, Albert	20 Feb 1891	2:156
Page, Albert	21 Jun 1906	5:195
Page, Alfred	17 Feb 1872	1:334
Page, Arthur	31 May 1897	4:189
Page, d/o Fred W.	29 Aug 1893	3:173
Page, David	21 Jun 1906	5:193
Page, Flomer Q.	08 Aug 1894	3:174
Page, Francis E.	12 May 1899	4:191
Page, Harriette J.	05 Oct 1900	4:193
Page, Henry	03 Sep 1870	1:334
Page, James M.	09 Dec 1900	4:193
Page, Louis John	20 Apr 1902	4:195
Page, s/o Christ	13 Mar 1896	3:174
Page, Sophia	1871	1:334
Pahnites, Lyda	07 Feb 1897	4:188
Paid, Clarence	02 Oct 1900	4:193
Paige, Mabel	17 Jun 1881	1:342
Paige, Sarah Stebbins	23 Sep 1896	4:188
Pain, Edward	19 Jun 1904	5:191
Paine, E.	30 Mar 1895	3:174
Paine, Louis	29 Nov 1899	4:191
Painter, Albert	29 Dec 1899	2:153
Pair, Frank	21 Jan 1872	1:334
Pair, Lewis S.	23 Feb 1904	4:192
Palencoer, Stephen	20 Jul 1902	4:195
Palinski, John	30 Nov 1908	5:197
Palking, Elizabeth	10 Aug 1895	3:174
Pallet, Augusta	02 Feb 1909	5:197
Palm, Bessie	22 Feb 1882	1:342
Palm, John Blaseus	04 May 1891	2:157
Palm, Rufus L.	15 Feb 1896	3:175
Palmbla, Anna	28 Apr 1898	4:190
Palmer, Edith M.	22 Jul 1899	4:190
Palmer, Frank	15 Jul 1897	4:189
Palmer, George W.	29 Nov 1894	3:174
Palmer, Jane E.	05 Sep 1885	2:153
Palmer, Kate E.	15 Apr 1881	1:342
Palmer, Mandy M.	17 Jul 1899	4:190
Palmer, Mary	14 Jun 1887	2:154
Palmer, Mary Jane	13 Sep 1875	1:338
Palmer, Melvin R.	08 Oct 1898	4:190
Palmer, Monroe	21 Oct 1868	1:26
Palmer, Nicholas	01 Jul 1873	1:336
Palmer, Rachael J.	09 Sep 1901	4:194
Palmer, Rhoda Eliz'th	08 Jun 1876	1:338
Palmer, Riley Richard	22 Feb 1899	4:190
Palmer, Silas	31 Apr 1881	1:342
Palmer, Unknown	03 Nov 1893	3:173
Palmer, William	04 Sep 1869	1:40
Palmer, William G.	01 Dec 1890	2:157
Palocki, Frank	11 Sep 1895	3:175
Palpeyman, Hannah	13 Sep 1868	1:22
Paluch, Wadislaw	29 Sep 1899	4:191
Pamber, A. Willis	02 Apr 1593	4:188
Pambla, Julia	16 May 1888	2:155
Pamett, Anna E.	20 Mar 1874	1:336
Panchaker, Jennie	06 Jan 1892	2:157
Pangeotras, Geo.	01 Apr 1908	5:197
Panike, Joanna Feide	30 Aug 1868	1:22
Pankowski, Wadislaw	01 Nov 1897	4:189
Pansa, Henry	01 Mar 1887	2:154
Pant, Chas. H.	19 Dec 1881	1:342
Panzer, William	16 Dec 1899	4:191
Papcke, Augusta A.	16 May 1908	5:197
Papecta, Hanis Cof.	03 Apr 1907	5:196
Papenfus, Albertine	22 Mar 1900	4:191
Papenfus, Carl J.	11 Apr 1907	5:195
Papenfuse, John	09 Dec 1901	4:194
Papenfuse, Max	17 Jan 1903	4:192
Papilet, Joe	18 Mar 1907	5:195
Papineau, Geo.	15 Sep 1901	4:194
Papineau, Minnie	26 Feb 1893	2:158
Papint, Charles	21 Mar 1898	4:189
Papinue, Geo.	15 Sep 1901	4:194
Papka, Katie	15 Aug 1895	3:175
Papke, Fred	30 Nov 1894	3:174
Papp, Morris	05 Aug 1900	4:193
Pappenfus, Herman	19 Jun 1906	5:194
Pappi, Fredericka	12 Oct 1903	4:192
Pappinfuss, Minnie	02 Apr 1893	3:173
Paprowski, Ignats	23 Oct 1902	4:195
Papt, Joe	03 Jun 1906	5:194
Parazinske, Franzis	11 Jan 1880	1:340
Parazinske, Joseph	20 Jan 1880	1:340
Parchor, Fred Alvin	13 Dec 1901	4:194
Pardee, Eliza A.	18 Aug 1874	1:336
Pardee, Sarah M.	18 Oct 1898	4:190
Pardeik, John	23 Jun 1908	5:197
Pardeik, John	24 Jan 1908	5:196
Parenteam, Jno. W.	21 Jan 1895	3:175
Parich, Charl.	04 Mar 1890	2:156
Parish, Elva Loyd	02 Jul 1908	5:198
Parish, Julia M.	27 Feb 1888	2:154
Parish, Turner	29 Jun 1900	4:193

NAME	DATE	V/P	NAME	DATE	V/P
Park, Jessie L.	08 Mar 1903	4:195	Parks, Laura	02 Jul 1895	3:175
Park, Lynn	22 Jul 1890	2:156	Parks, Laura Bell	16 Mar 1904	4:197
Park, Roxie W.	17 Jan 1890	2:155	Parks, Parley	16 Aug 1868	1:4
Parke, Frank	19 Mar 1908	5:196	Parks, Rosco S.	23 Sep 1905	5:192
Parke, George Jervis	18 Jan 1893	2:158	Parks, William	17 Mar 1897	4:188
Parke, Jane H.	04 Mar 1899	4:190	Parlick, William	19 Jul 1886	2:154
Parke, Mary M.	20 Jan 1906	5:194	Parlo, Florence	19 Jul 1896	4:188
Parke, Robert E.	06 Apr 1892	2:158	Parlon, Gurrie	13 Jul 1905	5:192
Parker, Alice H.	22 Aug 1869	1:44	Parlon, John	09 Dec 1875	1:338
Parker, Asa Stewart	04 Feb 1899	4:190	Parlow, Augusta	13 Jul 1905	5:192
Parker, Burton O.	28 Aug 1870	1:334	Parlow, Emily	26 Feb 1906	5:192
Parker, Caroline	27 Mar 1895	3:174	Parlow, Frank	27 Mar 1896	3:175
Parker, Cecelia	09 Sep 1905	5:192	Parmelee, Eliza Ann	16 Dec 1898	4:190
Parker, Clyde H.	17 Jul 1884	2:153	Parmelee, Laura	19 Feb 1887	2:154
Parker, Donald	10 Dec 1903	4:192	Parmelee, Solomon	07 Jan 1876	1:338
Parker, Etta M.	05 Nov 1896	4:188	Parmelee, Wm. E.	16 Aug 1877	1:340
Parker, Francis S.	18 May 1892	2:158	Parmer, Elias	14 Mar 1880	1:342
Parker, Gracie Viola	28 Sep 1877	1:340	Parmer, Mary	08 Jun 1880	1:342
Parker, Harold R.	21 May 1907	5:195	Parmier, Isabella	14 Feb 1868	1:6
Parker, Harrieth	15 Apr 1891	2:158	Parmlee, Ester M.	12 Jul 1902	4:195
Parker, Helen D.	17 Nov 1905	5:192	Parnell, James B.	07 Nov 1900	4:193
Parker, Hiram	16 Feb 1908	5:196	Paropski, John	14 Sep 1904	5:191
Parker, Hiram	16 Feb 1908	5:195	Parpenprop, Ida M.	26 Mar 1880	1:340
Parker, Irene Barbara	03 Aug 1898	4:190	Parquette, William	15 Jan 1904	4:197
Parker, Jacob	20 Jul 1908	5:197	Parquette, Wm. H.	15 Jan 1904	4:192
Parker, Jacob	21 Jul 1908	5:198	Parr, Andrew	19 Jul 1900	4:193
Parker, James	17 Nov 1873	1:336	Parris, Mary	15 Jan 1897	4:188
Parker, John	06 Feb 1892	2:157	Parrish, Loyd	02 Aug 1908	5:197
Parker, John	09 Nov 1905	5:192	Parrot, Amelia	07 Apr 1879	1:340
Parker, Joseph	17 Dec 1895	3:174	Parrot, Inf/o William	23 Dec 1894	3:173
Parker, Latetia	21 Oct 1908	5:198	Parrot, John O.	18 Dec 1906	5:194
Parker, Lewall E.	04 Mar 1894	3:174	Parrot, Louse	11 Sep 196	5:194
Parker, Lida	07 Nov 1877	1:338	Parrott, Jacob	07 Jun 1896	4:188
Parker, Lila G.	26 Dec 1902	4:195	Parry, Julia	05 Mar 1898	4:189
Parker, Lizzie	12 Jan 1888	2:154	Parscoe, Clara Bell	07 Nov 1869	1:56
Parker, Lurancy A.	19 Jul 1899	4:191	Parsells, Geo. W.	14 Sep 1904	5:191
Parker, M.B.	14 Jan 1897	4:188	Parsley, Mathew	29 Mar 1898	4:189
Parker, Mary Ette	03 Oct 1877	1:338	Parson, GeAnna	28 Mar 1880	1:342
Parker, Mary M.	17 Feb 1884	1:344	Parson, John	15 Mar 1875	1:338
Parker, Nathan	04 Sep 1885	2:153	Parson, Sophia M.	11 Sep 1900	4:193
Parker, O.	23 Feb 1906	5:192	Parsons, Albert Frank	30 Mar 1904	4:197
Parker, Roxie	30 Jun 1888	2:155	Parsons, Charles H.	27 Jan 1907	5:195
Parker, S.S.	31 Aug 1900	4:193	Parsons, Charlotte E.	12 Jan 1887	2:154
Parker, Samuel S.	11 Oct ---	1:344	Parsons, Fred W.	10 Jan 1883	1:344
Parker, Simeon	14 Oct 1876	1:338	Parsons, Helen Woods	05 May 1891	2:157
Parker, William	01 Jul 1894	3:174	Parsons, Henrietta	04 Nov 1907	5:196
Parker, William	18 Sep 1906	5:193	Parsons, Lida L.	21 Dec 1900	4:193
Parker, William H.	16 Nov 1903	4:197	Parsons, Louisa	17 Jul 1887	2:154
Parker, Wm.	08 Oct 1868	1:24	Parssuio, Pearl	12 Jan 1908	5:196
Parkest, Eliza A.	10 Jul 1907	5:196	Partala, Felix	07 Nov 1904	5:191
Parkhurst, Daniel D.	20 Sep 1901	4:194	Partell, Anthony	11 Nov 1888	2:155
Parkhurst, Roger	01 Dec 1906	5:193	Partell, Mary	14 Jan 1876	1:338
Parkhurst, Roger	02 Dec 1906	5:194	Parthan, Margaret	04 Sep 1895	3:174
Parkhurst, Sarah	24 Mar 1894	3:173	Partland, Ellen	28 Sep 1901	4:194
Parkin, George	16 Apr 1894	3:174	Parulls, Sarah	05 Sep 1888	2:155
Parks, A. Catharine	01 Mar 1892	2:157	Pary, Caroline	06 Jul 1895	3:175
Parks, Eleanor	02 Apr 1903	4:197	Paryee, Fred'k	03 Aug 1871	1:334
Parks, Ida H.	12 Sep 1897	4:189	Pascale, Frank	Jun 1902	4:195
Parks, Infant	23 Sep 1885	2:153	Pascale, Nicoretta	28 Jul 1902	4:195
Parks, Jas. J.	28 Oct 1885	2:153	Pasch, August	15 Dec 1901	4:194
Parks, Jessie	08 Mar 1903	4:195	Pasch, August F.	19 Dec 1901	4:194

NAME	DATE	V/P	NAME	DATE	V/P
Pasch, Margaret	22 Dec 1887	2:154	Patton, Harold John	15 Sep 1900	4:193
Pasch, Mary	16 Jul 1881	1:342	Patton, Joseph H.	27 May 1883	1:344
Pasch, Minnie	04 Aug 1888	2:155	Patton, Leory	26 Feb 1904	4:197
Pasch, William	04 Aug 1888	2:155	Patton, Martha	24 Jan 1868	1:38
Pasch, William	06 Jul 1888	2:155	Patton, William	08 Mar 1894	3:173
Pash, Infant	22 Aug 1893	3:173	Patton, William W.	23 Jun 1897	4:189
Pash, William	26 Dec 1897	4:189	Paturalzki, Mary	25 Nov 1907	5:196
Paskert, Catherine	24 Dec 1891	2:157	Pauhl, John	06 Nov 1907	5:196
Paskiwicz, Stella	12 Feb 1899	4:190	Pauken, Fred. Valentine	09 Sep 1892	2:158
Pasluszug, Joseph	20 Mar 1891	2:157	Pauken, Harold H.	08 Aug 1902	4:195
Pasluszug, Joseph	20 Mar 1891	2:158	Pauken, John W.	16 Apr 1901	4:195
Pasus, Eva	17 Nov 1873	1:336	Pauken, William B.	20 May 1907	5:195
Paszczykows, Kela	13 Oct 1905	5:193	Paul, Cecil	29 Mar 1904	4:197
Patch, Albert	15 May 1901	4:194	Paul, Chas.	04 Sep 1893	3:173
Patchin, Phoeba A.	18 Apr 1906	5:193	Paul, Lawrence M.	15 Aug 1884	2:153
Patden, Andrew	25 Dec 1880	1:342	Paul, Sarah	09 Jul 1867	1:36
Paterson, Wm. John	01 Sep 1872	1:334	Paulding, Isaac	12 Feb 1892	2:158
Patow, Louisa	15 Nov 1890	2:157	Paule, d/o Frank	29 Mar 1893	2:158
Patrick, Benjamin S.	08 Jan 1902	4:194	Pauler, Chas.	25 Jul 1901	4:194
Patrick, Charles E.	27 Jun 1896	4:188	Pauley, Elizabeth	11 Jan 1868	1:8
Patt, Charlotte	07 May 1897	4:189	Pauley, Martin	09 Jul 1889	2:156
Patten, Ann	14 Mar 1872	1:334	Pauley, Martin	20 Apr 1900	4:191
Patten, Ann	21 Dec 1872	1:334	Paulin, Clement	02 Mar 1890	2:156
Patten, Edna	30 Dec 1889	2:156	Paulin, Eliza E.	24 Jul 1901	4:194
Patten, Grace	02 Jan 1890	2:156	Paulin, J.B.	10 Feb 1885	2:153
Patten, Hana	08 Feb 1871	1:334	Paulsland, Alice M.	21 Aug 1886	2:154
Patten, James	06 Nov 1900	4:193	Paulson, Emma	13 May 1879	1:340
Patten, James	24 Jan 1878	1:338	Paulson, Infant	18 Aug 1879	1:340
Patten, Jane	21 Jan 1900	4:191	Paulson, John H.	05 Dec 1908	5:198
Patten, John	02 Nov 1883	1:344	Pauly, Caroline	15 Feb 1908	5:195
Patten, Joseph	06 May 1883	1:344	Pauly, Jno. P.	09 Aug 1883	1:344
Patten, Louis	30 Aug 1882	1:344	Paupa, Jessie W.	06 Jan 1901	4:193
Patten, Mattie	02 Jan 1890	2:156	Pautz, John	05 Jan 1904	4:192
Patten, Michael	30 --- 1872	1:334	Pawelczak, d/o Frank	14 Oct 1897	4:189
Patten, Sarah C.	15 Feb 1886	2:153	Pawelczak, Roman	20 Sep 1908	5:197
Patten, Wm. F.	06 Feb 1905	5:191	Pawelezak, Anthony	30 Jan 1905	5:191
Patterson, Andrew	15 Jun 1871	1:334	Pawlaezick, Jacob	29 May 1907	5:196
Patterson, Barbara M.	23 Oct 1889	2:156	Pawleczak, Wladeslaw	25 Jul 1897	4:264
Patterson, Bennett	04 Feb 1870	1:54	Pawlekowski, Elizabeth	01 Nov 1895	3:174
Patterson, David	24 Dec 1905	5:192	Pawlekowski, Theodore	29 Dec 1895	3:174
Patterson, Florence	03 Jul 1908	5:197	Pawlikoski, Ludwig	13 Aug 1903	4:197
Patterson, Florence B.	30 May 1908	5:197	Pawlinska, Martha	11 Sep 1908	5:197
Patterson, G.N.	Feb 1904	4:197	Pawlinski, Joseph	30 Nov 1908	5:197
Patterson, Geo. W.	07 Feb 1869	1:30	Pawlowicz, Clemons	12 Aug 1908	5:197
Patterson, Gilmore	29 Aug 1902	4:195	Pawlowsi, Klofe	08 Dec 1903	4:197
Patterson, Isabel	03 Jan 1901	4:193	Pawlowska, Maggie	12 Feb 1903	4:195
Patterson, Maggie E.	01 Nov 1900	4:193	Pawlowske, Adam	11 Oct 1896	4:188
Patterson, Robert	21 Nov 1896	4:188	Pawlowski, Boleslaw	25 Nov 1903	4:197
Patterson, Rob't Ed.	21 Oct 1879	1:340	Pawlowski, Cecila	29 Jun 1889	2:156
Patterson, Wm.	---	1:336	Pawlowski, Francisca	20 Apr 1889	2:156
Patterson, Wm. Norden	02 Jul 1872	1:334	Payne, Belle Price	16 Oct 1889	2:156
Patterson, Wm. W.	14 Mar 1868	1:10	Payne, Chas.	03 Jun 1905	5:192
Patterson, Wm., Mrs.	---	1:336	Payne, Marvin	28 Feb 1905	5:193
Pattison, Mastherki	06 Mar 1877	1:338	Payne, Sarah	23 Jul 1903	4:197
Patton, Bessie May	16 Oct 1896	4:188	Payne, Willie	---	2:155
Patton, Bridget	Oct 1891	2:157	Payne, Wm.	19 Dec 1900	4:193
Patton, Carrie May	22 May 1884	2:153	Pazsgay, Helen	1909	5:198
Patton, Chester	09 Mar 1891	2:156	Pbealt, Sarah C.	26 Aug 1904	4:192
Patton, Elisabeth	01 Dec 1894	3:174	Peabody, Alvin	22 Aug 1903	4:192
Patton, Frank	14 Oct 1893	3:173	Peabody, Florence	23 Jul 1881	1:342
Patton, George	21 Feb 1904	4:197	Peabody, John F.	26 Nov 1900	4:194

NAME	DATE	V/P	NAME	DATE	V/P
Peabody, Susan	08 Sep 1908	5:197	Peffelman, Mary	12 Jan 1904	4:192
Peach, Garnet E.	16 Mar 1907	5:193	Peffensburger, Lota	10 Feb 1899	4:190
Peach, Nathan Abiel	07 Jul 1890	2:156	Peffer, John	23 Dec 1874	1:336
Peacock, Florien S.	09 Oct 1900	4:194	Pefferle, Constantine	17 May 1900	4:193
Peak, Harry	31 Jul 1887	2:154	Pegler, Mennie	17 Mar 1899	4:190
Peak, Mary E.	01 Aug 1905	5:193	Pegorst, Lena	24 Sep 1889	2:156
Peaken, Carrie	21 Jan 1906	5:192	Peidel, Earnest A.	05 Nov 1902	4:195
Pear, Lewis	19 Jul 1905	5:193	Peiper, Minnie	15 Feb 1899	4:190
Pear, Richard	20 Aug 1905	5:193	Peirce, Benjamin	12 May 1889	2:156
Pearce, Ann	18 Jun 1908	5:197	Peirman, Mattie	05 Jan 1900	4:192
Pearch, David D.	25 Mar 1902	4:195	Peiter, Dorthea	17 Aug 1904	5:191
Pearsell, Elwood Thom.	08 Sep 1900	4:193	Peitsch, Fred	03 Dec 1890	2:156
Peart, Charles	31 May 1903	4:192	Pelker, Budd A.	02 Apr 1906	5:194
Pease, Alice	08 Aug 1896	4:188	Pelkey, Budd A.	02 Apr 1906	5:192
Pease, Ann	05 Mar 1908	5:196	Pelkey, Earl	16 Mar 1907	5:193
Pease, Don. A.	21 Sep 1883	1:344	Pelkey, Mary	27 Feb 1883	1:344
Pease, I.U.	12 Feb 1870	1:40	Pellstein, Rosa	27 Sep 1874	1:336
Pease, Louise	18 Jun 1885	2:153	Pelsky, Mary	18 Apr 1871	1:334
Pease, Mary	28 Feb 1907	5:194	Peltier, Edmond	30 Mar 1906	5:192
Peashetle, Peter	03 Nov 1889	2:155	Pelties, Mary	18 Apr 1871	1:334
Peast, Mable	20 May 1903	4:197	Peltis, Mary	30 Apr 1903	4:192
Peat, Silas	10 Jan 1875	1:334	Pelton, Bernice A.	08 Jun 1894	3:174
Peaters, Anna A.	27 Mar 1901	4:193	Pelton, Elmira	07 Jun 1907	5:195
Peaton, Ernst	14 Sep 1898	4:190	Pelton, Marie	25 Nov 1893	3:173
Pebbles, May	15 Oct 1885	2:153	Pelton, Mary Ann	25 Feb 1885	2:153
Pebbles, Nelson	30 Oct 1906	5:194	Pelton, Richard E.	26 Oct 1874	1:336
Pecham, Elizabeth	28 Mar 1907	5:195	Pelton, Theodore R.	16 Jun 1898	4:190
Peck, Arthur	06 Jun 1886	2:154	Peltries, Antoine	03 Mar 1872	1:334
Peck, Arthur	26 Jun 1886	2:154	Peltry, Simon	08 Dec 1904	5:191
Peck, Charles	28 Oct 1877	1:338	Pember, Daisy Merene	17 May 1898	4:190
Peck, Charles F.	20 Jan 1908	5:195	Pember, Willis A.	02 Apr 1897	4:190
Peck, E.D., Mrs.	01 Jul 1873	1:336	Pemberton, Charles	22 Dec 1876	1:338
Peck, Ed.	13 Aug 1905	5:193	Pemberton, Inova M.	18 Dec 1870	1:334
Peck, Edgar R.	12 Jan 1892	2:157	Pemberton, Joseph	10 Mar 1867	1:36
Peck, Edwin J.	04 Jul 1907	5:196	Pemberton, Rachel	23 Aug 1876	1:338
Peck, Erasmus D.	04 Mar 1896	3:175	Pemberton, William H.	27 Feb 1906	5:193
Peck, Flora	24 Aug 1906	5:194	Pencaff, Stephen	04 Nov 1898	4:190
Peck, George A.	18 Jun 1876	1:338	Pence, Andrew	22 Apr 1905	5:192
Peck, Hannah	21 Jul 1907	5:196	Pence, d/o Elmer	22 Oct 1906	5:194
Peck, L.S.	08 Jul 1868	1:16	Pence, Edward	03 Aug 1903	4:192
Peck, Louis Huntington	19 Nov 1878	1:340	Pence, Ida L.	10 Sep 1899	4:191
Peck, Martha Jane	25 Nov 1901	4:194	Pence, Samuel	15 Aug 1892	2:158
Peck, Mary	20 Sep 1870	1:334	Pence, Theodore	01 Aug 1876	1:338
Peck, Mary Ch.	18 May 1894	3:174	Pencry, Clemence	07 Jun 1880	1:342
Peck, Otis Lyman	02 Jan 1902	4:194	Pendergast, Henry	07 Dec 1893	3:173
Peck, Porter P.	17 Jun 1871	1:334	Pendergast, Jerome	27 Feb 1898	4:190
Peck, Robert	Dec 1889	2:155	Penfield, Susan P.	19 Oct 1901	4:194
Peckham, Chas. F.	17 Oct 1876	1:338	Penfield, Walter	15 Apr 1886	2:154
Peckham, Elyal W.	19 May 1904	5:191	Penges, E., Mrs.	09 Jun 1905	5:192
Peckham, Harriet M.	15 Aug 1900	4:193	Penham, May	14 Jan 1902	4:194
Peckham, Laura G.	23 Oct 1869	1:46	Pennel, Caroline	28 Feb 1908	5:196
Peckham, Peleg B.	01 Aug 1868	1:18	Pennell, Charles	08 Jun 1908	5:197
Pedanto, Thos.	04 Jul 1885	2:153	Pennell, Fannie	17 Mar 1870	1:46
Pede, Peter	13 Nov 1883	1:344	Penney, Mary J.	04 Aug 1880	1:342
Pee, Joseph	29 Nov 1901	4:194	Penninger, Cyril	02 Jun 1902	4:197
Peebles, Susan	28 Jan 1896	3:175	Pennock, Lydia	03 Mar 1903	4:197
Peech, Lucy	May 1907	5:195	Penpuard, Theodre D.	22 Jan 1908	5:195
Peele, Elizabeth	30 Sep 1900	4:193	Penrose, Lydia	23 Feb 1903	4:195
Peerak, Pelega	06 Mar 1894	3:174	Pentz, Ernertia	10 Jun 1894	3:174
Peerce, Dr.	10 Oct 1907	5:195	Pentz, Fred	15 Dec 1900	4:193
Peewa, Frank	24 Jun 1907	5:196	Pentz, Lottie Hannah	11 Jul 1905	5:192

NAME	DATE	V/P
Penwell, Geo. R.	05 May 1902	4:197
Penzer, Charlotte	26 Aug 1907	5:196
Peoples, Agnes	05 Jan 1901	4:194
Peoples, Marguerite E.	14 Dec 1903	4:197
Peppel, Kasper	30 Jun 1884	2:153
Peppen, Paul	09 May 1896	4:188
Pepper, Katie A.	21 Dec 1871	1:334
Pepper, Nathaniel C.	28 Jun 1877	1:340
Peppke, Chas.	29 Jan 1908	5:196
Peppke, Janetta	15 Nov 1907	5:196
Pepple, Harriet A.	28 May 1873	1:336
Percival, James	24 Dec 1872	1:336
Percival, Lily A.	05 Apr 1903	4:197
Percy, Thomas	05 Aug 1906	5:194
Pereszlia, John	30 Nov 1899	4:191
Perigo, Josphine	20 Mar 1903	4:195
Perigo, Jossie A.	23 Apr 1871	1:334
Perin, William	04 Mar 1877	1:338
Perina, Wm.	13 May 1868	1:14
Perinto, John W.	01 Jun 1895	3:174
Perish, Chas. F.	05 Mar 1890	2:156
Perkey, Mary Jane	19 Apr 1904	5:191
Perkins, Abraham J.	23 Mar 1896	3:175
Perkins, Alfred H.	11 Jan 1869	1:30
Perkins, Andrew	26 Jul 1877	1:338
Perkins, Beatrice	03 Jun 1903	4:192
Perkins, Charles	07 Oct 1892	2:158
Perkins, Floyd E.	23 Dec 1891	2:157
Perkins, Geo.	26 Apr 1908	5:197
Perkins, Geo. Henry	22 Aug 1881	1:342
Perkins, George	20 Mar 1904	4:192
Perkins, Henry Tracy	30 Jul 1868	1:18
Perkins, Inf/o Milan	31 Jul 1883	1:344
Perkins, Joseph	01 May 1900	4:193
Perkins, Nelson	18 Mar 1904	4:197
Perkins, Russell	23 Sep 1905	5:193
Perlick, Rudolph	26 Dec 1889	2:156
Perlin, Hirsh	15 Jul 1895	3:175
Perlstein, Levy	07 May 1887	2:154
Permir, P., Mrs.	12 Jun 1885	2:153
Pero, Alice	18 Feb 1889	2:155
Pero, Alvin	06 Aug 1877	1:340
Pero, Charles	16 Jan 1899	4:190
Pero, Charles A.	12 May 1891	2:157
Pero, Frank	27 Aug 1873	1:336
Pero, Frank	27 Dec 1873	1:336
Pero, Frank D.	02 Jun 1890	2:157
Pero, Frank, Sr.	28 Nov 1904	5:191
Pero, Lulu	19 Dec 1885	2:153
Pero, Margaret	14 Jul 1869	1:52
Pero, William J.	31 Dec 1898	4:190
Perrigo, Josephine	20 Mar 1903	4:195
Perrin, David	09 Feb 1872	1:334
Perrin, E.G.	06 Jan 1868	1:8
Perrin, Edith	04 May 1907	5:195
Perrin, Edith	27 Oct 1901	4:194
Perrin, Frederick S.	09 Sep 1899	4:192
Perrin, George	28 Apr 1898	4:190
Perrin, Irene F.	13 May 1881	1:342
Perrin, Mary	05 Oct 1903	4:192
Perry, Albert	21 Jul 1889	2:155
Perry, Alexander	27 Feb 1903	4:197
Perry, Almira J.	22 Oct 1868	1:36
Perry, Amos	17 Mar 1898	4:189
Perry, Bennett	28 Apr 1890	2:157
Perry, Christopher Wm.	19 Sep 1868	1:36
Perry, Cornelia	15 Nov 1907	5:195
Perry, Daisy	02 Aug 1904	5:191
Perry, Daniel	07 Jun 1890	2:157
Perry, Della	21 Mar 1888	2:154
Perry, Dewey	20 Sep 1899	4:191
Perry, Edward E.	02 Feb 1885	2:153
Perry, Edwin	Mar 1882	1:342
Perry, Emery	24 Jun 1905	5:193
Perry, Eva, Mrs.	13 Oct 1908	5:197
Perry, Ezra	13 Dec 1872	1:336
Perry, Frank	07 Aug 1886	2:154
Perry, Geo.	19 Mar 1874	1:336
Perry, George	03 Oct 1877	1:338
Perry, Gilbert	10 Apr 1898	4:189
Perry, Henry	04 Jan 1890	2:156
Perry, Infant	11 Jul 1894	3:174
Perry, Jno. O.	25 Apr 1901	4:194
Perry, John A.	26 Apr 1901	4:195
Perry, Julia E.	20 Feb 1908	5:196
Perry, Lapol	20 Oct 1900	4:193
Perry, Lester	04 Sep 1895	3:174
Perry, Levi	09 Feb 1905	5:191
Perry, Lilie	23 Apr 1890	2:157
Perry, Mamie	01 Sep 1869	1:46
Perry, Marie	05 Oct 1896	4:188
Perry, Mary	18 Sep 1904	5:191
Perry, Mortimer	10 Oct 1907	5:196
Perry, Oliver H.	20 Jan 1869	1:38
Perry, Oliver H.	28 Jan 1869	1:42
Perry, Peter	30 Jul 1899	4:191
Perry, Rena Ella	06 May 1879	1:340
Perry, Rosa	08 Aug 1897	4:189
Perry, s/o Frank	21 Nov 1890	2:157
Perry, Thomas	03 Sep 1895	3:174
Perry, Tracy M.	16 Jan 1895	3:175
Perry, William	08 Nov 1897	4:189
Perry, Wm. M.	01 Nov 1880	1:342
Pershall, Ann	24 Mar 1890	2:155
Pershall, Samuel	08 Apr 1889	2:155
Person, Minerva	15 Jul 1900	4:193
Pertle, John	05 Apr 1888	2:155
Pery, John C.	02 Apr 1889	2:156
Peshell, Anton	22 Sep 1907	5:195
Pestke, Adelaide O.L.	10 Jul 1903	4:192
Pete, Chas.	28 Dec 1907	5:195
Pete, Margueret	16 Jan 1909	5:198
Petee, Ada A.	25 Feb 1903	4:195
Petee, Albert	09 Mar 1907	5:193
Petee, Albert C.	09 Mar 1907	5:193
Petee, Clyde	14 Oct 1889	2:155
Petee, Edgar A.	28 Jun 1877	2:155
Petee, Georgia	02 Feb 1903	4:195
Petee, Millie	09 Oct 1887	2:154
Petee, Myrtle May	19 Nov 1888	2:155
Petee, S.E.	04 Nov 1887	2:154
Petee, Theadore	28 Apr 1903	4:197

NAME	DATE	V/P	NAME	DATE	V/P
Peter, Delia	19 Feb 1908	5:196	Petit, Sarah A.	20 Feb 1903	4:197
Peter, Edna A.	04 Mar 1888	2:154	Petit, Uria S.	09 Jun 1902	4:197
Peter, Frank	06 Nov 1907	5:196	Petrah, John	26 Aug 1898	4:190
Peter, Mattie	20 Jul 1880	1:342	Petrie, Arthur W.	01 Apr 1888	2:154
Peter, Richard	01 Sep 1876	1:338	Petrie, Margaret	11 Nov 1896	4:188
Peter, Victoria	23 Oct 1908	5:197	Petrie, Wm. G.	06 Mar 1884	1:344
Peter, William	08 Nov 1884	2:153	Petrikowski, Watislof	23 Jan 1903	4:195
Peterman, Christine	14 Aug 1900	4:194	Petrill, Mike	07 Feb 1898	4:189
Peterman, Inf/o Sam	23 Jul 1893	3:173	Petris, Ebeline	17 Jan 1900	4:191
Peters, Anna	10 Dec 1889	2:156	Petroff, Emmetor	28 Nov 1907	5:196
Peters, Anna	27 Mar 1900	4:191	Petrokowski, Watislof	Mar 1903	4:195
Peters, Charles	13 Feb 1891	2:156	Petrowski, Staneslaw	10 Nov 1895	3:175
Peters, Christiania	25 Oct 1888	2:155	Petroy, Anna	23 Nov 1903	4:192
Peters, d/o Arthur W.	18 Jul 1900	4:193	Pettee, Moses	21 Dec 1870	1:334
Peters, Daniel	12 Feb 1898	4:189	Petter, Wm.	30 Jan 1898	4:189
Peters, Emilie	09 Jun 1880	1:340	Petters, Walter	15 Jan 1898	4:189
Peters, Eugene L.	28 Nov 1897	4:189	Pettit, Carrie Dell	21 Aug 1907	5:195
Peters, Freda	06 Mar 1898	4:189	Pettit, William	02 Mar 1909	5:198
Peters, Frederick	03 Dec 1895	3:174	Pettys, Jay	11 May 1900	4:194
Peters, Fredericka	06 Mar 1898	4:190	Peuder, Ann	18 Mar 1875	1:338
Peters, G.	23 Nov 1905	5:192	Peugh, Dan. W.	13 Jun 1900	4:193
Peters, George	25 Nov 1891	2:157	Pewitt, Mary	09 Dec 1907	5:196
Peters, Hannah	19 Sep 1905	5:193	Peynn, Kate	24 Sep 1894	3:174
Peters, Henriette	17 Nov 1891	2:157	Peyton, Samantha	19 May 1905	5:192
Peters, John	22 Mar 1906	5:192	Pezymisinak, Francis	07 Jun 1897	4:189
Peters, John W.	02 Jan 1892	2:157	Pfaan, Walter	17 May 1897	4:189
Peters, Louis	31 Jul 1879	1:340	Pfaelchifter, George	12 Apr 1893	5:198
Peters, Lovilia	24 Mar 1879	1:340	Pfaender, John G.	12 Jun 1895	3:175
Peters, Lydia	05 Apr 1897	4:188	Pfafinger, Magdelene	24 Mar 1893	2:158
Peters, Magdalena	07 Sep 1878	1:340	Pfann, Johana Chrisina	01 Jan 1907	5:194
Peters, Marshall	30 Mar 1875	1:336	Pfann, Johanna	01 Jan 1907	5:194
Peters, Martha	07 Dec 1889	2:156	Pfann, Peter	12 Apr 1893	3:173
Peters, Martha J.	07 Mar 1903	4:195	Pfanner, Ruth R.	02 Aug 1890	2:156
Peters, Mary	28 Jul 1885	2:153	Pfanner, Samuel B.	02 Nov 1902	4:195
Peters, Minnie E.	15 Jul 1892	2:158	Pfefferle, Constantine	18 May 1900	4:193
Peters, Walter	15 Mar 1903	4:195	Pfefferle, Herman	01 Oct 1878	1:340
Peters, William	30 Dec 1897	4:189	Pfefferle, John J.	18 Mar 1869	1:34
Peters, Willie	01 Aug 1896	4:188	Pfefferle, John Joseph	18 Mar 1869	1:2
Peterson, Andrew	15 Oct 1902	4:195	Pfeghaar, Anthony Thomas		
Peterson, Chris.	20 Jan 1901	4:193		14 Mar 1899	4:190
Peterson, Clara Amelia	08 Aug 1892	2:158	Pfeifer, Anton	28 May 1888	2:155
Peterson, Collins	27 May 1869	1:58	Pfeifer, John	28 Feb 1908	5:196
Peterson, Frances	17 Mar 1877	1:338	Pfeifer, John, Jr.	24 Apr 1907	5:195
Peterson, Idella	07 Jun 1907	5:196	Pfeifer, Rosa Emma	15 Aug 1898	4:190
Peterson, Jas. J.	30 Oct 1874	1:336	Pfeiffer, William F.	30 Jul 1895	3:175
Peterson, Margaret E.	21 Apr 1891	2:157	Pffefferlin, Margaretha	18 Aug 1874	1:336
Peterson, Martha	27 Mar 1877	1:338	Pfferle, John	01 Nov 1875	1:338
Peterson, Mary	30 Apr 1890	2:157	Pfistern, Frances	02 May 1897	4:189
Peterson, Oscar	29 Aug 1896	4:188	Pfleyhaar, Joseph	15 Jan 1901	4:195
Peterson, Otto	28 Oct 1903	4:197	Pflnofelter, Paul	20 Oct 1905	5:193
Peterson, Rosa	22 Oct 1890	2:157	Pfund, Almira	21 Mar 1905	5:192
Peterson, Rose	22 Oct 1890	2:156	Pfund, Katherine	14 Apr 1900	4:193
Peth, August	24 Oct 1899	4:191	Pgetrasek, Stanislawa	14 Jul 1896	4:188
Peth, Elmer	03 Jun 1896	4:188	Phalon, Thos.	27 Mar 1869	1:36
Peth, Wm.	14 May 1891	2:158	Pheatt, Gideon R.	21 Mar 1895	3:174
Peth, Wm. H.	30 Jul 1899	4:191	Pheatt, Harry C.	25 Oct 1874	1:336
Petill, Mary Myrtle	19 Nov 1888	2:155	Pheatt, Jennie A.	21 Apr 1880	1:342
Petit, Anna	12 Mar 1902	4:194	Pheede, Adolph	24 Jan 1903	4:197
Petit, Chas.	07 May 1900	4:193	Pheilichifter, Katy	23 Apr 1890	2:155
Petit, Claude	25 Nov 1887	2:155	Pheils, Jacob	23 Dec 1903	4:192
Petit, Melvina	04 Mar 1902	4:194	Phelan, Catharine	26 Jun 1894	3:174

NAME	DATE	V/P	NAME	DATE	V/P
Phelan, E.	24 Sep 1886	2:154	Phillips, Lyman	31 Mar 1881	1:342
Phelan, Katherine	10 Apr 1899	4:192	Phillips, Mable G.	17 Aug 1895	3:175
Phelan, Mary	01 Aug 1896	4:188	Phillips, Marriet	11 Aug 1904	5:191
Phelan, Mary	15 Nov 1895	3:175	Phillips, Mrs.	06 Jun 1871	1:334
Phelan, Patrick	22 Dec 1899	4:191	Phillips, Nancy	14 Feb 1875	1:336
Phelp, Margaret	16 Feb 1907	5:194	Phillips, Pauline	19 Jan 1904	5:191
Phelps, Delilah	24 Jul 1886	2:154	Phillips, Rosa	13 Feb 1907	5:194
Phelps, Donald Deago	15 Apr 1890	2:156	Phillips, Samuel W.	23 Oct 1897	4:189
Phelps, Elizabeth	26 May 1870	1:334	Phillips, Sarah	20 Apr 1885	2:153
Phelps, Ellen	20 Oct 1900	4:193	Phillips, Sarah Melissa	04 Mar 1908	5:195
Phelps, Ellen	20 Oct 1900	4:192	Phillips, Susan B.	01 Jan 1873	1:336
Phelps, Elmer E.	21 Oct 1895	3:175	Phillips, Tillie	10 Dec 1905	5:192
Phelps, Esther	03 Jul 1874	1:336	Phillips, William	07 Aug 1907	5:195
Phelps, Henry Luther	25 May 1898	4:190	Phillips, Wm. Potter	19 Mar 1896	3:174
Phelps, Maria	17 May 1903	4:192	Phillis, Rebecca	11 Oct 1906	5:194
Phelps, Oliver Melvin	17 Sep 1908	5:198	Phillrick, Delbert	08 Dec 1905	5:192
Phelps, Ruth Milman	29 Jul 1893	3:173	Philo, Pauline	22 Sep 1908	5:198
Pheney, Charles	07 Apr 1904	4:197	Philo, Serrelda E.	31 Dec 1902	4:197
Phiel, Lettie	01 Jan 1909	5:198	Philps, Daniel D.	15 Apr 1891	2:158
Philaboum, Elsie	27 Sep 1902	4:195	Phiney, Mabel	17 Jul 1898	4:190
Phile, Saline	27 May 1885	2:153	Phrick, Charles C.	16 Feb 1907	5:193
Philips, Brother	03 Sep 1908	5:197	Phyle, Edwin K.	27 May 1885	2:153
Philips, Charlotte	23 Mar 1903	4:197	Piat, Henry	05 Jan 1889	2:155
Philips, Mary	17 Aug 1891	2:157	Piatt, Sarah E.	16 Nov 1892	2:158
Philips, Sarah M.	07 Nov 1887	2:154	Pichman, William	10 Apr 1893	3:173
Phillabaum, Mary	04 Oct 1906	5:194	Picker, Ralph	23 Mar 1900	4:191
Phillip, Alvin	04 Dec 1896	4:188	Pickering, Lucena P.*	19 Oct 1882	
Phillip, Gertrude	06 Jun 1908	5:196	Pickerman, d/o Frank	24 Dec 1896	4:188
Phillip, Henriette	20 Dec 1876	1:338	Pickerman, s/o Frank	24 Dec 1896	4:188
Phillipe, Daniel	02 Feb 1901	4:194	Pickett, Augusta	23 Mar 1881	1:342
Phillipp, C.L.	18 Jan 1895	3:175	Pickett, Edna	08 May 1880	1:340
Phillipps, Aaron	04 Sep 1893	3:173	Pickett, Elizabeth	19 Nov 1886	2:154
Phillipps, Amanda	19 Jul 1893	3:173	Pickett, Frank	04 Jan 1881	1:342
Phillipps, Carolina	14 Apr 1893	3:173	Pickett, G.W., Mrs.	30 Nov 1895	3:174
Phillips, Alice M.	05 Nov 1906	5:192	Pickett, Mary	15 Oct 1908	5:197
Phillips, Anna	19 Aug 1903	4:192	Pickett, May	24 Jan 1881	1:342
Phillips, Anna	27 Nov 1889	2:155	Pickett, Thomas	13 Jul 1878	1:340
Phillips, Anthony	29 Aug 1892	2:158	Pickett, Unknown	15 Oct 1908	5:197
Phillips, Aug.	19 Apr 1890	2:157	Picserye, Frank	15 Oct 1908	5:198
Phillips, Beatrice	06 Oct 1899	4:191	Piecyak, Frances	15 Mar 1907	5:194
Phillips, Carrie	10 Aug 1870	1:334	Pieker, Edward	21 Nov 1869	1:54
Phillips, Charles	26 Feb 1903	4:197	Piekueienska, A.	03 Oct 1889	2:155
Phillips, Chas. L.	12 Nov 1869	1:48	Pieper, Henry	05 Oct 1906	5:195
Phillips, Cyrus	31 Jan 1896	3:175	Pierce, Abraham	06 Mar 1870	1:56
Phillips, Dora S.	05 Jul 1906	5:193	Pierce, Charles S.	30 Apr 1899	4:191
Phillips, Elcy	29 Mar 1906	5:193	Pierce, Columbus D.	21 Feb 1908	5:196
Phillips, Ella, Mrs.	03 Mar 1908	5:196	Pierce, d/o Thomas W.	13 Apr 1899	4:192
Phillips, Ellen	18 May 1885	2:153	Pierce, E.E.G.	13 Mar 1888	2:154
Phillips, Emma E.	17 Mar 1884	1:344	Pierce, Frank B.	06 Apr 1901	4:194
Phillips, Florence	15 Jan 1899	4:190	Pierce, Geo. L.	01 Dec 1891	2:157
Phillips, Frank	01 Jan 1908	5:196	Pierce, Grace	18 Aug 1908	5:197
Phillips, Frank	18 Jan 1908	5:195	Pierce, James	28 Oct 1905	5:192
Phillips, Fred Wm.	07 Dec 1890	2:157	Pierce, Mary	21 Feb 1874	1:336
Phillips, Henry	28 Feb 1896	3:175	Pierce, Mary L.	14 Jun 1905	5:192
Phillips, Howard E.	01 Sep 1897	4:189	Pierce, Mary Sophia	01 Oct 1870	1:52
Phillips, Ida	06 Jun 1893	3:173	Pierce, Robert	04 Sep 1903	4:192
Phillips, Jessie	08 Oct 1873	1:336	Pierce, s/o Thos. W.	15 Jul 1900	4:193
Phillips, John B.	17 Sep 1877	1:340	Pierce, Sarah	13 Nov 1881	1:342
Phillips, Lawrence L.	08 Oct 1905	5:192	Pierce, Stella S.	20 Mar 1901	4:192
Phillips, Lillie	10 Jan 1905	5:192	Pierce, Thomas Ward	07 Jun 1901	4:194
Phillips, Lizzie	04 Oct 1890	2:157	Pierce, Ursula	18 May 1896	4:188

NAME	DATE	V/P	NAME	DATE	V/P
Pierce, Wm. Graham	10 Feb 1898	4:189	Piotrawska, Anna	15 Dec 1899	4:191
Piergchalski, Frances	28 Feb 1904	4:197	Piotrazack, Helena	16 Apr 1907	5:196
Pierre, Eliza Ann	11 Feb 1886	2:153	Piotrowski, Frank	07 Aug 1908	5:197
Pierre, Wm.	20 Mar 1886	2:153	Piotrowski, Joseph	27 Dec 1904	5:191
Pierse, Walter Thomas	06 Aug 1907	5:196	Piotrowski, Ted	25 Aug 1902	4:195
Piesecki, Martha	13 Sep 1900	4:194	Piper, Charles	13 Dec 1892	2:158
Pieter, Walter	23 Aug 1905	5:192	Piper, Daniel	22 Apr 1893	3:173
Pietraszak, Joseph	18 Aug 1902	4:195	Pircard, Anna	15 Mar 1894	3:173
Pietrock, Martin	10 Oct 1907	5:196	Pitcher, Katie	20 Jun 1893	3:173
Pietsch, Frederick	03 Sep 1890	2:156	Pitcher, Samuel	01 Oct 1890	2:157
Pietsch, Minnie	29 Jul 1890	2:156	Pite, Charles A.	28 Dec 1907	5:195
Pifer, John A.	17 May 1904	5:191	Pitsen, John	02 Jun 1895	3:175
Pigeon, John	20 Feb 1891	2:156	Pitson, Louisa L.	14 Sep 1897	4:189
Pigorsh, Albert	---	5:193	Pitson, Stephen	12 Dec 1902	4:195
Pigorsh, Albert	18 Mar 1906	5:194	Pitt, Joshua	01 Dec 1871	1:334
Pigorst, Clara	10 Nov 1889	2:156	Pitt, Mary	24 Sep 1870	1:334
Pigrosh, Emma	04 Oct 1906	5:194	Pittenger, Frankie	21 Jun 1888	2:155
Pike, George	28 Nov 1880	1:342	Pittenger, Sarah	30 Nov 1891	2:157
Pike, Laura	28 Nov 1868	1:26	Pittinger, John	1884	2:153
Pilgrim, Margaret	21 Mar 1900	4:191	Pittinger, Levy	09 Dec 1881	1:342
Pilliod, Charlotte	09 Nov 1906	5:194	Pitz, Theodore	22 Oct 1897	4:189
Pilliod, James	26 Jan 1877	1:338	Pitzen, Anna	07 Jan 1890	2:155
Pilliod, Jane	03 Mar 1904	4:197	Pitzen, Frances	27 Oct 1894	3:174
Pilliod, Margarett	21 Feb 1895	3:174	Pitzen, Lawrence	05 Aug 1892	2:158
Pilliod, Mary	01 Jul 1873	1:336	Pitzen, Peter	30 May 1897	4:189
Pilliot, James	02 Apr 1890	2:156	Pitzen, Stephen P.	14 Dec 1887	2:154
Pillod, James	02 Apr 1890	2:156	Pitzen, Wm. S.	12 Feb 1901	4:193
Pillow, Christine	09 Mar 1875	1:336	Pivwitz, Richard	20 May 1900	4:193
Pilrowski, Frank	26 Mar 1897	4:188	Pixley, E.D.	24 Aug 1900	4:193
Piminger, Cyril	02 Jun 1902	4:195	Pixley, Elmira	09 Oct 1906	5:194
Pinaszriewcz, John	19 Mar 1902	4:194	Pixley, Mattie	26 Sep 1893	3:173
Pincaroni, Infant	15 May 1892	2:158	Place, Eliza J.	21 Feb 1904	4:192
Pinchney, Mattie	14 Oct 1898	4:190	Place, James	19 Aug 1902	4:195
Pingel, Dorothy	13 Feb 1902	4:194	Place, L.D.	07 Nov 1888	2:155
Piniaszkiewiez, John	30 Apr 1891	2:157	Plageman, Kathenia	08 Aug 1907	5:196
Pinkeiter, Ophelia	04 Mar 1885	2:153	Plageman, Myrtle	28 Jun 1889	2:155
Pinkelman, Joseph	01 Jul 1897	4:188	Plageman, Sophia	14 Sep 1903	4:197
Pinkelman, Mary	21 Jun 1896	4:188	Plain, Birdie	26 Nov 1879	1:340
Pinkert, Caroline	26 Aug 1868	1:20	Plancon, Julius Andrew	22 Sep 1903	4:197
Pinkerton, Carrie	20 Jul 1871	1:334	Planer, Henry	01 Jan 1881	1:342
Pinkerton, Chloe	26 Jul 1871	1:334	Plank, Alice E.	06 Apr 1883	1:344
Pinkerton, Chloe J.	18 Jun 1871	1:334	Plank, Elizabeth J.	22 Aug 1908	5:197
Pinkerton, Clara	23 Jul 1871	1:334	Plank, Francis Alphose	15 Sep 1893	3:173
Pinkerton, Eliza B.	06 Nov 1908	5:197	Plank, Ida E.	08 Feb 1870	1:58
Pinkerton, Harry	24 Dec 1897	4:189	Plank, Infant	17 Aug 1887	2:155
Pinkerton, Mary	11 Mar 1898	4:188	Plank, Ira	09 Jun 1905	5:193
Pinkerton, Maud	30 Oct 1890	2:157	Plank, John S.	13 Jan 1905	5:191
Pinkerton, Wm.	28 Jul 1881	1:342	Plank, Josephine	24 Jan 1870	1:58
Pinkleman, Mary	29 Apr 1904	5:191	Plannt, David	17 Jun 1869	1:60
Pinkoski, Anthony	14 May 1905	5:192	Plannt, Homer	04 Dec 1897	4:189
Pinkoski, Francis	19 Feb 1906	5:193	Plannt, Ray	07 Oct 1897	4:189
Pinnager, Rosa E.	04 Sep 1898	4:190	Plant, Anna Hyde	05 Sep 1893	3:173
Pinniger, Mary	15 Dec 1904	5:191	Plant, Emilia	28 Dec 1907	5:195
Pinnon, Christine	30 Mar 1904	4:192	Plantz, Eliza Bell	17 Sep 1900	4:193
Pinot, James Jacob	01 Nov 1894	3:174	Plantz, Nellie	01 Jan 1874	1:336
Pinskey, Carl	19 Apr 1881	1:342	Plat, Anna	27 Oct 1897	4:189
Pintel, Jane	22 Mar 1876	1:338	Platfoot, G.C.	21 May 1876	1:338
Pintup, Andrew	03 Apr 1870	1:44	Plath, Anna	03 Mar 1906	5:193
Pinxley, Howard	14 Jan 1901	4:193	Platner, Elizabeth	17 Feb 1901	4:193
Piotraschke, Charles	25 Aug 1906	5:194	Platski, Martha	27 Jan 1887	2:154
Piotraschke, Ella	05 Jun 1886	2:154	Platt, Ernest M.	19 Jun 1872	1:334

NAME	DATE	V/P	NAME	DATE	V/P
Platt, Ester W.	07 Apr 1888	2:155	Polanski, Joseph	13 Sep 1899	4:191
Platt, Esther W.	07 Apr 1887	2:154	Polen, Katrina	15 Jan 1902	4:194
Platt, Henry M.	09 Jun 1899	4:191	Polen, Whelar A.	17 Aug 1901	4:194
Platt, Mary O.	16 Jun 1906	5:194	Polex, Christ	10 Dec 1904	5:191
Plattner, Libbie	17 Feb 1901	4:193	Poleyn, Irene	10 Nov 1906	5:194
Playman, Mable	10 Oct 1905	5:193	Poleyn, Kazmana	02 Nov 1907	5:196
Pleitz, George	28 Mar 1902	4:194	Polinski, Peter	26 Apr 1893	3:173
Plessner, Chas.	01 Sep 1877	1:338	Polinsky, Anton	03 Jun 1888	2:155
Plessner, Chas.	01 Sep 1877	1:340	Poliski, Joseph	13 Oct 1899	4:191
Plessner, Nellie N.	07 Aug 1881	1:342	Polite, Emery G.	17 Aug 1892	2:158
Plim, Thomas	04 Dec 1893	3:173	Polite, Lidia	27 Feb 1896	3:175
Plint, Grace	17 Mar 1882	1:342	Polking, d/o B.	04 May 1891	2:157
Plissental, Anna	14 Jun 1897	4:189	Polko, Peter	02 Oct 1907	5:195
Ploffinger, John	13 Nov 1908	5:197	Pollen, Elizabeth	26 Oct 1903	4:192
Plogman, Julia	06 Mar 1880	1:340	Poller, Minnie	06 Dec 1896	4:188
Ploint, Homer	15 Apr 1892	2:158	Pollet, Clara A.W.	13 Jan 1890	2:156
Plotkin, Lilla	11 Mar 1907	5:194	Pollex, Eliza	24 Jun 1894	3:174
Plotkin, Lillie	11 Mar 1907	5:194	Pollex, Louis	14 Feb 1891	2:156
Plotze, Clara	---	2:156	Pollex, Minnie	21 Jan 1900	4:191
Plouck, Hazel	01 Oct 1892	2:158	Polley, Helen	04 Aug 1897	4:189
Plouck, James	19 Feb 1894	3:173	Polley, John	11 Jun 1884	2:153
Plount, Sophia D.	09 May 1890	2:157	Pollman, Herman T.	22 Feb 1907	5:193
Plumadore, Jerome Chas.	26 Nov 1900	4:192	Pollman, Louis	26 Jul 1903	4:192
Plumb, Alonzo	16 Mar 1880	1:340	Pollock, Bella	20 Oct 1881	1:342
Plumb, Alonzo	16 Mar 1881	1:342	Pollock, Ethel	06 Dec 1895	3:174
Plumb, Thomas	18 Jul 1900	4:193	Pollock, Maud*	05 Apr 1908	
Plumer, Harry O.	03 May 1902	4:195	Pollock, Sophia	03 Jul 1882	1:344
Plumer, Link	08 Sep 1904	5:191	Pollox, Emma	07 Jan 1887	2:154
Plumer, Sarah Ann	27 Nov 1883	1:344	Pollox, Herman	28 Mar 1886	2:153
Plumey, Catherine	26 Jun 1899	4:191	Polly, Bronis	07 Aug 1889	2:156
Plumey, Lyrile	06 Jul 1885	2:153	Polman, Eliva	10 Feb 1905	5:191
Plummer, Wm.	21 Jan 1903	4:192	Polmshar, John	01 Oct 1898	4:190
Plummett, Mary	19 Sep 1907	5:196	Polneny, Kasimera	03 Nov 1908	5:197
Pnayoski, Infant	10 Nov 1893	3:173	Polsfuss, Augusta	20 Mar 1904	4:192
Pochalczyk, Sofia	10 Apr 1903	4:192	Polter, ch/o Rob't	18 Jan 1869	1:30
Pochalski, Joseph	21 Feb 1902	4:194	Polzen, Alfred	02 Aug 1882	1:344
Podlas, Leckadya	01 Jan 1908	5:195	Poman, Rudolph	06 Mar 1895	3:173
Pofel, Mamie	05 May 1907	5:196	Pomeroy, Anna A.	05 Oct 1904	5:191
Pogan, James	31 May 1901	4:195	Pomeroy, C.L.	29 Aug 1880	1:342
Poggemeyer, Adam	25 Apr 1892	2:158	Pomeroy, C.S.	20 Jun 1907	5:195
Poggemeyer, Edward	03 Jan 1892	2:158	Pomeroy, Geo. E.	12 Jan 1886	2:153
Poggemeyer, Fred W.	04 Sep 1887	2:154	Pomeroy, Ida	05 Nov 1902	4:195
Poggemeyer, Henry	24 Jul 1907	5:196	Pomeroy, Joseph W.	18 Mar 1886	2:153
Poggemeyer, Infant	06 Feb 1878	1:340	Pomeroy, Martha H.	14 Jun 1870	1:334
Pohl, Justina	16 Aug 1903	4:192	Pomeroy, William	11 Dec 1897	4:189
Pohlman, Fred	26 Sep 1899	4:191	Pomkowski, Jonas	25 Aug 1892	2:158
Pohlman, Lizzie	17 Jul 1903	4:192	Pond, Martha M.	10 Feb 1882	1:342
Pohlmann, Christian	17 Feb 1898	4:189	Ponee, Chas. W.	19 Aug 1885	2:153
Pohlmann, George	26 Apr 1902	4:195	Poniers, E.	17 Jun 1905	5:192
Poierva, Lisse	26 Oct 1873	1:336	Ponkin, Albert	06 Aug 1883	1:344
Pointinger, Frank	15 Oct 1905	5:191	Pontious, Beulah	22 Jun 1898	4:190
Points, G.R.	08 Jun 1870	1:334	Pool, Frank	30 Sep 1878	1:340
Poirier, Philomena	30 Dec 1868	1:4	Pool, Hendell	06 Feb 1895	3:174
Poirier, Raymond	02 Aug 1903	4:197	Pool, Henry	16 Jul 1904	5:191
Poka, Gaza	10 Oct 1907	5:195	Pool, J.W.	24 Sep 1905	5:193
Poker, Fred.	09 Sep 1892	2:158	Pool, John J.	23 Oct 1872	1:336
Polain, Pearlin	05 Aug 1898	4:190	Pool, Maria	29 Feb 1872	1:334
Poland, George B.	24 Aug 1902	4:195	Pool, Stephan	20 Jan 1896	4:188
Poland, Hazel	24 Mar 1906	5:193	Pool, Stephen	26 Feb 1903	4:197
Poland, Hearn	05 Apr 1904	5:191	Pool, Susan	11 Feb 1874	1:336
Poland, Isazck	12 Sep 1906	5:193	Pool, Susan	27 May 1880	1:342

NAME	DATE	V/P	NAME	DATE	V/P
Pool, Wendel	15 Oct 1875	1:338	Potter, Arvin S.	07 Nov 1870	1:334
Poole, Arthur Nagle	03 Oct 1892	2:158	Potter, Caroline C.	05 Oct 1898	4:190
Poole, Geo. C.	17 Jun ---	1:344	Potter, Dorothy I.	17 Feb 1905	5:191
Poole, Mary	03 Jun 1886	2:154	Potter, Elizabeth	07 Mar 1903	4:197
Poole, Rosa	17 Sep 1873	1:336	Potter, Elizabeth	08 Feb 1878	1:340
Popak, s/o Cooper	25 Aug 1899	4:191	Potter, Elma Jennette	02 Sep 1905	5:191
Popala, Charles	03 Apr 1907	5:193	Potter, Estra A.	20 Dec 1886	2:154
Pope, E.A.	05 Dec 1900	4:193	Potter, Eunice	May 1906	5:194
Pope, Elvert C.	05 Dec 1900	4:193	Potter, Floyd Ray	19 Aug 1889	2:155
Pope, Naomi S.	01 Dec 1869	1:44	Potter, Jane	01 Feb 1892	2:158
Popeck, Toney	03 May 1903	4:192	Potter, Joel	15 Aug 1903	4:197
Popiela, Stanislaus	03 Apr 1906	5:194	Potter, Lansing F.	06 Jul 1904	5:191
Popka, Pearl	26 Feb 1892	2:157	Potter, Leo	01 Jan 1889	2:156
Popkin, Fred	03 Aug 1901	4:194	Potter, Leo	01 Jun 1889	2:155
Poplsfuss, Infant	14 Nov 1892	2:158	Potter, Louis	12 Jan 1896	3:174
Popp, Caroline	09 Sep 1878	1:340	Potter, Richard Sprenger	27 Jun 1891	2:157
Popp, Frederick	07 Jul 1906	5:195	Potter, Theodore J.	11 Jan 1892	2:157
Popp, John E.	15 Jun 1907	5:195	Potter, Willard John	10 Jul 1907	5:196
Popsk, Woicirh	17 Jun 1905	5:192	Potter, Wm.	22 Jan 1887	2:154
Poratkowski, Clara	23 Apr 1900	4:191	Pottor, Clarence Elisha	16 Jun 1905	5:191
Poriet, Ovit	01 Jun 1877	1:340	Potts, Chas.	03 Nov 1885	2:153
Porotschek, Annie	08 Feb 1900	4:191	Potts, d/o Earl W.	11 May 1905	5:191
Porrell, Mrs.	14 Nov 1874	1:336	Potts, Harry R.	17 Mar 1880	1:342
Porrin, Nancy Jane	04 Sep 1893	3:173	Potts, J.W.	17 Jul 1908	5:197
Porring, Joseph	26 Mar 1901	4:193	Potts, s/o Earl	13 May 1905	5:191
Portelanse, Israel	09 Nov 1902	4:195	Poucher, Edward T.	08 Mar 1889	2:155
Porter, Adelbert H.	26 Jan 1875	1:336	Poughley, Metts	10 Aug 1876	1:338
Porter, Augusta	24 Apr 1892	2:157	Poulskaliski, d/o Powel	04 Mar 1892	2:157
Porter, David W.	27 Jan 1884	1:344	Pounds, Hannah	11 Sep 1899	4:191
Porter, P.B.	04 Mar 1891	2:156	Powclzak, Rose	11 Jun 1897	4:189
Porter, Russell	15 Aug 1874	1:338	Powder, Louis	06 Nov 1892	2:158
Portland, Anna	04 Aug 1899	4:191	Powel, Grover	05 May 1906	5:193
Portor, Mr.	04 May 1907	5:196	Powell, Ames Henry	12 Mar 1884	1:344
Porvel, William	12 Jul 1902	4:197	Powell, Edwin A.	04 May 1884	2:153
Posadny, Frank	25 Feb 1904	5:191	Powell, Eliza Jane	05 Feb 1900	4:191
Posadny, Leo	18 Oct 1905	5:192	Powell, Infant	16 Oct 1893	3:173
Posadny, Pahlagia	05 Apr 1897	4:188	Powell, Joseph	27 Sep 1889	2:156
Posarzycki, Zygment	28 Dec 1907	5:195	Powell, Lulu	15 Jan 1906	5:192
Poschat, John	15 Oct 1874	1:336	Powell, Sarah Emma	26 May 1886	2:153
Posner, Joseph	05 Feb 1907	5:194	Powell, Silas	02 Nov 1906	5:194
Posner, Joseph	06 Feb 1907	5:193	Powelley, Fred	01 Jul 1900	4:193
Poss, Barbara	01 Dec 1868	1:26	Power, Pritchet	21 Feb 1903	4:195
Poss, ch/o Anthony	15 Dec 1868	1:28	Powers, Annie F.F.	07 Jan 1894	3:173
Poss, Jeremiah	09 May 1891	2:157	Powers, Caroline	31 Mar 1904	4:192
Poss, Maggie	10 Jul 1886	2:154	Powers, Edward J.	21 Feb 1906	5:193
Post, Agnes	27 Sep 1884	2:153	Powers, Helena Leado	23 Sep 1896	4:188
Post, Amelia Louise	02 Feb 1897	4:188	Powers, John Roger	22 Mar 1894	3:173
Post, Austin	05 Feb 1887	2:154	Powers, Lawrence	09 Mar 1907	5:195
Post, Infant	23 Jan 1889	2:155	Powers, Mary M.	26 Aug 1895	3:175
Post, John F.	18 Aug 1885	2:154	Powers, Mike	07 Aug 1887	2:155
Poster, Ida	02 Mar 1880	1:340	Powers, Nellie	24 Apr 1899	4:191
Postinger, Michael	25 Oct 1903	4:197	Powers, Thomas	05 Jan 1881	1:342
Poston, William	11 Jan 1908	5:195	Powers, Thomas	25 Dec 1869	1:56
Potrasche, Hirch	21 Mar 1886	2:153	Powers, Torrence	25 Nov 1907	5:196
Potretz, A.	17 May 1892	2:158	Powers, William	01 Nov 1896	4:188
Pots, Margaret W.	14 May 1907	5:196	Powery, Heline E.	25 May 1895	3:175
Pott, Christina	25 Dec 1902	4:195	Powesland, George	20 Sep 1881	1:342
Potter, Ada	01 May 1906	5:194	Powesland, Mary	07 Oct 1881	1:342
Potter, Adelaide E.	01 May 1906	5:192	Powlers, E.	17 Jun 1905	5:192
Potter, Amanda	21 Mar 1900	4:190	Powlesland, Betsy	06 Jan 1869	1:38
Potter, Amelia	16 Oct 1895	3:174	Powlesland, George	16 Sep 1867	1:38

NAME	DATE	V/P
Powlesland, Jennie	23 Nov 1895	3:175
Powlesland, Maretta A.	29 Feb 1896	3:174
Powlicz, Jacob	29 Nov 1903	4:192
Powlowska, Maryanna	13 Jul 1907	5:195
Powsland, Lillie V.	16 Apr 1886	2:154
Poyer, Philomena	30 Dec 1868	1:28
Poziniak, John	15 Jul 1905	5:192
Pozuiak, Infant	10 Apr 1903	4:192
Prachnow, August	31 Jul 1897	4:189
Prages, J.J., Mrs.	18 Jan 1907	5:194
Prahl, Charlie	26 Feb 1884	1:344
Prahl, Christina	03 Mar 1903	4:197
Prahl, Frederick H.	19 Feb 1898	4:189
Prahl, Henry	04 Oct 1895	3:175
Prahl, William	15 Nov 1902	4:197
Pral, Lucia	14 Oct 1892	2:158
Prala, Amela	20 Aug 1905	5:192
Prang, Henry	07 Oct 1879	1:340
Prany, Abraham	09 Jan 1878	1:338
Praril, Stephan	21 Sep 1906	5:195
Prater, Anderson	09 Jan 1878	2:155
Pratt, Charles	15 Mar 1900	4:191
Pratt, Claressa	31 Mar 1893	2:158
Pratt, Clarrissa	10 Apr 1893	3:173
Pratt, Elizabeth	25 Mar 1870	1:44
Pratt, Fannie	22 Dec 1895	3:175
Pratt, Harvey	17 Sep 1881	1:342
Pratt, Louisa	04 Feb 1871	1:334
Pratt, M.S.B.	18 Jan 1890	2:155
Pratt, Maria	30 Apr 1903	4:197
Pratt, Mary	09 Jan 1894	3:173
Pratt, Mary E.	09 Aug 1905	5:192
Pratt, Phineas	23 Dec 1906	5:195
Pratt, Ruth	29 Sep 1900	4:194
Pratt, Susan	12 Apr 1874	1:336
Prauls, G.	08 Oct 1905	5:192
Praver, Alice	05 Jun 1899	4:191
Pray, Araminta D.L.	23 Mar 1903	4:197
Pray, Emeline E.	29 Mar 1884	1:344
Pray, Inf/o W.H.	28 Feb 1872	1:334
Pray, John	18 Oct 1872	1:334
Pray, John E.	11 Apr 1906	5:194
Pray, Lewis W.	08 Aug 1886	2:156
Pray, Lucy	11 Aug 1874	1:336
Pray, Lucy Hellen	11 Aug 1874	1:336
Pray, Paris H.	21 Jun 1901	4:195
Pray, S.W.	08 Aug 1886	2:159
Pray, Susan	13 Apr 1903	4:192
Pray, Welcome	27 Jan 1888	2:159
Pray, Welcome	27 Jan 1888	2:156
Preava, Aug.	20 Mar 1890	2:156
Preba, Kate	04 Apr 1908	5:197
Predom, Emma	24 Oct 1885	2:153
Predom, William	25 Oct 1885	2:153
Preece, Fred, Sr.	04 Jun 1904	5:191
Preece, Phoebe	10 Apr 1904	5:191
Preedom, Rosa	17 Aug 1894	3:174
Preibe, Lawrence Albert	25 Jul 1899	4:191
Preisach, Geo.	19 Sep 1880	1:342
Prell, John	14 Aug 1878	1:340
Prendargest, Jerome	28 Mar 1899	4:190

NAME	DATE	V/P
Prendergast, John	11 Jan 1893	2:158
Prentice, George Dennison	28 Aug 1878	1:340
Prentice, Martha B.	Feb 1887	2:154
Prentice, Mrs.	06 Sep 1868	1:22
Prentice, W.A.	17 Feb 1905	5:191
Prentice, William*	25 Oct 1882	
Prento, Allice	17 Jul 1895	3:175
Prenty, James	09 Sep 1872	1:336
Prepiera, Mary	16 Jul 1892	2:158
Presbelski, Agnes	13 Jan 1909	5:197
Prescott, Gardner	09 Dec 1903	4:197
Prescott, Silvia	12 May 1909	5:198
Presens, Herman	23 Sep 1904	5:191
Preslawski, Pelagia	26 Dec 1906	5:194
Presley, Mary	18 Oct 1901	4:194
Presley, Oscar	07 Sep 1908	5:197
Pressler, Christina	08 Jan 1879	1:340
Pressley, Eliza	04 Dec 1892	2:158
Prester, Carl Aloie	01 Mar 1894	3:174
Prestine, Infant	30 May 1884	2:153
Prestler, Amelia	15 Aug 1903	4:197
Prestly, Mary	16 Apr 1877	1:338
Preston, Alice	29 Feb 1876	1:338
Preston, Bell	01 Aug 1899	4:191
Preston, David	26 Apr 1870	1:334
Preston, Edward	06 Jul 1878	1:340
Preston, Elizabeth	06 Mar 1900	4:191
Preston, Inf/o Elmer	04 Sep 1885	2:49
Preston, John	17 Mar 1895	3:174
Preston, Mary F.	08 Aug 1885	2:153
Preston, Mary L.	08 Aug 1887	2:154
Preston, Rhobee	16 Oct 1868	1:24
Preston, s/o Elmore	28 Mar 1906	5:192
Preston, Warren	23 Jul 1896	4:188
Prestter, George	17 Feb 1902	4:194
Pretiss, Abraham C.	14 Dec 1906	5:194
Pretz, Eddy	10 Feb 1884	1:344
Preuns, Edward	24 Jul 1876	1:338
Prevykowsky, Stanislaw	10 Oct 1899	4:191
Preybilla, John	21 Jan 1895	3:174
Price, Belinder	07 Dec 1896	3:175
Price, Christian Ann	25 Dec 1891	2:157
Price, Edward	26 Oct 1886	2:154
Price, Elizabeth	17 May 1893	3:173
Price, Emma	30 Sep 1896	4:188
Price, Estella	08 Sep 1907	5:196
Price, Fletcher G.	13 Nov 1899	4:190
Price, George	27 Nov 1908	5:197
Price, Hattie S.	21 Feb 1901	4:193
Price, Jerry	20 Apr 1888	2:155
Price, Louis	08 Oct 1884	2:153
Price, Phillip	20 Jun 1875	1:338
Price, Rebeca	07 May 1890	2:157
Price, William	12 Dec 1904	5:191
Price, William	15 Dec 1876	1:338
Price, William	18 Aug 1906	5:195
Prichard, Estel J.	12 Oct 1890	2:157
Prichett, J.L.	18 Jun 1905	5:192
Prictchett, Thomas Edward	18 Mar 1906	5:191

NAME	DATE	V/P	NAME	DATE	V/P
Pridhan, Amanda	17 Feb 1879	1:340	Prutz, Miss	23 Apr 1903	5:194
Prielipp, Emil	11 Oct 1882	1:344	Pruz, Edward	14 Jan 1907	5:194
Priest, Christopher	13 Mar 1870	1:48	Pruzakewitz, Sophia	03 Nov 1907	5:196
Priest, Eugene	16 Nov 1907	5:196	Pryba, Cattie	04 Apr 1908	5:197
Priest, Johnathan	10 Jul 1890	2:156	Pryba, Leo	12 May 1906	5:193
Primay, Harry	04 Sep 1898	4:199	Pryba, Michael	14 Oct 1895	3:174
Printup, Dasie I.	28 Mar 1889	2:155	Przgbilski, Andrew	07 Feb 1898	4:189
Printus, Hayes	26 Aug 1877	1:338	Prznick, Vincent	03 Jul 1906	5:194
Printy, John	27 Feb 1878	1:340	Przybilska, Margerite	03 Oct 1905	5:192
Printz, Hannah	04 Oct 1891	2:157	Przybilski, Frank	07 Aug 1906	5:193
Printz, Julia	26 Mar 1892	2:157	Przybilski, George	26 Dec 1906	5:193
Prior, Elizabeth J.	14 Feb 1880	1:340	Przybilski, Simon	20 Apr 1905	5:192
Prior, Geo.	30 Dec 1907	5:195	Przybyla, Frank	02 Oct 1904	5:191
Prior, Henry W.	31 Jan 1880	1:340	Przybylske, Preksa	15 Feb 1897	4:188
Prior, s/o Geo. L.	21 Jan 1905	5:191	Przybylski, Agnes	13 Jan 1909	5:197
Prior, Sarah T.	06 Dec 1879	1:340	Przybysz, John	29 Mar 1906	5:194
Prior, William	09 Jul 1880	1:342	Przydyloki, Clara	13 Oct 1899	4:191
Prise, Perlie	01 Jan 1888	2:154	Przylyeski, Clementine	20 Sep 1906	5:194
Priskalski, Paul	03 Jan 1894	3:173	Przylyla, Walter	17 Sep 1905	5:192
Pristine, Christine	22 Jul 1886	2:154	Przymucinski, Mike	10 Feb 1907	5:193
Pritchett, Mary A.	06 Feb 1908	5:195	Przymusnke, John	10 Feb 1907	5:193
Pritzen, Mary	14 Oct 1904	5:191	Psak, Kaszmier	05 Mar 1905	5:191
Probeck, Frederick	04 Feb 1870	1:52	Pszyninsinki, Anthony	14 Mar 1904	4:197
Probeck, Henry	13 Jun 1905	5:193	Ptak, Bronislawa	25 Jun 1908	5:197
Probeck, Henry	17 Jan 1874	1:336	Puck, Chas. Henry	09 Jan 1869	1:28
Probert, Albina S.	04 Feb 1874	1:336	Puck, Fred	28 Jan 1899	4:190
Probert, Charles	13 Apr 1872	1:336	Puck, George	14 Sep 1870	1:334
Probert, Cordelia	13 Mar 1877	1:338	Puck, John Henry	03 Dec 1885	2:153
Probert, Elizabeth	05 Jun 1871	1:334	Pudysh, Lawrence	20 Feb 1907	5:193
Probert, Thomas	02 May 1871	1:334	Puethka, Henry	13 Aug 1906	5:195
Probert, Victoria C.	07 Sep 1872	1:336	Puetscha, Henry	06 Aug 1906	5:194
Proberts, Electa	07 Feb 1877	1:338	Pugh, Alma	12 May 1908	5:197
Proctor, Birtha May	09 Oct 1897	4:189	Pugh, Sam'l	21 Jun 1900	4:193
Proctor, Clinton	22 Apr 1904	5:191	Pugmy, Edward	28 Mar 1884	1:344
Prosser, George	15 Nov 1893	3:173	Puhl, Frank	15 Nov 1901	4:195
Prosser, Nellie	17 Feb 1902	4:194	Puhl, Hacynth Mary	11 Aug 1896	4:188
Proudfoot, Inf/o Byron	12 Nov 1894	3:174	Puhl, Peter	14 May 1907	5:195
Proudfoot, William Mc.	30 May 1894	3:173	Puhl, Susie	10 Dec 1876	1:338
Proutfoot, J.M.	22 Aug 1873	1:336	Puick, James	03 Apr 1907	5:193
Prouty, Almira M.	11 May 1870	1:334	Puiska, Pelagia	14 Jun 1908	5:197
Provast, Flora	18 Nov 1908	5:197	Pujan, Dominick, Jr.	29 Jan 1899	4:190
Provo, Isabell	26 Jul 1903	4:192	Pulford, George M.	10 Mar 1889	2:155
Provonsha, Bertie	12 Jul 1874	1:336	Pullman, Susana E.	08 Mar 1886	2:153
Provonsha, Frank, Jr.	11 Jan 1903	4:195	Pulmanski, Eva	13 Dec 1895	3:175
Provonsha, Frank, Sr.	27 Oct 1902	4:195	Puls, Emma	09 Jun 1888	2:155
Provonsha, Malcomb	02 Mar 1908	5:195	Puls, Ida	03 Oct 1880	1:340
Provost, Elizabeth L.	28 Feb 1907	5:195	Puls, Tilly	09 Jun 1888	2:155
Prozmky, Stephen	16 Aug 1889	2:156	Pulsfus, Infant	17 Nov 1892	2:158
Pruce, Della	10 Nov 1886	2:154	Pulvar, Amanda	03 Jan 1890	2:156
Prudam, Laura	16 Feb 1897	4:188	Pump, John	13 Mar 1904	4:197
Pruden, Margaret	12 May 1896	4:188	Punches, Jennie	23 Jan 1893	2:158
Pruden, Mary Emma	26 Oct 1896	4:188	Pupard, Edna N.	20 Mar 1907	5:195
Pruden, W.M., Mrs.	12 Jan 1906	5:192	Pupuard, Hobert L.	05 Mar 1907	5:195
Prudent, W. John	09 Feb 1880	1:340	Purce, Gertrude	24 Jan 1900	4:191
Pruder, Henry	05 May 1905	5:192	Purcell, John J.	15 Jul 1898	4:190
Prune, Wm.	18 Nov 1885	2:153	Purdoh, Lawrence	20 Feb 1907	5:194
Pruoendarfer, Burgunda	18 Apr 1899	4:191	Purdy, Dwight	09 May 1897	4:188
Prus, Eva	09 Apr 1899	4:191	Purdy, Eyerich	10 Jul 1894	3:174
Prus, Karl	11 Oct 1900	4:193	Purney, Ellen	18 Aug 1884	2:153
Pruser, Charles	06 Feb 1892	2:157	Purney, Louis G.	18 Jan 1888	2:154
Pruss, Mary	09 Nov 1898	4:190	Purney, Nellie	06 Aug 1891	2:157

NAME	DATE	V/P	NAME	DATE	V/P
Purnie, Milford Henry	18 Oct 1891	2:157	Quinn, Daniel	31 Jan 1899	4:196
Purtel, John	05 Apr 1887	2:154	Quinn, Eliza	26 Jun 1896	4:196
Purtel, Katherine	03 Feb 1904	4:192	Quinn, Elizabeth	09 Mar 1871	1:346
Purtel, Thomas	06 Apr 1887	2:154	Quinn, George	04 Nov 1903	4:196
Purtell, Anthony	20 Jun 1878	1:340	Quinn, Harry G.	12 Dec 1890	2:160
Pusnak, Mary	19 Dec 1893	3:173	Quinn, Helen	24 Mar 1904	4:196
Puss, Johnie	24 Jan 1884	2:153	Quinn, James A.	15 Feb 1900	4:196
Puss, Mike	18 May 1875	1:338	Quinn, John	26 Mar 1886	2:160
Pusyersky, Anna	22 Sep 1889	2:156	Quinn, John Pall	01 Aug 1899	4:196
Puszta, Joseph	01 May 1906	5:193	Quinn, Margaret	03 Mar 1901	4:196
Putney, Lester E.	16 Jul 1906	5:194	Quinn, Martin J.	26 Sep 1878	1:346
Putra, Tekla	25 Jul 1895	3:175	Quinn, Patrick	21 Jan 1891	2:160
Puts, Ida	08 Sep 1878	1:340	Quinn, Richard	01 Jul 1876	1:346
Putsky, Emma M.M.	09 Apr 1897	4:189	Quinn, Stephen	28 May 1896	4:196
Putts, Jas. H.	17 Dec 1882	1:342	Quinn, Thomas	23 Mar 1902	4:196
Putz, Brunistawa	20 Aug 1900	4:194	Quinna, Susan	09 Sep 1874	1:346
Putz, Eva	26 Aug 1895	3:175	Quinnan, Mary	05 Nov 1880	1:346
Putz, Jospeh	06 Dec 1901	4:194	Quinsby, August	12 Aug 1892	2:160
Putz, Nicholas	02 Dec 1899	4:191	Quirk, John	15 Sep 1875	1:346
Putz, Nikoden	30 Nov 1899	4:191	Quirk, John	27 Aug 1893	3:180
Putzka, Anna	09 Mar 1907	5:194	Quirk, Mage	28 Sep 1875	1:346
Pyler, Maude	03 Nov 1905	5:193	Quirk, Margarett A.	04 Jan 1892	2:160
Quack, Benjamin	30 Jul 1868	1:18	Quirk, Mary A.	23 Sep 1893	3:180
Quack, John D.	05 Oct 1870	1:346	Quirm, James	27 Jan 1885	2:160
Quackenbuch, Wm.	14 Aug 1905	5:199	Quith, Eliza	05 Jun 1883	1:346
Quackenbush, John M.	23 May 1897	4:196	Qujak, Mary	26 Nov 1892	2:160
Quaife, Edith M.	26 Oct 1903	4:196	Qune, John	01 Nov 1888	2:160
Quaife, Inf/o John	Mar 1880	1:346	Qunsch, Paul	13 Sep 1906	5:199
Quaife, Infant	---	1:346	Qursh, Edmond W.	1872	1:346
Quailey, John	19 May 1877	1:346	Qutschke, Tresse	23 Feb 1876	1:346
Quale, Burton C.	04 Jan 1900	4:196	Raab, Barbara	02 Jan 1878	1:356
Quale, Frank N.	15 Sep 1900	4:196	Raab, Catharine	15 Sep 1897	4:198
Quark, Thomas	06 Apr 1874	1:346	Raab, Catherine	12 Oct 1878	1:358
Quate, Emily	20 Feb 1897	4:196	Raab, Christena	06 Jul 1886	2:162
Queen, Benjamin	25 Apr 1907	5:199	Raab, Edward F.	08 Aug 1901	4:204
Queen, d/o Charles W.	17 Sep 1893	3:180	Raab, Gertrude Mary	08 Mar 1906	5:202
Queen, Jessie	25 Mar 1906	5:199	Raab, Henry Edward	24 Jun 1888	2:163
Quennan, Fredrick	08 Apr 1891	2:160	Raab, Henry Wm.	26 May 1899	4:200
Quennan, Winfred	13 Apr 1891	2:160	Raab, Ida Amelia	28 Sep 1895	3:184
Quetschka, Harland	20 Nov 1907	5:199	Raab, John	22 Jul 1902	4:205
Quetschke, Adeline	25 Sep 1900	4:196	Raab, Mary	09 Oct 1876	1:354
Quetshke, Frederick	28 Jan 1896	3:180	Rabadeeu, George	07 Jul 1898	4:200
Quick, Eddie	08 Aug 1891	2:160	Rabalewski, John	17 Sep 1895	3:185
Quick, Ledalia	03 Jan 1908	5:199	Rabb, Amelia	16 Jan 1896	3:184
Quigley, Ann	31 Aug 1872	1:346	Rabb, Ester	18 Oct 1897	4:199
Quigley, C.F., Dr.	31 Aug 1895	3:180	Rabbits, James	21 Jun 1896	4:198
Quigley, Edward	27 Dec 1902	4:196	Rabedeau, Clarence C.	26 Jan 1901	4:203
Quigley, Thomas	22 Feb 1891	2:160	Rabedue, Wm.	27 Feb 1894	3:182
Quin, Eliza	10 Mar 1871	1:346	Rabenazich, Mary A.	11 Jun 1895	3:185
Quinlan, Chas.	21 Oct 1891	2:160	Raber, Samuel	30 Mar 1898	4:199
Quinlan, Melene	04 Jul 1897	4:196	Rabke, Frank	03 Mar 1890	2:165
Quinlan, Michael	14 Jan 1908	5:199	Rable, Walter	23 Dec 1890	2:165
Quinlan, Wm.	28 Nov 1874	1:346	Rachawiak, Mary	01 Aug 1895	3:185
Quinley, M.	06 Sep 1870	1:346	Rachawiak, Rosa	16 Jul 1895	3:185
Quinlin, Ann	09 Sep 1875	1:346	Racho, Metha	25 Mar 1896	3:185
Quinlin, Mary Ellen	09 Nov 1904	5:199	Rachow, Chas.	22 Sep 1889	2:164
Quinlin, William	29 Apr 1887	2:160	Rachow, John	19 May 1891	2:167
Quinn, Bridget M.	09 Mar 1905	5:199	Rachow, Louis	22 Dec 1889	2:164
Quinn, Catherine	16 Jan 1879	1:346	Raczkiwski, Irene	17 Dec 1904	5:201
Quinn, Chas. E.	29 Apr 1887	4:196	Raczkowski, Romain	17 Sep 1904	5:201
Quinn, Chas. Edward	09 Mar 1905	4:196	Radbone, Edward	08 Dec 1900	4:202

NAME	DATE	V/P	NAME	DATE	V/P
Radbone, Herbert	11 Feb 1881	1:360	Raible, Matilda M.	19 May 1888	2:164
Radbone, James Finley	02 Oct 1900	4:202	Railer, Infant	23 Jul 1903	4:208
Radbone, Rebecca	10 Sep 1879	1:360	Railing, Minerva	02 Feb 1906	5:205
Radbone, Thos. E.	16 Aug 1872	1:352	Raimey, E., Mrs.	07 Sep 1899	4:201
Radcliff, Alfred C.	Feb 1880	1:358	Raines, Thos. E.	25 Feb 1869	1:32
Radcliff, Kate	27 Jul 1905	5:202	Rainey, Sarah	07 Sep 1899	4:202
Radcliff, Sarah A.	25 Oct 1896	4:198	Raing, Charles	28 Oct 1897	4:198
Radcliff, Thelma	26 Sep 1905	5:203	Raity, Rudolph	04 Jun 1897	4:199
Radcliff, William	12 Feb 1906	5:203	Raitz, Agnes Mabel	21 Mar 1902	4:205
Radcliffe, Esther	23 Apr 1908	5:209	Raitz, Albert	07 Apr 1890	2:166
Radcliffe, Thomas C.	17 Dec 1899	4:201	Raitz, Annie M.	22 Sep 1880	1:362
Raddatz, Margrett	23 Oct 1896	4:198	Raitz, August	14 Sep 1898	4:200
Radebaugh, Eliz.	03 Oct 1886	2:162	Raitz, Augusta	23 Aug 1902	4:206
Rader, Murr.	24 Apr 1906	5:205	Raitz, Benj. F.	18 Aug 1902	4:206
Rader, Murry	24 Apr 1906	5:204	Raitz, Bertha	11 Apr 1905	5:202
Radic, Joseph	27 Jun 1907	5:207	Raitz, Bertha C.	11 Apr 1905	5:201
Radka, Fredrick	05 Aug 1890	2:166	Raitz, d/o Bertha	27 Jan 1905	5:202
Radke, Charles	23 Oct 1899	4:201	Raitz, Elma	30 May 1900	4:203
Radke, Fredricka	17 Apr 1898	4:199	Raitz, Ernestine	06 Aug 1906	5:205
Radlinski, Joseph	24 Apr 1906	5:204	Raitz, Freda	04 Feb 1891	2:167
Radman, Anton	09 Jan 1909	5:208	Raitz, Herman	18 Jul 1901	4:205
Radman, Pologeja	02 Nov 1897	4:199	Raitz, John	21 Apr 1901	4:205
Radtke, Lillie	18 Dec 1908	5:208	Raitz, Lena	29 Mar 1891	2:167
Radtke, Lizzie	25 Apr 1892	2:168	Raitz, Lizzie	28 Apr 1905	5:202
Radtke, Infant	16 Jul 1892	2:168	Raitz, Martan	07 Apr 1888	2:164
Radtke, William	16 Dec 1905	5:203	Raitz, Martha	28 Aug 1885	2:161
Radunz, Helen Paulina	20 Jun 1907	5:207	Raitz, Mary	22 Mar 1908	5:206
Radvanshi, John	01 Dec 1905	5:203	Raitz, s/o August	05 Oct 1901	4:205
Rady, Morris	01 Aug 1900	4:203	Raitz, Salome	10 Aug 1901	4:205
Rady, Pauline	21 Sep 1892	2:168	Raitz, Theodore A.W.	03 Feb 1896	3:185
Rae, George	07 Jul 1881	1:362	Rake, Flory	21 Dec 1901	4:204
Raeb, Phillip	20 Jul 1906	5:205	Rake, H.J.	27 Sep 1898	4:200
Raebasser, Henry	17 Nov 1871	1:350	Rake, Henry	05 Jan 1907	5:205
Raemer, Louis	11 Feb 1884	1:364	Rake, Laura	21 Dec 1901	4:204
Raetker, Sophia	01 Apr 1898	4:199	Raker, Charles	19 Mar 1903	4:206
Rafferty, Budget	04 Dec 1888	2:164	Rakestraw, Ann	01 Apr 1878	1:356
Rafferty, Francis	15 Oct 1907	5:206	Rakestraw, J.B.	05 Nov 1881	1:362
Rafferty, Francis	15 Oct 1907	5:207	Rall, August	06 Nov 1900	4:203
Rafter, Thomas L.	11 Nov 1899	4:202	Rall, Frank O.	29 Jul 1872	1:352
Ragan, Anna	16 Mar 1907	5:205	Rall, Michael	10 Jun 1883	1:364
Ragan, Bridget J.	06 Feb 1899	4:201	Ralph, G.W.	05 Jul 1905	5:202
Ragan, Catherine	16 Jul 1904	5:202	Ralphe, Jerusha M.	10 Dec 1885	2:161
Ragan, Charles	18 Aug 1903	4:208	Ralston, Thomas	06 Feb 1907	5:204
Ragan, Ellen	12 Nov 1899	4:201	Rambo, William W.	02 Jun 1877	1:356
Ragan, Morris	08 Dec 1907	5:207	Ramelsperger, Infant	18 Jan 1868	1:8
Ragan, Paul Joseph	12 Sep 1873	1:352	Ramer, Jno.	26 Jun 1891	2:167
Ragan, Timothy	12 Feb 1894	3:182	Ramer, Minnie	04 Nov 1908	5:208
Ragan, Walter	11 Dec 1904	5:202	Ramick, Cora	14 May 1903	4:207
Ragon, Oscar W.	Dec 1887	2:163	Ramier, Katie	---	2:165
Rah, Martha E.	16 Dec 1899	4:201	Ramler, William	03 Nov 1908	5:208
Rahenkamp, John H.	29 Feb 1868	1:10	Ramm, Carl	04 Jul 1903	4:208
Rahl, Melley S.	01 Apr 1896	4:198	Ramm, Henry	17 May 1902	4:206
Rahm, Charles	07 Oct 1897	4:199	Ramm, Lena	28 Dec 1891	2:166
Rahm, Conrad	01 Oct 1908	5:208	Ramm, Minnie	18 May 1884	2:161
Rahm, Ferdinand	15 Mar 1881	1:362	Ramm, Reinhart	03 Mar 1894	3:183
Rahm, Jacob	16 Sep 1878	1:358	Ramow, Lena	10 Nov 1908	5:208
Rahmstock, Kenneth C.	06 Jul 1901	4:204	Rampes, Sarah A.	28 Nov 1877	1:356
Rahn, Henry	13 Mar 1893	2:168	Ramseier, Gertruda	18 Jul 1890	2:166
Rahrs, Sophia	05 Aug 1908	5:208	Ramser, Barbara	08 Dec 1906	5:204
Rahun, Mary	13 Sep 1872	1:352	Ramsey, Charles W.	24 Nov 1893	3:182
Raible, Frank Louis	26 Nov 1893	3:182	Ramsey, David	11 Nov 1907	5:207

NAME	DATE	V/P	NAME	DATE	V/P
Ramsey, Jesse	01 Aug 1884	2:161	Ratterson, John	16 Nov 1906	5:204
Ramsey, Jesse	01 Aug 1884	2:161	Ratz, Anna	18 Jul 1892	2:168
Ramstadt, Reuben	23 Oct 1897	4:199	Ratz, Emma	19 Oct 1885	2:162
Ranch, Joseph	31 Jan 1897	4:198	Ratz, Fredericka	27 Apr 1904	5:201
Randall, Blanch, Mrs.	01 Nov 1907	5:206	Ratz, Gussie	15 Nov 1891	2:167
Randall, Charlie D.	06 Nov 1878	1:358	Ratz, Mary	21 Mar 1908	5:207
Randall, Chester	04 Mar 1901	4:203	Ratz, Wm.	17 Dec 1893	3:182
Randall, Clarissa*	09 May 1882		Ratzski, Joseph	29 May 1904	5:201
Randall, Orlin	15 Dec 1882	1:362	Raub, Lamond	10 Apr 1907	5:206
Randall, s/o George	11 Sep 1895	3:184	Rauch, Charles	12 Jul 1907	5:206
Randall, s/o W.H.	05 Aug 1893	3:183	Raucher, John	28 Dec 1906	5:204
Randall, Sarah E.	15 Feb 1900	4:201	Raudebaugh, E.	28 Jan 1908	5:206
Randell, Miles	13 Dec 1900	4:203	Rauhan, Infant	21 Mar 1892	2:167
Randolph, Julia	28 Apr 1908	5:208	Raum, Josephine	22 Oct 1893	3:182
Randolph, P.B.	29 Jul 1875	1:354	Raum, Phoebe	31 Aug 1898	4:199
Ranfor, Curt	26 Feb 1895	3:183	Rausa, Francisco	22 Nov 1890	2:166
Rang, Annie	30 Mar 1892	2:166	Rausch, Franciscan	27 Jan 1887	2:162
Rang, Lillie	01 Mar 1892	2:166	Rausch, Fred	02 Oct 1902	4:206
Rangas, Anna D.	18 Nov 1903	4:207	Rausch, Herman	28 Jan 1893	2:168
Ranger, Arthur	26 Feb 1888	2:163	Rausch, Liberty F.	20 Feb 1895	3:183
Ranger, Charles	26 Apr 1873	1:354	Rausch, Theodore	02 Sep 1902	4:206
Ranger, Geo. E.	04 Feb 1901	4:203	Rause, Leana	27 Jan 1906	5:202
Ranie, Mary E.	27 Jul 1908	5:208	Rauz, Viat	25 May 1878	1:358
Ranier, John H.	02 Apr 1888	2:164	Rauzer, Frank	04 Apr 1877	1:358
Ranms, Henry	01 Nov 1896	4:198	Rawl, Charles	14 Jan 1878	1:356
Ransal, Georgeania	09 Jul 1898	4:200	Rawl, Flora	04 Sep 1877	1:356
Ransom, Jennie M.	04 Jan 1904	4:207	Rawle, William	15 Apr 1889	2:165
Ranville, Jennie M.	06 Feb 1888	2:162	Rawling, John E.	06 Feb 1888	2:162
Ranville, Pearl E.	03 Nov 1906	5:204	Ray, Addison H.	21 Jul 1908	5:208
Rapell, Frederick	05 Feb 1905	5:201	Ray, Alice	26 Jul 1897	4:199
Raper, Edward	23 Apr 1907	5:207	Ray, d/o Edna	23 Oct 1899	4:201
Rapes, Sophia	02 Sep 1886	2:162	Ray, Infant	26 Aug 1868	1:20
Rapley, Frank	10 Jul 1903	4:207	Ray, John	05 Mar 1879	1:358
Rapp, Anna	15 Nov 1870	1:350	Ray, Lillian	29 Jun 1901	4:205
Rapp, Burt	25 Mar 1890	2:165	Ray, Nory	26 Mar 1906	5:202
Rapp, Crary	28 Jan 1891	2:165	Rayer, John, Dr.	14 Jul 1908	5:208
Rapp, Helena M.	07 May 1895	3:184	Rayman, John*	20 Dec 1882	
Rappaelie, Adam	25 Oct 1895	3:184	Rayman, Nina Dell Austin	13 Mar 1901	4:202
Rapparle, Jno.	04 Dec 1886	2:162	Raymer, Eli	13 Dec 1888	2:164
Rapparlie, Anna M.	17 Jun 1893	3:181	Raymer, Eliza A.	10 Jun 1879	1:360
Rapparlie, s/o John	01 Nov 1891	2:166	Raymer, Rachel*	06 May 1885	
Rarhow, Sophia M.	22 Nov 1894	3:184	Raymer, William C.	25 May 1901	4:205
Rasch, Adam J.	15 Jan 1897	4:199	Raymon, Justin	17 Feb 1872	1:350
Rasel, Cecil	24 Oct 1903	4:207	Raymond, Ella Jane	14 Jun 1898	4:200
Rasener, Joseph	12 Apr 1898	4:200	Raymond, F.	Oct 1899	4:201
Rasi, Margaret	1905	5:203	Raymond, Geo. T.	18 Feb 1901	4:203
Raski, Hulda	06 Mar 1905	5:202	Raymond, George	12 May 1895	3:185
Rasmussen, Atthelle	04 Feb 1895	3:184	Raymond, Harriott	01 Apr 1899	4:200
Rastchawske, Amelia	01 Jun 1897	4:198	Raymond, Jno.	30 Apr 1880	1:360
Raszkowski, Frank	28 Aug 1902	4:206	Raymond, John	10 Apr 1902	4:205
Ratchow, Carl	18 Jan 1907	5:205	Raymond, John	14 Sep 1888	2:163
Rath, David	25 Feb 1887	2:162	Raymond, Margereth	25 Apr 1888	2:164
Rath, Frederick W.	13 Dec 1907	5:206	Raymond, Nettie	27 Jul 1877	1:358
Rath, John	20 Aug 1874	1:354	Raymond, Nettie	27 Jul 1877	1:356
Rath, Margaret	23 Oct 1907	5:206	Raynolds, Gertrude	05 Jun 1895	3:183
Rath, Wm.	08 Oct 1870	1:350	Razenske, Henry	01 Mar 1896	3:185
Rathbone, Elizabeth	03 Nov 1871	1:350	Razikow, Louise	28 Mar 1888	2:163
Rathbun, Maud	06 Aug 1903	4:208	Razinski, Theador	17 Sep 1895	3:184
Rathsick, Charles	01 Mar 1891	2:166	Read, Emiline	04 Mar 1904	4:208
Ratizski, Stocknow	14 May 1891	2:167	Read, Geo.	06 Oct 1899	4:201
Ratke, Emma Wilhelmina	07 Feb 1899	4:200	Read, John Rice	05 Dec 1901	4:205

NAME	DATE	V/P	NAME	DATE	V/P
Read, Thomas W.	17 Apr 1904	4:208	Redman, Usalon	02 Mar 1906	5:203
Reagan, Anna	29 Jul 1901	4:205	Redmann, Martin	25 Apr 1880	1:360
Reagan, Annie	23 Oct 1876	1:356	Redmond, Ellsworth	25 Mar 1897	4:198
Reagan, Annie	28 Mar 1899	4:200	Redmond, John W.	05 Feb 1893	2:168
Reagan, Bridget	19 Dec 1887	2:163	Redmonmd, Carroll M.	26 Sep 1899	4:201
Reagan, Delbert	17 Oct 1889	2:165	Redreck, Frank E.	11 Sep 1899	4:201
Reagan, John	28 Sep 1869	1:58	Reduk, Harry	22 Mar 1907	5:204
Reagan, Mary	20 Sep 1877	1:356	Redway, Benj. W.	28 Mar 1887	2:162
Reagan, Mary	26 Nov 1893	3:182	Redway, Geo. Nathan	31 Aug 1894	3:183
Reagan, Mary	29 Oct 1889	2:165	Redweny, Chas.	26 Jun 1887	2:162
Reagen, Hannah	26 Mar 1908	5:206	Reecamper, John F.	14 Jan 1901	4:202
Reagle, Alice	19 May 1908	5:208	Reeck, Amelia	20 Feb 1902	4:204
Reagon, Ellen	03 Oct 1879	1:360	Reeck, Andrew	09 Aug 1908	5:209
Reaing, Peter	13 May 1888	2:164	Reed, Adelia H.	13 Jun 1886	2:162
Reals, Frank W.	28 Dec 1892	2:168	Reed, Albert E.	18 Oct 1867	1:42
Reamer, Nora	06 Feb 1896	3:184	Reed, Alfred	10 Apr 1869	1:40
Reames, Freddie R.	17 Nov 1893	3:182	Reed, Almira*	01 Sep 1884	
Reams, Infant	28 Apr 1902	4:206	Reed, Andrew	03 Feb 1876	1:354
Rean, Agnes	26 Oct 1895	3:185	Reed, Anna	01 Dec 1872	1:350
Reant, John	03 Oct 1894	3:183	Reed, Belle	05 Jan 1879	1:358
Reardon, Anna M.	28 Jan 1876	1:354	Reed, Bernes L.	26 Jan 1907	5:204
Reardon, George	04 Mar 1890	2:165	Reed, Betsy	10 Jun 1904	5:201
Reardon, Patrick	22 Nov 1899	4:202	Reed, Catherine	15 Mar 1907	5:204
Rebecca, Peyton James	03 Jun 1893	3:182	Reed, David	12 May 1905	5:202
Rebholtz, E.J.	02 Mar 1906	5:203	Reed, Edwin Adelbert	03 Feb 1901	4:202
Recamper, Angeline	20 Aug 1869	1:48	Reed, Edwin Orwin	05 Jul 1893	3:182
Recamper, H. John	05 Mar 1887	2:162	Reed, Elias	10 Apr 1869	1:40
Recicont, Josephine	29 May 1887	2:162	Reed, Eliza	21 Jul 1887	2:163
Reck, Jack	09 Jun 1901	4:205	Reed, Elizabeth A.	20 Mar 1900	4:201
Reckenwald, Eva	06 May 1872	1:352	Reed, Ella	02 Jul 1884	2:161
Recknagle, Augusta	27 Mar 1906	5:203	Reed, George	06 Oct 1899	4:202
Reckner, Ida L.	11 Oct 1876	1:356	Reed, George N.	20 Mar 1871	1:350
Record, Meade	25 Aug 1906	5:204	Reed, Horace	09 Apr 1886	2:162
Rectenwald, William	01 Oct 1907	5:206	Reed, Ida	09 Sep 1888	2:163
Rectinwalt, Cetila	10 Dec 1867	1:6	Reed, Isaac Newton	03 Oct 1891	2:167
Red, Maggie	17 Oct 1907	5:206	Reed, John	26 Mar 1894	3:182
Reddick, Paul	07 Aug 1901	4:204	Reed, Laforest Florine	09 May 1902	4:206
Reddig, Emma L.	31 Dec 1897	4:199	Reed, Leroy	24 May 1871	1:350
Redding, Albert J.	13 Aug 1883	1:364	Reed, Logan	18 Feb 1904	4:208
Redding, August	01 Jul 1892	2:168	Reed, Loyd Wm.	02 Feb 1907	5:204
Redding, Babette Wait	10 Aug 1891	2:167	Reed, Mary	24 Nov 1876	1:354
Redding, David James	18 Nov 1899	4:201	Reed, Mary Bess	16 Aug 1903	4:207
Redding, Louise	04 Apr 1891	2:166	Reed, Mary Delia	10 Feb 1905	5:201
Redding, Mary	30 Jan 1875	1:354	Reed, Maud	10 Dec 1891	2:167
Redding, Wm. C.	05 Aug 1873	1:352	Reed, Maud B.	31 Jul 1902	4:206
Reddington, Patrick	04 Dec 1906	5:205	Reed, Peter	21 Oct 1902	4:205
Reddish, J.B.	21 Aug 1887	2:162	Reed, S.N.	12 Nov 1899	4:201
Reddish, Tevina	09 May 1906	5:205	Reed, s/o Chas.	02 Jun 1895	3:185
Redecker, Paulina	27 Aug 1897	4:199	Reed, s/o Chas.	02 Jun 1895	3:185
Redenmaster, D., Mrs.	31 May 1901	4:205	Reed, Sam S.	23 Aug 1885	2:161
Redick, Sarah E.	07 Jun 1903	4:207	Reed, Truman	15 Nov 1907	5:207
Redick, Sarah E.	07 Jun 1903	4:208	Reed, William	26 Jan 1900	4:201
Redick, Thomas	22 Mar 1907	5:204	Reek, Amalie	05 Sep 1885	2:162
Reding, Phillip	11 Mar 1906	5:202	Reek, Ervin	21 May 1905	5:203
Redish, Charles	12 Dec 1871	1:350	Reeling, Peter	13 May 1889	2:165
Redish, William	28 Jan 1895	3:183	Rees, John	24 Feb 1889	2:163
Redlin, Davie G.F.	03 Apr 1908	5:207	Rees, Virginia	21 Jan 1902	4:205
Redlin, Edward	13 Apr 1890	2:166	Reese, Albert	11 Dec 1896	4:198
Redman, Celia	14 Sep 1894	3:183	Reese, Infant	18 Dec 1904	5:202
Redman, John	05 Feb 1893	2:168	Reets, William	08 Jul 1903	4:208
Redman, Ursula	07 May 1907	5:205	Reetz, Albert	01 May 1897	4:199

NAME	DATE	V/P	NAME	DATE	V/P
Reetz, Infant	16 Dec 1890	2:166	Reigi, Inf/o Erhart	19 Oct 1868	1:26
Reetz, John	25 Mar 1890	2:165	Reihing, Johanna	27 Dec 1888	2:163
Reetz, Martha M.	09 Jan 1900	4:201	Reihing, Mary	01 May 1876	1:356
Reeves, Bialah	13 Feb 1900	4:201	Reihing, s/o John	28 Aug 1898	4:200
Reeves, Henry R.	11 Feb 1893	2:168	Reihing, s/o John	30 May 1894	3:182
Reeves, Lulu Pearl	03 Feb 1893	2:168	Reihle, Andrew	14 Mar 1903	4:207
Reeves, Ruly	20 May 1905	5:202	Reihle, Edward F.	07 Feb 1908	5:206
Refiar, Michael	26 Jun 1895	3:184	Reihle, John	28 Jul 1878	1:358
Refora, Mary	30 May 1884	2:161	Reihle, Louisa	02 Feb 1882	1:362
Regan, Harry	07 Nov 1903	4:207	Reiley, John	21 Aug 1885	2:161
Regan, J.K.	01 Jan 1890	2:165	Reiley, Phillip	09 Oct 1893	3:182
Regan, James	17 Mar 1883	1:364	Reiling, Lorretta	16 Dec 1907	5:207
Regan, John	13 Nov 1888	2:164	Reilley, Ellen	15 May 1880	1:360
Regan, John E.	21 Oct 1872	1:350	Reilley, John	12 May 1907	5:207
Regenold, Jennie Bell	18 Mar 1895	3:183	Reilly, Daniel	05 Jul 1905	5:203
Regenold, Margaret	01 Feb 1870	1:44	Reilly, Margaritta	29 Mar 1900	4:202
Reger, Albert Wm.	20 Feb 1907	5:204	Reilly, Patrick	22 Jun 1899	4:202
Reger, Clara K.	15 Aug 1898	4:199	Reilly, Rose	10 Jul 1908	5:207
Reger, Joseph	13 Dec 1887	2:163	Reily, Bernard	12 Oct 1880	1:362
Regeses, Alice	15 Jul 1884	2:161	Reimer, Anna	31 Aug 1889	2:164
Regina, Willa	08 Feb 1887	2:162	Reimer, Fred Christ	05 Nov 1890	2:166
Reginold, Maggie	09 Feb 1893	2:168	Reimer, Fritz	07 Jun 1893	3:183
Regula, Melvin	08 Feb 1905	5:202	Reimshuessel, Alfred	25 Dec 1904	5:201
Rehburg, Minnie	25 May 1906	5:205	Reiner, Emilie	20 Jul 1896	4:198
Rehen, William	29 Jan 1899	4:200	Reingruber, Erwin C.	11 Dec 1903	4:208
Rehfuss, Arm	06 Feb 1892	2:167	Reinhard, F.J.	12 Oct 1880	1:360
Rehfuss, George	09 Sep 1892	2:168	Reinhardt, Chas.	06 Aug 1901	4:204
Rehing, Infant	03 Jan 1874	1:352	Reinhardt, George	03 Aug 1868	1:20
Rehm, Fritz	25 Apr 1893	3:183	Reinhardt, Nicholas	16 Aug 1900	4:203
Rehm, Jacob	13 Sep 1896	4:198	Reinhart, Barbara	28 Aug 1875	1:354
Rehm, Rudolph	13 Aug 1873	1:352	Reinhart, Eleanora	20 Feb 1899	4:200
Rehm, Susan	17 Jan 1889	2:164	Reinhart, John	08 Dec 1886	2:162
Rehn, Fritz	25 Apr 1894	3:182	Reinhart, John G.	14 Mar 1900	4:202
Reiburer, Grace L.	10 Jun 1899	4:201	Reinhart, Olive	20 Nov 1905	5:203
Reichard, Frank J.	23 Dec 1897	4:199	Reinhart, Sarah	04 Sep 1895	3:184
Reichard, Walter	03 Oct 1889	2:164	Reinhaus, Infant	04 Nov 1892	2:168
Reichenbach, Ferd.	13 Feb 1902	4:205	Reinhold, Josephine	02 Sep 1902	4:206
Reicherd, Lucy	05 Jan 1905	5:202	Reinhold, s/o Alpheus	03 Mar 1898	4:199
Reichert, Albert	22 Jan 1907	5:205	Reining, Anton	17 Nov 1907	5:206
Reichert, John	23 Feb 1886	2:161	Reinl, Frank	25 Oct 1908	5:208
Reichert, Maria	08 Apr 1899	4:202	Reinning, Elizabeth	14 May 1903	4:208
Reichert, Wm.	02 Sep 1893	3:183	Reins, Gus	21 Dec 1906	5:205
Reichort, Charles	18 Dec 1889	2:164	Reiohert, John	31 Oct 1905	5:203
Reid, Clarence Wm.	10 Mar 1905	5:201	Reirschum, s/o John G.	22 Feb 1894	3:118
Reid, David	04 Dec 1901	4:204	Reis, C.P.	03 Feb 1900	4:201
Reid, Elizabeth	04 Feb 1902	4:204	Reis, Emma	01 Dec 1874	1:354
Reid, John McClain	13 Feb 1905	5:201	Reis, Hattee L.	03 Aug 1906	5:204
Reid, Mary A.	25 Nov 1904	5:201	Reisenger, Inf/o Antonie	14 Nov 1878	1:358
Reid, Robert J.	15 Mar 1901	4:204	Reiser, Jacob	13 Sep 1891	2:167
Reid, s/o Charles	02 Jun 1895	3:161	Reiser, Jno.	Jul 1886	2:162
Reid, s/o Charles	02 Jun 1895	3:161	Reisinger, Helen	30 Oct 1907	5:207
Reid, Thomas	24 Feb 1899	4:201	Reismeyer, Milton	25 Apr 1907	5:207
Reid, Townsend S.	03 May 1896	3:185	Reissinger, Clara K.	28 Apr 1886	2:162
Reidemeister, Otto	08 Apr 1885	2:161	Reiter, Ellzie	17 Nov 1891	2:167
Reidemeister, Otto	16 Apr ---	2:161	Reiter, Henry	04 Apr 1879	1:358
Reider, Caroline	17 Jan 1900	4:202	Reiter, John	06 Apr 1893	3:183
Reider, Mildred	04 Jun 1906	5:204	Reiter, John	13 Feb 1894	3:183
Reidling, Frederick	31 May 1903	4:208	Reiter, Josephine	15 Mar 1887	2:162
Reidman, Helen	16 Dec 1896	4:198	Reith, Christina	21 Feb 1905	5:201
Reies, Elizabeth	13 Sep 1877	1:356	Reitter, Mary*	16 Nov 1908	
Reif, Chas. Fred	13 Jan 1900	4:201	Reitz, Alma	19 Nov 1893	3:183

NAME	DATE	V/P
Rekagel, s/o Henry	17 Jan 1907	5:207
Reker, Rudolph	10 Nov 1906	5:205
Remain, Louisa	30 Nov 1895	3:185
Remel, Sarah	23 Jan 1880	1:358
Remer, Morris	29 Apr 1904	5:201
Remien, Leo	30 Nov 1895	3:185
Remili, Carolina	23 Apr 1880	1:360
Remin, John F. Wm.	14 Apr 1892	2:168
Remine, Elizabeth	30 Nov 1895	3:184
Remine, Jas.	30 Nov 1895	3:184
Remler, Ruth F.	03 Dec 1900	4:203
Remley, Mary E.	06 Feb 1888	2:163
Remley, May	30 May 1886	2:162
Remley, Roy	28 Dec 1906	5:204
Remlow, Carl	17 Apr 1907	5:207
Remlow, Hazel	28 Jun 1895	3:185
Remlow, John H.	27 Dec 1901	4:205
Remmelen, Chas.	06 Mar 1903	4:207
Remment, Edward	05 Jul 1894	3:183
Remmert, Elmer John	07 Jan 1907	5:204
Remmert, Herman C.	20 Sep 1903	4:207
Remmert, John H.	15 Nov 1878	1:358
Remsburg, Louis B.	08 Mar 1905	5:201
Remsbury, George	21 Jul 1899	4:202
Renard, Louisa	01 Apr 1868	1:12
Renaux, Loretta Marige	01 Dec 1907	5:206
Renels, Violet	28 Sep 1884	2:161
Rengend, Kostanzega	28 Dec 1896	4:198
Reniger, Louis	01 Jan 1870	1:50
Renner, Maggie	02 Nov 1888	2:164
Rennger, Rudwick	01 Jan 1870	1:50
Rennie, Robert Sam'l	11 Feb 1903	4:205
Renny, Mary J.	22 Nov 1870	1:350
Reno, Amelia	20 Dec 1870	1:350
Reno, Cary B.	16 May 1903	4:207
Reno, Joseph	14 Jan 1905	5:201
Reno, Kate	13 Sep 1895	3:184
Reno, Kate	13 Sep 1895	3:181
Reno, Lucy	30 Nov 1872	1:352
Reno, Margaret	22 Feb 1868	1:38
Reno, Margaret	28 Aug 1903	4:207
Reno, Pearl	20 Mar 1901	4:202
Reno, Peter	17 Jan 1891	2:165
Renock, Lydia	20 Mar 1903	4:207
Rensch, Doratha	17 Oct 1897	4:199
Renser, Chas.	24 Sep 1879	1:358
Renss, Andrew H.	19 Sep 1898	4:200
Renthage, Louise	15 Dec 1893	3:182
Renz, d/o Frederick G.	04 Nov 1905	5:203
Renz, Julius	20 May 1890	2:166
Renz, Mary Henrette	28 Oct 1891	2:167
Renzler, Geo.	22 Nov 1891	2:166
Reomer, Barnhart	18 Aug 1878	1:358
Repards, Mary	21 May 1904	5:202
Repeman, Edith	22 May 1902	4:207
Repka, Polly	10 Sep 1898	4:200
Repka, Staneslaw	27 Aug 1895	3:184
Repke, Edna	12 Jan 1891	2:166
Repp, s/o Henry F.	04 Jan 1892	2:167
Reppa, Sarah	24 May 1900	4:203
Reppe, Emma	18 Dec 1878	1:358

NAME	DATE	V/P
Reppe, John	24 Aug 1882	1:362
Reppe, Joseph	10 Jun 1896	4:198
Repps, John	09 Feb 1897	4:198
Rerowicz, Frank	30 Dec 1905	5:203
Resinger, Helen	31 Oct 1907	5:206
Reske, Fredia Martha	16 Sep 1900	4:203
Reske, Otto Herman	22 Sep 1900	4:203
Reske, Walter Emil	23 Sep 1900	4:203
Ressler, William J.	29 Mar 1900	4:201
Reswick, Jane	23 Oct 1907	5:207
Rether, Matilda	06 Jun 1890	2:166
Rethinger, John	30 Jun 1870	1:350
Rethinger, Mary	07 May 1889	2:164
Rethmyer, William	24 Sep 1870	1:350
Retslof, Henry	05 Mar 1876	1:354
Retter, s/o Gotleib	12 Sep 1898	4:200
Rettig, George	14 Mar 1907	5:205
Rettit, Eva	17 Feb 1908	5:207
Retyloff, John	21 Jun 1896	4:198
Reuben, Libbie	Aug 1890	2:165
Reuhl, Fred	28 Jul 1877	1:356
Reul, Randolph, Dr.	27 Jul 1904	5:202
Reusch, Emma	23 Feb 1886	2:162
Reuss, Andrew K.	15 Jan 1893	2:168
Reuss, Herman J.	05 Aug 1890	2:166
Reuss, Josephine	05 Feb 1884	1:364
Reussell, Frank	01 Aug 1885	2:161
Revell, Agertler	12 Oct 1896	4:198
Revills, Eliza	23 Sep 1891	2:167
Revils, Chls. Edward	06 May 1908	5:209
Revils, Lavine	23 Feb 1905	5:202
Reward, Joe	01 Apr 1868	1:6
Reward, Margaret	23 Feb 1869	1:4
Rewolzki, John	13 Dec 1896	4:198
Rex, Washington	21 Oct 1895	3:185
Rey, James F.	08 Jul 1870	1:350
Reyan, John	27 Mar 1890	2:165
Reyher, Anna	07 Mar 1906	5:205
Reyher, Margarete	07 May 1905	5:203
Reynault, January	26 Jan 1907	5:204
Reynolds, Amos	20 Nov 1868	1:60
Reynolds, Anna G.	04 Dec 1906	5:204
Reynolds, Charles	02 Jan 1903	4:207
Reynolds, Charles Edward	10 Mar 1891	2:165
Reynolds, Clark A.	03 Mar 1901	4:202
Reynolds, d/o Vivian	06 Jan 1905	5:201
Reynolds, Elizabeth	24 May 1898	4:200
Reynolds, Emma	22 May 1908	5:209
Reynolds, Ethel	09 Sep 1904	5:201
Reynolds, Geo.	22 May 1902	4:207
Reynolds, Geo. G.	17 Mar 1870	1:46
Reynolds, Henry	24 Mar 1897	4:198
Reynolds, Jeremiah	06 Dec 1868	1:38
Reynolds, Leona	28 Mar 1903	4:207
Reynolds, Leonora Eugenia	27 Nov 1897	4:199
Reynolds, Louise D.	13 Aug 1908	5:208
Reynolds, May	12 Jun 1900	4:204
Reynolds, Nellie	30 Jul 1906	5:205
Reynolds, Nina May	06 Jun 1902	4:206

NAME	DATE	V/P	NAME	DATE	V/P
Reynolds, Rhoda	03 Feb 1900	4:201	Richard, Clarence S.	06 Dec 1894	3:184
Reynolds, s/o Charles	03 Jan 1901	4:202	Richard, Cora L.	27 May 1872	1:352
Reynolds, s/o E.W.	18 May 1900	4:203	Richard, Emma	22 Apr 1888	2:164
Reynolds, Walter H.	10 Jul 1904	5:201	Richard, George	01 Mar 1894	3:182
Reynolds, Wm.	08 Dec 1883	1:364	Richard, Lotta	31 Mar 1880	1:360
Rheider, Charles	04 Mar 1884	1:362	Richard, s/o Adolph	07 Apr 1900	4:203
Rheider, Victoria	18 Dec 1883	1:362	Richard, Thos. Wm.	07 Sep 1868	1:22
Rheinhart, Evangeline	01 Mar 1891	2:166	Richard, Wm. H.	02 Jul 1895	3:184
Rheinhart, Fred F.	29 Feb 1888	2:163	Richards, Alphonesin	06 Jul 1900	4:202
Rheinhart, Joseph D.	31 Aug 1908	5:207	Richards, Betsey A.	18 Mar 1872	1:350
Rheyn, Samuel	05 May 1908	5:209	Richards, Charles	21 Jul 1908	5:208
Rhinehard, Annise	08 Oct 1878	1:358	Richards, Chas.	28 Oct 1895	3:184
Rhinehart, Anna B.	20 Nov 1886	2:162	Richards, Christina	30 Mar 1885	2:161
Rhinehart, Anna B.	26 Nov 1886	2:162	Richards, Daniel	01 Mar 1876	1:356
Rhinehart, George	28 Oct 1877	1:356	Richards, Ellen	06 Aug 1895	3:184
Rhinehart, Henry	03 Nov 1908	5:209	Richards, Emma	29 Mar 1881	1:362
Rhinehart, Henry	25 Mar 1885	2:161	Richards, Fred	10 Apr 1886	2:161
Rhinehart, Mary	09 Sep 1907	5:206	Richards, Frederick*	04 Dec 1891	
Rhoades, d/o William	16 Nov 1903	4:208	Richards, Gordon E.	15 Feb 1894	3:182
Rhoades, John J.	11 Nov 1906	5:204	Richards, Harry G.	01 Sep 1897	4:199
Rhoades, Rachel W.	05 Jul 1895	3:184	Richards, John	08 Dec 1897	4:199
Rhoades, Rosanna	13 Oct 1883	1:362	Richards, John	09 Mar 1872	1:350
Rhoades, Sarah A.	24 Oct 1876	1:356	Richards, Maria	03 Sep 1874	1:354
Rhoads, Clara H.	23 Aug 1897	4:199	Richards, Mary S.	08 Feb 1904	5:201
Rhoast, Nettie	14 Aug 1896	4:198	Richards, Matilda	03 Feb 1892	2:167
Rhodes, Charles	22 Feb 1906	5:203	Richards, Matilda	03 Feb 1892	2:166
Rhodes, Eli	05 Feb 1892	2:167	Richards, Minnie Louisa	03 Sep 1891	2:167
Rhodes, Ellen B.	08 Sep 1895	3:185	Richards, Sarah A.	24 Feb 1896	3:185
Rhodes, Emma	09 Sep 1907	5:207	Richards, Suly	15 Aug 1879	1:358
Rhodes, John H.	21 Sep 1893	3:182	Richards, Wm.	02 Nov 1880	1:360
Rhodes, Myrtle	12 Mar 1869	1:44	Richardson, Adna. B.	17 Feb 1890	2:165
Rhodes, Richard	10 Jul 1873	1:352	Richardson, Amelia	27 Aug 1889	2:164
Rhodes, Theodore Albert	03 Jan 1901	4:203	Richardson, Angelina	10 Jan 1887	2:162
Rhost, Christina	20 Oct 1889	2:164	Richardson, Carleton	25 Dec 1881	1:360
Rhost, Conrad	30 Dec 1903	4:207	Richardson, Charles	07 Nov 1891	2:167
Rhowdes, Edmon Stuart	29 Sep 1901	4:205	Richardson, Clara	22 Sep 1879	1:360
Rhudi, Flora E.	03 May 1893	3:182	Richardson, Ellen I.	28 Nov 1889	2:165
Ricard, A.S.	11 Dec 1887	2:163	Richardson, Felix	13 Apr 1892	2:168
Ricard, Athinase	19 Feb 1894	3:182	Richardson, Felix B.	14 Apr 1892	2:168
Ricard, Eulalia Helen	07 May 1902	4:206	Richardson, Grace	27 May 1876	1:356
Ricard, Eulalie	13 Jul 1901	4:204	Richardson, Helen	02 Sep 1905	5:203
Ricard, Homer	15 Mar 1887	2:162	Richardson, J.A.	16 Jun 1883	1:364
Ricard, Jerry	05 Nov 1900	4:204	Richardson, Jos. B.	05 Mar 1878	1:358
Ricard, Mary Louise	04 Jun 1904	5:201	Richardson, Lillian	15 Nov 1901	4:205
Ricard, Noah	30 May 1906	5:204	Richardson, Lucinda	11 Apr 1902	4:205
Rice, Chauncy	10 Nov 1904	5:202	Richardson, Marchu	01 Oct 1902	4:207
Rice, Chistin	15 Sep 1896	4:198	Richardson, Margaret	03 Aug 1891	2:166
Rice, Conrad	28 Oct 1906	5:204	Richardson, Mark Reo.	22 Feb 1897	4:198
Rice, Ellen	31 May 1884	1:364	Richardson, Mary	27 Jan 1883	1:362
Rice, Elen*	22 May 1884		Richardson, Mary J.	21 Nov 1881	1:362
Rice, Mary	11 Jun 1868	1:14	Richardson, Noreen	13 Jun 1908	5:207
Rice, s/o Edgar	27 Aug 1907	5:207	Richardson, Stella E.	04 Jul 1900	4:203
Rice, Samuel	15 Feb 1901	4:204	Richardson, Wm.	01 May 1899	4:201
Rice, Sarah E.	17 Feb 1881	1:360	Richeabaugh, Elmer	1891	2:167
Rice, Thos.	15 Sep 1867	1:4	Richentaylor, Leo	15 Feb 1882	1:362
Rice, Unite	04 Aug 1900	4:203	Richie, David	24 May 1906	5:205
Rich, Chas. A.	28 Aug 1885	2:161	Richie, James J.	11 Apr 1900	4:200
Rich, Daniel L.	01 Jan 1871	1:350	Richin, J.J.	11 Apr 1900	4:203
Rich, Maria	09 May 1869	1:44	Richlin, Caroline	14 Dec 1899	4:202
Rich, Mary J.	10 Jan 1889	2:163	Richlin, Elizabeth	25 Jun 1899	4:202
Richard, Aggie	04 Aug 1891	2:166	Richline, s/o Edward R.	27 May 1893	3:183

NAME	DATE	V/P	NAME	DATE	V/P
Richman, Jessie	04 Dec 1895	3:185	Rieck, Melvin	25 Mar 1903	4:206
Richman, William	22 Jan 1905	5:201	Ried, Blanche	18 Feb 1902	4:204
Richmond, Alice	15 Aug 1885	2:161	Rief, Charles	26 Sep 1908	5:208
Richmond, Anna	23 Sep 1906	5:205	Rieff, Artie	24 Oct 1903	4:206
Richmond, Chastrle	28 Sep 1891	2:167	Rieger, Franz	07 Jul 1879	1:360
Richmond, Elizabeth	13 May 1905	5:203	Rieger, Mary L.	13 Mar 1874	1:354
Richmond, Elosia	27 Mar 1874	1:352	Rieger, Rufina S.	17 Jul 1881	1:362
Richmond, Emma	15 Aug 1885	2:161	Rieghle, Harry P.	24 Nov 1895	3:184
Richmond, Harry	Jan 1903	4:207	Riehle, John W.	11 Sep 1902	4:206
Richmond, Mary A.	28 Mar 1874	1:352	Rielly, John	09 Nov 1902	4:206
Richmond, Philena	27 Mar 1874	1:352	Rielly, Mary	24 Dec 1902	4:206
Richter, Albert	22 Apr 1906	5:205	Riemer, William	19 Mar 1890	2:165
Richter, Bertha	05 Jul 1890	2:166	Riep, Simon	18 Sep 1868	1:22
Richter, Carl	14 May 1899	4:202	Rierdel, Lavirel	01 May 1899	4:202
Richter, Charles	01 Mar 1905	5:201	Ries, Bertha	16 Feb 1891	2:166
Richter, F.	09 Aug 1893	3:182	Ries, Cathrine	---	2:165
Richter, Fred	18 Apr 1870	1:350	Ries, Ella	02 Aug 1877	1:356
Richter, Frederick	04 Jan 1883	1:362	Riese, Edward	28 Dec 1888	2:164
Richter, Frederick	24 Aug 1894	3:184	Riess, Infant	10 Jun 1891	2:167
Richter, Helen	16 Feb 1902	4:204	Riess, Louisa	14 Dec 1889	2:165
Richter, John	31 Mar 1890	2:165	Riess, Sarah	23 Aug 1872	1:352
Richter, Maria	07 Mar 1909	5:208	Rieth, Godfried Henry	03 Sep 1902	4:205
Richter, Wilmmena H.	31 Mar 1894	3:182	Rietyke, August	03 Jun 1896	4:198
Richtes, Lula	16 Jun 1890	2:166	Rifert, Geo.	30 Apr 1901	4:205
Rick, Alexander	23 Mar 1872	1:350	Riff, Hiram	03 Feb 1882	1:362
Rick, Infant	13 Oct 1890	2:166	Riffling, John	07 Jul 1881	1:362
Rick, Daniel L.	01 Jan 1871	1:350	Rigby, Benjamin P.	17 Feb 1899	4:200
Rick, Doras	11 Sep 1885	2:161	Rigby, Burr	18 Jan 1890	2:165
Rick, Edward	15 Sep 1874	1:354	Rigby, Etta	22 Aug 1908	5:208
Rick, Wm.	11 Oct 1870	1:350	Rigby, Grove	01 Jul 1905	5:203
Rickers, Norman B.	25 May 1880	1:362	Rigby, Libold	24 Jan 1882	1:362
Rickets, Anna M.	20 Aug 1905	5:203	Rigg, Curtis	02 Jul 1873	1:352
Rickets, Frederick	27 Jun 1893	3:182	Rigg, Maggie	19 Feb 1906	5:203
Rickett, Thomas	06 May 1885	2:162	Rigg, Margaret	19 Feb 1907	5:204
Ricketts, Paul E.	06 Jan 1884	1:364	Rigg, Smith A.	02 Jul 1872	1:352
Rickey, Eugene	15 Apr 1907	5:207	Riggard, Thelma	13 Jun 1905	5:203
Rickmond, Harmon	03 May 1881	1:362	Riggs, Cloa B.	18 Jan 1875	1:354
Ricord, Ida	12 Sep 1873	1:354	Riggs, Diamten	26 Aug 1877	1:358
Rictor, John W.	20 Oct 1890	2:166	Riggs, Sylvester	06 Oct 1877	1:358
Ridder, ch/o Albert	12 Mar 1869	1:34	Right, William H.	29 Feb 1908	5:207
Riddle, Francis M.K.	30 Jul 1868	1:18	Rigs, William	01 Oct 1908	5:208
Riddle, Martha	16 Mar 1901	4:202	Rigs, Wm.	31 Oct 1908	5:208
Ridehage, Chas.	11 Aug 1885	2:161	Rihing, Louisa	18 May 1870	1:350
Ridenauer, Wm. Talberton			Rihley, Andrew	26 Dec 1884	2:161
	15 Jun 1894	3:183	Riker, Elmer	21 Oct 1901	4:204
Ridenor, Alberta	19 Feb 1901	4:203	Rile, Jacob	27 Oct 1870	1:350
Ridenour, Bernice	20 Jan 1908	5:206	Riley, Bernard	16 Nov 1885	2:161
Rideout, Edward S.	01 Aug 1870	1:350	Riley, Bridget	09 Jun 1888	2:164
Rideout, Ella Susie	25 Nov 1880	1:360	Riley, Edward	18 Jul 1895	3:185
Rideout, James A.	28 Jan 1879	1:358	Riley, Eleanor	21 Feb 1873	1:352
Rideout, Maria	13 Mar 1893	2:167	Riley, George W.	06 Apr 1882	1:362
Rideout, S. Edwin	12 Sep 1881	1:362	Riley, Hugh	05 Jan 1908	5:207
Rideout, Stephen	03 Apr 1887	2:162	Riley, James F.	08 Dec 1895	3:184
Rideout, Thos.	03 Oct 1901	4:205	Riley, Lillian	07 Feb 1899	4:200
Ridley, d/o C.H.	04 Aug 1894	3:183	Riley, Lydia A.	26 Dec 1903	4:208
Ridley, John Chas.	06 Jun 1899	4:200	Riley, Peter	21 Aug 1902	4:207
Ridley, Minerva	06 Feb 1892	2:167	Riley, Rose	10 Jul 1908	5:208
Ridley, Rufus R.	20 Oct 1906	5:205	Riley, Thomas	03 Feb 1905	5:202
Ridly, Charles	10 Jan 1899	4:200	Riley, Waller	17 Feb 1899	4:200
Riebel, Frederica	02 Jan 1883	1:364	Rilka, Barbara	09 Jan 1891	2:165
Riebel, Lewis	07 Jul 1907	5:207	Rilley, Reta	21 Dec 1891	2:167

NAME	DATE	V/P	NAME	DATE	V/P
Rimpler, Paul	16 Sep 1906	5:205	Ritter, John Edwin	19 Aug 1897	4:198
Rinaldi, Amelia M.	04 Sep 1899	4:201	Ritter, Joseph	25 Feb 1903	4:206
Rinaldi, Josephine	29 Apr 1880	1:360	Ritter, Joseph A.	19 Feb 1890	2:164
Rinehart, Geo.	03 Aug 1868	1:18	Ritter, Lewis Ellis	23 Jan 1900	4:200
Rinehart, Henry	02 Apr 1884	2:161	Ritter, Margarette B.	12 Jul 1903	4:208
Rinehart, J.B.	13 Oct 1903	4:207	Ritter, W.L., Mrs.	09 May 1907	5:206
Rinehart, James	22 Mar 1904	4:207	Ritticher, Helen	21 Mar 1903	4:206
Rinehart, John E.	22 Mar 1894	3:182	Ritz, Anna	21 Aug 1888	2:164
Rinehart, John F.	27 May 1892	2:168	Ritzenthaler, James A.	07 Jun 1903	4:207
Ring, Marsalina	28 Nov 1880	1:360	Ritzenthaler, Leo	15 Feb 1881	1:360
Ringel, Adeline Wm. Caro.			Ritzie, Thos. D.	27 Oct 1873	1:352
	31 Dec 1892	2:168	Riuesh, Francis	12 Jan 1886	2:161
Ringel, Gustave	08 Jun 1895	3:185	Rivderby, August	21 Aug 1903	4:208
Ringel, Mary Augusta	06 Sep 1892	2:168	Rivers, Leroy C.	29 Jan 1897	4:198
Ringer, Ester	26 Jun 1881	1:362	Riwalska, Mary	19 Jul 1896	4:198
Ringle, William	08 Jul 1903	4:208	Riwalski, Jacob	09 Jan 1893	2:168
Ringnose, Mary	09 Jan 1878	1:356	Riwalski, Pulayer	12 Jan 1897	4:198
Rinhart, Adam	24 Nov 1900	4:203	Roabe, Lucy	08 Feb 1893	2:168
Rinkle, Rebecca J.	29 May 1868	1:14	Roach, Chas. L.	03 Jun 1907	5:206
Rinkle, Sarah	17 May 1899	4:202	Roach, Elvin	08 Oct 1902	4:205
Rinner, Charles C.	07 Oct 1895	3:184	Roach, Gertie	24 Sep 1899	4:202
Riopen, Premelia	19 Mar 1880	1:360	Roach, Jacob W.	11 Jul 1876	1:356
Riordan, Catharine	01 Sep 1868	1:20	Roach, James	08 Mar 1878	1:356
Riordan, Elizabeth	01 Mar 1885	2:161	Roach, James	08 Nov 1871	1:350
Ripenger, Nicholas	09 Nov 1869	1:50	Roach, James J.	21 Feb 1896	3:185
Ripka, Frank	06 Mar 1890	2:165	Roach, Jessie P.	28 May 1893	3:182
Rippas, B. Julian	26 Apr 1894	3:182	Roach, Margary M.	16 Feb 1889	2:163
Rippas, Julius	18 Jan 1889	2:163	Roach, Mary A.	30 Sep 1876	1:356
Rippelie, Catharine	28 Aug 1873	1:354	Roach, Mary E.	16 Jul 1875	1:354
Rippet, Ray	07 Jan 1888	2:163	Roach, Samuel S.	02 Oct 1889	2:164
Rippinger, Phillip	18 Aug 1891	2:167	Roach, Thomas	25 Jan 1889	2:163
Rippka, Michael	03 Dec 1889	2:164	Roach, Wm.	30 Oct 1900	4:202
Ripple, Antonia	28 Jun 1899	4:201	Roast, Teresa	06 Jan 1874	1:352
Ripple, Chas. J.	18 Sep 1885	2:161	Roath, Walstein	11 Jul 1900	4:203
Ripple, Lucy	29 Mar 1898	4:199	Robadeux, Daniel	06 Feb 1907	5:206
Ripple, Peter	07 Sep 1906	5:204	Robar, Frank D.	30 Sep 1893	2:168
Rippon, Clara	10 Mar 1908	5:208	Robar, Helen	26 May 1895	3:184
Rippon, Robert	13 Dec 1902	4:206	Robar, Joseph	11 Jul 1906	5:205
Rippte, Ida	18 May 1873	1:352	Robar, Lizzie	29 Sep 1891	2:166
Risch, Victor	02 Jul 1901	4:205	Robar, Maria	13 Feb 1895	3:183
Riseke, Frank	31 Dec 1892	2:168	Robar, Peter	26 Jan 1882	1:362
Riser, F.W.	06 Sep 1908	5:208	Robar, Renzie	08 Jun 1895	3:184
Riser, Katie	04 Nov 1890	2:166	Robarge, Alice	29 Mar 1890	2:164
Riser, Myrtle C.	05 Oct 1894	3:184	Robarge, s/o Charles	18 Mar 1906	5:203
Riser, Wm. Lawrence	05 Aug 1890	2:166	Robb, s/o Chas.	29 Jan 1896	3:185
Rishing, Anton	23 Oct 1898	4:199	Robb, s/o Chas.	29 Jan 1896	3:175
Rising, Chauncey Byrum	02 May 1891	2:167	Robbers, Simon	20 Oct 1883	1:364
Risinger, Anton	04 Dec 1886	2:162	Robberts, Lotta	30 Mar 1870	1:46
Riske, Mabel	09 Oct 1895	3:184	Robbing, Theodore	12 Feb 1879	1:358
Risser, Ella	17 Apr 1904	5:201	Robbins, Rinaldo	27 Feb 1894	3:182
Ritchie, Bertrand	01 Jan 1876	1:354	Robbins, Walace W.	27 Dec 1877	1:356
Rite, Harley	14 Apr 1894	3:182	Robbins, William W.	10 Oct 1887	2:163
Riter, John	05 Jan 1881	1:360	Robbison, James B.	22 Jan 1902	4:205
Riter, John	23 Jul 1903	4:208	Robbitt, Loretta	28 Feb 1904	4:207
Ritihoreck, Glen	08 Dec 1905	5:203	Robedeau, d/o Frank	18 Dec 1898	4:200
Rittenhaus, Edward	19 Jun 1890	2:166	Rober, Barbara	16 Sep 1880	1:360
Rittenhouse, Potts, Mrs.	02 Jun 1900	4:203	Rober, Margarett	26 Dec 1890	2:166
Ritter, Frank	31 Aug 1903	4:207	Rober, Martin A.	26 Feb 1887	2:162
Ritter, Freidaline A.	08 Jul 1890	2:165	Rober, Mary Eliz'th	28 Oct 1878	1:358
Ritter, Johanna	25 Mar 1903	4:206	Rober, Nil	12 May 1868	1:6
Ritter, John	12 Mar 1893	2:167	Rober, Theresa	23 May 1886	2:162

NAME	DATE	V/P	NAME	DATE	V/P
Robert, Everett Ardel	16 Feb 1892	2:167	Robinson, Frank	05 Dec 1889	2:165
Robert, Noah	03 Nov 1899	4:202	Robinson, Gertrude	16 Sep 1870	1:350
Robert, Peter	10 Aug 1878	1:358	Robinson, Goldie	18 Jan 1908	5:207
Roberts, Abby	04 Aug 1888	2:164	Robinson, H.A.	26 Feb 1868	1:10
Roberts, Arles	24 Aug 1898	4:200	Robinson, Henry	21 Mar 1887	2:162
Roberts, Chauncey H.	25 May 1902	4:207	Robinson, Henry	22 Feb 1897	4:198
Roberts, Chester	30 Sep 1907	5:206	Robinson, Henry	26 Sep 1899	4:201
Roberts, Deloss	20 Sep 1904	5:202	Robinson, Isabel	19 Mar 1900	4:202
Roberts, Edwin	01 Nov 1868	1:60	Robinson, James	18 Nov 1902	4:207
Roberts, Edwin	01 Nov 1868	1:36	Robinson, Jennie	16 Jan 1908	5:207
Roberts, Electa	07 Feb 1877	1:354	Robinson, Leonard D.	18 Aug 1899	4:201
Roberts, Elmira	09 Sep 1883	1:364	Robinson, Louisa	01 Apr 1873	1:350
Roberts, Elnora C.	12 Oct 1890	2:165	Robinson, Maggie	03 Oct 1907	5:206
Roberts, Frank	09 Jun 1885	2:161	Robinson, Margaret B.	12 Feb 1907	5:205
Roberts, Frank L.	27 Dec 1891	2:167	Robinson, Mary Ann	07 Jan 1898	4:199
Roberts, Isabell U.	10 Aug 1905	5:203	Robinson, May	26 Nov 1887	2:163
Roberts, Jennie M.	08 Mar 1889	2:163	Robinson, Nelson	09 Dec 1905	5:203
Roberts, Joseph	28 Jun 1907	5:206	Robinson, Orinda M.	27 Jan 1906	5:202
Roberts, Kennef	12 Feb 1906	5:204	Robinson, Oscar C.	08 Mar 1906	5:203
Roberts, Leo Amos	16 Sep 1899	4:201	Robinson, Pearl	11 Nov 1887	2:163
Roberts, Leon	02 Sep 1880	1:360	Robinson, Rogal A.	30 Aug 1883	1:364
Roberts, Louis	11 Apr 1891	2:167	Robinson, Roxa	04 Oct 1869	1:44
Roberts, Lulu	22 Jul 1908	5:208	Robinson, Sarah	18 Jan 1873	1:352
Roberts, Mary Ann	26 Apr 1898	4:198	Robinson, Virginia	12 Apr 1873	1:354
Roberts, Mary Jane	29 Jan 1898	4:199	Robinson, William	10 Aug 1878	1:358
Roberts, Mary V.	01 Sep 1900	4:203	Robinson, William	23 Nov 1906	5:205
Roberts, Monte C.	04 Aug 1904	5:201	Robinson, Wm.	25 Aug 1889	2:164
Roberts, Mose	20 Jan 1893	2:167	Robison, Eliza	03 Feb 1905	5:202
Roberts, Nina	28 Aug 1902	4:207	Robison, Elizabeth W.	12 Jun 1893	3:181
Roberts, Otto	30 Jun 1908	5:209	Robison, Grace E.	27 Jan 1899	4:200
Roberts, Robert W.	28 Oct 1895	3:185	Robison, Henry	11 Feb 1896	4:198
Roberts, Sam'l	15 May 1900	4:203	Robison, Jessie	20 Feb 1872	1:350
Roberts, Sarah	28 Jan 1907	5:204	Robison, Ruth	12 Dec 1894	3:183
Roberts, Violet	07 Aug 1872	1:352	Robison, Sunlight	11 May 1889	2:165
Roberts, William R.	18 Nov 1898	4:200	Robison, Thomas	29 Nov 1904	5:202
Roberts, William T.	25 Aug 1877	1:356	Robison, W.A.	22 Mar 1896	3:185
Roberts, William W.	05 Feb 1908	5:207	Robison, William	03 Jul 1904	5:202
Roberts, Wm. R.	28 May 1876	1:354	Robison, William	20 Nov 1903	4:208
Robertson, Frank	28 Jan 1874	1:352	Roble, Willard	29 Jan 1907	5:204
Robertson, Hollie	30 Aug 1902	4:206	Robling, Rose	19 Dec 1889	2:165
Robertson, Jesse	03 Oct 1873	1:352	Roby, John	19 May 1885	2:161
Robertson, Rebbeca Jane	28 Dec 1891	2:166	Rocanski, Theo.	04 Apr 1888	2:164
Robertson, William	---	1:350	Rochford, John H.	27 Sep 1908	5:208
Robertson, William	18 Mar 1904	5:201	Rochinski, Theodre	10 Apr 1883	2:163
Robertson, Wm.	04 May 1891	2:167	Rochl, William	Feb 1903	4:207
Robeskoosky, Agnes	14 Aug 1889	2:165	Rochomak, Clements	15 Sep 1905	5:202
Robeson, Harriet	20 Apr 1873	1:352	Rochon, Henry, Jr.	02 Jan 1876	1:354
Robideau, Robert R.	27 Sep 1880	1:360	Rochowiak, Anna	19 Sep 1907	5:207
Robillard, Elizabeth	23 Mar 1903	4:207	Rochowiak, Mary	07 Mar 1902	4:204
Robins, Nelson M.	10 Oct 1874	1:354	Rochowiki, Thomas	23 Aug 1888	2:164
Robins, Nelson M.	10 Oct 1875	1:354	Rock, d/o William P.	14 Nov 1904	5:202
Robins, Wm. M.	27 Dec 1875	1:354	Rock, Kathrine	04 Jun 1893	3:182
Robinson, Albert	24 Jun 1876	1:356	Rockenstire, C.D.	25 Dec 1875	1:354
Robinson, Arline	19 Mar 1900	4:202	Rockwell, Agnes	24 Aug 1895	3:185
Robinson, ch/o W.A.	02 Feb 1869	1:30	Rockwell, Joseph	26 Feb 1887	2:162
Robinson, Charles	14 Jan 1893	2:168	Roczinski, Frank	03 May 1903	4:208
Robinson, Chas.	18 Jan 1903	4:206	Roczinski, Unknown	03 May 1903	4:208
Robinson, Elanore	09 Apr 1888	2:163	Rodabaugh, Willis	21 Mar 1902	4:205
Robinson, Elenore	16 Jan 1898	4:199	Rodabeaugh, Benjamin	19 Sep 1903	4:208
Robinson, Eliz'th	12 Mar 1876	1:354	Rodd, David	27 Jun 1885	2:161
Robinson, Flora Dell	16 Jan 1889	2:164	Rodd, Theresia	03 Jan 1900	4:200

NAME	DATE	V/P
Roddig, Frank	02 Sep 1895	3:184
Rode, Herman	29 Dec 1904	5:202
Rodeback, Thomas	14 Dec 1907	5:207
Rodebaugh, Charles Peter	03 Aug 1897	4:199
Rodemeister, Otto	11 Jun 1897	4:199
Rodemich, Rose	01 Nov 1900	4:203
Rodemich, William	31 Dec 1901	4:204
Rodeneck, William	21 Jul 1906	5:205
Rodenhame, d/o Lewis	04 Nov 1895	3:185
Rodenhauer, d/o Louis	04 Nov 1895	3:161
Rodenhauser, Lois	15 Dec 1892	2:168
Rodenheiser, Albert	31 Mar 1888	2:163
Rodenmeyer, Emma	03 Nov 1877	1:356
Rodenmeyer, Emma	03 Nov 1877	1:358
Roder, Annie	07 Sep 1879	1:360
Roder, William	07 Dec 1901	4:205
Roderic, Samuel E.	03 Mar 1870	1:58
Roderick, David, Mrs.	01 Oct 1872	1:352
Roderick, Florence	17 Nov 1872	1:352
Roderick, Richard	05 Sep 1872	1:352
Rodger, Myrtle	30 Nov 1893	3:182
Rodgers, Allison	02 Sep 1906	5:205
Rodgers, Hemege T.	23 Jun 1884	2:161
Rodgers, Mary	07 Jul 1902	4:207
Rodgers, Wm. H.	21 Jul 1871	1:350
Rodka, William	16 Jan 1906	5:202
Rodman, Andrew	07 Aug 1902	4:207
Rodman, John	16 Dec 1903	4:208
Rodvansky, Johny	02 Dec 1905	5:203
Roe, Ada L.	19 Aug 1895	3:184
Roe, Doris	26 May 1895	3:184
Roe, Ella May	19 May 1901	4:204
Roe, Florence	31 Aug 1906	5:205
Roe, Frederick	26 Dec 1903	4:208
Roe, Lewis E.	20 Oct 1873	1:352
Roe, Louis Albert	24 Feb 1905	5:203
Roe, Louis D.	26 May 1895	3:185
Roe, Mary Ann	28 Feb 1884	1:362
Roe, McDermot Jas.	29 Dec 1886	2:162
Roe, S.E.	24 Dec 1902	4:206
Roe, Symanthia	24 Dec 1902	4:206
Roe, Walter Lee	01 Oct 1904	5:201
Roe, William	01 Aug 1877	1:356
Roe, William	01 Aug 1877	1:358
Roefer, Emma	05 Dec 1890	2:166
Roehl, Mary	26 Jul 1904	5:202
Roekel, Antonin W.	14 Dec 1892	2:168
Roelb, Charles Henry	06 Mar 1869	1:32
Roembarger, Ralph	05 Apr 1908	5:208
Roemer, Alpheus	06 Nov 1906	5:205
Roemer, Joseph	06 Dec 1892	2:168
Roemer, Wm.	01 Apr 1873	1:350
Roenick, Walter Henry	25 Jul 1900	4:202
Roesch, Adam J.	15 Jan 1897	4:198
Roeske, Herman	01 Mar 1907	5:205
Roeski, Alfred	31 Jul 1899	4:201
Roesner, Albert	13 Mar 1902	4:204
Roesner, John A.	02 Mar 1902	4:204
Roethlesberger, John H.	10 Aug 1897	4:199
Roetker, Olga	14 Jan 1898	4:199
Roettier, Herman W.	27 Jul 1891	2:167
Roever, Christine	20 Feb 1884	1:364
Roezil, John	22 Sep 1903	4:208
Roff, Carl	13 Feb 1902	4:205
Roff, Chas. B.	16 Aug 1877	1:356
Roff, Christian	07 May 1884	1:362
Roff, Christian	17 May 1884	2:161
Roff, Wm.	29 Sep 1894	3:183
Roger, d/o William	18 Sep 1894	3:183
Rogers, Alonzo	13 May 1873	1:352
Rogers, Alpheus R.	19 Jan 1895	3:183
Rogers, Bove	27 Oct 1895	3:184
Rogers, Charles	01 May 1893	3:182
Rogers, Claude H.	23 May 1885	2:161
Rogers, David	10 Feb 1903	4:207
Rogers, Edna E.	17 Jul 1893	3:182
Rogers, Ethel Rhea	20 Mar 1889	2:163
Rogers, Florence Helen	23 Sep 1902	4:206
Rogers, Fred M.	23 Sep 1901	4:205
Rogers, Geo.	12 Nov 1873	1:352
Rogers, Georgett	11 Nov 1891	2:167
Rogers, Harriet	20 Oct 1879	1:360
Rogers, Harriet B.	01 Jul 1907	5:206
Rogers, Harry	21 Mar 1896	3:185
Rogers, Jama	06 Sep 1900	4:203
Rogers, John	04 Apr 1885	2:162
Rogers, Joshua	12 Oct 1877	1:358
Rogers, Martha A.	31 Jul 1868	1:18
Rogers, Mertie	23 Jun 1895	3:184
Rogers, Mottie	12 Feb 1908	5:206
Rogers, Nora May	19 May 1898	4:199
Rogers, Roy Grover	01 Dec 1907	5:207
Roggenthin, Daro	07 Dec 1894	3:184
Roggie, Anna	28 Dec 1904	5:202
Roggie, Anna	29 Dec 1905	5:203
Rogonski, Josphine	26 Nov 1907	5:206
Rogowska, Marajjanna	11 Feb 1889	2:163
Rogowski, John	15 Jan 1905	5:201
Roh, Stephen	24 Jan 1890	2:165
Rohan, Ellen	08 Feb 1901	4:203
Rohan, Herold	16 Oct 1900	4:203
Rohfus, A.	09 Nov 1891	2:167
Rohilly, P.	24 Jul 1905	5:203
Rohm, John	23 Aug 1895	3:185
Rohmer, Charles	31 Dec 1907	5:206
Rohmer, J.	19 Feb 1901	4:204
Rohmer, John A.	17 Apr 1905	5:202
Rohouski, Francis	10 Jun 1885	2:161
Rohowiak, Karl*	18 Nov 1908	
Rohr, Bertha M.	27 Feb 1884	1:364
Rohr, Caroline	23 Apr 1901	4:205
Rohrbacher, Mary	10 Sep 1902	4:206
Rohrbacher, Sophia	27 Mar 1885	2:161
Rohrig, Francis P.	04 Aug 1871	1:350
Rokicki, Katie	18 Jun 1907	5:206
Rokow, Lena	14 Feb 1894	3:182
Rolak, Joseph	21 Aug 1897	4:199
Roleling, Isaac	05 May 1900	4:203
Roll, Jacob	19 Sep 1878	1:358
Rolland, George	22 Jan 1879	1:358
Roller, John M.	04 Jul 1902	4:207

NAME	DATE	V/P	NAME	DATE	V/P
Rollins, Frank N.	20 Sep 1905	5:203	Root, Louis	29 Apr 1885	2:161
Rollins, Robert	24 Jul 1905	5:203	Root, Lulu B.	19 Aug 1889	2:165
Rollman, Warren	10 Jan 1901	4:202	Root, Margaret	10 May 1907	5:206
Roloff, Johanna	25 Jan 1906	5:203	Root, Nelson	26 Feb 1892	2:166
Roloff, Maria	17 May 1908	5:208	Roper, Phebe E.	08 May 1881	1:362
Romaker, Ignatius	03 Jun 1903	4:207	Roper, Ralph	26 Sep 1902	4:206
Roman, Bridget	27 Mar 1878	1:356	Ropp, Inf/o Henry	Aug 1876	1:354
Roman, Frank	30 Oct 1908	5:208	Rorhowiak, Sady	29 Aug 1904	5:201
Rombkoski, Franz	25 Feb 1905	5:201	Rorick, Susan	30 Sep 1906	5:204
Rombkowski, Cheslauf	10 Nov 1898	4:200	Rorowisz, Marianna	13 Dec 1902	4:206
Romeis, Jacob	04 Mar 1904	4:207	Rosack, John	13 Jul 1897	4:199
Romeis, John C.	07 Mar 1908	5:206	Rosarwososki, Anna	27 Apr 1892	2:168
Romeis, Maud A.	08 May 1879	1:360	Roscele, Elijah	29 Oct 1903	4:207
Romer, Frank	04 Jun 1887	2:163	Roscoe, John B.	02 Feb 1906	5:202
Romine, Florence	02 Mar 1901	4:203	Roscoe, Louise M.	21 Jul 1892	2:168
Romis, Louisa Margaretta	25 Jan 1869	1:30	Rose, Clara	26 Apr 1892	2:168
Romkaskie, Unknown	03 Jun 1903	4:208	Rose, d/o Wm.	10 Dec 1895	3:185
Romkawski, Helena	30 Oct 1908	5:208	Rose, d/o Wm.	10 Dec 1895	3:175
Romkowski, Franc.	30 Sep 1893	3:183	Rose, Daniel	07 Apr 1902	4:206
Romkowski, John	27 Aug 1893	3:183	Rose, Elizabeth	24 Jul 1883	1:362
Rommel, Henry	20 Jul 1877	1:356	Rose, Frank	Feb 1873	1:352
Rommel, John	14 Jul 1901	4:205	Rose, George	03 Dec 1907	5:207
Romp, Louisa	11 Feb 1870	1:54	Rose, George	25 May 1882	1:362
Ron, Charles	08 Nov 1891	2:167	Rose, Jennie	26 Apr 1887	2:163
Ronan, Mary Gernet	09 Feb 1891	2:165	Rose, Mary May	Sep 1898	4:200
Ronar, John	17 Mar 1873	1:352	Rose, Pelie	04 Feb 1901	4:203
Ronnke, Augusta	20 Dec 1891	2:166	Rose, Ralph	07 Oct 1900	4:201
Rood, Berthina	21 Mar 1907	5:204	Rosebaugh, John C.	31 Dec 1906	5:205
Rood, C.R.	11 Mar 1906	5:202	Rosebecker, Lilla	Jun 1881	1:362
Rood, Einmar	17 Jun 1908	5:208	Rosek, Stephen	22 Jul 1885	2:162
Rood, Jennie W.	11 Mar 1906	5:202	Roseman, Mary	19 Jul 1893	3:182
Rood, Ralph M.	14 Aug 1879	1:360	Rosen, Anna	02 Mar 1899	4:200
Rood, Sara Annette Dorman			Rosen, Bertha	09 Nov 1906	5:205
	29 Jan 1894	3:182	Rosenbaum, Jos.	01 Aug 1880	1:360
Roof, Magdelena	02 Sep 1875	1:354	Rosenbaum, Lewis	28 Feb 1891	2:166
Rook, Charles J.	02 Oct 1904	5:201	Rosenbaum, Louis	20 Feb 1890	2:165
Rook, E. Ann	21 Jul 1868	1:16	Rosenbaumm, Rebeca	19 Aug 1880	1:360
Rook, Irving J.	14 Jul 1905	5:202	Rosenberge, Margerite	03 Sep 1893	3:182
Rook, William	17 Jul 1878	1:358	Rosenberger, A., Mrs.	21 Feb 1906	5:203
Rook, William	28 May 1905	5:202	Rosenberger, Andrew	22 Aug 1877	1:356
Rooney, Bernard	19 Dec 1885	2:161	Rosenberger, Annie	21 Feb 1906	5:202
Rooney, Bridget	04 May 1892	2:168	Rosenberger, Chris	28 Nov 1872	1:352
Rooney, Florence Grace	26 Sep 1902	4:206	Rosenberld, I.	20 Jan 1899	4:201
Rooney, Frank	16 Mar 1877	1:356	Rosenbrake, Annie	29 Sep 1868	1:24
Rooney, Joseph	29 Jul 1895	3:184	Rosenbrock, Ernest	26 May 1908	5:208
Rooney, Mary A.	23 Sep 1902	4:206	Rosenbrock, Lilley M.	22 Mar 1901	4:202
Rooney, Pat	01 May 1905	5:203	Rosenbrock, Walter H.	02 Feb 1896	3:184
Rooney, Sophrona	28 Oct 1902	4:206	Rosenbroek, Wm.	24 Dec 1875	1:354
Rooney, Thos.	08 Feb 1893	2:168	Rosenbrook, Christ	17 Jan 1893	2:168
Rooney, Wellington	09 Mar 1879	1:358	Rosenbrook, Elsie	12 Sep 1892	2:168
Rooney, Wm. A.	01 Mar 1900	4:202	Rosenbrook, Louetta	19 Oct 1903	4:207
Rooney, Wm. E.	18 Dec 1903	4:207	Rosenburg, Alex Y.	10 Jul 1907	5:207
Roop, Barbara	08 Dec 1867	1:42	Rosenburg, Frank	12 Apr 1872	1:352
Roop, Catherine	13 Mar 1908	5:207	Rosenbush, Solomon	29 Jul 1868	1:18
Roop, Frank	10 Apr 1880	1:360	Rosencrans, Ellen C.	15 Sep 1890	2:166
Roos, Mary	12 Apr 1885	2:161	Rosencranz, Cora L.	17 Nov 1899	4:201
Roost, Emma	18 Jul 1883	1:364	Rosener, Ida	11 Jun 1902	4:206
Roost, Emma	21 Mar 1902	4:205	Rosenfeld, Isaac	23 Jan 1900	4:202
Roost, s/o Christ.	---	2:164	Rosenfelder, F. Charles	23 Jun 1880	1:360
Root, Anna	18 Dec 1873	1:352	Rosenfelder, Ida B.	26 Mar 1889	2:164
Root, Charlotte	24 May 1908	5:208	Rosenfelder, Wm.	24 Nov 1885	2:162

NAME	DATE	V/P
Rosengarten, Elizabeth	07 May 1901	4:205
Rosenheimer, Francis	13 Oct 1905	5:203
Rosenheimer, John	03 Nov 1887	2:163
Rosenthal, Edward	10 Feb 1903	4:206
Rosenthal, Isaac	24 Sep 1904	5:201
Rosenthal, Lena	11 Nov 1888	2:163
Rosentsoker, Amanda	08 May 1906	5:204
Roser, Adam	07 Feb 1891	2:166
Roser, Ricke	15 Sep 1889	2:165
Roshaer, Chris.B103	09 Feb 1882	1:362
Roshany, Daniel	28 Mar 1870	1:48
Roshany, Geo.	04 Jun 1872	1:350
Roshinski, Charles	22 Sep 1891	2:167
Roshong, Chas. E.	21 Jan 1889	2:164
Roshore, Sarah M.	09 Jul 1888	2:164
Roshowiak, Lucy	26 Jan 1903	4:206
Rosick, Joseph	07 Jan 1908	5:207
Rosin, John G.	04 Apr 1882	1:362
Rosin, Rudolph	08 Nov 1901	4:205
Rosinski, Kaiser	22 Nov 1903	4:208
Rosner, Adolph	30 Nov 1899	4:201
Rosniski, Ignatz	19 Jan 1908	5:207
Ross, Alfrit	17 Oct 1877	1:358
Ross, Carl W.	21 Mar 1898	4:199
Ross, Edw.	12 Feb 1907	5:205
Ross, Edward	05 Dec 1901	4:205
Ross, Edward A.	25 Dec 1883	1:362
Ross, Eliza Morrison	11 Dec 1881	1:362
Ross, Ellen	14 Feb 1870	1:54
Ross, Esther Myrtle	29 Dec 1904	5:201
Ross, Florence Josephine	24 Mar 1901	4:202
Ross, Frances	11 Feb 1893	2:168
Ross, Leo	29 Apr 1895	3:185
Ross, Levi J.	21 Oct 1907	5:207
Ross, M. Estella	16 Mar 1907	5:204
Ross, Mandie Meyers	11 Aug 1905	5:203
Ross, Maude	12 Aug 1905	5:202
Ross, May	28 Oct 1905	5:202
Ross, Rebecca	22 Jan 1908	5:206
Ross, Robert D.	07 Nov 1902	4:206
Ross, William	18 Feb 1882	1:362
Ross, William H.	13 Jun 1890	2:166
Ross, William T.	04 Nov 1899	4:202
Ross, Willie	28 Jan 1887	2:162
Ross, Wm. R.	13 Mar 1903	4:206
Rosse, Sabina	26 Dec 1907	5:207
Rossiter, George A.	12 Sep 1895	3:185
Rossman, Edward	10 Mar 1903	4:206
Rossman, Merritt	24 Dec 1900	4:203
Rossman, Sidney E.	16 Sep 1886	2:162
Rossman, Zoe A.	26 Nov 1882	1:362
Rost, Letta	10 Jun 1877	1:356
Rost, Wm.	29 Jul 1868	1:18
Roswoski, Andrew	30 Sep 1898	4:200
Roszck, Joseph	18 Jul 1888	2:164
Roszck, Joseph	21 Sep 1892	2:168
Roszek, Stephania	22 May 1904	5:201
Roth, Anna	28 Jan 1908	5:206
Roth, Anna	28 Jan 1908	5:207
Roth, Arthur	28 Oct 1872	1:352
Roth, Charles	19 Jan 1907	5:205
Roth, Chas. D.	24 Apr 1881	1:360
Roth, Dagobert	04 Mar 1884	1:364
Roth, Elizabeth	26 Nov 1894	3:183
Roth, George	09 Feb 1872	1:350
Roth, Henry	22 Feb 1879	1:358
Roth, Margaret	22 Feb 1871	1:350
Roth, Nicholas	23 Jan 1894	3:182
Roth, Phillip	08 Jul 1878	1:358
Roth, s/o Geo. C.	27 Mar 1898	4:174
Roth, s/o Wm.	12 May 1906	5:205
Roth, William	19 Aug 1905	5:204
Rothlisburger, d/o Alex	12 Feb 1902	4:38
Rothstein, Youds	15 Mar 1908	5:206
Rots, Gustave E.	06 Feb 1892	2:167
Rotterdam, Anna	09 Aug 1868	1:18
Rotterdam, Henry	12 Jan 1890	2:165
Rotterdam, Henry	18 Jul 1874	1:354
Rotterdam, Louise	02 Feb 1881	1:360
Rouch, Herman	07 Sep 1895	3:185
Rouch, Jerome	16 Sep 1879	1:360
Rouch, Jessie	13 Nov 1889	2:165
Rough, Minnie	09 Aug 1896	4:198
Roughton, Thomas	21 Aug 1900	4:203
Rouillier, George	16 Jul 1900	4:203
Roulet, Bessie	04 Aug 1886	2:162
Roulet, Fred W.	03 Jul 1886	2:162
Roulet, Frederick G.	05 May 1897	3:182
Roulet, Maria P.	07 Jan 1893	2:168
Roulet, Marie E.	02 Oct 1875	1:354
Rouley, Mehitable	30 Jan 1890	2:165
Round, Samuel A.	18 Aug 1905	5:203
Rounick, Berta	Aug 1870	1:350
Roup, Infant	06 May 1891	2:167
Rourke, Rosa	15 Nov 1890	2:165
Rousch, Emma	19 Oct 1898	4:200
Rouse, Birdreye Whiting	13 Jul 1894	3:183
Rouse, Earl Glenwood	19 Oct 1900	4:203
Rouse, Elizabeth Clark	03 Oct 1894	3:183
Rouse, Maud Ida	02 Jun 1897	4:199
Rousey, Mary	21 Nov 1889	2:164
Rousseau, Peter	14 Dec 1899	4:202
Rover, John*	11 Jan 1883	
Rowalt, Mary	02 Sep 1907	5:204
Rowan, Ambrose	12 Feb 1902	4:204
Rowan, Elizabeth	13 Mar 1905	5:201
Rowan, Mary E.	01 Sep 1904	5:201
Rowand, William	13 Aug 1907	5:207
Rowand, William C.	12 Aug 1907	5:206
Rowe, Carrie E.	16 Sep 1877	1:358
Rowe, Fidelia M.	1889	2:163
Rowe, George Frank	16 Feb 1898	4:199
Rowe, Gladys M.	02 Oct 1905	5:203
Rowe, H.F.	28 Dec 1889	2:165
Rowe, Henry Allen	20 Apr 1902	4:205
Rowe, John S.	26 Sep 1908	5:208
Rowe, Mary	08 Feb 1889	2:164
Rowe, Mason F.	09 Dec 1902	4:206
Rowe, May	31 Dec 1903	4:208
Rowe, Oliver	04 Sep 1891	2:167
Rowe, Ralph	20 Jul 1888	2:164
Rowe, Rollin	19 Aug 1888	2:163

NAME	DATE	V/P	NAME	DATE	V/P
Rowe, Samuel	21 Oct 1895	3:184	Rudi, S.	23 Dec 1879	1:358
Rowe, Samuel	22 Oct 1895	3:185	Rudincki, Frank	13 Oct 1895	3:185
Rowe, Silas	01 May 1896	4:198	Rudkowski, John	10 Jul 1906	5:205
Rowell, Nellie	11 May 1892	2:168	Rudniski, Praull	26 May 1891	2:167
Rowell, Wm. Walter	26 Feb 1901	4:203	Rudnizki, Roman	11 Dec 1897	4:199
Rowen, Mary A.	30 Sep 1872	1:352	Rudolph, Arthur	27 Aug 1901	4:205
Rowland, Amos	09 Dec 1880	1:360	Rudolph, Bertha	21 Dec 1906	5:205
Rowland, Anna S.	25 Dec 1879	1:360	Rudolph, Charles	23 Sep 1878	1:358
Rowland, Frank	22 Jul 1907	5:206	Rudolph, Christian	28 Jun 1887	2:163
Rowland, Heaith S.	14 May 1869	1:54	Rudolph, Henry	01 Sep 1869	1:46
Rowley, Geo. Hayden	14 Jul 1883	1:364	Rudolph, Howard	17 Sep 1899	4:201
Rowley, Horace	16 Mar 1889	2:164	Rudolph, John	26 Oct 1868	1:26
Rowley, Isabell	03 May 1896	4:198	Rudolph, Mollie	18 Dec 1907	5:207
Rowsey, Charles A.	05 Aug 1899	4:201	Rudolph, s/o Ameill	13 Feb 1900	4:202
Rowsey, John	10 Aug 1886	2:162	Rudolph, Wm.	01 Mar 1903	4:206
Rowsey, Martha R.	17 Jul 1869	1:46	Rudolph, Wm.	29 Aug 1888	2:163
Rowsey, W.F., Dr.	30 Mar 1890	2:164	Rudschow, Wm. H.J.	05 Dec 1890	2:166
Roy, Emma	03 May 1887	2:163	Rudy, Alfred	12 Apr 1892	2:167
Royal, Mary	29 Aug 1881	1:360	Rudy, Ella	12 Dec 1902	4:207
Royce, Chas., Mrs.	04 Sep 1899	4:202	Ruede, Jno.	27 Jun 1901	4:205
Royce, Mary	23 Feb 1907	5:204	Rueder, Alfred Edward	10 Apr 1893	2:168
Royce, Walter A.	22 Dec 1881	1:362	Ruedi, Sarah N.	01 Jul 1892	2:168
Royer, David	23 Sep 1890	2:166	Ruedy, Andrews	17 Mar 1906	5:203
Royerske, Staneslaw	08 Feb 1896	3:185	Ruedy, Christian	08 Sep 1879	1:360
Royley, Allen	26 Dec 1904	5:201	Ruedy, John	15 Mar 1899	4:200
Royley, Katnin	17 Mar 1905	5:201	Ruegge, Chas.	30 Mar 1909	5:209
Roys, Albert	18 May 1885	2:161	Ruehmer, Caroline	26 Jul 1900	4:203
Roys, Melissa D.	14 Mar 1875	1:354	Ruel, Emma	12 May 1907	5:206
Rozanski, Anna	24 Jul 1904	5:201	Rueltz, Herman	22 Nov 1890	2:166
Roze, Alice	11 Aug 1884	2:161	Ruembeli, John H.	24 Jul 1902	4:206
Rozek, Tadislar	25 Aug 1889	2:165	Rueter, Henrietta	24 Oct 1898	4:200
Rozel, Myrtle	18 Mar 1907	5:204	Ruets, Mabel	27 Jul 1894	3:184
Rozewski, Jaweka	10 Mar 1897	4:199	Ruetter, s/o Chris	20 Jan 1898	4:199
Rubadeaux, John S.	20 Apr 1905	5:203	Ruetz, Lillie	Jun 1897	4:199
Rubenstahl, G.	02 Nov 1890	2:165	Ruf, Barbara	05 Feb 1896	3:184
Rubin, Francis	01 Nov 1889	2:165	Rufert, George	30 Apr 1901	4:205
Rubin, Frankie	Nov 1889	2:165	Ruff, d/o Otto	02 Jun 1907	5:206
Ruble, Mary Louisa	29 Apr 1878	1:358	Ruff, Infant	17 Dec 1908	5:207
Ruch, Edwin	05 Dec 1898	4:200	Ruff, Infant	27 Nov 1908	5:207
Ruch, Minnie	13 Apr 1894	3:183	Ruff, Martin	12 Nov 1903	4:208
Ruchi, Mary	27 Feb 1905	5:202	Ruffert, John	20 Oct 1906	5:205
Ruchow, Catharena	04 Nov 1896	4:198	Ruggles, Dan'l W.	23 Feb 1868	1:10
Ruchte, Bertha	09 Sep 1890	2:166	Rugu, Henry	27 Jan 1901	4:203
Ruck, John	07 Jan 1886	2:161	Ruh, Anna	22 Aug 1899	4:201
Ruckel, Christopher	18 Dec 1871	1:350	Ruh, Charles	20 Feb 1904	4:208
Ruckle, Catherine	01 Jun 1888	2:163	Ruh, George	18 Dec 1890	2:165
Rud, Carl K.	24 Oct 1882	1:362	Ruh, Joseph	28 Jul 1879	1:360
Rud, H.L.	07 Mar 1895	3:183	Ruhl, Anna	09 Apr 1877	1:356
Rudd, Alfred	14 Nov 1893	3:182	Ruhlin, Leola	19 May 1906	5:204
Rudd, Clarance	15 Nov 1890	2:166	Ruhlin, Mary	19 Jun 1905	5:202
Rudd, Eleanor	26 Jul 1892	2:168	Ruhm, Barbara	27 Aug 1907	5:206
Rudd, Harry	26 Jan 1902	4:204	Ruhm, C.	25 May 1908	5:208
Rudd, Ida B.	05 Feb 1893	2:168	Ruhm, Caroline	25 May 1908	5:209
Rudd, Jerome	10 Dec 1894	3:183	Ruhm, Charles	06 Mar 1908	5:206
Rudd, Lucinda	08 Jan 1884	2:161	Ruhm, Michael	30 Oct 1904	5:201
Rude, Hermmia	12 Feb 1897	4:198	Rulafaugh, Tunis	04 Jan 1899	4:199
Rude, John	23 Nov 1885	2:162	Ruland, Elizabeth	14 Aug 1903	4:208
Rudeck, Frank	11 Sep 1899	4:202	Rulapaugh, Henry	03 May 1894	3:183
Rudemaick, Lena	11 Mar 1883	1:362	Ruley, Matt	10 Feb 1900	4:202
Ruder, Ida	26 Nov 1895	3:185	Rum, Susie	01 Jan 1897	4:198
Ruder, William B.	05 Oct 1890	2:166	Rumbo, J.R.	04 Jul 1899	4:202

NAME	DATE	V/P
Rumery, Esibelle	28 Mar 1905	5:201
Rumley, Henry	10 Aug 1891	2:167
Rummel, Barbara	27 Sep 1905	5:202
Rummel, Maria	7 --- 1879	1:358
Rummell, A.J.	16 Nov 1908	5:208
Rummels, A.J.	16 Nov 1908	5:208
Rump, Henry A.	07 Sep 1878	1:358
Rump, Henry C.	01 Feb 1900	4:201
Rumpp, Louisa	11 Feb 1870	1:54
Rumpp, Memy	31 Jul 1875	1:354
Rumpp, Wm.	13 Mar 1875	1:354
Rumpp, Wm.	14 Mar 1870	1:54
Rumsey, Alfred	26 Dec 1891	2:166
Rumsey, Austin Vere	02 Sep 1893	3:182
Rumsey, Jessie M.	14 Oct 1885	2:161
Rumsey, John A.	04 Jan 1877	1:354
Rundell, Sara	23 Dec 1888	2:163
Rundell, Sara Luce	05 Dec 1888	2:163
Rundell, Stella Pangle	03 Jan 1898	4:199
Rundell, William A.	02 Jan 1894	3:182
Runicle, Jacob	15 May 1870	1:350
Runley, Nany A.	26 Aug 1873	1:352
Rupell, Inf/o Conrad	21 Sep 1868	1:22
Rupell, Viola Ann	19 Sep 1868	1:22
Rupp, Annie	19 Sep 1889	2:164
Rupp, Annie	20 Jan 1895	3:183
Rupp, Christian	30 Jan 1875	1:354
Rupp, Clara	30 Jul 1899	4:201
Rupp, Daniel	17 Feb 1901	4:202
Rupp, Ella	03 Nov 1880	1:360
Rupp, Jacob	1889	2:164
Rupp, Jacob	20 Jun 1889	2:165
Rupp, Joseph	04 Apr 1900	4:203
Rupp, Karl	10 Aug 1899	4:201
Rupp, Kate	07 Oct 1899	4:201
Rupp, Margaret	24 Feb 1875	1:354
Rupp, Margert	20 Aug 1905	5:204
Rupp, Mary	03 Jun 1889	2:164
Rupp, Mary	26 Feb 1889	2:163
Rupp, Mary	28 Mar 1872	1:350
Rupp, Nicholas	10 May 1894	3:183
Rupp, Oath	03 Jun 1892	2:168
Rupp, Seymore	09 Feb 1902	4:205
Rupp, Susan	01 Sep 1874	1:354
Ruppel, Conrad	03 Jan 1889	2:163
Ruppel, George H.	10 Mar 1908	5:206
Ruppel, Herman William	07 Aug 1902	4:205
Rupps, Albert	28 Aug 1905	5:203
Rurbner, Joseph	13 Aug 1902	4:207
Ruscher, Ludwig	19 Oct 1896	4:198
Ruse, Milton	26 Jun 1895	3:185
Ruselwick, Louise	05 Oct 1881	1:360
Rush, Julia Ann	21 Jun 1904	5:201
Rush, Metta	05 Mar 1908	5:207
Rushlow, Lizzie	15 Feb 1886	2:161
Rusk, Minnie G.E.	24 Aug 1903	4:208
Russel, Annie	24 Sep 1877	1:356
Russel, Catharine	26 Sep 1902	4:204
Russel, Henry	01 Apr 1871	1:350
Russel, Henry C.	09 Feb 1897	4:198
Russel, Lucy S.	08 Jul 1877	1:356

NAME	DATE	V/P
Russel, Micheal	07 Apr 1874	1:354
Russel, William	07 Mar 1871	1:350
Russell, Allie	21 Apr 1906	5:204
Russell, Betzie	03 Nov 1902	4:206
Russell, Blanch	02 Mar 1878	1:356
Russell, Blanche	02 Mar 1878	1:358
Russell, Catherine	20 Jul 1906	5:204
Russell, Charles	09 Jan 1902	4:204
Russell, Charles E.	10 Dec 1908	5:208
Russell, Chas.	10 Dec 1908	5:208
Russell, Chester R.	14 Jun 1904	5:201
Russell, Clara	09 Feb 1899	4:200
Russell, Clarence	02 Apr 1878	1:356
Russell, Clarence	02 Apr 1878	1:358
Russell, Eliza	13 Apr 1879	1:360
Russell, Francis	27 Feb 1884	2:161
Russell, Francis M.	13 Jan 1871	1:350
Russell, Frank	28 Feb 1885	2:161
Russell, Harriett	30 Aug 1907	5:206
Russell, Henry	07 Apr 1871	1:350
Russell, Ina Leona	07 Jul 1899	4:201
Russell, J.A.	10 Oct 1894	3:183
Russell, J.W.	23 Aug 1895	3:184
Russell, Jemmia	20 Sep 1895	3:184
Russell, John F.	10 Aug 1893	3:182
Russell, John F.	11 Feb 1904	4:207
Russell, Joseph W.	05 Mar 1901	4:203
Russell, Laura M.	14 Oct 1891	2:167
Russell, Lewis	10 Jan 1897	4:198
Russell, Lola J.	02 Jan 1903	4:206
Russell, Maggie	25 Jun 1893	3:182
Russell, Mandilla	11 Nov 1893	3:182
Russell, Mayar	21 Oct 1899	4:201
Russell, Nellie	26 Jul 1891	2:167
Russell, Riley H.	30 Mar 1888	2:162
Russell, Sarah Jane	06 May 1889	2:165
Russell, Sarah L.	30 Sep 1882	1:362
Russell, Sylvester	17 Apr 1892	2:166
Russell, Timothy	09 Dec 1898	4:200
Russell, Wellington Scott	13 May 1884	1:364
Russell, Wm. Brown	08 Feb 1889	2:163
Russo, Peter	14 Dec 1899	4:201
Rust, Bertha	07 Aug 1887	2:163
Ruster, Martin	12 Jul 1868	1:4
Ruswenkle, Annie	10 Aug 1899	4:202
Ruswinckle, Mary	18 Oct 1900	4:203
Rutcher, Henry	08 Dec 1886	2:162
Rutchow, Mary	07 Feb 1907	5:204
Rutchscow, C.F.	04 Jul 1887	2:163
Ruterback, Infant	02 Mar 1904	4:207
Ruth, Hary	04 Mar 1900	4:200
Ruth, James	12 Mar 1892	2:168
Ruth, James Arthur	12 Mar 1892	2:166
Ruth, James F.	11 Apr 1905	5:201
Ruth, Samantha J.	29 Jul 1908	5:209
Ruth, Viola	25 Jul 1894	3:184
Ruther, Thomas	03 Feb 1908	5:207
Rutherford, Daniel	30 Jun 1893	3:182
Rutherford, Edward B.	19 Jul 1877	1:356
Rutherford, Sarah	30 Jan 1889	2:164
Ruthinger, John	18 Oct 1897	4:198

NAME	DATE	V/P	NAME	DATE	V/P
Rutkowska, Anna	12 Apr 1907	5:206	Ryar, Lewis	13 Oct 1899	4:200
Rutkowski, Agnes	18 Jan 1907	5:204	Rybarczyk, Edmund	27 Apr 1902	4:206
Rutkowski, Anton	03 Aug 1907	5:207	Rybarzik, Brunislawa	03 Apr 1899	4:202
Rutkowski, Victoria	11 Sep 1894	3:183	Rybka, John	18 Jul 1888	2:163
Rutledge, E.C.	24 Dec 1907	5:207	Rycarczek, Regina	12 Oct 1905	5:203
Rutller, Benjamin	31 Dec 1896	4:198	Rycarizik, Wm.	04 May 1894	3:183
Rutschon, Julia	02 Feb 1884	1:364	Rychlewake, Armia	08 Nov 1895	3:184
Rutschow, Annie	02 Jul 1894	3:184	Rychlewska, Floryana	02 May 1908	5:208
Rutschow, John S.	04 Feb 1890	2:165	Rychmar, George	27 Mar 1901	4:203
Rutskay, d/o John	08 Dec 1905	5:203	Ryder, Mary	15 Mar 1881	1:360
Ruttenhager, Helen	13 Jun 1892	2:168	Rydman, Wm.	23 May 1885	2:161
Rutter, Alice	14 Sep 1908	5:208	Ryen, Benjamin	03 Feb 1873	1:350
Rutter, Frank, Mrs.	09 Mar 1907	5:204	Ryen, Elinor	05 Feb 1873	1:350
Rutz, Fritz	21 Jul 1887	2:163	Ryerson, Henry R.	30 Mar 1868	1:12
Ryall, Mary	07 Mar 1889	2:164	Rygalska, Helena	05 Sep 1907	5:206
Ryan, Bessie	09 Aug 1901	4:205	Rymers, William	12 Nov 1898	4:200
Ryan, Bridget	23 Dec 1900	4:203	Rynd, Alfred	21 Sep 1888	2:164
Ryan, Catherina	15 Nov 1903	4:207	Rynn, Mary	12 Apr 1899	4:202
Ryan, Catherine	05 Jan 1890	2:164	Rynn, Mary	13 Apr 1900	4:203
Ryan, Catherine	06 Apr 1900	4:201	Rythmeir, Lottie	25 Aug 1898	4:200
Ryan, Catherine	07 Jan 1898	4:199	Rywalski, Victor	14 May 1897	4:199
Ryan, Edward	10 Sep 1872	1:352	Saas, Ernest	14 Sep 1894	3:200
Ryan, Elizabeth	19 Feb 1901	4:203	Sabin, Frederick N.	11 Feb 1905	5:218
Ryan, Emma L.	13 Feb 1887	2:162	Sabin, Mariah	04 Oct 1902	4:235
Ryan, Helen	21 Jul 1896	4:198	Sabin, Oscar	21 May 1900	4:226
Ryan, James	07 Mar 1877	1:354	Sabo, d/o John	25 May 1905	5:223
Ryan, James	19 Feb 1905	5:201	Sabo, Elizabeth	04 Feb 1908	5:231
Ryan, Jane	03 Oct 1904	5:201	Sabo, Teresa	15 Apr 1907	5:229
Ryan, Jane	26 Mar 1881	1:360	Sabski, Waslon	03 Aug 1885	2:176
Ryan, John	23 Oct 1876	1:356	Sabus, Sanford	22 Sep 1895	3:203
Ryan, John	24 Apr 1872	1:352	Sacker, Dazie	27 Feb 1896	3:203
Ryan, John	25 Jan 1882	1:362	Sacker, Edmond A.	12 Jun 1903	4:237
Ryan, John J.	13 Feb 1900	4:201	Sacker, Henry	27 Jun 1896	4:215
Ryan, John Thomas	23 Apr 1893	3:182	Sackett, Charles	22 Dec 1898	4:220
Ryan, Josephine	14 Oct 1876	1:356	Sackland, John	18 Sep 1902	4:234
Ryan, K.	23 Feb 1906	5:203	Sackman, Barbara	01 Mar 1907	5:231
Ryan, Kate	07 Jun 1898	4:200	Sackman, Jacob F.	17 Nov 1901	4:231
Ryan, Louise	01 May 1906	5:205	Sackman, John G.	04 May 1887	2:180
Ryan, Maggey	10 Aug 1869	1:58	Sacks, Adam	03 Oct 1906	5:226
Ryan, Maggie	27 Dec 1877	1:356	Sacks, Wm.	Aug 1888	2:181
Ryan, Mamie J.	20 Sep 1894	3:183	Saco, Harry	10 Apr 1890	2:186
Ryan, Margaret	16 Oct 1904	5:202	Saco, Henry	10 Apr 1890	2:184
Ryan, Margaret	29 Mar 1907	5:205	Saco, John	02 Apr 1890	2:184
Ryan, Mary	01 Jun 1881	1:362	Saco, John	03 Apr 1890	2:186
Ryan, Mary	08 Oct 1899	4:202	Sacolowsky, Carl	18 Mar 1901	4:228
Ryan, Mary	12 Oct 1874	1:354	Sadak, Stanislaw	26 Sep 1896	4:214
Ryan, Melinda	01 Dec 1901	4:205	Saddler, Isaac M.	24 Oct 1902	4:235
Ryan, Michael	26 Feb 1908	5:206	Sadouski, Edward	09 Feb 1907	5:224
Ryan, Michael W.	16 Jan 1904	4:208	Sadsmski, Peleya	28 Jul 1895	3:201
Ryan, Michael W.	29 Mar 1901	4:203	Saeger, Jacob	26 Mar 1905	5:217
Ryan, Nancy	13 Feb 1908	5:206	Saelzer, Vennett	13 Feb 1905	5:217
Ryan, Nicholas Thomas	27 Jun 1905	5:202	Saelzler, Earl	30 Apr 1891	2:190
Ryan, Patrick	04 May 1875	1:354	Saelzler, Leonard	08 Jun 1906	5:224
Ryan, Patrick	08 Sep 1908	5:209	Saeman, Maggie	07 Jul 1885	2:176
Ryan, Sarah E.	14 Feb 1875	1:354	Saer, Daisy E.	14 Dec 1904	5:219
Ryan, Timothy	22 May 1894	3:183	Saer, s/o Thomas	06 Jan 1904	4:238
Ryan, W.A.	10 Mar 1899	4:200	Safert, Gust	15 Dec 1904	5:218
Ryan, William	10 Feb 1871	1:350	Saffert, Mary	15 May 1890	2:188
Ryan, William	May 1877	1:356	Sagacy, John	01 Jun 1891	2:189
Ryan, William A.	10 Mar 1898	4:199	Sagar, George S.	04 Nov 1904	5:217
Ryan, Wm. E.	29 Sep 1908	5:208	Sagar, Grace	03 Jan 1890	2:183

NAME	DATE	V/P	NAME	DATE	V/P
Sagar, Harriet	30 Aug 1868	1:22	Saltonstall, Dudly J.	09 Aug 1897	4:218
Sagar, William	22 Nov 1887	2:178	Saltonstall, Sophia A.M.	16 Jan 1898	4:218
Sage, Dennis	02 Jan 1887	2:178	Saltonstall, Victor	03 Jul 1897	4:218
Sage, Lucy	18 Jun 1894	3:199	Salun, Emil	12 Jul 1868	1:16
Sage, Sarah W.	22 Sep 1871	1:378	Salzler, Lenord	09 Mar 1906	5:220
Sager, Admiral B.	08 Feb 1886	2:175	Samberg, Herman	08 Apr 1898	4:217
Sager, Amas	10 Dec 1905	5:223	Samberg, Herman	09 Apr 1898	4:220
Sager, Clifford M.	31 Aug 1902	4:233	Samberg, s/o Wm.	29 Dec 1897	4:217
Sagern, Frank	08 Nov 1896	4:214	Samker, Jacob	15 Jun 1902	4:235
Sagert, Chas.	18 May 1868	1:14	Samlo, Mary	26 Mar 1908	5:229
Sago, s/o John	08 Feb 1901	4:228	Samoith, Katherine	02 Oct 1900	4:226
Sags, Albert	25 Nov 1901	4:230	Sample, Agnes E.	17 Feb 1878	1:392
Saha, Almira	18 Feb 1884	1:326	Sample, Martha	17 Mar 1876	1:384
Sahdar, Lenhard	29 Jan 1899	4:220	Sampsel, Gracy Bell	14 Sep 1906	5:223
Saifke, Matilda	27 Feb 1891	2:190	Sampson, ch/o Louie	Aug 1881	1:324
Saikowska, Josephine	24 Nov 1905	5:222	Sampson, Edith	28 Nov 1892	2:191
Saint, Anna	27 Mar 1907	5:227	Sampson, Elizabeth	05 May 1889	2:183
Saint, Anna	27 Mar 1907	5:225	Sampson, Frederick J.	02 Jan 1906	5:221
Saintauben, Albert	11 Dec 1899	4:223	Sampson, Gabriel	01 Oct 1869	1:46
Saintauben, Elery	10 Nov 1899	4:223	Sampson, Grace	15 Sep 1906	5:226
Saints, Franklin	15 Jun 1881	1:272	Samsen, Louis	09 Mar 1869	1:32
Saka, Mary	01 Feb 1886	2:176	Samsen, Louis	28 Feb 1877	1:390
Sakbery, Sadie Jane	11 Oct 1890	2:186	Samsen, Wm.	07 Apr 1875	1:388
Sakowski, John	10 Dec 1903	4:236	Samson, Caswell	28 Jun 1871	1:376
Sala, Benjamin	18 Aug 1885	2:176	Samson, Clara M.	26 Apr 1901	4:228
Sala, Therbie	18 Nov 1898	4:222	Samson, Franc	29 Oct 1870	1:374
Salen, Robert	21 Aug 1869	1:52	Samson, Louis	04 Jun 1885	2:175
Salhaff, Louisa	30 Dec 1894	3:199	Samson, Sabin C.	18 Feb 1869	1:32
Salis, Harrison	06 Dec 1886	2:177	Sanandany, James	10 May 1908	5:233
Salis, Josephine	12 Mar 1892	2:189	Sanberg, Alex	19 Feb 1890	2:184
Salisbery, Mary E.	30 Dec 1900	4:225	Sanberg, Julia	27 Mar 1906	5:222
Salisbury, Carrie A.	16 Oct 1887	2:179	Sancrant, I. Addie	05 Feb 1880	1:400
Salisbury, Fidelia	05 Jun 1892	2:190	Sandburg, Lena	11 Aug 1891	2:189
Salisbury, Lyman	16 Sep 1902	4:235	Sandburg, Luella	12 Apr 1892	2:189
Salisbury, M.W.	04 Oct 1905	5:223	Sandburn, William C.	03 Nov 1893	3:198
Salisbury, Ransom D.	23 Aug 1879	1:400	Sanders, Agnes	08 May 1887	2:180
Salisbury, Walter R.	17 Dec 1900	4:227	Sanders, Charles W.	27 Jun 1907	5:230
Salisbury, Warren	09 Sep 1894	3:198	Sanders, Earl	16 Jul 1902	4:232
Salisbury, Warren	19 Sep 1894	3:197	Sanders, Geo. H.	11 Oct 1893	3:196
Salisbury, Wm.	29 Feb 1908	5:229	Sanders, Isaac C.	29 Feb 1892	2:189
Salke, Augusta	27 Apr 1877	4:230	Sanders, Lucinda	10 Dec 1903	4:237
Salke, Otto	05 Oct 1901	4:229	Sanders, Mahaley	09 Apr 1899	4:224
Salla, Mary	07 Dec 1907	5:225	Sanders, Samuel	08 Jan 1900	4:225
Sallis, Charles W.	18 Feb 1885	2:174	Sanderson, Eliza A.	22 Apr 1884	2:174
Salmon, Miner	28 Nov 1889	2:183	Sanderson, Em. J.	13 Sep 1881	1:272
Salms, Louisa	12 Feb 1870	1:56	Sanderson, Harry	15 Nov 1908	5:233
Salo, Charles	14 Nov 1903	4:236	Sanderson, Myron P.	13 Mar 1904	4:235
Saloff, Wm.	13 Mar 1886	2:175	Sandi, John	16 Jun 1908	5:233
Salomon, Frank	26 Jul 1902	4:232	Sandler, Isaac	14 Feb 1893	2:192
Salomon, Frank E.	27 Jun 1902	4:232	Sandner, Wallace	29 Apr 1878	1:396
Salon, Frederick	25 Apr 1904	5:218	Sandroch, Carrol E.	21 May 1902	4:234
Saloski, John	19 Jul 1888	2:182	Sandrock, Alma F.	04 Jan 1897	4:215
Salow, Frederick	25 Apr 1904	4:238	Sandrock, Eunice	30 May 1905	5:222
Salow, Mary	13 Jan 1898	4:217	Sands, Anna B.	12 Jul 1902	4:234
Salsbury, George L.	08 Feb 1878	1:394	Sandusky, Marie	14 Jul 1899	4:223
Salsbury, Susan	02 Nov 1904	5:219	Sandusky, Minnie	11 Oct 1899	4:223
Salsbury, William	19 Apr 1887	2:180	Sandy, William	30 Jul 1903	4:238
Salsbury, William	19 Nov 1908	5:232	Sandys, George	22 Oct 1900	4:228
Salt, Egcina	01 May 1907	5:230	Sane, Catherine	21 Nov 1893	3:197
Saltenstahl, Dora	16 Jan 1894	3:196	Saneke, Hedwig	11 Sep 1838	1:22
Salter, Henry	12 Jul 1869	1:52	Saner, Geo. W.	19 Mar 1900	4:225

NAME	DATE	V/P	NAME	DATE	V/P
Sanford, Alfred	10 Sep 1879	1:398	Sattler, Amelia O.	28 Oct 1892	2:191
Sanford, Eugene	12 Nov 1906	5:224	Sattler, Catheryne	01 Jun 1898	4:219
Sanford, Lizzie	20 Feb 1903	4:234	Sattler, Frank P.	30 Dec 1890	2:187
Sanford, Mike G.	28 Sep 1885	2:176	Sattler, Jessie S.	09 Jun 1905	5:218
Sangendorfe, John	28 Feb 1880	1:400	Sattler, John	13 Dec 1908	5:233
Sangler, Dora	14 Feb 1879	1:396	Sauberg, Alex	19 Feb 1890	2:184
Sangmesler, Clara	18 Feb 1899	4:221	Saucian, William W.	01 Jan 1893	2:192
Saniski, Anton	18 Dec 1907	5:230	Saucke, H.W.	15 Aug 1879	1:398
Sanlan, Lucy	06 Jun 1874	1:388	Saucke, Wm.	30 Apr 1891	2:186
Sanley, Mary	30 Dec 1891	2:189	Sauer, Jacob	25 Nov 1897	4:218
Sans Crante, Leona	28 Oct 1907	5:229	Sauer, Walter	11 Dec 1903	4:236
Sanska, John	14 Sep 1902	4:232	Sauke, Henry	08 Mar 1876	1:384
Sansoubacher, Edmund	1871	1:378	Sauke, Lina	08 Mar 1879	1:398
Sanzenbacher, Amelia	01 Jan 1907	5:226	Saul, Wm.	18 Nov 1880	1:270
Sanzenbacher, David	22 Jul 1907	5:229	Saulsbury, Ida	21 Sep 1886	2:178
Sanzenbacher, Kate	07 Jan 1897	4:216	Saulter, Augustus	05 Nov 1876	1:388
Sanzenbacker, E.D.	29 Jul 1900	4:228	Saulter, Elsie	12 Jun 1903	4:239
Sanzenbacker, Esther	18 Feb 1900	4:224	Saums, Leonard	18 Dec 1893	3:196
Sapevar, Maggie	01 Aug 1879	1:398	Saunalt, Mrs.	29 Jul 1905	5:221
Sapp, Ethen F.	08 Dec 1892	2:192	Saunders, Frank	02 Feb 1887	2:178
Sara, Clara	23 Jan 1894	3:197	Saunders, Frank B.	08 Apr 1899	4:222
Saralski, Annie	19 Feb 1905	5:217	Saunders, Fred'k	18 Mar 1869	1:34
Sarensen, Gust	11 Mar 1897	4:216	Saunderson, W.	24 Nov 1877	1:394
Sarer, Sarah	22 Dec 1907	5:230	Saur, s/o Charles	11 Dec 1903	4:235
Sarge, Millie	29 Apr 1896	4:216	Sautenschlerger, Peter	11 Feb 1901	4:227
Sargeant, Philo	13 Jul 1906	5:223	Sauter, Mary	01 Apr 1890	2:184
Sargenfrei, Wm. B.	27 Nov 1893	3:197	Sautter, Augusta	20 Dec 1900	4:226
Sargent, Clara	15 Oct 1887	2:179	Sauzenbacher, P.L.	30 Aug 1879	1:398
Sargent, Erastus	14 Mar 1896	3:201	Savage, Columbus	16 Oct 1906	5:225
Sargent, John W.	27 Nov 1875	1:384	Savage, Eleanore	28 Feb 1902	4:230
Sargent, Joseph	01 Jan 1876	1:388	Savage, Gale	16 Nov 1908	5:232
Sargent, Lillie May	23 Jul 1907	5:229	Savage, James	30 Oct 1901	4:230
Sargent, Margarite A.	24 Mar 1896	3:201	Savage, Lula	20 Jan 1895	3:200
Sarlier, William	06 Nov 1905	5:222	Savage, Minna	18 Feb 1879	1:394
Sarnoski, Edwin	07 Mar 1907	5:225	Savage, Sarah	15 Feb 1874	1:382
Sas, Felix	25 Jun 1897	4:218	Savage, Steward	18 Jul 1906	5:226
Sash, Elizabeth	03 Jan 1871	1:374	Savage, William	03 Jan 1902	4:231
Sasmeder, Isaac	26 Jul 1902	4:232	Savashonski, Infant	Aug 1885	2:176
Sass, Alma	07 Feb 1891	2:188	Savene, John Wm.	06 May 1895	3:202
Sass, August	01 Oct 1906	5:226	Saveors, John	02 Aug 1890	2:188
Sass, Augusta	06 Oct 1895	3:200	Savnoniska, Mary	14 May 1888	2:183
Sass, Carl	14 Apr 1906	5:226	Sawad, Gertrude A.	22 Mar 1899	4:221
Sass, Christ	26 Dec 1891	2:189	Sawade, Gertrude	15 Sep 1899	4:223
Sass, Christnia	25 Oct 1907	5:231	Sawday, Eugene	14 Dec 1885	2:177
Sass, Dora	22 May 1870	1:376	Sawday, Florence B.	17 Jan 1886	2:177
Sass, Dorothy	21 Feb 1908	5:231	Sawdin, Anton	18 Oct 1896	4:216
Sass, Emma	16 Feb 1890	2:186	Sawdy, Chas. H.	12 May 1868	1:14
Sass, Emma	16 Feb 1890	2:184	Sawdy, Mary J.	15 May 1898	4:221
Sass, Franklin	16 Oct 1898	4:221	Sawkins, Mary A.	03 Jul 1897	4:218
Sass, Fredericka	24 May 1904	5:219	Sawtell, W.H.	13 Mar 1897	4:215
Sass, Helena	12 Sep 1907	5:230	Sawtelle, Emma D.	06 Sep 1897	4:217
Sass, Karl	09 Nov 1906	5:224	Sawtelle, Woolsay H.	13 Mar 1897	4:214
Sass, Lena	14 Jan 1869	1:30	Sawyer, Agnes E.	02 Jan 1875	1:386
Sass, Lillie Cristine	05 Nov 1897	4:217	Sawyer, Albert	06 Aug 1908	5:233
Sass, s/o Joseph	22 Jul 1905	5:222	Sawyer, Blanch E.	21 Dec 1889	2:185
Sass, William F.	08 Nov 1903	4:239	Sawyer, Daisie	30 Mar 1894	3:198
Sasse, Carl	17 Dec 1905	5:223	Sawyer, Lottie	25 Oct 1896	4:214
Sasse, Lovella	11 Aug 1902	4:234	Sawyer, Mary	05 Mar 1879	1:396
Sasse, Marcus T.	02 Sep 1900	4:228	Sawyer, Mrs.	14 Oct 1905	5:221
Sassman, Carrie	13 Feb 1890	2:184	Sawyer, Rizpah	02 Nov 1898	4:219
Saster, Constantine	12 Feb 1873	1:380	Sawyer, Sarah, Mrs.	23 Mar 1889	2:184

NAME	DATE	V/P	NAME	DATE	V/P
Saxton, Henry	17 Jul 1896	4:214	Schaefer, Henry	28 Jun 1896	4:215
Sayan, Beatrice	27 Feb 1904	4:235	Schaefer, Inf/o J.R.	24 Mar 1888	2:179
Sayan, Louis	04 Jan 1878	1:392	Schaefer, Infant	21 Jul 1868	1:16
Saydaur, Simon	27 Mar 1873	1:380	Schaefer, Leon	29 Sep 1905	5:220
Sayen, Doris	11 Dec 1903	4:239	Schaefer, Margarethea	02 Feb 1889	2:181
Sayen, Franzila	25 Apr 1896	4:215	Schaefer, Mary	04 Apr 1868	1:12
Sayen, Inf/o Frank	08 Sep 1905	5:220	Schaefer, Minnie	20 Jun 1887	2:179
Sayen, Mary Violet	21 Oct 1899	4:223	Schaefer, Nicholas	20 Jun 1892	2:192
Sayer, C.B.	14 Oct 1905	5:221	Schaefer, Paul	31 Jul 1896	4:216
Saykowski, Frank	24 Feb 1894	3:199	Schaefer, Wilhelmine	25 Jul 1867	1:4
Sayres, Hellen	28 Jun 1893	3:197	Schaefer, William	23 Dec 1888	2:181
Sbach, August	01 Dec 1903	4:237	Schaefer, Wm.	12 Apr 1881	1:270
Sbepawski, Mary	01 Aug 1887	2:180	Schaeffer, Berry	24 Oct 1881	1:272
Scafer, Joseph	08 Oct 1884	2:174	Schaeffer, Charles	02 Jan 1893	2:191
Scainnier, Chas.	05 Apr 1868	1:4	Schaeffer, Charles	10 Dec 1902	4:234
Scalley, Nellie	19 Jul 1881	1:324	Schaerer, Rosa	23 Oct 1889	2:185
Scammon, Inf/o Clark	01 Nov 1870	1:374	Schafe, Julia	24 Feb 1909	5:233
Scanes, Harriet	14 Dec 1889	2:184	Schafer, Albert	07 Jul 1897	4:218
Scanlan, David	28 Feb 1898	4:217	Schafer, Baley	01 Sep 1893	3:196
Scanlan, Helen	10 Jun 1891	2:189	Schafer, Chas.	01 Sep 1901	4:231
Scanlan, Jas.	24 Apr 1886	2:179	Schafer, Leo	09 Jul 1897	4:218
Scanlan, Mary	04 Mar 1890	2:184	Schafer, Mabel	07 Oct 1888	2:180
Scanlon, Hannah	26 May 1874	1:386	Schafer, Wm.	04 May 1880	1:270
Scanlon, Carleton	25 Aug 1896	4:214	Schaff, John B.	13 Oct 1895	3:202
Scanlon, Edward	18 Feb 1886	2:176	Schaff, Margaret L.	08 Dec 1894	3:200
Scanlon, Fluerey	16 Oct 1888	2:183	Schaffeneker, Veran E.	04 Dec 1896	4:215
Scanlon, Henry	24 Nov 1900	4:227	Schaffer, Conrad	27 Nov 1879	1:398
Scanlon, Maggie	28 Aug 1874	1:386	Schaffer, Lena	16 Feb 1908	5:228
Scanlon, Margaret	05 Aug 1875	1:388	Schaffer, Margret	25 Apr 1905	5:222
Scanlon, Michael	11 Mar 1890	2:184	Schaffert, Amos	1889	2:182
Scanlon, Patrick	29 Jul 1898	4:220	Schaible, Jno. Geo.	25 Aug 1868	1:20
Scannel, Etta	29 Apr 1879	1:398	Schaick, Frank	07 Oct 1879	1:398
Scannell, Patrick F.	15 Apr 1898	4:221	Schale, Joseph	28 Jul 1905	5:222
Scarisbrick, Florence	27 Dec 1900	4:227	Schale, Ottis	25 Nov 1879	1:398
Scatterday, Nellie	25 Jul 1906	5:225	Schall, Henry	19 Sep 1875	1:384
Scaumel, Margret	10 Oct 1872	1:380	Schall, Mable	01 Feb 1896	3:203
Scell, Infant	1875	1:386	Schalon, August	01 Mar 1896	3:203
Schaacht, Mary	01 Jun 1871	1:378	Schamberger, Chas.	15 Mar 1877	1:388
Schaadt, Pauline	14 Aug 1907	5:230	Schamberger, George	31 Jul 1903	4:235
Schaaf, Florence	Mar 1907	5:225	Schance, Frances	24 Jan 1900	4:224
Schaal, Agnes	16 May 1906	5:224	Schaneck, Louis	16 Jan 1906	5:223
Schaal, Fredericka	23 Jun 1903	4:236	Schank, Mary	10 Mar 1891	2:188
Schaal, Robert	02 May 1900	4:227	Schanks, Katharina	10 Jan 1890	2:183
Schaber, Frank	13 May 1899	4:224	Schannon, Allen	03 Dec 1901	4:229
Schabon, Fred Theodore	24 Dec 1907	5:227	Schant, Clara	18 Jul 1898	4:221
Schacht, Amelia C.	19 Oct 1901	4:232	Schant, Henry G.	24 Apr 1881	1:272
Schacht, Christ	10 May 1905	5:223	Schanteau, Charles	06 Mar 1890	2:183
Schacht, Elizabeth	01 Feb 1885	2:174	Schapman, John	12 Mar 1876	1:384
Schacht, Elizabeth	15 Nov 1901	4:229	Scharbach, Theodore	01 Jun 1907	5:228
Schacht, Infant	02 Feb 1875	1:384	Schardt, Clara	29 Aug 1902	4:235
Schacht, Louisa	15 Feb 1874	1:382	Schardt, Elizabeth	19 Sep 1902	4:234
Schacker, R., Mrs.	29 Nov 1899	4:224	Schardt, Ella	03 Nov 1908	5:234
Schact, Wm.	21 Oct 1898	4:221	Scharf, Abolonia	23 Nov 1889	2:183
Schaefer, Annie G.	16 Mar 1901	4:226	Scharf, Anthony	09 Jan 1890	2:183
Schaefer, Cecelia	25 Oct 1898	4:220	Scharf, Frank M.	24 Jan 1897	4:214
Schaefer, David	21 Mar 1892	2:189	Scharf, Henry	08 Jan 1890	2:183
Schaefer, Della	08 Dec 1878	1:396	Scharf, John	01 Jan 1890	2:183
Schaefer, Emilie	22 Jan 1886	2:176	Scharf, Maggie	21 Jun 1893	3:196
Schaefer, Emma	22 Jul 1885	2:176	Scharf, Margarethe C.	14 Dec 1895	3:202
Schaefer, Ezra L.	16 Nov 1900	4:227	Scharf, Nicholaus	29 Dec 1885	2:175
Schaefer, Gottlieb	23 Dec 1893	3:197	Scharff, John	03 Jun 1904	5:219

NAME	DATE	V/P
Scharff, John	26 Aug 1892	2:191
Scharfs, Henry	20 Apr 1904	4:236
Scharfs, Mary A.	28 Jul 1903	4:236
Scharp, Bessie	01 Nov 1893	3:198
Scharrschmidt, Paul	01 Oct 1888	2:182
Schartha, Rosa	20 May 1892	2:192
Scharver, Elizabeth	20 Dec 1874	1:386
Schatz, Myrtle	25 Jul 1900	4:226
Schatzka, Edward	02 Mar 1900	4:223
Schaub, Albert Arthur	20 Apr 1901	4:230
Schaub, Chas.	18 Jul 1898	4:222
Schaub, Karl	27 Nov 1907	5:228
Schaub, Lizzie	14 Sep 1897	4:218
Schaub, s/o Jacob	08 Dec 1902	4:233
Schausenbach, Chas. B.	31 Aug 1874	1:382
Schauss, Herman	04 Jan 1901	4:227
Schauss, Inf/o Adam	10 Aug 1889	2:184
Schauss, Mathilda	08 Jul 1890	2:187
Schaw, Effie	20 Jan 1879	1:396
Schay, Casper	14 Aug 1907	5:228
Schecklar, Maggie Marie	08 Jul 1907	5:227
Scheddeger, John	14 Dec 1871	1:378
Scheehcy, Mary	30 Jan 1897	4:216
Scheeler, Alla	18 Sep 1880	1:270
Scheeler, Henry	14 Dec 1897	4:216
Scheets, H.D.	24 Oct 1903	4:236
Scheff, Mike	07 May 1907	5:230
Scheich, Katherina	10 Aug 1868	1:18
Scheich, Lucy	06 Jan 1907	5:224
Scheik, Minnie	05 Jul 1878	1:396
Scheil, Louisa	03 Jan 1898	4:218
Scheirs, Willey*	09 Jun 1882	
Scheiszel, Christ	27 Feb 1889	2:182
Schelegle, Henry	14 May 1904	4:238
Scheley, Charles	05 Jun 1870	1:374
Schelick, John	13 Nov 1906	5:226
Scheling, Hulda E.	27 Mar 1891	2:187
Schell, Inf/o Henry	04 Mar 1869	1:32
Schell, Kate	12 Feb 1903	4:232
Schell, Mollie M.	08 Dec 1902	4:232
Schell, s/o Charles	12 Jun 1894	3:199
Scheller, Andrew	05 Jan 1907	5:224
Scheller, Annie F.	22 Nov 1878	1:394
Scheller, Eliza J.	23 Dec 1898	4:219
Scheller, Freda	04 Jan 1899	4:222
Schelling, Ella Anna	27 Jun 1888	2:182
Schelling, Jacob	20 Jun 1905	5:222
Schenavar, Johanna	03 Sep 1886	2:177
Schenck, Henry	11 Apr 1870	1:374
Schenk, Leonore	20 Apr 1906	5:225
Schenmeyer, Bertha	10 Sep 1879	1:400
Schenroth, John	19 Jun 1884	2:175
Scheokert, Anna	26 Sep 1908	5:232
Schepandson, Louise H.	05 May 1899	4:224
Schepper, John	21 Jan 1870	1:52
Scheppler, Joseph	22 Nov 1901	4:231
Scherbathalof, M.	25 Jul 1894	3:199
Scherdon, Mabel	23 Oct 1899	4:222
Scherer, Anna, Mrs.	8 Nov 1901	4:225
Scherer, George	09 Sep 1906	5:226
Scheret, Caroline	28 Apr 1908	5:233

NAME	DATE	V/P
Scherff, John	02 Dec 1879	1:400
Scherff, Louisa	25 Aug 1901	4:230
Scheribeck, Theresa	04 May 1892	2:192
Scheridan, Frank	11 Oct 1901	4:231
Scheridan, Mattie	04 Jan 1879	1:396
Scherlitz, Almina	20 Sep 1884	2:174
Scherlitz, Charles*	18 Nov 1882	
Scherlitz, Henry	13 Sep 1892	2:190
Scherlitz, Mary	09 Mar 1874	1:382
Scherlotz, Fred	25 Jun 1878	1:396
Schermerhorn, Edsel James	12 Jun 1901	4:230
Scherrer, Elizabeth	28 Mar 1905	5:218
Scherrer, Melford Wm.	06 Mar 1898	4:218
Scherrmeier, Fredercka	24 Jan 1908	5:227
Schester, Carolina	13 Dec 1891	2:188
Schetler, Emma L.	15 Jan 1889	2:181
Schetter, Joseph A.	27 Jul 1905	5:223
Schetter, Ludwig	02 Aug 1890	2:185
Schettringer, John M.	26 Jul 1888	2:182
Schettringer, Michael	12 Apr 1892	2:192
Schettringer, Sophia	13 May 1892	2:192
Scheuerman, Arthur	17 Mar 1884	1:476
Scheurer, Hazel R.	28 Jul 1895	3:202
Scheyer, Anna C.	07 Feb 1881	1:270
Scheyer, Eliz.	25 May 1881	1:272
Schibrovski, Herman	28 Jun 1898	4:221
Schick, Anna B.	03 Oct 1881	1:324
Schick, Bernhard	20 Nov 1884	2:174
Schick, Caroline	17 Mar 1878	1:392
Schick, Fred	26 Jul 1884	2:174
Schick, Lena	19 Jan 1884	2:174
Schickler, Adam*	11 Oct 1882	
Schickler, Gottlob	30 Apr 1884	2:174
Schickler, Inf/o Adam	08 Sep 1877	1:394
Schider, Rob't	06 Jan 1871	1:374
Schieferstein, Edna	21 Dec 1895	3:203
Schieferstein, Henry	06 Feb 1896	3:203
Schiefski, Dena	28 Feb 1889	2:181
Schiehsl, Celia	07 Nov 1907	5:228
Schiekse, Tillie	07 Nov 1906	5:224
Schiel, Eugene	10 Oct 1894	3:199
Schiel, Joseph	06 Jul 1903	4:236
Schiel, William	23 Jun 1906	5:226
Schiela, Held	23 Sep 1899	4:223
Schiely, Amelia K.	10 Mar 1900	4:222
Schiely, Chas. M.	02 Jan 1895	3:198
Schiety, Carl D.	15 Nov 1882	1:324
Schietz, Harris	25 Mar 1900	4:224
Schiewer, William	14 Mar 1898	4:217
Schiffer, d/o Dan	08 Apr 1893	3:196
Schiffer, Geo. L.	21 May 1885	2:175
Schiffer, Henry W.	23 Oct 1887	2:180
Schiffer, Lewis	17 Mar 1869	1:2
Schiffer, Louis	18 Mar 1869	1:34
Schiffman, Charles F.	11 Aug 1897	4:218
Schifler, Margaret Angelus	27 Jun 1908	5:231
Schiling, Julia	15 Feb 1873	1:378
Schill, Charles	05 May 1894	3:201
Schill, d/o Charles	10 Aug 1901	4:231

237

NAME	DATE	V/P	NAME	DATE	V/P
Schill, George	13 Apr 1895	3:199	Schlegheck, Adam	21 Feb 1882	1:324
Schill, Louise	18 Feb 1887	2:179	Schleier, John	31 Jul 1902	4:233
Schill, Louise	18 Feb 1887	2:179	Schleiman, Henry	21 Jun 1902	4:233
Schill, Mary	25 Apr 1906	5:224	Schleiniger, Eliza M.	25 Aug 1893	3:196
Schiller, Florence	18 Feb 1889	2:182	Schleninger, Walter C.	22 Oct 1895	3:202
Schiller, Frederick	06 Dec 1900	4:228	Schlenker, Christ	25 Apr 1888	2:181
Schiller, Grace	13 Jul 1895	3:202	Schlenker, Elizabeth	09 Nov 1892	2:191
Schiller, Julia	02 Jul 1895	3:201	Schlenkes, Jos.	18 Sep 1907	5:230
Schiller, Magdaline	28 Oct 1900	4:228	Schlesser, Frank	23 Jan 1897	4:214
Schilling, Eberhart	16 Dec 1885	2:175	Schlessinger, David	12 Jun 1889	2:184
Schilling, Elormes I.	09 Jul 1885	2:175	Schlesting, Mary	28 Aug 1902	4:233
Schilling, Frank	08 Oct 1881	1:324	Schleuinger, Harry	24 Jul 1901	4:229
Schilling, Geo.	14 Oct 1893	3:196	Schleuinger, Stephen	23 Oct 1901	4:229
Schilling, Hannah	07 Apr 1877	1:392	Schlicht, Henry	23 Sep 1904	5:217
Schilling, Mary	06 Sep 1869	1:46	Schlicht, Henry Peter	04 Jun 1903	4:236
Schilling, Michael	14 Oct 1905	5:220	Schlicker, Chas.	05 Sep 1886	2:178
Schilling, Nicholas	15 Sep 1878	1:396	Schliecker, Infant	15 Jul 1892	2:193
Schillinger, Inf/o Fred	25 Dec 1884	2:174	Schlieman, Eddie	30 May 1895	3:203
Schillinger, Matilda	06 Jun 1888	2:182	Schlieman, Frederick	14 Nov 1902	4:233
Schilow, Emma	07 Jul 1906	5:223	Schliman, Magdalena	10 Mar 1891	2:187
Schimanoski, Romain	06 Sep 1896	4:216	Schlisser, Elizabeth	12 Sep 1906	5:226
Schimer, Barbara	05 Nov 1893	3:197	Schlnapp, Ida	23 Jul 1881	1:272
Schinder, Nickolas	15 May 1894	3:198	Schlobohm, Martha	07 May 1872	1:376
Schindler, Henry	18 Nov 1903	4:238	Schloch, Ferina	23 Dec 1906	5:224
Schindler, Joseph	06 Jan 1901	4:226	Schlonasbery, Unknown	19 Oct 1905	5:221
Schindler, Ludwig	15 May 1893	3:197	Schloss, Mattie June	14 Jun 1889	2:184
Schindler, Magdalena	14 Jan 1898	4:217	Schlosser, Wm.	23 Jul 1901	4:231
Schindler, Magdalene	24 Oct 1896	4:216	Schlotterbeck, Inf/o F.	19 Jan 1868	1:8
Schinikat, Henry	06 Feb 1907	5:225	Schloz, Walter Otto	20 Aug 1904	5:218
Schint, Clara	16 Jul 1885	2:176	Schluep, Emma	14 Feb 1905	5:219
Schinver, Arthur	09 Jul 1890	2:188	Schluter, Delia Louisa E.	16 Apr 1893	3:197
Schinzel, Lilly	09 Feb 1905	5:218	Schmackel, Wm.	06 Jul 1899	4:224
Schioley, Jennie	03 Sep 1905	5:223	Schmaitz, Jacob	18 Oct 1904	5:219
Schirg, William	20 Nov 1902	4:234	Schmassmas, Mary S.	10 Mar 1896	3:203
Schirloh, Fred W.	29 Mar 1902	4:231	Schmeat, John	19 Jun 1885	2:177
Schissel, Katharine	14 Aug 1900	4:227	Schmel, Eliza*	14 Jan 1883	
Schlacht, Fredric L.	03 Aug 1883	1:326	Schmeltz, Arnold	Jul 1881	1:324
Schlachter, Alphonse	22 Sep 1900	4:227	Schmeth, John H.	18 Dec 1900	4:226
Schlachter, May F.	07 May 1903	4:238	Schmid, Catharine	05 Jan 1880	1:398
Schlacter, Eva	17 Jun 1901	4:231	Schmidbauer, Henry	30 Jan 1906	5:220
Schladetach, d/o George	16 Sep 1896	4:215	Schmidbauer, Michael	02 Feb 1906	5:220
Schladge, Claud Theo.	16 Aug 1892	2:192	Schmidlein, John	01 Jun 1907	5:227
Schlaff, Aug.	19 Feb 1899	4:220	Schmidlin, Anny S.	09 Feb 1896	3:201
Schlafman, Anna	07 Aug 1894	3:199	Schmidlin, Barbery	15 Feb 1905	5:217
Schlagel, Earl Wesley	16 Nov 1894	3:199	Schmidner, Henry	17 Oct 1900	4:226
Schlagheck, Bernard	08 Aug 1899	4:224	Schmidt, Albert	02 Dec 1885	2:175
Schlagheck, d/o Henry	16 Oct 1896	4:174	Schmidt, Anna	26 Jun 1875	1:384
Schlagheck, Lawrence B.	12 Oct 1889	2:184	Schmidt, August	04 Jun 1894	3:200
Schlaghter, Chas.	08 Apr 1888	2:179	Schmidt, Barbara	05 Apr 1893	3:197
Schlanker, William Fred	28 Oct 1905	5:220	Schmidt, Bertha	08 Mar 1905	5:218
Schlarf, Ida	17 May 1879	1:400	Schmidt, Bertha L.	19 Nov 1888	2:182
Schlatter, Barbara	08 Feb 1899	4:219	Schmidt, Carl	11 May 1898	4:220
Schlatter, Henry	14 Jul 1880	1:400	Schmidt, Cath'n	02 May 1885	2:176
Schlatter, Inf/o John J.	02 Jan 1891	2:186	Schmidt, Chas.	15 Jan 1899	4:220
Schlatter, Mary	25 Aug 1907	5:227	Schmidt, Clara	29 Jan 1887	2:177
Schlattrs, Emma	26 Jun 1888	2:182	Schmidt, Dora	03 Dec 1880	1:270
Schlaving, Caroline	Sep 1874	1:386	Schmidt, Edward	30 Jul 1896	4:216
Schlaybeck, Mary	20 Jan 1896	3:203	Schmidt, Edward J.	19 Feb 1875	1:386
Schlech, Sophia	16 Mar 1890	2:187	Schmidt, Elizabeth	01 Mar 1885	2:174
Schledebach, Lulu D.	14 Dec 1898	4:220	Schmidt, Elizabeth	28 Apr 1868	1:12
Schlegbeck, Charles	19 Jun 1897	4:217	Schmidt, Emil	05 Dec 1906	5:223

NAME	DATE	V/P	NAME	DATE	V/P
Schmidt, Emma D.	07 Dec 1888	2:181	Schmink, John	10 Aug 1891	2:188
Schmidt, Ervan	29 Jul 1893	3:196	Schminski, Sarah	08 Aug 1878	1:398
Schmidt, Fred	13 Aug 1894	3:199	Schmit, August	18 Mar 1889	2:182
Schmidt, Fred	23 Feb 1896	3:203	Schmit, Christ. Henr.	14 Aug 1877	1:392
Schmidt, Fred	30 Jun 1875	1:384	Schmit, Emma L.	03 Mar 1887	2:178
Schmidt, Fred*	05 Aug 1882		Schmit, M., Mrs.	01 Mar 1906	5:221
Schmidt, Frederick	24 Jan 1898	4:220	Schmit, Mary	30 May 1886	2:178
Schmidt, George F.	08 Feb 1899	4:219	Schmit, Mary A.	05 Dec 1886	2:178
Schmidt, Gertrude	02 May 1900	4:228	Schmit, Matheis E.	17 Oct 1890	2:187
Schmidt, Gertrude	25 Jun 1899	4:224	Schmit, Nicholas	17 Feb 1882	1:272
Schmidt, Gottleib	25 Oct 1884	2:174	Schmit, Thedor	01 Apr 1882	2:272
Schmidt, Helen	29 Apr 1899	4:222	Schmith, Mary	14 Jan 1888	2:181
Schmidt, Henry	13 Aug 1892	2:193	Schmitt, Anna	18 Jan 1881	1:400
Schmidt, Herman C.	06 Aug 1891	2:188	Schmitt, Esther	28 Oct 1903	4:237
Schmidt, Infant	03 Nov 1878	1:396	Schmitt, John	05 Apr 1903	4:235
Schmidt, Irsula	19 Mar 1901	4:226	Schmitt, Minnie	04 Dec 1903	4:237
Schmidt, Jacob	25 Oct 1903	4:236	Schmitt, Wilhelmina	10 Jun 1905	5:220
Schmidt, John	06 Feb 1879	1:396	Schmoelatt, B.	09 Jul 1879	1:398
Schmidt, John	06 Feb 1902	4:230	Schmsbeds, Mary	04 Mar 1885	2:174
Schmidt, John	13 Feb 1888	2:179	Schmter, Mary	06 Oct 1903	4:235
Schmidt, John	14 Jul 1885	2:175	Schmuhl, Eliz.	12 Dec 1887	2:180
Schmidt, John	17 Jul 1903	4:239	Schmuhl, Hattie R.	06 Nov 1894	3:200
Schmidt, John	21 May 1879	1:398	Schmuhl, John C.	15 Mar 1901	4:230
Schmidt, John	24 Aug 1892	2:192	Schmuhl, Lena	23 May 1897	4:217
Schmidt, John	28 Oct 1907	5:227	Schmuhl, Wm.	16 Dec 1899	4:224
Schmidt, Joseph	10 Jan 1903	4:234	Schmukl, Carolina	21 Jan 1885	2:174
Schmidt, Katie E.	15 Aug 1885	2:176	Schmutz, Rosa	07 Nov 1898	4:222
Schmidt, Lena	29 May 1899	4:222	Schmyen, Verone	01 Nov 1888	2:182
Schmidt, Leonard Jno.	26 May 1900	4:226	Schnan, Mamie	Oct 1886	2:177
Schmidt, Lizzie	03 Mar 1906	5:225	Schnapp, Infant	16 Feb 1874	1:382
Schmidt, Louisa	03 Oct 1906	5:223	Schnapp, John	20 Jul 1904	5:217
Schmidt, Ludwig W.	21 Mar 1898	4:218	Schnapp, Margaret	16 Feb 1874	1:382
Schmidt, Luella W.	12 Jan 1909	5:234	Schnapp, Margaretha	07 Jan 1899	4:214
Schmidt, Martin F.	18 Nov 1904	5:234	Schnapp, Mary	20 Nov 1881	1:272
Schmidt, Mary	05 Mar 1906	5:222	Schnapp, Otilia	11 Dec 1881	1:272
Schmidt, Mary	18 Nov 1904	5:217	Schnapp, Peter C.	08 Jan 1886	2:175
Schmidt, Mary	24 Aug 1899	4:224	Schnebden, Paul	23 Nov 1888	2:181
Schmidt, Mathias	13 Nov 1895	3:203	Schneck, Mary	1907	5:228
Schmidt, Michael	25 Mar 1906	5:222	Schnee, Barbara	15 Mar 1889	2:182
Schmidt, Nathanel	20 Aug 1885	2:177	Schnee, Ed.	03 Dec 1907	5:228
Schmidt, Nettie	04 Sep 1892	2:191	Schnee, Joseph	04 Sep 1898	4:221
Schmidt, Norman	15 Aug 1898	4:220	Schnee, Julia E.	25 Apr 1887	2:180
Schmidt, Paul	22 Dec 1885	2:176	Schnehelen, Philip	08 Mar 1897	4:216
Schmidt, Paul	30 Sep 1901	4:232	Schneiber, Barbara*	09 Oct 1883	
Schmidt, Robert	03 May 1894	3:200	Schneider, Adaline	05 Mar 1879	1:396
Schmidt, Robert R.	01 Oct 1898	4:221	Schneider, Anna	15 Jan 1905	5:219
Schmidt, Sophia	04 Sep 1905	5:220	Schneider, Anna	28 Sep 1901	4:230
Schmidt, Sophia M.	13 Jan 1896	3:203	Schneider, Anna M.	27 Sep 1888	2:181
Schmidt, Susan	01 Jul 1903	4:239	Schneider, August	12 Jan 1902	4:231
Schmidt, Theodore	28 Mar 1901	4:229	Schneider, Benj'n	30 Sep 1868	1:24
Schmidt, Walter	02 Jul 1903	4:236	Schneider, Carl John	02 Oct 1890	2:187
Schmidt, Walter	15 Apr 1895	3:203	Schneider, Carl Schultz	13 Sep 1900	4:227
Schmidt, Wendlin	13 Jun 1889	2:184	Schneider, Chas.	13 Aug 1881	1:272
Schmidt, William	12 Jan 1895	3:200	Schneider, Chas.	28 Oct 1881	1:272
Schmidt, William	13 Jul 1905	5:220	Schneider, Christine	13 Mar 1895	3:199
Schmidt, William H.	05 Feb 1899	4:219	Schneider, Cornelius	22 Oct 1886	2:177
Schmidt, Willie	Jul 1897	4:217	Schneider, E.B.	16 Sep 1905	5:222
Schmidt, Wm.	03 Apr 1875	1:384	Schneider, Edwin	05 May 1879	1:400
Schmidt, Wm. Fred	08 Nov 1896	4:215	Schneider, Elizabeth	18 Jan 1878	1:392
Schmidtbaun, Paul	13 Sep 1907	5:228	Schneider, Frances	19 Mar 1887	2:179
Schmidtke, Fred	13 Oct 1903	4:235	Schneider, George	06 Aug 1875	1:384

NAME	DATE	V/P	NAME	DATE	V/P
Schneider, George	10 Aug 1891	2:189	Schoen, Joseph	02 Oct 1908	5:231
Schneider, George	26 May 1908	5:234	Schoen, Magdelina	11 Apr 1900	4:223
Schneider, George J.	16 Jul 1871	1:376	Schoen, Mary F.	05 Aug 1872	1:378
Schneider, Henry John	10 Jul 1892	2:192	Schoen, O.H.	04 Apr 1898	4:220
Schneider, Henry Wm.	12 Jan 1902	4:235	Schoen, s/o Godfried	25 May 1897	4:217
Schneider, Henryick	22 Nov 1886	2:177	Schoenhart, Anthony	28 Feb 1885	2:174
Schneider, Jacob	10 Sep 1887	2:180	Schoenhart, Edith L.	05 Jan 1901	4:227
Schneider, Jacob	26 Jul 1869	1:42	Schoenrack, Walli	18 Apr 1907	5:230
Schneider, Jacob	28 Jan 1904	4:238	Schoenrock, Fred	05 Jun 1904	5:218
Schneider, John	06 May 1901	4:231	Schoeringforth, John	25 Feb 1904	4:238
Schneider, John G.	19 Sep 1877	1:392	Schoerr, Infant	18 Sep 1892	2:192
Schneider, Joseph	01 Aug 1875	1:384	Schoff, Ruth H.	20 Aug 1891	2:189
Schneider, Joseph	05 Jul 1905	5:220	Schofield, Emma	08 Dec 1903	4:237
Schneider, Joseph	18 Nov 1906	5:225	Schofield, Harriet	08 Feb 1896	3:203
Schneider, Joseph	21 Aug 1898	4:220	Schofield, John	08 May 1879	1:400
Schneider, Katherine	09 Jun 1907	5:229	Schokey, Albertine	30 Aug 1884	2:174
Schneider, Laura	10 Apr 1869	1:42	Scholl, Gottlieb	30 Jun 1904	5:220
Schneider, Lillie	14 Jul 1885	2:176	Scholoski, Paul	16 Nov 1899	4:222
Schneider, Lula B.	25 Jul 1881	1:272	Scholtroe, Gertrude	17 Mar 1875	1:384
Schneider, Mary	13 May 1869	1:42	Scholtz, Emma	29 Jul 1886	2:179
Schneider, Mary	20 Aug 1903	4:238	Scholtz, Geo.	May 1872	1:378
Schneider, Minnie E.	08 Nov 1889	2:184	Schomberg, Henry	22 Nov 1884	2:174
Schneider, Newton C.	12 Nov 1902	4:234	Schominger, Catherine	02 Jul 1900	4:228
Schneider, Peter	11 Sep 1884	2:174	Schon, Lulu Ehni	24 Feb 1901	4:225
Schneider, Peter	18 Jun 1892	2:191	Schon, Mary	18 Aug 1870	1:374
Schneider, Rachel A.	13 Sep 1892	2:191	Schoneber, Wm. A.	10 Oct 1893	3:197
Schneider, Raymond W.	09 Sep 1898	4:219	Schonenberger, Adolph	22 Feb 1882	1:324
Schneider, Rosa	16 Aug 1868	1:20	Schonrock, Richard	16 May 1890	2:187
Schneider, Rosa	24 Jun 1878	1:392	Schoock, Berths, Mrs.	22 May 1906	5:225
Schneider, Rudolph	11 Jun 1906	5:223	Schook, Keziah	06 Nov 1888	2:182
Schneifski, Hattie	10 Feb 1889	2:181	Schooley, W.E.	05 Oct 1901	4:231
Schneiter, Geo. F.	14 Dec 1901	4:230	Schoonmaker, William H.	25 Apr 1904	5:217
Schnell, Sophia	29 Nov 1899	4:223	Schopp, John B.	11 Jun 1903	4:238
Schnell, Thomas	26 Feb 1907	5:225	Schoriki, Frank B.	29 Aug 1889	2:184
Schnetze, Julius	03 Aug 1897	4:217	Schorling, Fred	26 Jan 1903	4:234
Schnetzler, ch/o H.M.	27 Feb 1869	1:32	Schorling, Frederick	18 Jul 1879	1:400
Schnetzler, John J.	02 Jan 1904	4:237	Schorling, Henrietta	02 Aug 1879	1:398
Schnetzler, Marcus	16 Oct 1902	4:232	Schorling, Henry	24 Jul 1879	1:400
Schnider, Louise Emma	09 Jan 1905	5:217	Schorling, Mary	29 Jul 1879	1:400
Schnider, Rosa	06 Feb 1891	2:185	Schorlinz, Calone	08 Aug 1904	5:218
Schninck, Eugelina	08 Oct 1890	2:186	Schott, Eugene	03 Sep 1891	2:189
Schnittker, Unknown	06 Feb 1902	4:232	Schott, Frank L.	10 Sep 1887	2:180
Schnueringer, Charles	28 Dec 1888	2:181	Schott, Lawrence	17 May 1881	1:272
Schnultz, Barbara	16 Sep 1904	5:217	Schovar, Mable	05 Jan 1900	4:222
Schnurr, Cora	09 Feb 1882	1:272	Schoveh, Julias	23 Dec 1876	1:390
Schnurr, Fred	16 Jul 1907	5:231	Schowalter, Ott	10 Sep 1899	4:223
Schoaff, Luein	28 Feb 1889	2:183	Schowiski, Ward	03 Oct 1907	5:230
Schobel, Frank	21 Oct 1908	5:232	Schrader, Chas. C.	12 Aug 1900	4:228
Schober, Ida Francis	31 Oct 1890	2:186	Schrader, Lewis	02 Oct 1904	5:219
Schober, Oscar Roland	20 Oct 1901	4:229	Schrader, Lina	06 Dec 1898	4:220
Schoch, Alvina	10 Oct 1896	4:216	Schraeder, Fred	22 Sep 1884	2:174
Schock, Anna L.	10 Sep 1886	2:177	Schraeder, Peter	20 Feb 1892	2:188
Schock, Everett	18 Jan 1907	5:224	Schraeds, Chas.	12 Mar 1895	3:203
Schock, Leoh	30 May 1886	2:177	Schraeppel, George	21 Jan 1898	4:218
Schode, Anna	24 Feb 1908	5:229	Schraff, Margaretha	01 Apr 1894	3:200
Schoedel, Chas.	08 Apr 1895	3:203	Schrafm, John	05 Jan 1900	4:222
Schoemacher, Mary	12 Apr 1895	3:204	Schrager, George	19 Oct 1891	2:190
Schoemaker, Emma	19 Nov 1897	4:218	Schram, Bernard	03 Jul 1886	2:178
Schoen, Anna	1907	5:228	Schram, Infant	01 Jan 1877	1:390
Schoen, Dewey Irvin	23 Oct 1898	4:221	Schram, Kate	14 Feb 1877	1:390
Schoen, Inf/o Joseph	30 Aug 1888	2:181	Schram, Phillip	01 Nov 1879	1:398

NAME	DATE	V/P	NAME	DATE	V/P
Schram, Unknown	23 Jun 1877	1:390	Schroeder, Ethel	26 Oct 1901	4:229
Schramann, Margaret	14 Mar 1871	1:374	Schroeder, F.	01 Jun 1885	2:176
Schramm, Adolphus	16 Feb 1879	1:396	Schroeder, Fred	09 Jun 1885	2:175
Schramm, Anthony	04 Sep 1904	5:217	Schroeder, Fred	21 Dec 1877	1:394
Schramm, August	11 Jan 1895	3:199	Schroeder, Fred	30 Mar 1898	4:219
Schramm, August	28 Nov 1897	4:217	Schroeder, Fred	31 Mar 1889	2:181
Schramm, Catharine	20 Nov 1886	2:177	Schroeder, Gertrude	19 Aug 1898	4:220
Schramm, Eunice	07 Mar 1907	5:226	Schroeder, Harry	23 Jul 1908	5:233
Schramm, John	29 Feb 1876	1:388	Schroeder, Helen Isabelle	03 Aug 1899	4:223
Schramm, Margaret	10 Sep 1879	1:398	Schroeder, Henry	04 Aug 1908	5:233
Schramm, Marie	03 May 1905	5:223	Schroeder, Henry	26 Sep 1906	5:226
Schramm, Mary	22 Aug 1878	1:396	Schroeder, Henry F.	14 Apr 1901	4:231
Schramm, Phillip	29 Oct 1879	1:398	Schroeder, Ida	Oct 1877	1:394
Schramm, Wm.	10 Mar 1876	1:388	Schroeder, Infant	14 May 1907	5:229
Schrampp, Andrew	30 Sep 1899	4:219	Schroeder, J.F.	06 May 1880	1:398
Schrander, Edward G.E.	17 Jan 1893	2:192	Schroeder, John	27 Sep 1903	4:237
Schrander, John Frederick	27 May 1893	3:197	Schroeder, John	28 Mar 1902	4:229
Schrank, Christian	03 Jan 1906	5:222	Schroeder, Kattie	21 Apr 1891	2:190
Schrant, Catharine	25 Apr 1877	1:392	Schroeder, Laura J.	27 Apr 1905	5:220
Schreafer, Infant	19 Mar 1889	2:181	Schroeder, Lillie	13 Jan 1887	2:178
Schreiber, Barbara	19 Oct 1883	1:326	Schroeder, Louis	29 Dec 1894	3:200
Schreiber, Dora	28 Jan 1902	4:231	Schroeder, Louisa	21 Feb 1882	1:324
Schreiber, Infant	11 Sep 1887	2:180	Schroeder, Lucy	08 Feb 1890	2:183
Schreiber, Joseph	09 Oct 1892	2:191	Schroeder, Lula Mary	04 Oct 1891	2:189
Schreiber, Josephine	04 Aug 1884	2:175	Schroeder, Marie	18 Dec 1897	4:217
Schreiber, Louise	10 Sep 1870	1:374	Schroeder, Mary	07 Aug 1869	1:56
Schreiner, Cristene	08 Nov 1875	1:384	Schroeder, Mary	22 May 1891	2:190
Schreiner, Inf/o Paul	29 May 1868	1:6	Schroeder, Mary L.	01 Feb 1875	1:386
Schreiner, Paul	07 Apr 1875	1:386	Schroeder, Minnie	25 Jul 1903	4:239
Schremer, Fredrica	30 Aug 1895	3:201	Schroeder, Minnie	28 Jul 1899	4:224
Schrialski, Blake	03 May 1895	3:200	Schroeder, s/o Mr.	08 Aug 1908	5:232
Schriber, Mrs.	18 Oct 1899	4:224	Schroeder, Sophia	21 Nov 1889	2:183
Schridegger, Mary A.	28 Feb 1874	1:380	Schroeder, Sophia M.	02 Dec 1899	4:224
Schrieber, Inf/o Rich.	09 Jan 1882	1:324	Schroeder, Theresa	31 Dec 1874	1:386
Schrieder, Chas.	31 Oct 1881	1:272	Schroeder, William	30 Aug 1907	5:227
Schrim, Joseph	09 Sep 1904	5:219	Schroeder, William*	22 Sep 1884	
Schrinel, Elizabeth	04 Sep 1908	5:234	Schroeder, William E.	12 Oct 1903	4:238
Schrinpf, Margaret	20 Nov 1904	5:218	Schroeder, Wm.	03 Dec 1891	2:189
Schriter, John	09 Mar 1908	5:228	Schroeder, Wm. H.	11 Jan 1878	1:394
Schriver, Frank	16 Sep 1885	2:177	Schroeppel, Chas. L.	16 Feb 1902	4:230
Schrobel, Louis	13 May 1878	1:398	Schromm, Otto	17 Jul 1869	1:52
Schrock, Benjamin G.	13 Dec 1901	4:229	Schroppel, Jno.	06 Aug 1886	2:178
Schrock, Emmanuel	08 Oct 1892	2:191	Schrous, Perry	23 Aug 1886	2:178
Schrode, Laura	17 Jan 1907	5:226	Schrul, Infant	18 Feb 1879	1:396
Schroder, Arnold	22 Apr 1895	3:200	Schrumm, Catherine Ann	13 Jan 1908	5:231
Schroder, Christopher	09 Jul 1900	4:225	Schrup, George	10 Aug 1870	1:374
Schroder, Frida	01 Nov 1886	2:178	Schrupp, Charles	24 Feb 1885	2:174
Schroder, George	14 Aug 1880	1:270	Schubeck, Gunoria	08 Mar 1887	2:177
Schroder, Henry	03 Apr 1872	1:378	Schubeck, Jacob	26 Sep 1891	2:189
Schroder, Mary	30 Jul 1875	1:384	Schubel, M.M.	29 Mar 1880	1:400
Schroder, Norman H.	09 Oct 1905	5:221	Schubitowski, Caroline	30 Nov 1892	2:192
Schroder, Tilley	26 Jan 1890	2:185	Schuch, John Wm.	01 Nov 1878	1:396
Schroeder, Andrew	02 Oct 1868	1:24	Schuch, W.	13 Sep 1905	5:221
Schroeder, Anna	17 Jul 1908	5:232	Schuchert, Leo	10 Jul 1892	2:191
Schroeder, Casper H.	13 Oct 1903	4:237	Schuchman, Caroline	23 Dec 1869	1:56
Schroeder, Charles	04 Mar 1906	5:222	Schuchman, Rosa	16 Apr 1869	1:56
Schroeder, Clyde	01 Feb 1900	4:225	Schuckhart, John E.	16 Nov 1908	5:233
Schroeder, Dora Anna	29 Mar 1892	2:189	Schudt, Bertha L.E.	08 Mar 1906	5:221
Schroeder, Dorathea	15 May 1894	3:199	Schuebleau, Elizabeth	04 Feb 1904	5:217
Schroeder, E.	29 Aug 1877	1:394	Schuee, Jos. Lew	28 Aug 1885	2:176
Schroeder, Emma	28 Jan 1889	2:183	Schuer, Edward	03 Dec 1907	5:228

NAME	DATE	V/P	NAME	DATE	V/P
Schuerder, Julia L.	28 Apr 1905	5:221	Schultz, Ervin	Aug 1906	5:225
Schuetzler, Norman	17 May 1896	4:214	Schultz, Ferdinand	09 Jan 1893	2:191
Schuferstein, Henry	19 Feb 1893	2:191	Schultz, Ferdinand	19 Jan 1894	3:196
Schuferstein, Johanna	22 Mar 1893	2:191	Schultz, Frank Henry	10 Nov 1878	1:396
Schuh, Fred'k C.	03 Mar 1875	1:388	Schultz, Fred	01 Jul 1902	4:233
Schuh, Mary	09 Apr 1890	2:185	Schultz, Fred	20 Jun 1880	1:272
Schuh, Minnie	28 Mar 1887	2:178	Schultz, Fred	28 May 1888	2:183
Schuher, Christina	17 Nov 1897	4:217	Schultz, Fred*	02 Oct 1882	
Schukerman, Sarah	29 Sep 1871	1:376	Schultz, Freda	23 Oct 1902	4:232
Schukwak, Mathias	28 May 1903	4:238	Schultz, Frederick	27 Jun 1903	4:238
Schul, Emanuel	06 Jul 1900	4:226	Schultz, Frieda	17 Jun 1899	4:222
Schul, Henrietta N.	10 May 1870	1:374	Schultz, Fritz	27 Feb 1900	4:224
Schuldt, Minnie	10 Aug 1904	5:217	Schultz, Geneva	14 Dec 1892	2:191
Schuler, Amel	16 Feb 1892	2:188	Schultz, Geo.	12 Dec 1886	2:179
Schuler, Frank	17 Aug 1907	5:228	Schultz, Geo.	13 Dec 1886	2:178
Schuler, Fred	23 Apr 1883	1:326	Schultz, Geo.	28 Jul 1898	4:220
Schuler, Fritz	14 Jan 1883	1:326	Schultz, George	01 Jan 1889	2:183
Schuler, George	22 Jul 1868	1:18	Schultz, George, Mrs.	15 Jan 1906	5:220
Schuler, Jacob	20 Apr 1907	5:230	Schultz, Ger.	26 Jul 1893	3:197
Schuler, Martha	19 Sep 1890	2:185	Schultz, Helen	14 Jan 1895	3:200
Schuler, Mary Magdalena	10 Sep 1889	2:183	Schultz, Helena H.W.	04 Jan 1889	2:183
Schulk, Infant	28 Feb 1887	2:177	Schultz, Hellen	07 Nov 1898	4:221
Schull, E.	23 May 1908	5:233	Schultz, Henry	05 Sep 1901	4:232
Schull, Julia	18 Dec 1874	1:386	Schultz, Henry	23 Feb 1896	4:215
Schuller, Charles G.	30 Aug 1877	1:392	Schultz, Henry	25 Feb 1896	3:202
Schuller, E.G.	16 Sep 1908	5:232	Schultz, Henry	27 Jan 1869	1:30
Schuller, Francis	08 Jan 1890	2:184	Schultz, Henry	27 May 1906	5:226
Schuller, J.F.	18 Jan 1868	1:8	Schultz, Ida	21 Jun 1896	4:216
Schuller, Jennie	18 Aug 1898	4:220	Schultz, John	06 Jul 1891	2:189
Schuller, Lewis	02 Jun 1907	5:228	Schultz, John	18 Sep 1890	2:187
Schuller, T.Y.	17 Sep 1907	5:228	Schultz, John	20 May 1905	5:220
Schuller, William	21 Oct 1890	2:187	Schultz, Julious	03 Feb 1899	4:219
Schult, Will	09 Nov 1885	2:176	Schultz, Katie	29 Jan 1894	3:198
Schulte, Catherine	21 Jan 1904	4:235	Schultz, Lena	29 Sep 1886	2:179
Schulte, George	05 Jun 1903	4:236	Schultz, Lenora	10 Sep 1902	4:233
Schulte, Henry, Sr.	19 Jun 1905	5:223	Schultz, Lilliam	11 Sep 1905	5:223
Schulte, Louisa	14 Feb 1905	5:217	Schultz, Louis	27 Sep 1902	4:233
Schulter, Louisa	20 Apr 1888	2:182	Schultz, Margaret	02 Nov 1904	5:217
Schulthies, Pius E.	07 Apr 1886	2:178	Schultz, Maria	02 Aug 1896	4:214
Schults, Charles	15 Mar 1885	2:174	Schultz, Meldred	01 Jan 1901	4:227
Schulty, Frederick	13 Jul 1905	5:220	Schultz, Minnie	07 Nov 1897	4:218
Schulty, Infant	06 Apr 1884	2:174	Schultz, Minnie	17 Sep 1899	4:223
Schultz, Anna	08 Jul 1891	2:190	Schultz, Nicholas	08 Jul 1891	2:188
Schultz, Anna C.	02 Mar 1880	1:398	Schultz, Otte E.	28 Mar 1896	3:201
Schultz, Annie	21 Aug 1890	2:186	Schultz, Otto	16 Jul 1888	2:183
Schultz, Arthur	08 Mar 1894	3:198	Schultz, Otto	22 Mar 1884	1:326
Schultz, August	17 Oct 1874	1:386	Schultz, Otto	29 Aug 1890	2:187
Schultz, Augusta	09 Apr 1908	5:232	Schultz, Philip	10 Jan 1868	1:8
Schultz, Carl	04 Dec 1868	1:28	Schultz, Rosa Lillie	21 Aug 1897	4:218
Schultz, Carl	04 Feb 1904	4:238	Schultz, Ruth	08 Nov 1905	5:221
Schultz, Carolina	18 Nov 1890	2:187	Schultz, Sophia	01 May 1870	1:376
Schultz, Caroline	23 Sep 1903	4:239	Schultz, Theodore	22 Feb 1904	4:238
Schultz, Charles F.	08 Jul 1901	4:230	Schultz, William	01 Nov 1902	4:234
Schultz, Christina	27 Aug 1899	4:224	Schultz, William	08 Mar 1889	2:183
Schultz, Dalbert	22 Sep 1903	4:237	Schultz, William	12 Mar 1897	4:216
Schultz, Eddy	02 Oct 1885	2:177	Schultz, William	14 Nov 1898	4:221
Schultz, Emil	20 Aug 1896	4:215	Schultz, William*	15 Jun 1882	
Schultz, Emma	29 Jun 1901	4:231	Schultz, William J.	22 Oct 1896	4:215
Schultz, Emma	29 Jun 1902	4:234	Schultz, Wm.	06 Jan 1891	2:187
Schultz, Emma L.	04 Dec 1903	4:238	Schultz, Wm. August	08 Mar 1889	2:183
Schultz, Ernsteine	26 Jan 1893	2:191	Schulz, Anne	16 Aug 1884	2:175

NAME	DATE	V/P	NAME	DATE	V/P
Schulz, Bertha	16 Dec 1884	2:175	Schwachenwalde, Laura	12 May 1908	5:234
Schulz, Charles	04 Feb 1904	4:239	Schwager, Chas.	10 Feb 1888	2:180
Schulz, Chester	15 Apr 1907	5:229	Schwager, Emma	08 Jul 1868	1:16
Schulz, Fredericka	30 Aug 1888	2:183	Schwager, John	29 Jul 1895	3:202
Schulz, George	26 Mar 1882	1:272	Schwagnaman, Henry	30 Aug 1907	5:230
Schulz, Henry	01 Jun 1884	2:175	Schwaitter, Hattie Sarah	09 Jun 1890	2:186
Schulz, Henry	23 May 1906	5:227	Schwan, Jacob	19 Mar 1874	1:382
Schulz, John	24 May 1900	4:226	Schwanbeck, Emma	20 Feb 1900	4:224
Schulz, Julius	31 Oct 1897	4:217	Schwandt, C.C.	13 May 1900	4:226
Schulz, Millie	12 Feb 1886	2:176	Schwangerling, Ernst	29 Nov 1900	4:228
Schulz, Mittie	01 Jan 1906	5:220	Schwanitz, Louis S.	11 Mar 1901	4:226
Schulz, Rob. Wm.	13 Feb 1876	1:384	Schwar, Anna M.	04 Aug 1908	5:233
Schum, John	24 Dec 1897	4:218	Schwardleck, Arthur	15 Jul 1902	4:234
Schumacher, John M.	04 Sep 1891	2:190	Schwartz, Catherine	30 Jan 1884	1:326
Schumacker, Mary A.	17 Nov 1868	1:36	Schwartz, Charles	15 Feb 1891	2:186
Schumacker, Wm.	06 Jun 1902	4:233	Schwartz, Geo. J.	19 Feb 1907	5:225
Schumaker, John	14 Dec 1896	4:214	Schwartz, George	14 Dec 1889	2:185
Schumaker, L. John	24 Aug 1881	1:272	Schwartz, Inf/o Henry	30 Jan 1883	1:326
Schumle, Fred	17 Apr 1886	2:178	Schwartz, Joseph	15 Aug 1894	3:200
Schummel, Rosine	13 Jan 1903	4:235	Schwartz, Louis	21 Sep 1877	1:394
Schunk, Carrie	19 Mar 1883	1:324	Schwartz, Maria	31 Jul 1898	4:222
Schunk, Catherine E.	10 May 1876	1:390	Schwartz, Sophia	07 Sep 1899	4:224
Schunk, George A.	19 Jul 1882	1:324	Schwartz, Sophia	19 Nov 1877	1:394
Schunn, Jacob	16 Aug 1888	2:181	Schwarz, Franz	10 May 1897	4:218
Schup, Emanuel	15 Aug 1876	1:390	Schweder, Frank	25 Apr 1886	2:176
Schupp, Alfred William	27 Dec 1901	4:229	Schweeb, Mary	04 May 1897	4:218
Schupp, August John	19 Dec 1901	4:229	Schwegler, Edward	13 Apr 1904	5:219
Schupp, Clara	12 Nov 1886	2:177	Schwegler, Lucie	07 May 1898	4:220
Schupp, John	22 Mar 1889	2:184	Schweibolt, Charles	20 May 1868	1:6
Schuppan, Matilda	02 Sep 1907	5:231	Schweiherdt, George	16 Dec 1906	5:226
Schuren, Theodore	29 Jan 1907	5:223	Schweitzer, Lillie M.	23 May 1888	2:181
Schuritt, Louisa	13 Dec 1900	4:228	Schwel, Wm.	07 Jun 1893	3:196
Schurminski, Anton	12 Oct 1900	4:228	Schwen, Anna	22 Oct 1898	4:219
Schurtitz, Gottlieb	25 Sep 1894	3:200	Schwendler, Agnes	30 Jul 1896	4:216
Schurtz, Louisa	1871	1:378	Schwenck, Andrew	---	2:178
Schurym, Infant	12 Jan 1898	4:218	Schwicksie, Teckler	21 Apr 1881	1:272
Schurz, Wm. H.	22 Mar 1886	2:176	Schwikaski, George	25 Dec 1898	4:217
Schuster, Christ	19 Sep 1901	4:229	Schwikoska, Martha	05 May 1891	2:189
Schuster, Elisabeth	04 Jan 1898	4:217	Schwikoska, Tony	15 Aug 1891	2:189
Schuster, Ernest	28 Sep 1893	3:198	Schwin, Alexander	06 Mar 1871	1:374
Schuster, Fred	28 May 1902	4:233	Schwin, Barbara	02 Jan 1878	1:392
Schuster, Geo.	15 Sep 1900	4:226	Schwin, Laura A.	23 Dec 1877	1:392
Schuster, George	31 Mar 1907	5:224	Schwinghammer, John	24 Nov 1886	2:178
Schuster, John P.	09 Mar 1908	5:231	Schwisow, Charlotte R.	23 Feb 1891	2:186
Schuster, Josephine	22 Feb 1906	5:220	Schwyn, Anna	12 Jan 1901	4:227
Schuster, Malia	25 Nov 1893	3:198	Schyler, Hiram	25 Apr 1904	5:219
Schuster, Naomie E.	01 Jul 1903	4:239	Scifoed, Jacob	09 Nov 1881	1:272
Schutack, Louis	20 Aug 1884	2:174	Scobel, Herman	11 Oct 1905	5:221
Schutlz, Agnes Levina	23 Mar 1897	4:216	Scofield, Abraham	12 Sep 1905	5:220
Schuts, Mary L.	23 Jul 1887	2:179	Scofield, Jackson M.	10 Aug 1899	4:224
Schutt, Geo.	01 Aug 1900	4:228	Scofield, Joseph*	08 Nov 1884	
Schutt, Mary Antonia	04 May 1892	2:192	Scofield, Lauretia	13 Feb 1886	2:177
Schutte, Jas.	20 May 1908	5:232	Scofield, Roger	04 Jul 1901	4:231
Schutte, Walter S.	01 Sep 1881	1:324	Scofield, Walter	11 Jan 1890	2:187
Schutz, William	23 Feb 1871	1:374	Scolomoski, Frank	04 Feb 1901	4:228
Schutz, Wolfgang	01 Oct 1879	1:398	Scorth, John	04 Dec 1908	5:230
Schutze, William	10 May 1891	2:189	Scotman, Geo.	06 Jul 1872	1:378
Schuvin, Laura C.	27 Jan 1906	5:221	Scott, Alanso A.	31 Aug 1889	2:184
Schuyutski, Ignatz	05 Mar 1891	2:190	Scott, Alfred Jos.	02 Feb 1891	2:187
Schvetley, Infant	06 Mar 1901	4:225	Scott, Alice Henora	05 Nov 1889	2:184
Schvetley, Leona S.	16 Jul 1900	4:225	Scott, Almira	16 Feb 1896	3:201

NAME	DATE	V/P	NAME	DATE	V/P
Scott, Barbara	10 Dec 1887	2:180	Scouten, Clarissa	25 Jan 1905	5:217
Scott, Barton H.	29 Mar 1890	2:184	Scowll, Elziabeth	27 Aug 1905	5:220
Scott, Caroline	29 Nov 1897	4:218	Scranton, Francis	06 Dec 1900	4:228
Scott, Charles Irving	02 Nov 1893	3:197	Scranton, James	24 Aug 1904	5:219
Scott, Chas.	17 Jun 1874	1:386	Scranton, Jean	22 Aug 1904	5:218
Scott, Chester	04 Aug 1868	1:4	Scriaeble, Anthony	10 Oct 1908	5:232
Scott, Clara C.	07 Mar 1896	3:201	Scriber, Lewis*	01 Jan 1885	
Scott, David	16 Oct 1891	2:190	Scribner, Chas. H.	23 Feb 1897	4:215
Scott, David Burritt	16 Oct 1891	2:189	Scribner, Mary E.	22 May 1898	4:221
Scott, Eliza A.	23 Nov 1874	1:388	Scrimigeour, James	01 Jan 1894	3:197
Scott, Elizabeth	02 Nov 1876	1:388	Scripski, Stanislaus	05 Aug 1904	5:217
Scott, Ella M.	02 Apr 1887	2:180	Scripter, Ruby	10 Oct 1906	5:226
Scott, Ellenor E.	20 Aug 1877	1:392	Scuinski, Joseph	03 Oct 1895	3:203
Scott, F.C.	10 Oct 1889	2:183	Scultz, Sophia	01 May 1870	1:54
Scott, Florence	30 Jun 1900	4:227	Scuntman, Leroy*	25 Dec 1882	
Scott, Frank M.	11 Dec 1872	1:378	Sdamezek, Marie	18 Dec 1904	5:218
Scott, Frederick	28 Aug 1899	4:225	Sdukocki, Voronixa	20 Jan 1889	2:183
Scott, G.W.	16 Aug 1875	1:388	Seabadas, Stephen	06 Oct 1902	4:232
Scott, Grace B.	22 Sep 1888	2:182	Seabert, Elizabeth	26 Aug 1898	4:220
Scott, Grace Emily	06 Feb 1880	1:400	Seafold, Bernard	10 Mar 1878	1:394
Scott, Grant A.	15 Dec 1895	3:203	Seager, Levi B.	08 Jan 1901	4:225
Scott, Harry H.	28 Feb 1888	2:179	Seager, Mary Etta	29 Jan 1901	4:231
Scott, Isabel	13 Feb 1881	1:400	Seager, Samuel	09 Aug 1878	1:394
Scott, James	09 Aug 1882	1:324	Seagrave, Anna W.	11 Sep 1907	5:228
Scott, James	25 Nov 1888	2:182	Seagrave, Harry	21 Apr 1884	2:174
Scott, Jane Mary	20 Jul 1902	4:233	Seaher, John Ned	29 Jan 1896	4:215
Scott, Jessie E.	17 Dec 1907	5:230	Seaman, Amelia	02 Nov 1903	4:236
Scott, Jessup W.	22 Jan 1874	1:382	Seaman, Bendegar	17 Dec 1898	4:220
Scott, John	04 Feb 1908	5:230	Seaman, Carl	05 Nov 1877	1:392
Scott, John	17 Sep 1887	2:180	Seaman, Eva	06 Jan 1892	2:190
Scott, Joseph	19 Oct 1905	5:221	Seaman, Guy	24 Sep 1878	1:396
Scott, Lydia W.	07 Jan 1892	2:189	Seaman, Harriet	07 Dec 1880	1:270
Scott, Macie	18 Dec 1908	5:232	Seaman, Ira K., Jr.	28 Mar 1870	1:58
Scott, Marie	03 Jun 1899	4:224	Seaman, Moritz	Apr 1892	2:191
Scott, Marion L.	26 Apr 1887	2:180	Seaman, Otto	14 Nov 1896	4:216
Scott, Mary	15 Nov 1904	5:219	Seane, Mary	11 Sep 1883	1:326
Scott, Mathew	16 Jan 1899	4:220	Sear, Ben. P.	11 May 1902	4:234
Scott, Nellie M.	19 Jun 1899	4:222	Searight, Hellen	05 Feb 1902	4:229
Scott, Nettie	19 Jun 1899	4:224	Searing, Sarah A.	04 Oct 1900	4:228
Scott, Noah C.	26 Jun 1899	4:222	Searing, Sarah Jane	23 Jul 1886	2:177
Scott, Philo B.	11 Apr 1874	1:382	Searing, Wm. L.	05 Jan 1868	1:8
Scott, Robert R.	27 Apr 1899	4:223	Searles, Cornelia	11 Feb 1869	1:30
Scott, Rufus C.	30 Oct 1905	5:223	Searles, Ellen A.	01 Jun 1901	4:232
Scott, Sam'l	11 Apr 1885	2:177	Sears, Charles	16 Nov 1905	5:221
Scott, Sarah	27 Jan 1889	2:182	Sears, Hessie	12 Mar 1881	1:270
Scott, Sarry	07 Jan 1892	2:190	Seavolt, Benjamin F.	21 Jan 1899	4:219
Scott, Thomas	23 Oct 1907	5:228	Seawert, Bertha	11 Feb 1899	4:221
Scott, Thomas	27 Apr 1885	2:176	Sebastian, Louis F.	06 Oct 1896	4:214
Scott, Viola	07 Feb 1883	1:324	Sebastian, Matthew H.	14 Jul 1879	1:398
Scott, Walter	11 Oct 1907	5:228	Sebubley, Lora*	31 Jan 1885	
Scott, Walter B.	17 Dec 1900	4:228	Secor, Alma	02 Jan 1879	1:396
Scott, Walter C.	17 Jul 1877	1:394	Secor, Cornelius B.	07 Nov 1898	4:221
Scott, Walter Oliver	11 Oct 1907	5:227	Secor, George Lewis	05 Jan 1875	1:386
Scott, William	18 Jan 1904	4:236	Secor, James	09 Nov 1901	4:229
Scott, William P.	21 Apr 1899	4:220	Secor, Joseph K.	16 Apr 1892	2:191
Scott, Winfield	13 Nov 1873	1:382	Secrist, Frank	11 Jan 1891	2:185
Scott, Winnifred	12 Mar 1908	5:229	Seeager, John Jacob	04 Feb 1892	2:188
Scott, Wm. C.	07 Dec 1904	5:217	Seeager, Mary	14 Apr 1891	2:188
Scott, Wm. Henry	04 Aug 1877	1:392	Seebauer, Joseph	08 Feb 1897	4:217
Scott, Wm. Henry	05 Mar 1901	4:227	Seebauer, Mary F.	20 Sep 1886	2:178
Scout, F.S.	14 Oct 1907	5:228	Seebo, Gabriel	20 Feb 1897	4:221

NAME	DATE	V/P	NAME	DATE	V/P
Seeburger, Margareth A.	23 Mar 1902	4:230	Seivert, Infant	16 Jun 1890	2:187
Seeder, Mary	07 Jun 1868	1:6	Sejnin, Mary	25 Mar 1896	3:202
Seeger, Wilhelmina	15 Jun 1900	4:228	Sekel, Mary	10 Jul 1903	4:238
Seegert, John	25 Feb 1907	5:225	Selby, Julia Ann	11 Sep 1900	4:222
Seegert, Leona	10 Apr 1902	4:233	Seler, George	17 Sep 1893	3:197
Seegert, Mabel Hellen	21 Jul 1899	4:224	Selidel, Maggie	09 Mar 1878	1:394
Seegruber, John	14 May 1885	2:177	Seline, George	22 May 1878	1:396
Seek, A.F.W.	26 Jul 1899	4:222	Selke, Belle	24 Oct 1908	5:232
Seek, Henry	02 May 1889	2:184	Sellars, Ellen	29 Mar 1890	2:185
Seel, James F.	11 Nov 1899	4:224	Sellars, Mamie	27 Aug 1877	1:394
Seele, Roseman	11 Apr 1876	1:388	Selleck, Amanda E.	10 Nov 1891	2:189
Seeley, W.M.	05 Jan 1903	4:232	Selleck, H.E.	19 Feb 1903	4:232
Seelman, Frank	03 Sep 1904	5:219	Sellect, Unknown	14 Jun 1899	4:224
Seely, Emma	20 ---	2:185	Seller, Josephine	21 Apr 1876	1:384
Seeman, d/o John	---	2:177	Seller, Sebastin	27 Nov 1874	1:386
Seeman, Frederick F.C.	22 May 1900	4:228	Sellers, Wm.	11 May 1883	1:476
Seeman, Henrietta	01 Jan 1901	4:228	Sellery, Eliza	08 Mar 1891	2:188
Seeman, James W.	19 Aug 1889	2:185	Sellner, Ellen J.	08 Aug 1891	2:190
Seeman, Martha	10 Oct 1888	2:183	Selner, Nev.	23 Jul 1880	1:400
Seeman, Myrtle	27 Feb 1907	5:225	Selter, Henry	23 Aug 1900	4:228
Seeman, Norma	27 Feb 1907	5:225	Seltzer, Leonard	08 Jun 1906	5:227
Seeman, William	14 Feb 1909	5:233	Seltzler, George	23 Jul 1870	1:374
Seemann, Walter	17 Oct 1892	2:193	Seltzler, Otto Henry	06 Nov 1889	2:184
Seemes, Louis	08 Jul 1892	2:190	Semann, Anna	10 Sep 1884	2:175
Seeney, Chas. D.	07 May 1907	5:228	Semann, Margurett	24 Mar 1885	2:175
Seers, Angeline	23 Dec 1904	5:217	Semera, Louis	06 Jan 1883	1:324
Seery, Jimmie	11 Dec 1896	4:216	Semka, Louis	22 Apr 1896	4:214
Sees, Anna Moriah	14 Mar 1878	1:392	Semler, Herman	02 Aug 1901	4:230
Sees, s/o Chas.	12 May 1899	4:223	Semler, Infant	14 Mar 1888	2:180
Seesee, Beth Anna	07 May 1902	4:232	Semlow, Henry	26 Jun 1908	5:232
Segar, Mary Ann	15 Sep 1881	1:272	Semon, John	29 Aug 1875	1:326
Segel, Geo.	17 Oct 1895	3:203	Senecal, Charles	26 Jul 1906	5:224
Seger, Frank	1903	4:235	Seney, Joshua A.	22 Mar 1901	4:225
Seger, Rosa	08 Feb 1906	5:220	Seney, Rice	30 Aug 1869	1:46
Segler, Delia	04 Apr 1895	3:203	Seney, Robert J.	19 Mar 1875	1:386
Seglow, Wonder	16 Oct 1875	1:384	Seney, Sarah	29 Nov 1907	5:229
Seguar, Charles	19 Jul 1904	5:220	Senfang, Walter	23 Dec 1885	2:176
Seguin, Edward	29 Oct 1891	2:188	Senft, John	21 Apr 1901	4:232
Segur, Geo. F.	03 Apr 1900	4:223	Senikey, Eda	22 May 1881	1:324
Segur, Rosa L.	26 Dec 1906	5:226	Senirt, Fred Thos.	01 Mar 1895	3:200
Segur, Samuel E.	03 Dec 1868	1:28	Senkel, Alfred	21 Mar 1898	4:219
Seibert, Charles A.	18 Mar 1902	4:230	Senkel, Eveline	15 Oct 1900	4:227
Seibert, Eliza	15 May 1889	2:184	Senn, Heinrich	02 Nov 1883	1:326
Seibert, John	05 May 1905	5:222	Senna, Christian G.	14 Jan 1889	2:181
Seickimer, Margaret G.	30 Nov 1908	5:232	Senne, Wm.	08 Jan 1868	1:8
Seidel, Edward	20 May 1896	4:216	Sensenreau, Nic.	17 Oct 1906	5:226
Seidel, John	07 Jan 1890	2:183	Senska, William John	28 Dec 1905	5:220
Seidel, Lena M.	18 May 1892	2:191	Senske, Lena	16 May 1889	2:181
Seifart, Antone	29 Jul 1884	2:174	Senter, John	01 Jul 1874	1:386
Seifert, Anna	10 Dec 1906	5:227	Ser, Samuel	29 Nov 1908	5:233
Seifert, C. Anna	14 Jul 1896	4:216	Seravin, Mabel	20 Apr 1890	2:187
Seifert, Ernst	20 Feb 1907	5:227	Serbo, Joseph	12 Jan 1907	5:224
Seifert, John	24 Dec 1904	5:220	Sereck, Zamill	01 Jul 1899	4:224
Seifert, Magnus	20 Nov 1896	4:214	Seren, Alfonso	20 Aug 1899	4:222
Seifert, Wilham Minnie	09 Sep 1890	2:185	Seria, Austina	28 May 1891	2:190
Seigale, Margaret	Jun 1874	1:386	Seringo, Wm.	21 Jan ---	2:181
Seiger, Frank	08 Sep 1887	2:179	Serline, Phil	01 Jan 1894	3:198
Seiger, Lizzie	01 Dec 1881	1:272	Serman, Anna	17 Oct 1902	4:232
Seiler, Mathilda	24 Feb 1878	1:398	Serns, Gaylon	09 Jun 1904	5:219
Seipp, Lizzie Margaret	29 Dec 1897	4:217	Serrick, Clara T.	09 Nov 1899	4:221
Seis, Anna M.	1872	1:378	Serrick, Frank	08 Nov 1892	2:192

NAME	DATE	V/P	NAME	DATE	V/P
Servett, Johanna	13 Nov 1870	1:376	Shaffer, Eliza	13 Feb 1901	4:225
Sesig, Catharina	02 Sep 1868	1:22	Shaffer, Jerson	13 May 1908	5:233
Sesninaski, Victor	12 Oct 1905	5:222	Shaffer, John W.	16 Sep 1900	4:225
Sessig, Michael	03 Mar 1897	4:216	Shaffer, Louis	26 Jan 1907	5:226
Sessing, Elizabeth	25 Dec 1897	4:218	Shaffer, Orly E.	17 Mar 1886	2:178
Sesszeyiensin, John	03 Aug 1892	2:193	Shaffer, Sara	Dec 1892	2:191
Setelmyre, Gertrude	31 Nov 1903	4:239	Shalbur, John	10 Feb 1904	4:238
Settelmeyer, Anna Maria	10 Dec 1878	1:396	Shaler, Katie	15 Nov 1886	2:178
Settick, Joseph	27 Oct 1908	5:232	Shaller, Luther F.	21 Sep 1895	3:201
Settlemyer, Casper	17 Nov 1904	5:217	Shambarger, Hannah	14 Apr 1904	5:217
Settlmyer, Celia	27 Dec 1901	4:230	Shamber, Inf/o Charles	10 Feb 1893	2:192
Setz, Mina	12 Dec 1889	2:185	Shanahan, Peter Jas.	11 Apr 1899	4:222
Seubert, d/o Adolph	13 May 1908	5:227	Shanahan, William	05 Aug 1902	4:234
Seubert, Marguerite	28 Jan 1901	4:227	Shanaway, Leander	25 May 1902	4:234
Seuchd, Henry	01 Sep 1872	1:380	Shane, William	05 May 1905	5:220
Seueslo, Ignatz	26 Mar 1908	5:233	Shane, Wm.	20 Aug 1899	4:223
Seurnskwioke, Anton	Jun 1887	2:179	Shaner, Gragier	07 Feb 1896	3:203
Seuska, Amanda Augusta	11 Jun 1890	2:186	Shaner, Lucy A.	29 Sep 1905	5:221
Seuska, Emil Martin	11 Jun 1890	2:186	Shaner, Sarah A.	03 Nov 1897	4:216
Severance, Emerson	20 Aug 1897	4:217	Shanghessey, Wm. G.	14 Sep 1901	4:230
Severen, Harmon	04 Feb 1880	1:400	Shank, d/o H.	25 Dec 1885	2:175
Severin, F. Geo.	31 Dec 1883	1:326	Shank, George	26 Mar 1906	5:222
Severin, Nettie	10 Nov 1893	3:197	Shank, Levi Henry	06 Feb 1901	4:226
Severnen, May	06 Mar 1880	1:400	Shank, Monnan	16 Aug 1885	2:175
Seviattowski, Anthony	13 Mar 1904	4:236	Shankey, George	03 Oct 1903	4:236
Sevrer, Sam	14 Jun 1889	2:184	Shanks, Abraham	07 Aug 1887	2:180
Sevrin, Anna	22 Jun 1887	2:180	Shanks, Sarah	04 Oct 1899	4:225
Sevvill, Lela	10 Jul 1893	3:196	Shannen, Ellen	26 Sep 1875	1:384
Seward, Dan'l K.	01 Jun 1895	3:203	Shannen, Johanna	26 Jun 1875	1:384
Seward, Marcella	19 Apr 1899	4:222	Shannon, Agness	27 Jul 1888	2:182
Sewards, Daniel	01 Jun 1895	3:202	Shannon, Edward	17 Dec 1883	1:326
Sewards, Mary	19 Sep 1887	2:180	Shannon, James	12 Jun 1879	1:400
Sewell, William	30 Dec 1908	5:232	Shannon, John J.	09 Jan 1889	2:181
Sexauer, Fritz	20 Jul 1892	2:192	Shannon, Joseph	23 Oct 1906	5:224
Sexton, Emma	05 May 1889	2:184	Shannon, Mary	12 Aug 1886	2:178
Sexton, Mully	18 Jul 1908	5:233	Shannon, Michael	07 Jan 1886	2:177
Sexton, Patrick	09 Sep 1888	2:182	Shannon, Patrick	22 Nov 1898	4:221
Sexton, Unknown	22 Apr 1889	2:184	Shannon, William Dennison		
Seyfang, Mathias	27 Dec 1890	2:186		16 Feb 1898	4:218
Seyler, Elizabeth	10 Sep 1869	1:52	Shanoch, Minnie	17 Dec 1898	4:219
Seymons, Joe A.	13 Apr 1885	2:174	Shanrock, d/o John	13 Feb 1905	5:217
Seymore, Andros	25 Dec 1884	2:174	Shantean, Hannah	09 Dec 1897	4:219
Seymore, Ida	01 Feb 1900	4:223	Shantean, Henry	1872	1:378
Seymore, Julius	28 Mar 1870	1:58	Shantean, Nellie	25 Jan 1879	1:396
Seymore, Philip	15 May 1900	4:228	Shanteau, Alva	27 Oct 1893	3:196
Seymour, Christina	22 Jan 1897	4:218	Shanteau, Anthoney	30 Aug 1904	5:217
Seymour, E.G.	03 Apr 1905	5:222	Shanteau, Arthur	29 Mar 1902	4:232
Seymour, J.E.	06 Mar 1906	5:222	Shanteau, Dominac	10 May 1896	4:214
Seymour, Mary	14 Oct 1898	4:222	Shanteau, Ely	30 Nov 1901	4:232
Shaal, Katherine	30 May 1906	5:224	Shanteau, Frank	02 May 1896	4:214
Shabalski, Andrew	07 Feb 1898	4:216	Shanteau, Jennie	22 Sep 1890	2:186
Shaber, d/o John	09 Dec 1893	3:197	Shanteau, Lewis	18 Sep 1877	1:392
Shabor, William	20 Dec 1901	4:230	Shanteau, Sophia	13 Aug 1870	1:374
Shact, Inf/o Alex	11 Oct 1872	1:380	Shanteau, William	Nov 1877	1:392
Shad, Catharina	22 Aug 1868	1:20	Shapel, Carl	16 Sep 1907	5:229
Shade, Clara	19 Apr 1906	5:226	Shapley, Azariah	14 Jan 1869	1:42
Shadle, Eliza J.	21 Nov 1908	5:234	Shappel, Samuel	14 Apr 1907	5:231
Shaefer, Henry	30 Jun 1890	2:187	Sharbley, Julia	01 Apr 1900	4:228
Shafer, George	08 Feb 1871	1:376	Sharburne, Arselons	14 Aug 1904	5:218
Shafer, Lizzie	10 Jul 1885	2:177	Shardt, Alvis	26 Sep 1897	4:216
Shafer, Minnie Cody	19 Mar 1884	1:326	Shardt, August	30 Aug 1877	1:392

NAME	DATE	V/P	NAME	DATE	V/P
Share, John	14 Nov 1888	2:183	Shaw, Winters	09 Mar 1878	1:392
Sharer, Benj.	13 Feb 1877	1:388	Shawen, Leota	15 Mar 1901	4:227
Sharer, William	06 Feb 1903	4:232	Shawen, Ronald G.	01 Mar 1905	5:221
Sharkey, Cath. B.	18 Oct 1881	1:324	Shawer, John	05 Jul 1890	2:186
Sharley, Elizabeth	28 Dec 1908	5:233	Shawler, Lucy N.	10 Mar 1889	2:181
Sharlow, Lewis	12 Apr 1899	4:222	Shawll, Nicholas	19 Feb 1894	3:196
Sharod, Inf/o Wm.	12 Aug 1881	1:272	Shay, Ada	20 Apr 1885	2:177
Sharor, Edward C.	02 Sep 1869	1:48	Shay, Eugene	13 Oct 1899	4:225
Sharp, Bessie	01 Nov 1893	3:196	Shay, Fanny	16 Jan 1869	1:40
Sharp, Bessie M.	03 Nov 1893	3:196	Shay, Harriet	27 Oct 1874	1:386
Sharp, Catherine C.	24 Aug 1908	5:232	Shay, John	09 Mar 1879	1:396
Sharp, Charles	12 Mar 1878	1:392	Shay, John	13 Aug 1893	3:197
Sharp, Mamie A.	01 Jun 1900	4:227	Shay, Lewis	03 May 1906	5:224
Sharp, Robert	04 May 1868	1:12	Shay, Lewis	09 Nov 1874	1:386
Sharp, Rosa	30 Jun 1883	1:326	Shay, Ruth Mildred	14 Oct 1896	4:215
Sharp, d/o Henry	06 Sep 1895	3:201	Shay, Thomas	08 Sep 1889	2:183
Sharpe, Percy	08 Jul 1902	4:233	Shay, Warren Luphart	16 Mar 1898	4:217
Sharpe, Roy	10 Feb 1901	4:225	Shea, Catherina	03 May 1903	4:236
Sharpe, s/o Henry	09 Apr 1893	3:196	Shea, Dorolte	29 Sep 1905	5:222
Sharples, Jan Anna	12 May 1899	4:222	Shea, Frank	16 Nov 1897	4:219
Sharples, John	10 Feb 1905	5:217	Shea, James	23 Mar 1876	1:390
Sharples, John, Sr.	08 Jun 1902	4:235	Shea, James E.	28 Jul 1900	4:228
Sharples, Levi	16 Apr 1903	4:235	Shea, John	26 Jan 1896	3:202
Sharples, William	16 Oct 1889	2:183	Shea, John F.	04 Apr 1896	4:215
Sharpnack, Gertrude	21 Feb 1894	3:197	Shea, John H.	19 Feb 1899	4:220
Sharpnack, Gracie	16 Mar 1894	3:197	Shea, Mary A.	29 Jul 1905	5:221
Sharrock, Henry	28 Apr 1906	5:226	Shea, Michael	---	4:230
Shasteen, Jacobson	24 Sep 1899	4:223	Shea, Sylvester	---	2:192
Shasteen, Sara	21 May 1898	4:220	Shea, Thomas	15 Aug 1885	2:176
Shatte, Ruby H.	29 Apr 1882	1:324	Shea, Thomas	25 Jun 1907	5:227
Shatto, Grantie E.	09 Oct 1899	4:223	Shea, Timothy	28 Mar 1876	1:390
Shauaber, Edward	24 Jun 1892	2:192	Shea, William	13 Sep 1896	4:214
Shaub, Frederick	16 Jun 1897	4:219	Shea, Wm.	13 Sep 1896	4:215
Shaub, Leo	12 Aug 1907	5:229	Sheahan, Dan'l	22 Jul 1885	2:177
Shaub, M.A.K.	23 Dec 1901	4:232	Sheahan, Dennis	10 Feb 1902	4:231
Shauble, Louise	11 Sep 1895	3:203	Sheahan, Eddie	06 Nov 1888	2:182
Shauf, Van B.	13 Oct 1907	5:230	Sheahan, Josephine	06 Feb 1896	3:202
Shaughter, Harry	21 Sep 1894	3:200	Sheahan, Mary	01 Feb 1900	4:225
Shauten, Lucy	20 Feb 1873	1:380	Sheahan, Maurice H.	18 Aug 1899	4:223
Shaver, s/o Henry	05 Jul 1900	4:226	Sheahan, Timothy	02 May 1870	1:54
Shaw, Arthur	21 Jul 1875	1:384	Sheakley, Holly	31 Oct 1900	4:227
Shaw, Cornelia	13 Nov 1904	5:218	Shean, Albert	20 Jul 1875	1:384
Shaw, d/o Joseph	20 Feb 1896	3:202	Shean, Annie	04 Jun 1878	1:392
Shaw, Ester	07 Aug 1895	3:201	Shean, Arthur	28 Jul 1875	1:384
Shaw, Ethel	06 Mar 1891	2:187	Shean, Betsey	09 May 1894	3:198
Shaw, Flora	06 May 1903	4:238	Shean, Bryan	01 Sep 1880	1:400
Shaw, Henry	27 Mar 1868	1:12	Shean, Daniel D.	07 Jan 1897	4:214
Shaw, Henry L.	02 Mar 1868	1:38	Shean, Henry	13 Feb 1872	1:380
Shaw, Howard E.	08 Nov 1907	5:228	Shean, Julia	11 Feb 1872	1:380
Shaw, Inf/o Joseph	20 Feb 1896	3:161	Shean, Julia	Feb 1872	1:376
Shaw, Infant	01 Sep 1884	2:174	Shean, Michael	15 Oct 1877	1:392
Shaw, Isaac	23 Feb 1869	1:32	Shean, Michael	20 Mar 1883	1:324
Shaw, Janette	20 Dec 1905	5:220	Shean, Samuel	01 Feb 1872	1:376
Shaw, John	06 Sep 1892	2:191	Sheaperd, George	24 Mar 1877	1:388
Shaw, John	15 Sep 1892	2:191	Shearer, Andrew	19 Jul 1870	1:374
Shaw, John	18 Aug 1906	5:224	Shearer, Benjamin	10 Oct 1870	1:374
Shaw, Marvin T.	27 Jan 1904	4:237	Shearer, d/o John	20 Jul 1896	4:174
Shaw, Mary	28 Jun 1900	4:228	Shearer, Elisa	15 Dec 1886	2:178
Shaw, Pheobe Jane	20 Feb 1875	1:386	Shearer, Franklin	16 Jul 1870	1:374
Shaw, s/o Andrew	15 Jan 1899	4:222	Shearer, Jacob	24 Nov 1906	5:224
Shaw, William	26 Mar 1893	2:192	Shearer, William J.	21 Sep 1898	4:221

NAME	DATE	V/P
Sheares, Martin	25 Dec 1880	1:270
Sheats, Irene	10 Aug 1900	4:226
Sheats, Ralph A.	21 Jul 1896	4:214
Shebanske, Anna	09 Feb 1878	1:392
Sheburn, Henry	03 Dec 1905	5:223
Shecklar, Harry LaVerne	09 Feb 1903	4:232
Shecklar, Myrtle Edith	23 Sep 1907	5:227
Shedel, Nora	27 Dec 1903	4:236
Sheehan, Inf/o Tim	18 Aug 1876	1:390
Sheehan, Jennie	06 May 1876	1:390
Sheehan, Jerry	18 Sep 1881	1:272
Sheehan, John	14 Aug 1894	3:199
Sheehan, Mary	28 Jul 1879	1:398
Sheehan, s/o Henry	08 Oct 1895	3:161
Sheehey, Mary A.	02 Jul 1876	1:390
Sheehey, Rob. Emmett	29 Mar 1908	5:231
Sheehy, Francis	18 Jun 1887	2:180
Sheehy, James	29 Jun 1876	1:390
Sheehy, Maggie	24 Jan 1888	2:180
Sheehy, Mary	15 Jul 1888	2:182
Sheeley, William	23 Apr 1905	5:222
Sheen, Thomas	13 May 1908	5:233
Sheesbroe, Nuffen	06 May 1875	1:384
Sheeter, James	02 Nov 1891	2:190
Sheets, Augusta	21 Jun 1900	4:227
Sheets, Carl	28 Jul 1899	4:225
Sheets, Emma E.	16 Jun 1905	5:221
Sheets, F.J.	09 Apr 1903	4:236
Sheets, Frederick	16 Nov 1889	2:185
Sheets, George	02 Jan 1888	2:180
Sheets, George	03 Oct 1900	4:227
Sheets, Harold S.	10 Sep 1905	5:223
Sheets, Maggie	19 Sep 1887	2:181
Sheets, Margaritte	05 Jul 1903	4:238
Sheets, Mary Eva	14 Sep 1873	1:382
Sheets, Mathilda	14 Dec 1901	4:230
Sheets, Mike	09 Oct 1896	4:215
Sheets, Mrs.	15 Jun 1905	5:221
Sheets, Paul	23 Sep 1904	5:219
Sheets, Sophia	12 Oct 1896	4:215
Sheffieldt, Aretta	03 Oct 1907	5:230
Shehan, Agnes	25 Feb 1870	1:56
Shehan, Briget	11 Aug 1890	2:186
Shehan, Dennis	17 Apr 1887	2:179
Shehan, Gracie	28 Jun 1873	1:382
Shehan, Hannah	25 May 1908	5:229
Shehan, Patrick	31 May 1887	2:180
Shehan, Patrick	31 May 1887	2:180
Shehan, Patrick	31 May 1887	2:179
Shehan, s/o Michael	21 Oct 1895	3:203
Sheiber, Gilbert	03 Sep 1876	1:388
Sheil, Maria A.	23 Jul 1871	1:376
Sheil, Theodore T.	16 Oct 1900	4:228
Sheill, William	27 Dec 1896	4:214
Sheldon, David D.	29 Aug 1897	4:218
Sheldon, Geo.	14 Feb 1903	4:234
Sheldon, Joseph L.	02 Apr 1902	4:232
Sheles, Charles	08 Nov 1906	5:223
Shell, Ann	05 Apr 1872	1:376
Sheller, Catherine	26 Mar 1907	5:227
Sheller, Dora D.	25 Aug 1873	1:382
Sheller, Henry	29 Nov 1905	5:222
Sheller, Lena	13 Jan 1877	1:390
Sheller, Mary	13 Jan 1877	1:390
Sheller, Pauline	14 Nov 1908	5:231
Shelles, Mary E.	17 Sep 1900	4:225
Shelling, Barney O.	21 Feb 1875	1:382
Shellis, Sarah	11 Mar 1885	2:174
Shelly, Bertha L.	10 Feb 1905	5:219
Shelly, Wm. Robertson	08 Jan 1893	2:191
Shelton, Anna	27 Aug 1888	2:182
Shelton, Caroline	16 Oct 18891	2:190
Shembek, Fredrick	27 Jun 1891	2:190
Shemdam, Matthew	05 Dec 1879	1:400
Shemereck, Loretta	23 Sep 1906	5:226
Shenaver, Joseph	30 Mar 1888	2:180
Sheopler, John K.	06 Sep 1880	1:400
Shepard, Alpheus F.	23 Nov 1890	2:188
Shepard, Anna	11 Oct 1902	4:234
Shepard, Evelyn	11 Jun 1906	5:224
Shepard, Geo. E.	23 Mar 1877	1:390
Shepard, Joseph B.	27 Jan 1897	4:215
Shepard, William	19 Jan 1907	5:227
Shephard, James*	20 Aug 1882	
Shepherd, Absolon	20 Apr 1901	4:230
Shepherd, Elis	28 Nov 1893	3:198
Shepherd, Robert	02 Apr 1905	5:222
Shephorst, William	23 Jun 1903	4:239
Sheplar, Pius L.	06 Jan 1908	5:229
Shepler, All.	12 Feb 1904	4:236
Shepler, Ally	16 Jan 1882	1:324
Shepler, Eliz'th	Oct 1875	1:388
Shepler, Harriet M.*	28 Jun 1882	
Shepler, Jennie	13 Aug 1888	2:183
Shepler, John	20 Jul 1885	2:175
Shepler, John A.	17 Apr 1876	1:390
Shepler, Lewis Chs.	14 Aug 1905	5:223
Shepler, Mary	05 Mar 1888	2:180
Shepler, Mary	20 May 1902	4:232
Shepler, Pius W.	11 Jan 1890	2:184
Shepler, Weaver	11 Dec 1873	1:382
Sheppard, Geo.	26 Aug 1907	5:229
Sheppard, Y.K., Mrs.	19 Aug 1907	5:229
Shepperdson, Louis H.	05 May 1899	4:221
Sherbon, s/o Henry	10 Jan 1908	5:234
Sherburne, Mary	19 Nov 1908	5:234
Sherer, Anna	13 May 1897	4:216
Sherer, Cecilia	20 Mar 1892	2:189
Sherer, Chas. E.	07 Aug 1872	1:380
Sherer, Henry	02 Jan 1881	1:400
Sherer, Henry W.	13 Nov 1898	4:219
Sherer, Henry W.	16 Feb 1907	5:225
Sherer, Maggie	01 Nov 1893	3:197
Sherham, Unknown	06 Apr 1894	3:200
Sheridan, Andy	21 Aug 1899	4:225
Sheridan, Frank F.	11 Oct 1901	4:230
Sheridan, Frank P.	27 Mar 1908	5:229
Sheridan, Margaret	19 Nov 1899	4:223
Sheridan, Owen	02 Jan 1876	1:384
Sheridan, Wm. J.	09 Jan 1891	2:186
Sherling, Fred	12 May 1873	1:382
Sherman, Anna	20 Jun 1908	5:233

NAME	DATE	V/P
Sherman, d/o N.	18 Feb 1899	4:223
Sherman, Edward	29 May 1872	1:378
Sherman, Edward H.	21 Sep 1892	2:191
Sherman, Frank	30 Dec 1881	1:272
Sherman, Grace B.	01 Jun 1901	4:231
Sherman, Harry	25 Jul 1892	2:192
Sherman, Hazel M.	24 Jan 1891	2:188
Sherman, J.	29 Mar 1904	4:236
Sherman, John	24 Nov 1903	4:238
Sherman, Josiah	31 Oct 1877	1:392
Sherman, Lester	19 Jun 1901	4:229
Sherman, N.T.	27 Aug 1875	1:384
Sherman, Philander L.	21 Jan 1901	4:227
Sherman, Ralph R.	03 Mar 1892	2:190
Sherman, Rudolph	04 Jul 1901	4:231
Sherman, Samuel	08 Apr 1890	2:183
Sherman, Thos.	31 Jul 1887	2:180
Sherman, Wm.	09 Jan 1891	2:186
Shermerhorn, Sarah	08 Jan 1907	5:225
Shertz, Christian	1871	1:378
Shertzer, Harriet	15 Mar 1895	3:198
Sherwin, Millville A.	11 Jun 1904	5:219
Sherwood, Pearl T.	28 Nov 1907	5:228
Shesman, Inf/o E.	26 Jul 1872	1:352
Shettelerae, Solomon	14 Sep 1898	4:220
Shetter, De Eva	11 Sep 1894	3:200
Shetz, Frank	15 Sep 1905	5:223
Shetzler, Ethel	30 Oct 1891	2:188
Shibeck, John	04 Jul 1870	1:374
Shibolski, Adam	08 Oct 1893	3:198
Shick, Edward .	02 Mar 1886	2:176
Shicker, Infant	18 Apr 1888	2:182
Shieber, Gotliebe	29 Sep 1896	4:214
Shiefer, Mary	04 Jun 1906	5:226
Shields, John M.	29 Jun 1880	1:400
Shields, Ruby	22 Oct 1897	4:216
Shiers, George	05 Apr 1903	4:235
Shifferd, Florence	27 Sep 1908	5:232
Shilinger, Geo.	14 Nov 1874	1:386
Shill, John	19 Jan 1895	3:198
Shillebrass, William	14 Sep 1891	2:189
Shilling, Hanna	10 Jan 1901	4:229
Shilling, Louisa	05 Oct 1882	1:324
Shilow, Gusta M.	08 Jan 1899	4:219
Shilow, Lewis	12 Apr 1896	4:219
Shiltringer, Louisa	14 Mar 1885	2:174
Shimmel, Charles	21 Mar 1904	4:235
Shimrock, Dora	25 Jun 1881	1:270
Shinabarker, Lydia	06 Oct 1901	4:231
Shinavear, Dorce	09 Oct 1899	4:223
Shinaver, Curtis	22 Sep 1888	2:181
Shinaver, Edward Ely	22 Sep 1904	5:217
Shinaver, Ervie	30 Dec 1896	4:215
Shinaver, James Nelson	21 Dec 1900	4:226
Shinaver, John B.	21 Feb 1893	2:191
Shine, Bessie	22 May 1906	5:225
Shine, Dennis	28 May 1903	4:238
Shine, Marvel	24 Oct 1908	5:233
Shinevar, Bertha	12 May 1891	2:188
Shinevar, Hilda Margaret	18 May 1906	5:224
Shinevar, Joseph	29 Mar 1888	2:180
Shiniver, Akin	07 Mar 1888	2:179
Shinkey, Catharine	03 Mar 1894	3:198
Shinkey, Nellie	22 Jul 1893	3:196
Shinky, Pearl Ellen	19 Apr 1899	4:222
Shinner, George S.	11 Mar 1906	5:223
Shinover, Michael	20 Jun 1906	5:224
Shinwald, Albert	03 Feb 1903	4:235
Shiple, Catherine	03 Feb 1892	2:190
Shire, George	28 Aug 1899	4:222
Shirtz, Alice M.	01 Mar 1905	5:218
Shlattenbach, Mary	1871	1:378
Shler, Bernet H.	03 Aug 1873	1:382
Shlesser, Adam	20 Jan 1907	5:224
Shlewski, Ard	26 Jan 1894	3:198
Shlihting, Minnie	06 Aug 1880	1:272
Shlisman, Magi	23 Oct 1892	2:191
Shlut, Francisca	04 Jul 1891	2:188
Shlut, Stanalus	08 Jul 1891	2:188
Shmidt, Albertine	21 May 1884	2:175
Shmith, Anna	12 Dec 1905	5:222
Shnatz, Paul Cunningham	13 Sep 1897	4:217
Shnurr, William	17 Jan 1891	2:186
Shoaff, Rubben	12 Dec 1890	2:185
Shoap, Mr.	04 Jul 1902	4:232
Shoe, Clara	03 Feb 1908	5:229
Shoemaker, Anna B.	30 Apr 1889	2:184
Shoemaker, Bertha	22 Feb 1896	3:203
Shoemaker, Catherine	21 Dec 1903	4:235
Shoemaker, Emma	19 Apr 1868	1:12
Shoemaker, Fanny	11 Oct 1870	1:376
Shoemaker, Frank	07 Nov 1908	5:233
Shoemaker, J.N.	06 Nov 1901	4:231
Shoemaker, John	07 May 1889	2:184
Shoemaker, John V.	25 Mar 1905	5:218
Shoemaker, Mary	12 Apr 1895	3:201
Shoemaker, Thomas	28 Apr 1872	1:380
Shole, Sophia	13 Jan 1890	2:183
Sholtz, Birchy	06 Dec 1875	1:388
Sholtz, Louis	18 Feb 1899	4:220
Shomaker, David	04 Nov 1906	5:226
Shoman, Orville Edward	27 Jan 1907	5:224
Shomoraski, Brock	06 Sep 1887	2:180
Shonaker, Caroline	12 Oct 1903	5:227
Shook, Catherine	15 Mar 1901	4:226
Shook, Freddie	26 Mar 1903	4:232
Shook, George	01 Mar 1890	2:184
Shook, Helen Bernice	02 Mar 1903	4:232
Shook, Howard E.	30 Dec 1907	5:231
Shook, J.B., Mrs.	24 Aug 1907	5:229
Shook, John	03 Dec 1902	4:234
Shook, John H.	03 Dec 1903	4:234
Shook, Maurice	13 Apr 1906	5:226
Shook, May	18 May 1902	4:234
Shoomacker, Paulena	31 Aug 1907	5:231
Shoonmacker, Paul	31 Aug 1907	5:231
Shoop, Maria A.W.	01 Mar 1895	3:200
Shoor, Clara	20 Apr 1890	2:187
Shopp, Frank	01 Sep 1894	3:198
Shortt, Geneveive	03 Feb 1905	5:220
Shott, Aaron	18 Feb 1906	5:225
Shotz, George	22 Nov 1875	1:388

NAME	DATE	V/P	NAME	DATE	V/P
Shoub, Fay	16 Jul 1904	5:218	Shulties, Catherine	26 Dec 1891	2:189
Shoub, Mary	16 Jul 1904	5:218	Shulty, Florence E.	17 Apr 1889	2:182
Shouder, Mary	04 Sep 1876	1:388	Shultz, Anna	04 Oct 1893	3:198
Shoul, David L.	20 Apr 1887	2:180	Shultz, August	31 Jul 1905	5:222
Shoup, Caroline	03 Mar 1907	5:226	Shultz, Augusta	06 Apr 1901	4:231
Shoup, d/o Charles	10 Mar 1908	5:227	Shultz, Christian	17 Oct 1876	1:388
Shoup, Josephine	31 Jan 1908	5:229	Shultz, Frances	23 Sep 1908	5:233
Shoup, Martha E.	22 Mar 1871	1:374	Shultz, Fred'k	13 Aug 1892	2:192
Shout, Elsie M.	12 Aug 1903	4:237	Shultz, George	24 Aug 1870	1:374
Shovar, Alexander	10 Apr 1905	5:223	Shultz, George	25 Dec 1878	1:396
Shovar, Helen	24 Mar 1900	4:222	Shultz, Henry	26 Nov 1876	1:390
Shovar, Nelson	20 Jun 1881	1:272	Shultz, Johanna V.	05 Mar 1869	1:32
Shovare, Eugene	25 Mar 1887	2:178	Shultz, John F.W.	26 Apr 1907	5:230
Shover, Blanch	05 Nov 1903	4:239	Shultz, Laura I.	21 Sep 1870	1:376
Shover, Edna	17 Oct 1886	2:178	Shultz, Louisa*	26 Sep 1882	
Showds, John	27 Feb 1907	5:225	Shultz, Magaline	18 Apr 1908	5:233
Showel, John, Mrs.	24 Jun 1901	4:230	Shultz, Mary	22 Dec 1892	2:192
Showler, John	03 Jul 1904	5:219	Shultz, Minnie	21 Jan 1886	2:176
Shrader, Lewis	06 Apr 1908	5:234	Shultz, s/o Charles	12 Jul 1895	3:202
Shreck, Phrona	25 Jun 1890	2:187	Shulz, Emily	1872	1:378
Shreve, Harvy N.	19 Jan 1899	4:221	Shulz, Ida	28 Mar 1879	1:398
Shriber, Ralph	07 Jun 1902	4:235	Shulz, Minna	12 Oct 1905	5:222
Shriep, William	15 Oct 1875	1:388	Shulz, Morris S.	25 Dec 1869	1:48
Shrine, Ludwiena	21 Nov 1874	1:386	Shum, Franses	17 Sep 1891	2:188
Shrinebeck, Lawrence	19 Mar 1906	5:222	Shumacker, Florence	13 Jan 1907	5:229
Shriner, Elza Arthur	14 Sep 1897	4:217	Shumaker, John	07 May 1890	2:187
Shriner, s/o Henry	09 Oct 1886	2:179	Shumard, Dan'l L.	03 Jan 1870	1:54
Shrogg, Rob't	27 Oct 1880	1:400	Shumer, William	01 Sep 1903	4:236
Shrouts, Jobe	21 Apr 1902	4:234	Shumonski, Franzis	Aug 1887	2:180
Shrum, Johanna	08 Mar 1905	5:219	Shunck, Martin	02 Dec 1897	4:216
Shubel, Emma	21 Jul 1894	3:200	Shunet, Anna	03 Dec 1907	5:229
Shubno, Ellen	19 Feb 1896	3:202	Shunket, Harry	16 Feb 1907	5:224
Shuchholtz, Elizabeth	28 Jan 1873	1:378	Shupp, Alvin	11 Nov 1907	5:227
Shudel, Thresa	05 Mar 1884	2:175	Shure, Margaret	02 Sep 1903	4:239
Shudy, Michael	17 Jun 1893	3:198	Shurtz, Andrew	28 Sep 1871	1:376
Shufeldt, Roland	30 Sep 1906	5:223	Shurtz, David	07 Apr 1889	2:184
Shufer, Ward*	10 Dec 1882		Shurtz, Francis P.	03 Mar 1872	1:376
Shugar, Ada Clara	12 Jan 1882	1:272	Shurtz, Henry	01 May 1869	1:50
Shugar, Callie Francis	01 Nov 1907	5:227	Shurtz, Mary A.	03 Mar 1872	1:376
Shugar, Caroline	01 Nov 1907	5:229	Shutfeld, Herman	11 Jun 1899	4:222
Shugar, Carrie F.	05 Sep 1903	4:235	Shutle, Mary L.	10 Feb 1889	2:181
Shugar, Clara	13 Jan 1898	4:216	Shutt, Clarence	17 Feb 1899	4:219
Shugar, Emma	13 May 1905	5:221	Shuttlereau, George Entrine		
Shugar, Geo. Walter	06 Feb 1874	1:382		30 Sep 1908	5:231
Shugar, George	13 May 1890	2:185	Shuwark, Henry	27 Apr 1879	1:400
Shugar, John Geo.	07 Dec 1880	1:270	Siadak, Adam	27 Oct 1901	4:229
Shugar, Mary	27 Aug 1901	4:225	Siager, Frances	10 Oct 1899	4:224
Shugar, Mary Anna	Jun 1908	5:234	Sibstaff, John	25 Feb 1897	4:214
Shugar, Nelson	28 Sep 1907	5:230	Sichly, Lewis C.	31 Dec 1906	5:225
Shugar, Nelson H.	28 Sep 1907	5:227	Sick, Henry	17 Jul 1894	3:200
Shuh, Neva*	12 Sep 1882		Sickmeller, Geo. E.	27 Aug 1907	5:231
Shuirch, John	16 Jul 1892	2:188	Sickmiller, Geo. E.	27 Sep 1907	5:228
Shukneckt, Christian	01 Jul 1877	1:394	Sickmiller, James A.	26 Jul 1902	4:234
Shule, Frank	26 May 1878	1:396	Sicor, George	06 Feb 1872	1:376
Shuler, Mary	18 May 1884	1:326	Sicuayk, John	Aug 1885	2:176
Shulin, J.E.	19 Nov 1870	1:374	Sidel, Isaac	27 Nov 1897	4:217
Shull, Edith	08 Jan 1899	4:219	Sidler, Vestus	14 Jul 1887	2:180
Shull, Mary Margaret	27 Feb 1907	5:224	Sidley, Eliza	01 Mar 1870	1:58
Shuller, Edward L.	16 May 1908	5:232	Sidley, William	22 Jun 1903	4:237
Shuller, Joseph	21 Feb 1902	4:229	Siebert, Elizabeth	10 Oct 1898	4:221
Shult, Fred	13 Mar 1884	1:326	Siebert, Emanuel	18 Mar 1894	3:197

NAME	DATE	V/P
Siebert, Mable	04 Nov 1897	4:218
Sieck, Mary	06 Nov 1886	2:178
Sieferd, Mary	18 Sep 1904	5:219
Siega, Mary	25 Jul 1891	2:190
Siegenthaler, Mary	27 Feb 1901	4:227
Siegenthaler, Peter	28 Mar 1897	4:221
Sieger, Elsa Clara Christina	21 Sep 1893	3:197
Siegrist, Rosa	10 Jun 1893	3:197
Siegrist, Rosey*	09 Feb 1883	
Siek, Clara	15 Feb 1904	4:236
Siek, Harold S.	16 Aug 1903	4:237
Sies, Jacob	04 Sep 1887	2:180
Siewert, Johanna	16 Sep 1903	4:239
Sifleet, Geo.	13 Jun 1902	4:235
Sigar, Sarah	08 Mar 1908	5:230
Sigawski, Mich.	16 Jan 1908	5:230
Sigg, John	29 Sep 1905	5:221
Sigg, Karl	25 Oct 1908	5:232
Sigler, Henry	05 Dec 1895	3:200
Sigler, Herbert	11 Aug 1893	3:198
Siglon, Mina	09 Oct 1885	2:176
Siglow, Edward	16 Aug 1888	2:181
Siglow, Fred	09 Jan 1875	1:384
Siglow, John	17 Jan 1879	1:396
Siglow, Mary	27 Sep 1878	1:398
Siglow, Minnie	04 Sep 1878	1:398
Siglow, Ralph E.	22 Feb 1890	2:183
Siglow, s/o Louis	04 Jul 1902	4:232
Sigman, John	25 Jan 1871	1:374
Sigrist, Barbara	02 Jul 1868	1:16
Sihner, Bernhard	21 Jan 1875	1:386
Sike, John	27 Apr 1892	2:192
Silaa, Sophia	15 Mar 1890	2:184
Silas, Fred	13 Oct 1908	5:231
Silberer, Barbara	02 Sep 1871	1:376
Silcox, Sidney Brown	28 Jan 1908	5:231
Silett, Percy	05 May 1889	2:185
Sililer, Inf/o Leonhard	05 Sep 1877	1:394
Silinski, Infant	19 Jun 1892	2:193
Silken, Amelia	13 Aug 1901	4:231
Silken, Harry	04 Dec 1901	4:230
Silken, Henry	04 Dec 1901	4:231
Silker, William	06 Aug 1889	2:185
Sill, Grace	22 Jun 1896	4:216
Sill, Gracy B.	09 Oct 1895	3:203
Sill, Johanna	07 May 1908	5:233
Sill, John	22 May 1908	5:233
Sill, John	28 Jan 1895	3:200
Sill, Pauline	21 Oct 1893	3:198
Sillibourne, Thomas	23 Feb 1893	2:191
Sills, Barbara	29 Nov 1906	5:225
Silsey, F.M.	03 Mar 1906	5:221
Silver, Patrick	28 Aug 1873	1:382
Silverter, J.	28 Jan 1906	5:220
Silverwood, s/o Daniel	20 Apr 1908	5:230
Simalea, Carline	18 May 1893	3:197
Simmons, Chas.	06 Oct 1907	5:228
Simmons, Elizabeth	27 Apr 1871	1:376
Simmons, Elizabeth	27 Apr 1871	1:374
Simmons, Emma	07 Nov 1892	2:192
Simmons, George	28 Oct 1900	4:226
Simmons, Henry, Mrs.	16 Apr 1899	4:225
Simmons, Infant	12 Mar 1907	5:229
Simmons, Jim	12 Feb 1884	1:326
Simmons, Maritus	25 Jul 1891	2:188
Simmons, Myrtle F.	23 Jun 1879	1:398
Simmons, Peter J.	04 Feb 1907	5:226
Simmons, Samuel	1878	1:396
Simmons, Silvia	15 May 1874	1:386
Simon, Adam Henry	02 Mar 1892	2:188
Simon, Anne Viola	14 Sep 1878	1:396
Simon, Bertha	15 Feb 1901	4:225
Simon, Charles	20 Jan 1887	2:178
Simon, Chas.	22 Jan 1888	2:181
Simon, Harry	03 Dec 1886	2:179
Simon, John	13 Oct 1900	4:225
Simon, Louise H.D.	08 Nov 1893	3:198
Simon, Mary	05 Jun 1895	3:201
Simon, Mary	12 Oct 1901	4:229
Simon, Mary J.	18 Feb 1900	4:222
Simon, Paul	09 Jan 1908	5:231
Simon, Peter	31 Aug 1902	4:235
Simon, Rabu	07 Feb 1886	2:175
Simonds, Jessie	16 Oct 1898	4:221
Simonette, Louis	10 Feb 1904	4:236
Simonis, Fred	18 Dec 1890	2:185
Simonis, Inf/o John	01 Feb 1893	2:191
Simonis, s/o John	02 Jun 1891	2:188
Simons, Barbara	21 Aug 1886	2:178
Simons, Conrad	06 Mar 1894	3:197
Simons, Giles	24 Mar 1896	3:203
Simons, James	13 Apr 1905	5:222
Simons, Mary	18 Feb 1900	4:224
Simpson, Arthur	07 Jan 1907	5:226
Simpson, Chas. Harry	07 Oct 1899	4:223
Simpson, Christena	17 Aug 1895	3:202
Simpson, Edith Vola	19 Apr 1908	5:231
Simpson, Emma Dianna	18 Mar 1900	4:223
Simpson, Frederick	18 Jul 1881	1:324
Simpson, Hannah	04 Sep 1896	4:214
Simpson, Myrtle	22 Sep 1899	4:223
Simpson, Willmont	26 Apr 1900	4:226
Simson, Fred	01 Sep 1907	5:228
Simson, John	27 Dec 1872	1:378
Sin, Frank F.	02 Oct 1903	4:236
Sinclair, Chas.	09 Sep 1868	1:22
SinClair, Ellen	30 Oct 1889	2:183
Sinclair, John	03 Mar 1875	1:386
Singer, Julius	17 Oct 1896	4:216
Single, Carl Fred	30 Mar 1892	2:188
Single, John	24 Jan 1892	2:188
Single, John C.	13 Jun 1891	2:188
Single, Wm. C.	25 Mar 1886	2:175
Singleton, Sylvester	07 Jun 1902	4:234
Sink, Fred A.	24 Feb 1902	4:231
Sink, Marietta	16 Mar 1888	2:180
Sink, Ralph W.	29 Feb 1888	2:180
Sinky, Nancy	06 Dec 1902	4:234
Sinn, Alice	16 May 1908	5:233
Sinn, G.W.	09 Sep 1906	5:226
Sinning, Geo. F.	21 Dec 1896	4:214

NAME	DATE	V/P	NAME	DATE	V/P
Sinning, George	20 Oct 1894	3:199	Skrzepek, Mary	09 Oct 1903	4:236
Sinning, Herb A.	30 Dec 1896	4:214	Slack, Tedy	19 Jan 1903	4:235
Sinning, Maggie	20 Oct 1896	4:215	Slagle, Sarah	26 May 1904	5:218
Sinozlur, Zntha	02 Sep 1900	4:228	Slagman, G.W.	16 Mar 1895	3:200
Sintkowitch, John	08 Aug 1896	4:216	Slamicke, Caston	22 Nov 1895	3:203
Sipher, Frederick	04 Nov 1907	5:227	Slaminska, Helen	09 May 1889	2:184
Siphon, N.	04 Jan 1892	2:189	Slamoszewski, Michalena	24 Oct 1895	3:201
Sippach, Julius	08 May 1888	2:181	Slaniwski, Adam	30 Apr 1897	4:219
Sisco, Henry A.	11 Dec 1893	3:198	Slater, John	03 Sep 1881	1:324
Sisler, Cyrus F.	01 Oct 1897	4:217	Slater, Lee	10 Jan 1899	4:221
Sissig, Malinda	03 Mar 1904	4:239	Slater, Levi	16 May 1886	2:178
Sissige, Margrite	27 Mar 1906	5:222	Slater, Louisa L., Jr.	20 Sep 1894	3:199
Sisson, Anna	12 May 1872	1:376	Slates, Eliza	23 Aug 1892	2:193
Sisson, Charles	03 Mar 1908	5:228	Slatterback, John	27 Jun 1880	1:400
Sisson, Julia E.	19 Feb 1900	4:224	Slatts, Albert	26 Nov 1895	3:198
Sisson, Mable	27 Aug 1878	1:396	Slatts, Bennie	26 Sep 1869	1:40
Sister, Charles	26 Sep 1905	5:220	Slatts, Florence	12 May 1893	3:196
Sister, St. Charles	09 Aug 1868	1:18	Slaughter, Ida H.	07 Sep 1871	1:378
Sites, Sally	26 Oct 1903	4:238	Slaughterback, Rachel	30 Oct 1872	1:380
Sitzenstalk, Yena	23 Mar 1886	2:175	Slavin, Angeline	09 Mar 1898	4:219
Sitzenstock, Elma	03 Jul 1892	2:192	Slavin, William	01 Jul 1907	5:230
Sitzenstock, Ethel	22 Sep 1893	3:197	Slavine, Grace	25 Mar 1894	3:198
Sitzenstot, Chas. (Twin)	04 Oct 1883	1:326	Slavinski, Joe	25 Feb 1893	2:193
Sitzenstot, Fred	04 Oct 1883	1:326	Slawinski, Anna	09 Jan 1889	2:182
Sivecy, Geo.	11 Mar 1908	5:228	Sleigh, Peter	08 Jan 1904	4:238
Sivers, Forest	13 Sep 1896	4:216	Sleighbank, Mable B.	23 Jan 1895	3:200
Skahn, Mary	28 Jun 1870	1:374	Slems, William	16 Apr 1895	3:201
Skahy, John	24 Nov 1893	3:197	Sleuker, Inf/o Chas.	31 May 1874	1:386
Skeahan, Patrick	24 Mar 1887	2:179	Slevin, Patrick S.	09 Sep 1894	3:199
Skehan, Daniel	22 Jul 1886	2:179	Slewinski, John	19 Jun 1892	2:192
Skehan, Inf/o Pat.	11 Nov 1870	1:376	Slias, Dennis Hogan	12 Dec 1904	5:219
Skehan, Jane	14 Jan 1880	1:398	Slibbring, Emma	25 Aug 1870	1:376
Skehan, Thomas	24 Aug 1890	2:186	Slick, Amelia	17 Nov 1885	2:177
Skelden, Gertrude	07 Aug 1871	1:376	Slick, Catherine A.	25 Jan 1904	4:237
Skelden, Herbert L.	18 Sep 1871	1:376	Slick, David	28 Mar 1873	1:380
Skeldon, Bessie Ruth	21 Dec 1893	3:196	Slick, Everhart	10 Apr 1872	1:380
Skeldon, Emerson	17 Aug 1895	3:203	Slick, Frank	30 May 1872	1:380
Skeldon, Geo.	05 Dec 1899	4:224	Slick, Mabel	12 Jul 1877	1:394
Skeldon, Infant	15 May 1895	3:202	Slick, s/o John	01 Dec 1894	3:199
Skeldon, John Emery	16 Aug 1873	1:382	Slick, W. Everhart	10 Apr 1873	1:382
Skeldon, Martha Ann	01 Mar 1884	1:326	Slicker, Marie S.	06 Feb 1903	4:233
Skelley, Kate	24 Aug 1897	4:218	Sliminski, Ella	26 Feb 1905	5:218
Skeurer, Charles R.	27 Oct 1903	4:238	Slingerland, Antonetta	13 Apr 1890	2:187
Skibinski, Agnes	02 Jun 1885	2:177	Slingman, Infant	1871	1:378
Skibinski, Hecta	26 Oct 1908	5:233	Sloan, Alanson A.	16 Apr 1871	1:386
Skidmore, Jno. C.	29 Mar 1887	2:178	Sloan, Clara	08 Jan 1903	4:235
Skidmore, Nettie	28 Mar 1891	2:187	Sloan, Clara	31 Jul 1884	2:174
Skidmore, Russel J.	25 Aug 1902	4:229	Sloan, Clifford L.	02 Oct 1900	4:225
Skiels, Wm. T.	02 Oct 1900	4:226	Sloan, Frank	03 Jun 1905	5:220
Skilbory, John	26 Jul 1886	2:179	Sloan, Laura I.	06 Sep 1888	2:181
Skiles, Jennie	28 Feb 1886	2:174	Sloan, Mary Ellen	01 May 1892	2:191
Skilley, Emily	22 Apr 1872	1:380	Sloan, Samuel	22 Sep 1875	1:384
Skinner, Belinda	06 Oct 1900	4:227	Sloans, Ivadell	25 Oct 1879	1:398
Skinner, Christine	27 Sep 1901	4:230	Sloat, John	11 Dec 1902	4:234
Skinner, Edward R.	13 Jan 1907	5:225	Sloat, John	22 Jan 1902	4:229
Skinner, Ermina	11 Oct 1881	1:324	Sloat, Mable	30 Jul 1905	5:221
Skinner, George F.	12 Jul 1890	2:188	Slocombe, Harriet Isabel	02 Feb 1899	4:222
Skinner, Hellen M.	18 Mar 1872	1:378	Slomarcy, Sophia	21 Dec 1897	4:219
Skipski, Ludwig	04 May 1903	4:236	Slomkowsky, Marry	28 May 1890	2:187
Sknaski, W.	11 Dec 1886	2:177	Sloninski, Paul	29 Feb 1904	4:237
Skoanke, Rose	29 Nov 1905	5:222	Sloon, Inf/o H.	12 Oct 1867	1:6

NAME	DATE	V/P	NAME	DATE	V/P
Slough, Wm.	18 Sep 1899	4:224	Smith, Charlton	27 Nov 1904	5:219
Slowey, John	11 Feb 1878	1:392	Smith, Christina	02 Mar 1880	1:398
Slowinski, Salome	05 Sep 1903	4:237	Smith, Clara	25 Jan 1887	2:177
Slusser, Albert C.	21 Jun 1878	1:396	Smith, Clarence	11 Feb 1898	4:221
Slutz, Jeremiah	27 Mar 1884	1:326	Smith, Clarisa C., Mrs.	27 Jun 1908	5:232
Sly, Charles Joseph	14 Oct 1877	1:392	Smith, Clark W.	01 Aug 1877	1:392
Sly, Edward	16 Oct 1880	1:400	Smith, Clayton A.	06 May 1887	2:178
Sly, Geo. W.	24 Mar 1886	2:176	Smith, Clement R.	12 Nov 1881	1:324
Sly, Theodore	22 Feb 1869	1:32	Smith, Clifford C.	06 Jun 1899	4:224
Smalensky, Wm.	06 Jun 1890	2:187	Smith, Cornelius	27 Jun 1900	4:226
Smalinski, Antoine	27 Jan 1903	4:233	Smith, Corsie	01 Feb 1887	2:180
Smallhouse, W.A.	27 Mar 1871	1:374	Smith, Crawford	02 Sep 1900	4:227
Smank, Charles	26 May 1888	2:182	Smith, D.R.	12 Feb 1902	4:235
Smart, Anson R.	28 Mar 1890	2:186	Smith, Daniel	22 Mar 1889	2:184
Smead, Cora	28 Nov 1897	4:218	Smith, David	06 Jul 1883	1:326
Smead, Marion	15 Dec 1889	2:185	Smith, David	29 Mar 1876	1:388
Smellie, Louisa	31 Dec 1900	4:228	Smith, David B.	19 Feb 1894	3:199
Smenner, Daniel H.	28 Sep 1879	1:400	Smith, Dorothea	27 Jan 1897	4:216
Smidt, Geo. A.	27 Jan 1905	5:218	Smith, E. Florence	15 Jan 1893	2:190
Smidt, George A.*	27 Jan 1891		Smith, Earl A.	31 Dec 1903	4:235
Smidt, Joseph	01 Nov 1881	1:324	Smith, Edith	05 Sep 1908	5:232
Smigala, Wm. J.	01 Mar 1903	4:232	Smith, Edmond S.	Jan 1886	2:175
Smigon, Pelagea	23 Oct 1895	3:201	Smith, Edna M.	16 Jul 1908	5:231
Smiley, Samuel	10 Jun 1872	1:378	Smith, Edward	05 Sep 1908	5:234
Smilly, John	09 Feb 1874	1:382	Smith, Edward J.	07 Oct 1895	3:202
Smith, Ada V.	19 Apr 1885	2:177	Smith, Elezear N.	04 Jan 1899	4:219
Smith, Adam	17 Feb 1872	1:378	Smith, Eliza*	05 Jun 1883	
Smith, Albertina	27 Oct 1904	5:219	Smith, Elizabeth	16 Mar 1906	5:224
Smith, Alex, Mrs.	28 Mar 1906	5:221	Smith, Elizabeth	17 Jun 1904	5:219
Smith, Alice	24 Dec 1879	1:398	Smith, Elizabeth	29 Jul 1885	2:176
Smith, Alice P.	05 Jun 1903	4:237	Smith, Ellen	31 Aug 1873	1:382
Smith, Allie C.	07 Nov 1901	4:230	Smith, Emeline	03 Jan 1894	3:196
Smith, Alonzo A.	30 Mar 1877	1:390	Smith, Emil F.	29 May 1891	2:188
Smith, Alva G.	02 Dec 1890	2:186	Smith, Emma	11 May 1874	1:386
Smith, Ambrosia M.	28 Sep 1877	1:394	Smith, Emma	24 Jan 1898	4:219
Smith, Amelia C.	24 Nov 1877	1:394	Smith, Emma Jane	04 Jan 1885	2:175
Smith, Andrew	21 Mar 1886	2:176	Smith, Emmett	21 Sep 1898	3:196
Smith, Andrew L.	12 Aug 1877	1:394	Smith, Erwin	01 Nov 1881	1:324
Smith, Anna	06 May 1868	1:12	Smith, Etta	07 Aug 1887	2:179
Smith, Anson	13 Oct 1895	3:200	Smith, Everett	21 Sep 1898	4:221
Smith, Anson K.	19 Mar 1872	1:378	Smith, Fannie	03 Aug 1906	5:225
Smith, Arthur	26 Oct 1905	5:222	Smith, Florence	08 Apr 1879	1:396
Smith, Arthur O.	13 Apr 1888	2:181	Smith, Frances	06 Sep 1880	1:270
Smith, Ashley B.	25 Mar 1873	1:380	Smith, Francis	11 Jan 1903	4:232
Smith, Barbara	03 Jan 1906	5:221	Smith, Frank	21 May 1879	1:398
Smith, Bertha M.	16 Jul 1879	1:398	Smith, Frank	29 ---	2:185
Smith, Bertie M.	22 Jul 1896	4:215	Smith, Frank, Mrs.	26 Mar 1901	4:227
Smith, C.C., Mrs.	27 Jul 1908	5:232	Smith, Fred	11 Aug 1900	4:228
Smith, Calisto M.	21 Mar 1903	4:233	Smith, Fred	27 Mar 1904	4:238
Smith, Carl Eugene	14 Sep 1896	4:215	Smith, Fred R.	31 Oct 1908	5:233
Smith, Carlton	23 Oct 1880	1:270	Smith, Frederick	02 Jun 1879	1:394
Smith, Caroline	Jun 1874	1:386	Smith, Geo.	05 Jun 1899	4:224
Smith, Catharine Rawson	22 Dec 1900	4:225	Smith, Geo.	19 Aug 1872	1:378
Smith, Catherine	15 Oct 1903	4:239	Smith, Geo. F.	03 Aug 1900	4:227
Smith, Catherine	18 May 1893	4:229	Smith, George	07 Oct 1906	5:226
Smith, Catherine	21 Jul 1870	1:374	Smith, George	19 Jun 1905	5:223
Smith, Charles	05 Aug 1891	2:190	Smith, George	26 May 1903	4:239
Smith, Charles	15 Oct 1904	5:218	Smith, George	27 Dec 1906	5:225
Smith, Charles B.	04 Jan 1904	4:236	Smith, George	27 Mar 1873	1:380
Smith, Charles L.	29 Dec 1872	1:380	Smith, Gertrude	25 Oct 1885	2:175
Smith, Charlotte E.	18 Aug 1899	4:222	Smith, Gilbert W.	08 Mar 1904	4:235

NAME	DATE	V/P	NAME	DATE	V/P
Smith, Grace	19 Feb 1906	5:222	Smith, Joseph	15 Feb 1905	5:218
Smith, Gusta	20 Sep 1883	1:326	Smith, Joseph H.	15 Oct 1869	1:54
Smith, H.R.	20 Oct 1896	4:215	Smith, Katie	27 Jun 1907	5:230
Smith, Hannah	19 Mar 1873	1:378	Smith, Katie S.	31 May 1891	2:188
Smith, Harriet E.	05 May 1900	4:226	Smith, Lattia C.	09 Sep 1884	2:175
Smith, Harriot	01 Feb 1891	2:186	Smith, Lawrence John	15 Sep 1898	4:219
Smith, Harry	01 May 1897	4:218	Smith, Leah	22 Mar 1879	1:396
Smith, Harry	14 Apr 1872	1:380	Smith, Leland Doan	22 Jan 1901	4:226
Smith, Harry	27 Jan 1874	1:382	Smith, Lena	13 Mar 1896	3:201
Smith, Harry W.	09 Jun 1904	5:218	Smith, Lena	15 Mar 1868	1:10
Smith, Hattie	04 Mar 1886	2:177	Smith, Lifa	26 Nov 1905	5:221
Smith, Hazel	05 Mar 1903	4:233	Smith, Lottie	03 Dec 1898	4:220
Smith, Henry	06 Sep 1891	2:190	Smith, Louis	02 Oct 1894	3:199
Smith, Henry	14 Sep 1906	5:226	Smith, Lucinda	22 Oct 1899	4:223
Smith, Henry	20 Feb 1892	2:189	Smith, Lulu	15 Nov 1880	1:270
Smith, Horace Thomas	21 May 1897	4:216	Smith, Lydia M.	28 Apr 1903	4:237
Smith, Horas	30 Sep 1908	5:232	Smith, M.C.	05 Aug 1898	4:219
Smith, Hulda	17 Mar 1888	2:181	Smith, M.R.	14 Feb 1904	4:236
Smith, Inf/o J.F.	07 Mar 1887	2:179	Smith, Mabel	08 Jul 1890	2:187
Smith, Inf/o James	01 Sep 1884	2:174	Smith, Margaret	04 Mar 1895	3:200
Smith, Inf/o Lornzo	1871	1:376	Smith, Margaret	08 Sep 1876	1:388
Smith, Infant	01 Sep 1901	4:231	Smith, Margaret	18 Sep 1873	1:382
Smith, Infant	08 Oct 1887	2:180	Smith, Martha	08 Oct 1899	4:223
Smith, Infant	19 Apr 1887	2:180	Smith, Martha V.	25 Oct 1901	4:231
Smith, Infant	19 Aug 1874	1:386	Smith, Martin	19 Sep 169	1:52
Smith, Infant	27 Feb 1884	1:476	Smith, Martin, Mrs.	03 Dec 1877	1:394
Smith, Ireland	12 Jan 1889	2:181	Smith, Mary	01 Dec 1905	5:220
Smith, Ithamae P.	05 May 1877	1:394	Smith, Mary	04 Dec 1889	2:185
Smith, Jacob	01 May 1895	3:203	Smith, Mary	10 Apr 1888	2:179
Smith, Jacob	05 May 1899	4:223	Smith, Mary	11 Apr 1902	4:234
Smith, Jacob	06 Sep 1889	2:183	Smith, Mary	18 Jan 1889	2:182
Smith, Jacob	08 Mar 1868	1:38	Smith, Mary	20 Jun 1900	4:227
Smith, James	15 Dec 1906	5:226	Smith, Mary	29 Jul 1874	1:388
Smith, James	24 Mar 1898	4:219	Smith, Mary	31 Jan 1889	2:180
Smith, James D.	15 Jan 1882	1:324	Smith, Mary*	19 Feb 1883	
Smith, James G.	27 Aug 1908	5:233	Smith, Mary A.	08 Oct 1901	4:231
Smith, James H.	11 Nov 1869	1:54	Smith, Mary Ann	28 Mar 1898	4:218
Smith, James R.	13 Jul 1902	4:233	Smith, Mary E.	07 Sep 1890	2:187
Smith, James W.	03 Mar 1900	4:224	Smith, Mary Elizabeth	28 Jan 1907	5:224
Smith, Jennie	25 Jun 1872	1:380	Smith, Mary F.	03 Apr 1907	5:227
Smith, Jerome	25 Jun 1907	5:230	Smith, Mary G.	01 Mar 1900	4:225
Smith, Jesse Mary	19 Jul 1894	3:201	Smith, Maryon Rose	01 Jan 1908	5:231
Smith, Jessie	15 Nov 1886	2:177	Smith, Mathias	23 Jul 1896	4:214
Smith, John	10 Oct 1891	2:189	Smith, Maud	24 Apr 1906	5:226
Smith, John	15 Jan 1893	2:191	Smith, Maud S.	25 Aug 1887	2:179
Smith, John	16 Feb 1891	2:186	Smith, May	15 Jan 1908	5:230
Smith, John	19 Mar 1893	2:192	Smith, May	19 Mar 1900	4:225
Smith, John	23 Dec 1883	1:326	Smith, Meline	06 Mar 1906	5:223
Smith, John	24 Jan 1905	5:218	Smith, Michael	12 Jul 1874	1:386
Smith, John	25 Jun 1896	4:215	Smith, Milar	---	1:378
Smith, John	29 Nov 1886	2:178	Smith, Mildred	01 Oct 1901	4:231
Smith, John A.	13 Aug 1876	1:388	Smith, Millard A.	03 Jan 1906	5:221
Smith, John F.	06 Aug 1878	1:390	Smith, Minnie	03 Feb 1894	3:199
Smith, John H.	30 Jun 1886	2:178	Smith, Minnie	16 Mar 1879	1:396
Smith, John L.	13 Nov 1904	5:219	Smith, Minnie W.	13 Dec 1888	2:179
Smith, John M.	29 Aug 1904	5:218	Smith, Molly	09 Aug 1904	5:219
Smith, John Y.	31 Oct 1888	2:182	Smith, Nellie	18 Jun 1868	1:14
Smith, John, M.D.	29 Feb 1876	1:384	Smith, Nellie, Mrs.	28 Mar 1900	4:224
Smith, Jos.	19 Nov 1891	2:189	Smith, Nelson	21 Aug 1894	3:198
Smith, Jos.	30 Mar 1900	4:223	Smith, Nettie	01 Feb 1905	5:217
Smith, Joseph	12 Nov 1899	2:186	Smith, Nicholas	06 Nov 1890	2:188

NAME	DATE	V/P	NAME	DATE	V/P
Smith, Nielson	01 Dec 1892	2:193	Snedeker, Harry H.	20 Mar 1897	4:215
Smith, Nilson	01 Dec 1892	2:192	Sneider, Anna	19 Mar 1886	2:176
Smith, Nora Etta	12 May 1902	4:235	Sneider, Elizabeth	17 Feb 1885	2:175
Smith, Obid	20 Dec 1907	5:227	Sneider, Henry	22 Feb 1874	1:382
Smith, Oren	22 Mar 1881	1:270	Sneitker, Augusta	04 Oct 1884	1:326
Smith, Otto	11 May ---	2:185	Snell, Casper	21 Aug 1898	4:220
Smith, Peter	10 Jun 1882	1:324	Snell, Lillian Ballard	20 Sep 1883	1:326
Smith, Richard	11 Apr 1906	5:225	Snell, Louisa H.	21 Jul 1896	4:215
Smith, Richard Austin	16 Aug 1883	1:326	Snell, Olho	20 Dec 1893	3:196
Smith, Robert	18 Feb 1873	1:378	Snell, Sophia	29 Nov 1899	4:224
Smith, Robert W.	07 Jul 1898	4:221	Sneyder, Herman	08 Jul 1880	1:270
Smith, Rose Anna	12 Nov 1899	4:224	Snider, Anna C.	30 Sep 1883	1:326
Smith, Ruth	25 May 1904	5:217	Snider, Catherine	20 Dec 1906	5:225
Smith, Ruth B.	02 Aug 1874	1:388	Snider, Geo. W.	17 Mar 1886	2:175
Smith, Ruthie Mable	17 Apr 1898	4:218	Snider, Harmon	10 Apr 1900	4:227
Smith, s/o Louis	14 Dec 1895	3:202	Snider, Infant	17 Dec 1905	5:233
Smith, s/o Louis	14 Dec 1895	3:161	Snider, Infant	17 Dec 1905	5:223
Smith, Sam'l	12 Jul 1895	3:203	Snider, Mary	28 Feb 1883	1:324
Smith, Sarah Bishop	08 Mar 1886	2:175	Snider, Percy	29 Jun 1903	4:238
Smith, Sarah H.	01 Mar 1868	1:10	Snierezynski, Widyslaw	20 Aug 1906	5:224
Smith, Sophia	09 Feb 1902	4:232	Sniffen, C.N.	02 Dec 1903	4:236
Smith, Stephen	23 Apr 1908	5:232	Sniffen, Charles F.	01 Dec 1903	4:237
Smith, Susan	23 Nov 1904	5:219	Sniffen, Chas. F.	02 Dec 1903	4:238
Smith, Thomas	10 Mar 1901	4:228	Snoar, Inf/o Klaus. H.	15 Feb 1869	1:32
Smith, Tillie	02 Jul 1906	5:226	Snock, Anna	07 Dec 1899	4:222
Smith, Unknown	07 May 1901	4:229	Snoden, John R.	23 Nov 1877	1:392
Smith, Watson	13 Sep 1907	5:230	Snow, Calvin R.	06 Jul 1868	1:16
Smith, Willard	17 Nov 1876	1:390	Snow, Caroline	12 Apr 1886	2:178
Smith, William	---	1:392	Snow, Cath.	01 Apr 1881	1:270
Smith, William	20 Aug 1874	1:388	Snow, Chas. R.	03 Mar 1881	1:270
Smith, William	20 May 1893	3:196	Snow, Emma	02 Apr 1899	4:225
Smith, William	28 Jul 1870	1:376	Snow, Hiram	16 Aug 1902	4:234
Smith, William H.	20 Nov 1889	2:185	Snow, Inf/o Lewis Silas	08 Jul 1872	1:380
Smith, Willie S.	24 May 1891	2:188	Snow, Sally Ann	27 Mar 1891	2:186
Smith, Wm.	05 Aug 1899	4:224	Snow, William	11 May 1903	4:238
Smith, Wm.	05 Mar 1881	1:270	Snowden, Francis	18 Mar 1895	3:201
Smith, Wm. A.	29 Oct 1907	5:228	Snowden, Frederic	Aug 1877	1:392
Smith, Wm. J.	23 Apr 1897	4:214	Snowden, Rachel	26 Aug 1901	4:229
Smith, Zelina	22 Aug 1873	1:380	Snowden, Richard	15 Sep 1877	1:392
Smith,s/o Bell	13 Dec 1908	5:160	Snowden, William	02 Jul 1874	1:382
Smithlin, Amelia	23 Jul 1898	4:219	Snowdon, Wm. H.	12 Nov 1876	1:390
Smithlin, Bertha	29 Apr 1902	4:235	Snyder, A.	15 Apr 1870	1:52
Smithlin, Charles F.	21 Mar 1869	1:38	Snyder, Ambrose Hubert	07 May 1902	4:233
Smithlin, Henry E.	31 May 1897	4:216	Snyder, Andrew J.	15 Apr 1870	1:374
Smithlin, John	25 Dec 1884	2:174	Snyder, Anna T.	19 May 1904	5:218
Smithlin, Louisa	02 Jun 1895	3:201	Snyder, Carl	21 Mar 1898	4:217
Smithlin, Mary	16 Apr 1869	1:52	Snyder, Delia	08 Aug 1905	5:222
Smithlin, Mathew	06 Apr 1896	3:201	Snyder, Eddie	13 Dec 1893	3:196
Smithline, Oscar C.	14 Oct 1897	4:216	Snyder, Eliza Ann	27 Aug 1902	4:235
Smithling, Addie	05 May 1885	2:175	Snyder, Elizabeth	27 Jul 1902	4:234
Smithling, Oscar John	14 Oct 1885	2:175	Snyder, Elizabeth	30 Oct 1892	2:190
Smitlalin, Sophia	10 Sep 1884	2:174	Snyder, Emma A.	22 Apr 1901	4:230
Smokusky, Marion	14 Jan 1908	5:230	Snyder, Florence May	18 Mar 1901	4:227
Smorowski, John	26 Apr 1903	4:236	Snyder, Henry	01 Jan 1904	4:238
Smuck, Martha	02 Aug 1905	5:220	Snyder, Henry	19 Apr 1898	4:216
Snabley, Infant	Jun 1880	1:400	Snyder, Irene	07 Aug 1908	5:234
Snag, Edward	26 Jun 1895	3:203	Snyder, Jennette	19 Jan 1869	1:30
Snakouska, Eva	Aug 1885	2:176	Snyder, John	01 Apr 1892	2:188
Snapp, Rosa	28 May 1901	4:231	Snyder, John	12 May 1871	1:376
Snavely, Doloras R.	05 Aug 1903	4:236	Snyder, John A.	01 Dec 1875	1:388
Snead, A.J.	25 Feb 1889	2:182	Snyder, L.G.	21 Oct 1907	5:228

NAME	DATE	V/P
Snyder, Layland	15 Nov 1897	4:217
Snyder, Lester M.	30 Jul 1901	4:231
Snyder, Lewis H.	15 Apr 1900	4:228
Snyder, Louis	25 Aug 1871	1:376
Snyder, Lucas	23 May 1906	5:226
Snyder, Lucinda	15 Apr 1887	2:180
Snyder, Mary	13 Oct 1895	3:203
Snyder, Mary	20 Feb 1893	2:191
Snyder, Mary Ann	28 Apr 1891	2:190
Snyder, Mathais	07 Nov 1908	5:234
Snyder, Moses	17 Aug 1882	1:324
Snyder, Peter H.	24 Jun 1881	1:272
Snyder, Ralph	27 Feb 1904	4:239
Snyder, Richard	24 Apr 1902	4:233
Snyder, Robert Arthur	22 Jun 1908	5:231
Snyder, Rudolph	01 Jun 1871	1:376
Snyder, Samuel H.	18 Aug 1880	1:400
Snyder, Valentine B.	26 Jul 1880	1:270
Snyder, William	16 Mar 1875	1:388
Snyder, Zada M.	12 Mar 1904	4:239
Soans, Fremont	17 Dec 1877	1:392
Sobalewski, Mary	22 Nov 1899	4:225
Soberalski, Watislof	03 May 1903	4:237
Sobezack, Frank	25 Oct 1908	
Sobezack, Michael	25 Oct 1908	5:233
Sobieczka, Martha	25 Jul 1902	4:233
Sobozak, Wajcrech	17 Feb 1907	5:228
Sobroski, Peter	19 May 1890	2:187
Sobzek, Josie	20 Mar 1907	5:225
Sobzoch, Rosalie	02 Sep 1892	2:192
Sockmann, Geo.	18 May 1907	5:230
Socolowsky, Caroline	28 Feb 1880	1:400
Socrano, H., Mrs.	04 Feb 1902	4:229
Sodawasser, Mary	28 Jun 1890	2:187
Soelzler, George	03 May 1891	2:190
Sohmear, Sophia	Nov 1902	4:234
Sohnle, Inf/o Henry	15 Feb 1871	1:374
Sohnle, Inf/o Henry	15 Feb 1871	1:374
Sohnly, Fred	27 Nov 1872	1:378
Soland, Mary	13 Apr 1899	4:221
Solden, Fred Wm.	11 Mar 1891	2:186
Soldmier, Tillie	09 Mar 1907	5:229
Soldneldel, Wm.	Oct 1875	1:384
Soldner, Walter	30 Apr 1888	2:182
Soldwaeld, Fred	22 Dec 1876	1:390
Soleman, Mary	10 Feb 1890	2:184
Soleman, Matilda	24 May 1890	2:184
Solemon, Betsey	04 Jul 1868	1:16
Soles, Infant	21 Jan 1896	3:201
Solewski, Frances	18 Sep 1893	3:196
Solewski, Frances	29 Sep 1893	3:196
Solezynski, Mary A.	20 Jan 1889	2:183
Soling, Fred	13 Dec 1871	1:376
Solinski, Mike	12 Jul 1888	2:182
Soliski, Parley	06 Aug 1894	3:198
Solkowske, Staney	01 Mar 1899	4:220
Sollerer, Emma B.	31 Aug 1868	1:22
Solm, Solomon	18 Jul 1892	2:190
Solomon, Eva	03 Mar 1894	3:196
Solon, Fannie S.	24 Apr 1904	4:237
Solow, Wilhelmina	24 Jul 1879	1:400
Soltman, s/o Fred	06 Feb 1887	2:178
Somerlink, John	03 Jul 1886	2:178
Somers, C., Mrs.	30 May 1905	5:221
Somers, Anna E.	24 Aug 1901	4:230
Sommer, Anna E.	24 Aug 1901	4:230
Sommerling, Wm.	20 Mar 1902	4:230
Sommers, Barbara	29 Mar 1900	4:223
Sommers, Emeline M.	07 Jan 1903	4:233
Sommers, Helen Louise	05 May 1901	4:229
Sommers, Henry C.	03 Mar 1893	2:191
Sommers, James	27 Feb 1891	2:186
Soncrant, Delia	19 Oct 1907	5:230
Soncrant, Joseph	23 May 1894	3:200
Soncrant, Matilda	21 Mar 1907	5:223
Soncrant, Wm. W.	01 Jan 1893	2:192
Sondriet, Samuel	03 Aug 1870	1:374
Sonfrighs, Augusta	07 Sep 1868	1:22
Songenfree, Dorothea	17 Dec 1894	3:199
Soniazenski, Mercylia	09 Mar 1906	5:220
Sonipson, Elizabeth	05 May 1889	2:183
Sonnenberg, Edwin	16 Jul 1907	5:227
Sonnenberg, Leo W.	22 Nov 1900	4:228
Sonner, Claude	25 Oct 1908	5:232
Sonntag, Amelia	23 Apr 1887	2:180
Sonntag, Infant	---	2:179
Sontag, John	06 Aug 1893	3:197
Sonwald, Adelie	29 Jul 1905	5:222
Soole, Ruth	16 Dec 1872	1:380
Soper, Amanda	28 Mar 1902	4:229
Sopich, Louisa	02 Apr 1875	1:382
Sorg, Elizabeth	18 Nov 1890	2:186
Sorga, Emma Amelia Minnie	28 Feb 1892	2:189
Sorge, Eliza M.J.	21 Jul 1900	4:228
Sorge, Emma	26 Aug 1887	2:180
Sorge, Ida	01 Aug 1886	2:177
Sorgenfrei, Anna	18 May 1880	1:270
Sorgenfrei, Chas. R.	17 Dec 1907	5:228
Sorgenfrei, John	15 Oct 1876	1:390
Sorgenfrei, Lucille	20 Jan 1908	5:228
Sorgenfrey, Joseph	14 May 1905	5:222
Sorgenfrie, Frank	28 May 1885	2:177
Sorgenfrie, Fred	24 Sep 1895	3:201
Sorgenfrie, H.F.	03 Dec 1893	3:198
Sorgenfrie, Henriette	05 Mar 1886	2:177
Sorgenfue, Clara	02 Dec 1885	2:176
Sorgenpie, Auguste	22 Oct 1888	2:182
Sorsanson, Neilf	06 Feb 1885	2:175
Sorsen, Charles	25 Jul 1880	1:400
Sorsen, Thomas	22 Aug 1880	1:400
Sortensfrie, Francis	20 Jan 1882	1:324
Soss, Louisa	10 Jul 1884	2:174
Sottek, Inf/o Fel.	14 Jan 1881	1:270
Soudon, K., Mrs.	24 May 1905	5:221
Soudriett, Josephine	30 Nov 1881	1:272
Souge, Fred	03 --- 1889	2:185
Souhly, Henry F.	07 Jul 1894	3:200
Soule, Elija W.	02 Sep 1895	3:201
Soule, H.L.	25 Feb 1907	5:224
Soule, Louella	27 Apr 1892	2:191
Souley, Elizabeth	13 Sep 1892	2:191
Souls, Jedediah	15 Aug 1906	5:226

NAME	DATE	V/P
Soura, Josephine	07 May 1889	2:184
Sours, Thomas	1871	1:378
Souslin, Arthur	14 Aug 1903	4:235
Souter, Mary	01 Apr 1890	2:186
Southald, Lillian	21 Jun 1906	5:225
Southard, Clara V.	28 Oct 1892	2:192
Southard, Dorothy M.	08 May 1907	5:231
Southard, E.M.	27 Jan 1878	1:392
Southard, Elisha B.	11 Jun 1908	5:232
Southard, Fillian	12 Apr 1907	5:229
Southard, Henry	02 Nov 1870	1:374
Southard, Henry Bobst	16 Mar 1902	4:230
Southard, J.T.	13 Oct 1897	4:218
Southard, James	31 Mar 1902	4:232
Southard, Leslie G.	09 Dec 1894	3:199
Southard, Mary	02 Feb 1895	3:198
Southard, Milla H.	03 Nov 1899	4:222
Southard, Phebe	16 Feb 1897	4:214
Southard, S.F.	03 Dec 1880	1:270
Southard, Samuel	17 Mar 1896	3:201
Southard, Samuel M.	18 Nov 1902	4:230
Souther, Edith	18 Aug 1892	2:192
Southerland, Pearl Cobb	28 Mar 1909	5:234
Southerly, Elizabeth	16 Apr 1892	2:192
Southland, Edward H.	21 Jul 1899	4:224
Southward, Russell L.	29 Apr 1908	5:234
Southwick, Jas. Wm.	25 Oct 1876	1:390
Southwick, Julia	19 Feb 1873	1:378
Southwick, Mildred	26 Dec 1906	5:225
Southwick, Nellie	22 Dec 1906	5:225
Sozkandlarik, Aniola	28 Jan 1896	3:201
Spade, George	06 Jan 1889	2:181
Spade, John O.	06 Feb 1878	1:392
Spain, Eliza	20 Sep 1900	4:225
Spain, Henry	29 Apr 1908	5:233
Spain, James	20 Apr 1879	1:400
Spain, Jas. H.	02 Nov 1900	4:225
Spain, Michel P.	18 May 1889	2:185
Spain, Nora	20 Sep 1877	1:394
Spairry, John	02 Sep 1894	3:200
Spalding, Phinias	04 Feb 1884	2:174
Spalinger, Anna B.	31 Aug 1892	2:191
Spalinger, George	29 Jul 1892	2:191
Spaller, Arthur Richard	03 Sep 1898	4:221
Spam, Mary	28 Sep 1872	1:380
Spam, P.H.	13 Sep 1872	1:380
Spanavan, Louisa	02 Aug 1871	1:376
Spangle, Myron	26 Feb 1886	2:177
Spangle, Zelma May	16 Mar 1902	4:230
Spangler, Anna	24 Jan 1901	4:225
Spangler, Herman	18 May 1891	2:188
Spangler, Jacob	05 Oct 1892	2:190
Spangler, Jane Sophia	07 Sep 1897	4:217
Spangler, Mary E.	20 May 1891	2:188
Spann, Blans	30 Mar 1877	1:390
Spark, Edwin	22 Jan 1872	1:378
Sparks, Jane	12 Nov 1906	5:226
Sparley, Anna Maria	20 Sep 1869	1:44
Sparling, Buzzal	23 Aug 1901	4:230
Sparrow, William	23 Feb 1908	5:227
Sparrow, William	24 Feb 1908	5:230
Spath, Henry	01 May 1905	5:223
Spath, Rosy	26 Jul 1893	3:196
Spatt, Gottleb	20 Apr 1900	4:227
Spatt, Pauline	29 Apr 1880	1:270
Spatz, Anna Mary	21 Aug 1897	4:217
Spatz, Cecilian	22 Dec 1902	4:232
Spatz, Julia Clara	18 May 1897	4:217
Spaulding, Abbie E.	04 Aug 1908	5:234
Spaulding, Alma	02 Apr 1891	2:185
Spaulding, Earl P.	23 Aug 1884	2:175
Spaulding, Elizabeth L.	21 Jan 1900	4:222
Spaulding, Ellwood L.	10 Nov 1907	5:229
Spaulding, Erastus	22 Oct 1874	1:382
Spaulding, Eva S.	04 Dec 1876	1:388
Spaulding, George A.	10 Aug 1899	4:222
Spaulding, Jay	04 Mar 1904	4:237
Spaulding, John	21 Apr 1900	4:222
Spaulding, Maomah	07 Aug 1885	2:175
Spaulding, Marion	04 Aug 1888	2:179
Spaulding, Rob't J.	29 Sep 1876	1:388
Spaulding, Victoria	19 Jun 1895	3:202
Spaulding, William J.	25 Feb 1894	3:196
Spayd, Anna	05 Sep 1893	3:197
Spayd, Irvin	19 May 1900	4:228
Spayd, Mary C.	18 Mar 1908	5:232
Spayd, Steven	21 Feb 1890	2:184
Spayd, Stuart H.	21 Feb 1890	2:186
Speak, Mary	01 Sep 1903	4:236
Speaks, John U.	10 Jan 1906	5:221
Spear, Clara	16 May 1896	4:215
Spear, Solomon	06 Sep 1886	2:177
Specekert, Frank	28 Dec 1906	5:224
Specht, Hazel Marie	20 Mar 1897	4:215
Specht, Henry W.	26 Dec 1893	3:197
Speck, Bertha	13 Aug 1886	2:178
Speck, Iva	28 Aug 1908	5:232
Speckart, Joseph	18 Sep 1873	1:382
Speckert, Wendlin	29 Nov 1900	4:226
Speckhardt, Walter	11 Feb 1894	3:196
Speckhart, Walter	11 Feb 1893	2:190
Speecht, Mary	17 Jun 1902	4:233
Speilbush, Elizabeth	05 Apr 1878	1:392
Speilbush, Maria	20 Jul 1875	1:384
Speilman, Edna May	21 May 1891	2:189
Spel, Hannah	22 Mar 1885	2:174
Spence, Violet Ana	06 Dec 1904	4:238
Spencely, Carrie	07 Mar 1890	2:185
Spencer, Anna Bell	29 Apr 1879	1:400
Spencer, Arthur	15 Feb 1876	1:390
Spencer, Bertie	16 Jan 1903	4:234
Spencer, D.	06 Jan 1887	2:178
Spencer, Geo. F.	08 May 1895	3:200
Spencer, Lillian R.	20 Feb 1899	4:221
Spencer, Margarette	02 Aug 1904	5:219
Spencer, Phoebe	13 Jul 1900	4:227
Spencer, Roy	17 Jul 1907	5:227
Spencer, Ruby	02 Jan 1907	5:227
Spencer, William	07 Nov 1907	5:231
Spencer, William	25 Dec 1904	5:218
Spenker, Julius	02 Feb 1908	5:229
Spenthoff, Christ	17 Apr 1898	4:220

NAME	DATE	V/P	NAME	DATE	V/P
Spenzer, Louisa*	25 Nov 1885		Sprague, Hiram	17 Feb 1868	1:10
Spetiz, Alphoncis	11 Nov 1895	3:201	Sprague, Kenneth	21 Apr 1897	4:219
Spetz, Diebold	16 Sep 1899	4:223	Sprague, M., Mrs.	11 Oct 1902	4:232
Spetz, Theresa	08 Mar 1904	4:235	Sprague, Sophia May	25 Feb 1869	1:32
Spetzer, Frank	25 Dec 1895	3:203	Sprase, Sarah	15 Oct 1891	2:188
Spewika, Arthur	15 Sep 1898	4:221	Sprengel, Walter J.	11 Jun 1902	4:232
Speyer, Eliz.	11 Aug 1887	2:179	Sprevin, Wm.	07 Mar 1904	4:236
Speyer, Henry	22 Nov 1895	3:203	Springal, Pall	22 Jul 1894	3:199
Speyer, Unknown	23 May 1888	2:182	Springel, Helena	24 Dec 1896	4:214
Sphies, John	21 Aug 1874	1:386	Springer, Arthur J.	07 Feb 1893	2:191
Spicer J.W.	12 Nov 1907	5:230	Springer, Catherine	14 Jun 1899	4:224
Spicer, Chester Perry	01 Jan 1902	4:231	Springer, Eliza	12 Jan 1905	5:217
Spicer, Infant	21 Nov 1903	4:237	Springer, George W.	28 Nov 1878	1:396
Spieker, Christian E.	11 Oct 1886	2:178	Springer, W.A.	19 Jan 1903	4:232
Spieker, Ernest	01 Jan 1899	4:220	Springstatd, David	29 Jan 1893	2:192
Spieker, Lawrence	27 Aug 1898	4:220	Springstead, Chester D.	28 Nov 1873	1:382
Spieker, Lena	28 Jun 1900	4:226	Springstead, Delia	19 Mar 1877	1:390
Spielbour, Mary	25 Jan 1905	5:218	Sproat, Frank	12 Feb 1907	5:225
Spielbush, ch/o H.	07 Oct 1868	1:24	Spyake, Wladeslaw	28 Jan 1898	4:220
Spies, Harry Arthur	11 Aug 1903	4:238	Spychalski, Dorothy	28 Jan 1904	4:237
Spiess, Philip	13 May 1907	5:230	Spychalski, John	28 Jul 1905	5:222
Spillane, Donald Francis	05 Feb 1902	4:229	Spychalski, S. Jones	28 Jul 1903	4:237
Spillane, John Dennis	20 Apr 1900	4:226	Spychalski, Theodore R.	14 Jul 1903	4:237
Spinner, Edward H.	24 Nov 1895	3:202	Spyske, Kiser	09 Nov 1898	4:220
Spinner, Frank	26 Apr 1869	1:48	Squire, Amelia	28 Dec 1893	3:196
Spinner, Nicholas	18 Apr 1869	1:48	Squire, Frankie	06 Feb 1894	3:199
Spinscer, Mary	03 Jun 1872	1:380	Squire, Joab	30 Jan 1894	3:197
Spirk, Visla L.	29 May 1907	5:230	Squire, Julius	06 May 1896	4:215
Spiro, Mary H.	12 Jun 1903	4:236	Squire, Julius A.	16 Dec 1887	2:181
Spitler, Agnes	23 Aug 1895	3:203	Squire, Mary A., Mrs.	28 Aug 1900	4:228
Spitler, Inf/o J.H.	13 Jan 1878	1:394	Squire, Mary E.	30 Nov 1873	1:382
Spitler, Mary	22 Jul 1904	5:219	Squire, W. Irving	09 Oct 1901	4:230
Spitulski, Antonine	01 Feb 1904	5:218	Squires, Chas. V.	12 Dec 1878	1:396
Spitz, John T.	19 Jun 1889	2:184	Squires, Nettie	17 Oct 1901	4:229
Spitza, Frank	08 Apr 1907	5:230	Srvantuch, Otto	26 Feb 1906	5:222
Spitzenberger, Barbara	23 Jun 1902	4:231	St. Amand, Clifford C.	16 Feb 1886	2:175
Spitzer, Mary	28 Dec 1902	4:233	St. Amant, Edward	22 Oct 1885	2:175
Spizholzka, Stanislaf	12 Feb 1908	5:230	St. Aubin, Albert	18 May 1895	3:202
Spjna, Emilia	21 Mar 1906	5:220	St. Aubin, Anthony	30 May 1893	3:196
Splitgerber, Lillian	19 Sep 1902	4:233	St. Aubin, Clara May	20 Jan 1904	4:238
Splittgerber, Alfred	02 Dec 1907	5:229	St. Aubin, Cora M.	09 Jan 1900	4:223
Spohn, Blache	04 Apr 1877	1:394	St. Aubin, Earl	13 Jun 1896	4:214
Spohn, Elizabeth	30 Sep 1891	2:190	St. Aubin, Frank Irving	04 Sep 1904	4:238
Spohn, Ellen E.	04 Aug 1877	1:394	St. Aubin, Jas.	03 Aug 1908	5:232
Spohn, Mary A.	19 Jan 1896	3:201	St. Aubin, Lewis H.	22 Mar 1901	4:226
Spohn, Millie	21 Jul 1870	1:374	St. Aubin, Louis	09 May 1885	2:177
Spohn, Willis Bertram	03 Aug 1902	4:235	St. Aubin, Peter	30 Dec 1885	2:175
Sponer, Bridget	13 Feb 1886	2:174	St. Clair, Ella	02 May 1891	2:186
Sponyehs, John	25 Jul 1903	4:236	St. Clair, Lydia	03 Aug 1904	5:219
Spoon, Ferdinand	06 Feb 1907	5:225	St. Clair, Phoebe	04 Mar 1889	2:182
Spooner, Byron	26 Feb 1903	4:234	St. James, Addie	12 Apr 1905	5:222
Spooner, Edward	20 Mar 1896	3:202	St. John, Clara	10 Apr 1904	5:217
Spooner, Fred B.	18 Jul 1900	4:227	St. John, Darius	08 Dec 1896	4:214
Spooner, May	27 Feb 1907	5:225	St. John, Eliz'th	01 Mar 1879	1:394
Spore, d/o Chester	02 Oct 1905	5:222	St. John, Emma K.	18 Feb 1896	3:202
Sporrer, Eda R.	14 Jan 1892	2:189	St. John, Eva R.	30 Jan 1873	1:380
Spragg, Enoch Henry	18 Apr 1901	4:229	St. John, Geo. B.	23 Feb 1907	5:225
Sprague, Charles O.	22 Mar 1884	1:326	St. John, Hellen	12 Dec 1872	1:380
Sprague, Enoch	23 Nov 1900	4:228	St. John, Lulu I.	10 Oct 1892	2:192
Sprague, Esther M.	01 Jun 1896	4:215	St. John, Sarah	02 Apr 1874	1:384
Sprague, Geo.	09 Oct 1891	2:188	St. John, Sarah	13 Jul 1899	4:222

NAME	DATE	V/P
St. John, William	09 May 1890	2:186
St. John, Wm. F.	02 Dec 1907	5:229
St. Louis, John	02 Aug 1890	2:186
St. Peter, Jerry	25 Nov 1893	3:197
Stachak, I., Mrs.	23 Jun 1905	5:221
Stack, Jacob	06 May 1889	2:183
Stack, Michael	29 Jan 1905	5:220
Stack, Patrick	29 Apr 1897	4:217
Stack, Sam'l D.	23 Aug 1894	3:199
Stackhouse, Elsa L.	20 Jul 1893	3:196
Stackhouse, James M.	06 Jan 1904	4:238
Stackhouse, Wm. C.	20 Aug 1901	4:229
Stacry, Charles E.	22 Nov 1902	4:232
Stacy, Aurthur	04 Jan 1906	5:220
Stacy, Evalena	06 Mar 1899	4:219
Stacy, George F.	17 Apr 1906	5:223
Stacy, Infant	04 Feb 1900	4:225
Stacy, Leona	15 Aug 1904	5:217
Stacy, Merle Deroy	07 Oct 1900	4:225
Stader, d/o Martin	09 Nov 1904	5:218
Stader, Lena	07 May 1906	5:226
Stager, Dorothy	07 Feb 1902	4:229
Stager, Elenore	12 Dec 1874	1:386
Stager, Frank E.	19 Feb 1898	4:217
Stager, Joseph Leo	30 Jul 1900	4:226
Stager, Nicholas	03 Jul 1873	1:382
Stager, Oakley B.	24 Aug 1898	4:219
Stagner, Mary	02 Nov 1874	1:388
Stahe, Got., Mrs.	20 Dec 1884	2:174
Stahl, Carlisle W.	23 Nov 1895	3:203
Stahl, d/o Peter	28 Nov 1890	2:185
Stahl, Ernest	28 Sep 1903	4:239
Stahl, Jacob	16 Oct 1872	1:380
Stahl, Johan Wm.	12 Nov 1893	3:196
Stahl, John	15 Apr 1899	4:221
Stahl, John	15 Apr 1899	4:224
Stahl, Martha	26 Nov 1907	5:228
Stahl, Rosa	04 Dec 1880	1:270
Stahl, Roscoe	29 Aug 1906	5:224
Stahl, Wm.	01 Jul 1880	1:270
Stahlberg, Ricke	10 Apr 1885	2:176
Staiber, Mary C.	12 Sep 1896	4:215
Staiger, Cora C.	14 Jul 1903	4:236
Staiger, John B.	28 Aug 1903	4:236
Stailey, Casper	10 Jan 1891	2:187
Staintharf, Wm. F.	11 Aug 1896	4:215
Stainthorf, Lazarus	01 Dec 1896	4:215
Stainthorpe, Alice I.	17 Feb 1874	1:382
Stair, Alta May	16 Mar 1885	2:175
Stair, Dorcas M.	29 Mar 1885	2:175
Stair, Elmer E.	08 Dec 1907	5:227
Stais, Alta M.	16 Mar 1885	2:175
Stalcup, Inf/o Moses A.	13 Aug 1891	2:190
Staldt, Marie	21 Jan 1904	4:237
Staldt, William	12 Sep 1907	5:227
Staley, Inf/o Peter	06 Jan 1889	2:182
Staling, Ann M.	03 Mar 1873	1:380
Stalker, Archie	28 Apr 1902	4:234
Stalker, Arthur A.	02 Jun 1899	4:223
Stalker, Infant	25 Mar 1908	5:229
Stalker, Jeannette	08 Apr 1901	4:230
Stalker, Wilma Loretta	19 Feb 1901	4:226
Stall, Elizabeth	26 Nov 1884	2:174
Stall, Frank	---	4:220
Stall, Frederick	24 Feb 1904	4:239
Stall, Gustav C.	21 Aug 1889	2:184
Stall, J.J.	10 Aug 1907	5:229
Stall, William J.	17 Oct 1899	4:223
Stallbaum, Andrew	03 Jan 1906	5:220
Stallbaum, Charles	09 Sep 1883	1:326
Stallbaum, Frederick	04 Nov 1906	5:224
Stallbaum, Karl Martin	31 Jul 1907	5:227
Stallbaum, Otto	30 Jun 1890	2:186
Stallman, John	18 Sep 1906	5:225
Stamm, Freda	06 Aug 1905	5:221
Stamm, Maggie	16 Feb 1886	1:270
Stamman, Fred	15 Nov 1897	4:218
Stamman, Fredericka	07 Apr 1901	4:230
Stammen, Johanna	06 Sep 1903	4:236
Stammer, Frederika	20 Feb 1899	4:220
Stammesores, John	17 Mar 1873	1:380
Stanbury, Unknown	19 May 1902	4:234
Stanch, Ottillie	23 Dec 1901	4:230
Stanclift, Jessie L.	02 Aug 1897	4:218
Standart, Harry E.	02 Feb 1887	2:178
Standart, Sarah W.	04 Mar 1903	4:233
Standish, Racheal	14 Nov 1874	1:386
Standistiert, Henry	01 Jul 1896	4:214
Stanegret, Victoria	01 Feb 1904	4:237
Stanford, Ellen	02 Dec 1890	2:187
Stanfort, Edward	16 Nov 1885	2:177
Stanirzrwski, Joseph	19 Aug 1908	5:233
Stanislawski, Hattie	05 Dec 1903	4:236
Stanislawski, Stephen	19 Nov 1903	4:236
Stanisloff, Edward	01 Apr 1904	5:218
Stanisloff, Sophia	12 Aug 1904	5:218
Stanisznoska, Victoria	18 Nov 1895	3:203
Stanley, Chester	26 Mar 1908	5:231
Stanley, F.B.	27 Oct 1907	5:227
Stanley, Infant	13 Sep 1887	2:179
Stanley, Joseph	10 Feb 1906	5:221
Stanley, McMahon	22 Feb 1902	4:231
Stanley, Thomas	03 Dec 1904	5:217
Stanlle, Heun	14 Jun 1904	5:219
Stanton, Michael	27 Nov 1908	5:233
Stantzenback, Barbara	30 Mar 1905	5:218
Stanze, Martha	10 Jan 1905	5:219
Stanzenbach, Ettie	30 Apr 1886	2:178
Stapleford, L.U.	12 Sep 1894	3:199
Stapleton, Hugh	02 Feb 1890	2:185
Stapleton, Hugh	03 Feb 1891	2:187
Stark, Arthur	14 Apr 1897	4:219
Stark, Benjamin J.	23 Oct 1882	1:324
Stark, Burnette	16 Dec 1897	4:217
Stark, Clarence	02 Mar 1897	4:217
Stark, Dominick	19 Jul 1895	3:202
Stark, Esther	16 Jan 1876	1:384
Stark, Jacob	20 Sep 1907	5:228
Stark, Jeannette	13 Feb 1901	4:227
Stark, John	02 Aug 1889	2:184
Stark, John W.	03 Feb 1896	3:202
Stark, Lillian	09 Sep 1884	2:174

NAME	DATE	V/P
Stark, Margaret	31 Dec 1894	3:201
Stark, Mary	05 Aug 1884	2:174
Stark, Robert	03 Jul 1900	4:226
Starkey, Clifford	12 Feb 1904	4:235
Starkey, Harriett	04 Mar 1889	2:182
Starkey, William	15 Oct 1881	1:272
Starkweather, Mary W.	20 Dec 1867	1:42
Starkweather, Rodney	09 Apr 1872	1:380
Starky, Patrick	12 Apr 1901	4:230
Starneelska, Hellen	08 Feb 1899	4:220
Starr, Chas. H.	11 Apr 1888	2:181
Starr, Delens A.	21 Oct 1896	4:215
Starr, Frank Jos.	09 Dec 1902	4:232
Starr, Hubert	24 May 1886	2:177
Starr, Mary Granger	17 Jul 1877	1:392
Starr, Stephen H.	14 Dec 1900	4:228
Starrey, Frank	12 May 1885	2:176
Starry, Alta May	07 Apr 1900	4:228
Starry, Clarence	20 Oct 1880	1:270
Starsky, Moses	01 May 1903	4:234
Startzenbach, Jacob	13 Oct 1906	5:226
Stasiak, Michael	08 Nov 1900	4:226
Staton, W.H.	11 Oct 1905	5:221
Statts, William	12 Feb 1897	4:215
Staub, James	19 Mar 1886	2:176
Staub, Joseph	22 Jul 1879	1:398
Staub, Lena	02 Mar 1897	4:217
Staub, Lena J.	02 Mar 1897	4:216
Stauff, Tankia	17 Sep 1907	5:228
Staule, Lawrence B.	14 Nov 1889	2:184
Staunton, Mary	29 Mar 1896	3:203
Staup, Bernice	10 Nov 1907	5:227
Stawitzki, Michalina	24 Apr 1896	4:216
Stazalka, Stanislaus	01 Jan 1908	5:228
Steadel, August F.	19 Jan 1878	1:394
Steadman, Henrietta	30 May 1900	4:225
Steadman, J.B., Mrs.	03 Jun 1872	1:380
Steager, Louisa	17 Jun 1897	4:214
Stearnbarge, Laura	29 Aug 1906	5:226
Steb, Christian	10 Jul 1872	1:380
Stebbins, Alice J.	22 Apr 1879	1:396
Stebbins, Anna P.	05 Jan 1875	1:386
Stebbins, C.H.	22 Mar 1900	4:224
Stebbins, Catherine	30 Jun 1890	2:186
Stebbins, Daniel R.	06 Sep 1874	1:388
Stebbins, Delos	17 Aug 1888	2:181
Stebbins, George	01 Apr 1887	2:180
Stebbins, Hosea	04 Mar 1904	4:235
Stebbins, Orpha E.	18 Jan 1878	1:394
Stebbins, Orpha N.	13 Feb 1902	4:231
Stebbins, Rial	16 Jan 1879	1:396
Stebbins, Solomon S.	19 Feb 1882	1:324
Stebbins, Wm.	Feb 1879	1:394
Stebel, d/o Wm. L.	26 Jul 1892	2:191
Stechschutte, Mary	14 Jan 1908	5:228
Steck, Arthur	01 Jan 1897	4:214
Steck, Johnny	09 Oct 1870	1:374
Steck, Lilly	22 Sep 1902	4:232
Steck, Mary Louise	22 Aug 1890	2:186
Steckrath, Luella	29 Jul 1908	5:232
Steddinger, Sophia	18 Apr 1904	5:217
Stedman, Louis	29 Mar 1876	1:388
Stedman, S.H.	19 Mar 1887	2:178
Steedman, Cecilia	16 Nov 1896	4:214
Steedman, Eda	25 Mar 1877	1:390
Steedman, Frank	07 Dec 1893	3:196
Steedman, William	06 Jul 1907	5:227
Steel, Chauncey	15 Aug 1870	1:374
Steel, Clayton W.	27 May 1898	4:220
Steel, Cora M.	10 Mar 1871	1:374
Steel, Emma H.	27 Dec 1893	3:197
Steel, Flora Logan	09 Feb 1899	4:221
Steele, Chas.	18 Jan 1908	5:227
Steele, Clayton Jerold	17 Sep 1898	4:219
Steele, Dennison	30 Nov 1871	1:376
Steele, Hannan Chas.	30 Jan 1897	4:216
Steele, Hattie O.	13 Jun 1887	2:179
Steele, Hattie R.	18 Apr 1901	4:229
Steele, Herman	22 Jul 1899	4:222
Steele, Leland Clair	24 Jan 1903	4:235
Steele, Marietta	26 Feb 1902	4:231
Steele, Morrison	15 Jan 1908	5:231
Steffars, Amelia R.	12 Feb 1886	2:175
Steffars, William	09 Apr 1898	4:216
Steffens, Minnie	08 Dec 1897	4:218
Steffers, Carrie	16 Oct 1889	2:183
Steffes, Anna Catherine	03 Jan 1904	5:217
Stefono, Antony	08 Jan 1879	1:396
Stegena, M.A.	12 Jan 1894	3:199
Steger, Amelia J.	18 Jul 1888	2:181
Steger, Frank	24 Aug 1898	4:217
Steger, Fronia	13 Jul 1896	4:214
Steger, Geo. Adam	11 May 1873	1:382
Steger, Godfried	24 Mar 1896	3:202
Steger, Jacob	23 Apr 1905	5:217
Steger, Joseph	23 Jul 1886	2:177
Steger, Josephine	07 Sep 1900	4:226
Steger, Leo	09 Nov 1908	5:231
Steger, s/o Charles	17 Sep 1907	5:229
Steger, Thomas	16 Nov 1869	1:46
Stehsloff, Edward	24 Oct 1884	2:174
Steiert, Lena	06 Feb 1900	4:223
Steig, Jacob	10 Oct 1891	2:190
Steiger, Amelia	21 May 1892	2:191
Steiger, Amelia T.	31 Aug 1875	1:388
Steiger, John	26 May 1876	1:390
Steiger, Kate	05 Sep 1895	3:203
Steiger, Otto	17 Jul 1892	2:191
Steilring, Wm.	24 Dec 1885	2:176
Stein, Alton V.	23 Feb 1901	4:226
Stein, Charles	21 Nov 1895	3:201
Stein, Chas.	03 Apr 1900	4:226
Stein, Ella May	20 May 1907	5:231
Stein, Emily	19 Aug 1895	3:201
Stein, Ezia D.	06 Jun 1900	4:227
Stein, George	09 May 1904	5:217
Stein, Henry Leonard	12 Sep 1903	4:236
Stein, Joseph	26 Aug 1872	1:380
Stein, William	28 Apr 1904	5:220
Steinard, Susan	29 Mar 1907	5:227
Steinberg, Adolph	28 Nov 1902	4:233
Steinberg, Isaac	21 Dec 1908	5:231

NAME	DATE	V/P
Steinberg, Solomon	22 Sep 1895	3:202
Steinbrecher, Ferdinand	06 May 1891	2:188
Steinbrick, Frank	20 Jul 1891	2:188
Steinbrock, Barbara	08 Nov 1887	2:180
Steinburg, Elenor	Mar 1903	4:234
Steine, Caroline	29 Mar 1876	1:384
Steine, William	15 Nov 1875	1:384
Steiner, Catherine	13 Sep 1891	2:190
Steiner, Edward Earl	20 Jul 1903	4:236
Steiner, Elizabeth	08 Apr 1894	3:200
Steiner, Mary	03 May 1898	4:221
Steinert, Catharine	29 Aug 1908	5:232
Steinert, Henry	16 Apr 1891	2:190
Steinhaus, Sophie	09 Dec 1901	4:230
Steinhert, Joseph	13 Jan 1908	5:230
Steinke, Emil	18 Mar 1899	4:221
Steinle, Annie	23 May 1907	5:231
Steinman, Alfred	11 Aug 1881	1:324
Steinman, Emma	04 Jan 1906	5:221
Steinman, Godfrey	24 Sep 1878	1:398
Steinman, Jacob*	25 Nov 1882	
Steinman, John	09 Feb 1884	1:326
Steinman, Lilla Anna	17 Apr 1890	2:187
Steinmeller, Wm.	29 Jan 1891	2:187
Steinmetz, Anna	Aug 1885	2:176
Steinmetz, Dora	08 Nov 1881	1:272
Steinmetz, Frank	24 Apr 1881	1:270
Steinmetz, Johanna	22 Jun 1887	2:180
Steinmetz, Michael	13 May 1888	2:182
Steinmetz, Ravena N.	10 Aug 1882	1:324
Steinmeyer, Michal	12 Jun 1894	3:199
Steinmiller, Alice	17 Nov 1906	5:225
Steinmiller, Christian	21 Oct 1887	2:185
Steinmiller, Edna	04 Oct 1901	4:237
Steinmiller, Jonn	18 Apr 1901	2:179
Steinmiller, Louis	29 Jan 1891	4:230
Steinmiller, Roy	04 Apr 1906	4:230
Steinnitz, Clara	19 Dec 1902	4:234
Steinweller, Burt	26 Oct 1880	5:221
Steirst, Anna Lena	21 Jul 1890	4:221
Steislof, Henry	21 Jan 1886	1:270
Steisloff, Sophia	19 Dec 1902	2:188
Stelb, Jacob	31 Dec 1904	5:219
Stelcup, Emma	28 Sep 1895	3:203
Steling, Louis	23 Apr 1880	2:185
Stelk, Dan'l	17 Nov 1906	5:224
Stellar, A., Mrs.	13 Nov 1905	5:221
Steller, Margaret	25 Mar 1871	1:374
Stelling, Edda	02 Jun 1891	2:190
Stellsell, Joseph	24 Jun 1876	1:390
Stelmazek, Frank	21 Feb 1894	3:198
Stem, Donald	01 Aug 1907	5:231
Stembrecher, Sophie	12 Mar 1899	4:221
Stemmer, Augusta	05 Sep 1868	1:24
Stemp, Bassel	20 Nov 1878	1:394
Stenash, Ralph	28 Jul 1891	2:190
Stenberg, Unknown	01 Sep 1892	2:193
Stencil, Paul	11 Nov 1903	4:237
Stenczel, Paul	11 Nov 1903	4:239
Stenden, E.	04 Oct 1905	5:221
Stender, Earnest J.	09 Sep 1905	5:221
Stener, Minard	01 Mar 1897	4:216
Stenhilber, Otto	19 Aug 1883	1:476
Stenwigg, Daniel	05 Aug 1872	1:380
Stephan, Aug.	14 Dec 1890	2:187
Stephan, Edward	20 Jan 1870	1:46
Stephan, Infant	02 Jun 1892	2:193
Stephan, John G.	19 Jan 1905	5:217
Stephan, Josephine	19 Apr 1871	1:376
Stephan, Julia	04 Jul 1903	4:239
Stephan, Louis	10 May 1892	2:192
Stephan, Mary	02 Sep 1877	1:392
Stephan, Theresa	30 Nov 1893	3:196
Stephanik, Agnes	10 Aug 1885	2:175
Stephans, Hiram	05 Nov 1872	1:380
Stephany, Mary	04 Aug 1904	5:219
Stephanz, Clara Josephine	19 Sep 1900	4:226
Stephanz, Mathias	02 Nov 1907	5:231
Stephen, George	24 Jun 1903	4:237
Stephen, Martin L.	12 Jun 1899	4:224
Stephen, Mary	17 Mar 1874	1:382
Stephen, Wilhelmina	09 Dec 1897	4:218
Stephens, Julia	04 Jul 1903	4:238
Stephens, Malindy	28 Mar 1905	5:218
Stephens, Malvina	13 Oct 1904	5:219
Stephens, Noah	01 Oct 1902	4:234
Stephens, Robert	09 Nov 1879	1:398
Stephens, Sl. H.	18 Jun 1879	1:398
Stephens, Unknown	03 Jan 1906	5:221
Stephenski, Mary	Jul 1887	2:180
Stepheson, Hannah	21 Jan 1889	2:183
Sterger, Andrew	09 Aug 1894	3:199
Sterling, A.B.	01 Jun 1868	1:14
Sterling, Effy May	16 Nov 1895	3:200
Sterling, George	10 Mar 1906	5:220
Sterling, Joseph P.	19 May 1905	5:222
Sterling, Mary	09 Oct 1890	2:186
Sterling, Mathew	24 May 1895	3:202
Sterling, Theodore F.	10 Oct 1897	4:217
Stern, Amanda M.	02 Dec 1889	2:185
Stern, E.M.	21 Oct 1881	1:324
Stern, Joseph	30 Oct 1874	1:386
Stern, William	07 Dec 1894	3:196
Sternburg, Blanch	13 Oct 1899	4:223
Sternburg, Norman M.	16 Apr 1891	4:223
Sterns, Louis	12 Sep 1868	1:36
Sterns, William	16 Apr 1895	3:203
Stetley, Jennie	07 Aug 1872	1:378
Stetson, Lizzie	13 Feb 1905	5:219
Stetson, Lizzie	13 Feb 1905	5:217
Stetter, Ge., Jr.	11 Jul 1902	4:232
Stetter, George	01 Mar 1869	1:32
Stetter, Theressia C.	14 Nov 1891	2:189
Stetter, Ulrich	10 Dec 1880	1:270
Stettinger, Jacob, Mrs.	18 Apr 1904	5:219
Stetzer, Sophia	14 Apr 1896	3:202
Stetzer, Valentine	24 Mar 1906	5:220
Steub, Carl B.	20 Nov 1901	4:231
Steub, Rudolph	20 Sep 1895	3:202
Steuer, Jos.	09 Jun 1891	2:189
Steuer, Joseph	09 Jun 1891	2:186

NAME	DATE	V/P
Steuer, Louis	02 Jun 1891	2:186
Steufloff, Inf/o Joseph	18 May 1891	2:186
Steusloff, Bertha	23 Apr 1884	1:476
Steusloff, Christ	14 May 1899	4:222
Steusloff, Elma	01 Sep 1903	4:238
Steusloff, Henry F.	23 Feb 1903	4:238
Steusloff, Jno.	11 Apr 1886	2:179
Steusloff, John	08 Mar 1886	2:176
Steusloff, Louis	21 Jan 1886	2:177
Steusloff, Martha	12 Feb 1902	4:235
Stevans, Everet B.	07 Jul 1900	4:225
Steve, Christ	28 Feb 1894	3:198
Stevens, Alanson A.	31 Jan 1905	5:218
Stevens, Edison	23 Feb 1895	3:199
Stevens, Edson D.	22 Jul 1903	4:237
Stevens, Emma	01 Nov 1903	4:238
Stevens, Fannie E.	23 Feb 1895	3:199
Stevens, Fidelia C.	25 Jan 1902	4:230
Stevens, Geo. W., M.D.	09 Jun 1906	5:224
Stevens, Jerome B.	29 Feb 1882	1:272
Stevens, John H.	03 Feb 1906	5:221
Stevens, John W.	10 Apr 1906	5:224
Stevens, Martha	12 Oct 1886	2:178
Stevens, Martha	14 Oct 1875	1:384
Stevens, Mary	02 Feb 1908	5:231
Stevens, Mary	30 May 1896	4:215
Stevens, Mary Dell	07 Oct 1880	1:270
Stevens, Nancy	15 Sep 1880	1:270
Stevens, Revillo Hall	24 Feb 1906	5:223
Stevens, Robert R.	30 Jun 1902	4:234
Stevens, Sarah	27 Oct 1894	3:199
Stevens, Wm.	07 May 1901	4:231
Stevens, Wm. Arthur	26 Oct 1876	1:390
Stevenson, John	17 Jan 1893	2:192
Stevenson, Kate	27 Feb 1889	2:182
Stevenson, Mary	20 Sep 1877	1:394
Steward, Charles	22 Aug 1908	5:233
Stewart, Amanda	04 Feb 1908	5:229
Stewart, Caroline	01 Apr 1882	1:272
Stewart, Chas. H.	26 Mar 1898	4:217
Stewart, Clara	31 Jan 1877	1:390
Stewart, Daily G.	03 Mar 1899	4:220
Stewart, Edward	04 Sep 1907	5:229
Stewart, Edwin	27 May 1900	4:228
Stewart, Floyd M.	31 Jul 1877	1:394
Stewart, Geo. B.	11 Dec 1872	1:378
Stewart, Geo. L.	16 Jul 1885	2:176
Stewart, James	24 May 1891	2:189
Stewart, Jane	17 Aug 1904	5:219
Stewart, Katie M.	20 Jun 1897	4:218
Stewart, Myrtie	29 Apr 1882	1:324
Stewart, Nellie	12 Jun 1907	5:229
Stewart, Susan W.	12 Apr 1878	1:394
Stewart, William	09 Aug 1906	5:226
Stewigg, David	27 Dec 1873	1:382
Stewigg, Fay Ar.	04 Aug 1881	1:272
Stewigg, Samuel	19 Nov 1893	3:196
Steymull, Magdaline	23 Feb 1896	3:202
Sthilong, Michael	22 May 1873	1:380
Sthilong, V.	25 Dec 1871	1:378
Stick, Henry	26 Sep 1890	2:186

NAME	DATE	V/P
Stick, Minnie Catherine Sophia	30 Sep 1891	2:189
Stickles, Dora	03 Jul 1902	4:234
Stickles, Elmer L.	10 Jun 1902	4:233
Stickley, Clarence W.H.	03 Jan 1903	4:233
Stickley, Infant	01 Mar 1893	2:192
Stickley, William	14 Mar 1901	4:229
Stickley, William	14 Mar 1902	4:229
Stickmon, Herman	12 Apr 1906	5:226
Stickney, Ella	11 Nov 1907	5:227
Stickney, Malcomb	28 Nov 1876	1:390
Stieg, George	23 Feb 1896	3:203
Stieg, Kate Anna	10 Nov 1877	1:394
Stiegmann, Chas.	15 Jul 1907	5:231
Stieler, Elsie	14 Mar 1899	4:221
Stienbrick, Ida	07 Jan 1900	4:222
Stienmetz, Chs.	15 Mar 1885	2:174
Stienmueller, Florence	22 Feb 1904	4:237
Stiezgilmyer, Mary	02 Sep 1905	5:221
Stiles, Francis	09 Mar 1891	2:185
Stiles, J.M.	21 Jul 1877	1:392
Stiles, Leona	12 Dec 1899	4:224
Stiles, W. Stiles	17 Jan 1893	3:196
Still, Maryme	20 Dec 1907	5:229
Stillman, Fletcher	14 Oct 1873	1:382
Stilt, Johanna	15 Dec 1896	4:215
Stimer, Joseph M.	09 Jul 1871	1:376
Stimpfle, Frank Peter	25 Jan 1906	5:223
Stimpfle, Paul	02 Mar 1906	5:223
Stimpson, George	16 Sep 1900	4:228
Stimson, Nellie E.	18 Jul 1883	1:326
Stimson, Wilbur F.	06 Apr 1905	5:220
Stine, Nancy I.	18 Jul 1871	1:378
Stineman, Lillie E.	17 Apr 1890	2:184
Stinson, Douglas	10 Mar 1895	3:198
Stinson, Inf/o Douglass	24 Apr 1883	1:326
Stinzel, Inf/o Walter	11 Jul 1889	2:184
Stipp, Clifford F.	20 Nov 1901	4:230
Stipp, Joseph A.	01 Dec 1907	5:229
Stippe, Frieda	17 May 1902	4:233
Stiskey, Nicholas	24 Oct 1874	1:382
Stittle, Eli	23 Nov 1904	5:219
Stittle, Emeline	02 Aug 1891	2:188
Stoby, August	19 Nov 1877	1:394
Stock, Caroline H.	07 Mar 1878	1:392
Stock, Edward	08 Dec 1893	3:197
Stock, Henry	17 Jul 1906	5:226
Stock, Hosea T.	12 Oct 1891	2:189
Stock, Infant	09 Apr 1877	1:394
Stock, Lucy	14 Jul 1868	1:16
Stock, Ludwig	30 Oct 1891	2:189
Stock, Mary A.	07 Jan 1899	4:221
Stock, William	11 Apr 1881	1:272
Stock, Wm.	30 Apr 1880	1:270
Stockens, Jane A.	03 Feb 1905	5:217
Stocker, Malcomb	19 Nov 1888	2:182
Stockford, Mary	16 Jul 1896	4:214
Stockhouse, John W.	28 Jan 1900	4:225
Stocking, Herod	01 Mar 1905	5:219
Stocking, Joseph C.	11 Mar 1899	4:220
Stocking, W.M.	05 May 1906	5:224

NAME	DATE	V/P	NAME	DATE	V/P
Stockley, Geo. S.	16 Mar 1892	2:189	Stone, Martha	25 Feb 1881	1:270
Stockley, George	26 Sep 1890	2:187	Stone, Mary	20 ---	2:185
Stockman, Frank	07 Jul 1881	1:324	Stone, Nellie	09 Aug 1879	1:400
Stockman, Gertrude	31 Oct 1888	2:181	Stone, Wm. J.	25 Aug 1902	4:233
Stockman, Grace	01 Feb 1883	1:324	Stonehill, Wm. D.	18 Apr 1901	4:231
Stockman, James	23 Dec 1881	1:324	Stoner, Charles	08 Sep 1894	3:199
Stockmann, J.	05 Jun 1895	2:193	Stoner, Christina E.	31 Sep 1900	4:226
Stocks, Inf/o Pat.	14 Mar 1869	1:34	Stoner, Ethel	17 Dec 1902	4:234
Stockton, Deleno	11 Aug 1905	5:220	Stoner, Harriet	20 Jan 1875	1:386
Stockton, Dominicus A.	05 Oct 1888	2:182	Stoner, John A.	20 Sep 1874	1:386
Stockton, Ethel Belle	12 Jul 1889	2:185	Stophlet, John W.	20 Jan 1905	5:218
Stockton, Geo. A.	12 Aug 1899	4:224	Storch, John F.	12 Oct 1892	2:192
Stockton, Grace P.	01 Feb 1884	1:476	Storey, Viola J.	23 Mar 1901	4:227
Stockton, Julia	05 Mar 1891	2:187	Stork, John	---	2:190
Stockton, Kabby	09 Mar 1871	1:374	Stork, Mary	25 Apr 1908	5:233
Stoddard, Geo. W., Capt.	14 Oct 1893	3:196	Storkloff, Freda	03 Oct 1907	5:229
Stoddard, Harriett	15 Jun 1906	5:227	Storm, Bessie	Sep 1889	2:183
Stoddard, Harry	14 Apr 1896	4:215	Storm, Lillian E.	26 Nov 1908	5:232
Stoddard, Helen	05 Sep 1908	5:232	Storm, s/o Charles	08 Jun 1902	4:235
Stoddard, Nellie	08 Apr 1908	4:221	Stormer, Mildred Iona	06 Jan 1901	4:226
Stodt, Charles	14 Oct 1906	5:225	Stort, Katie	17 Feb 1882	1:272
Stodt, Wm.	30 Nov 1906	5:225	Storzenwaski, Mary	30 Jan 1896	3:201
Stoekli, Peter	25 Jan 1888	2:179	Stough, Alphonse L.	05 Mar 1899	4:221
Stoerling, Effe M.	16 Nov 1895	3:203	Stough, J.W.	02 Apr 1907	5:224
Stoetzel, George	16 Jan 1872	1:376	Stough, L.I.	26 Jan 1905	5:218
Stohan, Leo	16 Jan 1901	4:227	Stout, Adam	23 Mar 1877	1:392
Stohl, Herman	26 Mar 1880	1:400	Stout, Catharine E.	30 Aug 1879	1:398
Stohl, Joseph	08 Aug 1872	1:380	Stout, Claud M.	02 Dec 1905	5:217
Stoiegar, Celia M.	19 Sep 1871	1:376	Stout, Joseph	08 Aug 1895	3:203
Stoker, Mary	03 Jul 1869	1:40	Stover, Benj.	14 Jul 1874	1:386
Stokes, Perry	25 Jan 1907	5:226	Stover, Franklin	05 Jan 1875	1:386
Stolarski, Broniestaw	19 Nov 1903	4:237	Stover, Jacob	27 Dec 1874	1:386
Stolarski, Joseph	30 Oct 1908	5:233	Stover, Margaret	29 Nov 1887	2:179
Stolarski, Victoria	12 Aug 1908	5:233	Stow, Charles	26 Feb 1891	2:186
Stolberg, Andrew	17 Mar 1897	4:215	Stow, Chas. Scott	04 Jun 1901	4:230
Stolberg, Joseph	10 Oct 1878	1:396	Stow, Cynthia	08 May 1891	2:190
Stolberg, Mary C.	13 May 1896	4:215	Stowe, D.	03 May 1898	4:221
Stoldt, Charles	08 May 1898	4:222	Stowe, Elizabeth	19 Feb 1871	1:374
Stoldt, John	14 Sep 1905	5:222	Stowe, Ida	21 Feb 1871	1:374
Stoldt, Louisa	09 Dec 1890	2:188	Stowe, Louis E.	Jul 1887	2:179
Stoldt, Mary	03 Apr 1889	2:183	Stowe, Poswell C.	09 May 1878	1:394
Stoldt, Minnie	23 Feb 1891	2:188	Stowe, Roswell C.	09 May 1878	1:394
Stoljasewsky, Laura L.	27 May 1899	4:224	Stowe, Sarah G.	27 Feb 1890	2:183
Stoll, Annie	20 Jun 1906	5:223	Stowiski, Chas.	13 May 1892	2:193
Stoll, Carrie M.M.	14 Dec 1907	5:227	Stowninska, Jo	25 Jan 1893	2:192
Stoll, Clarance	29 May 1895	3:203	Stowoghefski, Stanlaus	23 Feb 1889	2:182
Stoll, Clarence	27 Nov 1893	3:196	Strabler, Frank J.	21 Jul 1907	5:228
Stoll, Fordnet	20 Dec 1906	5:223	Strabler, Lena	---	2:179
Stoll, George	20 Mar 1895	3:198	Straggon, Ormina	25 Mar 1877	1:388
Stoll, John	23 Jan 1902	4:231	Strahl, John J.	28 Jul 1881	1:272
Stollberb, Augusta J.	13 Jul 1881	1:272	Strahlein, Henry	25 Mar 1886	2:177
Stollberg, Christian	29 Jun 1894	3:199	Straide, Maria	06 Oct 1872	1:378
Stollberg, Christiana	03 Jul 1894	3:200	Straiger, Wm.	04 Mar 1886	2:176
Stoltz, Emma	21 Sep 1886	2:178	Straight, Ada Doras	18 Nov 1896	4:215
Stolz, Carrie	22 Mar 1907	5:229	Straight, Chas. A.	20 Dec 1869	1:52
Stone, Adelaide	14 Feb 1903	4:237	Straight, d/o F.R.	08 Aug 1891	2:188
Stone, Chas. Wm.	08 Sep 1894	3:200	Straight, Emily	06 Jun 1900	4:226
Stone, Clara B.	21 May 1904	5:218	Straight, F.J.	29 Dec 1892	2:191
Stone, Clarence	11 Jan 1895	3:199	Straight, Henry	31 Aug 1902	4:234
Stone, Elijah J.	26 Mar 1876	1:388	Straight, Inf/o F.R.	01 Jul 1888	2:182
Stone, Lyman B.	27 Jun 1908	5:234	Straight, Infant	30 Mar 1889	2:182

263

NAME	DATE	V/P
Straight, Mary	18 May 1904	5:219
Straight, Mary E.	20 Jul 1870	1:374
Straight, S.E.	24 Aug 1894	3:196
Strain, Mary E.	04 Jan 1874	1:382
Strain, Mary Ellen	07 Apr 1881	1:270
Strain, Mary W.	24 Jun 1888	2:181
Straith, Henry	28 Nov 1886	2:178
Straka, Anna	25 Nov 1897	4:217
Straker, Joseph	28 Oct 1898	4:219
Strall, Arnold	14 Mar 1899	4:220
Strasburger, Louis I.	26 Jul 1902	4:233
Strasfer, Jacob	1871	1:378
Straton, N.T.	25 Mar 1908	5:231
Strattan, David	05 Mar 1898	4:216
Stratton, Ed. E.	18 May 1886	2:178
Stratton, Ezra	16 Oct 1905	5:223
Stratton, Jerushia	18 Dec 1891	2:188
Stratton, Marian L.	04 Mar 1875	1:384
Stratton, Richard	14 Jun 1876	1:388
Stratton, Susan	21 Aug 1872	1:378
Straub, Charles	06 Feb 1876	1:384
Straub, Geo. T.	18 May 1904	5:218
Straub, Martin	25 May 1902	4:233
Straub, Mary T.	10 May 1876	1:390
Straub, Thomas L.	02 Nov 1880	1:270
Straughn, Geo. W.	09 Apr 1907	5:230
Strauovitz, Radish	22 Apr 1893	3:197
Straus, Amilla	16 ---	2:185
Straus, Inf/o Phillip	01 Jan 1887	2:177
Straus, Lisseta	23 Oct 1903	4:237
Straus, Louis	18 ---	2:185
Straus, Phillip	09 Aug 1907	5:229
Strausberg, Jessie	23 Oct 1902	4:232
Strauss, Albert	09 Aug 1898	4:221
Strausze, Dr.	09 Sep 1907	5:228
Straveler, Frank	30 Jul 1869	1:50
Straveler, Wm.	10 Mar 1886	2:176
Strawback, d/o Leo	07 Mar 1897	4:215
Strawbridge, Allen	18 Feb 1904	4:238
Strawley, Howard A.	08 Aug 1903	4:238
Strawser, Lizzie	09 Feb 1895	3:198
Strayer, Barbara	04 Feb 1907	5:223
Strayer, Daniel	06 Feb 1903	4:235
Strayer, Edward	03 Feb 1871	1:378
Strayer, Grace Opal	20 Aug 1900	4:225
Strayer, Ivy Dell	05 May 1888	2:181
Strayer, Jno.	29 Jan 1892	2:188
Strayer, Mary E.	13 Sep 1889	2:183
Strayer, Peter	11 Nov 1884	2:175
Strayer, Peter	19 Feb 1905	5:217
Strayer, Sophia	07 Oct 1890	2:186
Strayley, Gorden W.	19 Aug 1908	5:233
Strayor, Jessey	21 Jan 1880	1:398
Strebler, Alois	15 Apr 1894	3:200
Streeker, Jno.	08 Oct 1889	2:184
Streeter, Benj. F.	18 Nov 1903	4:237
Streeter, Benjamin F.	19 Nov 1903	4:236
Streeter, Harley	22 Aug 1908	5:232
Streetman, Estelle	18 Aug 1903	4:237
Streetmatter, Sigmud	29 Feb 1896	3:201
Streets, Margaret	22 May 1907	5:230
Strehan, Herman A.	09 Jan 1905	5:219
Strehlan, Amanda	27 Dec 1904	5:218
Strehley, Unknown	04 Jan 1891	2:187
Streicher, Agnes	08 Jun 1891	2:189
Streicher, August	21 May 1900	4:227
Streicher, Emma	04 Aug 1890	2:187
Streicher, Ignatius	12 Nov 1881	1:272
Streicher, John	16 Apr 1890	2:187
Streicher, Joseph P.	05 Jan 1902	4:229
Streicher, Katarina	08 Apr 1892	2:192
Streicher, Martin	16 Jun 1902	4:233
Streight, Elizabeth	12 Nov 1898	4:220
Streight, Harriet R.	24 Feb 1882	1:324
Streight, Isabella	04 Dec 1891	2:189
Streight, Mary	05 Jan 1908	5:230
Strempfee, Christain	24 Jul 1895	3:202
Strempfer, Frieda	11 Feb 1896	3:202
Strenk, Mary	07 Aug 1907	5:230
Strensz, Waiczesk	30 Mar 1907	5:225
Strepler, Martin Frank	21 Dec 1893	3:197
Strettmatter, Vincenz	16 May 1878	1:396
Streuh, Anton	30 Aug 1890	2:187
Stribler, Lena	May 1887	2:180
Stricher, Catharine	15 Aug 1875	1:388
Stricher, Elizabeth	17 Mar 1881	1:400
Stricher, Geo.	24 Feb 1881	1:400
Stricher, George	25 Aug 1896	4:214
Stricher, George	30 Aug 1896	4:214
Stricher, Martin	04 Apr 1892	2:191
Strick, Philip	13 Jan 1872	1:378
Stricker, Bertha	23 May 1885	2:174
Stricker, Dorothy	17 Sep 1905	5:220
Stricker, Elias	31 Dec 1886	2:178
Stricker, Henry	14 Sep 1876	2:181
Stricker, Henry	14 Sep 1876	1:390
Stricker, Lizzie	20 Dec 1888	2:181
Stricker, Micheal	08 Jul 1903	4:235
Strickfuss, Mag.	25 Mar 1886	2:176
Strickland, Ruth	28 Dec 1907	5:229
Stricktuss, Jos.	30 Jan 1881	1:270
Striger, Ida	17 Nov 1897	4:217
Stright, Mary	05 Jan 1908	5:231
Striker, Caralena	13 Mar 1891	2:187
Striker, Jerry	14 Jan 1884	1:326
Striker, Mary A.	21 Jul 1875	1:388
Striker, Robert	25 Nov 1868	1:26
Striker, Rosa Ann	19 Jul 1873	1:382
String, Jacob	07 Sep 1903	4:238
Stripe, Infant	Sep 1875	1:384
Strittsmather, Anton	10 Jul 1902	4:234
Strobbasker, C.T.	03 Sep 1868	1:22
Strobel, Annie	31 Aug 1885	2:176
Strobel, Fred	27 Oct 1908	5:232
Strobel, Wm.	27 Aug 1887	2:179
Stroble, Anna	26 May 1908	5:232
Stroble, Fred	27 Oct 1908	5:231
Stroble, Wilhelmina	14 Mar 1894	3:197
Strochlain, Rudl.	16 Dec 1886	2:179
Stroebel, William	14 May 1880	1:270
Stroebel, Wm. Henry	14 May 1880	1:270
Stroefar, Catherine	17 Nov 1906	5:226

NAME	DATE	V/P	NAME	DATE	V/P
Stroehacker, Louis	12 Aug 1885	2:176	Stummer, Minnie	10 Apr 1900	4:226
Stroehlim, Kernigunda	29 May 1891	2:190	Stump, Charles	11 Mar 1881	1:270
Stroh, Inf/o John	04 Mar 1871	1:374	Stump, George	04 Apr 1908	5:228
Strohe, C.A.	16 May 1899	4:223	Stump, Minnie	07 Aug 1893	3:197
Strohecker, May	24 Apr 1907	5:229	Stums, Regina	30 Jun 1896	4:214
Strohl, Cora	06 May 1899	4:224	Stunch, Augusta	14 Jun 1881	1:324
Strohl, E.S.	06 Dec 1898	4:219	Sturchloff, Henry	14 Jan 1868	1:8
Strohl, Frank Henry	12 Nov 1901	4:229	Sturdevant, Joseph	11 Jan 1906	5:222
Strohl, Grace S.	06 Jul 1905	5:223	Sturk, Jeannette	18 Feb 1901	4:227
Strohl, J. Allen	16 Oct 1906	5:226	Sturk, Lorenz	26 Oct 1896	4:216
Strohl, Ralph J.	06 May 1902	4:235	Sturm, Bertha	26 Jul 1902	4:233
Strohl, Ross Lee	06 Feb 1904	4:235	Sturm, Hattie	20 Jul 1902	4:233
Stroll, Arnold F.	14 Mar 1899	4:222	Sturm, Ida	12 Aug 1902	4:233
Stroll, Ruth	14 Jul 1908	5:234	Sturm, Joseph	08 Jan 1879	1:396
Strong, Charlotte F.	26 Aug 1868	1:20	Sturm, Oscar	09 Aug 1902	4:233
Strong, Chester	17 Dec 1893	3:197	Sturm, Wilhelm	08 Nov 1892	2:191
Strong, Inf/o Volney	24 Feb 1880	1:398	Stutor, Ulrich	28 Feb 1891	2:186
Strong, J.R.	14 Dec 1879	1:398	Stutz, Jacob	08 Mar 1907	5:224
Strong, Jenny M.	25 Feb 1897	4:214	Stutz, Joseph	07 Jan 1875	1:386
Strong, Marguerite	09 Oct 1903	4:237	Stutzke, Mary	16 Dec 1884	2:174
Strong, Mary	01 Jun 1870	1:374	Stutzke, Otto	16 Dec 1885	2:176
Strong, Nancy	12 Apr 1902	4:231	Stutzman, Samuel	13 Jan 1907	5:227
Strong, Patrick	09 Jan 1873	1:380	Stygler, Charles	08 Jun 1905	5:222
Strouble, Paul	10 Sep 1888	2:181	Style, Glen Carl	28 Jan 1902	4:231
Stroud, Dollie B.	26 Jul 1890	2:186	Suatz, Bennie	07 Oct 1889	2:185
Strub, August T.	12 Oct 1896	4:214	Subauer, Catherine	16 Oct 1892	2:191
Strub, Mary A.	13 Feb 1887	2:179	Subco, Lilian	04 Sep 1898	4:221
Strub, Ralph	05 Feb 1898	4:217	Subella, Anthony	08 Mar 1888	2:180
Strubel, Helene	01 Jan 1901	4:227	Suber, Jane	05 Aug 1883	1:326
Struble, Chas.	08 Nov 1903	4:237	Subinski, Virinsha	28 Mar 1894	3:198
Struble, Laura May	09 Mar 1902	4:229	Suchala, Anna	16 Jul 1907	5:230
Struble, Richmond Jones	01 Mar 1902	4:229	Suchala, Josephine	31 May 1903	4:238
Struckle, Elizabeth	14 May 1903	4:239	Sucker, George	16 Oct 1904	5:219
Strudwick, Alfred A.	01 Jan 1888	2:179	Suckotch, Mike	25 Jul 1907	5:230
Strugark, Hattie	06 Jan 1902	4:229	Suder, E.A.	24 Feb 1908	5:228
Strunck, Mary	17 Apr 1894	3:199	Suder, Ewald	13 Oct 1881	1:272
Stryker, Jos., Mrs.	15 Oct 1908	5:232	Suder, Harriet	21 Nov 1876	1:390
Stuart, Rose	05 Oct 1889	2:185	Suder, Ingard	22 Oct 1876	1:390
Stuart, Saryan	16 Sep 1885	2:175	Suder, Leo	24 Aug 1894	3:199
Stubbs, Archie	06 Dec 1893	3:196	Suerbeck, Elizabeth	06 Jan 1891	2:185
Stubbs, N.B.	20 Nov 1907	5:228	Suetz, s/o Fred	07 Mar 1906	5:139
Stublings, Merry L.	09 Aug 1905	5:221	Sugar, Fanny	05 Jan 1905	5:217
Stuckey, Peter	13 Oct 1900	4:228	Sugarman, A.	29 Dec 1899	4:223
Studeman, John	15 Mar 1878	1:396	Sugrim, John	17 Oct 1876	1:390
Studer, Anna	05 Mar 1907	5:223	Suholzer, Carrolton E.	27 Mar 1890	2:183
Studer, Anna	13 Jun 1881	1:272	Suhr, John	08 Nov 1890	2:187
Studer, Arthur	01 Apr 1895	3:199	Suhr, Leo	04 Nov 1901	4:231
Studer, Charles W.	14 Sep 1908	5:234	Suhrweier, d/o Henry	05 Mar 1906	5:220
Studer, Flevin	03 Apr 1895	3:199	Suire, Frances	12 Feb 1884	1:326
Studer, Gladys Marie	09 Jul 1902	4:235	Suleseke, Frank	12 Jul 1886	2:177
Studer, Helen Lenora	22 Jul 1900	4:226	Sulewski, Michael	16 Dec 1901	4:231
Studer, Henry	17 Mar 1878	1:392	Sulewski, Ralph	18 Aug 1903	4:236
Studer, Lorenz	30 Nov 1908	5:233	Sulier, Harold	26 Feb 1898	4:218
Studer, Olive	12 Feb 1908	5:227	Sulis, John Baptist	21 Feb 1898	4:217
Studer, Rueal B.	19 Dec 1896	4:214	Sulivan, Conilius	20 Aug 1890	2:187
Studwant, Leo	03 Sep 1892	2:192	Sulivan, Edward	29 Nov 1876	1:390
Studwick, Bertha	01 Aug 1880	1:270	Sulivan, John	15 Jun 1897	4:218
Studyoin, Blanch Mez	05 Dec 1901	4:229	Sulkowski, John	17 Dec 1906	5:224
Stuetzer, Johanna S.	12 Dec 1889	2:183	Sullivan, Adam A.	13 Mar 1904	5:218
Stull, Lena	13 Apr 1900	4:225	Sullivan, Alice E.	28 Mar 1894	3:197
Stull, Mary	25 Nov 1887	2:179	Sullivan, Alice O.	16 Apr 1869	1:2

NAME	DATE	V/P
Sullivan, Amelia	26 Aug 1908	5:234
Sullivan, Anna	16 Jan 1902	4:230
Sullivan, Bertha	05 Jan 1889	2:183
Sullivan, Charlotte	17 Mar 1904	5:218
Sullivan, Cornelius	14 Jun 1888	2:182
Sullivan, Cornelius	29 Aug 1903	4:238
Sullivan, Infant	1888	2:182
Sullivan, Infant	29 Sep 1886	2:178
Sullivan, d/o John D.	21 Dec 1899	4:223
Sullivan, d/o Thomas	11 Sep 1895	3:185
Sullivan, d/o Thos.	11 Sep 1895	3:200
Sullivan, Daniel	04 Dec 1895	3:202
Sullivan, Daniel	10 Oct 1896	4:215
Sullivan, Daniel	12 Feb 1902	4:230
Sullivan, Daniel	21 Feb 1893	2:191
Sullivan, Edw'd	17 Oct 1900	4:227
Sullivan, Ellen	12 Jul 1868	1:16
Sullivan, Ellen	21 Jun 1887	2:179
Sullivan, Ellen	22 Dec 1872	1:380
Sullivan, Georgeana	09 Oct 1899	4:223
Sullivan, Gladys	18 Nov 1903	4:239
Sullivan, Hannah	04 Feb 1872	1:376
Sullivan, Henry	25 Jul 1907	5:230
Sullivan, James	08 Mar 1880	1:398
Sullivan, James	08 Nov 1895	3:200
Sullivan, James	18 Oct 1898	4:219
Sullivan, James	21 Aug 1870	1:376
Sullivan, James	31 May 1895	3:202
Sullivan, Jeremiah	04 May 1897	4:216
Sullivan, Jerry	13 Nov 1869	1:54
Sullivan, Jessie	06 Aug 1876	1:390
Sullivan, Johanna	03 Feb 1881	1:270
Sullivan, John	01 Oct 1874	1:386
Sullivan, John	13 Feb 1899	4:219
Sullivan, John	25 Jul 1906	5:224
Sullivan, John D.	13 Sep 1902	4:234
Sullivan, John D.	29 Nov 1883	1:326
Sullivan, John G.	13 May 1908	5:232
Sullivan, Joseph H.	17 Sep 1877	1:394
Sullivan, Josephine	17 Sep 1906	5:226
Sullivan, Julie	15 Dec 1875	1:384
Sullivan, Kate	10 Apr 1900	4:227
Sullivan, Katherine	08 Oct 1899	4:223
Sullivan, Kittie	05 May 1868	1:12
Sullivan, Leonel	18 Nov 1901	4:229
Sullivan, Lizzie	23 Dec 1872	1:378
Sullivan, Lizzie	29 Jan 1900	4:225
Sullivan, Maggie	15 Jun 1900	4:227
Sullivan, Mamie	14 Dec 1892	2:192
Sullivan, Margaret	13 Sep 1907	5:231
Sullivan, Margaret E.	27 Dec 1895	3:202
Sullivan, Marie	26 Oct 1899	4:222
Sullivan, Marlen J.	22 Oct 1899	2:185
Sullivan, Mary	12 Jun 1908	5:232
Sullivan, Mary	20 Jun 1905	5:221
Sullivan, Mary	20 May 1875	1:384
Sullivan, Mary A.	01 Jun 1871	1:376
Sullivan, Mary A.	16 Sep 1877	1:394
Sullivan, Mary Ann	16 Apr 1871	1:376
Sullivan, Mary C.	12 May 1895	3:202
Sullivan, Mary E.	03 Mar 1886	2:177
Sullivan, Mary H.C.	29 Jan 1902	4:229
Sullivan, Maurice D.	06 Dec 1887	2:179
Sullivan, Mich. James	28 Dec 1878	1:396
Sullivan, Michael	07 Feb 1880	1:400
Sullivan, Michael	11 Jul 1875	1:384
Sullivan, Michael	11 Jun 1904	5:219
Sullivan, Michael	29 Jun 1898	4:221
Sullivan, Nellie	21 Nov 1875	1:384
Sullivan, Nettie	11 Jul 1899	4:225
Sullivan, Nora	18 Oct 1902	4:234
Sullivan, Pallister	02 Feb 1901	4:226
Sullivan, Patrick	10 Jan 1902	4:230
Sullivan, Patrick H.	06 May 1898	4:220
Sullivan, Stephan	02 Feb 1891	2:187
Sullivan, Stephen	Jun 1871	1:376
Sullivan, Thomas	03 May 1890	2:187
Sullivan, Thomas	25 Jul 1872	1:380
Sullivan, Timothy	05 Feb 1870	1:54
Sullivan, Timothy	08 Sep 1902	4:233
Sullivan, Timothy	08 Sep 1902	4:232
Sullivan, Timothy	17 Dec 1869	1:54
Sullivan, William	17 Oct 1894	3:200
Sullivan, William	Sep 1881	1:272
Sullivan, Wm.	18 Oct 1894	3:199
Sullivan, Wm. Edward	08 Feb 1900	4:223
Sullma, Jas.	02 Oct 1899	4:223
Sullma, Jerry	19 Nov 1899	4:223
Sulowski, Stanislaus	17 Dec 1886	2:177
Sulyerk, Franc	09 Feb 1894	3:198
Sulzer, Richard	31 Jan 1899	4:219
Sumberg, George	25 Sep 1875	1:384
Sumler, Clara	01 Jan 1890	2:184
Summer, W.S., Mrs.	02 May 1907	5:229
Summerfeld, s/o Chas.	02 Mar 1908	5:114
Summerman, Carl	02 Jun 1886	2:178
Summers, Clarance	21 Mar 1890	2:185
Summers, James	28 May 1907	5:230
Summers, Margaret	11 Feb 1908	5:231
Summers, Mary	20 Jan 1876	1:388
Summerskill, Bertha M.	27 Oct 1891	2:190
Summerville, John	14 Feb 1879	1:396
Sumner, Elliott	31 Jul 1887	2:180
Sumner, Francis Janny	21 Jun 1897	4:218
Sun, Wo.	08 Jul 1892	2:192
Sunbury, Eugene	22 Mar 1903	4:233
Sund, Maria	14 Jan 1903	4:233
Sunior, Edward	06 Mar 1873	1:380
Sunkio, Lioba	26 Oct 1896	4:215
Superior, Freddie	28 Dec 1889	2:185
Superior, James	24 Aug 1895	3:201
Superior, Tena	07 Dec 1889	2:185
Supperior, Tena	Dec 1889	2:183
Surbeck, Jacob	28 Aug 1875	1:384
Surdin, Mary	15 Oct 1908	5:232
Surtman, Robert	12 Dec 1908	5:232
Susan, Mary	12 Jan 1895	3:200
Susor, Eli	16 Aug 1899	4:222
Susor, Filisa	18 Mar 1905	5:217
Susor, Frank	11 Feb 1881	1:400
Susor, Magdelena	29 Jan 1905	5:220
Susor, Maltie W.	06 Apr 1868	1:12

NAME	DATE	V/P
Susor, Maud	08 Oct 1877	1:392
Susor, Maud	21 Mar 1893	2:190
Susor, Peter	16 May 1907	5:227
Susor, R.E.	16 Aug 1899	4:223
Sussman, Augusta	01 Feb 1896	3:202
Sutenburgh, Jas.	16 Jul 1874	1:388
Suter, Anna	23 Nov 1897	4:216
Suter, Ira Naomi	06 Sep 1901	4:232
Suter, Theressa	09 Sep 1908	5:233
Suter, Waldo	13 Oct 1898	4:219
Sutherland, Ben. R.	30 Sep 1897	4:218
Sutherland, William R.	05 Apr 1905	5:222
Sutliff, Mattie	01 Oct 1906	5:225
Sutliff, William	26 Nov 1895	3:201
Sutor, Lorenz	17 Sep 1893	3:197
Sutter, John	13 Mar 1889	2:181
Suttock, Magdaline	05 Feb 1872	1:376
Sutton, Clarence	16 May 1897	4:217
Sutton, Clarence L.	25 Jun 1895	3:202
Sutton, Earnest Earl	18 Oct 1893	3:197
Sutton, Fredie	09 Nov 1891	2:189
Sutton, Mabel	20 Aug 1891	2:189
Sutton, Margaret	28 Apr 1905	5:222
Sutton, s/o D.B.	03 Sep 1897	4:218
Sutton, Thomas O.	16 Mar 1895	3:201
Sutton, Valentine	14 Feb 1878	1:392
Suyther, Lizzie	26 Apr 1888	2:181
Suzor, Julius	01 Nov 1870	1:374
Svarcz, Elen	30 Jan 1906	5:223
Swab, Carolina	17 Aug 1908	5:233
Swabb, Syovia	06 Oct 1903	4:237
Swade, Ella Dora	28 Mar 1897	4:215
Swadnz, Jacob	22 Oct 1892	2:192
Swaid, Teresa	07 Dec 1873	1:382
Swain, Irvin R.	07 May 1902	4:233
Swain, Irwin	21 Jun 1877	1:392
Swain, Mary	15 Mar 1872	1:376
Swain, Rebeca	24 Sep 1897	4:218
Swain, Richard W.	01 May 1891	2:189
Swainhart, Archibald	26 Jun 1900	4:228
Swalon, Frederick	14 Jul 1879	1:400
Swan, Charles	26 Oct 1905	5:221
Swan, Frederick	06 Mar 1894	3:198
Swan, Helea Woods	08 Feb 1890	2:183
Swan, Helen E.	12 Jan 1875	1:382
Swan, John	05 Jun 1875	1:384
Swan, John, Jr.	28 Oct 1892	2:191
Swan, Lena B.	09 Jan 1901	4:228
Swander, Harvey	08 May 1901	4:229
Swank, Wilson E.	12 Sep 1903	4:238
Swantecka, Hellen	11 Mar 1897	4:214
Swantusch, Katharine	30 Jan 1901	4:228
Swartz, Catharine	20 Sep 1874	1:386
Swartz, Catherine	23 Mar 1901	4:227
Swartz, Chas. E.	26 Nov 1876	1:390
Swartz, Edward	03 Apr 1884	2:174
Swartz, F., Mrs.	10 Dec 1907	5:229
Swartz, Joseph Earl	31 Aug 1893	3:197
Swartz, Mary	10 Jan 1884	1:326
Swartz, Mary	11 Mar 1900	4:225
Swartz, Mary	31 Jul 1899	4:225
Swartz, Mary E.	30 Jan 1874	1:382
Swartz, Maud	11 Nov 1907	5:229
Swartz, Virginia	17 Jun 1907	5:231
Swartzland, James A.	23 Aug 1895	3:202
Swartzlander, James A.	23 Aug 1895	3:202
Swartzlander, L., Mrs.	11 Jul 1900	4:227
Swarz, John	09 May 1892	2:192
Swearinger, Isa	09 May 1900	4:228
Sweedland, Lizzy	27 Jun 1900	4:228
Sweeney, Daniel	27 Feb 1874	1:382
Sweeney, Ellen	14 Jul 1892	2:190
Sweeney, John	06 Jan 1877	1:388
Sweeney, John	18 Jul 1892	2:193
Sweeney, John	18 Jul 1892	2:190
Sweeney, Patrick	28 Mar 1908	5:228
Sweeney, Thomas	02 Jun 1904	5:220
Sweeny, Amos	15 Sep 1896	4:214
Sweeny, Bridget	Dec 1905	5:222
Sweet, Charles	22 Mar 1906	5:221
Sweet, Frank	27 Oct 1899	4:222
Sweet, Lorinda	24 Oct 1903	4:238
Sweezy, Marion	28 Feb 1903	4:233
Swenan, Maude	07 Sep 1894	3:200
Sweney, Arter J.	20 Aug 1896	4:214
Sweney, Mary E.	03 Sep 1870	1:374
Sweney, Thomas	28 Aug 1891	2:188
Swers, Emily May	07 Oct 1876	1:390
Swiantek, John	04 Jul 1900	4:226
Swiatak, Joseph	09 Mar 1905	5:217
Swick, Peter	08 Nov 1898	4:219
Swiecyensky, Anton	30 Jul 1906	5:224
Swift, Arthur D.	07 Jul 1893	3:197
Swift, Asa R.	19 Sep 1876	1:388
Swift, Hannah	06 Sep 1881	1:272
Swift, John	03 Dec 1876	1:390
Swift, Lewis	25 Jan 1905	5:218
Swigart, Adam	19 Mar 1880	1:398
Swigart, J.R., Mrs.	09 Aug 1887	2:179
Swigert, Ray	26 Dec 1894	3:200
Swigert, Samuel	01 Sep 1891	2:189
Swihart, Ed L.	13 Jan 1895	3:200
Swihart, L.C. Quintus	10 Mar 1894	3:196
Swindeman, Chas. B.	21 Jun 1893	3:196
Swinear, Ross	11 Jul 1897	4:217
Swinger, Fred	09 Sep 1884	2:174
Swinghamer, B.J.	17 Jul 1900	4:226
Swinghammer, Barbra	17 Jul 1900	4:227
Swinhart, Ruth	18 Mar 1904	4:237
Swirzinski, Annastasia	25 Feb 1908	5:230
Switzer, John	14 Dec 1872	1:378
Switzer, Lillie F.	27 Mar 1907	5:230
Sworden, Helena	21 Jul 1895	3:202
Sworden, Rollin D.	26 Sep 1903	4:237
Swyers, Lucy	25 Nov 1888	2:181
Swyvozynski, Antone	30 Jul 1906	5:224
Sykowsky, Joseph	19 Feb 1896	3:203
Sylinski, Helena	23 Dec 1893	3:198
Sylvan, Hannah	10 Aug 1902	4:234
Symington, Bessie M.	31 Aug 1890	2:186
Symington, John T.	30 Mar 1888	2:179
Symons, John	13 Jul 1880	1:270

NAME	DATE	V/P
Syons, Edward	25 Jan 1880	1:398
Syrne, Helen	14 --- 1904	5:219
Syvert, Felix	03 Sep 1907	5:224
Szakosta, Mary	22 Dec 1906	5:225
Szalka, Stanislava	30 Oct 1905	5:220
Szalkaska, Louise	16 Oct 1897	4:218
Szalkowski, Wanda	16 May 1899	4:225
Szankowski, Martha	11 Nov 1902	4:233
Szaroletta, Joseph	05 May 1903	4:237
Szathkowski, Felix	25 Oct 1897	4:218
Szczepaniak, Martha	09 Mar 1907	5:228
Szczepanski, Joseph	25 Feb 1908	5:228
Szczepnak, Magdalene	12 Feb 1896	3:201
Szczipancok, Mary	10 Aug 1894	3:199
Szeelakiewiz, Nicholal	28 Jun 1903	4:237
Szelaszkiewiz, F.	14 Oct 1889	2:185
Szelaszkiewiz, Sophia	12 Oct 1889	2:185
Szemenski, Anton	29 Jun 1900	4:227
Sziviakowsi, Tony A.	16 Sep 1888	2:182
Szkndlerlak, Martha	27 Aug 1895	3:201
Szkneczki, Valentine	31 May 1902	4:233
Szkudlasek, Andrew	05 Sep 1904	5:217
Szloskosky, Franz	15 Jun 1892	2:193
Szniadezki, Joseph	20 Sep 1906	5:225
Szolakewicz, Eva	25 Apr 1897	4:219
Szoldoski, Aloisa	25 Aug 1904	5:218
Szoo, Samuel	29 Nov 1908	5:232
Szozublewski, Martin	25 May 1907	5:228
Szperske, Jadwega	24 Feb 1899	4:220
Szrlkausk, Kiser	16 Jan 1906	5:223
Szubarga, Jacob	13 Oct 1900	4:226
Szubatka, Constance	18 Apr 1904	5:217
Szurninska, Mary	05 Apr 1897	4:219
Szwajkowska, Lucy	04 Aug 1907	5:228
Szykorski, Leo	27 Jul 1906	5:225
Szymamska, Pelago	19 Jun 1895	3:201
Szymaneck, Mary	17 Feb 1904	4:238
Szymaneek, Mich.	31 Dec 1907	5:230
Szymanoski, Valendy	28 Jul 1905	5:222
Szymanska, Helena	05 Nov 1907	5:228
Szymanska, Jennie	28 Dec 1900	4:226
Szymanska, Pelagia	1908	5:228
Szymanski, Eva	14 Dec 1903	4:236
Szymanski, M.	28 Dec 1893	3:198
Szymaski, Stanislaus	26 Aug 1891	2:190
Szymoinski, Alexander	24 Dec 1903	4:237
Szynanek, Thomas	11 Mar 1900	4:225
Szyparski, Amiela	15 Sep 1906	5:224
Szyperske, d/o Frank	04 Dec 1898	4:220
Szyperske, Wladeslaw	05 Jul 1898	4:220
Szyperski, Hattie	25 Mar 1899	4:220
Szyperski, Joseph	01 Sep 1897	4:219
Szyperski, Joseph	09 Apr 1889	2:185
Szyperski, Manda	27 Jan 1904	4:236
Szyperski, Mary	02 Sep 1903	4:236
Tabackary, Hartman	07 Sep 1895	3:222
Tabeau, Gabriel	25 Feb 1871	1:402
Taber, Eliza	25 Mar 1878	1:404
Tabil, Daniel	16 Sep 1872	1:402
Tabler, Electious H.	26 Dec 1906	5:246
Tacke, John	01 Sep 1908	5:248

NAME	DATE	V/P
Tado, Jacob	27 Apr 1897	4:241
Tady, Wm.	16 Jul 1890	2:198
Taeschner, Adam	01 Apr 1897	4:241
Tafalaski, Joseph	05 Jul 1897	4:241
Tafalski, Joseph	14 Sep 1897	4:242
Tafelski, Agnes	04 Sep 1885	2:196
Tafelski, Alfons	13 Oct 1899	4:243
Tafelski, Edmund	05 Mar 1901	4:243
Tafelski, Jacob	25 Jan 1908	5:246
Tafelski, Katherine	04 Oct 1908	5:247
Tafelsky, Marry	31 Jan 1891	2:199
Taffaer, Frank	08 Nov 1884	2:196
Tafilski, Pelareya	08 Jan 1891	2:199
Taft, Mary A.	01 Dec 1906	5:245
Taft, Reuban P.	22 Nov 1906	5:245
Taiech, Infant	30 Aug 1893	3:221
Tailor, William	18 Nov 1884	2:196
Tait, Mary	25 Mar 1885	2:196
Takoes, Elizabeth	14 May 1909	5:248
Taksick, Michael	01 Jul 1905	5:244
Talbert, Julius	14 Nov 1896	4:241
Talbot, Eugene	25 Mar 1908	5:246
Talbot, Geo. E.	11 Jun 1885	2:196
Talbot, Mary Ann	06 Feb 1884	1:410
Talbot, Robert	19 Dec 1876	1:404
Talbot, Sarah Ann	11 Apr 1871	1:402
Talbott, Bessie	26 Apr 1904	5:244
Talelzka, Theresa	20 Oct 1907	5:246
Talhoski, Autin	18 Jul 1893	3:221
Taller, Katharina	18 Dec 1886	2:197
Talley, Conrad	14 Jun 1903	4:245
Tallman, Earl	01 Mar 1908	5:246
Tallmege, Carolina	14 Jan 1902	4:244
Tallon, Richard	20 Jul 1893	3:221
Tally, John H.	20 Apr 1908	5:247
Talmadge, Infant	30 Aug 1898	4:242
Tambling, Geo. N.	15 Mar 1874	1:404
Tamlensarer, J.H.	08 Jan 1899	4:242
Tampsell, Mary A.	11 Sep 1899	4:242
Tanalski, Leokadi	25 Nov 1895	3:222
Tandley, Ruth	07 Aug 1900	4:243
Tanfield, Gaylor	23 Mar 1900	4:243
Tangenderf, Maria M.	04 Aug 1878	1:406
Tanier, Wm. H.	23 Oct 1885	2:196
Tanisay, Patrick	17 Jan 1907	5:245
Tank, August	03 Oct 1902	4:245
Tank, August	19 Nov 1903	4:245
Tank, George	05 Feb 1902	4:244
Tank, Kate	11 May 1903	4:245
Tank, Rolla	18 Dec 1893	3:221
Tanke, Mary	11 Sep 1880	1:408
Tannenbaum, Salie	26 Aug 1901	4:244
Tanner, Edna	25 Nov 1881	1:408
Tanner, Edwin M.	17 Aug 1883	1:410
Tanner, Elizabeth	17 Jun 1899	4:212
Tanner, Elizabeth	24 Oct 1902	4:244
Tanner, Elizabeth Clara	13 May 1899	4:242
Tanner, Ella L.	13 Jan 1890	2:198
Tanner, Frank	02 Jul 1903	4:245
Tanner, Frank O.	05 May 1892	2:200
Tanner, George	06 Jul 1898	4:242

NAME	DATE	V/P
Tanner, George F.	05 Jul 1906	5:245
Tanner, Inf/o F.H.	20 Dec 1880	1:408
Tanner, Inf/o Geo. F.	28 Apr 1881	1:408
Tanner, J.R.	17 Oct 1881	1:408
Tanner, Jacob	04 Jul 1893	3:221
Tanner, Kate	03 Nov 1869	1:50
Tanner, Magdalena	13 Nov 1885	2:196
Tanner, Martin	Aug 1903	4:245
Tanner, Mary A.	28 Apr 1881	1:408
Tannyhill, Helen	06 Sep 1895	3:222
Tansey, James E.	26 Aug 1905	5:244
Tansey, Loretta	01 Aug 1903	4:245
Tansing, Anna L.	28 Oct 1879	1:406
Tanzer, Matilda	10 Feb 1877	1:404
Tapal, Clarence	25 Aug 1907	5:246
Tapilski, John	13 May 1894	3:222
Tapland, Josephine	22 Jul 1878	1:406
Tappan, Hetty	05 Jan 1882	1:408
Tappan, Joseph	06 Mar 1882	1:408
Tapper, Louise	05 Nov 1894	3:222
Tapper, Nancy	14 Jul 1905	5:244
Tapper, Richard	21 Jun 1894	3:221
Tapt, William, Mrs.	27 Dec 1904	5:244
Tarbox, Frank	27 Jul 1873	1:404
Tardy, Michael	28 Aug 1898	4:242
Tarman, Albert	04 Sep 1906	5:245
Tarnan, John	25 Sep 1897	4:241
Tasch, August	18 Mar 1905	5:244
Taskett, Joel	07 Nov 1900	4:243
Tata, Vincent	11 Apr 1907	5:246
Tate, Albert	09 Nov 1905	5:244
Tate, Arthur	21 Dec 1906	5:245
Tate, Frank J.	25 Apr 1885	2:196
Tate, Mary C.	05 Nov 1883	1:410
Tate, William	06 Nov 1902	4:244
Tate, William C.	06 Nov 1902	4:244
Tate, Wm. H.	15 Feb 1889	2:198
Tatero, Jimmie	26 Feb 1908	5:247
Tattersall, Caroline E.	08 Oct 1896	4:241
Tattersoll, Jno.	21 May 1902	4:244
Tatum, Laura, Mrs.	08 Dec 1908	5:247
Taube, Herman	12 Dec 1890	2:198
Taube, Nicholas	22 Jul 1885	2:196
Taube, Phillapena	22 Mar 1895	3:221
Taubken, Frank	06 Nov 1905	5:245
Taufman, Florna	30 May 1895	3:222
Taufman, Fred.	14 Oct 1895	3:222
Taufman, Henry	06 Oct 1868	1:24
Taufmann, John	12 Jun 1892	2:200
Tauke, Clarissa U.	Sep 1874	1:404
Taupman, Anna	13 Nov 1886	2:197
Tayer, Julia	30 Jan 1904	4:245
Tayler, Anna L.	20 Jun 1894	3:221
Taylor, Addison J.	16 Jan 1890	1:198
Taylor, Alonzo R.	13 Jul 1897	4:241
Taylor, Alonzo R.*	16 Jan 1890	
Taylor, Anna	04 Nov 1903	4:245
Taylor, Arnet, Mrs.	01 Oct 1887	2:197
Taylor, Chas.	26 Apr 1898	4:242
Taylor, Chas.*	01 Oct 1887	
Taylor, Clyde A.	06 Sep 1888	2:198
Taylor, Delia L.	14 Aug 1898	5:247
Taylor, Delia L.*	06 Sep 1888	
Taylor, Ebenizer	14 Aug 1908	2:199
Taylor, Elizabeth	20 Feb 1874	1:402
Taylor, Erin	01 Jul 1879	1:408
Taylor, Ethel Marry	13 Jun 1890	2:199
Taylor, Eule	16 May 1887	2:197
Taylor, F.A.	19 Jul 1905	5:244
Taylor, Frank	08 Mar 1908	5:246
Taylor, G.H., Mrs.	09 Jul 1908	5:247
Taylor, George	07 Mar 1890	2:198
Taylor, George	17 Sep 1905	5:245
Taylor, George	23 May 1903	4:245
Taylor, George	29 Jun 1873	1:402
Taylor, George N.	28 Dec 1869	1:48
Taylor, George P.	02 Sep 1882	1:410
Taylor, Hannah	Jun 1899	4:243
Taylor, Hannah	Nov 1899	4:242
Taylor, Hattie May	14 Jul 1873	1:404
Taylor, Hazel	05 Sep 1896	4:241
Taylor, Herrold	29 Oct 1892	2:200
Taylor, Homer A.	10 Feb 1888	2:197
Taylor, Howard	30 Dec 1900	4:243
Taylor, J.G.	02 May 1899	4:242
Taylor, James R.	11 May 1903	4:245
Taylor, John	04 Jan 1901	4:243
Taylor, John C.	17 Jul 1881	1:408
Taylor, John R.	03 May 1899	4:243
Taylor, John V.	01 Jan 1895	3:221
Taylor, Jos. Manuel	30 Nov 1898	4:241
Taylor, Joseph Emanuel	30 Mar 1898	4:241
Taylor, Joseph M.	30 Jul 1879	1:408
Taylor, Josie	17 May 1893	3:221
Taylor, Keajia	12 Aug 1893	2:200
Taylor, Lenore	28 Jan 1891	2:199
Taylor, Linas P.	29 Feb 1892	2:199
Taylor, Loretta Elizabeth	17 Apr 1901	4:243
Taylor, Louis	08 Sep 1895	3:222
Taylor, Lucretia*	04 Aug 1884	
Taylor, Mabel R.	10 Nov 1879	1:406
Taylor, Margaret A.	10 Dec 1887	2:197
Taylor, Marie	20 Apr 1904	5:244
Taylor, Mary	06 May 1906	5:246
Taylor, Mary	09 Sep 1893	3:221
Taylor, Mary	13 Aug 1903	4:245
Taylor, Mary	29 Dec 1882	1:410
Taylor, Mary J.	11 Jan 1896	3:222
Taylor, Mattie	27 Jan 1907	5:246
Taylor, Mrs.	09 Aug 1879	1:406
Taylor, Nora M.	22 Feb 1902	4:244
Taylor, Paul	09 Feb 1901	4:243
Taylor, Rose	29 Jul 1908	5:247
Taylor, Samuel Adams	05 Aug 1891	2:199
Taylor, Sarah R.	06 Jul 1898	4:242
Taylor, Sophia C.	11 Oct 1907	5:246
Taylor, Susan Mary	25 Jan 1870	1:44
Taylor, Thayer Qugersal	22 Jul 1894	3:221
Taylor, Thomas Day	30 Dec 1894	3:221
Taylor, U.B.	12 Sep 1890	2:198
Taylor, Victor	20 Jul 1871	1:402
Taylor, Wm., Mrs.	08 Nov 1872	1:402

NAME	DATE	V/P
Tayner, Isaac Newton D.	17 Feb 1904	4:245
Taynor, Abraham L.	26 Feb 1894	3:221
Taynor, Mary	28 Feb 1907	5:245
Tea, Emma Lincoln	13 Dec 1901	4:244
Tea, Matilda	04 Mar 1907	5:245
Teagardner, Emma	14 Nov 1907	5:247
Teal, Caroline	12 Jul 1906	5:245
Teal, Eva Bell	18 Jun 1891	2:199
Teal, Franklin	05 Jun 1879	1:406
Teal, Harry	09 Mar 1907	5:246
Teal, Maggie May	03 Jan 1892	2:199
Teal, Maud L.	08 Jun 1904	4:245
Teal, Windrap	09 Sep 1880	1:408
Teamme, Kittie	10 Jan 1891	2:199
Tearney, Elma	08 Apr 1908	5:247
Teave, Eva Ema	21 Dec 1890	2:199
Tebbe, Alice	29 Sep 1890	2:199
Tebbe, John	24 Aug 1881	1:408
Tebbie, Lizzie	24 Oct 1895	3:222
Teckman, Amalie	20 Jan 1885	2:196
Tect, Cornelia	26 Feb 1872	1:402
Teebbe, H.	15 Aug 1906	5:244
Teeding, Edw.	17 Nov 1891	2:199
Teeter, Frank Merrill	27 Jul 1894	3:222
Teets, David	27 Jan 1900	4:242
Tefelska, Katherine	04 Oct 1908	5:247
Tefft, Walter	19 Sep 1889	2:198
Tefft, Wm. V.B.	23 Oct 1897	4:241
Teft, Lottie	10 Sep 1884	2:196
Teick, Bertha*	30 Mar 1879	
Teim, Frank	07 Aug 1895	3:222
Tekman, Christ	09 Jan 1906	5:244
Tellefson, Claus	08 Aug 1883	1:410
Temasewski, Adam	18 Feb 1896	3:222
Temblay, Alfred F.	29 Jul 1894	3:222
Temme, Geo.	31 Mar 1882	1:408
Temne, Fred	02 Mar 1889	2:198
Temple, Charles	28 Feb 1904	4:245
Temple, Thomas	26 Oct 1890	2:198
Ten Eyck, Adeline	05 Feb 1906	5:245
Ten Eyck, Lois B.	21 Mar 1908	5:246
Ten Eyck, Steph.	31 Dec 1881	1:408
Tena, Frank	20 May 1908	5:247
Teneyck, Caroline	08 Dec 1896	4:241
Teneyck, Charles C.	27 May 1869	1:40
TenEyck, Cornelius	15 Sep 1868	1:60
TenEyck, Cornelius	15 Sep 1868	1:36
Teneyck, Leroy	15 Jan 1880	1:408
Teneyck, Nellie	06 Jul 1885	2:196
TenEycke, Amanda J.	13 Jan 1869	1:36
Tenkham, E.W.	23 Jul 1870	1:402
Tenney, Edwin L.	12 Mar 1906	5:244
Tenney, Lucy Jane	16 Oct 1905	5:244
Tenny, George	20 Oct 1873	1:402
Tenny, Gussie	13 Jan 1872	1:402
Tenny, L., Mrs.	16 Oct 1905	5:244
Tennyson, Maggie May	24 Dec 1907	5:246
Tenser, ch/o Fred	23 Dec 1868	1:28
Tenune, F.H.	17 Feb 1904	4:245
Tenzer, Annie	23 Aug 1869	1:56
Teppas, Helen	23 Apr 1888	2:198
Terbille, Anton	09 Aug 1880	1:408
Terbille, Charles L.	23 Aug 1892	2:200
Terdesma, Louis	05 Oct 1899	4:242
Terhune, Laura C.	15 Sep 1887	2:197
Terhunne, Mary	01 Oct 1880	1:408
Teribilli, John I.	23 Feb 1908	5:246
Terier, Resina	20 Dec 1899	4:242
Terine, Alvina	30 Apr 1904	5:244
Terison, Kate	10 Feb 1879	1:406
Terocher, Harry	13 Mar 1900	4:243
Terrance, Joseph William	16 Apr 1905	5:245
Terrell, Albert	11 Jan 1897	4:241
Terrell, Charles	14 Dec 1870	1:402
Terrell, Clarence	11 Dec 1878	1:406
Terrell, Infant	23 Dec 1874	1:404
Terrell, Jane H.	29 May 1908	5:248
Terrien, Earl John	19 Sep 1892	2:200
Terrien, Etna Louisa	12 Feb 1891	2:198
Terry, Mary Ann	11 Dec 1885	2:196
Terry, Mordic	10 Jun 1882	1:410
Terry, Octavus	04 Aug 1908	5:247
Terry, Roxy	30 Dec 1885	2:196
Terry, Titus B.	31 May 1905	5:244
Tervellett, Wm.	29 Jan 1888	2:197
Terwilliger, Charles	25 Oct 1897	4:241
Terwilliger, Doris	14 Sep 1897	4:241
Terwilliger, Jason G.	18 Mar 1908	5:246
Terwilliger, John	26 Nov 1897	4:241
Terwilliger, Mabell	06 Jul 1890	2:199
Tessier, Benj.	06 Jan 1888	2:197
Tessire, Maggie	05 Jun 1887	2:197
Tetero, Jimey	26 Feb 1908	5:246
Tettley, Fanny	12 Feb 1904	4:245
Teuerent, William	16 Feb 1900	4:242
Teurkauff, Wm. F.A.	19 Sep 1885	2:196
Texter, Jacob	05 Jan 1877	1:404
Texter, Jake	23 Oct 1874	1:404
Texter, William	27 May 1908	5:248
Textor, Edward, Jr.	22 Apr 1908	5:248
Textor, Fred	20 Apr 1889	2:198
Textor, Geo. Jacob	01 Sep 1874	1:404
Textor, s/o Gotleib	05 Jun 1897	4:241
Textor, Sophia	18 Jan 1907	5:245
Tfelski, Edmond	18 Mar 1900	4:243
Thacker, Ida	08 Jan 1903	4:244
Thacker, Loyd D.	19 Dec 1906	5:245
Thal, Peter	24 Aug 1905	5:244
Thaler, Elizabeth	16 Nov 1878	1:406
Thaler, Margaretha	09 Jan 1896	3:222
Thatcher, Emily	23 Aug 1894	3:222
Thatcher, Felei A.	09 Sep 1878	1:406
Thatcher, Horace C.	18 Feb 1898	4:241
Thatcher, Nate Jas.	18 Nov 1876	1:404
Thatcher, W.R.	03 Nov 1892	2:200
Thate, Wm.	20 Jul 1890	2:199
Thayer, Annie	13 Dec 1892	2:200
Thayer, Benjamin	13 Mar 1889	2:198
Thayer, Geraldine J.	30 Jan 1904	4:246
Thayer, Harold R.	17 Jul 1902	4:245
Thayer, Infant	---	1:18
Thayer, Laura	03 Jun 1906	5:246

NAME	DATE	V/P
Thayer, Liddy	30 Jan 1875	1:404
Thayer, Lyman T.	24 Oct 1888	2:198
Thayer, Marie	23 Nov 1899	4:243
Thayer, Reed	30 Sep 1894	3:222
Theier, Edward	15 Sep 1895	3:222
Theim, Romeo	09 Jan 1885	2:196
Theim, Rose	08 Oct 1895	3:222
Thein, Nicholas	08 May 1897	4:241
Thein, Wm. A.	30 Jan 1885	2:196
Theis, Sarah	22 Jul 1886	2:197
Theis, Sophia	28 Apr 1891	2:199
Theiss, Agnes	11 Feb 1903	4:244
Thenerkauff, Emma	06 Aug 1906	5:246
Theobold, Dora May	05 Sep 1896	4:241
Thetford, Hatty	06 Jan 1900	4:243
Theurakaff, Emma	08 Aug 1906	5:245
Thewachter, Aaron	27 Dec 1888	2:198
Thibaut, Inf/o Bill	18 Feb 1868	1:6
Thiebaut, Mary	01 Jun 1873	1:404
Thiede, Alfred Albert C.	10 Nov 1893	3:221
Thiede, Olga	18 Aug 1885	2:196
Thiel, Anna	26 Apr 1902	4:245
Thiel, Peter	16 Jan 1887	2:197
Thiele, Henry	25 Jul 1888	2:198
Thiele, Juliette	17 Feb 1874	1:402
Thiele, Louisa	07 Oct 1881	1:408
Thiem, Rose	17 Apr 1908	5:247
Thoma, Mary	18 Nov 1879	1:406
Thomas, Alien	03 Mar 1882	1:408
Thomas, Augustus	15 Nov 1868	1:26
Thomas, Authorn	04 Jan 1892	2:200
Thomas, Beautrice G.	19 Jul 1895	3:222
Thomas, Bessie	15 Mar 1882	1:408
Thomas, C.S.	14 Aug 1870	1:402
Thomas, C.T., Mrs.	21 Nov 1900	4:243
Thomas, Caroline	23 Sep 1903	4:245
Thomas, Charlotte D.	07 Mar 1905	5:244
Thomas, Chas. F.	22 Feb 1892	2:199
Thomas, Dan'l E.	06 May 1896	4:241
Thomas, Dan'l W.	17 Apr 1881	1:408
Thomas, F.	23 Feb 1906	5:244
Thomas, F.A.	12 Jul 1888	2:198
Thomas, F.J.	09 Jun 1880	1:408
Thomas, Francis	13 ---	2:198
Thomas, Francis	13 Apr 1889	2:198
Thomas, Franklin P.	27 Mar 1888	2:197
Thomas, George	21 Nov 1890	2:199
Thomas, Hadee	30 Aug 1890	2:199
Thomas, Hardee T.	30 Aug 1890	2:199
Thomas, Harold V.	03 Feb 1891	2:199
Thomas, Henry	18 Feb 1878	1:404
Thomas, Infant	16 Apr 1906	5:244
Thomas, John	10 Jul 1902	4:244
Thomas, John	25 Oct 1893	3:221
Thomas, Louis	01 Apr 1892	2:200
Thomas, Louis	05 Jan 1892	2:199
Thomas, Mana	10 Sep 1883	1:410
Thomas, Maria	04 Jan 1908	5:246
Thomas, Mary	02 Jul 1887	2:197
Thomas, Mary	15 Oct 1879	1:406
Thomas, Mary	16 May 1870	1:402

NAME	DATE	V/P
Thomas, Mary	21 Jun 1885	2:196
Thomas, Mary	22 Mar 1872	1:402
Thomas, Mary G.	16 Sep 1900	4:243
Thomas, Montgomery	07 Mar 1886	2:196
Thomas, Phillip	07 Feb 1890	2:198
Thomas, Rose	14 Sep 1904	5:244
Thomas, s/o Fred	12 Jul 1896	4:241
Thomas, s/o M.B.	15 Mar 1901	4:243
Thomas, s/o William A.	01 Jul 1896	4:174
Thomas, Sarah A.	08 Oct 1907	5:246
Thomas, Solomon	15 Dec 1885	2:196
Thomas, Wallace M.	22 Jun 1874	1:404
Thomas, Williams	Apr 1908	5:247
Thomney, Cash.	25 Aug 1872	1:402
Thompkins, John T.	18 Jul 1906	5:245
Thompkins, Opal E.	23 Sep 1891	2:199
Thompson, Adolph	20 Apr 1893	3:221
Thompson, Agnes	16 Apr 1899	4:242
Thompson, Alexander	27 Apr 1904	5:244
Thompson, Alvira	18 Dec 1900	4:243
Thompson, Amalia E.	26 Jul 1878	1:406
Thompson, Annie	18 Apr 1892	2:200
Thompson, Anny	20 Feb 1886	2:196
Thompson, C.E., Mrs.	25 May 1900	4:243
Thompson, Catherine	Dec 1907	5:246
Thompson, Charles	01 Jan 1870	1:54
Thompson, Charles	08 Aug 1894	3:222
Thompson, Charles	12 Nov 1893	3:221
Thompson, Charles	28 Jun 1889	2:198
Thompson, Charlotte	16 Aug 1899	4:242
Thompson, Chas.	Nov 1886	2:197
Thompson, Cornelius	12 Mar 1902	4:244
Thompson, Frank	26 Dec 1905	5:244
Thompson, Frederick	28 Jul 1877	1:406
Thompson, Geo.	03 Jun 1908	5:247
Thompson, Hannah E.	07 Jan 1875	1:404
Thompson, Harriet	19 Apr 1886	2:197
Thompson, Henry	01 Mar 1898	4:241
Thompson, Hinsie	21 Sep 1878	1:406
Thompson, Isabella	06 May 1895	3:222
Thompson, Isabelle	06 May 1895	3:222
Thompson, J.H.	12 Jun 1903	4:245
Thompson, J.W.	29 Mar 1906	5:244
Thompson, James	04 Jul 1886	2:197
Thompson, James	28 May 1905	5:244
Thompson, Jas. H.	24 Dec 1887	2:197
Thompson, Jeanette	23 Feb 1886	2:196
Thompson, John	18 Dec 1907	5:247
Thompson, Joseph	07 Apr 1891	2:199
Thompson, Katharine	12 Mar 1903	4:244
Thompson, Lida	23 Mar 1908	5:246
Thompson, Luella M.G.	05 Jan 1892	2:199
Thompson, Margaret	31 Aug 1892	2:200
Thompson, Marion	23 Oct 1884	2:196
Thompson, Mary	12 Apr 1884	2:196
Thompson, Mary Ann	03 May 1877	1:404
Thompson, Nancy	26 Feb 1902	4:244
Thompson, Olicha	09 Jul 1906	5:245
Thompson, Patrick J.	12 Jul 1878	1:406
Thompson, Perry E.	10 Sep 1890	2:199
Thompson, R.C.	27 Sep 1876	1:404

NAME	DATE	V/P	NAME	DATE	V/P
Thompson, Robert	16 May 1907	5:246	Tibbetts, Elziabeth	04 Dec 1893	3:221
Thompson, Sahra, Mrs.	20 Jun 1908	5:247	Tibbits, Emily T.	12 Jan 1878	1:404
Thompson, Samuel	18 May 1880	1:408	Tibbitts, Carl Geo.	22 Jan 1899	4:242
Thompson, Sarah	07 Nov 1903	4:245	Tibbott, William	01 Jun 1871	1:402
Thompson, Sarah C.	14 Oct 1895	3:222	Tickner, Mary	18 May 1896	4:241
Thompson, Susie	16 Oct 1872	1:402	Tiedeman, Sophia	03 Mar 1888	2:197
Thompson, Timothy	09 Sep 1898	4:242	Tiederman, Catherine	05 Mar 1885	2:196
Thompson, Unknown	15 Apr 1887	2:198	Tiedke, August	01 Jun 1887	2:197
Thompson, William	17 Sep 1874	1:404	Tiedtke, Justina	05 Jun 1901	4:244
Thompson, Wm. F.	08 Feb 1907	5:245	Tieferdahler, Emma	17 Jun 1890	2:198
Thomson, Lillian M.	11 Sep 1905	5:244	Tiel, Eva	03 May 1903	4:246
Thorman, Fred	06 Mar 1887	2:197	Tiel, Henry	24 Mar 1879	1:406
Thorn, Tannie P.	11 Oct 1897	4:241	Tiem, Freda	30 Mar 1900	4:243
Thornberg, Liveota	08 May 1900	4:243	Tierman, Conrad	17 Feb 1886	2:196
Thornbery, Joseph F.	07 Dec 1879	1:408	Tierman, Michael J.	20 Nov 1883	1:410
Thornburger, Alice	29 Apr 1900	4:243	Tierman, Peter	01 May 1886	2:197
Thorne, George L.	06 Feb 1893	2:200	Tiernan, Joseph	14 Aug 1875	1:404
Thorne, Lillian B.	14 Nov 1891	2:199	Tierney, Mary	27 Feb 1897	4:241
Thorne, Mary*	21 Jun 1885		Tierney, Owen	17 Jun 1873	1:404
Thorner, Walter I.	10 Sep 1899	4:242	Tiffel, Henry	13 Nov 1906	5:246
Thornson, Charles	15 Dec 1880	1:408	Tifft, Carrisa	15 Feb 1902	4:244
Thornson, Thomas	20 Dec 1880	1:408	Tifft, Hiram	23 Mar 1902	4:244
Thornton, Benj.	07 Dec 1886	2:197	Tigges, Fred Henry	01 Feb 1891	2:199
Thornton, F.M.	31 Jul 1905	5:244	Tighe, Inf/o Charles	02 Jun 1902	4:245
Thornton, Fredreka	20 Dec 1894	3:222	Tigtmeyer, Lizzie	26 Dec 1902	4:244
Thornton, Jay	16 Jan 1885	2:196	Tikeis, Henry J.	15 Apr 1872	1:402
Thornton, Rebecca	15 Jun 1898	4:242	Tilerdon, Mary	31 Jan 1873	1:402
Thornton, Truman P.	06 Jul 1871	1:402	Tileston, Felix	18 May 1874	1:404
Thorp, A.M.	16 Sep 1871	1:402	Tillapaw, Roy	22 Sep 1901	4:244
Thorp, Anna F.	21 Mar 1884	1:410	Tillaston, Bramen	14 Nov 1897	4:241
Thorp, Isaac	14 Nov 1880	1:408	Tilletson, Adolph	30 May 1893	3:221
Thorp, May G.	24 Mar 1895	3:221	Tilley, Amanda	08 Sep 1908	5:248
Thorp, Minnie B.	30 Mar 1880	1:406	Tillie, Etta	16 Feb 1907	5:246
Thorpe, Belle	25 Sep 1876	1:404	Tillinghast, Henry	26 Jul 1894	3:222
Thorpe, Phebe	25 Feb 1879	1:406	Tillinghast, Wm., Mrs.	06 Jul 1884	2:196
Thorspeck, Emma E.	09 Oct 1902	4:244	Tilliston, Alice	31 Jan 1894	3:221
Thrall, Isador	18 May 1903	4:245	Tillman, Anna	17 Jan 1870	1:54
Thrall, John	09 Aug 1905	5:244	Tillman, Anna	19 Dec 1869	1:54
Thram, Albert	08 Mar 1888	2:197	Tillman, Frank	10 Dec 1899	4:242
Thram, George	23 Oct 1888	2:198	Tillman, John	14 Jul 1907	5:247
Thramen, Richard	09 Jan 1878	1:404	Tillman, Walter	04 Dec 1903	4:246
Thrapp, Hiram	22 Nov 1900	4:243	Tillotson, Anna	16 Dec 1886	2:197
Threm, Leonhard	03 Nov 1888	2:198	Tillotson, Mary B.	27 Oct 1875	1:404
Thrift, James H.	08 Jun 1907	5:246	Tillotson, Mildred A.	12 Oct 1900	4:243
Thrift, Racheal	22 Mar 1904	4:245	Tillott, d/o M.	04 Mar 1890	2:198
Throm, Louisa	05 Nov 1890	2:198	Tillotts, Frederick	14 Dec 1877	1:406
Thron, Lena	19 Oct 1892	2:200	Tilly, Albert	30 May 1900	4:243
Throun, Bernard Albert	22 Sep 1893	3:221	Tilly, Martha	30 Aug 1890	2:199
Throw, Charles	28 Jul 1899	4:243	Tilton, David	13 May 1906	5:245
Thrun, Henry	12 Nov 1887	2:197	Timbley, Carlton	14 Aug 1907	5:246
Thrush, James	16 Jan 1903	4:244	Timer, Edward A.	09 Aug 1867	1:4
Thum, Tressa	19 Aug 1905	5:245	Timick, Bertha	14 Jan 1883	1:410
Thun, Donimick	21 Nov 1907	5:247	Timmerman, William	04 Mar 1908	5:247
Thurer, Jacob	11 Aug 1893	3:221	Timmers, Bernhard	14 Jan 1898	4:241
Thurlow, Infant	05 Dec 1902	4:244	Timmers, Louise	25 May 1894	3:222
Thurman, Leo	14 Oct 1901	4:244	Timmons, Eliz.	08 Oct 1881	1:408
Thurston, Francis	22 Dec 1892	2:200	Timothy, O'Connell	15 Oct 1907	5:246
Thurston, Martha E.	03 Feb 1879	1:406	Timpa, Mary	09 Sep 1907	5:246
Thurston, Mary	13 Feb 1891	2:198	Timpany, Robert	27 Mar 1879	1:408
Tibbets, Alfred B.	09 Jan 1881	1:408	Timpey, d/o Henry M.	29 Oct 1896	4:174
Tibbets, Emily P.	12 Jan 1878	1:406	Tingley, Jane F.	19 Nov 1872	1:402

NAME	DATE	V/P
Tingley, M.E.	19 Aug 1902	4:244
Tinker, Alonzo	20 Feb 1895	3:222
Tinker, Mary	27 Aug 1906	5:246
Tinkhan, Doria W.	07 Nov 1869	1:52
Tiplady, Roy	14 Oct 1902	4:245
Tippett, Geo. W.	18 Sep 1899	4:242
Tippin, Wm.	30 Jul 1886	2:197
Tipping, Roy	10 May 1906	5:245
Tipping, Sarah R.	17 Mar 1906	5:244
Tipping, Willie	27 Jul 1893	3:221
Tipple, Hellen	19 Feb 1886	2:196
Tiry, William H.	05 Feb 1898	4:241
Titcomb, Sophia Ann	29 Jan 1904	4:245
Titgemerer, Fred J.	08 Jan 1893	2:200
Titsworth, A.B.	27 May 1875	1:404
Titus, Ann Eliza.	17 Jan 1893	2:200
Titus, Anna	17 Dec 1879	1:408
Titus, Anna Eliza	04 Jan 1894	3:221
Titus, Anna F.	03 Sep 1877	1:406
Titus, Daniel R.	03 Jan 1904	4:245
Titus, Grace	09 Jul 1908	5:247
Titus, Samuel R.	03 Jan 1904	4:245
Titus, Walter A.	23 Oct 1898	4:242
Titus, Wm. Eugene	04 Aug 1880	1:408
Tlasch, Flora	09 Nov 1899	4:243
Tober, Nelson D.	17 Jun 1903	4:245
Toberty, Patrick	09 Feb 1894	3:221
Tobias, Inf/o S.B.	20 Sep 1881	1:408
Tobias, Jennie	09 Jul 1882	1:410
Tobin, Catherine	07 Mar 1904	4:246
Tobin, James	10 Mar 1886	2:196
Tobin, John	13 Mar 1904	4:245
Tobin, John	20 Sep 1895	3:222
Tobin, John	31 Jan 1907	5:246
Tobin, Mary	02 Jul 1870	1:402
Tobin, Milla	28 Jan 1900	4:242
Tobin, Milly	03 Jan 1900	4:242
Tobin, s/o Harry P.	03 Jun 1903	4:245
Tobin, Thomas	02 Dec 1895	3:222
Toboswska, Stanislawa	06 Jul 1890	2:199
Tobun, Mary	09 Nov 1874	1:404
Todd, Cecile	07 Dec 1906	5:245
Todd, David E.	30 Aug 1871	1:402
Todd, Frank	22 Mar 1903	4:244
Todd, Infant	25 Nov 1881	1:408
Todd, Lilly	19 Mar 1899	4:242
Todd, Louis	09 Nov 1905	5:244
Todd, Mary	26 Oct 1902	4:244
Tode, Lena	18 Nov 1899	4:242
Tody, Anna	13 Apr 1893	3:221
Tody, Mary	15 Feb 1878	1:406
Toensmeier, Augustus S.	14 Mar 1893	2:200
Toensmeir, Dina	16 Mar 1896	3:222
Toepher, Elizie	02 Jul 1896	4:241
Tofelski, John	14 Apr 1895	3:222
Togda, Mike	13 Jun 1892	2:200
Tohl, Mary	04 Jul 1870	1:402
Tokas, Mrs.	22 Mar 1905	5:244
Tole, Bernard	29 Sep 1885	2:196
Tolerton, E.W.	22 Aug 1905	5:244
Toleski, Lawrence	09 Jul 1893	3:221
Tolfman, Arthur	17 Jan 1900	4:243
Tolfman, Fred	17 Oct 1899	4:243
Tollcamp, John	11 Jul 1905	5:244
Tollman, Eliza	31 Jul 1874	1:404
Tolman, James	12 Jul 1871	1:402
Tolman, Joseph	26 Dec 1908	5:247
Tolsusing, Henry*	06 Mar 1885	
Tolszinski, Walter	31 Oct 1895	3:222
Tomachesfke, Adam	26 Sep 1890	2:199
Tomarszewski, Louis	01 Oct 1890	2:199
Tomaszenski, Anton	10 May 1908	5:247
Tomaszewske, Adam	07 Mar 1897	4:241
Tomaszinski, Felix	23 Feb 1906	5:244
Tombs, George*	16 Jun 1882	
Tomiska, Andrew	03 Jul 1908	5:247
Tompkins, Adelaide	14 Oct 1878	1:404
Tompkins, Geral E.	04 Oct 1905	5:245
Tompson, Frank	18 Apr 1885	2:196
Tomszak, Infant	16 Aug 1892	2:200
Tonachefski, Mary	19 Apr 1891	2:200
Tond, Jno.	06 Apr 1884	2:196
Toney, Silas B.	06 Dec 1906	5:245
Tonsing, John	23 Dec 1892	2:200
Tontaine, Anna	29 Aug 1888	2:198
Tony, Albert	02 Aug 1878	1:406
Toodrom, Abraham	21 Jul 1906	5:245
Toole, Orda	04 Mar 1908	5:247
Tooney, Edward	24 Mar 1904	5:244
Toorence, Mary	28 Aug 1901	4:244
Top, Patrick	30 Nov 1887	2:197
Topel, Herald	18 Oct 1908	5:247
Topleff, George	15 Nov 1907	5:247
Toplif, William H.	05 Feb 1900	4:243
Topliff, Adaline	19 May 1891	2:200
Topliff, Laura	04 Nov 1903	4:246
Topliff, Laura W.	03 Nov 1903	4:245
Topliff, Silas	01 Jun 1868	1:14
Torgler, Augusta	25 Feb 1907	5:245
Torgler, Charles	13 Jul 1871	1:402
Torgler, Inf/o Ernst	21 Jul 1872	1:402
Torgler, Louis, Mrs.	03 Aug 1908	5:247
Torgler, Walter	17 Feb 1883	1:410
Tormsand, Mamie	17 Jan 1907	5:245
Torn, Millin	01 Apr 1870	1:402
Toroske, Anton	06 Feb 1887	2:197
Torrey, Clarence	18 Jun 1881	1:408
Torry, Nellie	25 Feb 1874	1:404
Torry, Silas	06 Dec 1906	5:246
Tosinski, Vincent	29 Jan 1891	2:199
Totb, Steven	20 Mar 1893	2:200
Toten, Albert W.	14 Jun 1902	4:244
Toth, Elizabeth	06 Dec 1907	5:246
Toth, Louis	03 Aug 1905	5:245
Totsky, Valentine	09 May 1880	1:408
Tottin, Irvin	13 Apr 1893	2:200
Totzka, Johannah	07 May 1900	4:243
Toukets, Rose Ann	23 Feb 1875	1:404
Touley, Edward	13 May 1907	5:247
Toullerton, J.W.	25 Jan 1894	3:221
Tourn, Charles	10 Dec 1878	1:406
Tousand, Caroline	25 Apr 1879	1:406

NAME	DATE	V/P	NAME	DATE	V/P
Tousand, John	31 May 1884	2:196	Treat, Elizabeth	05 Dec 1886	2:197
Tousing, Arther	23 Sep 1894	3:222	Treat, George D.	20 Jul 1876	1:404
Tousing, Bennie	23 Sep 1894	3:222	Treckern, Charles	05 Sep 1868	1:22
Tovey, George	10 Nov 1903	4:245	Tredway, Earl White	22 Jun 1906	5:245
Towaszewski, Geonefa	19 Apr 1903	4:245	Tredway, Horace G.	08 Sep 1884	2:196
Tower, Benjamin	09 Jan 1908	5:247	Tredway, Nancy	28 Mar 1885	2:196
Towers, Able Willie*	04 Jul 1891		Tredway, Reuben	10 Jun 1888	2:198
Towers, Catherine	03 Feb 1906	5:245	Tredwell, Unknown	01 Sep 1887	2:198
Towers, Helen E.	16 May 1890	2:198	Tregon, John	18 Nov 1903	4:245
Towers, Maggie	10 Jan 1894	3:221	Trehanie, Lena	13 Aug 1892	2:200
Towers, William	28 Feb 1882	1:408	Treinmel, Anna	06 Nov 1885	2:196
Towler, Lizzie	24 Jan 1908	5:247	Treinmel, Mary	21 Oct 1885	2:196
Town, Ernest H.	24 Feb 1903	4:245	Tremand, Joseph	03 Mar 1895	3:221
Town, Malone	15 Jan 1898	4:242	Tremblay, Lottie	26 Nov 1893	3:221
Towne, Lovina	25 Jun 1906	5:245	Tremble, Francis	Jan 1879	1:406
Towne, Philo	28 Feb 1906	5:245	Tremble, Mary	18 Jan 1904	4:246
Townsend, Chas. G.	28 Sep 1892	2:200	Trembley, Octave Joseph Philip		
Townsend, Della	15 Mar 1892	2:199		01 Dec 1894	3:221
Townsley, Jas. C.	28 Aug 1901	4:244	Trembly, Sarah	23 Dec 1885	2:196
Toynton, Henry W.	26 Jul 1902	4:245	Tremiller, Lena	09 Sep 1903	4:245
Trabinski, Albert	01 Jan 1892	2:199	Tremlay, Adda	19 Aug 1878	1:406
Trabinski, Andrew	20 Oct 1892	2:200	Tremlay, Francis A.A.	15 Nov 1878	1:406
Trace, Infant	29 Jun 1907	5:246	Tremmel, Rosa	08 Jan 1899	4:242
Tracey, Ralph Woodruff	06 Jul 1893	3:221	Trent, Darsie Lambert	08 Oct 1901	4:244
Tracy, Almaria	01 Jul 1879	1:406	Trentwan, Frank	09 May 1900	4:243
Tracy, Benjamin C.	30 Nov 1900	4:243	Trepinski, George	15 Apr 1900	4:243
Tracy, Chas.	Feb 1909	5:247	Trepinski, Jessie	15 May 1900	4:243
Tracy, Hannah	08 Feb 1886	2:197	Tresch, John	05 Dec 1886	2:197
Tracy, Henry	19 Jan 1904	4:245	Tressel, Anna	06 Mar 1871	1:402
Tracy, Joseph	31 Jan 1881	1:408	Tressell, Mary	16 Dec 1868	1:28
Tracy, Nancy R.	12 Nov 1874	1:404	Tresser, Louisa	15 Sep 1881	1:408
Tracy, Raymond J.	21 Jul 1895	3:222	Trettner, Amelia	21 Sep 1886	2:197
Traffler, Nellie May	26 Jan 1899	4:242	Trettner, Walter	19 Jan 1899	4:242
Train, Bernadine	24 Feb 1908	5:246	Treudau, George	01 Mar 1893	2:200
Tralkey, Cleve	28 Jun 1894	3:221	Trevender, Laura	Mar 1893	2:200
Trambla, Susana M.	16 Sep 1899	4:242	Trevesler, Robert	17 Apr 1905	5:244
Tranflu, Eugene F.	17 Feb 1873	1:402	Trey, William, Mrs.	23 Jul 1905	5:244
Trapp, Aron	01 Sep 1902	4:245	Tribfelner, Thersia	08 Apr 1898	4:242
Trapp, Charles	10 Jun 1902	4:244	Tribke, Frank	05 Oct 1877	1:406
Trapp, Cornelia Jane	21 Jan 1901	4:243	Trickey, Grace	15 Aug 1907	5:247
Trapp, David	18 Nov 1873	1:404	Trickey, Ruth Isabelle	24 Aug 1900	4:243
Trapp, Frank	10 Jun 1902	4:244	Tricon, Daniel	09 Apr 1887	2:197
Trapp, Joseph B.	26 May 1906	5:246	Tricon, George	20 Jan 1888	2:197
Trapp, Mabel	04 Mar 1879	1:406	Tricot, Louisa	09 Jul 1892	2:200
Trapp, Sarah Jane	18 Oct 1900	4:243	Triem, Catherine	21 Nov 1897	4:241
Trapp, Wm.	16 Aug 1908	5:247	Trier, Oscar John	14 Jan 1889	2:198
Trassy, Rosetta	10 Jan 1878	1:406	Trifft, Frank	30 May 1893	3:221
Tratter, Lewis	27 Mar 1895	3:221	Trift, Cora	19 Dec 1877	1:406
Traub, Lucy	14 Nov 1892	2:200	Triker, Augusta	04 Jul 1871	1:402
Traudt, Odillia	12 Feb 1890	2:198	Trinpe, Amanda	09 Apr 1873	1:402
Trauffler, Emma	28 Jul 1893	3:221	Trinpe, Caroline	04 Apr 1873	1:402
Trauffler, Leroy Del.	12 Jan 1898	4:241	Trinpe, Mary C.	03 Apr 1873	1:402
Traufler, John	27 Dec 1892	2:200	Tripp, Addie M.	17 Nov 1880	1:408
Traulfelder, Page	25 Jul 1892	2:200	Tripp, Bessie	28 Jul 1872	1:402
Traust, Ernest	18 Mar 1908	5:246	Tripp, Clarence J.	28 Mar 1871	1:402
Traverse, Alice A.	06 Aug 1889	2:198	Tripp, Flora A.	24 Feb 1874	1:404
Travier, Harriett A.	05 Jan 1899	4:242	Tripp, Hepsez A.	18 Aug 1880	1:408
Travis, George	09 Oct 1894	3:221	Trippensee, Ella E.	21 Sep 1874	1:404
Travis, Harry A.	09 Aug 1901	4:244	Trippensee, Mary	26 Feb 1879	1:406
Trawinski, Stephen	19 Aug 1905	5:244	Trippenser, Mary	26 Feb 1880	1:406
Treadwell, Belle	01 Feb 1898	4:242	Trissler, Lottie V.	13 Jun 1907	5:247

NAME	DATE	V/P	NAME	DATE	V/P
Trogler, Godfrey, Jr.	12 Aug 1871	1:402	Tubbs, Christina	19 Nov 1901	4:244
Trombly, Alex	20 Feb 1889	2:198	Tubbs, d/o Wm.	30 Jun 1886	2:197
Trombridge, E.M., Mrs.	08 Sep 1906	5:245	Tubbs, Goldie Mable	31 Nov 1901	4:244
Tronchst, Keil	01 Nov 1892	2:200	Tuchalski, Frank	01 Oct 1895	3:222
Trone, Lanie	01 Apr 1894	3:221	Tucher, Olla	01 Jun 1890	2:199
Trost, Caroline	02 Aug 1888	2:198	Tucker, Ada	02 Sep 1887	2:197
Trost, Edna N.	20 Jan 1901	4:243	Tucker, Albert	05 Jan 1908	5:247
Trost, Emma	01 Sep 1905	5:244	Tucker, Alfred	24 May 1899	4:242
Trost, Ernst	03 Oct 1870	1:402	Tucker, Charles	11 Jul 1897	4:241
Trost, Fredericka	02 Aug 1888	2:198	Tucker, Chas. Henry	06 Feb 1899	4:242
Trost, Fredericka	03 Jan 1904	4:245	Tucker, Clara	28 Jan 1884	1:410
Trost, Louisa	15 Jul 1891	2:199	Tucker, Elida	23 Feb 1873	1:402
Trost, Louisa Meser	15 Jul 1891	2:199	Tucker, Frank	22 Feb 1892	2:199
Trost, Wilhelmina	06 Dec 1891	2:199	Tucker, Frederick	13 Aug 1887	2:197
Trott, Herbert	13 Jun 1905	5:244	Tucker, Geo.	03 Oct 1899	4:242
Trotter, Inf/o Louis	15 Jul 1877	1:444	Tucker, Henry	12 Nov 1907	5:246
Troup, Jacob	17 Jan 1882	1:408	Tucker, Howard E.	25 Mar 1889	2:198
Troup, Rebecca	16 Jul 1901	4:244	Tucker, Jenny	19 Oct 1888	2:198
Troutman, Cornelia	18 Jun 1880	1:408	Tucker, John	09 Jul 1884	2:196
Trowbridge, Abbe	14 Nov 1885	2:196	Tucker, Mary	07 Aug 1892	2:200
Trowbridge, Alida B.	18 Nov 1894	3:222	Tucker, Matilda	10 Aug 1891	2:199
Trowbridge, Bertha	25 Feb 1886	2:196	Tucker, Uriah	12 Mar 1894	3:221
Trowbridge, Sarah	11 Feb 1906	5:245	Tucker, Victoria M.	06 Mar 1890	2:198
Trowbridge, Stephen	23 Aug 1897	4:241	Tueda, Sophia	17 Feb 1875	1:404
Troxel, Eelipah	13 Feb 1902	4:244	Tueryski, Rosalie	31 Jan 1891	2:199
Troxler, Osel	24 Dec 1878	1:406	Tuetsche, Willie	13 Oct 1889	2:198
Truax, Edmond	22 May 1874	1:404	Tuey, Thomas	19 Dec 1874	1:404
Truax, Elizabeth	06 Dec 1906	5:245	Tuie, Emma	Sep 1885	2:196
Truax, Perry B.	01 Nov 1892	2:200	Tuie, John	12 Oct 1885	2:196
Truckey, Helen	03 May 1906	5:245	Tuite, Edward	28 Apr 1904	5:244
Truckner, Edwin	23 Sep 1907	5:246	Tulenay, Matthus	15 Jul 1872	1:402
Trude, Josephine	28 Jun 1880	1:408	Tuliver, Abraham	08 Jul 1892	2:200
Trudeau, Lara	26 Aug 1898	4:242	Tuly, Andrew	06 Oct 1900	4:243
Trudeau, Mary A.	12 Apr 1908	5:247	Tunison, Ruth	16 Nov 1897	4:242
Trudeau, Sophia	Feb 1909	5:248	Tunison, William	15 May 1899	4:242
Trudell, Amos	11 Aug 1903	4:245	Tunks, C.R.	28 Jun 1900	4:243
Trudreu, Lewis	26 Jan 1902	4:244	Tunks, Chas. R.	28 Jun 1900	4:243
True, Allen	03 Apr 1907	5:246	Tuohy, Edmond	13 May 1907	5:247
Trugley, Twins	13 Jun 1876	1:404	Turaein, Lena	13 Oct 1884	2:196
Truhalsky, Mary*	12 May 1908		Turaein, Nick	17 Sep 1884	2:196
Truhass, Louis	21 Mar 1907	5:246	Turby, Francis	23 Aug 1869	1:50
Truhn, Ester	18 Jul 1901	4:244	Turcott, Dora*	09 May 1882	
Truman, Betsy	14 Apr 1887	2:197	Turek, Andrew	05 Nov 1906	5:246
Truman, Leonard	18 Jun 1897	4:241	Turk, Alfred Davis	11 Sep 1877	1:404
Truman, Lila	01 Jan 1903	4:244	Turk, Arthur	31 Jul 1906	5:245
Trumbauer, Rhea	10 Sep 1889	2:198	Turk, Thomas J.	03 Jul 1869	1:40
Trumbel, Roag H.	08 Sep 1896	4:241	Turkuski, Anthony	06 Apr 1886	2:197
Trumbell, Harry O.	29 Jan 1897	4:241	Turley, Herbert	15 Jan 1902	4:244
Trumbell, Wilber	20 Oct 1899	4:242	Turley, Jennie D.	22 Jan 1880	1:406
Trumble, Isabella	20 Sep 1900	4:243	Turley, John J.	1884	2:196
Trumble, James	06 Aug 1871	1:402	Turley, Julia B.	17 Apr 1886	2:197
Trumbull, Alice	27 Feb 1907	5:245	Turley, Lambert	11 Nov 1886	2:197
Trumbull, Amanda E.	18 Sep 1901	4:243	Turley, Wm.	11 Sep 1902	4:244
Trumbull, Gladis C.	28 Nov 1907	5:246	Turman, Chas.	10 Sep 1885	2:196
Trumbull, Lucy Ida	23 Feb 1876	1:404	Turnan, Anna	08 May 1888	2:198
Trumbull, Richard	14 Dec 1892	2:200	Turnan, Henry	11 May 1879	1:406
Trumbull, Viola M.	11 Jul 1903	4:245	Turner, Adenia E.	26 Jan 1897	4:241
Trunitler, Michael C.	02 Nov 1904	5:244	Turner, Aetna Malvina	10 Jun 1900	4:243
Truszcynski, Mary	05 Apr 1903	4:245	Turner, Anna E.	26 Sep 1890	2:199
Tubbes, Vernie	19 Sep 1888	2:198	Turner, ch/o Frank	27 Mar 1869	1:34
Tubbes, Vinnie	17 Sep 1888	2:198	Turner, Chas.	31 Jan 1899	4:242

NAME	DATE	V/P	NAME	DATE	V/P
Turner, Eathel	22 Mar 1905	5:244	Uhrmann, Fred	02 Aug 1894	3:234
Turner, Eliza M.	24 Sep 1897	4:241	Uinsted, Isabel*	13 Oct 1892	
Turner, Fred	19 Apr 1905	5:245	Ulbrich, Margareth	20 Aug 1901	4:256
Turner, H.W.	08 Feb 1895	3:222	Ulen, Elizabeth	08 Apr 1899	4:256
Turner, Henry	23 Jan 1900	4:243	Ulenger, Almer	14 Oct 1896	4:256
Turner, J.H.	04 Nov 1892	2:200	Ulgener, Katherine	24 Jan 1908	5:259
Turner, John	16 Dec 1886	2:197	Ulgener, Mathias	02 Mar 1896	3:234
Turner, John Shaw	01 Jul 1890	2:199	Ulgener, Rochenne	24 Jan 1908	5:259
Turner, Lena	28 Mar 1880	1:406	Ulginer, Eddie	18 Jul 1888	2:208
Turner, Lodema	15 Mar 1905	5:244	Ulginer, Infant	13 Apr 1884	2:208
Turner, Maria S.	23 Nov 1878	1:406	Ulgner, Marie	31 May 1900	4:256
Turney, Barney	25 Dec 1889	2:198	Ulgner, Mathews	02 Mar 1896	3:234
Turney, Harry	10 Nov 1887	2:197	Ulinger, Maurice	05 Jul 1900	4:256
Turno, Sophia	20 Feb 1907	5:246	Ulley, Matilda	25 Jun 1890	2:208
Turske, Walentz	24 Mar 1897	4:241	Ullrich, Albert	22 May 1887	2:208
Turski, Jacob	21 Jun 1900	4:243	Ullrich, Inf/o Adam	06 Sep 1869	1:48
Turski, Mary	09 Nov 1903	4:245	Ullrich, Rosina S.	01 May 1881	1:418
Tursky, Woyeck	02 Aug 1906	5:245	Ulman, Emma	07 Jan 1870	1:56
Tury, John A.	08 Nov 1908	5:247	Ulmer, Bertha	22 Feb 1895	3:234
Tusch, Chas. W.	25 Mar 1907	5:245	Ulmer, John	09 Jun 1881	1:418
Tuschinski, Victor	05 Aug 1896	4:241	Ulmer, John William	11 Jan 1891	2:208
Tussing, Infant	13 Apr 1908	5:247	Ulmer, Katherina	06 Mar 1908	5:259
Tuszynski, Anthony	02 Nov 1890	2:199	Ulmer, Margareta	17 Apr 1887	2:208
Tuting, Eliz.	18 Nov 1879	1:406	Ulmer, Matt	07 Aug 1896	4:256
Tuting, Frank	05 Mar 1872	1:402	Ulrich, Albert	05 Mar 1887	2:208
Tutman, Jessie	25 Aug 1905	5:245	Ulrich, Albert C.	16 Apr 1895	3:234
Tuttle, James W.	23 Mar 1903	4:244	Ulrich, Eva M.	27 Feb 1897	4:256
Tuttle, John Henry	22 Dec 1901	4:244	Ulrich, Everett L.	06 Jun 1907	5:259
Tuttle, Lucy A.	30 Aug 1897	4:241	Ulrich, George	08 May 1870	1:418
Tuzinski, Metta	27 Jan 1891	2:199	Ulrich, John	11 Jun 1887	2:208
Twietmeyer, Harold Louis	06 Jul 1905	5:244	Ulrich, Julius	10 Dec 1905	5:259
Twistmeyer, Maynard C.	06 Jun 1907	5:245	Ulrich, Julius M.	03 Jun 1878	1:418
Tyburske, Infant	05 Dec 1896	4:241	Ulrich, Lina	28 Feb 1898	4:256
Tycotte, Ella	03 Jun 1890	2:199	Ulrich, Louise F.	30 Jan 1887	2:208
Tyenman, C.	14 May 1908	5:248	Ulrich, Maria	05 Nov 1898	4:264
Tyler, Arlone	01 Aug 1901	4:244	Ulrich, Maria	05 Nov 1898	4:256
Tyler, Barnabus	02 Feb 1888	2:197	Ulrich, Mary	13 Oct 1903	4:256
Tyler, Mary Louise	23 Sep 1902	4:244	Ulrich, Michael C.	13 Mar 1870	1:40
Tyms, Roman	24 Dec 1907	5:246	Ulrich, Michael Charles	22 Feb 1870	1:40
Tyrell, Mary	30 Dec 1891	2:199	Ulrich, Rob. H.	08 Jul 1896	4:256
Tyrell, Thomas	28 Dec 1879	1:406	Ulrich, Sarah	24 Aug 1870	1:418
Tyroles, Otto	18 Jun 1874	1:404	Ulrick, Albert	26 Dec 1898	4:256
Tyson, Lena	18 Jan 1904	4:245	Umpehenour, Ernest R.	13 Sep 1899	4:256
Tzyzenski, Frank	04 Dec 1903	4:245	Umpherane, s/o Elmer	24 Apr 1886	3:234
Ube, Frankie	23 Sep 1870	1:418	Umps, Catherine	17 Oct 1891	2:208
Ube, Gustave	13 Dec 1870	1:418	Umsteader, Elizabeth	12 Jun 1894	3:234
Ufer, Christian	21 Nov 1903	4:256	Unarski, Anthony	11 Nov 1908	5:259
Ufer, Emil	08 Dec 1896	4:256	Unbehauen, Wm.	03 Apr 1872	1:418
Uhl, Francis L.	01 Oct 1894	3:234	Unbehaun, Charels	07 Mar 1891	2:208
Uhl, Walter Lewis	16 Apr 1899	4:256	Unbehaun, Christian	04 Mar 1902	4:256
Uhler, Blanch	12 Feb 1879	1:418	Unbehaun, Edward C.	22 Jan 1895	3:234
Uhler, M. Amanda	06 Feb 1897	4:256	Unbehaun, Elizabeth	23 Sep 1893	3:234
Uhler, M. George	21 Mar 1897	4:256	Unbehaun, Elizabeth	28 Sep 1894	3:234
Uhley, Phillip	25 Feb 1905	5:259	Unbehaun, Elsie	04 Oct 1889	2:208
Uhlitzah, Elizabeth	11 Dec 1898	4:256	Unbehaun, Frank H.	09 Dec 1900	4:256
Uhlrich, Charles	26 Jun 1904	5:259	Unbehaun, Fredericka	15 Sep 1888	2:208
Uhlrich, Hattie A.	25 Aug 1887	2:208	Unbehaun, Josephine	13 Jul 1892	2:208
Uhly, Elizabeth	16 Feb 1907	5:259	Unbehaun, Walter C.	15 Nov 1889	2:208
Uhly, Minnie J.	12 Jun 1880	1:418	Undegarden, Frances	04 Dec 1906	5:259
Uhly, Phillip H.	07 Apr 1876	1:418	Underhill, Maggie U.	28 May 1876	1:418
Uhrman, Henry	19 Mar 1899	4:256	Underwood, Mrs.	17 Jun 1907	2:259

NAME	DATE	V/P	NAME	DATE	V/P
Ungar, Fredricus	01 Apr 1874	1:418	Unknown Infant (F.H.)	08 Jan 1905	5:150
Unger, Margaret	30 Oct 1908	5:259	Unknown Infant (F.H.)	08 Oct 1906	5:153
Unger, Theresa	16 Apr 1891	2:208	Unknown Infant (F.H.)	08 Sep 1905	5:152
Unger, Thersia	16 Apr 1890	2:208	Unknown Infant (F.H.)	09 Sep 1904	5:150
Unhehann, Fred'k M.	14 Feb 1900	4:256	Unknown Infant (F.H.)	11 Nov 1904	5:150
Unknown	01 Dec 1898	4:91	Unknown Infant (F.H.)	11 Nov 1904	5:150
Unknown	21 Mar ---	1:168	Unknown Infant (F.H.)	12 Sep 1904	5:150
Unknown	25 Oct 1885	2:176	Unknown Infant (F.H.)	13 Oct 1908	5:160
Unknown	10 Jun 1895	3:200	Unknown Infant (F.H.)	14 Dec 1905	5:152
Unknown (R.M.)	01 Oct 1901	4:204	Unknown Infant (F.H.)	16 Jan 1908	5:270
Unknown (R.M.)	05 May 1901	4:204	Unknown Infant (F.H.)	16 Oct 1904	5:150
Unknown (R.M.)	06 Mar 1902	4:204	Unknown Infant (F.H.)	17 Dec 1907	5:270
Unknown (R.M.)	07 Feb 1902	4:204	Unknown Infant (F.H.)	17 Oct 1905	5:152
Unknown (R.M.)	11 Apr 1901	4:204	Unknown Infant (F.H.)	18 Aug 1904	5:150
Unknown (R.M.)	12 Nov 1901	4:204	Unknown Infant (F.H.)	18 Aug 1907	5:270
Unknown (R.M.)	13 Oct 1901	4:204	Unknown Infant (F.H.)	18 Aug 1905	5:152
Unknown (R.M.)	15 Jun 1901	4:204	Unknown Infant (F.H.)	18 Jun 1904	5:150
Unknown (R.M.)	20 Apr 1901	4:204	Unknown Infant (F.H.)	18 May 1906	5:153
Unknown (R.M.)	20 Jan 1902	4:204	Unknown Infant (F.H.)	19 Mar 1905	5:151
Unknown (R.M.)	21 Jun 1901	4:204	Unknown Infant (F.H.)	20 Aug 1904	5:150
Unknown (R.M.)	22 Jan 1902	4:204	Unknown Infant (F.H.)	20 Oct 1908	5:160
Unknown (R.M.)	27 Jul 1901	4:204	Unknown Infant (F.H.)	21 Feb 1905	5:151
Unknown (R.M.)	28 Oct 1901	4:204	Unknown Infant (F.H.)	22 Dec 1907	5:270
Unknown (R.M.)	29 Jun 1901	4:204	Unknown Infant (F.H.)	22 Feb 1907	5:153
Unknown (R.M.)	30 May 1901	4:204	Unknown Infant (F.H.)	22 Mar 1905	5:150
Unknown (R.M.) (Twin)	07 Jun 1901	4:204	Unknown Infant (F.H.)	23 Aug 1905	5:152
Unknown (R.M.) (Twin)	07 Jun 1901	4:204	Unknown Infant (F.H.)	23 Oct 1904	5:150
Unknown Child	13 Feb 1868	1:10	Unknown Infant (F.H.)	23 Oct 1906	5:153
Unknown Child	14 Jan 1873	1:240	Unknown Infant (F.H.)	25 Aug 1904	5:150
Unknown Child	31 Oct 1868	1:26	Unknown Infant (F.H.)	25 Aug 1906	5:153
Unknown Infant	01 Apr 1903	4:69	Unknown Infant (F.H.)	25 Jun 1904	5:150
Unknown Infant	02 Apr 1903	4:69	Unknown Infant (F.H.)	26 Aug 1904	5:150
Unknown Infant	03 Nov 1902	4:63	Unknown Infant (F.H.)	27 Aug 1905	5:152
Unknown Infant	04 Dec 1902	4:63	Unknown Infant (F.H.)	27 Nov 1906	5:153
Unknown Infant	05 Dec 1902	4:63	Unknown Infant (F.H.)	28 Jun 1904	5:150
Unknown Infant	10 Nov 1901	4:183	Unknown Infant (F.H.)	28 Sep 1905	5:152
Unknown Infant	11 Oct 1902	4:63	Unknown Infant (F.H.)	31 Aug 1906	5:153
Unknown Infant	13 Feb 1868	1:20	Unknown Male	15 Jul 1894	3:241
Unknown Infant	16 Nov 1902	4:63	Unknown Man	21 Jul 1906	5:259
Unknown Infant	17 Sep 1902	4:63	Unknown Twins	22 Sep 1868	1:22
Unknown Infant	21 ---	1:168	Unknown, Andrew	17 Dec 1868	1:28
Unknown Infant	22 Jan 1903	4:63	Unknown, Dennis	28 Jun 1884	2:175
Unknown Infant	22 Sep 1902	4:63	Unknown, Infant	---	2:208
Unknown Infant	25 Dec 1886	2:213	Unknown, Infant	18 Feb 1891	2:143
Unknown Infant	26 Apr 1903	4:69	Unknown, Wms B.	27 Jul 1868	1:18
Unknown Infant	28 Aug 1903	4:69	Unrich, Augustin	06 Nov 1875	1:418
Unknown Infant	Apr 1900	4:256	Unrule, Herman	15 Feb 1878	1:418
Unknown Infant	Jul 1900	4:256	Unverferth, Lewis	04 Jul 1903	4:256
Unknown Infant	Mar 1901	4:256	Updegraff, Lily	03 Oct 1908	5:259
Unknown Infant	Nov 1900	4:256	Updegraff, Malrean	17 Mar 1903	4:256
Unknown Infant	Oct 1900	4:256	Uper, Emil Wm.	08 Dec 1896	4:256
Unknown Infant	Sep 1900	4:256	Upham, A. Marg.	02 Aug 1881	1:418
Unknown Infant (F.H.)	02 Mar 1907	5:153	Upham, Eliza	18 Jan 1908	5:259
Unknown Infant (F.H.)	03 Aug 1905	5:152	Upham, s/o Albert	03 Feb 1894	3:234
Unknown Infant (F.H.)	04 Feb 1906	5:152	Upham, Susana	01 Sep 1895	3:234
Unknown Infant (F.H.)	04 Nov 1906	5:153	Uphouse, J.B.	02 Feb 1907	5:259
Unknown Infant (F.H.)	05 Apr 1907	5:270	Upp, Hobert	10 May 1908	5:259
Unknown Infant (F.H.)	05 Mar 1905	5:151	Uptigraph, Mary	Aug 1886	2:208
Unknown Infant (F.H.)	06 Aug 1907	5:270	Upton, Edward	13 Nov 1879	1:418
Unknown Infant (F.H.)	07 Dec 1908	5:160	Upton, Fred'k	23 Aug 1895	3:234
Unknown Infant (F.H.)	07 Jan 1905	5:150	Upton, Jesse	01 Oct 1884	2:208

NAME	DATE	V/P
Upton, Lydia A.	28 Mar 1886	2:208
Upton, William	11 Apr 1908	5:259
Urban, John	08 Jun 1901	4:256
Urban, Martha	08 Jun 1896	4:256
Urbanka, Hattie	19 Sep 1900	4:256
Urbanowski, Magdelena	02 Nov 1908	5:259
Urbanrack, Charles	07 Apr 1906	5:259
Urbanski, Katy	04 Sep 1905	5:259
Urbanski, Magdelena	20 Aug 1908	5:259
Urben, Francis	10 Oct 1881	1:418
Urben, Michael	15 Feb 1884	1:418
Urbin, Louis	24 Nov 1908	5:259
Urbuski, Hattie	24 Jan 1900	4:256
Urcaniak, Frank	29 Feb 1906	5:259
Urie, Carrie B.	01 Mar 1891	2:208
Urie, George H.	05 May 1906	5:259
Urie, s/o A.	02 Feb 1905	5:259
Urie, Sarah	01 Nov 1905	5:259
Urlis, William	22 Aug 1889	2:208
Ursuline, Thadare	22 Feb 1899	4:256
Urzykowski, Cestan	05 Jul 1903	4:256
Ustus, Mary	02 Apr 1899	4:256
Utley, Daniel	03 Aug 1897	4:256
Utter, Geo. W.	03 Mar 1901	4:256
Utter, Josephine	08 Jun 1906	5:259
Utz, Adam	10 Feb 1908	5:259
Utz, Henry Fred	31 Dec 1885	2:208
Utz, Sarah	29 Dec 1883	1:418
Va Naken, Anthony	21 Mar 1903	4:260
Vaelski, William	18 Mar 1898	4:258
Vagelsonge, Elmer	12 Apr 1908	5:262
Vahey, Thomas	17 Sep 1893	3:236
Vail, Jessie	11 Mar 1902	4:259
Valakelay, Myriah	19 Nov 1907	5:262
Valentine, Frances J.	27 Jan 1888	2:210
Valentine, Frazenski	20 Dec 1892	2:209
Valentine, Fred'k	12 Dec 1899	4:258
Valentine, James	10 Jun 1899	4:259
Valentine, John	19 Dec 1906	5:261
Valentine, Mrs.	---	2:210
Valker, Fred	15 Feb 1898	4:258
Valkstadt, Claving	06 Nov 1894	3:236
Valkstadt, Edward	22 Feb 1896	3:236
Vall, Casper	30 Apr 1894	3:236
Vallentine, Albert	24 Jul 1901	4:259
Vallentine, Geo. A.	29 Sep 1875	1:426
Vallette, James	13 Aug 1872	1:426
Vallette, Jennie H.	06 Oct 1896	3:236
Vallette, Oscar W.	12 Feb 1907	5:261
Vallmer, Louis	20 Feb 1904	4:260
Vallodd, Libbie	Jan 1881	1:428
Valois, Fred W.	17 Feb 1890	2:211
Valter, Madalin	11 Oct 1894	3:236
Van Aarle, Thomas	14 Nov 1891	2:211
Van Abele, Herman A.	28 Apr 1878	1:426
Van Allen, William	19 Apr 1872	1:426
Van Alstine, Helen G.	06 Jan 1901	4:260
Van Alstine, William	Jun 1883	1:428
Van Arle, Frank A.	21 Dec 1901	4:259
Van Arle, Petronela	15 Aug 1884	2:210
Van Baum, Nicholas	30 Jan 1907	5:261
Van Behren, Ida E.	14 Dec 1897	4:258
Van Behren, Wm.	12 Nov 1903	4:260
Van Behrn, Harvey Julius	21 Oct 1899	4:259
Van Brint, Mary	15 Aug 1872	1:426
Van Brunt, George	12 Mar 1888	2:210
Van Buren, Abraham	03 Jan 1897	4:258
Van Buren, Anna Louisa	28 Sep 1897	4:258
Van Buren, Henry	15 Aug 1888	2:210
Van Buren, Melissa	23 Feb 1905	5:261
Van Buren, Stephen Green	26 Oct 1901	4:259
Van Buskirk, Bert	26 Jan 1894	3:236
Van Camp, Louisa	02 Oct 1890	2:211
Van Cleave, Infant*	08 Oct 1891	
Van Cleave, Mrs.	05 Oct 1891	2:211
Van Cleve, Louise	18 Mar 1901	4:259
Van Couden, Jean	08 Aug 1868	1:18
Van Courtlandt, W.V.	---	1:426
Van Den Broek, Abert	14 Jul 1879	1:428
Van Derkan, David	21 Dec 1891	2:211
Van Doren, William	04 Jan 1904	4:260
Van Drieson, Ray	05 Jul 1881	1:428
Van Duesen, Mary	21 Mar 1886	2:210
Van Duesen, Maryiania	07 Feb 1894	3:236
Van Dusen, Mary	21 Apr 1886	2:210
Van Fleet, Albert L.	07 Mar 1895	3:236
Van Fleet, Anna	23 Jun 1888	2:210
Van Fleet, Charles	10 Nov 1884	2:210
Van Fleet, Clorinda	11 Jun 1906	5:261
Van Fleet, Emeline	09 Oct 1887	2:210
Van Fleet, John	03 Jan 1872	1:426
Van Fleet, Mary	01 Feb 1872	1:426
Van Giesen, Harvey	18 May 1903	4:260
Van Gieson, Wm.	19 May 1903	4:260
Van Glahen, Margart M.	10 Oct 1907	5:261
Van Glahn, August	14 Dec 1908	5:262
Van Grundy, J., Mrs.	20 Jul 1907	5:262
Van Gunten, C.M.	15 May 1900	4:258
Van Gunten, Christ'n	29 Sep 1868	1:24
Van Gunten, Eliz.	08 Jul 1879	1:428
Van Gunten, Emilie	21 Oct 1890	2:211
Van Gunten, Fanny	12 Mar 1876	1:426
Van Gunten, George	27 Jun 1908	5:262
Van Gunten, J.	07 Nov 1886	2:210
Van Gunten, Jacob	07 Apr 1886	2:210
Van Gunten, John	31 Oct 1895	3:236
Van Gunten, Marie	30 Jul 1901	4:259
Van Gunten, Mary	21 Mar 1891	2:211
Van Gunten, Nellie	05 Oct 1901	4:259
Van Gunten, Susana	30 May 1878	1:426
Van Hassen, K.S.	1871	1:426
Van Hoosen, T.B.	03 Dec 1879	1:428
Van Horn, Agnes	08 Nov 1899	4:259
Van Horn, John	06 Jan 1889	2:211
Van Horn, John	14 Nov 1906	5:261
Van Horn, Sarah	17 Sep 1896	4:258
Van Housen, Helen E.	18 Nov 1895	3:236
Van Houten, Annie	01 Dec 1908	5:262
Van Houten, Elizabeth	30 Sep 1894	3:236
Van Houten, Frank	06 Aug 1890	2:211
Van Hull, Edw.	24 Dec 1900	4:259

NAME	DATE	V/P
Van Karsen, Francis A.	08 Oct 1884	2:210
Van Karsen, George	25 Apr 1895	3:236
Van Karsen, Henry	25 Apr 1895	3:236
Van Karsen, Maria	04 Jun 1891	2:211
Van Narden, D., Mrs.	09 Feb 1898	4:258
Van Ness, William	16 Oct 1892	2:209
Van Nest, J.	21 Jun 1901	4:259
Van Norden, Sarah	02 Nov 1887	2:210
Van Norden, Solomon	06 Apr 1894	3:236
Van Orman, Jennie O.	12 Dec 1901	4:259
Van Pelt, Catharene	25 Aug 1897	4:258
Van Pelt, Hall, Susan Alida	28 Aug 1890	2:211
Van Pelt, Maggie	06 Jul 1904	5:261
Van Punden, Infant	19 Dec 1894	3:236
Van Rensler, James	19 Oct 1890	2:211
Van Rensselaer, Handford	14 Aug 1887	2:210
Van Rensselaer, Larry M.	04 Feb 1908	5:261
Van Rensselear, John B.	14 Oct 1903	4:260
Van Rensseler, S.J.	24 Aug 1878	1:426
Van Sanfleet, John	21 Sep 1906	5:261
Van Sickle, d/o James	13 Jan 1904	4:260
Van Tassel, Sarah J.	27 Nov 1869	1:40
Van Tress, Leander	17 Nov 1901	4:259
Van Urie, R.S.	31 May 1903	4:260
Van Vlauderen, J.C.	17 Jun 1886	2:210
Van Womer, Aaron	24 Jan 1888	2:210
Van Wormer, Chas. K.	28 Apr 1907	5:261
Van Wormer, L.H.	08 Jan 1904	4:260
Van Wormer, Phileta	10 Feb 1891	2:211
Vanabele, Silvia	18 Jan 1905	5:261
Vanable, Jane	Aug 1878	1:426
Vanable, Purdy	Aug 1878	1:426
Vanacken, William	02 Mar 1903	4:259
Vanactele, Welhmiena	Oct 1898	4:258
Vanactken, William S.	24 Apr 1900	4:259
Vanaken, Mary	23 Jun 1898	4:258
Vanalstine, Prudence	27 Dec 1886	2:210
Vance, Delia	01 Jan 1895	3:236
Vance, Florence Emily	25 Mar 1903	4:260
Vance, Ione Elizabeth	30 Dec 1902	4:259
Vandeholt, H.	01 Nov 1884	2:210
Vandenburg, Fred	16 Apr 1901	4:259
Vander, Arthur	22 Jul 1905	5:261
Vanderbrock, Helen	07 Jun 1907	5:262
Vanderburg, Otis P.	27 Jan 1889	2:211
Vanderburgh, Mary A.	10 Feb 1896	3:236
Vanderhoef, Elizabeth	21 May 1901	4:259
Vanderhoef, Minnie	15 Feb 1880	1:428
Vanderhoff, R.B.	19 Sep 1905	5:261
Vandernack, Elias	15 Jun 1884	2:210
Vanderphool, William	26 Sep 1906	5:261
Vanderpool, Amelia	19 Dec 1904	5:261
Vandka, Herman	01 Sep 1898	4:258
Vandorp, Susan M.	16 Jan 1871	1:426
Vandusen, Alonzo S.	15 Oct 1881	1:428
Vanfieht, Geo. T.	29 Dec 1880	1:428
Vanfleet, C.	14 Nov 1901	4:259
Vanfleet, Jane R.	02 Mar 1908	5:261
Vangelder, Rose J.	10 Mar 1879	1:426
Vangunder, Thomas	23 Nov 1886	2:210
Vangunten, Henrich Robt.	25 Oct 1868	1:26
Vanhauten, James	27 Feb 1898	4:258
Vanhorson, William H.	22 Nov 1902	4:259
Vanhyde, Emma	01 Mar 1899	4:258
Vankeilder, Viola	04 Oct 1870	1:426
Vanlow, Clara	06 Jan 1878	1:426
Vanlow, Joe	18 Nov 1877	1:426
Vannier, Charlotte A.	26 Sep 1900	4:259
Vanorden, Wm.	05 Apr 1878	1:426
Vanpelt, Elize A.	17 Mar 1875	1:426
Vansise, Harriet	11 Oct 1902	4:259
Vanson, Frank	15 Feb 1872	1:426
Vanstineburg, Peter	17 Sep 1901	4:259
Vanstone, Anna	20 Dec 1878	1:426
Vantassel, Lucia B.	05 Feb 1874	1:426
Vaogri, Clatilde	17 Jan 1880	1:428
Varderbeger, Unknown	16 Mar 1898	4:258
Varian, Georgiana	01 Aug 1868	1:18
Varian, Lewis J.	03 Jul 1868	1:16
Varin, Rose	19 Mar 1879	1:426
Varin, Tina	03 Aug 1895	3:236
Varley, Clarie	10 Dec 1885	2:210
Varley, Wm. M.	28 Jun 1898	4:258
Varney, Mattie	25 Jan 1887	2:210
Vasbinder, John E.	26 Mar 1907	5:261
Vasburg, Delbert	09 Feb 1895	3:236
Vassburg, Margarete	10 Nov 1902	4:259
Vatter, Alf.	05 Jan 1889	2:210
Vauderbun, Lottie	28 Oct 1893	3:236
Vaughn, Albert	12 Feb 1906	5:261
Vaughn, Eably	10 Nov 1893	3:236
Vaughn, Emma Jane	18 Mar 1894	3:236
Vaughn, Eva	25 Oct 1889	2:211
Vaughn, Hallowell	29 Nov 1891	2:211
Vaughn, Henry	01 Oct 1884	2:210
Vaughn, Isaac	23 Aug 1894	3:236
Vaughn, James	07 Jan 1898	4:258
Vaughn, John	12 Feb 1907	5:261
Vaughn, John Albert	12 Feb 1906	5:259
Vaughn, Mary	07 Jan 1907	5:262
Vaughn, Wm. V.	22 May 1892	2:209
Vawlte, Catharine	10 Nov 1907	1:426
Vax, Anna	20 Nov 1907	5:262
Vaxendale, Walter T.	11 Feb 1898	4:258
Vebel, Ann	16 Sep 1871	1:426
Veckaft, Rosa	02 Feb 1904	4:260
Veeler, Emma	05 Aug 1877	1:426
Veilier, Louis	11 Feb 1873	1:426
Veite, Frank John	30 Nov 1891	2:211
Velad, Margaret	14 Jul 1874	1:426
Velar, Francis	04 May 1901	4:259
Veler, Clarence	08 May 1905	5:261
Veler, Inf/o M.	18 Sep 1875	1:426
Veler, Louisa	26 Aug 1893	3:236
Velke, Elizabeth	02 Feb 1886	2:210
Velker, George S.	26 Jul 1890	2:211
Velker, Mamia	05 May 1890	2:211
Velliquette, Rosela J.	12 Jun 1894	3:236
Velter, Emma	19 Dec 1903	4:260
Velter, Jacob	28 Jul 1878	1:426

NAME	DATE	V/P
Velter, Julia	15 Mar 1874	1:426
Velter, Mary Eva	31 Aug 1903	4:260
Velter, Nellie May	17 Jan 1904	4:260
Vena, G., Mrs.	12 Aug 1896	4:258
Venable, Elmira	06 Mar 1877	1:426
Venable, Florence	08 May 1885	2:210
Vencke, Fredrich	20 Oct 1890	2:211
Venebal, Grace	10 Feb 1901	4:259
Venebal, James A.	24 Dec 1900	4:259
Venharsen, Mary	20 Nov 1885	2:210
Venn, W.W.	27 Sep 1906	5:261
Vennable, Frank	10 Feb 1902	4:259
Vennett, Philip	15 Dec 1898	4:258
Venshi, Joseph	09 May 1891	2:211
Veo, George R.	29 Nov 1902	4:260
Veo, Lafayette	05 Jul 1889	2:211
Verdon, Chas. Corlett	09 Jul 1884	2:210
Vergillis, Ernst	14 Sep 1901	4:259
Verhelat, Lawrence	21 Oct 1899	4:259
Verhelst, Lilly	07 Apr 1887	2:210
Vermaas, Albert W.	30 Apr 1886	2:210
Vermaas, Gracie	20 Mar 1889	2:210
Verman, Martin	28 Nov 1895	3:236
Vermelyea, Wm. P.	27 Jul 1878	1:426
Vermet, Thomas	06 Jan 1886	2:210
Vermette, McKinley	17 Dec 1896	4:258
Vermilya, Lucy E.	30 Mar 1878	1:426
Vernan, Eliza	25 Jun 1896	4:258
Vershem, Anna M.	14 Nov 1898	4:258
Vesey, Edwin	11 Mar 1900	4:258
Veslen, Arnath	10 Jun 1899	4:259
Vessy, Dayton A.	04 May 1900	4:258
Veter, Infant	28 Oct 1871	1:426
Vetesi, Mary	23 Sep 1905	5:261
Vetter, Albert	05 Jan 1889	2:211
Vetter, Charles	23 Sep 1888	2:211
Vetter, Fredrick	13 Oct 1890	2:211
Vetter, Matilda	09 Sep 1871	1:426
Vetters, Henry	29 Dec 1897	4:258
Vewalder, Mathias	24 Jan 1900	4:259
Veysey, Lucy	19 Jan 1899	4:258
Vial, Christian	27 May 1890	2:211
Vicehoff, Dora	14 Feb 1880	1:428
Vick, August	16 Dec 1897	4:258
Vick, Elma	13 Sep 1890	2:211
Vick, H.C.	16 Apr 1908	5:262
Vick, Hannah	20 Aug 1908	5:262
Vick, Helena	14 Aug 1895	3:236
Vick, John	09 Jul 1900	4:259
Vick, Paul	21 Jun 1880	1:428
Vick, Wm.	21 Feb 1900	4:259
Victory, James	09 Sep 1880	1:428
Viebrooks, George P.	05 Feb 1881	1:428
Viebrooks, John	29 Jul 1883	1:428
Viebrooks, John	31 Jul 1883	1:428
Viertel, Matilda	06 Jun 1869	1:50
Viertelle, Herman	06 Jan 1908	5:262
Viger, John	06 Oct 1896	4:258
Viger, Julia K.	11 Jan 1900	4:258
Vigler, Abraham	10 Oct 1893	3:236
Vigluls, Harold	15 Apr 1896	4:258

NAME	DATE	V/P
Vigor, William	28 Mar 1907	5:261
Vila, Isaas	12 Dec 1906	5:261
Vilchinsche, Mike	20 Nov 1907	5:262
Vilhauer, Eugene	08 May 1886	2:210
Viliquette, Elmer W.	10 Feb 1908	5:262
Villequette, James	22 Mar 1908	5:262
Villequette, James	28 Mar 1908	5:261
Villhauer, August	09 Nov 1907	5:262
Villhauer, Barbara	25 Dec 1888	2:211
Villhauer, C.C.	25 Apr 1870	1:426
Villhauer, Catherine	26 Jul 1901	4:259
Villhauer, Chas. H.	28 Oct 1901	4:259
Villhauer, Edward	10 Aug 1892	2:211
Villhauer, Geo.	24 Mar 1869	1:34
Villhauer, John	04 Oct 1889	2:211
Villir, William	08 Aug 1868	1:18
Vilmork, J.R.	22 Aug 1885	2:210
Vilos, Harry	23 Feb 1908	5:262
Vinager, Minnie	04 Jul 1891	2:211
Vinal, Hiram	12 Apr 1890	2:211
Vinal, Hyram	12 Apr 1891	2:211
Vinal, Joshua	24 Jan 1902	4:259
Vincent, Benjamen J.	01 May 1899	4:259
Vincent, Dolores	01 Nov 1904	5:261
Vincent, Dorabell	19 Jan 1899	4:258
Vincent, Heicpal	09 Jul 1905	5:261
Vincent, Robert	03 Mar 1907	5:261
Vincent, Vera Allen	07 Aug 1904	5:261
Vincent, Victoria	01 Jan 1893	3:236
Vincent, Victoria	14 Jul 1893	3:236
Vine, Albert	28 Dec 1882	1:428
Viney, Madison	25 Dec 1895	4:258
Ving, Martha L.	10 Jan 1891	2:211
Vinkleman, Fred	12 Mar 1884	1:428
Vinson, Charles	25 Apr 1907	5:262
Viola, Alex	22 Jan 1903	4:259
Viola, Joseph	21 Jul 1891	2:211
Viot, Joseph Nicholas	15 Nov 1892	2:209
Virpelst, August	09 Jan 1906	5:261
Virsikonski, Frank	28 Jul 1893	3:236
Visher, Adolph	19 Nov 1888	2:210
Visher, Christ.	06 Apr 1882	1:428
Viszlai, Francis	26 Feb 1906	5:261
Vixthe, Caroline	25 May 1897	4:258
Vizeechi, Henry	26 Dec 1907	5:262
Vizowaski, Frank	27 Sep 1900	4:259
Voas, Margaret	09 Sep 1893	3:236
Vocke, Herman	11 Dec 1900	4:259
Vocque, Mohilde	17 Jan 1880	1:428
Voge, John	13 Feb 1883	2:210
Vogel, Casper	26 Jan 1876	1:426
Vogel, Genna	01 Jul 1907	5:261
Vogel, George Washington	08 May 1908	5:262
Vogel, Ida	27 Jul 1891	2:211
Vogel, Inf/o Joseph	09 Feb 1868	1:36
Vogel, Sarah Elizabeth	12 Jan 1908	5:261
Vogeler, George	26 Jun 1893	3:236
Vogelman, David	09 Apr 1894	3:236
Vogelneck, Mary R.	26 Nov 1897	4:258
Vogelpohl, Christopher	19 Jul 1901	4:259

NAME	DATE	V/P
Vogelpohl, Katie	02 Nov 1908	5:262
Vogelpohle, Fannie	11 Mar 1895	3:236
Vogelsang, Cloya	14 Mar 1899	4:258
Vogerty, John	30 May 1873	1:426
Vogle, Lena	15 Oct 1896	4:258
Vogler, Joseph	29 Jun 1906	5:261
Vogt, Frank	23 Oct 1886	2:210
Vogt, Sophia	05 Feb 1884	1:428
Voight, Frederick M.	19 Jun 1903	4:260
Voight, Wm. F.	16 Sep 1888	2:211
Voigt, Hinnericka	02 Jan 1881	1:428
Volhsdorf, John	03 Nov 1899	4:259
Volk, Alvina	11 Mar 1896	3:236
Volk, Anton	21 Jan 1908	5:261
Volk, Elizabeth	01 May 1885	2:210
Volk, George Henry	09 Feb 1888	2:211
Volk, Gottfried	09 Mar 1886	2:210
Volk, Lawrence	06 Jul 1905	5:261
Volk, Maria R.	24 Oct 1890	2:211
Volk, Mary Cathrene	09 Nov 1894	3:236
Volkenberg, Minnie	05 Mar 1894	3:236
Volkstadt, Albert	26 Sep 1908	5:262
Volkstadt, Augusta	21 Feb 1908	5:262
Volkstadt, Geo.	17 Oct 1907	5:261
Vollmayer, Arnold E.	24 Feb 1890	2:211
Vollmayer, Frank J.	23 Nov 1887	2:210
Vollmayer, John P.	11 Aug 1898	4:258
Vollmer, Sebastian	27 Dec 1902	4:259
Vollmeyer, John	22 Oct 1906	5:261
Vollmeyer, Magaretha	21 Nov 1879	1:428
Volmer, Inf/o Wm.	14 Dec 1886	2:210
Volsquette, Joseph	02 May 1906	5:261
Voltey, Wm.	10 May 1885	2:210
Voltz, Lizzie	15 Feb 1888	2:210
Volvogel, Conrad	12 Mar 1901	4:259
Volz, d/o Aug.	29 Jun 1898	4:258
Volz, Louisa	07 Oct 1893	3:236
Von Allen, Charles	04 Oct 1870	1:62
Von Ewegen, Mabel	12 Mar 1907	5:261
Von Housten, Archie	15 Jan 1908	5:262
Vonan, George	05 Apr 1890	2:211
Voorheis, May Peter	09 Oct 1906	5:261
Voratriede, Louise	22 Feb 1887	2:210
Voren, Helen K.	15 Mar 1900	4:259
Voris, John	05 Oct 1870	1:426
Vormester, Louise	26 ---	2:211
Vorte, Troup	16 Aug 1879	1:428
Vorteide, Julius C.H.	25 Jan 1899	4:258
Vorwalter, Mina	13 Mar 1891	2:211
Vosban, Charles	27 Dec 1898	4:258
Vosburg, Ann	16 Mar 1891	2:211
Vosburg, Masena O.	03 Nov 1876	1:426
Vosburg, Ralph	12 Jan 1898	4:258
Vosburgh, Charlotte	25 Apr 1892	2:209
Vosburgh, Theodore L.	29 Apr 1892	2:209
Vosinska, Anna	20 Apr 1892	2:209
Vosper, Frank E.	12 Aug 1908	5:262
Voudermunder, F.K.	19 Aug 1895	3:236
Voudette, Unknown	25 Sep 1871	1:426
Vought, Edward	07 Sep 1898	4:258
Voyt, Charlie	10 Jan 1885	2:210
Vroman, Sarah	24 Sep 1905	5:261
Vrooman, Emma B.	19 Jul 1891	2:211
Vurck, Anna P.	08 Aug 1892	2:211
Vusbury, Elderey	18 Mar 1899	4:258
Wachenheimer, Louis	19 Mar 1898	4:263
Wachenheimer, Louisa	14 Feb 1881	1:448
Wachowak, Leo	22 Dec 1898	4:265
Wachowak, Michael	22 Jul 1895	3:242
Wachowiak, Joe	23 Apr 1892	2:222
Wachowiak, John	15 Sep 1907	5:271
Wachowiak, Martin	05 Sep 1897	4:263
Wachowiak, Stanly	20 Mar 1898	4:263
Wachowick, Joseph	09 Nov 1890	2:219
Wacht, Louisa	29 Dec 1899	4:266
Wachum, Agnes	17 May 1906	5:268
Wacke, Henry J.	10 Feb 1906	5:266
Wacker, Charles	26 Mar 1886	2:213
Wacker, Katherine	13 Sep 1908	5:273
Wacker, Wm. Louis	31 Mar 1901	4:268
Wackowick, Sam	10 Dec 1906	5:267
Waddack, J.M., Dr.	12 Dec 1905	5:266
Wade, Blanch	22 Aug 1885	2:213
Wade, C.W.	28 Apr 1893	3:240
Wade, Cecelia H.	09 May 1901	4:269
Wade, H.R., Mrs.	02 Aug 1906	5:268
Wade, Harriett C.	17 Aug 1904	5:264
Wade, Infant	05 May 1901	4:270
Wade, Marvin	08 Dec 1887	2:215
Wade, Neva E.	03 Jul 1890	2:219
Wade, Thomas	15 Feb 1908	5:272
Wadkins, Benjamin	29 Feb 1908	5:270
Wadkins, Clara	09 Feb 1889	2:216
Wadkins, Ellen L.	30 Sep 1874	1:440
Wadkins, John J.	28 Apr 1884	1:452
Wadkins, Julia H.	12 Jul 1893	2:221
Wadkins, Mary Ann	18 Dec 1906	5:267
Wadkins, Wm. C.A.	23 Jan 1875	1:440
Wadsworth, Cordelia	24 Nov 1900	4:267
Wadsworth, Jessie Pearl	16 Feb 1899	4:265
Wafenschmidt, Jno. Fred'k.	25 Nov 1891	2:220
Waffensmith, Sarah	07 Feb 1906	5:268
Waffle, Mamie	20 Apr 1908	5:273
Wagenknecht, Amelia	21 Apr 1903	4:273
Wagenknecht, Arthur	30 Mar 1889	2:216
Wagenknecht, Chas.	10 Jul 1888	2:216
Wagenknecht, Minnie	13 Feb 1868	1:10
Wagenlander, Glen	03 Apr 1893	3:240
Wager, Louis C.	20 Dec 1873	1:438
Wagerer, Theresia	12 Nov 1881	1:450
Wagers, Ralph E.	19 Oct 1904	5:264
Wagg, El Lusie	07 Feb 1897	4:261
Waggon, Chris	13 Apr 1896	4:262
Waggoner, Clark	02 Jul 1903	4:273
Waggoner, Fannie	07 Jun 1888	2:216
Waggoner, Harrie A.	23 Apr 1898	4:262
Waggoner, Joseph	20 Mar 1873	1:436
Waggoner, Oscar W.	25 Oct 1874	1:440
Waggoner, Samuel	10 Aug 1872	1:438
Waglin, Treasa	23 Jul 1894	3:241
Wagner, Albert D.	07 Jul 1902	4:272

NAME	DATE	V/P	NAME	DATE	V/P
Wagner, Andrew	09 Nov 1886	2:214	Wainright, Albert	20 Sep 1898	4:265
Wagner, Burde	02 Apr 1872	1:436	Waite, Abigail W.	02 Nov 1893	3:240
Wagner, Catherine	18 Mar 1905	5:265	Waite, Albert S.	28 Apr 1890	2:218
Wagner, Charles	28 Sep 1894	3:241	Waite, Charlotte A.	29 May 1873	1:438
Wagner, David K.	26 Sep 1907	5:271	Waite, Edward T.	23 Dec ---	2:217
Wagner, Dorothea	09 Apr 1880	1:448	Waite, Fantor D.	07 Sep 1897	4:262
Wagner, Edward	24 Jul 1897	4:263	Waite, George B.	08 Apr 1895	3:242
Wagner, Francis Edward	03 Mar 1899	4:264	Waite, Herbert Juitte	1890	2:217
Wagner, Frank	03 Nov 1903	4:274	Waite, Inf/o John A.	09 Apr 1873	1:438
Wagner, Gertie	13 Jul 1891	2:221	Waite, Infant	24 Jun 1888	2:216
Wagner, Gertrude	09 Nov 1893	3:240	Waite, Jane E.	02 Apr 1907	5:268
Wagner, Harry	12 Sep 1899	4:267	Waite, Katie	26 Jun 1898	4:264
Wagner, Helen C.	18 Jan 1909	5:273	Waite, Minnie	18 Sep 1900	4:267
Wagner, Henry	03 Jan 1895	3:241	Waite, Richard	08 Jul 1907	5:270
Wagner, Henry	16 Nov 1906	5:268	Waite, Rufus F.	12 Sep 1902	4:271
Wagner, Henry	27 Jul 1900	4:269	Waite, Theodore	23 Mar 1870	1:54
Wagner, Ignatz	Aug 1887	2:215	Wajtowicz, Baurence	02 Apr 1907	5:270
Wagner, Jacob	16 Nov 1871	1:436	Wajtowicz, Vincent	28 Jan 1899	4:265
Wagner, John	12 Dec 1893	3:239	Wakefield, Marshall	15 Dec 1871	1:436
Wagner, John	22 Aug 1898	4:264	Wakeman, Matilda	06 Apr 1903	5:268
Wagner, John	23 Mar 1891	2:219	Wakfield, Ethel May	28 Jun 1892	2:221
Wagner, John	27 Feb 1890	2:218	Wakwick, Malinty	24 Aug 1889	2:218
Wagner, L. Wilda	21 Mar 1906	5:266	Walasinski, Walter	14 Sep 1903	4:273
Wagner, Lizzie D.	18 Feb 1872	1:436	Walaskinski, Paulene	Oct 1903	4:273
Wagner, Lorran	16 Feb 1890	2:218	Walbarn, Leah	04 Dec 1892	2:221
Wagner, Louisa	15 Aug 1895	3:242	Walbolt, John	22 Nov 1869	1:42
Wagner, Margarett	20 Apr 1904	5:264	Walbolt, John G.	18 Dec 1892	2:221
Wagner, Martin	05 Nov 1876	1:442	Walbridge, Bessie C.	22 Feb 1871	1:434
Wagner, Mary C.	20 Jul 1889	2:217	Walbridge, Chester H.	23 Jun 1872	1:438
Wagner, Mary Elizabeth	09 Dec 1889	2:217	Walbridge, Horace S.	31 Jan 1893	2:222
Wagner, Maud	10 Jan 1897	4:261	Walbridge, Mary	15 Dec 1870	1:434
Wagner, Nicholas	02 Mar 1907	5:267	Walbridge, Mary	29 Mar 189	4:265
Wagner, s/o Carl H.	13 Dec 1905	5:265	Walbridge, McLeon	21 Jan 1879	1:446
Wagner, Samuel	18 Nov 1892	2:221	Walconsra, Louis	30 May 1891	2:220
Wagner, Tracy	02 Sep 1895	3:242	Walcott, Henry	07 Apr 1882	1:450
Wagner, Tressa	10 Sep 1907	5:270	Walcott, Traca C.	22 Nov 1895	3:243
Wagner, Winnie	19 Dec 1895	3:242	Waldeck, Carl	01 Aug ---	2:217
Wagoner, Catherine	25 Feb 1879	1:444	Waldier, Mathias	20 Jul 1873	1:438
Wagoner, Eliz. C.	19 May 1880	1:448	Waldner, Mathew	28 Jul 1903	4:273
Wagoner, Frank	27 Dec 1898	4:264	Waldon, Frederick Louis	28 May 1902	4:270
Wagoner, Herbert	10 Oct 1906	5:267	Waldorf, Mary Holmes	26 Sep 1899	4:266
Wagonknecht, Chas. B.	10 Oct 1897	4:263	Waldow, Melvina	25 Apr 1899	4:266
Wagonknecht, Fred	27 Aug 1896	4:262	Waldrich, Elisabeth	08 Feb 1890	2:218
Wagonlander, Fay W.	24 Jun 1903	4:273	Waldrick, Lillie A.	30 Jul 1884	2:212
Wagonlander, Paul	30 Oct 1894	3:241	Waldrick, Nellie	05 Oct 1884	2:212
Wagroski, Michael	05 May 1905	5:266	Waldron, Mamie	05 Sep 1895	3:242
Wahl, Ada B.	24 Sep 1886	2:214	Waldron, William A.	04 May 1903	4:274
Wahl, Alexander	03 Dec 1883	1:452	Waldruff, Anna L.	14 Nov 1872	1:438
Wahl, Frances E.	26 Jul 1902	4:272	Waldruff, John	09 Jan 1873	1:438
Wahl, Frank	22 Jul 1885	2:213	Waldruff, Wm.	10 Jul 1892	2:222
Wahl, Henry	16 Jun 1902	4:271	Waldvogal, Elizabeth	13 May 1888	2:216
Wahl, Henry F.	18 Jan 1899	4:264	Waldvogal, Louisa	13 Jan 1890	2:218
Wahl, James	21 Sep 1891	2:220	Waldvogel, Andrew	17 Sep 1884	2:212
Wahl, Mary	17 Dec 1906	5:267	Waldvogel, Caroline	Oct 1885	2:213
Wahl, Mathias	28 Mar 1878	1:444	Waldvogel, Geo. J.	29 Jun 1903	4:273
Wahl, Phillip	24 Jan 1908	5:270	Waldvogel, George	10 Sep 1902	4:271
Wahl, s/o Barney	01 Jun 1893	3:239	Waldvogel, Melchior	19 Feb 1887	2:214
Wahl, William, Jr.	18 Dec 1908	5:272	Waleb, Wendel	08 Jan 1888	2:215
Waible, Carl	11 Mar 1903	4:272	Waleer, Frances Mary	30 Mar 1906	5:265
Waidler, Chas.	16 Jan 1892	2:220	Walentnie, Frederick	14 Sep 1907	5:272
Wainbough, Solomon	21 Apr 1900	4:269	Walenweber, Gertrude	10 Jul 1903	4:274

NAME	DATE	V/P	NAME	DATE	V/P
Wales, Alice O.	06 Feb 1907	5:268	Wallace, Jane	27 Feb 1882	1:448
Wales, Almira	24 Jun 1885	2:212	Wallace, Lucinda	08 Jan 1903	4:271
Wales, Chas. T.	22 May 1887	2:214	Wallace, Mabel	06 Dec 1906	5:269
Wales, Edward P.	10 Nov 1881	1:450	Wallace, Robert Brice	31 Aug 1904	5:264
Wales, Frank E.	18 Oct 1879	1:448	Wallace, Robert J.	13 Dec 1897	4:262
Wales, Hazel L.	19 Nov 1890	2:219	Wallace, William A.	27 Mar 1907	5:269
Wales, Henry Robert	28 Jul 1900	4:268	Wallace, William R.	30 Mar 1897	4:261
Wales, Jas. H.	09 Aug 1902	4:271	Wallcott, Inf/o Wm.	12 May 1881	1:450
Wales, Samuel	19 Mar 1900	4:266	Wallen, Isabella W.	20 Apr 1902	4:271
Wales, Susan	18 Jul 1905	5:266	Wallenbaker, Willie	26 Oct 1890	2:219
Wales, Wm.	05 Aug 1872	1:436	Wallenbecker, Albert	24 Jun 1894	3:241
Walf, Joseph	20 Jul 1892	2:222	Wallenbecker, d/o W.	18 Feb 1899	4:265
Walfinger, Fredrick	30 May 1891	2:220	Wallenberger, Fred	09 Apr 1880	1:448
Walier, Mary	22 Jan 1900	5:264	Wallender, Inf/o Peter	21 Nov 1881	1:450
Walinger, Josephine	29 Oct 1873	1:438	Wallenrunder, John	02 Jun 1895	3:243
Walinski, Louis	27 Sep 1894	3:241	Wallensbecker, Albert	24 Jul 1894	3:241
Walker, Albert L.	31 May 1892	2:221	Waller, Mary	22 Dec 1874	1:440
Walker, Alfred	23 Apr 1892	2:221	Walles, C.P., Mrs	06 Feb 1907	5:268
Walker, Allen	25 Nov 1903	4:273	Walley, James	27 Sep 1896	4:261
Walker, Anna	24 Jan 1878	1:444	Walls, Isaac	08 Aug 1906	5:268
Walker, Anna J.	09 Nov 1904	5:264	Walls, Marion	23 Mar 1901	4:268
Walker, C.	06 Aug 1870	1:434	Walp, Edward E.	Jan 1875	1:440
Walker, Edwin	03 Apr 1891	2:220	Walp, Forest	21 Jan 1892	2:220
Walker, Effel	15 Feb ---	2:221	Walp, Margaret	08 Nov 1872	1:438
Walker, Eliza J.	23 Dec 1893	3:239	Walp, Mary	26 Jan 1888	2:215
Walker, Ellen	07 Apr 1868	1:12	Walraven, Chas.	17 Feb 1896	3:242
Walker, Ernest	29 Jan 1904	4:273	Walser, Andrew	16 Jul 1890	2:219
Walker, Florence	08 Jul 1907	5:270	Walser, Maggie	27 Jul 1878	1:446
Walker, Frank	05 Sep 1902	4:271	Walsh, Eliza	10 Jan 1884	1:452
Walker, H.	22 Feb 1895	3:241	Walsh, Eva	17 Oct 1907	5:272
Walker, Henry	22 Jan 1872	1:434	Walsh, Martha	02 Oct 1897	4:262
Walker, Jane A.	20 Jul 1870	1:434	Walsh, Mary Eugenia	16 Jan 1892	2:220
Walker, Jenny E.	20 Nov 1872	1:438	Walsh, Sam'el	25 Mar 1901	4:268
Walker, Jessie Louisa	23 Jul 1890	2:219	Walsh, Stephen	15 Jul 1893	3:240
Walker, Julia B.	03 Oct 1870	1:434	Walsh, Thomas	08 Oct 1899	4:267
Walker, Kittie	15 Oct 1906	5:269	Walsolt, Clara	25 Dec 1891	2:219
Walker, Lewis W.	05 Jun 1908	5:273	Walson, Lucinda	28 May 1877	1:444
Walker, M.	13 May 1901	4:270	Waltan, Arthur	10 Dec 1898	4:264
Walker, Maria M.	27 Jul 1875	1:442	Walter, Adolph Joseph	19 Nov 1908	5:272
Walker, Mary J.	07 Jan 1873	1:436	Walter, Amos	03 Sep 1904	5:264
Walker, Merritt	17 Jan 1901	4:268	Walter, Burnice	13 Nov 1876	1:442
Walker, Nancy E.	13 Mar 1899	4:261	Walter, Cristopher G.	16 Mar 1891	2:219
Walker, Samuel S.	22 Apr 1898	4:264	Walter, Della May	23 Jul 1880	1:448
Walker, Unknown	27 Jul 1868	1:18	Walter, Dorothy M.	26 Jul 1899	4:266
Walker, Walter W.	25 Sep 1880	1:448	Walter, Emma	01 Mar 1869	1:32
Walker, William	30 Jul 1905	5:266	Walter, George	21 Jan 1907	5:267
Walker, William C.	22 Jun 1903	4:274	Walter, Jessie R.	08 Nov 1880	1:448
Walker, William Thomas	21 May 1893	3:240	Walter, John	23 Sep 1886	2:213
Walker, Wm. Chas.	23 Oct 1890	2:219	Walter, John G.	16 Sep 1897	4:262
Walker, Wm. Joseph	29 Jun 1890	2:219	Walter, Wilhelmina	01 Jan 1900	4:266
Walkins, Mary	30 Jun 1908	5:273	Walterhouse, Silas	07 Feb 1901	4:269
Walkowaek, Rosie	18 Apr 1897	4:262	Walters, Annie	23 Dec 1901	4:270
Wall, Arnold	28 Apr 1886	2:214	Walters, Catharine	01 Aug 1876	1:442
Wall, Barbara	27 Oct 1877	1:444	Walters, Flora A.	18 Nov 1881	1:448
Wall, Mary Ann	20 Aug 1900	4:268	Walters, Frederick E.	16 Dec 1902	4:272
Wall, Mary Josephine	Mar 1894	3:239	Walters, George	26 Mar 1883	1:450
Wall, Michael	19 Mar 1899	4:264	Walters, Grover	07 Sep 1906	5:267
Wall, Robert T.	16 Mar 1892	2:220	Walters, John	12 Jul 1908	5:273
Wallace, Albert	03 Oct 1904	5:264	Walters, Joseph	10 Oct 1887	2:215
Wallace, F.G.	24 Sep 1896	4:262	Walters, Lenora	19 Dec 1905	5:265
Wallace, Irene	12 Sep 1904	5:265	Walters, Nancy	01 Jan 1908	5:270

NAME	DATE	V/P	NAME	DATE	V/P
Walters, O.T.	01 Oct 1892	2:221	Ward, Richard J.	16 Nov 1877	1:444
Walters, Sebastian	06 Feb 1889	2:215	Ward, Ruth	07 Nov 1886	2:214
Walters, Susan M.	01 May 1901	4:269	Ward, Vunnel Julia	30 Mar 1901	4:268
Waltman, Maria	26 Jul 1878	1:446	Warden, Chas. F.	24 Oct 1897	4:263
Waltmath, William	27 Aug 1905	5:266	Warden, Delana Elisha	17 Nov 1894	3:240
Walton, Anna	18 Mar 1900	4:267	Warden, Hattie	12 Dec 1894	3:240
Walton, Ella	15 Sep 1904	5:264	Warden, James	04 Mar 1872	1:436
Walton, Eugene	09 Jun 1902	4:271	Warder, P.	12 May 1893	2:221
Walton, Mable	04 Sep 1907	5:271	Ware, Abraham	22 Oct ---	2:217
Walton, Ralph	13 Sep 1895	3:242	Ware, Harry F.	18 Apr 1876	1:442
Walton, Rosa	14 Aug 1893	3:239	Ware, Herbert D.	27 Dec 1907	5:270
Walton, Wilbert	10 Jul 1894	3:241	Ware, Howard	08 Nov 1897	4:264
Walts, Thomas	13 Jun 1871	1:436	Ware, Maria	31 Sep 1876	1:442
Waltz, Kattie	21 Sep 1868	1:22	Wareck, Bertha	18 Nov 1891	2:220
Wamke, Herman	10 Aug 1896	4:261	Waren, Maud	12 Jul 1904	5:264
Wamsher, John	24 Dec 1874	1:440	Warens, Henrietta D.	08 Apr 1892	2:222
Wamsher, Lydia	19 Nov 1897	4:262	Wariner, William	07 Dec 1874	1:440
Wamsher, Perla	09 Sep 1893	3:239	Waring, Helen M.	17 Feb 1890	2:218
Wandtke, Bodo Carl	13 Jun 1901	4:269	Waring, James Henry	15 Dec 1901	4:270
Wanke, Wm.	11 Dec 1891	2:221	Warkenten, Infant	26 Jan 1876	1:442
Wanluss, G.	20 Sep 1902	4:271	Warkenthien, Cora D.S.	12 Oct 1877	1:444
Wanneckan, George	03 Jun 1877	1:444	Warn, Harold D.	13 Oct 1886	2:213
Wanser, Wm. C.	01 Oct 1894	3:241	Warn, Henry	29 Jul 1893	3:239
Wanto, Ray	Dec 1883	1:452	Warn, Henry H.	23 Oct 1892	2:222
Wappenback, Conrad	09 May 1893	3:239	Warn, J.H.	06 Nov 1895	3:242
Warczinski, Martha	12 Jul 1897	4:264	Warn, J.H.	06 Nov 1895	3:201
Ward, Alice Ionia	30 Mar 1895	3:241	Warn, Pheletus M.	13 Apr 1890	2:218
Ward, Carry Ellen	25 Feb 1890	2:217	Warn, Philetus M.	13 Mar 1890	2:217
Ward, Catharine	15 Aug 1880	1:448	Warn, Sarah M.	03 Jul 1903	4:273
Ward, Chas.	Sep 1871	1:436	Warn, Virginia B.	18 Oct 1877	1:444
Ward, Dora M.	14 Oct 1892	2:221	Warnement, Nicholas	26 Apr 1890	2:219
Ward, Eliza	01 Aug 1881	4:150	Warner, August	20 Mar 1897	4:261
Ward, Eliza	Jan 1877	1:442	Warner, Byron	11 Jul 1906	5:269
Ward, Emily	03 Mar 1906	5:266	Warner, Caroline	05 Apr 1899	4:267
Ward, Etta M.	08 Dec 1899	4:266	Warner, Chester	28 Oct 1876	1:442
Ward, Frank	26 Oct 1899	4:266	Warner, Clara	21 Mar 1899	4:266
Ward, Geo. W.	26 Jan 1900	4:266	Warner, D.Y., Mrs.	19 Jul 1907	5:271
Ward, Helen	31 Jul 1894	3:240	Warner, Edna E.	02 Aug 1906	5:269
Ward, Hulda	14 Jan 1897	4:262	Warner, Elothera	11 Nov 1869	1:40
Ward, Jane*	18 Aug 1882		Warner, Emily	03 Aug 1896	4:261
Ward, Jennie	11 Aug 1883	1:452	Warner, Eva	12 Sep 1879	1:446
Ward, Jessie	17 Apr 1872	1:438	Warner, Fred	05 Jul 1891	2:220
Ward, Jno. B.	24 Dec 1901	4:270	Warner, Geo. S.	24 Aug 1880	1:448
Ward, John	25 Aug 1908	5:272	Warner, Harold S.	18 Aug 1906	5:267
Ward, John B.	24 Dec 1901	4:269	Warner, Henry N.	06 Apr 1877	1:444
Ward, John Perry	17 Jun 1897	4:262	Warner, Jane E.	02 Mar 1904	4:273
Ward, Joseph	06 Sep 1896	4:262	Warner, Lucretia	07 Mar 1904	5:264
Ward, Joseph	24 Jun 1891	2:219	Warner, Mattie	31 Aug 1902	4:270
Ward, Josie	21 Jul 1887	2:215	Warner, Nannie	26 Jul 1904	5:264
Ward, Katherine	14 Feb 1907	5:268	Warner, Olive	02 Dec 1873	1:438
Ward, Lesley	21 Oct 1901	4:269	Warner, Sarah	01 Aug 1879	1:446
Ward, Leslie William	14 Nov 1902	4:270	Warner, Unknown	23 Sep 1886	2:214
Ward, Leslie William	22 Oct 1906	5:267	Warner, Ursala	04 Dec 1885	2:212
Ward, Louella	18 Jun 1897	4:263	Warner, William	24 Dec 1898	4:264
Ward, Maggie A.	01 Aug 1886	2:214	Warner, William	24 Dec 1898	4:263
Ward, Margaret	30 Jan 1906	5:269	Warnes, Eliza	13 Nov 1899	4:266
Ward, Mary	06 Oct 1879	1:446	Warnike, Minnie M.	03 Feb 1895	3:241
Ward, Mary	15 Nov 1902	4:272	Warnke, August	23 May 1901	4:270
Ward, Michael	01 Jul 1889	2:217	Warnke, Bertha	01 Aug 1898	4:264
Ward, Minnie	08 Dec 1899	4:266	Warnke, Elizabeth	23 Aug 1899	4:266
Ward, Otto	15 May 1899	4:267	Warnke, Ferdinand	04 Apr 1887	2:215

NAME	DATE	V/P
Warnke, Gustine	12 Sep 1908	5:273
Warnke, Hasel	20 Feb 1906	5:266
Warnke, Ida	24 Sep 1885	2:213
Warnke, Mabel	27 Dec 1902	4:272
Warnke, Milton	23 Jan 1903	4:271
Warnke, Wilhelmena	20 Jun 1868	1:14
Warnment, Eleanore	16 Jan 1901	4:268
Warnment, Stella	16 Jan 1901	4:268
Warnner, Margaret	24 Sep 1898	4:265
Warns, Anton	08 Apr 1898	4:265
Warns, William	Oct 1879	1:448
Warntz, Ferdinand	25 Mar 1869	1:34
Warral, Henrietta Keeble	14 Jul 1899	4:267
Warren, Alfred S.	30 Apr 1888	2:214
Warren, Amanda O.	10 Jan 1903	4:272
Warren, Clifford	31 Oct 1879	1:446
Warren, Cordelia	14 Jan 1880	1:446
Warren, Eugene	08 Jul 1908	5:273
Warren, Frank L.	12 Nov 1885	2:213
Warren, Fred	20 May 1899	4:267
Warren, Geo. W.	20 Oct 1877	1:444
Warren, George	03 Dec 1868	1:28
Warren, Haskell D.	26 Dec 1870	1:434
Warren, Helen R.	15 Mar 1900	4:266
Warren, Ida	23 Mar 1901	4:268
Warren, James	17 Jan 1882	1:450
Warren, Judith	17 Mar 1880	1:448
Warren, Laura C.	02 Oct 1895	3:242
Warren, Martha	23 Sep 1878	1:444
Warren, Mary	29 Nov 1898	4:265
Warren, Mary A.	21 Feb 1902	4:269
Warren, Nic.	28 Mar 1875	1:440
Warren, W. Aldice	21 Apr 1871	1:436
Warren, William	01 Jul 1903	4:273
Warren, Wm. F.	11 Apr 1871	1:436
Warren, Wm. P.	08 Apr 1870	1:434
Warrener, Caroline M.	14 Sep 1907	5:271
Warrick, Antony	22 Aug 1889	2:218
Warrick, Jennie M.	25 Dec 1887	2:215
Warriner, Lucy A.	19 Jun 1900	4:269
Warriner, Lydia A.	17 Feb 1888	2:215
Warriner, R.H.	12 Feb 1886	2:213
Warrington, Lina	09 Dec 1905	5:266
Warrington, Lumries	09 Mar 1907	5:272
Warrington, Mildreth	09 Aug 1904	5:265
Warszinski, Frank	16 Feb 1895	3:243
Wartman, Richard	04 Jun 1901	4:270
Wartner, Mary	22 Mar 1900	4:266
Warzinski, Helen	04 Feb 1900	4:267
Waschawiak, Adam	22 Dec 1890	2:219
Waschty, John	11 Jun 1870	1:434
Washburn, Arson Bert	22 Jul 1892	2:221
Washburn, Benj.	05 Oct 1900	4:269
Washburn, Isaac	14 Nov 1893	3:239
Washburn, Lucy	11 Feb 1902	4:270
Washburn, Mary	08 Jan 1869	1:38
Washington, Celia	21 Feb 1902	4:270
Washington, George	07 Jun 1897	4:264
Washington, Thomas	08 Jan 1899	4:265
Washnack, John	12 Sep 1885	2:213
Washner, Jerry	06 Feb 1894	3:239
Wasiazyinak, s/o John	04 Mar 1896	3:242
Wasikowska, Harry	03 Oct 1907	5:270
Wasinski, Frederick	30 Aug 1894	3:241
Wasmund, Christ	15 May 1878	1:446
Wasniewski, Steven	18 May 1908	5:272
Wason, Ellen	17 Nov 1872	1:438
Wasserman, Alphons, J.	15 Apr 1888	2:216
Wassman, Minnie	10 Sep 1881	1:450
Wassman, Wilhelmina	22 Jan 1904	4:274
Wassmann, Noah Fred	25 May 1891	2:219
Wassmund, Carl Lewis	24 Aug 1901	4:270
Wasson, Marie M.	27 Nov 1903	4:273
Waszylawski, Anton	27 Jul 1906	5:268
Waterbury, Anne	01 Jan 1883	1:450
Waterbury, Peter	31 Dec 1895	3:242
Waterbury, Roy H.	18 Feb 1877	1:442
Waterman, Mary	06 Mar 1890	2:217
Waterman, Nehuw	24 Nov 1872	1:436
Waters, Ada M.	24 Apr 1885	2:212
Waters, Alice	02 Oct 1907	5:271
Waters, Anna	06 May 1906	5:268
Waters, Anna	14 Aug 1890	2:219
Waters, C.S., Mrs.	07 Aug 1899	4:266
Waters, Harriet	24 Nov 1900	4:267
Waters, J., Mrs.	13 Apr 1895	3:242
Waters, Mary	12 Jul 1875	1:442
Waters, Orville	04 Dec 1895	3:243
Waters, Ralph	23 Oct 1885	2:213
Waters, Richard	19 Feb 1905	5:264
Waters, Thomas J.	08 Jun 1897	4:263
Wates, James C.	29 Oct 1882	1:450
Wathten, Louise	02 May 1906	5:268
Watkins, Cyril Fred'k	12 Oct 1902	4:270
Watkins, Frances	09 Nov 1893	3:239
Watkins, Infant	06 Feb 1891	2:219
Watkins, Wm.	18 Feb 1870	1:48
Watsen, Ellen	15 Dec 1894	3:241
Watsh, John	04 Jan 1876	1:442
Watson, Alice	15 Dec 1875	1:440
Watson, Benedict	06 Feb 1878	1:444
Watson, Charles	05 Sep ---	2:217
Watson, Chas. Sumner	05 Sep 1889	2:217
Watson, Clarence V.	23 Jun 1891	2:220
Watson, Darnnell W.	09 Nov 1907	5:271
Watson, David	19 Aug 1875	1:440
Watson, Frank	30 Jun 1877	1:444
Watson, Geo. O.	27 Dec 1905	5:266
Watson, George	27 Oct 1907	5:271
Watson, Glenn	04 Apr 1906	5:269
Watson, Jas. O.	05 Nov 1900	4:268
Watson, Jennina	16 Dec 1907	5:271
Watson, Lucinda	23 Jul 1907	5:269
Watson, Sanford	26 Dec 1902	4:271
Watson, William	14 Apr 1908	5:273
Watson, Wm. H.	29 Jan 1874	1:438
Watt, John	13 Feb 1903	4:272
Watt, Lawrence William	07 Feb 1899	4:265
Watterman, Maria	28 Apr 1884	1:452
Watterman, Mary A.	06 Mar 1890	2:218
Watters, Eddie	18 Apr 1882	1:450
Watters, Floyd	30 Mar 1903	4:271

NAME	DATE	V/P
Watters, John	25 Sep 1906	5:267
Watters, Robert	08 Jun 1897	4:263
Wattke, Henry*	06 Jul 1885	
Watts, Eliza J.	11 Jan 1894	3:239
Watzel, Lydia	20 Dec 1903	4:273
Waudel, C.	05 Mar 1904	4:273
Waugh, Pearl	14 Mar 1900	4:267
Waugroski, Infant	19 Jul 1903	4:273
Wauka, Ida	17 Oct 1890	2:219
Waulersee, Henry	11 Mar 1891	2:219
Waunan, William	28 Mar 1871	1:434
Wauszynak, Florence	20 Apr 1904	5:264
Way, Stanley Alva	01 Mar 1901	4:268
Wayne, Minnie	22 Nov 1908	5:273
Waytaff, Trosena	23 Apr 1878	1:446
Wazuiak, Stanislas	25 Jun 1903	4:273
Wear, Gowie	02 Aug 1898	4:264
Weary, Frank	16 Nov 1895	3:243
Weaver, Anna	13 Mar 1907	5:268
Weaver, Annie	10 Feb 1892	2:220
Weaver, Dolphus J.	04 Dec 1899	4:266
Weaver, Eliza	18 Jun 1877	1:444
Weaver, Geo. E.	09 Dec 1886	2:214
Weaver, Inf/o Sam.	24 Mar 1880	1:446
Weaver, Inf/o Wm. J.	26 Aug 1880	1:448
Weaver, Infant	24 Jul 1907	5:272
Weaver, John	14 Feb 1873	1:436
Weaver, Joseph	27 Mar 1878	1:444
Weaver, Peter	28 Oct 1878	1:446
Weaver, Prsylva	26 Dec 1890	2:218
Weaver, Rebecca	19 Oct 1882	1:450
Weaver, Vetty Martin	30 Mar 1888	2:214
Weaver, W.E.	29 Feb 1908	5:272
Weaver, W.E.	29 Feb 1908	5:271
Weaves, Henry	07 Mar 1884	1:452
Webb, Charles	18 May 1906	5:268
Webb, Chester A.	18 Jul 1899	4:266
Webb, Claudia O.	22 Nov 1906	5:267
Webb, Emma	27 May 1908	5:272
Webb, Eva May	05 Aug 1884	2:212
Webb, Florence L.	12 Oct 1886	2:214
Webb, Geo.	05 Nov 1893	3:239
Webb, Gernhard	Jul 1905	5:266
Webb, Hannah	19 Dec 1871	1:436
Webb, Herbert	02 Oct 1877	1:442
Webb, Irene Mary	27 May 1905	5:265
Webb, James	06 Aug 1894	3:240
Webb, Mary L.	21 Apr 1885	2:213
Webb, Mattie Grace	08 Mar 1899	4:265
Webb, Nancy	25 Jul 1879	1:448
Webb, Paul Edgar	13 Jan 1901	4:268
Webb, William	24 Feb 1888	2:214
Webb, William*	01 Apr 1883	
Webb, Willis	24 Jun 1891	2:219
Webber, Adolph Jacob	15 Jul 1903	4:273
Webber, Elizabeth	16 Oct 1908	5:273
Webber, Farina	17 Oct 1906	5:268
Webber, Ferm	24 Mar 1908	5:272
Webber, Frederick	20 May 1900	4:268
Webber, Joseph	14 Jun 1886	2:214
Webber, Lorenz	15 Jul 1884	2:212
Webber, Louisa	15 May 1900	4:268
Webber, Marian	12 Dec 1905	5:266
Webber, Nicholas	27 Feb 1908	5:271
Webber, Sarah	25 Feb 1889	2:216
Webberuss, Hilda	05 Jan 1905	5:265
Webberuss, Louise	22 Jan 1905	5:265
Weber, Agnes	09 Aug 1902	4:271
Weber, Andrew	13 Jul 1885	2:213
Weber, Anna	23 Apr 1890	2:219
Weber, C.	01 May 1880	1:448
Weber, Carl	30 Jun 1899	4:267
Weber, Carrie Ella	21 Oct 1893	3:240
Weber, Casper	18 Mar 1897	4:262
Weber, Christian	22 Dec 1873	1:438
Weber, Cora Margaret	23 Feb 1904	4:272
Weber, Dorothy	17 Sep 1904	5:264
Weber, George	30 May 1870	1:434
Weber, George L.	07 Mar 1876	1:442
Weber, Gertrude	04 Mar 1905	5:267
Weber, Gertrude	05 Apr 1905	5:264
Weber, Gracie Eliza	14 Jul ---	2:217
Weber, Hannah	15 Jan 1885	2:213
Weber, Harriet N.	07 Dec 1872	1:436
Weber, Ida	03 Mar ---	2:212
Weber, Jacob	02 Feb 1889	2:216
Weber, Jacob	29 Dec 1871	1:436
Weber, John	01 Jul 1908	5:272
Weber, John	10 Mar 1903	4:271
Weber, John	18 Feb 1894	3:240
Weber, John C.	25 Mar 1905	5:264
Weber, John H.	19 Feb 1895	3:241
Weber, Lella	05 Dec 1884	2:212
Weber, Lizzie	15 Jan 1884	1:452
Weber, Marcus	14 Apr 1885	2:212
Weber, Maria	17 Nov 1902	4:272
Weber, Maria H.	28 Aug 1892	2:221
Weber, Mary	17 Jan 1881	1:448
Weber, Melohoir	23 Dec 1885	2:213
Weber, Nina	23 Jan 1894	3:240
Weber, Otto	01 Sep 1868	1:22
Weber, Otto C.	04 Feb 1900	4:266
Weber, Phillip	19 Jul 1893	3:240
Weber, Rob't E.	05 Mar 1881	1:448
Weble, Irene	27 May 1905	5:265
Webster, Charlotte Salome	21 Jul 1901	4:269
Webster, Edith Lula	08 Mar 1878	1:446
Webster, Eliza A.	21 Feb 1907	5:272
Webster, Esther Maria	18 Oct 1899	4:266
Webster, J.B.	12 Aug 1870	1:434
Webster, Mary	08 Sep 1895	3:242
Webster, Milo	Dec 1877	1:444
Webster, Nelson	11 May 1905	5:265
Webster, Rebecca Henion	25 Jan 1898	4:263
Webster, s/o Clinton	01 Jan 1896	4:261
Webster, Sarah	30 Jan 1907	5:268
Webster, William H.	20 Oct 1907	5:272
Wechtel, Wm.	08 Sep 1873	1:440
Weckerly, Martin	31 Dec 1894	3:240
Weckowski, Stanislaws	17 Feb 1904	4:273
Wedaman, B.J.	01 Mar 1897	4:261

NAME	DATE	V/P
Wedde, Bertha	03 Nov 1893	3:239
Wedde, Faieon John	07 Apr 1897	4:262
Wedding, Ericka	24 Jul 1878	1:446
Wedelman, Maria	09 Jul 1878	1:446
Weed, Arthur Steele	Apr 1881	1:450
Weed, Eliza H.	02 Mar 1888	2:214
Weed, Frank W.	28 Sep 1884	2:212
Weed, Geo. L.	24 Mar 1873	1:438
Weed, J.W.	1869	1:54
Weed, Rebecca Clark	Mar 1903	4:271
Weedler, Clara A.	15 Aug 1903	4:274
Weehmeister, Wheilmina	21 Sep 1905	5:266
Weeman, Asher C.	19 Jan 1905	5:264
Weeman, Lydia	15 Dec 1895	3:242
Weeman, Mary E.	03 Mar 1905	5:264
Weetman, Otto	12 Aug 1891	2:220
Weever, Roswel	07 Dec 1905	5:265
Wege, Christ C.	11 Feb 1902	4:270
Wegener, Malinda	21 Apr 1900	4:269
Wegner, Adeline	21 Mar 1902	4:270
Wegner, Eliza	05 Dec 1898	4:264
Wehile, Lena	29 Oct 1891	2:220
Wehner, Christ	26 Oct 1905	5:266
Wehner, Fred	17 Aug 1896	4:262
Wehner, Mary	04 Sep 1901	4:270
Wehrle, C.E.	21 Aug 1900	4:268
Weibeck, Ida	08 Aug 1899	4:265
Weible, Charles	08 Dec 1870	1:434
Weible, Rebecca	28 Feb 1894	3:239
Weichart, Charity	18 Oct 1892	2:221
Weick, Alga	04 Jan 1894	3:239
Weick, Caroline	16 Mar 1869	1:34
Weick, Catherine	03 Feb 1869	1:2
Weick, Chas. Wm.	16 Mar 1869	1:2
Weickerd, Wm. D.	16 May 1887	2:215
Weidelman, Barney	04 Nov 1900	4:269
Weidemair, Mr.	03 Sep 1907	5:271
Weideman, Frank J.	07 Dec 1890	2:219
Weideman, Lotta E.	07 Apr 1883	1:452
Weideman, Mabel	12 Apr 1879	1:446
Weidler, Ernst	22 Nov 1890	2:220
Weidman, Marcellea	19 Feb 1896	3:242
Weidner, Clara C.	13 Nov 1900	4:268
Weidner, John	01 Apr 1880	1:446
Weier, Jacob M.	31 Oct 1907	5:271
Weier, Mamie	01 Jul 1886	2:214
Weiesy, Else	13 Mar 1896	3:243
Weigand, Maria A.	11 Aug 1878	1:446
Weigel, Adam	21 Jun 1899	4:267
Weighman, Louise	08 Mar 1905	5:265
Weight, Clayton	14 Dec 1900	4:268
Weight, Helen R.	09 Jun 1895	3:242
Weight, Henry	01 Jan 1885	2:212
Weihans, Louis	17 May 1886	2:214
Weil, Conrad	13 Dec 1897	4:263
Weil, Conrad	1872	1:436
Weil, H.J.	13 Mar 1908	5:272
Weil, Harold	21 Oct 1900	4:269
Weil, Jacob	09 Dec 1870	1:434
Weil, Katharina	11 Jan 1868	1:8
Weil, Lucy	1882	1:450
Weil, Marg.	26 Dec 1881	1:450
Weil, Maria	14 Apr 1901	4:270
Weil, Minnie	16 Feb 1885	2:212
Weila, Eugene	15 Nov 1888	2:216
Weiland, Julia	26 Feb 1887	1:442
Weiland, Louisa	05 Sep 1906	5:269
Weiland, Wm. August	23 Jul 1876	1:442
Weile, Mary	10 Sep 1893	3:239
Weilenns, Magdeline	01 Sep 1885	2:213
Weiman, Mary A.	09 Mar 1885	2:212
Weims, Theresa	17 Sep 1906	5:268
Weindstein, Joseph	04 Feb 1908	5:270
Weiner, Caroline C.	20 Aug 1869	1:48
Weingard, George	04 Jul 1868	1:16
Weinier, Frank	17 Jan 1904	4:274
Weininger, Joseph	10 Mar ---	2:217
Weinock, Anna	22 Jul 1874	1:440
Weir, Sophia M.	19 Mar 1899	4:264
Weir, William T.	07 Sep 1897	4:263
Weirzel, William	01 Oct 1893	3:240
Weis, Amelia	04 Mar 1896	3:242
Weis, Anita	30 Aug 1899	4:266
Weis, Anna Elisia	27 Feb 1894	3:240
Weis, Bertha C.	03 Jan 1903	4:272
Weis, Kattie	17 Oct 1890	2:218
Weis, Lizzie	12 Dec 1888	2:215
Weis, Lorenz	12 Aug 1878	1:446
Weis, Mathew	13 Feb 1894	3:241
Weis, Paul	24 Nov 1900	4:267
Weisburg, Rachel	02 Sep 1906	5:268
Weisenberger, Elizabeth	14 Oct 1891	2:220
Weisenberger, Henry	05 Sep 1883	1:452
Weisenberger, Julia	19 Jun 1901	4:269
Weisenberger, Oscar Otto	01 Jul 1891	2:220
Weiser, Betsy	30 Oct 1888	2:216
Weisher, Jena	15 Oct 1870	1:434
Weising, Elizabeth	25 Dec 1901	4:269
Weisinger, John	08 Dec 1887	2:215
Weiskoff, Emil H.	06 Sep 1904	5:264
Weiskoff, Mark	27 Nov 1886	2:214
Weiss, Agnus J.	22 Jul 1891	2:220
Weiss, Bertha	17 Jul 1894	3:241
Weiss, Tilda	02 Feb 1899	4:265
Weissenberger, Cresentia	13 Jul 1907	5:270
Weissenberger, Frank	18 Dec 1902	4:271
Weisser, Mary	08 Aug 1868	1:18
Weist, Nancy	12 Apr 1899	4:267
Weisweber, Edward	25 Oct 1900	4:267
Weisweber, Harry Wm.	21 Sep 1888	2:215
Weisweber, s/o William	17 Jan 1896	3:201
Weisweber, s/o Wm.	17 Jan 1896	3:243
Weisweber, s/o Wm.	17 Jan 1896	3:242
Weitner, Geo. W.	20 Sep 1900	4:268
Weitzel, Henry*	11 Nov 1882	
Weitzel, Infant	31 Mar 1889	2:216
Weitzel, Maple	11 Sep 1871	1:436
Weitzel, Maud	11 Sep 1871	1:436
Weivel, Michael	13 Feb 1899	4:265
Weizada, Sophia	09 Jul 1891	2:221
Weizel, Kate	12 Jul 1875	1:440
Weks, Charles E.	26 Apr 1870	1:48

NAME	DATE	V/P	NAME	DATE	V/P
Welber, Alvin L.	05 Dec 1902	4:272	Weller, Mollie	04 Feb 1904	4:274
Welbon, Jennie	24 Feb 1892	2:222	Weller, Nelson	02 Oct 1896	4:261
Welch, Catherine	15 Feb 1900	4:266	Weller, Rob't H.	16 Nov 1907	5:271
Welch, Charles	02 Nov 1889	2:217	Welley, Just	28 Feb 1875	1:440
Welch, Claude Oliver	03 Oct 1876	1:442	Wellington, A.	18 Jul 1904	5:264
Welch, Edward	14 Jan 1899	4:266	Wellman, Victoria A.	25 Jan 1894	3:239
Welch, Elias	28 Jul 1884	2:212	Wells, Alfred	10 Oct 1897	4:263
Welch, Eliza	30 Dec 1897	4:263	Wells, Alfretta J.	06 Nov 1897	4:262
Welch, Ellen	10 Dec 1876	1:442	Wells, Almira	20 Mar 1890	2:217
Welch, Fred	13 Jan 1893	2:222	Wells, Daisey	21 Jan 1879	1:446
Welch, Gertude	25 Jul 1881	1:450	Wells, Daniel, Mrs.	09 Feb 1903	4:271
Welch, Harriet A.	20 Oct 1878	1:444	Wells, David	19 Dec 1904	5:264
Welch, Harriet A.	22 Oct 1879	1:446	Wells, Fanny	15 Mar 1888	2:215
Welch, Harrison	27 Jan 1904	4:274	Wells, Frances	10 Jul 1874	1:440
Welch, James	06 Feb 1880	1:448	Wells, Francis Van Bruen	01 Feb 1906	5:265
Welch, James M.	01 Feb 1882	1:450	Wells, Harriet	31 Dec 1903	4:274
Welch, John	08 Apr 1905	5:266	Wells, Henry T.	16 Mar 1878	1:444
Welch, John Fred'k	11 Sep 1897	4:263	Wells, Inf/o W.H.	27 Dec 1889	2:217
Welch, John William	01 Nov 1908	5:272	Wells, James	17 Dec 1871	1:434
Welch, Lottie M.	04 Nov 1886	2:214	Wells, Jane W.	02 Jul 1893	3:240
Welch, Mabel	14 Sep 1893	3:239	Wells, Joe	05 Jul 1905	5:266
Welch, Margaret	24 May 1868	1:14	Wells, Lewis J.	22 Sep 1869	1:40
Welch, Margaret	25 Sep 1877	1:442	Wells, Margaret	16 Nov 1907	5:270
Welch, Marion Nathan	17 May 1897	4:263	Wells, Mary	02 May 1892	2:221
Welch, Martin	08 Jun 1872	1:436	Wells, Milton	09 Jul 1905	5:265
Welch, Mary	17 Oct 1904	5:265	Wells, Olive	21 Dec 1890	2:219
Welch, Mary Ann	16 Feb 1882	1:450	Wells, Pall E.	03 May 1892	2:221
Welch, Mary L.	01 Jul 1905	5:266	Wells, Wesley J.	13 Aug 1885	2:213
Welch, Mary Nancy	17 May 1897	4:263	Wells, William F.	18 Dec 1906	5:267
Welch, Michael	03 Dec 1900	4:268	Welsch, Cornelius	12 Sep 1886	2:213
Welch, Michael	09 Jan 1911	4:269	Welsch, Joseph Albert	11 Sep 1899	4:266
Welch, Michael	13 Apr 1885	2:212	Welsh, Barthaleman	13 May 1886	2:213
Welch, Nellie	28 Nov 1885	2:213	Welsh, Burte	21 Jan 1895	3:240
Welch, Orbus	31 May 1905	5:266	Welsh, Catherine	06 Jul 1900	4:268
Welch, Richard	17 Jan 1891	2:218	Welsh, Catherine, Mrs.	04 May 1900	4:268
Welch, Richard	24 Oct 1905	5:266	Welsh, Ellen	23 Dec 1895	3:242
Welch, Richard, Jr.	30 Aug 1903	4:273	Welsh, Emma Jane	28 Aug 1886	2:214
Welch, William	09 Mar 1892	2:220	Welsh, James	19 Feb 1901	4:268
Welcher, Mary	01 Feb 1869	1:30	Welsh, Jas. F.	03 Jun 1868	1:14
Welder, Peter	10 Oct 1891	2:219	Welsh, John H.	19 Jan 1894	3:239
Welka, Theodore W.	30 Jan 1881	1:448	Welsh, John R.	11 Mar 1902	4:269
Welker, Anna M.	02 May 1883	1:452	Welsh, Margaret	05 Mar 1888	2:216
Welker, Fred	23 Nov 1890	2:218	Welsh, Michael	08 Mar 1894	3:240
Welker, Geo.	07 Mar 1901	4:268	Welsh, Minnie	29 Jan 1898	4:262
Welker, George	06 Nov 1873	1:438	Welsh, Peter	01 Jan 1894	3:240
Welker, Gustene	29 Oct 1883	1:452	Welsh, Raymond	25 May 1907	5:270
Welker, Henry	14 Dec 1905	5:266	Welsh, Robert	24 Dec 1906	5:269
Welker, Kate	10 Nov 1886	2:214	Welsh, Thomas	09 Oct 1877	1:444
Welker, Louis	08 Jun 1905	5:266	Welsh, Thos.	10 Apr 1885	2:213
Welker, Louis H.	05 Jul 1890	2:218	Welsh, Thos.	15 Jan 1899	4:264
Welker, Maude B.	05 Apr 1890	2:218	Welshofer, Joseph	26 Aug 1872	1:438
Welker, Maude B.	05 Apr 1890	2:217	Welshofer, Thresa	02 Jan 1874	1:438
Welker, Peter	17 May 1907	5:271	Welshofer, Tressie	02 Jan 1872	1:438
Welker, Philip	27 Mar 1907	5:267	Welt, Carlton D.	07 Mar 1900	4:266
Welker, Philip	29 Oct 1887	2:215	Welte, John	04 Jul 1881	1:450
Welker, William	28 Aug 1883	1:452	Welter, Agnes B.	18 Aug 1900	4:269
Welker, Willie	14 Jun 1907	5:270	Welter, Blida	09 Sep 1900	4:267
Well, Alfred Louis	13 Nov 1889	2:215	Welter, Hannah	02 Jul 1902	4:272
Wellens, Christopher	10 Mar 1906	5:265	Welter, Jacob	26 Oct 1908	5:273
Weller, Cyrus F.	06 Aug 1902	4:272	Welton, Sir.	07 May 1885	2:213
Weller, Lotta J.	09 Apr 1902	4:272	Welzbacher, Anthony	08 Feb 1873	1:438

NAME	DATE	V/P
Welzbacher, Edward	29 Jan 1904	4:273
Welzbacker, Edward G.	29 Jan 1904	4:274
Wemburg, David	22 Dec 1906	5:267
Weminnger, George	23 May 1906	5:267
Wencel, Adam	06 Feb 1908	5:270
Wencel, Frank	17 Mar 1906	5:265
Wendel, Amelia	05 Mar 1904	4:273
Wendel, Conrad	23 Oct 1892	2:221
Wendel, Elizabeth	13 Mar 1907	5:268
Wendel, Francis	24 Dec 1901	4:269
Wendel, John	25 Feb 1893	2:221
Wendel, Lillie Z.	27 Aug 1887	2:215
Wendel, Phillip	01 Feb 1881	1:448
Wendland, Frederick	23 Jul 1897	4:263
Wendt, Luella	02 Feb 1885	2:212
Wendt, Rob't	19 Jul 1886	2:214
Wendtworth, Frank	28 Mar 1902	4:270
Wenest, Alexander	10 Feb 1906	5:269
Wengert, Anna	16 Feb 1907	5:269
Wening, Herrman	22 Jan 1874	1:438
Wening, M. Clara	28 Mar 1894	3:239
Wening, Veit C.	02 Nov 1891	2:220
Weninger, George	04 Jan 1879	1:446
Wenland, Mary	01 Jan 1907	5:271
Wenneg, Albert	06 Nov 1899	4:266
Wenner, Elizabeth	26 Jun 1905	5:267
Wennibrenner, Mrs.	11 Jan 1906	5:265
Wennig, Roland	07 Dec 1903	4:273
Wenning, Arthur	01 Sep 1877	1:444
Wenning, George S.	05 Apr 1878	1:444
Wenopske, Caroline*	28 Oct 1882	
Wenring, Louis	11 Feb 1879	1:446
Wensel, Esther	15 Jan 1907	5:269
Wentworth, Calvin	20 Apr 1870	1:434
Wentworth, James A.	29 Nov 1878	1:446
Wentz, Frank	05 May 1901	4:270
Wentz, Martha	20 May 1906	5:269
Wentz, s/o Frank	18 May 1901	4:270
Wentz, Sophia	28 Nov 1906	5:268
Wenz, Catharine	22 Jan 1899	4:267
Wenz, Louis	03 Jan 1907	5:268
Wenz, Louis	23 Oct 1890	2:220
Wenzel, d/o Chas. C.	09 Feb 1896	3:243
Wenzel, Edith M.	22 Jun 1902	4:272
Wenzel, Edward	11 Nov 1886	2:214
Wenzel, Francis	03 Nov 1858	1:26
Wenzel, Freddie Peter	22 Dec 1900	4:269
Wenzel, Harold	24 Jul 1908	5:273
Wenzel, Jacob	22 May 1896	4:262
Wenzel, s/o Rudolph	09 Mar 1904	4:274
Wenzel, Veromica	19 Jul 1905	5:265
Wenzel, Walter	21 Sep 1897	4:263
Wenzeler, Adalgunda	06 Jun 1885	2:212
Wenzell, Peter	02 Jun 1890	2:219
Wenzler, Anthony	10 Jan 1876	1:440
Wenzler, Conrad	Aug 1887	2:215
Weott, Francis	02 Mar 1897	4:261
Weott, Nick	26 Sep 1901	4:270
Weott, William Nicolas	28 Aug 1897	4:263
Weples, George	15 Sep 1895	3:242
Werce, Hannah	10 Oct 1907	5:272
Werdchoff, Myrtle	08 Jan 1899	4:265
Werdehoff, Charles H.	02 Jul 1887	2:215
Werdehoff, Fannie Belle	09 Oct 1891	2:220
Werder, John C.	05 Aug 1906	5:267
Werderhoff, Henry A.	12 Mar 1905	5:264
Werfflin, George A.	01 Jul 1871	1:436
Werke, Lena	29 Mar 1895	3:241
Wermly, Gertrude	30 Jun 1895	3:243
Werner, d/o John F.	03 Oct 1894	3:241
Werner, Hazel Sarah	03 Oct 1894	3:241
Wernert, Albert	08 Jun 1906	5:267
Wernert, Arthur J.	15 Mar 1902	4:269
Wernert, Barbara	02 Dec 1907	5:270
Wernert, Barbary	01 Jan 1900	4:267
Wernert, Catharine	25 Mar 1896	3:242
Wernert, Catherine	11 Jul 1906	5:268
Wernert, Edward	13 Sep 1898	4:264
Wernert, Frank	24 Oct 1878	1:446
Wernert, Frank Haver	09 Feb 1903	4:272
Wernert, Geo.	28 Aug 1876	1:442
Wernert, George	16 Feb 1876	1:442
Wernert, Ignatius	03 Apr 1897	4:262
Wernert, Ignatius	03 Apr 1898	4:264
Wernert, Jacob E.	15 Mar 1869	1:34
Wernert, Joseph	1887	2:215
Wernert, Joseph	30 Apr 1887	2:215
Wernert, Katie	04 Apr 1885	2:213
Wernert, Katie	15 Jun 1875	1:440
Wernert, Louis	20 Jan 1897	4:261
Wernert, Matilda	16 Feb 1881	1:448
Wernert, Mauleine	14 Jan 1901	4:268
Wernert, Robert	02 Feb 1882	2:216
Wernert, Robert I.	06 Jan 1882	1:450
Wernert, Robert R.	25 Mar 1896	3:242
Wernert, Ruth Albert	20 Aug 1903	4:273
Wernert, s/o Joseph	29 Oct 1895	3:242
Wernert, William	22 Dec 1874	3:241
Wernert, Wm.	06 Sep 1902	4:271
Wernet, Edward	06 Sep 1871	1:436
Wernet, Louis	27 Sep 1869	1:50
Wernet, Mary	05 Sep 1879	1:446
Werning, Thressa	26 Mar 1898	4:263
Werr, Sarah A.	09 Oct 1887	2:215
Wersan, Anna	22 May 1892	2:222
Wershoffer, Mary	05 Feb 1872	1:434
Wertger, Mary	01 Feb 1869	1:2
Wertheim, David B.	12 Jul 1889	2:217
Wertman, Leslie M.	30 Oct 1905	5:266
Wertski, Anna	17 Jan 1905	5:265
Wertski, Johanna	07 Nov 1904	5:265
Wertz, Sophia	28 Nov 1906	5:269
Wesacke, Wladyslas	02 Sep 1896	4:261
Wesaloski, Mary	20 Apr ---	2:217
Wescott, Hannah H.	14 Mar 1895	3:240
Wescott, Mary A.	21 Mar 1894	3:240
Wescott, Mary A.	28 May 1869	1:44
Weslewski, Pelagia	17 Aug 1893	3:240
Wesley, Catherine	26 Jun 1888	2:216
Wesmeyer, Richard	07 Apr 1884	2:212
Wesoloski, Stella	29 Jan 1895	3:241
Wesolowska, Frances	10 Dec 1903	4:274

NAME	DATE	V/P
Wespopf, Jos.	26 Nov 1886	2:214
Wess, Frederic W.	07 Mar 1869	1:2
Wess, Mary	08 Oct 1897	4:262
Wessenberg, Bertha E.M.	15 Jul 1889	2:216
Wessenberg, Rosalia	04 Feb 1889	2:216
Wessendorf, Mary	31 Mar ---	2:217
Wessick, Lucy	28 Apr 1884	1:452
West, A.B.	19 Jul 1896	4:261
West, Araen	10 Mar 1895	3:243
West, Berdella	05 Oct 1907	5:270
West, Chas.	18 Oct 1907	5:271
West, F.W.A.	07 Mar 1869	1:32
West, Frank	10 Oct 1886	2:214
West, Frank	14 Dec 1889	2:217
West, Frederick A.	14 Feb 1898	4:263
West, Geo.	06 Apr 1895	3:243
West, Georgia	02 Aug 1902	4:272
West, Gertrude	27 Nov 1897	4:262
West, Harry C.	14 Apr 1904	5:264
West, Helen	24 Jan 1904	4:274
West, Herman	05 May 1902	4:270
West, Hiram	05 May 1902	4:272
West, Isaac B.	22 Mar 1887	2:214
West, M.	27 Jul 1870	1:434
West, Maggie	01 Nov 1902	4:271
West, Margaret	03 Aug 1903	4:273
West, Marie	16 Oct 1897	4:262
West, Mary	07 Dec 1908	5:272
West, Mary C.	13 Feb 1899	4:264
West, Mary, Mrs.	16 Apr 1907	5:271
West, Mildred G.	26 Jan 1904	4:274
West, s/o Margaret	07 Aug 1908	5:160
West, Sylvester	04 May 1904	5:264
West, Valentine	16 Mar 1903	4:271
West, William	08 Oct 1878	1:446
West, Willson Frederick, Jr.	14 Apr 1900	4:268
West, Wm. A.	11 Mar 1870	1:434
West, Wm. K.	09 May 1896	3:243
Westaoky, Roliga	14 Aug 1889	2:218
Westbroock, Peter	21 May 1898	4:265
Westbrook, Henry	04 Sep 1878	1:446
Westcott, Mary A.	28 Jul 1867	1:60
Westcott, Thomas	29 Jul 1893	3:239
Westem, Edwin	30 Oct 1907	5:272
Westenhaven, Clarence	1897	4:262
Westenhuber, Alf.	Aug 1900	4:268
Westenhuber, Mary	27 Jan 1891	2:219
Westenhuber, Rosa	22 Feb 1891	2:219
Westenhuber, T.	26 Mar 1903	4:271
Wester, Mary	23 May 1891	2:221
Westerfelt, Leona Maria	29 Jul 1900	4:268
Westerfield, Theresa	23 Sep 1907	5:270
Westerman, Ferdinand	28 Apr 1895	3:242
Westerman, Lawrence	08 Apr 1895	3:242
Westerman, Sophia	07 May 1900	4:269
Western, John	11 Jul 1908	5:272
Westfal, Albert	04 Feb 1906	5:268
Westfall, Eli	27 Aug 1898	4:264
Westfall, Ethel May	17 Aug 1897	4:262
Westfall, Jacob	23 Apr 1908	5:273

NAME	DATE	V/P
Westfall, Ralph	30 Jan 1902	4:269
Westfall, Roy	28 Feb 1904	4:273
Westlake, Grace	30 Mar 1908	5:272
Westmayer, Maria	22 May 1888	2:216
Westmeyer, Earl R.	30 Nov 1908	5:273
Westmeyer, Ethel Mary	04 Nov 1906	5:269
Westmeyer, Frances	Feb 1890	2:217
Westmeyer, H.W.	25 Nov 1895	3:241
Westmeyer, John	23 Mar 1876	1:440
Westmeyer, M.C.	23 Jul 1881	1:450
Westmeyer, Walter C.	25 Mar 1894	3:239
Westmeyer, A.J.	22 Sep 1870	1:434
Weston, Amelia	01 Jun 1871	1:434
Weston, Bessie B.	15 Oct 1868	1:24
Weston, Helen F.	19 Aug 1899	4:266
Weston, Helen M.	04 Oct 1868	1:24
Weston, Henry	24 Feb 1877	1:442
Weston, John	28 Apr 1908	5:273
Weston, Mason	05 Apr 1899	4:266
Weston, s/o W.H.	28 Oct 1893	3:240
Westruf, Mary	11 Jul 1904	5:265
Westrup, Edward	20 Sep 1891	2:220
Westrup, John F.	17 Sep 1899	4:266
Weszolowski, Joseph	23 Dec 1903	4:274
Wetcher, Caroline	02 Jan 1876	1:442
Wetcher, John	27 May 1891	2:220
Wethington, David	26 Jul 1900	4:269
Wethrill, Susan	05 Feb 1905	5:265
Wetli, s/o Fritz	14 May 1896	4:261
Wetmore, Chas.	09 Jun 1885	2:212
Wetmore, Conrad J.	12 May 1874	1:440
Wetmore, Eldridge G.	22 Mar 1903	4:272
Wetmore, Susie	24 Apr 1887	2:214
Wetson, Edward	04 Jun 1906	5:267
Wettstein, Barbara	02 Nov 1890	2:219
Wettstien, Lucy	02 May 1906	5:268
Wetzel, Anna	10 Nov 1889	2:218
Wetzel, Anna	Nov 1889	2:217
Wetzel, Emma	08 Oct 1889	2:218
Wetzel, Gustav M.	23 May 1885	2:213
Wetzel, Infant	24 Apr 1887	2:215
Wetzel, Peter J.	20 May 1902	4:272
Wetzel, Richhart	17 Nov 1889	2:218
Wetzel, Wm.	27 Feb 1903	4:272
Wetzen, Sidney Geo.	15 Apr 1900	4:268
Wetzler, Caroline	13 Sep 1906	5:268
Wetzler, Frank	18 Jul 1873	1:438
Wetzler, Geo.	01 Aug 1898	4:264
Wetzler, George	31 Aug 1894	3:241
Wetzler, Katie	28 Oct 1892	2:221
Wetzler, Maria	15 Oct 1869	1:48
Weyatt, Alice	26 Jan 1899	4:266
Weybourn, Infant	16 Feb 1874	1:438
Weybrecht, Victor	30 Jun 1896	4:261
Weyburn, E.	16 Mar 1890	2:218
Weyburn, E.E.	28 May 1902	4:271
Weyburn, Julia	17 Mar 1897	4:261
Weycler, George A.	21 Nov 1895	3:242
Whalan, Rosat	13 Sep 1875	1:442
Whalen, Leonard	06 Dec 1893	3:239
Whalen, Margaret	05 Dec 1904	5:265

NAME	DATE	V/P	NAME	DATE	V/P
Whalen, Margreth	16 Nov 1893	3:239	Whistler, Florence	18 Apr 1905	5:265
Whalen, Michael N.	20 Dec 1906	5:268	Whistler, Leah	13 Oct 1903	4:274
Whalen, Michaels	20 Dec 1906	5:269	Whistler, Margaret	08 Aug 1889	2:217
Whalen, Unknown	1884	1:452	Whistler, Margarett	24 Feb 1889	2:215
Whaler, Francis S.	18 Nov 1905	5:266	Whitaker, Charles Frank	22 Feb 1898	4:262
Whaler, Williamson	25 Dec 1873	1:442	Whitaker, Clinton	31 Jul 1891	2:221
Whaling, Edward	12 Jun 1883	1:452	Whitaker, John H.	03 Mar 1882	1:450
Wharfield, d/o Marion	24 Oct 1900	4:269	Whitaker, Mary	18 Sep 1902	4:271
Whartenby, Ada	14 Jan 1869	1:30	Whitcher, Mary M.	11 Oct 1898	4:265
Whartenby, Benjamin	13 Jun 1895	3:243	Whitcomb, Elisha	08 Nov 1880	1:448
Whaston, Herrold E.	25 Sep 1891	2:221	Whitcomb, Madora A.	02 Jan 1869	1:42
Whdden, Florence E.	24 Sep 1896	4:262	White, Albert	04 Dec 1872	1:438
Whealen, Garrett	10 Jun 1885	2:213	White, Albert L.	01 Oct 1874	1:440
Whealen, Mary	10 Aug 1896	4:262	White, Benjamin	11 Jun 1891	2:220
Wheatan, John	17 Mar 1876	1:440	White, Benjamin	17 Jun 1904	5:265
Wheaton, Timothy H.	04 Aug 1908	5:273	White, Bridget	23 Mar 1904	4:273
Whedan, Agnes M.	28 Sep 1871	1:436	White, Chas.	20 Jun 1901	4:269
Wheelak, Mary Tyler	27 Jul 1896	4:262	White, Chas. R.	20 Jun 1900	4:269
Wheeler, A. Winnie	03 Dec 1891	2:219	White, Chas. S.	28 Apr 1876	1:442
Wheeler, d/o W.	05 Mar 1903	4:272	White, Clarence	10 Feb 1899	4:265
Wheeler, d/o William	22 Feb 1907	5:268	White, Conis	18 Jan 1875	1:440
Wheeler, Ezra V.	14 Oct 1893	3:239	White, Dela Ita	08 Oct 1890	2:219
Wheeler, Fred	13 Mar 1874	1:438	White, Edith W.	06 Dec 1907	5:272
Wheeler, George	07 Nov 1907	5:271	White, Eli	25 Oct 1904	5:264
Wheeler, J. Edna	26 Nov 1891	2:219	White, Eliza J.	10 Oct 1872	1:438
Wheeler, John	03 Aug 1895	3:243	White, Elizabeth	04 Jan 1889	2:216
Wheeler, John Maro White			White, Ellen	25 Oct 1903	5:269
	06 Oct 1893	3:239	White, Ellen Delana	27 Nov 1869	1:48
Wheeler, L. Myrtie	06 Dec 1891	2:219	White, Ernest	22 Jun 1891	2:220
Wheeler, Lester	25 May 1902	4:272	White, Esther	29 Dec 1897	4:263
Wheeler, Lilly Rose Anne	08 Mar 1891	2:219	White, Fanny	27 Sep 1906	5:269
Wheeler, Mabel A.	06 Sep 1898	4:265	White, George	11 Nov 1906	5:269
Wheeler, Marion L.	27 Nov 1888	2:216	White, Gracie	15 Jul 1900	4:269
Wheeler, Martha	17 Jan 1890	2:217	White, Harry B.	03 Nov 1900	4:269
Wheeler, Mary	13 Oct 1889	2:217	White, Harvey	20 Dec 1897	4:263
Wheeler, Mary A.	17 Jan 1879	1:446	White, Henry	05 Mar 1906	5:266
Wheeler, Mary Helen	10 Oct 1890	2:218	White, Herold E.	03 Oct 1900	4:268
Wheeler, May	18 Oct 1884	2:212	White, Infant	21 Feb 1882	1:450
Wheeler, Raymond B.	18 Aug 1899	4:266	White, Isabelle J.	15 Feb 1888	2:215
Wheeler, Seth	08 Dec 1899	4:267	White, J.W.	14 Feb 1902	4:270
Wheelock, A.	05 Apr 1883	1:452	White, Jacob Q.	06 Dec 1899	4:266
Wheelock, Eliza	12 Jan 1902	4:270	White, James	10 May 1891	2:220
Whelan, Catherine	13 Feb 1902	4:269	White, James	31 Mar 1894	3:242
Whelan, Eliza	01 Oct 1870	1:434	White, James	31 Mar 1894	3:240
Whelan, Mary L.	01 Jan 1899	4:265	White, James Clark	14 Jan 1880	1:446
Whelan, Michael	07 Jul 1901	4:270	White, Jane	01 Jan 1901	4:268
Wheland, Inf/o Aug.	24 Aug 1868	1:20	White, Jane	14 Oct 1902	4:272
Whelly, John	23 Apr 1905	5:266	White, John	17 Apr 1898	4:265
Whelock, Chas A.	19 Sep 1875	1:440	White, John	28 Oct 1881	1:450
Whetsel, Dora	21 Jun 1907	5:272	White, Joseph	10 Dec 1902	4:272
Whetsell, James	25 Mar 1870	1:58	White, Julia M.	16 Oct 1876	1:442
Whetzel, J.E.	07 Feb 1888	2:214	White, Lizzie	03 Jul 1902	4:272
Whidden, Sarah	---	2:218	White, Louis L.	06 May 1894	3:241
Whiddon, Wm. H.	09 Feb 1891	2:219	White, Louise B.	19 Aug 1879	1:446
Whifell, Mary	04 Mar 1873	1:438	White, Lucrities	01 Oct 1908	5:273
Whilabaum, Clarence E.	27 Aug 1904	5:264	White, Lue	19 May 1899	4:267
Whinnery, Chauncy	15 Aug 1903	4:273	White, Lydia	27 Nov 1888	2:216
Whippl, Charles	11 Dec 1900	4:269	White, Lydo	12 Jun 1905	5:265
Whipple, Anna	17 Oct 1894	3:241	White, Maggie	03 Jul 1901	4:270
Whipple, Maud E.	07 Aug 1877	1:444	White, Marvin	12 Mar 1904	4:273
Whistler, Daniel	09 Mar 1904	4:274	White, Matilda	06 Dec 1896	4:261

NAME	DATE	V/P
White, Moris R.	08 Feb 1900	4:267
White, Orville	06 Mar 1896	3:242
White, Peter	14 Sep 1900	4:268
White, Reuben S.	14 Feb 1903	4:272
White, s/o Chas. B.	10 Oct 1891	2:220
White, s/o Chas. B.	12 Dec 1892	2:222
White, Samuel	01 Jul 1874	1:440
White, Samuel	19 Jan 1875	1:440
White, Sarah F.	06 Feb 1900	4:266
White, Sophia	13 Aug 1903	4:274
White, Stephen	01 Apr 1891	2:220
White, Susie	10 Dec 1900	4:268
White, Sylvester	15 Feb 1879	1:446
White, W.H.	12 Apr 1902	4:272
White, William	08 Feb 1871	1:434
White, William	19 Sep 1890	2:218
White, William	23 Jan 1897	4:263
White, William	28 Mar 1907	5:269
White, Wm.	04 May 1894	3:241
White, Wm. T.	07 Aug 1869	1:58
Whiteacre, James	31 Jul 1908	5:273
Whitebeck, Fred L.	07 May 1902	4:272
Whitefield, Jacob	07 Jun 1868	1:14
Whiteford, Alex	19 Jan 1890	2:217
Whiteford, Alex R.	19 Jan 1890	2:217
Whiteford, Rob't P.	08 Aug 1870	1:434
Whitehill, Helen Maria	21 Feb 1897	4:262
Whitemeyer, Sara	09 Jun 1885	2:212
Whitemore, Alfred	12 Feb 1888	2:215
Whitenrube, Flora	31 Mar 1905	5:264
Whiterham, Mary J.	04 Jun 1893	3:240
Whitesell, Walter	28 Aug 1906	5:269
Whitfield, Jacob	03 Jun 1869	1:52
Whithorn, s/o Olney	07 Dec 1902	4:271
Whiting, Emily	31 Oct 1895	3:243
Whiting, Harry S.	28 Jan 1882	1:450
Whiting, Sibil Hasting	05 Feb 1899	4:265
Whitingham, Thomas	15 May 1899	4:266
Whitker, Inf/o Frederic	11 Mar 1878	1:444
Whitlock, Anna	12 Nov 1905	5:266
Whitlock, Mary B.	07 Dec 1886	2:213
Whitman, Amanda	06 Jan 1890	2:218
Whitman, Ethel	13 Jan 1904	4:272
Whitman, Henry	28 Jan 1892	2:221
Whitman, Isreal	24 Nov 1906	5:268
Whitman, John	10 Apr 1882	1:450
Whitman, Julius	15 Sep 1886	2:214
Whitman, Wm.	01 Oct 1895	3:241
Whitmer, Godleba	20 Feb 1893	2:221
Whitmer, J.W.	20 Apr 1883	1:452
Whitmore, Augustie	21 Sep 1878	1:440
Whitmore, Bernice	02 Feb 1893	2:222
Whitmore, Bessie C.	07 Jun 1875	1:442
Whitmore, E.L.	05 Jan 1882	1:450
Whitmore, Elijah	18 Jan 1905	5:265
Whitmore, George	Feb 1898	4:263
Whitmore, James Dale	27 Sep 1879	1:448
Whitmore, Luther	12 Jul 1897	4:263
Whitmore, Lydia	10 Feb 1872	1:436
Whitmore, Madge	23 Aug 1899	4:266
Whitmore, Melle	09 Nov 1879	1:448
Whitmore, Minnie	03 Jun 1894	3:242
Whitmore, Rose	03 Dec 1891	2:220
Whitmore, Sam'l D.	12 Jun 1875	1:442
Whitney, Chris*	15 Aug 1882	
Whitney, Cynthia A.	29 Jul 1876	1:442
Whitney, Daisy	14 Nov 1884	2:212
Whitney, Eliza W.	21 Apr 1868	1:38
Whitney, Eliza W.	21 Apr 1868	1:4
Whitney, Frances E.	01 Nov 1899	4:266
Whitney, George W.	05 Sep 1873	1:438
Whitney, Horace P.	24 Mar 1885	2:212
Whitney, James M.	07 Feb 1874	1:438
Whitney, Lawrence E.	15 Sep 1897	4:263
Whitney, Luther	30 Jan 1880	1:446
Whitney, Mary W.C.	26 Sep 1877	1:444
Whitney, Milton A.	28 Sep 1886	2:214
Whitney, N.A.	14 Mar 1873	1:438
Whitney, Thos. P.	27 Jul 1874	1:440
Whitney, Willard	02 Jan 1889	2:215
Whitock, Clark	06 Oct 1868	1:42
Whitsell, Lewis	29 Jun 1904	5:264
Whittaker, Louise	29 Jan 1902	4:270
Whitten, Caroline E.	07 Dec 1900	4:269
Whittingham, Donald F.	30 May 1897	4:262
Whittington, John	07 Jul 1904	5:264
Whittlesey, Sallie	11 Jan 1870	1:50
Whittmann, Hellen M.	10 Aug 1892	2:222
Whittmore, Donald	07 Sep 1907	5:272
Whitwham, Christ Francis	16 Mar ---	2:217
Whitwham, Elizabeth	08 Jun 1907	5:271
Whitwham, Joseph	04 May 1886	2:214
Whity, Mary Ann	06 Feb 1899	4:264
Whyte, Howard C.	03 Dec 1895	3:243
Wialimas, George	17 Jun 1906	5:267
Wible, George P.	21 Feb 1908	5:271
Wichlatz, Frank	---	2:212
Wichman, Fredrecka	14 Feb 1898	4:263
Wicinski, Wicynty	31 Dec 1906	5:267
Wick, Andrew	07 Oct 1881	1:450
Wick, Isabel	12 Dec 1906	5:268
Wick, Isabel	1906	5:268
Wicker, Fred'k	09 Apr 1892	2:222
Wickert, Lizzie	21 Nov 1897	4:264
Wickfield, Ella	21 Sep 1880	1:448
Wickham, Henry S.	20 Oct 1867	1:38
Wicks, Daniel	25 Nov 1879	1:446
Wicks, Frederick D.	15 Dec 1903	4:272
Wiczinski, Anastazia	15 Dec 1900	4:268
Widelezyk, Frank	18 Apr 1908	5:272
Wideman, August N.	10 Oct 1895	3:243
Wideman, Charles C.	17 Jun 1898	4:264
Wideman, Geo.	03 May 1908	5:272
Wideman, Inf/o Geo.	26 Mar 1875	1:444
Wideman, Louis	11 Sep 1873	1:438
Wideman, Marcus Ferd	06 Nov 1907	5:270
Wideman, Marie Antoinette	02 Dec 1893	3:240
Wideman, Marie F.	05 Feb 1897	4:261
Wideman, Mary	02 Sep 1893	3:239
Widenbeck, J.M.	20 Aug 1905	5:265
Widhaut, Catrina	02 Jun 1889	2:217

NAME	DATE	V/P
Widhaut, Conrod	26 Sep 1889	2:217
Widmaier, Aug.	19 Oct 1899	4:266
Widmaier, Jacob	25 Mar 1897	4:261
Widmer, Ellsworth C.	25 Mar 1897	5:273
Widner, Joseph S.	19 Oct 1899	4:267
Wieaty, Ann	17 Dec 1908	2:220
Wiechard, Lucas	15 Feb 1901	1:436
Wiedelman, Joseph	27 Apr 1875	1:442
Wiedeman, Edward A.	06 May 1904	5:264
Wiedeman, Henrietta	13 Dec 1872	1:436
Wiedeman, Joseph	04 Aug 1907	5:270
Wiedeman, Louise	11 Jun 1879	1:446
Wiedeman, Wm.	27 Mar 1900	4:267
Wieft, Albert	17 Mar 1894	3:239
Wiegand, Barbara	11 Sep 1877	1:444
Wiegand, H.	24 Jun 1902	4:271
Wiehl, Eva M.	18 Nov 1907	5:271
Wiekelman, Gottleib	19 Apr 1899	4:266
Wieland, Jno. George	06 Apr 1901	4:269
Wieland, Magdalena J.	17 Jul 1900	4:269
Wieland, Margaret R.	17 Jan 1890	2:216
Wieland, Stanislaus	07 May 1897	4:264
Wielinski, Stanly	27 Dec 1906	5:267
Wiemberger, Tresa	07 Aug 1897	4:263
Wienand, Bethia	04 Dec 1885	2:212
Wiener, Gertrude C.	10 May 1888	2:216
Wiener, Lillian	01 Nov 1905	5:266
Wiener, Mary A.	30 Mar 1887	2:214
Wiener, Terresa Augusta	28 Oct 1900	4:266
Wienk, Mary	31 Jul 1891	2:221
Wientker, Anna	27 Oct 1896	4:261
Wierszewsky, Edward	22 Feb 1907	5:267
Wiescychowska, Anna	13 Jul 1902	4:271
Wiese, Carl	27 Sep 1885	2:213
Wiese, Christ	17 Nov 1908	5:273
Wiese, Herman F.	29 Jul 1894	3:241
Wiese, s/o Chas.	30 Jan 1894	3:241
Wiesenberg, Agness	26 Sep 1900	4:269
Wiesenberg, Emil	20 Sep 1900	4:268
Wiesenberg, Ferdinand	19 May 1885	2:213
Wiesenberger, Ed. S.	06 Nov 1889	2:216
Wiessenberger, Mary A.	22 Jun 1894	3:241
Wietrzykowski, Michael	10 Sep 1900	4:268
Wietzleton, Anna	01 Oct 1892	2:222
Wieufmier, Agnes	09 Jun 1889	2:217
Wigan, Elizabeth	06 Mar 1893	2:221
Wigan, Sophia	20 Feb 1872	1:436
Wiggins, Joseph	02 Jan 1871	1:434
Wigle, Elizabeth	16 Jul 1898	4:265
Wiglstah, Stanislaw	10 Mar 1897	4:262
Wigneton, Racheal	31 Oct 1903	4:274
Wigton, James M.	20 Oct 1896	4:261
Wike, Emma Francis	12 Feb 1895	3:241
Wiland, Stanislaw	18 Oct 1899	4:267
Wilber, Louisa	26 Nov 1899	4:267
Wilberger, Wilhelminia Winifred	19 Jan 1906	5:267
Wilbur, Malay W.	17 Feb 1886	2:213
Wilcopson, David J.	15 Jun 1894	3:241
Wilcox, Albert	18 Dec 1895	3:243
Wilcox, Carrie	02 Apr 1908	5:273
Wilcox, Charles F.	03 Jul 1892	2:222
Wilcox, Emma Finney	28 Feb 1905	5:264
Wilcox, Hannah H.	13 Dec 1899	4:267
Wilcox, Henry	03 Mar 1880	1:448
Wilcox, James	03 Jul 1898	4:265
Wilcox, Mary	17 Jul 1885	2:212
Wilcox, Minot F.	15 May 1902	4:271
Wilcox, Oliver T.	19 Apr 1868	1:12
Wilcox, Pheo.	08 Jan 1906	5:268
Wilcox, R.F.	08 Jul 1897	4:263
Wilcox, Ruth	29 Mar 1904	4:274
Wilcox, Sebastian	28 Apr 1902	4:271
Wilcox, Stephen D.	10 Feb 1896	3:242
Wilcox, Wellington	09 Aug 1877	1:444
Wilcox, Willam	28 Nov 1889	2:218
Wilcox, Winslow	07 Aug 1877	1:444
Wilcoxson, Mary A.	30 May 1900	4:268
Wilder, Angie	08 Oct 1902	4:271
Wilder, Clifford	01 Jun 1896	4:262
Wilder, David S.	13 Nov 1898	4:265
Wilder, Delia	16 Apr 1898	4:264
Wilder, Fanny	23 Dec 1874	1:440
Wilder, Julius	11 Aug 1869	1:48
Wilder, William Vanamber	29 Jul 1891	2:220
Wiles, A., Mrs.	04 Jun 1905	5:265
Wiles, Alice Gertrude	23 Dec 1905	5:265
Wiles, Hannah	15 Mar 1899	4:264
Wilesh, Wallie Lee	05 May 1898	4:262
Wilester, Kate	Jun 1879	1:446
Wiley, Josey	28 Mar 1906	5:266
Wiley, Lizzie	12 Jun 1896	4:261
Wiley, Rosanelle	24 Sep 1908	5:273
Wilfinine, Fred'k	29 Feb 1872	1:436
Wilford, Harry	29 Jul 1874	1:440
Wilgoszinski, John	23 Dec 1904	5:264
Wilhank, Henry	24 Sep 1881	1:450
Wilhank, Joseph	01 Sep 1868	1:22
Wilhelm, Anna	01 Nov 1907	5:270
Wilhelm, Carl H.	07 Aug 1883	1:452
Wilhelm, Rudolph	15 Jul 1906	5:267
Wilhelm, Theresa	11 Jan 1895	3:240
Wilhelm, Wilhelmina	30 Jun 1892	2:222
Wilichowska, Wladyslowa	16 Feb 1908	5:271
Wilimski, Aloysis	25 Jul 1906	5:268
Wilk, Louis	07 Oct 1875	1:442
Wilk, Maregretta	06 Jun 1891	2:220
Wilke, Anna	15 Mar 1878	1:444
Wilke, Chas.	22 Mar 1869	1:34
Wilke, George	14 Mar 1874	3:239
Wilke, Mary F.	17 Mar 1878	1:444
Wilke, Rika	10 May 1880	1:448
Wilkee, Louisa	25 Feb 1907	5:268
Wilkenson, Elizabeth	15 Aug 1884	2:212
Wilkenson, Luce	26 Aug 1897	4:263
Wilkenson, S.	06 Aug 1872	1:436
Wilkenson, Wm. D.	18 Mar 1889	2:216
Wilkin, Terence E.	27 Mar 1874	1:438
Wilkin, Thomas	28 Mar 1874	1:440
Wilkins, Cleveland P.	13 Aug 1891	2:220
Wilkinson, Annie E.	13 Jan 1868	1:8
Wilkinson, C.H.	02 Sep 1903	4:273

NAME	DATE	V/P	NAME	DATE	V/P
Wilkinson, Erastus	11 Apr 1872	1:436	Williams, Edward	23 Apr 1872	1:436
Wilkinson, Esther H.	24 Mar 1886	2:213	Williams, Eliza	10 Jun 1893	3:239
Wilkinson, Jane	01 Jan 1882	1:448	Williams, Elizabeth	12 Mar 1885	2:212
Wilkinson, Jno. P.	05 Aug 1893	3:239	Williams, Ella	06 Aug 1889	2:217
Wilkinson, Leonhard	01 Sep 1900	4:268	Williams, Ellen	26 Feb 1905	5:265
Wilkinson, Roy	18 Jul 1893	3:239	Williams, Frank	01 Sep 1885	2:213
Wilkinson, Walter	21 Mar 1891	2:218	Williams, Frank M.	14 Dec 1877	1:444
Wilkinson, Walter W.	19 Jun 1893	3:239	Williams, Frank T.	02 May 1871	1:436
Wilky, John	1871	1:436	Williams, Fred	22 Sep 1874	1:440
Will, Balthaser	21 Feb 1881	1:448	Williams, George	31 Dec 1892	2:221
Will, Infant	21 Jan 1871	1:434	Williams, George R.	01 Feb 1870	1:48
Will, Joseph S.	21 Jul 1899	4:267	Williams, George W.	12 Oct 1899	4:265
Willams, Ida V.	01 Jan 1870	1:48	Williams, Gertie S.	15 May 1871	1:434
Willand, Charles	16 Aug 1903	4:274	Williams, Graver	22 Dec 1892	2:222
Willard, Geo.	04 Jun 1903	4:273	Williams, Hanna M.	Apr 1879	1:446
Willard, George F.	14 Jun 1903	4:274	Williams, Harry	09 May 1904	5:264
Willard, L.	17 Jul 1903	4:273	Williams, Inf/o E.M.	26 Jun 1890	2:219
Willard, Norman C.	12 Mar 1907	5:269	Williams, Inf/o J.H.	29 Jun 1872	1:438
Willard, Victoria	31 Oct 1905	5:266	Williams, Irene R.	28 Jul 1901	4:270
Willcott, Mercy	15 Feb 1873	1:436	Williams, James	21 Oct 1908	5:273
Willcox, Joe	01 Mar 1901	4:270	Williams, Jennie F.	16 Jan 1891	2:219
Willenborg, Charles	23 Sep 1901	4:270	Williams, John	09 Dec 1903	4:274
Willets, James	30 Apr 1890	2:219	Williams, John	20 Jul ---	1:452
Willett, Eddy	14 Mar 1878	1:446	Williams, John	16 Apr 1895	3:242
Willett, Joseph	06 Mar 1878	1:444	Williams, John	16 May 1880	1:448
Willett, Pearl Anna	31 Jan 1900	4:266	Williams, John Lawrence	16 Mar 1905	5:264
Willett, Samuel	20 May 1868	1:14	Williams, Johnsy	19 Oct 1875	1:440
Willey, Elizabeth	17 Sep 1894	3:242	Williams, Joseph	02 Aug 1890	2:218
Willey, Herbert John	03 Apr 1903	4:274	Williams, Julia A.	26 Jan 1892	2:220
Willey, Nellie	01 Aug 1892	2:221	Williams, Lena	11 Oct 1897	4:262
Willford, Ida M.	10 Dec 1896	4:262	Williams, Leroy S.	12 Jan 1890	2:217
Willhank, Jos.	02 Sep 1868	1:24	Williams, Leroy Sam	12 Jan ---	2:217
Willhauck, Mildred	23 Aug 1907	5:271	Williams, Lillian	27 Mar 1908	5:271
Willhauck, William	12 Jun 1904	5:264	Williams, Lizzie	19 Jul 1899	4:267
Willhock, John	01 Sep 1869	1:50	Williams, Loretta Julia	10 Sep 1906	5:268
William, A.	12 Oct 1878	1:446	Williams, Lotty	21 Aug 1875	1:442
William, Otto H.	31 Dec 1879	1:448	Williams, M.M.	12 Jan 1903	4:271
William, Ralla	02 Mar 1896	3:242	Williams, Margaret	20 Nov 1907	5:272
William, Wm.	20 Feb 1879	1:448	Williams, Margaretha	19 Jun 1904	5:265
Williams, A.D.	17 Sep 1894	3:240	Williams, Maron	29 Mar 1908	5:272
Williams, Alfred	28 Jan 1874	1:438	Williams, Martha	22 Oct 1901	4:270
Williams, Alice M.	15 Jan 1876	1:440	Williams, Mary	28 Feb 1906	5:266
Williams, Amanda	18 Oct 1903	4:273	Williams, Mary Anna	30 Aug 1894	3:242
Williams, Ambrose	28 Mar 1889	2:215	Williams, Phoebe L.	10 Dec 1899	4:267
Williams, Ann	02 Jan 1899	4:265	Williams, Rebecca J.	18 Aug 1893	3:239
Williams, Anna	18 Sep 1900	4:268	Williams, Russell	02 Jan 1909	5:273
Williams, Anna	19 Jan 1890	2:217	Williams, S.	30 May 1902	4:271
Williams, Archie	08 Jul 1895	3:242	Williams, Samuel	24 Jan 1881	1:448
Williams, Augustave	16 Dec 1907	5:270	Williams, Simon	01 Aug 1903	4:273
Williams, Bessie M.	19 Dec 1894	3:241	Williams, Stella	25 Jan 1905	5:265
Williams, C.A.	17 Nov 1907	5:272	Williams, Theodore	1882	1:450
Williams, Catherine	24 Jun 1902	4:271	Williams, Thomas	Apr 1909	5:273
Williams, Charles H.	26 Oct 1877	1:444	Williams, W.	27 Mar 1893	2:222
Williams, Charles H.	31 Jan 1908	5:271	Williams, W.E., Mrs.	03 Jun 1906	5:268
Williams, Chas. H.	22 Mar 1872	1:436	Williams, Wilhelm	27 Apr 1875	1:442
Williams, Clara	04 Apr 1906	5:266	Williams, Willie	27 Aug 1884	2:212
Williams, Cyrus	22 Apr 1884	1:452	Williams, Wm.	28 Feb 1870	1:54
Williams, Daisy	07 Feb ---	2:217	Williams, Wm. W.	26 Mar 1870	1:54
Williams, Dasie N.	07 Feb 1890	2:217	Williamsin, Edith	04 Oct 1894	3:241
Williams, David	07 Feb 1873	1:436	Williamson, Ethel	11 Sep 1906	5:268
Williams, E.C.	17 Jul 1877	1:444	Williamson, Florence	13 Apr 1888	2:216

NAME	DATE	V/P
Williamson, Frank	27 Jan 1903	4:271
Williamson, Helen J.	11 Jan 1890	2:217
Williamson, Inf/o John	27 Feb 1884	1:452
Williamson, Inf/o Wm.	05 Jun 1877	1:444
Williamson, Lida	17 Dec 1907	5:272
Williamson, Mary M.	24 Nov 1888	2:216
Williamson, Rebecca	31 May 1891	2:220
Williamson, Rob't W.	18 Sep 1876	1:442
Williamson, Thos.	03 Sep 1888	2:216
Willie, Ben	23 Jun 1908	5:160
Willing, Abby	26 Jul 1905	5:266
Willing, Clara	31 Jul 2887	2:215
Willing, Kate	07 Nov 1897	4:263
Willing, William	08 Dec 1887	2:215
Willinger, Joseph	22 Jun 1881	1:450
Willinger, Nicholas	18 Apr 1904	5:264
Willis, David Galloway	11 Mar 1902	4:270
Willis, G.W.	11 Mar 1902	4:269
Willis, Jno.	19 Nov 1902	4:271
Williston, Edith	07 Feb 1894	3:240
Willman Isabelle	20 Aug 1907	5:271
Willman, Wilhemina	27 Jun 1906	5:269
Willmarth, Viola P.	24 Aug 1905	5:266
Willmath, Luella	20 Mar 1908	5:272
Willoh, Netta Mary	26 Jun 1893	3:239
Willoughby, Geo.	22 May 1892	2:222
Wills, Cora	---	2:215
Wills, Elizabeth	17 Nov 1894	3:240
Willson, Henry	16 Mar 1873	1:438
Willson, Sterling	07 Oct 1900	4:268
Willy, John	16 Apr 1887	2:215
Wilmer, Bernet	17 Sep 1902	4:272
Wilmer, Joseph	07 May 1892	2:221
Wilmington, Louise M.	06 Dec 1889	2:217
Wilmington, Wm.	29 Feb 1892	2:220
Wilsdon, s/o L.B.	24 Apr 1886	2:214
Wilse, Anna	02 Jul 1892	2:222
Wilse, Gertruth	28 Feb 1906	5:266
Wilson, Amelia	11 May 1876	1:442
Wilson, Anna May	17 Apr 1888	2:216
Wilson, Arthur	21 Dec 1902	4:271
Wilson, Bessie	10 Sep 1888	2:216
Wilson, Charles A.	15 Dec 1901	4:270
Wilson, Charles*	04 Jan 1883	
Wilson, Chas.	01 Sep 1896	4:262
Wilson, Chas. Robert	11 Aug 1888	2:216
Wilson, D.D.	27 Oct 1903	4:273
Wilson, David	20 Dec 1900	4:269
Wilson, Delmar	23 Aug 1906	5:267
Wilson, Edward	29 Mar 1876	1:442
Wilson, Elizabeth	26 Jan 1897	4:261
Wilson, Ellen	01 Jan 1881	1:448
Wilson, Emily	23 Nov 1881	1:450
Wilson, Emma	20 Jan 1872	1:434
Wilson, Ethel	29 May 1903	4:274
Wilson, Eva Barkey	09 Aug 1895	3:242
Wilson, Evelina Ella	06 Jun 1900	4:267
Wilson, Geo. T.	22 Mar 1892	2:220
Wilson, Harry	02 Oct 1898	4:264
Wilson, Harry	13 Feb 1904	4:273
Wilson, Harry	23 Nov 1872	1:452
Wilson, Harry Eustis	04 Nov 1894	3:240
Wilson, Ida	08 Jul 1884	2:212
Wilson, Ida May	25 Mar 1888	2:214
Wilson, Infant	18 Jan 1907	5:269
Wilson, James	25 Jun 1906	5:267
Wilson, James E.	13 Jan 1871	1:434
Wilson, James*	17 Dec 1882	
Wilson, Jane	14 Apr 1908	5:271
Wilson, Jennie	08 Sep 1908	5:270
Wilson, Jno.	07 Nov 1885	2:213
Wilson, John	15 Aug 1898	4:264
Wilson, John	17 Feb 1897	4:262
Wilson, John J.	07 Jun 1907	5:270
Wilson, Joseph H.	04 Oct 1892	2:221
Wilson, Josephine	18 Jul 1902	4:271
Wilson, Julia Ann	21 Nov 1867	1:38
Wilson, Leonard	24 Jan 1907	5:269
Wilson, Lizzie	09 Jan 1898	4:263
Wilson, Lucien John	13 Jan 1870	1:44
Wilson, M.E.	19 Mar 1890	2:218
Wilson, Mary	04 Aug 1870	1:434
Wilson, Mary	10 Mar 1882	1:450
Wilson, Mary	17 Apr 1874	1:440
Wilson, Mary Ann	16 Dec 1900	4:267
Wilson, Mary E.	19 Mar 1903	4:272
Wilson, May	03 Oct 1900	4:268
Wilson, Mildred May	01 Aug 1884	2:212
Wilson, Mrs.	02 Aug 1868	1:18
Wilson, Nancy	14 Jan 1887	2:214
Wilson, Nancy*	24 May 1884	
Wilson, Oswald Alex	27 Jul 1903	4:273
Wilson, Patrick	26 Nov 1892	2:222
Wilson, R.	15 Oct 1905	5:265
Wilson, Robert	15 Oct 1905	5:266
Wilson, Robert N.	03 Jun 1906	5:269
Wilson, Rose	20 Jul 1906	5:269
Wilson, s/o Anna	10 Jan 1904	4:274
Wilson, Sam'l G.	14 Jun 1869	1:40
Wilson, Sarah	03 Nov 1898	4:264
Wilson, Sarah E.	24 Dec 1879	1:446
Wilson, Stella	24 May 1906	5:269
Wilson, T.W.	05 Sep 1885	2:213
Wilson, Thomas	03 Dec 1890	2:217
Wilson, Unknown	08 Mar 1871	1:434
Wilson, W.M.	24 Apr 1893	3:239
Wilson, W.O.	13 Jan 1908	5:271
Wilson, Walter O.	05 Jul 1884	2:212
Wilson, William	02 Mar 1879	1:446
Wilson, William	20 Jan 1882	1:450
Wilson, William A.	13 Mar 1879	1:446
Wilson, William R.	08 Jan 1903	4:272
Wilson, Willie	01 Sep 1884	2:212
Wilt, Ebenezer	18 Nov 1902	4:272
Wilton, Nancy	04 Mar 1884	1:452
Wiltsil, J.L.	19 Jan 1888	2:215
Wilttie, Jennie	26 Apr 1899	4:267
Wimaszeski, Frank	28 Feb 1898	4:263
Wimple, Hattie E.	06 Feb 1895	3:241
Winaczewski, John	02 Oct 1893	3:240
Winans, Edna May	24 Oct 1896	4:262
Winans, Glen	04 Mar 1896	3:243

NAME	DATE	V/P	NAME	DATE	V/P
Winans, Katharine	02 Oct 1887	2:215	Winslow, Geo. S.	21 Nov 1879	1:446
Winaszenski, Theodore	07 Jan 1906	5:266	Winslow, Harris	10 Sep 1868	1:22
Wincenried, Margaret	11 Jul 1882	1:450	Winslow, Henry R.	22 Dec 1902	4:272
Winch, Gertrude	08 Jan 1875	1:440	Winslow, Jessie G.	19 Oct 1868	4:264
Winch, Marett	17 Nov 1891	2:220	Winslow, Melvina J.	04 Feb 1870	1:58
Winchell, Arthur	09 Aug 1896	4:261	Winslow, Melvina M.	16 May 1868	1:14
Winchell, Ray B.	15 Apr 1898	4:265	Winslow, Sarah	18 Aug 1872	1:438
Wincler, Annie	29 Mar 1886	2:213	Winstauley, Harry	27 Sep 1907	5:271
Winder, Sophia	01 Feb 1905	5:264	Winston, Edward	08 Feb 1908	5:271
Windish, John W.	14 Sep 1886	2:214	Winsworth, Paul	09 Nov 1893	3:240
Windish, Margaretta	03 Mar 1899	4:264	Winter, Anna Mary	06 Sep 1901	4:269
Windius, Wm.	13 Jul 1907	5:267	Winter, August	18 Oct 1892	2:222
Windler, Emma Hazel	20 Sep 1896	4:262	Winter, Belle	20 Apr 1889	2:217
Windt, Wm.	11 Mar 1887	2:213	Winter, Christian	31 Oct 1902	4:271
Wine, Myrtie E.	23 May 1896	4:261	Winter, d/o F.C.	11 Mar 1906	5:267
Wineberger, Harmon	26 Feb 1898	4:263	Winter, Ludnic	11 Nov 1881	1:450
Wineburg, Emma	12 Jan 1902	4:270	Winter, Mary Eliz.	14 Dec 1881	1:450
Winekel, Peter	16 Sep 1900	4:269	Winter, Theodore	29 Jul 1906	5:267
Wineland, d/o C.O.	31 Jan 1901	4:267	Winter, William	02 Feb 1908	5:271
Wineland, Sarah	09 Oct 1904	5:265	Winter, Wm. Carl	28 Mar 1886	2:213
Winelaus, William	06 Feb 1904	4:274	Winterer, Louis	04 Dec 1903	4:273
Winer, Graceie	08 Aug 1888	2:215	Winterfeld, Charles	04 May 1889	2:218
Winfield, Carrie B.	07 Jul 1871	1:436	Winterfeldt, John	10 Feb 1908	5:272
Winfield, Minnie	05 Jun 1868	1:14	Winterfield, Elise	14 Apr 1884	2:212
Wing, L.P.	22 Dec 1895	3:242	Winterhalter, Anna W.	10 Dec 1906	5:269
Wingardt, Irene L.	07 Jan 1900	4:267	Winterhalter, Cora	25 Aug 1906	5:269
Wingart, M.	30 Jul 1892	2:222	Winterhalter, Cornelia	08 Aug 1906	5:268
Wingerd, Jacob	06 Oct 1907	5:270	Wintermantel, Emil	27 Feb 1907	5:267
Wingert, August	19 Feb 1899	4:265	Wintermantel, Maria	30 May 1884	2:212
Wingert, Mary	13 Dec 1907	5:272	Wintermantle, Charles	28 Mar 1884	1:452
Wingter, Phillip B.	03 Oct 1902	4:271	Wintermute, Howard	14 Jul 1884	2:212
Wining, Ida Louise	19 Dec 1892	2:221	Winters, George	16 Jun 1907	5:270
Winiski, John	20 Dec 1905	5:266	Winters, John	11 Mar 1900	4:268
Winka, John	16 Jul 1885	2:213	Winters, Joseph	02 Sep 1898	4:264
Winke, Bassi	24 Feb 1890	2:218	Winters, Laura	06 Jul 1884	5:273
Winkel, John Alphons	09 Aug 1898	4:264	Winters, Leon	29 Jun 1906	5:267
Winkel, Louisa	11 Jan 1908	5:271	Winters, Mary	05 Jul 1895	3:242
Winkel, Louise	11 Jan 1908	5:273	Winters, Richard	21 Jul 1902	4:272
Winkelman, Anna	28 Dec 1889	2:218	Winters, Rob't H.	12 Jan 1891	2:218
Winkelman, Augusta	02 Oct 1877	1:444	Winters, William	13 Jan 1878	1:444
Winkelman, Augusta	30 Jul 1890	2:219	Winters, Willie	16 Jun 1887	2:214
Winkelman, Wilhelm	09 Mar 1901	4:269	Winterscale, Mary	07 Mar 1884	1:452
Winkelman, William	30 Nov 1907	5:272	Winton, Sophia	28 Jan 1899	4:265
Winken, John	30 Jul 1888	2:216	Wintringham, Margarette	10 Jan 1905	5:264
Winker, Anna May	08 Oct 1899	4:265	Winzeler, Jacob, Sr.	09 Nov 1893	3:239
Winker, Elizabeth May	21 Jan 1900	4:265	Winzeler, Mary	05 Aug 1890	2:218
Winker, Henry G.	04 Dec 1887	2:214	Winzenreed, Benadic	04 Jan 1892	2:221
Winker, Herman Frank	13 Jun 1906	5:267	Winzenreid, Leslie G.	21 Nov 1907	5:271
Winker, John H.	25 Jul 1896	4:261	Winzenreid, Walter	13 Mar 1890	2:217
Winker, Mina	18 Jul 1894	3:240	Winzenried, Anna	10 Jan 1876	1:442
Winkers, Maria E.	25 Aug 1875	1:440	Winzler, Catherine	02 Jul 1884	2:212
Winkle, Lena	26 Dec 1906	5:269	Wiott, Elizabeth	16 Mar 1878	1:444
Winkleman, Anna	19 Jul 1869	1:56	Wirard, Mary A.	10 Mar 1888	2:215
Winkleman, August	13 Sep 1888	2:216	Wire, John	12 May 1896	4:262
Winkleman, August	24 Dec 1888	2:216	Wires, E.M.	26 Jul 1901	4:270
Winkleman, Ernestine	31 Aug 1888	2:216	Wires, Eunice	06 Mar 1897	4:261
Winkleman, Ethel	10 Oct 1906	5:269	Wires, Michael	28 Jul 1901	4:270
Winne, Joseph	22 Aug 1907	5:271	Wirick, Sam J.	19 Jan 1903	4:271
Winski, Matilda F.	20 Oct 1893	3:239	Wirk, Sophia	27 Aug 1894	3:241
Winslow, Amanda A.	01 Feb 1888	2:215	Wirth, Stella Maria	14 May 1893	3:240
Winslow, Ella F.	19 Mar 1884	1:452	Wirwahn, Florence	10 Apr 1904	4:274

NAME	DATE	V/P	NAME	DATE	V/P
Wischneski, Frank	05 Apr 1892	2:222	Witt, Lewis	16 May 1902	4:272
Wise, Clarence	26 Feb 1897	4:261	Witt, Susan	05 Sep 1905	5:266
Wise, Clement	02 Nov 1898	4:265	Witte, Bertha May	30 Jan 1899	4:264
Wise, Fredrick	14 Oct 1891	2:220	Witte, George	15 Mar 1908	5:271
Wise, Gladdis M.	28 Feb 1898	4:263	Witte, Mary	01 Sep 1888	2:215
Wise, Helen J.	08 Nov 1895	3:242	Wittebank, Wm.	11 Jul 1870	1:434
Wise, Julia A.	01 Feb 1890	2:217	Wittenmeyre, Lucy	09 Oct 1888	2:215
Wise, Maria	30 Aug 1907	5:270	Wittenmyer, Joseph	02 Jan 1868	1:42
Wise, Mary	01 Jan 1873	1:438	Wittes, Isaac	12 Dec 1867	1:42
Wise, Mary M.	01 Jan 1874	1:438	Wittes, Susan	15 Sep 1902	4:272
Wise, Olive A.	11 Jan 1901	4:268	Wittich, Charles	21 Dec 1906	5:267
Wise, Regena Charlotte	24 Dec 1898	4:265	Wittich, Louisa	16 Aug 1882	1:450
Wise, Rosw.	08 Jan 1906	5:267	Wittich, Theodore	29 Jan 1896	4:262
Wiseman, Abraham	Mar 1886	2:212	Wittman, Elizabeth J.	10 Feb 1903	4:271
Wiseman, J.H.	11 Nov 1897	4:264	Wittman, Henry	18 Apr 1899	4:267
Wiseman, Jessie S.	25 May 1876	1:442	Wittman, Mary	12 Oct 1908	5:273
Wisemar, Diana	13 Nov 1905	5:265	Wittski, Gusta	10 May 1891	2:221
Wisemushi, Kate	09 Oct 1905	5:265	Wittstein, Gustav	22 Mar 1877	1:442
Wishniewsky, Lulu	28 ---	2:218	Witty, Foster	23 Aug 1899	4:266
Wising, John F.	22 May 1887	2:215	Witty, Martin	27 Jun 1903	4:273
Wisknowski, Paul	30 May 1884	2:212	Witzgoruter, Fred'k	22 Jan 1868	1:8
Wismeski, Regyna	03 Sep 1899	4:267	Witzman, Isabella	05 Apr 1888	2:216
Wismeski, Teresa	19 Jun 1899	4:267	Witzman, Max	22 Nov 1908	5:273
Wisnakosky, Helena	20 ---	2:218	Wiyke, Frances	02 Aug 1877	1:444
Wisnerski, Lakadia	Oct 1891	2:220	Wiza, Vincent	20 Sep 1893	3:240
Wisniewski, Edy	05 Sep 1906	5:267	Wizigerseiter, Charlotte	05 Nov 1874	1:440
Wisniewski, Elizabeth	04 Nov 1908	5:273	Wizigerseiter, Rudolph	05 Nov 1874	1:440
Wisniewski, Sophia	02 May 1906	5:268	Wladeslaw, Pawleczak	25 Jul 1897	4:264
Wissby, Emily	15 Jan 1904	4:274	Wobliver, Rosell	03 Mar 1891	2:219
Wissing, William	25 May 1896	4:261	Wodarska, Rosie	01 Oct 1908	5:272
Wissler, Louisa	28 Oct 1896	4:261	Wodarski, Helen	15 Mar 1907	5:268
Wiste, Geo.	22 Jul 1908	5:273	Wodarzki, Frank	07 Jun 1907	5:271
Wiste, Louise	22 Jul 1888	2:216	Wodmocey, Frank S.	17 Jan 1884	1:452
Wiste, s/o C.H.	11 Aug 1904	5:264	Wodorski, Frank	07 Jun 1907	5:271
Wisurnska, Ladislaw	01 Aug 1892	2:222	Woedmyer, Maria M.	02 Apr 1870	1:434
Wiszineswski, Frank	30 Jul 1897	4:264	Woehler, Fred	12 Oct 1881	1:450
Wiszineswski, John	30 Jul 1897	4:264	Wogelson, Christena	11 Aug 1903	4:274
Wiszmenoska, Jno.	07 Nov 1895	3:243	Woggins, Matilda	05 May 1908	5:273
Wiszmenoska, Mary	06 Mar 1896	3:243	Woggon, Laura	10 Sep 1906	5:269
Wiszniewski, John	07 Feb 1907	5:268	Woggon, Powel	05 Jul 1891	2:220
Witbish, Sophia	04 Jul 1897	4:263	Wohleb, Caroline	16 Nov 1907	5:270
Wite, Gertha A.	25 Jul 1875	1:440	Wohler, Christ	12 Apr 1908	5:273
Witfong, W.	20 Jun 1884	2:212	Wohlet, John	13 Mar 1877	1:444
Witgen, Henry	18 Apr 1873	1:438	Wohlgameth, Mary	16 Nov 1907	5:272
Witgen, Lora E.A.	31 Dec 1887	2:215	Woiszniak, Constanlain	13 Mar 1877	5:266
Witham, Elizabeth A.	21 Feb 1899	4:265	Wojciehovskiego, John	12 Apr 1908	2:220
Withcheck, Wm.	18 Mar 1881	1:448	Wojtowicz, Mary	16 Nov 1907	4:273
Witherall, Leila	21 May 1906	5:268	Wolbert, Catharine	15 Dec 1896	4:261
Witherby, Marion	30 Oct 1886	2:214	Wolbert, Fred	23 May 1890	4:272
Witherell, Lelia	21 May 1906	5:269	Wolbert, Joseph	12 Jul 1905	3:240
Witker, Albert W.	27 Apr 1899	4:266	Wolbert, Joseph, Sr.	15 Oct 1896	4:261
Witker, s/o Ed. F.	04 Jan 1889	2:216	Wolbolt, Seal	16 Sep 1899	4:265
Witmer, Chas.	02 Nov 1893	3:239	Wolch, James	06 Dec 1881	1:450
Witmer, Mary A.	19 Aug 1874	1:440	Wolcott, Eliza J.	31 May 1898	4:264
Witmore, Beatrice	03 Feb 1893	2:221	Wolcott, Harn E.	07 Jan 1897	4:261
Witmore, Bridget	12 Aug 1887	2:215	Wolcott, James	05 Jan 1873	1:438
Witmore, Chas.	08 Jun 1885	2:213	Woldwell, John	28 Dec 1876	1:442
Witsell, Wm. Arthur	12 Apr 1884	1:452	Wolemveber, Dolphia	28 Jun 1906	5:269
Witt, Anton	25 Feb 1899	4:265	Wolenweber, Walter	07 Jun 1906	5:268
Witt, Barty	Aug 1905	5:267	Wolf, Augusta	26 Oct 1904	5:265
Witt, Bessie	Sep 1905	5:267	Wolf, Bertha	07 Oct 1894	3:242

NAME	DATE	V/P
Wolf, Candas	10 Jan 1892	2:220
Wolf, Charles	---	3:240
Wolf, Clara C.	25 Dec 1887	2:215
Wolf, Clarence	10 Nov 1900	4:267
Wolf, Daniel	06 May 1874	1:438
Wolf, Dareitha	09 Jul 1890	2:217
Wolf, Deidrich	10 Aug 1884	2:212
Wolf, Edward	09 Jul 1895	3:242
Wolf, Frederick	03 Sep 1874	1:440
Wolf, George	07 Nov 1900	4:268
Wolf, Henry	01 May 1903	4:274
Wolf, Herman	25 Mar 1908	5:272
Wolf, Jacob	20 Apr 1903	4:273
Wolf, Magdalena	01 Feb 1897	4:261
Wolf, Maria	03 Aug 1880	1:448
Wolf, Maria	24 Oct 1885	2:213
Wolf, Mary	Mar 1893	2:221
Wolf, Mary	01 Feb 1897	4:262
Wolf, Mary	07 Jan 1896	3:242
Wolf, Mary, Mrs.	13 Nov 1908	5:273
Wolf, Otto	19 Oct 1908	5:272
Wolf, Peter	04 May 1896	4:261
Wolf, Peter	06 May 1896	4:261
Wolf, Philip	22 Feb 1888	2:214
Wolf, Regina	13 Mar 1880	1:446
Wolf, Rose	03 Feb 1905	5:264
Wolf, Sam	25 Oct 1874	1:440
Wolf, Sigmund	14 May 1894	3:241
Wolf, Sophia	21 Sep 1888	2:216
Wolf, Wm. Sophia	24 Nov 1885	2:213
Wolfe, Agnes	21 Nov 1906	5:269
Wolfe, Cannet	25 Dec 1900	4:268
Wolfe, Otto	14 Oct 1908	5:273
Wolfert, Emma Mary	12 Dec 1891	2:220
Wolff, Amelia	30 Jul 1883	1:452
Wolff, Chas.	19 Nov 1907	5:270
Wolff, John Louis	27 Jan 1898	4:263
Wolff, Lorance L.	07 Jun 1896	4:261
Wolff, Lowera	12 Feb 1891	2:219
Wolff, Mary E.	03 Jul 1870	1:434
Wolfinger, Effie	30 Dec 1871	1:436
Wolfinger, Geo. Lewis	23 Feb 1877	1:442
Wolfinger, Jacob	07 Nov 1889	2:217
Wolfinger, Jonas	07 Jan 1901	4:267
Wolfinger, Lewis T.	07 Mar 1885	2:212
Wolfinger, Mary	16 Dec 1900	4:269
Wolfinger, Mary Ann	03 Apr 1900	4:265
Wolfinger, Mary Ann	04 Oct 1906	5:267
Wolfinger, Susan	10 May 1881	1:448
Wolfinger, Thomas	17 Jan 1875	1:440
Wolfinger, Tobias	29 May 1876	1:442
Wolfinger, Wm. H.	07 Feb 1881	1:448
Wolfram, d/o John	05 Jul 1898	4:264
Wolfrom, Mary, Mrs.	27 Feb 1903	4:272
Wolinska, Karolina	19 Jul 1905	5:266
Wollcott, Edward	30 Sep 1907	5:271
Wollenbecker, Sophia	12 Sep 1890	2:219
Wollenweber, Fred	10 Feb 1904	4:274
Wolloughby, Maria M.	26 Oct 1902	4:271
Wolpert, Elizabeth	09 Oct 1884	2:212
Wolph, Infant	08 Feb 1906	5:266

NAME	DATE	V/P
Wonders, Robert A.	19 Aug 1907	5:271
Wonga, Mary	04 Jul 1870	1:434
Wonga, Matilda	05 Jul 1870	1:434
Wongroski, Mary	14 Sep 1891	2:221
Wongrowski, Felix	14 May 1897	4:263
Wongrowski, Mary	11 Aug 1908	5:273
Wonoick, Betsy	06 Dec 1904	5:264
Wonsettler, Gideon	27 Nov 1903	4:273
Wood, Abigail	03 Jun 1870	1:434
Wood, Albert	07 Feb 1888	2:214
Wood, Albert H.	23 Nov 1908	5:273
Wood, Albertha A.	08 May 1881	1:448
Wood, Alfred O.	26 Mar 1894	3:241
Wood, Alice	21 Dec 1868	1:28
Wood, Amelia F.	22 Mar 1890	2:217
Wood, Arthur	Sep 1899	4:267
Wood, Beulah	23 Jun 1891	2:220
Wood, Bulah D.	22 Jun 1891	2:219
Wood, Charlotte	18 Oct 1905	5:265
Wood, Chas.	18 Jul 1895	3:243
Wood, Clarence B.	02 Sep 1885	2:213
Wood, E.L.	23 Dec 1886	2:214
Wood, Gardner M.	27 Apr 1896	4:261
Wood, George	14 Feb 1901	4:268
Wood, Gertie	04 Mar 1887	2:214
Wood, Harry	27 Mar 1886	2:213
Wood, Harry C.	12 Feb 1903	4:271
Wood, Hattie	21 Aug 1905	5:267
Wood, Helen	01 Jan 1884	1:452
Wood, Inf/o Thomas H.	14 Jan 1878	1:444
Wood, Infant	29 Oct 1888	2:216
Wood, J.L., Mrs.	08 Nov 1899	4:267
Wood, James	14 Aug 1904	5:264
Wood, James	25 Jan 1871	1:434
Wood, James	26 Feb 1906	5:267
Wood, James H.	1871	1:436
Wood, Jessie	14 Nov 1885	2:213
Wood, Jno.	30 May 1895	3:243
Wood, John	02 Jan 1900	4:266
Wood, John	11 Nov 1899	4:267
Wood, Leander E.	11 Aug 1875	1:440
Wood, Lois	13 Aug 1899	4:267
Wood, Louise E.	19 Oct 1889	2:218
Wood, Louise L.	26 Jun 1889	2:217
Wood, Lucy	29 Apr 1877	1:444
Wood, Lucy A.K.	07 Sep 1870	1:434
Wood, Lucy Blanche	23 Feb 1899	4:265
Wood, Manda	15 Feb 1899	4:265
Wood, Martha Estella Norton	06 Dec 1906	5:267
Wood, Mary	06 Feb 1897	4:262
Wood, Mary	08 Apr 1871	1:434
Wood, Millie	18 Mar 1908	5:270
Wood, Olive	23 Mar 1891	2:219
Wood, Perry	06 Jun 1899	4:266
Wood, Rosina	09 Sep 1873	1:438
Wood, Samuel B.	08 Mar 1890	2:218
Wood, Samuel Perry	01 Jan 1884	1:452
Wood, Theodore	18 Mar 1908	5:270
Wood, Thomas H.	04 Feb 1890	2:218
Wood, Wm.	12 Feb 1890	2:218

NAME	DATE	V/P	NAME	DATE	V/P
Wood, Wm. Henry	18 Jan 1903	4:272	Wooley, James R.	17 Mar 1882	1:450
Woodard, David	24 Jul 1890	2:219	Wooley, Malina	06 Dec 1906	5:269
Woodard, George A.	06 Jul 1908	5:273	Wooley, Maria A.	12 Dec 1886	2:213
Woodard, Mary	02 Jan 1906	5:266	Wooley, Mary J.	08 Aug 1887	2:215
Woodard, Robert	29 Aug 1890	2:219	Wooley, Wm.	13 Sep 1879	1:446
Woodberg, Albert	29 Jun 1901	4:270	Wooster, Lydia	11 Sep 1905	5:265
Woodbery, Chas. M.	24 Jun 1884	2:212	Worden, Ann	23 Dec 1870	1:434
Woodbury, Albert	24 Jan 1907	5:269	Worden, Belle, Mrs.	24 Mar 1900	4:267
Woodbury, Charles M.	14 Aug 1907	5:271	Worden, Clara	07 May 1904	5:264
Woodbury, Geo.	14 Jul 1901	4:270	Worden, Frances G.	26 Jan 1894	3:239
Woodbury, Julia E.	23 Mar 1895	3:241	Worden, Fred S.	23 Jul 1871	1:434
Woodbury, Matilda	01 Jan 1908	5:271	Worden, Sullivan J.	12 Jan 1889	2:216
Woodcox, Mary E.	15 May 1902	4:270	Worewshni, Felix	25 Nov 1893	3:240
Wooden, Geo. B.	07 Nov 1897	4:263	Wormer, Howard	13 Oct 1872	1:436
Wooden, Lucile	14 May 1901	4:270	Wormer, Martha	06 Dec 1872	1:436
Woodford, W.	21 Apr 1907	5:271	Wormwood, Isabella M.	11 Sep 1902	4:272
Woodlin, Moses	04 Apr 1906	5:267	Worner, Christ	01 Apr 1901	4:269
Woodlin, Moses	04 Apr 1906	5:265	Worrel, William, Sr.	08 Sep 1906	5:267
Woodman, Della	01 Feb 1899	4:265	Worten, Ernst	25 Sep 1891	2:221
Woodman, William	17 Mar 1897	4:261	Worth, Sophia	01 Dec 1868	1:26
Woodmancy, Agnes	27 Mar 1894	3:239	Worthington, John I.	14 Mar 1884	1:452
Woodmancy, William	01 Oct 1903	4:274	Worthschmied, Caroline	15 Jun 1885	2:213
Woodmann, John	09 Jun 1884	2:212	Worthsmith, B. Canne	24 Oct 1893	3:239
Woodreff, Susan J.	21 Oct 1906	5:268	Worts, Anna	24 Dec 1871	1:434
Woodrich, William John	19 Feb 1899	4:265	Worts, Fredericka	02 Apr 1911	4:269
Woodruff, C.W.	01 Oct 1908	5:273	Worts, George Francis	07 Jul 1901	4:270
Woodruff, Edward	26 Nov 1904	5:265	Wortschmitt, Unknown	21 Feb 1895	3:241
Woodruff, Elijah	07 Jan 1904	4:274	Wortz, James Garfield	14 Feb 1885	2:212
Woodruff, Geo. B.	05 Sep 1872	1:438	Woshniak, Agnes	19 Jan 1901	4:268
Woodruff, Leala	05 Aug 1907	5:272	Woulf, Rosa	03 Sep 1901	4:270
Woodruff, Lester Paul	29 Jul 1894	3:241	Wowaczki, Ralph	Aug 1902	4:271
Woodruff, Malona	30 Jan 1907	5:269	Wowrzynik, Josaphine	12 Jun 1900	4:269
Woodruff, P.W.	07 Feb 1884	1:452	Wowsowyjak, Roman	19 Apr 1890	2:218
Woodruff, Thos. H.	09 Jun 1869	1:48	Wozinoczka, Emelia	31 May 1907	5:271
Woods, Bridget	27 May 1900	4:269	Wozniak, Edward	03 Dec 1907	5:270
Woods, James	17 Jul 1901	4:270	Wozniak, Joseph	18 Feb 1890	2:218
Woods, Jeneva	08 Mar 1901	4:268	Wozniak, Kaiser	03 Jan 1908	5:270
Woods, John	11 Nov 1899	4:267	Wozniak, Thomas	17 Oct 1903	4:273
Woods, Mary	10 Nov 1906	5:269	Wreman, Lydia	12 Dec 1895	3:242
Woods, Rose	22 May 1903	4:273	Wrenn, Frank P.	15 Apr 1907	5:271
Woods, Willey	06 Feb 1890	2:216	Wrieza, Walbina	02 Feb 1900	4:266
Woods, William	03 May 1893	3:240	Wright, Angeline M.	15 Apr 1876	1:442
Woodward, Belle	11 Apr 1906	5:268	Wright, Anna	15 Apr 1872	1:434
Woodward, Carrie	06 Apr 1888	2:216	Wright, Anna	19 Jun 1902	4:271
Woodward, Charles	03 Nov 1894	3:240	Wright, Charles	15 Mar 1880	1:448
Woodward, Charles	13 Apr 1888	2:216	Wright, Chas.	03 May 1885	2:213
Woodward, Eala D.	18 Jun 1895	3:243	Wright, Della J.	28 Aug 1902	4:272
Woodward, Ellen E.	11 Jan 1884	1:450	Wright, Edmund	13 Dec 1896	4:261
Woodward, Francis	27 Jan 1881	1:448	Wright, Edna M.	--	2:218
Woodward, George	28 Dec 1898	4:264	Wright, Elizabeth	28 Mar 1893	2:221
Woodward, Harriet	30 Mar 1888	2:215	Wright, Elizabeth*	29 Nov 1884	
Woodward, Inf/o Henry	10 May 1884	1:452	Wright, F. Anna	31 Aug 1893	3:239
Woodward, Joseph	08 Nov 1898	4:264	Wright, F.B.	15 Dec 1889	2:218
Woodward, Lois	08 Jul 1900	4:267	Wright, Frank A.	16 Jun 1890	2:218
Woodward, Luther B.	06 May 1901	4:270	Wright, Henrietta	Mar 1904	4:273
Woodward, Mabel	25 Apr 1888	2:216	Wright, Henry	06 Oct 1890	2:219
Woodward, Rhoda	12 Dec 1904	5:264	Wright, Isaac	21 Nov 1896	4:261
Woolak, Norman	07 Aug 1890	2:219	Wright, Jane	14 Dec 1899	4:266
Woolbolt, s/o Alden	14 Sep 1889	2:217	Wright, John	23 Nov 1886	2:213
Woolcott, s/o Edward	20 Jan 1894	3:239	Wright, John A.	16 Mar 1904	4:273
Wooley, James R.	17 Mar 1881	1:448	Wright, John B.	19 Jul 1902	4:272

NAME	DATE	V/P	NAME	DATE	V/P
Wright, Julia	19 Dec 1901	4:270	Wynn, David M.	12 Jul 1903	4:273
Wright, Mar	25 Apr 1896	3:242	Wynn, Eliza	09 Feb 1888	2:214
Wright, Margeretta	12 Feb 1892	2:221	Wynn, Emma	19 May 1899	4:265
Wright, Mary	05 Dec 1899	4:266	Wynn, John L.	04 Feb 1908	5:270
Wright, Mayie M.	05 Feb 1903	4:272	Wynn, Johnathan	20 Jan 1895	3:240
Wright, Nettie	13 Jul 1897	4:263	Wynn, Sarah Ann	02 Oct 1896	4:261
Wright, Orland	05 Jul 1885	2:213	Wynne, James M.	06 Jun 1881	1:450
Wright, Sam'l	25 Sep 1896	4:261	Wynzkousky, Kate	19 Jun 1889	2:218
Wright, Spencer J.	11 Feb 1888	2:214	Wyrszyrowska, Rosalie	08 Jan 1903	5:266
Wright, Thomas	08 Apr 1888	2:216	Wyryynski, Jacob	24 Jul 1891	2:220
Wright, Thomas	16 Apr 1906	5:269	Wyrzkowski, Mary	04 Mar 1891	2:219
Wright, W.J.	13 Aug 1908	5:272	Wyrzokowoski, Mary	04 Mar 1891	2:221
Wright, Winefred B.	01 Nov 1897	4:263	Wysocki, Boleslaw	25 Apr 1907	5:270
Wrightmyer, Frank W.	23 Sep 1906	2:267	Wysocki, John	20 Jun 1907	5:270
Wrike, Ellen	09 Nov 1907	5:272	Yack, George	31 Oct 1887	2:235
Writz, Ernestia	16 Jul 1891	2:221	Yack, William S.	28 Feb 1888	2:235
Wrobel, Edward	23 Sep 1907	5:270	Yaeger, Emil	17 Aug 1885	2:235
Wrobel, Unknown	18 Nov 1896	4:261	Yaeger, Henry	24 May 1902	4:291
Wrunewski, Balbina	12 May 1897	4:262	Yaeger, Martin	20 Aug 1899	4:290
Wuerfel, Elizabeth	04 Mar 1873	1:436	Yaffke, Edward	21 Apr 1901	4:290
Wuerfel, Gertrude	15 May 1891	2:220	Yager, Clara	30 Dec 1892	2:236
Wuerfel, John G.	08 Nov 1872	1:436	Yager, d/o Wm.	06 Oct 1899	4:290
Wuerfel, Lawrence H.	21 Feb 1884	1:452	Yager, Louisa	19 Nov 1903	4:291
Wuerfel, Reynold	12 Jun 1907	5:271	Yager, Marguerite	07 Dec 1908	5:293
Wuerfel, Rowland	18 Sep 1886	2:214	Yako, Nellie	18 Jul 1894	3:266
Wuerstefield, Ernst	04 May 1883	1:452	Yambon, Michael	28 Aug 1902	4:291
Wuert, S., Mrs.	27 Oct 1905	5:265	Yanna, Anna	24 Dec 1881	1:464
Wuerthele, Catherine	01 Apr 1909	5:273	Yantiss, Clara	10 Jan 1886	2:235
Wuerthele, Nelson	26 Dec 1906	5:269	Yarchow, Frieda	14 Aug 1884	2:235
Wuerthele, Ralph F.	03 Oct 1905	5:266	Yark Gabriel E.	20 Oct 1902	4:291
Wuerthner, Andrew	16 Jun 1902	4:271	Yarnell, Rilla	02 Aug 1903	4:291
Wuiner, John	16 May 1875	1:442	Yarnell, William S.	05 Mar 1903	4:291
Wulff, Infant	03 Mar 1899	4:265	Yarten, Catherine	20 Sep 1899	4:290
Wulff, Lillian E.	11 Jan 1899	4:264	Yarton, Louis	22 Oct 1895	3:266
Wuliver, Frank	11 Aug 1875	1:440	Yary, H.A.	03 Jun 1907	5:293
Wullemann, Marie	05 Dec 1893	3:239	Yater, Mary	23 Mar 1888	2:235
Wullett, Albert	13 Aug 1903	4:274	Yates, Abram	16 Nov 1879	1:464
Wurtenburger, George J.F.			Yates, John	04 Jan 1907	5:293
	21 Jul 1905	5:266	Yates, Robert	14 Mar 1903	4:291
Wurtzschmidt, Ernst	06 Mar 1887	2:213	Yates, Sarah E.	15 Sep 1897	4:290
Wurtzsmith, Belle	10 Jun 1890	2:218	Yatrick, Agnes	18 Feb 1904	4:291
Wurtzsmith, Henry	12 Sep 1869	1:50	Yawberg, Julia	12 Jul 1888	2:235
Wurzinger, Arthur	28 Feb 1891	2:219	Yawberg, Racine	18 Oct 1902	4:291
Wushinfski, Mich	17 Sep 1893	3:240	Yawberg, s/o Lewis	06 Apr 1896	3:266
Wusson, Girty	09 Feb 1898	4:263	Yawbery, John	26 Aug 1890	2:235
Wyant, Earl	30 Jul 1894	3:241	Yayhan, Sofia	06 Jan 1890	2:235
Wyborska, Francis	21 Mar 1907	5:271	Yeack, Frederick	10 Nov 1906	5:293
Wyborska, Mary	18 Dec 1908	5:272	Yeager, Albert	15 Jul 1900	4:290
Wyce, Agnes	27 May 1891	2:221	Yeager, Alice	19 Jul ---	1:464
Wychlacy, Constantine	15 Aug 1895	3:243	Yeager, Amanda	26 Aug 1902	4:291
Wyck, Joseph P.	03 Jul 1871	1:436	Yeager, Amiel	18 Feb 1884	1:464
Wyck, Kate	04 Feb 1868	1:30	Yeager, Andrew	26 Aug 1879	1:464
Wyczynski, Martha	18 Aug 1903	4:273	Yeager, Caroline	14 Feb 1894	3:266
Wyek, Catherine	14 Apr 1897	4:262	Yeager, Chas.	29 Mar 1894	3:266
Wyek, Charles F.	29 Mar 1892	2:221	Yeager, Chas. M.	30 Apr 1871	1:464
Wyek, Kate	04 Feb 1869	1:30	Yeager, Estella M.	04 May 1907	5:293
Wyke, George	08 Mar 1905	5:265	Yeager, Frank Henry	28 Mar 1903	4:291
Wylie, James	23 Dec 1897	4:263	Yeager, Frank M.	30 Aug 1869	1:52
Wyman, Anna	10 Dec 1907	5:268	Yeager, Joseph	13 Aug 1891	2:235
Wynn, Alice Orene	15 Jul 1896	4:261	Yeager, Kattie	30 Apr 1880	1:464
Wynn, Clifford	06 Aug 1892	2:222	Yeager, L.	10 Jul 1870	1:464

NAME	DATE	V/P
Yeager, Mildred	02 May 1907	5:293
Yeager, Rose	12 Dec 1899	4:290
Yeagle, s/o Cyrus	25 Dec 1897	4:290
Yearden, Marlin	20 Jan 1908	5:293
Yearick, Joseph P.	19 Jul 1896	4:290
Yeffke, Edw'd	22 Apr 1900	4:290
Yehlin, John	31 Jun 1906	5:293
Yeisley, Elen	02 Oct 1894	3:266
Yeisley, Joseph	31 Jul 1902	4:291
Yenell, Sarah, Mrs.	08 Nov 1907	5:293
Yenna, Inf/o J.	05 Jan 1884	2:235
Yenna, Mary	05 Jan 1884	2:235
Yenser, Louisa	25 Nov 1885	2:235
Yenson, Anton	24 Aug 1889	2:235
Yenzer, Anna B.	30 Jun 1902	4:290
Yenzer, Gracie A.	30 Nov 1896	4:290
Yenzer, Inf/o Godfrey	10 Jun 1885	2:235
Yenzer, Inf/o Godfrey	13 Sep 1883	1:464
Yenzer, John N.	04 Mar 1902	4:290
Yeoling, Jacoba	18 Jul 1876	1:464
Yerger, George	31 Jul 1899	4:290
Yeslin, C.F.	28 Aug 1907	5:293
Yeslin, Carrie	03 May 1887	2:235
Yeslin, Christian	29 Jan 1894	3:266
Yetter, Samuel	26 Nov 1907	5:293
Yingling, Owen A.	28 Jul 1896	4:290
Yink, Anna	04 Apr 1885	2:235
Yob, George	28 May 1889	2:235
Yoder, Harry Reimond	17 Mar 1901	4:290
Yoder, Martha Ethel	27 Mar 1901	4:290
Yoder, Vella May	26 Feb 1901	4:290
Yohlin, Anna	27 May 1870	1:464
Yohlin, Caroline	28 Aug 1871	1:464
Yohlin, Jacob	04 Jun 1870	1:464
Yohnke, Louise	28 Feb 1900	4:290
Yohnke, Theodore George	27 Aug 1907	5:293
Yokayer, Phillip	28 Nov 1893	3:266
Yong, d/o Wm. A.	21 Sep 1900	4:290
Yong, Lena	17 Mar 1890	2:235
Yonke, Henry C.F.	27 Feb 1899	4:290
York, A.W.	09 Nov 1888	2:235
York, Ada	Oct 1876	1:464
York, Lotta	10 Aug 1872	1:464
York, Lottie	09 Aug 1872	1:464
York, Sarah J.	14 Mar 1880	1:464
York, W.L., Mrs.	24 Nov 1905	5:293
Yorke, Arthur W., Jr.	17 Jan 1886	2:235
Yorton, Catherine	20 Sep 1899	4:290
Yosett, Odell	05 Nov 1869	1:58
Yosman, Eva	18 Oct 1903	4:291
Yost, Anna E.	23 Jan 1885	2:235
Yost, Emma	05 Feb 1902	4:290
Yost, Frances	31 Oct 1885	2:235
Yost, John	31 May 1892	2:236
Yost, Mary A.	02 Jun 1902	4:291
Yost, Samuel	15 Dec 1887	2:235
Youcom, Annie	21 May 1895	3:266
Youcum, Elmer	30 Oct 1901	4:290
Youh, Andrew*	24 Feb 1883	
Young, Adam U.	10 Jan 1903	4:291
Young, Albert	01 Jun 1899	4:290
Young, Alice A.	18 Aug 1894	3:266
Young, Alice C.	30 Oct 1903	4:291
Young, Alva	05 Jan 1871	1:464
Young, Amos	29 Dec 1870	1:464
Young, Anthony	08 Feb 1906	5:293
Young, Asa	21 Jun 1872	1:464
Young, Augusta F.	15 Dec 1905	5:293
Young, Augusta M.	02 Jul 1903	4:291
Young, Barbara	08 Mar 1901	4:290
Young, Barbara	12 Jun 1893	3:266
Young, Catherine	19 Oct 1908	5:293
Young, Charles	01 Mar 1902	4:290
Young, Charles	28 Jun 1892	2:236
Young, Charles F.	03 Dec 1908	5:293
Young, Charlotte	06 Nov 1895	3:266
Young, Charlotte E.	01 Oct 1891	2:235
Young, Chas., Mrs.	01 Sep 1871	1:464
Young, Christian	15 Aug 1867	1:4
Young, Christian	07 Oct 1905	5:293
Young, David	24 Oct 1901	4:290
Young, David	26 Dec 1876	1:464
Young, David C.	24 Aug 1902	4:291
Young, Edna Viola	17 Sep 1907	5:293
Young, Edward	07 Aug 1907	5:293
Young, Eliz.	13 Mar 1882	1:464
Young, Eliza Ann	08 Apr 1887	2:235
Young, Ellie	05 Aug 1893	3:266
Young, Emma D.	06 Aug 1873	1:464
Young, Ernest	28 Nov 1908	5:293
Young, Ethel	19 Aug 1906	5:293
Young, F.	09 Sep 1885	2:235
Young, Fides	06 Apr 1890	2:235
Young, Frances	07 Sep 1906	5:293
Young, Francis	02 May 1884	2:235
Young, Frank	03 Sep 1870	1:464
Young, Frank	05 Jul 1903	4:291
Young, Frank I.	01 Sep 1888	2:235
Young, Geo. Andrew H.	07 Dec 1890	2:235
Young, George	07 Dec 1890	2:235
Young, Gertrude	04 Dec 1906	5:293
Young, Harry	10 Jun 1908	5:293
Young, Henry	05 May 1907	5:293
Young, Henry A.	22 Sep 1875	1:464
Young, Henry L.	05 Jan 1895	3:266
Young, Horatio S.	17 Oct 1894	3:266
Young, I.	25 Jul 1874	1:464
Young, Ira	12 Nov 1907	5:293
Young, Jacob	17 Apr 1906	5:293
Young, Jacob	25 Jan 1906	5:293
Young, Jacob D.	17 Apr 1906	5:293
Young, James	05 Jul 1873	1:464
Young, James	13 Mar 1894	3:266
Young, James	19 Aug 1901	4:290
Young, James E.	19 Nov 1888	2:235
Young, James G.	14 Apr 1889	2:235
Young, John	05 Jan 1895	3:266
Young, John	10 Mar 1899	4:290
Young, John	19 Jul 1899	4:290
Young, John	30 Jan 1888	2:235
Young, John R.	05 Mar 1903	4:291

NAME	DATE	V/P
Young, John W.	08 Jun 1908	5:293
Young, Kenneth Ross	11 Mar 1897	4:290
Young, Kittie	26 Nov 1888	2:235
Young, Lizzie	06 May 1891	2:235
Young, Lizzie	16 Nov 1890	2:235
Young, Lizzie	20 Jul 1868	1:16
Young, Lizzie	29 Jan 1877	1:464
Young, Louis	13 Aug 1877	1:464
Young, Louis A.	26 Nov 1907	5:293
Young, Louis A.	30 Jul 1894	3:266
Young, Lucy	29 Feb 1906	5:293
Young, Ludwina	18 Feb 1904	4:291
Young, Maggie	18 Nov 1903	4:291
Young, Margaretha	08 Feb 1895	3:266
Young, Margaretha	21 May 1885	2:235
Young, Marian	31 Dec 1879	1:464
Young, Mary	05 Sep 1902	4:291
Young, Mary	15 Feb 1901	4:290
Young, Mary J.	05 Feb 1908	5:293
Young, Mason	11 Sep 1885	2:235
Young, Merl Gillett	01 Nov 1897	4:290
Young, Miles Oresly	09 Sep 1903	4:291
Young, Minnie	16 Sep 1904	5:293
Young, Norma	16 Feb 1907	5:293
Young, Norman	16 Feb 1907	5:293
Young, Pearl D.	12 Jun 1899	4:290
Young, Remigus A.	10 Aug 1886	2:235
Young, Roy	13 Apr 1893	2:235
Young, s/o William	07 Nov 1905	5:293
Young, Sam'l M.	10 Jan 1897	4:290
Young, Samuel	02 Jul 1901	4:290
Young, Sarah	21 Apr 1883	1:464
Young, Spencer A.	15 May 1892	2:235
Young, Storm	29 Mar 1874	1:464
Young, Thomas	04 Jan 1898	4:290
Young, Tilghman Wm.	02 Sep 1895	3:266
Young, William L.	25 Aug 1870	1:464
Younga, Geo.	22 Jun 1881	1:464
Youngblood, Lily M.	25 Oct 1900	4:290
Younghaus, Catharine	14 Jun 1899	4:290
Youngs, Bertha T.	19 Jul 1887	2:235
Youngs, Harold C.	25 Nov 1898	4:290
Youngs, Nicholas D.	03 Jan 1895	3:266
Youngs, Susan	08 Mar 1875	1:464
Younk, Samual	22 Jun 1895	3:266
Yount, Earl L.	31 May 1895	3:266
Yount, George W.	02 Jun 1906	5:293
Youple, Joseph	24 Aug 1896	4:290
Your, Lena	26 Jan 1892	2:235
Youst, Carl	18 Dec 1885	2:27
Yuley, Hattie J.	---	2:235
Yunghaus, Phil.	27 May 1889	2:235
Yunker, Herman	15 Oct 1894	3:266
Yunker, Lizzie	10 Aug 1908	5:293
Zacharicas, Fred	01 Mar 1901	4:292
Zahm, John	09 Feb 1873	1:472
Zahm, Sidone	27 Apr 1899	4:293
Zahnle, Joseph	21 Jan 1905	5:297
Zahrly, Frederick	09 Nov 1906	5:297
Zakalofske, Henry	30 Mar 1880	1:472
Zakeski, Edwin	01 Dec 1897	4:293
Zakezeski, Unknown	24 May 1897	4:293
Zakrzewska, Klara	01 Aug 1907	5:297
Zakszenski, John	05 Nov 1905	5:297
Zalaski, Anthony	10 Feb 1902	4:292
Zalde, Elizabeth	26 Dec 1907	5:298
Zaleski, Adam	23 Sep 1895	3:269
Zaleski, Leo	19 Jun 1897	4:293
Zalewska, Anna	24 Jul 1894	3:269
Zalinski, Wilhelmina	18 Dec 1907	5:297
Zalrosky, John	19 Sep 1906	5:297
Zalski, Antoni	04 Sep 1906	5:297
Zalszak, Michael	05 May 1906	5:297
Zananday, James	10 May 1908	5:298
Zander, Christoph	19 Feb 1901	4:292
Zanderman, Louise	03 Mar 1887	2:237
Zang, Loies	09 Jan 1907	5:297
Zang, Maria S.	16 Feb 1896	3:269
Zantgraf, Leo	Jan 1907	5:297
Zanville, Ada	14 Jan 1897	4:293
Zanville, Charles	09 Sep 1906	5:297
Zanville, Hattie	01 Feb 1901	4:292
Zarebski, Wladyslaw	04 Mar 1907	5:297
Zarvitz, Frank	06 Nov 1901	4:292
Zavodny, Constantia	08 Jul 1890	2:237
Zavonwski, Regina	26 Aug 1895	3:269
Zawiesucha, Joseph	15 Oct 1890	2:237
Zawodny, Lewis	14 Jan 1906	5:297
Zawodny, Mary	01 Dec 1899	4:293
Zazsowaski, Czestav	10 Mar 1900	4:292
Zbivanski, Anthoney	18 Sep 1907	5:297
Zbrayesbi, Kazmier	08 Dec 1907	5:297
Zeale, Anna	14 Sep 1896	4:293
Zech, Attillie	04 Aug 1899	4:293
Zeck, Chas.	22 Jun 1908	5:298
Zeck, Martin	20 Dec 1898	4:293
Zehner, Katy	22 Jan 1901	4:292
Zeicler, Mary Jane	10 Jan 1879	1:472
Zeige, Walter	31 Oct 1906	5:297
Zeigen, Joseph	06 Mar 1877	1:472
Zeiger, Fred	12 May 1876	4:293
Zeiger, Louis	10 Jun 1899	4:293
Zeigin, F.	03 Feb 1906	5:297
Zeigin, John	30 Aug 1873	1:472
Zeigler, Alfred	06 Feb 1873	1:472
Zeigler, Caroline	20 Apr 1905	5:297
Zeigler, John	12 Jun 1875	1:472
Zeigler, Margaret	12 Jan 1874	1:472
Zeigler, Mary L.	04 Aug 1903	4:292
Zeigler, Moddie	22 Aug 1884	2:237
Zeigler, Peter	03 Nov 1908	5:298
Zeigner, Fred	22 Jun 1886	2:237
Zeigner, Nicholas	17 Mar 1902	4:292
Zeims, Esther	21 Aug 1894	3:269
Zeinler, Emily	10 Dec 1902	4:292
Zeiser, Rudolph W.	12 May 1899	4:293
Zeisler, Charles	26 Aug 1906	5:297
Zeisler, Child	27 May 1890	2:237
Zeisler, Mary L.	27 Sep 1887	2:237
Zeisz, George Jacob	11 Mar 1904	4:292
Zeithlow, Minnie	01 May 1895	3:269
Zeitlaw, Martha	18 Oct 1897	4:293

NAME	DATE	V/P
Zimmerman, Hilda	23 May 1900	4:292
Zimmerman, Jno. H.	18 Nov 1889	2:237
Zimmerman, Joseph	14 Dec 1872	1:472
Zimmerman, Julia	31 Mar 1880	1:472
Zimmerman, Karl	24 Mar 1903	4:292
Zimmerman, L.	Dec 1900	4:292
Zimmerman, Louis F.	25 Apr 1868	1:12
Zimmerman, M.E.	31 May 1899	4:293
Zimmerman, Maga.	28 Mar 1876	1:472
Zimmerman, Mary	04 Feb 1882	1:472
Zimmerman, Mary	13 Dec 1894	3:269
Zimmerman, Mildred	13 Oct 1906	5:297
Zimmerman, Peter	03 Aug 1888	2:237
Zimmerman, Rosa	08 Dec 1898	4:293
Zimmerman, Sara	---	1:472
Zimmerman, Tony	16 Apr 1907	5:297
Zimmerman, Wilhelm, Jr.	02 Mar 1901	4:292
Zimmerman, William	05 Mar 1908	5:298
Zimmermann, Mary	30 Mar 1897	4:293
Zinck, George	07 Apr 1889	2:237
Zindorf, Emma	29 May 1868	1:14
Zingg, Alex	05 Apr 1900	4:292
Zink, Anna	17 Aug 1885	2:237
Zink, Charles	07 Jan 1905	5:297
Zink, Fred	13 Dec 1898	4:293
Zink, Harry Alferd	04 Jul 1894	3:269
Zink, Inf/o John	18 Aug 1885	2:237
Zink, Louisa	30 Jun 1888	2:237
Zink, Pauline	07 May 1893	3:269
Zinser, Julius*	21 Aug 1882	
Zintik, Franciska	18 Jun 1895	3:269
Zinzer, Emma	24 Dec 1885	2:237
Zinzer, Leonore	19 Nov 1891	2:237
Zipel, Christine	07 Jul 1904	5:297
Zippeland, Nora M.	02 Jan 1893	2:238
Zirk, Christian	26 Aug 1878	1:472
Zisler, Valentine	18 Apr 1892	2:238
Zitkivicz, Lewis	09 Mar 1900	4:292
Zittling, Louisa Harrietta	24 Nov 1893	3:269
Zittors, Anna	26 Jul 1886	2:237
Zitzler, Agnes	12 Jun 1889	2:237
Zmaski, Sezuphen	31 Jan 1889	2:237
Zmndzigewski, Virgin	13 Mar 1902	4:292
Zoemdt, Joseph	03 Jun 1907	5:298
Zoliska, Bose	08 May 1905	5:297
Zollney, Henry	31 Jan 1908	5:297
Zonskoski, Anna	18 Aug 1887	2:237
Zora, Wilhelmina	10 May 1908	5:298
Zorivois, Charles	17 Sep 1901	4:292
Zremann, Clara	08 Jul 1896	4:293
Zrerb, Louis John	06 Oct 1868	1:24
Zroahler, Infant	20 Nov 1878	1:472
Zsevgnac, Joseph	04 Apr 1899	4:293
Zucker, George	07 Jun 1892	2:238
Zucker, John George	02 Sep 1894	3:269
Zuerek, John	09 Oct 1898	4:293
Zuerek, John J.	09 Oct 1898	4:293
Zulegen, Olga	16 Jan 1896	3:269
Zuler, Anna C.	16 Jul 1895	3:269
Zulka, Adam	28 Oct 1897	4:293
Zulka, Lucy	20 Nov 1898	4:293
Zull, Hester	06 Jul 1894	3:269
Zulszak, Charles	21 Dec 1906	5:297
Zultanski, John	06 Jun 1903	4:292
Zultanski, Mary	03 Jan 1907	5:297
Zumbrum, Millie	01 Feb 1908	5:297
Zunda, Benedict	24 Aug 1901	4:292
Zundsla, John	06 Feb 1904	4:292
Zurawski, Andrew	06 Jun 1908	5:297
Zurawski, Thodore	10 Sep 1904	5:297
Zurcher, Alfred A.	12 Feb 1902	4:292
Zurek, Christina	07 Feb 1899	4:293
Zurek, John J.	12 Oct 1897	4:293
Zurhli, Albert	06 Jul 1892	2:238
Zurlinden, Elizabeth	13 Apr 1891	2:237
Zurtmon, Mary	16 Dec 1896	4:293
Zurvorny, Child	08 Sep 1892	2:238
Zutavern, Daniel W.	14 Feb 1901	4:292
Zuyers, John	13 May 1881	1:472
Zwadna, Cecilia	15 Feb 1908	5:297
Zwger, Michael	03 Sep 1897	4:293
Zytkus, Helen	10 Sep 1896	4:293
Zyznanski, Mary	14 Nov 1899	4:293
Zyznanski, Stanislaw	14 Nov 1899	4:293

About the Author

Jana Broglin is a native of northwestern Ohio, a trustee of the Ohio Genealogical Society, and a Director of the Federation of Genealogical Societies. She has been a professional genealogist for over 25 years. She has published more than 60 books dealing with early Kentucky wills and estates, and also abstracts of Kentucky military pensions. Two books have been published for OGS, and she has written articles for the OGS News Magazine and also the OGS Quarterly. Ms. Broglin has also done two articles for FGS "FORUM" and two of the FGS Society Strategy Papers. She has spoken at NGS, FGS, the Ohio Genealogical Society, Michigan Council of Genealogical Societies, Western Pennsylvania Genealogical Society, Northern Arizona Genealogical Society, Florida Chapters, OGS, Tri-State Genealogical Society (Evansville, IN), Travers Area Genealogical Society, plus many local OGS chapters and genealogical groups in several other states.

www.ingramcontent.com/pod-product-compliance
Lightning Source LLC
Chambersburg PA
CBHW081347230426
43667CB00017B/2747